相続税の申告手続スケジュール

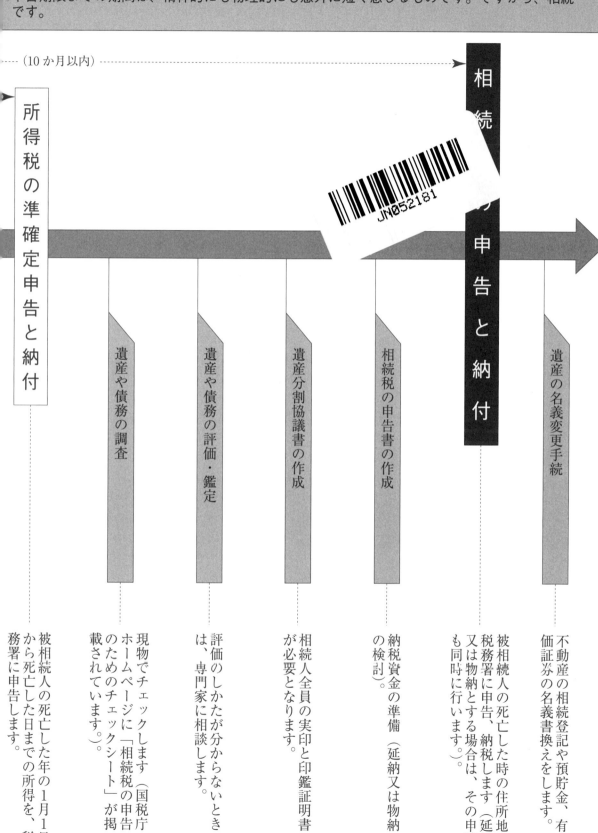

申告期限までの期間は、精神的にも物理的にも意外に短く感じるものです。ですから、相続
です。

（10か月以内）

所得税の準確定申告と納付

被相続人の死亡した年の1月1日から死亡した日までの所得を、税務署に申告します。

遺産や債務の調査

現物でチェックします（国税庁ホームページに「相続税の申告のためのチェックシート」が掲載されています。）。

遺産や債務の評価・鑑定

評価のしかたが分からないときは、専門家に相談します。

遺産分割協議書の作成

相続人全員の実印と印鑑証明書が必要となります。

相続税の申告書の作成

納税資金の準備（延納又は物納の検討）。

相続税の申告と納付

被相続人の死亡した時の住所地の税務署に申告、納税します（延納又は物納とする場合は、その申請も同時に行います。）。

遺産の名義変更手続

不動産の相続登記や預貯金、有価証券の名義書換えをします。

図解

令和6年版

相続税・贈与税

市川康樹 編

一般財団法人 大蔵財務協会

はしがき

一般に、相続税関係の法令や取扱いは複雑で難解なものと受け取られているようです。それは、相続は一生に何度も経験するものではなく、なじみが薄いことに加え、民法などの法律とも深い関わりがあり、また財産評価という専門的知識を必要とする事柄が含まれていることも要因のひとつであると思います。

そこで、できるだけ多くの方々に、民法の規定や相続税、贈与税及び財産評価についての法令・通達を容易に、かつ体系的に理解していただくことを目的として、随所に図表を盛り込んだ「図解による相続税・贈与税のガイドブック」として本書を編集し、昭和59年に初版を発行いたしました。

その後、数次の改訂を重ねてまいりましたが、刊行の都度、読者の皆さまから好評をいただくとともに、多くのご意見等をいただいております。

特に、平成27年から相続税の課税ベースが拡大し、相続税の申告・納付が必要となる方が増加する一方で、平成30年から令和元年にかけて、会社や個人事業の後継者が取得した一定の資産について、相続税や贈与税の納税を猶予する制度が整備されるなど、これら法令改正を通じて相続税や贈与税に対する関心は高まっており、お問い合わせも多くいただいております。

この度、これらのご意見等に応えるべく内容の充実を図りつつ、更に各種法令改正に伴う措置など令和６年度の税制改正事項についても織り込み、令和６年版として刊行することといたしました。

本書はできるだけ平易な記述とし、具体例や図、様式、算式を豊富に用いて、相続税などになじみの薄い方々にも十分理解していただけるよう解説したものです。

本書が、納税者や税務に携わる方々をはじめ、相続税などに興味のある方など、広く皆さまのお役に立てば幸いに存じます。

なお、本書は、私どもが休日等を利用して執筆したものであり、文中意見にわたる部分は個人的見解であることを念のため申し添えます。

令和６年７月

市川康樹

〔凡　例〕

1　本書で使用する法令・通達の略称は、次のとおりです。

（法　令）

相法…………相続税法

相令…………相続税法施行令

相規…………相続税法施行規則

所法…………所得税法

所令…………所得税法施行令

法法…………法人税法

通則法………国税通則法

通則令………国税通則法施行令

措法…………租税特別措置法

措令…………租税特別措置法施行令

措規…………租税特別措置法施行規則

円滑化法……中小企業における経営の承継の円滑化に関する法律

円滑化令……中小企業における経営の承継の円滑化に関する法律の施行に関する政令

円滑化規則…中小企業における経営の承継の円滑化に関する法律の施行に関する規則

災免法………災害被害者に対する租税の減免、徴収猶予等に関する法律

災免令………災害被害者に対する租税の減免、徴収猶予等に関する法律の施行に関する政令

震災特例法…東日本大震災の被災者等に係る国税関係法律の臨時特例に関する法律

震災特例法施行令又は震災特例令…東日本大震災の被災者等に係る国税関係法律の臨時特例に関する法律施行令

震災特例法規則又は震災特例規…東日本大震災の被災者等に係る国税関係法律の臨時特例に関する法律施行規則

（通　達）

相基通………相続税法基本通達

評基通………財産評価基本通達

所基通………所得税基本通達

措通…………租税特別措置法（相続税法の特例のうち延納の特例関係以外）の取扱いについて

（昭50.11.4直資2—224、直審5—32、徴管2—65）

昭○．○．○付直○○—○○……個別通達

2　法令の引用例は、次のとおりです。

（例）　相続税法第12条第1項第3号…相法12①三

3　本書は、令和6年4月1日現在の法令・通達によっています。

㈱　一部、未施行の法令の規定に基づくものが含まれています。

〔目　　次〕

第１章　民法の基礎知識……………………………………………… 1

第１　相続の開始……………………………………………………… 3

　１　相続開始の意義………………………………………………… 3

　２　相続開始の原因………………………………………………… 3

　３　相続開始の時期………………………………………………… 5

　４　同時死亡の推定と相続の開始………………………………… 6

第２　相　続　人……………………………………………………… 8

　１　相　続　人……………………………………………………… 8

　２　胎児の相続能力………………………………………………12

第３　相　続　分………………………………………………………13

　１　法定相続分……………………………………………………13

　２　代襲相続分……………………………………………………20

第４　遺産の分割………………………………………………………23

　１　遺産分割の基準………………………………………………23

　２　分割の実行……………………………………………………23

　３　遺産分割手続と利益相反行為………………………………23

　４　遺産分割の遡及効……………………………………………24

第５　相続の承認及び放棄……………………………………………26

　１　単純承認………………………………………………………26

　２　限定承認………………………………………………………27

　３　放棄……………………………………………………………27

第６　相続人の不存在…………………………………………………28

第７　遺　言……………………………………………………………29

1　遺言に関する総則……30
2　遺言の方式……31
3　遺言の効力……33
4　包括受遺者の権利義務……34
5　特定受遺者の放棄……34
6　遺言書の検認と開封……34

第8　遺　留　分……35

1　遺留分権利者と遺留分の割合……35
2　遺留分の算定の基礎となる財産の価額……35
3　遺留分の額の算定……36
4　遺留分侵害額の請求……36
5　遺留分に関する民法の特例制度……37
(1)　制度の概要……38
(2)　手続の概要……39

第9　贈　与……40

1　贈　与……40
2　書面によらない贈与と解除……41

第2章　相続税の意義と課税原因……43

1　相続税の課税根拠……44
2　暦年課税の贈与税との関係……45
3　相続時精算課税との関係……46
4　所得税等との関係……50
5　相続税の課税原因……51

第3章　相続税・贈与税の納税義務者……53

1　個人（自然人）……53
2　個人とみなされる納税義務者……64

第4章　相続税の課税財産……67

1　相続又は遺贈によって取得した財産……69

2　相続又は遺贈によって取得したものとみなされる財産……………………70
(1)　生命保険金など…………………………………………………………………71
(2)　退職手当金、功労金など………………………………………………………75
(3)　生命保険契約に関する権利……………………………………………………77
(4)　定期金に関する権利……………………………………………………………77
(5)　保証期間付定期金に関する権利………………………………………………78
(6)　契約に基づかない定期金に関する権利………………………………………79
(7)　その他の利益の享受……………………………………………………………80
(8)　信託に関する権利………………………………………………………………83
3　相続財産法人から分与を受けた財産…………………………………………89
4　特別寄与者が特別寄与料の支払を受けた場合………………………………89
5　贈与税の納税猶予又は納期限延長の特例の適用を受けていた農地等……89
6　贈与税の納税猶予の特例の適用を受けていた事業用資産…………………90
7　贈与税の納税猶予の特例の適用を受けていた非上場株式等………………90
8　教育資金の非課税の特例を受けていた場合で一定の場合の管理残額……91
9　結婚・子育て資金の非課税の特例を受けていた場合の管理残額…………91
10　相続税がかかる財産のまとめ…………………………………………………91
11　生前に被相続人から相続時精算課税に係る贈与によって取得した財産…94
12　相続開始前7年以内に被相続人から贈与を受けた財産……………………94

第5章　相続税がかからない財産……………………………………………101

1　皇室経済法の規定によって皇位とともに皇嗣が受けた物…………………102
2　墓所・霊びょう及び祭具並びにこれらに準ずるもの………………………102
3　宗教、慈善、学術その他公益を目的とする事業を行う人で一定の要件に該当する人が、相続又は遺贈によって取得した財産で、その公益を目的とする事業の用に供することが確実なもの……………………………103
4　公益信託の受託者が遺贈により取得した財産………………………………105
5　心身障害者共済制度に基づく給付金の受給権………………………………105
6　相続人が受け取った生命保険金などでその合計額のうちの一定金額……105
7　相続人が受け取った死亡退職金などでその合計額のうち一定金額………107
8　相続財産などを申告期限までに国などに寄附した場合における寄附財産………………………………………………………………………………108

9　相続財産などを申告期限までに公益信託の信託財産に支出した場合の相続税の非課税措置……111
10　相続税の申告期限前に災害により被害を受けた相続財産など……112

第6章　相続税の計算の仕方……115

第1　課税価格……115

1　課税財産の範囲……115
2　各人の課税価格……117

第2　課税価格の計算……118

1　遺産の取得が分割等により確定している場合の課税価格……118
2　遺産が未分割である場合の課税価格……121

第3　課税価格の計算の特例……125

1　小規模宅地等についての相続税の課税価格の計算の特例……125
(1)　特例の内容……125
(2)　特例の適用対象となる限度面積……126
(3)　適用対象宅地等……128
(4)　相続税の課税価格に算入すべき価額の計算に当たって減額される金額……147
(5)　申告手続……147
2　特定計画山林についての相続税の課税価格の計算の特例……152
(1)　特例の内容……152
(2)　制度の概要……152
(3)　特例対象財産……153
(4)　相続時精算課税を適用する際の書類の添付……155
(5)　小規模宅地等の特例との併用……155
(6)　個人の事業用資産についての相続税の納税猶予及び免除との併用……155
(7)　選択特定計画山林についての相続税の課税価格に算入する価額……156
(8)　特例の適用を受ける場合の手続……156
〔参考〕　特定受贈森林経営計画対象山林について特定計画山林の特例の適用を受けようとする場合の判定時期等……158
【贈与税の申告に際して判定する事項】……158

【相続税の申告に際して判定する事項】……159
3　特定土地等及び特定株式等に係る相続税の課税価格の計算の特例……161
(1)　概　要……161
(2)　特例の対象となる財産……161
(3)　特別縁故者に対する相続財産の分与があった場合の準用……164
(4)　相続税の課税価格に算入すべき価額……164
(5)　特例を受けるための手続……165

第4　生前に被相続人から相続時精算課税に係る贈与によって取得した財産……166
1　相続時精算課税における相続税額の計算……166
2　相続時精算課税における相続税の納税に係る権利又は義務の承継等……171
3　相続時精算課税に係る土地又は建物の価額の特例（措法70の3の3）……173
4　贈与税の申告内容の開示……177

第5　債務控除……180
1　債務控除をすることができる者……180
2　相続開始の際現に存するもの……181
3　控除対象とならない債務……182
4　葬式費用の範囲……182

第6　相続開始前7年以内（3年以内）に被相続人から贈与を受けた財産……184

第7　相続税の総額の計算……186

第8　各人ごとの相続税額の計算……191
1　相続税額の算出……191
2　相続税額の加算……191
3　各種の税額控除……194
(1)　贈与税額控除……195
(2)　配偶者に対する相続税額の軽減……199
(3)　未成年者控除……208
(4)　障害者控除……213

(5)　相次相続控除……219
(6)　外国税額控除……224
4　相続時精算課税分の贈与税額控除……226

第７章　相続税の申告書の書き方……227

☆生命保険金などの明細書（第９表）……230
☆退職手当金などの明細書（第10表）……232
☆小規模宅地等の特例、特定計画山林の特例又は個人の事業用資産の納税猶予の適用にあたっての同意及び特定計画山林についての課税価格の計算明細書（第11・11の２表の付表２）……233
☆特定事業用資産等についての課税価格の計算明細書（第11・11の２表の付表２の２）……234
☆個人の事業用資産の贈与者が死亡した場合の相続税の課税の特例の適用に係る特例受贈事業用資産の明細書（第11の３表）……235
☆小規模宅地等についての課税価格の計算明細書（第11・11の２表の付表１）……236
☆小規模宅地等についての課税価格の計算明細書（別表１）（第11・11の２表の付表１（別表１））……237
☆小規模宅地等についての課税価格の計算明細書（別表１の２）（第11・11の２表の付表１（別表１の２））……238
☆特定事業用宅地等についての事業規模の判定明細（第11・11の２表の付表１（別表２））……240
☆特定受贈同族会社株式等である選択特定事業用資産についての課税価格の計算明細（第11・11の２表の付表３）……241
☆特定受贈同族会社株式等について会社分割等があった場合の特例の対象となる価額等の計算明細（第11・11の２表の付表３の２）……242
☆特定森林経営計画対象山林又は特定受贈森林経営計画対象山林である選択特定計画山林についての課税価格の計算明細（第11・11の２表の付表４）……243
☆相続税がかかる財産の明細書（第11表）……244
☆農地等についての納税猶予の適用を受ける特例農地等の明細書（第12表）……248
☆債務及び葬式費用の明細書（第13表）……250
☆純資産価額に加算される暦年課税分の贈与財産価額及び特定贈与財産価額・出資持分の定めのない法人などに遺贈した財産・特定の公益法人などに寄附した相続財産・特定公益信託のために支出した相続財産の明細書（第14表）……252
☆相続時精算課税適用財産の明細書・相続時精算課税分の贈与税額控除額の計算書（第11の２表）……254
☆相続財産の種類別価額表（第15表）……256
☆相続税の申告書（第１表）……258

目　　次

☆相続税の総額の計算書（第２表）……………………………………………………260

☆財産を取得した人のうちに農業相続人がいる場合の各人の算出税額の計算書（第３表）…………………………………………………………………………………262

☆相続税額の加算金額の計算書（第４表）………………………………………………264

☆相続税額の加算金額の計算書付表（第４表の付表）…………………………………265

☆暦年課税分の贈与税額控除額の計算書（第４表の２）………………………………266

☆配偶者の税額軽減額の計算書（第５表）………………………………………………267

☆未成年者控除額・障害者控除額の計算書（第６表）…………………………………268

☆相次相続控除額の計算書（第７表）……………………………………………………270

☆外国税額控除額・農地等納税猶予税額の計算書（第８表）…………………………272

☆株式等納税猶予税額の計算書（一般措置用）（第８の２表）………………………274

☆非上場株式等についての相続税の納税猶予及び免除の適用を受ける対象非上場株式等の明細書（一般措置用）（第８の２表の付表１）……………275

☆非上場株式等についての相続税の納税猶予及び免除の適用を受ける対象非上場株式等の明細書（所得税法等の一部を改正する法律（平成21年法律第13号）附則第64条第２項又は第７項の規定の適用を受ける株式等がある場合）（第８の２表の付表２）……………………………………………………………………………277

☆非上場株式等についての相続税の納税猶予及び免除の適用を受ける対象相続非上場株式等の明細書（一般措置用）（第８の２表の付表３）……………279

☆非上場株式等についての相続税の納税猶予及び免除の適用に係る会社が災害等により被害を受けた場合の明細書（一般措置用）（第８の２表の付表４）……………280

☆特例株式等納税猶予税額の計算書（特例措置用）（第８の２の２表）……………281

☆非上場株式等についての相続税の納税猶予及び免除の特例の適用を受ける特例対象非上場株式等の明細書（特例措置用）（第８の２の２表の付表１）……………282

☆非上場株式等についての相続税の納税猶予及び免除の特例の適用を受ける特例対象相続非上場株式等の明細書（特例措置用）（第８の２の２表の付表２）……………284

☆非上場株式等についての相続税の納税猶予及び免除の特例の適用に係る会社が災害等により被害を受けた場合の明細書（特例措置用）（第８の２の２表の付表３）…………………………………………………………………………………285

☆山林納税猶予税額の計算書（第８の３表）……………………………………………286

☆山林についての納税猶予の適用を受ける特例山林及び特例施業対象山林の明細書（第８の３表の付表）…………………………………………………287

☆医療法人持分納税猶予税額・税額控除額の計算書（第８の４表）…………………288

☆医療法人の持分の明細書・基金拠出型医療法人へ基金を拠出した場合の医療法人持分税額控除額の計算明細書（第８の４表の付表）……………………289

☆美術品納税猶予税額の計算書（第８の５表）…………………………………………290

☆特定の美術品についての納税猶予の適用を受ける特定美術品の明細書（第８の５表の付表）…………………………………………………………………………291

☆事業用資産納税猶予税額の計算書（第８の６表）……………………………………292

☆個人の事業用資産についての相続税の納税猶予及び免除の適用を受ける特定事業用資産の明細書（第８の６表の付表１）……294
☆個人の事業用資産についての相続税の納税猶予及び免除の適用を受ける特例受贈事業用資産の明細書（一般用）（第８の６表の付表２）……296
☆個人の事業用資産についての相続税の納税猶予及び免除の適用を受ける特例受贈事業用資産の明細書（株式等用）（第８の６表の付表２の２）……298
☆個人の事業用資産についての相続税の納税猶予及び免除の適用に係る宅地等及び建物の明細書（第８の６表の付表３）……299
☆個人の事業用資産についての相続税の納税猶予及び免除の適用に係る特定債務額の計算明細書（第８の６表の付表４）……301
☆納税猶予税額等の調整計算書（第８の７表）……302
☆税額控除額及び納税猶予税額の内訳書（第８の８表）……303
☆納税義務等の承継に係る明細書（兼相続人の代表者指定届出書）（第１表の付表１）……304
☆還付される税額の受取場所（第１表の付表２）……306
☆受益者等が存しない信託等に係る相続税額の計算明細書（第１表の付表３）……308
☆人格のない社団等又は持分の定めのない法人に課される相続税額の計算明細書（第１表の付表４）……310
☆特定一般社団法人等に課される相続税額の計算明細書（第１表の付表５）……312
☆特定一般社団法人等に課される相続税額の計算明細書（別表１）（第１表の付表５）……314
☆特定一般社団法人等に課される相続税額の計算明細書（別表２）（第１表の付表５）……316
【相続税の申告書の記載例】……318

第８章　相続税の申告と納税……339

1　相続税の申告書の提出義務者等……339
2　遺産未分割の場合の相続税の申告……349
3　相続税の期限後申告等……350
4　相続税の納付・還付……356
5　延　　納……357
⑴　延納ができる場合……358
⑵　延納制度の概要……365
⑶　延納期間と利子税……369
⑷　延納期間の計算……371
⑸　延納税額に対する利子税の計算……371
⑹　延納の申請期限（相続税の延納申請）……372

⑺　延納許可……372
⑻　延納却下……372
⑼　延納条件変更申請……372
⑽　特定物納の申請……373
⑾　延納許可の取消し……373
⑿　延納手続の流れ（まとめ）……374
6　物　　納……374
⑴　物納制度のあらまし……375
⑵　物納手続の概要……377
⑶　利子税がかかる期間の具体例……391
⑷　物納の申請期限及び提出書類……392
⑸　物納申請財産の選定……393
⑹　物納申請財産の収納価額……393
⑺　物納却下……394
⑻　物納の撤回……395
⑼　物納許可条件の履行を求める場合……396
⑽　特定物納制度……396
⑾　物納手続の流れ（まとめ）……399
7　連帯納付義務……400
8　納税についての特例……402
9　延　滞　税……405

第9章　贈　与　税……413

第1　贈与税のあらまし……413

1　贈与税の性格……413
2　贈与の意義……413
3　課税方法……415

第2　贈与税の納税義務者……422

1　個人（自然人）……422
2　個人とみなされる納税義務者……423

第3　贈与による財産の取得時期……424

第４　贈与税の課税財産……425
１　本来の贈与財産……425
２　みなし贈与財産……427
⑴　生命保険金……428
⑵　定 期 金……430
⑶　低額譲受け……431
⑷　債務免除等……433
⑸　その他の利益の享受……434
⑹　信託に関する権利……457

第５　贈与税の非課税財産……458
１　法人からの贈与により取得した財産及び公益信託から給付を受けた財産……458
２　扶養義務者から生活費や教育費として贈与を受けた財産……459
３　公益事業用財産……461
４　公益信託の受託者が贈与により取得した財産……462
５　心身障害者共済制度に基づく給付金の受給権……462
６　公職選挙の候補者が贈与により取得した財産……463
７　特定障害者扶養信託契約に基づく信託受益権……464
８　社交上必要と認められる香典等……466
９　相続開始の年に被相続人から贈与を受けた財産……466

第６　直系尊属から教育資金の一括贈与を受けた場合の贈与税の非課税措置……468
１　制度の概要……468
２　特例の適用を受けるための手続等……476
３　教育資金管理契約に係る口座からの払出し時における手続……481
４　教育資金管理契約終了時の手続等……484
５　税務署長から取扱金融機関への通知……487
６　教育資金の非課税特例に係る贈与者が死亡した場合の適用関係……487

第７　直系尊属から結婚・子育て資金の一括贈与を受けた場合の贈与税の非課税措置……493

1　制度の概要……493
2　特例の適用を受けるための手続等……500
3　結婚・子育て資金管理契約に係る口座からの払出し時における手続……504
4　結婚・子育て資金管理契約終了時の手続等……508
5　税務署長から取扱金融機関への通知……510
6　結婚・子育て資金の非課税特例に係る贈与者が死亡した場合の適用関係……511

第８　贈与税の配偶者控除（暦年課税）……515

1　贈与税の配偶者控除の制度の趣旨……515
2　贈与税の配偶者控除の適用要件……516
3　信託財産である居住用不動産についての贈与税の配偶者控除の適用……523
4　贈与税の配偶者控除の適用上の注意点……524
5　贈与税の配偶者控除の適用を受けるための手続……526

第９　相続時精算課税……528

1　適用対象者等の要件……528
2　適用手続……529
3　添付書類……531
4　特定計画山林についての相続税の課税価格の計算の特例の適用を受けようとする場合の添付書類……531
5　贈与の年の途中に贈与者が死亡した場合及び受贈者が申告期限前に死亡した場合の申告等……532
6　年の中途において推定相続人となった者に対する相続時精算課税の適用……536
7　特定贈与者の推定相続人でなくなった者に対する相続時精算課税の適用……537
8　特定の贈与者から住宅取得等資金の贈与を受けた場合の相続時精算課税の特例……537

第10　直系尊属から住宅取得等資金の贈与を受けた場合の贈与税の非課税……549

1　特例の概要……549
2　住宅資金非課税限度額……549

3　住宅用家屋の取得期限等の要件……………………………………………………550
4　特定受贈者の要件………………………………………………………………551
5　住宅取得等資金の要件…………………………………………………………552
6　対象となる住宅の要件…………………………………………………………553
7　増改築等の要件…………………………………………………………………554
8　申告要件…………………………………………………………………………556
9　住宅取得等資金の贈与者が死亡した場合における相続税の課税価格に加算する金額…………………………………………………………………………556
10　住宅資金贈与者が贈与した年中に死亡した場合……………………………557
11　特定受贈者が贈与税の申告書等の提出期限前に申告書等を提出しないで死亡した場合…………………………………………………………………557
12　期限までに居住の用に供しなかった場合の修正申告等及び納付…………557
13　災害があった場合の非課税制度の適用………………………………………558
14　添付書類（共通書類）…………………………………………………………559
15　添付書類（省エネ等住宅に係る住宅資金非課税限度額の適用を受ける場合）…………………………………………………………………………………563

第11　税額の計算……………………………………………………………………566

1　暦年課税の場合の贈与税額の計算……………………………………………566
2　相続時精算課税における贈与税額の計算……………………………………568
3　外国税額控除……………………………………………………………………574
4　特定土地等及び特定株式等に係る贈与税の課税価格の計算の特例………574

第12　贈与税の申告と納税…………………………………………………………576

1　贈与税の申告……………………………………………………………………576
2　贈与税の納税……………………………………………………………………582

第10章　農地等の相続税・贈与税の納税猶予及び免除の特例…587

1　農地等の相続税・贈与税の納税猶予の特例の趣旨…………………………587
2　農地等の相続税の納税猶予の特例……………………………………………589
(1)　特例の概要……………………………………………………………………589
(2)　特例の適用要件等……………………………………………………………591
(3)　納税猶予税額の計算方法……………………………………………………603

⑷　申告手続等……606
⑸　担保財産の価額と継続届出書の提出……607
⑹　納税猶予期限前における猶予期限の確定……608
⑺　農地等の納税猶予に係る相続税額の免除……614
⑻　農地等の相続税の納税猶予に係る申告書の記入の仕方……616
3　特例適用農地等の買換えの特例……633
4　自己所有農地への付替え特例……638
5　申告書の提出前に農地等の譲渡があった場合の取扱い……640
6　農地等の相続税の納税猶予の借換特例……641
7　農地等の相続税の納税猶予の貸付特例……645
8　相続税の納税猶予を適用している場合の特定貸付けの特例……648
9　特定貸付けを行った農地又は採草放牧地についての相続税の課税の特例について……652
10　相続税の納税猶予を適用している場合の都市農地の貸付けの特例……653
11　認定都市農地貸付け又は農園用地貸付けを行った農地についての相続税の課税の特例……658
12　農地等の相続税の営農困難時貸付特例……659
13　農地等の贈与税の納税猶予の特例……663
⑴　特例の概要……663
⑵　特例の適用要件等……665
⑶　納税猶予税額の計算……670
⑷　申告手続……671
⑸　納税猶予税額の免除……677
14　特例適用農地等の買換えの特例……677
15　自己所有農地への付替え特例……678
16　申告書の提出前に農地等の譲渡等があった場合の取扱い……679
17　農地等の贈与税の納税猶予の借換特例……682
18　農地等の贈与税の納税猶予の貸付特例……682
19　贈与税の納税猶予を適用している場合の特定貸付けの特例……682
20　農地等の贈与税の営農困難時貸付特例……683
〔参考１〕　平成19年３月31日までに適用された特定の住宅用地等に転用した場合の相続税の納税猶予の継続の特例……684
○　特定転用の要件等……687

〔参考２〕 平成23年３月31日までに適用された旧特定農業生産法人に使用貸借による権利の設定をした場合の贈与税の納税猶予の継続の特例…………697

第11章　非上場株式等についての相続税・贈与税の納税猶予及び免除の特例（法人版事業承継税制）………………………………701

1　特例のあらまし……………………………………………………………701

(1)　対象非上場株式等に係る相続税及び贈与税の納税猶予及び免除の特例（一般事業承継税制）………………………………………………………………701

イ　対象非上場株式等についての贈与税の納税猶予及び免除の特例…………701

ロ　対象非上場株式等についての相続税の納税猶予及び免除の特例…………702

ハ　対象非上場株式等の贈与者が死亡した場合の相続税の課税の特例………702

ニ　対象非上場株式等の贈与者が死亡した場合の相続税の納税猶予及び免除の特例………………………………………………………………………702

(2)　特例非上場株式等に係る相続税及び贈与税の納税猶予及び免除の特例……706

2　贈与税の納税猶予の特例……………………………………………………707

(1)　特例の適用要件や申告手続等の流れ……………………………………707

(2)　納税が猶予される贈与税の計算方法……………………………………716

(3)　納税猶予分の贈与税額の計算…………………………………………719

(4)　継続届出書の提出及び猶予期限の確定…………………………………722

(5)　経営贈与承継期間内の猶予税額の一部確定……………………………728

(6)　継続届出手続……………………………………………………………729

(7)　猶予期限の繰上げ………………………………………………………736

(8)　延納制度の利用…………………………………………………………736

(9)　同族会社の行為又は計算の否認等………………………………………736

(10)　猶予税額の免除…………………………………………………………736

(11)　延滞税の免除……………………………………………………………753

(12)　再生計画の認可決定等があった場合の納税猶予税額の再計算の特例………753

(13)　利子税……………………………………………………………………758

(14)　適用除外…………………………………………………………………760

(15)　災害等による納税猶予の緩和又は納税猶予税額の免除…………………761

(16)　都道府県知事の通知義務………………………………………………766

(17)　税務署長の通知…………………………………………………………766

(18)　特例の適用を受けようとする旨の記載及び一定の明細書の添付…………766

3　相続税の納税猶予の特例……770
(1)　特例の適用要件や申告手続等の流れ……770
(2)　先代経営者（贈与者）が死亡した場合の特例……773
(3)　納税が猶予される相続税の計算方法……775
(4)　納税猶予分の相続税額の計算……781
(5)　過去に特定受贈同族会社株式等の贈与を受けている場合……783
(6)　相続税の納税猶予の特例と小規模宅地等についての相続税の課税価格の計算の特例との併用……785
(7)　継続届出書の提出及び猶予期限の確定……786
(8)　租税特別措置法第70条の7の4における継続届出書の提出及び猶予期限の確定……788
(9)　経営（相続）承継期間内の猶予税額の一部確定……791
(10)　継続届出手続……792
(11)　猶予期限の繰上げ……792
(12)　延納・物納制度の利用……793
(13)　同族会社等の行為又は計算の否認等……793
(14)　猶予税額の免除……793
(15)　延滞税の免除……804
(16)　再生計画の認可決定等があった場合の納税猶予税額の再計算の特例……805
(17)　利子税……807
(18)　適用除外（措法70の7の2）……809
(19)　適用除外（措法70の7の4）……810
(20)　災害等による納税猶予の緩和又は納税猶予税額の免除……811
(21)　都道府県知事の通知義務……816
(22)　税務署長の通知……817
(23)　適用を受けようとする旨の記載及び一定の明細書の添付……817
(24)　非上場株式等についての贈与税・相続税の納税猶予を取りやめる場合……821
4　特例非上場株式等に係る相続税及び贈与税の納税猶予の特例……824
(1)　贈与税の納税猶予の特例……824
(2)　相続税の納税猶予の特例……840

第12章　個人事業者の事業用資産に係る相続税・贈与税の納税猶予及び免除の特例（個人版事業承継税制）…………847

第１　個人事業者の事業用資産に係る贈与税と相続税の納税猶予特例の関係……………………………………………………………847

第２　特例のあらまし……………………………………………………849

1　個人の事業用資産についての贈与税の納税猶予及び免除の特例（贈与税の納税猶予の特例）……………………………………………849
2　個人の事業用資産の贈与者が死亡した場合の相続税の課税の特例………849
3　個人の事業用資産についての相続税の納税猶予及び免除の特例（相続税の納税猶予の特例）……………………………………………850

第３　贈与税の納税猶予の特例…………………………………………855

1　特例の適用要件や申告手続等の流れ……………………………………855
2　納税が猶予される贈与税の計算方法……………………………………862
3　納税猶予分の贈与税額の計算……………………………………………863
4　納税猶予期間内の猶予税額の全部確定…………………………………865
5　納税猶予期間内の猶予税額の一部確定…………………………………867
6　継続届出手続…………………………………………………………………870
7　猶予期限の繰上げ……………………………………………………………871
8　延納制度の利用………………………………………………………………871
9　猶予税額の免除………………………………………………………………871
10　延滞税の免除………………………………………………………………875
11　再生計画の認可決定等があった場合の納税猶予税額の再計算の特例……875
12　利子税………………………………………………………………………877
13　適用除外（他の後継者等がいる場合）…………………………………879
14　都道府県知事の通知義務…………………………………………………879
15　税務署長の通知……………………………………………………………879
16　特例の適用を受けようとする旨の記載及び一定の明細書の添付…………879
17　帳簿書類の備付け等………………………………………………………884
18　事業用資産についての贈与税の納税猶予を取りやめる場合………………884

第４　相続税の納税猶予の特例…………………………………………885

1　特例の適用要件や申告手続等の流れ……885
2　先代事業者（贈与者）が死亡した場合の特例……890
3　納税が猶予される相続税の計算方法……891
4　納税猶予分の相続税額の計算……893
5　相続税の納税猶予の特例と小規模宅地等についての相続税の課税価格の計算の特例との併用……893
6　納税猶予期間内の猶予税額の全部確定……894
7　納税猶予期間内の猶予税額の一部確定……896
8　継続届出手続……897
9　猶予期限の繰上げ……898
10　延納・物納制度の利用……898
11　猶予税額の免除……898
12　延滞税の免除……901
13　再生計画の認可決定等があった場合の納税猶予税額の再計算の特例……902
14　利子税……903
15　適用除外……905
16　都道府県知事の通知義務……905
17　税務署長の通知……905
18　特例の適用を受けようとする旨の記載及び一定の明細書の添付……906
19　帳簿書類の備付け等……910
20　事業用資産についての相続税の納税猶予を取りやめる場合……910

第13章　山林についての相続税の納税猶予及び免除の特例……911

1　特例の概要……911
2　特例の適用対象となる被相続人及び林業経営相続人の範囲……913
3　適用手続……915
4　納税猶予分の相続税額の計算……915
5　納税猶予期間中の継続届出書の提出義務……917
6　納税猶予期限前における猶予期限の確定……918
7　山林についての納税猶予に係る納税猶予税額の免除……920
8　利子税の納付……921

第14章　医療法人の持分に係る相続税及び贈与税の納税猶予等の特例……923

1　医療法人の持分に係る経済的利益についての贈与税の納税猶予及び免除（措法70の７の９）……923
2　医療法人の持分に係る経済的利益についての贈与税の税額控除（措法70の７の10）……932
3　個人の死亡に伴い贈与又は遺贈があったものとみなされる場合の特例（措法70の７の11）……936
4　医療法人の持分についての相続税の納税猶予及び免除（措法70の７の12）……938
5　医療法人の持分についての相続税の税額控除（措法70の７の13）……946
6　医療法人の持分の放棄があった場合の贈与税の課税の特例（措法70の７の14）……948

第15章　特定の美術品に係る相続税の納税猶予及び免除の特例……951

1　特例の概要……951
2　特例の内容……952
⑴　納税猶予額の計算方法……952
⑵　申告手続等……954
⑶　継続届出書の提出……956
⑷　担保の変更の命令違反等の場合の納税猶予期限の繰上げ……956
⑸　納税猶予期限前における猶予期限の確定……957
⑹　確定税額等の納付……958
⑺　納税猶予税額の免除……959
⑻　その他……959

第16章　災害に係る相続税及び贈与税の特例措置等……961

第１　国税通則法上の申告等の期限延長措置……961

第２　災害減免法による相続税及び贈与税の減免措置……963

【巻末付録】・相続税の申告のためのチェックシート……………………………973

索　　引……………………………………………………………………………………981

第１章　民法の基礎知識

――相続税・贈与税の仕組みを理解するために――

はじめに

相続税法には相続税と贈与税の２つの税目が規定されています。そして、この相続税や贈与税と密接に関係する法律として民法（特に相続編）があります。

まず、この章では相続税・贈与税の仕組みを理解する上で最低限必要な民法の基礎的事項について説明します。

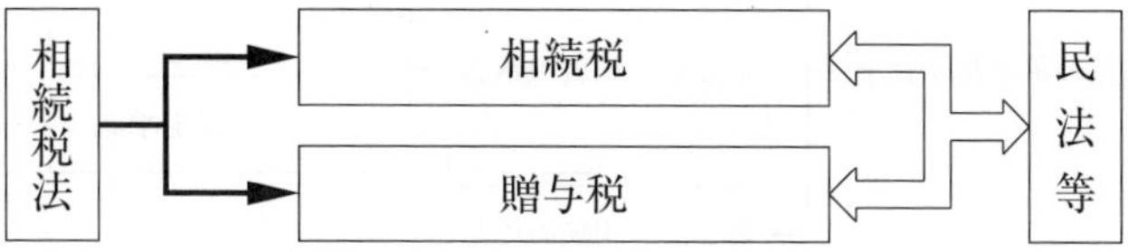

〔参考〕　民法第５編《相続》の構成

民法第５編《相続》

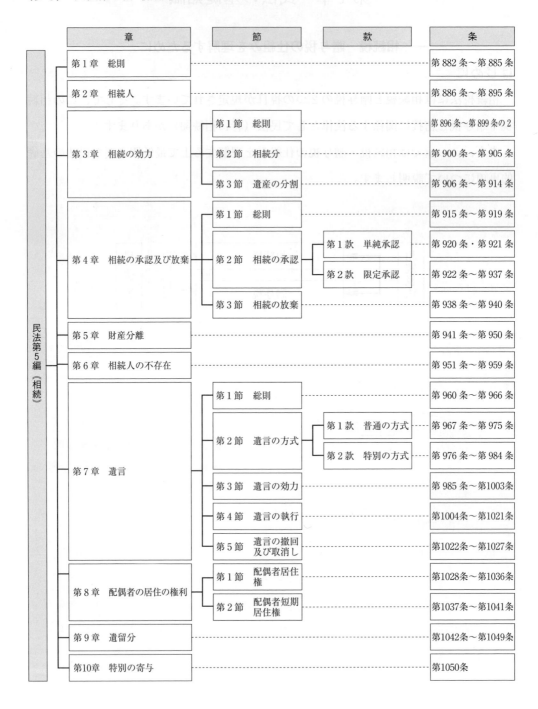

章	節	款	条
第１章　総則			第 882 条～第 885 条
第２章　相続人			第 886 条～第 895 条
第３章　相続の効力	第１節　総則		第 896 条～第 899 条の２
	第２節　相続分		第 900 条～第 905 条
	第３節　遺産の分割		第 906 条～第 914 条
第４章　相続の承認及び放棄	第１節　総則		第 915 条～第 919 条
	第２節　相続の承認	第１款　単純承認	第 920 条・第 921 条
		第２款　限定承認	第 922 条～第 937 条
	第３節　相続の放棄		第 938 条～第 940 条
第５章　財産分離			第 941 条～第 950 条
第６章　相続人の不存在			第 951 条～第 959 条
第７章　遺言	第１節　総則		第 960 条～第 966 条
	第２節　遺言の方式	第１款　普通の方式	第 967 条～第 975 条
		第２款　特別の方式	第 976 条～第 984 条
	第３節　遺言の効力		第 985 条～第1003条
	第４節　遺言の執行		第1004条～第1021条
	第５節　遺言の撤回及び取消し		第1022条～第1027条
第８章　配偶者の居住の権利	第１節　配偶者居住権		第1028条～第1036条
	第２節　配偶者短期居住権		第1037条～第1041条
第９章　遺留分			第1042条～第1049条
第10章　特別の寄与			第1050条

第１　相続の開始

1　相続開始の意義

「相続開始」とは、特定の個人（甲）に帰属する権利義務（甲の所有する土地や建物などの積極財産と建物建築に係る借入金の未返済額などの消極財産）が、一定の原因（甲の死亡）によって、その者（甲）と身分関係をもつ者（甲の配偶者や子）に包括的に承継・移転する法律効果（相続）が発生することを意味します。現行の民法では、特定の個人（被相続人）の財産的な地位のみが相続の目的とされており、被相続人が財産的価値のある法律関係を有する限り、それが積極的なもの（プラスのもの）はもとより消極的なもの（マイナスのもの）も「相続」の対象とされます（消極的なものだけしか存在しない場合でも相続は開始しますが、被相続人が積極財産や消極財産を全く持たない場合には「相続」や「相続開始」という問題が生ずることはありません）。

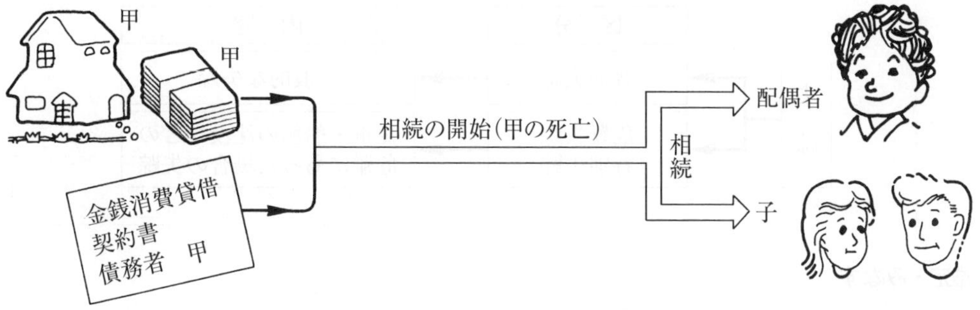

2　相続開始の原因

相続開始の原因は人の死亡です。この「人」というのは自然人のことであって法人を含みません（法人には解散はあっても死亡ということがないからです。）。民法は人の死亡を相続開始の唯一の原因としていますが、失踪宣告は法律で人の死亡を擬制する（みなす）ものですから（民法31《失踪の宣告の効力》）、失踪宣告によって死亡とみなされる場合にも自然的な死亡と同じく相続開始の原因となります。

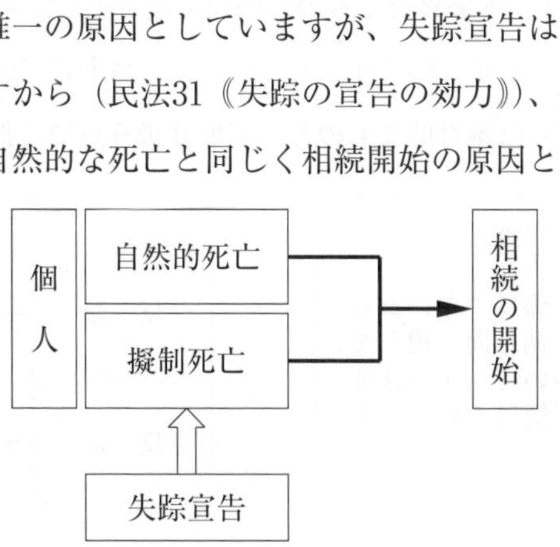

用語の解説

失踪宣告（しっそうせんこく）

不在者（従来の住所又は居所を去ったまま、 容易にそこに帰ってくる見込みのない者をいいます。）が死亡したという証拠がなく、また、認定死亡（水難・火災・震災・航空機事故・炭坑爆発等によって死亡が確実とみられるが死体の確認ができない場合に、取調べをした官庁又は公署から、原則として死亡地の市町村長へ死亡の報告がされ、本人の戸籍簿に死亡の記載が行われることをいいます（戸籍法89《事変による死亡の報告》）。）として取り扱われる事情もないからといって生死不明の状態にある者をいつまでも生存者として取り扱うとすれば、その者をめぐる財産関係や身分関係が長い間放置されることとなり、関係者にとっては極めて不都合です。そこで、生死不明の状態が一定の期間（失踪期間）継続すると、一定の条件の下でその不在者を死亡した者とみなし、その者をめぐる法律関係を処理しようとする制度が失踪宣告です。

なお、失踪には普通失踪と危難失踪（特別失踪）があります。

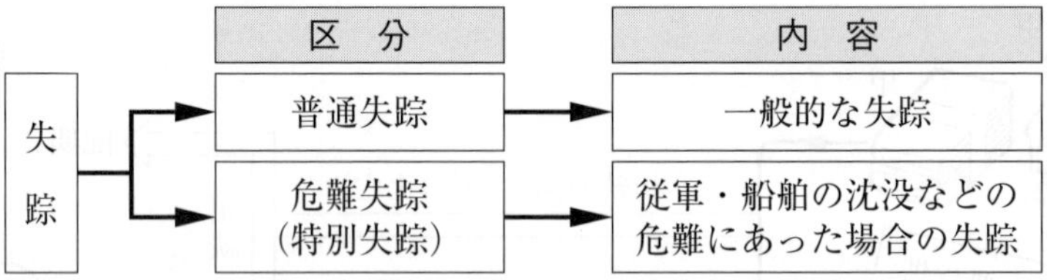

推定・みなす

「推定」は、当事者間に別段の取決めがない場合又は反証が挙がらない場合に、ある事柄について法令が一応こうであろうという判断を下すことをいいます。したがって、当事者間に取決めがあったり、あるいは当事者の意思がそうではないということが証拠によって明らかになれば、それに従って判断され、処理されることになります。

これに対し、「みなす」は、本来異なるものについて法令上一定の法律関係につき同一のものとして認定してしまうことをいいます。したがって、当事者間の取決めや反証を許さず、一定の法律関係に関する限りは絶対的なものとして取り扱う点で「推定」とは異なります。

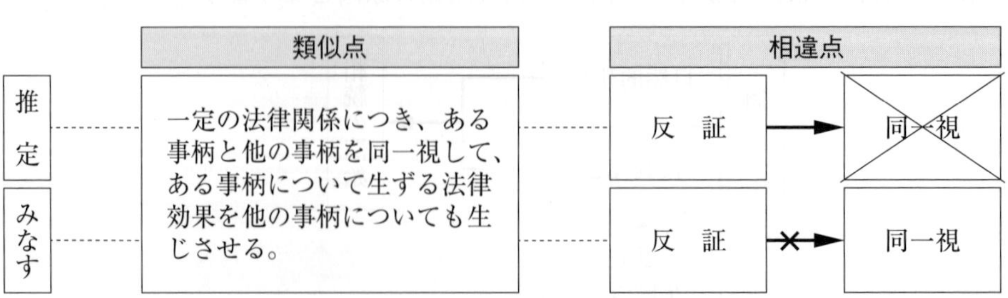

3　相続開始の時期

相続開始の時期は、相続開始の原因が発生した時、すなわち人が現実に死亡した瞬間です。人の死亡と同時に当然かつ瞬間的に相続が開始しますので、相続人がこれを知っていたか否かを問いません。被相続人が死亡した時に相続人のあることが不明で、後になって相続人が明らかになった場合でも同様です。これは、財産について一瞬といえども空白（無主）の状態が生ずることは混乱を生ずることとなり好ましくないからです。

相続開始の時期は、相続人の資格・範囲・順位の決定、相続財産・遺留分の決定など相続法上の重要な基準となるばかりでなく、相続税に関していえば、課税年分・申告期限の決定等の基準となります。

⑴　自然的死亡

自然的死亡の場合には、現実に死亡という事実が発生した時です。一般的には戸籍簿に記載された死亡の年月日時分であると推定されます。

⑵　擬制死亡

失踪宣告によって死亡したとみなされる場合には、普通失踪では７年間の失踪期間満了の時であり、危難失踪では危難の去った時です（民法30《失踪の宣告》、31《失踪の宣告の効力》）。失踪宣告の審判が確定した時ではありません。

なお、この規定は推定規定ではなく、擬制（みなす）規定であることに注意する必要があります。

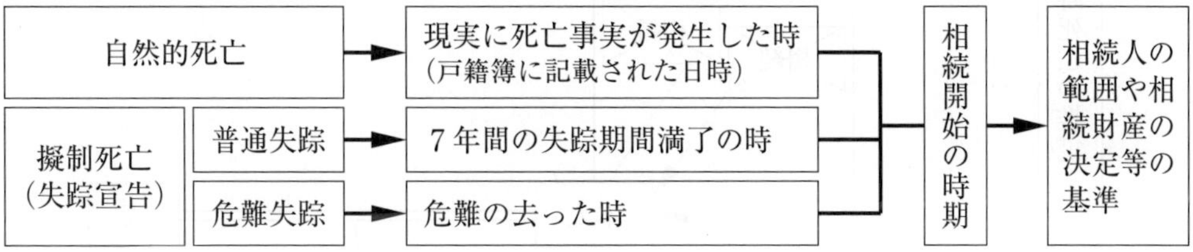

4　同時死亡の推定と相続の開始

相続人は相続開始の時（被相続人の死亡の時）に生存していなければなりません（同時存在の原則）。したがって、父と子が同時に死亡したとの推定を受けるとき（民法32の２《同時死亡の推定》）は、父の相続開始の時に子は死亡したものと推定され、また逆に子の相続開始の時に父は死亡したものと推定されますので、父子相互間には相続が開始しないということになります（図１参照）。

なお、被相続人の子が相続の開始以前に死亡しているときにはその者の子は代襲して相続人になるとされていますから（民法887《子及びその代襲者等の相続権》②）、親と子が同時死亡の推定を受ける場合に、その子に子（孫）があれば、その子の子（孫）は子を代襲して相続人になることになります（図２参照）。

（図１）

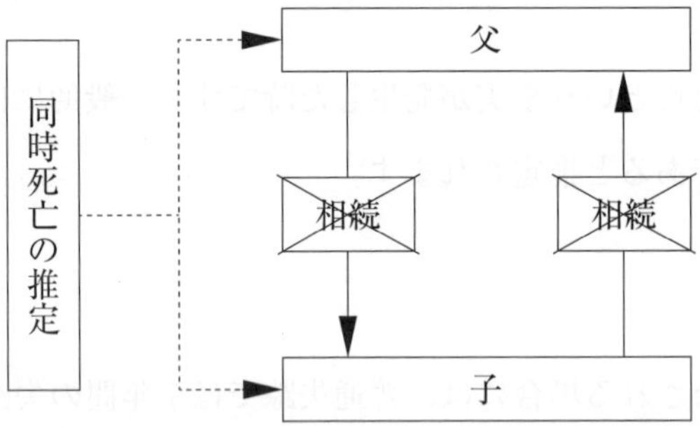

（図２）

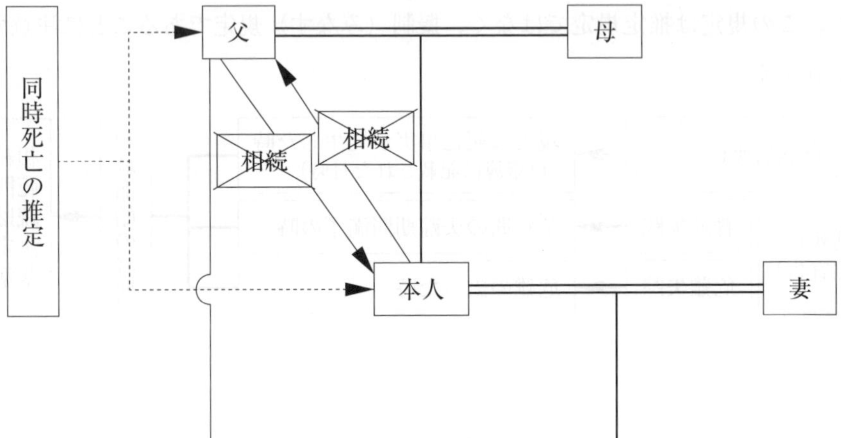

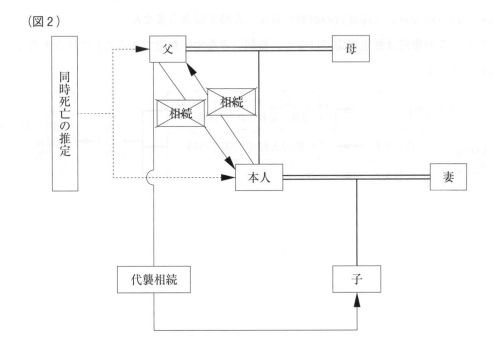

用語の解説

同時死亡の推定

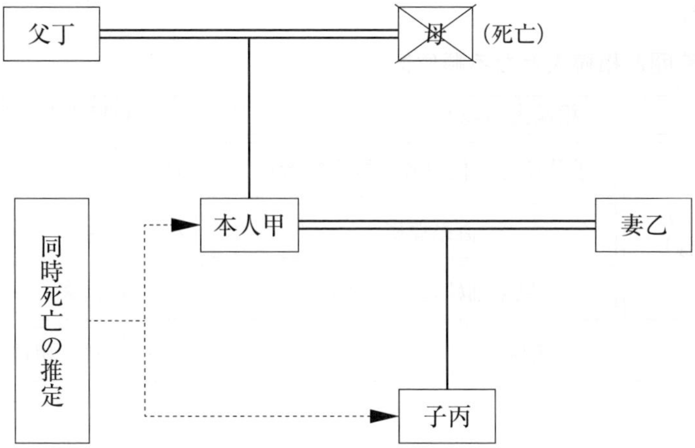

甲と丙が同一の危難に遭遇して死亡した場合（必ずしも同一の危難でなくても甲と丙の死亡時の先後が明らかでない場合であれば該当します。）には、甲と丙の死亡の先後によって相続人の範囲が異なります。甲が丙より先に死亡したとすれば、甲の財産は、まず乙と丙が相続し、丙の相続分を更に乙が相続することになります（結局全て乙が相続します。）。

これに対して、丙が甲より先に死亡したとすれば、甲の財産は乙が$\frac{2}{3}$、丁が$\frac{1}{3}$を相続することになります。

こういう場合に、死亡の先後を証明することは不可能に近いので、昭和37年の民法改正で第32条の２が新設され、死亡した者が数人ある場合に、その死亡の先後関係が明らかでないときは、同時に死亡したものと推定する旨の規定がされました。これを同時死亡の推定といいます。この場合の甲の財産は、丙が甲より先に死亡した場合と同様に乙が$\frac{2}{3}$、丁が$\frac{1}{3}$を相続することになります。

第2　相続人

1　相続人

＜相続人の範囲と相続人となる順位＞

	相続人の範囲		相続人となる順位	
相続人	血族（血縁）	子及びその代襲者（再代襲者）	①	
		直系尊属	②	~~①~~ ──→ ②
		兄弟姉妹及びその子	③	~~①②~~ ──→ ③
	配偶者		①	常に相続人となります。

〔参考〕　親族・親等図表

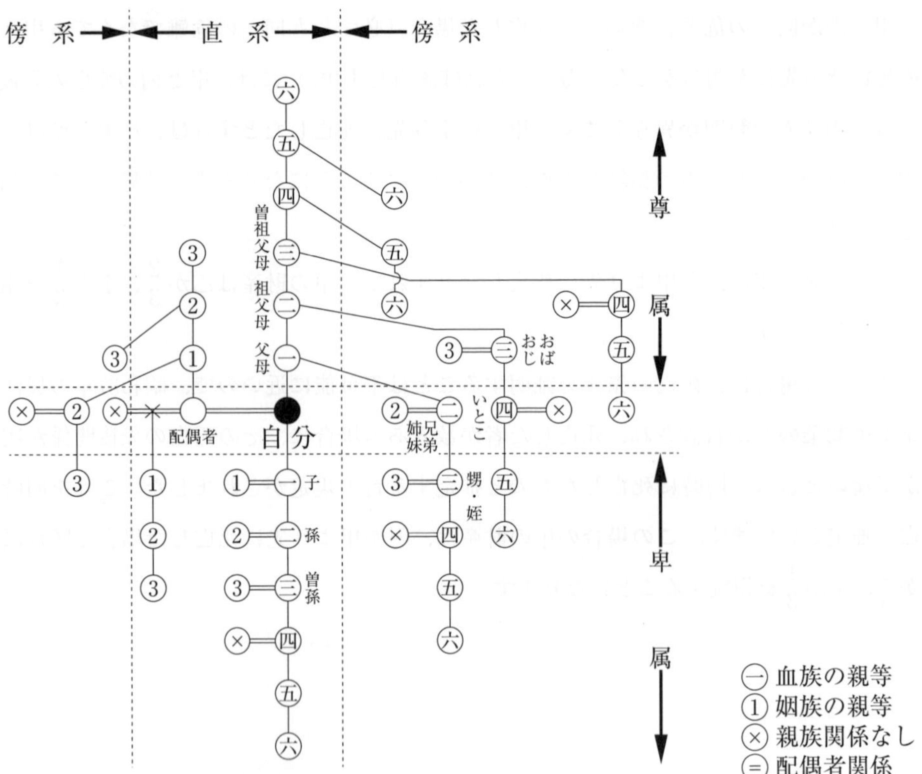

※直系…直接的な親子関係で結ばれる関係
　傍系…直系から分かれ出た系統

(1)　子

被相続人の子は第1順位の相続人です（民法887①）。実子と養子、嫡出子と嫡出でない子の区別による差はありません。

⑵　代襲相続

イ　意義

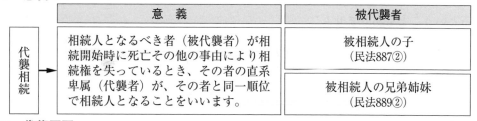

	意　義	被代襲者
代襲相続 →	相続人となるべき者（被代襲者）が相続開始時に死亡その他の事由により相続権を失っているとき、その者の直系卑属（代襲者）が、その者と同一順位で相続人となることをいいます。	被相続人の子 （民法887②）
		被相続人の兄弟姉妹 （民法889②）

ロ　代襲原因

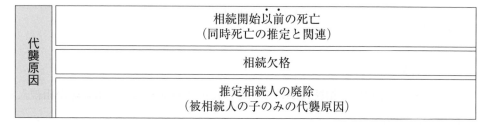

代襲原因	相続開始以前の死亡 （同時死亡の推定と関連）
	相続欠格
	推定相続人の廃除 （被相続人の子のみの代襲原因）

ハ　再代襲相続

被相続人の曽孫らについては再代襲相続を認めていますが（民法887③）、被相続人の兄弟姉妹の孫や曽孫らについては再代襲相続を認めていません。

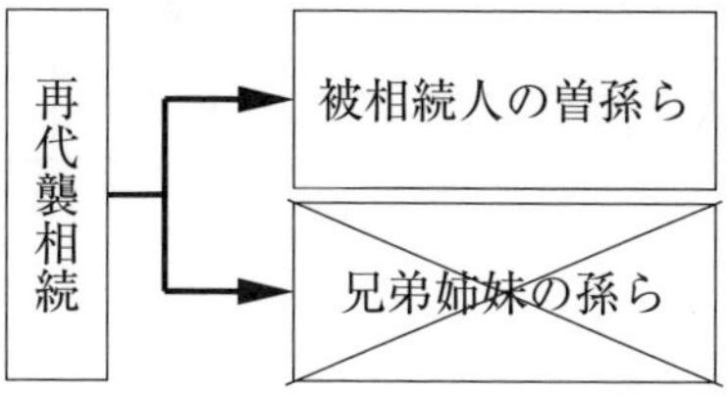

⑶　直系尊属

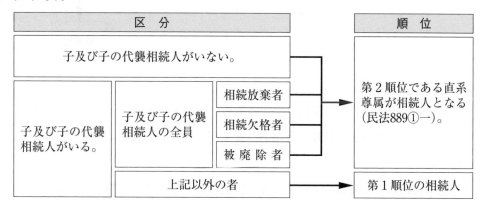

区　分			順　位
子及び子の代襲相続人がいない。			第2順位である直系尊属が相続人となる（民法889①一）。
子及び子の代襲相続人がいる。	子及び子の代襲相続人の全員	相続放棄者	第2順位である直系尊属が相続人となる（民法889①一）。
		相続欠格者	第2順位である直系尊属が相続人となる（民法889①一）。
		被 廃 除 者	第2順位である直系尊属が相続人となる（民法889①一）。
	上記以外の者		第1順位の相続人

直系尊属であれば、実父母と養父母との区別による差はありません。また、親子関係が嫡出かどうかにより区別されることもありません。

直系尊属の中では、親等の近い者が優先して相続人となります（民法889《直系尊属及び兄弟姉妹の相続権》①一ただし書)。したがって、次の図の親族関係の場合には、父だけが相続人となり、祖父母は相続人とはなりません。また、母を代襲相続するということもありません。

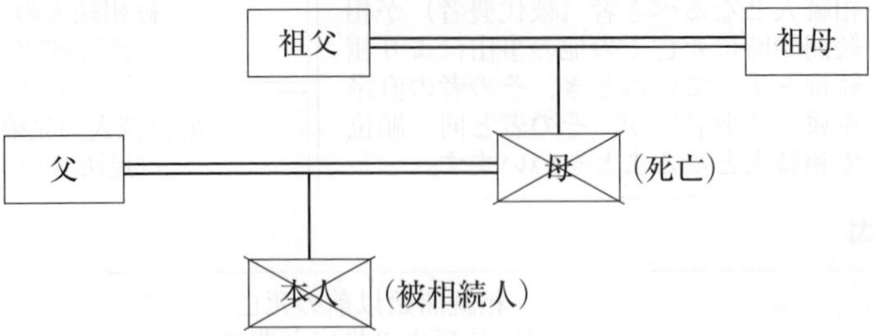

⑷　兄弟姉妹

第１順位と第２順位の相続人がいないときに第３順位として兄弟姉妹が相続人となります（民法889①二)。

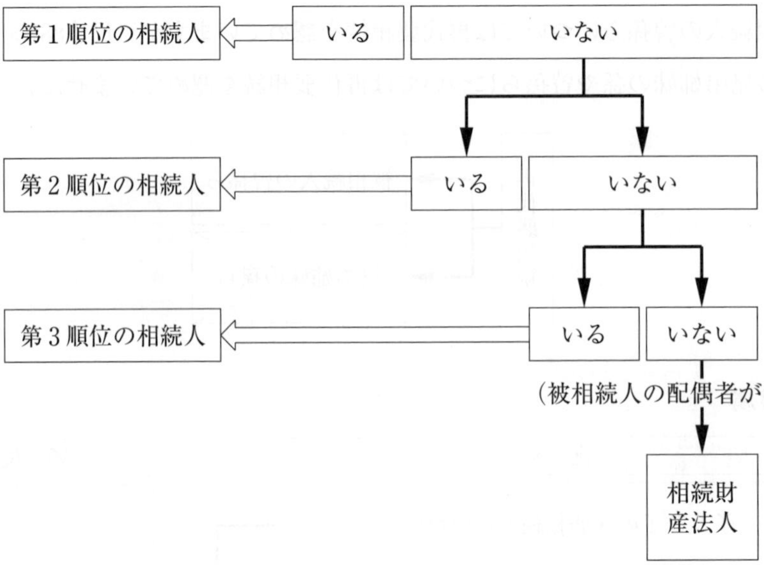

兄弟姉妹の中には、父母を同じくするもの（全血兄弟姉妹）と父母の一方だけを同じくするもの（半血兄弟姉妹）とがありますが、いずれも相続人となります。

兄弟姉妹には代襲相続が認められていますが、兄弟姉妹を代襲して相続人となる者は、兄弟姉妹の子（被相続人の甥・姪）に限られ、子以外の直系卑属（孫等）は、代襲相続人とはなりません（民法889②)。

(5)　配偶者

被相続人の配偶者は、常に相続人となりますが、既に説明しましたように、他に相続人となるべき者があるときは、その者と同順位になります（民法890《配偶者の相続権》）。この場合の「配偶者」とは、内縁関係にある者を含まず、法律上の配偶者のみをいいます。

なお、配偶者は代襲相続人となることができません。

配偶者に相続権を認める趣旨	①	婚姻中の財産の清算	⇒ 婚姻中、実質的には夫婦の協力によって財産が形成されたのにもかかわらず、形式的には夫婦の一方（被相続人）の名義になっていることが多く、死亡による婚姻の解消に際して清算するという考え方
	②	生存配偶者の扶養ないし生活保障	

〔参考〕　養子・特別養子制度

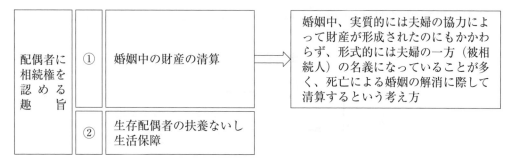

被相続人の養子は、縁組の日から養親（被相続人）の嫡出子としての身分を取得することになります（民法809《嫡出子の身分の取得》）。

また、特別養子制度とは、若年未成年の子の健全な養育を目的として、昭和63年1月1日に創設・施行された制度で、民法の第817条の2《特別養子縁組の成立》から第817条の11《離縁による実方との親族関係の回復》において規定されています。

なお、普通養子制度との相違点は次のとおりです。

	特別養子	普通養子
養親の制限	原則として満25歳以上の夫婦で共に養親	成人である者
養子の制限	原則として満15歳未満	養親より年少者
縁組の手続	家庭裁判所の審判が必要	養子が未成年者でなければ当事者の届出のみ
実親等の同意	原則として実父母の同意が必要	養子が満15歳未満のときは法定代理人が承諾
親子関係	実方との親族関係終了	実方との親族関係存続
戸籍の記載	養子との明記なし	養子との明記あり
離縁	家庭裁判所の審判が必要 養親からの請求不可	当事者の協議で可能 養子、養親とも訴え提起可

2　胎児の相続能力

相続開始時に胎児であった者は相続人になれないとすると、胎児は不利益を受けることになりますので、同時存在の原則（６ページ参照）又は出生によってはじめて人が権利能力を取得するという原則（民法３①）の例外として、相続については、胎児を既に生まれたものとみなすこととされています（民法886《相続に関する胎児の権利能力》①）。

なお、死産の場合にはこのような取扱いをしないことにしています（民法886②）。

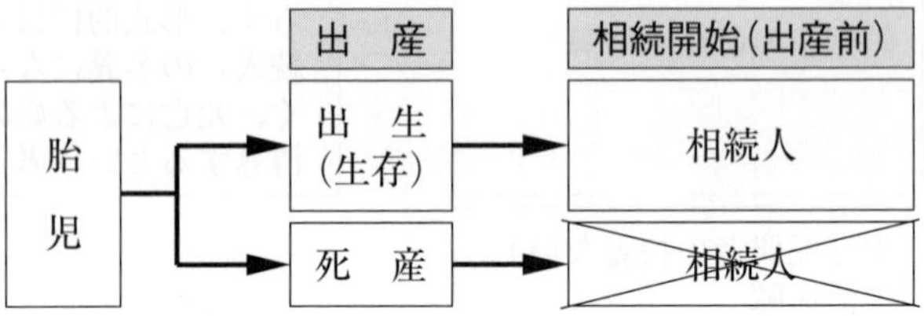

相続税法上は、胎児については出生によって納税義務が生ずるものとして取り扱うことにしています。

	学説・判例	内　容	相続税法との関係	
胎児の権利取得	法定解除条件説（制限人格説）	胎児は相続による権利を取得し、ただ死体で生まれたときには遡及して権利を取得しなかったとみる説		
	法定停止条件説（人格遡及説）	胎児は相続に関する権利を取得し得ず、出生後に胎児であったときに権利を取得していたものとみる説	相続税法上の取扱い	相基通11の２―３、15―３、19の３―３、27―４(6)、27―６、32―１

第３　相続分

１　法定相続分

民法第900条《法定相続分》は、第901条《代襲相続人の相続分》とともに同順位の相続人が数人あって共同相続となる場合の各相続人の相続分を定めています。ここで、相続分とは、共同相続人の相続すべき割合（遺産の総額に対する分数的割合＝相続分率）を意味します。法定相続分は積極財産の取得割合となるだけでなく、消極財産（相続債務）の分担割合にもなります。

(1)　**子と配偶者が相続人である場合**（第１順位の相続人がいる場合）

（例）　配偶者、嫡出子２人及び嫡出でない子１人の計４人が相続人である場合の各人の相続分

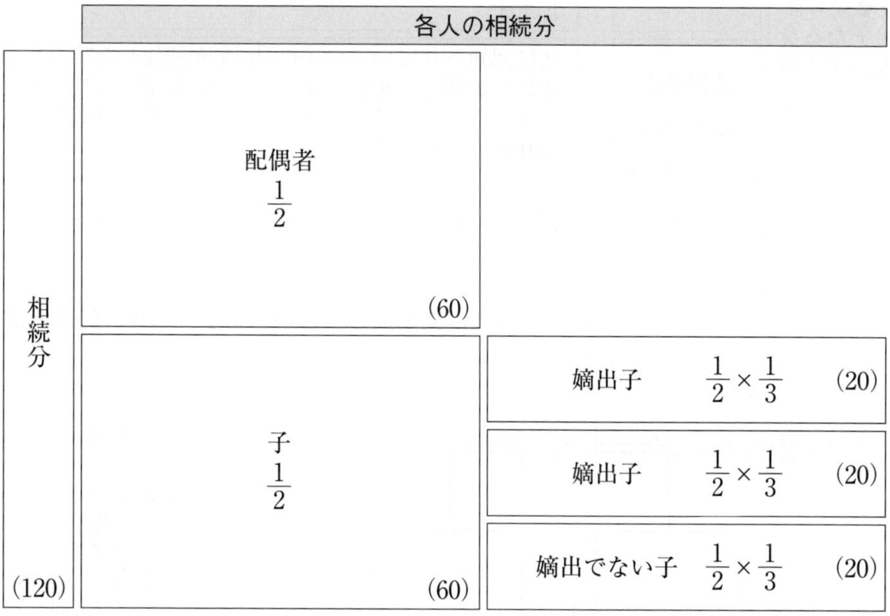

※　嫡出でない子の相続分は嫡出子の相続分と同等です（民法900四）。

用語の解説

嫡出子（ちゃくしゅつし）・嫡出でない子

区分			内容
子	嫡出子（婚内子）	実子	嫡出子とは、法律上の婚姻関係にある男女を父母として生まれた子をいい、嫡出でない子も**準正**によって嫡出子となることができます。また、養子は養子縁組によって養親の嫡出子となります。
		養子	
	嫡出でない子（婚外子）	実子	嫡出でない子とは、法律上の婚姻関係にない男女の間に生まれた子をいいます。判例は、分娩の事実があれば当然に母子関係を認めています。一方、父子関係は認知によって生じます。

準正

	区分	内容	効果の発生
準正（嫡出でない子が嫡出子たる身分を取得する制度）	婚姻準正（民法789①）⇨	婚姻前に生まれ父に認知されている子は、父母が婚姻すると嫡出子の身分を取得します。	父母の婚姻の時
	認知準正（民法789②）⇨	父に認知されていない子の父母が婚姻した後に、父に認知されたときは、嫡出子の身分を取得します。	父が認知した時（なお、効力が婚姻の時に遡及するとする解釈論も有力です。）。

効果の生ずる時に子が死亡していても準正の効果が生ずることとされています（民法789③）。

〔設例１〕　被相続人甲の相続人は、後妻乙、先妻丙と甲との間の子Ａ・Ｂ及び後妻乙と甲との間の子Ｃ・Ｄです。

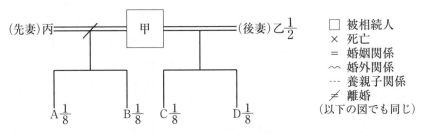

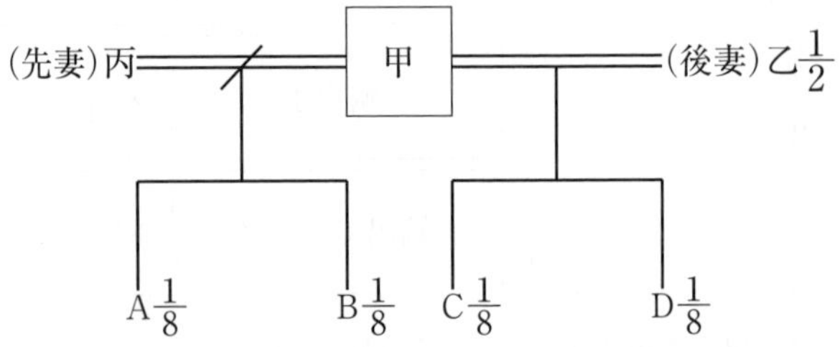

□ 被相続人
× 死亡
＝ 婚姻関係
〰 婚外関係
--- 養親子関係
≠ 離婚
（以下の図でも同じ）

○　後妻乙の相続分は、$\frac{1}{2}$です。

○　嫡出子Ａ・Ｂ・Ｃ・Ｄの各相続分は、$\frac{1}{2}\times\frac{1}{4}=\frac{1}{8}$です。

〔設例2〕　被相続人甲の相続人は、妻乙、妻乙と甲との間の嫡出子A・B及び丙女と甲との間の嫡出でない子C・Dです。

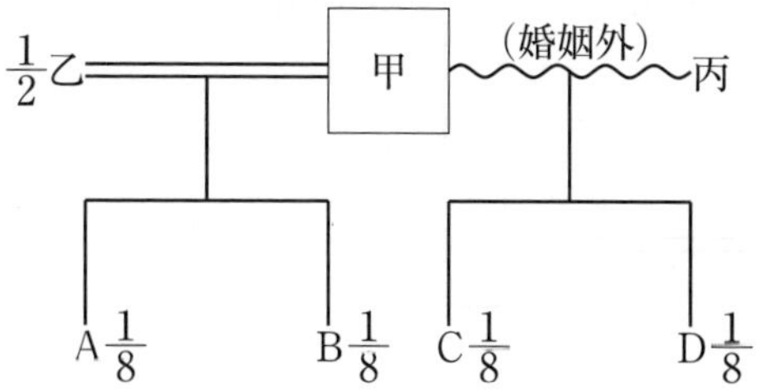

○　妻乙の相続分は、$\frac{1}{2}$です。

○　嫡出子A・B及び嫡出でない子C・Dの各相続分は、$\frac{1}{2}\times\frac{1}{4}=\frac{1}{8}$です。

⑵　配偶者と直系尊属が相続人である場合（第2順位の相続人がいる場合）

（例）　配偶者と実父母の計3人が相続人である場合の各人の相続分

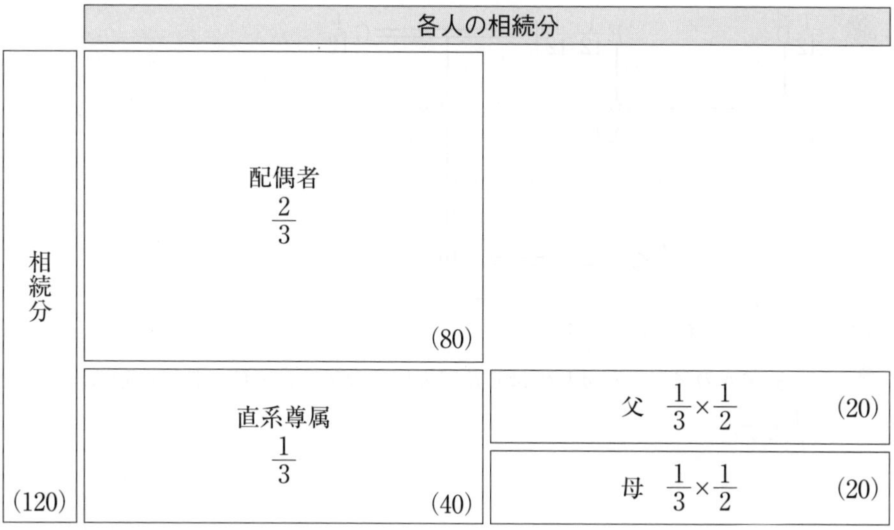

直系尊属の相続分は、実父母、養父母の区別なく平等です。祖父母は父母のいない場合には相続しますが、この場合の相続分も父方の祖父母、母方の祖父母の区別なく平等です。

〔設例１〕 被相続人甲の相続人は、妻乙、甲の養父母Ａ・Ｂ及び甲の実母Ｃです。

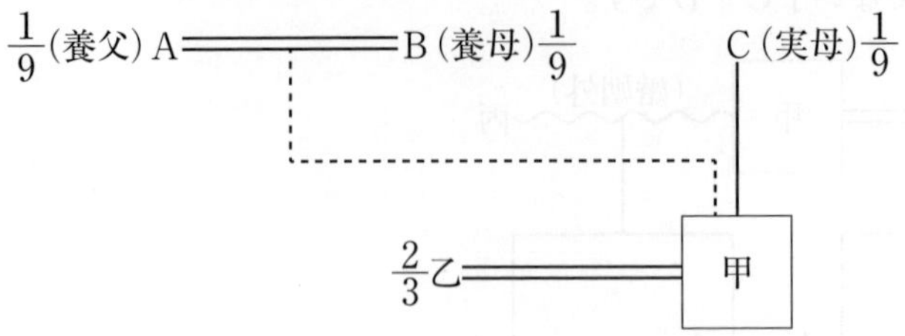

○　妻乙の相続分は、$\frac{2}{3}$です。

○　養父母Ａ・Ｂ及び実母Ｃの各相続分は、$\frac{1}{3}\times\frac{1}{3}=\frac{1}{9}$です。

〔設例２〕〔設例１〕で養父母Ａ・Ｂ及び実母Ｃが既に死亡しており、養父Ａの父Ｄ、養母Ｂの母Ｅ及び実母Ｃの父母Ｆ・Ｇが生存している場合、各人の相続分は次のようになります。

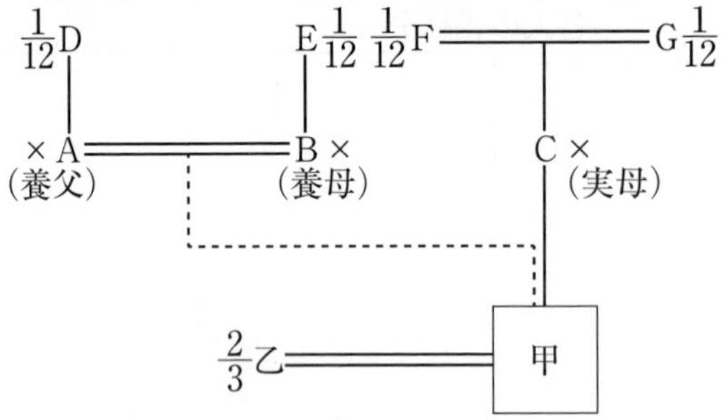

○　妻乙の相続分は、$\frac{2}{3}$です。

○　養父Ａの父Ｄ、養母Ｂの母Ｅ及び実母Ｃの父母Ｆ・Ｇの各相続分は、$\frac{1}{3}\times\frac{1}{4}=\frac{1}{12}$です。

⑶　**配偶者と兄弟姉妹が相続人である場合**（第３順位の相続人がいる場合）

（例）　配偶者と兄、弟及び妹の計４人が相続人である場合の各人の相続分

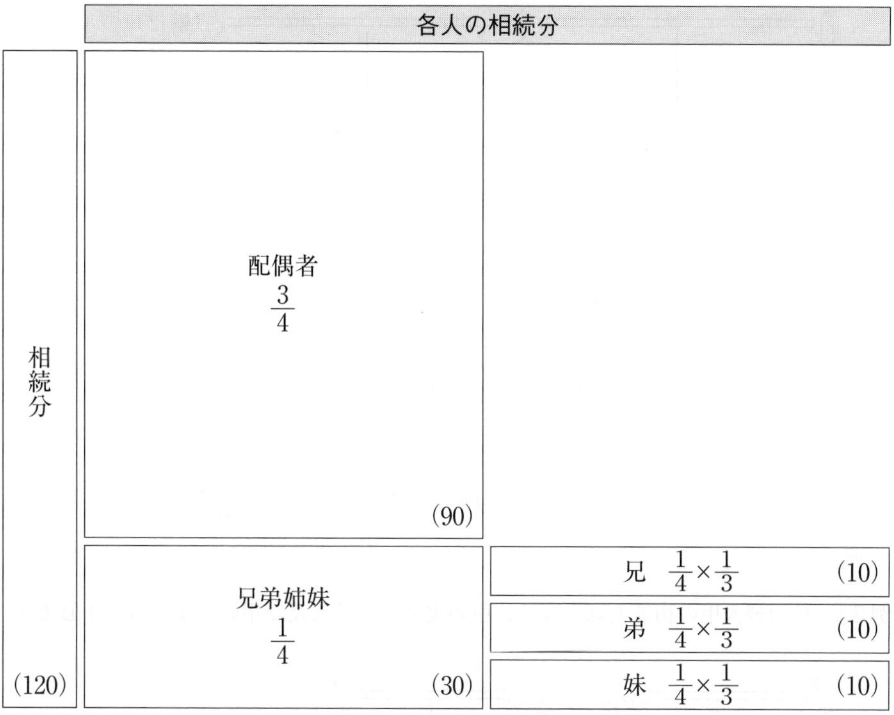

被相続人と父母の一方のみを同じくする（半血）兄弟姉妹の相続分は、被相続人と父母の双方を同じくする（全血）兄弟姉妹の相続分の$\frac{1}{2}$です（民法900四ただし書）。

㈲　平成25年改正前の民法においても、嫡出であるか否かにかかわらず、全血か半血かのみによって相続分に差が生じることに留意してください。

〔設例１〕　被相続人甲の相続人は、妻乙と、甲と父母を同じくする兄弟姉妹Ａ・Ｂ・Ｃです。

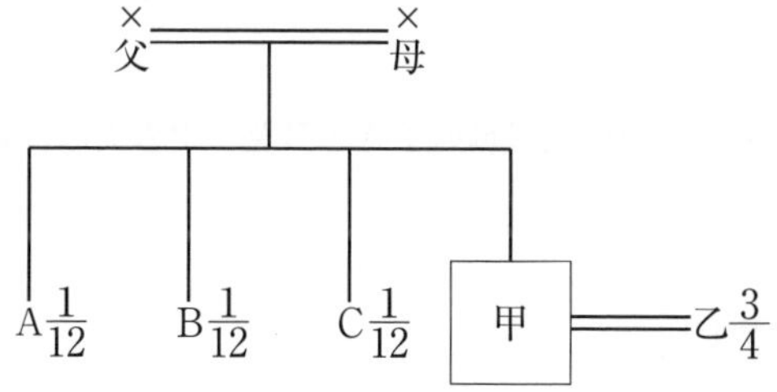

○　妻乙の相続分は、$\frac{3}{4}$です。

○　兄弟姉妹Ａ・Ｂ・Ｃの各相続分は、$\frac{1}{4}\times\frac{1}{3}=\frac{1}{12}$です。

〔設例２〕〔設例１〕でＡが全血の兄弟姉妹、Ｂ・Ｃが半血の兄弟姉妹である場合は次のようになります。

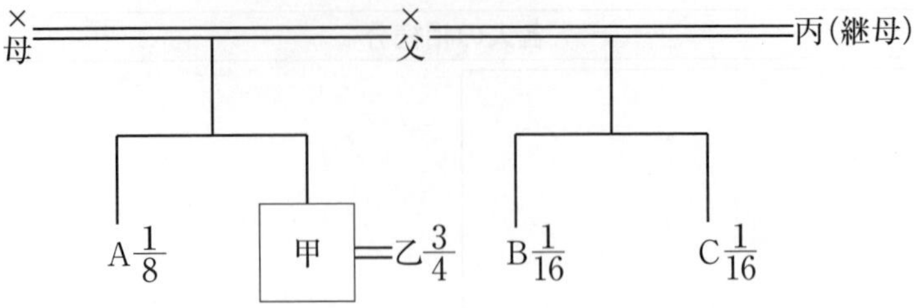

○　妻乙の相続分は、$\frac{3}{4}$です。

○　全血兄弟姉妹Ａの相続分は、$\frac{1}{4}\times\frac{\overset{(A)}{2}}{\underset{(A)}{2}+\underset{(B)}{1}+\underset{(C)}{1}}=\frac{2}{16}=\frac{1}{8}$です。

○　半血兄弟姉妹Ｂ・Ｃの各相続分は、$\frac{1}{4}\times\frac{\overset{(B)又は(C)}{1}}{\underset{(A)}{2}+\underset{(B)}{1}+\underset{(C)}{1}}=\frac{1}{16}$です。

〔設例３〕　被相続人甲の相続人は、妻乙、甲の実父母の子Ａ及び甲の養父母の実子Ｂです。

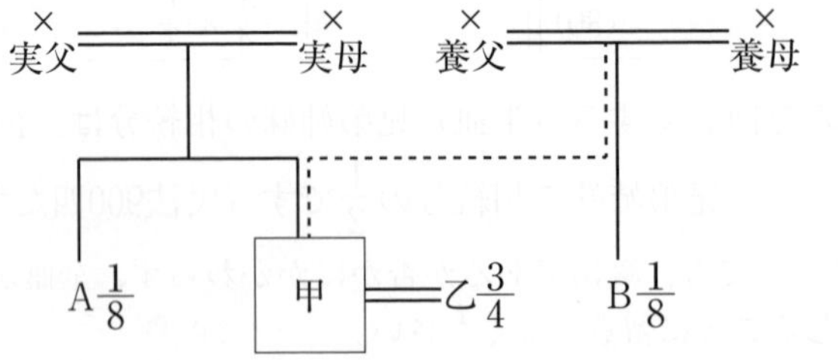

○　妻乙の相続分は、$\frac{3}{4}$です。

○　甲の実父母の子Ａ及び甲の養父母の実子Ｂの各相続分は、$\frac{1}{4}\times\frac{1}{2}=\frac{1}{8}$です。

〔設例４〕　被相続人甲の相続人は、妻乙、甲の実父母の子Ａ・Ｂ及び甲の実母の養子Ｃです。

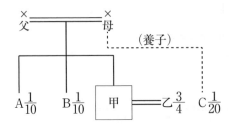

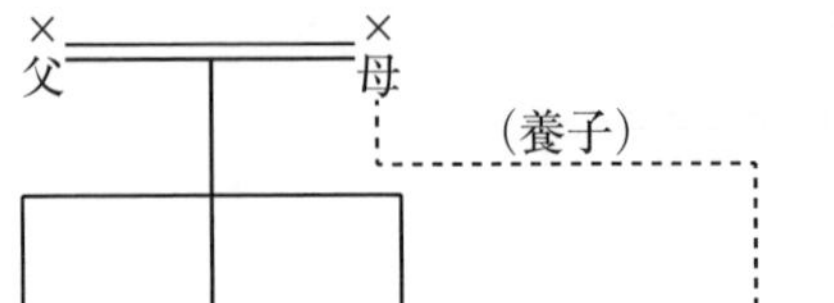

○　妻乙の相続分は、$\frac{3}{4}$です。

○　甲の実父母の子Ａ・Ｂの各相続分は、$\frac{1}{4}\times\frac{\overset{(A)又は(B)}{2}}{\underset{(A)}{2}+\underset{(B)}{2}+\underset{(C)}{1}}=\frac{2}{20}=\frac{1}{10}$です。

○　甲の実母の養子Ｃの相続分は、$\frac{1}{4}\times\frac{\overset{(C)}{1}}{\underset{(A)}{2}+\underset{(B)}{2}+\underset{(C)}{1}}=\frac{1}{20}$です。

㈯　甲の実父母の子Ａ・Ｂが全血の兄弟姉妹となり、甲の実母の養子Ｃは半血の兄弟姉妹となることに留意してください。

〔設例５〕　被相続人甲の相続人は、妻乙、甲の実父母ＸＹ間の嫡出子Ａと嫡出でない子Ｂ（Ｘ・Ｙが離婚後婚姻外関係で生まれた子です。）及び実父Ｘと後妻Ｚとの間の嫡出子Ｃと実父ＸとＷ女との間の嫡出でない子Ｄです。

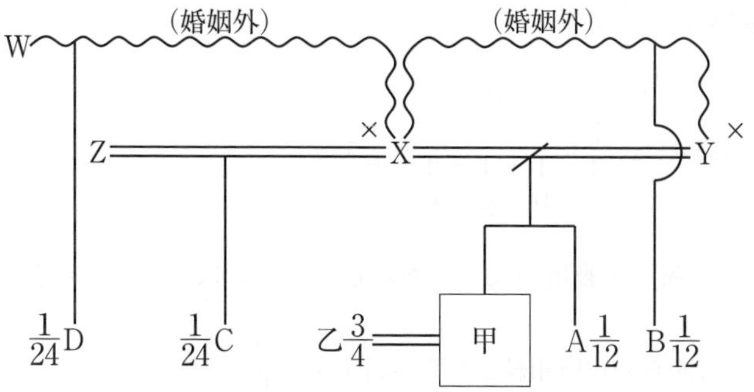

○　妻乙の相続分は、$\frac{3}{4}$です。

○　甲の実父母ＸＹ間の嫡出子Ａと嫡出子でない子Ｂの各相続分は、

$\frac{1}{4}\times\frac{\overset{(A)又は(B)}{2}}{\underset{(A)}{2}+\underset{(B)}{2}+\underset{(C)}{1}+\underset{(D)}{1}}=\frac{2}{24}=\frac{1}{12}$です。

○　実父Ｘと後妻Ｚとの間の嫡出子Ｃと実父ＸとＷ女との間の嫡出でない子Ｄの各相続分は、

$\frac{1}{4}\times\frac{\overset{(C)又は(D)}{1}}{\underset{(A)}{2}+\underset{(B)}{2}+\underset{(C)}{1}+\underset{(D)}{1}}=\frac{1}{24}$です。

(4) 身分関係が重複する場合（祖父が孫を養子にした場合）

祖父が被相続人である場合、養子となっている代襲相続人の孫は、養子としての相続分と代襲相続人としての相続分を合わせて取得するのが実務先例です。

〔設例〕 被相続人甲には、妻乙との間に実子Ａ、Ｂがおり、既に死亡した実子Ａには子Ｃがいます。また、被相続人甲は妻乙とともに子Ｃ（孫）を養子にしています。

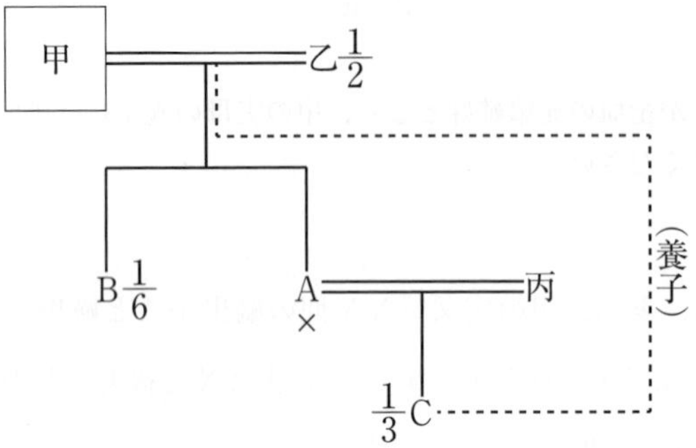

○ 妻乙の相続分は、$\frac{1}{2}$です。

○ 実子Ｂの相続分は、$\frac{1}{2} \times \frac{\overset{(B)}{1}}{\underset{(B)}{1} + \underset{(C)}{1} + \underset{(C)}{1}} = \frac{1}{6}$です。

○ 養子であり、孫（代襲相続人）であるＣの相続分は、$\frac{1}{2} \times \frac{1}{3} = \frac{1}{6}$（養子分）と$\frac{1}{2} \times \frac{1}{3} = \frac{1}{6}$（Ａからの代襲相続分）の合計である$\frac{2}{6} = \frac{1}{3}$です。

2　代襲相続分

民法第901条は、代襲相続人の相続分を定めています。

	区　分	内　容
代襲相続分	子の代襲相続人となる直系卑属の相続分	代襲相続人が数人あるときは、被代襲者（子・兄弟姉妹）が受けるべきであった相続分を、民法第900条の規定に従って均等に配分します。
	兄弟姉妹の代襲相続人となる子の相続分	

(1) 子の代襲相続人の相続分

〔設例１〕 被相続人甲には、妻乙とＡ・Ｂ・Ｃの３人の子がおり、Ａは甲より先に死亡しています。Ａには、妻丙との間にＤ・Ｅの２人の子と、丁女との間の子Ｆ（認知）がいます。

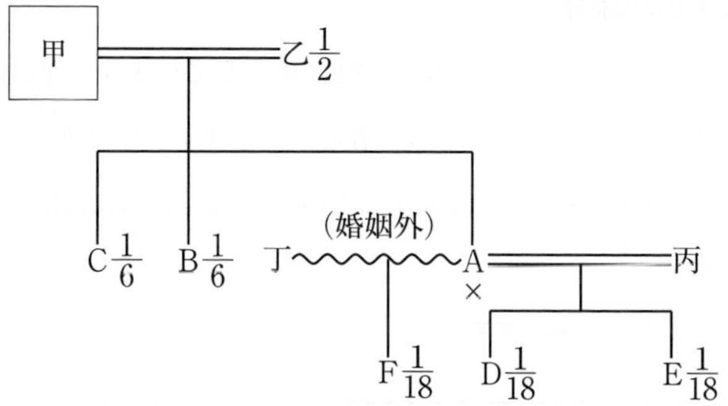

○　妻乙の相続分は、$\frac{1}{2}$です。

○　B・Cの各相続分は、$\frac{1}{2}\times\frac{1}{3}=\frac{1}{6}$です。

○　D・E・Fの各相続分は、$\frac{1}{2}\times\frac{1}{3}\times\frac{1}{3}=\frac{1}{18}$です。

〔設例2〕　被相続人甲には、妻乙とその間の子A・B、丙女との間の子C（認知）がおり、A・B・Cはいずれも甲より先に死亡しています。Aには妻との間にD・Eの2人の子がいます。Bには妻との間に子F、他女との間に子G（認知）がいます。また、Cには妻との間にH・Iの2人の子、他女との間に子J（認知）がいます。

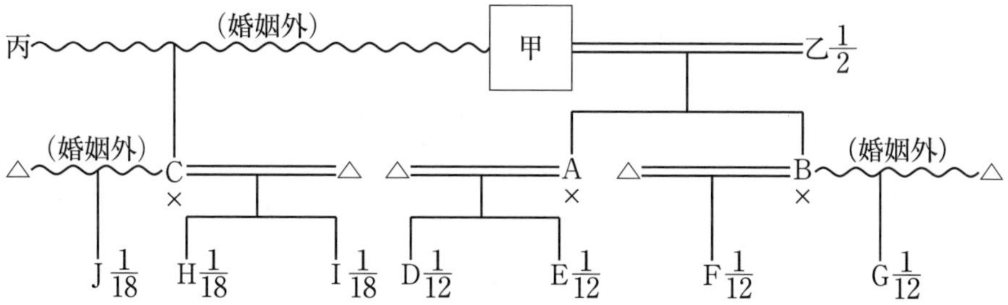

○　妻乙の相続分は、$\frac{1}{2}$です。

○　D・E・F・Gの各相続分は、$\frac{1}{2}\times\frac{1}{3}\times\frac{1}{2}=\frac{1}{12}$です。

○　H・I・Jの各相続分は、$\frac{1}{2}\times\frac{1}{3}\times\frac{1}{3}=\frac{1}{18}$です。

(2) 兄弟姉妹の代襲相続人の相続分

〔設例〕 被相続人甲には子はなく、また、父母等も既に死亡しています。兄弟姉妹のうちＡ・Ｂの２人は既に死亡していますがＣは生存しています。Ａには妻との間の子Ｄ・Ｅと他女との間の子Ｆ・Ｇ（それぞれ認知）がいます。また、Ｂには他女との間の子Ｈ（認知）がいます。

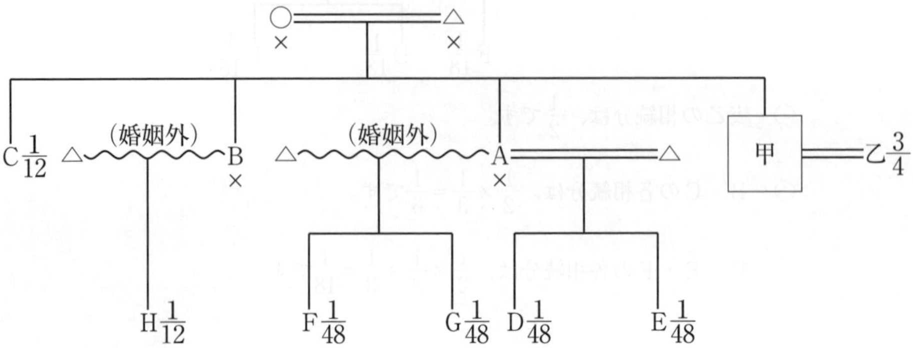

○ 妻乙の相続分は、$\frac{3}{4}$です。

○ Ｃ・Ｈの各相続分は、$\frac{1}{4}\times\frac{1}{3}=\frac{1}{12}$です。

○ Ｄ・Ｅ・Ｆ・Ｇの各相続分は、$\frac{1}{4}\times\frac{1}{3}\times\frac{1}{4}=\frac{1}{48}$です。

第4　遺産の分割

1　遺産分割の基準

遺産の分割は、遺産に属する物又は権利の種類及び性質、各相続人の年齢、職業、心身の状態及び生活の状況その他一切の事情を考慮してしなければなりません（民法906《遺産の分割の基準》）。

2　分割の実行

民法第907条《遺産の分割の協議又は審判》は、遺言で遺産の分割が禁止（民法908《遺産の分割の方法の指定及び遺産の分割の禁止》）されていない場合の遺産分割の実行について規定しています。

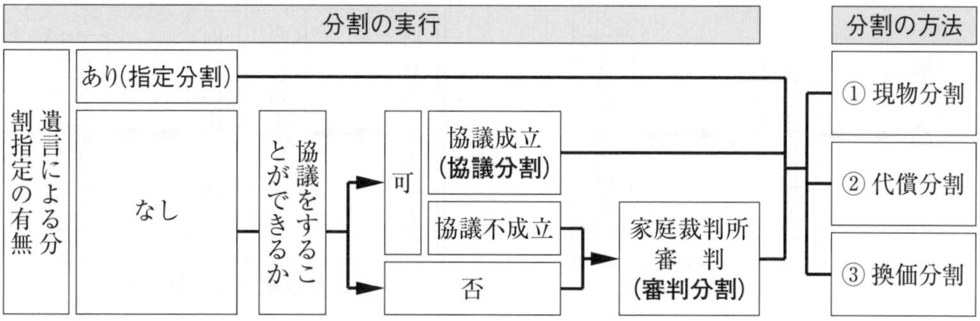

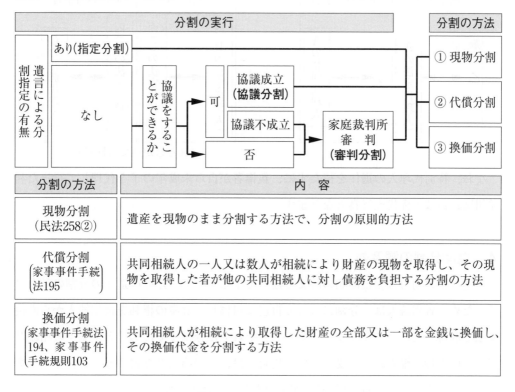

分割の方法	内　容
現物分割（民法258②）	遺産を現物のまま分割する方法で、分割の原則的方法
代償分割（家事事件手続法195）	共同相続人の一人又は数人が相続により財産の現物を取得し、その現物を取得した者が他の共同相続人に対し債務を負担する分割の方法
換価分割（家事事件手続法194、家事事件手続規則103）	共同相続人が相続により取得した財産の全部又は一部を金銭に換価し、その換価代金を分割する方法

3　遺産分割手続と利益相反行為

共同相続人中に、親権者とその親権に服する未成年の子がいる場合、又は同一親権に服する複数の未成年の子がいる場合において、その親権者が未成年者の法定代理人として遺産分割手続を行うことは、親権者と未成年者又は未成年者間の利益相反行為となります。したがって、この場合において、親権者は、未成年の子のために、特別代理人の選任を家庭裁判所に請求し、その特別代理人と単なる相手方として法律行為（遺産分割）をする、又は相手方たる子の親権者として法律行為（遺産分割）をすることが必要となります（民法826《利益相反行為》）。

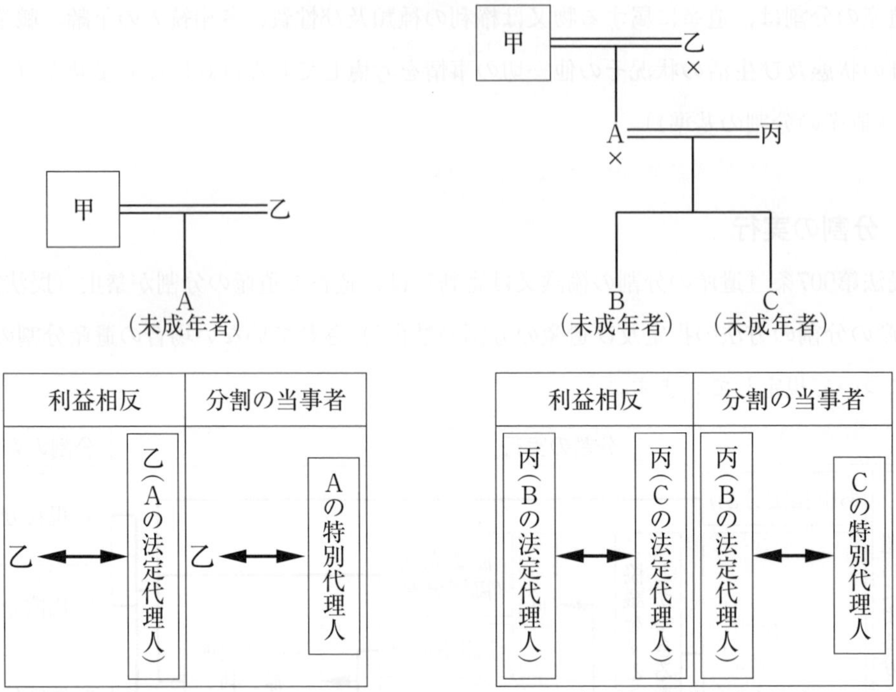

（BとCが逆でも同じ）

なお、特別代理人の選任を待たずに、親権者が自ら未成年の子を代理して行った利益相反行為は無権代理行為となります。

4　遺産分割の遡及効

遺産分割の効力は相続開始の時まで遡って生じます（民法909《遺産の分割の効力》）。そのため、各相続人は、分割によって自己に帰属した財産の権利を被相続人から直接単独で取得したことになります。しかし、それでは分割までに第三者が個々の相続財産について持分権の譲渡を受けていた場合には、その第三者を害することになりますので、そのような第三者を民法第909条ただし書で保護しています。

〔参考〕　遺産分割協議書の具体例

遺産分割協議書

被相続人大蔵太郎の遺産については、同人の相続人の全員において分割協議を行った結果、各相続人がそれぞれ次のとおり遺産を分割し、取得することに決定した。

一　相続人大蔵花子が取得する財産

(1)　杉並区上田一丁目八番
宅地　参百平方メートル

(2)　右同所同番地　家屋番号八番
木造瓦葺平屋建居宅
床面積　九拾平方メートル

(3)　右居宅内にある家財一式

(4)　現金壱百万円

二　相続人大蔵一郎が取得する財産

(1)　A銀行杉並支店の被相続人大蔵太郎名義の定期預金
一口　五百万円

(2)　株式会社Bの株式　壱千二百五拾株

三　相続人大蔵二郎が取得する財産

A銀行杉並支店の被相続人大蔵太郎名義の定期預金
一口　壱千万円

四　相続人大蔵一郎は、被相続人大蔵太郎の次の債務を承継する。

A銀行杉並支店からの借入金　弐百万円

右のとおり相続人全員による遺産分割の協議が成立したので、これを証するため本書を作成し、左に各自署名押印する。

令和六年六月一日

杉並区上田一丁目二番三号
相続人　大蔵花子

杉並区上田一丁目二番三号
相続人　大蔵一郎

大田区下田五丁目四番三号
相続人　大蔵二郎

※1　上記に掲げた遺産分割協議書は1つの記載例を示したものです（書式が定まっているわけではありません。）。

2　相続人のうちに未成年者がいる場合で利益相反行為の規定に該当するときは、その未成年者については家庭裁判所で特別代理人の選任を受けて、その特別代理人が未成年者に代わって遺産の分割協議を行う必要があります。

3　遺産分割協議書に押印する印章は、その人の住所地の市区町村長の印鑑証明を受けた印章（いわゆる実印）を使用してください（「配偶者に対する相続税額の軽減」の項を参照）。

4　印紙税は課されませんので印紙を貼付する必要はありません。

5　遺産のうちに不動産がある場合、この遺産分割協議書は、登記原因を証する書面としての役割を果たすことになります。

第５　相続の承認及び放棄

相続人は、相続開始の時から、被相続人の一身に専属したものを除き、被相続人に属した財産上の一切の権利義務を当然に承継します（民法896《相続の一般的効力》）。その一方で、相続人には、その承継を単純承認するか、限定承認するか、又は相続を放棄するかを自由に選択することができる権利が与えられています。

<table>
<tr><th></th><th colspan="2">区　分</th><th>内　容</th></tr>
<tr><td rowspan="3">相続人の意思表示</td><td rowspan="2">相続受諾（相続の承認）</td><td>単純承認</td><td>無限に被相続人の権利義務を承継するとする意思表示</td></tr>
<tr><td>限定承認</td><td>相続によって得た財産の限度で被相続人の債務及び遺贈の義務を負担するとする意思表示</td></tr>
<tr><td colspan="2">相続拒否（相続放棄）</td><td>初めから相続人にならなかったこととする意思表示</td></tr>
</table>

相続人は、自己が相続人となったことを知った時から３か月以内に、単純・限定の承認又は放棄をしなければなりません（民法915《相続の承認又は放棄をすべき期間》①）。

相続の承認や相続放棄を撤回（意思表示をした者がその意思表示の効果を将来に向かって消滅させること）することは許されませんが、一定期間内に無能力や詐欺・強迫などを理由として取り消すことは可能です。その際、限定承認・相続放棄の取消しについては家庭裁判所に申述しなければならないこととされています（民法919《相続の承認及び放棄の撤回及び取消し》）。

１　単純承認

相続人が単純承認をしたときは、無限に被相続人の権利義務を承継するものとされています（民法920《単純承認の効力》）。したがって、相続財産をもって相続債務を弁済しきれないときには、相続人は自己固有の財産をもって弁済しなければならないことになります。

また、次に掲げる場合には、相続人は原則として単純承認をしたものとみなされます（民法921《法定単純承認》）。

<table>
<tr><td rowspan="3">みなす（法定）単純承認</td><td>①</td><td>相続人が相続財産の全部又は一部を処分したとき</td></tr>
<tr><td>②</td><td>相続人が考慮（熟慮）期間（３か月間）内に限定承認又は相続放棄をしなかったとき</td></tr>
<tr><td>③</td><td>相続人が限定承認又は相続放棄をした後でも、相続財産の全部若しくは一部を隠匿し、私的にこれを消費し、又は悪意でこれを相続財産の目録中に記載しなかったとき</td></tr>
</table>

2　限定承認

相続人は、相続によって得た財産（一身専属権を除く全ての積極財産）を限度として被相続人の債務（一身専属債務を除く全ての債務）及び遺贈を弁済すべきことを留保して相続の承認をすることができます（民法922《限定承認》）。これを限定承認といいます。

相続人が限定承認をしようとするときは、考慮（熟慮）期間（３か月）内に相続財産の目録を作成してこれを家庭裁判所に提出し、限定承認をする旨を申述しなければならないこととされています（民法924《限定承認の方式》）。

また、一部の相続人の限定承認を認めるとすれば、相続財産をめぐる法律関係は極めて複雑となり清算は不可能となりますので、相続人が数人あるときの限定承認は、共同相続人の全員が共同してのみこれをすることができることとされています（民法923《共同相続人の限定承認》）。

なお、限定承認によって、相続人の相続債務に関する責任は相続財産を限度とする有限責任となりますが、債務自体が減少するわけではないことに留意する必要があります。

3　放棄

相続の放棄をしようとする者は、その旨を家庭裁判所に申述しなければなりません（民法938《相続の放棄の方式》）。

相続放棄の結果、相続の放棄をした者は、初めから相続人でなかったものとみなされます（民法939《相続の放棄の効力》）ので、放棄者を代襲相続することはありません。また、相続分は、放棄者を相続人に入れないで算定すればよいということになります。

第6　相続人の不存在

相続が開始すれば相続財産は相続人に承継されることとなりますが、相続人の存否が不明のときには、一方では相続財産を管理・清算しつつ、他方では相続人を捜索することが必要となります。民法は、これらのための手続を「相続人の不存在」として第951条《相続財産法人の成立》から第959条《残余財産の国庫への帰属》までに規定しています。

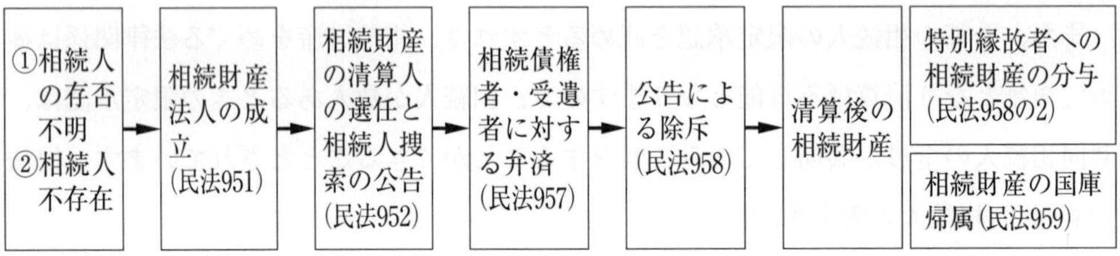

相続人捜索の公告期間満了後3か月以内に特別縁故者からの請求によって、家庭裁判所は、清算後残存する相続財産の全部又は一部を特別縁故者に与えることができることになっています。

特別縁故者	①	被相続人と生計を同じくしていた者
	②	被相続人の療養看護に努めた者
	③	その他被相続人と特別の縁故があった者

第7　遺　言

遺言は、一定の方式に従ってされる相手方のない一方的かつ単独の意思表示であり、遺言者の死後の法律関係を定める最終意思の表示であって、その者の死亡によって法律効果が発生します。遺言の制度を認めることによって私的自治の原則は人の死後にも延長されることになり、人は遺言によりその死後も自己の財産を自由に処分できることになります（遺言自由の原則）。

つまり、遺言の制度は、次の事項について、遺言者の死後の法律関係が遺言で定められたとおりに実現することを法的に保障する制度であるといえます。

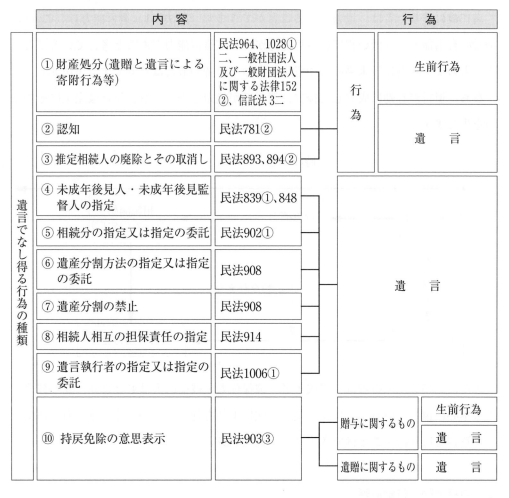

	内　容		行　為	
遺言でなし得る行為の種類	①財産処分(遺贈と遺言による寄附行為等)	民法964、1028①二、一般社団法人及び一般財団法人に関する法律152②、信託法3二	行為	生前行為 遺　言
	② 認知	民法781②	行為	生前行為 遺　言
	③ 推定相続人の廃除とその取消し	民法893、894②	行為	生前行為 遺　言
	④ 未成年後見人・未成年後見監督人の指定	民法839①、848	遺　言	
	⑤ 相続分の指定又は指定の委託	民法902①	遺　言	
	⑥ 遺産分割方法の指定又は指定の委託	民法908	遺　言	
	⑦ 遺産分割の禁止	民法908	遺　言	
	⑧ 相続人相互の担保責任の指定	民法914	遺　言	
	⑨ 遺言執行者の指定又は指定の委託	民法1006①	遺　言	
	⑩ 持戻免除の意思表示	民法903③	贈与に関するもの	生前行為 遺　言
			遺贈に関するもの	遺　言

1　遺言に関する総則

(1)　遺言の要式性

民法第960条《遺言の方式》は、遺言が要式行為（一定の方式に従って行わないと不成立又は無効とされる法律行為）であることを定めています。これに反すれば遺言としての効力は生じません。これは、死亡者の意思の真否や内容について本人に確かめることは不可能ですから、一定の手続に従った遺言書の作成を要求し、もって死亡者の真意を確保しようとするものです。

(2)　遺言能力

満15歳に達した者は、遺言をすることができます（民法961《遺言能力》)。これは、通常の行為能力より低い程度の意思能力があれば遺言能力があると考えていることによるものです。満15歳未満の者や意思能力のない者の遺言は無効です（民法963)。

なお、遺言が有効に成立した後に、遺言者が能力を失っても、遺言は完全にその効力を生じます。

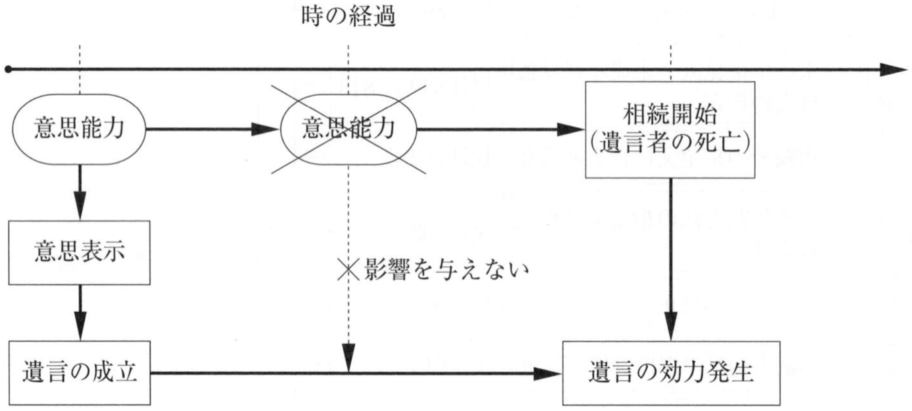

また、満15歳以上の者は、未成年者・被保佐人・被補助人はもとより、成年被後見人も本心に復しているときには一定の方式により有効に遺言ができ、無能力を理由として遺言を取り消すことはできません（民法962)。

(3)　包括遺贈と特定遺贈

遺贈とは、遺言によって受遺者に対し無償で自らの財産を与えることです。遺言の性質（撤回の自由など相手方のない単独行為）から、遺言が効力を生ずれば、受遺者の承諾の有無にかかわりなく財産処分としての効力が生じます（もっとも、受遺者は放棄をすることができます。)。

なお、死因贈与（贈与者の死亡によって効力を生ずる贈与）も、死後の財産処分に関係し、かつ、贈与者の死亡を効力発生要件とする点で遺贈と共通しますが、死因贈与は贈与契約（諾成・片務・無償・不要式の契約）であるのに対し、遺贈は単独行為である点で相違します。

	区　分		左に含まれるものの例示
遺贈 （民法964）	包括遺贈	遺産の全部又は一定割合による部分を与えると示されたもの	○相続分の指定を内容とする遺言 ○遺言で遺産中の積極財産を処分して債務を清算し、残余財産を相続人等に一定の割合で分配するよう指示した場合
	特定遺贈	包括遺贈以外のもの	○不動産の全部、有価証券の半分というような表示の遺言 ○遺言で受遺者のために新たな債権を創設した場合 ○遺言で受遺者の債務を免除した場合

※　包括遺贈であるか特定遺贈であるかの区分は、結局のところ、遺言書の表示その他の事情を考慮しつつ、遺言者の意思解釈によって決することとなります。

2　遺言の方式

民法が定める遺言の方式は次のとおりです。

遺言	普通方式	自筆証書遺言（民法968）	
		公正証書遺言（民法969）	
		秘密証書遺言（民法970）	
	特別方式	危急時遺言	死亡危急者遺言（民法976）
			船舶遭難者遺言（民法979）
		隔絶地遺言	伝染病隔離者遺言（民法977）
			在船者遺言（民法978）

⑴　自筆証書遺言

遺言者が、その全文、日付及び氏名を自書し、これに印を押す方式で、遺言者が全ての部分を自書する必要があります。自筆証書の加除その他の変更については、遺言者がその場所を指示し、これを変更した旨を付記した上で特にこれに署名し、その変更の場所に印を押さなければ、その効力が生じないことになっています（民法968《自筆証書遺言》）。

なお、自筆証書に相続財産の全部又は一部の目録を添付する場合には、その目録については自書することを要しません。ただし、この場合において、遺言者は、その目録の毎葉に署名し印を押さなければなりません。

〔参考〕 自筆証書による遺言書の具体例

遺言書

遺言者大蔵太郎はこの遺言書により左のとおり遺言をする。

一、遺言者大蔵太郎はその所有に係る左記不動産を東京都目黒区中目黒五丁目二七番一六号 大蔵花子に相続させる。

記

(一) 東京都目黒区中目黒五丁目二六七番七
宅地 二四七・七六平方メートル

(二) 同所同番地七
家屋番号 二六七番七
木造スレート亜鉛メッキ鋼板葺二階建居宅一棟
一階 四五・五六平方メートル
二階 三二・四七平方メートル

二、東京都新宿区北新宿一丁目十九番三号 弁護士 甲野乙郎を遺言執行者に指定する。

この遺言のため遺言者自らこの遺言書全文を筆記し日付および氏名を自書して捺印する。

令和六年十二月十六日

東京都目黒区中目黒五丁目二七番十六号
遺言者 大蔵太郎

(2) 公正証書遺言

遺言書作成の方式 （民法969、969の２）	①	遺言に当たっては、２人以上の証人が立ち会うこと ※ 未成年者やその遺言についての利害関係人などは証人又は立会人になることができません（民法974）。
	②	遺言者が遺言の趣旨を公証人に口授すること ※ 遺言者が口がきけない者である場合には、遺言者が公証人及び証人の前で遺言の趣旨を通訳人の通訳により申述し、又は自書しなければなりません。
	③	公証人が遺言者の口述（通訳人の通訳による申述又は自書）を筆記し、これを遺言者及び証人に読み聞かせ又は閲覧させること ※ 遺言者又は証人が耳が聞こえない者である場合には、通訳人の通訳により遺言者又は証人に伝えることで読み聞かせに代えることができます。
	④	遺言者及び証人が筆記の正確なことを承認した後、各自これに署名し、印を押すこと ※ 遺言者が署名することができない場合は、公証人がその事由を付記して、署名に代えることができます。
	⑤	公証人が、その証書は上記に掲げた方式に従って作ったものである旨を付記して、これに署名し、印を押すこと

(3) 秘密証書遺言

遺言書作成の方式 （民法970、972）	①	遺言者が、その証書に署名し、印を押すこと
	②	遺言者がその証書を封じ、証書に用いた印章をもってこれに封印すること
	③	遺言者が、公証人１人及び証人２人以上の前に封書を提出して、それが自己の遺言書である旨並びにそれを書いた人の氏名及び住所を申述すること ※ 遺言者が口がきけない者である場合には、遺言者が公証人及び証人の前でその証書は自己の遺言書である旨並びにその筆者の氏名及び住所を通訳人の通訳により申述し、又は封紙に自書しなければなりません。
	④	公証人が、その証書を提出した日付及び遺言者の申述を封紙に記載した後、遺言者及び証人とともにこれに署名し、印を押すこと ※ 遺言者が口がきけない場合で通訳人の通訳により申述したとき又は自書したときは、公証人は、それぞれその旨を封紙に記載しなければなりません。

※ 秘密証書による遺言についても証書中の加除その他の変更をする場合には自筆証書による遺言の場合に準じて行います。

3 遺言の効力

遺言の効力の発生時期は原則として次のとおりです（民法985《遺言の効力の発生時期》）。

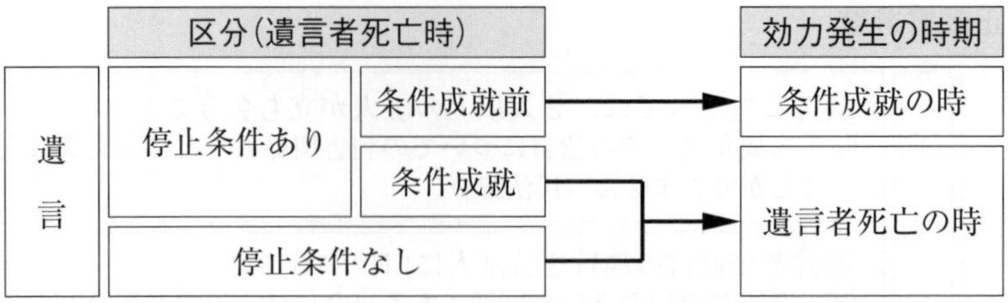

4　包括受遺者の権利義務

民法第990条《包括受遺者の権利義務》は、包括受遺者は、相続人と同一の権利義務を有すると規定しています。したがって、相続の承認、相続放棄及び遺産分割などの規定がそのまま適用されることになります。しかし、代襲相続、遺留分などに関する規定は適用されません。

5　特定受遺者の放棄

特定受遺者は遺言者の死亡後いつでも遺贈を放棄することができることになっており（民法986《遺贈の放棄》①）、期間の制限はありません。また、遺贈の放棄は、遺贈義務者（相続人、包括受遺者など）を相手方として意思表示するのが通例です。

なお、遺贈の放棄の効力は、遺言者の死亡の時に遡って生じます（民法986②）。

6　遺言書の検認と開封

遺言書の保管者や遺言書を発見した相続人は、相続の開始を知った後、遅滞なく、その遺言書を家庭裁判所に提出して、その検認を請求しなければなりません（民法1004《遺言書の検認》①）。

公正証書による遺言は、公証人によって公の記録が残されていますので、検認の手続をする必要はありません（民法1004②）。

また、封印のある遺言書は、家庭裁判所において相続人又はその代理人の立会いをもってしなければそれを開封することができないことになっています（民法1004③）。

㈲　検認とは、検証手続ないし証拠保全手続であり、実質的な遺言内容の真否や効力の有無を判定するものではありません。したがって、検認の手続を経た遺言書であっても、後にその効力の有無を争うことは可能ですし、逆に検認手続を経ないからといって、遺言書の効力が左右されるものではありません（ただし、検認を怠ると５万円以下の過料に処せられます（民法1005《過料》）。）。

第8　遺留分

民法では遺言自由の原則が認められ、被相続人は自己の財産を遺言によって自由に死後処分できるとするのが建前ですが、他方、近親者の相続期待利益を保護し、また、被相続人死亡後の遺族の生活を保障するために、相続財産の一定部分を一定範囲の遺族のために留保させるのが遺留分の制度です。したがって、遺留分は、被相続人からみれば、財産処分の自由に対する制約を意味し、相続人からみれば、相続により期待できる最小限度の財産の確保を意味します。

なお、遺留分権利者の遺留分侵害額請求権は、遺留分権利者が、相続の開始及び遺留分を侵害する贈与又は遺贈があったことを知った時から１年間行使しないとき、又は相続開始の時から10年を経過したときに時効により消滅します（民法1048《遺留分侵害額請求権の期間の制限》）。

1　遺留分権利者と遺留分の割合

	遺留分権利者		総体的遺留分の割合
遺留分（民法1042）	兄弟姉妹以外の相続人	直系尊属のみ	被相続人の財産×$\frac{1}{3}$
		上記以外	被相続人の財産×$\frac{1}{2}$

遺留分権利者が複数いるときは、相続分の原則に従って、各遺留分権利者に、総体的遺留分が配分されます（民法1042②による900、901の準用）。

〔設例〕　被相続人甲の相続人は、妻乙と子Ａ・Ｂ・Ｃの４人です。

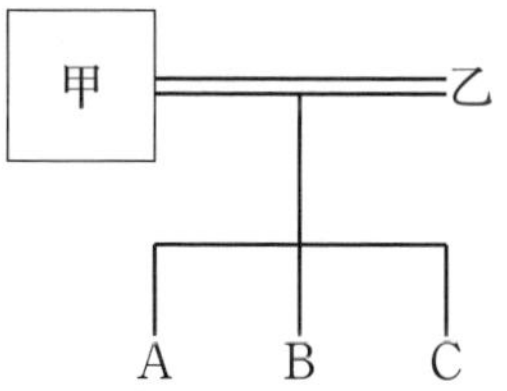

○　妻乙の遺留分は、$\frac{1}{2}\times\frac{1}{2}=\frac{1}{4}$です。

○　子Ａ・Ｂ・Ｃの各人の遺留分は、$\frac{1}{2}\times\frac{1}{3}\times\frac{1}{2}=\frac{1}{12}$です。

2　遺留分の算定の基礎となる財産の価額

遺留分の算定の基礎となる財産の価額は次のとおりとなります（民法1043《遺留分を算定するための財産の価額》）。

遺留分の算定の基礎となる財産の価額	＝	相続開始時の財産の価額（遺贈を含む）。	＋	被相続人が生前に贈与した財産の価額	＋	特別受益額	－	相続債務

㈱1　「被相続人が生前に贈与した財産の価額」に算入される贈与の範囲は、相続開始前の１年間にしたものに限ります。ただし、１年以上前の贈与でも、契約当事者が遺留分権利者に損害を与えることを知って行ったものは算入されます（民法1044①）。

2　相続人に対する贈与で、かつ、婚姻若しくは養子縁組のため又は生計の資本としてなされたものは、相続開始前の10年間にされた贈与が算入されます（民法1044③）。

3　遺留分の額の算定

遺留分の額は、次のとおり算定されます。

各人の遺留分の額	＝	遺留分算定の基礎となる財産の価額	×	個別的遺留分の割合

なお、被相続人の財産が新たに発見されたり、相続の放棄があって相続分が変わったりした場合などには、遺留分額の算定をし直すことになります。

㈱　具体的な遺留分の侵害額

相続開始時の財産の価額に１年前までの生前贈与の価額を加え、これから債務額を控除したものに遺留分を主張する者の個別的遺留分を乗じ、その額からその者が受けた生前贈与・遺贈の額を控除し、さらにその者が得た相続額（相続債務額を差し引いた正味の相続額）を控除したものが具体的な遺留分侵害額となります。

4　遺留分侵害額の請求

遺留分権利者及びその承継人は、受遺者又は受贈者に対し、遺留分侵害額に相当する金銭の支払を請求することができます（民法1046《遺留分侵害額の請求》）。

なお、遺留分侵害があった場合の効果は、遺留分権利者に遺留分侵害額請求権という債権を認めるにとどまり、贈与・遺贈自体の効力は否定されるわけではありません。

〔参考〕 従来の遺留分減殺請求権の性質

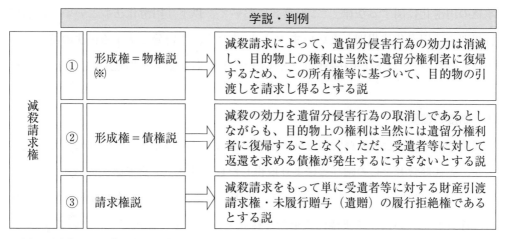

			学説・判例
減殺請求権	①	形成権＝物権説(※)	減殺請求によって、遺留分侵害行為の効力は消滅し、目的物上の権利は当然に遺留分権利者に復帰するため、この所有権等に基づいて、目的物の引渡しを請求し得るとする説
	②	形成権＝債権説	減殺の効力を遺留分侵害行為の取消しであるとしながらも、目的物上の権利は当然には遺留分権利者に復帰することなく、ただ、受遺者等に対して返還を求める債権が発生するにすぎないとする説
	③	請求権説	減殺請求をもって単に受遺者等に対する財産引渡請求権・未履行贈与（遺贈）の履行拒絶権であるとする説

(※) 形成権とは、権利者の一方的な意思表示で法律関係の変動を生じさせる地位のことをいいます。

5　遺留分に関する民法の特例制度

個人資産の大部分が自社株式や事業用資産である中小企業の経営者の場合で相続人が複数いる場合、経営者が遺言や生前贈与によって後継者に自社株式や事業用資産を集中して承継させようとすると、他の相続人の遺留分を侵害してしまう可能性があります。それでも強行しようとすると、遺留分を侵害された相続人から遺留分侵害額の請求を受けて、相続紛争の原因となったり、結果として、自社株式や事業用資産が分散してしまうので、事業承継にとっては大きなマイナスとなります。

現行の民法でも、遺留分を有する相続人は、被相続人の生前に自分の遺留分を放棄することができるので（民法1049《遺留分の放棄》①)、後継者以外の相続人（非後継者）が経営者の生前に遺留分を放棄することによって遺留分をめぐる紛争や自社株式・事業用資産の分散を防止することができるものの、遺留分を放棄するには、放棄しようとする非後継者が自分で家庭裁判所に申立てをして許可を受けなければならないため、放棄のメリットのない非後継者にとっては大きな負担となります。このため、遺留分の放棄について非後継者の了解を得るのは難しいのが実情です。

また、遺留分放棄についての家庭裁判所の審理は個々の申立てごとに行われるので、非後継者が複数いる場合には、その許可・不許可の判断がバラバラになる可能性があります。そうなると、自社株式などの分散防止の対策としては不十分ですし、遺留分を放棄した者とそうでない者との間に不公平が生じることにもなります。

このような自社株式などの承継に関する遺留分による制約の問題に対処し、現行の遺留分の事前放棄の制度の限界を補うための特例として、「中小企業における経営の承継の円滑化に関する法律」（この第８において、以下「円滑化法」といい、同法施行規則を「円滑化法規則」といいます。）に基づく、遺留分に関する民法の特例（この第８において、以下「民法特例」といいます。）があります（平成21年３月１日施行）。

(1)　制度の概要

民法特例では、会社の経営の承継の場合と個人事業の承継の場合の別に応じ、後継者が、先代経営者からの贈与等により取得した自社株式（完全無議決権株式を除きます。）若しくは持分（この第８において、以下、無議決権株式を含む発行済株式を単に「株式」といい、無議決権株式を除く株式又は持分を「株式等」といいます。）又は事業用資産について、先代経営者の推定相続人（この第８において、相続が開始した場合に相続人となるべき者のうち兄弟姉妹及びこれらの者の子以外のものに限ります。）及び後継者の全員の合意を前提として、次の２つの合意ができることとされております。

なお、会社の経営の承継の場合は、次の①、②のいずれか一方又は双方を利用することができますが、個人事業の承継の場合には、①のみを利用することができます。

①　除外合意

後継者が先代経営者からの贈与等により取得した株式等・事業用資産は、民法の規定によれば、原則として、相続開始前10年以内に行われたものに限り㈱、「特別受益」として遺留分算定基礎財産に算入され、遺留分に係る請求の根拠となります。

しかしながら、当該株式等・事業用資産を除外合意の対象とすれば、遺留分算定基礎財産に算入されなくなり、遺留分に係る請求の根拠にもならなくなります。

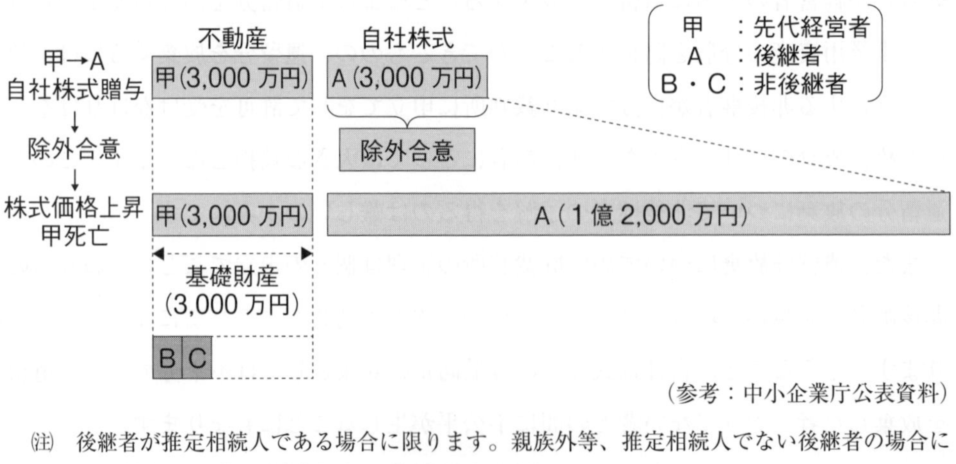

（参考：中小企業庁公表資料）

㈱　後継者が推定相続人である場合に限ります。親族外等、推定相続人でない後継者の場合には、原則として相続開始前１年以内に行われた贈与のみが算入の対象となります。

②　固定合意（会社の経営の承継の場合にのみ利用可能）

後継者が先代経営者からの贈与等により取得した株式等を遺留分算定基礎財産に算入する価額は、相続開始時を基準とする評価額です。下図のとおり、贈与時に3,000万円だった自社株式の価値が相続開始時には1億2,000万円に上昇していた場合には、その価値上昇が後継者の努力によるものであったとしても、上昇後の1億2,000万円が遺留分算定基礎財産に算入されます。

これに対して、当該株式等を固定合意の対象とすれば、遺留分算定基礎財産に算入すべき価額が3,000万円となり、価値上昇分9,000万円は遺留分算定基礎財産に算入されなくなります。

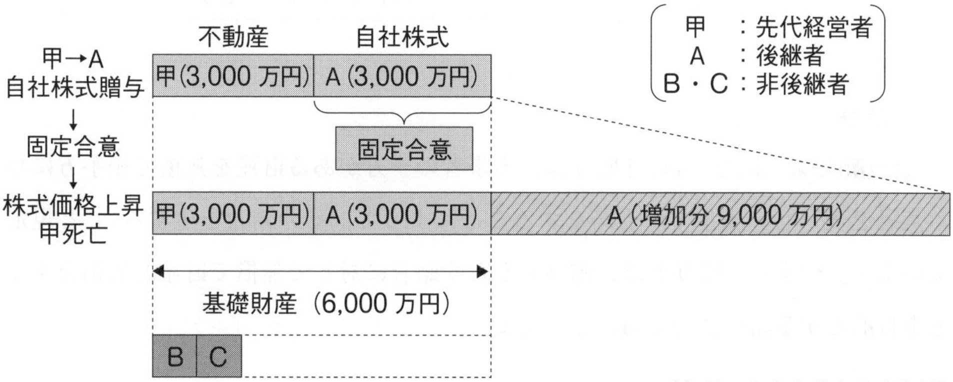

（参考：中小企業庁公表資料）

⑵　手続の概要

遺留分の算定に係る合意は、経済産業大臣の確認（この第8において以下「大臣確認」といいます。）及び家庭裁判所の許可（この第8において以下「家裁許可」といいます。）を得ることによって、この効力を生じます（円滑化法7①、8①）。

大臣確認の申請者及び家裁許可の申立人は、いずれも後継者単独です。

大臣確認及び家裁許可にはそれぞれ期間制限が設けられており、大臣確認は合意をした日から、家裁許可は大臣確認を受けた日から、それぞれ1か月以内に申請又は申立てをする必要があります。

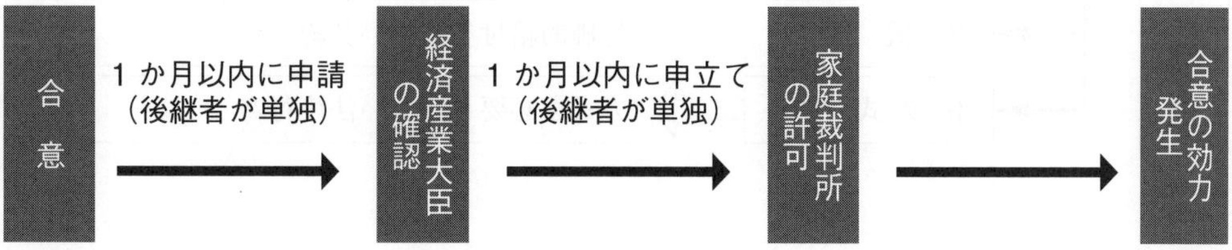

（参考：中小企業庁公表資料）

第９　贈　与

相続税法は相続税のほか贈与税についても規定を設けていることから、ここでは、第１から第８までにおいて説明をした「相続編」を離れて、贈与について説明します。

<table>
<tr><th></th><th>税　目</th><th colspan="2">課税原因</th></tr>
<tr><td rowspan="4">相続税法</td><td rowspan="3">相続税</td><td colspan="2">相　続</td></tr>
<tr><td colspan="2">遺　贈</td></tr>
<tr><td rowspan="2">贈与</td><td>死因贈与</td></tr>
<tr><td>贈与税</td><td>死因贈与以外の贈与</td></tr>
</table>

1　贈与

民法第549条《贈与》は、「贈与は、当事者の一方がある財産を無償で相手方に与える意思を表示し、相手方が受諾をすることによって、その効力を生ずる。」と規定しています。つまり、贈与とは、贈与者から受贈者に対して無償で財産的出捐をすることを目的とする諾成契約であるといえます。

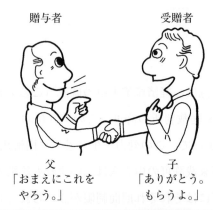

贈与者　　受贈者

父
「おまえにこれをやろう。」

子
「ありがとう。もらうよ。」

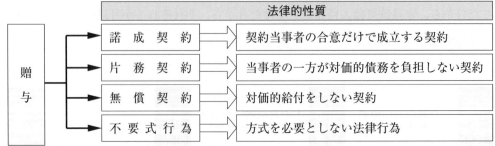

贈与		法律的性質
→	諾　成　契　約	契約当事者の合意だけで成立する契約
→	片　務　契　約	当事者の一方が対価的債務を負担しない契約
→	無　償　契　約	対価的給付をしない契約
→	不　要　式　行　為	方式を必要としない法律行為

⑴ 贈与の目的物

	目的物の内容		「贈与」に該当するか否かの判定
①	贈与者の財産の実態が減少するもの	財産権	○
②		債務の免除	○
③		用益物権の設定又はその放棄	○
④	贈与者の財産の実態が減少しないもの	使用貸借	×
⑤		無償の労務給付	×

○…該当
×…非該当

⑵ 贈与の無償性

無償であるかどうかは当事者の主観によって定まります。受贈者が多少の反対給付を行ったり、一定の債務を負担することが条件となっている場合（民法553《負担付贈与》）でも、当事者において、それらが贈与に対しての対価的意義がないと認識していれば、それは贈与であるということになります。

2　書面によらない贈与と解除

	区　分		解除の可否
贈与	書面による贈与		解除不可
	書面によらない贈与	履行終了	
		履行未了	解除可（民法550）

用語の解説

現実贈与

民法は贈与を諾成契約としてとらえていますが、動産の贈与などにあっては、贈与契約と目的物の交付が同時になされる場合があります。このような贈与を現実贈与といいます。

寄附

公益ないし公共のためになされる無償の出捐は寄附と呼ばれます。ある個人が一定の団体（例えば、宗教団体・学校・慈善施設）に寄附するのは、贈与とみることになります。

定期贈与

毎年又は毎月一定の金銭又は物を給付するというように定期的に履行する贈与を定期贈与といいます。

負担付贈与

負担付贈与とは、受贈者に一定の債務を負担させることを条件とする贈与契約（例えば、家屋を贈与し、その家屋の建築の為の借入金を弁済させること）をいいます。この負担が、契約当事者において主観的対価関係に立つものではないとすれば、負担付贈与も無償の贈与です。また、負担付贈与の受益者は贈与者に限られることなく、第三者であることも可能です。

死因贈与

「自分が死んだら、この家屋を贈与する。」というような不確定期限付贈与契約を死因贈与といいます。

混合贈与

混合贈与とは、当事者の一方の給付の一部分が反対給付と対価関係に立ち、これを超える部分は無償で与えられ、したがって、その限りにおいて双方の間に贈与の合意があるものをいいます。これは単に給付と反対給付が不均衡であるというのではなく、無償出捐について双方に合意が存する場合です。

第2章　相続税の意義と課税原因

はじめに

国や地方公共団体は、行政活動を通じ、私たちの生活に欠かすことのできない公共サービスなどを提供していますが、そのような活動をするのに必要な経費を、私たちは税金という形で負担しています。

したがって、税金は、民主主義国家の国民にとって、共同社会を維持するための、いわば会費であるということができるでしょう。

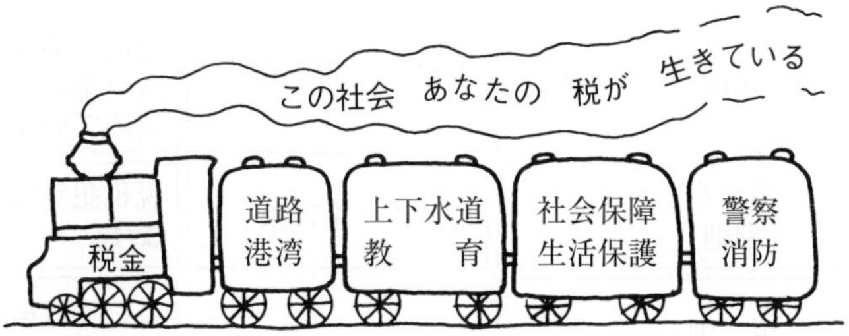

〔参考〕　相続税法の構成

<table>
<tr><th></th><th colspan="2">章（節）</th><th>条</th><th>規定の概要等</th></tr>
<tr><td rowspan="7">相続税法</td><td rowspan="4">第1章
総則</td><td>第1節　通則</td><td>第1条～第2条の2</td><td rowspan="4">相続税・贈与税の納税義務者やみなし相続（贈与）財産について定めています。</td></tr>
<tr><td>第2節　相続若しくは遺贈又は贈与により取得したものとみなす場合</td><td>第3条～第9条</td></tr>
<tr><td>第3節　信託に関する特例</td><td>第9条の2～第9条の6</td></tr>
<tr><td>第4節　財産の所在</td><td>第10条</td></tr>
<tr><td rowspan="3">第2章
課税価格、税率及び控除</td><td>第1節　相続税</td><td>第11条～第20条の2</td><td rowspan="2">相続税・贈与税の課税価格から納付税額の算出までについて定めています。最も重要な部分です。</td></tr>
<tr><td>第2節　贈与税</td><td>第21条～第21条の8</td></tr>
<tr><td>第3節　相続時精算課税</td><td>第21条の9～第21条の18</td><td>平成15年から導入された相続時精算課税について定めています。</td></tr>
</table>

	章（節）	条	規定の概要等
相続税法	第３章 財産の評価	第22条～第26条の２	評価の原則とごく一部の財産についてその評価方法を定めています。
	第４章 申告、納付及び還付	第27条～第34条	相続税・贈与税の申告や期限後（修正）申告の特則などについて定めています。
	第５章 更正及び決定	第35条～第37条	更正（決定）の特則について定めています。
	第６章 延納及び物納	第38条～第48条の３	延納・物納についての要件や手続等について定めています。
	第７章 雑則	第49条～第67条の２	未分割遺産に対する課税の方法（第55条）やみなし個人（第66条）などについて定めています。
	第８章 罰則	第68条～第71条	脱税犯等について定めています。
	附　則		ここでは第３項の納税地の特則の定めが重要です。

1　相続税の課税根拠

相続税は、相続又は遺贈（死因贈与を含みます。）により財産を取得した場合に、その取得した財産の価格を課税標準として課される税金です。

	課税根拠の代表的なもの	
相続等による財産の取得	担税力の発生	不労所得（財産の偶然な取得）に対する所得税の一種
	富の集中を抑制する必要性	財産の一部を国家が徴収して社会へ還元する。 ⇨ 経済的な機会均等

2　暦年課税の贈与税との関係

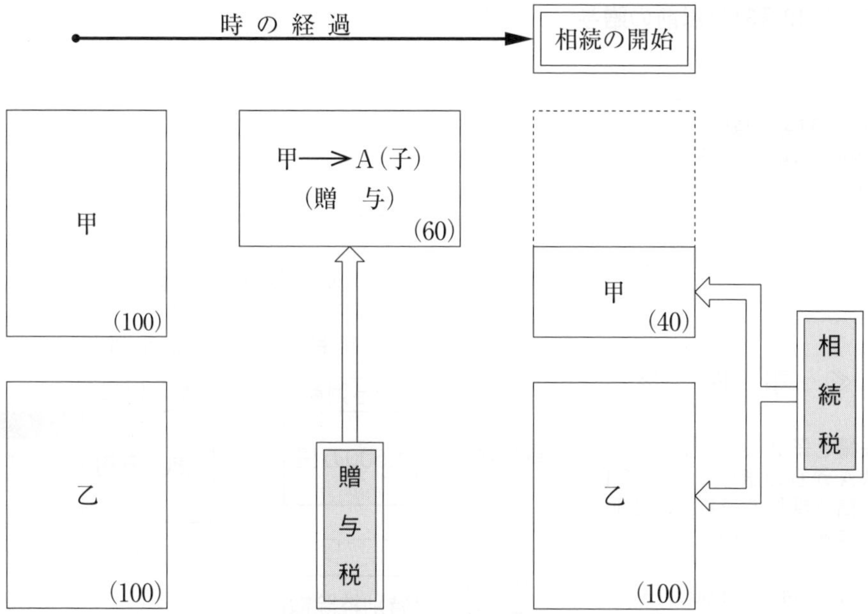

上の図のように、甲と乙がある時点で保有する財産の額は同一であっても、相続開始時の財産の額は、生前贈与をした甲と生前贈与をしなかった乙とでは大きく異なります。つまり、相続税の課される財産の額は、甲の相続人等は40、乙の相続人等は100となります（最も極端なケースは、生前に全ての財産を贈与すれば、相続開始時には財産がないこととなり相続税の機能は全く失われることになります。）。そこで、甲の相続人等と乙の相続人等の課税の公平を図るためには、生前贈与した財産の額60に相続税に準じた租税を課すことが必要となります。

このように贈与税は相続税を補完する機能を有しており、相続税の補完税と位置付けられています。

3　相続時精算課税との関係

(1)　令和５年12月31日以前の贈与

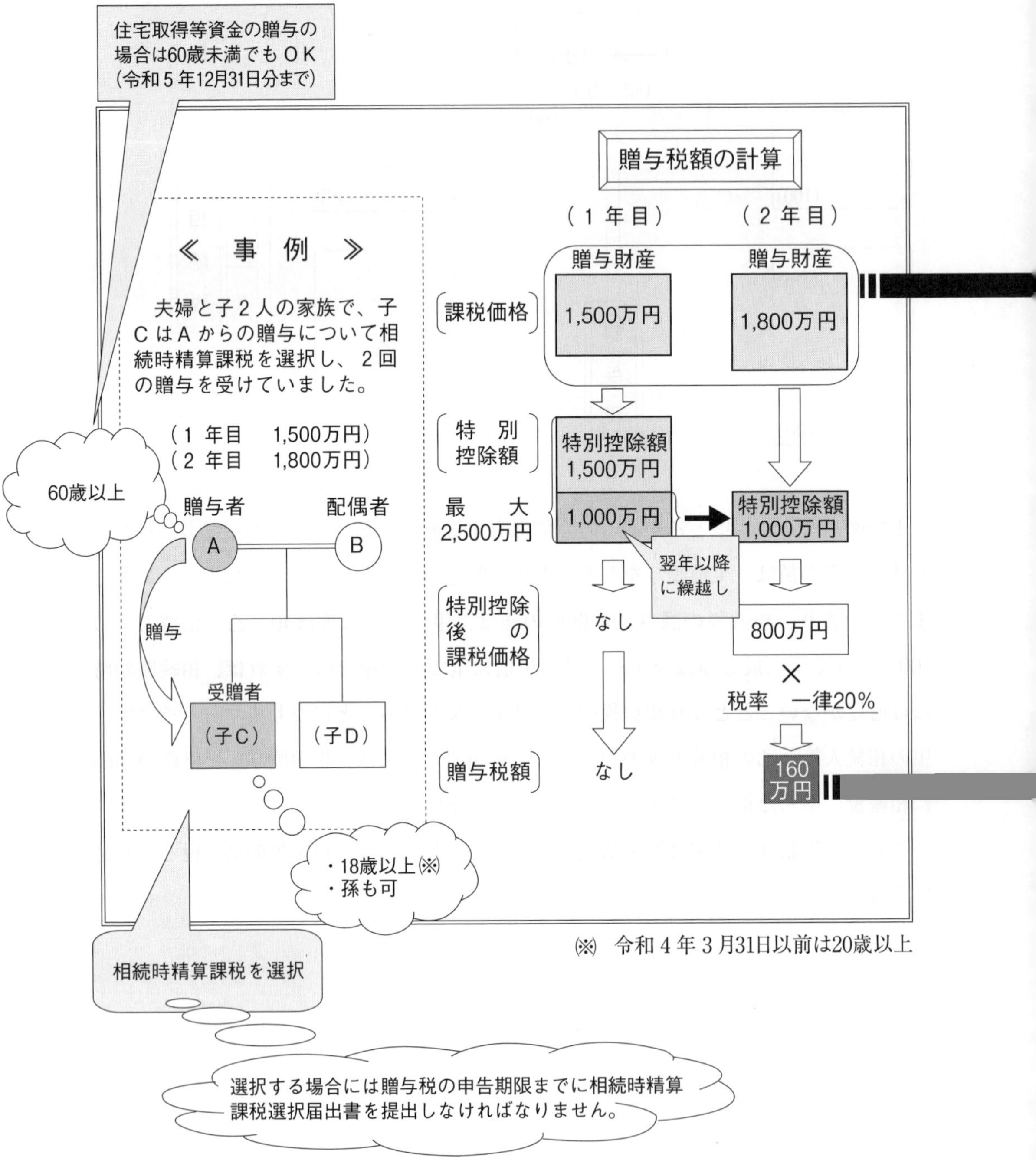

(※)　令和４年３月31日以前は20歳以上

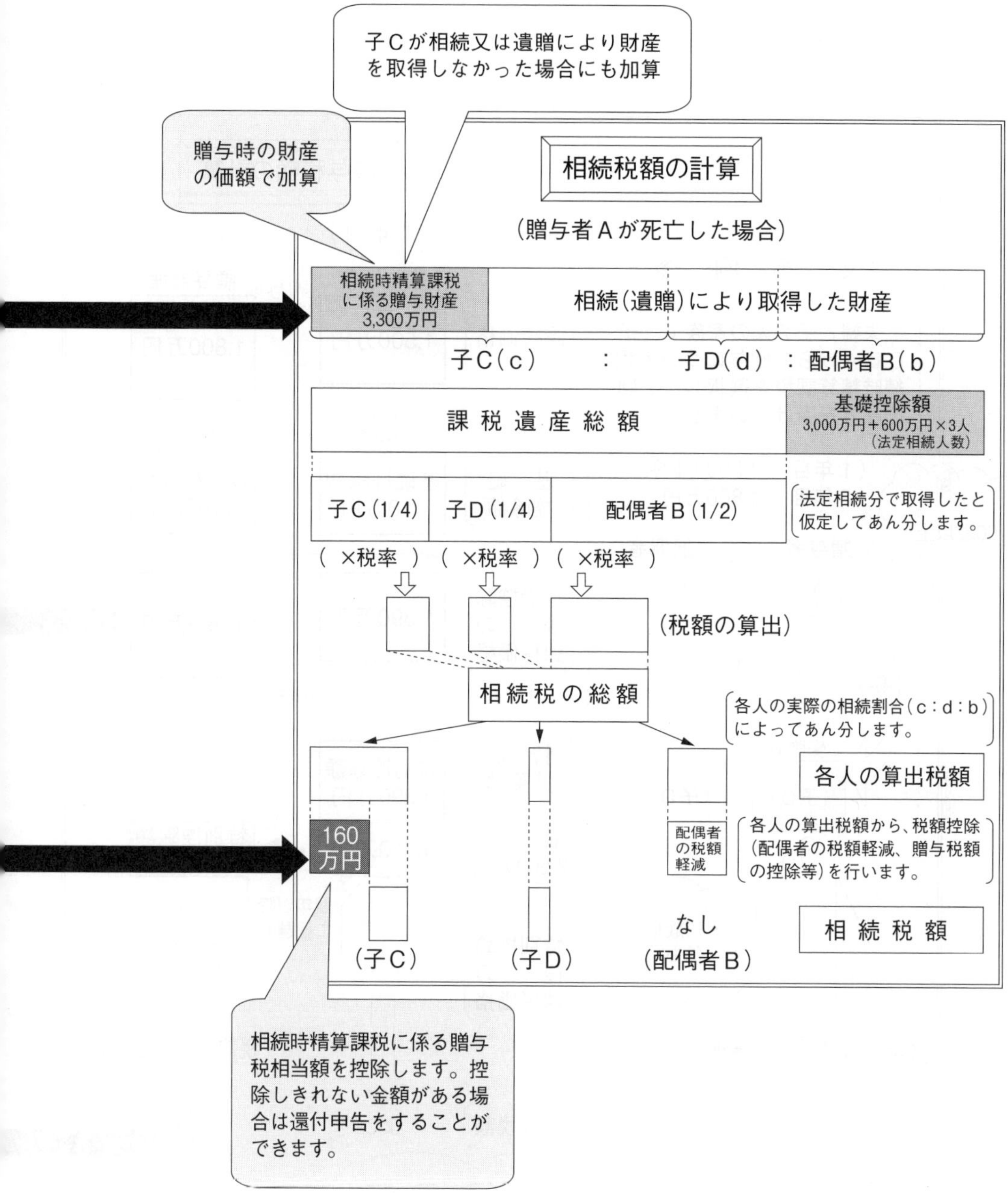
子Ｃが相続又は遺贈により財産を取得しなかった場合にも加算
贈与時の財産の価額で加算
相続税額の計算
（贈与者Ａが死亡した場合）
相続時精算課税に係る贈与財産 3,300万円
相続（遺贈）により取得した財産
子Ｃ（ｃ）　：　子Ｄ（ｄ）　：　配偶者Ｂ（ｂ）
課税遺産総額
基礎控除額 3,000万円＋600万円×３人（法定相続人数）
子Ｃ（1/4）
子Ｄ（1/4）
配偶者Ｂ（1/2）
法定相続分で取得したと仮定してあん分します。
（×税率）（×税率）（×税率）
（税額の算出）
相続税の総額
各人の実際の相続割合（ｃ：ｄ：ｂ）によってあん分します。
各人の算出税額
160万円
配偶者の税額軽減
各人の算出税額から、税額控除（配偶者の税額軽減、贈与税額の控除等）を行います。
なし
相続税額
（子Ｃ）
（子Ｄ）
（配偶者Ｂ）
相続時精算課税に係る贈与税相当額を控除します。控除しきれない金額がある場合は還付申告をすることができます。

⑵　令和６年１月１日以後の贈与

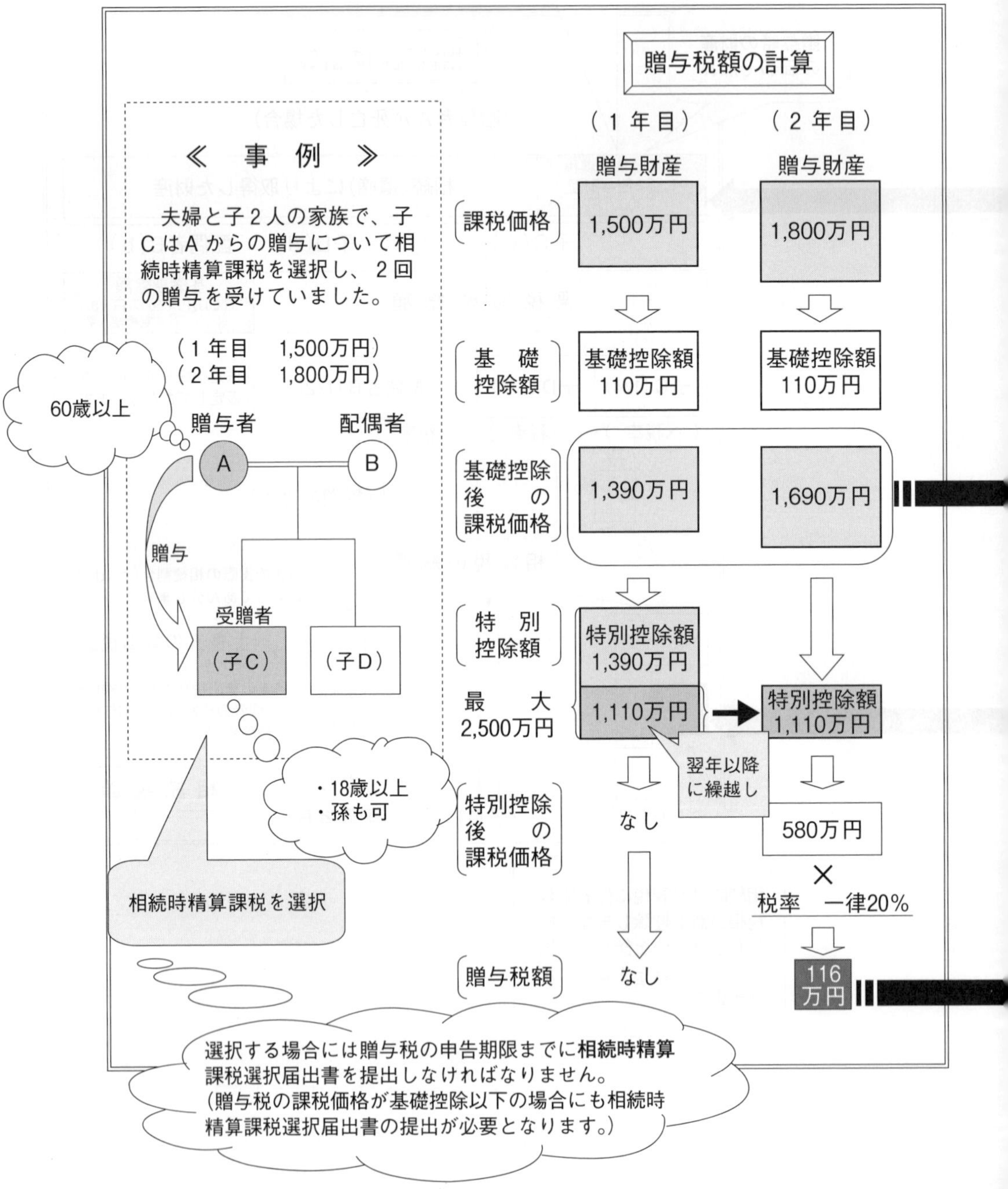
贈与税額の計算
《　事　例　》
夫婦と子２人の家族で、子Ｃ はＡからの贈与について相続時精算課税を選択し、２回の贈与を受けていました。
（１年目　1,500万円）
（２年目　1,800万円）
60歳以上
贈与者
配偶者
A
B
贈与
受贈者
（子Ｃ）
（子Ｄ）
・18歳以上
・孫も可
相続時精算課税を選択
（１年目）
（２年目）
贈与財産
贈与財産
課税価格
1,500万円
1,800万円
基　礎
控除額
基礎控除額
110万円
基礎控除額
110万円
基礎控除
後　の
課税価格
1,390万円
1,690万円
特　別
控除額
最　大
2,500万円
特別控除額
1,390万円
1,110万円
特別控除額
1,110万円
翌年以降
に繰越し
特別控除
後　の
課税価格
なし
580万円
×
税率　一律20%
贈与税額
なし
116
万円
選択する場合には贈与税の申告期限までに相続時精算課税選択届出書を提出しなければなりません。
（贈与税の課税価格が基礎控除以下の場合にも相続時精算課税選択届出書の提出が必要となります。）

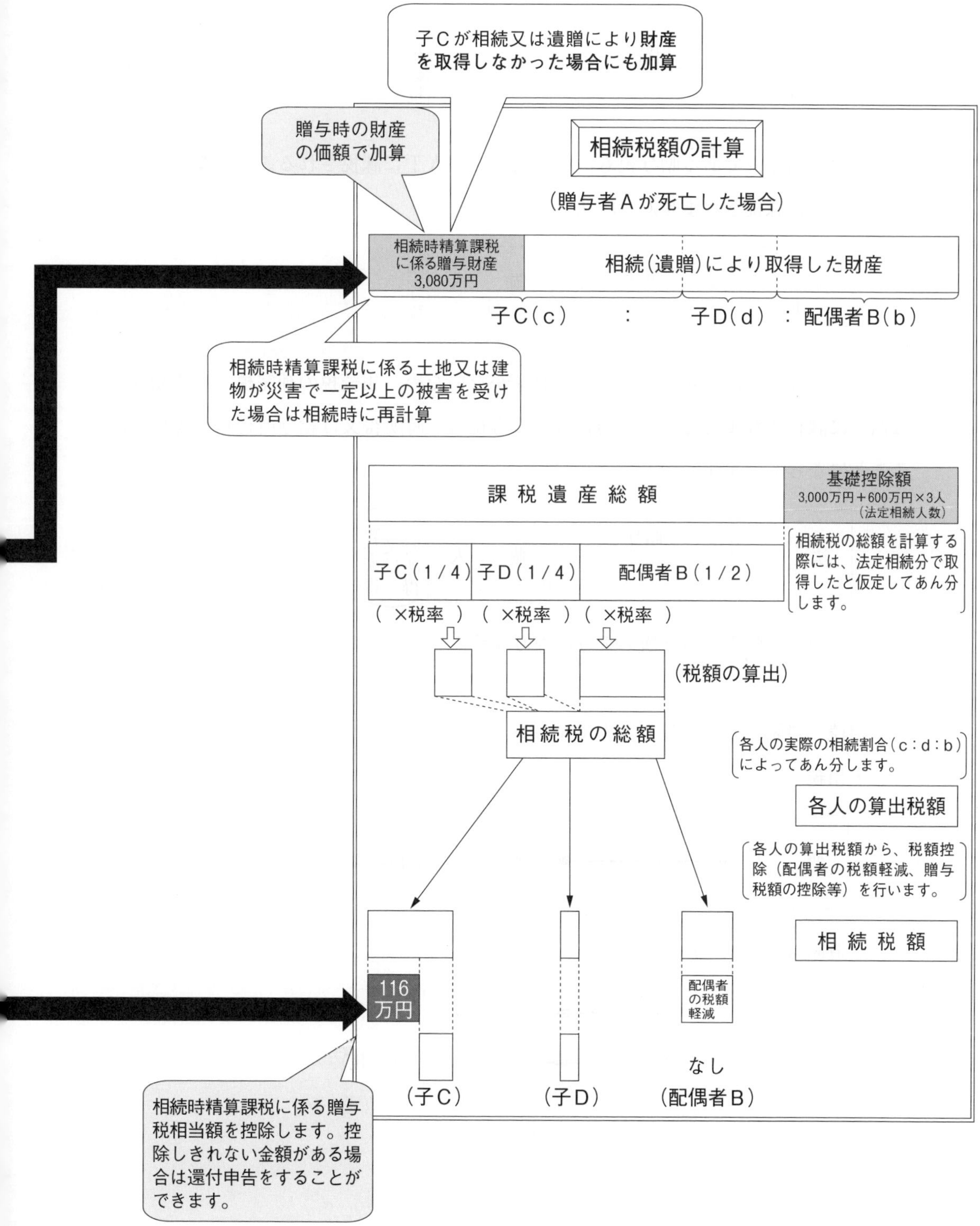
子Ｃが相続又は遺贈により財産を取得しなかった場合にも加算
贈与時の財産の価額で加算
相続税額の計算
（贈与者Ａが死亡した場合）
相続時精算課税に係る贈与財産 3,080万円
相続（遺贈）により取得した財産
子Ｃ（ｃ）　：　子Ｄ（ｄ）：配偶者Ｂ（ｂ）
相続時精算課税に係る土地又は建物が災害で一定以上の被害を受けた場合は相続時に再計算
課税遺産総額
基礎控除額 3,000万円＋600万円×3人（法定相続人数）
相続税の総額を計算する際には、法定相続分で取得したと仮定してあん分します。
子Ｃ（１/４）
子Ｄ（１/４）
配偶者Ｂ（１/２）
（×税率）（×税率）（×税率）
（税額の算出）
相続税の総額
各人の実際の相続割合（ｃ：ｄ：ｂ）によってあん分します。
各人の算出税額
各人の算出税額から、税額控除（配偶者の税額軽減、贈与税額の控除等）を行います。
相続税額
116万円
配偶者の税額軽減
なし
（子Ｃ）
（子Ｄ）
（配偶者Ｂ）
相続時精算課税に係る贈与税相当額を控除します。控除しきれない金額がある場合は還付申告をすることができます。

4　所得税等との関係

相続税は、次の場合の個人乙に課税されます（所得税は課税されません（所法９①十七）。）。

相続税の補完税である贈与税も、次の場合の個人丁に課税されることになっています（所得税は課税されません（所法９①十七）。）。

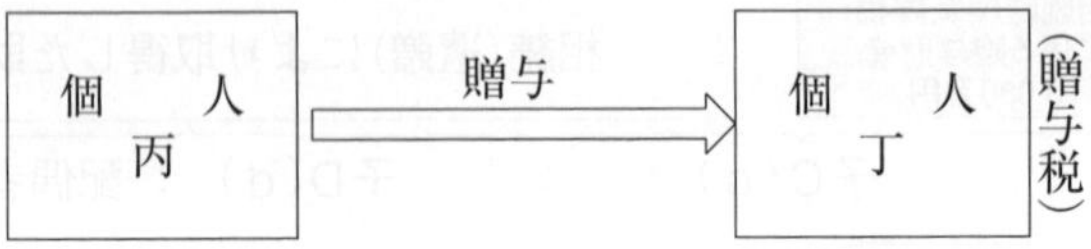

次のような場合、法人には相続等の概念がないため、相続税の補完税である贈与税は個人に課税されません。この場合には所得税（一時所得又は給与所得）が課税されることになっています。

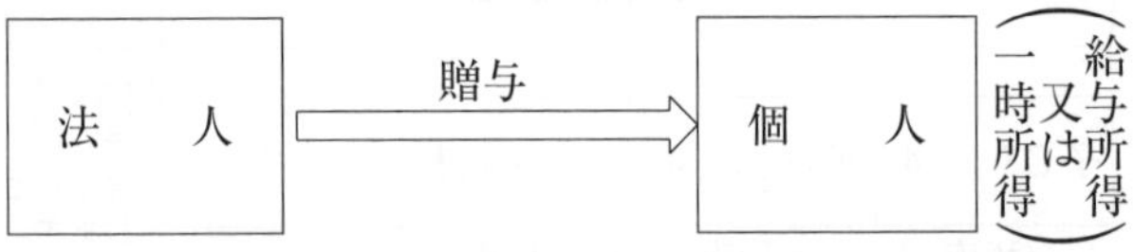

以上について整理すると次のようになります。

＜相続（遺贈、死因贈与を含みます。）**＞**

・相続

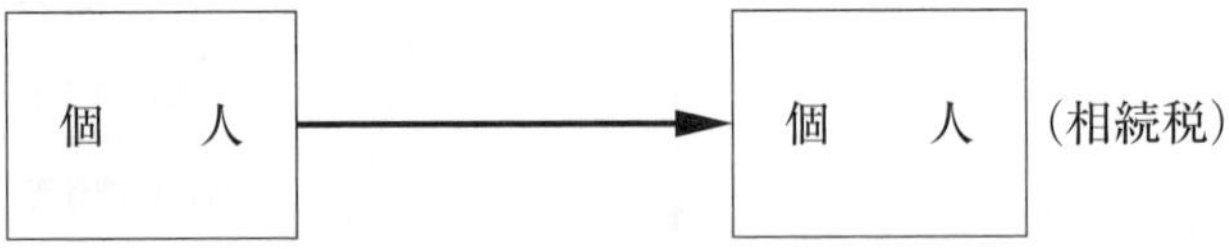

・遺贈（死因贈与）

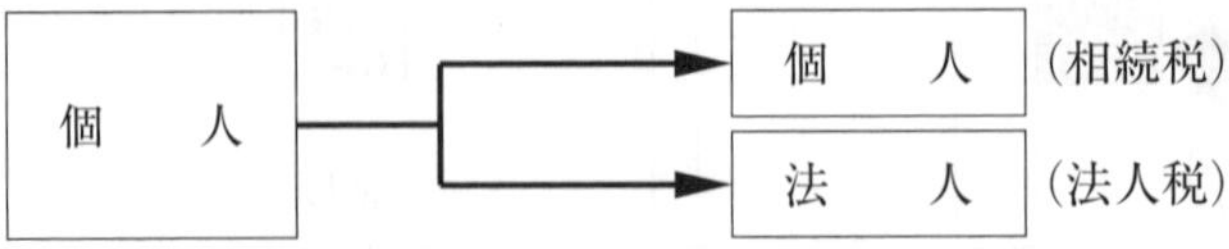

＜贈与（死因贈与を除きます。）**＞**

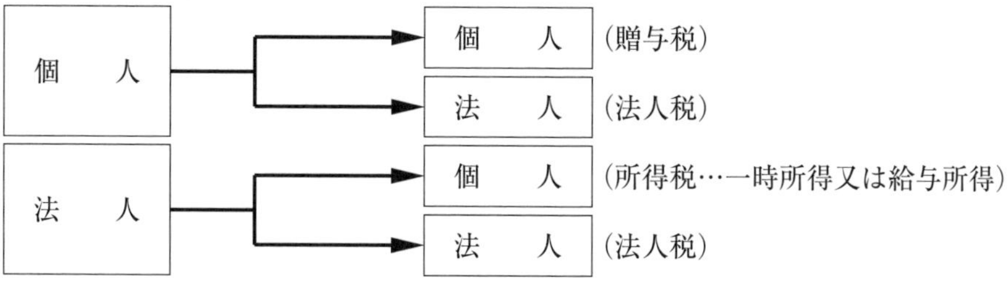

5　相続税の課税原因

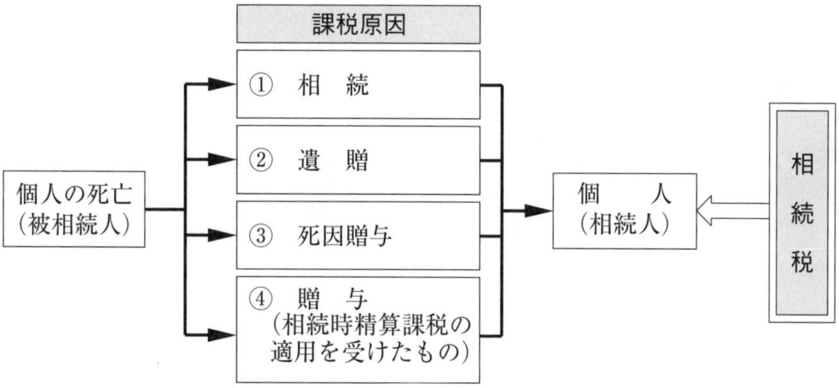

第３章　相続税・贈与税の納税義務者

1　個人（自然人）（相法１の３、１の４）

⑴　平成25年４月１日から平成29年３月31日の相続開始又は贈与

イ　居住無制限納税義務者

居住無制限納税義務者とは、相続、遺贈又は贈与（以下「相続等」といいます。）により財産を取得した個人で、その財産を取得した時において国内に住所を有するものをいいます（平成29年改正前相法１の３①一、１の４①一）。

ロ　非居住無制限納税義務者

非居住無制限納税義務者とは、相続等により財産を取得した次に掲げる者で、その財産を取得した時において国内に住所を有しないものをいいます。

㈠　日本国籍を有する個人（その個人又は当該相続、遺贈に係る被相続人（遺贈をした者を含みます。以下同じです。）若しくは贈与者が、相続開始又は贈与前５年以内のいずれかの時において国内に住所を有していたことがある場合に限ります。）（平成29年改正前相法１の３①二イ、１の４①二イ）

㈺　日本国籍を有しない個人（その相続、遺贈に係る被相続人又は贈与者（両者を併せて以下「被相続人等」といいます。）がその相続等に係る相続開始又は贈与の時において国内に住所を有していた場合に限ります。）（平成29年改正前相法１の３①二ロ、１の４①二ロ）

ハ　制限納税義務者

制限納税義務者とは、相続等により国内にある財産を取得した個人で、その財産を取得した時において国内に住所を有しないものをいいます（上記「非居住無制限納税義務者」を除きます。）（平成29年改正前相法１の３①三、１の４①三）。

<table>
<tr><td colspan="2" rowspan="3">相続人
受遺者
受贈者
被相続人
贈与者</td><td rowspan="3">国内に住所あり</td><td colspan="3">国内に住所なし</td></tr>
<tr><td colspan="2">日本国籍あり</td><td rowspan="2">日本国籍なし</td></tr>
<tr><td>５年以内のいずれかの時に国内に住所あり</td><td>５年を超えて国内に住所なし</td></tr>
<tr><td colspan="2">国内に住所あり</td><td rowspan="3">居住無制限納税義務者</td><td rowspan="3">非居住無制限納税義務者</td><td></td><td></td></tr>
<tr><td rowspan="2">国内に住所なし</td><td>５年以内のある時点で国内に住所あり</td><td></td><td rowspan="2">制限納税義務者</td></tr>
<tr><td>５年を超えて国内に住所なし</td><td></td></tr>
</table>

※１　相続等により財産を取得した者の住所・国籍の有無の判断は、財産を取得した時を基準に判断します。

２　住所とは各人の生活の本拠をいいますが、その生活の本拠であるかどうかは、客観的事実によって判定することとしています（相基通１の３・１の４共―５《「住所」の意義》）。日本の国籍を有している者又は出入国管理及び難民認定法の規定により日本国内に永住する許可を受けている者は、相続等によって財産を取得した時に日本国内を離れている場合でも、次に掲げる者に該当するときには、その者の住所は日本国内にあるものとして取り扱われています（相基通１の３・１の４共―６《国外勤務者等の住所の判定》）。

①　学術、技芸の習得のため留学している者で日本国内にいる者の扶養親族となっている者

②　日本国外において勤務その他の人的役務の提供をする者で日本国外におけるその人的役務の提供が短期間（おおむね１年以内）であると見込まれる者（その者の配偶者その他生計を一にする親族でその者と同居している者を含みます。）

なお、その者が相続等により財産を取得した時において日本国内を離れている場合であっても、国外出張、国外興行等により一時的に日本国内を離れているにすぎない者については、その者の住所は日本国内にあることになります。

３　次に掲げる者が死亡又は贈与した場合の相続人又は受贈者の納税義務者の判定においては、その死亡又は贈与した者がその相続の開始前又は贈与前10年以内のいずれかの時において日本国内に住所を有していたものとみなされます（相法１の３②、１の４②）。

①　所得税法に規定する「国外転出をする場合の譲渡所得等の特例の適用がある場合の納税猶予」の適用を受けている個人

②　所得税法に規定する「贈与等により非居住者に資産が移転した場合の譲渡所得等の特例の適用がある場合の納税猶予」の適用を受けている者から、この特例の適用に係る贈与により財産を取得した者（この贈与前10年以内のいずれの時においても日本国内に住所を有していたことがない者は含まれません。）

③　所得税法に規定する「贈与等により非居住者に資産が移転した場合の譲渡所得等の特例の適用がある場合の納税猶予」の適用を受けている相続人又は包括受遺者（この相続の開始前10年以内のいずれの時においても日本国内に住所を有していたことがない者は含まれません。）

上記１～３は以下⑵⑶及び⑷において同様です。

⑵　平成29年４月１日から平成30年３月31日の相続開始又は贈与

イ　居住無制限納税義務者

居住無制限納税義務者とは、相続等により財産を取得した次に掲げる者で、その財産を取得した時において国内に住所を有するものをいいます。

㈠　一時居住者でない個人（相法１の３①一イ、１の４①一イ）

㈡　一時居住者である個人（その相続等に係る被相続人等が一時居住被相続人（一時居住贈与者）又は非居住被相続人（非居住贈与者）である場合を除きます。）（相法１の３①一ロ、１の４①一ロ）

ロ　非居住無制限納税義務者

非居住無制限納税義務者とは、相続等により財産を取得した次に掲げる者で、その財産を取得した時において国内に住所を有しないものをいいます。

㈠　日本国籍を有する個人であって、その相続等に係る相続開始又は贈与前10年以内のいずれかの時において国内に住所を有していたことがあるもの（相法１の３①二イ⑴、１の４①二イ⑴）

㈡　日本国籍を有する個人であって、その相続等に係る相続開始又は贈与前10年以内のいずれの時においても国内に住所を有していたことがないもの（その相続等に係る被相続人等が一時居住被相続人（一時居住贈与者）又は非居住被相続人（非居住贈与者）である場合を除きます。）（相法１の３①二イ⑵、１の４①二イ⑵）

㈢　日本国籍を有しない個人（その相続等に係る被相続人等が一時居住被相続人（一時居住贈与者）又は非居住被相続人（非居住贈与者）である場合を除きます。）（相法１の３①二ロ、１の４①二ロ）

ハ　居住制限納税義務者

居住制限納税義務者とは、相続等により国内にある財産を取得した個人で、その財産を取得した時において国内に住所を有するものをいいます（上記「居住無制限納税義務者」を除きます。）（相法１の３①三、１の４①三）。

ニ　非居住制限納税義務者

非居住制限納税義務者とは、相続等により国内にある財産を取得した個人で、その財産を取得した時において国内に住所を有しないものをいいます（上記「非居住無制限納税義務者」を除きます。）（相法１の３①四、１の４①四）。

〔参考〕　平成29年度税制改正のポイント

> ①　非居住制限納税義務者の判定において、相続人等が過去に国内に居住していた場合の判定期間が5年から10年に延長されました。
>
> ②　相続人等が日本に居住している在留資格者で一定の要件の場合には、居住制限納税義務者として課税することとされました。

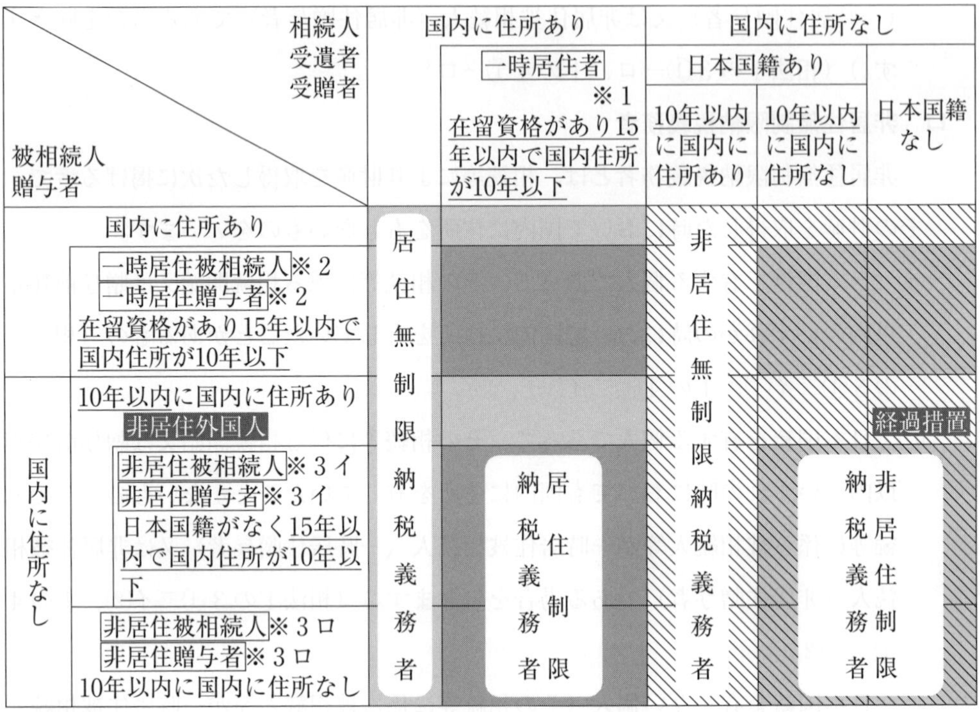
相続人
受遺者
受贈者
被相続人
贈与者
国内に住所あり
一時居住者
※1
在留資格があり15年以内で国内住所が10年以下
国内に住所なし
日本国籍あり
10年以内に国内に住所あり
10年以内に国内に住所なし
日本国籍なし
国内に住所あり
一時居住被相続人※2
一時居住贈与者※2
在留資格があり15年以内で国内住所が10年以下
国内に住所なし
10年以内に国内に住所あり
非居住外国人
非居住被相続人※3イ
非居住贈与者※3イ
日本国籍がなく15年以内で国内住所が10年以下
非居住被相続人※3ロ
非居住贈与者※3ロ
10年以内に国内に住所なし
居住無制限納税義務者
居住制限納税義務者
非居住無制限納税義務者
経過措置
非居住制限納税義務者

用語の解説

※1　**一時居住者**

相続開始（贈与）の時において在留資格（出入国管理及び難民認定法別表第一の上欄の在留資格をいいます。以下同じです。）を有する者であって、その相続開始（贈与）前15年以内において国内に住所を有していた期間の合計が10年以下であるもの（相法1の3③一、1の4③一）

2　**一時居住被相続人（一時居住贈与者）**

相続開始（贈与）の時において在留資格を有し、かつ、国内に住所を有していたその相続（贈与）に係る被相続人（贈与者）であってその相続開始（贈与）前15年以内において国内に住所を有していた期間の合計が10年以下であるもの（相法1の3③二、1の4③二）

3　**非居住被相続人（非居住贈与者）**

相続開始（贈与）の時において国内に住所を有していなかったその相続（贈与）に係る被相続人（贈与者）であって、次に掲げるもの（相法1の3③三、1の4③三）

イ　その相続開始（贈与）前10年以内のいずれかの時において国内に住所を有していたことが

あるもののうち、その相続開始（贈与）前15年以内において国内に住所を有していた期間の合計が10年以下であるもの（この期間引き続き日本国籍を有していなかったものに限ります。）

ロ　その相続開始（贈与）前10年以内のいずれの時においても国内に住所を有していたことがないもの

⑶　平成30年４月１日から令和３年３月31日の相続開始又は贈与

イ　居住無制限納税義務者、ロ　非居住無制限納税義務者、ハ　居住制限納税義務者、ニ　非居住制限納税義務者については、上記⑵と同様です。

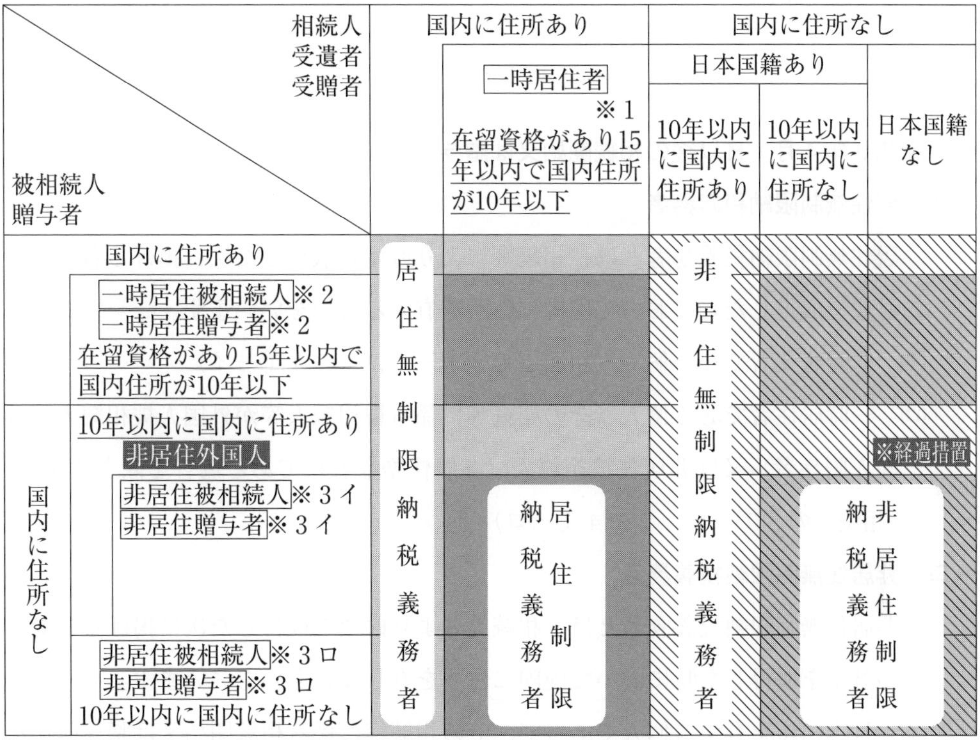

用語の解説

※１、※２については、上記⑵と同様です。

３　**非居住被相続人（非居住贈与者）**

相続開始（贈与）の時において国内に住所を有していなかったその相続（贈与）に係る被相続人（贈与者）であって、次に掲げるもの（相法１の３③二、１の４③二）

イ　被相続人の場合は、その相続開始前10年以内のいずれかの時において国内に住所を有していたことがあるもののうち、そのいずれの時においても日本国籍を有していなかったもの

贈与者の場合は、その贈与前10年以内のいずれかの時において国内に住所を有していたことがあるもののうち、

(イ)　住所を有しなくなった日前15年以内において国内に住所を有していた期間の合計が10年以下であるもの（期間中は引き続き日本国籍を有していなかったものに限ります。）

(ロ)　住所を有しなくなった日前15年以内において国内に住所を有していた期間の合計が10年を超えるもの（期間中は引き続き日本国籍を有していなかったものに限ります。以下「短期非居住贈与者」という。）のうち同日から２年を経過しているもの

ロ　その相続開始（贈与）前10年以内のいずれの時においても国内に住所を有していたことがないもの

〔参考〕　経過措置

平成30年４月１日から平成31年３月31日までの間に上記非居住外国人が相続税法第１条の４第１項第二号ロに掲げる者に贈与をした場合には、当該非居住外国人は上記※３の非居住贈与者とみなします（平成30年改正法附則43②）。

(4)　令和３年４月１日以後の相続開始又は贈与

イ　居住無制限納税義務者

居住無制限納税義務者とは、相続等により財産を取得した次に掲げる者で、その財産を取得した時において国内に住所を有するものをいいます。

(イ)　一時居住者でない個人（相法１の３①一イ、１の４①一イ）

(ロ)　一時居住者である個人（その相続等に係る被相続人等が外国人被相続人（外国人贈与者）又は非居住被相続人（非居住贈与者）である場合を除きます。）（相法１の３①一ロ、１の４①一ロ）

ロ　非居住無制限納税義務者

非居住無制限納税義務者とは、相続等により財産を取得した次に掲げる者で、その財産を取得した時において国内に住所を有しないものをいいます。

(イ)　日本国籍を有する個人であって、その相続等に係る相続開始又は贈与前10年以内のいずれかの時において国内に住所を有していたことがあるもの（相法１の３①二イ(1)、１の４①二イ(1)）

(ロ)　日本国籍を有する個人であって、その相続等に係る相続開始又は贈与前10年以内のいずれかの時においても国内に住所を有していたことがないもの（その相続等に係る被相続人等が外国人被相続人（外国人贈与者）又は非居住被相続人（非居住贈与者）である場合を除きます。）（相法１の３①二イ(2)、１の４①二イ(2)）

(ハ)　日本国籍を有しない個人（その相続等に係る被相続人等が外国人被相続人（外国人贈与者）又は非居住被相続人（非居住贈与者）である場合を除きます。）（相法１の３①二ロ、１の４①二ロ）

ハ　居住制限納税義務者

居住制限納税義務者とは、相続等により国内にある財産を取得した個人で、その財産を取得した時において国内に住所を有するものをいいます（上記「居住無制限納税義務者」を除きます。）（相法１の３①三、１の４①三）。

ニ　非居住制限納税義務者

非居住制限納税義務者とは、相続等により国内にある財産を取得した個人で、その財産を取得した時において国内に住所を有しないものをいいます（上記「非居住無制限納税義務者」を除きます。）（相法１の３①四、１の４①四）。

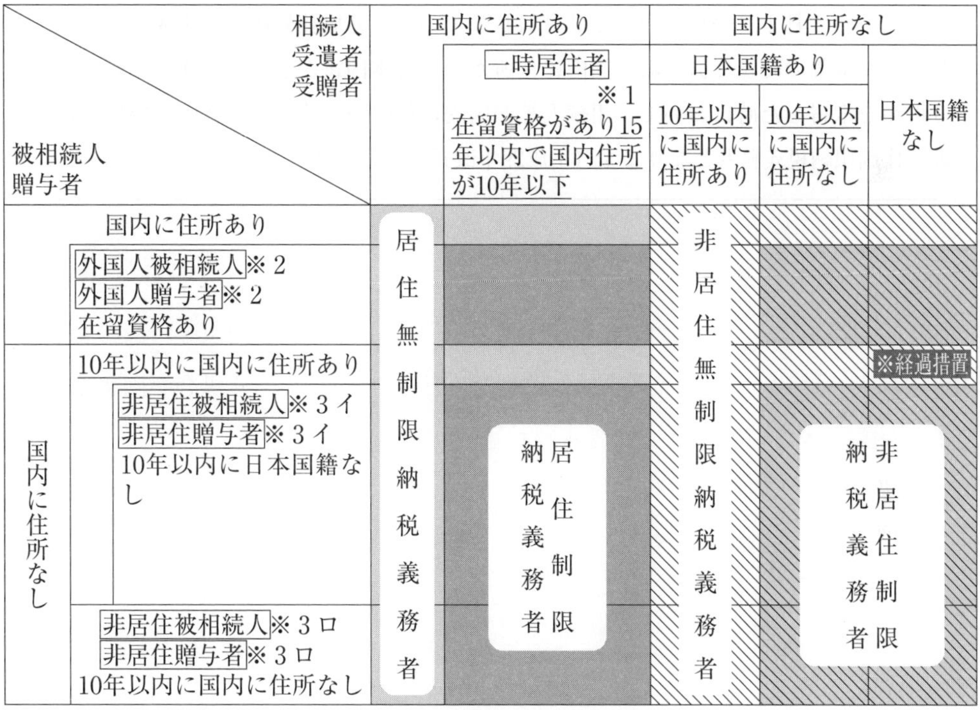
相続人
受遺者
受贈者
被相続人
贈与者
国内に住所あり
国内に住所なし
一時居住者※１
在留資格があり15年以内で国内住所が10年以下
日本国籍あり
10年以内に国内に住所あり
10年以内に国内に住所なし
日本国籍なし
国内に住所あり
外国人被相続人※２
外国人贈与者※２
在留資格あり
国内に住所なし
10年以内に国内に住所あり
非居住被相続人※３イ
非居住贈与者※３イ
10年以内に日本国籍なし
非居住被相続人※３ロ
非居住贈与者※３ロ
10年以内に国内に住所なし
居住無制限納税義務者
居住制限納税義務者
非居住無制限納税義務者
※経過措置
非居住制限納税義務者

フローチャート　へ

用語の解説

※１　一時居住者

相続開始（贈与）の時において在留資格（出入国管理及び難民認定法別表第一の上欄の在留資格をいいます。以下同じです。）を有する者であって、その相続開始（贈与）前15年以内において国内に住所を有していた期間の合計が10年以下であるもの（相法１の３③一、１の４③一）

2　外国人被相続人（外国人贈与者）

相続開始（贈与）の時において在留資格を有し、かつ、国内に住所を有していたその相続（贈与）に係る被相続人（贈与者）であるもの（相法１の３③二、１の４③二）

3　非居住被相続人（非居住贈与者）

相続開始（贈与）の時において国内に住所を有していなかったその相続（贈与）に係る被相続人（贈与者）であって、次に掲げるもの（相法１の３③三、１の４③三）

イ　その相続開始（贈与）前10年以内のいずれかの時において国内に住所を有していたことがあるもののうち、そのいずれの時においても日本国籍を有していなかったもの

ロ　その相続開始（贈与）前10年以内のいずれの時においても国内に住所を有していたことがないもの

〔参考〕　経過措置

平成29年４月１日から令和４年３月31日までの間に非居住外国人（平成29年４月１日から相続等の時まで引き続き国内に住所がなく日本国籍がない者）から相続等により財産を取得した時において、相続人等が国内に住所がなく日本国籍がない場合には非居住制限納税義務者となります（平成29年改正法附則31②)。

<フローチャート　令和３年４月１日以後の納税義務者の判定>

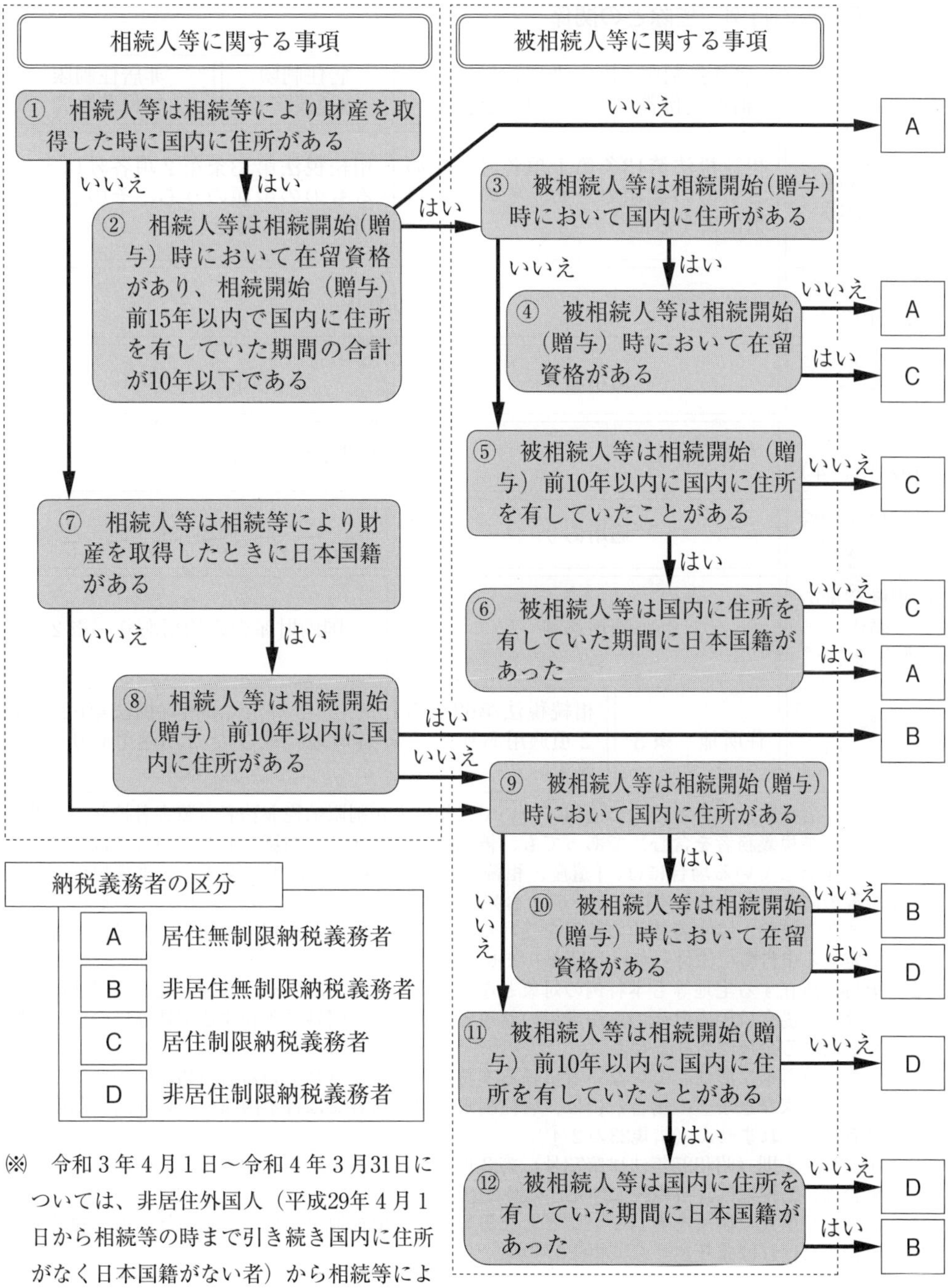

納税義務者の区分	
A	居住無制限納税義務者
B	非居住無制限納税義務者
C	居住制限納税義務者
D	非居住制限納税義務者

※　令和３年４月１日～令和４年３月31日については、非居住外国人（平成29年４月１日から相続等の時まで引き続き国内に住所がなく日本国籍がない者）から相続等により財産を取得した時において、相続人等が国内に住所がなく日本国籍がない場合には非居住制限納税義務者となります。

(5)　納税義務者の相続税法の適用関係の概要図

イ　相続税の特例・控除との関係

<table>
<tr><th></th><th>居住無制限
納税義務者</th><th>非居住無制限
納税義務者</th><th>居住制限
納税義務者</th><th>非居住制限
納税義務者</th></tr>
<tr><td>債務控除
(相法13)</td><td colspan="2">相続税法第13条第１項各号に定めるものの金額のうち、その者の負担に属する部分</td><td colspan="2">相続税法第13条第２項各号に定めるものの金額のうち、その者の負担に属する部分</td></tr>
<tr><td>配偶者控除
(相法19の２)</td><td colspan="4">適用あり</td></tr>
<tr><td>未成年者控除
(相法19の３)</td><td colspan="2">適用あり</td><td colspan="2">適用なし　※１</td></tr>
<tr><td>障害者控除
(相法19の４)</td><td>適用あり</td><td colspan="3">適用なし　※１</td></tr>
<tr><td>外国税額控除
(相法20の２)</td><td colspan="2">適用あり</td><td colspan="2">適用なし</td></tr>
<tr><td>小規模宅地の
特例
(措法69の４)</td><td colspan="2">適用あり</td><td colspan="2">国内財産のみ適用あり　※２</td></tr>
<tr><td>納税地
(相法62)</td><td>住所地　※３</td><td>相続税法第62条第２項適用あり
※４</td><td>住所地　※３</td><td>相続税法第62条第２項適用あり
※４</td></tr>
</table>

※１　未成年者控除、障害者控除の適用について、相続人が制限納税義務者（障害者控除では非居住無制限納税義務者を含む）であっても、被相続人がアメリカ国籍を有している又はアメリカに住所を有している場合には、「遺産、相続及び贈与に対する租税に関する二重課税の回避及び脱税の防止のための日本国とアメリカ合衆国との間の条約」により、適用ができます。

未成年者控除、障害者控除の適用を受ける場合には、届出書を相続税法第27条又は、第30条に規定する申告書に添付しなければなりません。

２　海外に所在する宅地等も本特例の対象となりますが、居住制限納税義務者及び非居住制限納税義務者の場合は国内財産のみが課税の対象となるので、国外に所在する宅地等について本特例を適用する余地はありません。

また、持ち家に居住していない者に係る本特例の対象とされている者（措法69の４③二ロ、いわゆる「家なき子」の場合）には、居住制限納税義務者又は日本国籍のない非居住制限納税義務者は含まれません（措規23の２④）。

３　相続税法附則（昭和25年法律第73号）第３項の適用がある場合を除きます。同項の適用がある場合は、納税地は、被相続人の死亡の時における住所地となります。

４　国内に住所及び居所を有しないこととなるものは、納税地を定めて、納税地の所轄税務署長に申告しなければなりません（相法62②）。

ロ　贈与税の特例・控除との関係

	居住無制限納税義務者	非居住無制限納税義務者	居住制限納税義務者	非居住制限納税義務者
配偶者控除 （相法21の６）	適用あり		国内にある居住用不動産の贈与又は国内にある居住用不動産の取得に充てるための金銭の贈与のみ可	
外国税額控除 （相法21の８）	適用あり		適用なし	
相続時精算課税 （相法21の９）	適用あり			
住宅取得等資金の贈与税の非課税 （措法70の２）	適用あり		適用なし	
住宅取得等資金に係る相続時精算課税の特例 （措法70の３）	適用あり		適用なし	
教育資金の一括贈与を受けた場合の贈与税の非課税 （措法70の２の２）	適用あり			
結婚・子育て資金の一括贈与を受けた場合の贈与税の非課税 （措法70の２の３）	適用あり			
直系尊属から贈与を受けた場合の贈与税の税率の特例 （措法70の２の５）	適用あり			

2　個人とみなされる納税義務者

課税原因	区　分		要　件		根拠		
設立するための又は既存のものに対する財産の遺贈・死因贈与	人格のない社団等	代表者又は管理者の定めのある人格のない社団又は財団 (例)PTA、同窓会、町内会など	（要件なし）	個人とみなす	相法66①②	相続税の納税義務者（※３・５）	法人税等が課税される場合は、その税額相当額は相続税額から控除する（相法66⑤・相令33①②）（※６）
設立するための又は既存のものに対する財産の遺贈・死因贈与	持分の定めのない法人（※１）	持分の定めのない法人（※１） (例)一般財団法人、一般社団法人、学校法人、社会福祉法人など	遺贈者等の親族その他これらの者と特別の関係がある者の相続税の負担が不当に減少する結果となると認められるとき（相法66④⑥、相令31①、33③④）（※２）	個人とみなす	相法66④	相続税の納税義務者（※３・５）	法人税等が課税される場合は、その税額相当額は相続税額から控除する（相法66⑤・相令33①②）（※６）
一般社団法人等の理事である者（理事でなくなった日から5年を経過していない者を含む）の死亡	持分の定めのない法人（※１）	【特定一般社団法人等】 一般社団法人又は一般財団法人(注)のうち、次のいずれかの同族支配要件を満たす法人(相法66の２②三) ①　相続開始直前における理事のうち同族理事が過半を占める法人 ②　相続開始前５年以内における理事のうち同族理事が過半を占める期間が３年以上である法人 (注)　一般社団法人又は一般財団法人からは、相続開始時に公益社団法人・公益財団法人・非営利型法人・証券化のビークルを除きます。	①　被相続人の相続開始の直前における当該被相続人に係る同族理事（一般社団法人等の理事のうち、被相続人又はその配偶者、三親等内の親族その他の当該被相続人と政令で定める特殊の関係のある者をいいます。）の数の理事の総数のうちに占める割合が２分の１を超えること。 ②　被相続人の相続の開始前５年以内において当該被相続人に係る同族理事の数の理事の総数のうちに占める割合が２分の１を超える期間の合計が３年以上であること。	個人とみなす	相法66の２①（※４）	相続税の納税義務者（※３・５）	上記の相法66④の規定により課された贈与税又は相続税がある場合は、その税額相当額は相続税額から控除する（相法66の２③）

※１　「持分の定めのない法人」とは、例えば、次に掲げる法人をいいます（昭39．６．９付直審(資)24・直資77通達13）。

①　定款、寄附行為若しくは規則（これらに準ずるものを含みます。この第３章において、以下「定款等」といいます。）又は法令の定めにより、その法人の社員、構成員（その法人へ出資している者に限ります。この第３章において、以下「社員等」といいます。）がその法人の出資に係る残余財産の分配請求権又は払戻請求権を行使することができない法

人

② 定款等に、社員等がその法人の出資に係る残余財産の分配請求権又は払戻請求権を行使することができる旨の定めはあるが、そのような社員等が存在しない法人

なお、持分の定めのある法人（持分を有する者がないものを除きます。）に対する財産の贈与等があったときは、その法人の出資者等について相続税法第９条の規定を適用すべき場合があることに留意してください。

2 「相続税の負担が不当に減少する結果となると認められるとき」かどうかの判定は、原則として、贈与又は遺贈を受けた法人が相続税法施行令第33条《人格のない社団又は財団に課される贈与税等の額の計算の方法等》第３項に掲げる要件を満たしているかどうかにより行います（昭39．6．9付直審(資)24・直資77通達14）。

3 人格のない社団等又は持分の定めのない法人の住所は、その主たる営業所又は事務所の所在地にあるものとみなされます（相法66《人格のない社団又は財団等に対する課税》③④、相法66の２《特定の一般社団法人等に対する課税》④）。

4 特定一般社団法人等に該当する一般社団法人等の理事である被相続人が死亡した場合、死亡時における同法人等の純資産額を死亡時の同族理事の数（被相続人を含みます。）で除した金額をその理事である被相続人から遺贈により取得したものとみなされます（相法66の２①）。

5 人格のない社団等又は公益法人等は、収益事業を営む場合に限り法人税を納付する義務を負い、収益事業から生じた所得以外の所得及び清算所得については非課税とされています（法法５《内国法人の課税所得の範囲》、６《内国公益法人等の非収益事業所得等の非課税》）。

6 人格のない社団等が個人とみなされて相続税の納税義務者となる場合であっても、その相続財産が公益事業用財産についての相続税の非課税規定（相法12《相続税の非課税財産》①三）に該当するものであれば相続税は課税されません。

また、持分の定めのない法人が個人とみなされて相続税の納税義務者となる場合は、相続税を不当に減少させる結果となると認められる場合に限られていますから、その相続財産については公益事業用財産についての相続税の非課税規定に該当するということはありません（相続税の非課税財産については第５章をご覧ください。）。

（用語の解説）

社団

社団とは、一定の組織を有する人の集合体であって、構成員の増減変更にかかわりなく存続し、一個の単一体として構成員から独立して存在する団体のことです。

財団

一定の目的にささげられた財産の集合体であって、一定の規則により管理され、社会生活上権利義務の主体として認められるものをいいます。財団の実体は、一定の目的によって拘束された財産（目的財産）です。財団は社団と異なり、構成分子たる構成員を持ちません。

人格のない社団

学術団体・学友会・町内会・婦人会などがその例です。これらの団体は、社団としての実体を有しながら、法律上、権利義務の帰属主体となり得ないことから、一般に、人格の

ない社団又は権利能力のない社団と呼ばれています。

人格のない財団

一定の目的にささげられた財産を中心として、これを運営する組織を有するもので、その実体が財団法人と同じであるにもかかわらず、主として法律上の技術的要件を欠くために法人格を有しないものを人格のない財団又は権利能力のない財団といいます。

公益法人

公益法人とは、積極的に（社会全体の利益又は不特定多数人の利益のために）、祭祀・宗教・慈善・学術・技芸その他公益に関する事業を目的とし、営利を目的としない法人のことをいいます。公益目的を達する手段として収益事業を営むことは、差し支えないものとされています。

第４章　相続税の課税財産

相続税がかかる財産は、原則として、民法の規定に従って相続又は遺贈（死因贈与を含みます。この第４章において、以下同じです。）によって取得した財産です。この他に、相続又は遺贈により取得した財産ではなくても、実質的に相続又は遺贈により取得したことと同じ経済効果があると認められるものについては、相続税法の規定により、相続又は遺贈によって取得したものとみなされて相続税がかかる財産に含まれるものがあります（みなし相続財産）。

項　目	課税財産の取得原因		
相続税がかかる財産	民法によるもの	相　続 遺　贈	
	民法以外の法律（相続税法）によるもの	相続人	みなし相続
		相続人以外	みなし遺贈

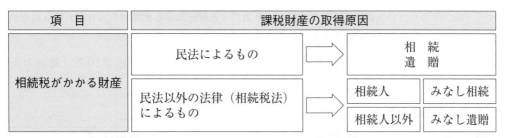

＜取得原因別の相続税の課税財産＞

項目	取得原因	内　容
取得財産	民　法	相続・遺贈により取得した財産
		相続財産法人から分与を受けた財産
	相続税法	みなし相続財産
		贈与税の納税猶予(納期限延長)の特例の適用を受けていた農地等、個人の事業用資産及び非上場株式等
		贈与税の教育資金の一括贈与の特例の適用を受けていた場合で一定の場合の管理残額
		贈与税の結婚・子育て資金の一括贈与の特例の適用を受けていた場合の管理残額
		生前に被相続人から相続時精算課税に係る贈与によって取得した財産
		相続開始前７年以内に被相続人から贈与により取得した財産※

※　令和５年12月31日以前の贈与により取得した財産は、「相続開始前３年以内」に取得した贈与財産が対象となります。令和６年１月１日から令和８年12月31日までの間に相続又は遺贈により財産を取得する者については、加算期間は「当該相続の開始前３年以内」となり、令和９年１月１日から令和12年12月31日までの間に相続又は遺贈により財産を取得する者については、加算期間は「令和６年１月１日から当該相続の開始日」となります。

なお、これらの課税財産の範囲については、財産を取得した時に、その人（相続人又は受遺者）の住所が日本国内にあるかどうかによって、次のように異なります。

＜財産の所在別課税財産の範囲＞

財産の取得者		課税財産	国際的な二重課税を緩和する措置	備　考
居住無制限納税義務者 非居住無制限納税義務者		日本国内にある財産	—	被相続人の住所が日本国内にあるか日本国外にあるかを問いません。
		日本国外にある財産	在外財産に対する相続税額の控除	
制限納税義務者(※)	居住制限納税義務者	日本国内にある財産	—	
	非居住制限納税義務者			

(※)　平成29年３月31日以前に相続又は遺贈により取得する財産に係る相続税の場合における制限納税義務者は、居住制限納税義務者と非居住制限納税義務者に区分されません。

なお、財産が、日本国内にあるかどうかについては、相続税法第10条《財産の所在》の規定により次のように判定します。

＜財産の所在の判定＞

項	号	財産の種類	所在の判定
1	一	動産	その動産の所在によります。
		不動産又は不動産の上に存する権利	その不動産の所在によります。
		船舶又は航空機	船籍又は航空機の登録をした機関の所在（船籍のない船舶については、その所在（相基通10－１））によります。
	二	鉱業権又は租鉱権	鉱区の所在によります。
		採石権	採石権の所在によります。
	三	漁業権又は入漁権	漁場に最も近い沿岸の属する市町村又はこれに相当する行政区画によります。
	四	預金、貯金、積金又は寄託金で次に掲げるもの ①　銀行、無尽会社又は株式会社商工組合中央金庫に対する預金、貯金又は積金 ②　農業協同組合、農業協同組合連合会、水産業協同組合、信用協同組合、信用金庫又は労働金庫に対する預金、貯金又は積金	その受入れをした営業所又は事業所の所在によります。
	五	保険金	その契約に係る保険会社等の本店又は主たる事務所（日本国内に本店又は主たる事務所がない場合において、日本国内にその契約に係る事務を行う営業所、事務所その他これらに準ずるものを有するときは、これらの営業所等）の所在によります。
		生命保険契約又は損害保険契約（相基通10－２）	
	六	退職手当金、功労金その他これらに準ずる給与	その給与を支払った者の住所又は本店若しくは主たる事務所（前号に同じ。）の所在によります。
	七	貸付金債権	その債務者の住所又は本店若しくは主たる事務所の所在によります。

項	号	財産の種類	所在の判定
1	八	社債、株式、出資又は外国預託証券	その社債若しくは株式の発行法人、その出資のされている法人又は外国預託証券の発行法人の本店又は主たる事務所の所在によります。
	九	集団投資信託又は法人課税信託に関する権利	これらの信託の引受けをした営業所、事務所その他これらに準ずるものの所在によります。
	十	特許権、実用新案権、意匠権又はこれらの実施権で登録されているもの	その登録をした機関の所在によります。
		商標権	
		回路配置利用権、育成者権又はこれらの利用権で登録されているもの	
	十一	著作権、出版権又は著作隣接権でこれらの権利の目的物が発行されているもの	これらを発行する営業所又は事業所の所在によります。
	十二	相続税法第７条の規定により贈与又は遺贈により取得したものとみなされる金銭	そのみなされる基因となった財産の種類に応じ、所在を判定します。
	十三	上記一から十二までの財産以外の財産で営業上又は事業上の権利（売掛金等、営業権、電話加入権等（相基通10－６））	その営業所又は事業所の所在によります。
2		（日本）国債、地方債	日本国内に所在するものとします。
		外国又は外国の地方公共団体その他これに準ずるものの発行する公債	その外国に所在するものとします。
3		その他の財産（特別寄与者が支払を受けるべき特別寄与料（相基通10－７））	その財産の権利者であった被相続人の住所の所在によります。

1　相続又は遺贈によって取得した財産

相続税がかかる財産は、まず第一に、本来の相続又は遺贈により取得した財産です。ここにいう財産とは、金銭に見積もることができる経済的価値のある全てのものをいいます（相基通11の２－１《「財産」の意義》）。

＜相続又は遺贈により取得した財産の種類＞

<table>
<tr><th>区　分</th><th>法律上の根拠の有無</th><th colspan="2">内　容</th></tr>
<tr><td rowspan="2">相続税がかかるもの</td><td>法律上の財産</td><td>民法等</td><td>物権、債権、無体財産権、信託受益権、電話加入権など</td></tr>
<tr><td>法律上の財産以外のもの</td><td colspan="2">経済的価値のあるもの……営業権など</td></tr>
<tr><td rowspan="2">相続税がかからないもの</td><td rowspan="2">法律上のもの</td><td>民法等</td><td>従たる権利
（質権、抵当権、地役権など）</td></tr>
<tr><td>税　法</td><td>相続税の非課税財産</td></tr>
</table>

相続税がかかる財産は、被相続人が相続開始の時において所有していた土地、家屋、立木、事業（農業）用財産、有価証券、家庭用財産、貴金属、宝石、書画骨とう、電話加入権、預貯金、現金などの一切の財産です（具体的には表<相続税がかかる財産の例>（92ページ）を参照してください。）。

したがって、被相続人が相続開始の時において所有していた次のような財産も含まれます。

①	被相続人が購入（建築）した不動産で、まだ登記していないもの
②	被相続人が購入した株式や登録公社債で、まだ名義書換えや登録をしていないもの
③	被相続人の預貯金、公社債、割引債、証券投資信託や貸付信託の受益証券で、家族名義や第三者名義、無記名にしてあるもの
④	所得税のかからない利子所得に係る預貯金、公社債、貸付信託及び公社債投資信託の受益証券
⑤	所得税の確定申告を要しない少額の配当所得に係る株式、出資、証券投資信託の受益証券
⑥	利子所得及び配当所得の源泉分離課税制度の適用を受けた預貯金、公社債、貸付信託の受益証券、株式、出資

2　相続又は遺贈によって取得したものとみなされる財産

民法上の相続又は遺贈により取得した財産でなくても、実質的に相続又は遺贈により財産を取得したことと同様な経済的効果があると認められる場合には、相続税法では、課税の公平を図るために、その受けた利益などを相続又は遺贈によって取得したものとみなして、相続税の課税財産としています。これは、本来の相続財産に対して、一般に「みなし相続財産」と呼ばれており、次のようなものがあります。

なお、この場合において、①その利益を受けた人が死亡した人の相続人（相続の放棄をした人や相続権を失った人を除きます。）であるときは、相続によって取得したものとみなされ、また、②その利益を受けた人が死亡した人の相続人でないときは遺贈によって取得したものとみなされます（相法３①）。

＜みなし相続財産＞

項　目	内　容	根　拠
相続税法の規定により相続税がかかるもの	生命保険金など	相法３①一
	退職手当金・功労金など	相法３①二
	生命保険契約に関する権利	相法３①三
	定期金に関する権利	相法３①四
	保証期間付定期金に関する権利	相法３①五
	契約に基づかない定期金に関する権利	相法３①六
	その他の利益の享受	相法４、７～９
	信託に関する権利	相法９の２～９の６

⑴　生命保険金など

被相続人の死亡により取得した生命保険契約の保険金や偶然な事故に基因する死亡に伴い支払われる損害保険契約の保険金（この第４章において、以下「生命保険金など」といいます。）で、その生命保険金などのうち被相続人が負担した保険料に対応する部分の保険金が、相続財産とみなされます（相法３①一）。

＜相続財産とみなされる保険金の範囲＞

生命保険金など	被相続人が、保険料を負担した部分		⇒ みなし相続財産
	上記以外の部分	受取人が、保険料を負担した部分	⇒ 一時所得など
		受取人以外の者（被相続人を除きます。）が、保険料を負担した部分	⇒ 贈与

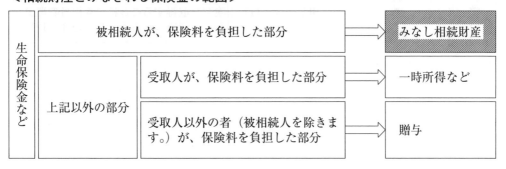

なお、生命保険金などのうち、被相続人から取得したものとされる金額は、次の算式によって計算します。

$$\text{生命保険金などの額} \times \frac{\text{被相続人が負担した保険料の額}}{\text{払込保険料の総額}} = \text{相続財産とみなされる生命保険金などの価額}$$

※１　相続又は遺贈により取得したとみなされる生命保険金などの額には、保険金受取人が保険契約に基づき保険金とともに取得する剰余金、割戻金及び前納保険料の額を含みます（相基通３－８《保険金とともに支払を受ける剰余金等》）。

２　生命保険金で、年金形式で支払われるものについても、みなし相続財産として相続税が課税されますが、毎年受け取る保険金のうち相続税の課税対象とならなかった部分については雑所得として所得税が課税されます（所令185《相続等に係る生命保険契約等に基づく年金に係る雑所得の金額の計算》）。

ここでいう生命保険契約の保険金には、生命保険会社と締結した生命保険契約の保険金や簡易生命保険契約の保険金のほか農業協同組合の生命共済契約の共済金など特定の共済金が含まれます（相令１の２《生命保険契約等の範囲》①）。しかし、健康保険、厚生年金保険などのいわゆる社会保険により支給される金品は含まれません。

＜生命保険契約の保険金＞

該当するもの	該当しないものの例
生命保険会社との契約による保険金 独立行政法人郵便貯金・簡易生命保険管理機構又は株式会社かんぽ生命保険の簡易保険契約による保険金 農業協同組合の生命共済契約などによる共済金	社会保険（健康保険、厚生年金保険など）により支給される金品

また、保険金受取人とは、保険契約に係る保険約款などの規定に基づいて保険事故の発生により保険金を受け取る権利を有する人をいいます（相基通３－11《「保険金受取人」の意義》）。

＜保険金受取人の範囲＞

項目	原則	例外
保険金受取人	保険契約上の保険金受取人 （相基通３－11）	保険契約上の保険金受取人以外の人で現実にその保険金を取得しており、保険金を取得することにつき相当の理由があると認められる人（相基通３－12）

＜生命保険金などの支払調書の書式＞

令和　年分　生命保険金・共済金受取人別支払調書

保険金等受取人	住所 （居所）		氏名又は名称	
			個人番号又は法人番号	
保険契約者等 （又は保険料等払込人）	又は		氏名又は名称	
			個人番号又は法人番号	
被保険者等	所在地		氏名又は名称	
直前の保険契約者等				

保険金額等	増加又は割増保険金額等	未払利益配当金等	貸付金額、同未収利息
千　円	千　円	千　円	千　円
未払込保険料等	**前納保険料等払戻金**	**差引支払保険金額等**	**既払込保険料等**
千　円	千　円	千　円	（内　千　円）

保険事故等		保険事故等の発生年月日	年　月　日	（摘要）
保険等の種類				
契約者変更の回数		保険金等の支払年月日	年　月　日	（　年　月　日提出）

保険会社等	所在地			
	名称	（電話）	法人番号	

整理欄	①	②

○「個人番号又は法人番号」欄に個人番号（12桁）を記載する場合には、右詰で記載します。

323

備考

一　保険金等受取人及び保険契約者等（又は保険料等払込人）の個人番号又は法人番号欄には、当該保険金等受取人及び保険契約者等（又は保険料等払込人）の行政手続における特定の個人を識別するための番号の利用等に関する法律第2条第5項に規定する個人番号又は同条第15項に規定する法人番号を記載すること。

二　保険事故等欄には、死亡、満期、解約等保険金又は共済金（これらに係る解約返戻金を含み、退職手当金等として支給されるものを除く。以下同じ。）の支払事由を記載すること。

三　解約の場合には、解約返戻金相当額を保険金額等欄に記載すること。

四　契約者以外の者が保険料又は共済掛金の払込みをしていることの明らかなものについては、保険契約者等欄に保険料払込人又は共済掛金払込人を記載し、七の契約者の変更に関する事項には、保険料払込人又は共済掛金払込人の変更について記載すること。

五　相続税法第3条第1項第1号に規定する生命保険契約に基づき分配又は割戻しを受けた剰余金又は割戻金があるときは、当該剰余金又は割戻金の金額を控除した既払込保険料等の金額を既払込保険料等欄に記載すること。

六　保険金又は共済金を年金として支払うものについては、当該保険金又は共済金につき相続税法第24条の規定により評価した金額を保険金額等欄に、当該保険金又は共済金を年金として支払うものである旨及びその評価の根拠その他参考となるべき事項を摘要欄に、それぞれ記載すること。

七　契約者の変更（死亡に伴い行われるものを除く。1及び3において同じ。）があった場合の記載の要領は、次による。

1　直前の保険契約者等欄に、当該契約者の変更（当該契約に係る契約者の変更が2回以上行われた場合には、最後の契約者の変更）前の契約者の氏名又は名称及び住所若しくは居所又は本店若しくは主たる事務所の所在地を記載すること。

2　既払込保険料等欄の内書に、当該契約に係る現契約者が払い込んだ保険料又は共済掛金の額を記載すること。

3　契約者変更の回数欄に、当該契約に係る契約者の変更が行われた回数を記載すること。

八　保険会社等の法人番号欄には、一に規定する法人番号を記載すること。

九　合計表をこの様式に準じて作成し添付すること。

損害（死亡）保険金・共済金受取人別支払調書

<table>
<tr><td>保険金等受取人</td><td rowspan="5">住所
(居所)
又は
所在地</td><td></td><td>氏名又は名称</td><td></td></tr>
<tr><td></td><td></td><td>個人番号又は法人番号</td><td></td></tr>
<tr><td>保険契約者等
(又は保険料等払込人)</td><td></td><td>氏名又は名称</td><td></td></tr>
<tr><td>被保険者等</td><td></td><td rowspan="2">氏名又は名称</td><td></td></tr>
<tr><td>直前の保険契約者等</td><td></td><td></td></tr>
<tr><td colspan="3">保険金額等</td><td colspan="2">既払込保険料等</td></tr>
<tr><td colspan="3">円</td><td colspan="2">円
(内　　　)</td></tr>
<tr><td>保険事故等</td><td colspan="2"></td><td>保険事故等の発生年月日</td><td>年　月　日</td></tr>
<tr><td>保険等の種類</td><td colspan="2"></td><td rowspan="2">保険金等の支払年月日</td><td rowspan="2">年　月　日</td></tr>
<tr><td>契約者変更の回数</td><td colspan="2"></td></tr>
<tr><td colspan="5">(摘要)
(　　年　月　日提出)</td></tr>
<tr><td rowspan="2">保険会社等</td><td>所在地</td><td colspan="3"></td></tr>
<tr><td>名　称</td><td>(電話)</td><td>法人番号</td><td></td></tr>
<tr><td>整理欄</td><td colspan="2">①</td><td colspan="2">②</td></tr>
</table>

○「個人番号又は法人番号」欄に個人番号（12桁）を記載する場合には、右詰で記載します。

324

備　考

一　保険金等受取人及び保険契約者等（又は保険料等払込人）の個人番号又は法人番号欄には、当該保険金等受取人及び保険契約者等（又は保険料等払込人）の行政手続における特定の個人を識別するための番号の利用等に関する法律第2条第5項に規定する個人番号又は同条第15項に規定する法人番号を記載すること。

二　保険事故等欄には、保険金又は共済金（これらに係る解約返戻金を含む。）の支払事由を記載すること。

三　解約の場合には、解約返戻金相当額を保険金額等欄に記載すること。

四　契約者以外の者が保険料又は共済掛金の払込みをしていることの明らかなものについては、保険契約者等欄に保険料払込人又は共済掛金払込人を記載し、六の契約者の変更に関する事項は、保険料払込人又は共済掛金払込人の変更について記載すること。

五　保険金又は共済金を年金として支払うものについては、当該保険金又は共済金につき相続税法第24条の規定により評価した金額を保険金額等欄に、当該保険金又は共済金を年金として支払うものである旨及びその評価の根拠その他参考となるべき事項を摘要欄に、それぞれ記載すること。

六　契約者の変更（死亡に伴い行われるものを除く。1及び3において同じ。）があった場合の記載の要領は、次による。

1　直前の保険契約者等欄に、当該契約者の変更（当該契約に係る契約者の変更が2回以上行われた場合には、最後の契約者の変更）前の契約者の氏名又は名称及び住所若しくは居所又は本店若しくは主たる事務所の所在地を記載すること。

2　既払込保険料等欄の内書に、当該契約に係る現契約者が払い込んだ保険料又は共済掛金の額を記載すること。

3　契約者変更の回数欄に、当該契約に係る契約者の変更が行われた回数を記載すること。

七　昭和46年3月31日以前に契約が締結されたものについては、契約の締結年月日を摘要欄に記載すること。

八　保険会社等の法人番号欄には、一に規定する法人番号を記載すること。

九　合計表をこの様式に準じて作成し添付すること。

(2)　退職手当金、功労金など

被相続人の死亡によって受け取った、被相続人に支給されるべきであった退職手当金、功労金その他これらに準ずる給与（この第４章において、以下「退職手当金等」といいます。）で、被相続人の死亡後３年以内に支給が確定したものは、相続財産とみなされます（相法３①二）。

なお、支給が確定したものには、支給されることが確定していてもその額が確定していないものは該当しないこととされています（相基通３－30《「被相続人の死亡後３年以内に支給が確定したもの」の意義》）。

＜相続財産とみなされる退職手当金等の範囲＞

退職手当金等	⇒	死亡後３年以内に支給額が確定したもの（生前退職によるもので、支給額が死亡後３年以内に確定したものを含みます（相基通３－31）。）	⇒	みなし相続財産
	⇒	上記以外のもの（死亡後３年以内に支給額が確定しないもの）	⇒	支給額が確定したときの所得（一時所得）

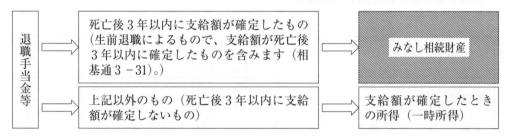

※　相続開始の時において支給期の到来していない未払給与などは、相続財産とみなされる退職手当金等ではなく、本来の相続財産となります。

ここでいう退職手当金等とは、その名義のいかんにかかわらず、実質的に被相続人の退職手当金等として支給される金品をいいます（相基通３－18《退職手当金等の取扱い》）。

＜退職手当金等の内容＞

項目	該当するもの		該当しないもの
退職手当金等	支給形態	金銭	弔慰金、花輪代、葬儀料などで相応な金額（相基通３－20）
		物品	
	支給方式	一時金	
		年金	
	金額の限度	退職給与規程	
		類似する者の支給額	

＜被相続人に支給されるべきであった退職手当金等の支給を受けた人＞（相基通３—25）

項目	支給事由	受取人
退職手当金等の受取人の定め方	退職給与規程等により、具体的に定められている場合	その規程等により支給を受けることとなる人
	上記以外の場合又はその規程等の適用を受けない人である場合	イ　申告書の提出をする時などまでに、現実に取得した人があるときは、その取得した人 ロ　相続人全員の協議により支給を受ける人を定めたときは、その定められた人 ハ　イ及びロ以外のときは、相続人の全員（均等に取得したものとします。）

＜退職手当金等受給者別支払調書＞

退職手当金等受給者別支払調書

受給者	住所		氏名	
			個人番号	
退職者	住所		氏名	
			個人番号	

退職手当金等の種類	退職手当金等の給与金額	退職年月日
	円	年　月　日
退職時の地位職務	受給者と退職者との続柄	支払年月日
		年　月　日

（摘要）

（　　年　　月　　日提出）

支払者		
支払者	営業所又は事務所等の所在地	
	営業所又は事務所等の名称又は氏名	（電話）
	個人番号又は法人番号	

整理欄	①	②

○「個人番号又は法人番号」欄に個人番号（12桁）を記載する場合には、右詰で記載します。

325

備考

一　受給者及び退職者の個人番号欄には、当該受給者及び退職者の行政手続における特定の個人を識別するための番号の利用等に関する法律第２条第５項に規定する個人番号を記載すること。

二　退職手当金等の種類欄には、退職金、功労金、確定給付企業年金規約、企業型年金規約、個人型年金規約、適格退職年金契約又は共済契約に基づく年金又は一時金その他の年金又は一時金の名称を記載すること。

三　退職手当金等を年金として支給するものについては、当該退職手当金等につき相続税法第24条の規定により評価した金額を退職手当金等の給与金額欄に、当該退職手当金等を年金として支給するものである旨及びその評価の根拠その他参考となるべき事項を摘要欄に、それぞれ記載すること。

四　退職者の死亡年月日を摘要欄に記載すること。

五　支払者の個人番号又は法人番号欄には、当該支払者の一に規定する個人番号又は行政手続における特定の個人を識別するための番号の利用等に関する法律第２条第15項に規定する法人番号を記載すること。

(3)　生命保険契約に関する権利

相続開始の時において、まだ保険事故（共済事故を含みます。この第４章において、以下同じです。）が発生していない生命保険契約（一定期間内に保険事故が発生しなかった場合において返還金その他これに準ずるものの支払がない生命保険契約、いわゆる掛捨ての保険契約は除かれます。）で、その保険料の全部又は一部を被相続人が負担しており、かつ、被相続人以外の人がその契約者である場合の生命保険契約に関する権利については、被相続人が負担した保険料に相当する部分が、契約者の相続財産とみなされます（相法３①三）。

○　相続財産とみなされる生命保険契約に関する権利の価額

生命保険契約に関する権利の価額は、相続税法第22条《評価の原則》の規定に基づき時価によることとなります。

(4)　定期金に関する権利

相続開始の時において、まだ定期金の給付事由が発生していない定期金給付契約（生命保険契約を除きます。）で、その掛金又は保険料の全部又は一部を被相続人が負担しており、かつ、被相続人以外の人がその契約者である場合の定期金に関する権利については、被相続人が負担した金額に相当する部分が、契約者の相続財産とみなされます（相法３①四）。

<定期金に関する権利の価額>

定期金に関する権利の価額は、相続税法第24条《定期金に関する権利の評価》又は第25条の規定に基づき評価します。

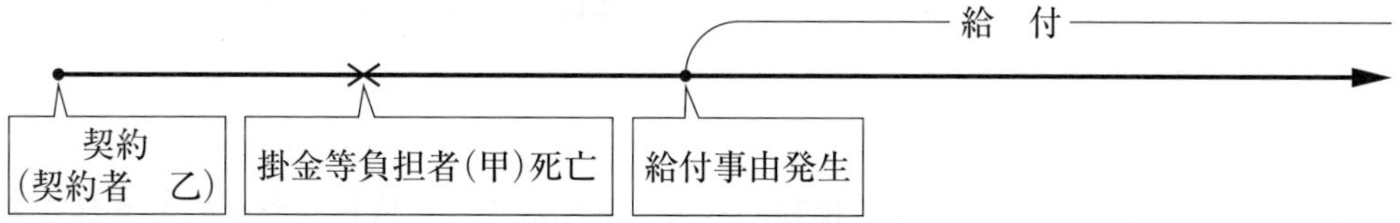

なお、定期金給付契約に関する権利のうち、被相続人から取得したものとされる金額は、次の算式によって計算します。

$$\text{定期金給付契約に関する権利の価額} \times \frac{\text{被相続人が負担した掛金等の額}}{\text{相続開始の時までの払込掛金等の総額}} = \text{相続財産とみなされる定期金給付契約に関する権利の価額}$$

＜被相続人甲から乙が取得したものとみなされる金額＞

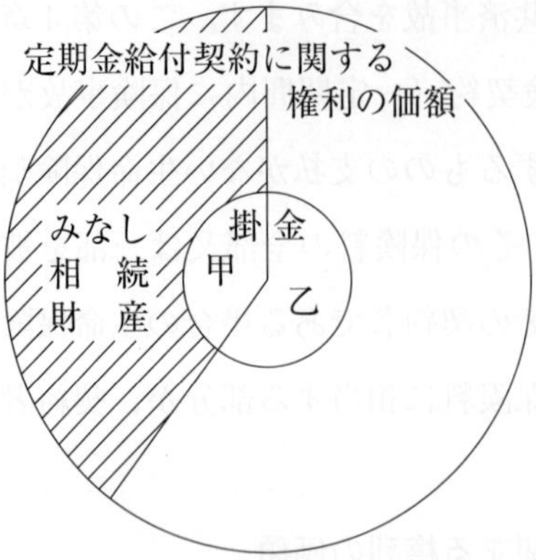

⑸　保証期間付定期金に関する権利

定期金給付契約（生命保険契約などを含みます。）で定期金受取人の生存中又は一定期間にわたり定期金を給付し、かつ、その受取人が死亡したときはその死亡後も引き続いてその遺族その他の人に対して定期金又は一時金を給付するものに基づいて定期金受取人たる被相続人の死亡後相続人その他の者が定期金受取人又は一時金受取人となった場合における保証期間付定期金に関する権利のうち、被相続人が負担した掛金又は保険料の額に相当する部分は、継続定期金（一時金）受取人の相続財産とみなされます（相法３①五）。

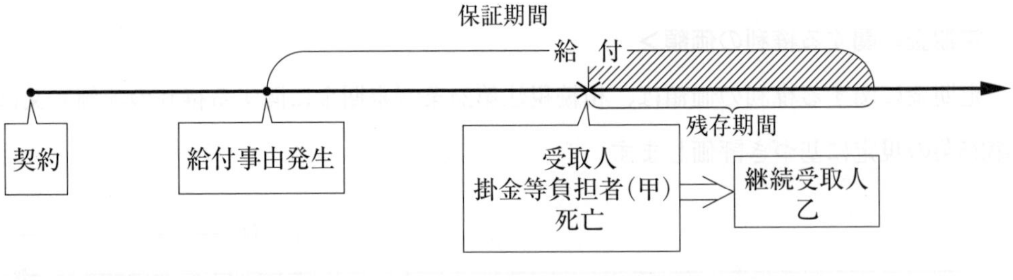

なお、定期金給付契約に関する権利のうち、被相続人から取得したものとされる金額は、次の算式によって計算します。

$$\text{保証期間付定期金給付契約に関する権利の価額} \times \frac{\text{被相続人が負担した掛金等の額}}{\text{相続開始の時までの払込掛金等の総額}} = \text{相続財産とみなされる保証期間付定期金給付契約に関する権利の価額}$$

＜被相続人甲から乙が取得したものとみなされる金額＞

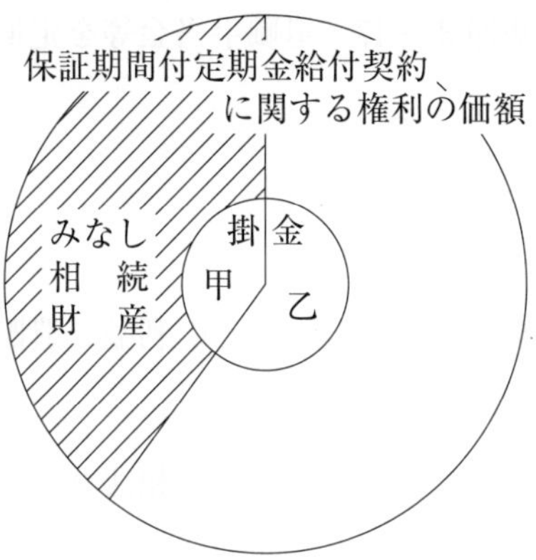

⑹　契約に基づかない定期金に関する権利

被相続人の死亡によって受ける定期金（定期金に係る一時金を含みます。）に関する権利で、契約に基づかないもの（恩給法の規定による扶助料に関する権利を除きます。）に関する権利は、定期金に関する権利を取得した者の相続財産とみなされます（相法３①六）。

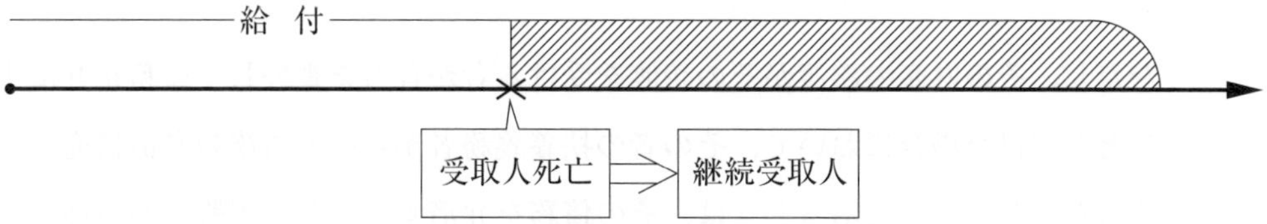

ここでいう契約に基づかない定期金に関する権利には、次のようなものがありますが、次の②から⑤までの遺族年金については、それぞれの法律に非課税規定が設けられていますので、相続税は課税されません（相基通３－46《契約に基づかない定期金に関する権利》）。

契約に基づかない定期金に関する権利	①	退職年金契約に基づき継続受取人に支払われる退職年金の受給権	課税
	②	国家公務員共済組合法の規定による遺族年金	非課税
	③	地方公務員等共済組合法の規定による遺族年金	
	④	船員保険法の規定による遺族年金	
	⑤	厚生年金保険法の規定による遺族年金	

したがって、この①から⑤までのうち実際に相続税がかかるのは退職年金契約に基づき継続受取人に支払われる退職年金の受給権に限られます。なお、退職手当金等が

定期金で支給された場合の権利は、契約に基づかない定期金に関する権利には含まれず、退職手当金等として課税されます（相基通３－47《退職手当金等を定期金として支給する場合》）。

⑺　その他の利益の享受

被相続人の遺言によって次のような利益を受けた場合は、その利益を遺贈によって取得したものとみなされます。

①　著しく低い価額の対価で財産の譲渡を受けた場合の利益（相法７）

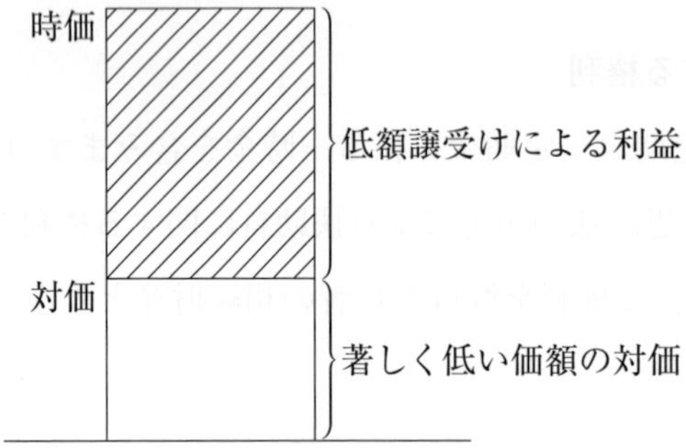

ただし、その財産の譲渡がその譲渡を受ける者が資力を喪失して債務を弁済することが困難な場合において、その者の扶養義務者からその債務の弁済に充てるためになされたものであるときは、その債務を弁済することが困難である部分の金額については、遺贈により取得したものとみなされません（相法７ただし書）。

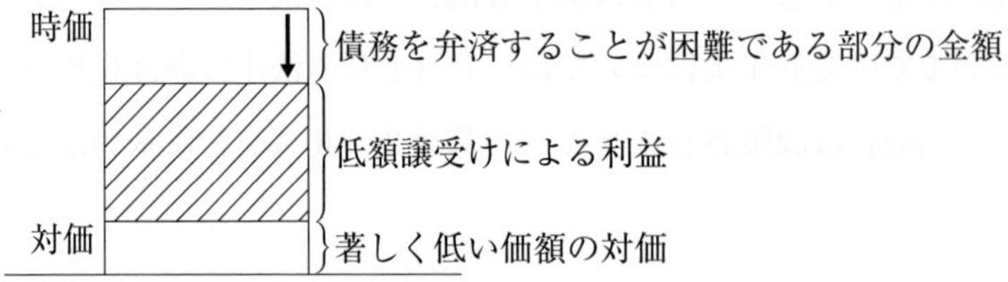

②　対価を支払わないで又は著しく低い対価で債務の免除、引受け又は第三者のためにする債務の弁済による利益（相法８）

<債務免除>

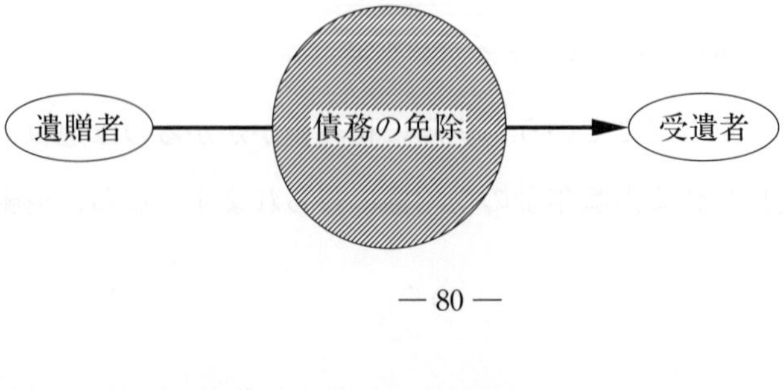

<債務の引受け>

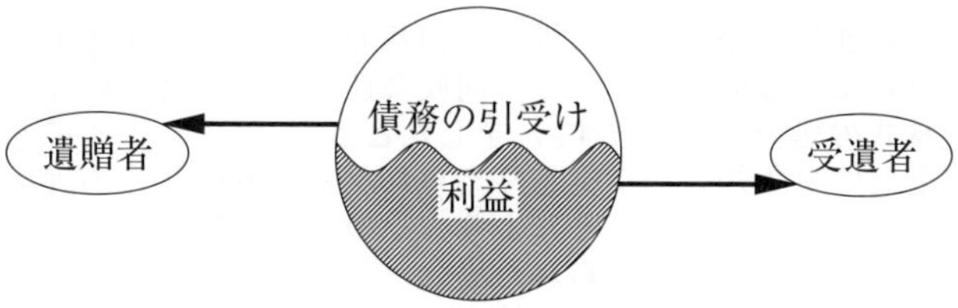

<第三者による債務の弁済>

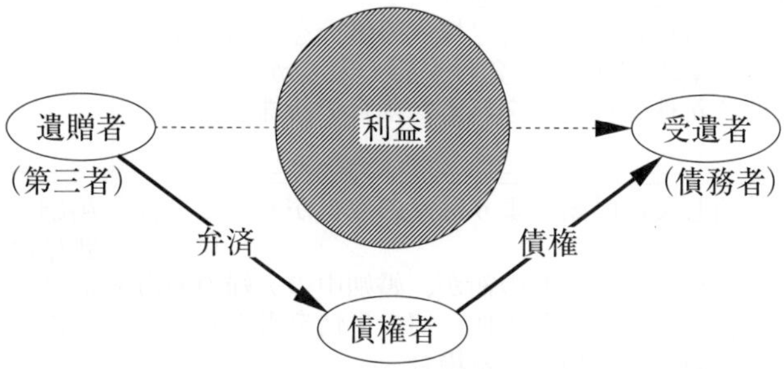

③　上記①及び②のほか、対価を支払わないで又は著しく低い価額の対価で、経済的利益を受けた場合の利益（相法９）

「利益を受けた」とは、おおむね利益を受けた者の財産の増加又は債務の減少があった場合等をいい、労務の提供等を受けたような場合は、これに含まれません（相基通９－１《「利益を受けた」の意義》）。

そして、「利益を受けた」場合の具体例は、次の表のとおりです。

なお、利益を受けさせた行為が遺言によりなされた場合には遺贈により取得したものとみなされ、それ以外の場合には贈与により取得したものとみなされます。

項目	該当例	該当しない例
経済的利益を受けた場合	１　株式又は出資の価額が増加した場合（相基通９－２） 次に掲げるような場合において、同族会社の株式又は出資の価額が増加したとき ①　会社に対し無償で財産の提供があった場合 ②　時価より著しく低い価額で現物出資があった場合 ③　対価を受けないで会社の債務の免除、引受け又は弁済があった場合 ④　会社に対し時価より著しく低い価額の対価で財産の譲渡をした場合	会社が資力を喪失した場合における債務超過額に相当する部分（相基通９－３）

項目	該当例	該当しない例
経済的利益を受けた場合	2　同族会社が新株の発行をする場合（相基通９－４） 次に掲げるような場合において、同族会社が新株の発行（自己株式の処分を含みます。）をしたとき ①　株主として募集株式引受権を与えられた者が申込み又は引受けをしなかったことにより、その株主の親族等に募集株式引受権が与えられた場合 ②　募集株式引受権がその法人の株主に与えられないでその株主の親族等に与えられた場合	募集株式引受権が、給与所得又は退職所得として所得税の課税対象となる場合
	3　同族会社の新株の発行に伴う失権株に係る新株の発行が行われなかった場合（相基通９－７） 同族会社の新株の発行（自己株式の処分を含みます。）に伴う失権株に係る新株の発行が行われなかった場合で、結果的に新株発行割合を超えた割合で新株を引き受けたとき	―
	4　婚姻の取消し又は離婚により財産の取得があった場合（相基通９－８） ①　財産の分与に係る財産の額が、婚姻中の夫婦の協力によって得た財産の額その他一切の事情を考慮してもなお過当であると認められる場合 ②　離婚を手段として贈与税又は相続税のほ脱を図ると認められる場合	婚姻の取消し又は離婚により相応の財産の分与を受けた場合
	5　財産の名義変更があった場合（相基通９－９） ①　不動産、株式等の名義の変更があった場合において、対価の授受が行われていないとき ②　他の者の名義で新たに不動産、株式等を取得した場合	―
	6　無利子の金銭貸与等があった場合（相基通９－10） 夫と妻、親と子、祖父母と孫等特殊の関係がある者の間において、無償又は無利子で土地、家屋、金銭等の貸与があった場合	利益を受ける金額が少額である場合又は課税上弊害がない場合
	7　負担付贈与等があった場合（相基通９－11） 負担付贈与又は負担付遺贈があった場合において、その負担額が第三者の利益に帰すとき 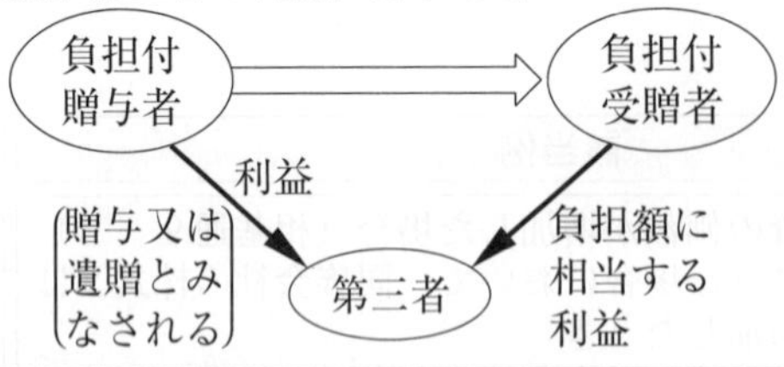 	―
	8　共有持分の放棄があった場合（相基通９－12） ①　共有に属する財産の共有者の１人が、その持分を放棄（相続の放棄を除きます。）したとき ②　共有に属する財産の共有者の１人が、死亡した場合においてその者の相続人がいないとき	―

項目	該当例	該当しない例
	9　信託が合意等により終了した場合（相基通９－13） 相続税法に規定する受益者連続型信託以外の信託で、当該信託に関する収益受益権を有する者と当該信託に関する元本受益権を有する者とが異なるものが、信託法の規定により終了した場合	―

⑻ 信託に関する権利

被相続人（委託者や受益者等）の死亡に基因して適正な対価を負担せずに信託（退職年金の支給を目的とする信託その他一定の信託を除きます。この第４章において、以下同じです。）の受益者等となった場合（例えば、委託者以外の者が受益者等となった場合など）や信託に関する利益を受けた場合に遺贈によって財産の取得があったものとみなされ、次のイ又はロの課税関係が生じます。

イ　受益者等の存する信託における課税関係

受益者等が存する信託の課税関係は、次のとおりです（相法９の２《贈与又は遺贈により取得したとみなす信託に関する権利》）。

相続税が課税される場合	みなし遺贈者	みなし受遺者	課税の対象	法令
委託者の死亡によって信託の効力が生じた場合	委託者	受益者等（※１）	信託財産に属する資産及び負債を取得又は承継したものとみなします（※２）。	相法９の２①⑥
受益者等であった者の死亡によって新たな受益者等が存することとなった場合	受益者等であった者	新たな受益者等	信託財産に属する資産及び負債を取得又は承継したものとみなします（※３）。	相法９の２②⑥
受益者等であった者の死亡によって一部の受益者等が存しなくなった場合	一部の受益者等であった者	信託についての新たな利益を受ける既存の受益者等	信託財産に属する資産及び負債を取得又は承継したものとみなします。	相法９の２③⑥
受益者等であった者の死亡によって信託が終了し、残余財産の給付を受けるべき又は帰属すべき者となった場合	終了時の受益者等	残余財産の給付を受けるべき者又は帰属すべき者	信託の残余財産（残余財産の給付を受けるべき者又は帰属すべき者が、受益者等として有していた権利に相当するものを除きます。）を取得したものとみなします。	相法９の２④

※１　「受益者等」とは、信託の受益者として権利を現に有する者及び特定委託者をいいます（相法９の２《贈与又は遺贈により取得したものとみなす信託に関する権利》①、相基通９の２－１《受益者としての権利を現に有する者》）。

また、「特定委託者」とは、信託の変更をする権限（他者との合意により信託の変更をすることができる権限を含み、信託の目的に反しないことが明らかである場合に限り変更をすることができる権限を除きます。）を現に有し、かつ、その信託の信託財産の給付を受けることとされている者（受益者を除きます。）をいいます（相法９の２⑤、相令１の７《信託の変更をする権限》、相基通９の２－２《特定委託者》）。

2　受益者等の有する信託に関する権利が当該信託に関する権利の全部でないときは、その受益者等が一である場合には、その受益者等がその権利の全部を有するものとし、その受益者等が二以上である場合には、その権利の全部をそれぞれの受益者等が当該信託に関する権利の内容に応じて有するものとされます（相令１の12《受益者等が存しない信託の受託者の住所等》③）。

3　受益者連続型信託に関する権利（収益に関する権利が含まれていないものを除きます。）で利益を受ける期間の制限その他の権利の価値に作用する要因としての制約が付されているものについては、その制約が付されていないものとみなされます（相法９の３《受益者連続型信託の特例》①）。

なお、受益者連続型信託とは、信託法第91条《受益者の死亡により他の者が新たに受益権を取得する旨の定めのある信託の特例》に規定する信託、同法第89条《受益者指定権等》第１項に規定する受益者指定権等を有する者の定めのある信託その他これらの信託に類するものをいいます。

4　表の「相続税が課税される場合」欄に記載の各場合が、委託者や受益者等の死亡を原因とするものではないときは、それぞれ「贈与税が課税される場合」となります。

この場合、「みなし遺贈者」欄の者は「みなし贈与者」と、「みなし受遺者」欄の者は「みなし受贈者」となります。

〔例１〕　遺言信託の効力が生じた場合（相法９の２①）

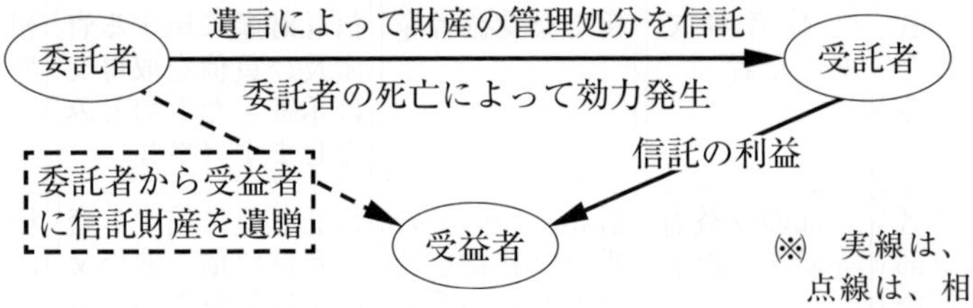

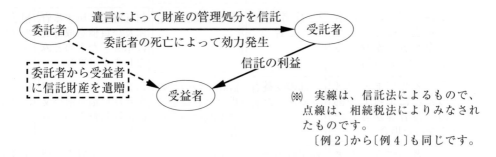

※　実線は、信託法によるもので、点線は、相続税法によりみなされたものです。
〔例２〕から〔例４〕も同じです。

〔例2〕 受益者の死亡により他の者が新たに受益権を取得する定めのある信託の場合（相法9の2②、相基通9の2－3）

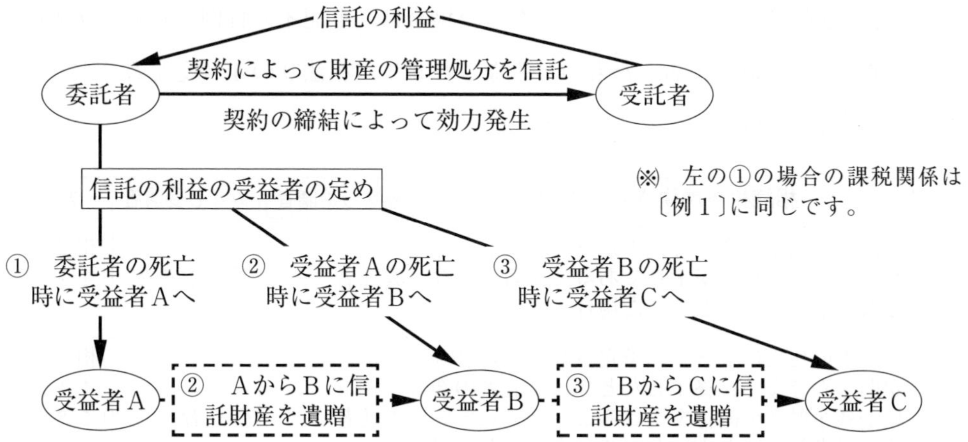

〔例3〕 受益者等であった者の死亡によって一部の受益者等が存しなくなった場合（相法9の2③、相基通9の2－4）

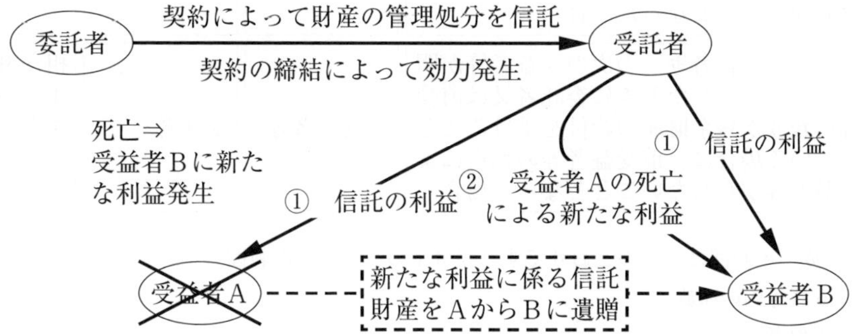

〔例4〕 受益者等であった者の死亡によって信託が終了した場合（相法9の2④、相基通9の2－5）

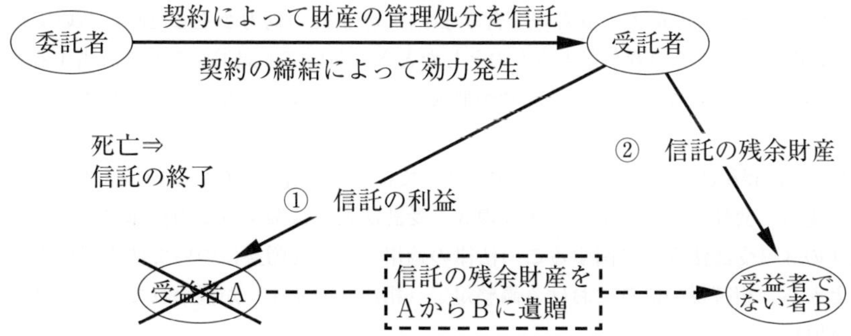

ロ　受益者等が存しない信託における課税関係

受益者等が存しない信託の効力が生ずる場合や、受益者等の存する信託についてその受益者等が存しないこととなった場合は、上記イの特例として、次表の者の間において遺贈があったものとみなされます（相法９の４《受益者等が存しない信託等の特例》）。

相続税が課税される場合	みなし遺贈者	みなし受遺者	法　令
委託者の死亡によって、予定される受益者等が委託者の親族（※１）である受益者等が存しない信託の効力が生じた場合	委託者	受託者（※２）	相法９の４①
委託者の死亡によって、予定される受益者等が明らかでなく、終了したときに委託者の親族が残余財産の給付を受けることとされている受益者等が存しない信託の効力が生じた場合	委託者	受託者	相法９の４①かっこ書
受益者等（前受益者等）の次の受益者等となることが予定される者が、その信託の効力が生じた時の委託者又は前受益者等の親族である場合に、前受益者等の死亡によって受益者等が存しないこととなった場合	前受益者等	受託者	相法９の４②
受益者等（前受益者等）の次の受益者等が明らかでなく、終了したときに委託者又は前受益者等の親族が残余財産の給付を受けることとされている場合に、前受益者等の死亡によって受益者等が存しないこととなった場合	前受益者等	受託者	相法９の４②かっこ書

※１　「親族」の範囲は、次のとおりです（相令１の９《親族の範囲》）。

①　６親等内の血族

②　配偶者

③　３親等内の姻族

④　信託の受益者等となる者（残余財産の給付を受けることとなる者及び次に受益者等となる者を含みます。）が信託の効力が生じた時（受益者等が不存在となった場合に該当することになった時を含みます。）において存在しない場合には、その者が存するものとしたときにおいて上記①から③に該当する者

⑤　信託の委託者（前の受益者等を含みます。）が信託の効力が生じた時において存在しない場合には、その者が存するものとしたときにおいて上記①から③に該当する者

２　受益者等が存しない信託の受託者が個人以外の場合は、個人とみなされます（相法９の４③）。

なお、所得税法及び法人税法の適用にあっては、受益者等が存しない信託の受託者が個人の場合、会社とみなして（所法６の３《受託法人等に関するこの法律の適用》三、法法４の３《受託法人等に関するこの法律の適用》三）受贈益について法人税が課されることから、相続税の計算における調整規定（相法９の４④）が置かれています（次のハ㈭参照）。

３　表の「相続税が課税される場合」欄に記載の各場合が、委託者や前受益者等の死亡を

原因とするものではないときは、それぞれ「贈与税が課税される場合」となります。

この場合、「みなし遺贈者」欄の者は「みなし贈与者」と、「みなし受遺者」欄の者は「みなし受贈者」となります。

ハ　受益者等が存しない信託における相続税の計算

上記ロの受益者等が存しない信託に係る受託者の相続税は、その信託に関する権利とその権利以外の財産ごとに、それぞれ別の者とみなして計算することとなります（相令１の10《受益者等が存しない信託等の受託者の贈与税額又は相続税額の計算》④）。

この場合の信託の権利に係る相続税の計算では、次の規定が置かれています。

(イ)	受託者がその信託に係る被相続人の相続人であっても、相続税法第15条第２項に規定する相続税の基礎控除の計算における相続人の人数には算入しません。			相令１の10④一
(ロ)	受託者が被相続人の１親等の血族及び配偶者以外の者である場合は、相続税法第18条に規定する相続税の２割加算が適用されます。			相令１の10④二
(ハ)	相続税法第19条から第20条まで及び第26条の規定は適用しません。			相令１の10④三
(ニ)	信託の権利については、租税特別措置法第69条の４は適用しません。			措令40の２㉗
(ホ)	受託者に課される相続税の額については、その受託者に課されるべき法人税等に相当する額（右の④及び⑤の合計額）を控除します。	①	相続税法第９条の４第１項又は第２項に基づき遺贈により取得したものとみなされる信託に関する権利の価額	相法９の４④ 相令１の10⑤
		②	上記①の価額を受託者の事業年度の所得とみなして計算した事業税の額	
		③	上記①の価額から上記②の額を控除した価額	
		④	上記③の価額を受託者の事業年度の所得とみなして計算した法人税の額及び事業税の額	
		⑤	上記④の法人税額を基に計算した地方法人税の額、道府県民税の額及び市町村民税の額	

信託に関する受益者別（委託者別）調書

受益者	住所（居所）又は所在地		氏名又は名称	
			個人番号又は法人番号	
特定委託者			氏名又は名称	
			個人番号又は法人番号	
委託者			氏名又は名称	
			個人番号又は法人番号	

信託財産の種類	信託財産の所在場所	構造・数量等	信託財産の価額	
信託に関する権利の内容	信託の期間	提出事由	提出事由の生じた日	記号番号
	自　・　・ 至　・　・		・　・	

（摘要）

（令和　　年　　月　　日提出）

受託者	所在地又は住所（居所）	（電話）
	営業所の所在地等	（電話）
	名称又は氏名	
	法人番号又は個人番号	

整理欄	①	②

○「個人番号又は法人番号」欄に個人番号（12桁）を記載する場合には、右詰で記載します。

358

備　考

一　「受益者」、「特定委託者」及び「委託者」の欄の「個人番号又は法人番号」の項には、当該受益者、特定委託者及び委託者の行政手続における特定の個人を識別するための番号の利用等に関する法律第２条第５項に規定する個人番号又は同条第 15 項に規定する法人番号を記載すること。

二　「特定委託者」の欄には、相続税法第９条の２第５項に規定する特定委託者に関する事項を記載する。ただし、この調書を四３に掲げる場合に該当することにより提出するときには、信託法第 182 条第１項第２号に規定する帰属権利者（以下「帰属権利者」という。）又は同法第 177 条に規定する清算受託者に関する事項を記載するものとする。

三　「信託財産の価額」の欄には、信託財産に属する財産を相続税法第 22 条から第 25 条までの規定により評価した価額（当該財産のうちこれらの規定により評価することが困難であるものについては、当該財産の見積価額。五７において同じ。）の合計額を記載する。

四　「提出事由」の欄には、次に掲げる場合の区分に応じ、それぞれ次に定める事由を記載する。

１　相続税法第 59 条第３項第１号に規定する信託の効力が生じた場合　効力発生

２　相続税法第 59 条第３項第２号に規定する受益者等が変更された場合　受益者変更

３　相続税法第 59 条第３項第３号に規定する信託が終了した場合　信託終了

４　相続税法第 59 条第３項第４号に規定する信託に関する権利の内容に変更があつた場合　権利内容変更

五　摘要欄には、次に掲げる場合の区分に応じ、それぞれ次に定める事項を記載する。ただし、７の場合において、７に規定する従前信託について信託に関する受益者別（委託者別）調書を提出しているとき、又は当該従前信託以外の信託に関する受益者別（委託者別）調書で摘要欄に当該７に規定する従前信託に係る７イからハまでの事項を記載したものを提出しているときは、この限りでない。

１　受益者又は特定委託者が存しない場合　その存しない理由

２　相続税法第９条の３第１項に規定する受益者連続型信託の場合　その旨、その条件及びその期限並びに新たに信託に関する権利を取得する者又は同項の受益者指定権等を有する者の名称又は氏名及び所在地又は住所若しくは居所

３　法人税法第２条第 29 号の２に規定する法人課税信託である場合　その旨

４　信託法第 182 条第１項第１号に規定する残余財産受益者又は帰属権利者の定めがある場合　その旨、これらの者の名称又は氏名及び所在地又は住所若しくは居所並びに一に規定する法人番号又は個人番号

５　この調書を四２又は３に掲げる場合に該当することにより提出するとき　変更前（終了直前）の受益者又は特定委託者の名称又は氏名及び所在地又は住所若しくは居所

６　この調書を四４に掲げる場合に該当することにより提出するとき　「信託財産の種類」、「信託財産の所在場所」、「構造・数量等」、「信託財産の価額」、「信託に関する権利の内容」及び「信託の期間」の欄に係る変更のあつた事項についての変更前の内容

７　その年の１月１日からその信託につき四１から４までに定める事由が生じた日の前日までの間に当該信託と受益者（受益者としての権利を現に有する者の存しない信託にあっては、委託者。）が同一である他の信託（以下「従前信託」という。）について当該事由が生じていた場合で、当該信託の信託財産に属する財産を相続税法第 22 条から第 25 条までの規定により評価した価額と当該従前信託の信託財産に属する財産をこれらの規定により評価した価額との合計額が 50 万円を超えることとなることからこの調書を提出することとなったとき　当該従前信託に係るイからハまでに掲げる事項

イ　委託者及び特定委託者の名称又は氏名及び所在地又は住所若しくは居所（委託者別の調書の場合には、委託者に係る事項を除く。）

ロ　信託財産の種類、信託財産の所在場所、構造・数量等、信託財産の価額、信託に関する権利の内容及び信託の期間

（提出事由が四４に定める事由である場合にあっては、信託に関する権利の内容の変更前後のこれらの事項）並びに提出事由、提出事由の生じた日及び記号番号

ハ　１から６までに定める事項

六　受託者の「所在地又は住所（居所）」の欄には受託者の本店若しくは主たる事務所の所在地又は住所若しくは居所を、「営業所の所在地等」の欄には受託者が信託の引受けをした営業所、事務所その他これらに準ずるものの所在地を、「法人番号又は個人番号」の欄には受託者の一に規定する法人番号又は個人番号を記載する。

七　合計表をこの様式に準じて作成し添付すること。

3　相続財産法人から分与を受けた財産

民法第958条の３《特別縁故者に対する相続財産の分与》第１項の規定によって、清算後残存すべき相続財産の全部又は一部を与えられた場合においては、その与えられた人が、その与えられた時におけるその財産の時価に相当する金額を、その財産に係る被相続人から遺贈によって取得したものとみなされて相続税がかかります（相法４《遺贈により取得したものとみなす場合》①）。

＜相続人となるべき人が明らかでないとき＞

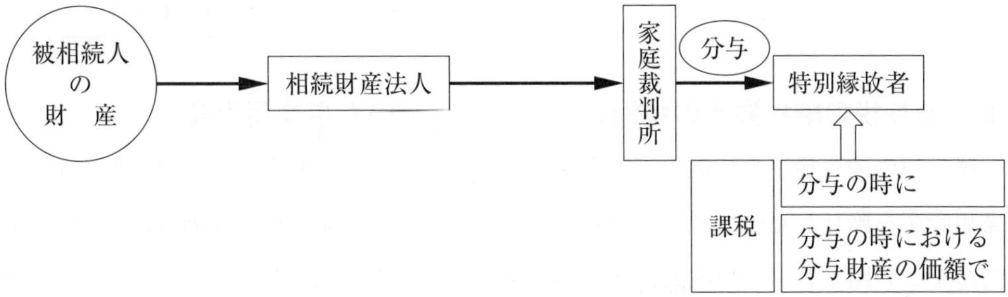

(※)　特別縁故者とは、被相続人と特別の縁故関係にあった者で、相続人の不存在が確定した後に請求により家庭裁判所から相続財産の分与を受けることのできる者をいいます（民法958の３）。被相続人の内縁の妻や未認知の子、事実上の養子など、被相続人と生計を同じくし、あるいは被相続人の療養看護に努めた者などがこれに該当します。

4　特別寄与者が特別寄与料の支払を受けた場合

特別寄与者が支払を受けるべき特別寄与料の額が確定した場合には、その特別寄与者が、その特別寄与料の額に相当する金額を、その特別寄与者による特別の寄与を受けた被相続人から遺贈により取得したものとみなされて相続税がかかります（相法４②）。

5　贈与税の納税猶予又は納期限延長の特例の適用を受けていた農地等

農地等の生前一括贈与を受けた場合に、一定の条件に当てはまるときは、贈与税の納税の猶予（昭和49年以前の農地等の生前一括贈与については、納期限の延長）が認

められることになっていますが、農地等を贈与した贈与者が死亡した場合には、この贈与者に係る受贈者については、その農地等をこの贈与者（被相続人）から相続又は遺贈により取得したものとみなして、相続開始時における価額により他の相続財産と合算して相続税を計算します（措法70の５《農地等の贈与者が死亡した場合の相続税の課税の特例》①）。

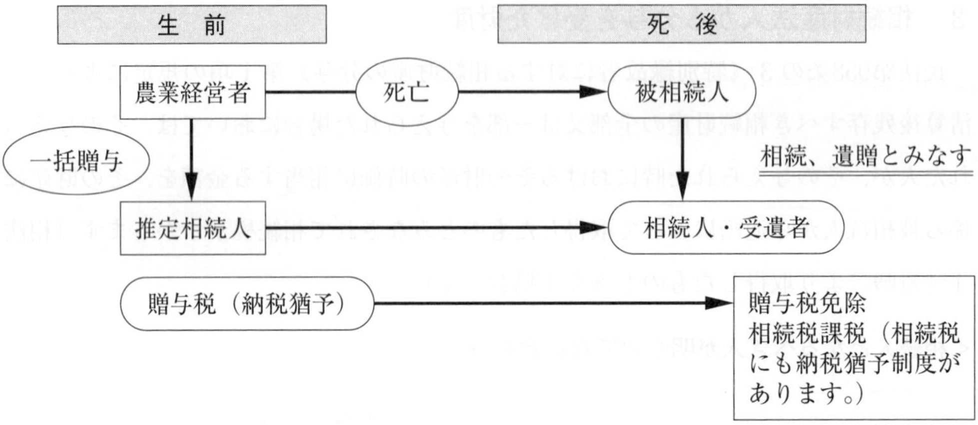

6　贈与税の納税猶予の特例の適用を受けていた事業用資産

贈与税の納税猶予の特例の適用を受けた個人の事業用資産がある場合において、事業用資産を贈与した贈与者が死亡したときは、その贈与者に係る受贈者はこの事業用資産をこの贈与者（被相続人）から相続又は遺贈により取得したものとみなして、贈与時の価額により他の相続財産と合算して相続税を計算します（措法70の６の９《個人の事業用資産の贈与者が死亡した場合の相続税の課税の特例》）。

なお、その際、「都道府県知事の確認」を受け、一定の要件を満たす場合には、そのみなされた事業用資産（一定の部分に限られます。）について相続税の納税猶予の特例の適用を受けることができます（措法70の６の10《個人の事業用資産についての相続税の納税猶予及び免除》）。

7　贈与税の納税猶予の特例の適用を受けていた非上場株式等

贈与税の納税猶予の特例の適用を受けた非上場株式等がある場合において、非上場株式等を贈与した贈与者が死亡したときは、その贈与者に係る受贈者はこの非上場株式等をこの贈与者（被相続人）から相続又は遺贈により取得したものとみなして、贈与時の価額により他の相続財産と合算して相続税を計算します（措法70の７の３《非上場株式等の贈与者が死亡した場合の相続税の課税の特例》、措法70の７の７《非上場株式等の特例贈与者が死亡した場合の相続税の課税の特例》）。

なお、その際、「都道府県知事の確認」を受け、一定の要件を満たす場合には、そのみなされた非上場株式等（一定の部分に限られます。）について相続税の納税猶予の特例の適用を受けることができます（措法70の７の４《非上場株式等の贈与者が死亡した場合の相続税の納税猶予及び免除》、措法70の７の８《非上場株式等の特例贈与者が死亡した場合の相続税の納税猶予及び免除の特例》）。

8　教育資金の非課税の特例を受けていた場合で一定の場合の管理残額

直系尊属から教育資金の一括贈与を受けた場合に、一定の条件に当てはまるときは贈与税が非課税となりますが、一括贈与をした贈与者が一括贈与をした日から教育資金管理契約の終了の日までに死亡した場合で、受贈者がその贈与者から取得した教育資金についてこの教育資金の非課税の特例の適用を受けたとき（平成31年４月１日から令和３年３月31日までの間に取得したもののうちその贈与者の死亡前３年以内に取得したもの、及び令和３年４月１日以後に取得したものに限ります。）は、その贈与者に係る受贈者については、一定の場合（贈与者の死亡日において贈与者に係る相続税の課税価格の合計額が５億円以下で、受贈者が23歳未満である場合など）を除き、その死亡した日における管理残額を贈与者から相続又は遺贈により取得したものとみなして、他の相続財産と合算して相続税を計算します（措法70の２の２《直系尊属から教育資金の一括贈与を受けた場合の贈与税の非課税》⑫⑬）。

9　結婚・子育て資金の非課税の特例を受けていた場合の管理残額

直系尊属から結婚・子育て資金の一括贈与を受けた場合に、一定の条件に当てはまるときは贈与税が非課税となりますが、一括贈与をした贈与者が一括贈与をした日から結婚・子育て資金管理契約の終了の日までに死亡した場合には、この贈与者に係る受贈者については、その死亡した日における管理残額を贈与者から相続又は遺贈により取得したものとみなして、他の相続財産と合算して相続税を計算します（措法70の２の３《直系尊属から結婚・子育て資金の一括贈与を受けた場合の贈与税の非課税》⑫一）。

10　相続税がかかる財産のまとめ

以上が、本来の相続財産及びみなし相続財産を含めた相続税がかかる財産のあらましですが、参考までに相続税がかかる財産を例示すると次表のとおりです。

＜相続税がかかる財産の例＞

種　類	細　目	財産の例示、利用区分等	参　考 （調べておくことなど）
土地（土地の上に存する権利を含みます。）	田　畑	自用地、貸付地、賃借権（耕作権）、永小作権	農業委員会の農地の証明書、固定資産評価証明書
	宅　地	自用地（事業用、居住用、その他）貸付地、貸家建付地、借地権（事業用、居住用、その他）、配偶者居住権に基づく敷地利用権（事業用、居住用、その他）、配偶者居住権の目的となっている敷地の用に供される土地（事業用、居住用、その他）	国税庁ホームページの路線価図又は倍率表、固定資産評価証明書
	山　林	普通山林、保安林（又はこれらに対する地上権、賃借権）	固定資産評価証明書
	その他の土地	原野、牧場、池沼、鉱泉地、雑種地（又はこれらに対する地上権、賃借権、温泉権又は引湯権）	固定資産評価証明書
建　物	家　屋 構築物	自用家屋、貸家、配偶者居住権の目的となっている建物（自用・貸付用）、駐車場、養魚池、広告塔など	固定資産評価証明書
事業（農業）用財産	機械、器具、農機具、その他の減価償却資産	機械、器具、農機具、自動車、船舶など	名称と年式
		牛馬等（農耕用、乳牛など）	用途と年齢
		果樹（かんきつ、なし、ぶどう、もも、かき、びわ、くり、うめ、茶）	樹種と樹齢
		営業権	事業の種目と商号
	商品、製品、半製品、原材料、農産物等	商品、製品、半製品、原材料、農産物等	商品有高帳、在庫品明細帳等
	売掛金	—	売掛金元帳等
	その他の財産	電話加入権	加入局と電話番号
		受取手形その他	受取手形記入帳等

<table>
<tr><th>種　類</th><th colspan="2">細　目</th><th>財産の例示、利用区分等</th><th>参　考
(調べておくことなど)</th></tr>
<tr><td rowspan="5">有価証券</td><td colspan="2" rowspan="2">特定同族会社株式、出資</td><td>配当還元方式によるもの</td><td>会社の配当額</td></tr>
<tr><td>その他の方式によるもの</td><td>会社の営業報告書決算書等</td></tr>
<tr><td colspan="2">上記以外の株式出資</td><td>上場株式、気配相場のある株式</td><td rowspan="3">新聞の経済欄、証券新聞等の取引相場のわかる書類</td></tr>
<tr><td colspan="2">公債、社債</td><td>国債、地方債、社債、外国公債</td></tr>
<tr><td colspan="2">受益証券</td><td>証券投資信託、貸付信託の受益証券</td></tr>
<tr><td rowspan="2">現金、預貯金等</td><td colspan="2">現　金</td><td>金銭、小切手</td><td>被相続人の手許</td></tr>
<tr><td colspan="2">預貯金等</td><td>普通預金、当座預金、定期預金、通常貯金、定額貯金、定期積金、金銭信託など</td><td>預貯金の残高証明書、通帳等</td></tr>
<tr><td>家庭用財産</td><td colspan="2">生活用具</td><td>家具、什器</td><td>名　称</td></tr>
<tr><td rowspan="11">その他の財産</td><td rowspan="3">みなし相続財産</td><td>生命保険金等</td><td>—</td><td>保険契約の内容</td></tr>
<tr><td>退職手当金等</td><td>—</td><td>支給の内訳</td></tr>
<tr><td>その他のみなし相続財産</td><td>契約に関する権利、利益の享受等</td><td>—</td></tr>
<tr><td colspan="2">立　木</td><td>杉、ひのき、松、くぬぎ、雑木等</td><td>樹種と樹齢</td></tr>
<tr><td colspan="2">装身具</td><td>貴金属、宝石</td><td>名称と材料</td></tr>
<tr><td colspan="2">趣味用品</td><td>競走馬、ゴルフ会員権、ヨット、書画、骨とう、スポーツ用品</td><td>用途、銘柄、作者</td></tr>
<tr><td colspan="2">交通手段</td><td>事業用でない自動車等</td><td>名称と年式</td></tr>
<tr><td colspan="2" rowspan="4">その他</td><td>特許権、著作権</td><td>名称、登録番号等</td></tr>
<tr><td>電話加入権</td><td>加入局と電話番号</td></tr>
<tr><td>貸付金、未収配当金、未収家賃</td><td>配当基準、貸付先等</td></tr>
<tr><td>被相続人の準確定申告に係る還付金</td><td>準確定申告書</td></tr>
</table>

11　生前に被相続人から相続時精算課税に係る贈与によって取得した財産

相続時精算課税適用者が被相続人から生前に相続時精算課税に係る贈与によって取得した財産（この11において、以下「相続時精算課税適用財産」といいます。）の価額（相続開始の時の価額ではなく、贈与の時の価額）は、相続税の課税価格に加算され、相続税がかかります（相法21の15①）。

なお、相続時精算課税適用者が、相続又は遺贈によって財産を取得しなかった場合であっても被相続人から取得した相続時精算課税適用財産は、相続又は遺贈により取得したものとみなされて、相続税がかかります（相法21の16①）。

12　相続開始前７年以内に被相続人から贈与を受けた財産

相続又は遺贈によって財産を取得した人が、その相続の開始前７年以内にその相続に係る被相続人から贈与により財産を取得したことがある場合には、その取得した財産㈱（非課税財産を除きます。）の価額（贈与の時の価額）を相続税の課税価格に加算した価額を相続税の課税価格とみなして、相続税の総額や各相続人などの相続税額を計算することとされています（相法19《相続開始前７年以内に贈与があった場合の相続税額》①）。

㈱　相続開始前７年以内にその相続に係る被相続人から取得した贈与財産を「加算対象贈与財産」といい、加算対象贈与財産のうち相続開始３年以内に取得した財産以外の財産については、その財産の価額の合計額から100万円を控除した残額が加算の対象になります。

この制度は、被相続人が相続開始間際に行った贈与には、ある程度死後のことを考慮して財産を分割し、相続税の負担の軽減を図ることを目的として行われたものもあると考えられることから、相続又は遺贈によって財産を取得した人がその相続の開始前７年以内に贈与を受けたものをその人の相続税の課税価格に加算することにしているものです。

㈱１　令和５年12月31日以前に贈与により取得した財産の加算する期間は「相続の開始前７年以内」を「相続の開始前３年以内」として計算することとなります（令和５年改正法附則19①）。

２　令和６年１月１日から令和８年12月31日までの間に相続又は遺贈により財産を取得する者については、相続開始前に贈与があった場合の相続税の課税価格への加算期間は「当該相続の開始前３年以内」となります（令和５年改正法附則19②）。

<table>
<tr><th colspan="2">贈与の時期等</th><th>加算対象期間</th></tr>
<tr><td colspan="2">～令和５年12月31日</td><td>相続開始前３年間</td></tr>
<tr><td rowspan="4">令和６年１月１日～</td><td>贈与者の相続開始日</td><td></td></tr>
<tr><td>令和６年１月１日～令和８年12月31日</td><td>相続開始前３年間</td></tr>
<tr><td>令和９年１月１日～令和12年12月31日</td><td>令和６年１月１日～相続開始日</td></tr>
<tr><td>令和13年１月１日～</td><td>相続開始前７年間</td></tr>
</table>

＜令和５年12月31日以前の贈与＞

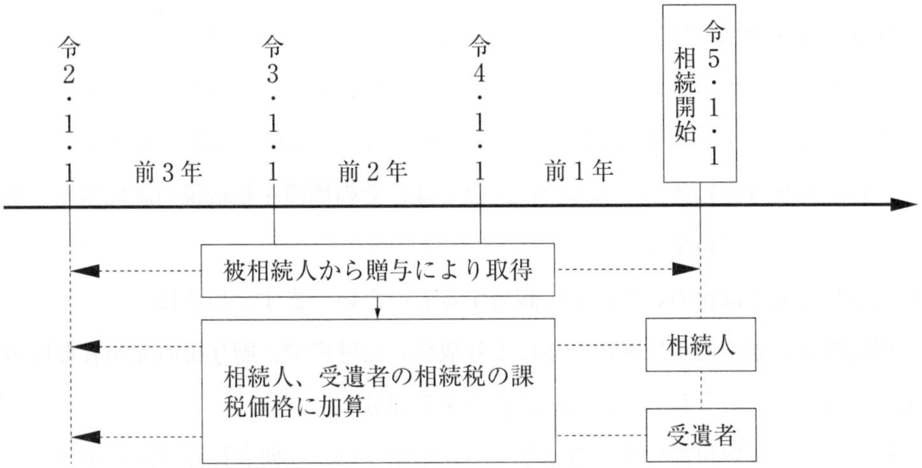

＜令和６年１月１日以後の贈与＞

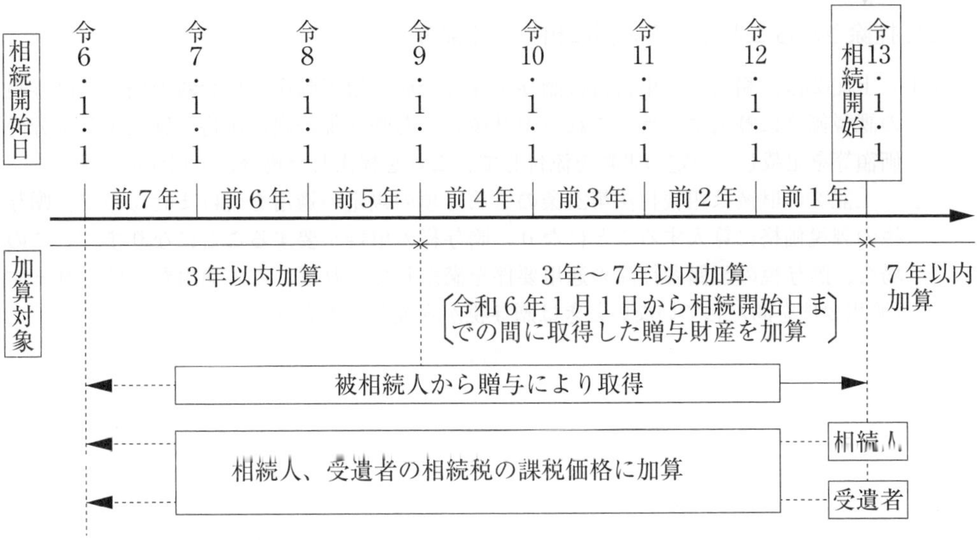

この贈与財産の相続税の課税価格への加算がある場合には、その人の算出相続税額から、その贈与を受けた年分の贈与税額（本税だけで、延滞税や加算税を除きます。）

のうち、その被相続人からの相続について、相続税の課税価格に加算された贈与財産の価額に対応するものが、税額控除（贈与税額控除）されます。

ただし、贈与税額控除の額が算出された相続税額より多い場合であっても、贈与税が還付されることはありません。

なお、相続又は遺贈によって財産を取得した人が、その相続の開始の年の１月１日から相続開始の日までの間に、その相続に係る被相続人から贈与によって取得した財産については、その財産の価額をその人の相続税の課税価格に加算するだけにとどめて贈与税の課税価格には算入しないことになっています（相法21の２④）。

また、相続開始前７年以内に被相続人からその配偶者（贈与時点で被相続人との婚姻期間が20年以上である者に限ります。）が贈与により取得した居住用不動産又は金銭で、特定贈与財産に該当するものについては、その価額を相続税の課税価格に加算しないこととされています。

特定贈与財産とは次のいずれかに該当するものをいいます（相法19②）。

⑴　相続開始の年の前年以前に贈与により取得した財産で、贈与税の配偶者控除の適用を受けたもののうちその控除額に相当する部分

⑵　その配偶者が被相続人からの贈与について贈与税の配偶者控除の適用を受けたことがない者である場合において、相続開始の年に贈与により取得した財産のうち、その財産について贈与税の配偶者控除の適用があるものとした場合にその控除額として控除されることとなる金額に相当する部分

㈱１　上記⑵は、相続税の申告書に贈与を受けた居住用不動産又は金銭の価額を贈与税の課税価格に算入する旨、これらの財産のうち贈与税の課税価格に算入する部分の価額等を記載し、一定の書類を添付して、これを提出した場合に適用があります。

２　上記⑵の財産は相続税法第21条の２第４項の規定の適用を受けませんので、贈与税の課税価格に算入することになり、贈与税の申告を要することになります。この場合、贈与税の配偶者控除の適用要件を満たしていれば、この適用が受けられます（適用要件を満たしていないときは贈与税が課税されます。）。

＜被相続人甲から生前に贈与を受けた場合＞

（甲以外からの贈与はないものとします。）

＜令和５年12月31日以前の贈与＞

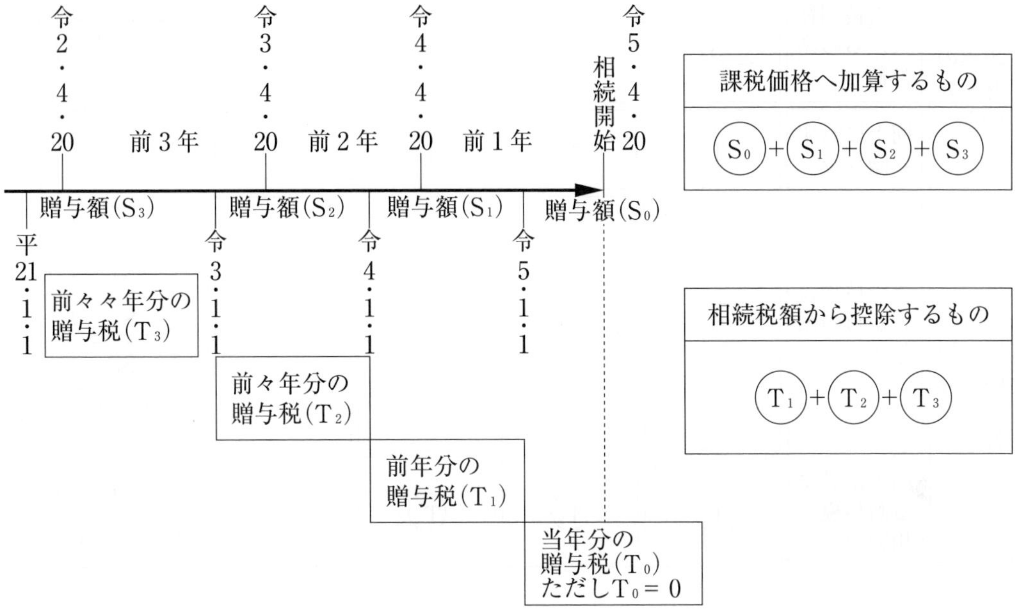

＜令和６年１月１日以後の贈与＞

※　令和６年１月１日以後に贈与により取得する財産に係る相続税又は贈与税について適用します。

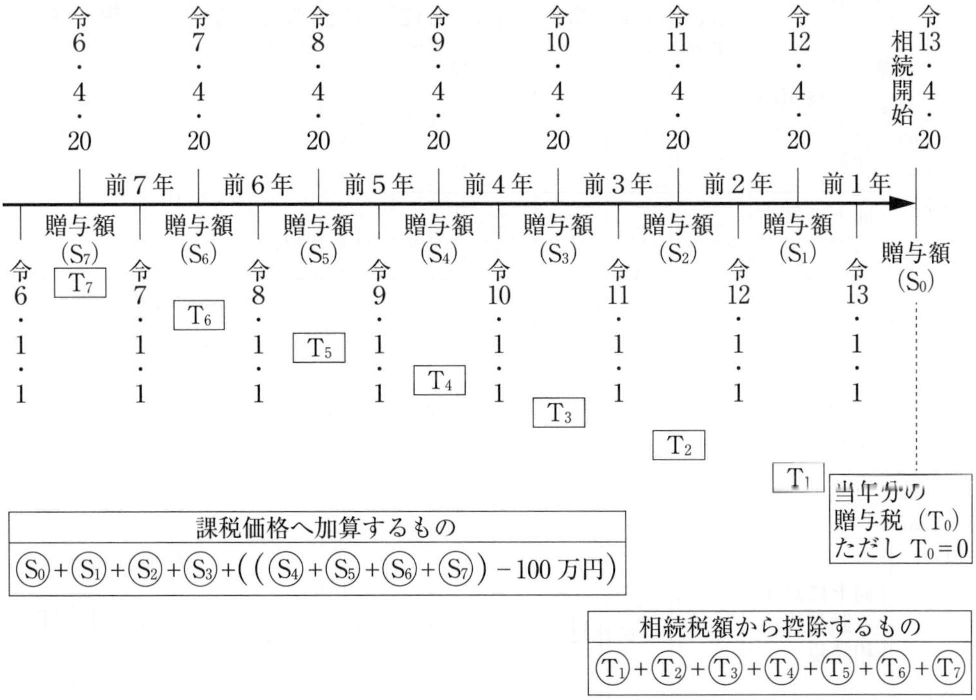

※　Ⓢ4＋Ⓢ5＋Ⓢ6＋Ⓢ7の合計額が100万円以下の場合には、課税価格へ加算するものはⓈ0＋Ⓢ1＋Ⓢ2＋Ⓢ3の合計額となります。

＜令和５年12月31日以前の贈与＞

区分		贈与				相続
		前々々年分	前々年分	前年分	当年分	
現実の財産の動き	その被相続人からの贈与額	S_3	S_2	S_1	S_0	遺　産
	同上に対する贈与税	T_3	T_2	T_1	—	
相続税贈与税の計算上の取扱い	その被相続人からの贈与額	S_3	S_2	S_1	S_0	S_3 S_2 S_1 S_0 遺　産
	同上に対する贈与税、相続税	T_3	T_2	T_1	—	贈与税額控除 T_1 T_2 T_3

＜令和６年１月１日以後の贈与＞

区分		贈与								相続
		令６年分	令７年分	令８年分	令９年分	令10年分	令11年分	令12年分	令13年分	
現実の財産の動き	その被相続人からの贈与額	S_7	S_6	S_5	S_4	S_3	S_2	S_1	S_0	遺　産
	同上に対する贈与税	T_7	T_6	T_5	T_4	T_3	T_2	T_1	—	
相続税贈与税の計算上の取扱い	その被相続人からの贈与額	S_7	S_6	S_5	S_4	S_3	S_2	S_1	S_0	(S_4 S_5 S_6 S_7 − 100万円) S_0 S_1 S_2 S_3 遺　産
	同上に対する贈与税、相続税	T_7	T_6	T_5	T_4	T_3	T_2	T_1	—	贈与税額控除 T_1 T_2 T_3 T_4 T_5 T_6 T_7

※　令和６年１月１日以後に贈与により取得する財産に係る相続税又は贈与税について適用します。

＜贈与税の配偶者控除を受けている場合＞

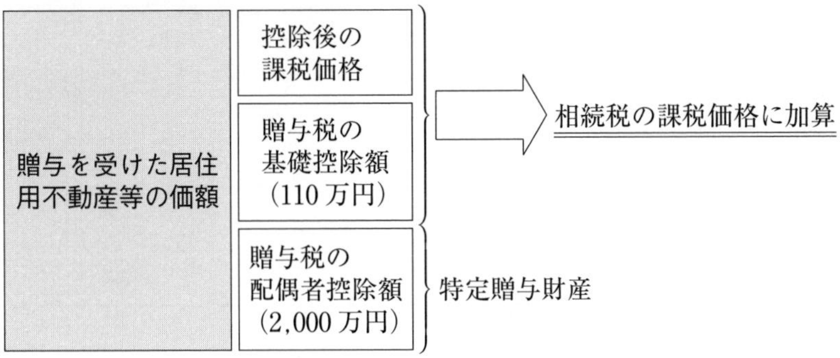

第５章　相続税がかからない財産

相続税では、原則として、相続又は遺贈（死因贈与を含みます。この第５章において、以下同じです。）によって取得した全ての財産が、その課税の対象となります。

しかし、相続又は遺贈によって取得した財産の中には、その性質、社会政策的な見地、国民感情などから相続税の課税の対象とすることが適当でないものがあります。そこで、相続税法では、このような財産については、相続税の課税の対象としないこととしており、これを相続税の非課税財産といいます。

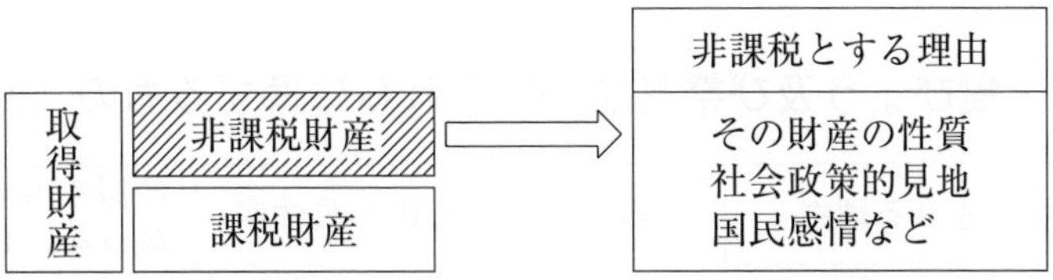

相続税が非課税とされる理由は、種々ありますが、その主な理由ごとに非課税財産を分類すると、次表のとおりとなります。

非課税とされる理由	相続税の非課税財産		
その財産の性質、国家的見地又は国民感情	①	皇室経済法の規定によって皇位とともに皇嗣が受けた物	相法12
	②	墓地、霊びょう、仏壇、仏具など	
公益性の立場	③	公益事業を行う人が、相続又は遺贈によって取得した財産で、その公益事業の用に供することが確実なもの（公益事業用財産）	
社会政策的見地	④	公益信託の受託者が遺贈により取得した財産㈱	
	⑤	心身障害者共済制度に基づく給付金の受給権	
	⑥	相続人が受け取った生命保険金などのうち、一定の金額	
	⑦	相続人が受け取った退職手当金などのうち、一定の金額	
	⑧	相続財産などを申告期限までに国などに寄附をした場合におけるその寄附財産	措法70
	⑨	相続財産である金銭を申告期限までに特定公益信託に支出した場合におけるその金銭	

㈱　公益信託に関する法律（令和６年法律第30号）の施行の日から適用されます。

1　皇室経済法の規定によって皇位とともに皇嗣が受けた物（相法12①一）

非課税とされる理由	非課税となるものの具体例	参　考
皇位継承によって受け継がれる由緒のある物は、次の理由から課税するのが適当でありません。 ①　憲法上の特殊な地位に随伴するものであること ②　自由に処分することができない性質のものであること ③　国家的見地	三種の神器（じんぎ） ①　八咫鏡（やたのかがみ） ②　天叢雲剣（あめのむらくものつるぎ） ③　八坂瓊曲玉（やさかにのまがたま）	皇室経済法第７条には、「皇位とともに伝わるべき由緒ある物は、皇位とともに皇嗣がこれを受ける」と規定されています。

2　墓所・霊びょう及び祭具並びにこれらに準ずるもの（相法12①二）

非課税とされる理由	非課税となるものの具体例	類似する財産で、非課税とならないものの例
墓所・霊びょう及び祭具等は、民法においても、一般の財産とは区分され、祖先の祭しを主宰する人が継承すべきものとされています。これは、祖先崇拝の慣行を尊重するためです。	墓地、墓石、おたまやのようなもののほか、これらのものの尊厳の維持に要する土地その他の物件（相基通12－１）	―
	庭内神し、神棚、神体、神具、仏壇、位はい、仏像、仏具、古墳など（相基通12－２）	商品、骨とう品又は投資目的で所有するもの（例えば、金の仏像など）（相基通12－２）

○　庭内神しの敷地

いわゆる「庭内神し」の敷地やその附属設備については、直ちに相続税の非課税財産に該当するとはいえません。しかし、①「庭内神し」の設備とその敷地、附属設備との位置関係やその設備の敷地への定着性その他それらの現況等といった外形や、②その設備及びその附属設備等の建立の経緯・目的、③現在の礼拝の態様等も踏まえた上でのその設備及び附属設備等の機能の面から、その設備と社会通念上一体の物として日常礼拝の対象とされているといってよい程度に密接不可分の関係にある相当範囲の敷地や附属設備である場合には、その敷地及び附属設備は、その設備と一体の物として相続税の非課税財産に該当します。

㈱「庭内神し」とは、一般に、屋敷内にある神の社や祠等といったご神体を祀り日常礼拝の用に供しているものをいい、ご神体とは不動尊、地蔵尊、道祖神、庚申塔、稲荷等で特定の者又は地域住民等の信仰の対象とされているものをいいます。

3　宗教、慈善、学術その他公益を目的とする事業を行う人で一定の要件に該当する人が、相続又は遺贈によって取得した財産で、その公益を目的とする事業の用に供することが確実なもの（相法12①三）

これは、民間公益事業の特殊性及びその保護育成などの見地から非課税とされているもので、いわゆる公益性及び公共性が高い公益事業を行う人が取得した場合に限られます。

<非課税とされる場合>

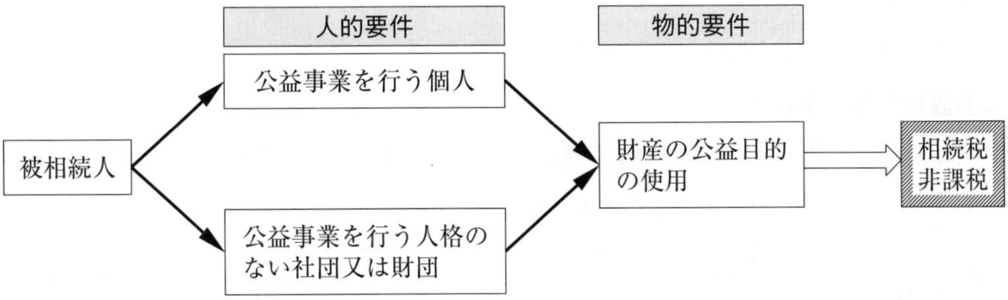

ここで、「一定の要件に該当する人」とは、専ら公益を目的とする次表の事業で、その事業活動によって文化の向上、社会福祉への貢献その他公益の増進に寄与することが著しいと認められる事業を行う個人（人格のない社団又は財団を含みます。）とされています（相令２）。ただし、事業の運営等に関して、一定の条件がありますので注意してください。

<非課税の人的要因>

<table>
<tr><th>項目</th><th>非課税となる事業</th><th>非課税とならない場合</th></tr>
<tr><td rowspan="7">事業の内容</td><td>社会福祉事業</td><td rowspan="7">〈個人であるとき〉
その人若しくはその親族その他その人と特別関係がある人など一定の人に対する施設の利用、余裕金の運用など特別の利益を与えている場合
〈個人とみなされる人格のない社団又は財団であるとき〉
①　役員その他機関の構成など運営の基礎となる重要事項について、その事業の運営が特定の人又はその親族その他その特定の人と特別関係がある人の意思に従ってなされていると認められる事実がある場合
②　その社団等の機関の地位にある人、遺贈者又はこれらの人の親族その他これらの人の特別関係がある者に施設の利用、余裕金の運用など特別の利益を与えている場合</td></tr>
<tr><td>更生保護事業</td></tr>
<tr><td>家庭的保育事業</td></tr>
<tr><td>小規模保育事業</td></tr>
<tr><td>事業所内保育事業</td></tr>
<tr><td>学校（幼稚園、小学校、中学校、高等学校、中等教育学校、特別支援学校、大学及び高等専門学校）又は認定こども園を設置し、運営する事業</td></tr>
<tr><td>その他の宗教、慈善、学術その他公益を目的とする事業</td></tr>
</table>

次に、「公益を目的とする事業の用に供することが確実なもの」とは、その財産について、相続開始の時において公益事業の用に供することに関する具体的な計画があり、かつ、その公益事業の用に供される状況にあるものをいうこととされています(相基通12－3《「当該公益を目的とする事業の用に供することが確実なもの」の意義》)。

しかし、その財産を取得した人が、その財産を相続又は遺贈によって取得した日から2年を経過した日において、なお公益事業の用に供していない場合においては、その財産の価額は遡って、その人の相続税の課税価格の計算の基礎に算入されることとされています(相法12②)。

＜非課税の物的条件＞

項目	原　則（非課税となる場合）	例　外（非課税とならない場合）
公益事業の使用状況	公益の用に供することが確実なもの ①　公益事業の用に供することに関する具体的な計画があること ②　その公益事業の用に供される状況にあるもの	相続又は遺贈により取得した日から2年を経過した日において、なお公益事業の用に供していない場合

なお、上記の人的要件に該当しない人であっても、相続開始年5年前の年の1月1日前から引き続き行ってきた私立の幼稚園又は幼保連携型認定こども園の事業を、その個人の死亡により承継し、引き続きその事業を行う人が相続又は遺贈によって取得した教育用財産については、一定の要件を満たしている場合には、相続税を課税しないこととされています(相令附則4、相規附則2～13)。

＜教育用財産の非課税の要件＞

項目	原　則（非課税となる要件）	例　外（非課税とならない場合）
幼稚園等の教育用財産	①　事業経営者等の家事充当金及び給与が限度額を超過していないこと ②　教育用財産の届出が税務署長に対してなされていること ③　幼稚園事業とその他の事業との区分経理がされており、継続して青色申告により申告書を提出していること ④　重加算税を課されたこと又は不納付加算税を徴収されたことがないこと ⑤　その他一定の要件を満たしていること	相続又は遺贈により取得した日から2年を経過した日において、なお公益事業の用に供していない場合

※　教育用財産の非課税の制度は、相続又は遺贈による場合に限られ、生前の贈与による場合には適用がありません。

また、保育所等の社会福祉事業法上の事業については、幼稚園等の学校教育財産の非課税規定の適用はありません。

4　公益信託の受託者が遺贈により取得した財産（相法12①四）

公益信託に関する法律第２条第１項第１号（定義）に規定する公益信託の受託者が遺贈により財産を取得した場合には、相続税の課税価格に算入しません。なお、その財産とは、信託財産として取得した場合に限ります。

5　心身障害者共済制度に基づく給付金の受給権（相法12①五）

精神若しくは身体に障害のある人又はその障害のある人を扶養する人が、条例の規定により地方公共団体が精神又は身体に障害のある人に対して実施する共済制度に基づいて支給される給付金を受ける権利を取得した場合には、それらの権利の価額は、相続税の課税価格の計算の基礎に算入しないものとされています。

この場合の共済制度とは、地方公共団体の条例において精神又は身体に障害のある人を扶養する人を加入者とし、その加入者が地方公共団体に掛金を納付し、その地方公共団体が心身障害者の扶養のための給付金を定期に支給することを定めている制度で、所定の要件を備えているものをいいます（相令２の２《心身障害者共済制度の範囲》）。

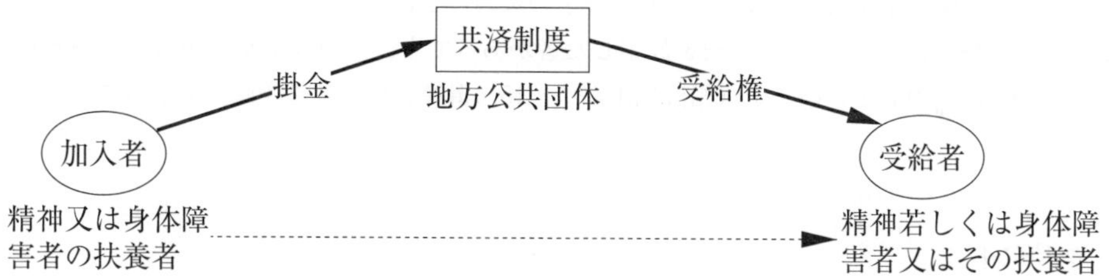

6　相続人が受け取った生命保険金などでその合計額のうちの一定金額（相法12①六）

被相続人の死亡によって相続人（相続の放棄をした人や相続権を失った人を除きます。）が受け取った生命保険契約の保険金又は損害保険契約の保険金のうち、被相続人が負担した保険料に対応する金額については、その相続人が相続によって取得した財産とみなされることは既に説明しました（前章参照）。この場合、その相続により取得したものとみなされた保険金（前記の心身障害者共済制度に基づく給付金の受給権を除きます。）の合計額のうち、一定の金額に相当する部分については相続税がかからないこととされています。

この一定の金額とは、次の(1)又は(2)の区分によりそれぞれ各区分に掲げる金額となります。

⑴　被相続人の全ての相続人が受け取った死亡保険金の合計額が「死亡保険金の非課税限度額」以下である場合

　その相続人の取得した死亡保険金の全額

⑵　被相続人の全ての相続人が受け取った死亡保険金の合計額が「死亡保険金の非課税限度額」を超える場合

　次の算式によって計算した金額

$$(500\text{万円}\times\text{法定相続人の数})\times\frac{\text{その相続人の取得した死亡保険金の合計額}}{\text{被相続人の全ての相続人が取得した死亡保険金の合計額}}$$

※　この場合の「相続人」とは、民法上の相続人をいい、相続を放棄した者及び相続権を失った者を含みません。

⑶　「死亡保険金の非課税限度額」は、次の算式によって計算した金額となります。

　500万円×法定相続人の数

※１　この「法定相続人の数」の計算上、被相続人に養子がある場合には、法定相続人に含まれる養子の数には、次のような制限があります。

実子がいる場合……養子のうち１人までを法定相続人に含めます。

実子がいない場合……養子のうち２人までを法定相続人に含めます。

　また、相続税の負担を不当に減少させると認められる養子も法定相続人の数から除外されます（相法63《相続人の数に算入される養子の数の否認》）。

２　「法定相続人の数」とは、相続を放棄した者があっても、その放棄がなかったものとした場合の相続人の数をいいます（相法12①六イ、15《遺産に係る基礎控除》②かっこ書）。

チェックポイント

　上記のように「死亡保険金の非課税限度額」を計算する場合の「法定相続人の数」に含める養子の人数には制限がありますが、「法定相続人の数」に含まれなかった養子についても、この非課税の規定の適用はあります。

〔設例〕　課税される部分の死亡保険金の金額の計算例

　被相続人の死亡によって、保険金受取人はそれぞれ次のように死亡保険金を受け取りました。

（保険金受取人）	Ａ（配偶者）	Ｂ（長　男）	Ｃ（長　女）相続を放棄	Ｄ（養　子）	Ｅ（養　子）	合計
（金額）	2,500万円	2,500万円	1,000万円	2,000万円	3,000万円	11,000万円

上記の場合において、各人の相続税の課税価格に算入される金額は、次のようになります。

⑴　死亡保険金の非課税限度額の計算

500万円×４人（法定相続人の数）＝2,000万円

※１　Ｃは、相続を放棄していますが、法定相続人の数には算入されます。ただし、非課税規定の適用はありません。

２　実子（Ｂ及びＣ）がいますから、法定相続人に含まれる養子の数は、Ｄ又はＥのうち１人になります（特定する必要はありません。）。

３　したがって、法定相続人は、Ａ、Ｂ、Ｃ及びＤ又はＥの４名となります。

⑵　各人の非課税金額の計算

Ａ　$2{,}000万円 \times \dfrac{2{,}500万円}{2{,}500万円+2{,}500万円+2{,}000万円+3{,}000万円} = 500万円$

Ｂ　$2{,}000万円 \times \dfrac{2{,}500万円}{2{,}500万円+2{,}500万円+2{,}000万円+3{,}000万円} = 500万円$

Ｃ　相続を放棄していますから、非課税金額はありません。

Ｄ　$2{,}000万円 \times \dfrac{2{,}000万円}{2{,}500万円+2{,}500万円+2{,}000万円+3{,}000万円} = 400万円$

Ｅ　$2{,}000万円 \times \dfrac{3{,}000万円}{2{,}500万円+2{,}500万円+2{,}000万円+3{,}000万円} = 600万円$

⑶　各人の課税価格に算入される死亡保険金の金額

	（取得保険金額）		（非課税金額）		
Ａ	2,500万円	－	500万円	＝	2,000万円
Ｂ	2,500万円	－	500万円	＝	2,000万円
Ｃ	1,000万円	－	0万円	＝	1,000万円
Ｄ	2,000万円	－	400万円	＝	1,600万円
Ｅ	3,000万円	－	600万円	＝	2,400万円

７　相続人が受け取った死亡退職金などでその合計額のうち一定金額（相法12①七）

被相続人の死亡によって、被相続人に支給されるべきであった退職手当金などを相続人（相続を放棄した人や相続権を失った人を除きます。）が受け取った場合には、その相続人が相続によって取得した財産とみなされることは既に説明しました（前章参照）。この場合にも、死亡保険金の場合と同様に一定金額に相当する部分については、相続税がかからないこととされています。

㈱　「非課税限度額」の計算や「各人の非課税金額」の計算の方法は、「死亡保険金」の場合と同様です。

８　相続財産などを申告期限までに国などに寄附した場合における寄附財産（措法70①）

相続又は遺贈によって財産を取得した人が、その取得した財産の全部又は一部をその相続又は遺贈に係る相続税の申告書の提出期限までに、国若しくは地方公共団体又は公益社団法人若しくは公益財団法人その他の公益事業を行う法人のうち教育若しくは科学の振興、文化の向上、社会福祉への貢献その他公益の増進に著しく寄与する特定のもの（この第５章において、以下「特定の公益法人」といいます。）に贈与をした場合には、その贈与をしたことによって、その贈与者又はその親族その他これらの人と特別の関係がある人の相続税又は贈与税の負担が不当に減少する結果となると認められる場合を除いて、その贈与した財産の価額は、その相続又は遺贈に係る相続税の課税価格の計算の基礎に算入されないこととされています。

＜寄附財産が非課税とされる場合＞

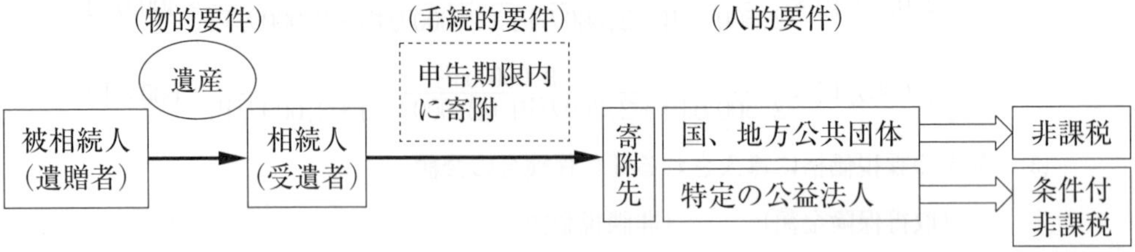

※１　特定の公益法人に対する相続財産の寄附であっても、その法人を設立するための財産の提供については、この特例の適用はありません（措通70－１－３《公益法人設立のための財産の提供》）。

２　特例の対象となる相続又は遺贈により取得した財産には相続税法第３条、第７条から第９条及び第１章第３節（同法第９条の２第６項ただし書に規定する信託に関する権利及び同法第９条の４第１項又は第２項に規定する信託の受託者が、これらの規定により遺贈により取得したものとみなされる信託に関する権利を除きます。）までの規定により相続又は遺贈により取得したとみなされた財産を含み、同法第19条及び第21条の15第１項の規定により相続税の課税価格に加算されるものや同法第21条の16第１項の規定により相続又は遺贈により取得したとみなされるものは含まれません（措通70－１－５《「相続又は遺贈により取得した財産」の範囲》）。

３　香典返しに代えて香典として取得した金銭等を贈与したとしても、その贈与には、この特例の適用はありません（措通70－１－９《香典返しに代えてする贈与》）。

①相続又は遺贈によって財産を取得した人自身が公益性及び公共性が高い公益事業を営み、その取得した財産をその公益事業の用に供する場合には、その財産は相続税の非課税財産とされることについては、前記で説明したとおりですが、ここでは、②相続又は遺贈によって財産を取得した人が、相続直後に国若しくは地方公共団体又は

特定の公益法人にその財産を寄附した場合の非課税財産について対比して説明します。

＜寄附関係の対比表＞

区分	規　定	公益事業者	寄附の形態	備　考
①	相法12①三	相続人又は受遺者	被相続人からの相続又は遺贈	—
②	措法70	国 地方公共団体 特定の公益法人	相続人からの寄附（相続直後、相続税の申告期限内）	既存の特定の公益法人に対する寄附に限ります。

このような相続直後の寄附は、主として被相続人の生前の意思に基づいて行われることが多いほか、我が国での現状では、なお、科学又は教育の振興、社会福祉の向上等が重要なことなので、法人税や所得税において特定公益増進法人に対する寄附金の控除を認めている趣旨と同様に、相続税の場合も、その申告期限までに既に設立されている特定の公益法人へ相続財産（相続財産を処分した代金を寄附しても相続税は非課税にはなりません。）を寄附した場合には、その寄附財産には相続税がかからないこととされています。

＜寄附財産の相続税の非課税制度の趣旨＞

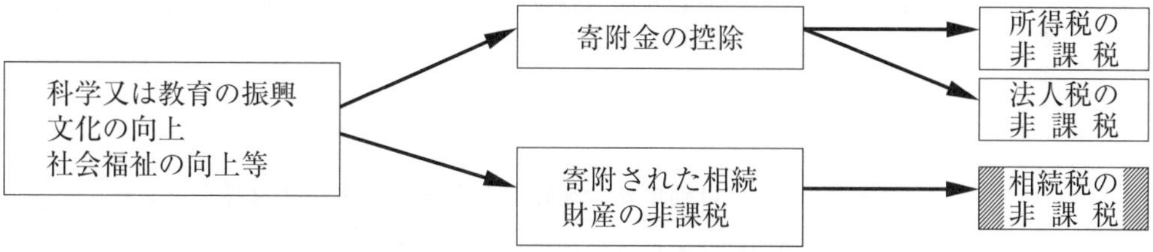

なお、この特例は、その寄附を受けたものが特定の公益法人であるときには、その法人が、その寄附を受けてから２年を経過した日までに、①特定の公益法人に該当しないこととなったとき、又は②寄附を受けた財産をその日（２年を経過した日）において、なお公益を目的とする事業の用に供していないとき若しくは供しなくなったときは適用されないこととされています（措法70《国等に対して相続財産を贈与した場合等の相続税の非課税等》②）。

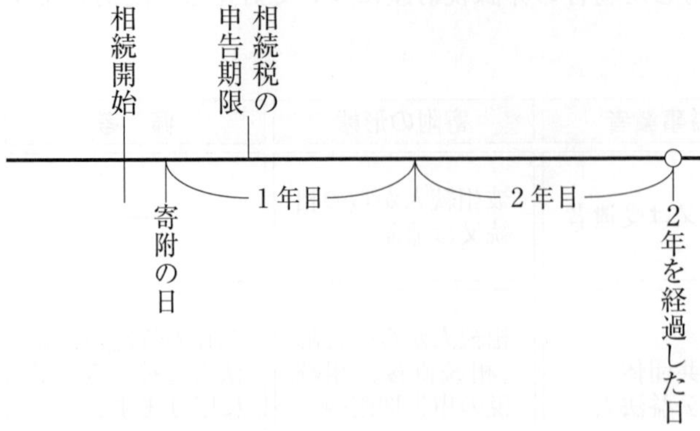

チェックポイント

①　特定の公益法人に該当しなくなっていないか。
②　寄附を受けた財産を公益事業の用に供しているか。

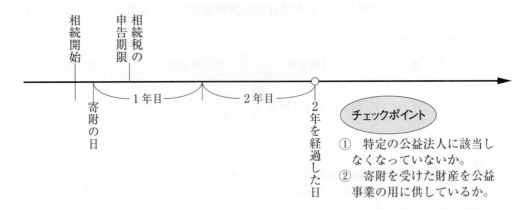

この特例の対象となる特定の公益法人とは、次のものをいいます（措令40の３《科学又は教育の振興に寄与するところが著しい公益法人等の範囲》）。

＜特例の対象となる特定の公益法人の範囲＞

区　分	類　別	特定の公益法人等
特定の法人	独立行政法人	—
	国立大学法人等	—
	地方独立行政法人	試験研究を行うこと、病院事業、社会福祉事業、申請等関係事務を当該市町村等の名において処理すること、介護老人保健施設又は介護医療院の設置及び管理を主たる目的とするもの
	公立大学法人	—
	センター	自動車安全運転センター、日本司法支援センター
	事業団・振興会等	日本私立学校振興・共済事業団 日本赤十字社
公益社団法人 公益財団法人	—	—
学校法人	—	私立学校法第３条に規定する学校法人で、学校の設置若しくは学校及び一定の要件を満たす専修学校（学校教育法第124条に規定するもの）の設置を主たる目的とするもの又は私立学校法第64条第４項の規定により設立された法人で専修学校の設置を主たる目的とするもの
社会福祉法人	—	保育園、老人ホーム等を設置する社会福祉法人
更生保護法人	—	更生保護事業法第２条に規定する更生保護法人で、更生保護事業を主たる目的とするもの
認定 NPO 法人（措法70⑩）	—	特定非営利活動法人のうち一定の要件を満たすものとして都道府県の知事又は指定都市の長の認定を受けたもの

この特例の適用を受けるためには、その相続又は遺贈についての相続税の申告書に、その適用を受ける旨を記載し、かつ、その適用を受ける寄附財産の明細書及び次に掲げる書類を添付しなければなりません（措法70⑤、措規23の３《相続税が非課税とされる専修学校の範囲等》②）。

区　分	書　類
共　通	国若しくは地方公共団体又は特定の公益法人がその寄附を受けた旨、その寄附を受けた年月日及び財産の明細並びにその法人の寄附を受けた財産の使用目的を記載した書類
寄附をした法人が地方独立行政法人又は学校法人の場合	共通に掲げる書類のほか、特定の公益法人に該当するものであることについて設立団体又は所轄庁の証明した書類

ところで、これらの特定の公益法人への寄附財産について、特例の適用を受けるためには、相続税の申告書の提出期限までに寄附しなければならないのが原則ですが、例外として被相続人に支給されるべきであった退職手当金等の支給が相続税の申告書の提出期限後に確定した場合には、その支給の確定により取得した退職手当金等を相続税の期限後申告書又は修正申告書の提出の日までに国、地方公共団体又は特定の公益法人に寄附すれば、この特例の適用が受けられることと取り扱われています（措通70－１－５なお書）。

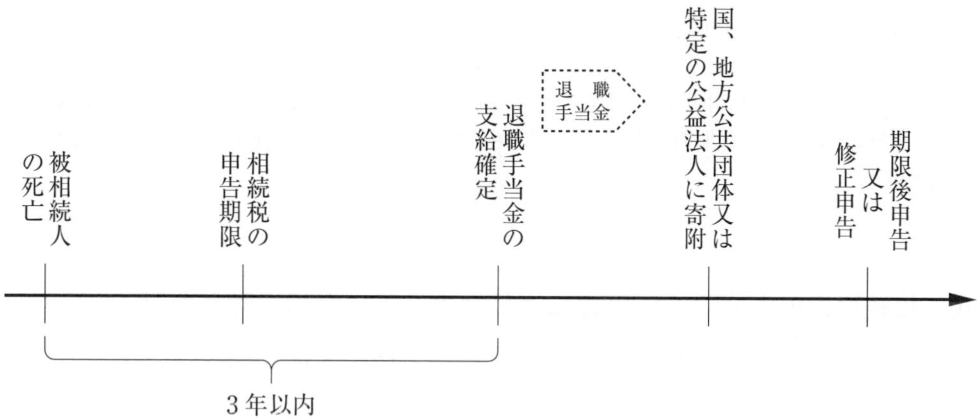

9　相続財産などを申告期限までに公益信託の信託財産に支出した場合の相続税の非課税措置（措法70③）

相続又は遺贈によって財産を取得した人が、その取得した財産の全部又は一部をその相続又は遺贈に係る相続税の申告期限までに、公益信託に関する法律第２条第１項第1号に規定する公益信託（以下「新公益信託」といいます。）の信託財産とするために支出した場合には、その支出をしたことによって、その支出をした者又はその親族その他これらの人と特別の関係がある人の相続税又は贈与税の負担が不当に減少する結果となると認められる場合を除いて、その支出した金銭の価額は、その相続又は遺贈に係る相続税の課税価格の計算の基礎に算入されないこととされています。

⑴　公益信託の基準

本特例の対象となる公益信託の基準は、公益信託に関する法律第8条において規定されているものとなります。

⑵　取消事由

財産を受け入れた公益信託がその受入れの日から2年を経過した日までに終了（信託の併合による終了を除きます。）をした場合又は新公益信託の受託者がその財産を同日までに公益信託に関する法律第7条第3項第4号に規定する公益信託事務の用に供しない場合もしくは供しなくなった場合には、租税特別措置法第70条第3項の規定にかかわらずその財産の価額は、その相続又は遺贈に係る相続税の課税価格の基礎に算入されます（措法70④）。

㈱1　上記9については、公益信託に関する法律の施行の日以後に支出をする財産に係る相続税について適用されます（改正法附則1九へ、54①）。

2　旧公益信託は、公益信託に関する法律の施行の日から起算して2年を経過する日までの間（以下「移行期間」という。）に移行認可を受けた場合には新公益信託となることができるとされており（公益信託に関する法律附則2②、4①前段）、移行期間内に移行認可を受けていない旧公益信託は、移行期間が満了する日に終了するものとされています（公益信託に関する法律附則4①後段）。

10　相続税の申告期限前に災害により被害を受けた相続財産など（災免法6）

相続又は遺贈によって財産を取得した人が、その相続又は遺贈によって取得した財産について相続税の申告書の提出期限前に災害により甚大な被害を受けた場合において、次のイ又はロのいずれかに該当するときは、相続税の課税価格に算入する価額は、相続財産の価額から、その被害を受けた部分の価額を差し引いて計算することができます（災免法6①、災免令12①）。

この特例の適用を受けるためには、相続税の申告書に、その旨、被害の状況及び被害を受けた部分の価額を記載しなければなりません（災免令12③）。

詳細については、第16章第２「災害減免法による相続税及び贈与税の減免措置」を参照してください。

イ　$\dfrac{\text{被害を受けた部分の価額}}{\text{相続税の課税価格の計算の基礎となるべき財産の価額（債務控除後の価額）}} \geqq \dfrac{1}{10}$

ロ　$\dfrac{\text{動産等について被害を受けた部分の価額}}{\text{相続税の課税価格の計算の基礎となるべき動産等の価額}} \geqq \dfrac{1}{10}$

※１　被害を受けた部分の価額からは、保険金、損害賠償金等により補填された金額を除きます。

２　動産等とは、次に掲げる財産をいいます。

①　動産（金銭及び有価証券を除きます。）

②　不動産（土地及び土地の上に存する権利を除きます。）

③　立木

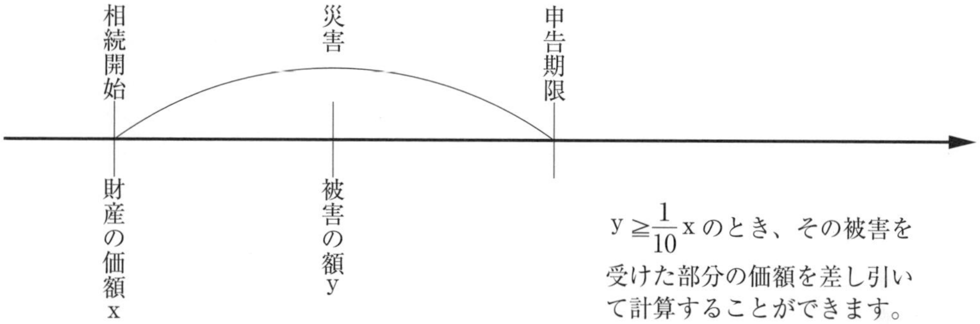

$y \geqq \dfrac{1}{10}x$ のとき、その被害を受けた部分の価額を差し引いて計算することができます。

※１　災害とは、震災、風水害、落雷、火災その他これらに類する災害をいいます（災免法１）。戦災、交通事故等は、これに含まれません。

２　相続税の申告書の提出期限後に災害により被害を受けた場合については、相続税額の免除制度があります（災免法４）。

詳細については、第16章第２「災害減免法による相続税及び贈与税の減免措置」を参照してください。

第６章　相続税の計算の仕方

第１　課税価格

１　課税財産の範囲

⑴　相続税の課税価格は、相続又は遺贈（死因贈与を含みます。この第１において以下同じです。）により財産を取得した者の相続税の計算の基礎となる金額であり、それぞれ財産を取得した者ごとに、その相続又は遺贈によって取得した財産の価額を基として計算することとされています。

また、財産を取得した者が無制限納税義務者に該当するか、又は制限納税義務者に該当するかにより課税価格の計算の基礎に算入する財産の範囲が異なります（相法２、11の２）。

納税義務者＼納税義務の範囲		国内財産	国外財産	相続時精算課税適用財産
無制限納税義務者	居住無制限納税義務者	○	○	○
	非居住無制限納税義務者	○	○	○
制限納税義務者(※)	居住制限納税義務者	○	×	○
	非居住制限納税義務者	○	×	○
特定納税義務者		―	―	○

(※)　平成29年３月31日以前に相続又は遺贈により取得する財産に係る相続税の場合には、居住制限納税義務者の区分はありません。

(注)１　納税義務者の区分については、第３章相続税・贈与税の納税義務者を参照してください。

２　非居住無制限納税義務者（相続税法第１条の３第２項の規定により非居住無制限納税義務者とみなされる者を含みます。）の課税財産の範囲及び課税価格については68ページを参照してください。

３　特定納税義務者とは、贈与（死因贈与を除きます。）により相続税法第21条の９第３項の規定の適用を受ける財産を取得した個人（無制限納税義務者、制限納税義務者を除きます。）をいいます（相法１の３①五）。

４　相続時精算課税適用財産とは、被相続人から贈与により取得した財産で相続税法第21条の９第３項の規定の適用を受けるものをいいます。

⑵　相続税の課税財産は、原則的には、本来の相続又は遺贈により取得した財産です。このほか、相続税法の規定により相続又は遺贈により取得したものとみなされる財

産があります。

一般に、前者を本来の相続財産といい、後者をみなし相続財産といいます。

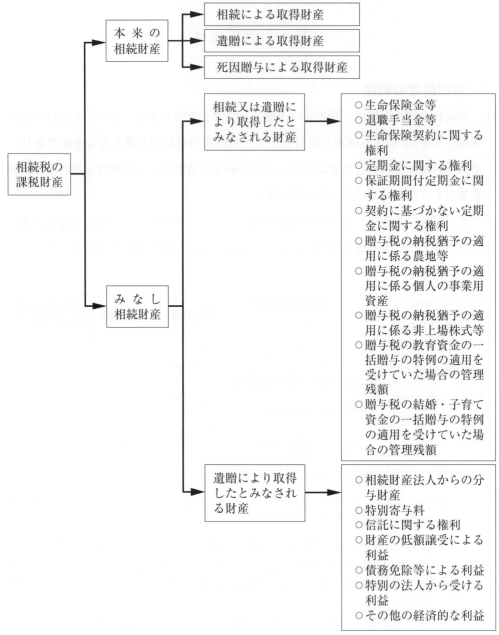

- 相続税の課税財産
  - 本来の相続財産
    - 相続による取得財産
    - 遺贈による取得財産
    - 死因贈与による取得財産
  - みなし相続財産
    - 相続又は遺贈により取得したとみなされる財産
      - ○生命保険金等
      - ○退職手当金等
      - ○生命保険契約に関する権利
      - ○定期金に関する権利
      - ○保証期間付定期金に関する権利
      - ○契約に基づかない定期金に関する権利
      - ○贈与税の納税猶予の適用に係る農地等
      - ○贈与税の納税猶予の適用に係る個人の事業用資産
      - ○贈与税の納税猶予の適用に係る非上場株式等
      - ○贈与税の教育資金の一括贈与の特例の適用を受けていた場合の管理残額
      - ○贈与税の結婚・子育て資金の一括贈与の特例の適用を受けていた場合の管理残額
    - 遺贈により取得したとみなされる財産
      - ○相続財産法人からの分与財産
      - ○特別寄与料
      - ○信託に関する権利
      - ○財産の低額譲受による利益
      - ○債務免除等による利益
      - ○特別の法人から受ける利益
      - ○その他の経済的な利益

(※)　相続税法に規定する「財産」とは、金銭に見積もることができる経済的価値のある全てのものをいいますが、次の点に留意する必要があります（相基通11の２－１）。

⑴　財産には、物権、債権及び無体財産権に限らず、信託受益権、電話加入権等が含まれること

⑵　財産には、法律上の根拠を有しないものであっても経済的価値が認められているもの、例えば、営業権のようなものが含まれること

⑶　質権、抵当権又は地役権（区分地上権に準ずる地役権を除きます。）のように従たる権利は、主たる権利の価値を担保し、又は増加させるものであって、独立して財産を構成しないこと

2　各人の課税価格

相続又は遺贈により財産を取得した各人ごとの課税価格は次のように計算します。

相続又は遺贈によって財産を取得した者が、その相続開始の年においてその相続に係る被相続人からの贈与により取得した財産の価額については、相続税法第21条の２第４項の規定により贈与税の課税価格に算入しないで相続税の課税価格に加算することとされています。

また、相続開始の年において特定贈与者である被相続人からの贈与により取得した相続時精算課税の適用を受ける財産の価額については、相続税法第21条の10の規定により贈与税の課税価格に算入される（相続税法第28条第４項の規定により当該財産については贈与税の申告を要しません。）とともに、相続税法第21条の15第１項又は第21条の16第１項の規定により相続税の課税価格にも算入されることとなります（相基通11の２－５）。

相続又は遺贈により取得した財産の価額	＋	相続又は遺贈により取得したものとみなされる財産の価額	−	非課税財産の価額	＋	相続時精算課税適用財産の価額	−	債務及び葬式費用の額	＋	被相続人からの７年以内(※)の贈与財産の価額	＝	各人の課税価格

(※)１　令和５年12月31日以前の贈与については、相続開始前３年以内（令和５年改正法附則19①）

２　各人ごとの課税価格に1,000円未満の端数があるときは、その端数を切り捨てます（通則法118、相基通16－２）。

第2　課税価格の計算

第1のとおり、相続税の課税価格は、各人別にその取得財産の価額を基として計算することとされていますので、その財産が誰に帰属することになるかは相続税の計算上重要なことです。

特定遺贈があった場合には、その遺贈財産は、受遺者ごとに特定されていますが、特定遺贈以外の財産、つまり、共同相続人が相続によって取得した財産及び包括遺贈によって取得した財産は、相続開始と同時にいったん共同相続人及び包括受遺者の共有に属し（民法898）、その後、これらの者による遺産分割の協議あるいは家庭裁判所の調停・審判等によって各人に具体的に帰属することになります。

相続税の課税価格の計算においては、相続税の申告期限又は税務署長が更正決定をする時までに遺産の帰属が各人別に確定しているか否かによって次のように区分されます。

1　遺産の取得が分割等により確定している場合の課税価格

⑴　一般の場合

特定遺贈があった場合及び相続税の申告期限までに遺産の分割があった場合には、各人別にその取得した財産の価額に基づいて課税価格の計算を行うことになります。

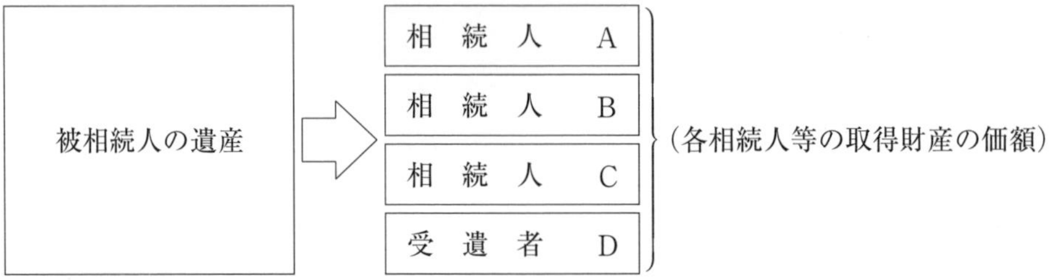

⑵　代償分割等があった場合

イ　代償分割

代償分割が行われた場合の相続税の課税価格の計算については、次ページのように取り扱われます（相基通11の２－９、10）。

なお、「代償分割」とは、共同相続人又は包括受遺者のうち１人又は数人が相続又は包括遺贈により取得した財産の現物を取得し、その現物を取得した者が他の共同相続人又は包括受遺者に対して債務を負担する分割の方法をいいます。

(イ)　代償財産の交付をした者

相続又は遺贈により取得した財産の価額	－	その交付した代償財産の価額	＝	取得財産の価額

(ロ)　代償財産の交付を受けた者

相続又は遺贈により取得した財産の価額	＋	その交付を受けた代償財産の価額	＝	取得財産の価額

〔設例１〕

相続人　Ａ、Ｂ、Ｃ

相続財産　土地　相続税評価額6,000万円

○　代償分割により土地はＡが全部取得し、Ｂ及びＣにはそれぞれ2,000万円の現金を支払うこととした場合

（代償債務）

①　Ａの取得財産……6,000万円－（2,000万円＋2,000万円）＝2,000万円

②　Ｂの取得財産……2,000万円（代償財産の価額）

③　Ｃの取得財産……2,000万円（　　〃　　）

※１　代償財産の価額は、相続開始の時における価額（財産評価基本通達の定めにより評価した価額をいいます。）によることとなります。

２　次に掲げる場合に該当するときは、当該代償財産の価額はそれぞれ次に掲げるところによることとなります（相基通11の２－10）。

(1)　共同相続人及び包括受遺者の全員の協議に基づいて代償財産の額を次の(2)に掲げる算式に準じて又は合理的と認められる方法によって計算して申告があった場合　当該申告があった金額

(2)　(1)以外の場合で、代償債務の額が、代償分割の対象となった財産が特定され、かつ、当該財産の代償分割の時における通常の取引価額を基として決定されているとき　次の算式により計算した金額

$$A \times \frac{C}{B}$$

算式中の符号は、次のとおりです。

Ａ：代償債務の額

Ｂ：代償債務の額の決定の基となった代償分割の対象となった財産の代償分割の時における価額

Ｃ：代償分割の対象となった財産の相続開始の時における価額（財産評価基本通達の定めにより評価した価額をいいます。）

具体的には、次の〔設例２〕のように計算します。

〔設例２〕

相続人　A、B、C

相続財産　土地　相続税評価額6,000万円（分割時の時価9,000万円）

○　代償分割により土地はAが全部取得し、B及びCにはそれぞれ 3,000万円の現金を支払うこととした場合

①　Bの取得財産……$3{,}000\text{万円} \times \dfrac{6{,}000\text{万円}}{9{,}000\text{万円}} = 2{,}000\text{万円}$

②　Cの取得財産……$3{,}000\text{万円} \times \dfrac{6{,}000\text{万円}}{9{,}000\text{万円}} = 2{,}000\text{万円}$

③　Aの取得財産……6,000万円－（2,000万円＋2,000万円）＝2,000万円

㊟　代償分割が相続人固有の資産の移転を要するものであり、その代償財産が土地、家屋のような譲渡所得の基因となる資産であるときは、その代償財産の交付をした者は、その履行をした時の価額によりその代償財産を譲渡したこととなり、譲渡所得に係る所得税が課税される場合があることに注意する必要があります（所基通33－１の５）。

ロ　換価分割

換価分割が行われた場合の相続税の課税価格の計算は、次のようになります。

$$\text{換価分割の対象となった財産の相続税評価額} \times \frac{\text{各人が取得した換価代金}}{\text{換価代金の合計額}} = \text{各人の取得財産の価額}$$

⑶　譲渡担保の目的となっている債権又は債務がある場合

譲渡担保とは、金銭消費貸借の担保としてその担保物の所有権を移転したもの又は債務金額によって買戻しをする特約があるものをいいます。この譲渡担保の目的物については登記上の名義によらないで、その経済的実質に即して資産の移転があったものとはみないこととし、相続税の課税価格の計算は、その基因となった債権・債務により、次のように取り扱うこととしています（相基通11の２－６）。

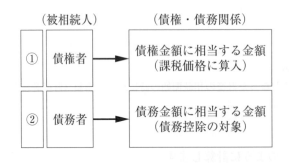

	（被相続人）	（債権・債務関係）	（譲渡担保の目的物）
①	債権者 →	債権金額に相当する金額（課税価格に算入）	譲渡担保の目的となっている財産の価額に相当する金額（課税価格に算入しない）
②	債務者 →	債務金額に相当する金額（債務控除の対象）	譲渡担保の目的となっている財産の価額に相当する金額（課税価格に算入）

⑷　負担付遺贈がある場合

負担付遺贈により取得した財産の価額は、負担がないものとした場合におけるその財産の価額からその負担額（その遺贈のあった時において確実と認められる金額に限られます。）を控除した価額によるものとされています（相基通11の２－７）。

負担がないものとした遺贈財産の相続税評価額 － 負担額 ＝ 取得財産の価額

⑸　停止条件付の遺贈があった場合

停止条件付の遺贈があった場合においてその条件が成就する前に相続税の申告書を提出するとき又は更正、決定をするときは、その遺贈の目的となった財産については、相続人が民法第900条から第903条までの規定による相続分によってその財産を取得したものとしてその課税価格を計算することとされています。ただし、当該財産の分割があり、その分割が当該相続分の割合に従ってされなかった場合において当該分割により取得した財産を基礎として申告があった場合には、その申告を認めて差し支えないものとして取り扱われることになっています（相基通11の２－８）。

㈱　停止条件付遺贈に係る財産を相続人の課税価格に含めて相続税の課税が行われていた場合において、その条件が成就したことによりその遺贈に係る財産が受遺者に帰属したときは、その受遺者以外の者のその遺贈財産の価額に対応する相続税額については、その条件の成就があった日の翌日から４か月以内に更正の請求ができます（相法32①六、相令８②三）。

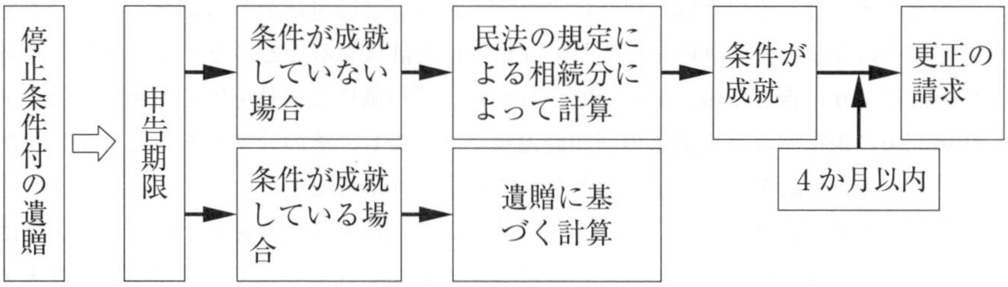

２　遺産が未分割である場合の課税価格

相続税は、相続又は遺贈により取得した財産の価額に基づいて課税されますが、相続又は包括遺贈により取得した財産が未分割である場合には、相続税の課税価格をどのように計算するかという問題があります。仮に、分割が確定するまで相続税の課税ができないとすれば、恣意的に課税が引き延ばされるおそれがあり、課税の公平が保たれなくなります。そこで、相続税法第55条において、遺産が未分割である場合の課税価格の計算について規定しています。

すなわち、相続税の申告書を提出する場合又は税務署長がその相続税について更正又は決定をする場合において、相続又は包括遺贈により取得した財産の全部又は一部が共同相続人又は包括受遺者の間において分割されていないときは、その分割されていない財産は、共同相続人又は包括受遺者が民法（第904条の２を除きます。）に規定する相続分又は包括遺贈の割合に従って遺産を取得したものとして相続税の課税価格を計算することになっています。

（相続開始時の遺産の総額 ＋ 被相続人からの特別受益の額）× 民法に規定する相続分 － 特別受益の額 ＝ 未分割財産に係る各相続人等の取得財産の価額

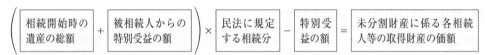

※　民法に規定する相続分とは、民法第900条から第902条まで及び第903条に規定する法定相続分、代襲相続分、指定相続分及び特別受益者の相続分をいうものとされています（相基通55－１）。

未分割財産に係る各相続人等の取得財産の価額 ＋ 相続又は遺贈により取得したものとみなされる財産の価額 － 非課税財産の価額 － 債務及び葬式費用の額 ＋ 被相続人からの７年以内※の贈与財産の価額 ＝ 各人の課税価格

※１　令和５年12月31日以前の贈与については、相続開始前３年以内（令和５年改正法附則19①）

２　民法に規定する相続分の中から民法第904条の２に規定する寄与分が除かれているのは、寄与分はもともと相続人間による遺産分割協議又は遺産分割の請求に基づく家庭裁判所の審判によって初めて決定されるものであり、第三者的な立場で行うこの課税価格の計算にはなじまないからです。

また、未分割遺産は、共同相続関係にある民法上の相続財産ですので、相続税法上のみなし相続財産は含まれません。したがって、共同相続人等のうちにみなし相続財産を取得した者があるときは、その者は、民法に規定する相続分又は包括遺贈の割合に応じた本来の相続財産にそのみなし相続財産を加算して課税価格を計算することになります（相基通55－２）。

３　上記により申告した後、遺産分割が行われ、課税価格に異動を生じた場合には、国税通則法第23条に規定する更正請求の期間経過後であっても、その分割があった日から４か月以内に限り、更正の請求ができることとされています（相法32①一）。

なお、税務署長は、その更正の請求に基づいて相続税額の減額更正を行ったときは、遺産分割により法定相続分以上に財産を取得した他の相続人に対して相続税の増額更正又は決定をすることとされています（相法35③）。ただし、この増額更正や決定の処分は、更正の請求があった日から１年を経過した日と国税通則法第70条の規定により更正又は決定をすることができないこととなる日とのうち、いずれか遅い日以後においてはすることができないこととされています。これは、納税者に対していつまでも不安定な状態におくことは好ましくないので、これを配慮してのものであると考えられています。

４　相続人のうちに民法第886条の規定により既に生まれたものとみなされる胎児がある場合で、相続税の申告書提出の時（更正又は決定をする時を含みます。）においてまだその胎児が生まれていないときは、その胎児がいないものとした場合における各相続人の相続分によって課税価格を計算することに取り扱われています（相基通11の２－３）。

また、相続税の申告書を提出する時又は課税価格及び相続税額を更正し、若しくは決定する時において、まだ相続税法第32条第１項第２号、同項第３号、相続税法施行令第８条第２

項第１号又は第２号に掲げる事由が未確定の場合には、その事由がないものとした場合における各相続人の相続分を基礎として課税価格を計算することに取り扱われています（相基通11の２―４）。

〔具体的な計算例〕

1　被相続人甲の相続人は、次のとおりです。（相続開始　令6.3.1）

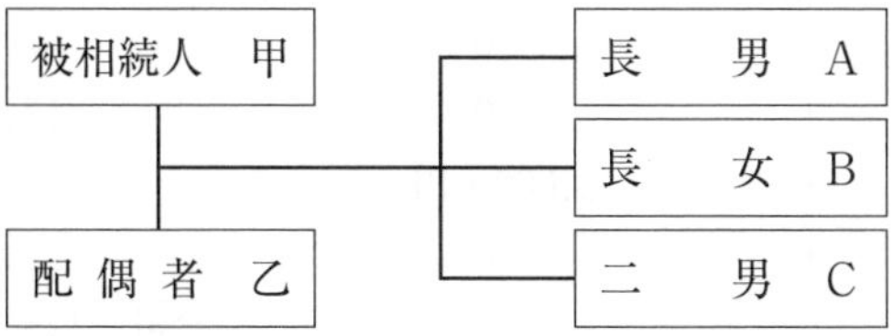

2　被相続人の相続開始時の遺産の総額　　120,000千円

3　共同相続人のうち、被相続人から生前に生計の資本として贈与を受けた者及び贈与財産等の内容は、次のとおりです。

（受贈者）	（受贈年月日）	（受贈財産）	（贈与時の価額）	（相続開始時の価額）
A	平26.7.15	土地	5,000千円	10,000千円
B	令3.5.10	現金	5,000千円	5,000千円

4　被相続人の債務及び葬式費用はないものとします。

5　民法第903条の規定による相続分の計算

⑴　未分割財産の価額　120,000千円

⑵　特別受益額　10,000千円（Aの分）＋5,000千円（Bの分）＝15,000千円

⑶　みなす相続財産の価額（⑴＋⑵）

120,000千円＋15,000千円＝135,000千円

⑷　各共同相続人の具体的な相続分の価額

（相続人）	（みなす相続財産の価額）		（法定相続分）		（特別受益額）		（具体的な相続分の価額）
乙	135,000千円	×	$\frac{1}{2}$	－	0	＝	67,500千円
A	135,000千円	×	$\frac{1}{2}\times\frac{1}{3}$	－	10,000千円	＝	12,500千円
B	135,000千円	×	$\frac{1}{2}\times\frac{1}{3}$	－	5,000千円	＝	17,500千円
C	135,000千円	×	$\frac{1}{2}\times\frac{1}{3}$	－	0	＝	22,500千円
						合計	120,000千円

※1　民法の規定による特別受益額の相続財産への持戻し計算は、相続税法第19条の規定による相続開始前７年以内に贈与があった場合の相続税の課税価格への加算と異なり贈与の時

期が相続開始前７年以内（令和５年12月31日以前の贈与については、相続開始前３年以内）であるかどうかは問いません。

２　持戻し計算をする場合の贈与財産の価額は、相続税法第19条の規定による相続税の課税価格の計算とは異なり、相続開始時における時価によることとなります（上記(4)におけるＡの計算を参照）。

６　相続税の課税価格

（具体的な相続分の価額）			（相法第19条の規定による加算額）		
乙	67,500千円	＋	0	＝	67,500千円
Ａ	12,500千円	＋	0	＝	12,500千円
Ｂ	17,500千円	＋	5,000千円	＝	22,500千円
Ｃ	22,500千円	＋	0	＝	22,500千円
				合計	125,000千円

※１　Ａが贈与を受けた財産は、相続開始前７年以内（令和５年12月31日以前の贈与については、相続開始前３年以内）の贈与に該当しないので、相続税の課税価格への加算の対象とはなりません。

２　相続開始前７年以内（令和５年12月31日以前の贈与については、相続開始前３年以内）の贈与で、相続税の課税価格に加算される贈与財産の価額は、贈与を受けた時の価額となります（上記事例の場合には、贈与財産が現金のため、贈与時の価額と相続開始時の価額が同一となります。）。

第３　課税価格の計算の特例

１　小規模宅地等についての相続税の課税価格の計算の特例

小規模宅地等についての相続税の課税価格の計算の特例（この第３において、以下「小規模宅地等の特例」といいます。）の適用は、次のとおりになります（措法69の４）。

⑴　特例の内容

相続又は遺贈によって取得した財産のうちに、相続開始の直前において被相続人等（被相続人又は被相続人と生計を一にしていたその被相続人の親族をいいます。）の事業（相当の対価を得て継続的に行う不動産の貸付けを含みます。）の用又は居住の用に供されていた宅地等（宅地又は宅地の上に存する権利をいいます。この第３において、以下同じです。）で建物や構築物の敷地の用に供されているものがある場合には、相続人等が取得したこれらの宅地等のうち限度面積までの部分（以下「小規模宅地等」といいます。）について相続税の課税価格に算入すべき価額は、その宅地等の価額に、次に掲げる用途区分に応じ、それぞれ次に掲げる割合を乗じて計算した金額とされています（措法69の４①）。

<table>
<tr><th>区分</th><th colspan="3">相続開始直前の状況</th><th>要　件</th><th>割合</th></tr>
<tr><td rowspan="5">事業用宅地等</td><td rowspan="5">被相続人等の事業の用に供されていた宅地等</td><td rowspan="3">不動産貸付業等以外の事業用</td><td>被相続人の事業用</td><td>「特定事業用宅地等」に該当する宅地等</td><td>20%</td></tr>
<tr><td>被相続人と生計を一にする親族の事業用</td><td>「特定事業用宅地等」に該当する宅地等</td><td>20%</td></tr>
<tr><td>被相続人等の同族会社の事業用（貸付事業を除く）</td><td>「特定同族会社事業用宅地等」に該当する宅地等</td><td>20%</td></tr>
<tr><td rowspan="2">不動産貸付業等の事業用</td><td>被相続人の貸付用</td><td>「貸付事業用宅地等」に該当する宅地等</td><td>50%</td></tr>
<tr><td>被相続人等の同族会社の貸付用</td><td>「貸付事業用宅地等」に該当する宅地等</td><td>50%</td></tr>
<tr><td rowspan="2">居住用宅地等</td><td colspan="3">被相続人の居住の用に供されていた宅地等</td><td>「特定居住用宅地等」に該当する宅地等</td><td>20%</td></tr>
<tr><td colspan="3">被相続人と生計を一にする親族の居住の用に供されていた宅地等</td><td>「特定居住用宅地等」に該当する宅地等</td><td>20%</td></tr>
</table>

※　被相続人等の居住用等に供されていた土地（この※において、以下「従前地」といいます。）が、土地区画整理事業等の施行による仮換地指定に伴い、従前地及び仮換地のいずれもが、相続開始の直前において使用収益が禁止されている場合で、相続開始時から相続税の申告期限までの間に被相続人等が仮換地を居住用又は事業用に供する予定がなかったと認めるに足りる特段の事情がなかったときは、小規模宅地等の特例の適用上、従前地は、相続開始の直前において被相続人等の居住用等に供されていたものとして取り扱われます（措通69の４－３）。

なお、上記の「仮換地を居住用又は事業用に供する予定がなかったと認めるに足りる特段の事情」としては、次の場合があります（措通69の４－３㊟）。

①　従前地について売買契約を締結していた場合

②　既に別の場所に居住用不動産を取得（売買契約中のものを含みます。）していた場合

③　従前地若しくは仮換地について物納の申請をし又は物納の許可を受けていた場合

⑵　特例の適用対象となる限度面積（措法69の４②）

	特例の適用を選択する宅地等	限度面積
イ	・特定居住用宅地等 ・特定事業用宅地等又は特定同族会社事業用宅地等（以下「特定事業用等宅地等」といいます。） 特例を適用する宅地等のうちに、貸付事業用宅地等がない場合	特定居住用宅地等の面積の合計 ≦ 330m^2・特定事業用等宅地等の面積の合計 ≦ 400m^2　合計730m^2
ロ	貸付事業用宅地等及びそれ以外の宅地等 特例を適用する宅地等のうちに、貸付事業用宅地等がある場合	特定居住用宅地等の面積の合計 $\times \frac{200}{330}$ ＋ 特定事業用等宅地等の面積の合計 $\times \frac{200}{400}$ ＋ 貸付事業用宅地等の面積の合計 ≦ 200m^2

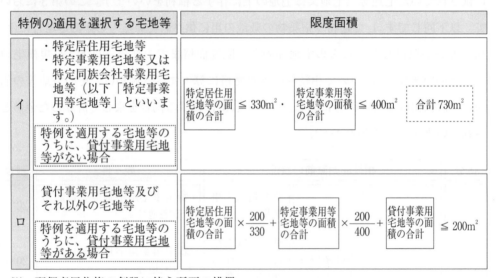

㊟　配偶者居住権の創設に伴う所要の措置

民法及び家事事件手続法の一部改正する法律（平成30年法律第72号）により、配偶者の居住権保護のための方策として、配偶者が相続開始時に居住していた被相続人の所有建物を対象に終身又は一定期間、配偶者にその使用又は収益を認めることを内容とする法定の権利が新設され、遺産分割における選択肢の一つとして、配偶者に配偶者居住権を取得させることができることとするほか、被相続人が遺贈等によって配偶者に配偶者居住権を取得させることができるようになりました（改正民法1028）。

そして、配偶者居住権に付随するその目的となっている建物の敷地利用権については、「土地の上に存する権利」に該当するので、令和２年４月１日以後に相続又は遺贈により取得する財産に係る相続税から小規模宅地等の特例の対象となります（平成31年改正措令附則１五イ）。

なお、小規模宅地等の特例を受けるものとしてその全部又は一部の選択をしようとする宅地等が配偶者居住権の目的となっている建物の敷地の用に供される宅地等又は配偶者居住権に基づく敷地利用権の全部又は一部である場合には、その宅地等の面積は、その面積に、それぞれその敷地の用に供される宅地等の価額又はその敷地利用権の価額がこれらの価額の合計額のうちに占める割合を乗じて得た面積であるものとみなして計算

をし、限度面積要件を判定します（措令40の２⑥、措通69の４－１の２）。

＜配偶者居住権が設定されている場合における小規模宅地等の面積調整＞

【設例】
○　土地：更地の相続税評価額　4,000万円　面積240m²
○　子が土地及び建物を相続
○　被相続人が配偶者に配偶者居住権を取得させる旨の遺贈
○　建物に配偶者と子が居住

【配偶者】敷地利用権
1,000万円

【　子　】所有権
3,000万円

面積調整

【配偶者】
240m²×1,000万円／4,000万円＝60m²
＋
【子】
240m²×3,000万円／4,000万円＝180m²

240m²＜330m²
⇒居住用の限度面積を満たす

(3) 適用対象宅地等

イ　事業の用に供されていた宅地等

(イ) 特定事業用宅地等

特定事業用宅地等とは、次のＡ又はＢのいずれかに該当する宅地等をいいます。

Ａ　被相続人の事業（不動産貸付業、駐車場業、自転車駐車場業及び事業と称するに至らない不動産の貸付け等を除きます。）の用に供されていた宅地等で、次の要件の全てに該当する被相続人の親族が取得したもの（相続開始前３年以内に新たに事業の用に供された宅地等（一定の規模以上の事業(注)を行っていた被相続人等のその事業の用に供されたものを除きます。）を除き、被相続人の親族が相続又は遺贈により取得した持分の割合に応ずる部分に限ります。）（措法69の４③一イ、措令40の２⑦⑧）

なお、平成31年４月１日から令和４年３月31日までの間に相続又は遺贈により取得する宅地等については、上記「相続開始前３年以内」とあるのは「平成31年４月１日以後」とします（以下Ｂについて同じです。平成31年改正法附則79②）。

(注)　以下の要件は平成31年４月１日以後に相続又は遺贈により取得する宅地等に係る相続税について適用します（平成31年改正法附則79①）。

１　上記の「一定の規模以上の事業」とは、次の算式を満たす場合におけるその事業をいいます（措令40の２⑧）。

（算式）

$$\frac{\text{事業の用に供されていた一定の資産のうち被相続人等が有していたものの相続開始時の価額の合計額}}{\text{新たに事業の用に供された宅地等の相続開始時の価額}} \geqq 15\%$$

※　上記の「一定の資産」とは、次に掲げる資産（その資産のうちにその事業の用以外の用に供されていた部分がある場合には、その事業の用に供されていた部分に限ります。）をいいます。

①　その宅地等の上に存する建物（その附属設備を含みます。）又は構築物

②　所得税法第２条第１項第19号に規定する減価償却資産でその宅地等の上で行われるその事業に係る業務の用に供されていたもの（上記①に掲げるものを除きます。）

２　被相続人が相続開始前３年以内に開始した相続又はその相続に係る遺贈により措置法第69の４第３項第１号に規定する事業の用に供されていた宅地等を取得し、かつ、その取得の日以後その宅地等を引き続き同号に規定する事業の用に供していた場合におけるその宅地等は、上記の「新たに事業の用に供された宅地等」に該当しないものとされました（措令40の２⑨）。

３　特例の適用を受けようとする宅地等が相続開始前３年以内に新たに被相続

人等の事業の用に供されたものである場合には、その事業の用に供されていた上記㊟１の一定の資産の相続開始の時における種類、数量、価額及びその所在場所その他の明細を記載した書類でその資産の相続開始の時の価額がその宅地等の相続開始の時の価額の15％以上である事業であることを明らかにするものを相続税の申告書に添付しなければなりません（措規23の２⑧一ニ）。

要　件		内　容
①	事業承継の要件	その宅地等の取得者（その者が死亡した場合におけるその者の相続人を含みます。）が、その宅地等の上で営まれていた被相続人の事業を相続税の申告期限（相続税法第27条、第29条又は第31条第２項の規定による申告期限）までに承継し、かつ、申告期限まで当該事業を営んでいること
②	保有継続の要件	その宅地等を相続税の申告期限まで保有していること

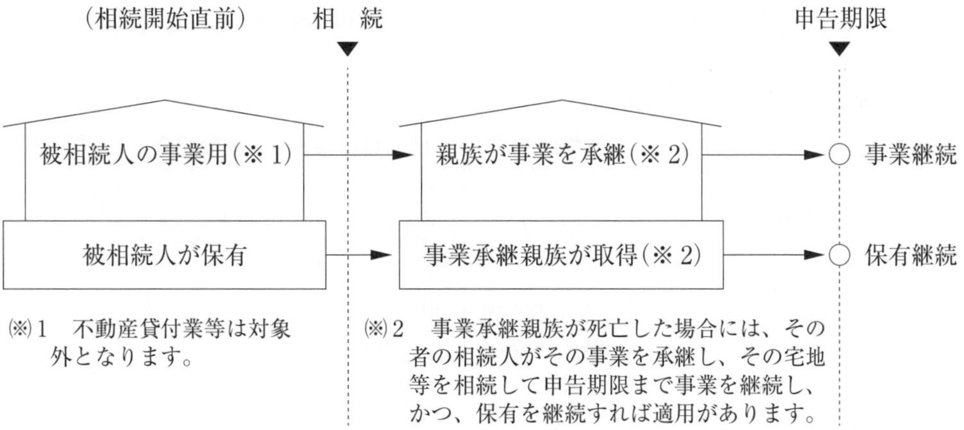
（相続開始直前）
相　続
申告期限
被相続人の事業用（※１）
親族が事業を承継（※２）
事業継続
被相続人が保有
事業承継親族が取得（※２）
保有継続
※１　不動産貸付業等は対象外となります。
※２　事業承継親族が死亡した場合には、その者の相続人がその事業を承継し、その宅地等を相続して申告期限まで事業を継続し、かつ、保有を継続すれば適用があります。

Ｂ　被相続人と生計を一にする被相続人の親族の事業（不動産貸付業、駐車場業、自転車駐車場業及び事業と称するに至らない不動産の貸付け等を除きます。）の用に供されていた宅地等で、次の要件の全てに該当するその事業を行っていた親族が取得したもの（相続開始前３年以内に新たに事業の用に供された宅地等（政令で定める規模以上の事業を行っていた被相続人等の事業の用に供されたものを除きます。）を除き、被相続人の親族が相続又は遺贈により取得した持分の割合に応ずる部分に限ります。）（措法69の４③一ロ、措令40の２⑦⑧）

要　件		内　容
①	事業継続の要件	相続開始直前から相続税の申告期限（その者が申告期限前に死亡した場合は、その死亡の日。②において同じです。）までその宅地等の上で事業を営んでいること
②	保有継続の要件	その宅地等を相続税の申告期限まで保有していること

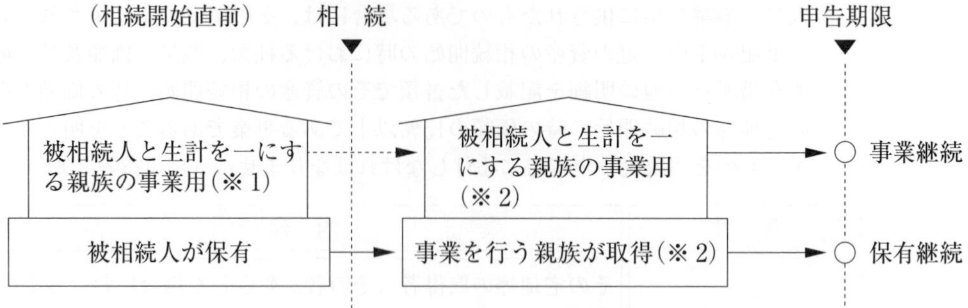

※１　不動産貸付業等は対象外となります。

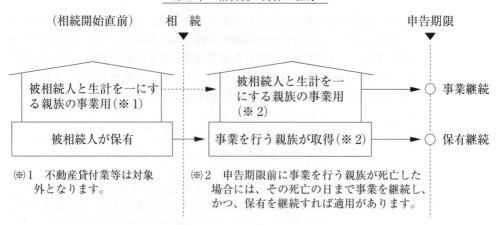

※２　申告期限前に事業を行う親族が死亡した場合には、その死亡の日まで事業を継続し、かつ、保有を継続すれば適用があります。

≪被相続人等の事業の用に供されていた宅地等の範囲（措通69の４－４）**≫**

Ａ　被相続人の有する宅地等の上に被相続人及び被相続人の親族以外の者の所有する建物等が存する場合

建物所有者	土地の貸借形態	減額割合	評　価
個　人	相当の対価を得て継続的	50%（貸付事業用宅地等）	貸　宅　地
	無　償（※１）	0%	原則として自用地
法人（特定同族以外）（無償返還届なし）	相当の対価を得て継続的	50%（貸付事業用宅地等）	貸　宅　地
	無　償	0%	貸　宅　地
法人（特定同族以外）（無償返還届あり）	相当の対価を得て継続的	50%（貸付事業用宅地等）	20％減額
	無　償	0%	自　用　地

※１　無償（相当の対価に至らない程度の対価の授受がある場合を含みます。以下同じです。）

２　50％は貸付事業用宅地等の他の要件を満たしている場合に限ります。以下同じです。

B　被相続人の有する宅地等の上に被相続人等の所有する建物等が存する場合

(A)　被相続人の建物があるとき

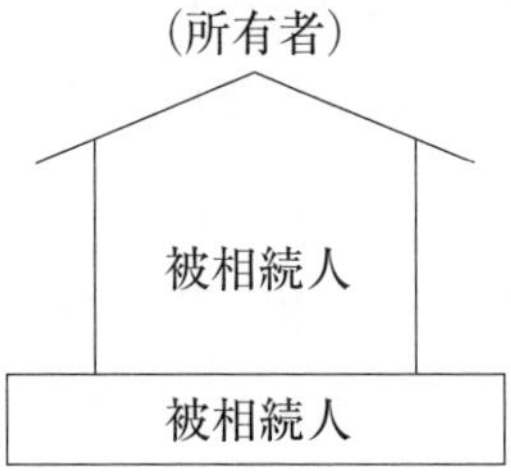

事業を行っている者	建物の貸借形態	減額割合
被相続人	—	80% (特定事業用宅地等)
生計を一にする親族	相当の対価を得て継続的	50% (貸付事業用宅地等)
	無　償	80% (特定事業用宅地等)

※　80%は、特定事業用宅地等の他の要件を満たしている場合に限ります。以下同じです。

(B)　被相続人と生計を一にする親族の建物があるとき（土地の貸借が無償であるとき）

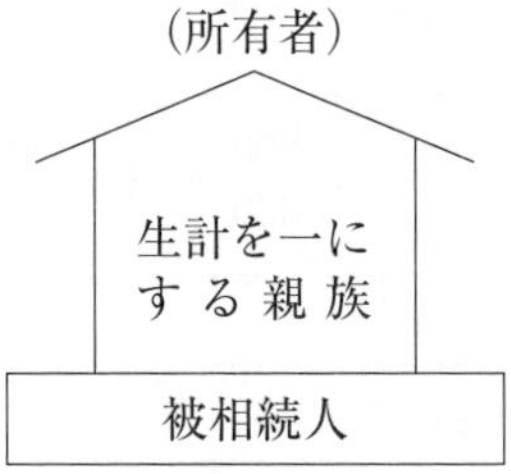

事業を行っている者	建物の貸借形態	減額割合
生計を一にする親族	—	80% (特定事業用宅地等)
被相続人	相当の対価を得て継続的	50% (貸付事業用宅地等)
	無　償	80% (特定事業用宅地等)

なお、土地の貸借が相当の対価を得て継続的に行われているときは、貸付事業用宅地等に該当した場合に限り、50%の減額対象となります。

C　被相続人と生計を別にする親族の建物があるとき（土地の貸借が無償であるとき）

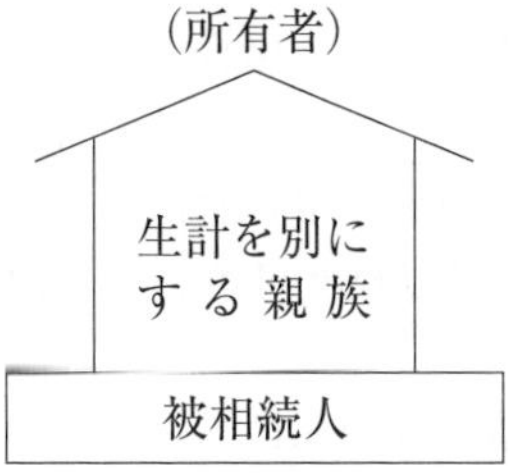

事業を行っている者	建物の貸借形態	減額割合
生計を別にする親族	—	0%
被相続人又は生計を一にする親族	相当の対価を得て継続的	0%
	無　償	80% (特定事業用宅地等)

なお、土地の貸借が相当の対価を得て継続的に行われているときは、貸付事業用宅地等に該当した場合に限り、50%の減額対象となります。

≪相続税の納税猶予の特例と小規模宅地等についての相続税の課税価格の計算の特例との併用≫

Ａ　相続財産中に相続税の納税猶予の特例対象となる特定事業用資産と租税特別措置法第69条の４《小規模宅地等についての相続税の課税価格の計算の特例》の対象となる宅地等がある場合には、その宅地等について同条の特例の適用をした上で、特例対象となる特定事業用資産について相続税の納税猶予の特例の適用を受けることができますが、適用を受ける小規模宅地等の区分に応じ、相続税の納税猶予の適用が次のとおり、制限されます（措法70の６の10②一イ、措令40の７の10⑦）。

	適用を受ける小規模宅地等の区分	個人版事業承継税制の適用
イ	特定事業用宅地等	適用を受けることはできません。
ロ	特定同族会社事業用宅地等	「400㎡－特定同族会社事業用宅地等の面積」が適用対象となる宅地等の限度面積となります※1。
ハ	貸付事業用宅地等	「$400㎡ - 2 \times (A \times \frac{200}{330} + B \times \frac{200}{400} + C)$」が適用対象となる宅地等の限度面積となります※2。
ニ	特定居住用宅地等	適用制限はありません※1。

※１　他に貸付事業用宅地等について小規模宅地等の特例の適用を受ける場合には、ハによります。

２　Ａは特定居住用宅地等の面積、Ｂは特定事業用宅地等又は特定同族会社事業用宅地等の面積、Ｃは貸付事業用宅地等の面積です。

Ｂ　被相続人から相続又は遺贈により財産を取得した者が、特定事業用宅地等に係る小規模宅地等の特例の適用を受けている場合には、個人の事業用資産についての相続税の納税猶予の適用を受けることはできません。

㈡　同一の被相続人から宅地等を相続等により取得した者のうちに特定事業用宅地等に係る小規模宅地等の特例の適用を受けている者がいる場合には、その者が相続税の納税猶予の適用を受けようとする者であろうとそれ以外の者であろうと、その被相続人からの相続等については、個人の事業用資産についての相続税の納税猶予の適用を受けることはできません（措法69の４⑥、平成31年改正法附則79①）。

また、上記の「取得」は、個人の事業用資産の贈与者が死亡した場合の相続税の課税の特例により相続又は遺贈により取得をしたものとみなされる場合のその取得を含みます。

(ロ)　特定同族会社事業用宅地等

特定同族会社事業用宅地等とは、相続開始直前から相続税の申告期限（「Ｂ」の要件に該当する取得者が相続税の申告期限前に死亡した場合には、その死亡の日）までにおいて次の「Ａ」の要件に該当する法人の事業（不動産貸付業、駐車場業、自転車駐車場業及び事業と称するに至らない不動産の貸付けを除きます。）の用に供されていた宅地等で、次の「Ｂ」の要件の全てに該当する被相続人の親族が取得したもの（その法人の事業の用に供されていた宅地等のうち被相続人の親族が相続又は遺贈により取得した持分の割合に応じる部分に限ります。）をいいます（措法69の４③三、措令40の２⑥⑱、措規23の２⑤）。

Ａ　法人の要件

相続開始直前において、被相続人及び被相続人の親族その他当該被相続人と特別の関係がある者が有する株式の総数又は出資の総額が当該株式又は出資に係る法人の発行済株式の総数又は出資の総額の50％を超える法人（申告期限において清算中の法人を除きます。）であること

この特定同族会社事業用宅地等の判定に当たっては、株式若しくは出資又は発行済株式若しくは出資金額には、議決権に制限のある株式又は出資は含まれません（措令40の２⑰、措規23の２⑥⑦）。

なお、上記の「特別の関係がある者」とは次のとおりです（措令40の２⑯）。

＜特別の関係がある者＞

①	被相続人と婚姻の届出をしていないが事実上婚姻関係と同様の事情にある者		
②	被相続人の使用人		
③	被相続人の親族及び①及び②に掲げる者以外の者で被相続人から受けた金銭その他の資産によって生計を維持しているもの		
④	①から③に掲げる者と生計を一にするこれらの者の親族		
⑤	次に掲げる法人	i	被相続人（当該被相続人の親族及び当該被相続人に係る上記①から④に掲げる者を含みます。以下iiiまでにおいて同じです。）が法人の発行済株式又は出資（当該法人が有する自己の株式又は出資を除きます。）の総数又は総額（以下iiiまでにおいて「発行済株式総数等」といいます。）の10分の５を超える数又は金額の株式又は出資を有する場合における当該法人
		ii	被相続人及びこれとｉの関係がある法人が他の法人の発行済株式総数等の10分の５を超える数又は金額の株式又は出資を有する場合における当該他の法人
		iii	被相続人及びこれとｉ又はiiの関係がある法人が他の法人の発行済株式総数等の10分の５を超える数又は金額の株式又は出資を有する場合における当該他の法人

Ｂ　取得者の要件

要　件		内　容
①	法人役員の要件	相続税の申告期限（その者が申告期限前に死亡した場合は、その死亡の日。②において同じです。）において、上記Ａの法人の法人税法第２条第15号に規定する役員（清算人を除きます。）であること
②	保有継続の要件	その宅地等を相続税の申告期限まで保有していること

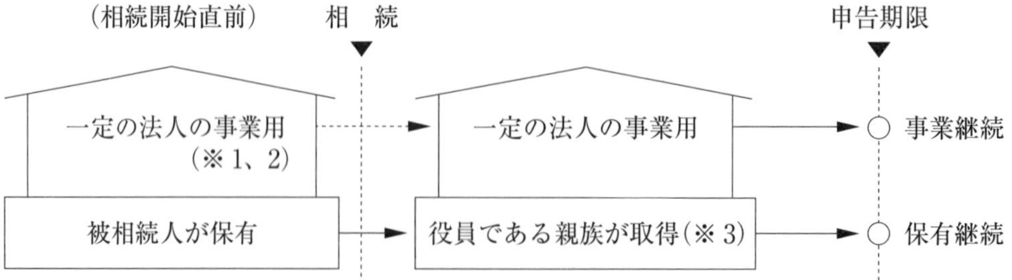

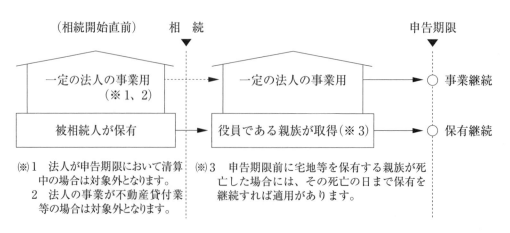

※１　法人が申告期限において清算中の場合は対象外となります。
　２　法人の事業が不動産貸付業等の場合は対象外となります。

※３　申告期限前に宅地等を保有する親族が死亡した場合には、その死亡の日まで保有を継続すれば適用があります。

≪特定同族会社の事業の用に供されていた宅地等の範囲（措通69の4－23）≫

A　被相続人の有する宅地等の上に特定同族会社の所有する建物等があり、当該特定同族会社（申告期限において清算中の法人を除きます。）が事業（不動産貸付業等を除きます。）を行っている場合

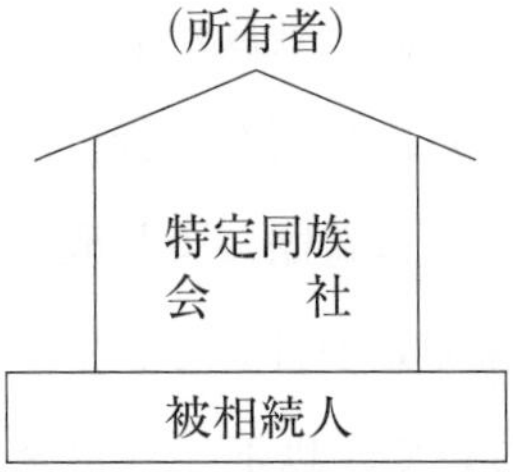

土地の貸借形態	無償返還届	減額割合	評価
相当地代を支払っている場合	なし	80%	20％減額
相当の対価を得て継続的		80%	貸宅地
無償		0%	自用地
相当地代を支払っている場合	あり	80%	20％減額
相当の対価を得て継続的		80%	20％減額
無償		0%	自用地

B　被相続人又は被相続人と生計を一にする親族の建物があり（土地の貸借は無償）、特定同族会社（申告期限において清算中の法人を除きます。）が建物を借りて事業（不動産貸付業等を除きます。）を行っている場合

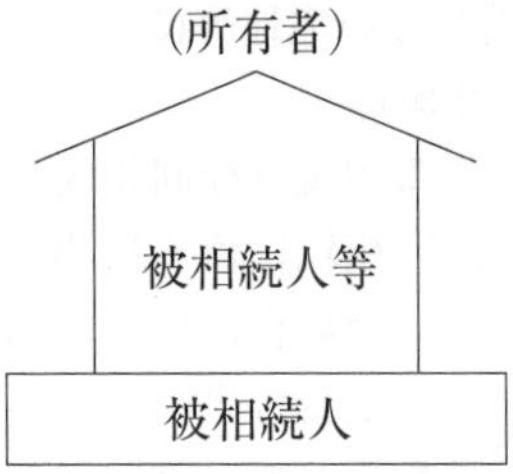

建物の貸借形態	減額割合
相当の対価を得て継続的	80%
無償	0%

C　被相続人と生計を別にする親族の建物があり（土地の貸借は無償）、特定同族会社（申告期限において清算中の法人を除きます。）が建物を借りて事業（不動産貸付業等を除きます。）を行っている場合

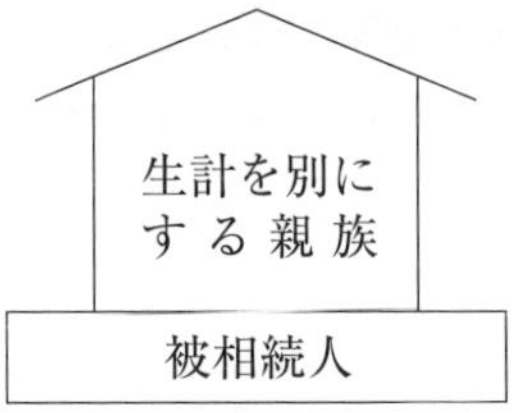

この場合の建物は、生計を別にする親族によって法人に貸し付けられたものですので、小規模宅地等の特例の対象となりません。

ただし、土地の貸借が相当の対価を得て継続的に行われているときは、貸付事業用宅地等に該当する場合に限り50％の減額対象となります。

㈧　貸付事業用宅地等

貸付事業用宅地等とは、次のＡ又はＢのいずれかに該当する宅地等をいいます。

Ａ　被相続人の事業（不動産貸付業、駐車場業、自転車駐車場業及び準事業に限ります。この第３において、以下「貸付事業」といいます。）の用に供されていた宅地等で、次の要件の全てに該当する被相続人の親族が取得したもの（特定同族会社事業用宅地等及び相続開始前３年以内に新たに貸付事業の用に供された宅地等を除き、被相続人の親族が相続又は遺贈により取得した持分の割合に応ずる部分に限ります。ただし、相続開始の日まで３年を超えて引き続き準事業以外の貸付事業（この第３において、以下「特定貸付事業」といいます。）を行っていた被相続人等の貸付事業に供されていたものは、貸付事業用宅地等に該当します。）（措法69の４③四イ、措令40の２⑲）。

㈱１　準事業とは、事業と称するに至らない不動産の貸付けその他これに類する行為で相当の対価を得て継続的に行うもの（措令40の２①）とされていることから、特定貸付事業とは、事業と称することのできる規模での不動産貸付をいいます。

２　「新たに貸付事業の用に供された宅地等」に該当しない宅地等については、㈠特定事業用宅地等Ａ㈱２と同様です（措令40の２⑳）。

３　特定貸付事業を行っていた被相続人が、同人に係る相続（今回相続）の開始前３年以内に相続又は遺贈（前回相続）により前回相続に係る被相続人の特定貸付事業の用に供されていた宅地等を取得していた場合には、前回相続に係る被相続人が前回相続があった日まで引き続き特定貸付事業を行っていた期間は、今回相続に係る被相続人が特定貸付事業を行っていた期間に該当するものとみなされます（措令40の２㉑）。

４　平成30年４月１日から令和３年３月31日までの間に相続又は遺贈により取得をする宅地等については、貸付事業用宅地等から除かれることとなる「相続開始前３年以内に新たに貸付事業の用に供された宅地等」は、平成30年４月１日以後に新たに貸付事業の用に供された宅地等のみとなります（平成30年３月31日以前から貸付事業の用に供されていた宅地等については、相続開始前３年以内に新たに貸付事業の用に供されていたとしても、貸付事業用宅地等に該当します。）（平成30年改正法附則118①）。

要　件		内　容
①	事業承継の要件	その宅地等の取得者（その者が死亡した場合におけるその者の相続人を含みます。）が、その宅地等の上で営まれていた被相続人の貸付事業を相続税の申告期限までに承継し、かつ、申告期限まで当該貸付事業を営んでいること
②	保有継続の要件	その宅地等を相続税の申告期限まで保有していること

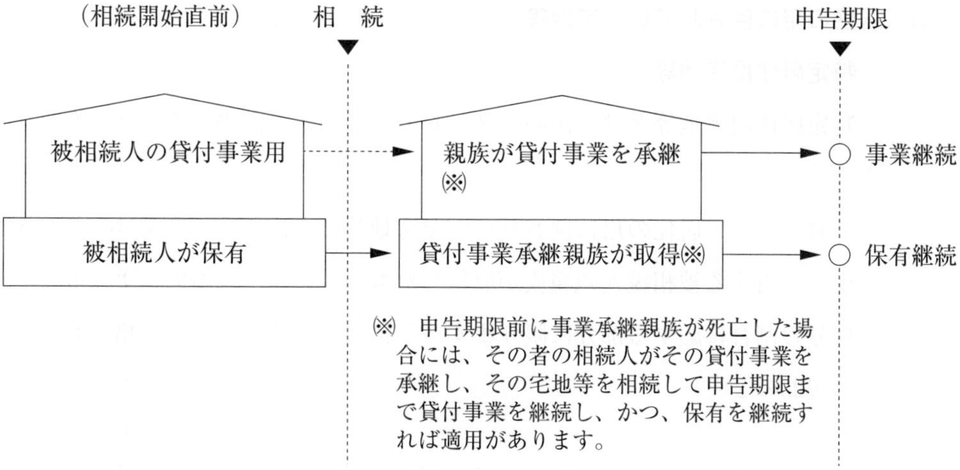

Ｂ　被相続人と生計を一にする被相続人の親族の貸付事業の用に供されていた宅地等で、次の要件の全てに該当するその貸付事業を行っていた親族が取得したもの（特定同族会社事業用宅地等及び相続開始前３年以内に新たに貸付事業の用に供された宅地等を除き、被相続人の親族が相続又は遺贈により取得した持分の割合に応ずる部分に限ります。ただし、相続開始の日まで３年を超えて引き続き特定貸付事業を行っていた被相続人等の貸付事業に供されていたものは、貸付事業用宅地等に該当します。）（措法69の４③四ロ、措令40の２⑲）。

要　件		内　容
①	事業継続の要件	相続開始前から相続税の申告期限（その者が申告期限前に死亡した場合は、その死亡の日。②において同じです。）までその宅地等の上で貸付事業を営んでいること
②	保有継続の要件	その宅地等を相続税の申告期限まで保有していること

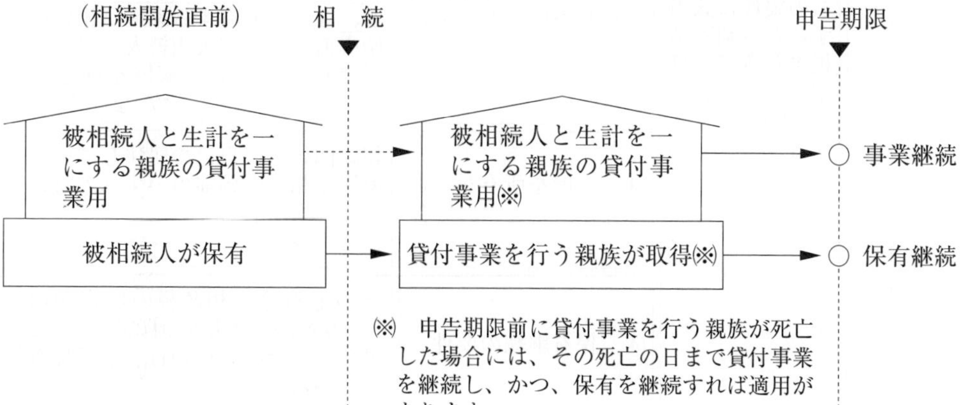

ロ　居住の用に供されていた宅地等

・　特定居住用宅地等

特定居住用宅地等とは、次のＡ又はＢのいずれかに該当する宅地等をいいます。

Ａ　被相続人の居住の用に供されていた宅地等で、次の(A)、(B)又は(C)のいずれかに該当する被相続人の親族が取得したもの（相続又は遺贈により取得した持分の割合に応ずる部分に限ります。）（措法69の４③二イロ、措令40の２⑫、措規23の２④）

取得者		要　件	内　容
(A)	配偶者		
(B)	右の要件に該当する者	①　居住継続の要件	相続開始直前においてその宅地等の上に存する家屋に被相続人と同居しており、かつ、相続税の申告期限（その者が申告期限前に死亡した場合は、その死亡の日。②において同じです。）までその家屋に居住していること
		②　保有継続の要件	その宅地等を相続税の申告期限まで保有していること
(C)	右の要件に該当する者（制限納税義務者で、日本国籍を有しない者を除きます。）	①　人的構成の要件	被相続人の配偶者又は相続開始直前において被相続人の居住の用に供されていた家屋に居住していた親族（※１）がいないこと
		②　家屋を所有し、居住しないことの要件	相続開始前３年以内に日本国内にある自己、自己の配偶者、自己の三親等内の親族又はその親族と特別の関係のある一定の法人（※２、３）が所有する家屋（相続開始直前において被相続人の居住の用に供されていた家屋を除きます。）に居住したことがないこと
		③　家屋を所有していなかったことの要件	相続開始時に自己の居住している家屋を相続開始前のいずれの時においても所有していたことがないこと（※３）
		④　保有継続の要件	その宅地等を相続税の申告期限（その者が申告期限前に死亡した場合は、その死亡の日）まで保有していること

※１　ここでいう親族とは、被相続人の民法第５編第２章の規定による相続人（相続の放棄があった場合には、その放棄がなかったものとした場合における相続人）のことをいいます（措令40の２⑭）。

２　ここでいう一定の法人とは、次に掲げる法人をいいます（措法40の２⑮）。

⑴　その親族及び次に掲げる者（以下「親族等」といいます。）が法人の発行済株式総数等の10分の５を超える数又は金額の株式又は出資を有する場合におけるその法人

イ　その親族の配偶者

ロ　その親族の三親等内の親族

ハ　その親族と婚姻の届出をしていないが事実上婚姻関係と同様の事情にある者

ニ　その親族の使用人

ホ　イからニまでに掲げる者以外の者でその親族から受けた金銭その他の資産によって生計を維持しているもの

へ　ハからホまでに掲げる者と生計を一にするこれらの者の配偶者又は三親等内の親族

⑵　親族等及びこれと上記⑴の関係のある法人が他の法人の発行済株式総数等の10分の５を超える数又は金額の株式又は出資を有する場合におけるその他の法人

⑶　親族等及びこれと上記⑴、⑵の関係のある法人が他の法人の発行済株式総数等の10分の５を超える数又は金額の株式又は出資を有する場合におけるその他の法人

⑷　親族等が理事、監事、評議員その他これらの者に準ずるものとなっている持分の定めのない法人

３　上記(C)の②の下線部及び(C)の③は、平成30年度の税制改正により加えられた要件（平成30年４月１日以後に相続又は遺贈により取得をする宅地等に係る相続税について適用されます。）ですが、平成30年４月１日から令和２年３月31日までの間に相続又は遺贈により取得する財産のうちに、平成30年３月31日において相続又は遺贈があったとした場合に当該改正前の特定居住用宅地等の要件（上記(C)の②の下線部及び(C)の③を除いた要件）を満たすもの（この※３において、以下「経過措置対象宅地等」といいます。）がある場合には、その経過措置対象宅地等については、当該改正後の要件を満たしているものとされます（平成30年改正法附則118②）。

また、令和２年４月１日以後に相続又は遺贈により取得をする財産のうちに経過措置対象宅地等がある場合において、令和２年３月31日においてその経過措置対象宅地等の上に存する建物の新築又は増築その他の工事が行われており、かつ、その工事の完了前にその相続又は遺贈があったときは、その相続又は遺贈に係る相続税の申告期限までに、その建物を自己の居住の用に供したときに限り、その経過措置対象宅地等については、特定居住用宅地等に該当するものとされます（平成30年改正法附則118③）。

a　配偶者が取得

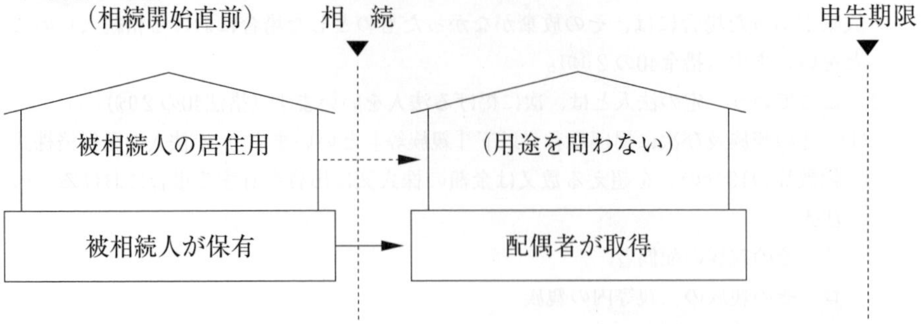

b　同居親族が取得

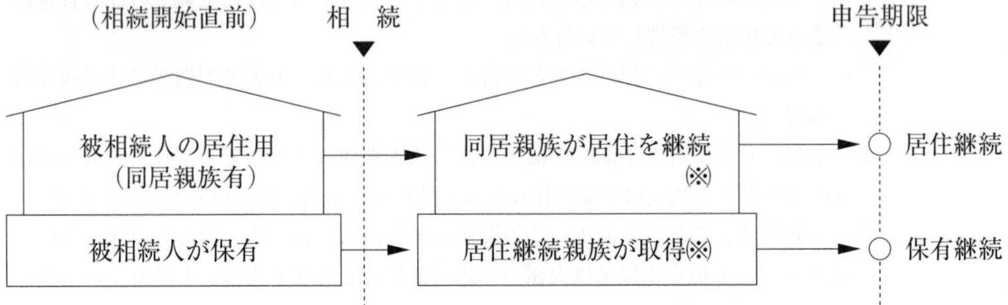

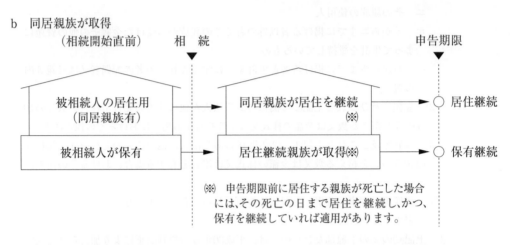

※　申告期限前に居住する親族が死亡した場合には、その死亡の日まで居住を継続し、かつ、保有を継続していれば適用があります。

c　非同居親族が取得

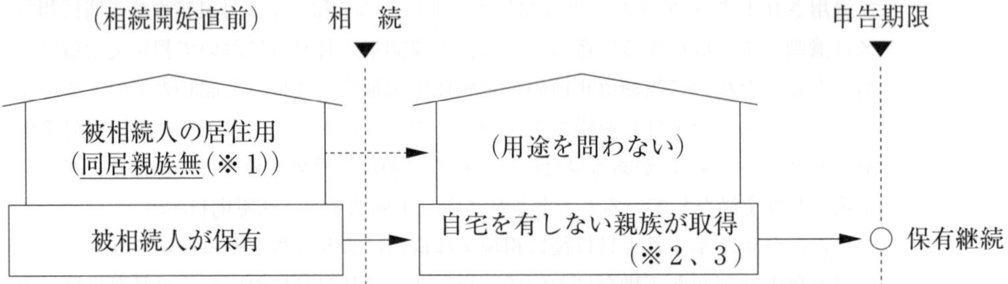

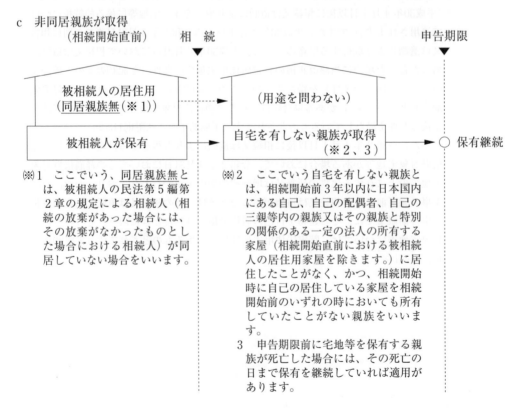

※１　ここでいう、同居親族無とは、被相続人の民法第５編第２章の規定による相続人（相続の放棄があった場合には、その放棄がなかったものとした場合における相続人）が同居していない場合をいいます。

※２　ここでいう自宅を有しない親族とは、相続開始前３年以内に日本国内にある自己、自己の配偶者、自己の三親等内の親族又はその親族と特別の関係のある一定の法人の所有する家屋（相続開始直前における被相続人の居住用家屋を除きます。）に居住したことがなく、かつ、相続開始時に自己の居住している家屋を相続開始前のいずれの時においても所有していたことがない親族をいいます。

３　申告期限前に宅地等を保有する親族が死亡した場合には、その死亡の日まで保有を継続していれば適用があります。

B　被相続人と生計を一にする被相続人の親族の居住の用に供されていた宅地等で、次の(A)又は(B)いずれかに該当する親族が取得したもの（相続又は遺贈により取得した持分の割合に応ずる部分に限ります。）（措法69の４③二ハ）

取得者		要　件	内　容
(A)	配偶者		
(B)	右の要件に該当する者	①　居住継続の要件	相続開始前から相続税の申告期限（その者が申告期限前に死亡した場合は、その死亡の日。②において同じです。）までその宅地等の上に存する家屋に居住していること
		②　保有継続の要件	その宅地等を相続税の申告期限まで保有していること

a　配偶者が取得

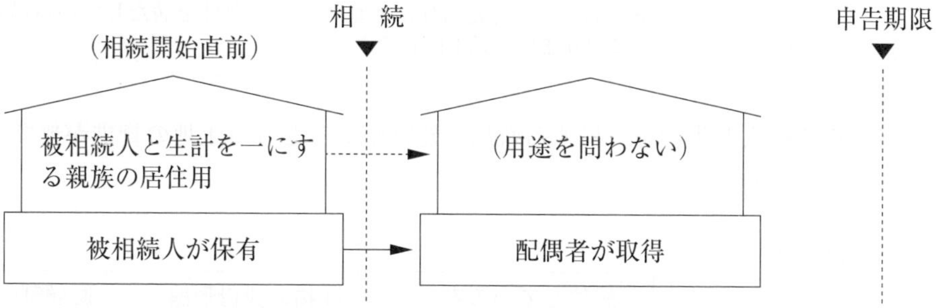

b　生計を一にする親族が取得

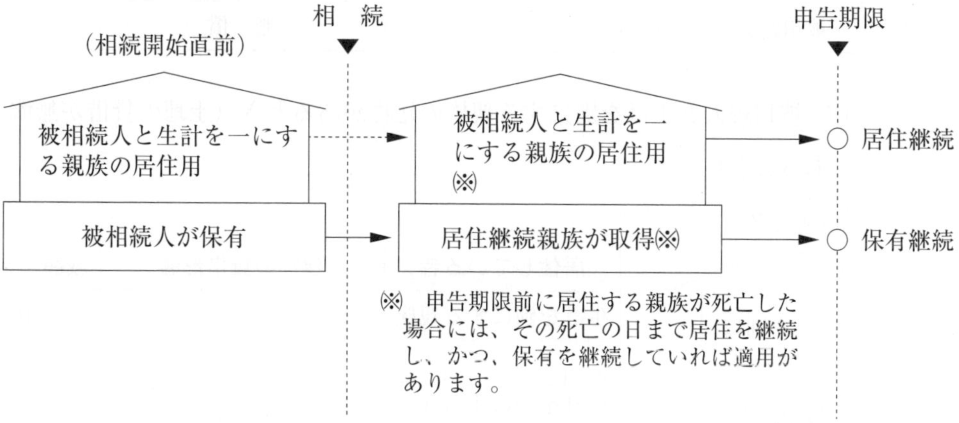

≪被相続人等の居住の用に供されていた宅地等の範囲（措通69の４－７）≫

Ａ　被相続人の有する宅地等の上に被相続人及び被相続人の親族以外の者が所有する建物等が存する場合

被相続人等が居住していたとしても居住用宅地等の減額はありません。

Ｂ　被相続人の有する宅地等の上に被相続人又は被相続人の親族の所有する建物等が存する場合

(A)　被相続人の建物があるとき

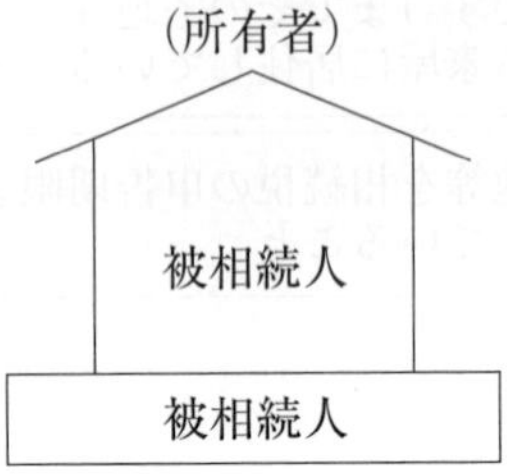

居住している者	建物の貸借形態	減額割合
被相続人	―	80%
生計を一にする親族	相当の対価を得て継続的	0%
	無　償	80%

※　80%は、特定居住用宅地等の他の要件を満たしている場合に限ります。以下同じです。

(B)　被相続人と生計を一にする親族の建物があるとき（土地の貸借が無償であるとき）

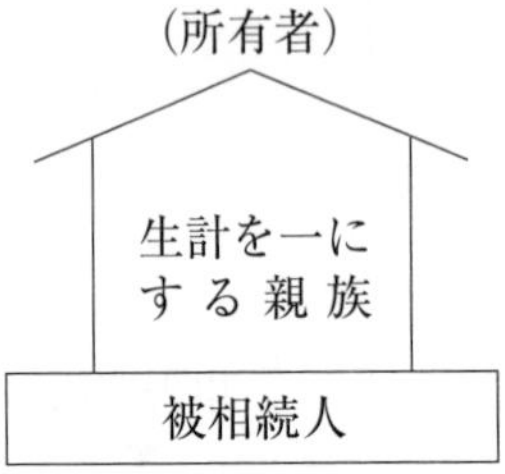

居住している者	建物の貸借形態	減額割合
生計を一にする親族	―	80%
被相続人	相当の対価を得て継続的	0%
	無　償	80%

(C)　被相続人と生計を別にする親族の建物があるとき（土地の貸借が無償であるとき）

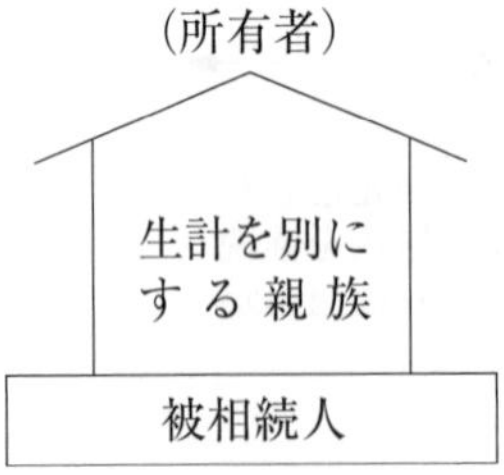

居住している者	建物の貸借形態	減額割合
生計を別にする親族	―	0%
被相続人又は生計を一にする親族	相当の対価を得て継続的	0%
	無　償	80%

≪被相続人等の居住の用に供されていた宅地等の判定≫

被相続人等の居住の用に供されていた宅地等が２以上ある場合には、次に掲げる場合の区分に応じ、それぞれに掲げる宅地等が被相続人等の居住の用に供されていた宅地等になります（措令40の２⑪）。

Ａ　被相続人の居住の用に供されていた宅地等が２以上ある場合（Ｃに掲げる場合を除きます。）　その被相続人が主としてその居住の用に供していた１の宅地等

Ｂ　被相続人と生計を一にしていたその被相続人の親族の居住の用に供されていた宅地等が２以上ある場合（Ｃに掲げる場合を除きます。）　その親族が主としてその居住の用に供していた１の宅地等（親族が２人以上ある場合には、その親族ごとにそれぞれ主としてその居住の用に供していた１の宅地等になります。Ｃにおいて同じです。）

Ｃ　被相続人及びその被相続人と生計を一にしていたその被相続人の親族の居住の用に供されていた宅地等が２以上ある場合　次に掲げる場合の区分に応じそれぞれ次に掲げる宅地等

⒜　被相続人が主としてその居住の用に供していた１の宅地等とその親族が主として居住の用に供していた１の宅地等が同一である場合　その１の宅地等

⒝　上記⒜に掲げる場合以外の場合　被相続人が主としてその居住の用に供していた１の宅地等及びその親族が主としてその居住の用に供していた１の宅地等

≪被相続人及びその親族が一棟の建物に居住していた場合≫

被相続人及びその親族が一棟の建物（建物の区分所有等に関する法律第１条の規定に該当する建物を除きます。）に居住していた場合には、その親族が相続又は遺贈により取得したその敷地の用に供されていた宅地等のうち、被相続人及びその親族が居住していた部分に対応する部分も特例の対象となります（措令40の２④）。

なお、「建物の区分所有等に関する法律第１条の規定に該当する建物」とは、区分所有建物である旨の登記がされている建物をいいます（措通69の４－７の４）。

A　区分所有建物の登記がされていない一棟の建物の敷地の場合

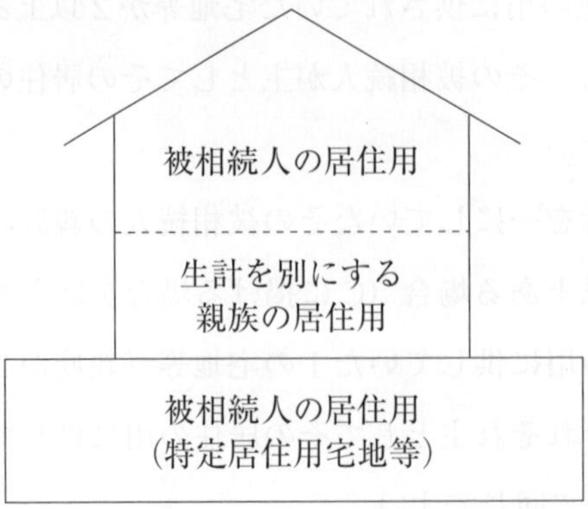

B　区分所有建物の登記がされている一棟の建物の敷地の場合

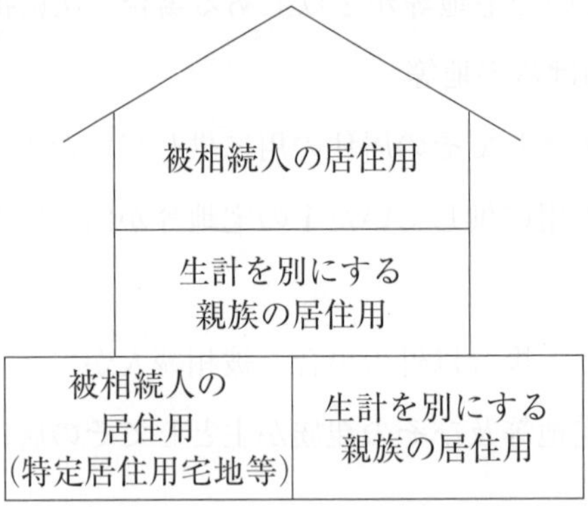

≪老人ホームに入居していた場合≫

被相続人が老人ホーム等に入居したことにより、被相続人の居住の用に供されなくなった家屋の敷地の用に供されていた宅地等は、次の要件が満たされる場合に限り、相続の開始の直前において被相続人の居住の用に供されていたものとされています（措令40の２②）。

A　被相続人が介護保険法に規定する要介護認定又は要支援認定を受けていたこと等により、次の住居又は施設に入居又は入所していたこと若しくは被相続人が障害者の日常生活及び社会生活を総合的に支援するための法律に規定する障害者支援区分の認定を受けていたことにより、同法に規定する障害者支援施設（施設入所支援が行われるものに限ります。）又は共同生活援助を行う住居に入所又は入居をしていたこと

(A)　認知症対応型老人共同生活援助事業が行われる住居

(B)　養護老人ホーム

(C)　特別養護老人ホーム

(D)　軽費老人ホーム

(E)　有料老人ホーム

(F)　介護老人保健施設又は介護医療院

(G)　サービス付き高齢者向け住宅

(注)　被相続人が要介護認定等を受けていたかどうかは、相続の開始の直前に要介護認定等を受けていたかどうかにより判定します（措通69の４－７の３）。

Ｂ　被相続人の居住の用に供されなくなった後、当該家屋が事業の用（貸付けを含みます。）又は被相続人若しくは老人ホーム等の入居直前に当該被相続人と生計を一にし、当該家屋に引き続き居住している親族以外の者の居住の用に供されていないこと

〔参考〕　国の事業の用に供されている宅地等

平成19年９月30日以前は、国の事業（特定郵便局に限ります。）の用に供されている宅地等で、その宅地等の取得者のうちに被相続人の親族がおり、当該親族から相続開始後５年以上その宅地等を国の事業の用に供するために借り受ける見込みであることにつき日本郵政公社の証明がなされているものについては、小規模宅地等の特例（80％評価減）が認められていましたが、国の事業の用に供されている宅地等に対する特例は、平成19年10月１日（郵政民営化法施行日）以降、廃止されました（旧措法69の４③三、旧措令40の２⑧、旧措規23の２⑨）。

しかし、郵政民営化法第180条に規定する一定の要件を満たす場合には、特定事業用宅地等としてみなされ、引き続き、限度面積400㎡について、小規模宅地等の特例（80％評価減）が認められることとなります（措通69の４－27）。

具体的には、次の要件の全てを満たすものが特例対象宅地等となります。

①　被相続人又は被相続人の相続人が、郵政民営化法の施行日（平成19年10月１日）前から郵政局舎を日本郵政公社に貸し付けていた敷地で、同日から相続開始までの間、当該賃貸借契約を承継した郵便局株式会社に引き続き貸し付けていたこと

②　郵便局株式会社が、上記①の敷地を取得した相続人から相続開始以後５年以上引き続き借り受け、郵便局舎の用に供することについて証明したものであること

③　上記①の敷地について、既に郵政民営化法第180条第１項の規定の適用を受けたことがないものであること

なお、上記要件を満たさない場合であっても、当該宅地等は、不動産貸付業等（不動産貸付業、駐車場業、自転車駐車場業及び事業と称するに至らない不動産の貸付業）に該当するため、「貸付事業用宅地等」に該当した場合には、小規模宅地等の特例（50％評価減）が認められます。

(注)　郵便局の用に供されていた建物の敷地に係る小規模宅地等の特例の適用における郵政民営化法の施行の前後による相違点は、以下に記載のとおりです。

なお、本項において旧措法と表記するものは、平成17年法律第102号による改正前のもの（平成19年９月30日以後施行）です。

相続開始日	平成19年９月30日以前	平成19年10月１日以後
主な根拠法	○措法69の４①一、③三、措令40の２⑧ ○措規23の２②⑨⑬	○郵政民営化法180①（措法69の４①、③一該当とみなします。） ○郵政民営化法施行令20 ○郵政民営化に関する法人税及び相続税に係る課税の特例に関する省令２
要　件	１　郵便局（日本郵政公社が設置する郵便局以外の郵便局に限ります。）の建物の敷地の用に供されている宅地等であること ２　相続又は遺贈により当該宅地等を取得した個人のうちに被相続人の親族がいること ３　当該親族から相続開始後５年以上当該宅地等を郵便局の建物の敷地の用に供するために借り受ける見込みであること ４　上記３につき日本郵政公社が証明したもの	郵便局の建物の敷地の用に供されている宅地等（※１）のうち一定の業務の用に供されている部分で、次のいずれの要件をも満たすものであること ①　平成19年10月１日前から被相続人又はその相続人が日本郵政公社との間の賃貸借契約に基づき郵便局の用に供するために日本郵政公社に貸し付けられていた被相続人又はその相続人が有する建物の敷地の用に供されていた宅地等であること ②　平成19年10月１日から被相続人に係る相続開始の日の直前までの間において、上記①の賃貸借の契約（平成19年10月１日の直前に効力を有するものに限ります。）の契約事項に一定事項（※２）以外の事項について変更がない賃貸借契約に基づき引き続き郵便局株式会社法第２条第２項に規定する郵便窓口業務を行う郵便局の用に供するため郵便局株式会社に貸し付けられていた被相続人又はその相続人が有する建物の敷地の用に供されていた宅地等であること ③　相続又は遺贈により上記②の宅地等を取得した相続人から相続の開始以後５年以上上記②の建物を郵便局株式会社が引き続き借り受けることにより、その宅地等を同日以後５年以上上記②の建物の敷地の用に供する見込みであることにつき、総務大臣の証明がされたものであること ④　上記②の宅地等について、既に郵政民営化法第180条第１項の適用を受けていないこと（一代限り）

※１　郵便局の建物の敷地の用に供されている宅地等の範囲は、日本郵便株式会社法第４条第１項及び第２項に規定する次の業務に限られます。

①　郵便の業務（日本郵便株式会社法４①一）

②　印紙の売りさばき（日本郵便株式会社法４①六）

③　戸籍謄本等の請求受付、交付等の「地方公共団体の特定の事務の郵便局における取扱いに関する法律」に規定する事務取扱郵便局において行う同法第３条第１項第１号に規定する事務（郵便局株式会社法４②二）

④　銀行業及び生命保険業の代理業務（郵便局株式会社法４①二）

⑤　地域住民の利便増進業務（郵便局株式会社法４①二）

⑥　上記付随業務（郵便局株式会社法４①三、②三）

２　契約事項の変更が認められる一定の事項とは、次のものをいいます（郵政民営化法等の施行に伴う関係政令の整備等に関する政令20③）。

(1)　郵便局株式会社の支社等の名称、所在地又は支社等の長

(2)　被相続人又は当該被相続人の相続人の氏名又は住所

(3)　契約の期間

(4)　特定宅地等及び郵便局舎の所在地の行政区画、郡、区、市町村内の町、字若しくはこれらの名称又は地番

(4)　相続税の課税価格に算入すべき価額の計算に当たって減額される金額

相続税の課税価格に算入する小規模宅地等の価額は、その宅地等（限度面積までの部分）の価額（自用地、貸宅地、貸家建付地等として評価した価額）から、次の減額される割合を乗じた金額が減額されます（措法69の４①）。

<table>
<tr><th colspan="3">相続開始の直前における宅地等の利用区分</th><th colspan="2">要　件</th><th>限度面積</th><th>減額される割合</th></tr>
<tr><td rowspan="5">被相続人等の事業の用に供されていた宅地等</td><td colspan="2">貸付事業以外の事業用の宅地等</td><td>①</td><td>特定事業用宅地等に該当する宅地等</td><td>400㎡</td><td>80%</td></tr>
<tr><td rowspan="4">貸付事業用の宅地等</td><td rowspan="2">一定の法人に貸し付けられ、その法人の事業（貸付事業を除きます）用の宅地等</td><td>②</td><td>特定同族会社事業用宅地等に該当する宅地等</td><td>400㎡</td><td>80%</td></tr>
<tr><td>③</td><td>貸付事業用宅地等に該当する宅地等</td><td>200㎡</td><td>50%</td></tr>
<tr><td>一定の法人に貸し付けられ、その法人の貸付事業用の宅地等</td><td>④</td><td>貸付事業用宅地等に該当する宅地等</td><td>200㎡</td><td>50%</td></tr>
<tr><td>被相続人等の貸付事業用の宅地等</td><td>⑤</td><td>貸付事業用宅地等に該当する宅地等</td><td>200㎡</td><td>50%</td></tr>
<tr><td colspan="3">被相続人等の居住の用に供されていた宅地等</td><td>⑥</td><td>特定居住用宅地等に該当する宅地等</td><td>330㎡</td><td>80%</td></tr>
</table>

※　平成26年12月31日以前に相続又は遺贈により取得した財産に係る相続税の計算においては、⑥特定居住用宅地等に該当する宅地等に係る限度面積は240㎡となります。

(5)　申告手続

イ　特例の適用を受ける場合の手続

小規模宅地等の特例は、相続税の申告書（期限後申告書及び修正申告書を含みます。）に、この適用を受けようとする旨の記載及び計算に関する明細書その他の財務省令で定める書類の添付がある場合に限り、適用されます（措法69の４⑦）。

具体的には、相続税の申告書第11・11の２表の付表１「小規模宅地等についての課税価格の計算明細書」の提出を要するほか、適用する特例の根拠規定に応じて、申告書等に次表に示したそれぞれの書類を添付する必要があります（措法69

の4⑦、措規23の2⑧)。

なお、税務署長は、申告書の提出がなかった場合又は記載若しくは添付がない申告書の提出があった場合においても、やむを得ない事情があると認めるときは、特例の適用を認めることができることとされています（措法69の4⑧)。

＜添付書類一覧表＞

小規模宅地等の区分		根拠規定		課税割合	添付書類		
					戸籍謄本等（※1①）	遺言書の写し等（※1②）	その他の書類（※1③）
居住用宅地等	特定居住用宅地等	配偶者	措法69の4③二	20%	○	○	
		その他の者	同号イ		○	○	ⓐ
			〃 ロ		○	○	ⓑ
			〃 ハ		○	○	ⓐ
事業用宅地等	特定事業用宅地等	措法69の4③一		20%	○	○	ⓒ
	特定同族会社事業用宅地等	措法69の4③三		20%	○	○	ⓓ
	貸付事業用宅地等	措法69の4③四		50%	○	○	ⓒ

※　それぞれの態様に応じた特例の適用条項により、「○」印を付したものが必要添付書類となります。

1①　戸籍謄本等（次のⓐからⓒのうちいずれかを提出する必要があります。）

ⓐ　戸籍謄本（相続開始日から10日を経過した日以後に作成されたもので、被相続人の全ての相続人を明らかにするもの）

ⓑ　図形式の「法定相続情報一覧図の写し」（子の続柄が、実子又は養子のいずれであるかがわかるように記載されたものに限ります。）(注)

ⓒ　ⓐ又はⓑを複写機で複写したもの

(注)　被相続人に養子がいる場合には、その養子の戸籍の謄本又は抄本（コピー機で複写したものも含みます。）の添付も必要です。

②　遺言書の写し等（次のいずれかを提出する必要があります。）

・遺言書の写し

・遺産分割協議書の写し（全ての共同相続人、包括受遺者が自署し、自己の印（印鑑証明書の添付が必要）を押しているもの）

③　その他の書類

ⓐ　特例の適用を受ける宅地等を自己の居住の用に供していることを明らかにする書類（特例の適用を受ける人がマイナンバー（個人番号）を有する場合には提出不要です。）

ⓑ　(1)　相続開始前3年以内における住所又は居所を明らかにする書類（特例の適用を受ける人がマイナンバー（個人番号）を有する場合には提出不要です。）

(2)　相続開始前3年以内に居住していた家屋が、自己、自己の配偶者、三親等内の親族又は特別の関係がある一定の法人の所有する家屋以外の家屋であること

が分かる登記事項証明書(※)などの書類

(3)　相続開始の時において自己の居住している家屋を相続開始前のいずれの時においても所有したことがないことが分かる書類

(※)　登記事項証明書については、申告書への不動産番号等の記入又は不動産番号等明細書を提出することなどにより、その添付を省略することができます（526ページ参照）。

＜「法定相続情報一覧図の写し」のイメージ＞

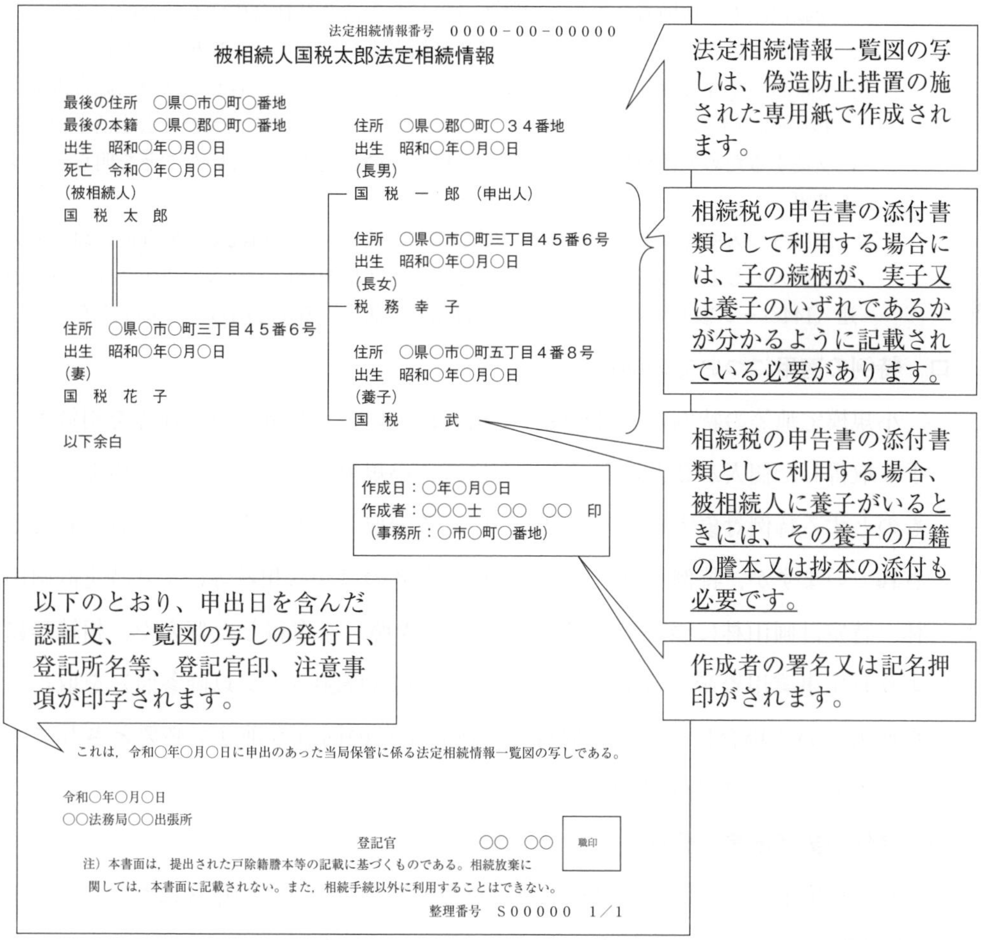
法定相続情報番号　0000－00－00000

被相続人国税太郎法定相続情報

最後の住所　○県○市○町○番地
最後の本籍　○県○郡○町○番地
出生　昭和○年○月○日
死亡　令和○年○月○日
（被相続人）
国　税　太　郎

住所　○県○市○町三丁目４５番６号
出生　昭和○年○月○日
（妻）
国　税　花　子

住所　○県○郡○町○３４番地
出生　昭和○年○月○日
（長男）
国　税　一　郎　（申出人）

住所　○県○市○町三丁目４５番６号
出生　昭和○年○月○日
（長女）
税　務　幸　子

住所　○県○市○町五丁目４番８号
出生　昭和○年○月○日
（養子）
国　税　　武

以下余白

作成日：○年○月○日
作成者：○○○士　○○　○○　印
（事務所：○市○町○番地）

これは，令和○年○月○日に申出のあった当局保管に係る法定相続情報一覧図の写しである。

令和○年○月○日
○○法務局○○出張所
登記官　○○　○○　職印

注）本書面は，提出された戸除籍謄本等の記載に基づくものである。相続放棄に関しては，本書面に記載されない。また，相続手続以外に利用することはできない。

整理番号　Ｓ００００　１／１

（国税庁ホームページを一部加筆修正）

ⓒ　相続開始前３年以内に新たに被相続人等の事業の用に供されたものである場合において、一定の規模以上の事業の用に供されたものであるときには、その事業の用に供されていた資産の相続開始時における種類、数量、価額及びその所在場所その他の明細を記載した書類で一定の規模以上であることを明らかにしたもの

ⓓ　(1)　特例の対象となる法人の定款（相続開始の時に効力を有するものに限ります。）の写し

(2)　特例の対象となる法人が相続開始の直前における次の事項を証明した書類

・特例の対象となる法人の発行済株式の総数又は出資の総額

・被相続人及び被相続人の親族その他被相続人と特別の関係がある者が有するその法人の株式の総数又は出資の総額

ⓔ　相続開始前3年以内に新たに被相続人等の貸付事業の用に供されたものである場合において、被相続人等が相続開始の日まで3年を超えて特定貸付事業を行っていたことを明らかにしたもの

2　被相続人が老人ホーム等に入居をしていた場合にこの特例の適用を受けるためには、上記添付書類一覧表に記載されている書類に加え、次の書類を提出する必要があります（措規23の2⑧三）。

①　被相続人の戸籍の附票の写し（相続開始の日以後に作成されたもの）

②　介護保険の被保険者証の写しや障害者の日常生活及び社会生活を総合的に支援するための法律に規定する障害福祉サービス受給者証の写しなど、被相続人が相続開始の直前において介護保険法に規定する要介護認定、要支援認定若しくは同法施行規則第140条の62の4第2号に該当していたこと又は障害者の日常生活及び社会生活を総合的に支援するための法律に規定する障害支援区分の認定を受けていたことを明らかにする書類

③　施設への入所時における契約書の写しなど、被相続人が相続開始の直前において入居又は入所していた住居又は施設の名称及び所在地並びにこれらの住居又は施設が前述（144ページ参照）のいずれの住居又は施設に該当するかを明らかにする書類

ロ　特例の適用についての同意

小規模宅地等の特例の適用を受ける場合において、特例対象宅地等を相続等により取得した個人が2人以上いる場合には、小規模宅地等の特例の適用を受けるものとする特例対象宅地等の選択についてその取得した個人全員の同意が必要とされていますが、特例対象宅地等を取得した者のほかに相続等により特定計画山林（特定計画山林については152ページ以降参照）を取得した個人や、相続等により特定事業用資産（特定事業用資産については850ページ以降参照）を取得した個人がいる場合には、その取得した個人全員の同意も併せて必要とされます（措法69の4①、措令40の2⑤）。

ハ　特例対象宅地等の分割

小規模宅地等の特例は、相続税の申告書の提出期限（この第3において、以下「申告期限」といいます。）までに相続人等によって分割されていない特例対象宅地等には適用されません（措法69の4④）。

ただし、申告期限までに分割されていない特例対象宅地等が、次のいずれかに該当することになったときには、特例を適用することができます（措法69の4④、措令40の2㉓、措規23の2⑧）。

(イ)	申告期限後３年以内に分割された場合
(ロ)	申告期限後３年以内に分割できないことについてやむを得ない事情があり、所轄税務署長の承認を受けた場合で、分割できることとなった一定の日の翌日から４か月以内に分割されたとき

(注)1　申告期限までに特例対象宅地等及び特定計画山林が分割されていない場合において、申告書の提出期限後に分割された場合に特例の適用を受けようとするときは、その旨並びに分割されていない事情及び分割の見込みの詳細を記載した書類（「申告期限後３年以内の分割見込書」206ページ参照）を相続税の申告書に添付して提出することを要します（措法69の４⑦、措規23の２⑧六、七）。

2　上記(ロ)の税務署長の承認を受けようとするときは、相続税の申告期限後３年を経過する日の翌日から２か月を経過する日までに申請書（「遺産が未分割であることについてやむを得ない事由がある旨の承認申請書」207ページ参照）を当該税務署長に提出することを要します（措令40の２㉓、相令４の２②）。

3　やむを得ない事情とは次のような場合をいいます（措令40の２㉓、相令４の２①）。

・その相続等に関して訴えの提起がされた場合
・その相続等に関する和解、調停又は審判の申立てがされている場合
・民法第908条第１項若しくは第４項の規定より遺産の分割が禁止されている場合
・民法第915条第１項ただし書の規定に基づき相続の承認若しくは放棄の期間が伸長されている場合
・その他税務署長においてやむを得ない事情があると認められる場合

二　更正の請求により相続税の申告書の提出期限までに分割されている特例対象宅地等について小規模宅地等の特例の適用が受けられる場合

申告期限までに分割されていた特例対象宅地等について小規模宅地等の特例の適用を受けるためには、期限内申告書等によらなければならないとされていますが、申告期限までに特例対象宅地等の全部又は一部が分割されなかったことにより、特例対象宅地等の選択ができず、その特例の適用を受けていなかった場合で、上記ハ（注１）の書類を提出しているときには、申告期限から３年以内（３年以内に特例対象宅地等が分割されなかったことにつき一定のやむを得ない事情があり、所轄税務署長の承認を受けている場合は、特例対象宅地等が分割できることとなった日の翌日から４か月以内）に特例対象宅地等の全部又は一部が分割されたことにより、その選択がされた特例対象宅地等について相続税法第32条の規定を準用した更正の請求により小規模宅地等の特例の適用を受けることができます（措法69の４④⑤）。

なお、このことは、申告期限までに特例対象山林（租税特別措置法第69条の５第２項第４号に規定する特定計画山林のうち同号イに掲げるもの）の全部又は一部が分割されなかったことにより、小規模宅地等の特例の適用を受けようとする

特例対象宅地等の選択ができず、その特例の適用を受けていなかった場合についても同様です（措法69の4⑤、措令40の2㉔㉕）。

(注)　相続若しくは遺贈又は贈与により財産を取得した個人が小規模宅地等の特例（措法69の4）又は特定計画山林についての相続税の課税価格の計算の特例（措法69の5）の適用を受けている場合には、相続税の申告期限までに分割された特例対象宅地等について更正の請求により小規模宅地等の特例の適用は受けられません（措令40の2㉔）。

2　特定計画山林についての相続税の課税価格の計算の特例

(1)　特例の内容

被相続人の親族が被相続人から相続又は遺贈（死因贈与を含みます。この2において、以下「相続等」といいます。）により取得した財産のうちに森林経営計画の定められた区域内に存する立木若しくは土地等（土地又は土地の上に存する権利をいいます。この第3において、以下同じです。）がある場合には、次に掲げる要件を満たすときに限り、相続税の課税価格に算入すべき価額は、その財産の価額に一定の割合を乗じて計算した金額とされます（この第3において、以下「特定計画山林の特例」といいます。）（措法69の5①）。

(2)　制度の概要

特定計画山林の特例を適用することができる者（この2において、以下「特定計画山林相続人等」といいます（次表の(2)に掲げる者）。）が、相続等又は贈与（相続時精算課税の適用を受けるものに係る贈与に限ります。この第3において、以下同じです。）により取得した特定計画山林（次表の(1)に掲げる資産）でこの特例の適用を受けるものとして選択をしたもの（この2において、以下「選択特定計画山林」といいます。）について、相続等に係る相続税の申告期限（特定計画山林相続人等が、その申告期限前に死亡した場合には、その死亡の日をいいます。この2において、以下同じです。）まで引き続きその選択特定計画山林の全てを有している場合には、相続税の課税価格に算入すべき価額の計算上、次表の(3)に定める割合が減額されます（措法69の5①）。

⑴特定計画山林（措法69の５②四）		⑵特定計画山林相続人等（措法69の５②三）	⑶減額割合（措法69の５①）
市町村長等の認定に係る森林経営計画に定められた区域内に存する山林（立木又は土地等をいいます。この第３において、以下同じです。）	相続等によって取得した**「特定森林経営計画対象山林」** 次の⑶イ参照	相続等により左の資産を取得した個人で次に掲げる全ての要件を満たすものをいいます。 ①　被相続人の親族であること ②　相続開始の時から申告期限まで引き続き特定森林経営計画対象山林について市町村長等の認定を受けた森林経営計画に基づき施業を行っていること	５％
	相続時精算課税適用財産である**「特定受贈森林経営計画対象山林」** 次の⑶ロ参照	被相続人から相続時精算課税に係る贈与により左の資産を取得した個人で次に掲げる全ての要件を満たすものをいいます。 ①　左の財産に係る相続時精算課税適用者であること ②　贈与の時から相続税の申告期限まで引き続き特定受贈森林経営計画対象山林について市町村長等の認定を受けた森林経営計画に基づき施業を行っていること	５％⒇

⒇　選択特定計画山林が、令和６年１月１日以後に相続税法第21条の９第３項（相続時精算課税の選択）の規定の適用を受ける贈与により取得したものである場合には、選択特定計画山林の価額から同法第21条の11の２第１項の規定（措置法第70条の３の２第１項の規定を含む。）による控除（相続時精算課税の基礎控除）をした残額から５％が減額されます（措法69の５①）。

なお、原則として相続等により財産を取得したいずれかの者が、小規模宅地等の特例や個人の事業用資産についての相続税の納税猶予及び免除の適用を受ける場合には、一定の場合（⑸及び⑹参照）を除き、特定計画山林の特例の適用は受けられないこととされています（措法69の５④⑤）。

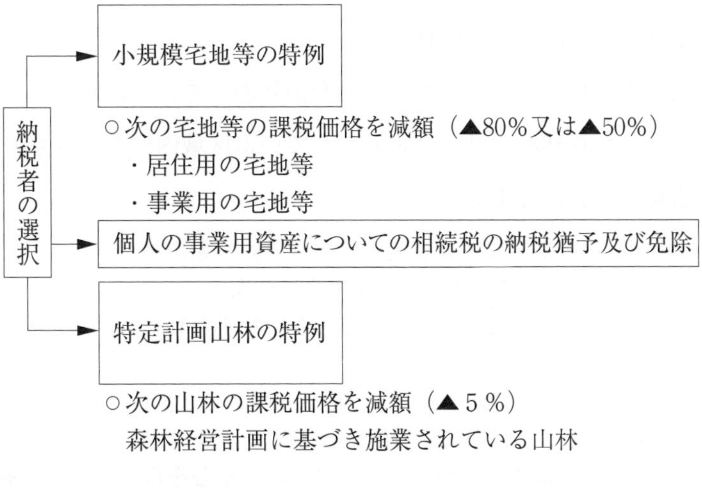

⑶　特例対象財産

次に掲げる山林が対象となります。

イ　特定森林経営計画対象山林

被相続人が相続開始の直前に有していた山林のうち、その相続開始の前に森林法第11条第５項（同法第12条第３項において読み替えて準用する場合並びに木材の安定供給の確保に関する特別措置法第８条の規定により読み替えて適用される場合及び同法第９条第２項又は第３項において読み替えて適用される森林法第12条第３項において読み替えて準用される場合を含みます。）の規定による市町村の長（同法第19条の規定の適用がある場合には、同条第１項各号に掲げる場合の区分に応じ当該各号に定める者）の認定（以下ロにおいて「市町村長等の認定」といいます。）に係る同法第11条第１項に規定する森林経営計画（注１）が定められている区域内に存するもの（森林の保健機能の増進に関する特別措置法第２条第２項第２号に規定する森林保健施設の整備に係る地区内に存するものを除き、森林法施行規則第36条第１号に規定する計画的伐採対象森林に限ります。次のロにおいて同じです。）（措法69の５②一、措規23の２の２①②）

㈲１　森林経営計画には、森林法第11条第５項第２号ロに規定する公益的機能別森林施業を実施するための森林経営計画のうち森林法施行規則第39条第２項第２号に規定する特定広葉樹育成施業森林に係るもの（その特定広葉樹育成施業森林を対象とする部分に限ります。）及び同法第16条又は木材の安定供給の確保に関する特別措置法第９条第４項の規定による認定の取消しがあったものは含まれません（次のロにおいて同じです。）。

２　特例の対象となる特定森林経営計画対象山林は、特定計画山林相続人等が施業を行うこととされている区域内に存するものであることなど一定の要件を満たした特定計画山林に該当するものに限られます（次のロにおいて同じです。）。

ロ　特定受贈森林経営計画対象山林

被相続人である特定贈与者が贈与をした山林のうち、その贈与の前に市町村長等の認定を受けた森林経営計画が定められている区域内に存するもの（措法69の５②二、措規23の２の２①②）

㈲１　この特例は申告期限までに特定森林経営計画対象山林（上記イ）である特定計画山林が分割されていない場合、適用できません。

ただし、申告期限までに分割されていない特定森林経営計画対象山林である特定計画山林が、次のいずれかに該当することとなったときには、特例を適用することとなっています（措法69の５③、措令40の２の２⑧）。

Ａ　申告期限から３年以内に分割された場合

Ｂ　３年以内に分割できなかったことについてやむを得ない事情があり、所轄税務署長の承認を受けた場合で、分割できることとなった日として定められた日の翌日から４か月以内に分割されたとき

２　特定森林経営計画対象山林若しくは特定受贈森林経営計画対象山林又は小規模宅地等の特例の対象となる宅地等を取得した個人が２人以上いる場合には、特定

計画山林の特例の適用を受けるものとする特例対象山林の選択についてその全員が同意していること（措法69の５①、措令40の２の２①）

３　相続等により取得した選択特定計画山林について、相続開始の時から相続税の申告期限まで引き続きその全てを有していること（措法69の５①）

⑷　相続時精算課税を適用する際の書類の添付

特定受贈森林経営計画対象山林について、特定計画山林の特例の適用を受けようとする相続時精算課税適用者は、相続税法第28条第１項に規定する贈与税の申告書の提出期間内にこの特例の適用を受ける旨その他一定の事項を記載した書類（特定受贈森林経営計画対象山林に係る届出書）を贈与税の申告書に添付して、贈与税の納税地の所轄税務署長に提出しなければなりません（措法69の５⑧、措令40の２の２⑬、措規23の２の２⑧⑨）。

⑸　小規模宅地等の特例との併用

小規模宅地等として選択がされた宅地等の面積の合計が200㎡未満である場合において、相続等により財産を取得した者が特定森林経営計画対象山林及び特定受贈森林経営計画対象山林を選択特定計画山林として選択するときは、次の算式により算出した価額に達するまでの部分について、特定計画山林の特例の適用を受けることができます（措法69の５⑤）。

⑹　個人の事業用資産についての相続税の納税猶予及び免除との併用

特定計画山林の特例（措法69の５）の対象となる租税特別措置法第69条の５第５項に規定する特定森林経営計画対象山林の価額（調整限度額）について、被相続人から相続又は遺贈により宅地等の取得（租税特別措置法第70条の６の９第１項（同条第２項の規定により読み替えて適用する場合を含みます。）の規定により相続又は遺贈により取得したものとみなされる場合における当該取得を含みます。）をした者のうちにその宅地等について「個人の事業用資産についての相続税の納税猶予及び免除」（措法70の６の10）の適用を受ける者がいる場合には、次の算式により計算した金額となります（措法69の５⑤、措令40の２の２⑨）。

（算式）

$$\text{当該特定森林経営計画対象山林の価額} \times \frac{200\text{㎡} - (\text{選択宅地等面積} + \text{猶予適用宅地等面積})}{200\text{㎡}}$$

※　選択宅地等面積 $= a \times \frac{200}{400} + b \times \frac{200}{330} + c$

$$猶予適用宅地等面積 = d \times \frac{200}{400}$$

㈟　上記算式中の符号は次のとおりです。

a　当該宅地等を取得した者が選択をした措置法第69条の４第３項第１号に規定する特定事業用宅地等の面積と措置法第69条の４第３項第３号に規定する特定同族会社事業用宅地等の面積の合計

b　当該宅地等を取得した者が選択をした措置法第69条の４第３項第２号に規定する特定居住用宅地等の面積

c　当該宅地等を取得した者が選択をした措置法第69条の４第３項第４号に規定する貸付事業用宅地等の面積

d　措置法第70条の６の10第１項の規定の適用を受ける宅地等の面積

⑺　選択特定計画山林についての相続税の課税価格に算入する価額

特定森林経営計画対象山林又は特定受贈森林経営計画対象山林である選択特定計画山林についての相続税の課税価格に算入すべき価額は、その選択特定計画山林の価額から５％の割合を乗じて計算した金額を控除した金額となります（措法69の５①）。

なお、選択特定計画山林が、令和６年１月１日以後に相続税法第21条の９第３項（相続時精算課税の選択）の規定の適用を受ける贈与により取得したものである場合には、選択特定計画山林の価額から同法第21条の11の２第１項の規定（措置法第70条の３の２第１項の規定を含む。）による控除（相続時精算課税の基礎控除）をした残額から５％が減額されます（措法69の５①）。

㈟　相続税法第26条の規定が適用になる立木についての相続税の課税価格に算入すべき価額は、まず、立木の時価から15％を乗じて計算した金額を控除し、次に、その残額から５％（特定計画山林の特例）を乗じて計算した金額を控除した金額（立木の時価から19.25％を乗じて計算した金額を控除した金額）となります。

⑻　特例の適用を受ける場合の手続

特定計画山林の特例の適用を受けるためには、相続税の申告書（期限後申告書又は修正申告書を含みます。）にこの特例の適用を受けようとする旨その他所定の事項を記載するとともに次に掲げる書類を添付しなければなりません（措法69の５⑦、措規23の２の２⑥⑦）。

＜添付書類＞

イ	特定森林経営計画対象山林である選択特定計画山林について特例を受けようとする場合	A	特定森林経営計画対象山林について相続開始の前に市町村長等の認定を受けていた森林経営計画に係る計画書の写し、森林経営計画に係る認定書の写し及びその他参考となるべき事項を記載した書類
		B	○遺言書の写し ○財産の分割の協議に関する書類（当該書類に当該相続に係る全ての共同相続人及び包括受遺者が自署し、自己の印を押しているものに限ります。）の写し（当該自己の印に係る印鑑証明書が添付されているものに限ります。） ○その他の財産の取得の状況を証する書類
ロ	特定受贈森林経営計画対象山林である選択特定計画山林について特例を受けようとする場合	上記Ｂに掲げる書類	

なお、次に掲げる場合については、相続税法第32条第１項の規定を準用した更正の請求によりこの特例の適用が受けられます（措法69の５③⑥、措令40の２の２⑧～⑫）。

イ	申告期限までに分割されていない特定森林経営計画対象山林である特定計画山林が、右のいずれかに該当することとなったとき（措法69の５③）	A	申告期限から３年以内に分割された場合
		B	３年以内に分割できなかったことについてやむを得ない事情があり、所轄税務署長の承認を受けた場合で、分割できることとなった日として定められた日の翌日から４か月以内に分割されたとき
ロ	申告期限までに分割されている特例対象山林について、その申告期限までに特例対象宅地等の全部又は一部が分割されなかったことにより、特定計画山林の特例の適用を受けようとする特例対象山林の選択ができず、その特例の適用を受けていなかった場合で、その申告期限から３年以内（３年以内に特例対象宅地等が分割されなかったことにつき一定のやむを得ない事情があり、所轄税務署長の承認を受けている場合は、特例対象宅地等が分割できることとなった日の翌日から４月以内）に特例対象宅地等の全部又は一部が分割されたことにより選択ができることとなったとき㈱（措令40の２の２⑩一）		
ハ	特例対象受贈山林について、その申告期限までに特例対象宅地等又は特例対象山林の全部又は一部が分割されなかったことにより、特定計画山林の特例の適用を受けようとする選択がされず、その特例の適用を受けていなかった場合で、その申告期限から３年以内（３年以内に特例対象宅地等又は特例対象山林が分割されなかったことにつき、一定のやむを得ない事情があり、所轄税務署長の承認を受けている場合は、特例対象宅地等又は特例対象山林の分割ができることとなった日の翌日から４月以内）に特例対象宅地等又は特例対象山林の全部又は一部が分割されたことにより選択ができることとなったとき㈲（措令40の２の２⑩二）		

※　相続等又は贈与により財産を取得した個人が小規模宅地等の特例又は特定計画山林の特例の適用を受けている場合には、相続税の申告期限までに分割された特例対象宅地等又は特例対象山林（特例対象受贈山林を含みます。）について更正の請求により小規模宅地等の特例又は特定計画山林の特例の適用は受けられません（措令40の２の２⑩）。

〔参考〕　特定受贈森林経営計画対象山林について特定計画山林の特例の適用を受けようとする場合の判定時期等

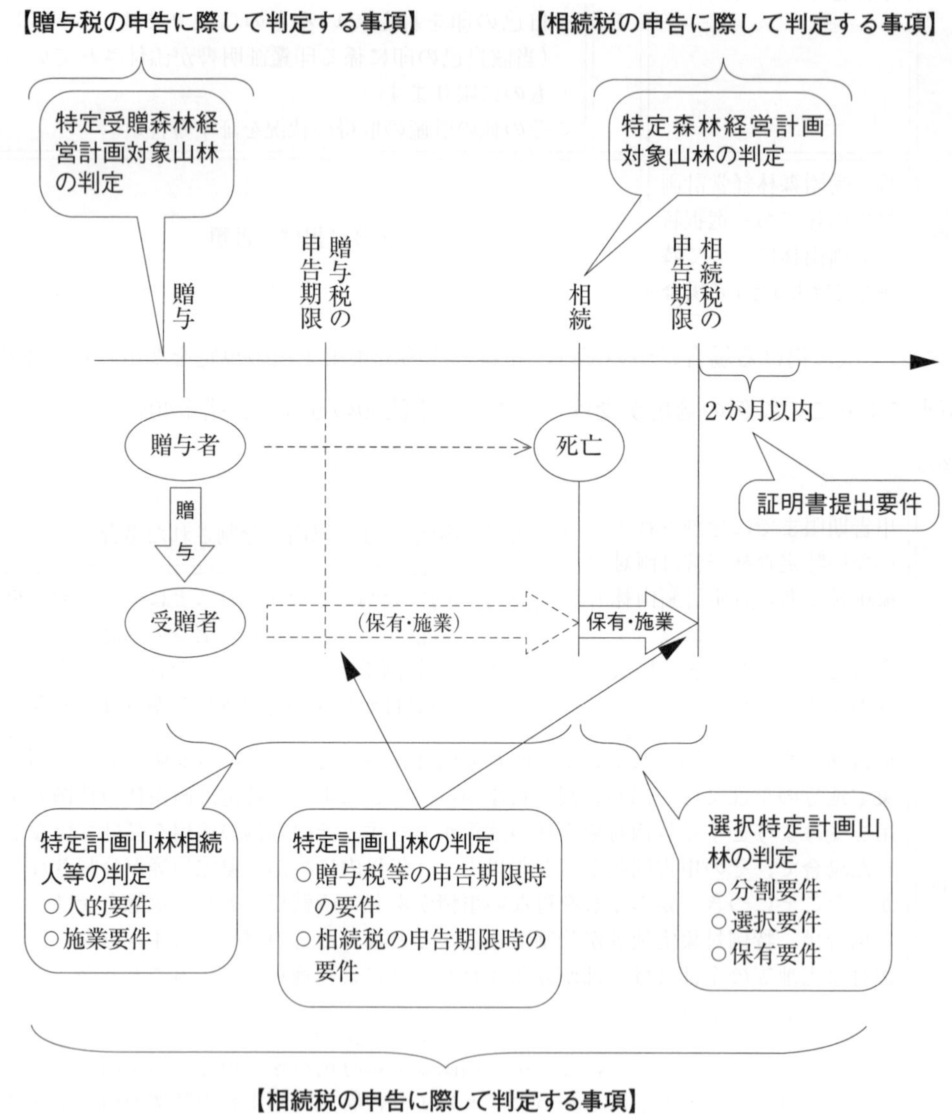

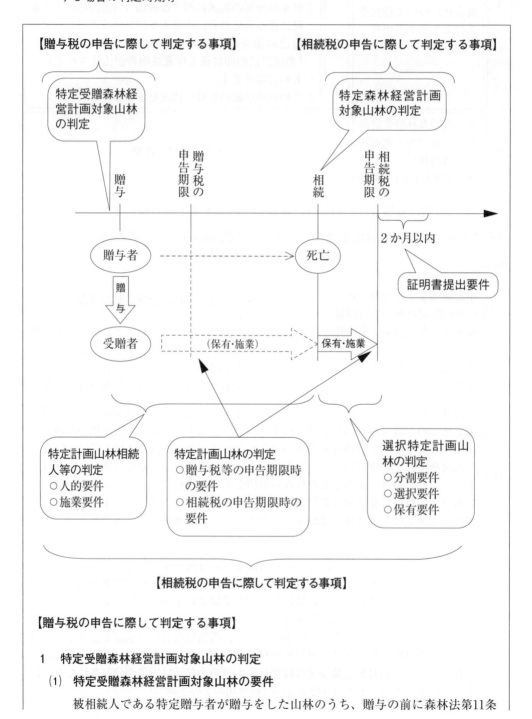

【贈与税の申告に際して判定する事項】

1　特定受贈森林経営計画対象山林の判定

⑴　特定受贈森林経営計画対象山林の要件

被相続人である特定贈与者が贈与をした山林のうち、贈与の前に森林法第11条第５項（森林法第12条第３項において読み替えて準用する場合並びに木材の安定供給の確保に関する特別措置法第８条の規定により読み替えて適用される場合及び同法第９条第２項又は第３項において読み替えて適用される森林法第12条第３項において読み替えて準用する場合を含みます。）の規定による市町村長等の認定を受けた同法第11条第１項に規定する森林経営計画㈱が定められていた区域内に存するもの（森林の保健機能の増進に関する特別措置法第２条第２項第２号に規定する森林保健施設の整備に係る地区内に存するものを除き、森林法施行規則第36条第１号に規定する計画的伐採対象森林に限ります。）であること（措法69の５②二、措23の２の２②）

㈱　森林経営計画には、森林法第11条第５項第２号ロに規定する公益的機能別森林施業を実施するための同条第１項に規定する森林経営計画のうち森林法施行規則第39条第２項第２号に規定する特定広葉樹育成施業森林（その特定広葉樹育成施業森林を対象とする部分に限ります。）及び同法第16条又は木材の安定供給の確保に関する特別措置法第９条第４項の規定によって認定の取消しがあったものは除かれます（措法69の５②二、措規23の２の２①）。

⑵　申請要件

特定受贈森林経営計画対象山林に係る贈与税の申告期間内に「特定受贈森林経営計画対象山林に係る届出書」を贈与税の申告書に添付して贈与税の納税地の所轄税務署長に提出していること（措法69の５⑧⑨、措令40の２の２⑬）

【相続税の申告に際して判定する事項】

2　特定計画山林相続人等の判定

相続時精算課税の適用を受ける上記１の特定受贈森林経営計画対象山林を贈与により取得した者で次の要件を満たす者であること

⑴　人的要件

特定受贈森林経営計画対象山林について相続時精算課税を適用した相続時精算課税適用者であること（措法69の５②三ロ⑴）

⑵　施業要件

特定受贈森林経営計画対象山林に係る贈与の時から被相続人である特定贈与者の死亡により開始した相続に係る相続税の申告期限まで引き続き特定受贈森林経営計画対象山林について市町村長等の認定を受けた森林経営計画に基づき施業を行っていること（措法69の５②三ロ⑵）

3　特定計画山林の判定

⑴　贈与税等の申告期限時の施業計画要件

特定贈与者又はその特定贈与者からの贈与により特定受贈森林経営計画対象山林を取得したその特定贈与者の推定相続人が贈与の前に市町村長等の認定を受けていた森林経営計画（贈与税等の申告期限㈱を経過する時において現に効力を有

するものに限ります。）に定められた区域内に存する特定受贈森林経営計画対象山林（森林の保健機能の増進に関する特別措置法第２条第２項第２号に規定する森林保健施設の整備に係る地区内に存するものを除き、森林法施行規則第36条第１号に規定する計画的伐採対象森林に限ります。）であること（措法69の５②四ロ、措令40の２の２⑥⑦）

㈱　贈与税の申告期限及び特定贈与者が特定受贈森林経営計画対象山林を贈与をした年の中途において死亡した場合で、当該贈与に係る贈与税の申告期限までに当該特定贈与者に係る相続税の申告期限が到来する場合には、その相続税の申告期限をいいます（措令40の２の２⑥）。

⑵　相続税の申告期限時の施業計画要件

被相続人である特定贈与者からの贈与により取得した特定受贈森林経営計画対象山林のうち当該特定贈与者又は当該贈与により取得したその特定贈与者の推定相続人が当該贈与の前に受けていた市町村等の認定に係る森林経営計画が定められていた区域㈱でその相続税の申告期限を経過する時に現に効力を有する森林経営計画において特定計画山林の特例の適用を受けようとする者が施業を行うこととされている区域内に存していること（措令40の２の２⑦）

㈱　贈与の時から特定贈与者の死亡により開始した相続に係る相続税の申告期限までの間に特定受贈森林経営計画対象山林について効力を有する森林経営計画においてその特定贈与者の推定相続人が施業を行わないとされた区域は除かれます。

４　選択特定計画山林の判定

⑴　選択要件

上記２の特定計画山林相続人等が贈与により取得した上記３の特定計画山林で特定計画山林の特例の適用を受けるものとして選択したものであること（措法69の５①）

⑵　保有要件

原則として、相続開始の時から相続税の申告書の提出期限まで引き続き選択特定計画山林の全てを有していること（措法69の５①）

５　２か月以内の証明書提出要件

特定計画山林の特例は、相続税の申告期限から２か月以内に２の⑵の森林経営計画に基づき施業が行われていた旨その他の一定の事項を証する市町村の長の証明書及び森林経営計画書の写しその他一定の書類を提出しなければ適用できません（措法69の５⑩、措規23の２の２⑭三、四）。

3　特定土地等及び特定株式等に係る相続税の課税価格の計算の特例

(1)　概　要

次のいずれにも該当する場合には、特定土地等又は特定株式等については、相続税法第11条の２に規定する相続税の課税価格に算入すべき価額又は同法第19条若しくは第21条の15の規定によりその相続税の課税価格に加算される贈与により取得した財産の価額は、特定非常災害(注)の発生直後の価額とすることができます（措法69の６①）。

(注)　特定非常災害とは、特定非常災害の被害者の権利利益の保全等を図るための特別措置に関する法律（この３において、以下「特定非常災害措置法」といいます。）第２条第１項の規定により、特定非常災害として指定された非常災害をいいます。

①	相続人又は受遺者が相続又は遺贈により財産を取得したのが特定非常災害に係る特定非常災害発生日（特定非常災害措置法第２条第１項に規定する、政令で定める当該特定非常災害が発生した日をいいます。）前であること
②	その相続又は遺贈に係る相続税法第27条第１項の規定により提出すべき申告書の提出期限がその特定非常災害発生日以後であること
③	相続人又は受遺者がその相続若しくは遺贈により取得した財産又は贈与により取得した財産でその特定非常災害発生日において所有していたもののうちに、特定土地等又は特定株式等があるとき

〔参考〕特定非常災害及び特定非常災害発生日

令和６年４月１日までに指定された特定非常災害は、次のとおりです。

	特定非常災害	特定非常災害発生日
①	阪神・淡路大震災	平成７年１月17日
②	平成16年新潟県中越地震	平成16年10月23日
③	東日本大震災	平成23年３月11日
④	平成28年熊本地震	平成28年４月14日
⑤	平成30年７月豪雨	平成30年７月14日
⑥	令和元年台風第19号	令和元年10月10日
⑦	令和２年７月豪雨	令和２年７月３日
⑧	令和６年能登半島地震	令和６年１月１日

(2)　特例の対象となる財産

イ　財産の種類

(イ)　特定土地等

特定土地等とは、特定地域内にある土地又は土地の上に存する権利をいいます。

(注)　特定地域とは、次のいずれかの地域をいいます（この３において同じです。）。

①	特定非常災害により被災者生活再建支援法第3条第1項の規定の適用を受ける地域
②	特定非常災害により相当な損害を受けた地域として財務大臣が告示により指定する地域

(ロ)　特定株式等

特定株式等（注1）とは、特定地域内に保有する資産の割合が高い一定の法人（注2）の株式又は出資をいいます。

(注)1　資産の割合が高い一定の法人とは、相続等（相続若しくは遺贈（死因贈与を含みます。）又は贈与（死因贈与を除きます。）をいいます。この3において同じです。）により財産を取得した者が当該相続等により、その法人の株式又は出資を取得した時において、当該法人の保有していた資産の価額（取得した時の時価をいいます。この3において同じです。）の合計額のうちに占める特定地域内にあった動産等（動産（金銭及び有価証券を除きます。）、不動産、不動産の上に存する権利及び立木をいいます。この3において同じです。）の価額の合計額の割合が30％以上の法人をいいます（措令40の3①）。

2　特定株式等には、上場株式など一定のものを除きます（措法69の6①かっこ書、措令40の3②）。

ロ　取得時期の範囲

(イ)　相続又は遺贈により取得した財産

A　特定非常災害発生日より前に相続税の申告期限が到来する場合

上記(1)の表②の要件を満さないことから、特例の対象とはなりません。

B　特定非常災害発生日と相続税の申告期限が同日の場合

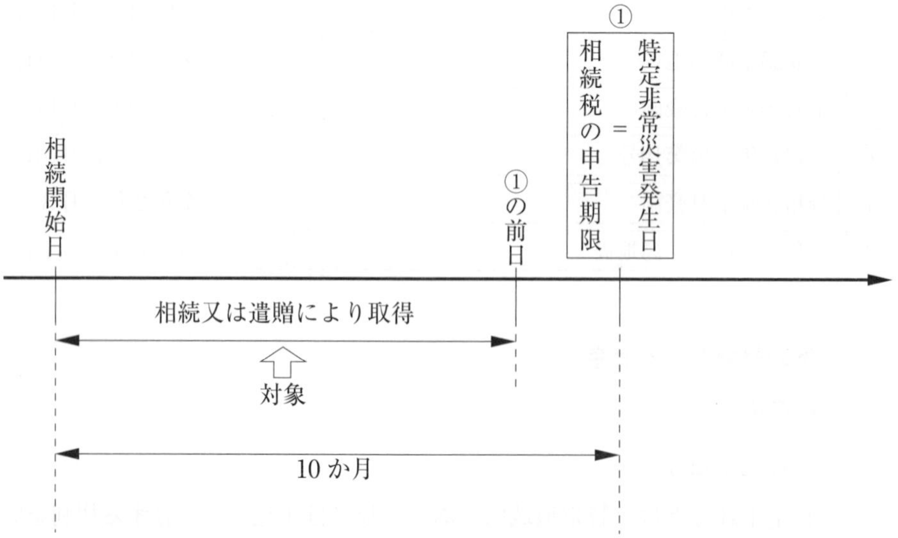

Ｃ　特定非常災害発生日後に相続税の申告期限が到来する場合

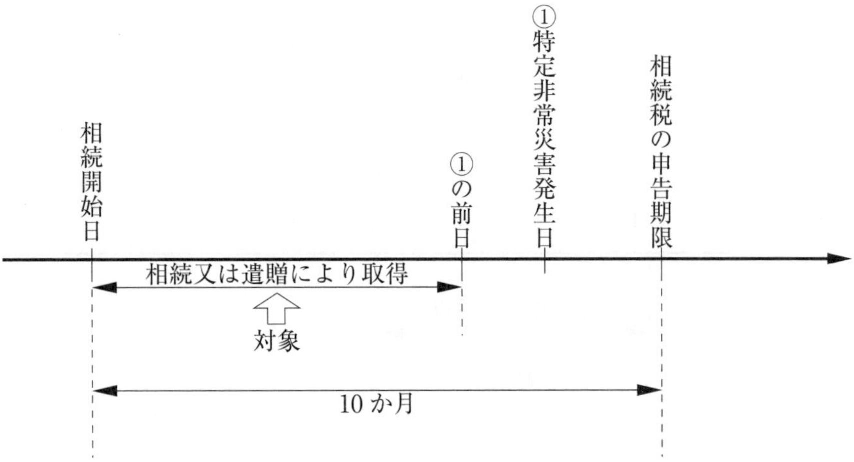

(ロ)　贈与により取得した財産

次のいずれかの期間に贈与により取得した財産で、相続税法第19条《相続開始前３年以内に贈与があった場合の相続税額》又は第21条の９《相続時精算課税の選択》第３項の規定の適用を受けるものに限ります。

①	特定非常災害発生日が１月１日から贈与税の申告期限までの間にある場合	特定非常災害発生日の属する年の前年の１月１日からその特定非常災害発生日の前日までの間
②	上記①以外の場合	特定非常災害発生日の属する年の１月１日からその特定非常災害発生日の前日までの間

Ａ　表①の場合

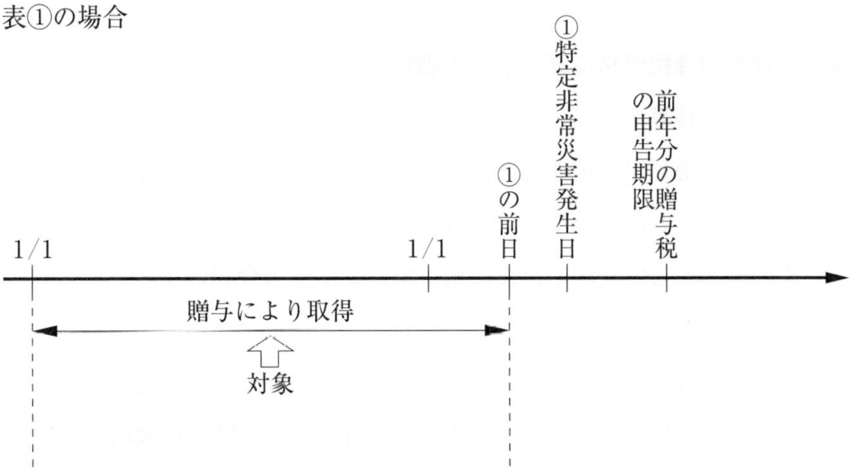

B　表②の場合

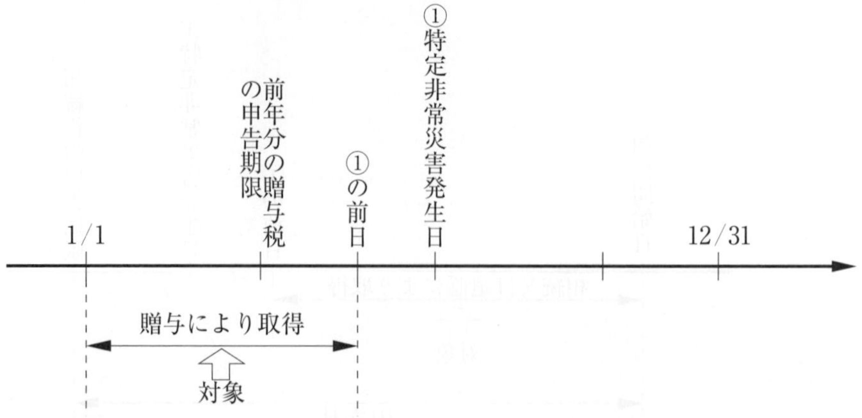

⑶　特別縁故者に対する相続財産の分与があった場合の準用

特別縁故者に対する相続財産の分与があった場合において、次のいずれにも該当するときには、特定土地等又は特定株式等については、相続税法第11条の２に規定する相続税の課税価格に算入すべき価額は、特定非常災害の発生直後の価額とすることができます（措法69の６②）。

①	民法第958条の２第１項の規定による相続財産の分与により財産の全部又は一部を与えられたのが特定非常災害発生日前であること
②	相続財産の全部又は一部の遺贈に係る相続税法第29条第１項又は第31条第２項の規定により提出すべき申告書の提出期限がその特定非常災害発生日以後であること
③	相続財産の全部又は一部でその特定非常災害発生日において分与を受けた特別縁故者が所有していたもののうちに特定土地等又は特定株式等があること

⑷　相続税の課税価格に算入すべき価額

イ　特定土地等

特定土地等が特定非常災害の発生直後も引き続き相続等により取得した時の現況にあったものとみなして、当該特定非常災害の発生直後における当該特定土地等の価額として評価した額に相当する金額（措令40の３③一）。

ロ　特定株式等

特定株式等を相続等により取得した時において当該特定株式等に係る株式の発行法人又は出資のされている法人が保有していた特定地域内にある動産等（特定非常災害発生日において所有していたものに限ります。）の当該特定株式等を相続により取得した時の状況が、特定非常災害発生直後の現況にあったものとみなして当該相続等により取得した時における当該特定株式等の価額として評価した額に相当する金額（措令40の３③二㈱）。

㈱　具体的な評価方法は、平成29年４月12日課評２－８課資２－２「租税特別措置法第69条の６《特定土地等及び特定株式等に係る相続税の課税価格の計算の特例》及び同法第69条の７《特定土地等及び特定株式等に係る贈与税の課税価格の計算の特例》に規定する特定土地等及び特定株式等の評価について（法令解釈通達）」の定めによります。

⑸　特例を受けるための手続

この特例を受けるためには、次の申告手続をしなければなりません（措法69の６③）。

特例を受けるための手続要件	①	相続税の申告書（期限後申告書及び修正申告書を含みます。）又は更正の請求書を提出すること
	②	上記①の申告書又は更正の請求書に、この特例を受けようとする旨を記載すること

第4　生前に被相続人から相続時精算課税に係る贈与によって取得した財産

相続時精算課税適用者は、相続や遺贈によって財産を取得した場合でも、取得しなかった場合でも、相続時精算課税適用財産（相続時精算課税選択届出書の提出に係る財産の贈与を受けた年以後の年に贈与により取得した財産に限ります（ただし、当該相続時精算課税選択届出書の提出に係る年の中途において特定贈与者の推定相続人となったときには、推定相続人となった時前に当該特定贈与者からの贈与により取得した財産を除きます。）。）から、贈与を受けた年分ごとに基礎控除額110万円の控除をした残額（注1）を相続税の課税価格に加算して（相法21の15①、21の16①③）、相続税の総額や各相続人等の相続税額を計算することとされています（相法21の14）。

この場合における相続時精算課税適用財産の価額は、相続開始時における当該財産の状態にかかわらず、当該財産に係る贈与の時における価額によることとされています（相基通21の15－2）。

また、相続時精算課税適用財産は、相続税法第21条の3や第21条の4等に規定する贈与税の非課税財産等以外の、贈与税の課税価格計算の基礎に算入される全てのものから、贈与を受けた年分ごとに基礎控除額110万円の控除をした残額（注1）が相続税の課税価格への加算の対象となりますので、相続時精算課税に係る贈与税の特別控除の金額に相当する金額（相法21の12①）や、平成22年法律第6号により廃止された住宅資金特別控除額に相当する金額（旧措法70の3の2②）も、その加算の対象となります（相基通21の15－1）。

㈱1　令和5年12月31日以前の贈与については相続時精算課税に係る贈与税の基礎控除の適用はありません（令和5年改正法附則19④）。
　2　「相続時精算課税」に係る贈与税の課税関係は、第9章第9（528ページ）を参照してください。

1　相続時精算課税における相続税額の計算

⑴　概　要

特定贈与者から相続又は遺贈により財産を取得した者及びその特定贈与者に係る相続時精算課税適用者の相続税の計算については、相続時精算課税を選択した年分以後の年に当該特定贈与者から贈与を受けた財産の贈与時における価額から、贈与を受けた年分ごとに基礎控除額110万円の控除をした残額㈲と、相続財産の価額を合算した価額を相続税の課税価格とし、現行の課税方式により計算した相続税額から、相続時精算課税における贈与税の税額に相当する金額を控除します（相法21の14～21の16)。

その際、相続税額から控除しきれない贈与税の税額に相当する金額については、還付を受けることができます（相法27③、33の２①)。

㈲　令和５年12月31日以前の贈与については相続時精算課税に係る贈与税の基礎控除の適用はありません（令和５年改正法附則19④)。

⑵　課税価格

①　特定贈与者から相続又は遺贈により財産を取得した相続時精算課税適用者については、当該特定贈与者からの贈与により取得した財産で相続時精算課税の適用を受けるものの贈与時の価額から贈与を受けた年分ごとに基礎控除額110万円の控除をした残額（注１）を、相続税の課税価格に加算した価額が相続税の課税価格となります（相法21の15①、相基通21の15－１)。

②　特定贈与者から相続又は遺贈により財産を取得しなかった相続時精算課税適用者については、当該特定贈与者からの贈与により取得した財産で相続時精算課税の適用を受けるものを当該特定贈与者から相続（その相続時精算課税適用者が当該特定贈与者の相続人以外の者である場合には遺贈）により取得したものとみなして相続税の課税価格を計算します（相法21の16①)。

なお、相続又は遺贈により取得したものとみなして相続税の課税価格に算入される財産の価額は、贈与時の価額から、贈与を受けた年分ごとに基礎控除額110万円の控除をした残額（注１）によります（相法21の16③)。

㈲１　令和５年12月31日以前の贈与については相続時精算課税に係る贈与税の基礎控除の適用はありません（令和５年改正法附則19④)。

２　相続時精算課税適用者（相続時精算課税の適用を受けようとする者を含みます。）が特定贈与者からの贈与があった年の中途において特定贈与者が死亡した場合の贈与税及び相続税の取扱いは次のとおりとなります。

贈与税：その贈与により取得した財産の価額は贈与税の課税価格の計算の基礎とはなりますが、贈与税の申告は不要です（相法21の10、28④)。

相続税：その贈与により取得した財産の価額は上記①又は②に従って相続税の課税価格の計算の基礎となります。

⑶　債務控除（相法13)

①　相続税法第１条の３第１項第１号及び第２号に規定する納税義務者（無制限納

税義務者）については、相続又は遺贈により取得した財産の価額及び相続時精算課税に係る基礎控除後の財産の価額から同法第13条第１項に規定する債務控除を行います（相法21の15②）。

② 相続税法第１条の３第１項第３号及び第４号に規定する納税義務者（制限納税義務者）については、相続又は遺贈により取得した財産で相続税法の施行地にあるものの価額及び相続時精算課税に係る基礎控除後の財産の価額から同法第13条第２項に規定する債務控除を行います（相法21の15②）。

③ 相続税法第１条の３第１項第５号に規定する納税義務者（特定納税義務者）については、相続時精算課税に係る基礎控除後の財産の価額からⒶ相続に係る被相続人の相続開始の時において相続税法の施行地に住所を有する者の場合には同法第13条第１項に規定する債務控除を、Ⓑ相続に係る被相続人の相続開始の時において相続税法の施行地に住所を有しない者の場合には同法第13条第２項に規定する債務控除を行います（相法21の16①、相令５の４①）。

⑷ 相続開始前７年以内の贈与加算（相法19）

特定贈与者からの贈与により取得した相続時精算課税の適用を受ける財産については相続税法第19条第１項の規定の適用はありません（相法21の15②、21の16②）が、相続開始前７年以内で、かつ、相続時精算課税を適用する年分前に当該特定贈与者である被相続人からの贈与により取得した財産については、相続税法第19条第１項の規定により当該財産の価額（加算対象贈与財産（相続税法第19条第１項に規定する加算対象贈与財産をいいます。）のうち当該相続の開始前３年以内に取得した財産以外の財産にあっては、当該財産の価額の合計額から100万円を控除した残額）を相続税の課税価格に加算することとなります。

〔参考〕 経過措置

令和６年１月１日以後に贈与により取得する財産に係る相続税については、相続開始前７年以内に取得した贈与財産が加算対象となります（令和５年改正法附則19①）。

令和８年12月31日以前に相続又は遺贈により財産を取得する者については、相続開始前３年以内に取得した贈与財産が加算対象となります（令和５年改正法附則19②）。

令和９年１月１日から令和12年12月31日までの間に相続又は遺贈により財産を取得する者については、令和６年１月１日から相続開始日までの間に取得した贈与財産が加算対象となります（令和５年改正法附則19③）。

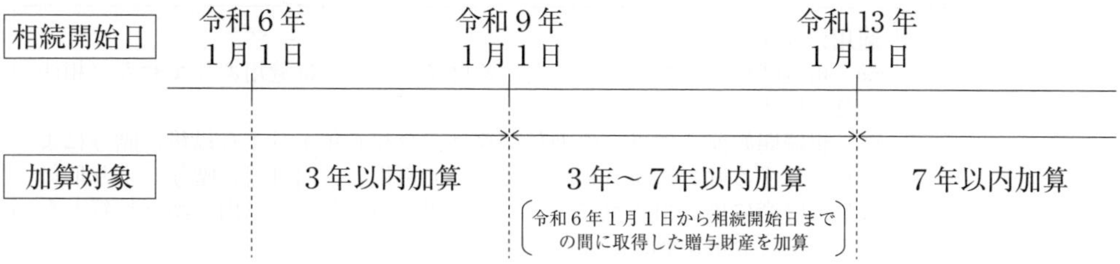

⑸　相続時精算課税における贈与税の税額に相当する金額の控除

相続時精算課税の適用を受ける財産について課せられた贈与税があるときは、相続税額からその贈与税の税額（在外財産に対する贈与税額の控除（相法21の８）前の税額とし、延滞税、利子税、過少申告加算税、無申告加算税及び重加算税に相当する税額を除きます。）に相当する金額を控除します（相法21の15③、21の16④）。

なお、この控除は、相続税法第15条《遺産に係る基礎控除》から第20条の２《在外財産に対する相続税額の控除》まで（第19条の２《配偶者に対する税額軽減》を除きます。）の規定により算出された金額から控除することとなります（相令５の３）。

〔参考〕　相続税法の適用関係

	相続又は遺贈により**財産を取得した**相続時精算課税適用者（相法21の15）	相続又は遺贈により**財産を取得しなかった**相続時精算課税適用者（相法21の16）
課税価格 （相法11の２）	相続時精算課税の適用を受ける財産については**相続税の課税価格に加算します**（相法21の15①）。	相続時精算課税の適用を受ける財産については**相続又は遺贈により取得したものとみなされます**（相法21の16①）。
	相続税の課税価格に加算される財産の価額は、贈与の時における価額から基礎控除部分を控除した残額(※)によります（相法21の15①）。 (※)　令和５年12月31日以前の贈与については相続時精算課税に係る贈与税の基礎控除の適用はありません（令和５年改正法附則19④）。	相続税の課税価格に算入される財産の価額は、贈与の時における価額から基礎控除部分を控除した残額(※)によります（相法21の16③）。 (※)　令和５年12月31日以前の贈与については相続時精算課税に係る贈与税の基礎控除の適用はありません（令和５年改正法附則19④）。
債務控除 （相法13）	適用があります（相法21の15②、21の16①、相令５の４①）。	

相続開始前７年以内の贈与加算 （相法19）	適用があります。 ※　相続時精算課税の適用を受ける財産については適用ありません（相法21の15②、21の16②）。 ※　相続開始前７年以内の贈与加算は、令和６年１月１日以後に贈与により取得する財産に係る相続税について適用し、同日前に贈与により取得した財産に係る相続税については、相続開始前３年以内の贈与加算となります（令和５年改正法附則19①）。 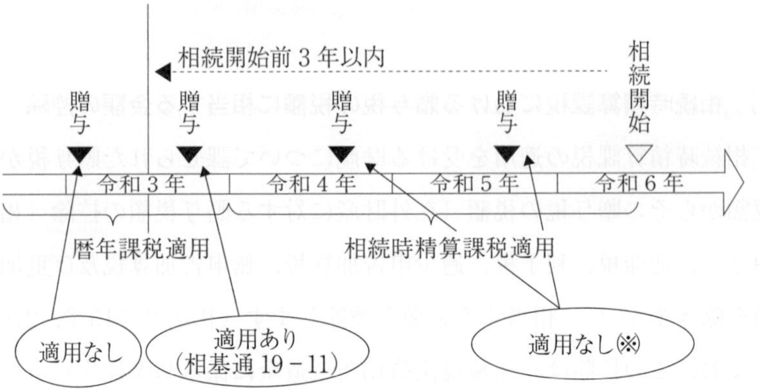 ※　ただし、相続税法第21条の15、第21条の16により相続税の課税価格には加算されることになります。
基礎控除 （相法15）	適用があります（相法21の14）。
相続税額の２割加算 （相法18）	適用があります。 ※　相続時精算課税適用者が贈与により財産を取得した時において、特定贈与者の一親等の血族だった場合には、その特定贈与者から取得した、その財産に対応する相続税額については、相続税額の２割加算の対象とはなりません（相法21の15②、21の16②）。
贈与税額控除（暦年課税における贈与税額の控除） （相法19）	適用があります。 ※　相続開始前７年以内の贈与加算の規定の適用を受けた財産がある場合（相続開始同年中の贈与を除きます。）、その財産に係る贈与税額については、相続開始前７年以内の贈与加算に係る贈与税額を控除することができます（相法19①、21の15②、21の16②、相令４①）。
未成年者控除 （相法19の３）	適用があります（相法21の15②、21の16②、相令４の３、５の４②、５の４③）。
障害者控除 （相法19の４）	適用があります。 ※　居住無制限納税義務者のみ適用があります（相法19の４①、21の16②、相令４の３、４の４③、５の４③）。
相次相続控除 （相法20）	適用があります。 ※　第二次相続に係る被相続人から相続により取得した財産の価額には、その被相続人から相続時精算課税の適用を受けた財産の価額の合計額を含みます（相法21の15①②、21の16①）。
外国税額控除 （相法20の２）	適用があります（相令５の４②）。

相続時精算課税における贈与税額の控除	適用があります（相法21の15③、21の16④、相令５の４）。 ※　ただし、相続時精算課税の適用を受ける財産につき課せられた贈与税があるときは、控除する贈与税額は、外国税額控除の規定による控除前の税額とし、延滞税、利子税、過少申告加算税、無申告加算税及び重加算税に相当する税額を除きます。

⑹　相続時精算課税における贈与税の税額に相当する金額の還付

上記⑸において、相続税額から控除してもなおその控除しきれない金額がある場合においては、その控除しきれない金額（贈与税について外国税額控除（相法21の８）の適用を受けた場合にあっては、その金額から外国税額控除額を控除した残額）に相当する税額の還付を受けるための相続税の申告書を提出することができます（相法27③、33の２①、相規15）。

なお、上記相続税の申告書は、特定贈与者に相続の開始があった日から５年を経過する日まで提出することができます（通則法74①）。

２　相続時精算課税における相続税の納税に係る権利又は義務の承継等

⑴　相続時精算課税適用者が特定贈与者よりも先に死亡した場合

特定贈与者の死亡以前にその特定贈与者に係る相続時精算課税適用者が死亡した場合には、相続時精算課税適用者の相続人（包括受遺者を含みます。）は、相続時精算課税適用者が有していた相続時精算課税の適用を受けていたことに伴う納税に係る権利又は義務を承継します（相法21の17①）。

ただし、その相続人のうちに特定贈与者がいる場合には、特定贈与者はその納税に係る権利又は義務を承継しません（相法21の17①ただし書）。

なお、相続時精算課税適用者の相続人が２人以上いる場合、各相続人（相続人のうちに特定贈与者がいる場合には特定贈与者を除きます。）が納税する税額又は還付を受ける税額については、民法第900条から第902条まで（法定相続分・代襲相続分・指定相続分）に規定する相続分（当該特定贈与者がいないものとして計算した相続分）によりあん分した金額とされます（相法21の17③、相令５の６、通則法５②③）。

㈱１　相続時精算課税適用者の相続人が限定承認をしたときは、相続人は、その相続により取得した財産（相続時精算課税適用者からの遺贈又は贈与により取得した財産を含みます。）の限度においてのみ上記の納税に係る権利義務を承継します（相法21の17②）。

２　相続時精算課税適用者の相続人が特定贈与者より先に死亡した場合にはその相続人の相続人（包括受遺者を含み、特定贈与者を除きます。以下「再承継相続人」といいます。）は、相続時精算課税適用者が有していた相続時精算課税の適用を受けていたことに伴う納税に係る権利又は義務を承継します（相法21の17④）。

なお、再承継相続人が、特定贈与者の死亡前に死亡した場合には、この相続時精算課税の適用に伴う権利義務は再承継相続人の相続人には承継されず、消滅することになります（相基通21の17－１）。

〔事例１〕

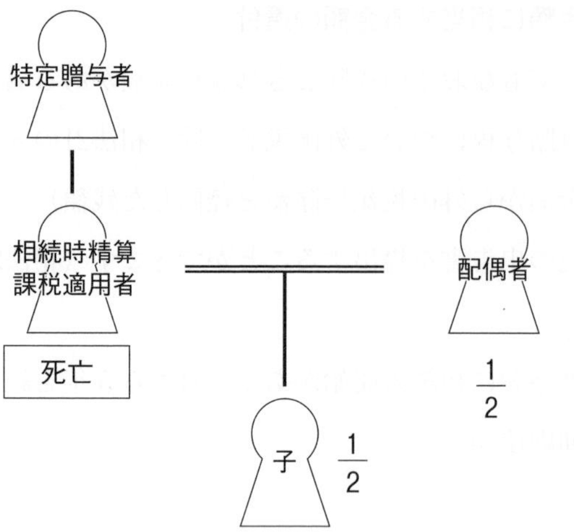

左記の場合において、特定贈与者の死亡前に相続時精算課税適用者が死亡したときには、配偶者及び子が相続時精算課税の適用に伴う権利義務を承継することになり、その割合は、配偶者と子がそれぞれ２分の１ずつとなります（相基通21の17－２）。

〔事例２〕

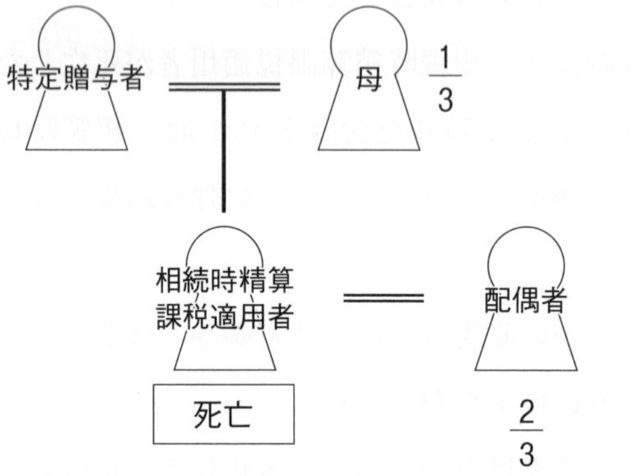

左記の場合において、特定贈与者の死亡前に相続時精算課税適用者が死亡したときには、母及び配偶者が相続時精算課税の適用に伴う権利義務を承継することになり（特定贈与者には承継されません。）、その割合は、母が３分の１、配偶者が３分の２となります（相基通21の17－２）。

〔事例３〕

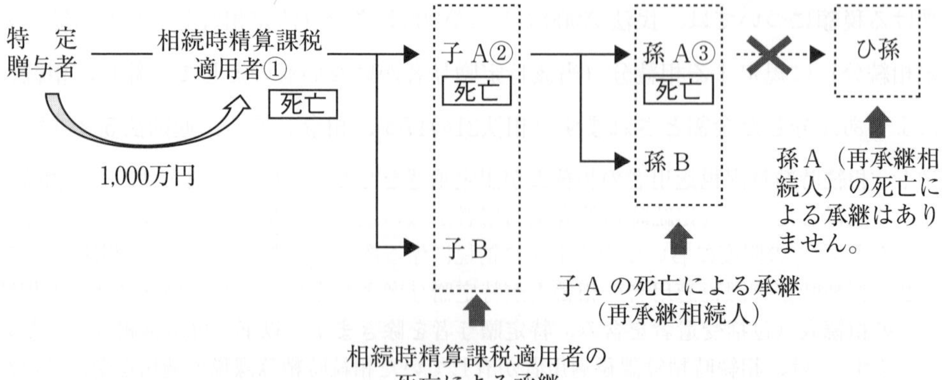

上記の場合において、特定贈与者の死亡に係る相続税額の計算上、相続税の課税価格に加算される相続時精算課税の適用を受けた財産の価額は750万円となり、その財産の価額に相当する相続税額について、子Ｂは1,000万円の２分の１、孫Ｂは500万円の２分の１の割合であん分した税額を納付する（又は還付を受ける）こととなります。

⑵　贈与により財産を取得した者が「相続時精算課税選択届出書」の提出前に死亡した場合

贈与により財産を取得した者（この⑵において「被相続人」といいます。）が相続時精算課税の適用を受けることができる場合に、被相続人が「相続時精算課税選択届出書」を提出しないで死亡したときは、被相続人の相続人（包括受遺者を含み、当該贈与者を除きます。）は、その相続の開始があったことを知った日の翌日から10か月以内（相続人が納税管理人の届出をしないで当該期間に日本に住所又は居所を有しないこととなるときは、住所又は居所を有しないこととなる日まで）に当該届出書を当該被相続人の贈与税の納税地の所轄税務署長に共同で提出することができます（相法21の18①）。

なお、これにより、当該届出書を提出した相続人は、被相続人が有することになる相続時精算課税の適用を受けることに伴う納税に係る権利又は義務を承継します（相法21の18②）。

また、相続人が２人以上いる場合には、当該届出書の提出は、これらの者が一の当該届出書に連署して行うこととなり、相続人のうち１人でも欠けた場合には、相続時精算課税の適用を受けることはできません（相令５の６③、相基通21の18－２）。

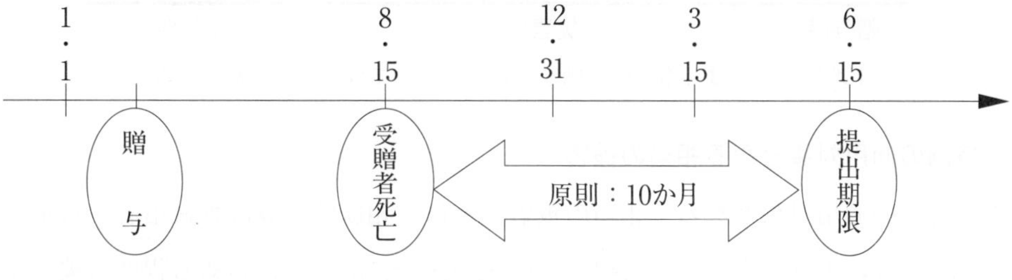

３　相続時精算課税に係る土地又は建物の価額の特例（措法70の３の３）

⑴　概要

相続時精算課税適用者が特定贈与者からの贈与により取得した土地又は建物（以下この３において「土地又は建物」といいます。）が、その贈与を受けた日からその特定贈与者の死亡に係る相続税法第27条第１項の規定による期限内申告書の提出期限までの間に災害（注１）によって相当の被害を受けた場合（その相続時精算課税適用者

（相続税法第21条の17又は第21条の18の規定によりその相続時精算課税適用者に係る権利又は義務を承継したその相続時精算課税適用者の相続税法第21条の17第１項に規定する相続人（包括受遺者を含みます。）を含みます。以下⑷及び⑸において同じ。）がその土地又は建物をその贈与を受けた日からその災害が発生した日まで引き続き所有していた場合に限ります。）において、その相続時精算課税適用者が、贈与税の納税地の所轄税務署長の承認を受けたときは、その相続税の課税価格への加算等の基礎となるその土地又は建物の価額は、その贈与の時における価額からその価額のうちその災害によって被害を受けた部分に対応する一定の金額（注２）を控除した残額とすることができます（措法70の３の３①）。

㈱１　震災、風水害、冷害、雪害、干害、落雷、噴火その他の自然現象の異変による災害及び火災、鉱害、火薬類の爆発その他の人為による異常な災害並びに害虫、害獣その他の生物による異常な災害をいいます（措法70の３の３①、措令40の５の３①）。

２　下記⑹により承認を受けた災害に係る土地又は建物ごとの下記⑵イ又はロの被災価額の合計額をいう。この場合において、その合計額は、それぞれこれらの土地又は建物の贈与の時における価額を限度とします（措令40の５の３⑩）。

【参考】　相続時精算課税に係る土地又は建物の価額の特例のイメージ図

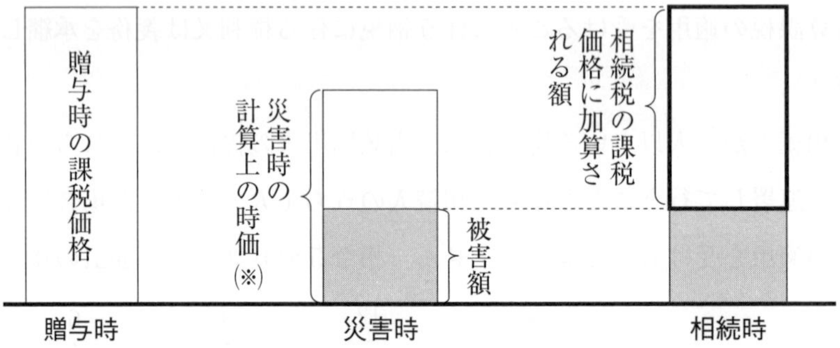

(※)　土地については、贈与時の価額、建物については、想定価額となる。

⑵　特例の適用対象となる相当の被害

この特例の適用対象となる「相当の被害」とは、相続時精算課税適用者が特定贈与者からの贈与により取得した次に掲げる財産の区分に応じ次に定める程度の被害をいいます（措令40の５の３③）。

イ　土地　その土地の贈与の時における価額のうちにその土地に係る被災価額（下記⑶ロ参照）の占める割合が10分の１以上となる被害

ロ　建物　その建物の想定価額（下記⑶イ参照）のうちにその建物に係る被災価額（下記⑶ロ参照）の占める割合が10分の１以上となる被害

㈱　上記の被災価額は、土地に係るものについては、その土地の贈与の時における価額を限度とし、建物に係るものについては、その建物の想定価額を限度とします。この場合において、その想定価額が零となるときは、その建物に係る被災価額は、ないものとみなします（措令40の５の３④）。

⑶　想定価額及び被災価額

この特例において「想定価額」及び「被災価額」とは、それぞれ次に定めるところによります（措令40の５の３②）。

イ　想定価額

災害により被害を受けた建物の特定贈与者からの贈与の時における価額に㈠に掲げる年数を㈡に掲げる年数で除して得た数を乗じて計算した金額をいいます。

㈠　その災害が発生した日においてその建物の使用可能期間のうちいまだ経過していない一定の期間（注１）の年数（措令40の５の３②一イ）

㈡　その贈与の日においてその建物の使用可能期間のうちいまだ経過していない一定の期間（注２）の年数（措令40の５の３②一ロ）

㈱１　①に掲げる年数から②に掲げる年数を控除した年数をいいます（措規23の６の２①）。

①　次に掲げる建物の区分に応じそれぞれ次に定める年数

Ａ　贈与の日において想定使用可能期間の年数（建物の全部が事務所用であるものとした場合におけるその建物に係る減価償却資産の耐用年数等に関する省令別表第一に定める耐用年数をいいます。以下この①において同じ。）の全部を経過している建物　その想定使用可能期間の年数の100分の20に相当する年数

Ｂ　Ａに掲げる建物以外の建物　その建物の新築の日から贈与の日までの期間の年数をその建物の想定使用可能期間の年数から控除した年数に、その新築の日から贈与の日までの期間の年数の100分の20に相当する年数を加算した年数

②　贈与の日から災害が発生した日までの期間の年数（その年数が上記①に掲げる年数を超える場合には、上記①に掲げる年数）

※　上記①Ａ及びＢ並びに②の年数が１年未満である場合又はこれらの年数に１年未満の端数がある場合には、それぞれこれらの年数又は端数を切り捨てます（措規23の６の２②）。

２　上記㈱１①に掲げる年数をいいます（措規23の６の２③）。

ロ　被災価額

土地又は建物が災害により被害を受けた部分の価額から保険金、損害賠償金その他これらに類するものにより補塡される金額を控除した残額をいいます。

【参考】 特例の適用対象となる相当の被害（建物の場合のイメージ）

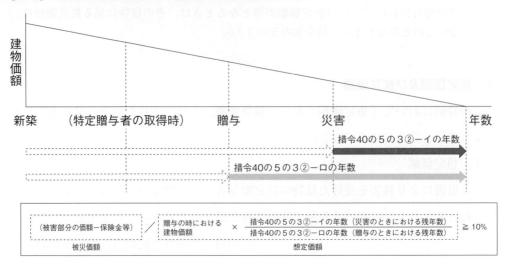

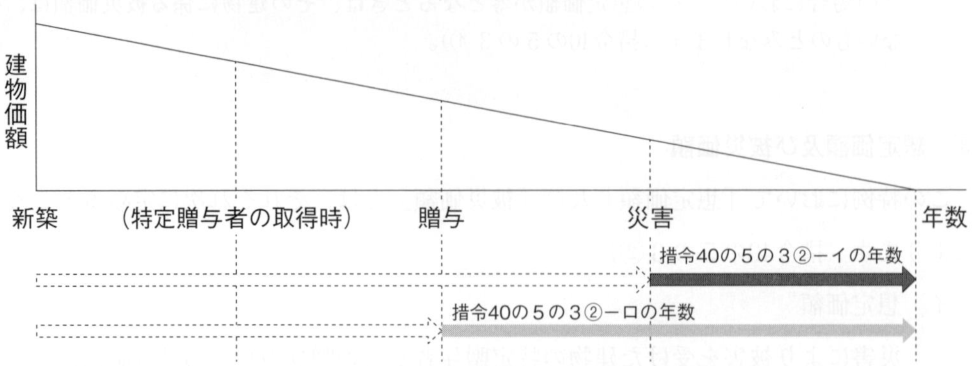

（被害部分の価額ー保険金等）／ 贈与の時における建物価額 × 措令40の５の３②ーイの年数（災害のときにおける残年数）／措令40の５の３②ーロの年数（贈与のときにおける残年数） ≧ 10%

被災価額　　想定価額

⑷　適用除外

この特例は、相続時精算課税適用者が上記⑴の土地又は建物について災害減免法第４条又は第６条第２項の規定の適用を受けようとする場合又は受けた場合には、適用できません（措法70の３の３③）。

⑸　適用手続

上記⑴の承認を受けようとする相続時精算課税適用者は、災害による被害を受けた部分の価額その他の一定の事項を記載した申請書（以下この３において「承認申請書」といいます。）を、その災害が発生した日から３年を経過する日（同日までにその相続時精算課税適用者が死亡した場合には、同日とその相続時精算課税適用者の相続人（包括受遺者を含む。）がその相続時精算課税適用者の死亡による相続の開始があったことを知った日の翌日から６月を経過する日とのいずれか遅い日）までに、災害による被害を受けた部分の価額を明らかにする書類その他の一定の書類を添付して、その相続時精算課税適用者の贈与税の納税地の所轄税務署長（以下この３において「所轄税務署長」といいます。）に提出しなければなりません（措令40の５の３⑤⑥）。

また、承認を受けた相続時精算課税適用者は、保険金の支払を受けたことその他の被災価額に異動を生ずべき事由が生じた場合には、遅滞なく、その事由その他の一定の事項を記載した届出書に、その事項を明らかにする一定の書類を添付し、所轄税務署長に提出しなければなりません（措令40の５の３⑨）。

《適用時期》

令和６年１月１日以後に上記(1)の土地又は建物が災害により被害を受ける場合について適用されます。この場合において、同日前に贈与により取得したその土地又は建物に係る相続税については、改正法附則第19条第１項の規定にかかわらず、相続税法第21条の15第１項又は第21条の16第３項の規定が適用されます（令和５年改正法附則51⑤）。

(6)　適用除外

相続時精算課税適用者が、上記の土地又は建物について災害被害者に対する租税の減免、徴収猶予等に関する法律（昭和22年法律第175号）第４条又は第６条第２項の規定の適用を受けようとする場合又は受けた場合には、本特例の適用はありません（措法70の３の３③）。

４　贈与税の申告内容の開示

(1)　令和５年12月31日以前に相続又は遺贈により財産を取得した者がする開示請求

イ　相続又は遺贈（相続時精算課税の適用を受けた贈与を含みます。）により財産を取得した者は、他の共同相続人等（その相続又は遺贈により財産を取得した他の者をいいます。以下同じです。）がある場合には、被相続人に係る相続税の期限内申告書、期限後申告書若しくは修正申告書の提出又は更正の請求に必要となるときに限り、他の共同相続人等が被相続人から相続開始前３年以内に取得した財産又は他の共同相続人等が被相続人から取得した相続時精算課税の適用を受けた財産に係る贈与税の申告書に記載された贈与税の課税価格（贈与税について修正申告書の提出又は更正若しくは決定があった場合には、当該修正申告書に記載された課税価格又は更正若しくは決定後の贈与税の課税価格）の合計額について、開示の請求をすることができます（令和５年改正前相法49①、相令27、相規29、令和５年改正法附則19⑧）。

(注)１　開示の請求は、被相続人に係る相続の開始の日の属する年の３月16日以後に行うことができます（相令27③）。

２　開示の請求は、原則として、被相続人の死亡の時における住所地の所轄税務署長に対して行うこととなります（令和５年改正前相法49①、相令27④）。

ロ　贈与税の申告内容について開示の請求があった場合には、税務署長は請求後２か月以内に開示をしなければなりません（令和５年改正前相法49②）。

㈲　開示に当たっては、次に掲げる金額ごとに開示します（令和５年改正前相令27⑤）。
1　被相続人に係る相続の開始前３年以内にその被相続人からの贈与により取得した財産の価額（２の価額を除きます。）の合計額（相続税法第19条第２項に規定する特定贈与財産の価額を除きます。）
2　被相続人からの贈与により取得した財産で相続時精算課税の適用を受けたものの価額の合計額

⑵　令和６年１月１日以後に相続又は遺贈により財産を取得する者がする開示請求

イ　相続又は遺贈（相続時精算課税の適用を受けた贈与を含みます。）により財産を取得した者は、他の共同相続人等（その相続又は遺贈により財産を取得した他の者をいいます。以下同じです。）がある場合には、被相続人に係る相続税の期限内申告書、期限後申告書若しくは修正申告書の提出又は更正の請求に必要となるときに限り、次に掲げる金額（他の共同相続人等が二人以上ある場合にあっては、全ての他の共同相続人等の当該金額の合計額）について、開示の請求をすることができます（令和５年改正後相法49①、相令27、相規29、令和５年改正法附則19⑧）。

なお、⑴又は⑵の贈与税について修正申告書の提出又は更正若しくは決定があった場合には、贈与税の課税価格は、修正申告書に記載された贈与税の課税価格又は更正若しくは決定後の贈与税の課税価格となります（令和５年改正後相法49②）。

⑴　他の共同相続人等が被相続人から贈与により取得した次に掲げる加算対象贈与財産（相続税法第19条第１項に規定する加算対象贈与財産をいいます。）の区分に応じそれぞれ次に定める贈与税の課税価格に係る金額の合計額

a　相続の開始前３年以内に取得した加算対象贈与財産においては、贈与税の申告書に記載された贈与税の課税価格の合計額

b　⑴に掲げる加算対象贈与財産以外の加算対象贈与財産においては、贈与税の申告書に記載された贈与税の課税価格の合計額から100万円を控除した残額

〔参考〕 経過措置

> 令和6年1月1日から令和8年12月31日までの間に相続又は遺贈により財産を取得する者の開示請求の規定の適用においては、上記(イ)の加算対象贈与財産は、他の共同相続人等が被相続人から相続の開始前3年以内に取得した財産（相続時精算課税の適用を受けた財産を除きます。）をいいます（令和5年改正法附則19⑨）。
>
> 令和9年1月1日から令和12年12月31日までの間に相続又は遺贈により財産を取得する者の開示請求の規定の適用においては、上記(イ)の加算対象贈与財産は、令和6年1月1日から相続の開始の日までの間に他の共同相続人等が被相続人から取得した財産（相続時精算課税の適用を受けた財産を除きます。）をいいます（令和5年改正法附則19⑩）。

(ロ)　他の共同相続人等が被相続人から贈与により取得した相続時精算課税の適用を受けた財産に係る贈与税の申告書に記載された贈与税の課税価格（相続税法第21条の11の2第1項の規定による基礎控除額110万円の控除後）の合計額

㈱1　開示の請求は、被相続人に係る相続の開始の日の属する年の3月16日以後に行うことができます（相令27③）。

2　開示の請求は、原則として、被相続人の死亡の時における住所地の所轄税務署長に対して行うこととなります（令和5年改正後相法49①、相令27④）。

3　上記「3　相続時精算課税に係る土地又は建物の価額の特例」の適用がある場合には、開示する贈与税の課税価格の合計額は、贈与により取得した時の土地又は建物の価額から被害を受けた部分に相当する額を控除し、基礎控除額110万円を控除した残額となります（措法70の3の3②、措令40の5の3⑪）。

ロ　贈与税の申告内容について開示の請求があった場合には、税務署長は請求後2か月以内に開示をしなければなりません（令和5年改正後相法49③）。

第５　債務控除

相続税は、相続又は遺贈により受けた利益にその担税力を求めて課税される税金ですから、その財産の取得者が被相続人の債務を承継して負担するとき、又は被相続人の葬式に要した費用を負担するときは、その負担分だけ担税力は減殺されることになります。そこで、相続税法は、その債務等を相続又は遺贈により取得した財産の価額から控除して相続税の課税価格を計算することとしています（相法13）。

１　債務控除をすることができる者

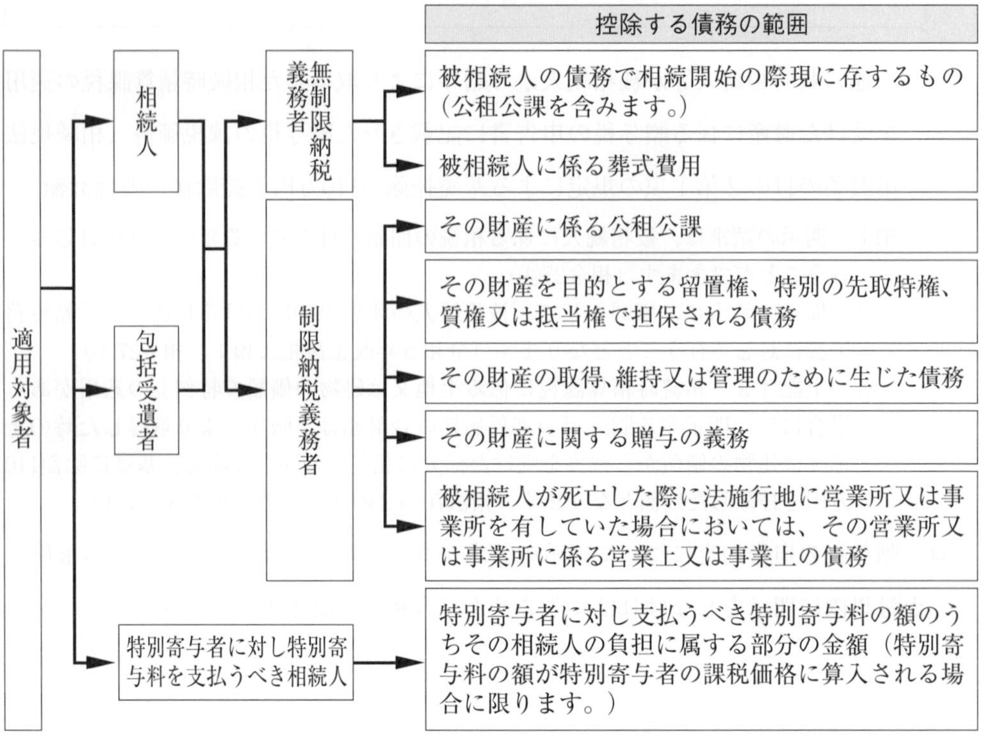

(※)１　無制限納税義務者が相続又は遺贈により取得した財産の全てについて相続税の納税義務を負うのに対し、制限納税義務者は相続又は遺贈により取得した財産のうち法施行地にあるものだけについて相続税の納税義務を負うことになっているため、制限納税義務者の債務控除については、相続税の課税される財産によって担保される債務に限られ、葬式費用の控除は認められていません。

２　債務控除は、相続人及び包括受遺者に限って適用されることになっており、相続の放棄をした者及び相続権を失った者については適用されません。しかし、その者が被相続人の葬式費用を現実に負担した場合には、その負担した金額をその者の遺贈によって取得した財産の価額から債務控除しても差し支えないことになっています（相基通13－１）。

３　相続人等の間で債務の承継について、負担する金額が確定していないときは、民法第900条から第902条までの規定による相続分又は包括遺贈の割合に応じて負担する金額を計算することになります。ただし、これにより負担することとした場合の金額が相続又は遺贈により取得した財産の価額を超えることとなる場合において、その超える部分の金額を他の共同相続人又は包括受遺者の相続税の課税価格の計算上控除することとして申告することも、認められています（相基通13－３）。

4　特別寄与者が支払を受けるべき特別寄与料の額が当該特別寄与者に係る相続税の課税価格に算入される場合には、その特別寄与料を支払うべき相続人が相続又は遺贈により取得した財産（被相続人が相続税法第21条の９第５項に規定する特定贈与者である場合のその被相続人からの贈与により取得した同条第３項の規定の適用を受ける財産を含みます。）については、その相続人に係る課税価格に算入すべき価額は、その財産の価額から当該特別寄与料の額のうちその者の負担に属する部分の金額（民法1050⑤）を控除した金額によります（相法13④、相法21の15②、令和元年７月１日以後に開始する相続について適用されます（平成31年改正法附則１三ロ））。

2　相続開始の際現に存するもの

(1)　相続財産の価額から控除される債務は、相続開始の際現に存するもので、確実と認められるものに限られています（相法14）。

したがって、民法第885条の規定により相続財産の中から支弁する相続財産に関する費用は、相続開始後に発生するものであり、相続開始時において被相続人の債務として存するものではありませんから、債務控除はできません（相基通13－２）。

(注)　債務が確実であるかどうかについては、必ずしも書面の証拠があることを必要としません。

なお、債務の金額が確定していなくても当該債務の存在が確実と認められるものについては、相続開始当時の現況によって確実と認められる範囲の金額だけを控除するものとしています（相基通14－１）。

また、相続開始の時において、既に消滅時効の完成した債務は、確実と認められる債務に該当しないものとして取り扱われることになっています（相基通14－４）。

(2)　控除すべき公租公課の金額は、被相続人の死亡の際債務の確定しているものの金額のほか、被相続人に係るもので被相続人の死亡後相続人及び包括受遺者が納付し、又は徴収されることになった所得税等の税額が含まれます。ただし、相続人及び包括受遺者の責めに帰すべき事由により納付し、又は徴収されることとなった延滞税、利子税及び各種の加算税に相当する税額並びに地方税法の規定による督促手数料、延滞金、過少申告加算金、不申告加算金、重加算金及び滞納処分費の額は含まれません（相法14②、相令３）。

(3)　上記(2)の債務の確定している公租公課の金額には、被相続人が「国外転出をする場合の譲渡所得等の特例の適用がある場合の納税猶予（所法137の２①）」の適用を受けていた場合における納税猶予分の所得税額及び「贈与等により非居住者に資産が移転した場合の譲渡所得等の特例の適用がある場合の納税猶予（同法137の３①②)」の適用を受けていた場合における納税猶予分の所得税額は含まれません。

ただし、被相続人の納付の義務を承継した相続人及び包括受遺者が納付することとなった納税猶予分の所得税額等については、この限りではありません（相法14③)。

⑷　保証債務及び連帯債務については、次に掲げるところにより取り扱われることになっています（相基通14－３)。

①　保証債務については、控除できません。ただし、主たる債務者が弁済不能の状態にあるため、保証債務者がその債務を履行しなければならない場合で、かつ、主たる債務者に求償して返還を受ける見込みがない場合には、主たる債務者が弁済不能の部分の金額は、その保証債務者の債務として控除できます。

②　連帯債務については、連帯債務者のうちで債務控除を受けようとする者の負担すべき金額が明らかとなっている場合には、その負担金額を控除し、連帯債務者のうちに弁済不能の状態にある者があり、かつ、求償して弁済を受ける見込みがなく、その弁済不能の状態にある者の負担部分を負担しなければならないと認められる場合には、その負担しなければならないと認められる部分の金額も控除できます。

3　控除対象とならない債務

被相続人の債務であっても、次に掲げる相続税の非課税財産の取得、維持又は管理のために生じた債務の金額は、債務控除の対象となりません（相法13③)。

債務控除の対象外のもの	①	墓所、霊びょう及び祭具並びにこれらに準ずるもの
	②	個人の公益事業用財産

※　被相続人の生存中に墓碑を買い入れ、その代金が未払であるような場合には、その未払代金は債務控除の対象となりません（相基通13－６)。

また、個人立幼稚園を経営していた被相続人からその相続人が相続又は遺贈によりその幼稚園に係る教育用財産を取得した場合において、一定の要件に該当するときには、その財産に係る相続税は非課税とされていますが、この場合における個人立幼稚園事業に係る債務は、債務控除の対象にならないことになります。

4　葬式費用の範囲

⑴　葬式費用に該当するもの

相続税の課税価格の計算上、葬式費用として控除する金額は、次に掲げる金額の範囲のものとされています（相基通13－４)。

葬式費用に該当するもの	①	葬式や葬送に際し、又はそれらの前において、埋葬、火葬、納骨又は遺がい若しくは遺骨の回送その他に要した費用（仮葬式と本葬式とを行うものにあっては、その双方の費用）
	②	葬式に際し、施与した金品で、被相続人の職業、財産その他の事情に照らして相当程度と認められるものに要した費用
	③	上記①及び②に掲げるもののほか、葬式の前後に生じた出費で通常葬式に伴うものと認められるもの
	④	死体の捜索又は死体若しくは遺骨の運搬に要した費用

⑵　葬式費用に該当しないもの

次に掲げるようなものは、葬式費用としては取り扱わないものとされています（相基通13－５）。

葬式費用に該当しないもの	①	香典返戻費用
	②	墓碑及び墓地の買入費並びに墓地の借入料
	③	法会に要する費用
	④	医学上又は裁判上の特別の処置に要した費用

第６　相続開始前７年以内（３年以内）に被相続人から贈与を受けた財産

１　令和５年12月31日以前に贈与により取得した財産に係る相続税について

相続や遺贈によって財産を取得した者が、その相続の開始前３年以内にその相続に係る被相続人から財産を贈与によって取得したことがある場合には、その贈与財産（非課税財産を除きます。）の価額を相続税の課税価格に加算した上で、相続税の総額や各相続人等の相続税額を計算することとされています（令和５年改正前相法19）。

この場合における「贈与により取得した財産の価額」は、その財産に係る贈与の時における価額によるものとされており（相基通19－１）、その贈与財産のうちに贈与税の配偶者控除の適用を受けた部分があるときには、その部分の金額は加算されません（令和５年改正前相法19、相令４②）。

また、「相続開始前３年以内」とは、その相続の開始の日から遡って３年目の応当日からその相続の開始の日までの間をいいます（相基通19－２）。

なお、相続開始前３年以内にその相続に係る被相続人からの贈与により財産を取得した者がその被相続人からの相続又は遺贈により財産を取得しなかった場合においては、その者については、相続税法第19条の規定の適用はありません（相基通19－３）。

ただし、その被相続人を特定贈与者とする相続時精算課税適用者については、その被相続人から相続又は遺贈により財産を取得しなかった場合であっても、相続税法第19条の規定が適用されます（相基通19－３なお書）。

なお、この場合の「相続又は遺贈により財産を取得」した者には、相続税法の規定によりみなし相続財産（生命保険金、退職手当金等）を取得したものとみなされる者も含まれます。

２　令和６年１月１日以後に贈与により取得した財産に係る相続税について

相続や遺贈によって財産を取得した者が、その相続の開始前７年以内にその相続に係る被相続人から財産を贈与によって取得したことがある場合には、その贈与財産（非課税財産を除きます。以下「加算対象贈与財産」といいます。）の価額（加算対象贈与財産のうちその相続の開始前３年以内に取得した財産以外の財産にあっては、その財産の価額の合計額から100万円を控除した残額）を相続税の課税価格に加算した上で、相続税の総額や各相続人等の相続税額を計算することとされています（令和５年改正後相法19）。

〔参考〕　経過措置

令和６年１月１日から令和８年12月31日までの間に相続又は遺贈により財産を取得する者については、その相続の開始前３年以内にその相続に係る被相続人から財産を贈与によって取得したことがある場合には、その贈与財産（非課税財産を除きます。）を加算対象贈与財産として、その価額を相続税の課税価格に加算した上で、相続税の総額や各相続人等の相続税額を計算することとされています（令和５年改正法附則19②）。

令和９年１月１日から令和12年12月31日までの間に相続又は遺贈により財産を取得する者については、令和６年１月１日からその相続の開始の日までの間にその相続に係る被相続人から財産を贈与によって取得したことがある場合には、その贈与財産（非課税財産を除きます。）を加算対象贈与財産として、その価額を相続税の課税価格に加算した上で、相続税の総額や各相続人等の相続税額を計算することとされています（令和５年改正法附則19③）。

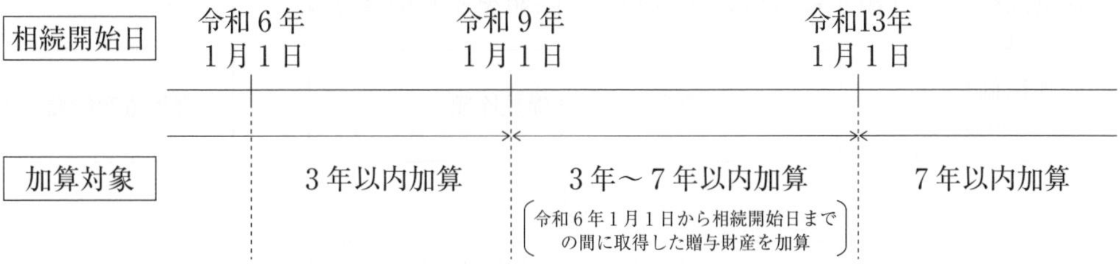

第７　相続税の総額の計算

相続又は遺贈により財産を取得した各人の相続税額は、「相続税の総額」に課税価格の合計額に占める各人の課税価格の割合を乗じて算出された金額となります（相法17）が、この各人が実際に納める相続税額を算出する基となる相続税の総額は、次の計算方法により算出します（相法16）。

⑴　課税価格の合計額

相続又は遺贈により財産を取得した人全員の課税価格を合計して、課税価格の合計額を計算します。

取得者Ａの課税価格　＋　取得者Ｂの課税価格　＋　取得者Ｃの課税価格　＋　取得者Ｄの課税価格　＝　課税価格の合計額

※　相続又は遺贈（被相続人からの贈与により取得した財産で相続時精算課税の適用を受けるものに係る贈与を含みます。）によって財産を取得した者の課税価格を計算する場合において、その額に1,000円未満の端数がある場合には、その端数は切り捨てます（相基通16－２）。

⑵　課税遺産の総額

課税価格の合計額から遺産に係る基礎控除額を差し引きます。

課税価格の合計額　－　遺産に係る基礎控除額　＝　課税遺産総額

⇩

3,000万円＋600万円×法定相続人の数

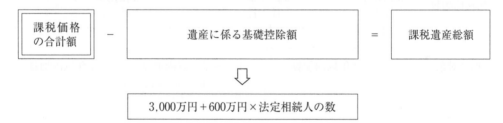

※１　遺産に係る基礎控除額とは、相続税の総額を計算する場合に課税価格の合計額から差し引く控除額（相法15）で、相続税の課税最低限度額でもあります。つまり、課税価格の合計額が、この遺産に係る基礎控除額以下であれば、相続税は課税されないことになります。

法定相続人がいない場合の遺産に係る基礎控除額は、3,000万円となります（相基通15－１）。

２「法定相続人」とは、民法に規定する相続人をいいますが、相続の放棄をした人があっても相続の放棄をしなかったものとした場合の相続人をいうこととされています（相法15②）。したがって、相続の放棄をした人があっても遺産に係る基礎控除額には変わりがありません。

また、被相続人に養子がいる場合には、「法定相続人」に含まれる養子の数は次のように制限されます（相法15②）。

⑴　被相続人に実子がいる場合……１人

⑵　被相続人に実子がいない場合……２人

ただし、相続税の負担を不当に減少させる結果となると認められる養子は除くこととされています（相法63）。

なお、次に掲げる者は実子とみなされます（相法15③、相令３の２）。

イ　民法上の特別養子縁組による養子となった者

ロ　配偶者の実子で被相続人の養子となった者

ハ　被相続人との婚姻前に被相続人の配偶者の特別養子縁組による養子となった者でその被相続人の養子となった者

ニ　実子若しくは養子又はその直系卑属が相続開始以前に死亡し、又は相続権を失ったため相続人となったその者の直系卑属

相続税法第15条第２項に規定する相続人の範囲を例示すれば、次のとおりとなります（相基通15―２）。

〔設例１〕

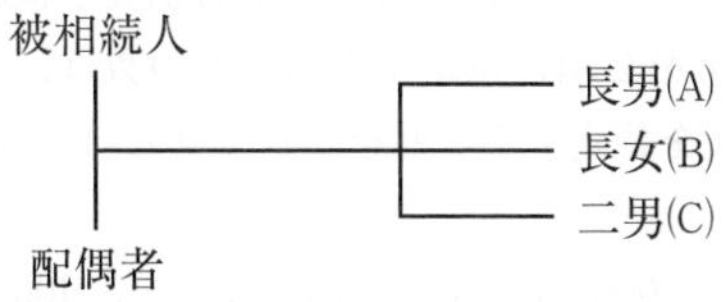

上記の場合において、(B)、(C)及び配偶者が相続を放棄した場合の相続税法第15条第２項に規定する相続人は、(A)、(B)、(C)及び配偶者の４人となります。

この場合の遺産に係る基礎控除額は、3,000万円＋600万円×４人＝5,400万円となります。

〔設例２〕

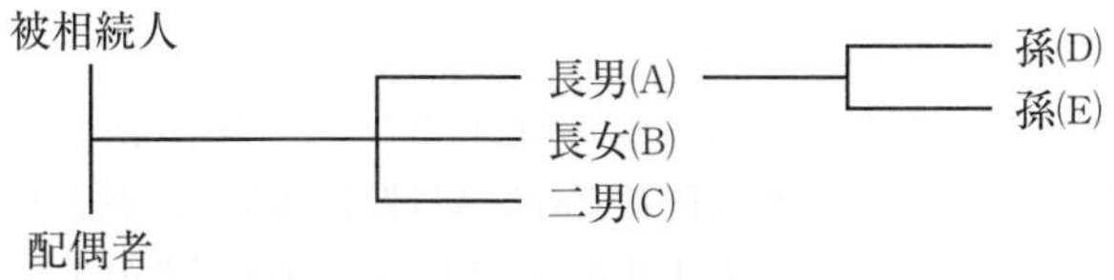

上記の場合において、相続の開始以前に(A)が死亡した場合の相続税法第15条第２項に規定する相続人は、(D)及び(E)の被代襲者である(A)は関係はなく、(B)、(C)、(D)、(E)及び配偶者の５人となります。また、(A)が死亡したのではなく、相続権を失った者である場合においても同様です。

この場合の遺産に係る基礎控除額は、3,000万円＋600万円×５人＝6,000万円となります。

〔設例３〕

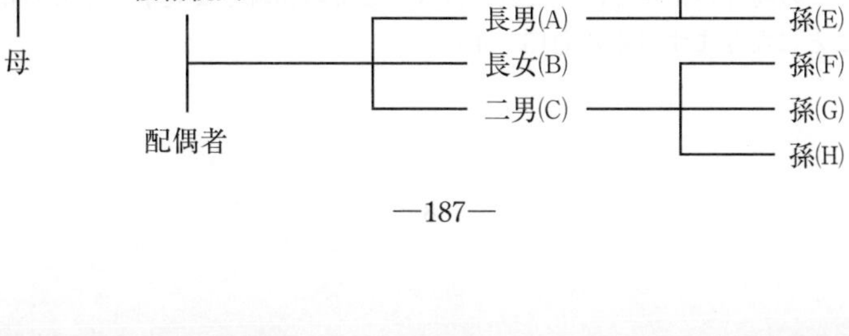

上記の場合において、(A)、(B)及び(C)が相続の放棄をした場合においては、民法の規定による相続人は、父、母及び配偶者ですが、相続税法第15条第2項に規定する相続人の数は、(A)、(B)、(C)及び配偶者の4人となります。

この場合の遺産に係る基礎控除額は、3,000万円＋600万円×4人＝5,400万円となります。

〔設例4〕

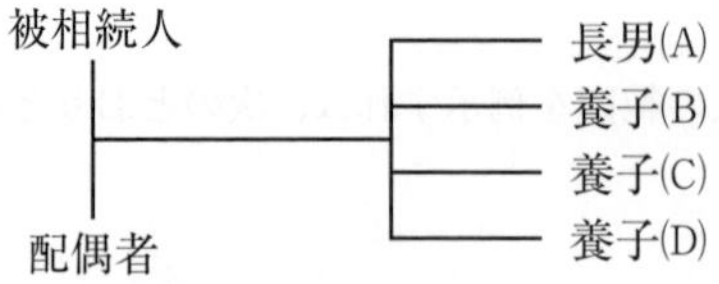

上記の場合において、(B)が民法第817条の2第1項に規定する特別養子縁組による養子となった者であるときの相続税法第15条第2項に規定する相続人の数は、(A)、(B)、(B)を除く養子1人（(C)又は(D)のいずれか1人を特定することを要しません。）及び配偶者の4人となります。

この場合の遺産に係る基礎控除額は、3,000万円＋600万円×4人＝5,400万円となります。

〔設例5〕

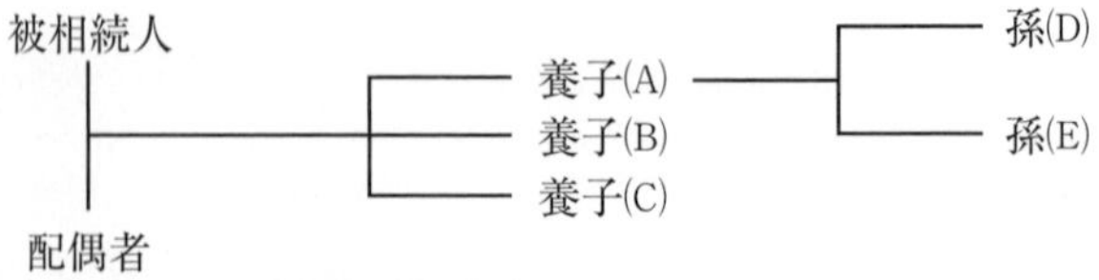

上記の場合において、相続開始以前に(A)が死亡したときの相続税法第15条第2項に規定する相続人の数は、(D)及び(E)の被代襲者である(A)は関係はなく、養子1人（(B)又は(C)のいずれか1人を特定する必要はありません。）、(D)、(E)及び配偶者の4人となります。また、(A)が相続権を失った者である場合においても同様です。

この場合の遺産に係る基礎控除額は、3,000万円＋600万円×4人＝5,400万円となります。

3　相続人となるべき胎児が相続税の申告書を提出する日までに出生していない場合においては、当該胎児は相続税法第15条第1項に規定する相続人の数には算入しないことに取り扱うものとされています（相基通15－3）。

なお、胎児が生まれた場合には、相続人に異動が生じたこととなるので、相続税法第32条第1項第2号に規定する「更正の請求の特則」に該当することになります（相基通32－1）。

4　相続人のうちに代襲相続人であり、かつ、被相続人の養子となっている者がある場合の相続税法第15条第2項に規定する相続人の数については、その者は実子1人として計算することとされています。

ただし、この場合の相続分は、代襲相続人としての相続分と養子としての相続分との双方を有することになります（相基通15－4）。

＜遺産に係る基礎控除額の早見表＞　　（単位：万円）

法定相続人の数		０人	１人	２人	３人	４人	５人	６人	７人
基礎控除額	平成27年１月１日以後の相続・遺贈	3,000	3,600	4,200	4,800	5,400	6,000	6,600	7,200

(3)　法定相続分に応じる各取得金額

前記(2)の課税遺産総額を法定相続人（相続の放棄があった場合でもその放棄がなかったものとして判定します。）が民法第900条及び第901条に規定する相続分に従って分けたものとした場合における各相続人ごとの金額を計算します。

課税遺産総額	×	法定相続人の法定相続分	＝	法定相続分に応じる各取得金額
	×	法定相続人の法定相続分	＝	法定相続分に応じる各取得金額
	×	法定相続人の法定相続分	＝	法定相続分に応じる各取得金額
	×	法定相続人の法定相続分	＝	法定相続分に応じる各取得金額

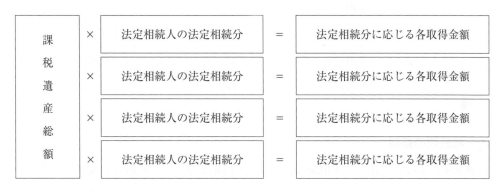

※　この金額を計算する場合には、各相続人が財産を取得したかどうかにかかわらず、相続税法第15条第２項に規定する相続人が民法第900条及び第901条《代襲相続人の相続分》の規定による相続分に応じて取得したものとして計算します（相基通16－１）。

また、被相続人に養子がある場合には、基礎控除額の計算（186ページ参照）の場合と同様に、法定相続人に含めない養子がある場合があります。

各取得金額に1,000円未満の端数がある場合には、その端数は切り捨てます（相基通16－３）。

(4)　各取得金額を基にした算出税額

前記(3)によって計算した各相続人ごとの金額に税率を乗じて、相続税の総額の基となる税額を求めます。

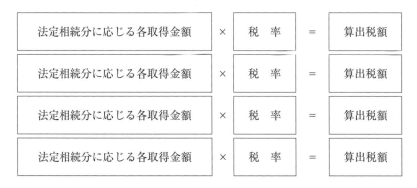

法定相続分に応じる各取得金額	×	税　率	＝	算出税額
法定相続分に応じる各取得金額	×	税　率	＝	算出税額
法定相続分に応じる各取得金額	×	税　率	＝	算出税額
法定相続分に応じる各取得金額	×	税　率	＝	算出税額

※　相続税の算出は、次の速算表によって計算します。

例えば、法定相続分に応じる各人の取得金額30,000千円に対する税額は、30,000千円×15%－500千円＝4,000千円となります。

＜相続税の速算表＞　　（平成27年１月１日以後の相続・遺贈分）

法定相続分に応じる各人の取得金額	税　率	控除額
1,000万円以下	10%	—
3,000万円以下	15%	50万円
5,000万円以下	20%	200万円
１億円以下	30%	700万円
２億円以下	40%	1,700万円
３億円以下	45%	2,700万円
６億円以下	50%	4,200万円
６億円超	55%	7,200万円

(5)　相続税の総額

前記(4)によって計算した各相続人ごとの算出税額を合計して相続税の総額を計算します。

(注)　相続税の総額に100円未満の端数があるときは、その端数は切り捨てます（相基通16—3）。

算出税額　＋　算出税額　＋　算出税額　＋　算出税額　＝　相続税の総額

このように相続税の総額は、遺産の総額、法定相続人の数及びその法定相続分によって機械的に計算することになっていますので、遺産を相続人の間でどのように分けても、また、相続の放棄をした人があっても、相続税の総額は変わらないことになります。

第８　各人ごとの相続税額の計算

１　相続税額の算出

相続や遺贈によって財産を取得した人が実際に納める相続税額は、相続税の総額を基として次のように計算します。

$$\text{相続税の総額} \times \frac{\text{取得者Ａの課税価格}\ (B)}{\text{課税価格の合計額}\ (A)} = \text{各相続人等の税額}$$

$$\text{相続税の総額} \times \frac{\text{取得者Ｂの課税価格}\ (B)}{\text{課税価格の合計額}\ (A)} = \text{各相続人等の税額}$$

$$\text{相続税の総額} \times \frac{\text{取得者Ｃの課税価格}\ (B)}{\text{課税価格の合計額}\ (A)} = \text{各相続人等の税額}$$

$$\text{相続税の総額} \times \frac{\text{取得者Ｄの課税価格}\ (B)}{\text{課税価格の合計額}\ (A)} = \text{各相続人等の税額}$$

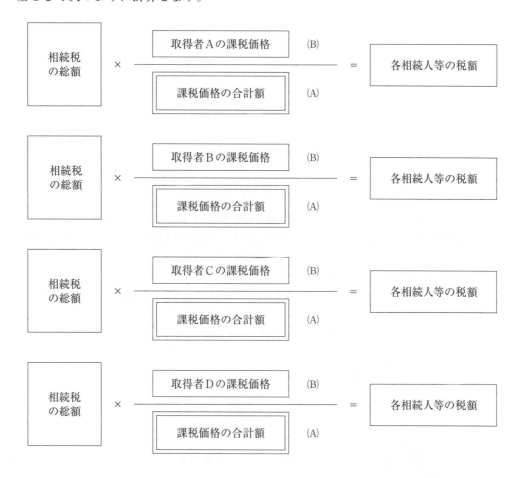

※　上記算式中の$\frac{(B)}{(A)}$の割合に小数点以下２位未満の端数がある場合、財産を取得した人の全員が選択した方法によって各人の割合の合計値が１になるようその端数を調整して、各人の相続税額を計算してもよいこととされています（相基通17－１）。

２　相続税額の加算

相続や遺贈によって財産を取得した者が、その被相続人の一親等の血族（一親等の血族である子が被相続人の死亡以前に死亡し又は相続権を失ったため、その子に代わって相続人（代襲相続人）となった孫等を含みます。この２において同じです。）及び配偶者のいずれでもない場合には、その者の相続税額にその相続税額の100分の20

に相当する金額を加算します（相法18①）。

なお、被相続人の一親等の血族には、被相続人の直系卑属で当該被相続人の養子となっている者（いわゆる孫養子等）は含みません。

ただし、当該被相続人の直系卑属が相続開始以前に死亡し又は相続権を失ったため、当該養子が代襲として相続人となっている場合は除かれます（相法18②）。

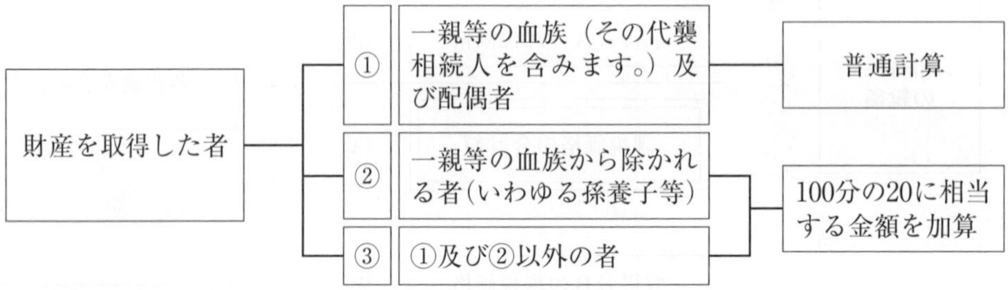

※　相続の放棄をした者又は欠格若しくは廃除の事由により相続権を失った者が、遺贈により財産を取得した場合において、その者がその遺贈に係る被相続人の一親等の血族であるときは、その者については、この相続税額の加算の規定の適用はありません（相基通18－1）。

養子又は養親が、相続又は遺贈により被相続人である養親又は養子の財産を取得した場合においては、これらの者は、被相続人の一親等の法定血族であることから、これらの者については、この加算の規定は適用されません。

ただし、被相続人の直系卑属が当該被相続人の養子となっている場合（当該被相続人の直系卑属が相続開始以前に死亡し、又は相続権を失ったため、代襲して相続人になっている場合を除きます。）の当該直系卑属については、相続税額の加算の規定が適用されます（相基通18－3）。

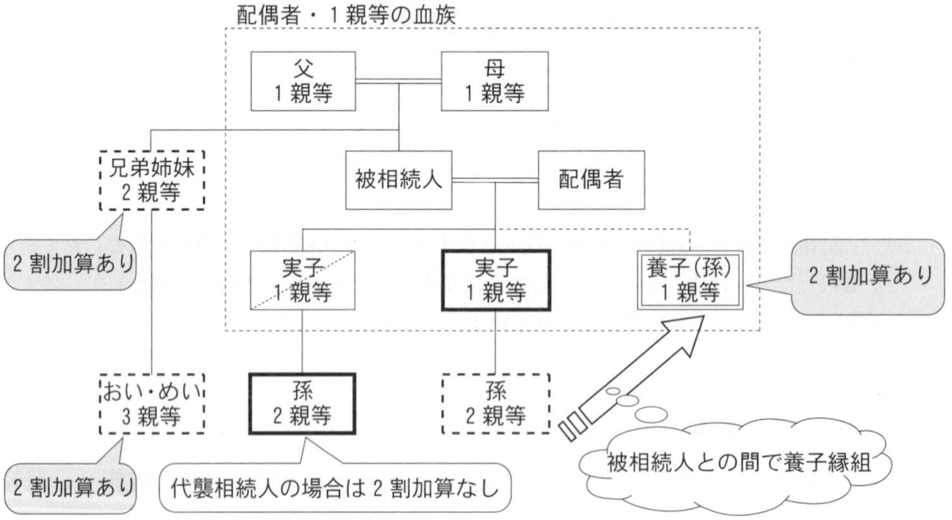

また、相続開始の時において被相続人の一親等の血族（相続税法第18条第１項に規定する一親等の血族をいいます。この第８において、以下同じです。）に該当しない相続時精算課税適用者の相続税額のうち、被相続人の一親等の血族であった期間内に被相続人からの贈与に

より取得した相続時精算課税の適用を受ける財産の価額に対応する相続税額は２割加算の対象となりません（相法21の15②、21の16②、改正前相令５の２、改正後相令５の２の２、令和５年改正相令附則３）。

これを算式で示すと次のとおりとなります（相基通18－５）。

①（令和５年12月31日以前に贈与により取得した財産に係る相続税について）

$$A\times\frac{C}{B}$$

A：相続時精算課税適用者に係る相続税法第17条の規定により算出した相続税額

B：相続時精算課税適用者に係る特定贈与者の死亡に係る相続税の相続税法第21条の15第２項又は第21条の16第２項の規定により読み替えて適用される同法第19条及び第21条の14から第21条の18までの規定により計算された課税価格に算入された財産の価額

C：被相続人と一親等の血族であった期間内に当該被相続人から贈与により取得した財産の価額の合計額

②（令和６年１月１日以後に贈与により取得した財産に係る相続税について）

$$A\times\frac{C}{B}$$

A：相続時精算課税適用者に係る相続時法第17条の規定により算出した相続税額

B：相続時精算課税適用者に係る特定贈与者の死亡に係る相続税の相続税法第21条の15第２項又は第21条の16第２項の規定により読み替えて適用される同法第19条及び第21条の14から第21条の18までの規定により計算された課税価格に算入された財産の価額

C：相続時精算課税適用者の相続時精算課税適用財産でその特定贈与者の相続税法第18条第１項に規定する一親等の血族であった期間内にその特定贈与者から取得したもの（以下「一親等時贈与財産」といいます。）の価額からその期間内の各年分の贈与税について相続時精算課税に係る基礎控除をした残額（その特定贈与者から一親等時贈与財産と一親等時贈与財産以外の相続時精算課税適用財産（以下「一親等時贈与財産以外の財産」といいます。））とを取得した年分については、その年分における一親等時贈与財産の価額から調整控除額を控除した残額）の合計額

(注)「調整控除額」とは、その年分において特定贈与者から取得した財産の価額から控除した相続税法第21条の11の２第１項の規定により控除する金額に、その年分における①に掲げる価額がその年分における②に掲げる金額のうちに占める割合を乗じて計算した金額をいいます（相令５の２の２②）。

①　一親等時贈与財産の価額

②　一親等時贈与財産の価額と一親等時贈与財産以外の財産の価額との合計額

【参考】 令和５年改正後の相続税額の２割加算の対象とならない相続税額の割合のイメージ

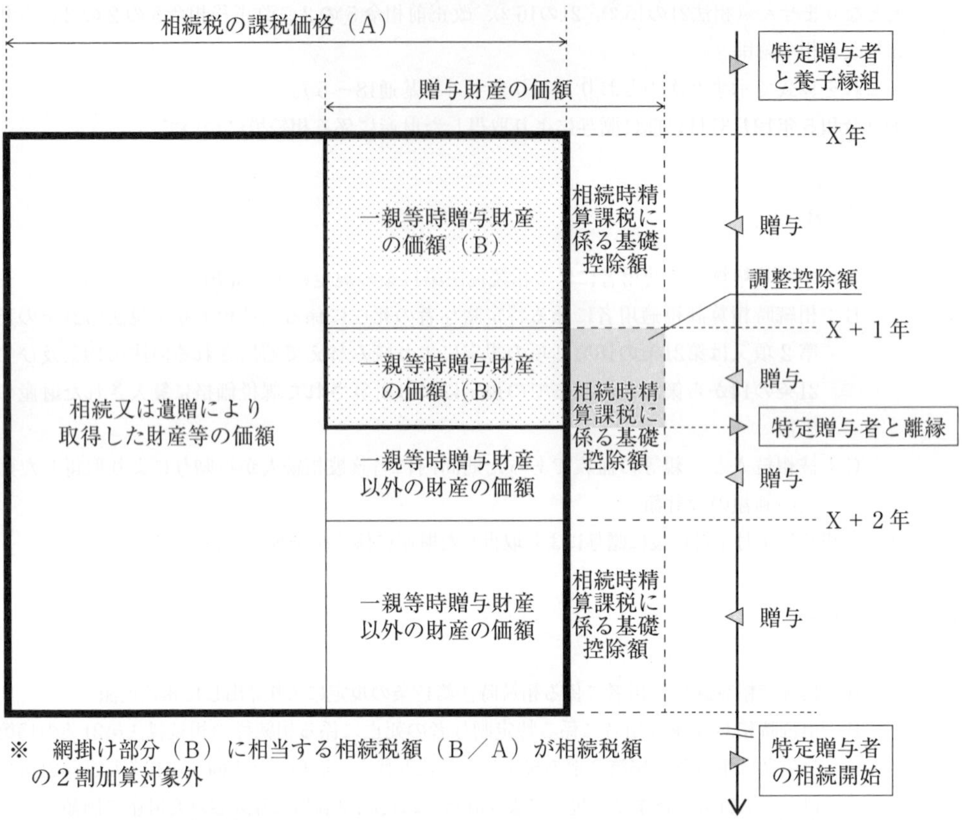

※　網掛け部分（B）に相当する相続税額（B／A）が相続税額の２割加算対象外

なお､特定贈与者よりも先に死亡した相続時精算課税適用者が一親等の血族であるかどうかは､その相続時精算課税適用者が死亡した時の状況により判定します(相基通18－２)。

3　各種の税額控除

各人の相続税額から控除する税額控除には､次のものがあり､上記２の相続税額の２割加算後の金額から次の順序によって控除することとされています(相基通20の２－４)。

なお、それぞれの税額控除の内容については、以下の順序に従って説明することとします。

①　贈与税額控除
②　配偶者に対する相続税額の軽減
③　未成年者控除
④　障害者控除
⑤　相次相続控除
⑥　外国税額控除

⑴　贈与税額控除

イ　令和５年12月31日以前に贈与により取得した財産に課された贈与税額について

相続や遺贈によって財産を取得した者が、その被相続人から相続開始前３年以内に財産の贈与を受けている場合には、その財産の価額をその者の相続税の課税価格に加算して、相続税額を計算しますので、贈与を受けた財産について課された贈与税額は、その者の相続税額から差し引かれます（令和５年改正前相法19）。

相続税額から控除する贈与税額は、その年分の贈与税額に、その年分の取得財産の価額の合計額のうちに相続税の課税価格に加算された財産の価額の占める割合を乗じて計算します（令和５年改正前相令４）。

$$\boxed{\text{相続開始の年の前年分の贈与税額}}\times\frac{\boxed{\text{相続税の課税価格に加算された贈与財産の価額}}}{\boxed{\text{その年分の贈与税の課税価格に算入された財産の価額の合計額}}-\boxed{\text{その年分の贈与税の配偶者控除額}}}=\text{(A)}$$

$$\boxed{\text{相続開始の年の前々年分の贈与税額}}\times\frac{\boxed{\text{相続税の課税価格に加算された贈与財産の価額}}}{\boxed{\text{その年分の贈与税の課税価格に算入された財産の価額の合計額}}-\boxed{\text{その年分の贈与税の配偶者控除額}}}=\text{(B)}$$

$$\boxed{\text{相続開始の年の前々々年分の贈与税額}}\times\frac{\boxed{\text{相続税の課税価格に加算された贈与財産の価額}}}{\boxed{\text{その年分の贈与税の課税価格に算入された財産の価額の合計額}}-\boxed{\text{その年分の贈与税の配偶者控除額}}}=\text{(C)}$$

$$\text{(A)}+\text{(B)}+\text{(C)}=\boxed{\text{贈与税額控除額}}$$

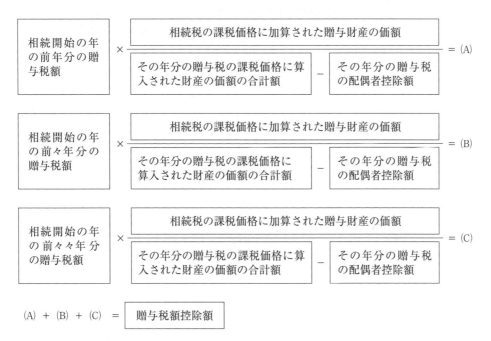

※　相続税法第19条に規定する「課せられた贈与税」には、相続開始前３年以内の贈与財産に対して課されるべき贈与税（同法第36条第１項及び第２項の規定による更正又は決定をすることができなくなった贈与税を除きます。）も含まれるものとして取り扱われています。この場合において、当該贈与税については、速やかに課税手続がとられることとなります（相基通19－６）。

ロ　令和６年１月１日以後に贈与により取得した財産に課された贈与税額について

相続や遺贈によって財産を取得した者が、その被相続人から相続開始前７年以内に財産の贈与を受けている場合には、加算対象贈与財産の価額（加算対象贈与財産のうちその相続の開始前３年以内に取得した財産以外の財産にあっては、その財産の価額の合計額から100万円を控除した残額）をその者の相続税の課税価格に加算して、相続税額を計算しますので、加算対象贈与財産について課された贈与税額は、その者の相続税額から差し引かれます（相法19）。

相続税額から控除する贈与税額は、その年分の贈与税額に、その年分の取得財産の価額の合計額のうちに相続税の課税価格に加算された加算対象贈与財産の価額（その財産のうち相続の開始前３年以内に取得した財産以外の財産については、その財産の価額の合計額から相続税法第19条第１項の規定により100万円を控除する前のその財産の価額）の占める割合を乗じて計算します（相令４①、令和５年改正法附則１本文）。

$$\boxed{\text{その年分の贈与税額}} \times \frac{\boxed{\text{相続税の課税価格に加算された加算対象贈与財産の価額}}}{\boxed{\text{その年分の贈与税の課税価格に算入された財産の価額の合計額}} - \boxed{\text{その年分の贈与税の配偶者控除額}}}$$

相続税額の加算金額の計算書

被相続人	

第4表（令和5年4月分以降用）

この表は、相続、遺贈や相続時精算課税に係る贈与によって財産を取得した人のうちに、被相続人の一親等の血族（代襲して相続人となった直系卑属を含みます。）及び配偶者以外の人がいる場合に記入します。

なお、相続や遺贈により取得した財産のうちに、次の管理残額がある人は、第４表の付表を作成します。

イ　租税特別措置法第 70 条の２の２（直系尊属から教育資金の一括贈与を受けた場合の贈与税の非課税）第 12 項第１号に規定する管理残額のうち、平成 31 年４月１日から令和３年３月 31 日までの間であって、被相続人の相続開始前３年以内に被相続人から取得した信託受益権又は金銭等に係る部分

ロ　租税特別措置法第 70 条の２の３（直系尊属から結婚・子育て資金の一括贈与を受けた場合の贈与税の非課税）第 12 項第２号に規定する管理残額のうち、令和３年３月 31 日までに被相続人から取得した信託受益権又は金銭等に係る部分

（注）一親等の血族であっても相続税額の加算の対象となる場合があります。詳しくは「相続税の申告のしかた」をご覧ください。

加算の対象となる人の氏名						
各人の税額控除前の相続税額 （第１表⑨又は第１表⑩の金額）		①	円	円	円	円
相続時精算課税に係る贈与を受けている人で、かつ、相続の開始の時までに被相続人との続柄に変更（養子縁組の解消等）があった場合に記入します。	被相続人の一親等の血族であった期間内にその被相続人から相続時精算課税に係る贈与によって取得した財産の価額	②	円	円	円	円
	被相続人から相続、遺贈や相続時精算課税に係る贈与によって取得した財産などで相続税の課税価格に算入された財産の価額（第1表①＋第1表②＋第1表⑤）	③				
	加算の対象とならない相続税額 （①×②÷③）	④				
措置法第70条の2の2第12項第1号に規定する管理残額がある場合の加算の対象とならない相続税額 （第4表の付表⑦）		⑤	円	円	円	円
措置法第70条の2の3第12項第2号に規定する管理残額がある場合の加算の対象とならない相続税額 （第4表の付表⑭）		⑥	円	円	円	円
相続税額の加算金額 （①×0.2） ただし、上記④～⑥の金額がある場合には、（(①-④-⑤-⑥)×0.2）となります。		⑦	円	円	円	円

（注）　1　相続時精算課税適用者である孫が相続開始の時までに被相続人の養子となった場合は、「相続時精算課税に係る贈与を受けている人で、かつ、相続開始の時までに被相続人との続柄に変更があった場合」には含まれませんので②欄から④欄までの記入は不要です。

　　　2　各人の⑦欄の金額を第1表のその人の「相続税額の2割加算が行われる場合の加算金額⑪」欄に転記します。

第４表（令5.7）　　　　（資４－20－５－１－Ａ４統一）

暦年課税分の贈与税額控除額の計算書

被相続人

第４表の２（平成31年１月分以降用）

この表は、第14表の「1 純資産価額に加算される暦年課税分の贈与財産価額及び特定贈与財産価額の明細」欄に記入した財産のうち相続税の課税価格に加算されるものについて、贈与税が課税されている場合に記入します。

	控除を受ける人の氏名				
相続開始の年の前年分（　年分）	贈与税の申告書の提出先		税務署	税務署	税務署
	被相続人から暦年課税に係る贈与によって租税特別措置法第70条の2の5第1項の規定の適用を受ける財産（特例贈与財産）を取得した場合				
	相続開始の年の前年中に暦年課税に係る贈与によって取得した特例贈与財産の価額の合計額	①	円	円	円
	①のうち被相続人から暦年課税に係る贈与によって取得した特例贈与財産の価額の合計額（贈与税額の計算の基礎となった価額）	②			
	その年分の暦年課税分の贈与税額（裏面の「2」参照）	③			
	控除を受ける贈与税額（特例贈与財産分）（③×②÷①）	④			
	被相続人から暦年課税に係る贈与によって租税特別措置法第70条の2の5第1項の規定の適用を受けない財産（一般贈与財産）を取得した場合				
	相続開始の年の前年中に暦年課税に係る贈与によって取得した一般贈与財産の価額の合計額（贈与税の配偶者控除後の金額）	⑤	円	円	円
	⑤のうち被相続人から暦年課税に係る贈与によって取得した一般贈与財産の価額の合計額（贈与税額の計算の基礎となった価額）	⑥			
	その年分の暦年課税分の贈与税額（裏面の「3」参照）	⑦			
	控除を受ける贈与税額（一般贈与財産分）（⑦×⑥÷⑤）	⑧			
相続開始の年の前々年分（　年分）	贈与税の申告書の提出先		税務署	税務署	税務署
	被相続人から暦年課税に係る贈与によって租税特別措置法第70条の2の5第1項の規定の適用を受ける財産（特例贈与財産）を取得した場合				
	相続開始の年の前々年中に暦年課税に係る贈与によって取得した特例贈与財産の価額の合計額	⑨	円	円	円
	⑨のうち被相続人から暦年課税に係る贈与によって取得した特例贈与財産の価額の合計額（贈与税額の計算の基礎となった価額）	⑩			
	その年分の暦年課税分の贈与税額（裏面の「2」参照）	⑪			
	控除を受ける贈与税額（特例贈与財産分）（⑪×⑩÷⑨）	⑫			
	被相続人から暦年課税に係る贈与によって租税特別措置法第70条の2の5第1項の規定の適用を受けない財産（一般贈与財産）を取得した場合				
	相続開始の年の前々年中に暦年課税に係る贈与によって取得した一般贈与財産の価額の合計額（贈与税の配偶者控除後の金額）	⑬	円	円	円
	⑬のうち被相続人から暦年課税に係る贈与によって取得した一般贈与財産の価額の合計額（贈与税額の計算の基礎となった価額）	⑭			
	その年分の暦年課税分の贈与税額（裏面の「3」参照）	⑮			
	控除を受ける贈与税額（一般贈与財産分）（⑮×⑭÷⑬）	⑯			
相続開始の年の前々々年分（　年分）	贈与税の申告書の提出先		税務署	税務署	税務署
	被相続人から暦年課税に係る贈与によって租税特別措置法第70条の2の5第1項の規定の適用を受ける財産（特例贈与財産）を取得した場合				
	相続開始の年の前々々年中に暦年課税に係る贈与によって取得した特例贈与財産の価額の合計額	⑰	円	円	円
	⑰のうち相続開始の日から遡って3年前の日以後に被相続人から暦年課税に係る贈与によって取得した特例贈与財産の価額の合計額（贈与税額の計算の基礎となった価額）	⑱			
	その年分の暦年課税分の贈与税額（裏面の「2」参照）	⑲			
	控除を受ける贈与税額（特例贈与財産分）（⑲×⑱÷⑰）	⑳			
	被相続人から暦年課税に係る贈与によって租税特別措置法第70条の2の5第1項の規定の適用を受けない財産（一般贈与財産）を取得した場合				
	相続開始の年の前々々年中に暦年課税に係る贈与によって取得した一般贈与財産の価額の合計額（贈与税の配偶者控除後の金額）	㉑	円	円	円
	㉑のうち相続開始の日から遡って3年前の日以後に被相続人から暦年課税に係る贈与によって取得した一般贈与財産の価額の合計額（贈与税額の計算の基礎となった価額）	㉒			
	その年分の暦年課税分の贈与税額（裏面の「3」参照）	㉓			
	控除を受ける贈与税額（一般贈与財産分）（㉓×㉒÷㉑）	㉔			
暦年課税分の贈与税額控除額計（④＋⑧＋⑫＋⑯＋⑳＋㉔）		㉕	円	円	円

（注）各人の㉕欄の金額を第１表のその人の「暦年課税分の贈与税額控除額⑫」欄に転記します。

第4表の2（令5.7）　　（資4－20－5－3－A4 統一）

⑵　配偶者に対する相続税額の軽減

配偶者に対する相続税については、同一世代間の財産移転であることが多く、その場合、遠からず次の相続が発生し、その際、相続税が課税されること、また、長年共同生活が営まれてきた配偶者に対する配慮、被相続人の死亡後における生存配偶者の老後の生活の保障、さらには遺産の維持形成に対する配偶者の貢献への考慮などから、軽減措置が講じられています。

イ　配偶者の税額軽減額の計算方法

この配偶者の税額軽減額は、次の算式によって計算します（相基通19の２－７）。

$$\text{相続税の総額} \times \frac{\text{課税価格の合計額のうち配偶者の法定相続分相当額（１億６千万円に満たない場合には１億６千万円）と配偶者の実際取得額とのうちいずれか少ない方の金額}}{\text{課税価格の合計額}}$$

※　この場合の「配偶者の法定相続分」は、相続の放棄があった場合でも、その放棄がなかったものとした場合における相続分をいいます。

例えば、妻と子が相続人である場合に、子が全員相続を放棄したことにより妻と直系尊属が法定相続人になったときでも、妻の法定相続分は２分の１であり、３分の２（妻と直系尊属が法定相続人である場合の妻の法定相続分）にはなりません（相法19の２①二イ）。

ロ　配偶者の範囲

配偶者は、その被相続人との婚姻について、婚姻の届出（民法739①）をしている者に限られます。したがって、事実上婚姻関係と同様の事情にある者であっても婚姻の届出をしていないいわゆる内縁関係にある者は含まれません（相基通19の２－２）。

なお、被相続人の配偶者であれば、その者が制限納税義務者であってもこの特例の適用が受けられます（相基通19の２－１）。

また、配偶者が相続を放棄した場合でも、その配偶者が遺贈によって財産を取得した場合には、税額軽減の適用が受けられます（相基通19の２－３）。

ハ　配偶者の税額軽減の計算の基礎となる財産

配偶者に対する相続税額軽減の計算の基礎となる財産には、原則として、相続税の期限内申告書の提出期限までに分割されていない財産は含まれないこととされています。したがって、その計算の基礎に含まれる財産は、相続税の申告期限までに遺産分割や、特定遺贈等により配偶者が実際に取得した財産に限られることになりますが、具体的には次に掲げるものがこれに該当することになります（相法19の２②、相基通19の２－４）。

配偶者の実際取得額		
→	①	相続税の申告期限までに遺産分割により取得した財産
→	②	単独相続により取得した財産
→	③	特定遺贈により取得した財産
→	④	相続開始前３年以内に被相続人から贈与によって取得した財産で、相続税の課税価格に加算されるもの
→	⑤	相続税法上、相続又は遺贈により取得したものとみなされるもの（生命保険金や退職金など）
→	⑥	相続税の申告期限後３年以内に遺産分割により取得した財産
→	⑦	相続税の申告期限後３年を経過する日までに分割できないやむを得ない事情があり、税務署長の承認を受けた場合で、その事情がなくなった日の翌日から４か月以内に遺産分割により取得した財産

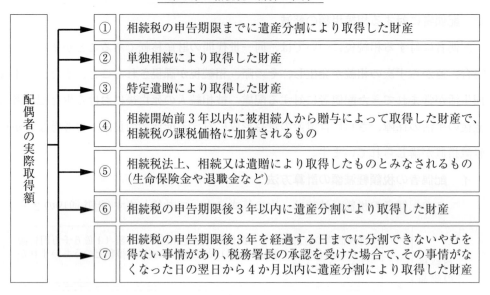

(※)1　相続財産が分割される前に配偶者が死亡した場合において、第１次相続に係る配偶者以外の共同相続人等及び第２次相続に係る共同相続人等によって、第１次相続に係る遺産分割が行われ、その分割によりその配偶者の取得した財産として確定させたものがあるときは、その財産は分割によりその配偶者が取得したものとして取り扱うことができることとされています（相基通19の２－５）。

2　⑥及び⑦の場合には、その分割が行われた日の翌日から４か月以内に相続税について更正の請求ができることとされており（相法32①八）、その更正の請求によって配偶者に対する相続税の税額軽減の規定が適用されることになります。

3　⑦の相続税の申告期限後３年を経過する日までに分割できないやむを得ない事情がある場合の更正の請求の期限は、次に掲げる区分に応じ、それぞれに掲げる分割できることとなった日の翌日から４か月以内となります（相令４の２①）。

イ	相続税の申告期限の翌日から３年を経過する日において、その相続又は遺贈に関する訴えが提起されている場合（その相続又は遺贈に関する和解又は調停の申立てがされている場合において、これらの申立ての時に訴えの提起がされたものとみなされるときを含みます。）	判決の確定又は訴えの取下げの日その他その訴訟の完結の日
ロ	相続税の申告期限の翌日から３年を経過する日において、その相続又は遺贈に関する和解、調停又は審判の申立てがされている場合	和解若しくは調停の成立、審判の確定又はこれらの申立ての取下げの日その他これらの申立てに係る事件の終了の日

ハ	相続税の申告期限の翌日から３年を経過する日において、その相続又は遺贈に関し、民法第908条第１項若しくは第４項の規定により遺産の分割が禁止され、又は同法第915条第１項ただし書の規定により相続の承認若しくは放棄の期間が伸長されている場合（その相続又は遺贈に関する調停又は審判の申立てがされている場合において、その分割の禁止をする旨の調停が成立し、又はその分割の禁止若しくはその期間の伸長をする旨の審判若しくはこれに代わる裁判が確定したときを含みます。）	その分割の禁止がされている期間又は伸長されている期間が経過した日
ニ	イからハのほか、相続又は遺贈に係る財産が、その相続税の申告期限の翌日から３年を経過する日までに分割されなかったこと及びその財産の分割が遅延したことについて、税務署長がやむを得ない事情があると認める場合	その事情の消滅の日

ニ　配偶者の税額軽減額の計算上、課税価格の合計額等に含まれないもの

その相続に係る相続税の納税義務者が、被相続人の配偶者の課税価格の計算の基礎となるべき事実の全部又は一部を隠蔽し、又は仮装し（この第８において、以下「隠蔽仮装行為」といいます。）、その隠蔽仮装行為に基づき相続税の申告書を提出し、又は提出していなかった場合において、当該配偶者が相続税の調査があったことにより更正又は決定があるべきことを予知して期限後申告書又は修正申告書を提出するときは、これらの申告書に係る相続税額についての配偶者の相続税額の軽減額の計算に当たっては、上記イの配偶者の税額軽減額の計算を次のように行います（相法19の２⑤⑥、相基通19の２－７の２）。

A　「相続税の総額」は、被相続人の配偶者が行った隠蔽仮装行為による事実に基づく金額を当該財産を取得した全ての者に係る相続税の課税価格に含まないものとして計算します。

B　相続税法第19条の２第１項第２号柱書の「課税価格の合計額」には、被相続人の配偶者が行った隠蔽仮装行為による事実に基づく金額を含めないで計算します。

C　相続税法第19条の２第１項第２号のイの「課税価格の合計額」には、配偶者の課税価格に算入されるもののうち、隠蔽仮装行為による事実に基づく金額に相当する金額を含めないで計算します。

D　相続税法第19条の２第１項第２号のロの「課税価格」には、配偶者の課税価格に算入されるもののうち、隠蔽仮装行為による事実に基づく金額に相当する

金額を含めないで計算します。

したがって、次の算式によって計算します。

$$\text{配偶者が行った隠蔽仮装行為に基づく金額を課税価格に含めないで計算した相続税の総額} \times \frac{\text{次の①と②のうち、いずれか少ない金額}}{\text{課税価格の合計額から配偶者が行った隠蔽仮装行為に基づく金額を控除した金額}} = \text{配偶者の税額軽減額}$$

① 次の算式で計算した金額と１億６千万円といずれか多い金額

（課税価格の合計額－配偶者の実際の取得価額のうち隠蔽仮装行為に基づく金額）×配偶者の法定相続分

② 配偶者の実際の取得価額－配偶者の実際の取得価額のうち隠蔽仮装行為に基づく金額

ホ　配偶者の課税価格に相当する金額

A　未分割財産がある場合

配偶者に対する相続税の税額軽減額の計算においては、未分割財産を除外し、上記ハに掲げる財産の価額を基礎として計算することとされています。したがって、未分割財産がある場合には、相続税の総額の計算過程における配偶者の課税価格と配偶者の税額軽減額を計算するときの課税価格とは一致しないことになります。

B　未分割財産があり、かつ、配偶者負担の債務控除額がある場合

配偶者の税額軽減額を計算する場合において、配偶者の課税価格のうちに未分割財産の価額が含まれており、かつ、配偶者の負担する債務控除の金額があるときは、その債務控除の金額は、まず、その未分割財産の価額から優先的に控除し、次いで、それによる控除不足額を分割財産の価額から控除して配偶者の税額軽減額計算における課税価格に相当する金額を計算することに取り扱われています（相基通19の２－６）。

なお、配偶者が代償分割により負担することとなった代償債務は、分割財産取得のために生じたものですので、分割財産の価額から控除して配偶者の税額軽減額計算における課税価格を計算することになります（相基通19の２－６なお書）。

ヘ　配偶者に対する相続税額の軽減の適用を受ける場合の手続

A　申告手続

配偶者に対する相続税額の軽減の適用を受けるためには、相続税の申告書（期限後申告書及び修正申告書を含みます。）又は更正の請求書にその適用を受ける旨及びその計算に関する明細を記載し、次に掲げる書類を添付して、提出

しなければなりません（相法19の２③、相規１の６③）。

なお、相続税の申告書又は更正の請求書を提出する際に、遺産の全部又は一部が共同相続人又は包括受遺者によってまだ分割されていない場合において、その申告書又更正の請求書の提出後に分割される遺産について相続税額の軽減の適用を受けようとするときは、申告書又は更正の請求書にその旨並びに分割されていない事情及び分割の見込みの詳細を記載した書類（「申告期限後３年以内の分割見込書」206ページ参照）を添付しなければなりません（相規１の６③二）。

B　添付書類

①　遺言書の写し、遺産分割協議書（その遺産分割協議書にその相続に係る全ての共同相続人及び包括受遺者が自署し、自己の印を押しているものに限ります。）の写し（その自己の印につき住所地の市区町村長の印鑑証明書が添付されたものに限ります。）、その他の財産の取得の状況を証する書類（生命保険金や退職金の支払通知書など）

㈱１　上記の遺産分割協議書は、共同相続人又は包括受遺者が民法第13条第１項第10号《保佐人の同意を用する行為等》の規定による制限行為能力者である場合には、その者の特別代理人又は法定代理人がその者に代理して自署し、その代理人の住所地の市区町村長の印鑑証明を得た印を押しているものでなければなりません（相基通19の２－17）。

２　上記の「その他の財産の取得の状況を証する書類」には、その財産が調停又は審判により分割されているものである場合には、その調停の調書又は審判書の謄本が含まれます（相基通19の２－18）。

②　上記Aのなお書に該当する場合には、その旨並びに分割されていない事情及び分割の見込みの詳細を記載した書類（「申告期限後３年以内の分割見込書」206ページ参照）

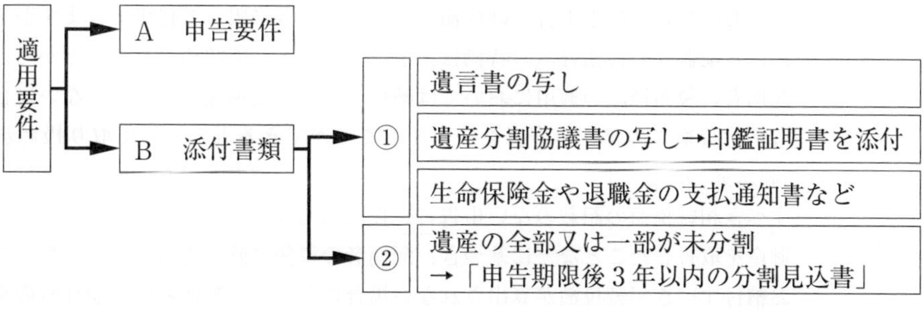

C　税務署長への承認申請書の提出

相続税の申告書の提出期限から３年以内に遺産の分割がされなかったことに

ついてやむを得ない事情がある場合には、「遺産が未分割であることについてやむを得ない事由がある旨の承認申請書」（207ページ参照）をその提出期限後３年を経過する日の翌日から２か月以内に相続税の申告書を提出した税務署長に対して提出する必要があります（相令４の２②）。この承認申請書の提出が期間内になかった場合には、相続税法第19条の２の規定による配偶者に対する相続税額の軽減のほか、租税特別措置法第69条の４の規定による小規模宅地等についての相続税の課税価格の計算の特例及び租税特別措置法第69条の５の規定による特定計画山林についての相続税の課税価格の計算の特例の適用が受けられなくなりますのでご注意ください。

＜税務署長への承認申請書等の提出＞

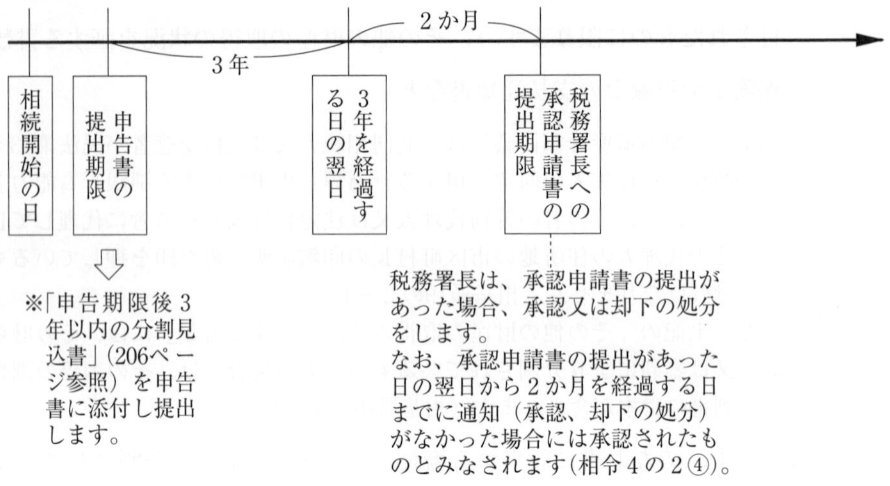
２か月
３年
相続開始の日
申告書の提出期限
３年を経過する日の翌日
税務署長への承認申請書の提出期限
※「申告期限後３年以内の分割見込書」（206ページ参照）を申告書に添付し提出します。
税務署長は、承認申請書の提出があった場合、承認又は却下の処分をします。
なお、承認申請書の提出があった日の翌日から２か月を経過する日までに通知（承認、却下の処分）がなかった場合には承認されたものとみなされます（相令４の２④）。

※承認申請書
「遺産が未分割であることについてやむを得ない事由がある旨の承認申請書」（207ページ参照）

㈱　一般の場合、修正申告書は税額が増加するときに限って提出できますが、相続税における配偶者の税額軽減の特例は、申告を要件として認められることから、相続税の配偶者の税額軽減の適用においては納付すべき相続税額が算出されない場合であっても納付税額零の修正申告書を提出することができるものとして取り扱われています（相基通19の２－19）。すなわち、配偶者の税額軽減の適用を受けたことにより、納付すべき相続税額の記載のない申告書を提出した人が、その後、さらに遺産分割により財産を取得したことなどに基づき、配偶者の税額軽減の適用をして計算した結果、なお納付すべき相続税額が算出されない場合において、配偶者の税額軽減の適用を受けないとしたならば算出相続税額が増加することとなるときは、当該配偶者は、配偶者の税額軽減の適用を受けて納付相続税額零の修正申告書の提出をすることができるものとして取り扱われます。

D　計算書

配偶者に対する相続税額の軽減の適用を受けるための計算の明細は、申告書において次のように定めています。

配偶者の税額軽減額の計算書

被相続人	

第5表（平成21年4月分以降用）

私は、相続税法第19条の2第1項の規定による配偶者の税額軽減の適用を受けます。

1　一般の場合（この表は、①被相続人から相続、遺贈や相続時精算課税に係る贈与によって財産を取得した人のうちに農業相続人がいない場合又は②配偶者が農業相続人である場合に記入します。）

課税価格の合計額のうち配偶者の法定相続分相当額	（第1表のⒶの金額）〔配偶者の法定相続分〕 ,000円×―― ＝ 円 上記の金額が16,000万円に満たない場合には、16,000万円	㋑※ 円

配偶者の税額軽減額を計算する場合の課税価格	① 分割財産の価額（第11表の配偶者の①の金額）	分割財産の価額から控除する債務及び葬式費用の金額 ② 債務及び葬式費用の金額（第1表の配偶者の③の金額）	③ 未分割財産の価額（第11表の配偶者の②の金額）	④（②－③）の金額（③の金額が②の金額より大きいときは0）	⑤ 純資産価額に加算される暦年課税分の贈与財産価額（第1表の配偶者の⑤の金額）	⑥（①－④＋⑤）の金額（⑤の金額より小さいときは⑤の金額）（1,000円未満切捨て）
	円	円	円	円	円	※ 円 ,000

⑦ 相続税の総額（第1表の⑦の金額）	⑧ ㋑の金額と⑥の金額のうちいずれか少ない方の金額	⑨ 課税価格の合計額（第1表のⒶの金額）	⑩ 配偶者の税額軽減の基となる金額（⑦×⑧÷⑨）
円 00	円	円 ,000	円

配偶者の税額軽減の限度額	（第1表の配偶者の⑨又は⑩の金額）（第1表の配偶者の⑫の金額） （　　円 － 　　円）	㋺ 円
配偶者の税額軽減額	（⑩の金額と㋺の金額のうちいずれか少ない方の金額）	㋩ 円

（注）㋩の金額を第1表の配偶者の「配偶者の税額軽減額⑬」欄に転記します。

2　配偶者以外の人が農業相続人である場合（この表は、被相続人から相続、遺贈や相続時精算課税に係る贈与によって財産を取得した人のうちに農業相続人がいる場合で、かつ、その農業相続人が配偶者以外の場合に記入します。）

課税価格の合計額のうち配偶者の法定相続分相当額	（第3表のⒶの金額）〔配偶者の法定相続分〕 ,000円×―― ＝ 円 上記の金額が16,000万円に満たない場合には、16,000万円	㊁※ 円

配偶者の税額軽減額を計算する場合の課税価格	⑪ 分割財産の価額（第11表の配偶者の①の金額）	分割財産の価額から控除する債務及び葬式費用の金額 ⑫ 債務及び葬式費用の金額（第1表の配偶者の③の金額）	⑬ 未分割財産の価額（第11表の配偶者の②の金額）	⑭（⑫－⑬）の金額（⑬の金額が⑫の金額より大きいときは0）	⑮ 純資産価額に加算される暦年課税分の贈与財産価額（第1表の配偶者の⑤の金額）	⑯（⑪－⑭＋⑮）の金額（⑮の金額より小さいときは⑮の金額）（1,000円未満切捨て）
	円	円	円	円	円	※ 円 ,000

⑰ 相続税の総額（第3表の⑦の金額）	⑱ ㊁の金額と⑯の金額のうちいずれか少ない方の金額	⑲ 課税価格の合計額（第3表のⒶの金額）	⑳ 配偶者の税額軽減の基となる金額（⑰×⑱÷⑲）
円 00	円	円 ,000	円

配偶者の税額軽減の限度額	（第1表の配偶者の⑩の金額）（第1表の配偶者の⑫の金額） （　　円 － 　　円）	㋭ 円
配偶者の税額軽減額	（⑳の金額と㋭の金額のうちいずれか少ない方の金額）	㋬ 円

（注）㋬の金額を第1表の配偶者の「配偶者の税額軽減額⑬」欄に転記します。

※　相続税法第19条の2第5項（隠蔽又は仮装があった場合の配偶者の相続税額の軽減の不適用）の規定の適用があるときには、「課税価格の合計額のうち配偶者の法定相続分相当額」の（第1表のⒶの金額）、⑥、⑦、⑨、「課税価格の合計額のうち配偶者の法定相続分相当額」の（第3表のⒶの金額）、⑯、⑰及び⑲の各欄は、第5表の付表で計算した金額を転記します。

第5表（令5.7）　　　（資4－20－6－1－A4統一）

この書類は、相続税の申告書の提出期限までに相続又は遺贈により取得した財産の全部又は一部が分割されていない場合において、その分割されていない財産を申告書の提出期限から３年以内に分割し、①配偶者に対する相続税の軽減、②小規模宅地等についての相続税の課税価格の計算の特例、③特定計画山林についての相続税の課税価格の計算の特例又は④特定事業用資産についての相続税の課税価格の計算の特例の適用を受けようとする場合、相続税の申告書に添付します。

通信日付印の年月日	確認印	名簿番号
年　月　日		

被相続人の氏名 ＿＿＿＿＿＿＿＿

申告期限後３年以内の分割見込書

相続税の申告書「第11表（相続税がかかる財産の明細書）」に記載されている財産のうち、まだ分割されていない財産については、申告書の提出期限後３年以内に分割する見込みです。

なお、分割されていない理由及び分割の見込みの詳細は、次のとおりです。

１　分割されていない理由

相続税の申告期限までに財産が分割されていない理由及び分割の見込みの詳細を記載します。

２　分割の見込みの詳細

３　適用を受けようとする特例等　該当する番号に○を付します。

⑴　配偶者に対する相続税額の軽減（相続税法第19条の２第１項）

⑵　小規模宅地等についての相続税の課税価格の計算の特例
（租税特別措置法第69条の４第１項）

⑶　特定計画山林についての相続税の課税価格の計算の特例
（租税特別措置法第69条の５第１項）

⑷　特定事業用資産についての相続税の課税価格の計算の特例
（所得税法等の一部を改正する法律(平成21年法律第13号)による改正前の租税特別措置法第69条の５第１項）

（資４－21－Ａ４統一）

この承認申請書は、相続税の申告書の提出期限後３年を経過する日までに、相続又は遺贈により取得した財産の全部又は一部が相続又は遺贈に関する訴えの提起などのやむを得ない事由により分割されていない場合において、その遺産の分割後に①配偶者に対する相続税額の軽減、②小規模宅地等についての相続税の課税価格の計算の特例、③特定計画山林についての相続税の課税価格の計算の特例又は④特定事業用資産についての相続税の課税価格の計算の特例の適用を受けるために税務署長の承認を受ける場合に使用します。

税務署
受付印

遺産が未分割であることについてやむを得ない事由がある旨の承認申請書

※欄は記入しないでください。

＿＿年＿＿月＿＿日提出

〒
住　所
（居所）＿＿＿＿＿＿＿＿＿＿

＿＿＿＿＿＿税務署長

申請者　　氏　名＿＿＿＿＿＿＿＿＿＿

（電話番号　　　－　　　－　　　）

遺産の分割後、
- ・配偶者に対する相続税額の軽減（相続税法第19条の２第１項）
- ・小規模宅地等についての相続税の課税価格の計算の特例（租税特別措置法第69条の４第１項）
- ・特定計画山林についての相続税の課税価格の計算の特例（租税特別措置法第69条の５第１項）
- ・特定事業用資産についての相続税の課税価格の計算の特例（所得税法等の一部を改正する法律（平成21年法律第13号）による改正前の租税特別措置法第69条の５第１項）

の適用を受けたいので、

遺産が未分割であることについて、
- ・相続税法施行令第４条の２第２項
- ・租税特別措置法施行令第40条の２第23項又は第25項
- ・租税特別措置法施行令第40条の２の２第８項又は第11項
- ・租税特別措置法施行令等の一部を改正する政令（平成21年政令第108号）による改正前の租税特別措置法施行令第40条の２の２第19項又は第22項

に規定する

やむを得ない事由がある旨の承認申請をいたします。

1　被相続人の住所・氏名

住　所＿＿＿＿＿＿＿＿＿＿　　氏　名＿＿＿＿＿＿＿＿＿＿

2　被相続人の相続開始の日　　平成・令和＿＿年＿＿月＿＿日

3　相続税の申告書を提出した日　　平成・令和＿＿年＿＿月＿＿日

4　遺産が未分割であることについてのやむを得ない理由

（注）やむを得ない事由に応じてこの申請書に添付すべき書類
① 相続又は遺贈に関し訴えの提起がなされていることを証する書類
② 相続又は遺贈に関し和解、調停又は審判の申立てがされていることを証する書類
③ 相続又は遺贈に関し遺産分割の禁止、相続の承認若しくは放棄の期間が伸長されていることを証する書類
④ ①から③までの書類以外の書類で財産の分割がされなかった場合におけるその事情の明細を記載した書類

○　相続人等申請者の住所・氏名等

住　所（居　所）	氏　　名	続　柄

○　相続人等の代表者の指定　　代表者の氏名＿＿＿＿＿＿＿＿＿＿

関与税理士		電話番号	

※	通信日付印の年月日	（確認）	名簿番号
	年　月　日		

（資４－22－１－Ａ４統一）　（令 3.3）

(3)　未成年者控除

相続又は遺贈により財産を取得した者のうちに未成年者があるときは、その未成年者の納付すべき相続税額は、その未成年者の年齢に応じて、算出相続税額から一定額を控除することとされています（相法19の３）。

イ　適用対象者

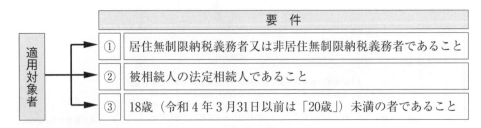

適用対象者	要　件	
	①	居住無制限納税義務者又は非居住無制限納税義務者であること
	②	被相続人の法定相続人であること
	③	18歳（令和４年３月31日以前は「20歳」）未満の者であること

※１　制限納税義務者であっても、その相続に係る被相続人がアメリカ合衆国の国籍を有していた場合、又はアメリカ合衆国に住所を有していたときは、その未成年者については、「遺産、相続及び贈与に対する租税に関する二重課税の回避及び脱税の防止のための日本国とアメリカ合衆国との間の条約」（この第８において、以下「日米相続税条約」といいます。）の規定により、未成年者控除の適用が受けられることとされています（日米相続税条約第４条）。

なお、日米相続税条約による未成年者控除の適用を受けるためには、相続税の申告書に、次の事項を記載した届出書を添付しなければならないこととされています（日米相続税条約実施省令第１条）。

① その未成年者及び被相続人の氏名、年齢、国籍及び住所

② 通常のとおり計算した未成年者控除額及び我が国にある相続財産の取得額に対応する控除額及びその計算の基礎

③ その他参考となるべき事項

２　未成年者控除は、その未成年者が相続を放棄した場合であっても、遺贈により財産を取得しているときはその適用が受けられます（相基通19の３－１）。

また、未成年者が被相続人の養子であっても、基礎控除額の計算の場合のように法定相続人に含めないといった制限はありませんから、未成年者控除を受けることができます。

３　未成年者控除の対象となる相続人の年齢が、令和４年４月１日以後は18歳未満とされます（平成31年改正法附則23①、相基通19の３－１）。

４　未成年者控除の規定は、民法第753条《婚姻による成年擬制》の規定により成年に達したものとみなされた者についても適用されます（相基通19の３－２）。

ロ　控除額

（18歳（令和４年３月31日以前は「20歳」）－相続開始時の年齢）×10万円＝未成年者控除額

控除される未成年者控除額は、その未成年者が18歳（令和４年３月31日以前は「20歳」）に達するまでの年数につき10万円を乗じて計算することとされています。なお、その年数が１年未満であるとき、又は１年未満の端数があるときは、これを１年として計算することとしています（相法19の３①、平成31年改正法附則23

②)。

〔計算例〕 相続開始時の年齢　10歳３か月とすると

18歳－10歳３か月＝７年９か月→８年となります。

控除額は10万円×８年＝80万円

※１　民法第886条《相続に関する胎児の権利能力》に規定する胎児が生きて生まれた場合におけるその者の未成年者控除額は、180万円（令和４年３月31日以前は「200万円」）になります（相基通19の３－３）。

２　相続税法の改正に伴う未成年者控除額（１年当たりの控除額）の変遷

相続開始年分	１年当たりの控除額
昭和33年～昭和47年	１万円
昭和48年～昭和49年	２万円
昭和50年～昭和62年	３万円
昭和63年～平成26年	６万円
平成27年～	10万円

ハ　控除の方法

A　未成年者の相続税額からの控除

この控除は、まず、未成年者の相続税額（相続税額の２割加算をし、贈与税額控除及び配偶者に対する相続税額の軽減後の相続税額をいいます。）から控除することとされています。

B　扶養義務者の相続税額からの控除

未成年者控除額が、その未成年者の相続税額（相続税額の２割加算をし、贈与税額控除額及び配偶者の税額軽減額を控除した後の税額）より多いため、その未成年者の相続税額から控除しきれない場合には、その控除しきれない部分の金額は、その未成年者の扶養義務者で、同一の被相続人から相続や遺贈により財産を取得した者の相続税額から控除できることとされています（相法19の３②）。

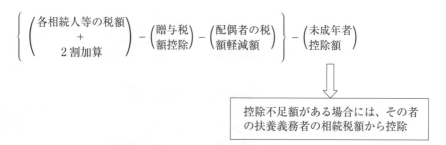

{（各相続人等の税額＋２割加算）－（贈与税額控除）－（配偶者の税額軽減額）}－（未成年者控除額）

↓

控除不足額がある場合には、その者の扶養義務者の相続税額から控除このように未成年者控除額の控除不足額をその未成年者の扶養義務者の相続税額から控除することができることとしているのは、未成年者の養育費を扶養義務者が負担することを考慮したものであるといわれています。

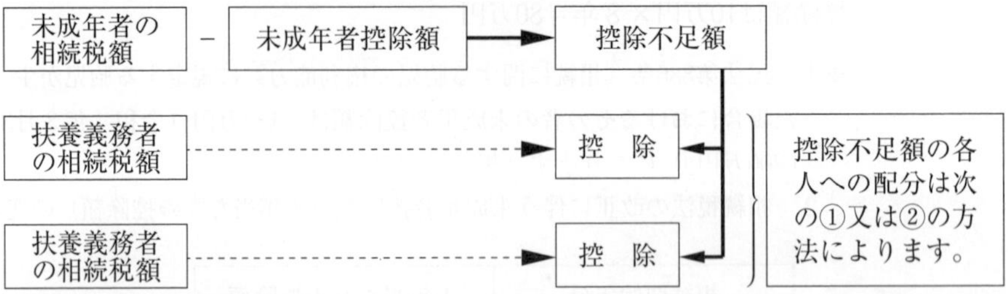

㈡　この場合の扶養義務者とは、配偶者並びに民法第877条の規定による直系血族及び兄弟姉妹並びに家庭裁判所の審判を受けて扶養義務者となった三親等内の親族をいいますが、これらの者のほか三親等内の親族で生計を一にする者については、家庭裁判所の審判がない場合であってもこれに該当するものとして取り扱われます（相基通１の２－１）。

なお、扶養義務者に該当するかどうかの判定は、相続開始の時の状況によります（相基通１の２－１なお書）。

その控除を受けることができる扶養義務者が２人以上ある場合において、各扶養義務者が控除を受けることができる金額は、次の①又は②の金額とされています（相令４の３）。

①　扶養義務者の全員が、協議によりその全員が控除を受けることができる金額の総額を各人ごとに配分して、それぞれの控除を受ける金額を定めてその控除を受ける金額を相続税の申告書に記載した場合には、その申告書に記載した金額

②　①以外の場合には、扶養義務者の全員が控除を受けることができる金額の総額をその扶養義務者の相続税額（相続税額の２割加算をし、贈与税額控除額及び配偶者の税額軽減額を控除した後の税額）の比によってあん分して計算した金額

＜控除不足額の各扶養義務者への配分＞

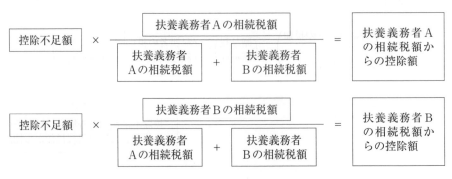

$$\text{控除不足額} \times \frac{\text{扶養義務者Aの相続税額}}{\text{扶養義務者Aの相続税額} + \text{扶養義務者Bの相続税額}} = \text{扶養義務者Aの相続税額からの控除額}$$

$$\text{控除不足額} \times \frac{\text{扶養義務者Bの相続税額}}{\text{扶養義務者Aの相続税額} + \text{扶養義務者Bの相続税額}} = \text{扶養義務者Bの相続税額からの控除額}$$

㈲　未成年者控除は、その未成年者が、相続又は遺贈により財産を全く取得していない場合には適用が受けられません。しかし、その未成年者が財産を取得している場合には、未成年者控除前の税額が零のときであっても、未成年者控除額は、その者の扶養義務者の相続税額から控除することとされています（相基通19の３－４）。

二　過去に未成年者控除を受けたことがある場合の控除額の計算

未成年者が２回以上相続した場合には、それぞれ未成年者控除の適用を受けることができますが、２回目以降の相続の際の控除額は、その相続の際に相続税法第19条の３第１項の規定により計算した未成年者控除額のうち、最初の相続の際に計算した未成年者控除額から本人及びその扶養義務者が実際に控除を受けた金額を控除した残額、すなわち、現在までの控除不足額の範囲内に限って控除が受けられることとされています（相法19の３③）。

㈲１　相続税法第19条の３第３項に規定する「第１項の規定による控除を受けることができる金額」とは、相続又は遺贈により財産を取得した者が、その相続の前に開始した相続（その開始した相続が２回以上あった場合には、最初の相続）によって財産を取得した際に控除することができる未成年者控除額をいいます（相基通19の３－５）。

なお、相続税法の改正により１年当たりの控除額が異なる場合には、前の相続による控除不足額は、現行法の規定によって計算し直すことになっています（相基通19の３－５㈲）。

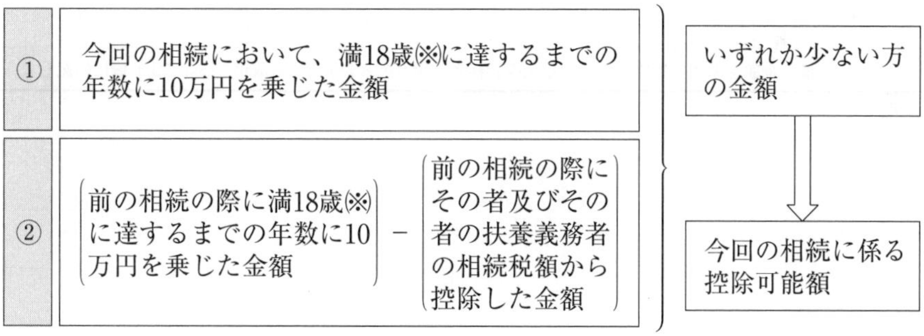

※　令和４年３月31日以前は「20歳」

２　令和４年４月１日以後に相続又は遺贈により財産を取得した未成年者が、その者又は扶養義務者の令和４年４月１日前に相続又は遺贈により取得した財産に係る相続税について令和元年税制改正前の相続税法第19条の３第１項又は第２項の規定の適用を受けたことがある者である場合の、その者又はその扶養義務者が令和元年税制改正後の相続税法第19条の３第１項又は第２項の規定による控除を受けることができる金額については、一定の経過措置が設けられています（平成31年改正法附則23②、相基通19の３－５㈲）。

ホ　手続

未成年者控除は、次の様式により計算します。

未成年者控除額 障害者控除額 の計算書

被相続人	

第6表（令和5年1月分以降用）

1　未成年者控除（この表は、相続、遺贈や相続時精算課税に係る贈与によって財産を取得した法定相続人のうちに、満18歳にならない人がいる場合に記入します。）

未成年者の氏名						計
年齢（1年未満切捨て）	①	歳	歳	歳	歳	
未成年者控除額	②	10万円×(18歳－＿歳)＝0,000円	10万円×(18歳－＿歳)＝0,000円	10万円×(18歳－＿歳)＝0,000円	10万円×(18歳－＿歳)＝0,000円	円 0,000
未成年者の第1表の（⑨＋⑪－⑫－⑬）又は（⑩＋⑪－⑫－⑬）の相続税額	③	円	円	円	円	円

（注）1　過去に未成年者控除の適用を受けた人は、②欄の控除額に制限がありますので、「相続税の申告のしかた」をご覧ください。

2　②欄の金額と③欄の金額のいずれか少ない方の金額を、第8の8表1のその未成年者の「未成年者控除額①」欄に転記します。

3　②欄の金額が③欄の金額を超える人は、その超える金額（②－③の金額）を次の④欄に記入します。

控除しきれない金額（②－③）	④	円	円	円	円	計 Ⓐ 円

（扶養義務者の相続税額から控除する未成年者控除額）

Ⓐ欄の金額は、未成年者の扶養義務者の相続税額から控除することができますから、その金額を扶養義務者間で協議の上、適宜配分し、次の⑥欄に記入します。

扶養義務者の氏名						計
扶養義務者の第1表の（⑨＋⑪－⑫－⑬）又は（⑩＋⑪－⑫－⑬）の相続税額	⑤	円	円	円	円	円
未成年者控除額	⑥					

（注）各人の⑥欄の金額を未成年者控除を受ける扶養義務者の第8の8表1の「未成年者控除額①」欄に転記します。

⑷　障害者控除

相続又は遺贈により財産を取得した者が障害のある者である場合には、一般的にそうでない者に比べてより多くの生活費を必要とすることから、その者の相続税額から一定額を控除することになっています（相法19の４）。

イ　適用対象者

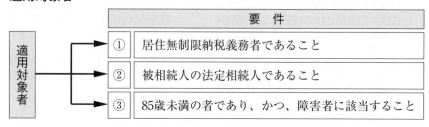

		要　件
適用対象者	①	居住無制限納税義務者であること
	②	被相続人の法定相続人であること
	③	85歳未満の者であり、かつ、障害者に該当すること

※　制限納税義務者であっても、その相続に係る被相続人がアメリカ合衆国の国籍を有していた場合、又はアメリカ合衆国に住所を有していたときは、その障害者については、日米相続税条約の規定により、障害者控除の適用が受けられることとされています（日米相続税条約第４条）。

なお、日米相続税条約による障害者控除の適用を受けるためには、相続税の申告書に、その者が一般の障害者又は特別障害者と同様の精神又は身体に障害を有する者であること及びその障害の程度を証する医師の発行した証明書と、次の事項を記載した届出書を添付しなければならないこととされています（日米相続税条約実施省令第２条）。

①　その障害者及び被相続人の氏名、年齢、国籍及び住所

②　通常のとおり計算した障害者控除額及び我が国にある相続財産の取得額に対応する控除額及びその計算の基礎

ロ　一般障害者、特別障害者の範囲

一般障害者及び特別障害者とは、それぞれ次の者をいいます（相令４の４、相基通19の４－１、19の４－２）。

一般障害者		特別障害者	
①	児童相談所、知的障害者更生相談所、精神保健福祉センター若しくは精神保健指定医等の判定により知的障害者とされた者のうち重度の知的障害者とされた者以外の者	①	精神上の障害により事理を弁識する能力を欠く常況にある者又は児童相談所、知的障害者更生相談所、精神保健福祉センター若しくは精神保健指定医等の判定により重度の知的障害者とされた者
②	精神保健及び精神障害者福祉に関する法律第45条第２項の規定により精神障害者保健福祉手帳に障害等級が２級又は３級である者として記載されている者	②	精神障害者保健福祉手帳に障害等級が１級である者として記載されている者
③	身体障害者手帳に障害の程度が３級から６級までである者と記載されている者	③	身体障害者手帳に、障害の程度が１級又は２級である者と記載された者
④	戦傷病者手帳の交付を受けている者のうち、障害の程度が恩給法に定める第４項症から第６項症等と記載されている者	④	戦傷病者手帳の交付を受けている者のうち、障害の程度が恩給法に定める特別項症から第３項症までである者と記載されている者
⑤	常に就床を要し、複雑な介護を要する者のうち、その障害の程度が、上記①又は③に準ずる者として市町村長等の認定を受けている者	⑤	原子爆弾被爆者に対する援護に関する法律第11条第１項の規定による厚生労働大臣の認定を受けている者
⑥	精神又は身体に障害のある年齢65歳以上の者で、その障害の程度が上記①又は③に準ずる者として市町村長等の認定を受けている者	⑥	常に就床を要し、複雑な介護を要する者のうち、精神又は身体の障害の程度が上記①又は③に準ずる者として市町村長等の認定を受けている者
		⑦	精神又は身体に障害のある年齢65歳以上の者で、障害の程度が上記①又は③に準ずる者として市町村長等の認定を受けている者

※　相続開始の時において、精神障害者保健福祉手帳の交付を受けていない者、身体障害者手帳の交付を受けていない者又は戦傷病者手帳の交付を受けていない者であっても、次に掲げる要件のいずれにも該当する者は、一般障害者又は特別障害者に該当するものとして取り扱われます（相基通19の４－３）。

⑴　相続税の期限内申告書を提出する時において、これらの手帳の交付を受けていること又はこれらの手帳の交付を申請中であること

⑵　交付を受けているこれらの手帳、精神障害者保健福祉手帳の交付を受けるための精神保健及び精神障害者福祉に関する法律施行規則（昭和25年厚生省令第31号）第23条第２項第１号《精神障害者保健福祉手帳》に規定する医師の診断書若しくは同項第２号に規定する精神障害を支給事由とする給付を現に受けていることを証する書類又は身体障害者手帳若しくは戦傷病者手帳の交付を受けるための身体障害者福祉法第15条第１項若しくは戦傷病者特別援護法施行規則（昭和38年厚生省令第46号）第１条第４号《手帳の交付の請求》に規定する医師の診断書により、相続開始の時の現況において、明らかにこれらの手帳に記載される程度の障害があると認められる者であること

ハ　控除額

（85歳－相続開始時の年齢）× 10万円 ＝ 一般障害者の控除額

（85歳－相続開始時の年齢）× 20万円 ＝ 特別障害者の控除額

障害者控除額は、一般障害者にあっては10万円、特別障害者にあっては20万円に、その者が85歳に達するまでの年数を乗じて計算した金額です。なお、85歳に達するまでの年数が１年未満であるとき又は１年未満の端数があるときは、これを１年として計算することとしています（相法19の４①）。

〔計算例〕　相続開始時の年齢　29歳６か月とすると

一般障害者の場合

85歳－29歳６か月＝55歳６か月→56年となります。

控除額は10万円×56年＝560万円となります。

特別障害者の場合

控除額は20万円×56年＝1,120万円となります。

㈴　相続税法の改正に伴う障害者控除額の変遷は下表のとおりです。

相続開始年分	一般障害者	特別障害者
昭和47年	70歳までの１年につき１万円	70歳までの１年につき３万円
昭和48年～昭和49年	70歳までの１年につき２万円	70歳までの１年につき４万円
昭和50年～昭和62年	70歳までの１年につき３万円	70歳までの１年につき６万円
昭和63年～平成22年３月31日	70歳までの１年につき６万円	70歳までの１年につき12万円
平成22年４月１日～平成26年	85歳までの１年につき６万円	85歳までの１年につき12万円
平成27年～	85歳までの１年につき10万円	85歳までの１年につき20万円

二　控除の方法

⑷　障害者の相続税額からの控除

この控除は、まず、障害者の相続税額（相続税額の２割加算をし、贈与税額控除、配偶者に対する相続税額の軽減及び未成年者控除後の相続税額をいいます。）から控除することとされています。

｛（各相続人等の税額＋２割加算）－（贈与税額控除）－（配偶者の税額軽減額）－（未成年者控除額）｝－（障害者控除額）

⇨ 控除不足額がある場合には、その者の扶養義務者の相続税額から控除

(ロ)　扶養義務者の相続税額からの控除

障害者控除額が障害者の相続税額を超える場合には、その超える部分の金額つまり控除不足額は、その者の扶養義務者で同一の被相続人から相続又は遺贈により財産を取得した者の相続税額から控除できることとされています（相法19の４③）。

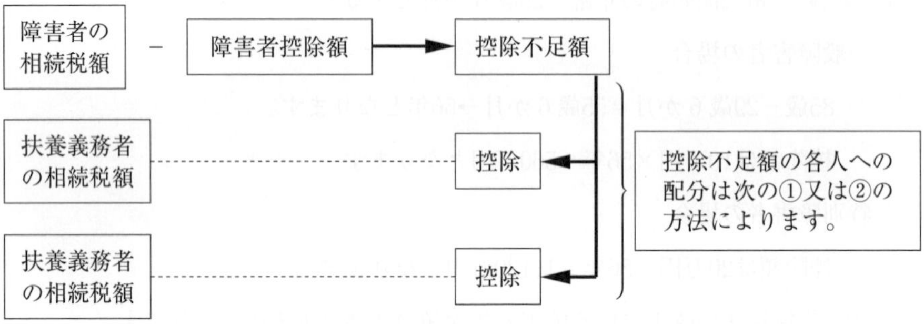

この場合において、その控除を受けることができる扶養義務者が２人以上あるときは、各扶養義務者の控除額は次の①又は②の金額とされています（相令４の４③）。

①　扶養義務者の全員が協議により、その全員が控除を受けることができる金額の総額を各人ごとに配分して定め、その定めたところにより控除額を記載した相続税の申告書を提出した場合には、その申告書に記載した金額

②　①以外の場合には、扶養義務者の全員が控除を受けることができる金額の総額を、その扶養義務者の相続税額（相続税額の２割加算をし、贈与税額控除額、配偶者の税額軽減額及び未成年者控除額を控除した後の税額）の比によってあん分して計算した金額

＜控除不足額の各扶養義務者への配分＞

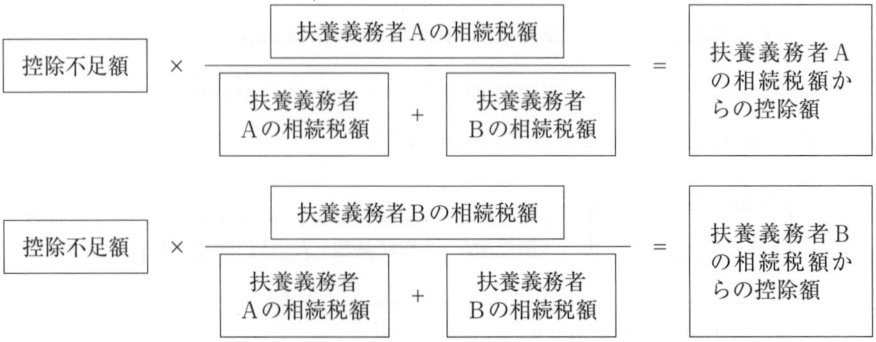

ホ　過去に障害者控除を受けたことがある場合の控除額の計算

障害者が２回以上相続した場合には、それぞれ障害者控除の適用を受けることができますが、２回目以降の相続の際の控除額は、その障害者又はその者の扶養義務者が今回の前の相続において既に障害者控除の適用を受けている場合には、前の相続による控除不足額を限度として今回の相続における控除額を計算することとされています（相法19の４③、相令４の４④）。

なお、相続税法の改正により１年当たりの控除額が異なる場合には、前の相続による控除不足額は、現行法の規定によって計算をし直すことになっています。

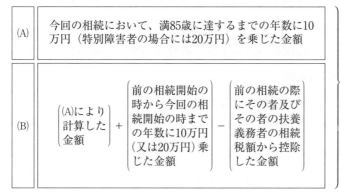

(A)	今回の相続において、満85歳に達するまでの年数に10万円（特別障害者の場合には20万円）を乗じた金額	いずれか少ない方の金額 ⇩ 今回の相続に係る控除可能額
(B)	（(A)により計算した金額）＋（前の相続開始の時から今回の相続開始の時までの年数に10万円（又は20万円）乗じた金額）－（前の相続の際にその者及びその者の扶養義務者の相続税額から控除した金額）	

〔計算例〕

１　今回の相続開始は令和６年４月であり、この相続開始時における一般障害者に該当するＡの年齢は37歳５か月である。

２　前の相続開始は平成26年４月であり、その相続の際にＡは一般障害者として障害者控除116万円の適用を受けている。

⑴　今回の相続について計算される障害者控除額

10万円×（85歳－37歳）＝480万円

⑵　前回の相続の際における控除不足額

①　10万円×（85歳－37歳）＝480万円

②　10万円×（令和６年４月－平成26年４月）＝100万円

③　480万円＋100万円－116万円＝464万円

⑶　今回の相続について控除を受けられる金額

⑴の金額480万円と⑵の金額464万円とのうち、いずれか少ない金額、すなわち464万円となります。

へ　今回の相続で特別障害者に該当する者が前の相続で一般障害者として障害者控除を受けている場合

今回の相続で特別障害者に該当する者が、前の相続で一般障害者に該当し障害者控除の適用を受けている場合の今回の控除額は、次の算式によって計算します（相基通19の４－４）。

{20万円×（85－Y）+10万円×（Y－X）}－A

算式中の符号は、次のとおりです。

X：初めて障害者控除の規定の適用を受ける一般障害者の前の相続開始時の年齢

Y：前の相続に係る相続税額の計算上障害者控除の規定の適用を受けた者の今回の相続開始時の年齢

Aは、前の相続に係る相続税額の計算上控除を受けた障害者控除額

ト　手続

障害者控除は、次の様式により計算します。

２　障害者控除（この表は、相続、遺贈や相続時精算課税に係る贈与によって財産を取得した法定相続人のうちに、一般障害者又は特別障害者がいる場合に記入します。）

		一般障害者		特別障害者		計
障害者の氏名						
年齢（１年未満切捨て）	①	歳	歳	歳	歳	
障害者控除額	②	10万円×（85歳-＿＿歳）＝ 0,000円	10万円×（85歳-＿＿歳）＝ 0,000円	20万円×（85歳-＿＿歳）＝ 0,000円	20万円×（85歳-＿＿歳）＝ 0,000円	円 0,000
障害者の第１表の（⑨+⑪-⑫-⑬）-第８の８表１の①又は第１表の（⑩+⑪-⑫-⑬）-第８の８表１の①の相続税額	③	円	円	円	円	円

（注）１　過去に障害者控除の適用を受けた人の控除額は、②欄により計算した金額とは異なりますので税務署にお尋ねください。
　　２　②欄の金額と③欄の金額のいずれか少ない方の金額を、第８の８表１のその障害者の「障害者控除額②」欄に転記します。
　　３　②欄の金額が③欄の金額を超える人は、その超える金額（②－③の金額）を次の④欄に記入します。

控除しきれない金額（②－③）	④	円	円	円	円	計 Ⓐ 円

（扶養義務者の相続税額から控除する障害者控除額）
Ⓐ欄の金額は、障害者の扶養義務者の相続税額から控除することができますから、その金額を扶養義務者間で協議の上、適宜配分し、次の⑥欄に記入します。

扶養義務者の氏名						計
扶養義務者の第１表の（⑨+⑪-⑫-⑬）-第８の８表１の①又は第１表の（⑩+⑪-⑫-⑬）-第８の８表１の①の相続税額	⑤	円	円	円	円	円
障害者控除額	⑥					

（注）各人の⑥欄の金額を障害者控除を受ける扶養義務者の第８の８表１の「障害者控除額②」欄に転記します。

第６表（令5.7）　　（資４－20－７－Ａ４統一）

(5) 相次相続控除

一般的には、相続の開始があってから次の相続の開始までは相当の期間があるのが通常であり、この場合には、相続税の負担も特に問題とならないと考えられますが、これに対し、短期間に相続の開始が続いた場合には、相続税の負担が過重となります。

このため、相続税法においては相次相続控除の制度を設け、その負担の調整を図ることとしており、これは、10年以内に２回以上の相続があった場合には、前の相続において課税された相続税額のうち、１年につき10％の割合で逓減した後の金額を後の相続に係る相続税額から控除しようとするものです（相法20）。

＜相次相続控除とは＞

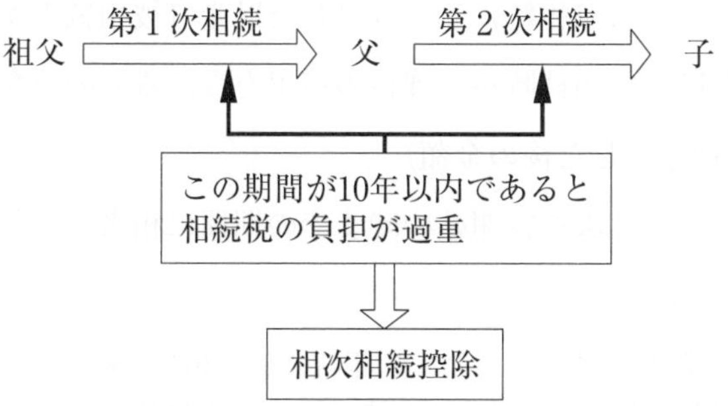

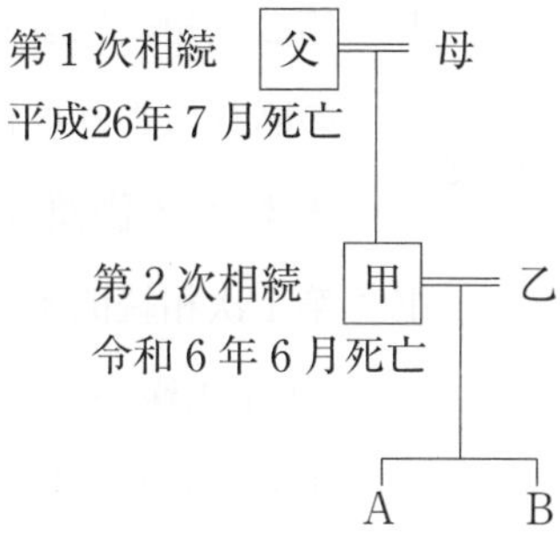

イ　適用要件

適用要件

① 被相続人の相続人であること

② その相続の開始前10年以内に開始した相続により被相続人が財産を取得していること

③ その相続の開始前10年以内に開始した相続により取得した財産について被相続人に対し相続税が課税されたこと

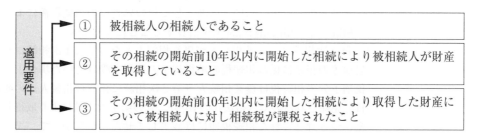

※　この制度の適用対象者は、相続人に限定されていますので、相続の放棄をした者及び相続権を失った者がたとえ遺贈により財産を取得しても、この制度は適用されません（相基通20－１）。

ロ　控除額

この制度による控除額は、次の算式により計算した金額です（相基通20－３）。

$$A \times \frac{C}{B-A}\left(\text{求めた割合が}\frac{100}{100}\text{を超えるときは、}\frac{100}{100}\text{とする}\right) \times \frac{D}{C} \times \frac{10-E}{10} = \text{相次相続控除額}$$

算式中の符号は、次のとおりです。

A：第２次相続に係る被相続人が第１次相続により取得した財産（第１次相続に係る被相続人からの贈与により取得した財産で相続時精算課税の適用を受けるものを含みます。）につき課せられた相続税額（相続時精算課税の適用を受ける財産につき課せられた贈与税があるときは、当該課せられた贈与税の税額（外国税額控除前の税額とし、延滞税、利子税及び各種加算税を除きます。）を控除した後の金額）

B：第2次相続に係る被相続人が第1次相続により取得した財産（第1次相続に係る被相続人からの贈与により取得した財産で相続時精算課税の適用を受けるものを含みます。）の価額（債務控除をした後の金額）

C：第2次相続により相続人及び受遺者の全員が取得した財産（被相続人からの贈与により取得した財産で相続時精算課税の適用を受けるものを含みます。）の価額（債務控除をした後の金額）

㈲　暦年課税に係る贈与により取得した財産の価額は含まれません。

D：第2次相続によりその相続人が相続により取得した財産（被相続人からの贈与により取得した財産で相続時精算課税の適用を受けるものを含みます。）の価額（債務控除をした後の金額）

E：第1次相続開始の時から第2次相続開始の時までの期間に相当する年数（1年未満の端数は切り捨てます。）

㈲1　相次相続控除の控除額の基となる第1次相続に係る相続税額には、延滞税、利子税及び各種の加算税額は含まれません（相法20①）。

2　第2次相続に係る相続税の申告期限後に、第1次相続に係る相続税額に異動が生じた場合には、原則としてその異動後の相続税額により第2次相続に係る相次相続控除額を計算することになります。

3　第2次相続に係る被相続人が農業相続人となって第1次相続において農地等の相続に係る相続税の納税猶予の適用を受けていた場合、その納税猶予分の相続税は農業相続人（第2次相続に係る被相続人）の死亡の日に免除されるので（措法70の6㊴）、Aの第1次相続により取得した財産につき課せられた相続税額には該当しません。したがって、当該免除された相続税額は相次相続控除額の計算の対象にはなりません（措通70の6－38）。

このことは、第1次相続において「非上場株式等についての相続税の納税猶予及び免除」、「非上場株式等の贈与者が死亡した場合の相続税の納税猶予」、「医療法人の持分についての相続税の納税猶予及び免除」、「山林を相続した場合の納税猶予及び免除」又は「個人の事業用資産についての相続税の納税猶予及び免除」の適用を受けていた場合も同じです（措通70の7の2－8、70の7の4－12、70の7の6－42、70の7の8－9）。

4　相次相続の控除額を計算する場合の取得財産の価額は、「相続税の課税価格に算入される部分に限る。」又は「相続税の課税価格計算の基礎に算入された部分に限る。」と規定されています（相法20一、二）。したがって、非課税財産の価額は含まれず、債務控除の金額がある場合には、その債務控除額を控除した後の金額となります（相基通20－２）。

なお、相続税法第20条の規定においては、上記のように「課税価格に算入される」と「課税価格計算の基礎に算入された」と表現を使い分けていますが、これは、前者は第２次相続に係る課税価格の計算であり、現に算入していなければそれを算入したところの課税価格であるのに対し、後者は第１次相続に係る課税価格であり、その第１次相続における相続税の課税に当たって課税価格の計算に算入された部分の財産に限ることを意味しているものです。

ハ　控除の方法

この控除は、その者の第２次相続に係る相続税額（相続税額の２割加算をし、贈与税額控除、配偶者に対する相続税額の軽減、未成年者控除及び障害者控除後の相続税額をいいます。）から控除することとされています。

$$\left\{\left(\begin{array}{c}\text{各相続人}\\\text{等の税額}\\+\\\text{２割加算}\end{array}\right)-\left(\begin{array}{c}\text{贈与税}\\\text{額控除}\end{array}\right)-\left(\begin{array}{c}\text{配偶者の税}\\\text{額軽減額}\end{array}\right)-\left(\begin{array}{c}\text{未成年者}\\\text{控除額}\end{array}\right)-\left(\begin{array}{c}\text{障害者}\\\text{控除額}\end{array}\right)\right\}-\left(\begin{array}{c}\text{相次相続}\\\text{控除額}\end{array}\right)$$

ニ　相続税の納税猶予の適用を受ける場合の相次相続控除額の計算

後述するように、農地の相続税の納税猶予の適用を受ける場合には、特例農地等の価額のうち農業投資価格を超える部分に対応する相続税額について、一定の要件の下に、納税の猶予が受けられ、この納税の猶予を受けた相続税額は、その納税の猶予の適用を受けた相続人（このニにおいて、以下「農業相続人」といいます。）が死亡した場合又は一定の農業相続人が相続税の申告期限から20年間農業経営を継続した場合等一定の要件に該当した場合には免除されることになっています。

このように、相続税の納税の猶予を受けた相続税額は、現実に納付がないこと又は免除されることになっているので、相次相続控除の計算についても特例が設けられています。

第２次相続に係る被相続人が相続税の納税猶予の適用を受けていた場合又は第２次相続により財産を取得した者のうちに農業相続人がある場合における相次相続控除額の計算は、次の算式によることとされています（措通70の６－38）。

$$A\times\frac{C}{B-A}\left(\text{求めた割合が}\frac{100}{100}\text{を超えるときは、}\frac{100}{100}\text{とする。}\right)\times\frac{D}{C'}\times\frac{10-E}{10}=\begin{array}{c}\text{相次相続}\\\text{控除額}\end{array}$$

算式中の符号は、次のとおりです。

Ａ：第２次相続に係る被相続人が第１次相続により取得した財産（第１次相

続に係る被相続人からの贈与により取得した財産で相続時精算課税の適用を受けるものを含みます。）につき課せられた相続税額（相続時精算課税の適用を受ける財産につき課せられた贈与税があるときは、当該課せられた贈与税の税額（外国税額控除前の税額とし、延滞税、利子税、各種加算税を除きます。）を控除した後の金額をいい、当該被相続人が当該納税猶予の適用を受けていた場合には、措置法第70条の６第39項の規定により免除された相続税額以外の税額に限ります。）

Ｂ：第２次相続に係る被相続人が第１次相続により取得した財産（第１次相続に係る被相続人からの贈与により取得した財産で相続時精算課税の適用を受けるものを含みます。）の価額（債務控除をした後の金額）

Ｃ：第２次相続により相続人及び受遺者の全員が取得した財産（被相続人からの贈与により取得した財産で相続時精算課税の適用を受けるものを含みます。）の価額（債務控除をした後の金額）

Ｃ′：農業相続人が取得した特例農地等の価額を農業投資価格で計算した場合の第２次相続により相続人及び受遺者の全員が取得した財産（被相続人からの贈与により取得した財産で相続時精算課税の適用を受けるものを含みます。）の価額（債務控除をした後の金額）

Ｄ：第２次相続により当該控除対象者が取得した財産（当該被相続人からの贈与により取得した財産で相続時精算課税の適用を受けるものを含みます。）の価額（債務控除をした後の金額をいい、当該控除対象者が農業相続人である場合には、その者の取得した特例農地等の価額は農業投資価格で計算します。）

Ｅ：第１次相続開始の時から第２次相続開始の時までの期間に相当する年数（１年未満の端数は切り捨てます。）

ホ　手続

相次相続控除は、次の様式により計算します。

相次相続控除額の計算書

被相続人	

第７表（令和５年１月分以降用）

この表は、被相続人が今回の相続の開始前10年以内に開始した前の相続について、相続税を課税されている場合に記入します。

1　相次相続控除額の総額の計算

前の相続に係る被相続人の氏名	前の相続に係る被相続人と今回の相続に係る被相続人との続柄	前の相続に係る相続税の申告書の提出先
		税務署

① 前の相続の年月日	② 今回の相続の年月日	③ 前の相続から今回の相続までの期間（1年未満切捨て）	④ 10年 － ③ の 年 数
年　月　日	年　月　日	年	年
⑤ 被相続人が前の相続の時に取得した純資産価額（相続時精算課税適用財産の価額を含みます。）	⑥ 前の相続の際の被相続人の相続税額	⑦ （⑤－⑥）の金額	⑧ 今回の相続、遺贈や相続時精算課税に係る贈与によって財産を取得した全ての人の純資産価額の合計額（第１表の④の合計金額）
円	円	円	円

（⑥の相続税額）＿＿＿円 × （⑧の金額）円／（⑦の金額）円 （この割合が１を超えるときは１とします。） × （④の年数）＿＿年／10年 ＝

相次相続控除額の総額
Ⓐ　円

2　各相続人の相次相続控除額の計算

(1)　一般の場合（この表は、被相続人から相続、遺贈や相続時精算課税に係る贈与によって財産を取得した人のうちに農業相続人がいない場合に、財産を取得した相続人の全ての人が記入します。）

今回の相続の被相続人から財産を取得した相続人の氏名	⑨ 相次相続控除額の総額	⑩ 各相続人の純資産価額（第１表の各人の④の金額）	⑪ 相続人以外の人も含めた純資産価額の合計額（第１表の④の各人の合計）	⑫ 各人の⑩／Ⓑ の割合	⑬ 各人の相次相続控除額（⑨×各人の⑫の割合）
	（上記Ⓐの金額） ＿＿＿円	円	Ⓑ ＿＿＿円		円

(2)　相続人のうちに農業相続人がいる場合（この表は、被相続人から相続、遺贈や相続時精算課税に係る贈与によって財産を取得した人のうちに農業相続人がいる場合に、財産を取得した相続人の全ての人が記入します。）

今回の相続の被相続人から財産を取得した相続人の氏名	⑭ 相次相続控除額の総額	⑮ 各相続人の純資産価額（第３表の各人の④の金額）	⑯ 相続人以外の人も含めた純資産価額の合計額（第３表の④の各人の合計）	⑰ 各人の⑮／Ⓒ の割合	⑱ 各人の相次相続控除額（⑭×各人の⑰の割合）
	（上記Ⓐの金額） ＿＿＿円	円	Ⓒ ＿＿＿円		円

（注）１　⑥欄の相続税額は、相続時精算課税分の贈与税額控除後の金額をいい、その被相続人が納税猶予の適用を受けていた場合の免除された相続税額並びに延滞税、利子税及び加算税の額は含まれません。
２　各人の⑬又は⑱欄の金額を第８の８表１のその人の「相次相続控除額③」欄に転記します。

第７表（令５.７）　　（資４－20－８－Ａ４統一）

⑹　外国税額控除

相続又は遺贈により法施行地外にある財産を取得した場合において、その財産について、その財産の所在地国の法令により我が国の相続税に相当する税が課せられたときは、その国外財産については、我が国とその財産の所在地国とで二重に課税することになります。

そこで、この国際間の二重課税を防止するために設けられたのが、在外財産に対する相続税額の控除であり、一般に外国税額控除と呼んでいます。

つまり、国外財産について、その所在地国で我が国の相続税に相当する税が課せられたときは、その財産を取得した者については、我が国の算出相続税額から一定額が控除されることになっています（相法20の２）。

イ　適用要件

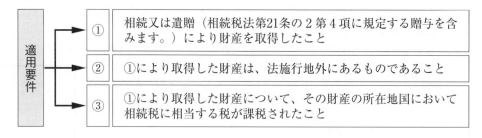

適用要件	①	相続又は遺贈（相続税法第21条の２第４項に規定する贈与を含みます。）により財産を取得したこと
	②	①により取得した財産は、法施行地外にあるものであること
	③	①により取得した財産について、その財産の所在地国において相続税に相当する税が課税されたこと

ロ　控除額

相続税額から控除する外国税額は、相続又は遺贈により取得した外国に所在する財産についてその外国において課された我が国の相続税に相当する税額です。ただし、その控除すべき金額が、次の算式により計算した金額を超えるときは、その超える部分の金額は控除されないことになっています（相法20の２ただし書）。

$$\text{贈与税額控除から相次相続控除までの諸控除を控除した後のわが国の相続税額} \times \frac{\text{外国に所在する財産の価額（※１）}}{\text{相続又は遺贈により取得した財産の価額のうち課税価格計算の基礎に算入された部分の金額（※２）}}$$

㈱１　相続又は遺贈により取得した外国にある財産の価額の合計額から、その財産に係る債務の金額を控除した額をいいます（相基通20の２－２）。

２　課税価格計算の基礎に算入された部分の金額とは、債務控除後の金額をいいます（相基通20の２－２）。

上記の計算は、外国の法令により課された相続税に相当する税の税率が高率なもので、我が国の相続税の税率を超える場合には、我が国の税率に相当する部分の税額の範囲内で外国税額控除を認めることとし、外国で課せられた税額は、我が国に所在する財産の価額に対応する相続税額に食い込んでまでは控除しないという趣旨です。

なお、上記の控除額を計算する場合には、外国の法令により課税された相続税額に相当する税額を邦貨に換算する必要がありますが、その換算の時期は、原則として、その地の法令により納付すべき日とされている日における電信売相場（T.T.S.）により邦貨に換算するものとされています。ただし、送金が著しく遅延して行われる場合を除き、国内から送金する日の電信売相場（T.T.S.）によることができることとされています（相基通20の２－１）。

ハ　手続

外国税額控除は、次の様式により、計算します。

外国税額控除額／農地等納税猶予税額の計算書　　被相続人　　　　　　　第８表（令和５年１月分以降用）

1　外国税額控除　（この表は、課税される財産のうちに外国にあるものがあり、その財産について外国において日本の相続税に相当する税が課税されている場合に記入します。）

外国で相続税に相当する税を課せられた人の氏名	外国の法令により課せられた税 国名及び税の名称	①納期限（年月日）	②税額	③①の日現在における邦貨換算率	④邦貨換算税額（②×③）	⑤邦貨換算在外純財産の価額	⑥（⑤の金額／取得財産の価額）の割合	⑦相次相続控除後の税額×⑥	⑧控除額（④と⑦のうちいずれか少ない方の金額）
		・・			円	円		円	円
		・・							
		・・							
		・・							
		・・							
		・・							

（注）１　⑤欄は、在外財産の価額（被相続人から相続開始の年に暦年課税に係る贈与によって取得した財産及び相続時精算課税適用財産の価額を含みます。）からその財産についての債務の金額を控除した価額を記入します。
２　⑥欄の「取得財産の価額」は、第１表の④欄の金額と被相続人から相続開始の年に暦年課税に係る贈与によって取得した財産の価額の合計額によります。
３　各人の⑧欄の金額を第8の8表1のその人の「外国税額控除額④」欄に転記します。

ニ　控除の順序

相続税法第19条から第20条の２までの規定による相続税の税額控除等の順序は、次によることとされています（相基通20の２－４）。

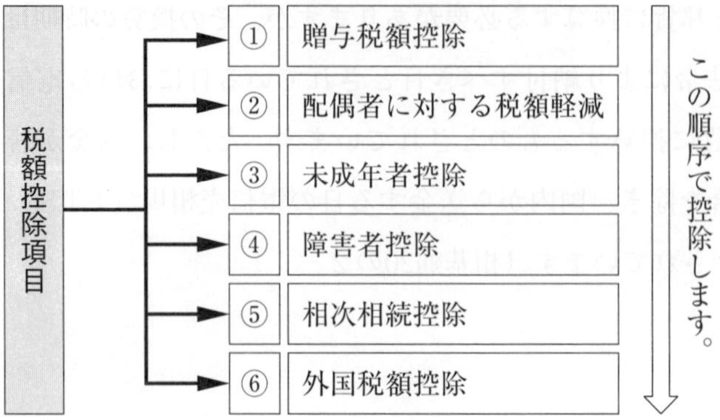

4　相続時精算課税分の贈与税額控除

相続時精算課税適用者に相続時精算課税適用財産について課せられた贈与税がある場合には、その人の相続税額（「３　各種の税額控除」をした結果が赤字の場合は０となります。）からその贈与税額（贈与税の外国税額控除前の税額です。）に相当する金額を控除します。

この場合、当該贈与税額に課された利子税、延滞税及び各種加算税の金額は、上記の控除される金額には含まれません（相法21の15③、21の16④）。

なお、上記により相続税額から控除する場合において、なお控除しきれない金額があるときは、その控除しきれない金額（相続時精算課税適用財産に係る贈与税について外国税額控除の適用を受けた場合には、その控除しきれない金額からその外国税額控除額を控除した残額）に相当する税額の還付を受けることができます（相法33の２①）。

この税額の還付を受けるためには、相続税の申告書を提出しなければなりません（相法33の２④）。

具体的な計算式は、次のとおりです。

［上記３の各種の税額控除後の相続税額］－｛［相続時精算課税分の贈与税額］＋［当該贈与税額の計算で控除した外国税額控除額］｝＝［納付すべき税額］

なお、上記の算式で赤字となる場合は、次の算式で計算した金額が、還付される税額となります。

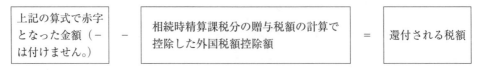

［上記の算式で赤字となった金額（－は付けません。）］－［相続時精算課税分の贈与税額の計算で控除した外国税額控除額］＝［還付される税額］

第７章　相続税の申告書の書き方

相続税の申告書には、色々な計算書や明細書の様式が用意されています。申告書は、次ページに掲げる図の①から⑱に示す手順で作成することになりますが、不要なものは作成しなくても差し支えありません（最も一般的な場合の例であり、申告の内容によっては、番号が付されていない様式を作成する必要がある場合があります。）。

㈱　国税庁ホームページに掲載されている様式を基に記載しています。

記載に当たって留意すべき事項を230ページ以下に掲げましたので参考にしてください。

相続税の申告書の書き方

㈱　申告書の記載は、黒のボールペンの使用が推奨されています。

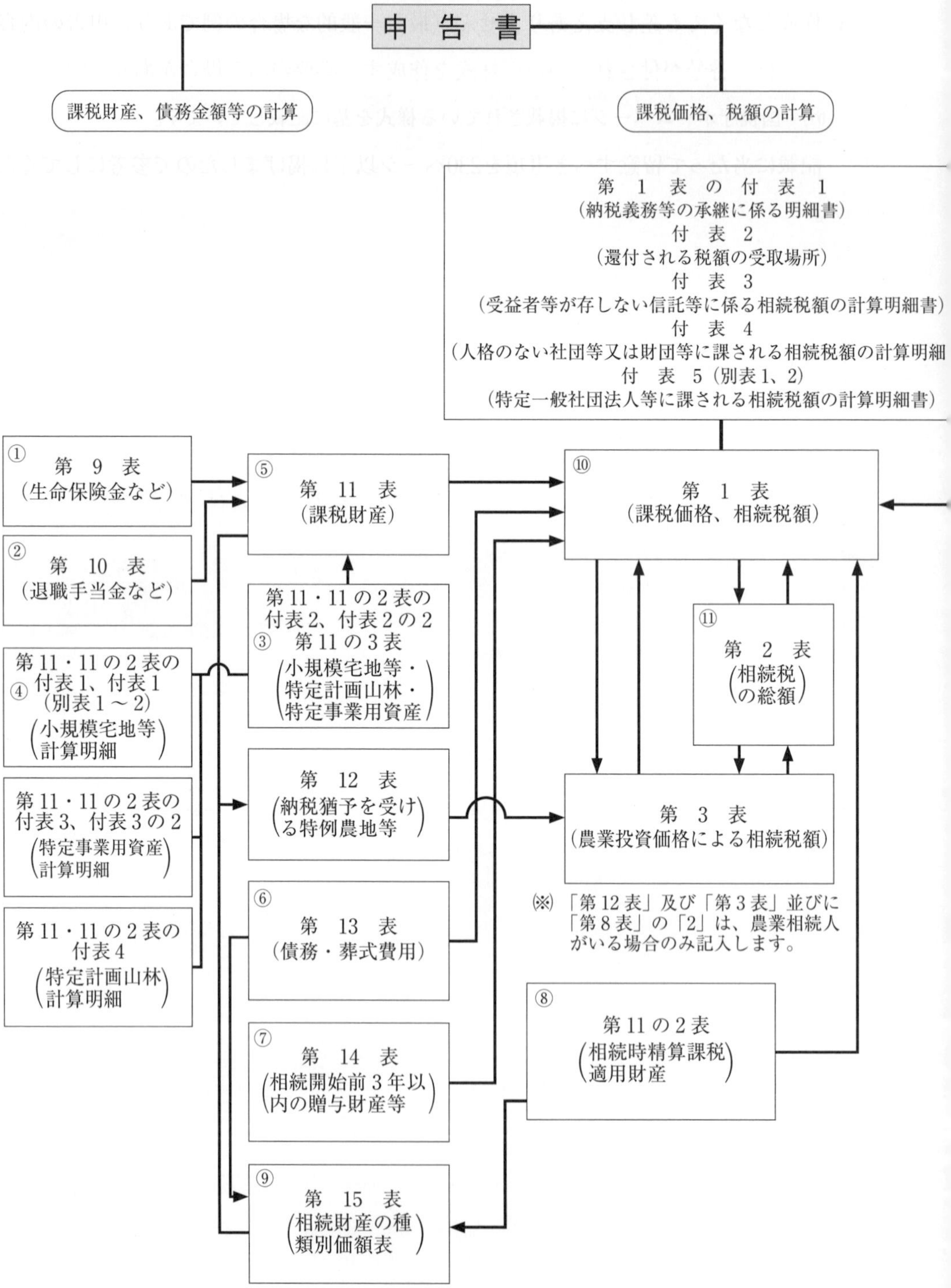

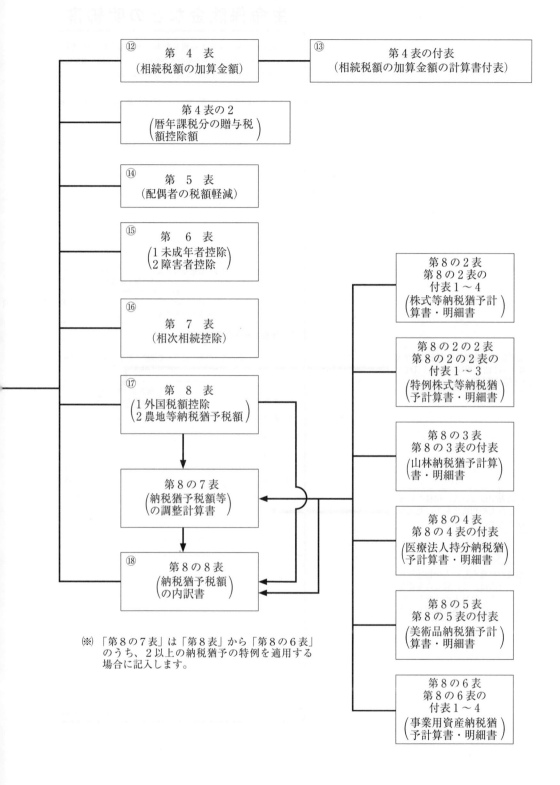

- ⑫ 第４表（相続税額の加算金額）
  - ⑬ 第４表の付表（相続税額の加算金額の計算書付表）
- 第４表の２（暦年課税分の贈与税額控除額）
- ⑭ 第５表（配偶者の税額軽減）
- ⑮ 第６表（１未成年者控除　２障害者控除）
- ⑯ 第７表（相次相続控除）
- ⑰ 第８表（１外国税額控除　２農地等納税猶予税額）
  - → 第８の７表（納税猶予税額等の調整計算書）
  - → ⑱ 第８の８表（納税猶予税額の内訳書）
- 第８の２表　第８の２表の付表１～４（株式等納税猶予計算書・明細書）
- 第８の２の２表　第８の２の２表の付表１～３（特例株式等納税猶予計算書・明細書）
- 第８の３表　第８の３表の付表（山林納税猶予計算書・明細書）
- 第８の４表　第８の４表の付表（医療法人持分納税猶予計算書・明細書）
- 第８の５表　第８の５表の付表（美術品納税猶予計算書・明細書）
- 第８の６表　第８の６表の付表１～４（事業用資産納税猶予計算書・明細書）

（第８の２表～第８の６表 → 第８の７表、第８の８表）

(※)「第８の７表」は「第８表」から「第８の６表」のうち、２以上の納税猶予の特例を適用する場合に記入します。

生命保険金などの明細書

1　相続や遺贈によって取得したものとみなされる保険金な

この表は、相続人やその他の人が被相続人から相続や遺贈によ
亡保険金及び特定の生命共済金などを受け取った場合に、その受

保険会社等の所在地	保険会社等の名称

(注) 1　相続人（相続の放棄をした人を除きます。以下同じです。
ますので、その人は、次の２の該当欄に非課税となる金額
2　相続人以外の人が受け取った保険金などについては、非
た金額そのままを第11表の「財産の明細」の「価額」の欄に
3　相続時精算課税適用財産は含まれません。

2　課税される金額の計算

この表は、被相続人の死亡によって相続人が生命保険金などを受

○ 遺産に係る基礎控除額を計算する場合の「法定相続人の数」（186ページ参照）と同じです。

保険金の非課税限度額	〔第２表のⒶの法定相続人の数〕（５００万円×　　人により計算

保険金などを受け取った相続人の氏名	① 受け取った保険金などの金額
合　　計	Ⓑ

○ 相続人ではない人、相続の放棄をした人や相続権を失った人を除きます。

○ 相続の放棄をした人や相続権を失った人は、受け取った金額をそのまま、第11表の「財産の明細」の「価額」欄に移記します。

(注) 1　Ⓑの金額がⒶの金額より少ないときは、各相続人の①欄
税金額は０となります。
2　③欄の金額を第11表の「財産の明細」の「価額」欄に転記

第９表(令5.7)

被相続人	

など

って取得したものとみなされる生命保険金、損害保険契約の死
取金額などを記入します。

	受取年月日	受取金額	受取人の氏名
	・・	円	
	・・		
	・・		
	・・		
	・・		

）が受け取った保険金などのうち一定の金額は非課税となり
と課税される金額とを記入します。
課税となる金額はありませんので、その人は、その受け取っ
こ転記します。

受け取った場合に、記入します。

	Ⓐ 円
した金額を右のⒶに記入します。）	,000,000

	② 非課税金額 $\left(Ⓐ \times \frac{各人の①}{Ⓑ}\right)$	③ 課税金額 (①－②)
円	円	円

の金額がそのまま②欄の非課税金額となりますので、③欄の課
記します。

（資４－20－10－Ａ４統一）

第９表（平成21年４月分以降用）

○ 次の算式で計算した金額を記入します。

$$保険金等 \times \frac{被相続人が支払った保険料の金額}{被相続人の死亡時までに払い込まれた保険料の全額}$$

○ 保険金等が年金として支払われる場合には、相続税法第24条に規定する定期金の評価方法によって評価します。
○ 租税特別措置法第70条の規定の適用を受ける部分がある場合には、その金額を控除したものを記入します。
なお、同条の規定の適用を受ける部分の金額はかっこ書で表示するなど、その金額が明らかになるようにしておく必要があります。

○ 相続の放棄をした人及び相続人以外の人が生命保険金等を受け取った場合も記載します。
○ 受取人に指定された者以外の者が受け取っていないかどうか確認します。

退職手当金などの明細書

被相続人	

第10表（平成21年4月分以降用）

1　相続や遺贈によって取得したものとみなされる退職手当金など

この表は、相続人やその他の人が被相続人から相続や遺贈によって取得したものとみなされる退職手当金、功労金、退職給付金などを受け取った場合に、その受取金額などを記入します。

勤務先会社等の所在地	勤務先会社等の名称	受取年月日	退職手当金などの名称	受取金額	受取人の氏名
		・　・		円	
		・　・			
		・　・			
		・　・			
		・　・			

（注）１　相続人（相続の放棄をした人を除きます。以下同じです。）が受け取った退職手当金などのうち一定の金額は非課税となりますので、その人は、次の２の該当欄に非課税となる金額と課税される金額とを記入します。
　　２　相続人以外の人が受け取った退職手当金などについては、非課税となる金額はありませんので、その人は、その受け取った金額そのままを第11表の「財産の明細」の「価額」の欄に転記します。

2　課税される金額の計算

この表は、被相続人の死亡によって相続人が退職手当金などを受け取った場合に、記入します。

退職手当金などの非課税限度額	（500万円×〔第２表のⒶの法定相続人の数〕　人 により計算した金額を右のⒶに記入します。）	Ⓐ　円 ,000,000

退職手当金などを受け取った相続人の氏名	① 受け取った退職手当金などの金額	② 非課税金額（Ⓐ×各人の①/Ⓑ）	③ 課税金額（①－②）
	円	円	円
合計	Ⓑ		

（注）１　Ⓑの金額がⒶの金額より少ないときは、各相続人の①欄の金額がそのまま②欄の非課税金額となりますので、③欄の課税金額は０となります。
　　２　③欄の金額を第11表の「財産の明細」の「価額」欄に転記します。

第10表(令5.7)　　（資４－20－11－Ａ４統一）

○ 支給される退職手当金等の額が確定した年月日を記入します。

○ 退職金、功労金、慰労金など、その支給された名称を記入します。

○ 相続の放棄をした人及び相続人以外の人が退職手当金等を受け取った場合も記載します。
○ 受取人に指定された者以外の者が受け取っていないかどうか確認します。

○ 遺産に係る基礎控除額を計算する場合の「法定相続人の数」（186ページ参照）と同じです。

○ 相続人ではない人、相続の放棄をした人や相続権を失った人を除きます。

⇩

○ 相続の放棄をした人や相続権を失った人は、受け取った金額をそのまま、第11表の「財産の明細」の「価額」欄に移記します。

○ 租税特別措置法第70条の規定の適用を受ける部分がある場合には、その金額を控除したものを記入します。
なお、同条の規定の適用を受ける部分の金額はかっこ書で表示するなど、その金額が明らかになるようにしておく必要があります。

小規模宅地等の特例、特定計画山林の特例又は個人の事業用資産の納税猶予の適用にあたっての同意及び特定計画山林についての課税価格の計算明細書

被相続人	

第11・11の２表の付表２（令和２年４月分以降用）

1　特例の適用にあたっての同意

この表は、被相続人から相続、遺贈又は相続時精算課税に係る贈与により取得した財産のうちに、①「小規模宅地等の特例」の対象となり得る宅地等及び「個人の事業用資産の納税猶予」の対象となり得る宅地等その他一定の財産がある場合、又は②「特定計画山林の特例」の対象となり得る山林がある場合に記入します。

なお、「特定事業用資産の特例」の対象となり得る財産がある場合（「個人の事業用資産の納税猶予」の対象となり得る宅地等その他一定の財産がある場合を除きます。）には、第11・11の２表の付表２の２を作成します（この場合には、この表の記入を要しません。）。

(1) 特例の適用にあたっての同意

（注）「小規模宅地等の特例」若しくは「特定計画山林の特例」の対象となり得る財産又は「個人の事業用資産の納税猶予」の対象となり得る宅地等その他一定の財産を取得した全ての人の同意が必要です。

私（私たち）は下記の「(2) 特例の適用を受ける財産の明細」の①から③までの明細において選択した財産の全てが、租税特別措置法第69条の４第１項に規定する小規模宅地等、同法第69条の５第１項に規定する選択特定計画山林又は同法第70条の６の10第１項に規定する特例事業用資産のうち同条第２項第１号イに掲げるものに該当することを確認の上、その財産の取得者が租税特別措置法第69条の４第１項、第69条の５第１項又は第70条の６の10第１項に規定する特例の適用を受けることに同意します。	特例の対象となり得る財産を取得した全ての人の氏名	

○特例の対象となり得る財産を取得した人全員の氏名を記入します（特例の適用を受けない人の氏名も必ず記入してください）。

(2) 特例の適用を受ける財産の明細

（注）特例の適用を受ける財産の明細の番号を○で囲んでください。

① 小規模宅地等の明細
第11・11の２表の付表１の「２ 小規模宅地等の明細」のとおり。
② 特定（受贈）森林経営計画対象山林である選択特定計画山林の明細
第11・11の２表の付表４の「１ 特定森林経営計画対象山林である選択特定計画山林の明細」又は「２ 特定受贈森林経営計画対象山林である選択特定計画山林の明細」のとおり。
③ 特例事業用資産のうち租税特別措置法第70条の６の10第２項第１号イに掲げるものの明細
第８の６表の付表３の「２ この特例の適用を受ける宅地等に係る限度面積の判定」の(2)及び(3)のとおり。

○特例の適用を受ける項目の番号①から③に○印を付けます。

2　特定計画山林の特例の対象となる特定計画山林等の調整限度額の計算

この表は、「特定計画山林の特例」を適用し、かつ、「小規模宅地等の特例」又は「個人の事業用資産の納税猶予」を適用する場合に記入します。

なお、「特定事業用資産の特例」の適用を受ける場合の「特定計画山林の対象となる特定（受贈）森林経営計画対象山林の調整限度額等の計算」については、第11・11の２表の付表２の２で計算します。

(1) 小規模宅地等の特例及び個人の事業用資産の納税猶予の適用を受ける面積

① 限度面積	② 小規模宅地等の特例等の適用を受ける面積（裏面２参照）	③ 特例適用残面積（①－②）
200㎡	㎡	㎡

(2) 特定計画山林の特例の対象となる特定（受贈）森林経営計画対象山林の調整限度額等の計算

④ 特定計画山林の特例の対象として選択することのできる特定（受贈）森林経営計画対象山林である立木又は土地等の価額の合計額	⑤ 特例の対象となる特定（受贈）森林経営計画対象山林の調整限度額 $(④\times\frac{③}{①})$	⑥ ⑤のうち特例の適用を受ける価額（第11・11の２表の付表４の「３ 特定（受贈）森林経営計画対象山林である選択特定計画山林の価額の合計額」の「A＋B」欄の金額）	
円	円	円	

（注）③欄が0となる場合には、特定（受贈）森林経営計画対象山林について特定計画山林の特例の適用を受けることはできません。

第11・11の２表の付表２（令5.7）　　（資4－20－12－3－6－A4統一）

第11・11の2表の付表2の2（平成31年1月分以降用）

特定事業用資産等についての課税価格の計算明細書

被相続人	

この表は、被相続人から相続、遺贈又は相続時精算課税に係る贈与により取得した財産のうちに、「特定事業用資産の特例」の対象となり得る財産がある場合に記入します(裏面1参照)。

1　特例の適用にあたっての同意

（注）「小規模宅地等の特例」、「特定計画山林の特例」又は「特定事業用資産の特例」の対象となり得る財産を取得した全ての人の同意が必要です。

私（私たち）は下記の「２　特例の適用を受ける財産の明細」の(1)から(3)までの明細において選択した財産の全てが、租税特別措置法第69条の４第１項に規定する小規模宅地等、同法第69条の５第１項に規定する選択特定計画山林又は旧租税特別措置法第69条の５第１項に規定する選択特定事業用資産に該当することを確認の上、その財産の取得者が租税特別措置法第69条の４第１項、第69条の５第１項又は旧租税特別措置法第69条の５第１項に規定する特例の適用を受けることに同意します。	特例の対象となり得る財産を取得した全ての人の氏名	

2　特例の適用を受ける財産の明細

（注）特例の適用を受ける財産の明細の番号を○で囲んでください。

(1)　小規模宅地等の明細
第11・11の２表の付表１の「２　小規模宅地等の明細」のとおり。
(2)　特定受贈同族会社株式等である選択特定事業用資産の明細
第11・11の２表の付表３のとおり。
(3)　特定（受贈）森林経営計画対象山林である選択特定計画山林の明細
第11・11の２表の付表４の「１　特定森林経営計画対象山林である選択特定計画山林の明細」又は「２　特定受贈森林経営計画対象山林である選択特定計画山林の明細」のとおり。

3　特定計画山林の特例の対象となる特定計画山林等の調整限度額の計算

この欄は、「特定事業用資産の特例」を適用し、かつ、「小規模宅地等の特例」又は「特定計画山林の特例」を適用する場合に記入します。

(1) 小規模宅地等の特例の適用を受ける面積

	① 限度面積	② 特例の適用を受ける面積（裏面2参照）	③ 特例適用残面積（①－②）
	400㎡	㎡	㎡

(2) 特定事業用資産の特例の対象となる特定受贈同族会社株式等の調整限度額等の計算

④ 特定事業用資産の特例の対象として選択することのできる特定受贈同族会社株式等に係る各法人の株式（出資）の時価総額の$\frac{2}{3}$に相当する金額の合計額 ※　10億円を超える場合は10億円となります。	⑤ 特例の対象となる特定受贈同族会社株式等の調整限度額 （④×$\frac{③}{①}$）	⑥ ⑤のうち特例の適用を受ける価額（第11・11の２表の付表３の特定受贈同族会社株式等である選択特定事業用資産の価額の合計額（⑧欄の金額））	⑦ 特例適用残価額（⑤－⑥）
円	円	円	円

（注）１　③欄が０となる場合には、特定受贈同族会社株式等について特定事業用資産の特例の適用を受けることはできません。
　　２　小規模宅地等の特例の適用がない場合には、⑤欄には④欄の金額を転記します。
　　３　被相続人が生前に特定受贈同族会社株式等の贈与をしている場合の④欄の金額については、税務署にお尋ねください。

(3) 特定計画山林の特例の対象となる特定（受贈）森林経営計画対象山林の調整限度額等の計算

⑧ 特定計画山林の特例の対象として選択することのできる特定（受贈）森林経営計画対象山林である立木又は土地等の価額の合計額	⑨ 特例の対象となる特定（受贈）森林経営計画対象山林の調整限度額 （⑧×$\frac{⑦}{④}$）	⑩ ⑨のうち特例の適用を受ける価額（第11・11の２表の付表４の「３　特定（受贈）森林経営計画対象山林である選択特定計画山林の価額の合計額」の「Ａ＋Ｂ」欄の金額）	
円	円	円	

（注）　③欄が０となる場合又は⑦欄が０となる場合には、特定（受贈）森林経営計画対象山林について特定計画山林の特例の適用を受けることはできません。

「②特例の適用を受ける面積」は以下の算式により計算します。

特定居住用宅地等の面積 ×$\frac{5}{3}$＋ 特定事業用宅地等及び特定同族会社事業用宅地等の面積の合計 ＋ 貸付事業用宅地等の面積 × 2

第11・11の２表の付表２の２（令５.７）　　（資４－20－12－３－７－Ａ４統一）

個人の事業用資産の贈与者が死亡した場合の相続税の課税の特例の適用に係る特例受贈事業用資産の明細書

被相続人	
特例事業相続人等	

第11の３表（平成31年１月分以降用）

この明細書は、租税特別措置法第70条の６の９の規定により相続又は遺贈により取得したものとみなされた特例受贈事業用資産について、特例事業相続人等ごとに、その明細等を記載します。

1　贈与税の申告に係る事項

①　贈与を受けた年分	年分	②　贈与税の申告書を提出した税務署の名称	署
③　被相続人が特例事業相続人等に係る「前の贈与者」に該当するか否かの別			該当　・　非該当

（注）１　③欄の「前の贈与者」とは、特例事業相続人等への特例受贈事業用資産の贈与が、その贈与に係る贈与者の租税特別措置法第70条の６の８第14項第３号の規定の適用に係るものである場合における当該贈与者に贈与をした者等をいいます。詳しくは、税務署にお尋ねください。
２　③欄は、いずれかを丸で囲んでください。

2　調整割合の計算

この欄は、特例事業相続人等が贈与により取得した特例受贈事業用資産に係る贈与税の申告における納税猶予分の贈与税額の計算に当たり、控除された債務がある場合には①から③欄を記載し、控除された債務がない場合には③欄に１/１と記載します。

①　贈与税の申告書に記載された特例受贈事業用資産の価額の合計額	②　①に係る納税猶予分の贈与税額の計算に当たり①から控除された債務の金額	③　調整割合 $\left(\frac{①-②}{①}\right)$
円	円	A

3　特例受贈事業用資産の明細

この欄は、相続又は遺贈により取得したものとみなされた特例受贈事業用資産について、⑴から⑷の区分ごとに記載してください。

（注）１　特例受贈事業用資産が租税特別措置法第70条の６の８第５項の承認を受けて取得した資産（以下「買換資産」といいます。）である場合には、各欄の「□」にレ印を記入してください。
２　特例受贈事業用資産の廃棄に係る租税特別措置法施行令第40条の７の８第18項の届出をした特例受贈事業用資産については、廃棄前のその資産の区分に応じて記載してください。また、この場合には、「所在場所」欄に『廃棄』と記載してください。
３　⑴③、⑵③、⑶④及び⑷④の「価額」は、贈与の時（被相続人が「前の贈与者」である場合には、その前の贈与の時）における価額（租税特別措置法第70条の６の８第18項の規定の適用があった場合には、同項の認可決定日における価額）を記載します。
４　⑴から⑶の各欄の①、②及び④に記載した事項について、⑴から⑶の特例受贈事業用資産の区分に応じ「第８の６表の付表２」の３⑴から⑶欄に転記してください。
なお、買換資産（各欄の「□」にレ印がある特例受贈事業用資産）のうち、被相続人から贈与により取得をした宅地等に係る買換資産（当該買換資産の買換資産を含みます。）については、「第８の６表の付表２」の３⑷欄に転記してください。

⑴　宅地等

	①　所在場所	②　面積	③　価額	④　調整価額（③×A）
□		㎡	円	円
□				
□				
⑤	宅地等の価額の合計額			イ　円

（注）⑤欄のイの合計額を、「第11表」の「財産の明細」欄の「価額」欄に転記します。また、この場合における「財産の明細」の他の欄の記載については、「種類」欄には『土地』と、「細目」欄には『宅地等』と、「所在場所等」欄には『第11の３表のとおり』とそれぞれ記載し、その他の欄の記載は不要です。

⑵　建物

	①　所在場所	②　面積	③　価額	④　調整価額（③×A）
□		㎡	円	円
□				
□				
⑤	建物の価額の合計額			ロ　円

（注）⑤欄のロの合計額を、「第11表」の「財産の明細」欄の「価額」欄に転記します。また、この場合における「財産の明細」の他の欄の記載については、「種類」欄及び「細目」欄には『家屋』と、「所在場所等」欄には『第11の３表のとおり』と記載し、その他の欄の記載は不要です。

⑶　減価償却資産

	①　名称	②　所在場所	③　面積	④　価額	⑤　調整価額（④×A）
□			㎡	円	円
□					
□					
□					
□					
□					
⑥	減価償却資産の価額の合計額				ハ　円

（注）１　③欄は、特例受贈事業用資産が果樹等である場合にその植栽面積を記載し、その他の資産である場合には記載は不要です。
２　⑥欄のハの合計額を、「第11表」の「財産の明細」の「価額」欄に転記します。また、この場合における「財産の明細」の他の欄の記載については、「種類」欄には『事業用財産』と、「細目」欄には『減価償却資産』と、「所在場所等」欄には『第11の３表のとおり』と記載し、その他の欄の記載は不要です。

⑷　租税特別措置法第70条の６の８第６項の承認に係る株式等

①　名称	②　所在場所	③　数量	④　価額	⑤　調整価額（④×A）
		株・口・円	円	ニ　円

（注）⑤欄のニの金額を、「第11表」の「財産の明細」の「価額」欄に転記します。
また、この場合における「財産の明細」の他の欄の記載については、「種類」欄には『有価証券』と、「所在場所等」欄には『第11の３表のとおり』と記載し、「細目」欄は、第11表の記載事項に応じた記載をするほか、その他の欄の記載は不要です。

※の項目は記入する必要がありません。

※税務署整理欄	入力		確認			

第11の３表（令５.７）　（資４－20－９－26－Ａ４統一）

○この明細は、「小規模宅地等の特例」の適用を受ける場合に記入します。

小規模宅地等についての課税価格の計算明細書

FD3549

第11・11の2表の付表1（令和2年4月分以降用）

○この申告書は機械で読み取りますので、黒ボールペンで記入してください。

被相続人	

この表は、小規模宅地等の特例（租税特別措置法第69条の4第1項）の適用を受ける場合に記入します。
なお、被相続人から、相続、遺贈又は相続時精算課税に係る贈与により取得した財産のうちに、「特定計画山林の特例」の対象となり得る財産又は「個人の事業用資産についての相続税の納税猶予及び免除」の対象となり得る宅地等その他一定の財産がある場合には、第11・11の2表の付表2を、「特定事業用資産の特例」の対象となり得る財産がある場合には、第11・11の2表の付表2の2を作成します（第11・11の2表の付表2又は付表2の2を作成する場合には、この表の「1 **特例の適用にあたっての同意**」欄の記入を要しません。）。
（注）この表の1又は2の各欄に記入しきれない場合には、第11・11の2表の付表1(続）を使用します。

1　特例の適用にあたっての同意

この欄は、小規模宅地等の特例の対象となり得る宅地等を取得した全ての人が次の内容に同意する場合に、その宅地等を取得した全ての人の氏名を記入します。

私(私たち)は、「2 小規模宅地等の明細」の①欄の取得者が、小規模宅地等の特例の適用を受けるものとして選択した宅地等又はその一部（「2 小規模宅地等の明細」の⑤欄で選択した宅地等）の全てが限度面積要件を満たすものであることを確認の上、その取得者が小規模宅地等の特例の適用を受けることに同意します。

氏名			

（注）　小規模宅地等の特例の対象となり得る宅地等を取得した全ての人の同意がなければ、この特例の適用を受けることはできません。

2　小規模宅地等の明細

この欄は、小規模宅地等の特例の対象となり得る宅地等を取得した人のうち、その特例の適用を受ける人が選択した小規模宅地等の明細等を記載し、相続税の課税価格に算入する価額を計算します。

「小規模宅地等の種類」欄は、選択した小規模宅地等の種類に応じて次の1～4の番号を記入します。
小規模宅地等の種類：1 特定居住用宅地等、2 特定事業用宅地等、3 特定同族会社事業用宅地等、4 貸付事業用宅地等

選択した小規模宅地等	小規模宅地等の種類（1～4の番号を記入します。）	① 特例の適用を受ける取得者の氏名〔事業内容〕 ② 所在地番 ③ 取得者の持分に応ずる宅地等の面積 ④ 取得者の持分に応ずる宅地等の価額	⑤ ③のうち小規模宅地等（「限度面積要件」を満たす宅地等）の面積 ⑥ ④のうち小規模宅地等（④×⑤/③）の価額 ⑦ 課税価格の計算に当たって減額される金額（⑥×⑨） ⑧ 課税価格に算入する価額（④－⑦）
	□	①　〔　〕	⑤　㎡
		②	⑥　円
		③　㎡	⑦　円
		④　円	⑧　円
	□	①　〔　〕	⑤　㎡
		②	⑥　円
		③　㎡	⑦　円
		④　円	⑧　円
	□	①　〔　〕	⑤　㎡
		②	⑥　円
		③　㎡	⑦　円
		④　円	⑧　円

(注) 1　①欄の「〔　〕」は、選択した小規模宅地等が被相続人等の事業用宅地等（2、3又は4）である場合に、相続開始の直前にその宅地等の上で行われていた被相続人等の事業について、例えば、飲食サービス業、法律事務所、貸家などのように具体的に記入します。
2　小規模宅地等を選択する一の宅地等が共有である場合又は一の宅地等が貸家建付地である場合において、その評価額の計算上「賃貸割合」が1でないときには、第11・11の2表の付表1（別表1）を作成します。
3　小規模宅地等を選択する宅地等が、配偶者居住権に基づく敷地利用権又は配偶者居住権の目的となっている建物の敷地の用に供される宅地等である場合には、第11・11の2表の付表1（別表1の2）を作成します。
4　⑧欄の金額を第11表の「財産の明細」の「価額」欄に転記します。

○　「限度面積要件」の判定

上記「2 小規模宅地等の明細」の⑤欄で選択した宅地等の全てが限度面積要件を満たすものであることを、この表の各欄を記入することにより判定します。

※の項目は記入する必要がありません。

小規模宅地等の区分		被相続人等の居住用宅地等	被相続人等の事業用宅地等		
小規模宅地等の種類		1 特定居住用宅地等	2 特定事業用宅地等	3 特定同族会社事業用宅地等	4 貸付事業用宅地等
⑨ 減額割合		$\frac{80}{100}$	$\frac{80}{100}$	$\frac{80}{100}$	$\frac{50}{100}$
⑩ ⑤の小規模宅地等の面積の合計		㎡	㎡	㎡	㎡
⑪ 限度面積	イ 小規模宅地等のうちに4貸付事業用宅地等がない場合	〔1の⑩の面積〕 ≦330㎡	〔2の⑩及び3の⑩の面積の合計〕 ㎡ ≦ 400㎡		
	ロ 小規模宅地等のうちに4貸付事業用宅地等がある場合	〔1の⑩の面積〕 $㎡ \times \frac{200}{330}$ ＋	〔2の⑩及び3の⑩の面積の合計〕 $㎡ \times \frac{200}{400}$ ＋		〔4の⑩の面積〕 ㎡ ≦ 200㎡

（注）限度面積は、小規模宅地等の種類（「4 貸付事業用宅地等」の選択の有無）に応じて、⑪欄（イ又はロ）により判定を行います。「限度面積要件」を満たす場合に限り、この特例の適用を受けることができます。

※税務署整理欄	年分		名簿番号		申告年月日		一連番号		グループ番号		補完	

第11・11の2表の付表1（令5.7）　　（資4－20－12－3－1－A4統一）

○一の宅地等の取得者が2人以上いる場合又は一の宅地等が「賃貸割合」が「1」でない貸家建付地の場合には第11・11の2表の付表1（別表）を作成後に記入します。

小規模宅地等についての課税価格の計算明細書（別表１）

被 相 続 人	

第11・11の２表の付表１（別表１）（令和２年４月分以降用）

この計算明細書は、特例の対象として小規模宅地等を選択する一の宅地等（注１）が、次のいずれかに該当する場合に一の宅地等ごとに作成します（注２）。
1　相続又は遺贈により一の宅地等を２人以上の相続人又は受遺者が取得している場合
2　一の宅地等の全部又は一部が、貸家建付地である場合において、貸家建付地の評価額の計算上「賃貸割合」が「1」でない場合
（注）1　一の宅地等とは、一棟の建物又は構築物の敷地をいいます。ただし、マンションなどの区分所有建物の場合には、区分所有された建物の部分に係る敷地をいいます。
　2　一の宅地等が、配偶者居住権に基づく敷地利用権又は配偶者居住権の目的となっている建物の敷地の用の供される宅地等である場合には、この計算明細書によらず、第11・11の２表の付表１（別表１の２）を使用してください。

1　一の宅地等の所在地、面積及び評価額

一の宅地等について、宅地等の「所在地」、「面積」及び相続開始の直前における宅地等の利用区分に応じて「面積」及び「評価額」を記入します。
(1)「①宅地等の面積」欄は、一の宅地等が持分である場合には、持分に応ずる面積を記入してください。
(2)　上記２に該当する場合には、⑪欄については、⑤欄の面積を基に自用地として評価した金額を記入してください。

宅地等の所在地		①宅地等の面積	㎡
相続開始の直前における宅地等の利用区分		面積（㎡）	評価額（円）
A	①のうち被相続人等の事業の用に供されていた宅地等 （B、C及びDに該当するものを除きます。）	②	⑧
B	①のうち特定同族会社の事業（貸付事業を除きます。）の用に供されていた宅地等	③	⑨
C	①のうち被相続人等の貸付事業の用に供されていた宅地等 （相続開始の時において継続的に貸付事業の用に供されていると認められる部分の敷地）	④	⑩
D	①のうち被相続人等の貸付事業の用に供されていた宅地等 （Cに該当する部分以外の部分の敷地）	⑤	⑪
E	①のうち被相続人等の居住の用に供されていた宅地等	⑥	⑫
F	①のうちAからEの宅地等に該当しない宅地等	⑦	⑬

2　一の宅地等の取得者ごとの面積及び評価額

上記のAからFまでの宅地等の「面積」及び「評価額」を、宅地等の取得者ごとに記入します。
(1)「持分割合」欄は、宅地等の取得者が相続又は遺贈により取得した持分割合を記入します。一の宅地等を１人で取得した場合には、「1/1」と記入します。
(2)「１ 持分に応じた宅地等」は、上記のAからFまでに記入した一の宅地等の「面積」及び「評価額」を「持分割合」を用いてあん分して計算した「面積」及び「評価額」を記入します。
(3)「２ 左記の宅地等のうち選択特例対象宅地等」は、「１ 持分に応じた宅地等」に記入した「面積」及び「評価額」のうち、特例の対象として選択する部分を記入します。なお、Bの宅地等の場合は、上段に「特定同族会社事業用宅地等」として選択する部分の、下段に「貸付事業用宅地等」として選択する部分の「面積」及び「評価額」をそれぞれ記入します。
「２ 左記の宅地等のうち選択特例対象宅地等」に記入した宅地等の「面積」及び「評価額」は、「申告書第11・11の２表の付表１」の「２小規模宅地等の明細」の「③取得者の持分に応ずる宅地等の面積」欄及び「④取得者の持分に応ずる宅地等の価額」欄に転記します。
(4)「３ 特例の対象とならない宅地等（１－２）」には、「１ 持分に応じた宅地等」のうち「２ 左記の宅地等のうち選択特例対象宅地等」欄に記入した以外の宅地等について記入します。この欄に記入した「面積」及び「評価額」は、申告書第11表に転記します。

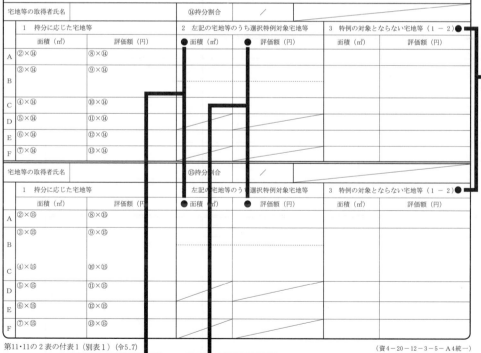

宅地等の取得者氏名		⑭持分割合	／			
	1　持分に応じた宅地等		2　左記の宅地等のうち選択特例対象宅地等		3　特例の対象とならない宅地等（1－2）	
	面積（㎡）	評価額（円）	面積（㎡）	評価額（円）	面積（㎡）	評価額（円）
A	②×⑭	⑧×⑭				
B	③×⑭	⑨×⑭				
C	④×⑭	⑩×⑭				
D	⑤×⑭	⑪×⑭				
E	⑥×⑭	⑫×⑭				
F	⑦×⑭	⑬×⑭				

宅地等の取得者氏名		⑮持分割合	／			
	1　持分に応じた宅地等		2　左記の宅地等のうち選択特例対象宅地等		3　特例の対象とならない宅地等（1－2）	
	面積（㎡）	評価額（円）	面積（㎡）	評価額（円）	面積（㎡）	評価額（円）
A	②×⑮	⑧×⑮				
B	③×⑮	⑨×⑮				
C	④×⑮	⑩×⑮				
D	⑤×⑮	⑪×⑮				
E	⑥×⑮	⑫×⑮				
F	⑦×⑮	⑬×⑮				

○ 第11表に移記します。

第11・11の２表の付表１（別表１）（令5.7）　　（資4－20－12－3－5－A4統一）

○ 第11・11の２表の付表１の③欄へ移記します。

○ 第11・11の２表の付表１の④欄へ移記します。

小規模宅地等についての課税価格の計算明細書（別表１の２）

被相続人	

第11・11の２表の付表１（別表１の２）（令和２年４月分以降用）

この計算明細書は、特例の対象として小規模宅地等を選択する一の宅地等（注）が配偶者居住権の目的となっている建物の敷地の用に供される宅地等（以下「居住建物の敷地の用に供される土地」といいます。）又はその宅地等を配偶者居住権に基づき使用する権利（以下「配偶者居住権に基づく敷地利用権」といいます。）の全部又は一部である場合に作成します。
なお、この計算明細書の書きかた等については、裏面をご覧ください。
（注）一の宅地等とは、一棟の建物又は構築物の敷地をいいます。ただし、マンションなどの区分所有建物の場合には、区分所有された建物の部分に係る敷地をいいます。

○ 一の宅地等が持分である場合には、持分に応ずる面積を記入してください。

1　一の宅地等の所在地、面積及び評価額

宅地等の所在地		①宅地等の面積	㎡

	相続開始の直前における宅地等の利用区分	面積（㎡）	評価額（円） 配偶者居住権に基づく敷地利用権	評価額（円） 居住建物の敷地の用に供される土地
A	①のうち被相続人等の事業の用に供されていた宅地等 （B、C及びDに該当するものを除きます。）	②	⑧	⑭
B	①のうち特定同族会社の事業（貸付事業を除きます。）の用に供されていた宅地等	③	⑨（1次相続の場合は0としてください。）	⑮
C	①のうち被相続人等の貸付事業の用に供されていた宅地等 （相続開始の時において継続的に貸付事業の用に供されていると認められる部分の敷地）	④	⑩（1次相続の場合は0としてください。）	⑯
D	①のうち被相続人等の貸付事業の用に供されていた宅地等 （Cに該当する部分以外の部分の敷地）	⑤	⑪	⑰
E	①のうち被相続人等の居住の用に供されていた宅地等	⑥	⑫	⑱
F	①のうちAからEの宅地等に該当しない宅地等	⑦	⑬	⑲

2　一の宅地等の取得者ごとの面積及び評価額

ⅰ 配偶者居住権に基づく敷地利用権の取得者氏名		

	1　利用区分に応じた宅地等 面積（㎡）	評価額（円）	2　左記の宅地等のうち選択特例対象宅地等 面積（㎡）	評価額（円）	3　特例の対象とならない宅地等（1－2） 面積（㎡）	評価額（円）
A	②×⑧/(⑧+⑭)	⑧				
B	③×⑨/(⑨+⑮)	⑨				
C	④×⑩/(⑩+⑯)	⑩				
D	⑤×⑪/(⑪+⑰)	⑪				
E	⑥×⑫/(⑫+⑱)	⑫				
F	⑦×⑬/(⑬+⑲)	⑬				

ⅱ 居住建物の敷地の用に供される土地の取得者氏名		⑳持分割合	／	

	1　持分に応じた宅地等 面積（㎡）	評価額（円）	2　左記の宅地等のうち選択特例対象宅地等 面積（㎡）	評価額（円）	3　特例の対象とならない宅地等（1－2） 面積（㎡）	評価額（円）
A	②×⑭/(⑧+⑭)×⑳	⑭×⑳				
B	③×⑮/(⑨+⑮)×⑳	⑮×⑳				
C	④×⑯/(⑩+⑯)×⑳	⑯×⑳				
D	⑤×⑰/(⑪+⑰)×⑳	⑰×⑳				
E	⑥×⑱/(⑫+⑱)×⑳	⑱×⑳				
F	⑦×⑲/(⑬+⑲)×⑳	⑲×⑳				

ⅲ 居住建物の敷地の用に供される土地の取得者氏名		㉑持分割合	／	

	1　持分に応じた宅地等 面積（㎡）	評価額（円）	2　左記の宅地等のうち選択特例対象宅地等 面積（㎡）	評価額（円）	3　特例の対象とならない宅地等（1－2） 面積（㎡）	評価額（円）
A	②×⑭/(⑧+⑭)×㉑	⑭×㉑				
B	③×⑮/(⑨+⑮)×㉑	⑮×㉑				
C	④×⑯/(⑩+⑯)×㉑	⑯×㉑				
D	⑤×⑰/(⑪+⑰)×㉑	⑰×㉑				
E	⑥×⑱/(⑫+⑱)×㉑	⑱×㉑				
F	⑦×⑲/(⑬+⑲)×㉑	⑲×㉑				

第11・11の２表の付表１（別表１の２）（令５．７）　（資４−20−12−3−9−A4統一）

書きかた等

1　「１　一の宅地等の所在地、面積及び評価額」欄

⑴　一の宅地等について、宅地等の「所在地」、「面積」並びに相続開始の直前における宅地等の利用区分に応じて「面積」及び配偶者居住権に基づく敷地利用権と居住建物の敷地の用に供される土地の「評価額」を記入します。

⑵　「①宅地等の面積」欄は、一の宅地等が持分である場合には、持分に応ずる面積を記入してください。

⑶　⑨欄及び⑩欄は、１次相続（配偶者居住権の設定に係る相続をいいます。以下同じです。）の場合には原則として「０」と記入してください。

2　「２　一の宅地等の取得者ごとの面積及び評価額」欄

「１　一の宅地等の所在地、面積及び評価額」欄のＡからＦまでの宅地等の「面積」及び「評価額」を、宅地等の取得者ごとに記入します。

なお、配偶者居住権に基づく敷地利用権を取得した人の欄（ⅰ）と居住建物の敷地の用に供される土地を取得した人の欄（ⅱ、ⅲ）で記載方法が異なります。それぞれの記載方法は、次のとおりです。

⑴　配偶者居住権に基づく敷地利用権を取得した人の欄（ⅰ）

①　「２　左記の宅地等のうち選択特例対象宅地等」は、「１　利用区分に応じた宅地等」に記入した「面積」及び「評価額」のうち、特例の対象として選択する部分を記入します。なお、Ｂの宅地等の場合は、上段に「特定同族会社事業用宅地等」として選択する部分の、下段に「貸付事業用宅地等」として選択する部分の「面積」及び「評価額」をそれぞれ記入します。

「２　左記の宅地等のうち選択特例対象宅地等」に記入した宅地等の「面積」及び「評価額」は、「申告書第11・11の２表の付表１」の「２小規模宅地等の明細」の「③取得者の持分に応ずる宅地等の面積」欄及び「④取得者の持分に応ずる宅地等の価額」欄に転記します。

②　「３　特例の対象とならない宅地等（１－２）」には、「１　利用区分に応じた宅地等」のうち「２　左記の宅地等のうち選択特例対象宅地等」欄に記入した以外の宅地等について記入します。この欄に記入した「面積」及び「評価額」は、申告書第11表に転記します。

③　１次相続の場合には、Ｂ及びＣの各欄への記入は不要です。

⑵　居住建物の敷地の用に供される土地を取得した人の欄（ⅱ、ⅲ）

①　「持分割合」欄は、宅地等の取得者が相続又は遺贈により取得した持分割合を記入します。一の宅地等を１人で取得した場合には、「１／１」と記入します。

②　「１　持分に応じた宅地等」は、「１　一の宅地等の所在地、面積及び評価額」欄のＡからＦまでに記入した一の宅地等の「面積」及び「評価額」を「持分割合」を用いてあん分して計算した「面積」及び「評価額」を記入します。

③　「２　左記の宅地等のうち選択特例対象宅地等」は、「１　持分に応じた宅地等」に記入した「面積」及び「評価額」のうち、特例の対象として選択する部分を記入します。なお、Ｂの宅地等の場合は、上段に「特定同族会社事業用宅地等」として選択する部分の、下段に「貸付事業用宅地等」として選択する部分の「面積」及び「評価額」をそれぞれ記入します。

「２　左記の宅地等のうち選択特例対象宅地等」に記入した宅地等の「面積」及び「評価額」は、「申告書第11・11の２表の付表１」の「２小規模宅地等の明細」の「③取得者の持分に応ずる宅地等の面積」欄及び「④取得者の持分に応ずる宅地等の価額」欄に転記します。

④　「３　特例の対象とならない宅地等（１－２）」には、「１　持分に応じた宅地等」のうち「２　左記の宅地等のうち選択特例対象宅地等」欄に記入した以外の宅地等について記入します。この欄に記入した「面積」及び「評価額」は、申告書第11表に転記します。

特定事業用宅地等についての事業規模の判定明細

被相続人	

第11・11の２表の付表１（別表２）（平成31年４月分以降用）

○　この表は、特定事業用宅地等として小規模宅地等の特例（租税特別措置法第69条の４第１項）の適用を受けようとする宅地等のうちに特定宅地等（相続開始前３年以内に新たに被相続人等[注1]の事業[注2]の用に供されたものをいいます。以下同じです。）[注3]が含まれる場合に、その特定宅地等に係る事業が租税特別措置法施行令第40条の２第８項に規定する規模以上のものであることを判定するために使用します。

○　特定宅地等が複数ある場合には、特定宅地等ごとに作成します。

（注）１　被相続人又はその被相続人と生計を一にしていたその被相続人の親族をいいます。
　　　２　租税特別措置法第69条の４第３項第１号に規定する事業をいいます。
　　　３　平成31年３月31日以前に新たに被相続人等の事業の用に供された宅地等は、特定宅地等には含まれません。

１　相続開始前３年以内に新たに被相続人等の事業の用に供された宅地等の明細

（注）「②①の宅地等の面積」欄は、その宅地等が数人の共有に属していた場合には、被相続人が有していた持分に応ずる面積を記入してください。

①特定宅地等を含む一の宅地等の所在地		②①の宅地等の面積	㎡
③事業主宰者の氏名	被相続人・生計一親族（いずれかに○）	④③の特定宅地等に係る事業内容	
相続開始の直前における宅地等の利用区分		面積（㎡）	相続開始時の価額（円）
⑤	②のうち④の事業の用に供されていた宅地等		
⑥	⑤のうち相続開始前３年以内に新たに事業の用に供された宅地等（特定宅地等）［事業の用に供された日：平成・令和　　年　　月　　日］		A

２　１④の事業の用に供されていた減価償却資産の明細等

（注）１　記入の対象となる減価償却資産は、１④の事業の用に供されていた次に掲げるもののうち１③の事業主宰者が有していたものに限ります。
　　⑴　１⑥の宅地等の上に存する建物（その附属設備を含む。）又は構築物
　　⑵　所得税法第２条第１項第19号に規定する減価償却資産で１⑥の宅地等の上で行われる１④の事業に係る業務の用に供されていたもの（⑴を除きます。）
　　２　「①相続開始時における価額」欄は、減価償却資産が数人の共有に属していた場合には、１③の事業主宰者が有していた持分に応ずる価額を記入してください。
　　３　「②事業専用割合」欄は、減価償却資産のうちに１④の事業の用以外の用に供されていた部分がある場合には、１④の事業の用に供されていた部分の割合を記入してください（それ以外の場合には、「$\frac{1}{1}$」と記入してください。）。

種　類	細　目	利用区分等	所在場所等	数　量／固定資産税評価額	単　価／倍　数	①相続開始時における価額	②事業専用割合	③（①×②）
						円	――	円
							――	
							――	
							――	
							――	
							――	
							――	
							――	
							――	
計								B

３　１④の事業が租税特別措置法施行令第40条の２第８項に規定する規模以上の事業であることの判定

（B＿＿＿＿円　÷　A＿＿＿＿円）×100　＝　［　　.　　%］ ← 15%未満になった場合には、１⑥については特例適用不可

第11・11の２表の付表１（別表２）（令５．７）　　（資４－20－12－３－８－Ａ４統一）

○この明細は、「特定事業用資産の特例」の適用を受ける場合に記入します。

特定受贈同族会社株式等である選択特定事業用資産についての課税価格の計算明細

第11・11の２表の付表３（平成31年１月分以降用）

被相続人	

この欄は、特例の対象として特定受贈同族会社株式等である特定事業用資産を選択する場合に記入します。

	贈与年月日 / 届け出た税務署名	法人名	特例の適用を受ける取得者の氏名 / 役員であった期間（その期間における役職名）	① 1単位当たりの時価	② 相続時精算課税に係る贈与によって取得した株式（出資）の単位数 / ③ 価額（①×②）	④ ②のうち特例の対象として選択した株式（出資）の単位数 / ⑤ 価額（①×④）	⑥ 課税価格の計算に当たって減額される金額（⑤×$\frac{10}{100}$）	⑦ 課税価格に算入する価額（③－⑥）
選択した特定受贈同族会社株式等				円	株･円･口	株･円･口	円	円
			（　　　）		円	円		
			（　　　）					
			（　　　）					
			（　　　）					
			（　　　）					
	合計		10億円を超える場合は特例適用不可 ➡			⑧		

（注）１　①欄は、贈与時の価額を記入します。ただし、選択した特定受贈同族会社株式等について租税特別措置法施行令等の一部を改正する政令（平成21年政令第108号）による改正前の租税特別措置法施行令第40条の２の２第10項に規定する会社分割等があった場合には、第11・11の２表の付表３の２の⑰欄又は⑱欄の金額を記入します。

２　⑦欄の金額と⑦欄の金額に係る第11･11の２表の付表３の２の⑲欄の金額の合計額を第11の２表の「２　相続時精算課税適用財産（１の④）の明細」の③の「価額」欄に記入します。

３　上記に記入しきれないときは、適宜の用紙に特定受贈同族会社株式等である選択特定事業用資産の明細を記載して添付してください。

４　小規模宅地等の特例を適用した場合には、第11･11の２表の付表２の２の「３　特定計画山林の対象となる特定計画山林等の調整限度額の計算」の⑤欄の価額を上記「⑧」の金額を限度として、特定受贈同族会社株式等を特定事業用資産の特例の対象として選択することができます。

第11･11の２表の付表３（令５.７）　　（資４－20－12－５－１－Ａ４統一）

特定受贈同族会社株式等について会社分割等があった場合の特例の対象となる価額等の計算明細

第11・11の２表の付表３の２（平成21年４月分以降用）

被相続人	
特定事業用資産相続人等	

この表は、相続税の申告期限までに特定事業用資産相続人等が有する特定受贈同族会社株式等について旧租税特別措置法施行令第40条の２の２第10項に規定する会社分割等があった場合に記入します。
なお、この表は、会社分割等があった都度、特定事業用資産相続人等ごとに記入します。

ア　会社分割等があった特定受贈同族会社株式等（以下「分割等対象株式等」といいます。）に係る法人の名称、会社分割等の事由等 （「会社分割等」には、資本金の額若しくは資本剰余金の額の減少を伴わない剰余金の配当（法人税法第２条第12号の９に規定する分割型分割を除きます。）又は利益の配当、自己株式の取得、一定の要件を満たさない法人の合併、株式交換及び株式移転などは含まれません。）	法人名		法人の整理番号	
			所轄税務署名	署
	会社分割等の日	・　・	会社分割等の事由	
	贈与年月日	・　・		
イ　対応株式に係る法人の名称等 （会社分割等により旧租税特別措置法施行令第40条の２の２第11項に規定する対応株式（以下「対応株式」といいます。）を取得している場合には、その対応株式に係る法人について記入します。）	法人名		法人の整理番号	
			所轄税務署名	署
ウ　非対応株式に係る法人の名称等 （会社分割等によりイに掲げる対応株式以外の特定受贈同族会社株式等に対応する株式又は出資（以下「非対応株式」といいます。）を取得している場合には、その非対応株式に係る法人について記入します。）	法人名		法人の整理番号	
			所轄税務署名	署

1　会社分割等前株式等総額の計算

①アの法人の分割等対象株式等の1単位当たりの価額	②会社分割等時前に特定事業用資産相続人等が有していたアの法人に係る分割等対象株式等の数又は額	③会社分割等前株式等総額（①×②）
円	株・口	円

2　旧租税特別措置法施行令第40条の２の２第10項第１号の金額の計算

④会社分割等時後におけるアの法人の資本金等の額	⑤会社分割等時後におけるアの法人の発行済株式の総数又は出資の総額	⑥会社分割等時後に特定事業用資産相続人等が有するアの法人に係る分割等対象株式等の数又は額	⑦旧租税特別措置法施行令第40条の２の２第10項第１号の金額（$\frac{④}{⑤}$×⑥）
円	株・口	株・口	円

3　旧租税特別措置法施行令第40条の２の２第10項第２号の金額の計算

⑧会社分割等時後におけるイの法人の資本金等の額	⑨会社分割等時後におけるイの法人の発行済株式の総数又は出資の総額	⑩会社分割等により特定事業用資産相続人等が取得したイの法人の対応株式の数又は額	⑪旧租税特別措置法施行令第40条の２の２第10項第２号の金額（$\frac{⑧}{⑨}$×⑩）
円	株・口	株・口	円

4　旧租税特別措置法施行令第40条の２の２第10項第３号の金額の合計額の計算

⑫旧租税特別措置法施行令第40条の２の２第10項第３号イの金額	⑬会社分割等時後におけるウの法人の資本金等の額	⑭会社分割等時後におけるウの法人の発行済株式の総数又は出資の総額	⑮会社分割等により特定事業用資産相続人等が取得したウの法人の非対応株式の数又は額	⑯旧租税特別措置法施行令第40条の２の２第10項第３号の金額の合計額（⑫＋$\frac{⑬}{⑭}$×⑮）
円	円	株・口	株・口	円

5　アの法人の分割等対象株式等の１単位当たりの時価	（③×$\frac{⑦}{(⑦+⑪+⑯)}$÷⑥）	⑰	円
6　イの法人の対応株式の１単位当たりの時価	（③×$\frac{⑪}{(⑦+⑪+⑯)}$÷⑩）	⑱	円
7　特定事業用資産の特例の対象とならない金額	（③×$\frac{⑯}{(⑦+⑪+⑯)}$）	⑲	円

（注）１　この表における「特定事業用資産相続人等」とは、所得税法等の一部を改正する法律（平成21年法律第13号）による改正前の租税特別措置法第69条の５第２項第11号に規定する特定事業用資産相続人をいいます。
２　①欄の価額は、会社分割等が初めてあった場合には、分割等対象株式等の贈与時の１単位当たりの価額を記入します。
なお、既にこの表により計算した⑰欄又は⑱欄の金額がある場合には、その金額を記入します。
３　④欄、⑧欄、⑬欄の資本金等の額は、法人税法第２条第16号に規定する資本金等の額を記入します。
４　⑤欄、⑨欄、⑭欄の発行済株式の総数には、それぞれア、イ、ウの法人が有する自己株式の数は含まれません。
５　⑦欄、⑪欄、⑯欄の金額は、各欄の金額に小数点第３位未満の端数がある場合には、その端数を原則切り捨てます。
６　⑰欄、⑱欄、⑲欄の金額は、各欄の金額に１円未満の端数がある場合には、その端数を原則切り捨てます。
７　⑰欄、⑱欄の金額を第11・11の２表の付表３の①欄に転記します。
８　特定受贈同族会社株式等について⑲欄の金額がある場合には、⑲欄の金額と当該特定受贈同族会社株式等に係る第11・11の２表の付表３の⑦欄の金額の合計額を第11の２表の「２　相続時精算課税適用財産（１の④）の明細」の③の「価額」欄に記入します。
９　「旧租税特別措置法施行令」は租税特別措置法施行令等の一部を改正する政令（平成21年政令第108号）による改正前の租税特別措置法施行令をいいます。

第11・11の２表の付表３の２（令５.７）　（資４−20−12−５−２−Ａ４統一）

○この明細は、「特定計画山林の特例」の適用を受ける場合に記入します。

特定森林経営計画対象山林又は特定受贈森林経営計画対象山林である選択特定計画山林についての課税価格の計算明細

被相続人	

第11・11の２表の付表４（令和２年４月分以降用）

1　特定森林経営計画対象山林である選択特定計画山林の明細

この欄は、特例の対象として特定森林経営計画対象山林である特定計画山林を選択する場合に記入します。

	特例の適用を受ける取得者の氏名	森林経営計画の認定年月日(認定番号)	所在場所	立木・土地等の別	面積	① 立木・土地等の価額	② ①のうち特例の対象として選択した立木又は土地等の価額	③ 課税価格の計算に当たって減額される金額 (②×5/100)	④ 課税価格に算入する価額 (①−③)
選択した特定森林経営計画対象山林		(　　)			ha	円	円	円	円
		(　　)							
		(　　)							
		(　　)							
合計				立木					
				土地等					
				合計			A		

（注）１　①欄は、相続開始時の価額を記入します。
２　④欄の金額を第11表の「財産の明細」の「価額」欄に転記します。
３　上記の「森林経営計画の認定年月日（認定番号）」は、直近の森林経営計画に係る認定年月日及び認定番号を記入してください。
４　上記に記入しきれないときは、適宜の用紙に特定森林経営計画対象山林である選択特定計画山林の明細を記載して添付してください。

2　特定受贈森林経営計画対象山林である選択特定計画山林の明細

この欄は、特例の対象として特定受贈森林経営計画対象山林である特定計画山林を選択する場合に記入します。

	贈与年月日 / 届け出た税務署名	特例の適用を受ける取得者の氏名	森林経営計画の認定年月日(認定番号)	所在場所	立木・土地等の別	面積	① 立木・土地等の価額	② ①のうち特例の対象として選択した立木又は土地等の価額	③ 課税価格の計算に当たって減額される金額 (②×5/100)	④ 課税価格に算入する価額 (①−③)
選択した特定受贈森林経営計画対象山林			(　　)			ha	円	円	円	円
			(　　)							
			(　　)							
			(　　)							
合計					立木					
					土地等					
					合計			B		

（注）１　①欄は、贈与時の価額を記入します。
２　④欄の金額を第11の２表の「２　相続時精算課税適用財産（１の④）の明細」の③の「価額」欄に転記します。
３　上記の「森林経営計画の認定年月日（認定番号）」は、直近の森林経営計画に係る認定年月日及び認定番号を記入してください。
４　上記に記入しきれないときは、適宜の用紙に特定受贈森林経営計画対象山林である選択特定計画山林の明細を記載して添付してください。

3　特定（受贈）森林経営計画対象山林である選択特定計画山林の価額の合計額

この欄は、「１のA」の金額と「２のB」の金額の合計額を記入してください。

A＋B	円

（注）　小規模宅地等の特例等を適用した場合には、第 11・11 の２表の付表２の「２　特定計画山林の特例の対象となる特定計画山林等の調整限度額の計算」の⑤欄の価額又は第 11・11 の２表の付表２の２の「３　特定計画山林の特例の対象となる特定計画山林等の調整限度額の計算」の⑨欄の価額を上記「A＋B」の金額を限度として、特定（受贈）森林経営計画対象山林を特定計画山林の特例の対象として選択することができます。

第11･11の２表の付表４（令５.７）　　（資４－20－12－６－Ａ４統一）

相続税がかかる財産の明

（相続時精算課税適用財産を除き

この表は、相続や遺贈によって取得した財産及び相続や遺贈に
ついての明細を記入します。

遺産の分割状況	区　分	1　全
	分　割　の　日	・

財	産	の		
種　類	細　目	利用区分、銘柄等	所在場所等	数（固定資産評価）

合計表		
財産を取得した人の氏名	(各人の合計)	
分割財産の価額 ①	円	円
未分割財産の価額 ②		
各人の取得財産の価額（①＋②） ③		

（注）１　「合計表」の各人の③欄の金額を第１表のその人の「取
２　「財産の明細」の「価額」欄は、財産の細目、種類ごと
の①から㉚までの該当欄に転記します。

第11表（令5.7）

○相続時精算課税適用財産の明細については、この表によらず第11の２表に記載します。

○相続税の申告書を提出する時までに、共同相続人間において遺産の全部について分割が行われた（全部分割）か、遺産の一部についてのみ分割が行われ他の残余の財産については分割が行われていない（一部分割）か、遺産の全部について分割が行われていない（全部未分割）かの別に応じ、該当するものの番号を○で囲み、「分割の日」欄にその分割が確定した日を記入します。

○246ページの表に掲げる財産の「種類」、「細目」の順序に従って、各財産の種類と細目を記入します。

○代償財産の書き方

○「種類」欄には「その他の財産」と記入し、「細目」欄には「代償財産」と記入します。「利用区分、銘柄等」欄には他の財産と同様に記入します。「価額」欄には、その財産の価額を負数と正数で２段書きします。例えば、530万円の財産であるときは「△5,300,000
5,300,000」と記入します。

○246ページの表の記入要領により、その財産の利用区分、銘柄等を記入します。

○各財産の所在場所等を記入します。次の財産については次の事項を記入します。
①有価証券………発行法人の所在地と名称（上場株式等は記入しなくても差し支えありません。）
②預貯金…………預入先金融機関の店舗などの所在地と名称
③その他の債権…債務者の住所、氏名又は名称

○「価額」欄には、各財産の価額のほか、財産の細目ごとの「小計」、種類ごとの「計」及び「合計」を記入します。財産の細目、種類ごとの小計、計、合計の価額は、第15表（相続財産の種類別価額表）の①から㉘までの該当欄に移記します。

細書
ます。)

被相続人	

よって取得したものとみなされる財産のうち、相続税のかかるものに

部　分　割	2　一　部　分　割	3　全　部　未　分　割
・	・　・	

明	細		分割が確定した財産	
量 / 税額	単　価 / 倍　数	価　額	取得した人の氏　名	取得財産の価　額
円	円	円		円
	円	円	円	円

取得財産の価額①」欄に転記します。
とに小計及び計を付し、最後に合計を付して、それらの金額を第15表

（資４－20－12－１－Ａ４統一）

第11表（令和２年４月分以降用）

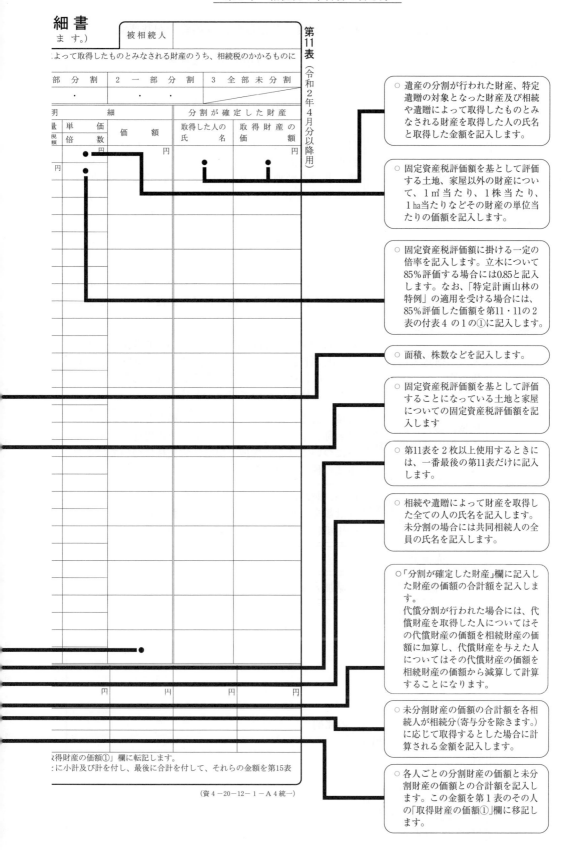

○ 遺産の分割が行われた財産、特定遺贈の対象となった財産及び相続や遺贈によって取得したものとみなされる財産を取得した人の氏名と取得した金額を記入します。

○ 固定資産税評価額を基として評価する土地、家屋以外の財産について、１㎡当たり、１株当たり、１ha当たりなどその財産の単位当たりの価額を記入します。

○ 固定資産税評価額に掛ける一定の倍率を記入します。立木について85％評価する場合には0.85と記入します。なお、「特定計画山林の特例」の適用を受ける場合には、85％評価した価額を第11・11の２表の付表４の１の①に記入します。

○ 面積、株数などを記入します。

○ 固定資産税評価額を基として評価することになっている土地と家屋についての固定資産税評価額を記入します

○ 第11表を２枚以上使用するときには、一番最後の第11表だけに記入します。

○ 相続や遺贈によって財産を取得した全ての人の氏名を記入します。未分割の場合には共同相続人の全員の氏名を記入します。

○「分割が確定した財産」欄に記入した財産の価額の合計額を記入します。
代償分割が行われた場合には、代償財産を取得した人についてはその代償財産の価額を相続財産の価額に加算し、代償財産を与えた人についてはその代償財産の価額を相続財産の価額から減算して計算することになります。

○ 未分割財産の価額の合計額を各相続人が相続分(寄与分を除きます。)に応じて取得するとした場合に計算される金額を記入します。

○ 各人ごとの分割財産の価額と未分割財産の価額との合計額を記入します。この金額を第１表のその人の「取得財産の価額①」欄に移記します。

＜申告書第11表の取得した財産の種類、細目、利用区分、銘柄等の記載要領＞

<table>
<tr><th>種　類</th><th colspan="2">細　目</th><th>利用区分・銘柄等</th></tr>
<tr><td rowspan="6">土　地
（土地の上に存する権利を含みます。）</td><td colspan="2">田</td><td rowspan="2">自用地、貸付地、賃借権（耕作権）、永小作権の別</td></tr>
<tr><td colspan="2">畑</td></tr>
<tr><td colspan="2">宅　地</td><td>自用地（事業用、居住用、その他）、貸宅地、貸家建付地、借地権（事業用、居住用、その他）配偶者居住権に基づく敷地利用権（事業用、居住用、その他）、居住建物（※１）の敷地の用に供される土地（事業用、居住用、貸付用、その他）などの別</td></tr>
<tr><td colspan="2">山　林</td><td>普通山林、保安林の別（これらの山林の地上権又は賃借権であるときは、その旨）</td></tr>
<tr><td colspan="2">その他の土地</td><td>原野、牧場、池沼、鉱泉地、雑種地の別（これらの土地の地上権、賃借権、温泉権又は引湯権であるときは、その旨）</td></tr>
<tr><td>家　屋</td><td colspan="2">家屋（構造・用途）、構築物</td><td>家屋については自用家屋、貸家、居住建物（※１）（自用、貸付用）の別、構築物については駐車場、養魚池、広告塔などの別、配偶者居住権などの家屋の上に存する権利についてはその名称</td></tr>
<tr><td rowspan="4">事　業
（農　業）
用財産</td><td colspan="2">機械、器具、農機具、その他の減価償却資産</td><td>機械、器具、農機具、自動車、船舶などについてはその名称と年式、牛馬等についてはその用途と年齢、果樹についてはその樹種と樹齢、営業権についてはその事業の種目と商号など</td></tr>
<tr><td colspan="2">商品、製品、半製品、原材料、農産物等</td><td>商品、製品、半製品、原材料、農産物等の別に、その合計額を「価額」欄に記入し、それらの明細は、適宜の用紙に記載して添付してください。</td></tr>
<tr><td colspan="2">売掛金</td><td></td></tr>
<tr><td colspan="2">その他の財産</td><td>電話加入権、受取手形、その他その財産の名称</td></tr>
<tr><td rowspan="5">有価証券</td><td rowspan="2">特定同族会社（※２）の株式、出資</td><td>配当還元方式によったもの</td><td rowspan="5">その銘柄</td></tr>
<tr><td>その他の方式によったもの</td></tr>
<tr><td colspan="2">上記以外の株式、出資</td></tr>
<tr><td colspan="2">公債、社債</td></tr>
<tr><td colspan="2">証券投資信託、貸付信託の受益証券</td></tr>
</table>

種　類	細　目	利用区分・銘柄等
現金、預貯金等		現金、普通預金、当座預金、定期預金、通常貯金、定額貯金、定期積金、金銭信託などの別
家庭用財産		その名称と銘柄
その他の財産（利益）	生命保険金等	
	退職手当金等	
	立　木	その樹種と樹齢（保安林であるときは、その旨）
	その他	1　事業に関係のない自動車、特許権、著作権、貸付金、未収配当金、未収家賃、書画・骨とうなどの別 2　自動車についてはその名称と年式、書画・骨とうなどについてはその名称と作者名など 3　相続や遺贈によって取得したものとみなされる財産（生命保険金等及び退職手当金等を除きます。）については、その財産（利益）の内容

（※１）　居住建物とは、配偶者居住権の目的となっている建物をいいます。

（※２）　特定同族会社とは、相続や遺贈によって財産を取得した人及びその親族その他の特別関係者（相続税法施行令第31条第１項に掲げる者をいいます。）の有する株式の数又は出資の金額が、その会社の発行済株式の総数又は出資の総額の50％超を占めている非上場会社をいいます。

農地等についての納税猶予の適用を受ける特例農地等の

○ 農地等が所在する区域により農地等を区分し、区分ごとに田、畑、採草放牧地、準農地、一時的道路用地等、営農困難時貸付農地等、特定貸付農地等、貸付都市農地等の順で記入します。

○ 他人から借り受けて農業の用に供している農地等について、地上権、永小作権、使用貸借による権利又は賃借権（耕作権）の別を記入します。

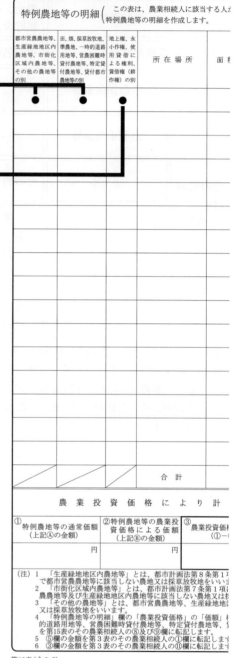

特例農地等の明細（この表は、農業相続人に該当する人が／特例農地等の明細を作成します。

都市営農農地等、生産緑地地区内農地等、市街化区域内農地等、その他の農地等の別	田、畑、採草放牧地、準農地、一時的道路用地等、営農困難時貸付農地等、特定貸付農地等、貸付都市農地等の別	地上権、永小作権、使用貸借による権利、賃借権（耕作権）の別	所在場所	面積
			合　計	

農業投資価格により計

①特例農地等の通常価額（上記Ⓐの金額）	②特例農地等の農業投資価格による価額（上記Ⓑの金額）	③農業投資価格（①－
円	円	

（注）1　「生産緑地地区内農地等」とは、都市計画法第８条第１項
で都市営農農地等に該当しない農地又は採草放牧地をいいま
2　「市街化区域内農地等」とは、都市計画法第７条第１項
農農地等及び生産緑地地区内農地等に該当しない農地又は採
3　「その他の農地等」とは、都市営農農地等、生産緑地地
又は採草放牧地をいいます。
4　「特例農地等の明細」欄の「農業投資価格」の「価額」
的道路用地等、営農困難時貸付農地等、特定貸付農地等、
を第15表のその農業相続人の⑧及び⑨欄に転記します。
5　⑤欄の金額を第３表のその農業相続人の①欄に転記しま
6　③欄の金額を第３表のその農業相続人の⑪欄に転記しま

第12表（令5.7）

明細書

被相続人	
農業相続人	

ゞ各人ごとに）

第12表（令和２年４月分以降用）

○ 農業相続人が２人以上いる場合には、農業相続人ごとにこの表を作成します。

積	農業投資価格		通常価額（第11表の価額）
	単価（1,000㎡当たり）	価額	
㎡	円	円	円
		Ⓑ	Ⓐ

算した取得財産の価額

各超過額 ②）	④通常価額により計算した取得財産の価額 （その農業相続人の第11表③＋第11の２表⑦）	⑤農業投資価格により計算した取得財産の価額（④－③）
円	円	円

頁第14号に掲げる生産緑地地区内に所在する農地又は採草放牧地
ます。
こ規定する市街化区域内に所在する農地又は採草放牧地で都市営
采草放牧地をいいます。
区内農地等及び市街化区域内農地等のいずれにも該当しない農地

欄及び「通常価額」欄には、田、畑、採草放牧地、準農地、一時
貸付都市農地等の別に計を付して、その合計の金額（Ⓐ及びⒷ）

。
。

（資４－20－13－Ａ４統一）

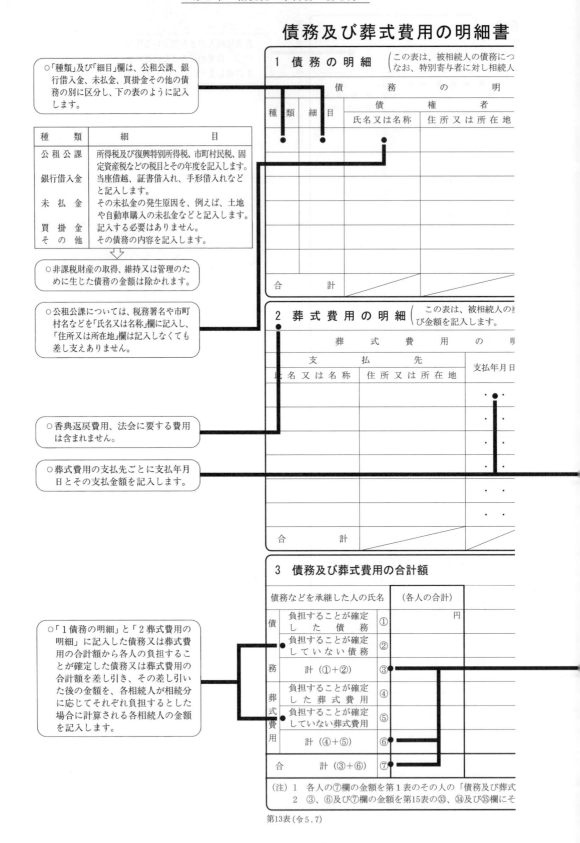

債務及び葬式費用の明細書

○「種類」及び「細目」欄は、公租公課、銀行借入金、未払金、買掛金その他の債務の別に区分し、下の表のように記入します。

種　　類	細　　目
公 租 公 課	所得税及び復興特別所得税、市町村民税、固定資産税などの税目とその年度を記入します。
銀行借入金	当座借越、証書借入れ、手形借入れなどと記入します。
未　払　金	その未払金の発生原因を、例えば、土地や自動車購入の未払金などと記入します。
買　掛　金	記入する必要はありません。
そ　の　他	その債務の内容を記入します。

○非課税財産の取得、維持又は管理のために生じた債務の金額は除かれます。

○公租公課については、税務署名や市町村名などを「氏名又は名称」欄に記入し、「住所又は所在地」欄は記入しなくても差し支えありません。

○香典返戻費用、法会に要する費用は含まれません。

○葬式費用の支払先ごとに支払年月日とその支払金額を記入します。

○「１債務の明細」と「２葬式費用の明細」に記入した債務又は葬式費用の合計額から各人の負担することが確定した債務又は葬式費用の合計額を差し引き、その差し引いた後の金額を、各相続人が相続分に応じてそれぞれ負担するとした場合に計算される各相続人の金額を記入します。

1　債務の明細

（この表は、被相続人の債務につ
なお、特別寄与者に対し相続人

債務の明			
種類	細目	債権者	
		氏名又は名称	住所又は所在地
合計			

2　葬式費用の明細

（この表は、被相続人の葬
び金額を記入します。）

葬式費用の明		
支払先		支払年月日
氏名又は名称	住所又は所在地	
		・　・
		・　・
		・　・
		・　・
		・　・
		・　・
合計		

3　債務及び葬式費用の合計額

債務などを承継した人の氏名			（各人の合計）
債務	負担することが確定した債務	①	円
	負担することが確定していない債務	②	
	計（①＋②）	③	
葬式費用	負担することが確定した葬式費用	④	
	負担することが確定していない葬式費用	⑤	
	計（④＋⑤）	⑥	
合計（③＋⑥）		⑦	

（注）１　各人の⑦欄の金額を第１表のその人の「債務及び葬式
　　　２　③、⑥及び⑦欄の金額を第15表の㉝、㉞及び㉟欄にそ

第13表（令5.7）

被相続人	

第13表（令和２年４月分以降用）

…いて、その明細と負担する人の氏名及び金額を記入します。
…が支払う特別寄与料についても、これに準じて記入します。

細		負担することが確定した債務	
発生年月日 弁済期限	金　　額	負担する人の氏名	負担する金額
・　・	円		円
・　・			
・　・			
・　・			
・　・			
・　・			
・　・			
・　・			
・　・			
・　・			
・　・			
・　・			

○個々の債務について申告書を提出する時までに債務を負担する人が決まっている場合にだけ記入します。

○個々の債務ごとに相続開始の時における被相続人の債務の金額を記入するとともに、「合計」欄にその合計額を記入します。

…葬式に要した費用について、その明細と負担する人の氏名及…

…明　　細	負担することが確定した葬式費用	
金　　額	負担する人の氏名	負担する金額
円		円

○申告書を提出する時までに葬式費用を負担する人が決まっている場合にだけ記入します。

円	円	円	円

○第15表の㉝、㉞及び㉟欄にそれぞれ移記します。

○第１表のその人の「債務及び葬式費用の金額③」欄に移記します。

…費用の金額③」欄に転記します。
…れぞれ転記します。

（資４－20－14－Ａ４統一）

純資産価額に加算される暦年課税分の贈与財産価額及び特定贈与財産価額
出資持分の定めのない法人などに遺贈した財産
特定の公益法人などに寄附した相続財産・
特定公益信託のために支出した相続財産
の明

○相続開始の年において被相続人から贈与を受けた財産も含まれます。

1　純資産価額に加算される暦年課税分の贈与財産価額

この表は、相続、遺贈や相続時精算課税に係る贈与によって
相続人から暦年課税に係る贈与によって取得した財産がある場

（注）　被相続人から租税特別措置法第 70 条の 2 の 2（直系尊属
12 項第 1 号に規定する管理残額及び同法第 70 条の 2 の 3（
与税の非課税）第 12 項第 2 号に規定する管理残額以外の財
税に係る贈与によって財産を取得している場合を除きます。）

番号	贈与を受けた人の氏名	贈与年月日	相続開始前3年以内に暦年課税に係る		
			種類	細目	所在場所等
1		・・			
2		・・			
3		・・			
4		・・			

贈与を受けた人ごとの③欄の合計額	氏名	（各人の合計）	
	④金額	円	

○第１表の⑤欄及び第15表の㊲欄にそれぞれ移記します。

上記「②」欄において、相続開始の年に被相続人から贈与に
を特定贈与財産としている場合には、次の事項について、「（
の記入をすることにより確認します。

（受贈配偶者）

私［　　　　　］は、相続開始の年に被相続人から贈
額については贈与税の課税価格に算入します。
なお、私は、相続開始の年の前年以前に被相続人からの
用を受けていません。

（注）④欄の金額を第１表のその人の「純資産価額に加算される暦年課税分

○公益法人を設立するために遺言によって財産の提供があった場合を含みます。遺贈財産が譲渡所得の課税対象となる資産で、非課税の承認を希望する場合には、相続開始の日から４か月以内に租税特別措置法第40条の規定による承認申請書の提出が必要となります。

○相続税法第66条の規定により公益法人が個人とみなされて相続税が課税されるときは、この表には記入しないで第11表に記入する必要があります。

2　出資持分の定めのない法人などに遺贈した財産の明

この表は、被相続人が人格のない社団又は財団や学校法人
ない法人に遺贈した財産のうち、相続税がかからないもの

遺贈した財産の明			
種類	細目	所在場所等	数量
		合計	

○適用を受ける特例に係る番号(1)～(3)を○印で囲んでください。

○公益法人を設立するために相続人から財産の提供があった場合を含みません。寄附する財産が譲渡所得の課税対象となる資産で、非課税の承認を希望する場合には、寄附のあった日から４か月以内に租税特別措置法第40条の規定による承認申請書の提出が必要となります。

3　特定の公益法人などに寄附した相続財産又は特定公

私は、下記に掲げる相続財産を、相続税の申告期限までに、

(1)　国、地方公共団体又は租税特別措置法施行令第 40 条の 3 に規定する法人に対
受けます。

(2)　租税特別措置法施行令第40条の４第３項の要件に該当する特定公益信託の信託
の適用を受けます。

(3)　特定非営利活動促進法第２条第３項に規定する認定特定非営利活動法人に対し
ます。

寄附（支出）年月日	寄附（支出）した財産の明				
	種類	細目	所在場所等	数量	価
・・					
・・					
			合計		

（注）この特例の適用を受ける場合には、期限内申告書に一定の受

第14表（令5.7）

細書　被相続人

第14表（令和5年4月分以降用）

及び特定贈与財産価額の明細

財産を取得した人（注）が、その相続開始前３年以内に被
場合に記入します。

から教育資金の一括贈与を受けた場合の贈与税の非課税）第
直系尊属から結婚・子育て資金の一括贈与を受けた場合の贈
産を取得しなかった人（その人が被相続人から相続時精算課
は除きます。

贈与を受けた財産の明細		②	③
数　量	①価　額	①の価額のうち特定贈与財産の価額	相続税の課税価格に加算される価額（①－②）
	円	円	円

円	円	円	円

○相続開始前３年以内に被相続人から贈与を受けた財産について贈与税の配偶者控除の適用を受けている場合又は適用を受けられる場合に、その金額を記入します。

○贈与を受けた時の贈与税の課税価格（評価額）を記入します。

よって取得した居住用不動産や金銭の全部又は一部
受贈配偶者）」及び「（受贈財産の番号）」の欄に所定

（受贈財産の番号）
贈与によって取得した上記□の特定贈与財産の価
贈与について相続税法第21条の６第１項の規定の適

の贈与財産価額⑤」欄及び第15表の㊲欄にそれぞれ転記します。

○この欄の適用を受けた者は、贈与税の申告が必要となります。

細

、社会福祉法人、宗教法人などの出資持分の定めの
の明細を記入します。

細	
価　額	出資持分の定めのない法人などの所在地、名称
円	

益信託のために支出した相続財産の明細

して寄附をしましたので、租税特別措置法第70条第１項の規定の適用を

財産とするために支出しましたので、租税特別措置法第70条第３項の規定

て寄附をしましたので、租税特別措置法第70条第10項の規定の適用を受け

細		
価　額	公益法人等の所在地・名称（公益信託の受託者及び名称）	寄附（支出）をした相続人等の氏名
円		

領書、証明書類等の添付が必要です。

（資４－20－15－Ａ４統一）

○（添付書類）
国や地方公共団体、特定の公益法人又は認定NPO法人に寄附した相続財産の非課税の特例の適用を受けるためには、次の書類を提出することが必要です。
(1)　財産の寄附を受けた国や地方公共団体、特定の公益法人が、①その寄附を受けた旨、②その寄附を受けた年月日及び財産の明細、③その寄附を受けた財産の使用目的を記載した書類
(2)　その法人が一定の地方独立行政法人や学校法人である場合には、その法人が特定の公益法人に該当する旨を証明した所轄庁の証明書類
(3)　財産の寄附を受けた認定NPO法人が①その寄附が特定非営利活動に係る事業に関する寄附である旨②その寄附を受けた年月日及びその財産の明細③その財産の使用目的を記載した書類
また、特定の公益信託のために支出した金銭の非課税の特例の適用を受ける場合にも、上記と同様に一定の書類の提出が必要です。

相続時精算課税適用財産の明
相続時精算課税分の贈与税額控除額の

この表は、被相続人から相続時精算課税に係る贈与によ
記入します。

1　相続税の課税価格に加算する相続時精算課
から控除すべき贈与税額の明細

番号	① 贈与を受けた人の氏名	② 贈与を受けた年分	③ 贈与税の申告書を出した税務署の名
1			
2			
3			
4			
5			
6			

贈与を受けた人ごとの相続時精算課税適用財産の課税価格及び贈与税額の合計額	氏名	（各人の合計）	
	⑦ 課税価格の合計額（④の合計額）	円	
	⑧ 贈与税額の合計額（⑤の合計額）		
	⑨ ⑧のうち贈与税額に係る外国税額控除額の合計額（⑥の合計額）		

（注）１　相続時精算課税に係る贈与をした被相続人がその贈
税選択届出書を提出した税務署の名称」を記入してく
２　④欄の金額は、下記２の③の「価額」欄の金額に
３　各人の⑦欄の金額を第１表のその人の「相続時精
それぞれ転記します。
４　各人の⑧欄の金額を第１表のその人の「相続時精

2　相続時精算課税適用財産（１の④）の明細

（上記１の「番号」欄の番号に合わせて記入します。）

番号	① 贈与を受けた人の氏名	② 贈与年月日	③ 種類	細目	利用銘

（注）１　この明細は、被相続人である特定贈与者に係る贈
２　③の「価額」欄には、被相続人である特定贈与者に
します。ただし、特定事業用資産の特例の適用を受け
額に係る第11・11の２表の付表３の２の⑲欄の金額の合
11の２表の付表４の「２　特定受贈森林経営計画対象
す。

第11の２表（令5.7）

細書
計算書

被相続人	

第11の２表（令和５年１月分以降用）

って取得した財産（相続時精算課税適用財産）がある場合に

税適用財産の課税価格及び納付すべき相続税額

提 称	④ ②の年分に被相続人から相続時精算課税に係る贈与を受けた財産の価額の合計額（課税価格）	⑤ ④の財産に係る贈与税額（贈与税の外国税額控除前の金額）	⑥ ⑤のうち贈与税額に係る外国税額控除額
	円	円	円
円	円	円	円

○「２　相続時精算課税適用財産（１の④）の明細」欄に記載した財産について、贈与税の外国税額控除の適用を受けている場合に記載します。

○ 利子税、延滞税及び各種加算税は含まれません。

与をした年の中途に死亡した場合の③欄は「相続時精算課
ださい。
づき記入します。
算課税適用財産の価額②」欄及び第15表のその人の㉛欄に

算課税分の贈与税額控除額⑰」欄に転記します。

相続時精算課税適用財産の明細

区分、 柄　等	所在場所等	数量	価額
			円

税の申告書第２表に基づき記入します。
係る贈与税の申告書第２表の「財産の価額」欄の金額を記入
る場合には、第11・11の２表の付表３の⑦欄の金額と⑦欄の金
計額を、特定計画山林の特例の適用を受ける場合には、第11・
山林である選択特定計画山林の明細」の④欄の金額を記入しま

（資４－20－12－２－Ａ４統一）

相続財産の種類別価額表 （この表は、第11表から第14表までの記載に

○ ①から⑥まで及び⑩から㉙までの各欄は、第11表の価額を移記します。

○ 第12表の価額を移記します。

○ 代償財産がある場合のその価額は、本来取得したその他財産と区分して２段書きしてください。

○ 第11の２表の１の⑦欄の金額を移記します。

○ 第13表の金額を移記します。

○ 第14表の④欄の金額を移記します。

○この申告書は機械で読み取りますので、黒ボールペンで記入してください。

※この項目は記入する必要がありません。

(単位は円)

種類	細目		番号	被相続人
				各人の合計
※	整理番号			被相続人
土地（土地の上に存する権利を含みます。）	田		①	
	畑		②	
	宅地		③	
	山林		④	
	その他の土地		⑤	
	計		⑥	
	③のうち配偶者居住権に基づく敷地利用権		⑦	
	⑥のうち特例農地等	通常価額	⑧	
		農業投資価格による価額	⑨	
家屋	家屋等		⑩	
	⑩のうち配偶者居住権		⑪	
事業（農業）用財産	機械、器具、農耕具、その他の減価償却資産		⑫	
	商品、製品、半製品、原材料、農産物等		⑬	
	売掛金		⑭	
	その他の財産		⑮	
	計		⑯	
有価証券	特定同族会社の株式及び出資	配当還元方式によったもの	⑰	
		その他の方式によったもの	⑱	
	⑰及び⑱以外の株式及び出資		⑲	
	公債及び社債		⑳	
	証券投資信託、貸付信託の受益証券		㉑	
	計		㉒	
現金、預貯金等			㉓	
家庭用財産			㉔	
その他の財産	生命保険金等		㉕	
	退職手当金等		㉖	
	立木		㉗	
	その他		㉘	
	計		㉙	
合計（⑥＋⑩＋⑯＋㉒＋㉓＋㉔＋㉙）			㉚	
相続時精算課税適用財産の価額			㉛	
不動産等の価額（⑥＋⑩＋⑫＋⑰＋⑱＋㉗）			㉜	
債務等	債務		㉝	
	葬式費用		㉞	
	合計（㉝＋㉞）		㉟	
差引純資産価額（㉚＋㉛－㉟）（赤字のときは０）			㊱	
純資産価額に加算される暦年課税分の贈与財産価額			㊲	
課税価格（㊱＋㊲）（1,000円未満切捨て）			㊳	000

※税務署整理欄	申告区分		年分		名簿番号		申告年月日	

第15表（令5.7）

載に基づいて記入します。）

FD3539

第15表（令和２年４月分以降用）

（氏　名）

000

グループ番号

（資４－20－16－１－Ａ４統一）

○ 第11表の③欄の各人の金額を移記します。

○ 第11の２表の１の⑦欄の各人の金額を移記します。

○ 第13表の３の⑦欄の各人ごとの金額を移記します。

○ 第14表の１の④欄の各人ごとの金額を移記します。

○ 各人の「課税価格⑥」欄までの記入が終わったら、各人の課税価格（端数切捨て後）を合計した金額をⒶの金額として記入します。Ⓐの金額を第２表の「①課税価格の合計額」の㋑欄に移記し、第２表の計算を行います。

○ 第２表の記入が終わった後、第２表の⑧欄の金額を移記します。

○ 相続税額の２割加算の規定の適用がある人だけが記入します。

⇩

○ ここまでの記入が終わったら、第４表から第８表までの税額控除の計算を行います。

○ 一般の場合は⑨＋⑪－⑮
農業相続人がいる場合は⑩＋⑪－⑮

○ 第11の２表の1の⑧欄の各人の金額を移記します。

○ 赤字となる場合には、左端に△を付してください。

相続税の申告書

＿＿＿＿税務署長
＿＿年＿＿月＿＿日提出

相続開始年月日＿＿＿＿年＿＿月＿＿日

○フリガナは、必ず記入してください。

税務署受付印

○この申告書は機械で読み取りますので、黒ボールペンで記入してください。また、申告書と添付資料を一緒にとじないでください。

	各人の合計
フリガナ	（被相続人）
氏名	
個人番号又は法人番号	
生年月日	年　月　日（年齢　歳
住所（電話番号）	
被相続人との続柄／職業	
取得原因	該当する取得原因を○で囲みます
※整理番号	

課税価格の計算	取得財産の価額（第11表③）	①	
	相続時精算課税適用財産の価額（第11の２表１⑦）	②	
	債務及び葬式費用の金額（第１３表３⑦）	③	
	純資産価額（①＋②－③）（赤字のときは０）	④	
	純資産価額に加算される暦年課税分の贈与財産価額（第１４表１④）	⑤	
	課税価格（④＋⑤）（1,000円未満切捨て）	⑥	000
各人の算出税額の計算	法定相続人の数／遺産に係る基礎控除額		人　000000
	相続税の総額	⑦	00
	一般の場合（⑩の場合を除く）　あん分割合（各人の⑥／Ⓐ）	⑧	1．00
	一般の場合（⑩の場合を除く）　算出税額（⑦×各人の⑧）	⑨	
	農地等納税猶予の適用を受ける場合　算出税額（第３表⑬）	⑩	
	相続税額の２割加算が行われる場合の加算金額（第４表⑦）	⑪	
各人の納付・還付税額の計算	税額控除　暦年課税分の贈与税額控除額（第４表の２㉕）	⑫	
	税額控除　配偶者の税額軽減額（第５表㋩又は㋬）	⑬	
	税額控除　⑫・⑬以外の税額控除額（第８の８表１⑤）	⑭	
	税額控除　計	⑮	
	差引税額（⑨＋⑪－⑮）又は（⑩＋⑪－⑮）（赤字のときは０）	⑯	
	相続時精算課税分の贈与税額控除額（第１１の２表１⑧）	⑰	00
	医療法人持分税額控除額（第８の４表２B）	⑱	
	小計（⑯－⑰－⑱）（黒字のときは100円未満切捨て）	⑲	
	納税猶予税額（第８の８表２⑧）	⑳	00
	申告納税額（⑲－⑳）　申告期限までに納付すべき税額	㉑	00
	申告納税額（⑲－⑳）　還付される税額	㉒	△
この申告書が修正申告書である場合	この修正前の　小計	㉓	
	この修正前の　納税猶予税額	㉔	00
	この修正前の　申告納税額（還付の場合は、頭に△を記載）	㉕	
	小計の増加額（⑲－㉓）	㉖	
	この申告により納付すべき税額又は還付される税額（還付の場合は、頭に△を記載）（（㉑又は㉒）－㉕）	㉗	

※の項目は記入する必要がありません。

※税務署整理欄　申告区分　年分　グループ番号　補完番号　名簿番号　申告年月日　関与区分　書面添付

作成税理士の事務所所在地・署名・電話番号

税理士法書面提出　30条　33条の2

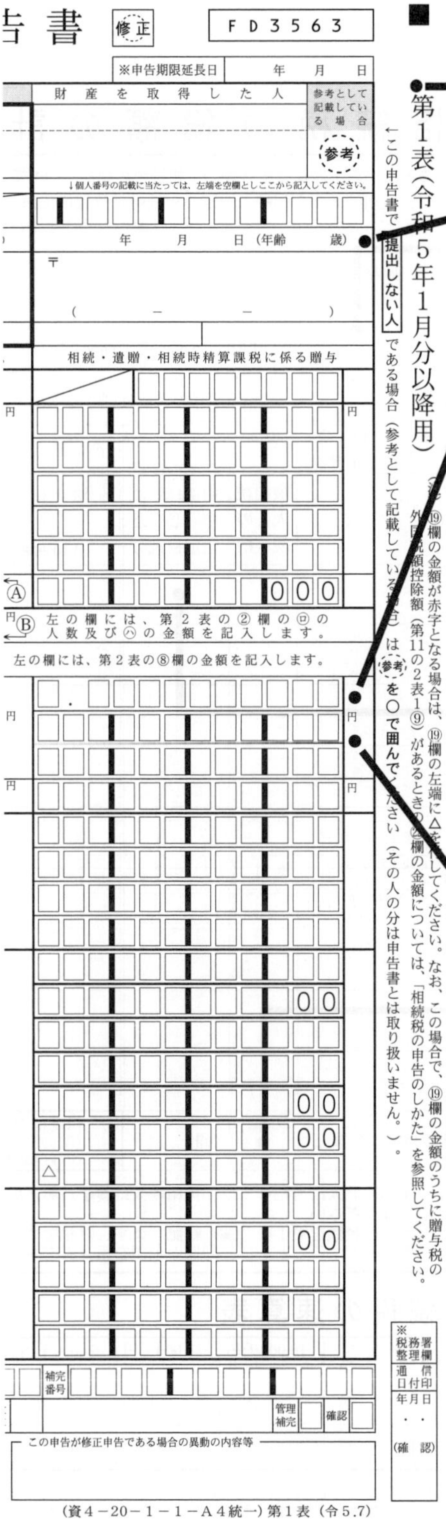
告書　修正　ＦＤ３５６３

※申告期限延長日　年　月　日

財産を取得した人　参考として記載している場合　参考

↓個人番号の記載に当たっては、左端を空欄としここから記入してください。

年　月　日（年齢　歳）

〒

（　－　－　）

相続・遺贈・相続時精算課税に係る贈与

円　円

Ⓐ　000

Ⓑ　左の欄には、第２表の②欄の㋺の人数及び㋩の金額を記入します。

左の欄には、第２表の⑧欄の金額を記入します。

円　円

00

00

00

△

00

補完番号

管理補完　確認

この申告が修正申告である場合の異動の内容等

（資４－20－１－１－Ａ４統一）第１表（令5.7）

第１表（令和５年１月分以降用）

←この申告書で提出しない人である場合（参考として記載している場合）は 参考 を○で囲んでください（その人の分は申告書とは取り扱いません。）。

㉒ ⑲欄の金額が赤字となる場合は、⑲欄の左端に△を付してください。なお、この場合で、⑲欄の金額のうちに贈与税の外国税額控除額（第11の２表１⑨）があるときの㉒欄の金額については、「相続税の申告のしかた」を参照してください。

※税務署整理欄　通信日付印　年月日　・　・　（確認）

○ 相続又は遺贈により財産を取得した者が２人以上の場合には「第１表続」を使用用します。

○ 相続開始の日における年齢を記入します。

○ あん分割合に小数点以下２位未満の端数があるときは、全員の割合の合計額が1.00になるように小数点以下２位未満の端数を調整して記入しても差し支えありません。

○ 税額が高額となる場合には端数調整の仕方によっては、各人の税負担にかなり差が生じますので、小数点方式によらないで、例えば、次のように計算する方法もあります。

$⑦ \times \frac{170{,}000{,}000円}{630{,}000{,}000円}$

○ 農業相続人がいる場合には、この欄の記入を行わず、⑩欄に記入します。

○第１表の「課税価格⑥」の「各人の合計」欄のⒶの金額を移記し、⑧欄までを順次記入します。

○相続人が相続や遺贈によって財産を取得したかどうかにかかわらず、法定相続人全員の氏名及び被相続人との続柄を記入します。

○相続の放棄をした人があってもその放棄がないとした場合の相続人のことをいいます。

○各法定相続人の法定相続分を記入します。
例えば、「$\frac{1}{2}$」「$\frac{1}{2}\times\frac{1}{3}=\frac{1}{6}$」などと記入します。

○被相続人に養子があるときは、遺産に係る基礎控除額を計算する場合の法定相続人の数に含めるその養子の数が制限される場合があります（186ページ参照）。この制限される場合における養子についても、「④法定相続人」欄に全員記入し、「⑤左の法定相続人に応じた法定相続分」欄には、次の記載例のように記入します。
なお、この例の場合、「④法定相続人」の最下欄の「法定相続人の数Ⓐ」欄の人数は４人となります。

④ 法定相続人 ((注) 1参照)		⑤ 左の法定相続人に応じた法定相続分	
氏名	被相続人との続柄		
山田花子	妻	$\frac{1}{2}$	
山田太郎	長男	$\frac{1}{2}\times\frac{1}{3}=\frac{1}{6}$	
山田桜子	長女	$\frac{1}{2}\times\frac{1}{3}=\frac{1}{6}$	
山田一郎	養子	}$\frac{1}{2}\times\frac{1}{3}=\frac{1}{6}$	
山田二郎	養子		
法定相続人の数	Ⓐ 4 人	合計	1

相続税の総額の計

この表は、第１表及び第３表の「相続税の総額」の計算
なお、被相続人から相続、遺贈や相続時精算課税に係る
場合は、この表のㇹ欄及びㇸ欄並びに⑨欄から⑪欄までは

① 課税価格の合計額		② 遺産に係る
㋑（第１表⑥Ⓐ）	円 ,000	3,000万円＋(600万円× ㋺
㋭（第３表⑥Ⓐ）	,000	㋺の人数及び㋩の金額を

④ 法定相続人 ((注) 1参照)		⑤ 左の法定相続人に応じた法定相続分	第１表の「相 ⑥ 法定相続 応ずる取得 (㊁×⑤ (1,000円未満
氏名	被相続人との続柄		
法定相続人の数	Ⓐ 人	合計 1	⑧ 相続税の (⑦の合計 (100円未満切

（注）１　④欄の記入に当たっては、被相続人に養子がある場
をご覧ください。
２　⑧欄の金額を第１表⑦欄へ転記します。財産を取得
⑦欄へ転記するとともに、⑪欄の金額を第３表⑦欄へ

相続税の速算表

法定相続分に応ずる取得金額	10,000千円以下	30,000千円以下	50,000千円以下
税率	10%	15%	20%
控除額	－	500千円	2,000千円

この速算表の使用方法は、次のとおりです。
⑥欄の金額×税率－控除額＝⑦欄の税額　　　⑨欄の金額
例えば、⑥欄の金額30,000千円に対する税額（⑦欄）は、30,

○連帯納付義務について
相続税の納税については、各相続人等が相続、遺贈や
お互いに連帯して納付しなければならない義務があります

第２表（令5.7）

算　書　被相続人

第2表（令和5年1月分以降用）

のために使用します。
贈与によって財産を取得した人のうちに農業相続人がいない
記入する必要がありません。

基礎控除額	③ 課税遺産総額	
の法定相続人の数）人）＝ ⓗ 万円	ⓝ（ⓘ－ⓗ）	円 ,000
第1表Ⓑへ転記します。	ⓗ（ⓗ－ⓗ）	,000

相続税の総額⑦」の計算		第3表の「相続税の総額⑦」の計算	
分に 取得金額) 切捨て)	⑦ 相続税の総額の基となる税額（下の「速算表」で計算します。）	⑨ 法定相続分に応ずる取得金額（ⓗ×⑤）（1,000円未満切捨て）	⑩ 相続税の総額の基となる税額（下の「速算表」で計算します。）
円 ,000	円	円 ,000	円
,000		,000	
,000		,000	
,000		,000	
,000		,000	
,000		,000	
,000		,000	
,000		,000	
,000		,000	
総額 額) 切捨て)	00	⑪ 相続税の総額（⑩の合計額）（100円未満切捨て）	00

○⑥欄の各人ごとの金額について下の「相続税の速算表」を用いて計算した税額を記入します。

○第1表の「相続税の総額⑦」欄に移記します。

合や相続の放棄があった場合には、「相続税の申告のしかた」

した人のうちに農業相続人がいる場合は、⑧欄の金額を第1表
転記します。

100,000千円以下	200,000千円以下	300,000千円以下	600,000千円以下	600,000千円超
30%	40%	45%	50%	55%
7,000千円	17,000千円	27,000千円	42,000千円	72,000千円

×税率－控除額＝⑩欄の税額
,000千円×15%－500千円＝4,000千円です。

相続時精算課税に係る贈与により受けた利益の価額を限度として、
。

（資4－20－3－A4統一）

財産を取得した人のうちに農業相続人がいる場
各人の算出税額の計算書

私は、租税特別措置法第70条の６第１項の規定による農地等についての相続税の納税猶予の適用を受けます。	相続税の

被相続人から相続、遺贈や相続時精算課税に係る贈与によっ
特例農地等については農業投資価格によって課税財産の価額を
得した全ての人は、この表によって各人の算出税額を計算しま

区分	項目		番号	（各人の合計）	
財産を取得した人の氏名					
課税価格の計算	取得財産の価額	農業相続人（第12表⑤）	①	円	
		その他の人（第１表①+第１表②）	②		
	債務及び葬式費用の金額（第１表③）		③		
	純資産価額（①－③）又は（②－③）（赤字のときは０）		④		
	純資産価額に加算される暦年課税分の贈与財産価額（第１表⑤）		⑤		
	課税価格（④＋⑤）（1,000円未満切捨て）		⑥	Ⓐ ,000	
各人の算出税額の計算	相続税の総額（第２表⑪）		⑦	00	
	あん分割合（各人の⑥/Ⓐ）		⑧	1.00	
	算出税額（⑦×各人の⑧）		⑨	円	
	農業相続人の納税猶予の基となる税額	相続税の総額の差額	⑩	00	
		農業投資価格超過額（第12表③）	⑪	Ⓑ	
		各人へのあん分額（⑩×各人の⑪÷Ⓑ）	⑫		
	各人の算出税額（⑨＋⑫）		⑬		

○ あん分割合に小数点以下２位未満の端数があるときは、全員の割合の合計が1.00になるように小数点以下２位未満の端数を調整して記入しても差し支えありません。

財産を取得した人の氏名					
課税価格の計算	取得財産の価額	農業相続人（第12表⑤）	①	円	
		その他の人（第１表①+第１表②）	②		
	債務及び葬式費用の金額（第１表③）		③		
	純資産価額（①－③）又は（②－③）（赤字のときは０）		④		
	純資産価額に加算される暦年課税分の贈与財産価額（第１表⑤）		⑤		
	課税価格（④＋⑤）（1,000円未満切捨て）		⑥	,000	
各人の算出税額の計算	相続税の総額（第２表⑪）		⑦		
	あん分割合（各人の⑥/Ⓐ）		⑧		
	算出税額（⑦×各人の⑧）		⑨	円	
	農業相続人の納税猶予の基となる税額	相続税の総額の差額	⑩		
		農業投資価格超過額（第12表③）	⑪		
		各人へのあん分額（⑩×各人の⑪÷Ⓑ）	⑫		
	各人の算出税額（⑨＋⑫）		⑬		

（注）１　「各人の算出税額の計算」の「農業相続人の納税猶
２　各人の⑬欄の金額を第１表のその人の「算出税額⑩
この場合、第１表の「一般の場合」の「あん分割合⑧

第３表(令５.７)

場合の

被相続人

第３表（平成26年分以降用）

納税猶予の適用を受ける農業相続人の氏名

○ 農業相談人の氏名を記入します。

歳）　（　歳）　（　歳）

て財産を取得した人のうちに農業相続人がいる場合には、
計算することになりますので、その被相続人から財産を取
す。

円　円　円

,000　,000　,000

円　円　円

（第１表の⑦の金額）　（この表の⑦の金額）
00円　－　00円

円　円　円

,000　,000　,000

円　円　円

予の基となる税額」欄は、農業相続人だけが記入します。
」欄に転記します。
」欄及び「算出税額⑨」欄の記入を行う必要はありません。

（資４－20－４－Ａ４統一）

第4表（令和5年4月分以降用）

相続税額の加算金額の計算書

被相続人	

この表は、相続、遺贈や相続時精算課税に係る贈与によって財産を取得した人のうちに、被相続人の一親等の血族（代襲して相続人となった直系卑属を含みます。）及び配偶者以外の人がいる場合に記入します。
なお、相続や遺贈により取得した財産のうちに、次の管理残額がある人は、第４表の付表を作成します。
イ　租税特別措置法第 70 条の２の２（直系尊属から教育資金の一括贈与を受けた場合の贈与税の非課税）第 12 項第１号に規定する管理残額のうち、平成 31 年４月１日から令和３年３月 31 日までの間であって、被相続人の相続開始前３年以内に被相続人から取得した信託受益権又は金銭等に係る部分
ロ　租税特別措置法第 70 条の２の３（直系尊属から結婚・子育て資金の一括贈与を受けた場合の贈与税の非課税）第 12 項第２号に規定する管理残額のうち、令和３年３月 31 日までに被相続人から取得した信託受益権又は金銭等に係る部分
（注）一親等の血族であっても相続税額の加算の対象となる場合があります。詳しくは「相続税の申告のしかた」をご覧ください。

加算の対象となる人の氏名						
各人の税額控除前の相続税額（第１表⑨又は第１表⑩の金額）		①	円	円	円	円
相続時精算課税に係る贈与を受けている人で、かつ、相続開始の時までに被相続人との続柄に変更（養子縁組の解消等）があった場合に記入します。	被相続人の一親等の血族であった期間内にその被相続人から相続時精算課税に係る贈与によって取得した財産の価額	②	円	円	円	円
	被相続人から相続、遺贈や相続時精算課税に係る贈与によって取得した財産などで相続税の課税価格に算入された財産の価額（第1表①＋第1表②＋第1表⑤）	③				
	加算の対象とならない相続税額（①×②÷③）	④				
措置法第70条の2の2第12項第1号に規定する管理残額がある場合の加算の対象とならない相続税額（第4表の付表⑦）		⑤	円	円	円	円
措置法第70条の2の3第12項第2号に規定する管理残額がある場合の加算の対象とならない相続税額（第4表の付表⑭）		⑥	円	円	円	円
相続税額の加算金額（①×0.2）ただし、上記④～⑥の金額がある場合には、((①-④-⑤-⑥)×0.2)となります。		⑦	円	円	円	円

（注）１　相続時精算課税適用者である孫が相続開始の時までに被相続人の養子となった場合は、「相続時精算課税に係る贈与を受けている人で、かつ、相続開始の時までに被相続人との続柄に変更があった場合」には含まれませんので②欄から④欄までの記入は不要です。
２　各人の⑦欄の金額を第１表のその人の「相続税額の２割加算が行われる場合の加算金額⑪」欄に転記します。

○相続時精算課税適用者以外の人は記載を要しません。

○第１表の各人の⑪欄に移記します。

第４表（令5.7）　　（資４－20－５－１－Ａ４統一）

相続税額の加算金額の計算書付表

被相続人	

第４表の付表（令和５年４月分以降用）

1　措置法第70条の2の2（直系尊属から教育資金の一括贈与を受けた場合の贈与税の非課税）第12項第1号に規定する管理残額がある場合

この表は、相続、遺贈や相続時精算課税に係る贈与によって財産を取得した人のうちに、被相続人の一親等の血族（代襲して相続人となった直系卑属を含みます。）及び配偶者以外の人がいる場合において、それらの人のうちで、租税特別措置法第70条の２の２（直系尊属から教育資金の一括贈与を受けた場合の贈与税の非課税）第12項第１号に規定する管理残額（平成31年4月1日から令和3年3月31日までの間であって、被相続人の相続開始前3年以内に被相続人から取得した信託受益権又は金銭等に係る部分に限ります。）で被相続人から相続や遺贈により取得したものとみなされたものがある人が記入します。

（注）　一親等の血族であっても相続税額の加算の対象となる場合があります。詳しくは「相続税の申告のしかた」をご覧ください。

加算の対象となる人の氏名					
各人の税額控除前の相続税額（第1表⑨又は第1表⑩の金額）	①	円	円	円	円
被相続人から相続や遺贈により取得したものとみなされる管理残額のうち、加算の対象とならない部分の金額（裏面の「2」参照）	②	円	円	円	円
被相続人から相続、遺贈や相続時精算課税に係る贈与によって取得した財産で相続税の課税価格に算入された財産の価額（第１表①+第１表②）	③				
債務及び葬式費用の金額（第1表③）	④				
③-④（赤字のときは０）	⑤				
純資産価額に加算される暦年課税分の贈与財産価額（第1表⑤）	⑥				
加算の対象とならない相続税額 ①×②/(⑤+⑥)（①を超える場合には、①を上限とします。）	⑦	円	円	円	円

（注）１　「加算の対象となる人の氏名」欄には、相続や遺贈により取得した財産のうちに相続や遺贈により取得したものとみなされる管理残額（平成31年４月１日から令和３年３月31日までの間であって、被相続人の相続開始前３年以内に被相続人から取得した信託受益権又は金銭等に係る部分に限ります。）がある人の氏名を記載します。
　　２　各人の⑦欄の金額を第４表のその人の⑤欄に転記します。

2　措置法第70条の2の3（直系尊属から結婚・子育て資金の一括贈与を受けた場合の贈与税の非課税）第12項第2号に規定する管理残額がある場合

この表は、相続、遺贈や相続時精算課税に係る贈与によって財産を取得した人のうちに、被相続人の一親等の血族（代襲して相続人となった直系卑属を含みます。）及び配偶者以外の人がいる場合において、それらの人のうちで、租税特別措置法第70条の２の３（直系尊属から結婚・子育て資金の一括贈与を受けた場合の贈与税の非課税）第12項第２号に規定する管理残額（令和3年3月31日までに被相続人から取得した信託受益権又は金銭等に係る部分に限ります。）で被相続人から相続や遺贈により取得したものとみなされたものがある人が記入します。

（注）　一親等の血族であっても相続税額の加算の対象となる場合があります。詳しくは「相続税の申告のしかた」をご覧ください。

加算の対象となる人の氏名					
各人の税額控除前の相続税額（第1表⑨又は第1表⑩の金額）	⑧	円	円	円	円
被相続人から相続や遺贈により取得したものとみなされる管理残額のうち、加算の対象とならない部分の金額（裏面の「3」参照）	⑨	円	円	円	円
被相続人から相続、遺贈や相続時精算課税に係る贈与によって取得した財産で相続税の課税価格に算入された財産の価額（第1表①+第1表②）	⑩				
債務及び葬式費用の金額（第1表③）	⑪				
⑩-⑪（赤字のときは０）	⑫				
純資産価額に加算される暦年課税分の贈与財産価額（第1表⑤）	⑬				
加算の対象とならない相続税額 ⑧×⑨/(⑫+⑬)（⑧を超える場合には、⑧を上限とします。）	⑭	円	円	円	円

（注）１　「加算の対象となる人の氏名」欄には、相続や遺贈により取得した財産のうちに相続や遺贈により取得したものとみなされる管理残額（令和３年３月31日までに被相続人から取得した信託受益権又は金銭等に係る部分に限ります。）がある人の氏名を記載します。
　　２　各人の⑭欄の金額を第４表のその人の⑥欄に転記します。

第４表の付表（令５．７）　（資４－20－５－２－Ａ４統一）

○この表における「特例贈与財産」とは、租税特別措置法第70条の２の５第１項の規定の適用を受ける財産をいいます。

○「一般贈与財産」とは、「特例贈与財産」の規定の適用を受けない財産をいいます。

暦年課税分の贈与税額控除額の計算書

被相続人

第４表の２（平成31年１月分以降用）

この表は、第14表の「1 純資産価額に加算される暦年課税分の贈与財産価額及び特定贈与財産価額の明細」欄に記入した財産のうち相続税の課税価格に加算されるものについて、贈与税が課税されている場合に記入します。

控除を受ける人の氏名					
相続開始の年の前年分	贈与税の申告書の提出先		税務署	税務署	税務署
	被相続人から暦年課税に係る贈与によって租税特別措置法第70条の2の5第1項の規定の適用を受ける財産（特例贈与財産）を取得した場合				
	相続開始の年の前年中に暦年課税に係る贈与によって取得した特例贈与財産の価額の合計額	①	円	円	円
	①のうち被相続人から暦年課税に係る贈与によって取得した特例贈与財産の価額の合計額（贈与税額の計算の基礎となった価額）	②			
	その年分の暦年課税分の贈与税額（裏面の「2」参照）	③			
	控除を受ける贈与税額（特例贈与財産分）（③×②÷①）	④			
	被相続人から暦年課税に係る贈与によって租税特別措置法第70条の2の5第1項の規定の適用を受けない財産（一般贈与財産）を取得した場合				
	相続開始の年の前年中に暦年課税に係る贈与によって取得した一般贈与財産の価額の合計額（贈与税の配偶者控除後の金額）	⑤	円	円	円
	⑤のうち被相続人から暦年課税に係る贈与によって取得した一般贈与財産の価額の合計額（贈与税額の計算の基礎となった価額）	⑥			
	その年分の暦年課税分の贈与税額（裏面の「3」参照）	⑦			
	控除を受ける贈与税額（一般贈与財産分）（⑦×⑥÷⑤）	⑧			
相続開始の年の前々年分	贈与税の申告書の提出先		税務署	税務署	税務署
	被相続人から暦年課税に係る贈与によって租税特別措置法第70条の2の5第1項の規定の適用を受ける財産（特例贈与財産）を取得した場合				
	相続開始の年の前々年中に暦年課税に係る贈与によって取得した特例贈与財産の価額の合計額	⑨	円	円	円
	⑨のうち被相続人から暦年課税に係る贈与によって取得した特例贈与財産の価額の合計額（贈与税額の計算の基礎となった価額）	⑩			
	その年分の暦年課税分の贈与税額（裏面の「2」参照）	⑪			
	控除を受ける贈与税額（特例贈与財産分）（⑪×⑩÷⑨）	⑫			
	被相続人から暦年課税に係る贈与によって租税特別措置法第70条の2の5第1項の規定の適用を受けない財産（一般贈与財産）を取得した場合				
	相続開始の年の前々年中に暦年課税に係る贈与によって取得した一般贈与財産の価額の合計額（贈与税の配偶者控除後の金額）	⑬	円	円	円
	⑬のうち被相続人から暦年課税に係る贈与によって取得した一般贈与財産の価額の合計額（贈与税額の計算の基礎となった価額）	⑭			
	その年分の暦年課税分の贈与税額（裏面の「3」参照）	⑮			
	控除を受ける贈与税額（一般贈与財産分）（⑮×⑭÷⑬）	⑯			
相続開始の年の前々々年分	贈与税の申告書の提出先		税務署	税務署	税務署
	被相続人から暦年課税に係る贈与によって租税特別措置法第70条の2の5第1項の規定の適用を受ける財産（特例贈与財産）を取得した場合				
	相続開始の年の前々々年中に暦年課税に係る贈与によって取得した特例贈与財産の価額の合計額	⑰	円	円	円
	⑰のうち相続開始の日から遡って3年前の日以後に被相続人から暦年課税に係る贈与によって取得した特例贈与財産の価額の合計額（贈与税額の計算の基礎となった価額）	⑱			
	その年分の暦年課税分の贈与税額（裏面の「2」参照）	⑲			
	控除を受ける贈与税額（特例贈与財産分）（⑲×⑱÷⑰）	⑳			
	被相続人から暦年課税に係る贈与によって租税特別措置法第70条の2の5第1項の規定の適用を受けない財産（一般贈与財産）を取得した場合				
	相続開始の年の前々々年中に暦年課税に係る贈与によって取得した一般贈与財産の価額の合計額（贈与税の配偶者控除後の金額）	㉑	円	円	円
	㉑のうち相続開始の日から遡って3年前の日以後に被相続人から暦年課税に係る贈与によって取得した一般贈与財産の価額の合計額（贈与税額の計算の基礎となった価額）	㉒			
	その年分の暦年課税分の贈与税額（裏面の「3」参照）	㉓			
	控除を受ける贈与税額（一般贈与財産分）（㉓×㉒÷㉑）	㉔			
暦年課税分の贈与税額控除額計（④＋⑧＋⑫＋⑯＋⑳＋㉔）		㉕	円	円	円

（注）各人の㉕欄の金額を第１表のその人の「暦年課税分の贈与税額控除額⑫」欄に転記します。

第4表の2（令5.7）　　（資4−20−5−3−A4 統一）

○③、⑪又は⑲欄（その年分の暦年課税分の贈与税額）は、その年中に贈与により取得した財産が「特例贈与財産」のみである場合には、その年分の暦年課税分の贈与税額の金額となります。
ただし、同年中に「特例贈与財産」と「一般贈与財産」の両方を贈与により取得し、租税特別措置法第70条の２の５第３項の規定の適用を受け贈与税額を計算している場合には、同項第１号に掲げる金額（特例贈与財産の価額がその年中に贈与により取得した財産の価額の合計額のうちに占める割合を乗じた後の金額）となります（１円未満の端数があるときは、その端数金額を切り捨てます。）。

○贈与税の配偶者控除の適用を受けている場合には、その被相続人から贈与を受けた財産の総額から配偶者控除の適用を受けた金額を差し引いた金額を記入します。

○それぞれその年に課税された暦年課税分の贈与税額（利子税、延滞税及び加算税の額は含まれません。）を記入します。

○第１表の各人の⑫欄に移記します。

○⑦、⑮又は㉓欄（その年分の暦年課税分の贈与税額）は、その年中に贈与により取得した財産が「一般贈与財産」のみである場合には、その年分の暦年課税分の贈与税額の金額となります。
ただし、同年中に「一般贈与財産」と「特例贈与財産」の両方を贈与により取得し、租税特別措置法第70条の２の５第３項の規定の適用を受け贈与税額を計算している場合には、同項第２号に掲げる金額（一般贈与財産の価額がその年中に贈与により取得した財産の価額の合計額のうちに占める割合を乗じた後の金額）となります（１円未満の端数があるときは、その端数金額を切り捨てます。）。

配偶者の税額軽減額の計算書

被相続人	

第5表（平成21年4月分以降用）

私は、相続税法第19条の２第１項の規定による配偶者の税額軽減の適用を受けます。

1　一般の場合（この表は、①被相続人から相続、遺贈や相続時精算課税に係る贈与によって財産を取得した人のうちに農業相続人がいない場合又は②配偶者が農業相続人である場合に記入します。）

課税価格の合計額のうち配偶者の法定相続分相当額	（第１表のⒶの金額）〔配偶者の法定相続分〕 ,000円× ―― ＝ 円　上記の金額が16,000万円に満たない場合には、16,000万円	㋑※ 円

配偶者の税額軽減額を計算する場合の課税価格	① 分割財産の価額（第11表の配偶者の①の金額）	分割財産の価額から控除する債務及び葬式費用の金額 ② 債務及び葬式費用の金額（第１表の配偶者の③の金額）	③ 未分割財産の価額（第11表の配偶者の②の金額）	④（②－③）の金額（③の金額が②の金額より大きいときは０）	⑤ 純資産価額に加算される暦年課税分の贈与財産価額（第１表の配偶者の⑤の金額）	⑥（①－④＋⑤）の金額（⑤の金額より小さいときは⑤の金額）（1,000円未満切捨て）
	円	円	円	円	円	※ 円 ,000

⑦ 相続税の総額（第１表の⑦の金額）	⑧ ㋑の金額と⑥の金額のうちいずれか少ない方の金額	⑨ 課税価格の合計額（第１表のⒶの金額）	⑩ 配偶者の税額軽減の基となる金額（⑦×⑧÷⑨）
円 00	円	円 ,000	円

配偶者の税額軽減の限度額	（第１表の配偶者の⑨又は⑩の金額）（第１表の配偶者の⑫の金額）（　円 －　円）	㋺ 円
配偶者の税額軽減額	（⑩の金額と㋺の金額のうちいずれか少ない方の金額）	㋩ 円

（注）㋩の金額を第１表の配偶者の「配偶者の税額軽減額⑬」欄に転記します。

○ 債務と葬式費用の金額が未分割財産の価額よりも大きい場合だけ、その差額を記入し、その他の場合には０と記入します。

○ 円位まで計算した金額を記入します。

○ 配偶者が農業相続人である場合には、第１表の⑩欄の金額を記入します。

○ 第１表の配偶者の⑬欄に移記します。

2　配偶者以外の人が農業相続人である場合（この表は、被相続人から相続、遺贈や相続時精算課税に係る贈与によって財産を取得した人のうちに農業相続人がいる場合で、かつ、その農業相続人が配偶者以外の場合に記入します。）

課税価格の合計額のうち配偶者の法定相続分相当額	（第３表のⒶの金額）〔配偶者の法定相続分〕 ,000円× ―― ＝ 円　上記の金額が16,000万円に満たない場合には、16,000万円	㊁※ 円

配偶者の税額軽減額を計算する場合の課税価格	⑪ 分割財産の価額（第11表の配偶者の①の金額）	分割財産の価額から控除する債務及び葬式費用の金額 ⑫ 債務及び葬式費用の金額（第１表の配偶者の③の金額）	⑬ 未分割財産の価額（第11表の配偶者の②の金額）	⑭（⑫－⑬）の金額（⑬の金額が⑫の金額より大きいときは０）	⑮ 純資産価額に加算される暦年課税分の贈与財産価額（第１表の配偶者の⑤の金額）	⑯（⑪－⑭＋⑮）の金額（⑮の金額より小さいときは⑮の金額）（1,000円未満切捨て）
	円	円	円	円	円	※ 円 ,000

⑰ 相続税の総額（第３表の⑦の金額）	⑱ ㊁の金額と⑯の金額のうちいずれか少ない方の金額	⑲ 課税価格の合計額（第３表のⒶの金額）	⑳ 配偶者の税額軽減の基となる金額（⑰×⑱÷⑲）
円 00	円	円 ,000	円

配偶者の税額軽減の限度額	（第１表の配偶者の⑩の金額）（第１表の配偶者の⑫の金額）（　円 －　円）	㋭ 円
配偶者の税額軽減額	（⑳の金額と㋭の金額のうちいずれか少ない方の金額）	㋬ 円

（注）㋬の金額を第１表の配偶者の「配偶者の税額軽減額⑬」欄に転記します。

※　相続税法第19条の２第５項（隠蔽又は仮装があった場合の配偶者の相続税額の軽減の不適用））の規定の適用があるときには、「課税価格の合計額のうち配偶者の法定相続分相当額」の（第１表のⒶの金額）、⑥、⑦、⑨、「課税価格の合計額のうち配偶者の法定相続分相当額」の（第３表のⒶの金額）、⑯、⑰及び⑲の各欄は、第５表の付表で計算した金額を転記します。

第５表（令5.7）　（資４－20－６－１－Ａ４統一）

未成年者控除額
障害者控除額 の計算書

1　未成年者控除

（この表は、相続、遺贈や相続時精算…うちに、満18歳にならない人がいる場…

○制限納税義務者は除かれます（日米相続税条約の適用者を除きます）。

未成年者の氏名				
年　　齢（１年未満切捨て）	①	歳	歳	
未成年者控除額	②	10万円×(18歳 -＿＿歳) = 0,000円	10万円×(18歳 -＿＿歳) = 0,000円	10
未成年者の第１表の（⑨＋⑪－⑫－⑬）又は（⑩＋⑪－⑫－⑬）の相続税額	③	円	円	

○過去の相続の際に既に未成年者控除の適用を受けたため、控除額に制限がある人は、控除を受けることができる金額を②欄に記入するとともに、欄外にその計算の明細を記載し、「10万円×（18歳－＿歳）」の該当文字を二本線で抹消してください。

（注）1　過去に未成年者控除の適用を受けた人は、②欄の控除額に制限…
　　2　②欄の金額と③欄の金額のいずれか少ない方の金額を、第８の…
　　3　②欄の金額が③欄の金額を超える人は、その超える金額（②-…

控除しきれない金額（②－③）	④	円	円	

（扶養義務者の相続税額から控除する未成年者控除額）

○控除不足がある場合には扶養義務者の相続税額から差し引くことができます。

Ⓐ欄の金額は、未成年者の扶養義務者の相続税額から控除するこ…適宜配分し、次の⑥欄に記入します。

扶養義務者の氏名				
扶養義務者の第１表の（⑨＋⑪－⑫－⑬）又は（⑩＋⑪－⑫－⑬）の相続税額	⑤	円	円	
未成年者控除額	⑥			

（注）各人の⑥欄の金額を未成年者控除を受ける扶養義務者の第８…

2　障害者控除

（この表は、相続、遺贈や相続時精算…うちに、一般障害者又は特別障害者か…

○他の税額控除がある人についても重複して適用を受けることができます。

○制限納税義務者は除かれます（日米相続税条約の適用者を除きます）。

		一般障害者		
障害者の氏名				
年　　齢（１年未満切捨て）	①	歳	歳	
障害者控除額	②	10万円×（85歳-＿＿歳） = 0,000円	10万円×（85歳-＿＿歳） = 0,000円	20
障害者の第１表の（⑨+⑪-⑫-⑬）-第８の８表１の①又は第１表の（⑩+⑪-⑫-⑬）-第８の８表１の①の相続税額	③	円	円	

○過去の相続の際に既に障害者控除の適用を受けたため、控除額に制限がある人は、控除を受けることができる金額を②欄に記入するとともに、欄外にその計算の明細を記載し、「10万円×（85歳－＿歳）又は「20万円×（85歳－＿歳）」の該当文字を二本線で抹消してください。

（注）1　過去に障害者控除の適用を受けた人の控除額は、②欄により計…
　　2　②欄の金額と③欄の金額のいずれか少ない方の金額を、第８の…
　　3　②欄の金額が③欄の金額を超える人は、その超える金額（②-…

控除しきれない金額（②－③）	④	円	円	

（扶養義務者の相続税額から控除する障害者控除額）

○控除不足がある場合には扶養義務者の相続税額から差し引くことができます。

Ⓐ欄の金額は、障害者の扶養義務者の相続税額から控除すること…適宜配分し、次の⑥欄に記入します。

扶養義務者の氏名				
扶養義務者の第１表の（⑨+⑪-⑫-⑬）-第８の８表１の①又は第１表の（⑩+⑪-⑫-⑬）-第８の８表１の①の相続税額	⑤	円	円	
障害者控除額	⑥			

（注）各人の⑥欄の金額を障害者控除を受ける扶養義務者の第８の…

第６表（令5.7）

被相続人	

第６表（令和５年１月分以降用）

章課税に係る贈与によって財産を取得した法定相続人の
場合に記入します。）

		計
歳	歳	
)万円×(18歳－＿＿歳) ＝　0,000円	10万円×(18歳－＿＿歳) ＝　0,000円	円 0,000
円	円	円

○②欄の金額と③欄の金額のいずれか少ない方の金額を第１表の各人の⑭欄に移記します。

艮がありますので、「相続税の申告のしかた」をご覧ください。
)８表１のその未成年者の「未成年者控除額①」欄に転記します。
－③の金額）を次の④欄に記入します。

円	円	計　円 Ⓐ

ことができますから、その金額を扶養義務者間で協議の上、

		計
円	円	円

○第１表の各人の⑭欄に移記します。

３の８表１の「未成年者控除額①」欄に転記します。

章課税に係る贈与によって財産を取得した法定相続人の
がいる場合に記入します。）

特　別　障　害　者		計
歳	歳	
)0万円×（85歳-＿＿歳） ＝　0,000円	20万円×（85歳-＿＿歳） ＝　0,000円	円 0,000
円	円	円

○②欄の金額と③欄の金額のいずれか少ない方の金額を第１表の各人の⑮欄に移記します。

計算した金額とは異なりますので税務署にお尋ねください。
り８表１のその障害者の「障害者控除額②」欄に転記します。
－③の金額）を次の④欄に記入します。

円	円	計　円 Ⓐ

ができますから、その金額を扶養義務者間で協議の上、

		計
円	円	円

○第１表の各人の⑮欄に移記します。

)８表１の「障害者控除額②」欄に転記します。

（資４－20－７－Ａ４統一）

相次相続控除額の計算

この表は、被相続人が今回の相続の開始前10年以内に開
ます。

1　相次相続控除額の総額の計算

前の相続に係る被相続人の氏名	前の相続に係る 相続に係る被相

①　前の相続の年月日	②　今回の相続の年月日
年　月　日	年　月　日
⑤　被相続人が前の相続の時に取得した純資産価額(相続時精算課税適用財産の価額を含みます。)	⑥　前の相続の際の被相続人の相続税額
円	円

○被相続人が過去の相続により取得した財産の価額から債務控除をした後の金額をいい、第１表の④欄の金額に相当する金額です。

(⑥の相続税額)

＿＿＿＿＿円 × (⑧の金額)/(⑦の金額)

2　各相続人の相次相続控除額の計算

(1)　一般の場合　(この表は、被相続人から相続、遺贈
に農業相続人がいない場合に、財産を

今回の相続の被相続人から財産を取得した相続人の氏名	⑨　相次相続控除額の総額	⑩　各相続人の純資産価額(第１表の各人の④の金額)
	(上記Ⓐの金額) ＿＿＿＿円	円

○相続の放棄をした人や相続権を失った人は除かれます。

(2)　相続人のうちに農業相続人がいる場合　(この表は、被相
人のうちに農業相

今回の相続の被相続人から財産を取得した相続人の氏名	⑭　相次相続控除額の総額	⑮　各相続人の純資産価額(第３表の各人の④の金額)
	(上記Ⓐの金額) ＿＿＿＿円	円

(注)　1　⑥欄の相続税額は、相続時精算課税分の贈与税額
いた場合の免除された相続税額並びに延滞税、利子
2　各人の⑬又は⑱欄の金額を第８の８表１のその人の

第７表(令5.7)

書

被相続人	

第７表（令和５年１月分以降用）

始した前の相続について、相続税を課税されている場合に記入し

被相続人と今回の続人との続柄	前の相続に係る相続税の申告書の提出先
	税務署

③ 前の相続から今回の相続までの期間（1年未満切捨て）	④ 10年 － ③ の 年 数
年	年
⑦ (⑤－⑥) の金額	⑧ 今回の相続、遺贈や相続時精算課税に係る贈与によって財産を取得した全ての人の純資産価額の合計額（第１表の④の合計金額）
円	円

(④の年数)	相次相続控除額の総額
円 / 円 （この割合が１を超えるときは１とします。） × 年 / 10 年 ＝	Ⓐ 円

や相続時精算課税に係る贈与によって財産を取得した人のうち取得した相続人の全ての人が記入します。

⑪ 相続人以外の人も含めた純資産価額の合計額（第１表の④の各人の合計）	⑫ 各人の⑩ / Ⓑ の割合	⑬ 各人の相次相続控除額（⑨×各人の⑫の割合）
		円
Ⓑ ＿＿＿円		

続人から相続、遺贈や相続時精算課税に係る贈与によって財産を取得した続人がいる場合に、財産を取得した相続人の全ての人が記入します。

⑯ 相続人以外の人も含めた純資産価額の合計額（第３表の④の各人の合計）	⑰ 各人の⑮ / Ⓒ の割合	⑱ 各人の相次相続控除額（⑭×各人の⑰の割合）
		円
Ⓒ ＿＿＿円		

控除後の金額をいい、その被相続人が納税猶予の適用を受けて税及び加算税の額は含まれません。
「相次相続控除額③」欄に転記します。

（資４－20－８－Ａ４統一）

○⑬欄及び⑱欄の金額が円位まで計算できる位まで算出します。

○円位まで計算します。

○第１表の各人の⑯欄に移記します。

○電信売相場により邦貨に換算します。ただし、送金が著しく遅延して行われる場合を除き、国内から送金する日の電信売相場によることができます。

外国税額控除額 農地等納税猶予税額 の 計 算

1　外国税額控除

（この表は、課税される財産の
日本の相続税に相当する税が課

外国で相続税に相当する税を課せられた人の氏名	外国の法令により課せられた税			③ ①の日現在における邦貨換算率	④ 邦貨換算 税　額 (②×③)
	国名及び税の名　称	① 納期限 (年月日)	② 税　額		
		・・			
		・・			
		・・			
		・・			
		・・			
		・・			

（注）１　⑤欄は、在外財産の価額（被相続人から相続開始
時精算課税適用財産の価額を含みます。）からその
２　⑥欄の「取得財産の価額」は、第１表の④欄の金
って取得した財産の価額の合計額によります。
３　各人の⑧欄の金額を第8の8表1のその人の「外国

2　農地等納税猶予税額

（この表は、農業相続人に

農業相続人の氏名			
納税猶予の基となる税額（第３表の各農業相続人の⑫の金額）		①	円
相続税額の２割加算が行われる場合の加算金額（第4表⑦× ①/第3表の各農業相続人の⑬の金額）		②	
納税猶予税額の計算上の税額控除額	税額控除額の計（第１表の各農業相続人の(⑮＋⑰)の金額）	③	
	第３表⑨の各農業相続人の算出税額	④	
	相続税額の２割加算が行われる場合の加算金額（第4表⑦× ④/第3表の各農業相続人の⑬の金額）	⑤	
	((③－(④＋⑤)) の金額（赤字のときは０）	⑥	
農地等納税猶予税額（①＋②－⑥）（100円未満切捨て、赤字のときは０）		⑦	00

（注）１　各人の⑦欄の金額を第8の8表2のその人の「農地
相続税の納税猶予等の適用を受ける場合は、第8の
額①」欄に転記します。
２　この申告が修正申告である場合の⑦欄に記入す
納税猶予税額」の金額を超える場合には、当該修
し、納税猶予の適用を受ける特例農地等（期限内申
価誤り又は税額の計算誤りがあった場合で、その
正前の「農地等納税猶予税額」の金額を超えるこ

第８表(令5.7)

書　被相続人

第8表（令和5年1月分以降用）

うちに外国にあるものがあり、その財産について外国において
課税されている場合に記入します。

額 額 ）	⑤ 邦貨換算 在外純財産の価額	⑥ ⑤の金額／取得財産の価額 の割合	⑦ 相次相続控除後の税額×⑥	⑧ 控除額 （④と⑦のうちいずれか少ない方の金額）
円	円		円	円

○贈与税額控除から相次相続控除までの各種控除を控除した後の税額を記入します。

○相続開始の日における電信売相場により邦貨に換算することになります。

○第１表の各人の⑰欄に移記します。

始の年に暦年課税に係る贈与によって取得した財産及び相続
財産についての債務の金額を控除した価額を記入します。
金額と被相続人から相続開始の年に暦年課税に係る贈与によ

税額控除額④」欄に転記します。

ついて該当する金額を記入します。）

円	円	円
0	00	00

地等納税猶予税額①」欄に転記します。なお、その人が、他の
7表の⑰欄の金額を第8の8表2のその人の「農地等納税猶予税

る金額は、⑦欄の「①＋②－⑥」の金額が修正前の「農地等
修正前の「農地等納税猶予税額」の金額にとどめます。ただ
申告において第12表に記入した特例農地等に限ります。）の評
誤りだけを修正するものであるときの⑦欄の金額は、当該修
とができます。

（資４－20－９－１－Ａ４統一）

○この計算書は「非上場株式等についての納税猶予及び免除の特例」の適用を受ける場合に記入します。

○経営承継人が２人以上いる場合には、経営承継人ごとにこの明細書を作成します。

株式等納税猶予税額の計算書（一般措置用）

第8の2表（令和5年1月分以降用）

被相続人	
経営承継人（経営承継相続人等・経営相続承継受贈者）	

この計算書は、経営承継相続人等又は経営相続承継受贈者に該当する人が非上場株式等についての相続税の納税猶予に係る「一般措置」の適用を受ける場合に納税猶予税額（株式等納税猶予税額）を算出するために使用します。

（注）１　経営承継相続人等及び経営相続承継受贈者に該当する人を、以下この計算書（第８の２表）において「経営承継人」と表記しています。
２　非上場株式等についての相続税の納税猶予に係る「特例措置」の適用を受ける場合には第８の２の２表を使用してください。

私は、第８の２表の付表１・付表２の「２　対象非上場株式等の明細」又は第８の２表の付表３の「２　対象相続非上場株式等の明細」に記載した会社の株式（出資）のうち各明細の③欄の株式等の数等について非上場株式等についての納税猶予及び免除（租税特別措置法第70条の７の２第１項、同法第70条の７の４第１項、所得税法等の一部を改正する法律（平成21年法律第13号）附則第64条第２項又は第７項）の適用を受けます。

１　株式等納税猶予税額の基となる相続税の総額の計算

(1)「特定価額に基づく課税遺産総額」等の計算

①　経営承継人の第８の２表の付表１・付表２・付表３のA欄の合計額	円
②　経営承継人に係る債務及び葬式費用の金額（第１表のその人の③欄の金額）	
③　経営承継人が相続又は遺贈により取得した財産の価額（その経営承継人の第１表の（①＋②）（又は第３表の①欄）の金額）	
④　控除未済債務額（①＋②－③）の金額（**赤字の場合は０**）	
⑤　特定価額（①－④）（**1,000円未満切捨て**）（**赤字の場合は０**）	,000
⑥　特定価額の20%に相当する金額（⑤×20%）（**1,000円未満切捨て**）	,000
⑦　経営承継人以外の相続人等の課税価格の合計額（その経営承継人以外の者の第１表の⑥欄（又は第３表の⑥欄）の金額の合計）	,000
⑧　基礎控除額（第２表の㋥欄の金額）	,000,000
⑨　特定価額に基づく課税遺産総額（⑤＋⑦－⑧）	,000
⑩　特定価額の20%に相当する金額に基づく課税遺産総額（⑥＋⑦－⑧）	,000

(2)「特定価額に基づく相続税の総額」等の計算

⑪ 法定相続人の氏名	⑫ 法定相続分	特定価額に基づく相続税の総額の計算		特定価額の20%に相当する金額に基づく相続税の総額の計算	
		⑬法定相続分に応ずる取得金額（⑨×⑫）	⑭相続税の総額の基礎となる税額（第２表の「速算表」で計算します。）	⑮法定相続分に応ずる取得金額（⑩×⑫）	⑯相続税の総額の基礎となる税額（第２表の「速算表」で計算します。）
		円	円	円	円
		,000		,000	
		,000		,000	
		,000		,000	
		,000		,000	
		,000		,000	
		,000		,000	
		,000		,000	
		,000		,000	
法定相続分の合計	1	⑰相続税の総額（⑭の合計額）	00	⑱相続税の総額（⑯の合計額）	00

（注）１　③欄の「第１表の（①＋②）」の金額は、経営承継人が租税特別措置法第70条の６第１項の規定による農地等についての納税猶予及び免除等の適用を受ける場合は、「第３表の①欄」の金額となります。また、⑦欄の「第１表の⑥欄」の金額は、相続又は遺贈により財産を取得した人のうちに租税特別措置法第70条の６第１項の規定による農地等についての納税猶予及び免除等の適用を受ける人がいる場合は、「第３表の⑥欄」の金額となります。
２　⑪及び⑫欄は第２表の「④法定相続人」の「氏名」欄及び「⑤左の法定相続人に応じた法定相続分」欄からそれぞれ転記します。

２　株式等納税猶予税額の計算

①　（経営承継人の第１表の（⑮＋⑰－⑫））の金額	円
②　特定価額に基づく経営承継人の算出税額（１の⑰×１の⑤／１の（⑤＋⑦））	
③　特定価額に基づき相続税額の２割加算が行われる場合の加算金額（②×20%）	
a　（②＋③－経営承継人の第１表の⑫）の金額（**赤字の場合は0**）	
④　特定価額の20%に相当する金額に基づく経営承継人の算出税額（１の⑱×１の⑥／１の（⑥＋⑦））	
⑤　特定価額の20%に相当する金額に基づき相続税額の２割加算が行われる場合の加算金額（④×20%）	
b　（④＋⑤－経営承継人の第１表の⑫）の金額（**赤字の場合は0**）	
c　経営承継人の第１表の⑥欄に基づく算出税額（その人の第１表の（⑨（又は⑩）＋⑪－⑫））（**赤字の場合は0**）	
⑥　（①＋a－b－c）の金額（**赤字の場合は0**）	
⑦　（a－b－⑥）の金額（**赤字の場合は0**）	
⑧　対象非上場株式等又は対象相続非上場株式等に係る会社が２社以上ある場合の会社ごとの株式等納税猶予税額（注２参照）	
イ（会社名）＿＿＿＿に係る株式等納税猶予税額（⑦×イの株式等に係る価額／１の①）（**100円未満切捨て**）	00
ロ（会社名）＿＿＿＿に係る株式等納税猶予税額（⑦×ロの株式等に係る価額／１の①）（**100円未満切捨て**）	00
ハ（会社名）＿＿＿＿に係る株式等納税猶予税額（⑦×ハの株式等に係る価額／１の①）（**100円未満切捨て**）	00
⑨　**株式等納税猶予税額**（⑦の金額（**100円未満切捨て**）（又は⑧の金額の合計額））（注３参照）	A　00

（注）１　c欄の算式中の「第１表の⑨」の金額について、相続又は遺贈により財産を取得した人のうちに租税特別措置法第70条の６第１項の規定による農地等についての納税猶予及び免除等の適用を受ける人がいる場合は、「第１表の⑩」の金額とします。
２　⑧欄について、対象非上場株式等又は対象相続非上場株式等に係る会社が１社のみの場合は、⑧欄の記入は行わず、⑦欄の金額を⑨欄のA欄に記入します（**100円未満切捨て**）。なお、イからハまでの各欄の算式中の「株式等に係る価額」とは第８の２表の付表１及び付表２の「２　対象非上場株式等の明細」の⑤欄並びに第８の２表の付表３の「２　対象相続非上場株式等の明細」の⑤欄の金額をいいます。また、会社が４社以上ある場合は、適宜の用紙に会社ごとの株式等納税猶予税額を記載し添付してください。
３　⑨欄のA欄の金額を経営承継人の第８の８表２の「株式等納税猶予税額②」欄に転記します。なお、経営承継人が他の相続税の納税猶予等の適用を受ける場合は、⑨欄のA欄の金額によらず、第８の７表の⑱欄の金額を経営承継人の第８の８表２の「株式等納税猶予税額②」欄に転記します。
４　この申告が修正申告である場合の⑦欄に記入する金額は、⑦欄の「a－b－⑥」の金額が修正前の当該金額を超える場合には、当該修正前の金額にとどめます（⑧及び⑨欄も同様です。）。ただし、この制度の適用を受ける対象非上場株式等又は対象相続非上場株式等（期限内申告において第８の２表の付表１及び付表２の「２　対象非上場株式等の明細」並びに第８の２表の付表３の「２　対象相続非上場株式等の明細」に記入した対象非上場株式等又は対象相続非上場株式等に限ります。）の評価誤り又は税額の計算誤りがあった場合で、その誤りだけを修正するものであるときの⑦欄の金額は、当該修正前の金額を超えることができます。

※の項目は記入する必要がありません。

※税務署整理欄	入力		確認			

第８の２表（令５.７）　　（資４－20－９－２－Ａ４統一）

○この明細書は対象非上場株式等に係る会社１社ごとに作成します。

非上場株式等についての相続税の納税猶予及び免除の適用を受ける対象非上場株式等の明細書（一般措置用）

第８の２表の付表１（平成31年１月分以降用）

被相続人	
経営承継相続人等	

この明細書は、「非上場株式等についての相続税の納税猶予及び免除（租税特別措置法第 70 条の7の2）」の適用を受ける対象非上場株式等について、その明細を記入します。なお、経営承継相続人等が被相続人から贈与により対象非上場株式等に係る会社の株式等を取得している場合で、その株式等の贈与税の申告において所得税法等の一部を改正する法律（平成 21 年法律第 13 号）による改正前の租税特別措置法第 69 条の 5、同法第 70 条の 3 の 3 又は第 70 条の 3 の 4 の規定の適用を受けているときはこの明細書によらず第 8 の 2 表の付表 2 を使用してください。
この明細書の記入に際しては、裏面にご注意ください。

1　対象非上場株式等に係る会社

① 会社名		⑦ 相続開始の日から5か月後における経営承継相続人等の役職名		
② 会社の整理番号（会社の所轄税務署名）	（　　署）			
③ 事業種目		⑧ 円滑化法の認定の状況	認定年月日	年　月　日
④ 相続開始の時における資本金の額	円		認定番号	
⑤ 相続開始の時における資本準備金の額	円	⑨ 会社又はその会社の特別関係会社であってその会社との間に支配関係がある法人が保有する外国会社等の株式等の有無	有	無
⑥ 相続開始の時における従業員数	人			

2　対象非上場株式等の明細

① 相続開始の時における発行済株式等の総数等	② 被相続人から相続又は遺贈により取得した株式等の数等	③ ②のうち、制度の適用を受ける株式等の数等	④ 1株(口・円)当たりの価額(裏面の「2（3）」参照)	⑤ 価額（③×④）
株・口・円	株・口・円	株・口・円	円	円 A

3　納税猶予及び免除の適用を受ける株式等の数等の限度数（限度額）の計算

この欄は、「2　対象非上場株式等の明細」の③欄に記載することができる株式等の数等の限度数（限度額）の計算をします。

① 発行済株式等の総数等の３分の２に相当する数等（２の①×$\frac{2}{3}$）（１株・口・円未満の端数切上げ）	② 経営承継相続人等が相続開始前から保有する数等	③ （①－②）の数等（赤字の場合は０）	④ ２の③欄の限度となる数等（③欄の数等と2の②欄の数等のうちいずれか少ない方の数等）
株・口・円	株・口・円	株・口・円	株・口・円

4　最初の非上場株式等についての贈与税の納税猶予及び免除等の適用に関する事項

この欄は、経営承継相続人等が、その相続開始前に贈与又は相続等により取得した上記１の対象非上場株式等に係る会社の非上場株式等について、「非上場株式等についての贈与税の納税猶予及び免除（租税特別措置法第70条の７）又は「非上場株式等についての相続税の納税猶予及び免除（同法第70条の７の２）」の規定の適用を受けている場合又は受けようとしている場合において、最初のその贈与又は相続等によるその会社の非上場株式等の取得に関する事項等について記入します。

① 取得の原因	② 取得年月日	③ 申告した税務署名	④ 贈与者又は被相続人の氏名
贈与・相続等	年　月　日	署	

5　会社が現物出資又は贈与により取得した資産の明細書

この明細書は、租税特別措置法施行規則第 23 条の 10 第 22 項第 7 号の規定に基づき、会社が相続開始前 3 年以内に経営承継相続人等及び経営承継相続人等と特別の関係がある者（裏面の「4（1）」参照）から現物出資又は贈与により取得した資産の価額（裏面の「4（2）」参照）等について記入します。なお、この明細書によらず会社が別途作成しその内容を証明した書類を添付しても差し支えありません。

取得年月日	種類	細目	利用区分	所在場所等	数量	① 価額	出資者・贈与者の氏名・名称
・　・						円	
・　・							
・　・							
② 現物出資又は贈与により取得した資産の価額の合計額（①の合計額）							
③ 会社の全ての資産の価額の合計額（②の金額を含みます。）							
④ 現物出資等資産の保有割合（$\frac{②}{③}$）						%	

上記の明細の内容に相違ありません。　令和　年　月　日

所在地

会社名

代表者氏名

※の項目は記入する必要がありません。

※税務署整理欄	法人管轄署番号	－	入力		確認			

第８の２表の付表１（令5.7）　（資４－20－9－3－A４統一）

《 書 き か た 等 》

1　「1　対象非上場株式等に係る会社」欄

(1)　⑦欄は、具体的にその役職を、例えば、「代表取締役」と記入します。
　なお、代表権に制限のある代表者については、この納税猶予及び免除の適用を受けることはできません。

(2)　⑧欄は、中小企業における経営の承継の円滑化に関する法律施行規則第６条第１項第８号又は第 10 号に掲げる事由に該当するものとして中小企業における経営の承継の円滑化に関する法律第 12 条第１項の都道府県知事の認定を受けた年月日及び認定番号をそれぞれ記入します。

(3)　⑨欄は、対象非上場株式等に係る会社又はその会社の特別関係会社（租税特別措置法施行令第40条の8の2第8項の特別の関係がある会社をいいます。 2(3) において同じです。）であって対象非上場株式等に係る会社との間に支配関係(租税特別措置法施行令第40条の8第9項に規定する関係をいいます。2(3) において同じです。）がある法人が保有する会社法第2条第2号に規定する外国会社（対象非上場株式等に係る会社の特別関係会社に該当するものに限ります。）の株式等、租税特別措置法施行令第40条の8の2第12項第1号に掲げる法人の株式等（対象非上場株式等に係る会社が資産保有型会社等に該当する場合に限ります。）又は同項第2号に掲げる医療法人の出資の有無について記入します。

2　「2　対象非上場株式等の明細」欄

(1)　①から③欄までの「総数等」及び「数等」には、議決権に制限のある株式等の数等は含まれません。

(2)　③欄の数等は、「３　納税猶予及び免除の適用を受ける株式等の数等の限度数（限度額）の計算」の④欄の数等が限度となります。

(3)　④欄の金額は、相続開始の時における価額を記入します。
　なお、対象非上場株式等に係る会社又はその会社の特別関係会社であって対象非上場株式等に係る会社との間に支配関係がある法人（以下「会社等」といいます。）が会社法第２条第２号に規定する外国会社（対象非上場株式等に係る会社の特別関係会社に該当するものに限ります。）の株式等、租税特別措置法施行令第40条の８の２第12項第１号に掲げる法人の株式等（対象非上場株式等に係る会社が資産保有型会社等に該当する場合に限ります。）又は同項第２号に掲げる医療法人の出資を有する場合の納税猶予分の相続税額の計算の基となる対象非上場株式等の価額は、会社等がそれらの株式等を有していなかったものとして計算した価額となります。

(4)　Ａ欄の金額（⑤欄の金額）を第８の２表の「１　株式等納税猶予税額の基となる相続税の総額の計算」の①欄に転記します。
　なお、第８の２表の付表１・付表２・付表３の作成がある場合は、各付表のＡ欄の合計額を第８の２表の「１　株式等納税猶予税額の基となる相続税の総額の計算」の①欄に記入します。

3　「4　最初の非上場株式等についての贈与税の納税猶予及び免除等の適用に関する事項」欄

(1)　「相続等」とは、相続又は遺贈をいいます。

(2)　①欄は、取得の原因を丸で囲んでください。

(3)　③欄は、最初の贈与又は相続等によるその会社の非上場株式等の取得について、非上場株式等についての贈与税の納税猶予及び免除等の適用を受けている、又は受けようとする贈与税又は相続税の申告書の提出先の税務署名を記入してください。

(4)　④欄は、最初の贈与又は相続等によるその会社の非上場株式等の取得に係る贈与者又は被相続人の氏名を記入してください。

4　「5　会社が現物出資又は贈与により取得した資産の明細書」欄

(1)　「経営承継相続人等と特別の関係がある者」とは、経営承継相続人等の親族などその経営承継相続人等と租税特別措置法施行令第 40 条の８の２第 11 項に定める特別の関係がある者をいいます。

(2)　①欄の金額は、相続開始の時における価額を記入します。
　なお、会社が相続開始の時において現物出資又は贈与により取得した資産を既に有していない場合は、その相続開始の時に有していたものとしたときにおける価額を記入します。

(3)　③欄の金額は会社の全ての資産の相続開始の時における価額の合計額を記入します。

(4)　④欄の保有割合が 70%以上の場合は、この制度の適用を受けることはできません。

(5)　明細書に記入しきれないときは、適宜の用紙に現物出資又は贈与により取得した資産の明細を記載し添付してください。

(令 5.7)

○この明細書は対象非上場株式等に係る会社１社ごとに作成します。

○経営承継人が２人以上いる場合には、経営承継人ごとにこの計算書を作成します。

第8の2表の付表2（平成31年1月分以降用）

非上場株式等についての相続税の納税猶予及び免除の適用を受ける対象非上場株式等の明細書

（所得税法等の一部を改正する法律（平成21年法律第13号）附則第64条第２項又は第７項の規定の適用を受ける株式等がある場合）

この明細書は、非上場株式等についての納税猶予及び免除の適用を受ける経営承継相続人等が被相続人から贈与により取得した特定受贈同族会社株式等又は特定同族株式等のうち所得税法等の一部を改正する法律（平成21年法律第13号）附則第64条第２項又は第７項の規定により相続又は遺贈により取得したものとみなされる対象非上場株式等及びその特定受贈同族会社株式等又はその特定同族株式等に係る会社の株式等で相続又は遺贈により取得した対象非上場株式等について、その明細を記入します。この明細書の記入に際しては、裏面にご注意ください。	被相続人	
	経営承継相続人等	

１　対象非上場株式等に係る会社

①　会社名		⑧　経営承継相続人等が役員等であった期間		・　・　～　・　・
②　会社の整理番号（会社の所轄税務署名）	（　　署）			
③　事業種目		⑨　円滑化法の認定の状況	認定年月日	年　月　日
④　相続開始の時における資本金の額	円		認定番号	
⑤　相続開始の時における資本準備金の額	円	⑩　会社又はその会社の特別関係会社であってその会社との間に支配関係がある法人が保有する外国会社等の株式等の有無	有	無
⑥　相続開始の時における従業員数	人			
⑦　相続開始の日から5か月後における経営承継相続人等の役職名				

２　対象非上場株式等の明細

(1)　相続開始の時における発行済株式等の総数等	株・口・円

(2)　対象非上場株式等の明細

区　分	受贈年月日	①　被相続人から相続又は遺贈により取得した株式等の数等	②　被相続人から贈与により取得した株式等の数等	③　①又は②のうち制度の適用を受ける株式等の数等	④　１株（口・円）当たりの価額（裏面「3(5)」参照）	⑤　価額（③×④）
イ　特定受贈同族会社株式等に係る対象非上場株式等	・　・		株・口・円	b　株・口・円	円	円
	・　・			b		
ロ　特定同族株式等に係る対象非上場株式等	・　・			b		
	・　・			b		
ハ　イ及びロ以外の対象非上場株式等		a　株・口・円		c		
		合　計	d	e		A

３　納税猶予及び免除の適用を受ける株式等の数等の限度数（限度額）の計算

この欄は、「２　対象非上場株式等の明細」の(2)の③欄に記入することができる株式等の数等の限度数（限度額）の計算をします。

①　発行済株式等の総数等の3分の2に相当する数等（2の(1)×$\frac{2}{3}$）（1株・口・円未満の端数切上げ）	②　経営承継相続人等が相続開始前から保有する数等	③　2の(2)③欄の限度となる数等	イ　特定受贈同族会社株式等及び特定同族株式等に係る対象非上場株式等（ｂの数等の合計）の限度数	ロ　相続又は遺贈により取得した対象非上場株式等（ｃの数等）の限度数
株・口・円	株・口・円	①≦②の場合	（①−②＋d）の数等（赤字の場合は０）株・口・円	
		①＞②の場合	（ｄ）の数等　株・口・円	（①−②）の数等　株・口・円

４　最初の非上場株式等についての贈与税の納税猶予及び免除等の適用に関する事項

この欄は、経営承継相続人等が、その相続開始前に贈与又は相続等により取得した上記１の対象非上場株式等に係る会社の非上場株式等について、「非上場株式等についての贈与税の納税猶予及び免除（租税特別措置法第70条の７）」又は「非上場株式等についての相続税の納税猶予及び免除（同法第70条の７の２）」の規定の適用を受けている場合又は受けようとしている場合において、最初のその贈与又は相続等によるその会社の非上場株式等の取得に関する事項等について記入します。

①　取得の原因	②　取得年月日	③　申告した税務署名	④　贈与者又は被相続人の氏名
贈与・相続等	年　月　日	署	

５　会社が現物出資又は贈与により取得した資産の明細書

この明細書は、租税特別措置法施行規則第23条の10第22項第７号の規定に基づき、会社が相続開始前３年以内に経営承継相続人等及び経営承継相続人等と特別の関係がある者から現物出資又は贈与により取得した資産の価額等について記入します。なお、この明細書によらず会社が別途作成しその内容を証明した書類を添付しても差し支えありません。

取得年月日	種類	細目	利用区分	所在場所等	数量	①　価額	出資者・贈与者の氏名・名称
・　・						円	
・　・							
・　・							
②　現物出資又は贈与により取得した資産の価額の合計額（①の合計額）							
③　会社の全ての資産の価額の合計額（②の金額を含みます。）							
④　現物出資等資産の保有割合（$\frac{②}{③}$）						%	

上記の明細の内容に相違ありません。　　令和　年　月　日

所在地

会社名

代表者氏名

※の項目は記入する必要がありません。

６　租税特別措置法施行令等の一部を改正する政令（平成21年政令第108号）附則第43条第１項第３号の同意

	同意すべき人の氏名（裏面「６」参照）	
私（私たち）は、この明細書に記載された経営承継相続人等が、被相続人から贈与により取得した「２　対象非上場株式等の明細」のイの株式等について租税特別措置法第70条の７の２第１項の規定の適用を受けることに同意します。		

※税務署整理欄	法人管轄署番号	—	入力		確認		

第８の２表の付表２（令5.7）　　（資４−20−9−4−Ａ４統一）

《 書 き か た 等 》

1　特定受贈同族会社株式等・特定同族株式等

(1)　この明細書において「特定受贈同族会社株式等」とは、経営承継相続人等が税務署に提出した「特定受贈同族会社株式等に係る届出書（所得税法等の一部を改正する法律（平成21年法律第13号）による改正前の租税特別措置法第69条の５第10項)」に記載された株式等をいいます。

(2)　この明細書において「特定同族株式等」とは、次のイ及びロの株式等をいいます。

イ　平成20年12月31日以前に相続時精算課税に係る贈与により取得した株式等（贈与税の申告書に所得税法等の一部を改正する法律（平成21年法律第13号）による改正前の租税特別措置法第70条の３の３又は第70条の３の４の規定の適用を受ける旨の記載があるものに限ります。）

ロ　同法第70条の３の３第３項第１号ロに規定する選択年中におけるイの株式等の最初の相続時精算課税に係る贈与の日から同項第４号に規定する確認日（原則として、選択年の翌年３月15日から４年を経過する日をいいます。）までに被相続人から贈与により取得したイの株式等に係る会社と同一の会社の株式等（イの株式等を除きます。）

(3)　特定受贈同族会社株式等又は特定同族株式等について「非上場株式等についての相続税の納税猶予及び免除」の適用を受けるには、平成22年３月31日までに「特定受贈同族会社株式等・特定同族株式等についての相続税の納税猶予の適用に関する届出書」を経営承継相続人等の住所地を所轄する税務署へ提出していることが要件となります。
　また、上記届出書の提出がない場合は、相続又は遺贈により取得した特定受贈同族会社株式等又は特定同族株式等に係る会社と同一の会社の株式等についてこの特例の適用を受けることはできません。

2　「1　対象非上場株式等に係る会社」欄

(1)　⑦欄は、具体的にその役職を、例えば、「代表取締役」と記入します。
　なお、代表権に制限のある代表者については、この制度の適用を受けることはできません。

(2)　⑨欄は、中小企業における経営の承継の円滑化に関する法律施行規則第6条第1項第8号又は第10号に掲げる事由に該当するものとして中小企業における経営の承継の円滑化に関する法律第12条第1項の都道府県知事の認定を受けた年月日及び認定番号をそれぞれ記入します。

(3)　⑩欄は、対象非上場株式等に係る会社又はその会社の特別関係会社（租税特別措置法施行令第40条の８の２第８項の特別の関係がある会社をいいます。3(5)において同じです。）であって対象非上場株式等に係る会社との間に支配関係（租税特別措置法施行令第40条の８第９項に規定する関係をいいます。3(5)において同じです。）がある法人が保有する会社法第２条第２号に規定する外国会社（対象非上場株式等に係る会社の特別関係会社に該当するものに限ります。）の株式等、租税特別措置法施行令第40条の8の2第12項第1号に掲げる法人の株式等（対象非上場株式等に係る会社が資産保有型会社等に該当する場合に限ります。）又は同項第2号に掲げる医療法人の出資の有無について記入します。

3　「2　対象非上場株式等の明細」欄

(1)　(1)欄の発行済株式等の総数等及び(2)の①から③欄の株式等の数等には、議決権に制限のある株式等の数等は含まれません。

(2)　(2)の「イ　特定受贈同族会社株式等に係る対象非上場株式等」及び「ロ　特定同族株式等に係る対象非上場株式等」の②欄は、相続開始の直前において保有している株式等の数等を記入します。
　なお、②欄の贈与により取得した株式等の全部について、納税猶予及び免除の適用を受けない場合は、実際に相続又は遺贈により取得した株式等（「ハ　イ及びロ以外の対象非上場株式等」に記載された株式等をいいます。）についてもこの制度の適用を受けることはできません。

(注)　贈与により取得した時以後において、その株式等について併合・分割・株式無償割当てがあった場合やその株式等に係る会社について合併・会社分割・株式交換等があった場合は、税務署にお尋ねください（(3)において同じです。)。

(3)　(2)の「イ　特定受贈同族会社株式等に係る対象非上場株式等」及び「ロ　特定同族株式等に係る対象非上場株式等」の④欄の価額は、贈与の時における価額を記入します。

(4)　(2)の「イ　特定受贈同族会社株式等に係る対象非上場株式等」及び「ロ　特定同族株式等に係る対象非上場株式等」の欄に記入しきれないときは、適宜の用紙に対象非上場株式等の明細を記載し添付してください。

(5)　(2)の「ハ　イ及びロ以外の対象非上場株式等」に係る④欄の価額は、相続開始の時における価額を記入します。
　なお、対象非上場株式等に係る会社又はその会社の特別関係会社であって対象非上場株式等に係る会社との間に支配関係がある法人（以下「会社」といいます。）が会社法第2条第2号に規定する外国会社（対象非上場株式等に係る会社の特別関係会社に該当するものに限ります。）の株式等、租税特別措置法施行令第40条の8の2第12項第1号に掲げる法人の株式等（対象非上場株式等に係る会社が資産保有型会社等に該当する場合に限ります。）又は同項第2号に掲げる医療法人の出資を有する場合の納税猶予分の相続税額の計算の基となる対象非上場株式等の価額は、会社等がそれらの株式等を有していなかったものとして計算した価額となります。

(6)　Ａ欄の金額（⑤欄の金額）を第８の２表の「1　株式等納税猶予税額の基となる相続税の総額の計算」の①欄に転記します。
　なお、第８の２表の付表１・付表２・付表３の作成がある場合は、各付表のＡ欄の合計額を第８の２表の「1　株式等納税猶予税額の基となる相続税の総額の計算」の①欄に記入します。

4　「最初の非上場株式等についての贈与税の納税猶予及び免除等の適用に関する事項」欄

(1)　「相続等」とは、相続又は遺贈をいいます。

(2)　①欄は、取得の原因を丸で囲んでください。

(3)　③欄は、最初の贈与又は相続等によるその会社の非上場株式等の取得について、非上場株式等についての贈与税の納税猶予及び免除等の適用を受けている、又は受けようとする贈与税又は相続税の申告書の提出先の税務署名を記入してください。

(4)　④欄は、最初の贈与又は相続等によるその会社の非上場株式等の取得に係る贈与者又は被相続人の氏名を記入してください。

5　「5　会社が現物出資又は贈与により取得した資産の明細書」欄

(1)　「経営承継相続人等と特別の関係がある者」とは、経営承継相続人等の親族などその経営承継相続人等と租税特別措置法施行令第40条の８の２第11項に定める特別の関係がある者をいいます。

(2)　①欄の金額は、相続開始の時における価額を記入します。
　なお、会社が相続開始の時において現物出資又は贈与により取得した資産を既に有していない場合は、その相続開始の時に有していたものとしたときにおける価額を記入します。

(3)　③欄の金額は会社の全ての資産の相続開始の時における価額の合計額を記入します。

(4)　④欄の保有割合が70%以上の場合は、この制度の適用を受けることはできません。

(5)　明細書に記入しきれないときは、適宜の用紙に現物出資又は贈与により取得した資産の明細を記載し添付してください。

6　「6　租税特別措置法施行令等の一部を改正する政令（平成21年政令第108号）附則第43条第１項第３号の同意」欄

(1)　この明細書の経営承継相続人等が「2　対象非上場株式等の明細」のイの株式等についてこの制度の適用を受けようとする場合は、この制度の適用をその経営承継相続人等が受けることについて、租税特別措置法施行令等の一部を改正する政令（平成21年政令第108号）による改正前の租税特別措置法施行令第40条の２第３項に規定する「特例対象受贈株式等」、「特例対象株式等」、「特例対象受贈山林」、「特例対象山林」又は「特例対象宅地等」を取得した全ての人の同意が必要です。

(2)　(1)の「特例対象受贈株式等」、「特例対象株式等」、「特例対象受贈山林」、「特例対象山林」又は「特例対象宅地等」を取得した個人がこの明細書の経営承継相続人等のみである場合は、記入を要しません。

○ この明細書は対象相続非上場株式等に係る会社１社ごとに作成します。

第８の２表の付表３（平成31年１月分以降用）

非上場株式等についての相続税の納税猶予及び免除の適用を受ける対象相続非上場株式等の明細書（一般措置用）

被相続人	
経営相続承継受贈者	

この明細書は、「非上場株式等の贈与者が死亡した場合の相続税の納税猶予及び免除（租税特別措置法第70条の７の４）」の適用を受ける対象相続非上場株式等について、その明細を記入します。

1　対象相続非上場株式等に係る会社

①　会社名		⑦　相続開始の時における経営相続承継受贈者の役職名		
②　会社の整理番号（会社の所轄税務署名）	（　　署）			
③　事業種目		⑧　円滑化法の確認の状況	確認年月日	年　月　日
④　相続開始の時における資本金の額	円		確認番号	
⑤　相続開始の時における資本準備金の額	円	⑨　会社又はその会社の特別関係会社であってその会社との間に支配関係がある法人が保有する外国会社等の株式等の有無	有	無
⑥　相続開始の時における従業員数	人			

（注）１　租税特別措置法第70条の７第１項の規定の適用を受けた対象受贈非上場株式等に係る会社が、その株式等の贈与の時から相続開始の直前までにおいて、合併により消滅した場合はその合併により存続した会社又は設立した会社、株式交換等により他の会社の株式交換完全子会社等となった場合はその場合の他の会社について①から⑧までの各欄を記入します。

２　⑦欄は、具体的にその役職を、例えば、「代表取締役」と記入します。
なお、代表権に制限のある代表者については、この制度の適用を受けることはできません。

３　⑧欄は、中小企業における経営の承継の円滑化に関する法律施行規則第13条第１項（同条第３項において準用する場合を含みます。）の都道府県知事の確認を受けた年月日及び確認番号をそれぞれ記入します。

４　⑨欄は、対象相続非上場株式等に係る会社又はその会社の特別関係会社（租税特別措置法施行令第40条の８の４第４項において準用する租税特別措置法施行令第40条の８の２第８項の特別の関係がある会社をいいます。）であって対象相続非上場株式等に係る会社との間に支配関係（租税特別措置法施行令第40条の８第９項に規定する関係をいいます。）がある法人が保有する会社法第２条第２号に規定する外国会社（対象相続非上場株式等に係る会社の特別関係会社に該当するものに限ります。）の株式等、租税特別措置法施行令第40条の８の４第８項において準用する租税特別措置法施行令第40条の８の２第12項第1号に掲げる法人の株式等（対象相続非上場株式等に係る会社が資産保有型会社等に該当する場合に限ります。）又は同項第２号に掲げる医療法人の出資の有無について記入します。

2　対象相続非上場株式等の明細

受贈年月日	①　相続開始の時における発行済株式等の総数等	②　被相続人から贈与により取得した租税特別措置法第70条の７第１項の規定の適用を受けた株式等で相続開始の時において保有していた株式等の数等	③　②のうち制度の適用を受ける株式等の数等	④　１株（口・円）当たりの価額（「（注）４」参照）	⑤　価額（③×④（ただし「（注）５」参照））
・　・	株・口・円	株・口・円	株・口・円	円	A　円

（注）１　①から③欄までの「総数等」及び「数等」には、議決権に制限のある株式等の数等は含まれません。

２　次の場合で②欄の数等又は④欄の金額の記入に当たってお分かりにならないことがありましたら、税務署にお尋ねください。
・　贈与により取得した時以後において、株式等について併合・分割・株式無償割当てがあった場合やその株式等に係る会社について合併・会社分割・株式交換等があった場合
・　租税特別措置法第70条の７第15項第３号の規定の適用に係る贈与により取得した株式等がある場合

３　③欄の数等は、「３　納税猶予及び免除の適用を受ける株式等の数等の限度数（限度額）の計算」の④欄の数等が限度となります。

４　④欄の金額は、贈与の時における価額を基礎として計算した価額を記入します。贈与の時に、贈与税の納税猶予税額を租税特別措置法第70条の７第２項第５号イに規定する認定贈与承継会社等が外国会社等の株式等を有していないものとして計算していた場合には、税務署にお尋ねください。

５　対象相続非上場株式等に係る会社又はその会社の特別関係会社（租税特別措置法施行令第40条の８の４第４項において準用する租税特別措置法施行令第40条の８の２第８項の特別の関係がある会社をいいます。）であって対象相続非上場株式等に係る会社との間に支配関係（租税特別措置法施行令第40条の８第９項に規定する関係をいいます。）がある法人（以下「会社等」といいます。）が会社法第２条第２号に規定する外国会社（対象相続非上場株式等に係る会社の特別関係会社に該当するものに限ります。）の株式等、租税特別措置法施行令第40条の８の４第８項において準用する租税特別措置法施行令第40条の8の2第12項第1号に掲げる法人の株式等（対象相続非上場株式等に係る会社が資産保有型会社等に該当する場合に限ります。）又は同項第2号に掲げる医療法人の出資を有する場合の納税猶予分の相続税額の計算の基となる対象相続非上場株式等の価額は、租税特別措置法第70条の7の4第1項の対象受贈非上場株式等の租税特別措置法第70条の7第1項の規定の適用に係る贈与の時における対象受贈非上場株式等に係る会社の株式等の価額を基礎として会社等が外国会社等の株式等を有していなかったものとして計算した金額となります。詳しくは税務署にお尋ねください。

６　A欄の金額（⑤欄の金額）を第８の２表の「１　株式等納税猶予税額の基となる相続税の総額の計算」の①欄に転記します。
なお、第８の２表の付表１・付表２・付表３の作成がある場合は、各付表のA欄の合計額を第８の２表の「１　株式等納税猶予税額の基となる相続税の総額の計算」の①欄に記入します。

3　納税猶予及び免除の適用を受ける株式等の数等の限度数（限度額）の計算

この欄は、「２　対象相続非上場株式等の明細」の③欄に記載することができる株式等の数等の限度数（限度額）の計算をします。

①　発行済株式等の総数等の３分の２に相当する数等（２の①×$\frac{2}{3}$）（１株・口・円未満の端数切上げ）	②　経営相続承継受贈者が２の②欄に係る贈与の直前において保有していた数等	③　（①－②）の数等（赤字の場合は０）	④　２の③欄の限度となる数等（③欄の数等と２の②欄の数等のうちいずれか少ない方の数等）
株・口・円	株・口・円	株・口・円	株・口・円

4　最初の非上場株式等についての贈与税の納税猶予及び免除等の適用に関する事項

この欄は、経営相続承継受贈者が、「２　対象相続非上場株式等の明細」の受贈年月日前に贈与又は相続等により取得した上記１の対象相続非上場株式等に係る会社の非上場株式等について、「非上場株式等についての贈与税の納税猶予及び免除（租税特別措置法第70条の７）」又は「非上場株式等についての相続税の納税猶予及び免除（同法第70条の７の２）」の規定の適用を受けている場合において、最初のその贈与又は相続等によるその会社の非上場株式等の取得に関する事項等について記入します。

①　取得の原因	②　取得年月日	③　申告した税務署名	④　贈与者又は被相続人の氏名
贈与・相続等	年　月　日	署	

（注）１　「相続等」とは、相続又は遺贈をいいます。
２　①欄は、取得の原因を丸で囲んでください。
３　③欄は、最初の贈与又は相続等によるその会社の非上場株式等の取得について、非上場株式等についての贈与税の納税猶予及び免除等の適用を受けている、又は受けようとする贈与税又は相続税の申告書の提出先の税務署名を記入してください。
４　④欄は、最初の贈与又は相続等によるその会社の非上場株式等の取得に係る贈与者又は被相続人の氏名を記入してください。

※の項目は記入する必要がありません。

※税務署整理欄	法人管轄署番号	－	入力		確認			

第８の２表の付表３（令5.7）　　（資４－20－9－5－Ａ４統一）

非上場株式等についての相続税の納税猶予及び免除の適用に係る会社が災害等により被害を受けた場合の明細書（一般措置用）

第８の２表の付表４（平成31年１月分以降用）

被相続人	
経営承継人（経営承継相続人等・経営相続承継受贈者）	
対象非上場株式等又は対象相続非上場株式等に係る会社の名称	

この明細書は、災害等が発生した日から同日以後１年を経過する日までの間に相続又は遺贈により取得をした（租税特別措置法第70条の７の３の規定により取得をしたものとみなされる場合を含みます。）株式等について非上場株式等についての納税猶予及び免除の適用を受けようとする場合で、租税特別措置法第70条の７の２第35項若しくは第37項又は同法第70条の７の４第18項の規定の適用を受けるときに、会社の被害の態様等について、その明細を記入します。

１　規定の適用を受ける旨の確認

私は、第８の２表の付表１・付表２の「１　対象非上場株式等に係る会社」又は第８の２表の付表３の「１　対象相続非上場株式等に係る会社」に記載した会社が、下記の「２　災害等により被害を受けた会社の被害の態様」の⑴から⑶までのいずれかに該当したので、次の規定の適用を受けます（適用を受ける規定の「□」にレ印を記入します。）。

□　租税特別措置法第70条の７の２第35項の規定の適用を受け、同条第２項第１号に掲げる認定承継会社の要件から、同号ロの資産保有型会社又は資産運用型会社のうち、租税特別措置法施行令第40条の８の２第７項に定めるものに該当しないこととする要件を除きます。

□　租税特別措置法第70条の７の２第37項の規定の適用を受け、同条第２項第３号に掲げる経営承継相続人等の要件から、同号への認定承継会社の経営を確実に承継するものと認められる要件として、租税特別措置法施行規則第23条の10第８項で定める相続の開始の直前において当該会社の役員であったこととする要件を除きます。

□　租税特別措置法第70条の７の４第18項の規定の適用を受け、同条第２項第１号に掲げる認定相続承継会社の要件から、同号ロの資産保有型会社又は資産運用型会社のうち、租税特別措置法施行令第40条の８の４第３項に定めるものに該当しないこととする要件を除きます。

２　災害等により被害を受けた会社の被害の態様

次の場合の区分に応じて、それぞれ⑴から⑶までのいずれかの欄について記入してください。

⑴　災害によって被害を受けた事業用資産が総資産の30%以上である場合（貸借対照表の帳簿価額で判定します。）

①　災害が発生した年月日	年　月　日
②　災害が発生した日の属する事業年度の直前の事業年度終了の時における総資産の価額	円
③　災害により滅失をした資産の価額の合計額 （注）１　滅失には、通常の修繕によっては原状回復が困難な損壊を含みます。 ２　資産には、租税特別措置法第70条の７第２項第８号ロに規定する特定資産を含みません。	円
④　（③÷②×100）　30%以上であれば適用可 →	%

※　⑴に該当する場合には、中小企業における経営の承継の円滑化に関する法律施行規則（以下「円滑化省令」といいます。）第13条の２第４項の確認書（同条第１項第１号に係るものに限ります。）の写し及び同条第２項の規定により都道府県知事に提出した同項の申請書（同号に係るものに限ります。）の写しを添付してください。

⑵　災害によって被害を受けた事業所で雇用されていた常時使用従業員の数が常時使用従業員の総数の20%以上である場合（上記⑴に該当する場合を除きます。）

①　災害が発生した年月日	年　月　日
②　災害が発生した日の前日における常時使用従業員の総数	人
③　災害により滅失又は損壊をした事業所（注）において、その災害が発生した日の前日に使用していた常時使用従業員の数 （注）災害が発生した日から同日以後６か月を経過する日までの間継続して常時使用従業員が本来の業務に従事することができないと認められる事業所をいいます。	人
④　（③÷②×100）　20%以上であれば適用可 →	%

※　⑵に該当する場合には、円滑化省令第13条の２第４項の確認書（同条第１項第２号に係るものに限ります。）の写し及び同条第２項の規定により都道府県知事に提出した同項の申請書（同号に係るものに限ります。）の写しを添付してください。

⑶　中小企業信用保険法第２条第５項第３号又は第４号のいずれかの事由に該当し、特定日以後６か月間の売上金額が前年同期間の売上金額の70%以下である場合（上記⑴又は⑵に該当する場合を除きます。）

①　中小企業信用保険法第２条第５項の該当事由（３号・４号）及び特定日（注） （注）特定日とは、中小企業信用保険法第２条第５項第３号又は第４号の経済産業大臣の指定する事由が発生した日をいいます。	□　３号該当　□　４号該当 特定日：　年　月　日
②　特定日の１年前の日から同日以後６か月を経過する日までの間における売上金額	円
③　特定日から特定日以後６か月を経過する日までの間における売上金額	円
④　（③÷②×100）　70%以下であれば適用可 →	%

※　⑶に該当する場合には、円滑化省令第13条の２第４項の確認書（同条第１項第５号又は第６号に係るものに限ります。）の写し及び同条第２項の規定により都道府県知事に提出した同項の申請書（これらの号に係るものに限ります。）の写しを添付してください。

第８の２表の付表４（令5.7）　　（資４−20−９−11−Ａ４統一）

○ この計算書は「非上場株式等についての納税猶予及び免除の特例」又は「非上場株式等の特例贈与者が死亡した場合の相続税の納税猶予及び免除の特例」の適用を受ける場合に記入します。

○特例経営承継人が２人以上いる場合には、経営承継人ごとにこの明細書を作成します

第8の2の2表（令和5年1月分以降用）

特例株式等納税猶予税額の計算書（特例措置用）

被相続人	
特例経営承継人（特例経営承継相続人等・特例経営相続承継受贈者）	

この計算書は、特例経営承継相続人等又は特例経営相続承継受贈者に該当する人が非上場株式等についての相続税の納税猶予に係る「特例措置」の適用を受ける場合に納税猶予税額（特例株式等納税猶予税額）を算出するために使用します。

（注）１　特例経営承継相続人等及び特例経営相続承継受贈者に該当する人を、以下この計算書（第8の2の2表）において「特例経営承継人」と表記しています。

２　非上場株式等についての相続税の納税猶予に係る「一般措置」の適用を受ける場合には第8の2表を使用してください。

私は、第8の2の2表の付表1の「2　特例対象非上場株式等の明細」又は第8の2の2表の付表2の「2　特例対象相続非上場株式等の明細」に記載した会社の株式（出資）のうち各明細の③欄の株式等の数等について非上場株式等についての納税猶予及び免除の特例（租税特別措置法第70条の7の6第1項、同法第70条の7の8第1項）の適用を受けます。

1　特例株式等納税猶予税額の基となる相続税の総額の計算

(1)「特定価額に基づく課税遺産総額」等の計算

①　特例経営承継人の第８の２の２表の付表１・付表２のＡ欄の合計額	円
②　特例経営承継人に係る債務及び葬式費用の金額（第１表のその人の③欄の金額）	
③　特例経営承継人が相続又は遺贈により取得した財産の価額（その特例経営承継人の第１表の（①＋②）（又は第３表の①欄）の金額）	
④　控除未済債務額（①＋②－③）の金額（**赤字の場合は０**）	
⑤　特定価額（①－④）（**1,000円未満切捨て**）（**赤字の場合は０**）	,000
⑥　特例経営承継人以外の相続人等の課税価格の合計額（その特例経営承継人以外の者の第１表の⑥欄（又は第３表の⑥欄）の金額の合計）	,000
⑦　基礎控除額（第２表の㋥欄の金額）	,000,000
⑧　特定価額に基づく課税遺産総額（⑤＋⑥－⑦）	,000

(2)「特定価額に基づく相続税の総額」等の計算

⑨ 法定相続人の氏名	⑩ 法定相続分	特定価額に基づく相続税の総額の計算 ⑪法定相続分に応ずる取得金額（⑧×⑩）	⑫相続税の総額の基礎となる税額（第２表の「速算表」で計算します。）
		円 ,000	円
		,000	
		,000	
		,000	
		,000	
		,000	
		,000	
		,000	
法定相続分の合計	1	⑬相続税の総額（⑫の合計額）	00

（注）１　③欄の「第１表の（①＋②）」の金額は、特例経営承継人が租税特別措置法第70条の６第１項の規定による農地等についての納税猶予及び免除等の適用を受ける場合は、「第３表の①欄」の金額となります。また、⑥欄の「第１表の⑥欄」の金額は、相続又は遺贈により財産を取得した人のうちに租税特別措置法第70条の６第１項の規定による農地等についての納税猶予及び免除等の適用を受ける人がいる場合は、「第３表の⑥欄」の金額となります。

２　⑨及び⑩欄は第２表の「④法定相続人」の「氏名」欄及び「⑤左の法定相続人に応じた法定相続分」欄からそれぞれ転記します。

2　特例株式等納税猶予税額の計算

①（特例経営承継人の第１表の（⑮＋⑰－⑫））の金額	円
②　特定価額に基づく特例経営承継人の算出税額（１の⑬×１の⑤／１の（⑤＋⑥））	
③　特定価額に基づき相続税額の２割加算が行われる場合の加算金額（②×20%）	
a　（②＋③－特例経営承継人の第１表の⑫）の金額（**赤字の場合は０**）	
b　特例経営承継人の第１表の⑥欄に基づく算出税額（その人の第１表の（⑨（又は⑩）＋⑪－⑫））（**赤字の場合は０**）	
④　（①＋ａ－ｂ）の金額（**赤字の場合は０**）	
⑤　（ａ－④）の金額（**赤字の場合は０**）	
⑥　特例対象非上場株式等又は特例対象相続非上場株式等に係る会社が２社以上ある場合の会社ごとの特例株式等納税猶予税額（注２参照）	
イ（会社名）＿＿＿＿に係る特例株式等納税猶予税額（⑤×イの株式等に係る価額／１の①）(**100円未満切捨て**)	00
ロ（会社名）＿＿＿＿に係る特例株式等納税猶予税額（⑤×ロの株式等に係る価額／１の①）(**100円未満切捨て**)	00
ハ（会社名）＿＿＿＿に係る特例株式等納税猶予税額（⑤×ハの株式等に係る価額／１の①）(**100円未満切捨て**)	00
⑦　**特例株式等納税猶予税額**（⑤の金額（**100円未満切捨て**）（又は⑥の金額の合計額））（注３参照）	A 00

（注）１　ｂ欄の算式中の「第１表の⑨」の金額について、相続又は遺贈により財産を取得した人のうちに租税特別措置法第70条の６第１項の規定による農地等についての納税猶予及び免除等の適用を受ける人がいる場合は、「第１表の⑩」の金額とします。

２　⑥欄について、特例対象非上場株式等又は特例対象相続非上場株式等に係る会社が１社のみの場合は、⑥欄の記入は行わず、⑤欄の金額を⑦欄のＡ欄に記入します（**100円未満切捨て**）。なお、イからハまでの各欄の算式中の「株式等に係る価額」とは第８の２の２表の付表１の「２　特例対象非上場株式等の明細」の⑤欄のＡ欄及び第８の２の２表の付表２の「２　特例対象相続非上場株式等の明細」の⑤欄のＡ欄の金額をいいます。また、会社が４社以上ある場合は、適宜の用紙に会社ごとの特例株式等納税猶予税額を記載し添付してください。

３　⑦欄のＡ欄の金額を特例経営承継人の第８の８表２の「特例株式等納税猶予税額③」欄に転記します。なお、特例経営承継人が他の相続税の納税猶予等の適用を受ける場合は、⑦欄のＡ欄の金額によらず、第８の７表の⑲欄の金額を特例経営承継人の第８の８表２の「特例株式等納税猶予税額③」欄に転記します。

４　この申告が修正申告である場合の⑤欄に記入する金額は、⑤欄の「ａ－④」の金額が修正前の当該金額を超える場合には、当該修正前の金額にとどめます（⑥及び⑦欄も同様です。）。ただし、この特例の適用を受ける特例対象非上場株式等又は特例対象相続非上場株式等（期限内申告において第８の２の２表の付表１の「２　特例対象非上場株式等の明細」及び第８の２の２表の付表２の「２　特例対象相続非上場株式等の明細」に記入した特例対象非上場株式等又は特例対象相続非上場株式等に限ります。）の評価誤り又は税額の計算誤りがあった場合で、その誤りだけを修正するものであるときの⑤欄の金額は、当該修正前の金額を超えることができます。

※の項目は記入する必要がありません。

※税務署整理欄	入力		確認			

第８の２の２表（令5.7）　（資4－20－9－12－Ａ４統一）

非上場株式等についての相続税の納税猶予及び免除の特例の適用を受ける特例対象非上場株式等の明細書（特例措置用）

第8の2の2表の付表1（平成31年1月分以降用）

被相続人	
特例経営承継相続人等	

この明細書は、「非上場株式等についての相続税の納税猶予及び免除の特例（租税特別措置法第70条の７の６）」の適用を受ける特例対象非上場株式等について、その明細を記入します。この明細書の記入に際しては、裏面にご注意ください。

1　特例対象非上場株式等に係る会社

①　会社名		⑧　特例承継計画の提出及び確認の状況	提出年月日	年　月　日
②　会社の整理番号（会社の所轄税務署名）	（　　署）		確認年月日	年　月　日
③　事業種目			確認番号	
④　相続開始の時における資本金の額	円	⑨　円滑化法の認定の状況	認定年月日	年　月　日
⑤　相続開始の時における資本準備金の額	円		認定番号	
⑥　相続開始の時における従業員数	人	⑩　会社又はその会社の特別関係会社であってその会社との間に支配関係がある法人が保有する外国会社等の株式等の有無	有	無
⑦　相続開始の日から５か月後における特例経営承継相続人等の役職名				

2　特例対象非上場株式等の明細

①　相続開始の時における発行済株式等の総数等	②　被相続人から相続又は遺贈により取得した株式等の数等	③　②のうち、特例の適用を受ける株式等の数等	④　１株(口・円)当たりの価額（裏面の２(２)参照）	⑤　価額（③×④）
株・口・円	株・口・円	株・口・円	円	円 A

3　最初の非上場株式等についての贈与税の納税猶予及び免除の特例等の適用に関する事項

この欄は、特例経営承継相続人等が、その相続開始前に贈与又は相続等により取得した上記１の特例対象非上場株式等に係る会社の非上場株式等について、「非上場株式等についての贈与税の納税猶予及び免除の特例（租税特別措置法第70条の７の５）」又は「非上場株式等についての相続税の納税猶予及び免除の特例（同法第70条の７の６）」の規定の適用を受けている場合又は受けようとしている場合において、最初のその贈与又は相続等によるその会社の非上場株式等の取得に関する事項等について記入します。

①　取得の原因	②　取得年月日	③　申告した税務署名	④　贈与者又は被相続人の氏名
贈与・相続等	年　月　日	署	

4　会社が現物出資又は贈与により取得した資産の明細書

この明細書は、租税特別措置法施行規則第23条の12の３第16項第８号の規定に基づき、会社が相続開始前３年以内に特例経営承継相続人等及び特例経営承継相続人等と特別の関係がある者（裏面の「４（１）」参照）から現物出資又は贈与により取得した資産の価額（裏面の「４（２）」参照）等について記入します。なお、この明細書によらず会社が別途作成しその内容を証明した書類を添付しても差し支えありません。

取得年月日	種類	細目	利用区分	所在場所等	数量	①　価額	出資者・贈与者の氏名・名称
・　・						円	
・　・							
・　・							
・　・							

②　現物出資又は贈与により取得した資産の価額の合計額（①の合計額）		
③　会社の全ての資産の価額の合計額（②の金額を含みます。）		
④　現物出資等資産の保有割合（$\frac{②}{③}$）	%	

上記の明細の内容に相違ありません。　　令和　　年　　月　　日

所在地

会社名

代表者氏名

※の項目は記入する必要がありません。

※税務署整理欄	法人管轄署番号	―	入力		確認		

第８の２の２表の付表１（令5.7）　　（資４－20－９－13－Ａ４統一）

《 書 き か た 等 》

１　「１　特例対象非上場株式等に係る会社」欄

(1)　⑦欄は、具体的にその役職を、例えば、「代表取締役」と記入します。
なお、代表権に制限のある代表者については、この納税猶予及び免除の特例の適用を受けることはできません。

(2)　⑧欄は、中小企業における経営の承継の円滑化に関する法律施行規則第16条第１号に規定する特例承継計画に係る同令第17条第２項の申請書を都道府県知事に提出した日並びにその特例承継計画につき同条第５項の都道府県知事の確認を受けた日及び確認番号をそれぞれ記入します。

(3)　⑨欄は、中小企業における経営の承継の円滑化に関する法律施行規則第６条第１項第12号又は第14号に掲げる事由に該当するものとして中小企業における経営の承継の円滑化に関する法律第12条第１項の都道府県知事の認定を受けた年月日及び認定番号をそれぞれ記入します。

(4)　⑩欄は、特例対象非上場株式等に係る会社又はその会社の特別関係会社（租税特別措置法施行令第40条の８の６第７項において準用する同令第40条の８の２第８項の特別の関係がある会社をいいます。２(2) において同じです。）であって特例対象非上場株式等に係る会社との間に支配関係（租税特別措置法施行令第40条の８の５第８項において準用する同令第40条の８第９項に規定する関係をいいます。２(2) において同じです。）がある法人が保有する会社法第２条第２号に規定する外国会社（特例対象非上場株式等に係る会社の特別関係会社に該当するものに限ります。）の株式等、租税特別措置法施行令第40条の８の６第15項において準用する同令第40条の８の２第12項第１号に掲げる法人の株式等（特例対象非上場株式等に係る会社が資産保有型会社等に該当する場合に限ります。）又は同項第２号に掲げる医療法人の出資の有無について記入します。

２　「２　特例対象非上場株式等の明細」欄

(1)　①から③欄までの「総数等」及び「数等」には、議決権に制限のある株式等の数等は含まれません。

(2)　④欄の金額は、相続開始の時における価額を記入します。
なお、特例対象非上場株式等に係る会社又はその会社の特別関係会社であって特例対象非上場株式等に係る会社との間に支配関係がある法人（以下「会社等」といいます。）が会社法第２条第２号に規定する外国会社（特例対象非上場株式等に係る会社の特別関係会社に該当するものに限ります。）の株式等、租税特別措置法施行令第40条の８の６第15項において準用する同令第40条の８の２第12項第１号に掲げる法人の株式等（特例対象非上場株式等に係る会社が資産保有型会社等に該当する場合に限ります。）又は同項第２号に掲げる医療法人の出資を有する場合の納税猶予分の相続税額の計算の基となる特例対象非上場株式等の価額は、会社等がそれらの株式等を有していなかったものとして計算した価額となります。

(3)　Ａ欄の金額（⑤欄の金額）を第８の２の２表の「１　特例株式等納税猶予税額の基となる相続税の総額の計算」の①欄に転記します。
なお、第８の２の２表の付表１・付表２の作成がある場合は、各付表のＡ欄の合計額を第８の２の２表の「１　特例株式等納税猶予税額の基となる相続税の総額の計算」の①欄に記入します。

３　「３　最初の非上場株式等についての贈与税の納税猶予及び免除の特例等の適用に関する事項」欄

(1)　「相続等」とは、相続又は遺贈をいいます。

(2)　①欄は、取得の原因を丸で囲んでください。

(3)　③欄は、最初の贈与又は相続等によるその会社の非上場株式等の取得について、非上場株式等についての贈与税の納税猶予及び免除の特例等の適用を受けている、又は受けようとする贈与税又は相続税の申告書の提出先の税務署名を記入してください。

(4)　④欄は、最初の贈与又は相続等によるその会社の非上場株式等の取得に係る贈与者又は被相続人の氏名を記入してください。

４　「４　会社が現物出資又は贈与により取得した資産の明細書」欄

(1)　「特例経営承継相続人等と特別の関係がある者」とは、特例経営承継相続人等の親族などその特例経営承継相続人等と租税特別措置法施行令第40条の８の６第14項において準用する同令第40条の８の２第11項に定める特別の関係がある者をいいます。

(2)　①欄の金額は、相続開始の時における価額を記入します。
なお、会社が相続開始の時において現物出資又は贈与により取得した資産を既に有していない場合は、その相続開始の時に有していたものとしたときにおける価額を記入します。

(3)　③欄の金額は会社の全ての資産の相続開始の時における価額の合計額を記入します。

(4)　④欄の保有割合が70％以上の場合は、この特例の適用を受けることはできません。

(5)　明細書に記入しきれないときは、適宜の用紙に現物出資又は贈与により取得した資産の明細を記載し添付してください。

（令５.７）

第8の2の2表の付表2（平成31年1月分以降用）

非上場株式等についての相続税の納税猶予及び免除の特例の適用を受ける特例対象相続非上場株式等の明細書（特例措置用）

被相続人	
特例経営相続承継受贈者	

この明細書は、「非上場株式等の特例贈与者が死亡した場合の相続税の納税猶予及び免除の特例（租税特別措置法第70条の７の８）」の適用を受ける特例対象相続非上場株式等について、その明細を記入します。

1　特例対象相続非上場株式等に係る会社

①　会社名		⑦　相続開始の時における特例経営相続承継受贈者の役職名			
②　会社の整理番号（会社の所轄税務署名）	（　　署）				
③　事業種目		⑧　円滑化法の確認の状況	確認年月日	年　月　日	
④　相続開始の時における資本金の額	円		確認番号		
⑤　相続開始の時における資本準備金の額	円	⑨　会社又はその会社の特別関係会社であってその会社との間に支配関係がある法人が保有する外国会社等の株式等の有無		有	無
⑥　相続開始の時における従業員数	人				

（注）1　租税特別措置法第70条の７の５第１項の規定の適用を受けた特例対象受贈非上場株式等に係る会社が、その株式等の贈与の時から相続開始の直前までにおいて、合併により消滅した場合はその合併により存続した会社又は設立した会社、株式交換等により他の会社の株式交換完全子会社等となった場合はその場合の他の会社について①から⑧までの各欄を記入します。

2　⑦欄は、具体的にその役職を、例えば、「代表取締役」と記入します。

なお、代表権に制限のある代表者については、この特例の適用を受けることはできません。

3　⑧欄は、中小企業における経営の承継の円滑化に関する法律施行規則第13条第４項又は第５項において準用する同条第１項の都道府県知事の確認を受けた年月日及び確認番号をそれぞれ記入します。

4　⑨欄は、特例対象相続非上場株式等に係る会社又はその会社の特別関係会社（租税特別措置法施行令第40条の８の８第５項において準用する租税特別措置法施行令第40条の８の２第８項の特別の関係がある会社をいいます。）であって特例対象相続非上場株式等に係る会社との間に支配関係（租税特別措置法施行令第40条の８の５第８項において準用する租税特別措置法施行令第40条の８第９項に規定する関係をいいます。）がある法人が保有する会社法第２条第２号に規定する外国会社（特例対象相続非上場株式等に係る会社の特別関係会社に該当するものに限ります。）の株式等、租税特別措置法施行令第40条の８の８第８項において準用する租税特別措置法施行令第40条の８の２第12項第１号に掲げる法人の株式等（特例対象相続非上場株式等に係る会社が資産保有型会社等に該当する場合に限ります。）又は同項第２号に掲げる医療法人の出資の有無について記入します。

2　特例対象相続非上場株式等の明細

受贈年月日	①　相続開始の時における発行済株式等の総数等	②　被相続人から贈与により取得した租税特別措置法第70条の7の5第1項の規定の適用を受けた株式等で相続開始の時において保有していた株式等の数等	③　②のうち特例の適用を受ける株式等の数等	④　1株（口・円）当たりの価額（「（注）3」参照）	⑤　価額（③×④（ただし「（注）4」参照））
・　・	株・口・円	株・口・円	株・口・円	円	A　円

（注）1　①から③欄までの「総数等」及び「数等」には、議決権に制限のある株式等の数等は含まれません。

2　次の場合で②欄の数等又は④欄の金額の記入に当たってお分かりにならないことがありましたら、税務署にお尋ねください。

・　贈与により取得した時以後において、株式等について併合・分割・株式無償割当てがあった場合やその株式等に係る会社について合併・会社分割・株式交換等があった場合

・　租税特別措置法第70条の7の5第11項において準用する同法第70条の7第15項第3号の規定の適用に係る贈与により取得した株式等がある場合

3　④欄の金額は、贈与の時における価額を基礎として計算した価額を記入します。贈与の時に、贈与税の納税猶予税額を租税特別措置法第70条の7の5第2項第8号イに規定する特例認定贈与承継会社等が外国会社等の株式等を有していないものとして計算していた場合には、税務署にお尋ねください。

4　特例対象相続非上場株式等に係る会社又はその会社の特別関係会社（租税特別措置法施行令第40条の8の8第5項において準用する租税特別措置法施行令第40条の8の2第8項の特別の関係がある会社をいいます。）であって特例対象相続非上場株式等に係る会社との間に支配関係（租税特別措置法施行令第40条の8の5第8項において準用する租税特別措置法施行令第40条の8第9項に規定する関係をいいます。）がある法人（以下「会社等」といいます。）が会社法第2条第2号に規定する外国会社（特例対象相続非上場株式等に係る会社の特別関係会社に該当するものに限ります。）の株式等、租税特別措置法施行令第40条の8の8第8項において準用する租税特別措置法施行令第40条の8の2第12項第1号に掲げる法人の株式等（特例対象相続非上場株式等に係る会社が資産保有型会社等に該当する場合に限ります。）又は同項第2号に掲げる医療法人の出資を有する場合の納税猶予分の相続税額の計算の基となる特例対象相続非上場株式等の価額は、租税特別措置法第70条の7の8第1項の特例対象受贈非上場株式等の租税特別措置法第70条の7の5第1項の規定の適用に係る贈与の時における特例対象受贈非上場株式等に係る会社の株式等の価額を基礎として会社等が外国会社等の株式等を有していなかったものとして計算した金額となります。詳しくは税務署にお尋ねください。

5　A欄の金額（⑤欄の金額）を第8の2の2表の「1　特例株式等納税猶予税額の基となる相続税の総額の計算」の①欄に転記します。

なお、第8の2の2表の付表1・付表2の作成がある場合は、各付表のA欄の合計額を第8の2の2表の「1　特例株式等納税猶予税額の基となる相続税の総額の計算」の①欄に記入します。

3　最初の非上場株式等についての贈与税の納税猶予及び免除の特例等の適用に関する事項

この欄は、特例経営相続承継受贈者が、「２　特例対象相続非上場株式等の明細」の受贈年月日前に贈与又は相続等により取得した上記１の特例対象相続非上場株式等に係る会社の非上場株式等について、「非上場株式等についての贈与税の納税猶予及び免除の特例（租税特別措置法第70条の７の５）」又は「非上場株式等についての相続税の納税猶予及び免除の特例（同法第70条の７の６）」の規定の適用を受けている場合において、最初のその贈与又は相続等によるその会社の非上場株式等の取得に関する事項等について記入します。

①　取得の原因	②　取得年月日	③　申告した税務署名	④　贈与者又は被相続人の氏名
贈与・相続等	年　月　日	署	

（注）1　「相続等」とは、相続又は遺贈をいいます。

2　①欄は、取得の原因を丸で囲んでください。

3　③欄は、最初の贈与又は相続等によるその会社の非上場株式等の取得について、非上場株式等についての贈与税の納税猶予及び免除の特例等の適用を受けている、又は受けようとする贈与税又は相続税の申告書の提出先の税務署名を記入してください。

4　④欄は、最初の贈与又は相続等によるその会社の非上場株式等の取得に係る贈与者又は被相続人の氏名を記入してください。

※の項目は記入する必要がありません。

※税務署整理欄	法人管轄署番号	—	入力		確認		

第８の２の２表の付表２（令5.7）　　（資４－20－9－14－Ａ４統一）

非上場株式等についての相続税の納税猶予及び免除の特例の適用に係る会社が災害等により被害を受けた場合の明細書（特例措置用）

第8の2の2表の付表3（平成31年1月分以降用）

被相続人	
特例経営承継人（特例経営承継相続人等・特例経営相続承継受贈者）	
特例対象非上場株式等又は特例対象相続非上場株式等に係る会社の名称	

この明細書は、災害等が発生した日から同日以後１年を経過する日までの間に相続又は遺贈により取得をした（租税特別措置法第70条の７の７の規定により取得をしたものとみなされる場合を含みます。）株式等について非上場株式等についての相続税の納税猶予及び免除の特例の適用を受けようとする場合で、租税特別措置法第70条の７の６第26項の規定において準用する同法第70条の７の２第35項若しくは第37項又は同法第70条の７の８第14項の規定において準用する同法第70条の７の２第35項の規定の適用を受けるときに、会社の被害の態様等について、その明細を記入します。

１　規定の適用を受ける旨の確認

私は、第８の２の２表の付表１の「１　特例対象非上場株式等に係る会社」又は第８の２の２表の付表２の「１　特例対象相続非上場株式等に係る会社」に記載した会社が、下記の「２　災害等により被害を受けた会社の被害の態様」の⑴から⑶までのいずれかに該当したので、次の規定の適用を受けます（適用を受ける規定の「□」にレ印を記入します。）。

□　租税特別措置法第70条の７の６第26項において準用する同法第70条の７の２第35項の規定の適用を受け、同法第70条の７の６第２項第１号に掲げる特例認定承継会社の要件から、同号ロの資産保有型会社又は資産運用型会社のうち、租税特別措置法施行令第40条の８の６第６項において準用する同令第40条の８の２第７項に定めるものに該当しないこととする要件を除きます。

□　租税特別措置法第70条の７の６第26項において準用する同法第70条の７の２第37項の規定の適用を受け、同法第70条の７の６第２項第７号に掲げる特例経営承継相続人等の要件から、同号への特例認定承継会社の経営を確実に承継するものと認められる要件として、租税特別措置法施行規則第23条の12の３第11項で定める相続の開始の直前において当該会社の役員であったこととする要件を除きます。

□　租税特別措置法第70条の７の８第14項において準用する同法第70条の７の２第35項の規定の適用を受け、同法第70条の７の８第２項第２号に掲げる特例認定相続承継会社の要件から、同号ロの資産保有型会社又は資産運用型会社のうち、租税特別措置法施行令第40条の８の８第４項に定めるものに該当しないこととする要件を除きます。

２　災害等により被害を受けた会社の被害の態様

次の場合の区分に応じて、それぞれ⑴から⑶までのいずれかの欄について記入してください。

⑴　災害によって被害を受けた事業用資産が総資産の30％以上である場合（貸借対照表の帳簿価額で判定します。）

①　災害が発生した年月日	年　月　日
②　災害が発生した日の属する事業年度の直前の事業年度終了の時における総資産の価額	円
③　災害により滅失をした資産の価額の合計額 （注）１　滅失には、通常の修繕によっては原状回復が困難な損壊を含みます。 ２　資産には、租税特別措置法第70条の７第２項第８号ロに規定する特定資産を含みません。	円
④　（③÷②×100）　30％以上であれば適用可 →	％

※　⑴に該当する場合には、中小企業における経営の承継の円滑化に関する法律施行規則（以下「円滑化省令」といいます。）第13条の２第４項の確認書（同条第３項の規定により準用される同条第１項第１号に係るものに限ります。）の写し及び都道府県知事に提出した同条第２項の申請書（同条第３項の規定により準用される同条第１項第１号に係るものに限ります。）の写しを添付してください。

⑵　災害によって被害を受けた事業所で雇用されていた常時使用従業員の数が常時使用従業員の総数の20％以上である場合（上記⑴に該当する場合を除きます。）

①　災害が発生した年月日	年　月　日
②　災害が発生した日の前日における常時使用従業員の総数	人
③　災害により滅失又は損壊をした事業所（注）において、その災害が発生した日の前日に使用していた常時使用従業員の数 （注）災害が発生した日から同日以後６か月を経過する日までの間継続して常時使用従業員が本来の業務に従事することができないと認められる事業所をいいます。	人
④　（③÷②×100）　20％以上であれば適用可 →	％

※　⑵に該当する場合には、円滑化省令第13条の２第４項の確認書（同条第３項の規定により準用される同条第１項第２号に係るものに限ります。）の写し及び都道府県知事に提出した同条第２項の申請書（同条第３項の規定により準用される同条第１項第２号に係るものに限ります。）の写しを添付してください。

⑶　中小企業信用保険法第２条第５項第３号又は第４号のいずれかの事由に該当し、特定日以後６か月間の売上金額が前年同期間の売上金額の70％以下である場合（上記⑴又は⑵に該当する場合を除きます。）

①　中小企業信用保険法第２条第５項の該当事由（３号・４号）及び特定日（注） （注）特定日とは、中小企業信用保険法第２条第５項第３号又は第４号の経済産業大臣の指定する事由が発生した日をいいます。	□　３号該当　□　４号該当 特定日：　年　月　日
②　特定日の１年前の日から同日以後６か月を経過する日までの間における売上金額	円
③　特定日から特定日以後６か月を経過する日までの間における売上金額	円
④　（③÷②×100）　70％以下であれば適用可 →	％

※　⑶に該当する場合には、円滑化省令第13条の２第４項の確認書（同条第３項の規定により準用される同条第１項第５号又は第６号に係るものに限ります。）の写し及び都道府県知事に提出した同条第２項の申請書（同条第３項の規定により準用される同条第１項第５号又は第６号に係るものに限ります。）の写しを添付してください。

第８の２の２表の付表３（令５．７）　　（資４－20－９－15－Ａ４統一）

○この計算書は「山林についての納税猶予及び免除の特例」の適用を受ける場合に記入します。

第8の3表（令和5年1月分以降用）

山林納税猶予税額の計算書

被相続人	
林業経営相続人	

この計算書は、林業経営相続人に該当する人が山林についての納税猶予税額（山林納税猶予税額）を算出するために使用します。

私は、第８の３表の付表の「２　特例施業対象山林・特例山林の明細」に記載した特例施業対象山林のうち特例山林の全てについて租税特別措置法第 70 条の６の６第１項に規定する山林についての納税猶予及び免除の適用を受けます。

1　山林納税猶予税額の基となる相続税の総額の計算

(1)「特定価額に基づく課税遺産総額」等の計算

① 林業経営相続人の第8の3表の付表(A+B)欄の金額	円
② 林業経営相続人に係る債務及び葬式費用の金額（第1表のその人の③欄の金額）	
③ 林業経営相続人が相続又は遺贈により取得した財産の価額（林業経営相続人の第1表の（①+②）（又は第3表の①欄）の金額）	
④ 控除未済債務額（①+②−③）の金額（**赤字の場合は0**）	
⑤ 特定価額（①−④）（**1,000円未満切捨て**）（**赤字の場合は0**）	,000
⑥ 特定価額の20%に相当する金額（⑤×20%）（**1,000円未満切捨て**）	,000
⑦ 林業経営相続人以外の相続人等の課税価格の合計額（林業経営相続人以外の者の第1表の⑥欄（又は第3表の⑥欄）の金額の合計）	,000
⑧ 基礎控除額（第2表のⒶ欄の金額）	,000,000
⑨ 特定価額に基づく課税遺産総額（⑤+⑦−⑧）	,000
⑩ 特定価額の20%に相当する金額に基づく課税遺産総額（⑥+⑦−⑧）	,000

(2)「特定価額に基づく相続税の総額」等の計算

⑪ 法定相続人の氏名	⑫ 法定相続分	特定価額に基づく相続税の総額の計算		特定価額の20%に相当する金額に基づく相続税の総額の計算	
		⑬法定相続分に応ずる取得金額（⑨×⑫）	⑭相続税の総額の基礎となる税額（第２表の「速算表」で計算します。）	⑮法定相続分に応ずる取得金額（⑩×⑫）	⑯相続税の総額の基礎となる税額（第２表の「速算表」で計算します。）
		円 ,000	円	円 ,000	円
		,000		,000	
		,000		,000	
		,000		,000	
		,000		,000	
		,000		,000	
		,000		,000	
法定相続分の合計	1	⑰相続税の総額（⑭の合計額）	00	⑱相続税の総額（⑯の合計額）	00

（注）１　③欄の「第１表の（①＋②）」の金額は、林業経営相続人が租税特別措置法第 70 条の６第１項の規定による農地等についての納税猶予及び免除等の適用を受ける場合は、「第３表の①欄」の金額となります。また、⑦欄の「第１表の⑥欄」の金額は、相続又は遺贈により財産を取得した人のうちに租税特別措置法第 70 条の６第１項の規定による農地等についての納税猶予及び免除等の適用を受ける人がいる場合は、「第３表の⑥欄」の金額となります。
２　⑪及び⑫欄は第２表の「④法定相続人」の「氏名」欄及び「⑤左の法定相続人に応じた法定相続分」欄からそれぞれ転記します。

2　山林納税猶予税額の計算

①（林業経営相続人の第１表の（⑮＋⑰－⑫））の金額	円
② 特定価額に基づく林業経営相続人の算出税額（１の⑰×１の⑤／１の（⑤＋⑦））	
③ 特定価額に基づき相続税額の２割加算が行われる場合の加算金額（②×20%）	
a（②＋③－林業経営相続人の第１表の⑫）の金額（**赤字の場合は０**）	
④ 特定価額の20%に相当する金額に基づく林業経営相続人の算出税額（１の⑱×１の⑥／１の（⑥＋⑦））	
⑤ 特定価額の20%に相当する金額に基づき相続税額の２割加算が行われる場合の加算金額（④×20%）	
b（④＋⑤－林業経営相続人の第１表の⑫）の金額（**赤字の場合は０**）	
⑥ 林業経営相続人の第１表の⑥欄に基づく算出税額（その人の第１表の（⑨（又は⑩）＋⑪－⑫））（**赤字の場合は０**）	
⑦（①＋a－b－⑥）の金額（**赤字の場合は０**）	
⑧ **山林納税猶予税額**（a－b－⑦）（**100円未満切捨て**）（**赤字の場合は０**）	00

（注）１　⑥欄の算式中の「第１表の⑨」の金額について、相続又は遺贈により財産を取得した人のうちに租税特別措置法第 70 条の６第１項の規定による農地等についての納税猶予及び免除等の適用を受ける人がいる場合は、「第１表の⑩」の金額とします。
２　⑧欄の金額を林業経営相続人の第８の８表２の「山林納税猶予税額④」欄に転記します。なお、林業経営相続人が他の相続税の納税猶予等の適用を受ける場合は、⑧欄の金額によらず、第８の７表の⑳欄の金額を林業経営相続人の第８の８表２の「山林納税猶予税額④」欄に転記します。
３　この申告が修正申告である場合の⑧欄に記入する金額は、⑧欄の「a－b－⑦」の金額が修正前の「山林納税猶予税額」の金額を超える場合には、当該修正前の「山林納税猶予税額」の金額にとどめます。ただし、この特例の適用を受ける特例山林（期限内申告において第８の３表の付表の「２　特例施業対象山林・特例山林の明細」に記入した特例山林に限ります。）の評価誤り又は税額の計算誤りがあった場合で、その誤りだけを修正するものであるときの⑧欄の金額は、当該修正前の「山林納税猶予税額」の金額を超えることができます。

※の項目は記入する必要がありません。

※税務署整理欄	入力		確認			

第８の３表(令５.７)　　（資４－20－９－７－Ａ４統一）

第8の3表の付表（平成31年1月分以降用）

山林についての納税猶予の適用を受ける特例山林及び特例施業対象山林の明細書

被相続人	
林業経営相続人	

この明細書は、山林についての納税猶予及び免除の適用を受ける特例山林及び特例施業対象山林について、その明細等を記入します。

1　林業経営相続人に関する事項

①　特例施業対象山林を相続又は遺贈により取得した日（相続開始年月日）	年　月　日
②　相続の開始があったことを知った日（通常は①と同じ日になります。）	年　月　日
③　相続の開始の日から林業経営相続人に係る平均余命（**１年未満切捨て**）を経過する日までの期間	
④　「③の期間」と「30年」のうちいずれか短い期間	

（注）　平均余命とは、厚生労働省の作成に係る完全生命表に掲げる年齢及び性別に応じた平均余命をいいます。

2　特例施業対象山林・特例山林の明細

この欄は、林業経営相続人が相続又は遺贈により取得した特例施業対象山林・特例山林の明細を記入します。

所在場所	路網整備を行わない山林等	土地			立木					
		⑤ 面積	⑥ 特例山林以外の土地の価額	⑦ 特例山林の土地の価額	⑧ 面積	⑨ 樹種	⑩ ①の日から標準伐期齢等に達する日までの期間	⑪ 「④<⑩」の判定	⑫ 特例山林以外の立木の価額	⑬ 特例山林の立木の価額
			円	円				適・否	円	円
								適・否		
								適・否		
								適・否		
								適・否		
								適・否		
								適・否		
								適・否		
								適・否		
								適・否		
								適・否		
								適・否		
								適・否		
								適・否		
特例山林の土地の価額の合計額　A					特例山林の立木の価額の合計額　B					

特例山林の価額の合計額（A＋B）　　　　円　（この金額を第８の３表の1(1)の①欄に転記します。）

（注）１　「路網整備を行わない山林等」の欄には、路網整備を行わない山林又は市街化区域内の山林に該当する場合は「×」と記入します。
２　⑩欄の「標準伐期齢等」とは、森林法第10条の５第１項に規定する市町村森林整備計画に定める標準伐期齢をいいます。ただし、森林法施行規則第39条第１項に規定する水源かん養機能維持増進森林の区域内に存する立木については、標準伐期齢に10年を加えた林齢をいい、それ以外の区域に存する立木のうち標準伐期齢のおおむね２倍以上に相当する林齢を超える林齢において主伐を行う森林施業を推進すべき森林として市町村森林整備計画において定められている森林（以下「長伐期施業森林」といいます。）の区域内に存する立木については、その長伐期施業森林につき市町村森林整備計画に定められている林齢をいいます。
３　⑪欄は、「④<⑩」の場合には「適」を、それ以外の場合には「否」を○で囲んでください。
４　上記に記入しきれないときは、適宜の用紙に特例施業対象山林・特例山林の明細を記載して添付してください。

3　特例施業対象山林の経営に関する事項

この欄は、経営報告基準日の翌日から５か月を経過する日が相続税の申告期限までに到来し、かつ、その５か月を経過する日がその経営報告基準日の翌年である場合に記入します。

経営報告基準日の属する年分の山林所得に係る収入金額	円	

（注）「経営報告基準日の属する年分の山林所得に係る収入金額」欄は、所得税法第32条第１項に規定する山林所得に係る収入金額を記入します。

※の項目は記入する必要がありません。

※税務署整理欄	入力		確認			

第８の３表の付表（令５.７）　　　　（資４－20－９－８－Ａ４統一）

○この計算書は「医療法人の持分についての納税猶予及び免除並びに税額控除の特例」の適用を受ける場合に記入します。

医療法人持分納税猶予税額・税額控除額の計算書

第８の４表（令和５年１月分以降用）

この計算書は、次に掲げる特例の適用を受ける人（以下この表において「医療法人持分相続人等」と表記しています。）が、医療法人の持分に係る納税猶予税額（医療法人持分納税猶予税額）又は税額控除額（医療法人持分税額控除額）を算出するために使用します。	被相続人	
	医療法人持分相続人等	

私は、第８の４表の付表の「医療法人の持分の明細」に記載した医療法人の持分について、次の特例の適用を受けます。（適用を受ける特例の「□」にレ印を記入します。）

□ 医療法人の持分についての納税猶予及び免除（租税特別措置法第70条の7の12第1項）

□ 医療法人の持分についての税額控除（租税特別措置法第70条の7の13第1項）

1　医療法人持分納税猶予税額又は医療法人持分税額控除額の基となる相続税の総額の計算

(1)「特定価額に基づく課税遺産総額」等の計算

①	医療法人持分相続人等の医療法人の持分の価額（第８の４表の付表のＡ欄の金額）	円
②	医療法人持分相続人等に係る債務及び葬式費用の金額（その医療法人持分相続人等の第１表の③欄の金額）	
③	医療法人持分相続人等が相続又は遺贈により取得した財産の価額（その医療法人持分相続人等の第１表の（①＋②）（又は第３表の①欄）の金額）	
④	控除未済債務額（①＋②－③）（赤字の場合は０）	
⑤	特定価額（①－④）（1,000円未満切捨て）（赤字の場合は０）	,000
⑥	医療法人持分相続人等以外の相続人等の課税価格の合計額（その医療法人持分相続人等以外の相続人等の第１表の⑥欄（又は第３表の⑥欄）の金額の合計額）	,000
⑦	基礎控除額（第２表の㋥欄の金額）	,000,000
⑧	特定価額に基づく課税遺産総額（⑤＋⑥－⑦）	,000

(2)「特定価額に基づく相続税の総額」等の計算

⑨ 法定相続人の氏名	⑩ 法定相続分	特定価額に基づく相続税の総額の計算 ⑪ 法定相続分に応ずる取得金額（⑧×⑩）	⑫ 相続税の総額の基礎となる税額（第２表の「速算表」で計算します。）
		円 ,000	円
		,000	
		,000	
		,000	
		,000	
法定相続分の合計	1	⑬ 相続税の総額（⑫の合計額）	00

（注）１　③欄の「第１表の（①＋②）」の金額は、医療法人持分相続人等が租税特別措置法第70条の６第１項の規定による農地等についての納税猶予及び免除等の適用を受ける場合は、「第３表の①欄」の金額となります。また、⑥欄の「第１表の⑥欄」の金額は、相続又は遺贈により財産を取得した人のうちに租税特別措置法第70条の６第１項の規定による農地等についての納税猶予及び免除等の適用を受ける人がいる場合は、「第３表の⑥欄」の金額となります。

２　⑨及び⑩欄は、第２表の「④法定相続人」の「氏名」欄及び「⑤左の法定相続人に応じた法定相続分」欄からそれぞれ転記します。

2　医療法人持分納税猶予税額又は医療法人持分税額控除額の計算

①	（医療法人持分相続人等の第１表の（⑮＋⑰－⑫））の金額	円
②	特定価額に基づく医療法人持分相続人等の算出税額（１の⑬×１の⑤／１の（⑤＋⑥））	
③	特定価額に基づき相続税額の２割加算が行われる場合の加算金額（②×20%）	
④	（②＋③－医療法人持分相続人等の第１表の⑫）の金額（赤字の場合は０）	
⑤	医療法人持分相続人等の第１表の⑥欄の課税価格に基づく算出税額（その医療法人持分相続人等の第１表の（⑨（又は⑩）＋⑪－⑫））（赤字の場合は０）（注１参照）	
⑥	（①＋④－⑤）の金額（赤字の場合は０）	
⑦	（④－⑥）の金額（赤字の場合は０）	
⑧	特例の適用に係る医療法人が２法人以上ある場合の医療法人ごとの医療法人持分納税猶予税額等（注２参照）	
イ	（医療法人名）＿＿＿＿に係る医療法人持分納税猶予税額等（⑦×イの持分の価額／１の①）（100円未満切捨て）	00
ロ	（医療法人名）＿＿＿＿に係る医療法人持分納税猶予税額等（⑦×ロの持分の価額／１の①）（100円未満切捨て）	00
ハ	（医療法人名）＿＿＿＿に係る医療法人持分納税猶予税額等（⑦×ハの持分の価額／１の①）（100円未満切捨て）	00
⑨	医療法人持分納税猶予税額等（⑦の金額（100円未満切捨て）（又は⑧の金額の合計額））（注２参照）	00

⑩	イ	「医療法人の持分についての納税猶予及び免除」の適用を受ける場合		**医療法人持分納税猶予税額**（注３参照）（⑨の金額を転記します。）	A 00
	ロ	「医療法人の持分についての税額控除」の適用を受ける場合	(ｲ) 持分の全てを放棄したとき	**医療法人持分税額控除額**（注３参照）（⑨の金額を転記します。）	B 00
			(ﾛ) 持分の一部を放棄し、その残余の部分を基金拠出型医療法人の基金として拠出したとき（＊第８の４表の付表の計算明細の各欄を記入します。）	**医療法人持分税額控除額**（注３参照）（第８の４表の付表のＦの金額を転記します。）	B

（注）１　⑤欄の算式中の「第１表の⑨」の金額は、相続又は遺贈により財産を取得した人のうちに租税特別措置法第70条の６第１項の規定による農地等についての納税猶予及び免除等の適用を受ける人がいる場合は、医療法人持分相続人等の「第１表の⑩」の金額となります。

２　⑧欄について、特例の適用に係る医療法人が１法人の場合は、⑧欄の記入は行わず、⑦欄の金額を⑨欄に記入します（100円未満切捨て）。なお、「医療法人持分納税猶予税額等」とは、租税特別措置法第70条の７の12第２項に規定する納税猶予分の相続税額に相当する金額を、イからハまでの各欄の算式中の「持分の価額」とは、第８の４表の付表の「医療法人の持分の明細」のＡ欄の金額をいいます。

また、特例の適用に係る医療法人が４法人以上ある場合は、適宜の用紙に医療法人ごとの医療法人持分納税猶予税額又は医療法人持分税額控除額を記載して添付してください。

３　⑩欄は、イ又はロの場合に応じ、医療法人持分納税猶予税額をＡ欄に、又は医療法人持分税額控除額をＢ欄に記入します。なお、ロの場合には、放棄の態様（(ｲ)又は(ﾛ)）に応じ、(ｲ)のときには⑨欄の金額を、(ﾛ)のときには⑨欄の金額に基づき算出した第８の４表の付表の「基金拠出型医療法人へ基金を拠出した場合の医療法人持分税額控除額の計算明細」のＦの金額を、それぞれのＢ欄に転記します。また、その算出した⑩欄のＡ又はＢ欄の金額を医療法人持分相続人等の第８の８表２の「医療法人持分納税猶予税額⑤」又は第１表の「医療法人持分税額控除額⑱」欄に転記します。なお、医療法人持分相続人等が、他の相続税の納税猶予等の適用を受ける場合には、第８の７表の㉒欄のＡ又はＢ欄の金額を医療法人持分相続人等の第８の８表２の「医療法人持分納税猶予税額⑤」又は第１表の「医療法人持分税額控除額⑱」欄に転記します。

４　この申告書が修正申告である場合の⑦欄に記入する金額は、⑦欄の「④－⑥」の金額が修正前の当該金額を超える場合には、当該修正前の金額にとどめます（⑧、⑨及び⑩欄も同様です。）。ただし、特例の適用を受ける医療法人の持分（期限内申告において第８の４表の付表の「医療法人の持分の明細」に記入した医療法人の持分に限ります。）の評価誤り又は税額の計算誤りがあった場合で、その誤りだけを修正するものであるときの⑦欄の金額は、当該修正前の金額を超えることができます。

※の項目は記入する必要がありません。

※税務署整理欄	入力		確認			

第８の４表（令5.7）　　（資４－20－９－６－Ａ４統一）

医療法人の持分の明細書・基金拠出型医療法人へ基金を拠出した場合の医療法人持分税額控除額の計算明細書

第8の4表の付表（平成31年1月分以降用）

被　相　続　人	
医療法人持分相続人等	

「**医療法人の持分の明細**」には、医療法人の持分についての納税猶予及び免除又は医療法人の持分についての税額控除の適用を受ける人（以下この表において「医療法人持分相続人等」と表記しています。）が、相続又は遺贈により取得した特例の適用に係る医療法人の持分の明細を記入します。
また、「**基金拠出型医療法人へ基金を拠出した場合の医療法人持分税額控除額の計算明細**」は、被相続人の相続の開始の時からその相続に係る相続税の申告書の提出期限までの間に、医療法人が基金拠出型医療法人に移行した場合において、医療法人持分相続人等がその医療法人の持分の一部を放棄し、その残余の部分をその基金拠出型医療法人の基金として拠出したときの医療法人持分税額控除額（放棄相当相続税額）を算出するために使用します。

医療法人の持分の明細

1　医療法人の持分に関する事項

この欄は、医療法人持分相続人等が相続又は遺贈により取得をした医療法人の持分に関する事項を記入します。

①　医療法人の名称等	名　称		医療法人の整理番号	
			医療法人の所轄税務署名	税務署
②　厚生労働大臣の認定年月日				年　月　日
③　厚生労働大臣の認定を受けた認定移行計画に記載された移行期限				年　月　日

④　医療法人の持分の保有状況（次の内容に該当する場合には、「□」にレ印を記入します。）

□　私は、①の医療法人の持分について、被相続人の相続の開始の時からこの相続税の申告書の提出までの間において、その持分に基づき出資額に応じた払戻しを受けたこと又はその持分の譲渡をしたことはありません。また、今後、この相続税の申告書の提出期限までの間においても、その払戻しを受けること又は譲渡をすることはありません。

（注）　**上記の内容に該当しない場合には、「医療法人の持分についての納税猶予及び免除」又は「医療法人の持分についての税額控除」の適用を受けることができません。**

2　医療法人の持分の明細

この欄は、医療法人持分相続人等が相続又は遺贈により取得した医療法人の持分の明細を記入します。

医療法人の持分			
相続又は遺贈により取得した持分	医療法人持分相続人等が、被相続人から相続又は遺贈により取得した1の①の医療法人の持分の価額を記入します。	持分の価額	（第８の４表の１の①）　A　円

（注）　特例の適用に係る医療法人が２法人以上ある場合には、その医療法人ごとにこの明細を作成します。
この場合、特例の適用に係る医療法人ごとの持分の価額の合計額を第8の4表の１の①欄に転記します。

＊ 以下の計算明細は、基金拠出型医療法人に基金を拠出した場合（第８の４表の２の⑩のロ(ﾛ)に該当する場合）に使用します。

基金拠出型医療法人へ基金を拠出した場合の医療法人持分税額控除額の計算明細

1　医療法人の持分に関する事項

この欄は、基金拠出型医療法人への移行をした「医療法人の持分の明細」に記載した医療法人に関する事項を記入します。

①　「出資持分の放棄申出書」（医療法施行規則（昭和23年厚生省令第50号）附則様式７）の医療法人への提出年月日	年　月　日
②　医療法人の基金拠出型医療法人への移行のための定款変更に係る都道府県知事の認可があった年月日	年　月　日

2　基金拠出型医療法人へ移行をする医療法人の持分の明細

この欄は、「医療法人の持分の明細」に記載した医療法人について、医療法人持分相続人等が被相続人に係る相続若しくは遺贈の直前又は基金拠出型医療法人への基金の拠出の直前において有していたその医療法人の持分の価額等を記入します。

医療法人の持分			
①　**相続又は遺贈の直前の持分**	医療法人持分相続人等が、被相続人に係る相続又は遺贈の直前において有していた「医療法人の持分の明細」の１の①の医療法人の持分の価額を記入します。	持分の価額	B　円
②　**基金拠出の直前の持分**	医療法人持分相続人等が、基金拠出型医療法人への基金として拠出をした年月日及びその拠出の直前において有していた「医療法人の持分の明細」の１の①の医療法人の持分の価額を記入します。	拠出年月日	年　月　日
		持分の価額	C　円

3　医療法人持分税額控除額（放棄相当相続税額）の計算

この欄は、「医療法人の持分の明細」に記載した医療法人に係る医療法人持分納税猶予税額等を基に、その医療法人持分納税猶予税額等のうちその医療法人の持分の放棄をした部分に相当する医療法人持分税額控除額（放棄相当相続税額）を計算します。

①　医療法人持分納税猶予税額等（**第８の４表**の２の⑨（又は⑧のイ、ロ又はハ）の金額を転記します。）	D　円　00
②　基金として拠出をした額	E
③　２の「② 基金拠出の直前の持分」欄の持分の価額のうち放棄をした部分に対応する部分の金額（C－E）	
④　２の「② 基金拠出の直前の持分」欄の持分の価額のうち特例の適用に係る持分に相当する金額（C×A／（A＋B））	
⑤　**医療法人持分税額控除額**　（D×（③／④）[注]）の金額 （注）「③／④」の割合が１を超える場合（「③＞④」の場合）には、Dの金額	（第８の４表の２の⑩のロ(ﾛ)のB）　F

（注）１　３の①欄の「第8の4表の２の⑨」の金額は、特例の適用に係る医療法人が２法人以上ある場合は、「第8の4表の２の⑧のイ、ロ又はハ」の金額として医療法人持分税額控除額（放棄相当相続税額）を計算します。この場合、その算出した医療法人持分税額控除額のFの金額を第8の4表の２の⑩欄のロの(ﾛ)のB欄に転記します。
２　医療法人持分相続人等が、他の相続税の納税猶予等の適用を受ける場合には、３の①欄中「第８の４表の２の⑨」の金額とあるのは、「第８の７表の３の㉑」の金額として医療法人持分税額控除額（放棄相当相続税額）を計算します。この場合、その算出した医療法人持分税額控除額のFの金額を第８の７表の３の㉒欄のロの(ﾛ)のB欄に転記します。

※の項目は記入する必要がありません。

※税務署整理欄	法人管轄署番号	－	入力		確認			

第８の４表の付表（令５.７）　　　（資４－20－９－10－Ａ４統一）

○この計算書は「特定の美術品についての納税猶予及び免除の特例」の適用を受ける場合に記入します。

美術品納税猶予税額の計算書

被相続人	
寄託相続人	

第８の５表（令和５年１月分以降用）

この計算書は、寄託相続人に該当する人が特定の美術品についての納税猶予税額（美術品納税猶予税額）を算出するために使用します。

私は、第８の５表の付表の「２　特定美術品の明細」に記載した特定美術品について租税特別措置法第70条の６の７第１項に規定する特定の美術品についての相続税の納税猶予及び免除の適用を受けます。

１　美術品納税猶予税額の基となる相続税の総額の計算

(1)　「特定価額に基づく課税遺産総額」等の計算

①　寄託相続人の第８の５表の付表のＡ欄の金額（第８の５表の付表が２以上ある場合は、その合計額）	円
②　寄託相続人に係る債務及び葬式費用の金額（第１表のその人の③欄の金額）	
③　寄託相続人が相続又は遺贈により取得した財産の価額（寄託相続人の第１表の（①+②）（又は第３表の①欄）の金額）	
④　控除未済債務額（①+②−③）の金額（赤字の場合は０）	
⑤　特定価額（①−④）（1,000円未満切捨て）（赤字の場合は０）	,000
⑥　特定価額の20%に相当する金額（⑤×20%）（1,000円未満切捨て）	,000
⑦　寄託相続人以外の相続人等の課税価格の合計額（寄託相続人以外の者の第１表⑥欄（又は第３表の⑥欄）の金額の合計）	,000
⑧　基礎控除額（第２表の㋩欄の金額）	,000,000
⑨　特定価額に基づく課税遺産総額（⑤+⑦−⑧）	,000
⑩　特定価額の20%に相当する金額に基づく課税遺産総額（⑥+⑦−⑧）	,000

(2)　「特定価額に基づく相続税の総額」等の計算

⑪ 法定相続人の氏名	⑫ 法定相続分	特定価額に基づく相続税の総額の計算 ⑬法定相続分に応ずる取得金額（⑨×⑫）	⑭相続税の総額の基礎となる税額（第２表の「速算表」で計算します。）	特定価額の20%に相当する金額に基づく相続税の総額の計算 ⑮法定相続分に応ずる取得金額（⑩×⑫）	⑯相続税の総額の基礎となる税額（第２表の「速算表」で計算します。）
		円	円	円	円
		,000		,000	
		,000		,000	
		,000		,000	
		,000		,000	
		,000		,000	
		,000		,000	
		,000		,000	
		,000		,000	
法定相続分の合計	1	⑰相続税の総額（⑭の合計額）	00	⑱相続税の総額（⑯の合計額）	00

（注）１　③欄の「第１表の（①+②）」の金額は、寄託相続人が租税特別措置法第70条の６第１項の規定による農地等についての納税猶予及び免除等の適用を受ける場合は、「第３表の①欄」の金額となります。また、⑦欄の「第１表の⑥欄」の金額は、相続又は遺贈により財産を取得した人のうちに租税特別措置法第70条の６第１項の規定による農地等について納税猶予及び免除等の適用を受ける人がいる場合は、「第３表の⑥欄」の金額となります。

２　⑪及び⑫欄は第２表の「④法定相続人」の「氏名」欄及び「⑤左の法定相続人に応じた法定相続分」欄からそれぞれ転記します。

２　美術品納税猶予税額の計算

①　（寄託相続人の第１表の（⑮+⑰−⑫））の金額	円
②　特定価額に基づく寄託相続人の算出税額（１の⑰×１の⑤／１の（⑤+⑦））	
③　特定価額に基づき相続税額の２割加算が行われる場合の加算金額（②×20%）	
a　（②+③−寄託相続人の第１表の⑫）の金額（赤字の場合は０）	
④　特定価額の20%に相当する金額に基づく寄託相続人の算出税額（１の⑱×１の⑥／１の（⑥+⑦））	
⑤　特定価額の20%に相当する金額に基づき相続税額の２割加算が行われる場合の加算金額（④×20%）	
b　（④+⑤−寄託相続人の第１表の⑫）の金額（赤字の場合は０）	
c　寄託相続人の第１表の⑥欄に基づく算出税額（その人の第１表の（⑨（又は⑩）+⑪−⑫））（赤字の場合は０）	
⑥　（①+a−b−c）の金額（赤字の場合は０）	
⑦　（a−b−⑥）の金額（赤字の場合は０）	
⑧　特定美術品が２以上ある場合の特定美術品ごとの美術品納税猶予税額（注２参照）	
イ　(特定美術品の名称)　　　　に係る美術品納税猶予税額（⑦×イの特定美術品に係る価額／１の①）（100円未満切捨て）	00
ロ　(特定美術品の名称)　　　　に係る美術品納税猶予税額（⑦×ロの特定美術品に係る価額／１の①）（100円未満切捨て）	00
ハ　(特定美術品の名称)　　　　に係る美術品納税猶予税額（⑦×ハの特定美術品に係る価額／１の①）（100円未満切捨て）	00
⑨　美術品納税猶予税額（⑦の金額（100円未満切捨て）（又は⑧の金額の合計額））（注３参照）	Ａ　00

（注）１　ｃ欄の算式中の「第１表の⑨」の金額について、相続又は遺贈により財産を取得した人のうちに租税特別措置法第70条の６第１項の規定による農地等についての納税猶予及び免除等の適用を受ける人がいる場合は、「第１表の⑩」の金額とします。

２　⑧欄について、特定美術品が１のみの場合は、⑧欄の記入は行わず、⑦欄の金額を⑨欄に記入します（100円未満切捨て）。なお、イからハまでの各欄の算式中の「特定美術品に係る価額」とは第８の５表の付表の「２　特定美術品の明細」のＡ欄の金額をいいます。また、特定美術品が４以上ある場合は、適宜の用紙に特定美術品ごとの特定美術品に係る美術品納税猶予税額を記載し添付してください。

３　⑨欄のＡ欄の金額を寄託相続人の第８の８表２の「美術品納税猶予税額⑥」欄に転記します。なお、寄託相続人が他の相続税の納税猶予等の適用を受ける場合は、⑨欄のＡ欄の金額によらず、第８の７表の㉓欄の金額を寄託相続人の第８の８表２の「美術品納税猶予税額⑥」欄に転記します。

４　この申告が修正申告である場合の⑦欄に記入する金額は、⑦欄の「ａ−ｂ−⑥」の金額が修正前の当該金額を超える場合には、当該修正前の金額にとどめます（⑧及び⑨欄も同様です。）。ただし、この特例の適用を受ける特定美術品（期限内申告において第８の５表の付表の「２　特定美術品の明細」に記入した特定美術品に限ります。）の評価誤り又は税額の計算誤りがあった場合で、その誤りだけを修正するものであるときの⑦欄の金額は、当該修正前の金額を超えることができます。

※の項目は記入する必要がありません。

※税務署整理欄	入力		確認			

第８の５表（令５.７）　　（資４−20−９−18−Ａ４統一）

特定の美術品についての納税猶予の適用を受ける特定美術品の明細書

被相続人	
寄託相続人	

第８の５表の付表（令和５年４月分以降用）

この明細書は、特定の美術品についての納税猶予及び免除の適用を受ける特定美術品について、その明細等を記入します。

１　相続の開始があったことを知った日（通常は相続開始の日と同じ日になります。）　　年　　月　　日

２　特定美術品の明細

この欄は、寄託相続人が相続又は遺贈により取得した特定美術品の明細を記入します。

① 特定美術品の名称		② 員　数	
③ 種　類	重要文化財　・　登録有形文化財		
④ 指定・登録年月日等	指定・登録年月日	年　　月　　日	
	記号・登録番号		
⑤ 通知された評価価格	A　　　円	（この金額を第８の５表の１(1)①欄に転記します。）	

（注）１　③欄については、いずれか該当するものを丸で囲んでください。
２　④欄には、文化財保護法第 27 条第１項の規定により重要文化財として指定された年月日及び指定書の記号番号又は同法第 58 条第１項の規定により登録有形文化財として登録された年月日及び登録番号を記載してください。
３　⑤欄には、文化庁長官により通知される「重要文化財（登録有形文化財）に係る評価価格通知書」に記載されている「評価した価格」を記載してください。

３　寄託先美術館に関する事項

① 名　称		
② 所在地		
③ 契約期間	自：　　年　　月　　日	至：令和　　年　　月　　日

（注）　③欄の「契約期間」欄には、特定美術品の所有者と寄託先美術館の設置者との間で締結された特定美術品の寄託に関する契約の契約期間を記載してください。

４　認定保存活用計画の認定状況等

相続開始の日において、現に効力を有する認定保存活用計画に関する事項

① 認定年月日	年　　月　　日	② 認定番号	
③ 計画期間	自：　　年　　月　　日	至：令和　　年　　月　　日	

相続税の申告書の提出期限において、現に効力を有する認定保存活用計画に関する事項

① 認定年月日	年　　月　　日	② 認定番号	
③ 計画期間	自：　　年　　月　　日	至：令和　　年　　月　　日	

（注）　「認定保存活用計画」とは、文化財保護法第 53 条の２第３項第３号に掲げる事項が記載されている同法第 53 条の６に規定する「認定重要文化財保存活用計画」又は同法第 67 条の２第３項第２号に掲げる事項が記載されている同法第 67 条の５に規定する「認定登録有形文化財保存活用計画」をいいます。

５　認定保存活用計画が終了している場合等

次の①又は②に掲げる場合に該当する場合には、該当する□にレ点を付してください。なお、②に掲げる場合に該当するときは、イ又はロのいずれか該当するものに〇をし、その事情の詳細についても記載をしてください。

□　①　租税特別措置法施行令第 40 条の７の７第２項の規定に該当する場合（注１）
□　②　租税特別措置法施行令第 40 条の７の７第３項の規定に該当する場合（注２）
【　イ　寄託契約の契約期間が終了した場合（注２イ）　・　ロ　寄託先美術館について登録の取消等があった場合（注２ロ）】

事情の詳細　＿＿＿＿＿＿＿＿＿＿

（注）１　被相続人がこの特例の適用を受けようとする特定美術品に係る認定保存活用計画の計画期間が満了した日以後４か月以内に死亡した場合において、その死亡の日前にその特定美術品に係る新たな認定保存活用計画に係る文化財保護法第 53 条の２第１項又は第 67 条の２第１項の規定による認定の申請をし、かつ、同日においてその認定を受けていないときをいいます。
２　この特例の適用に係る相続の開始の日から相続税の申告書の提出期限までの間に次のイ又はロに掲げる場合に該当した場合において、寄託相続人が相続税の申告書の提出期限から１年を経過する日までに新たな寄託先美術館の設置者との間で寄託契約を締結し、かつ、特定美術品を新寄託先美術館の設置者に寄託する見込みであるときをいいます。
イ　特例の適用を受けようとする特定美術品に係る寄託契約の契約期間が寄託先美術館の設置者からの契約の解除又は契約の更新を行わない旨の申出により終了した場合
ロ　特定美術品を寄託された寄託先美術館について、博物館法の規定により登録を取り消され、若しくは登録を抹消された場合又は博物館に相当する施設としての指定が取り消された場合

※の項目は記入する必要がありません。

※税務署整理欄	入力		確認			

第８の５表の付表（令５．７）　　（資４－20－９－19－Ａ４統一）

○この計算書は「個人の事業用資産についての納税猶予及び免除の特例」の適用を受ける場合に記入します。

事業用資産納税猶予税額の計算書

被相続人	
特例事業相続人等	

この計算書は、特例事業相続人等に該当する人が個人の事業用資産についての相続税の納税猶予及び免除に係る納税猶予税額（事業用資産納税猶予税額）を算出するために使用します。

私は、第８の６表の付表１の「２ 特定事業用資産の明細」又は第８の６表の付表２「３ 特例の適用を受ける特例受贈事業用資産の明細」若しくは第８の６表の付表２の２「２ 特例受贈事業用資産である株式等の明細」に記載した資産のうち各明細の「特例の適用を受ける面積」欄等に係る特定事業用資産又は特例受贈事業用資産について「個人の事業用資産についての相続税の納税猶予及び免除（租税特別措置法第70条の６の10第１項）」の適用を受けます。

第８の６表（令和５年１月分以降用）

１　事業用資産納税猶予税額の基となる相続税の総額の計算

(1)「特定価額に基づく課税遺産総額」等の計算

① 特例事業相続人等の第８の６表の付表１・付表２（２の２）のＡ欄の合計額	円
② 特例事業相続人等に係る特定債務額（その者の第８の６表の付表４のＢ）	
③ 特定価額（①－②）（1,000円未満切捨て）（赤字の場合は０）	,000
④ 特例事業相続人等以外の相続人等の課税価格の合計額（その特例事業相続人等以外の者の第１表の⑥欄（又は第３表の⑥欄）の金額の合計）	,000
⑤ 基礎控除額（第２表の㋑欄の金額）	,000,000
⑥ 特定価額に基づく課税遺産総額（③＋④－⑤）	,000

(2)「特定価額に基づく相続税の総額」等の計算

⑦ 法定相続人の氏名	⑧ 法定相続分	特定価額に基づく相続税の総額の計算 ⑨法定相続分に応ずる取得金額（⑥×⑧）	⑩相続税の総額の基礎となる税額（第２表の「速算表」で計算します。）
		円 ,000	円
		,000	
		,000	
		,000	
		,000	
		,000	
		,000	
		,000	
法定相続分の合計	1	⑪相続税の総額（⑩の合計額）	00

（注）１　④欄の「第１表の⑥欄」の金額は、相続又は遺贈により財産を取得した人のうちに租税特別措置法第 70 条の６第１項の規定による農地等についての納税猶予及び免除等の適用を受ける人がいる場合は、「第３表の⑥欄」の金額となります。

２　⑦及び⑧欄は第２表の「④法定相続人」の「氏名」欄及び「⑤左の法定相続人に応じた法定相続分」欄からそれぞれ転記します。

２　事業用資産納税猶予税額の計算

①（特例事業相続人等の第１表の（⑮＋⑰－⑫））の金額	円
② 特定価額に基づく特例事業相続人等の算出税額（１の⑪×１の③／１の（③＋④））	
③ 特定価額に基づき相続税額の２割加算が行われる場合の加算金額（②×20％）	
ａ（②＋③－特例事業相続人等の第１表の⑫）の金額（赤字の場合は０）	
ｂ 特例事業相続人等の第１表の⑥欄に基づく算出税額（その人の第１表の（⑨（又は⑩）＋⑪－⑫））（赤字の場合は０）	
④（①＋ａ－ｂ）の金額（赤字の場合は０）	
⑤ 事業用資産納税猶予税額（（ａ－④）の金額）（赤字の場合は０）（注２参照）	Ａ　00

（注）１　ｂ欄の算式中の「第１表の⑨」の金額について、相続又は遺贈により財産を取得した人のうちに租税特別措置法第 70 条の６第１項の規定による農地等についての納税猶予及び免除等の適用を受ける人がいる場合は、「第１表の⑩」の金額とします。

２　⑤欄のＡ欄の金額を特例事業相続人等の第８の８表２の「事業用資産納税猶予税額⑦」欄に転記します。なお、特例事業相続人等が他の相続税の納税猶予等の適用を受ける場合は、⑤欄のＡ欄の金額によらず、第８の７表の㉔欄の金額を特例事業相続人等の第８の８表２の「事業用資産納税猶予税額⑦」欄に転記します。

３　この申告が修正申告である場合の⑤欄に記入する金額は、⑤欄の「ａ－④」の金額が修正前の「事業用資産納税猶予税額」の金額を超える場合には、当該修正前の「事業用資産納税猶予税額」の金額にとどめます。ただし、この特例の適用を受ける特定事業用資産又は特例受贈事業用資産（期限内申告において第８の６表の付表１の「２ 特定事業用資産の明細」又は第８の６表の付表２の「３ 特例の適用を受ける特例受贈事業用資産の明細」若しくは第８の６表の付表２の２の「２ 特例受贈事業用資産である株式等の明細」に記入した特定事業用資産又は特例受贈事業用資産に限ります。）の評価誤り又は税額の計算誤りがあった場合で、その誤りだけを修正するものであるときの⑤欄の金額は、当該修正前の「事業用資産納税猶予税額」の金額を超えることができます。

※の項目は記入する必要がありません。

※税務署整理欄	入力		確認		

第８の６表（令５．７）　　（資４－20－９－20－Ａ４統一）

《書きかた等》

この計算書は、特例事業相続人等に該当する人が「個人の事業用資産についての相続税の納税猶予及び免除」に係る納税猶予税額（事業用資産納税猶予税額）を算出するために使用します。

なお、この特例の適用を受けようとする特定事業用資産又は特例受贈事業用資産（租税特別措置法第 70 条の６の９の規定により相続又は遺贈（以下「相続等」といいます。）により取得したものとみなされるものに限ります。以下同じです。）の区分に応じて、この計算書に加えて次の付表を作成してください。

１　相続等により取得をした特定事業用資産についてこの特例の適用を受ける場合には、次の⑴と⑵

⑴　**「第８の６表の付表１」**

⑵　**「第８の６表の付表３」**及び**「第８の６表の付表４」**のうち該当するもの（該当がない場合は不要です。）

２　租税特別措置法第70条の６の９の規定により相続等により取得したものとみなされた特例受贈事業用資産について、この特例の適用を受ける場合には、次の⑴と⑵

⑴　**「第８の６表の付表２」**（贈与後に特例受贈事業用資産を現物出資して租税特別措置法第70条の６の８第６項の承認を受けた場合は**「第８の６表の付表２の２」**）

⑵　**「第８の６表の付表３」**及び**「第８の６表の付表４」**のうち該当するもの（該当がない場合は不要です。）

（注）１　各付表の内容は次のとおりです。

⑴　**「第８の６表の付表１」**

相続等により取得をした個人の事業用資産について「個人の事業用資産についての相続税の納税猶予及び免除」の適用を受ける場合に作成します。

⑵　**「第８の６表の付表２」**

租税特別措置法第70条の６の９の規定により相続等により取得したものとみなされた特例受贈事業用資産（同法第70条の６の８第６項の承認に係る株式等を除きます。）について「個人の事業用資産についての相続税の納税猶予及び免除」の適用を受ける場合に作成します。

⑶　**「第８の６表の付表２の２」**

租税特別措置法第70条の6の9の規定により相続等により取得したものとみなされた特例受贈事業用資産が同法第70条の6の8第6項の承認に係る株式等である場合において、その株式等について「個人の事業用資産についての相続税の納税猶予及び免除」の適用を受けるときに作成します。

⑷　**「第８の６表の付表３」**

「個人の事業用資産についての相続税の納税猶予及び免除」の対象となり得る宅地等・建物を被相続人から相続等により取得した者が１人でない場合における上記１の特例の適用に係る同意を得るとき又はこの特例の適用を受けるものとして「第８の６表の付表１」、「第８の６表の付表２」若しくは「第８の６表の付表２の２」に記載した宅地等・建物について、限度面積を判定する場合に作成します。

⑸　**「第８の６表の付表４」**

「個人の事業用資産についての相続税の納税猶予及び免除」の規定の適用を受ける特例事業相続人等が相続税法第13条の規定により控除すべき債務がある場合において、各特例事業相続人等に係る特定債務額を算出する場合に作成します。

２　上記２に該当する場合は、**「第 11 の３表」**を作成した上で、この計算書、上記２の⑴及び⑵の付表を作成します。

第8の6表の付表1（令和2年分以降用）

個人の事業用資産についての相続税の納税猶予及び免除の適用を受ける特定事業用資産の明細書

被相続人	
特例事業相続人等	

この明細書は、相続又は遺贈により取得をした個人の事業用資産について「個人の事業用資産についての相続税の納税猶予及び免除」の適用を受ける特定事業用資産の明細を記入します。
租税特別措置法第70条の6の9の規定により相続又は遺贈により取得したものとみなされた特例受贈事業用資産についてこの特例の適用を受ける場合には、この明細書によらず第8の6表の付表2又は第8の6表の付表2の2を使用してください。

1　特定事業用資産に係る事業

①　屋号		⑥　個人事業承継計画の提出及び確認の状況	提出年月日	年　月　日
②　業種名			確認年月日	年　月　日
③　特例事業相続人等の開業届出書提出年月日	年　月　日		確認番号	
④　特例事業相続人等の青色申告の承認申請書の提出年月日	年　月　日	⑦　円滑化法の認定の状況	認定年月日	年　月　日
⑤　相続開始の時における常時使用従業員数	人		認定番号	

（注）この欄の書きかた等については裏面をご覧ください。

2　特定事業用資産の明細

この欄は、被相続人等の事業の用に供されていた資産（相続開始日の前年分の事業所得に係る青色申告書（租税特別措置法第25条の2第3項の規定の適用に係るものに限ります。）の貸借対照表に計上されているものに限ります。）について記載してください。
この明細に記入しきれない場合は、適宜の用紙に記載し添付してください。

(1)　宅地等

① 所在場所	② 面積	③ 価額	④ ②のうち、特例の適用を受ける面積	⑤ ④に係る価額
	㎡	円	㎡	円
⑥　特例の適用を受ける宅地等の価額の合計額				イ

(2)　建物

① 所在場所	② 面積	③ 価額	④ ②のうち、特例の適用を受ける面積	⑤ ④に係る価額
	㎡	円	㎡	円
⑥　特例の適用を受ける建物の価額の合計額				ロ

(3)　減価償却資産

① 名称	② 所在場所	③ 面積	④ 価額
		㎡	円
⑤　特例の適用を受ける減価償却資産の価額の合計額			ハ

（注）この欄の書きかた等については裏面をご覧ください。

3　事業を行っていた者に関する事項

この欄は、被相続人が2の特定事業用資産に係る事業を行っていた者と生計を一にする親族である場合に、その事業を行っていた者からの特例事業相続人等の当該事業に係る資産の取得に関する事項等について記入します。

①　事業を行っていた者の氏名	②　①の者からの取得の原因	③　取得年月日
	贈与・相続等	年　月　日

4　最初の申告書の提出に関する事項

この欄は、特例事業相続人等が贈与又は相続等により取得した2の特定事業用資産に係る事業の用に供されていた他の資産について「個人の事業用資産についての贈与税の納税猶予及び免除（租税特別措置法第70条の6の8）」又は「個人の事業用資産についての相続税の納税猶予及び免除（同法第70条の6の10）」の規定の適用を受け又は受けようとしている場合において、これらの規定の適用に係る最初の贈与税又は相続税の申告書の提出期限がこの申告書の提出期限前に到来するときに、その最初の申告書に係る事項を記載します。

①　贈与者又は被相続人の氏名	②　①の者からの取得の原因	③　取得年月日	④　最初の申告書に係る税務署名
	贈与・相続等	年　月　日	署

5　特例事業用資産の価額（イ＋ロ＋ハ）　A　円

（注）A欄の金額を第8の6表の「1　事業用資産納税猶予税額の基となる相続税の総額の計算」の①欄に転記します。
なお、第8の6表の付表1のほか、第8の6表の付表2又は第8の6表の付表2の2の作成がある場合には、各付表のA欄の合計額を第8の6表の「1　事業用資産納税猶予税額の基となる相続税の総額の計算」の①欄に記入します。

※の項目は記入する必要がありません。

※税務署整理欄	入力		確認			

第8の6表の付表1（令5．7）　（資4－20－9－21－A4統一）

第７章　相続税の申告書の書き方

《　書　き　か　た　等　》

１「１　特定事業用資産に係る事業」欄

⑴　特定事業用資産に係る事業が２以上ある場合の①欄及び②欄は、主たるものを記載します。

⑵　⑤欄の「常時使用従業員数」は、特定事業用資産に係る事業に従事する従業員であって次に該当する者の数を記入してください。

イ　厚生年金保険法に規定する被保険者（厚生労働大臣の確認があった者に限るものとし、その１週間の所定労働時間が同一の事業所に使用される通常の労働者の１週間の所定労働時間の４分の３未満である短時間労働者又はその１か月間の所定労働日数が同一の事業所に使用される通常の労働者の１か月間の所定労働日数の４分の３未満である短時間労働者を除きます。）

ロ　船員保険法に規定する被保険者（厚生労働大臣の確認があった者に限ります。）

ハ　健康保険法に規定する被保険者（保険者等の確認があった者に限るものとし、その１週間の所定労働時間が同一の事業所に使用される通常の労働者の１週間の所定労働時間の４分の３未満である短時間労働者又はその１か月間の所定労働日数が同一の事業所に使用される通常の労働者の１か月間の所定労働日数の４分の３未満である短時間労働者を除きます。）

ニ　高齢者の医療の確保に関する法律に規定する被保険者で２か月を超える雇用契約を締結しているもの（イに掲げる者を除きます。）

⑶　⑥欄は、中小企業における経営の承継の円滑化に関する法律施行規則第16条第３号に規定する個人事業承継計画に係る同令第17条第４項の申請書を都道府県知事に提出した日並びにその個人事業承継計画につき同条第１項第３号の都道府県知事の確認を受けた日及び確認番号をそれぞれ記入します。

⑷　⑦欄は、中小企業における経営の承継の円滑化に関する法律施行規則第６条第16項第８号又は第10号に掲げる事由に該当するものとして中小企業における経営の承継の円滑化に関する法律第12条第１項の都道府県知事の認定を受けた年月日及び認定番号をそれぞれ記入します。

２「２　特定事業用資産の明細」欄

⑴　⑴③、⑵③及び⑶④の「価額」欄の金額は、相続開始の時における価額を記入します。

⑵　「個人の事業用資産についての相続税の納税猶予及び免除」の対象となり得る宅地等を被相続人から相続又は遺贈（以下「相続等」といいます。）により取得した者が１人でない場合、又はその対象となり得る建物を被相続人から相続等により取得した者が１人でない場合等については、第８の６表の付表３等に「特例の適用に当たっての同意」を記入してください。

⑶　⑴④及び⑵④の面積については、第８の６表の付表３により限度面積の判定を行ってください。

３「３　事業を行っていた者に関する事項」欄

⑴　①欄は、上記２の特定事業用資産に係る事業を行っていた者の氏名を記載します。

⑵　②欄は、取得の原因を丸で囲んでください。

⑶　③欄は、特定事業用資産に係る事業を行っていた者からその事業の用に供されていた資産を取得した年月日を記載してください。

なお、被相続人が特定事業用資産に係る事業を行っていた者でない場合（事業を行っていた者と生計を一にする親族である場合）には、その被相続人から相続等により取得した資産について「個人の事業用資産についての相続税の納税猶予又は免除」の適用を受けるには、その相続等による取得が、令和10年12月31日までの取得で、その事業を行っていた者からその資産の取得をした日から１年を経過する日までの取得に限られます。

４「４　最初の申告書の提出に関する事項」欄

⑴　①欄は、上記２の特定事業用資産に係る事業の用に供されていた資産について最初に申告書の提出期限が到来する贈与税又は相続税に係る贈与者又は被相続人の氏名を記入してください。

⑵　②欄は、取得の原因を丸で囲んでください。

⑶　④欄は、上記２の特定事業用資産に係る事業の用に供されていた資産について、最初に申告書の提出期限が到来する贈与税又は相続税の申告書の提出先の税務署名を記入してください。

第8の6表の付表2（令和2年分以降用）

個人の事業用資産についての相続税の納税猶予及び免除の適用を受ける特例受贈事業用資産の明細書（一般用）

被相続人	
特例事業相続人等	

この明細書は、租税特別措置法第70条の6の9の規定により相続又は遺贈（以下「相続等」といいます。）により取得したものとみなされた特例受贈事業用資産（同法第70条の6の8第6項の承認に係る株式等を除きます。）について「個人の事業用資産についての相続税の納税猶予及び免除」の適用を受ける場合に、その特例受贈事業用資産の明細を記入します。

相続等により取得した個人の事業用資産についてこの特例の適用を受ける場合には、この明細書によらず「第8の6表の付表1」を使用し、また、同法第70条の6の8第6項の承認に係る株式等についてこの特例の適用を受ける場合には、「第8の6表の付表2の2」を使用してください。

1　特例受贈事業用資産に係る事業

①　屋号		②　業種名		⑤　円滑化法の確認の状況	確認年月日	年　月　日
③　受贈年月日	年　月　日	④　相続開始の時における常時使用従業員数	人		確認番号	

2　受贈宅地等及び受贈建物に関する明細

この欄は、特例事業相続人等が被相続人から受けた贈与について租税特別措置法第70条の6の8第1項の規定の適用を受けるものとして同項に規定する贈与税の申告書に記載した特例受贈事業用資産である宅地等及び建物（以下それぞれ「受贈宅地等」及び「受贈建物」といいます。）の明細を記載します。

（注）この明細に記入しきれない場合は、適宜の用紙に記載し添付してください。

①　受贈宅地等に関する事項

a　所在場所	b　面積	a　所在場所	b　面積
	㎡		㎡

②　受贈建物に関する事項

a　所在場所	b　面積	a　所在場所	b　面積
	㎡		㎡

（注）①欄の記載事項を「第8の6表の付表3」の2(2)①欄に、②欄の記載事項を「第8の6表の付表3」の3(1)欄に、それぞれ転記してください。

3　特例の適用を受ける特例受贈事業用資産の明細

この欄は、租税特別措置法第70条の6の9の規定により相続等により取得したものとみなされた特例受贈事業用資産のうち、この特例の適用を受けるものについて記載します。なお、この明細に記入しきれない場合は、適宜の用紙に記載し添付してください。

(1)　宅地等（(4)に該当するものを除きます。）

a　所在場所	b　面積	c　調整価額	d　bのうち、特例の適用を受ける宅地等の面積	e　dに係る価額（c×d/b）
	㎡	円	㎡	円
f　特例の適用を受ける宅地等の価額の合計額				イ　円

(2)　建物（(4)に該当するものを除きます。）

a　所在場所	b　面積	c　調整価額
	㎡	円
d　特例の適用を受ける建物の価額の合計額		ロ　円

(3)　減価償却資産（(4)に該当するものを除きます。）

a　名称	b　所在場所	c　面積	d　調整価額
		㎡	円
e　特例の適用を受ける減価償却資産の合計額			ハ　円

(4)　受贈宅地等に係る買換資産

（注）この欄は、受贈宅地等の譲渡をした場合において、租税特別措置法第70条の6の8第5項の承認を受け、その譲渡の対価により取得した買換資産がある場合に記載します。
なお、「買換資産」には、その買換資産に係る買換資産も含まれます。

①　受贈宅地等に関する事項

a　所在場所	b　面積	c　贈与時の価額
	㎡	円

②　受贈宅地等に係る買換資産に関する事項

d　種類等	e　所在場所		f　調整割合適用前の価額
			円
g　調整面積（b×f/c）	h　gのうち特例の適用を受ける面積	i　調整価額	j　特例の適用を受ける買換資産の価額（i×h/g）
㎡	㎡	円	ニ　円

4　特例事業用資産の価額（イ＋ロ＋ハ＋ニ）	A　円

※税務署整理欄	入力		確認			

※の項目は記入する必要がありません。

第8の6表の付表2（令5.7）　　（資4−20−9−22−A4統一）

《 書 き か た 等 》

1 「１ 特例受贈事業用資産に係る事業」欄

(1) 特例受贈事業用資産（租税特別措置法第70条の６の９の規定により相続又は遺贈により取得したものとみなされたものをいいます。以下同じです。）に係る事業が２以上ある場合の①欄及び②欄は、主たるものを記載します。

(2) ④欄の「常時使用従業員数」は、第８の６表の付表１の裏面の《書きかた等》の１(2)を参照してください。

(3) ⑤欄は、中小企業における経営の承継の円滑化に関する法律施行規則第13条第６項（同条第８項において準用する場合を含みます。）の都道府県知事の確認を受けた年月日及び確認番号をそれぞれ記載します。

2 「２ 受贈宅地等及び受贈建物に関する明細」欄

(1) ①ｂ及び②ｂの「面積」は、贈与税の申告書に記載した受贈宅地等及び受贈建物の面積を記載します。

(2) 相続開始の時までに譲渡等をしたことにより、現に所有していない受贈宅地等及び受贈建物についても記載してください。

3 「３ 特例の適用を受ける特例受贈事業用資産の明細」欄

(1) 「(1) 宅地等」欄について

イ ａからｃの各欄は、「第11の３表」の３(1)欄の記載に基づき記載してください。なお、当該宅地等が、受贈宅地等に係る買換資産である場合には、(1)欄に記載せず、(4)欄に記載します。

ロ ｄ欄の「この特例の適用を受ける宅地等の面積」については、「第８の６表の付表３」の２(2)欄に転記し、限度面積の判定を行ってください。

(2) 「(2) 建物」欄について

「第11の３表」の３(2)欄の記載に基づき記載してください。なお、当該建物が、受贈宅地等に係る買換資産である場合には、(2)欄に記載せず、(4)欄に記載してください。

(3) 「(3) 減価償却資産」欄について

「第11の３表」の３(3)欄の記載に基づき記載してください。なお、当該減価償却資産が、受贈宅地等に係る買換資産である場合には、(3)欄に記載せず、(4)欄に記載してください。

(4) 「受贈宅地等に係る買換資産」欄について

イ ａ及びｂ欄は、「２ 受贈宅地等及び受贈建物に関する明細」①欄に記載した宅地等のうち、租税特別措置法第70条の６の８第５項の承認に係るものについて、同欄の記載に基づき記載します。

ロ ②欄のｄからｆ欄は、「第11の３表」の３(1)から(3)欄の記載に基づき記載してください。なお、ｄ欄の「種類等」は、買換資産が宅地等又は建物である場合には、「宅地等」又は「建物」と記載し、買換資産が減価償却資産である場合には、その名称を記載してください。

ハ ｈ欄の「ｇのうち特例の適用を受ける面積」については、「第８の６表の付表３」の２(2)欄に転記し、限度面積の判定を行ってください。

4 「特例事業用資産の価額」欄

Ａ欄の金額を「第８の６表」の「１ 事業用資産納税猶予税額の基となる相続税の総額の計算」の①欄に転記します。

なお、この明細書のほか、「第８の６表の付表１」又は「第８の６表の付表２の２」の作成がある場合には、各付表のＡ欄の合計額を「第８の６表」の「１ 事業用資産納税猶予税額の基となる相続税の総額の計算」の①欄に記入します。

第８の６表の付表２の２（令和２年分以降用）

個人の事業用資産についての相続税の納税猶予及び免除の適用を受ける特例受贈事業用資産の明細書（株式等用）

被相続人	
特例事業相続人等	

この明細書は、租税特別措置法第70条の６の９の規定により相続又は遺贈（以下「相続等」といいます。）により取得したものとみなされた特例受贈事業用資産が同法第 70 条の６の８第６項の承認に係る株式等である場合において、その株式等について「個人の事業用資産についての相続税の納税猶予及び免除」の適用を受ける場合のその明細を記入します。

相続等により取得をした個人の事業用資産についてこの特例の適用を受ける場合には、この明細書によらず「第８の６表の付表１」を使用し、また、租税特別措置法第 70 条の６の８第６項の承認に係る株式等以外の特例受贈事業用資産についてこの特例の適用を受ける場合には、「第８の６表の付表２」を使用してください。

１　特例受贈事業用資産である株式等に係る会社

①　会社名		⑥　相続開始の時における発行済株式等の総数等	株・口・円
②　会社の整理番号（会社の所轄税務署名）	（　　署）	⑦　相続開始の時における常時使用従業員数	人
③　事業種目		⑧　円滑化法の確認の状況　確認年月日	年　月　日
④　相続開始の時における資本金の額	円	⑧　円滑化法の確認の状況　確認番号	
⑤　相続開始の時における資本準備金の額	円	⑨　措置法第70条の６の８第６項の承認年月日	年　月　日

(注) 1　租税特別措置法第70条の６の８第６項の承認（以下「現物出資承認」といいます。）を受けた株式等に係る会社が、その設立の時から相続開始の直前までにおいて、合併により消滅した場合は当該合併により存続した会社又は設立した会社、株式交換等により他の会社の株式交換完全子会社となった場合は当該他の会社について①から⑦までの各欄を記入します。

2　⑦欄の「常時使用従業員数」は、第８の６表の付表１の裏面の《書きかた等》の１(2)を参照してください。

3　⑧欄は、中小企業における経営の承継の円滑化に関する法律施行規則第13条第９項（同条第11項において準用する場合を含みます。）の都道府県知事の確認を受けた年月日及び確認番号をそれぞれ記載します。

２　特例受贈事業用資産である株式等の明細

①　相続等により取得したものとみなされた株式等の調整価額	②　①の株式等の数等	③　②のうち、特例の適用を受ける株式等の数等	④　価　額（①×③/②）
円	株・口・円	株・口・円	A　円

(注) 1　A欄の金額を「第８の６表」の「１　事業用資産納税猶予税額の基となる相続税の総額の計算」の①欄に転記します。

なお、この明細書のほか、「第８の６表の付表１」又は「第８の６表の付表２」の作成がある場合は、各付表のA欄の合計額を「第８の６表」の「１　事業用資産納税猶予税額の基となる相続税の総額の計算」の①欄に記入します。

2　①欄及び②欄は、「第11の３表」の３(4)欄の記載に基づき記載してください。

3　③欄に記載することができる株式等の数等は、４②ｄ欄の数等が限度となります。

３　受贈宅地等及び受贈建物に関する明細

この欄は、特例事業相続人等が被相続人から受けた贈与について租税特別措置法第70条の６の８第１項の規定の適用を受けるものとして同項に規定する贈与税の申告書に記載した特例受贈事業用資産である宅地等及び建物（以下それぞれ「受贈宅地等」及び「受贈建物」といいます。）の明細を記載します（現物出資した受贈宅地等にはチェックをしてください。）。

(注)　この明細に記入しきれない場合は、適宜の用紙に記載し添付してください。

①　受贈宅地等に関する事項

a　所在場所	b　面積	c　価額	a　所在場所	b　面積	c　価額
□	㎡	円	□	㎡	円
□			□		

ｄ受贈宅地等の面積の合計	㎡	ｅ受贈宅地等の価額の合計	円	ｆ現物出資受贈宅地等の価額	円

②　受贈建物に関する事項

a　所在場所	b　面積	a　所在場所	b　面積
	㎡		㎡

(注) 1　①ｂ及び②ｂの「面積」は、贈与税の申告書に記載した受贈宅地等及び受贈建物の面積を記載します。

2　ｆの「現物出資受贈宅地等の価額」欄は、チェックの入った項目のｃの合計を記載してください。

3　現物出資前に譲渡等をしたことにより、現物出資時に所有していなかった受贈宅地等及び受贈建物についても記載してください。

4　①欄の記載事項を「第８の６表の付表３」の２(2)①欄に、②欄の記載事項を「第８の６表の付表３」の３(1)欄に、それぞれ転記してください。

４　特例の適用を受ける株式等の限度数（限度額）の計算

この欄は、２③欄に記載することができる株式等の数等の限度数（限度額）の計算をします。

①　株式等の限度数（限度額）の計算の基礎となる面積の計算	
a　相続等により取得したものとみなされた株式等の調整割合適用前の価額（第11の３表の３の(4)④）	円
b　現物出資承認を受けた特例受贈事業用資産の贈与の時における価額の合計額	円
c　ｂのうち現物出資受贈宅地等の価額（３の①ｆ）	円
d　現物出資受贈宅地等に相当する株式等の調整割合適用前の価額（ａ×ｃ/ｂ）	円
e　限度数（限度額）の計算の基礎となる面積（３の①ｄ×ｄ/３の①ｅ）	㎡
f　ｅのうち、この特例の適用を受ける面積	㎡
②　限度数（限度額）の計算	
a　相続等により取得したものとみなされた株式等の数等（２の②）	株・口・円
b　ａのうち、現物出資受贈宅地等に相当する株式等の数等（ａ×①ｃ/①ｂ）	株・口・円
c　ａのうち、現物出資受贈宅地等以外の特例受贈事業用資産に相当する株式等の数等（ａ－ｂ）	株・口・円
d　限度数（限度額）ｂ×①ｆ/①ｅ＋ｃ	株・口・円

(注) 1　①ｆ欄の「ｅのうち、この特例の適用を受ける面積」については、「第８の６表の付表３」の２(2)欄に転記し、限度面積の判定を行ってください。

2　②ｄ欄の数等に１株未満の端数が生じた場合には、切り上げて差し支えありません。

※の項目は記入する必要がありません。

※税務署整理欄	入力		確認		

第８の６表の付表２の２（令５.７）　　（資４－20－９－23－Ａ４統一）

個人の事業用資産についての相続税の納税猶予及び免除の適用に係る宅地等及び建物の明細書

被相続人	

第8の6表の付表3（令和2年分以降用）

1　特例の適用に当たっての同意

この欄は、「個人の事業用資産についての相続税の納税猶予及び免除」の対象となり得る宅地等を被相続人から相続又は遺贈（以下「相続等」といいます。）により取得した者が１人でない場合、又はその対象となり得る建物を被相続人から相続等により取得した者が１人でない場合に記入します。

その他、この欄の記載については、裏面の「書きかた等」を参照してください。

私たちは、下記２(3)又は３(2)の特例事業相続人等が、この特例の適用を受けるものとして選択した２(3)の宅地等又は３(2)の建物について、この特例の適用を受けることに同意します。

(1) 宅地等について				(2) 建物について			
氏名				氏名			

2　この特例の適用を受ける宅地等に係る限度面積の判定

この表は、この特例の適用を受けるものとして「第８の６表の付表１」又は「第８の６表の付表２」若しくは「第８の６表の付表２の２」に記載した宅地等について、限度面積を判定する場合に使用します。２(2)及び(3)の宅地等の明細に記入しきれない場合は、適宜の用紙に記載し添付してください。

限度面積の判定（(2)④及び(3)②）の結果が「否」となる場合、この特例を受けることはできません。

(1)　小規模宅地等の特例の適用を受ける面積

a　特定居住用宅地等（第11・11の２表の付表１⑩ 1 ）の面積	b　特定同族会社事業用宅地等（第11・11の２表の付表１⑩ 3 ）の面積	c　貸付事業用宅地等（第11・11の２表の付表１⑩ 4 ）の面積	d　小規模宅地等の特例適用面積 ・c=0の場合：b ・c>0の場合：$2\times(a\times\frac{200}{330}+b\times\frac{200}{400}+c)$
㎡	㎡	㎡	イ　㎡

(2)　特例受贈事業用資産である宅地等に係る限度面積の判定

①　贈与税の申告書に記載された特例受贈事業用資産である宅地等に係る限度面積の判定			②　左記のうち、特例の適用を受ける宅地等の面積（注2）
a　特例事業相続人等の氏名	b　贈与税の申告書に記載された宅地等の明細（注1）　所在場所	面積	
		㎡	㎡
合計		ロ　㎡	ハ　㎡
③	②の宅地等に係る限度面積（400㎡－(1)イ）		ニ　㎡
④	判定（ニ≧ハ）		適・否

(注) 1　①b欄については、各特例事業相続人等に係る「第８の６表の付表２」の２①及び「第８の６表の付表２の２」の３①の所在場所及び面積を記載してください。
なお、現物出資承認を受けた宅地等については、一括して「所在場所」欄に「第８の６表の付表２の２のとおり」と記載し、「面積」欄は空欄としてください。
2　②欄については、①b欄に記載した特例受贈事業用資産である宅地等の面積のうち、特例の適用を受ける宅地等の面積の合計が「ニ」の限度面積の範囲内となるよう選択をした宅地等の面積を記載してください。
なお、現物出資承認を受けた宅地等については、「第８の６表の付表２の２」の４①ｆの面積を記載してください。

(3)　相続等により取得した特定事業用資産である宅地等に係る限度面積の判定

①　相続等により取得した特定事業用資産である宅地等の明細

特例事業相続人等の氏名	所在場所	面積	特例事業相続人等の氏名	所在場所	面積
		㎡			㎡
			合計		ホ　㎡

(注)「面積」は、各特例事業相続人等に係る「第８の６表の付表１」の２(1)④の面積を記載してください。

②　①の宅地等に係る限度面積の判定	a　限度面積(400㎡－(1)イ－(2)①ロ)	b　①の宅地等の面積の合計（(3)①ホ）	c　判定（a≧b）
	㎡	㎡	適・否

3　この特例の適用を受ける建物に係る限度面積の判定

この表は、この特例の適用を受けるものとして「第８の６表の付表１」又は「第８の６表の付表２」若しくは「第８の６表の付表２の２」に記載した建物について、限度面積を判定する場合に使用します。３(1)及び(2)の建物の明細に記入しきれない場合は、適宜の用紙に記載し添付してください。

(1)　特例受贈事業用資産である建物の明細

特例事業相続人等の氏名	所在場所	面積	特例事業相続人等の氏名	所在場所	面積
		㎡			㎡
			合計		イ　㎡

(注)「所在場所」及び「面積」は、各特例事業相続人等に係る「第８の６表の付表２」の２② 及び「第８の６表の付表２の２」の３②の所在場所及び面積を記載してください。

(2)　相続等により取得した特定事業用資産である建物の明細

限度面積の判定（c）の結果が「否」となる場合、この特例を受けることはできません。

特例事業相続人等の氏名	所在場所	面積	特例事業相続人等の氏名	所在場所	面積
		㎡			㎡
			合計		ロ　㎡

(注)「所在場所」及び「面積」は、各特例事業相続人等に係る「第８の６表の付表１」の２(2)④の面積を記載してください。

(2)の建物に係る限度面積の判定	a　限度面積（800㎡－(1)イ）	b　(2)の建物の面積（(2)ロ）	c　判定（a≧b）
	㎡	㎡	適・否

※の項目は記入する必要がありません。

※税務署整理欄	入力		確認			

第８の６表の付表３（令５．７）　　（資４－20－９－24－Ａ４統一）

《書きかた等》

1　「特例の適用に当たっての同意」欄

⑴　相続等により取得した宅地等についてこの特例の適用を受けるには、その対象となり得る宅地等を相続等により取得した全ての人の同意が、また、相続等により取得した建物についてこの特例の適用を受けるには、その対象となり得る建物を相続等により取得した全ての人の同意が、それぞれ必要です。

⑵　この特例の適用対象となり得る宅地等を相続等により取得した特例事業相続人等の他に、「小規模宅地等の特例」の対象となり得る宅地等又は「特定計画山林の特例」の対象となり得る山林を相続等により取得した者がある場合には、宅地等に係るこの特例の適用に当たっての同意は、「第11・11の２表の付表２」に記載してください。

⑶　租税特別措置法第70条の６の９の規定により、被相続人から相続等により取得したものとみなされた特例受贈事業用資産（以下「特例受贈事業用資産」といいます。）については、この欄の記載は不要ですが、上記⑵に該当する場合には、宅地等に係るこの特例の適用に当たっての同意を、「第11・11の２表の付表２」に記載してください。

2　「この特例の適用を受ける宅地等に係る限度面積の判定」欄

⑴　「⑴　小規模宅地等の特例の適用を受ける面積」の「a～c」欄には、相続税の申告書第11・11の２表の付表１の「○『限度面積要件』の判定」欄の「⑩　⑤の小規模宅地等の面積の合計」欄の①、③又は④の面積を転記してください。

⑵　「⑵　特例受贈事業用資産である宅地等に係る限度面積の判定」欄は、特例受贈事業用資産である宅地等について、限度面積を判定する場合に使用します。

なお、被相続人から相続等により取得した宅地等について、租税特別措置法第69条の４第１項に規定する小規模宅地等の特例の適用を受ける者がいる場合、「特定受贈事業用資産である宅地等に係る限度面積」は、400㎡から小規模宅地等の特例の適用を受けた宅地等の面積（２⑴イ）を控除した面積（赤字の場合は０）となります。

⑶　「⑶　相続等により取得した特定事業用資産である宅地等に係る限度面積の判定」欄は、この特例を受けるものとして「第８の６表の付表１」に記載した宅地等について、限度面積を判定する場合に使用します。

なお、特例事業相続人等が特例受贈事業用資産についてこの特例の適用を受ける場合には、「特定事業用資産である宅地等に係る限度面積」は、400㎡から小規模宅地等の特例の適用を受けた宅地等の面積（２⑴イ）及び当該特例事業相続人等が贈与を受けた宅地等の面積（２⑵①ロ）を控除した面積（赤字の場合は０）となります。

3　「この特例の適用を受ける建物に係る限度面積の判定」欄

⑴　「⑴　特例受贈事業用資産である建物の明細」欄は、特例受贈事業用資産である建物について、限度面積を判定する場合に使用します。

⑵　「⑵　相続等により取得した特定事業用資産である建物の明細」欄は、この特例を受けるものとして「第８の６表の付表１」に記載した建物について、限度面積を判定する場合に使用します。

なお、特例事業相続人等が特例受贈事業用資産についてこの特例の適用を受ける場合には、「特定事業用資産である建物に係る限度面積」は、800㎡から当該特例事業相続人等が贈与を受けた建物の面積（３⑴イ）を控除した面積（赤字の場合は０）となります。

個人の事業用資産についての相続税の納税猶予及び免除の適用に係る特定債務額の計算明細書

被相続人	

第8の6表の付表4（平成31年1月分以降用）

この明細書は、「個人の事業用資産についての相続税の納税猶予及び免除」の規定の適用を受ける特例事業相続人等が相続税法第 13 条の規定により控除すべき債務がある場合において、各特例事業相続人等に係る特定債務額を算出するために使用します。

（注）１　２欄の「特例事業用資産に係る事業に関するものと認められるもの以外の債務の金額の明細」に記載する債務は、当該事業に関するもの以外のものであることについて、金銭の貸付に係る消費貸借に関する契約書等の書面により、明らかにされるものに限られますので、当該書面の写しを併せて提出してください。
また、この明細に記入しきれない場合は、適宜の用紙に記載し添付してください。

２　４欄の「第１表の（①＋②）」の金額は、特例事業相続人等が租税特別措置法第70条の６第１項の規定による農地等についての納税猶予及び免除等の適用を受ける場合は、「第３表の①欄」の金額となります。

３　各特例事業相続人等に係る特定債務額（７欄のＢの金額）は、その特例事業相続人等に係る第８の６表の１⑴の「②　特定債務額」欄に転記します。

特例事業相続人等の氏名				
１　その者に係る債務及び葬式費用の合計額（その者の第 13 表の３⑦欄の金額）				円
２　１のうち、特例事業用資産に係る事業に関するものと認められるもの以外の債務の金額の明細				
種類	細目	債権者の氏名又は名称	債務の使途	金額
葬式費用	葬式費用	―	―	円
合計額				Ａ
３　事業関連債務の金額（１－Ａ）				
４　その者が相続又は遺贈により取得した財産の価額（その者の第１表の（①＋②）（又は第３表の①欄）の金額）				
５　その者に係る特例事業用資産の価額（その者の第８の６表の付表１・付表２（２の２）のＡ欄の合計額）				
６　Ａ－（４－５）（赤字の場合は０）				
７　特定債務額（３＋６）				Ｂ

特例事業相続人等の氏名				
１　その者に係る債務及び葬式費用の合計額（その者の第 13 表の３⑦欄の金額）				円
２　１のうち、特例事業用資産に係る事業に関するものと認められるもの以外の債務の金額の明細				
種類	細目	債権者の氏名又は名称	債務の使途	金額
葬式費用	葬式費用	―	―	円
合計額				Ａ
３　事業関連債務の金額（１－Ａ）				
４　その者が相続又は遺贈により取得した財産の価額（その者の第１表の（①＋②）（又は第３表の①欄）の金額）				
５　その者に係る特例事業用資産の価額（その者の第８の６表の付表１・付表２（２の２）のＡ欄の合計額）				
６　Ａ－（４－５）（赤字の場合は０）				
７　特定債務額（３＋６）				Ｂ

特例事業相続人等の氏名				
１　その者に係る債務及び葬式費用の合計額（その者の第 13 表の３⑦欄の金額）				円
２　１のうち、特例事業用資産に係る事業に関するものと認められるもの以外の債務の金額の明細				
種類	細目	債権者の氏名又は名称	債務の使途	金額
葬式費用	葬式費用	―	―	円
合計額				Ａ
３　事業関連債務の金額（１－Ａ）				
４　その者が相続又は遺贈により取得した財産の価額（その者の第１表の（①＋②）（又は第３表の①欄）の金額）				
５　その者に係る特例事業用資産の価額（その者の第８の６表の付表１・付表２（２の２）のＡ欄の合計額）				
６　Ａ－（４－５）（赤字の場合は０）				
７　特定債務額（３＋６）				Ｂ

※の項目は記入する必要がありません。

※税務署整理欄	入力		確認			

第８の６表の付表４（令５．７）　　（資４－20－９－25－Ａ４統一）

○この計算書は「農地等についての納税猶予及び免除の特例」、「非上場株式等についての納税猶予及び免除の特例」、「山林についての納税猶予及び免除の特例」、「医療法人の持分についての納税猶予及び免除並びに税額控除の特例」、「特定の美術品についての納税猶予及び免除の特例」又は「個人の事業用資産についての納税猶予及び免除の特例」のうち２以上の特例を適用する場合に記入します。

納税猶予税額等の調整計算書

第８の７表（令和５年１月分以降用）

被相続人	
相続人等	

この計算書は、次の相続税の特例のうち2以上の特例の適用を受ける人（以下この表において、「相続人等」と表記しています。）が、特例ごとの納税猶予税額又は税額控除額の調整の計算のために使用します。
- 農地等についての納税猶予及び免除等（租税特別措置法第70条の６第１項）
- 非上場株式等についての納税猶予及び免除（租税特別措置法第70条の７の２第１項又は第70条の７の４第１項）
- 非上場株式等についての納税猶予及び免除の特例（租税特別措置法第70条の７の６第１項又は第70条の７の８第１項）
- 山林についての納税猶予及び免除（租税特別措置法第70条の６の６第１項）
- 医療法人の持分についての納税猶予及び免除（租税特別措置法第70条の７の12第１項）又は医療法人の持分についての税額控除（租税特別措置法第70条の７の13第１項）
- 特定の美術品についての納税猶予及び免除（租税特別措置法第70条の６の７第１項）
- 個人の事業用資産についての納税猶予及び免除（租税特別措置法第70条の６の10第１項）

1　調整前猶予税額等の明細

この欄は、相続人等に係る農地等納税猶予税額、株式等納税猶予税額、特例株式等納税猶予税額、山林納税猶予税額、医療法人持分納税猶予税額若しくは医療法人持分税額控除額（以下この表において「医療法人持分納税猶予税額等」と表記しています。）、美術品納税猶予税額又は事業用資産納税猶予税額についてその明細を記入します。

①　調整前農地等猶予税額（相続人等の第８表の２の⑦の金額）	円 00
②　調整前株式等猶予税額（相続人等の第８の２表の２のＡの金額）	00
③　調整前特例株式等猶予税額（相続人等の第８の２の２表の２のＡの金額）	00
④　調整前山林猶予税額（相続人等の第８の３表の２の⑧の金額）	00
⑤　調整前医療法人持分猶予税額等（相続人等の第８の４表の２の⑨の金額）	00
⑥　調整前美術品猶予税額（相続人等の第８の５表の２のＡ）	00
⑦　調整前事業用資産猶予税額（相続人等の第８の６表の２のＡ）	00
⑧　調整前猶予税額等（①+②+③+④+⑤+⑥+⑦）	00
⑨　猶予可能税額等（相続人等の第１表の（⑯－⑰）の金額）（100円未満切捨て）	00

（注）　**⑧欄の金額が⑨欄の金額を超える場合（「⑧＞⑨」の場合）**は、「２　各納税猶予税額等の調整」欄を記入します。
なお、**⑧欄の金額が⑨欄の金額以下の場合（「⑧≦⑨」の場合）**は、「２　各納税猶予税額等の調整」欄は記入を要しません。

2　各納税猶予税額等の調整

この欄は、**1の⑧欄の金額が1の⑨欄の金額を超える場合（「⑧＞⑨」の場合）**において、納税猶予税額等の調整の計算をするときに記入します。
なお、**1の⑧欄の金額が1の⑨欄の金額以下の場合（「⑧≦⑨」の場合）**は記入を要しません。

⑩　調整後の農地等納税猶予税額（⑨×①／⑧）**（100円未満切捨て）**	円 00
⑪　調整後の株式等納税猶予税額（⑨×②／⑧）**（100円未満切捨て）**	00
⑫　調整後の特例株式等納税猶予税額（⑨×③／⑧）**（100円未満切捨て）**	00
⑬　調整後の山林納税猶予税額（⑨×④／⑧）**（100円未満切捨て）**	00
⑭　調整後の医療法人持分納税猶予税額等（⑨×⑤／⑧）**（100円未満切捨て）**	00
⑮　調整後の美術品納税猶予税額（⑨×⑥／⑧）**（100円未満切捨て）**	00
⑯　調整後の事業用資産納税猶予税額（⑨×⑦／⑧）**（100円未満切捨て）**	00

3　納税猶予税額等

この欄は、１又は2により算出した納税猶予税額等を基に、特例ごとの納税猶予税額又は税額控除額を記入します。

⑰	**農地等納税猶予税額等**（①の金額（２において調整の計算をした場合には⑩の金額）を転記します。）				（第８の８表２の①） 円 00
⑱	**株式等納税猶予税額**（②の金額（２において調整の計算をした場合には⑪の金額）を転記します。）				（第８の８表２の②） 00
⑲	**特例株式等納税猶予税額**（③の金額（２において調整の計算をした場合には⑫の金額）を転記します。）				（第８の８表２の③） 00
⑳	**山林納税猶予税額**（④の金額（２において調整の計算をした場合には⑬の金額）を転記します。）				（第８の８表２の④） 00
㉑	医療法人持分納税猶予税額等（⑤の金額（２において調整の計算をした場合には⑭の金額）を転記します。）				00
㉒	イ	「医療法人の持分についての納税猶予及び免除」の適用を受ける場合		**医療法人持分納税猶予税額**（㉑の金額を転記します。）	Ａ（第８の８表２の⑤） 00
	ロ	「医療法人の持分についての税額控除」の適用を受ける場合	(イ)　持分の全てを放棄したとき	**医療法人持分税額控除額**（㉑の金額を転記します。）	Ｂ（第１表の⑱） 00
			(ロ)　持分の一部を放棄し、その残余の部分を基金拠出型医療法人の基金として拠出したとき（*第８の４表の付表の計算明細の各欄を記入します。）	**医療法人持分税額控除額**（**第８の４表の付表のＦの金額**を転記します。）	Ｂ（第１表の⑱）
㉓	**美術品納税猶予税額**（⑥の金額（２において調整の計算をした場合には⑮の金額）を転記します。）				（第８の８表２の⑥） 00
㉔	**事業用資産納税猶予税額**（⑦の金額（２において調整の計算をした場合には⑯の金額）を転記します。）				（第８の８表２の⑦） 00

（注）１　⑰、⑱、⑲、⑳、㉑、㉓及び㉔欄の各欄には、１又は２により算出した納税猶予税額等を記入します。
２　⑰、⑱、⑲、⑳、㉒、㉓又は㉔欄の金額は、相続人等の第８の８表２の「農地等納税猶予税額①」、「株式等納税猶予税額②」、「特例株式等納税猶予税額③」、「山林納税猶予税額④」、「医療法人持分納税猶予税額⑤」若しくは第１表の「医療法人持分税額控除額⑱」、第８の８表２の「美術品納税猶予税額⑥」又は「事業用資産納税猶予税額⑦」欄にそれぞれ転記します。
３　㉒欄は、㉑欄の金額を基に、イ又はロの場合に応じ、Ａ又はＢ欄を記入します。なお、ロの場合には、放棄の態様（(イ)又は(ロ)）に応じ、(イ)のときには㉑欄の金額を、(ロ)のときには㉑欄の金額に基づき算出した第８の４表の付表の「基金拠出型医療法人へ基金を拠出した場合の医療法人持分税額控除額の計算明細」のＦの金額を、それぞれのＢ欄に記入します。

第８の７表(令５.７)　　(資４－20－９－９－Ａ４統一)

○この内訳書は、相続税の納税猶予の適用を受ける人がいる場合に作成します。
　この内訳書で計算した合計額の金額を第１表の「納税猶予税額㉓」欄に転記します。

○相続税の納税猶予の適用を受ける人以外の人は記入を要しません。

税額控除額及び納税猶予税額の内訳書

FD3572

第８の８表（令和５年１月分以降用）

○この申告書は機械で読み取りますので、黒ボールペンで記入してください。

被相続人	

(単位は円)

1 税額控除額

この表は、「未成年者控除」、「障害者控除」、「相次相続控除」又は「外国税額控除」の適用を受ける人が第１表の「⑫・⑬以外の税額控除額⑭」欄に記入する金額の計算のために使用します。

		(氏　名)	(氏　名)
※整理番号			
未成年者控除額（第６表１②、③又は⑥）	①		
障害者控除額（第６表２②、③又は⑥）	②		
相次相続控除額（第７表⑬又は⑱）	③		
外国税額控除額（第８表１⑧）	④		
合計（①+②+③+④）	⑤		

(注)　各人の⑤欄の金額を第１表のその人の「⑫・⑬以外の税額控除額⑭」欄に転記します。

(単位は円)

2 納税猶予税額

この表は、次の相続税の特例の適用を受ける人が第１表の「納税猶予税額⑳」欄に記入する金額の計算のために使用します。
(1) 農地等についての納税猶予及び免除等（租税特別措置法第70条の６第１項）
(2) 非上場株式等についての納税猶予及び免除（租税特別措置法第70条の７の２第１項又は第70条の７の４第１項）
(3) 非上場株式等についての納税猶予及び免除の特例（租税特別措置法第70条の７の６第１項又は第70条の７の８第１項）
(4) 山林についての納税猶予及び免除（租税特別措置法第70条の６の６第１項）
(5) 医療法人の持分についての納税猶予及び免除（租税特別措置法第70条の７の12第１項）
(6) 特定の美術品についての納税猶予及び免除（租税特別措置法第70条の６の７第１項）
(7) 個人の事業用資産についての納税猶予及び免除（租税特別措置法第70条の６の10第１項）

		(氏　名)	(氏　名)
※整理番号			
農地等納税猶予税額（第８表２⑦）	①	00	00
株式等納税猶予税額（第８の２表２A）	②	00	00
特例株式等納税猶予税額（第８の２の２表２A）	③	00	00
山林納税猶予税額（第８の３表２⑧）	④	00	00
医療法人持分納税猶予税額（第８の４表２A）	⑤	00	00
美術品納税猶予税額（第８の５表２A）	⑥	00	00
事業用資産納税猶予税額（第８の６表２A）	⑦	00	00
合計（①+②+③+④+⑤+⑥+⑦）	⑧	00	00

※の項目は記入する必要がありません。

(注)１　上記(1)～(7)の特例又は医療法人の持分についての相続税の税額控除（租税特別措置法第70条の７の13第１項）のうち２以上の特例の適用を受ける人がいる場合は、その人の①～⑦欄には、第８の７表の「３　納税猶予税額等」のうち①～⑦欄に対応する欄の金額を転記します。
　２　各人の⑧欄の金額を第１表のその人の「納税猶予税額⑳」欄に転記します。

※税務署整理欄	申告区分		年分		名簿番号		申告年月日		グループ番号	

（資４－20－９－16－Ａ４統一）第８の８表（令5.7）

納税義務等の承継に係る明細書（兼相続人の代表者指定届出書）

被相続人	

第１表の付表１（令和５年１月分以降用）

税務署受付印

この表は、次の①から③までに掲げる場合のいずれかに該当する場合に記入します。
① 相続時精算課税適用者が被相続人である特定贈与者の死亡の日前に死亡している場合
② 相続税の申告書を提出すべき者が被相続人の死亡の日から相続税の申告期限までの間に相続税の申告書を提出しないで死亡している場合
③ 相続税の修正申告書を提出すべき者が相続税の修正申告書を提出しないで死亡している場合

1　死亡した者の住所・氏名等

住所		氏名	フリガナ	相続開始年月日	令和　年　月　日

2　死亡した者の納付すべき又は還付される税額	**納付すべき税額**（相続税の申告書第１表の㉑又は㉒の金額）	円	・・・・・Ａ
	還付される税額（相続税の申告書第１表の㉒又は㉒の金額）	△　円	

3　相続人等の代表者の指定
（相続税に関する書類を受領する代表者を指定するときに記入してください。）　相続人等の代表者の氏名 ＿＿＿＿＿＿

4　限定承認の有無
（相続人等が限定承認しているときは、右の「限定承認」の文字を○で囲んでください。）　限定承認

5 相続人等に関する事項			
(1) 住所	〒	〒	〒
(2) 氏名	フリガナ　参考として記載している場合（参考）	フリガナ　参考として記載している場合（参考）	フリガナ　参考として記載している場合（参考）
(3) 個人番号又は法人番号	個人番号の記載に当たっては、左端を空欄とし、ここから記入してください。	個人番号の記載に当たっては、左端を空欄とし、ここから記入してください。	個人番号の記載に当たっては、左端を空欄とし、ここから記入してください。
(4) 職業及び被相続人との続柄	職業　続柄	職業　続柄	職業　続柄
(5) 生年月日	明・大・昭・平・令　年　月　日	明・大・昭・平・令　年　月　日	明・大・昭・平・令　年　月　日
(6) 電話番号			
(7) 承継割合　・・・・・Ｂ	法定・指定	法定・指定	法定・指定
(8) 相続又は遺贈により取得した財産の価額	円	円	円
(9) 各人の (8) の合計	円		
(10) (8)の(9)に対する割合 [(8)/(9)]			

6 税額				
Ａ×Ｂ	**納付すべき税額**（各人の100円未満切捨て）	00円	00円	00円
	還付される税額	△　円	△　円	△　円

※の項目は記入する必要がありません。

※税務署整理欄				
整理番号		0	0	0
番号確認	身元確認			

第１表の付表１（令５.７）　（資４−20−１−２−Ａ４統一）

書　き　か　た　等

《使用目的等》

1　この第１表の付表１は、表面の①から③までのいずれかに該当するときに使用するものです。なお、死亡した人の相続税の申告書を提出すべき者が１名である場合には、この第１表の付表１の提出を省略して差し支えありません。
2　この第１表の付表１を記入する前に、申告書で死亡した人の納付すべき税額又は還付される税額を計算してください。
3　共同して申告書を提出するかどうかにかかわらず、全ての相続人や包括受遺者（相続を放棄した者を除きます。）について記入します。

《死亡した人の申告書（第１表又は第１表（続））の書きかた》

○　「住所」と「氏名」欄は、相続税の申告書を提出すべき者（死亡した人）の住所、氏名を記入してください。この場合、氏名の頭部に「被相続人」と記入してください。
　なお、《使用目的等》の１により、この第１表の付表１の提出を省略する場合は、これらの欄を２段に分け次のように記入してください。
⑴　上段には、死亡した人について記入し、その氏名上部に相続開始（死亡）年月日を記入してください。
⑵　下段には、相続人や包括受遺者について記入してください。この場合、相続人や包括受遺者の氏名、住所地を記入するとともに、その氏名の頭部に、「相続人又は包括受遺者」と記入し、署名してください。

《第１表の付表１の書きかた》

1　「1　死亡した者の住所・氏名等」の「住所」欄
　死亡した人の申告書の「住所」欄に記入した住所地を記入してください。
2　「2　死亡した者の納付すべき又は還付される税額」の「納付すべき税額」欄又は「還付される税額」欄
　死亡した人の申告書第１表の㉑又は㉗欄（還付になる場合には㉒又は㉗欄）の金額を転記してください。
3　「5　相続人等に関する事項」
　共同して申告書を提出するかどうかにかかわらず、全ての相続人や包括受遺者（相続を放棄した人を除きます。）について記入してください。
⑴　「住所」欄
　相続人や包括受遺者がこの第１表の付表１を提出するときの住所（法人である場合は所在地）を記入してください。
⑵　「氏名」欄
　この第１表の付表１により共同して申告書を提出しない相続人や包括受遺者である場合（参考として記載している場合）は、その者の氏名（法人である場合は名称）の右側の「参考」を○で囲んでください（共同して申告書を提出しない相続人や包括受遺者は、別に申告書と第１表の付表１を提出することになります。）。
⑶　「個人番号又は法人番号」欄
　この第１表の付表１により共同して申告書を提出する相続人や包括受遺者は、個人番号（法人である場合は法人番号）を記入してください。
　なお、この第１表の付表１の控えを保管する場合においては、その控えには個人番号を記入しない（複写により控えを作成し保管する場合は、個人番号部分が複写されない措置を講ずる。）など、個人番号の取扱いには十分ご注意ください。
⑷　「承継割合・・・B」欄
　法定相続分（民法第900条、901条）により財産を取得している人は「法定」の文字を、遺言による指定相続分（民法第902条）により財産を取得している人は「指定」の文字を、それぞれ○で囲んだ上、その割合を記入してください。
（注１）次に掲げる場合の法定相続分は、次の表のとおりになります。
　なお、子、父母、兄弟姉妹がそれぞれ２人以上あるときは、それぞれの法定相続分は均分になります。

		相続人	法定相続分
被相続人に	子がいる場合	配偶者	２分の１
		子	２分の１
	子がいない場合	配偶者	３分の２
		父母	３分の１
	子も父母もいない場合	配偶者	４分の３
		兄弟姉妹	４分の１

（注２）指定相続分とは、相続人や包括受遺者が遺言によって指定を受ける相続分をいいます。

⑸　「相続又は遺贈により取得した財産の価額」欄
　各人が相続や包括遺贈により取得する積極財産の相続時の価額を記入してください。
　なお、相続財産についてまだ分割が行われていないときは、積極財産の総額に各人の相続分（「5　⑺承継割合・・・B」に記入されている各人の割合）を乗じて求めた金額をそれぞれ記入してください。
4　「6　税額」欄
　この欄には、「2　死亡した者の納付すべき又は還付される税額」の「納付すべき税額」欄又は「還付される税額」欄に各人の相続分（「5　⑺承継割合・・・B」に記入されている各人の割合）を乗じて求めた金額を記入してください。
　なお、「納付すべき税額」欄に記入する場合は100円未満の端数を切り捨て、「還付される税額」欄に記入する場合は１円（１円未満の端数切り捨て）単位まで記入してください。

（令5.7）

○この表は、還付される税額のある相続時精算課税適用者がいる場合に、還付される税額の受取場所を記入します。

還付される税額の受取場所

被相続人

第１表の付表２（令和５年１月分以降用）

　この表は、相続税について、相続時精算課税適用者等（相続時精算課税適用者又は相続税法第21条の17若しくは第21条の18の規定により死亡した相続時精算課税適用者の納税に関する権利を承継した人をいいます。）に還付される税額がある場合（第１表のその人の「㉒欄」若しくは「㉗欄」又は第１表の付表１の６のその人の「還付される税額」欄に金額の記載がある場合）に記入します。

還付される税金の受取りには預貯金口座（ご本人名義の口座に限ります。）への振込みをご利用ください。

なお、還付される税金の受取りに当たって、
① 銀行等の預貯金口座への振込みを希望される場合は、銀行などの名称、預金種類及び口座番号を、
② ゆうちょ銀行の貯金口座への振込みを希望される場合は、貯金総合口座の記号番号を、
該当する項目に記入してください。
※ 振込みによる受取りをご利用されない方は、ゆうちょ銀行各店舗又は、郵便局の窓口での受取りとなりますので、受取りに利用される郵便局名等を記入してください。

相続時精算課税適用者等		銀行等の預貯金口座への振込みの場合			
フリガナ			銀行 金庫・組合 農協・漁協		本店・支店 出張所 本所・支所
氏名		預金種類 （○で囲む。）	普通　当座　納税準備 その他（　　　）	口座番号	
		ゆうちょ銀行の貯金口座への振込みの場合		郵便局等の窓口での受取りの場合	
		記号番号 （７～13桁）		郵便局名等	

相続時精算課税適用者等		銀行等の預貯金口座への振込みの場合			
フリガナ			銀行 金庫・組合 農協・漁協		本店・支店 出張所 本所・支所
氏名		預金種類 （○で囲む。）	普通　当座　納税準備 その他（　　　）	口座番号	
		ゆうちょ銀行の貯金口座への振込みの場合		郵便局等の窓口での受取りの場合	
		記号番号 （７～13桁）		郵便局名等	

相続時精算課税適用者等		銀行等の預貯金口座への振込みの場合			
フリガナ			銀行 金庫・組合 農協・漁協		本店・支店 出張所 本所・支所
氏名		預金種類 （○で囲む。）	普通　当座　納税準備 その他（　　　）	口座番号	
		ゆうちょ銀行の貯金口座への振込みの場合		郵便局等の窓口での受取りの場合	
		記号番号 （７～13桁）		郵便局名等	

相続時精算課税適用者等		銀行等の預貯金口座への振込みの場合			
フリガナ			銀行 金庫・組合 農協・漁協		本店・支店 出張所 本所・支所
氏名		預金種類 （○で囲む。）	普通　当座　納税準備 その他（　　　）	口座番号	
		ゆうちょ銀行の貯金口座への振込みの場合		郵便局等の窓口での受取りの場合	
		記号番号 （７～13桁）		郵便局名等	

第１表の付表２（令5.7）　　（資４－20－１－３－Ａ４統一）

還付される税額の受取場所の書き方

還付申告（※1）の方は、申告書第１表の付表２「還付される税額の受取場所」を、次の記載例に沿って記入してください。

なお、**還付金の受取りには預貯金口座**（相続時精算課税適用者等（※2）ご本人名義の口座に限ります。）**への振込みをご利用ください。**

※１　還付申告とは、申告書第１表のその人の「㉒欄」若しくは「㉗欄」又は第１表の付表１の６のその人の「還付される税額」欄に金額の記載がある場合をいいます。
※２　相続時精算課税適用者等とは、相続時精算課税適用者又は相続税法第21条の17若しくは第21条の18の規定により死亡した相続時精算課税適用者の納税に関する権利を承継した人をいいます。

《記載例》

○銀行等の口座への振込みを希望する場合

相続時精算課税適用者等		銀行等の預貯金口座への振込みの場合			
フリガナ		○　○	(銀行)・金庫・組合・農協・漁協	△　△	本店・(支店)・出張所・本所・支所
氏名		預金種類（○で囲む。）	(普通)　当座　納税準備 その他（　　）	口座番号	×××××××
		ゆうちょ銀行の貯金口座への振込みの場合		郵便局等の 口座番号（７桁以内）	
		記号番号（７～13桁）		郵便局名等	

該当する預金種類（総合口座の場合には「普通」）に○印を付けてください。
口座番号欄には、**口座番号のみ**を左詰めで書いてください。
※　一部のインターネット専用銀行については、還付金の振込みができませんので、振込みの可否について、あらかじめご利用の銀行にご確認ください。

○ゆうちょ銀行の口座への振込みを希望する場合

相続時精算課税適用者等		銀行等の預貯金口座への振込みの場合			
フリガナ			銀行・金庫・組合・農協・漁協		本店・支店・出張所・本所・支所
氏名		預金種類（○で囲む。）	普通　当座　納税準備 その他（　　）	口座番号	
		ゆうちょ銀行の貯金口座への振込みの場合		郵便局等の窓口での受取りの場合	
		記号番号（７～13桁）	１×××０－××××××１	郵便局名等	

記号部分（５桁）　番号部分（２～８桁）

貯金総合口座の**記号番号**のみを書いてください。

○ゆうちょ銀行各店舗又は郵便局の窓口での受取りを希望する場合

相続時精算課税適用者等		銀行等の預貯金口座への振込みの場合			
フリガナ			銀行・金庫・組合・農協・漁協		本店・支店・出張所・本所・支所
氏名		預金種類（○で囲む。）	普通　当座　納税準備 その他（　　）	口座番号	
		ゆうちょ銀行の貯金口座への振込みの場合		郵便局等の窓口での受取りの場合	
		記号番号（７～13桁）		郵便局名等	ゆうちょ銀行□□支店 又は　○○郵便局

受取りに利用される**郵便局名等**を書いてください。

（令5.7）

受益者等が存しない信託等に係る相続税額の計算明細書

第１表の付表３（令和５年１月分以降用）

被相続人	

この明細書は、相続税法第９条の４第１項又は第２項に規定する受託者が相続税の申告書を提出する場合に作成します。 なお、この明細書の書きかた等については、裏面をご覧ください。	受託者の名称又は氏名 （法人整理番号）	（　　　　　）

1　信託の明細

番号	信託の名称	営業所等の名称及び所在地
1		
2		
3		

2　信託に関する権利の明細

番号	種類	細目	利用区分、銘柄等	所在場所等	数量 固定資産税評価額	単価 倍数	価額	外国税額控除額
							円	円
						信託に関する権利の価額の合計額等	①	②

（注）1　「番号」欄は、記載する資産が属する信託財産の上記「１　信託の明細」の「番号」を記入します。
2　この明細は、第11表に準じて記入してください。
3　「価額」欄は、当該資産の価額（信託財産に属する負債がある場合は、その信託財産に属する資産の価額の合計額を限度として当該負債を控除した金額）を記入します。なお、当該信託財産に属する負債は、第13表（債務及び葬式費用の明細書）には記載しないでください。
4　上記に記入しきれないときは、適宜の用紙に「信託に関する権利の明細」を記載して添付してください。

3　相続税額等の計算

③　相続税の算出税額（第１表の受託者の⑨又は⑩欄の金額）	④　相続税額の２割加算額（第１表の受託者の⑪欄の金額）	⑤　外国税額控除額（②欄の金額）	⑥　（③＋④−⑤）の金額
円	円	円	円

法人税及び事業税等の額の基となる価額の計算				⑪　⑩の価額に基づく法人税の額
⑦　信託に関する権利の価額の合計額（①欄の金額）	翌期控除事業税等相当額		⑩　法人税及び事業税等の額の基となる価額（⑦−⑧−⑨）	
	⑧　⑦の価額に基づく事業税の額	⑨　⑧の金額に基づく特別法人事業税の額		
円	円	円	円	円

⑫　⑩の価額に基づく事業税の額	⑬　⑪の金額に基づく地方法人税の額	⑭　⑪の金額に基づく道府県民税の額	⑮　⑪の金額に基づく市町村民税の額
円	円	円	円
⑯　⑫の金額に基づく特別法人事業税の額	⑰　法人税等控除額（⑪＋⑫＋⑬＋⑭＋⑮＋⑯）	⑱　（③＋④−⑰）の金額	⑲　申告納税額（申告期限までに納付すべき税額）（⑥−⑰）
円	円	円	円

（注）1　⑧又は⑫の各欄は、⑦又は⑩の各欄の金額を受託者の事業年度の所得とみなして地方税法の規定を適用して計算した「事業税の額」を記入します。
2　⑨又は⑯の各欄は、⑧又は⑫の各欄の金額を基に特別法人事業税及び特別法人事業譲与税に関する法律の規定を適用して計算した「特別法人事業税の額」を記入します。
3　⑪欄は、⑩欄の金額を受託者の事業年度の所得とみなして法人税法の規定を適用して計算した「法人税の額」を記入します。
4　⑬欄は、⑪欄の「法人税の額」を基に地方法人税法の規定を適用して計算した「地方法人税の額」を記入します。
5　⑭又は⑮の各欄は、⑪欄の「法人税の額」を基に地方税法の規定を適用して計算した「道府県民税の額」又は「市町村民税の額」を記入します。
6　⑲欄の金額を第１表の受託者の㉑欄に転記します。⑲欄の金額（⑥−⑰）がマイナスとなるときは「0」と記入します。

4　信託財産責任負担債務の額の計算

番号	⑳　①欄の金額	㉑　⑳欄の金額のうち各信託ごとの価額の合計額	㉒　（⑱×㉑÷⑳）の金額	㉓　各信託に関する権利に係る外国税額控除額	㉔　信託財産責任負担債務の額（㉒−㉓）
	円	円	円	円	円
				信託財産責任負担債務の額の合計額	

（注）1　この欄は、相続税額が相続税法施行令第１条の10第４項の規定により一の者の相続税として計算される場合において、この明細書を提出する受託者が受託した各信託に関する権利に係る信託財産責任負担債務の額を記入します（「信託財産責任負担債務」とは、信託法第２条第９項に規定する信託財産責任負担債務をいいます。）。
2　「番号」欄は、記載する信託財産が属する信託の「１　信託の明細」欄の番号を記入します。
3　㉑欄は、各信託のうち受託者が相続税の申告を行うべき信託について、「番号」欄に記載した番号ごとに対応する、「２　信託に関する権利の明細」欄の信託財産に属する資産の価額（信託財産に属する負債がある場合は、その信託財産に属する資産の価額の合計額を限度として当該負債を控除した金額）の合計額を記入します。
4　㉓欄は、各信託のうち受託者が相続税の申告を行うべき信託について、「番号」欄に記載した番号ごとに対応する外国税額控除額を記入します。
5　㉔欄の金額（㉒−㉓）がマイナスとなるときは「0」と記入します。
6　上記に記入しきれないときは、適宜の用紙に「信託財産責任負担債務の額の計算」を記載して添付してください。

第１表の付表３（令5.7）　（資４−96−Ａ４統一）

書　き　か　た　等

この明細書は、相続税法第９条の４第１項又は第２項に規定する受託者が相続税の申告書を提出する場合に作成します。なお、この明細書は、相続税の申告書に添付して提出してください。

各欄の記載については、表面の各欄の（注）に従って記入してください。また、次の欄は次により記入してください。

1　「受託者の名称又は氏名」欄には、受託者の名称又は氏名を記入してください。

2　「１　信託の明細」には、この明細書を提出する受託者が相続税の申告を行うべき受益者等が存しない信託（相続税法第９条の４第１項又は第２項の規定により被相続人から遺贈により取得したものとみなされる信託に関する権利をいいます。以下同じです。）について一の信託契約ごとに記入してください。

なお、「営業所等の名称及び所在地」欄には、信託の受託をした営業所、事務所その他これらに準ずるものの名称及び所在地を記入してください。

3　「２　信託に関する権利の明細」には、「１　信託の明細」に記載した受益者等が存しない信託について、信託財産に係る資産の明細を記入してください。

なお、外国税額控除額は、「１　信託の明細」に記載した信託契約に係る信託財産に属する資産を記入した欄のいずれかにまとめて記入してください。

4　「３　相続税額等の計算」では、相続税額等から控除する、法人税、事業税等の額を計算し、申告納税額（申告期限までに納付すべき税額）を算出します。

5　「４　信託財産責任負担債務の額の計算」では、相続税額が相続税法施行令第１条の10第４項の規定により一の者の相続税として計算される場合において、各信託に係る信託財産責任負担債務の額を計算します。

6　相続税法第９条の４第１項又は第２項の規定により相続税の申告をする受託者が、当該信託の信託に係る被相続人の相続人である場合には、当該信託に係る被相続人から遺贈により取得したとみなされる信託に関する権利に係る受託者の数は、相続税法第15条第２項（(遺産に係る基礎控除)）の相続人の数に算入しません。

7　相続税法第９条の４第１項又は第２項の規定により相続税の申告をする受託者が、相続税法第18条に規定する当該相続等に係る被相続人の一親等の血族（当該被相続人の直系卑属が相続開始以前に死亡している場合又は相続権を失った場合には、代襲して相続人となった当該被相続人の直系卑属を含みます。）及び配偶者以外の者である場合には、相続税法第17条の規定により算出した相続税額に対し、相続税法第18条に規定する相続税額の加算を行う必要があります。

人格のない社団等又は持分の定めのない法人に課される相続税額の計算明細書

第１表の付表４（令和５年１月分以降用）

この明細書は、相続税法第66条第１項に規定する代表者若しくは管理者の定めのある人格のない社団若しくは財団又は同条第４項に規定する持分の定めのない法人が遺贈に係る相続税の申告書を提出する場合に作成します。
なお、この明細書の書きかた等については、裏面をご覧ください。

被相続人	
人格のない社団等又は持分の定めのない法人の名称	

1　遺贈により取得した財産の明細等

番号	種類	細目	利用区分、銘柄等	所在場所等	数量／固定資産税評価額	単価／倍数	価額
1							円
2							
3							
4							
遺贈により取得した財産のうち、その財産の価額が法人税法の規定により事業年度の所得金額の計算上益金の額に算入される財産については、番号を○で囲んでください。					合計額（注）①の金額を第11表の「財産の明細」の「価額」欄に転記します。		①
上記に記載した財産の価額のうち法人税法の規定により事業年度の所得金額の計算上益金の額に算入される財産の価額の合計額							② 円

2　相続税額から控除する法人税等に相当する額の計算

③　法人税法の規定により益金の額に算入される遺贈により取得した財産の価額の合計額（②の金額）	④　③の価額に基づく事業税の所得割の額	⑤　④の金額に基づく特別法人事業税の額	⑥　翌期控除事業税等相当額（④＋⑤）
円	円	円	円
⑦　法人税及び事業税等の額の基となる価額（③－⑥）	⑧　⑦の価額に基づく法人税の額	⑨　⑦の価額に基づく事業税の所得割の額	⑩　⑧の金額に基づく地方法人税の額
円	円	円	円
⑪　⑧の金額に基づく道府県民税の法人税割の額	⑫　⑧の金額に基づく市町村民税の法人税割の額	⑬　⑨の金額に基づく特別法人事業税の額	⑭　法人税等に相当する額（⑧+⑨＋⑩＋⑪＋⑫＋⑬）
円	円	円	円

3　相続税額から控除する法人税等に相当する額の限度額の計算（特定一般社団法人等について、第１表の付表５を作成する場合にはこちらの計算は不要です。）

⑮　相続税の差引税額（第１表の⑯の金額）	⑯　法人税法の規定により益金の額に算入される遺贈により取得した財産に対応する差引税額（⑮×②÷①）	⑰　法人税等に相当する額（⑭の金額）	⑱　限度額（⑯の金額と⑰の金額のうちいずれか少ない方の金額）
円	円	円	円

4　申告納税額（納付すべき税額）の計算（特定一般社団法人等について、第１表の付表５を作成する場合にはこちらの計算は不要です。）
（注）㉑の金額を人格のない社団等又は持分の定めのない法人の第１表の㉑欄に転記します。

⑲　相続税の差引税額（第１表の⑯の金額）	⑳　相続税額から控除する法人税等に相当する額（⑱の金額）	㉑　申告納税額（納付すべき税額）（⑲－⑳）	□	※　当該法人が一般社団法人又は一般財団法人である場合には、レ印を記入してください。
円	円	円		

第１表の付表４（令５．７）　　（資４－20－１－４－Ａ４統一）

書　き　か　た　等

この明細書は、相続税法第 66 条第１項に規定する代表者若しくは管理者の定めのある人格のない社団若しくは財団又は同条第４項に規定する持分の定めがない法人（以下「人格のない社団等」といいます。）が遺贈により取得した財産に係る相続税の申告書を提出する場合に作成します。なお、この明細書は、相続税の申告書に添付して提出してください。

1　「人格のない社団等又は持分の定めのない法人の名称」欄には、遺贈により財産を取得した人格のない社団等の名称を記入します。

2　「１ 遺贈により取得した財産の明細等」の「種類」、「細目」、「利用区分、銘柄等」、「所在場所等」、「数量」、「固定資産税評価額」、「単価」、「倍数」及び「価額」欄は、第 11 表に準じて記入します。

なお、遺贈により取得した財産のうちに、その財産の価額が法人税法の規定により人格のない社団等の事業年度の所得金額の計算上益金の額に算入される財産については、番号を○で囲みます。

3　「２　相続税額から控除する法人税等に相当する額の計算」は、相続税額から控除する法人税、事業税等の額を次により計算して記入します。

⑴　「④」及び「⑨」欄は、それぞれ「③」及び「⑦」欄の金額を人格のない社団等の事業年度の所得とみなして地方税法の規定を適用して計算した「事業税の所得割の額」を記入します。

⑵　「⑤」及び「⑬」欄は、それぞれ「④」及び「⑨」欄の金額を基に特別法人事業税及び特別法人事業譲与税に関する法律の規定を適用して計算した「特別法人事業税の額」を記入します。

⑶　「⑧」欄は、「⑦」欄の金額を人格のない社団等の事業年度の所得とみなして法人税法の規定を適用して計算した「法人税の額」を記入します。

⑷　「⑩」欄には、「⑧」欄の金額を基に地方法人税法の規定を適用して計算した「地方法人税の額」を記入します。

⑸　「⑪」及び「⑫」の欄には、「⑧」欄の金額を基に地方税法の規定を適用して計算した「道府県民税の法人税割の額」及び「市町村民税の法人税割の額」を記入します。

4　「３　相続税額から控除する法人税等に相当する額の限度額の計算」では、相続税額から控除する法人税等に相当する額の限度額を計算します。

5　「４　申告納税額（納付すべき税額）の計算」では、申告納税額（納付すべき税額）を計算します。

なお、一般社団法人又は一般財団法人に課された「㉑」欄の金額については、この相続税の申告に係る相続後に開始した相続につき相続税法第66条の２の規定によりその一般社団法人又は一般財団法人に相続税が課される場合には、その相続税の額から控除することができます。

特定一般社団法人等に課される相続税額の計算明細書

第１表の付表５（令和５年１月分以降用）

被相続人	
特定一般社団法人等の名称	

この明細書は、相続税法第66条の２第１項に規定する特定一般社団法人等が相続税の申告書を提出する場合に作成します。
なお、この明細書の書きかた等については、裏面をご覧ください。

1　遺贈により取得したとみなされる金額の計算
（注）第１表の付表５（別表１）において明細を作成してください。

相続開始の時において特定一般社団法人等が有する財産の価額の合計額（第１表の付表５（別表１）の①の価額）	①　円
特定一般社団法人等が有する債務の金額（第１表の付表５（別表１）の②の金額）	②　円
特定一般社団法人等に課される国税又は地方税の額（第１表の付表５（別表１）の③の金額）	③　円
被相続人の死亡により支給する退職手当金などの額（第１表の付表５（別表１）の④の金額）	④　円
相続開始の時における基金の額（第１表の付表５（別表１）の⑤の金額）	⑤　円
特定一般社団法人等の純資産額（①－②－③－④－⑤）**（赤字の場合は０）**	⑥　円
相続開始の時における同族理事の数（第１表の付表５（別表１）の⑥の数）に１を加えた数	⑦
特定一般社団法人等が被相続人から遺贈により取得したとみなされる金額（⑥÷⑦） （注）⑧の金額を第11表の「財産の明細」の「価額」欄に転記します。	⑧　円

2　相続税額から控除する法人税等に相当する額の限度額の計算（第１表の付表４の作成がある場合のみ、記入します。）

相続税額から控除する法人税等に相当する額（第１表の付表４の⑭の金額）	⑨　円
相続税の差引税額（第１表の⑯の金額）	⑩　円
遺贈により取得した財産の価額のうち法人税法の規定により事業年度の所得金額の計算上益金の額に算入される財産の価額の合計額（第１表の付表４の②の金額）	⑪　円
相続税の課税価格（第１表の⑥の金額）	⑫　円
相続税額から控除する法人税等に相当する額の控除限度額（⑩×⑪÷⑫）	⑬　円
控除額（⑨の金額と⑬の金額のうちいずれか少ない方の金額）	⑭　円

3　相続税額から控除する贈与税・相続税の税額の計算
特定一般社団法人等が相続開始前に贈与又は遺贈により取得した財産について、相続税法第66条第４項において準用する同条第１項又は第２項の規定により課された贈与税又は相続税の税額がある場合に記入します。
（注）第１表の付表５（別表２）において明細を作成してください。

相続税法第66条第４項において準用する同条第１項又は第２項の規定により課された贈与税及び相続税の税額（第１表の付表５（別表２）の①の金額）	⑮　円
⑮の金額のうち、既に相続税法第66条の２第３項の規定により控除された金額（第１表の付表５（別表２）の②の金額）	⑯　円
控除対象金額（⑮－⑯）	⑰　円

4　申告納税額（納付すべき税額）の計算
（注）㉑の金額を特定一般社団法人等の第１表の㉑欄に転記します。

⑱　相続税の差引税額（第１表の⑯の金額）	⑲　相続税額から控除する法人税等に相当する額（⑭の金額）	⑳　相続税額から控除する贈与税及び相続税の税額（⑰の金額）	㉑　申告納税額（納付すべき税額）（⑱－⑲－⑳）**（赤字の場合は０）**
円	円	円	円

5　控除対象税額の残額の計算（（⑱－⑲－⑳）の計算が赤字の場合のみ、記入します。）

⑳の金額のうち、「4　申告納税額（納付すべき税額）の計算」において控除した金額（⑱－⑲）	㉒　円
控除対象税額の残額（⑳－㉒）	㉓　円

第１表の付表５（令５．７）　　（資４－20－１－５－Ａ４統一）

書　き　か　た　等

この明細書は、平成 30 年４月１日以降に一般社団法人等の理事である者（一般社団法人等の理事でなくなった日から５年を経過していない者を含みます。）が死亡した場合において、その一般社団法人等が相続税法第 66 条の２第２項第３号に規定する特定一般社団法人等に該当するときに、その特定一般社団法人等が相続税の申告書を提出する場合に作成します。なお、この明細書は、相続税の申告書に添付して提出してください。

１　「特定一般社団法人等の名称」欄には、相続税法第 66 条の２第１項の規定の適用を受ける一般社団法人等の名称を記入します。

２　「１　遺贈により取得したとみなされる金額の計算」は、特定一般社団法人等が被相続人から遺贈により取得したとみなされる金額について計算します。

⑴　「①」から「⑤」欄には、第１表の付表５（別表１）の「①」から「⑤」欄の額を転記します。

⑵　「⑦」欄の「相続開始の時における同族理事の数に１を加えた数」は、第１表の付表５（別表１）の「⑥」欄の数に１を加えた数を記入します。

３　「３　相続税額から控除する贈与税・相続税の税額の計算」は、過去に相続税法第 66 条第４項において準用する同条第１項又は第２項の規定により課された贈与税又は相続税の税額がある場合に、相続税から控除する金額を計算します。

なお、「⑮」及び「⑯」欄には、第１表の付表５（別表２）の「①」及び「②」欄の額を転記します。

４　「５　控除対象税額の残額の計算」は、この相続税の申告に係る相続後に開始した相続につき相続税法第 66 条の２第１項の規定によりその特定一般社団法人等に相続税が課される場合に控除されることとなる金額を計算します。

(注) １　「一般社団法人等」とは、一般社団法人又は一般財団法人（被相続人の相続開始の時において公益社団法人又は公益財団法人、法人税法第２条第９号の２に規定する非営利型法人、特定目的会社等を子会社として保有することを専ら目的とするものその他の相続税法施行令第 34 条第４項に規定する一般社団法人又は一般財団法人に該当するものを除きます。）をいいます。

２　「特定一般社団法人等」とは、次の⑴、⑵に掲げる要件のいずれかを満たす一般社団法人等をいいます。

⑴　相続開始の直前における被相続人に係る同族理事の数の理事の総数のうちに占める割合が２分の１を超えること

⑵　相続の開始前５年以内において、被相続人に係る同族理事の数の理事の総数のうちに占める割合が２分の１を超える期間の合計が３年以上であること

３　「同族理事」とは、一般社団法人等の理事のうち、被相続人又はその配偶者、三親等内の親族その他の被相続人と相続税法施行令第 34 条第３項に規定する特殊の関係のある者をいいます。

特定一般社団法人等に課される相続税額の計算明細書（別表１）

第１表の付表５（別表１）（平成30年４月分以降用）

被相続人	
特定一般社団法人等の名称	

この明細書は、相続税法第66条の２第１項に規定する特定一般社団法人等が相続税の申告書を提出する場合における純資産額の計算のために使用します。各項目において計算した「①」から「⑤」欄の額について、第１表の付表５の「①」から「⑤」の各欄へ転記します。
なお、この明細書の書きかた等については、裏面をご覧ください。

1　相続開始の時において特定一般社団法人等が有する財産の価額の明細

種類・細目の異なるごとに記入し、「価額」欄にはその合計額を記入します。

（注）信託の受託者として有しているもの及び被相続人から遺贈により取得したものは除きます。

種　類	細　目	価　額
		円
合　計		①　円

2　債務の金額の明細

種類・細目の異なるごとに記入し、「金額」欄にはその合計額を記入します。

（注）信託の受託者として有するものは除きます。

種　類	細　目	金　額
合　計		②　円

3　国税又は地方税の金額の明細（相続開始以前に納税義務が成立したもの）

（注）相続開始以前に納付すべき税額が確定したもの（上記２に記入します。）及び被相続人の死亡につき課される相続税は除きます。

税　目	国又は地方公共団体等の名称	納税義務が成立した日	金　額
		・　・	
		・　・	
合　計			③　円

4　被相続人の死亡により支給する退職手当金などの明細

支払年月日	退職手当金などの名称	受取人の氏名	金　額
・　・			
・　・			
合　計			④　円

5　基金の額の明細

一般社団法人及び一般財団法人に関する法律第131条に規定する基金の額を記入します。

拠出者の氏名又は名称	拠出者の住所又は所在地	金　額
合　計		⑤　円

6　同族理事の数の明細

相続開始の時における特定一般社団法人等の理事のうち、同族理事に該当する者の氏名及び被相続人との続柄を記入します。

氏　名	続　柄	氏　名	続　柄	氏　名	続　柄
				同族理事の数	⑥　人

第１表の付表５（別表１）（令５．７）　　（資４－20－１－６－Ａ４統一）

第７章　相続税の申告書の書き方

書　き　か　た　等

この明細書は、相続税法第 66 条の２第１項に規定する特定一般社団法人等が相続税の申告書を提出する場合における純資産額の計算のために使用します。各項目において計算した「①」から「⑤」欄の額について、第１表の付表５の「①」から「⑤」の各欄へ転記します。なお、この明細によらず別途作成した書類を添付しても差し支えありません。

1　「特定一般社団法人等の名称」欄には、相続税法第 66 条の２第１項の規定の適用を受ける一般社団法人等の名称を記入します。

2　「1　相続開始の時において特定一般社団法人等が有する財産の価額の明細」は、種類・細目の異なるごとに記入し、「価額」欄にはその合計額を記入します。また、「種類」、「細目」及び「価額」欄は、第11表に準じて記入します。

3　「2　債務の金額の明細」は、種類・細目の異なるごとに記入し、「金額」欄にはその合計額を記入します。また、「種類」、「細目」及び「金額」欄は、第 13 表に準じて記入します。

4　「3　国税又は地方税の金額の明細（相続開始以前に納税義務が成立したもの）」については、「税目」欄に「法人税」、「事業税」及び「固定資産税」などの税目とその年度を記入します。なお、相続開始以前に納付すべき税額が確定したものは「2　債務の金額の明細」に記入します。

5　「4　被相続人の死亡により支給する退職手当金などの明細」は、相続税法第３条第１項第２号に規定する給与の額について記入します。また、各欄については第 10 表に準じて記入します。

6　「5　基金の額の明細」は、一般社団法人及び一般財団法人に関する法律第 131 条に規定する基金の額を記入します。

7　「6　同族理事の数の明細」は、相続開始の時における特定一般社団法人等の理事（被相続人は含まれません。）のうち、同族理事に該当する者(注)の氏名及び被相続人との続柄を記入します。

(注)　被相続人と同時に死亡した者がある場合において、その死亡した者がその死亡の直前において同族理事である者又はその特定一般社団法人等の理事でなくなった日から５年を経過していない者であって被相続人と相続税法施行令第 34 条第３項に規定する特殊の関係のあるものであるときは、その死亡した者の数を同族理事の数に加えるものとされているため、その死亡した者についても記入します。

特定一般社団法人等に課される相続税額の計算明細書（別表２）

第１表の付表５（別表２）（平成30年４月分以降用）

被相続人	
特定一般社団法人等の名称	

この明細書は、相続税法第66条の２第１項に規定する特定一般社団法人等が相続税の申告書を提出する場合において、相続税法第66条第４項において準用する同条第１項又は第２項の規定により課された贈与税又は相続税の税額があるときに、相続税額から控除する金額の計算のために使用します。
なお、この明細書の書きかた等については、裏面をご覧ください。

１　相続開始前に贈与又は遺贈により取得した財産について、相続税法第 66 条第４項において準用する同条第１項又は第２項の規定により課された贈与税又は相続税の税額の明細

(注)　贈与税又は相続税の税額については、相続税法第66条第５項の規定による控除後の税額とし、延滞税、利子税、過少申告加算税、無申告加算税及び重加算税に相当する税額は除きます。

税　目 (注) 該当するものを○で囲みます。	贈与税の年分又は相続開始の日	申告書を提出した税務署名	贈与税又は相続税の税額	特定一般社団法人等の名称及び法人番号 (注)　各申告書に記載した名称又は法人番号が現在のものと異なる場合にのみ、記入します。	
贈与税・相続税		署	円	名　称	
				法人番号	
贈与税・相続税				名　称	
				法人番号	
贈与税・相続税				名　称	
				法人番号	
贈与税・相続税				名　称	
				法人番号	
贈与税・相続税				名　称	
				法人番号	
		合　計	①　　円		

(注)　①の金額を第１表の付表５の⑮欄に転記します。

２　既に相続税の税額より控除された金額の明細

⑴　①の税額のうち、既に相続税法第 66 条の２第３項の規定により相続税の税額から控除された金額について計算します。
⑵　相続税の額からの控除が行われた相続税の申告について、下の表の各項目を記入してください。

相続税の額からの控除が行われた相続税の申告に係る被相続人の相続開始の日	申告書を提出した税務署名	控除された金額	特定一般社団法人等の名称及び法人番号 (注)　各申告書に記載した名称又は法人番号が現在のものと異なる場合にのみ、記入します。	
・　・	署	円	名　称	
			法人番号	
・　・			名　称	
			法人番号	
・　・			名　称	
			法人番号	
・　・			名　称	
			法人番号	
・　・			名　称	
			法人番号	
	合　計	②　　円		

(注)　②の金額を第１表の付表５の⑯欄に転記します。

第１表の付表５（別表２）（令５．７）　　　　（資４－20－１－８－Ａ４統一）

書　き　か　た　等

この明細書は、相続税法第 66 条の２第１項に規定する特定一般社団法人等が同項の規定に基づき相続税の申告書を提出する場合において、その相続開始前に取得した財産につき相続税法第 66 条第４項において準用する同条第１項又は第２項の規定により課された贈与税又は相続税の税額があるときに、相続税額から控除する金額の計算のために使用します。なお、この明細によらず別途作成した書類を添付しても差し支えありません。

1　「特定一般社団法人等の名称」欄には、相続税法第 66 条の２第１項の規定の適用を受ける一般社団法人等の名称を記入します。

2　「１　相続開始前に贈与又は遺贈により取得した財産について、相続税法第 66 条第４項において準用する同条第１項又は第２項の規定により課された贈与税又は相続税の税額の明細」については、相続開始前に取得した財産につき相続税法第66条第４項において準用する同条第１項又は第２項の規定により課された贈与税又は相続税（注１）の税額等について、その課税がされた申告ごとにその明細を記入します。なお、「①」欄の金額は第１表の付表５の「⑮」欄に転記します。

3　「２　既に相続税の税額より控除された金額の明細」については、上記２の「贈与税又は相続税の税額」のうち、相続税法第 66 条の２第３項の規定により相続税の税額から既に控除された金額等について、その控除がされた申告ごとにその明細を記入します。なお、「②」欄の金額は第１表の付表５の「⑯」欄に転記します。

（注）１　特定一般社団法人等が遺贈につき相続税法第 66 条第４項において準用する同条第１項又は第２項の規定の適用を受け、かつ、その遺贈をした者の死亡につき相続税法第 66 条の２第１項の規定の適用を受けた場合における相続税は、控除の対象となりませんので、記入の必要はありません。

２　「特定一般社団法人等の名称及び法人番号」欄については、各欄における申告書に記載した名称又は法人番号が現在のものと異なる場合にのみ記入します。

【相続税の申告書の記載例】

〔設例〕

- 被相続人である東山一男は、令和７年３月10日に死亡した。
- 東山一男の相続人は、東山京子（妻）、東山太郎（長男）、東山葉子（長女）の３名である。
- 被相続人東山一男の遺産等の内容は、第11表のとおりである。
- 東山太郎（長男）は、生前に、東山一男から相続時精算課税に係る有価証券及び預貯金の贈与を受け、適法に贈与税の申告をしている（納税額なし）。

＜被相続人と相続人の相関図＞

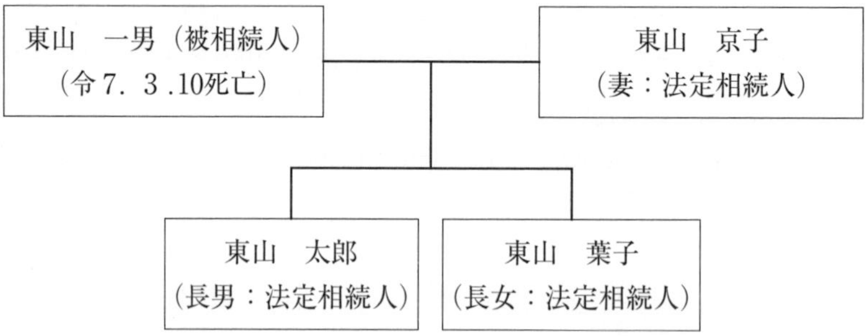

浅草 税務署長
7 年 1 月 10日 提出

相続税の申告書 （修正）

FD3563

相続開始年月日　7 年 3 月 10日　　※申告期限延長日　年　月　日

○フリガナは、必ず記入してください。

	各人の合計	財産を取得した人
フリガナ	（被相続人）ヒガシヤマ カズオ	ヒガシヤマ キョウコ
氏名	東山 一男	東山 京子 （参考）
個人番号又は法人番号		↓個人番号の記載に当たっては、左端を空欄としここから記入してください。 ×××××××○○○○
生年月日	昭和25年 9月 3日（年齢 73 歳）	昭和27年 2月 4日（年齢 72 歳）
住所（電話番号）	台東区ｘｘ1丁目 ｘ番 ｘ号	〒000-0000 台東区ｘｘ1丁目ｘ番ｘ号 （00 － 0000 － 0000）
被相続人との続柄／職業	○○商事(株)代表取締役	妻／なし
取得原因	該当する取得原因を○で囲みます。	（相続）・遺贈・相続時精算課税に係る贈与
※整理番号		

区分	項目		各人の合計（円）	東山 京子（円）
課税価格の計算	取得財産の価額（第11表③）	①	491432151	253166350
	相続時精算課税適用財産の価額（第11の2表1⑦）	②	2462035	
	債務及び葬式費用の金額（第13表3⑦）	③	27415940	3359600
	純資産価額（①＋②－③）（赤字のときは0）	④	488642246	249806750
	純資産価額に加算される暦年課税分の贈与財産価額（第14表1④）	⑤	3000000	1000000
	課税価格（④＋⑤）（1,000円未満切捨て）	⑥	491640000 Ⓐ	250806000
各人の算出税額の計算	法定相続人の数／遺産に係る基礎控除額		3人　48000000 Ⓑ	左の欄には、第2表の②欄の㋺の人数及び㋩の金額を記入します。
	相続税の総額	⑦	127547000	左の欄には、第2表の⑧欄の金額を記入します。
	一般の場合（⑩の場合を除く）あん分割合（各人の⑥／Ⓐ）	⑧	1.00	0.51
	算出税額（⑦×各人の⑧）	⑨	127547000	65048970
	農地等納税猶予の適用を受ける場合 算出税額（第3表⑬）	⑩		
	相続税額の2割加算が行われる場合の加算金額（第4表⑦）	⑪		
各人の納付・還付税額の計算	税額控除 暦年課税分の贈与税額控除額（第4表の2㉕）	⑫	90000	
	配偶者の税額軽減額（第5表㋥又は㋬）	⑬	63773500	63773500
	⑫・⑬以外の税額控除額（第8の8表1⑤）	⑭	425000	217271
	計	⑮	64288500	63990771
	差引税額（⑨＋⑪－⑮）又は（⑩＋⑪－⑮）（赤字のときは0）	⑯	63258500	1058199
	相続時精算課税分の贈与税額控除額（第11の2表1⑧）	⑰	00	00
	医療法人持分税額控除額（第8の4表2B）	⑱		
	小計（⑯－⑰－⑱）（黒字のときは100円未満切捨て）	⑲	63258500	1058100
	納税猶予税額（第8の8表2⑧）	⑳	00	00
	申告納税額（⑲－⑳） 申告期限までに納付すべき税額	㉑	63258300	1058100
	還付される税額	㉒	△	△
この申告書が修正申告書である場合	この修正前の 小計	㉓		
	納税猶予税額	㉔	00	00
	申告納税額（還付の場合は、頭に△を記載）	㉕		
	小計の増加額（⑲－㉓）	㉖		
	この申告により納付すべき税額又は還付される税額（還付の場合は、頭に△を記載）（（㉑又は㉒）－㉕）	㉗		

※税務署整理欄　申告区分　年分　グループ番号　補完番号　名簿番号　申告年月日　関与区分　書面添付　検算　管理補完　確認

作成税理士の事務所所在地・署名・電話番号　　税理士法書面提出 30条 33条の2　　この申告が修正申告である場合の異動の内容等

※税務署整理欄　通信日付印 年月日 ・ ・ （確認）

○この申告書は機械で読み取りますので、黒ボールペンで記入してください。また、申告書と添付資料を一緒にとじないでください。

※の項目は記入する必要がありません。

第1表（令和5年1月分以降用）

←この申告書で提出しない人である場合（参考として記載している場合）は（参考）を○で囲んでください（その人の分は申告書とは取り扱いません。）。

（注）⑲欄の金額が赤字となる場合は、⑲欄の左端に△を付してください。なお、この場合で、⑲欄の金額のうちに贈与税の外国税額控除額（第11の2表1⑨）があるときの㉒欄の金額については、「相続税の申告のしかた」を参照してください。

（資4－20－1－1－A4統一）第1表（令5.7）

相続税の申告書(続)　修正

FD3564

○この申告書は機械で読み取りますので、黒ボールペンで記入してください。

第1表(続)(令和5年1月分以降用)

←この申告書で提出しない人である場合（参考として記載している場合）は参考を○で囲んでください（その人の分は申告書とは取り扱いません。）。

○フリガナは、必ず記入してください。

項目	財産を取得した人	財産を取得した人
※申告期限延長日	年　月　日	年　月　日
フリガナ	ヒガシヤマ タロウ	ヒガシヤマ ヨウコ
氏名	東山 太郎　（参考）	東山 葉子　（参考）
個人番号又は法人番号	××××○○○○△△△△	××××○○○○××××
生年月日	昭和57年2月6日（年齢42歳）	平成元年1月28日（年齢35歳）
住所（電話番号）	〒000-0000 台東区xx1丁目x番x号 （00 − 0000 − 0000）	〒000-0000 台東区xx1丁目x番x号 （00 − 0000 − 0000）
被相続人との続柄／職業	長男／会社員	長女／会社員
取得原因	(相続)・遺贈・(相続時精算課税に係る贈与)	(相続)・遺贈・相続時精算課税に係る贈与
※整理番号		
課税価格の計算 ① 取得財産の価額（第11表③）	125,587,118円	112,678,683円
② 相続時精算課税適用財産の価額（第11の2表1⑦）	24,662,6035	
③ 債務及び葬式費用の金額（第13表3⑦）	24,056,340	
④ 純資産価額（①+②−③）（赤字のときは0）	126,156,813	112,678,683
⑤ 純資産価額に加算される暦年課税分の贈与財産価額（第14表1④）		2,000,000
⑥ 課税価格（④+⑤）（1,000円未満切捨て）	126,156,000	114,678,000
各人の算出税額の計算　法定相続人の数／遺産に係る基礎控除額		
⑦ 相続税の総額		
⑧ 一般の場合（⑩の場合を除く）あん分割合（各人の⑥/Ⓐ）	0.26	0.23
⑨ 算出税額（⑦×各人の⑧）	33,162,220円	29,335,810円
⑩ 農地等納税猶予の適用を受ける場合　算出税額（第3表⑬）		
⑪ 相続税額の2割加算が行われる場合の加算金額（第4表⑦）	円	円
各人の納付・還付税額の計算　税額控除 ⑫ 暦年課税分の贈与税額控除額（第4表の2㉕）		90,000
⑬ 配偶者の税額軽減額（第5表㋭又は㋬）		
⑭ ⑫・⑬以外の税額控除額（第8の8表1⑤）	109,726	98,003
⑮ 計	109,726	188,003
⑯ 差引税額（⑨+⑪−⑮）又は（⑩+⑪−⑮）（赤字のときは0）	33,052,494	29,147,807
⑰ 相続時精算課税分の贈与税額控除額（第11の2表1⑧）	00	00
⑱ 医療法人持分税額控除額（第8の4表2B）		
⑲ 小計（⑯−⑰−⑱）（黒字のときは100円未満切捨て）	33,052,400	29,147,800
⑳ 納税猶予税額（第8の8表2⑧）	00	00
㉑ 申告納税額（⑲−⑳）申告期限までに納付すべき税額	33,052,400	29,147,800
㉒ 還付される税額	△	△
この申告書が修正申告書である場合　この修正前の ㉓ 小計		
㉔ 納税猶予税額	00	00
㉕ 申告納税額（還付の場合は、頭に△を記載）		
㉖ 小計の増加額（⑲−㉓）		
㉗ この申告により納付すべき税額又は還付される税額（還付の場合は、頭に△を記載）（(㉑又は㉒)−㉕）		

※税務署整理欄	申告区分	年分	グループ番号	補完番号	名簿番号	申告年月日	管理補完	確認	検算

※の項目は記入する必要がありません。

(注)⑲欄の金額が赤字となる場合は、⑲欄の左端に△を付してください。なお、この場合で、⑲欄の金額のうちに贈与税の外国税額控除額（第11の2表1⑨）があるときの㉒欄の金額については、「相続税の申告のしかた」を参照してください。

(資4−20−2−1−A4統一) 第1表(続)(令5.7)

相続税の総額の計算書

被相続人	東山 一男

第2表（令和5年1月分以降用）

この表は、第1表及び第3表の「相続税の総額」の計算のために使用します。
なお、被相続人から相続、遺贈や相続時精算課税に係る贈与によって財産を取得した人のうちに農業相続人がいない場合は、この表の㋭欄及び㋬欄並びに⑨欄から⑪欄までは記入する必要がありません。

① 課税価格の合計額		② 遺産に係る基礎控除額		③ 課税遺産総額	
㋑（第1表⑥Ⓐ）	491,640,000円	3,000万円＋（600万円×㋺ 3人（Ⓐの法定相続人の数））＝	㋩ 4,800万円	㋥（㋑－㋩）	443,640,000円
㋭（第3表⑥Ⓐ）	,000	㋺の人数及び㋩の金額を第1表Ⓑへ転記します。		㋬（㋭－㋩）	,000

④ 法定相続人（（注）1参照）氏名	被相続人との続柄	⑤ 左の法定相続人に応じた法定相続分	第1表の「相続税の総額⑦」の計算 ⑥ 法定相続分に応ずる取得金額（㋥×⑤）（1,000円未満切捨て）	⑦ 相続税の総額の基となる税額（下の「速算表」で計算します。）	第3表の「相続税の総額⑦」の計算 ⑨ 法定相続分に応ずる取得金額（㋬×⑤）（1,000円未満切捨て）	⑩ 相続税の総額の基となる税額（下の「速算表」で計算します。）
東山 京子	妻	$\frac{1}{2}$	221,820,000円	72,819,000円	,000円	円
東山 太郎	長男	$\frac{1}{2}\times\frac{1}{2}=\frac{1}{4}$	110,910,000	27,364,000	,000	
東山 葉子	長女	$\frac{1}{2}\times\frac{1}{2}=\frac{1}{4}$	110,910,000	27,364,000	,000	
			,000		,000	
			,000		,000	
			,000		,000	
			,000		,000	
			,000		,000	
			,000		,000	
法定相続人の数	Ⓐ 3人	合計 1	⑧ 相続税の総額（⑦の合計額）（100円未満切捨て）	127,547,000	⑪ 相続税の総額（⑩の合計額）（100円未満切捨て）	00

（注）1　④欄の記入に当たっては、被相続人に養子がある場合や相続の放棄があった場合には、「相続税の申告のしかた」をご覧ください。
　　2　⑧欄の金額を第1表⑦欄へ転記します。財産を取得した人のうちに農業相続人がいる場合は、⑧欄の金額を第1表⑦欄へ転記するとともに、⑪欄の金額を第3表⑦欄へ転記します。

相続税の速算表

法定相続分に応ずる取得金額	10,000千円以下	30,000千円以下	50,000千円以下	100,000千円以下	200,000千円以下	300,000千円以下	600,000千円以下	600,000千円超
税率	10%	15%	20%	30%	40%	45%	50%	55%
控除額	－	500千円	2,000千円	7,000千円	17,000千円	27,000千円	42,000千円	72,000千円

この速算表の使用方法は、次のとおりです。
⑥欄の金額×税率－控除額＝⑦欄の税額　　　⑨欄の金額×税率－控除額＝⑩欄の税額
例えば、⑥欄の金額30,000千円に対する税額（⑦欄）は、30,000千円×15%－500千円＝4,000千円です。

○連帯納付義務について
相続税の納税については、各相続人等が相続、遺贈や相続時精算課税に係る贈与により受けた利益の価額を限度として、お互いに連帯して納付しなければならない義務があります。

第2表（令5.7）　　（資4－20－3－A4統一）

暦年課税分の贈与税額控除額の計算書

被相続人　東山 一男

第４表の２（平成31年１月分以降用）

この表は、第14表の「１ 純資産価額に加算される暦年課税分の贈与財産価額及び特定贈与財産価額の明細」欄に記入した財産のうち相続税の課税価格に加算されるものについて、贈与税が課税されている場合に記入します。

控除を受ける人の氏名			東山 葉子		
相続開始の年の前年分（令和３年分）	贈与税の申告書の提出先		税務署	税務署	税務署
	被相続人から暦年課税に係る贈与によって租税特別措置法第70条の2の5第1項の規定の適用を受ける財産（特例贈与財産）を取得した場合				
	相続開始の年の前年中に暦年課税に係る贈与によって取得した特例贈与財産の価額の合計額	①	円	円	円
	①のうち被相続人から暦年課税に係る贈与によって取得した特例贈与財産の価額の合計額（贈与税額の計算の基礎となった価額）	②			
	その年分の暦年課税分の贈与税額（裏面の「2」参照）	③			
	控除を受ける贈与税額（特例贈与財産分）（③×②÷①）	④			
	被相続人から暦年課税に係る贈与によって租税特別措置法第70条の2の5第1項の規定の適用を受けない財産（一般贈与財産）を取得した場合				
	相続開始の年の前年中に暦年課税に係る贈与によって取得した一般贈与財産の価額の合計額（贈与税の配偶者控除後の金額）	⑤	円	円	円
	⑤のうち被相続人から暦年課税に係る贈与によって取得した一般贈与財産の価額の合計額（贈与税額の計算の基礎となった価額）	⑥			
	その年分の暦年課税分の贈与税額（裏面の「3」参照）	⑦			
	控除を受ける贈与税額（一般贈与財産分）（⑦×⑥÷⑤）	⑧			
相続開始の年の前々年分（令和２年分）	贈与税の申告書の提出先		浅草 税務署	税務署	税務署
	被相続人から暦年課税に係る贈与によって租税特別措置法第70条の2の5第1項の規定の適用を受ける財産（特例贈与財産）を取得した場合				
	相続開始の年の前々年中に暦年課税に係る贈与によって取得した特例贈与財産の価額の合計額	⑨	円 2,000,000	円	円
	⑨のうち被相続人から暦年課税に係る贈与によって取得した特例贈与財産の価額の合計額（贈与税額の計算の基礎となった価額）	⑩	2,000,000		
	その年分の暦年課税分の贈与税額（裏面の「2」参照）	⑪	90,000		
	控除を受ける贈与税額（特例贈与財産分）（⑪×⑩÷⑨）	⑫	90,000		
	被相続人から暦年課税に係る贈与によって租税特別措置法第70条の2の5第1項の規定の適用を受けない財産（一般贈与財産）を取得した場合				
	相続開始の年の前々年中に暦年課税に係る贈与によって取得した一般贈与財産の価額の合計額（贈与税の配偶者控除後の金額）	⑬	円	円	円
	⑬のうち被相続人から暦年課税に係る贈与によって取得した一般贈与財産の価額の合計額（贈与税額の計算の基礎となった価額）	⑭			
	その年分の暦年課税分の贈与税額（裏面の「3」参照）	⑮			
	控除を受ける贈与税額（一般贈与財産分）（⑮×⑭÷⑬）	⑯			
相続開始の年の前々々年分（令和元年分）	贈与税の申告書の提出先		税務署	税務署	税務署
	被相続人から暦年課税に係る贈与によって租税特別措置法第70条の2の5第1項の規定の適用を受ける財産（特例贈与財産）を取得した場合				
	相続開始の年の前々々年中に暦年課税に係る贈与によって取得した特例贈与財産の価額の合計額	⑰	円	円	円
	⑰のうち相続開始の日から遡って3年前の日以後に被相続人から暦年課税に係る贈与によって取得した特例贈与財産の価額の合計額（贈与税額の計算の基礎となった価額）	⑱			
	その年分の暦年課税分の贈与税額（裏面の「2」参照）	⑲			
	控除を受ける贈与税額（特例贈与財産分）（⑲×⑱÷⑰）	⑳			
	被相続人から暦年課税に係る贈与によって租税特別措置法第70条の2の5第1項の規定の適用を受けない財産（一般贈与財産）を取得した場合				
	相続開始の年の前々々年中に暦年課税に係る贈与によって取得した一般贈与財産の価額の合計額（贈与税の配偶者控除後の金額）	㉑	円	円	円
	㉑のうち相続開始の日から遡って3年前の日以後に被相続人から暦年課税に係る贈与によって取得した一般贈与財産の価額の合計額（贈与税額の計算の基礎となった価額）	㉒			
	その年分の暦年課税分の贈与税額（裏面の「3」参照）	㉓			
	控除を受ける贈与税額（一般贈与財産分）（㉓×㉒÷㉑）	㉔			
暦年課税分の贈与税額控除額計（④＋⑧＋⑫＋⑯＋⑳＋㉔）		㉕	円 90,000	円	円

（注）各人の㉕欄の金額を第１表のその人の「暦年課税分の贈与税額控除額⑫」欄に転記します。

第4表の2（令5.7）　　（資4−20−5−3−A4 統一）

配偶者の税額軽減額の計算書

被相続人　東山 一男

第５表（平成21年４月分以降用）

私は、相続税法第19条の２第１項の規定による配偶者の税額軽減の適用を受けます。

1　一般の場合（この表は、①被相続人から相続、遺贈や相続時精算課税に係る贈与によって財産を取得した人のうちに農業相続人がいない場合又は②配偶者が農業相続人である場合に記入します。）

課税価格の合計額のうち配偶者の法定相続分相当額	（第１表のⒶの金額）〔配偶者の法定相続分〕 491,640,000円 × 1/2 ＝ 245,820,000円 上記の金額が16,000万円に満たない場合には、16,000万円	㋑※ 245,820,000円

配偶者の税額軽減額を計算する場合の課税価格	① 分割財産の価額（第11表の配偶者の①の金額）	分割財産の価額から控除する債務及び葬式費用の金額：② 債務及び葬式費用の金額（第１表の配偶者の③の金額）	③ 未分割財産の価額（第11表の配偶者の②の金額）	④ （②－③）の金額（③の金額が②の金額より大きいときは０）	⑤ 純資産価額に加算される暦年課税分の贈与財産価額（第１表の配偶者の⑤の金額）	⑥ （①－④＋⑤）の金額（⑤の金額より小さいときは⑤の金額）（1,000円未満切捨て）
	253,166,350円	3,359,600円	円	3,359,600円	1,000,000円	※ 250,806,000円

⑦ 相続税の総額（第１表の⑦の金額）	⑧ ㋑の金額と⑥の金額のうちいずれか少ない方の金額	⑨ 課税価格の合計額（第１表のⒶの金額）	⑩ 配偶者の税額軽減の基となる金額（⑦×⑧÷⑨）
127,547,000円	245,820,000円	491,640,000円	63,773,500円

配偶者の税額軽減の限度額	（第１表の配偶者の⑨又は⑩の金額）（第１表の配偶者の⑫の金額）（65,048,970円 － 0円）	㋺ 65,048,970円
配偶者の税額軽減額	（⑩の金額と㋺の金額のうちいずれか少ない方の金額）	㋩ 63,773,500円

（注）㋩の金額を第１表の配偶者の「配偶者の税額軽減額⑬」欄に転記します。

2　配偶者以外の人が農業相続人である場合（この表は、被相続人から相続、遺贈や相続時精算課税に係る贈与によって財産を取得した人のうちに農業相続人がいる場合で、かつ、その農業相続人が配偶者以外の場合に記入します。）

課税価格の合計額のうち配偶者の法定相続分相当額	（第３表のⒶの金額）〔配偶者の法定相続分〕 ,000円 × ― ＝ 円 上記の金額が16,000万円に満たない場合には、16,000万円	㊁※ 円

配偶者の税額軽減額を計算する場合の課税価格	⑪ 分割財産の価額（第11表の配偶者の①の金額）	分割財産の価額から控除する債務及び葬式費用の金額：⑫ 債務及び葬式費用の金額（第１表の配偶者の③の金額）	⑬ 未分割財産の価額（第11表の配偶者の②の金額）	⑭ （⑫－⑬）の金額（⑬の金額が⑫の金額より大きいときは０）	⑮ 純資産価額に加算される暦年課税分の贈与財産価額（第１表の配偶者の⑤の金額）	⑯ （⑪－⑭＋⑮）の金額（⑮の金額より小さいときは⑮の金額）（1,000円未満切捨て）
	円	円	円	円	円	※ ,000円

⑰ 相続税の総額（第３表の⑦の金額）	⑱ ㊁の金額と⑯の金額のうちいずれか少ない方の金額	⑲ 課税価格の合計額（第３表のⒶの金額）	⑳ 配偶者の税額軽減の基となる金額（⑰×⑱÷⑲）
00円	円	,000円	円

配偶者の税額軽減の限度額	（第１表の配偶者の⑩の金額）（第１表の配偶者の⑫の金額）（　円 －　円）	㋭ 円
配偶者の税額軽減額	（⑳の金額と㋭の金額のうちいずれか少ない方の金額）	㋬ 円

（注）㋬の金額を第１表の配偶者の「配偶者の税額軽減額⑬」欄に転記します。

※　相続税法第19条の２第５項（《隠蔽又は仮装があった場合の配偶者の相続税額の軽減の不適用》）の規定の適用があるときには、「課税価格の合計額のうち配偶者の法定相続分相当額」の（第１表のⒶの金額）、⑥、⑦、⑨、「課税価格の合計額のうち配偶者の法定相続分相当額」の（第３表のⒶの金額）、⑯、⑰及び⑲の各欄は、第５表の付表で計算した金額を転記します。

第５表（令５.７）　　（資４－20－６－１－Ａ４統一）

相次相続控除額の計算書

被相続人　東山 一男

第７表（令和５年１月分以降用）

この表は、被相続人が今回の相続の開始前10年以内に開始した前の相続について、相続税を課税されている場合に記入します。

１ 相次相続控除額の総額の計算

前の相続に係る被相続人の氏名	前の相続に係る被相続人と今回の相続に係る被相続人との続柄	前の相続に係る相続税の申告書の提出先
東山 太一	東山 一男の父	浅草　税務署

① 前の相続の年月日	② 今回の相続の年月日	③ 前の相続から今回の相続までの期間（1年未満切捨て）	④ 10年 － ③ の 年 数
平成27年 2月10日	令和7年 3月10日	9年	1年

⑤ 被相続人が前の相続の時に取得した純資産価額（相続時精算課税適用財産の価額を含みます。）	⑥ 前の相続の際の被相続人の相続税額	⑦ （⑤－⑥）の金額	⑧ 今回の相続、遺贈や相続時精算課税に係る贈与によって財産を取得した全ての人の純資産価額の合計額（第１表の④の合計金額）
19,411,546円	4,250,000円	15,161,546円	488,642,246円

（⑥の相続税額）4,250,000円 × （⑧の金額）488,642,246円 ／ （⑦の金額）15,161,546円 （この割合が１を超えるときは１とします。） × （④の年数）1年 ／ 10年 ＝

相次相続控除額の総額　Ⓐ 425,000円

２ 各相続人の相次相続控除額の計算

⑴ 一般の場合（この表は、被相続人から相続、遺贈や相続時精算課税に係る贈与によって財産を取得した人のうちに農業相続人がいない場合に、財産を取得した相続人の全ての人が記入します。）

今回の相続の被相続人から財産を取得した相続人の氏名	⑨ 相次相続控除額の総額	⑩ 各相続人の純資産価額（第１表の各人の④の金額）	⑪ 相続人以外の人も含めた純資産価額の合計額（第１表の④の各人の合計）	⑫ 各人の⑩／Ⓑ の割合	⑬ 各人の相次相続控除額（⑨×各人の⑫の割合）
東山 京子	（上記Ⓐの金額）425,000円	249,806,750円	Ⓑ 488,642,246円	0.511226	217,271円
東山 太郎		126,156,813		0.258178	109,726
東山 葉子		112,678,683		0.230595	98,003

⑵ 相続人のうちに農業相続人がいる場合（この表は、被相続人から相続、遺贈や相続時精算課税に係る贈与によって財産を取得した人のうちに農業相続人がいる場合に、財産を取得した相続人の全ての人が記入します。）

今回の相続の被相続人から財産を取得した相続人の氏名	⑭ 相次相続控除額の総額	⑮ 各相続人の純資産価額（第３表の各人の④の金額）	⑯ 相続人以外の人も含めた純資産価額の合計額（第３表の④の各人の合計）	⑰ 各人の⑮／Ⓒ の割合	⑱ 各人の相次相続控除額（⑭×各人の⑰の割合）
	（上記Ⓐの金額）　円	円	Ⓒ　円		円

（注）１　⑥欄の相続税額は、相続時精算課税分の贈与税額控除後の金額をいい、その被相続人が納税猶予の適用を受けていた場合の免除された相続税額並びに延滞税、利子税及び加算税の額は含まれません。
２　各人の⑬又は⑱欄の金額を第８の８表１のその人の「相次相続控除額③」欄に転記します。

第７表（令5.7）　（資４－20－８－Ａ４統一）

生命保険金などの明細書

被相続人	東山 一男

第9表（平成21年4月分以降用）

1　相続や遺贈によって取得したものとみなされる保険金など

この表は、相続人やその他の人が被相続人から相続や遺贈によって取得したものとみなされる生命保険金、損害保険契約の死亡保険金及び特定の生命共済金などを受け取った場合に、その受取金額などを記入します。

保険会社等の所在地	保険会社等の名称	受取年月日	受取金額	受取人の氏名
千代田区○○2丁目x番x	○○生命保険(相)	7・7・11	円 29,629,483	東山 太郎
〃	〃	7・7・11	5,000,000	〃
千代田区○○1丁目x番x	××生命保険(相)	7・7・13	10,000,000	〃
中央区○○2丁目x番x	△△生命保険(株)	7・8・8	20,000,000	東山 葉子
中央区○○1丁目x番x	(株)○○生命保険	7・9・5	10,768,125	〃

（注）1　相続人（相続の放棄をした人を除きます。以下同じです。）が受け取った保険金などのうち一定の金額は非課税となりますので、その人は、次の２の該当欄に非課税となる金額と課税される金額とを記入します。
　2　相続人以外の人が受け取った保険金などについては、非課税となる金額はありませんので、その人は、その受け取った金額そのままを第11表の「財産の明細」の「価額」の欄に転記します。
　3　相続時精算課税適用財産は含まれません。

2　課税される金額の計算

この表は、被相続人の死亡によって相続人が生命保険金などを受け取った場合に、記入します。

保険金の非課税限度額	（500万円×〔第２表のⒶの法定相続人の数〕 3人 により計算した金額を右のⒶに記入します。）	Ⓐ 円 15,000,000

保険金などを受け取った相続人の氏名	① 受け取った保険金などの金額	② 非課税金額 （Ⓐ × 各人の①／Ⓑ）	③ 課税金額 （①−②）
東山 太郎	円 44,629,483	円 8,878,826	円 35,750,657
東山 葉子	30,768,125	6,121,174	24,646,951
合計	Ⓑ 75,397,608	15,000,000	60,397,608

（注）1　Ⓑの金額がⒶの金額より少ないときは、各相続人の①欄の金額がそのまま②欄の非課税金額となりますので、③欄の課税金額は０となります。
　2　③欄の金額を第11表の「財産の明細」の「価額」欄に転記します。

第９表(令5.7)　　（資４−20−10−Ａ４統一）

退職手当金などの明細書

被相続人	東山 一男

第10表（平成21年4月分以降用）

1　相続や遺贈によって取得したものとみなされる退職手当金など

この表は、相続人やその他の人が被相続人から相続や遺贈によって取得したものとみなされる退職手当金、功労金、退職給付金などを受け取った場合に、その受取金額などを記入します。

勤務先会社等の所在地	勤務先会社等の名称	受取年月日	退職手当金などの名称	受取金額	受取人の氏名
文京区○○1丁目×番×号	○○商事(株)	7・7・11	退職金	40,000,000 円	東山 京子
〃	〃	7・7・11	功労金	5,000,000	〃
		・ ・			
		・ ・			
		・ ・			

（注）1　相続人（相続の放棄をした人を除きます。以下同じです。）が受け取った退職手当金などのうち一定の金額は非課税となりますので、その人は、次の２の該当欄に非課税となる金額と課税される金額とを記入します。
2　相続人以外の人が受け取った退職手当金などについては、非課税となる金額はありませんので、その人は、その受け取った金額そのままを第11表の「財産の明細」の「価額」の欄に転記します。

2　課税される金額の計算

この表は、被相続人の死亡によって相続人が退職手当金などを受け取った場合に、記入します。

退職手当金などの非課税限度額	（500万円×〔第2表のⒶの法定相続人の数〕 3 人 により計算した金額を右のⒶに記入します。）	Ⓐ 15,000,000 円

退職手当金などを受け取った相続人の氏名	① 受け取った退職手当金などの金額	② 非課税金額（Ⓐ×各人の①/Ⓑ）	③ 課税金額（①−②）
東山 京子	45,000,000 円	15,000,000 円	30,000,000 円
合計	Ⓑ 45,000,000	15,000,000	30,000,000

（注）1　Ⓑの金額がⒶの金額より少ないときは、各相続人の①欄の金額がそのまま②欄の非課税金額となりますので、③欄の課税金額は0となります。
2　③欄の金額を第11表の「財産の明細」の「価額」欄に転記します。

第10表(令5.7)　（資4－20－11－A4統一）

相続税がかかる財産の明細書

（相続時精算課税適用財産を除きます。）

被相続人　東山 一男

第11表（令和２年４月分以降用）

○相続時精算課税適用財産の明細については、この表によらず第11の２表に記載します。

この表は、相続や遺贈によって取得した財産及び相続や遺贈によって取得したものとみなされる財産のうち、相続税のかかるものについての明細を記入します。

遺産の分割状況	区分	① 全部分割	2 一部分割	3 全部未分割
	分割の日	7・10・24	・　・	

財産の明細 種類	細目	利用区分、銘柄等	所在場所等	数量 / 固定資産税評価額	単価 / 倍数	価額	分割が確定した財産 取得した人の氏名	取得財産の価額
土地	宅地	自用地（居宅用）	台東区xx 1丁目x番x号	340.00㎡ 円	11・11の2表の付表1のとおり 円（2の1のとおり）	円 11,400,000	東山 京子	円（持分1／2）5,700,000
							東山 太郎	（持分1／2）5,700,000
〃	〃	貸家建付地	文京区◯◯ 1丁目x番x号	300.00㎡	211,720	63,516,000	東山 京子	63,516,000
〃	〃	自用地（未利用地）	台東区xx 3丁目x番x号	200.00㎡	280,000	56,000,000	〃	（持分1／2）28,000,000
							東山 太郎	（持分1／4）14,000,000
							東山 葉子	（持分1／4）14,000,000
〃	〃	貸家建付地	文京区◯◯ 3丁目x番x号	1,000.00㎡（持分5,820/291,000）	427,500	8,550,000	〃	8,550,000
	（小計）					（139,466,000）		
〃	山林	普通山林	千葉県◯◯郡 xx◯番◯号	30,000.00㎡ 345,140	15	5,177,100	東山 太郎	5,177,100
	（小計）					（5,177,100）		
（（計））						（（144,643,100））		
家屋	家屋	自用家屋（鉄コ3・居宅）	台東区xx 1丁目x番x号	186.00㎡ 6,247,450	1.0	6,247,450	東山 京子	6,247,450
〃	〃	貸家（鉄コ3・店舗）	文京区◯◯ 1丁目x番x号	184.50㎡ 8,548,000	0.7	5,983,600	〃	5,983,600
〃	〃	貸家（鉄コ10・居宅）	台東区xx 2丁目x番（101号室）	72.50㎡ 17,207,000	0.7	12,044,900	東山 葉子	12,044,900
（（計））						（（24,275,950））		

合計表	（各人の合計）					
財産を取得した人の氏名	（各人の合計）					
分割財産の価額 ①	円	円	円	円	円	円
未分割財産の価額 ②						
各人の取得財産の価額（①＋②） ③						

（注）１　「合計表」の各人の③欄の金額を第１表のその人の「取得財産の価額①」欄に転記します。
２　「財産の明細」の「価額」欄は、財産の細目、種類ごとに小計及び計を付し、最後に合計を付して、それらの金額を第15表の①から㉚までの該当欄に転記します。

第11表（令5.7）　（資４−20−12−１−Ａ４統一）

相続税がかかる財産の明細書
（相続時精算課税適用財産を除きます。）

被相続人　東山 一男

第11表（令和2年4月分以降用）

○相続時精算課税適用財産の明細については、この表によらず第11の2表に記載します。

この表は、相続や遺贈によって取得した財産及び相続や遺贈によって取得したものとみなされる財産のうち、相続税のかかるものについての明細を記入します。

遺産の分割状況				
区　分	1 全部分割	2 一部分割	3 全部未分割
分割の日	・　・	・　・	

種類	細目	利用区分、銘柄等	所在場所等	数量／固定資産税評価額	単価／倍数	価額	取得した人の氏名	取得財産の価額
有価証券	特定同族会社の株式（配当還元方式）	（株）〇〇	台東区〇〇 2丁目x番x号	1,000株 円	50 円	円 50,000	東山 京子	円 50,000
	（小計）					（50,000）		
〃	特定同族会社の株式（その他の方式）	〇〇商事（株）	文京区〇〇 1丁目x番x号	5,000株	13,800	69,000,000	東山 京子	69,000,000
	（小計）					（69,000,000）		
〃	上記以外の株式	〇〇建設（株）	△△証券 浅草支店	10,000株	783 （東証）	7,830,000	東山 京子	7,830,000
〃	〃	〇〇石油（株）	〃	5,000株	719 （東証）	3,595,000	東山 太郎	3,595,000
〃	〃	〇〇電鉄（株）	〃	10,000株	556 （東証）	5,560,000	〃	5,560,000
〃	〃	〇〇電力（株）	〃	5,000株	2,820 （名証）	14,100,000	東山 葉子	14,100,000
	（小計）					（31,085,000）		
〃	公債	10年利付国債 第×××回	〃			3,158,700	東山 葉子	3,158,700
〃	社債	一般事業債〇〇 第××回第〇号	〃			3,432,000	〃	3,432,000
	（小計）					（6,590,700）		
〃	証券投資信託の受益証券	〇〇投資 〇〇ファンド	〃	200口	8,310	1,662,000	東山 葉子	1,662,000
〃	貸付信託の受益証券	〇〇信託銀行 貸付信託 〇号〇回	〇〇信託銀行 △△支店			5,240,700	東山 太郎	5,240,700
	（小計）					（6,902,700）		

合計表	（各人の合計）					
財産を取得した人の氏名						
分割財産の価額 ①	円	円	円	円	円	円
未分割財産の価額 ②						
各人の取得財産の価額（①＋②） ③						

（注）１　「合計表」の各人の③欄の金額を第１表のその人の「取得財産の価額①」欄に転記します。
２　「財産の明細」の「価額」欄は、財産の細目、種類ごとに小計及び計を付し、最後に合計を付して、それらの金額を第15表の①から㉚までの該当欄に転記します。

第11表（令5.7）　（資４－20－12－１－Ａ４統一）

相続税がかかる財産の明細書
（相続時精算課税適用財産を除きます。）

被相続人　東山 一男

第11表（令和2年4月分以降用）

○相続時精算課税適用財産の明細については、この表によらず第11の2表に記載します。

この表は、相続や遺贈によって取得した財産及び相続や遺贈によって取得したものとみなされる財産のうち、相続税のかかるものについての明細を記入します。

遺産の分割状況	区分	1 全部分割	2 一部分割	3 全部未分割
	分割の日	・　・	・　・	

種類	細目	利用区分、銘柄等	所在場所等	数量 / 固定資産税評価額	単価 / 倍数	価額	取得した人の氏名	取得財産の価額
((計))				円	円	円 ((113,628,400))		円
現金預貯金等		現金	台東区××1丁目x番x号			450,000	東山 京子	450,000
〃		普通預金	○○銀行○○支店			2,184,100	〃	2,184,100
〃		定期預金	〃			19,808,910	東山 太郎	19,808,910
〃		〃	〃			23,954,500	東山 京子	23,954,500
〃		普通預金	××銀行××支店			3,676,701	東山 太郎	3,676,701
〃		定期預金	〃			31,084,132	東山 葉子	31,084,132
((計))						((81,158,343))		
家庭用財産		家具等一式	台東区××1丁目x番x号			2,500,000	東山 京子	2,500,000
((計))						((2,500,000))		
その他の財産	生命保険金等					35,750,657	東山 太郎	35,750,657
〃	〃					24,646,951	東山 葉子	24,646,951
	(小計)					(60,397,608)		
〃	退職手当金等					30,000,000	東山 京子	30,000,000
	(小計)					(30,000,000)		

合計表		(各人の合計)					
財産を取得した人の氏名							
分割財産の価額	①	円	円	円	円	円	円
未分割財産の価額	②						
各人の取得財産の価額（①＋②）	③						

（注）1　「合計表」の各人の③欄の金額を第1表のその人の「取得財産の価額①」欄に転記します。
2　「財産の明細」の「価額」欄は、財産の細目、種類ごとに小計及び計を付し、最後に合計を付して、それらの金額を第15表の①から㉚までの該当欄に転記します。

第11表（令5.7）　　（資4－20－12－1－A4統一）

相続税がかかる財産の明細書
（相続時精算課税適用財産を除きます。）

被相続人　東山 一男

第11表（令和2年4月分以降用）

○相続時精算課税適用財産の明細については、この表によらず第11の2表に記載します。

この表は、相続や遺贈によって取得した財産及び相続や遺贈によって取得したものとみなされる財産のうち、相続税のかかるものについての明細を記入します。

遺産の分割状況			
区分	1 全部分割	2 一部分割	3 全部未分割
分割の日	・　・	・　・	

種類	細目	利用区分、銘柄等	所在場所等	数量／固定資産税評価額	単価／倍数	価額	取得した人の氏名	取得財産の価額
その他の財産	立木	ひのき 45年生	千葉県○○郡 ×× ○番○号	3ha 円	1,011,000円 0.85	円 2,578,050	東山 太郎	円 2,578,050
	(小計)					(2,578,050)		
〃	その他	ゴルフ会員権 (○○カントリークラブ)	台東区×× 1丁目×番×号			24,500,000	東山 太郎	24,500,000
〃	〃	未収家賃 (○○商事(株))	文京区○○ 1丁目×番×号			538,350	東山 京子	538,350
〃	〃	絵画 (○○作××他)	台東区×× 1丁目×番×号	3点	(別紙のとおり)	7,212,350	〃	7,212,350
	(小計)					(32,250,700)		
((計))						((125,226,358))		
〔合計〕						[491,432,151]		

合計表		(各人の合計)					
財産を取得した人の氏名		(各人の合計)	東山 京子	東山 太郎	東山 葉子		
分割財産の価額	①	円 491,432,151	円 253,166,350	円 125,587,118	円 112,678,683	円	円
未分割財産の価額	②						
各人の取得財産の価額（①＋②）	③	491,432,151	253,166,350	125,587,118	112,678,683		

（注）1　「合計表」の各人の③欄の金額を第1表のその人の「取得財産の価額①」欄に転記します。
2　「財産の明細」の「価額」欄は、財産の細目、種類ごとに小計及び計を付し、最後に合計を付して、それらの金額を第15表の①から㉚までの該当欄に転記します。

第11表（令5.7）　（資4－20－12－1－A4統一）

相続時精算課税適用財産の明細書
相続時精算課税分の贈与税額控除額の計算書

被相続人　東山 一男

第11の2表（令和5年1月分以降用）

この表は、被相続人から相続時精算課税に係る贈与によって取得した財産（相続時精算課税適用財産）がある場合に記入します。

1　相続税の課税価格に加算する相続時精算課税適用財産の課税価格及び納付すべき相続税額から控除すべき贈与税額の明細

番号	① 贈与を受けた人の氏名	② 贈与を受けた年分	③ 贈与税の申告書を提出した税務署の名称	④ ②の年分に被相続人から相続時精算課税に係る贈与を受けた財産の価額の合計額（課税価格）	⑤ ④の財産に係る贈与税額（贈与税の外国税額控除前の金額）	⑥ ⑤のうち贈与税額に係る外国税額控除額
1	東山 太郎	平成29年分	浅草税務署	24,626,035 円	0 円	円
2						
3						
4						
5						
6						

贈与を受けた人ごとの相続時精算課税適用財産の課税価格及び贈与税額の合計額	氏名	（各人の合計）	東山 太郎			
	⑦ 課税価格の合計額（④の合計額）	24,626,035 円	24,626,035 円	円	円	円
	⑧ 贈与税額の合計額（⑤の合計額）					
	⑨ ⑧のうち贈与税額に係る外国税額控除額の合計額（⑥の合計額）					

（注）1　相続時精算課税に係る贈与をした被相続人がその贈与をした年の中途に死亡した場合の③欄は「相続時精算課税選択届出書を提出した税務署の名称」を記入してください。
2　④欄の金額は、下記２の③の「価額」欄の金額に基づき記入します。
3　各人の⑦欄の金額を第１表のその人の「相続時精算課税適用財産の価額②」欄及び第15表のその人の㉛欄にそれぞれ転記します。
4　各人の⑧欄の金額を第１表のその人の「相続時精算課税分の贈与税額控除額⑰」欄に転記します。

2　相続時精算課税適用財産（１の④）の明細

（上記１の「番号」欄の番号に合わせて記入します。）

番号	① 贈与を受けた人の氏名	② 贈与年月日	③ 相続時精算課税適用財産の明細					
			種類	細目	利用区分、銘柄等	所在場所等	数量	価額
1	東山 太郎	29.5.14	有価証券	特定同族会社の株式（その他の方式）	○○商事（株）	文京区○○1丁目×番×号	2,000株	14,625,000 円
1	〃	29.5.14	現金預貯金		定期預金	○○銀行××支店		10,001,035

（注）1　この明細は、被相続人である特定贈与者に係る贈与税の申告書第２表に基づき記入します。
2　③の「価額」欄には、被相続人である特定贈与者に係る贈与税の申告書第２表の「財産の価額」欄の金額を記入します。ただし、特定事業用資産の特例の適用を受ける場合には、第11・11の２表の付表３の⑦欄の金額と⑦欄の金額に係る第11・11の２表の付表３の２の⑲欄の金額の合計額を、特定計画山林の特例の適用を受ける場合には、第11・11の２表の付表４の「２　特定受贈森林経営計画対象山林である選択特定計画山林の明細」の④欄の金額を記入します。

第11の２表（令5.7）　　（資４−20−12−２−Ａ４統一）

FD3549

小規模宅地等についての課税価格の計算明細書

第11・11の２表の付表１（令和２年４月分以降用）

○この申告書は機械で読み取りますので、黒ボールペンで記入してください。

被相続人	東山 一男

この表は、小規模宅地等の特例（租税特別措置法第69条の４第１項）の適用を受ける場合に記入します。
なお、被相続人から、相続、遺贈又は相続時精算課税に係る贈与により取得した財産のうちに、「特定計画山林の特例」の対象となり得る財産又は「個人の事業用資産についての相続税の納税猶予及び免除」の対象となり得る宅地等その他一定の財産がある場合には、第11・11の２表の付表２を、「特定事業用資産の特例」の対象となり得る財産がある場合には、第11・11の２表の付表２の２を作成します（第11・11の２表の付表２又は付表２の２を作成する場合には、この表の「１ 特例の適用にあたっての同意」欄の記入を要しません。）。
（注）この表の１又は２の各欄に記入しきれない場合には、第11・11の２表の付表１(続)を使用します。

１　特例の適用にあたっての同意

この欄は、小規模宅地等の特例の対象となり得る宅地等を取得した全ての人が次の内容に同意する場合に、その宅地等を取得した全ての人の氏名を記入します。

私(私たち)は、「２ 小規模宅地等の明細」の①欄の取得者が、小規模宅地等の特例の適用を受けるものとして選択した宅地等又はその一部（「２ 小規模宅地等の明細」の⑤欄で選択した宅地等）の全てが限度面積要件を満たすものであることを確認の上、その取得者が小規模宅地等の特例の適用を受けることに同意します。

氏名	東山 京子	東山 太郎	東山 葉子

（注）小規模宅地等の特例の対象となり得る宅地等を取得した全ての人の同意がなければ、この特例の適用を受けることはできません。

２　小規模宅地等の明細

この欄は、小規模宅地等の特例の対象となり得る宅地等を取得した人のうち、その特例の適用を受ける人が選択した小規模宅地等の明細等を記載し、相続税の課税価格に算入する価額を計算します。

「小規模宅地等の種類」欄は、選択した小規模宅地等の種類に応じて次の１～４の番号を記入します。
小規模宅地等の種類：[1] 特定居住用宅地等、[2] 特定事業用宅地等、[3] 特定同族会社事業用宅地等、[4] 貸付事業用宅地等

選択した小規模宅地等	小規模宅地等の種類（１～４の番号を記入します。）	① 特例の適用を受ける取得者の氏名〔事業内容〕 ② 所在地番 ③ 取得者の持分に応ずる宅地等の面積 ④ 取得者の持分に応ずる宅地等の価額	⑤ ③のうち小規模宅地等（「限度面積要件」を満たす宅地等）の面積 ⑥ ④のうち小規模宅地等（④×⑤/③）の価額 ⑦ 課税価格の計算に当たって減額される金額（⑥×⑨） ⑧ 課税価格に算入する価額（④－⑦）
	1	① 東山 京子 〔　〕	⑤ 165.00 ㎡
		② 台東区××１丁目×番×号	⑥ 24,750,000 円
		③ 170.00 ㎡	⑦ 19,800,000 円
		④ 25,500,000 円	⑧ 5,700,000 円
	1	① 東山 太郎 〔　〕	⑤ 165.00 ㎡
		② 同上	⑥ 24,750,000 円
		③ 170.00 ㎡	⑦ 19,800,000 円
		④ 25,500,000 円	⑧ 5,700,000 円
		① 〔　〕	⑤ ㎡
		②	⑥ 円
		③ ㎡	⑦ 円
		④ 円	⑧ 円

（注）１　①欄の「〔　〕」は、選択した小規模宅地等が被相続人等の事業用宅地等（[2]、[3]又は[4]）である場合に、相続開始の直前にその宅地等の上で行われていた被相続人等の事業について、例えば、飲食サービス業、法律事務所、貸家などのように具体的に記入します。
２　小規模宅地等を選択する一の宅地等が共有である場合又は一の宅地等が貸家建付地である場合において、その評価額の計算上「賃貸割合」が１でないときには、第11・11の２表の付表１（別表１）を作成します。
３　小規模宅地等を選択する宅地等が、配偶者居住権に基づく敷地利用権又は配偶者居住権の目的となっている建物の敷地の用に供される宅地等である場合には、第11・11の２表の付表１（別表１の２）を作成します。
４　⑧欄の金額を第11表の「財産の明細」の「価額」欄に転記します。

○　「限度面積要件」の判定

上記「２ 小規模宅地等の明細」の⑤欄で選択した宅地等の全てが限度面積要件を満たすものであることを、この表の各欄を記入することにより判定します。

※の項目は記入する必要がありません。

小規模宅地等の区分	被相続人等の居住用宅地等	被相続人等の事業用宅地等		
小規模宅地等の種類	[1] 特定居住用宅地等	[2] 特定事業用宅地等	[3] 特定同族会社事業用宅地等	[4] 貸付事業用宅地等
⑨ 減額割合	80/100	80/100	80/100	50/100
⑩ ⑤の小規模宅地等の面積の合計	330 ㎡	㎡	㎡	㎡
⑪限度面積 イ 小規模宅地等のうちに[4]貸付事業用宅地等がない場合	〔[1]の⑩の面積〕 330 ≦330㎡	〔[2]の⑩及び[3]の⑩の面積の合計〕 ㎡ ≦ 400㎡		
⑪限度面積 ロ 小規模宅地等のうちに[4]貸付事業用宅地等がある場合	〔[1]の⑩の面積〕 ㎡ × 200/330 ＋	〔[2]の⑩及び[3]の⑩の面積の合計〕 ㎡ × 200/400 ＋		〔[4]の⑩の面積〕 ㎡ ≦ 200㎡

（注）限度面積は、小規模宅地等の種類（「[4] 貸付事業用宅地等」の選択の有無）に応じて、⑪欄（イ又はロ）により判定を行います。「限度面積要件」を満たす場合に限り、この特例の適用を受けることができます。

※税務署整理欄	年分		名簿番号		申告年月日		一連番号		グループ番号		補完	

第11・11の２表の付表１（令5.7）　（資4－20－12－3－1－A4統一）

小規模宅地等についての課税価格の計算明細書（別表１）

被相続人	東山 一男

第11・11の２表の付表１（別表１）（令和２年４月分以降用）

この計算明細書は、特例の対象として小規模宅地等を選択する一の宅地等（注１）が、次のいずれかに該当する場合に一の宅地等ごとに作成します（注２）。
1　相続又は遺贈により一の宅地等を２人以上の相続人又は受遺者が取得している場合
2　一の宅地等の全部又は一部が、貸家建付地である場合において、貸家建付地の評価額の計算上「賃貸割合」が「1」でない場合
（注）1　一の宅地等とは、一棟の建物又は構築物の敷地をいいます。ただし、マンションなどの区分所有建物の場合には、区分所有された建物の部分に係る敷地をいいます。
2　一の宅地等が、配偶者居住権に基づく敷地利用権又は配偶者居住権の目的となっている建物の敷地の用の供される宅地等である場合には、この計算明細書によらず、第11・11の２表の付表１（別表１の２）を使用してください。

1　一の宅地等の所在地、面積及び評価額

一の宅地等について、宅地等の「所在地」、「面積」及び相続開始の直前における宅地等の利用区分に応じて「面積」及び「評価額」を記入します。
(1)　「①宅地等の面積」欄は、一の宅地等が持分である場合には、持分に応ずる面積を記入してください。
(2)　上記２に該当する場合には、⑪欄については、⑤欄の面積を基に自用地として評価した金額を記入してください。

宅地等の所在地	台東区××１丁目×番×号	①宅地等の面積	３４０ ㎡
	相続開始の直前における宅地等の利用区分	面積（㎡）	評価額（円）
A	①のうち被相続人等の事業の用に供されていた宅地等（B、C及びDに該当するものを除きます。）	②	⑧
B	①のうち特定同族会社の事業（貸付事業を除きます。）の用に供されていた宅地等	③	⑨
C	①のうち被相続人等の貸付事業の用に供されていた宅地等（相続開始の時において継続的に貸付事業の用に供されていると認められる部分の敷地）	④	⑩
D	①のうち被相続人等の貸付事業の用に供されていた宅地等（Cに該当する部分以外の部分の敷地）	⑤	⑪
E	①のうち被相続人等の居住の用に供されていた宅地等	⑥ 340	⑫ 51,000,000
F	①のうちAからEの宅地等に該当しない宅地等	⑦	⑬

2　一の宅地等の取得者ごとの面積及び評価額

上記のAからFまでの宅地等の「面積」及び「評価額」を、宅地等の取得者ごとに記入します。
(1)　「持分割合」欄は、宅地等の取得者が相続又は遺贈により取得した持分割合を記入します。一の宅地等を１人で取得した場合には、「1/1」と記入します。
(2)　「１ 持分に応じた宅地等」は、上記のAからFまでに記入した一の宅地等の「面積」及び「評価額」を「持分割合」を用いてあん分して計算した「面積」及び「評価額」を記入します。
(3)　「２ 左記の宅地等のうち選択特例対象宅地等」は、「１ 持分に応じた宅地等」に記入した「面積」及び「評価額」のうち、特例の対象として選択する部分を記入します。なお、Bの宅地等の場合は、上段に「特定同族会社事業用宅地等」として選択する部分の、下段に「貸付事業用宅地等」として選択する部分の「面積」及び「評価額」をそれぞれ記入します。
「２ 左記の宅地等のうち選択特例対象宅地等」に記入した宅地等の「面積」及び「評価額」は、「申告書第11・11の２表の付表１」の「２小規模宅地等の明細」の「③取得者の持分に応ずる宅地等の面積」欄及び「④取得者の持分に応ずる宅地等の価額」欄に転記します。
(4)　「３ 特例の対象とならない宅地等（1−2）」には、「１ 持分に応じた宅地等」のうち「２ 左記の宅地等のうち選択特例対象宅地等」欄に記入した以外の宅地等について記入します。この欄に記入した「面積」及び「評価額」は、申告書第11表に転記します。

宅地等の取得者氏名	東山 京子	⑭持分割合	１／２			
	１ 持分に応じた宅地等		２ 左記の宅地等のうち選択特例対象宅地等		３ 特例の対象とならない宅地等（1−2）	
	面積（㎡）	評価額（円）	面積（㎡）	評価額（円）	面積（㎡）	評価額（円）
A	②×⑭	⑧×⑭				
B	③×⑭	⑨×⑭				
C	④×⑭	⑩×⑭				
D	⑤×⑭	⑪×⑭				
E	⑥×⑭ 170	⑫×⑭ 25,500,000	170	25,500,000		
F	⑦×⑭	⑬×⑭				

宅地等の取得者氏名	東山 太郎	⑮持分割合	１／２			
	１ 持分に応じた宅地等		２ 左記の宅地等のうち選択特例対象宅地等		３ 特例の対象とならない宅地等（1−2）	
	面積（㎡）	評価額（円）	面積（㎡）	評価額（円）	面積（㎡）	評価額（円）
A	②×⑮	⑧×⑮				
B	③×⑮	⑨×⑮				
C	④×⑮	⑩×⑮				
D	⑤×⑮	⑪×⑮				
E	⑥×⑮ 170	⑫×⑮ 25,500,000	170	25,500,000		
F	⑦×⑮	⑬×⑮				

第11・11の２表の付表１（別表１）（令5.7）　　（資4−20−12−3−5−A4統一）

債務及び葬式費用の明細書

被相続人　東山 一男

第13表（令和2年4月分以降用）

1 債務の明細

（この表は、被相続人の債務について、その明細と負担する人の氏名及び金額を記入します。なお、特別寄与者に対し相続人が支払う特別寄与料についても、これに準じて記入します。）

種類	細目	債権者 氏名又は名称	債権者 住所又は所在地	発生年月日 / 弁済期限	金額	負担する人の氏名	負担する金額
公租公課	6年分固定資産税	台東都税事務所		7・1・1 / ・ ・	円 345,900	東山 太郎	円 345,900
〃	〃	文京都税事務所		7・1・1 / ・ ・	250,800	〃	250,800
〃	〃	×× 町役場		7・1・1 / ・ ・	4,800	〃	4,800
〃	7年分所得税（準確定申告）	浅草税務署		7・6・10 / ・ ・	310,800	〃	310,800
〃	7年分住民税	台東区役所		7・1・1 / ・ ・	510,700	〃	510,700
銀行借入金	証書借入れ	○○銀行 ○○支店	文京区○○1丁目○番○号	27・12・14 / 7・12・14	22,633,340	〃	22,633,340
合計					24,056,340		

2 葬式費用の明細

（この表は、被相続人の葬式に要した費用について、その明細と負担する人の氏名及び金額を記入します。）

支払先 氏名又は名称	支払先 住所又は所在地	支払年月日	金額	負担する人の氏名	負担する金額
○○寺	台東区○○ ×丁目×番×号	7・3・14	円 1,500,000	東山 京子	円 1,500,000
○○タクシー	台東区○○ ×丁目×番×号	7・3・14	150,600	〃	150,600
○○商店	台東区○○ ×丁目×番×号	7・3・14	100,900	〃	100,900
○○酒店	台東区○○ ×丁目×番×号	7・3・14	20,300	〃	20,300
○○葬儀社	台東区○○ ×丁目×番×号	7・3・14	1,500,000	〃	1,500,000
その他	（別紙のとおり）	・ ・	87,800	〃	87,800
合計			3,359,600		

3 債務及び葬式費用の合計額

債務などを承継した人の氏名			（各人の合計）	東山 京子	東山 太郎		
債務	負担することが確定した債務	①	円 24,056,340	円	円 24,056,340	円	円
債務	負担することが確定していない債務	②					
債務	計（①+②）	③	24,056,340		24,056,340		
葬式費用	負担することが確定した葬式費用	④	3,359,600	3,359,600			
葬式費用	負担することが確定していない葬式費用	⑤					
葬式費用	計（④+⑤）	⑥	3,359,600	3,359,600			
合計（③+⑥）		⑦	27,415,940	3,359,600	24,056,340		

（注）1　各人の⑦欄の金額を第１表のその人の「債務及び葬式費用の金額③」欄に転記します。
　　2　③、⑥及び⑦欄の金額を第15表の㉝、㉞及び㉟欄にそれぞれ転記します。

第13表（令5.7）　　（資4－20－14－Ａ4統一）

純資産価額に加算される暦年課税分の贈与財産価額及び特定贈与財産価額・出資持分の定めのない法人などに遺贈した財産・特定の公益法人などに寄附した相続財産・特定公益信託のために支出した相続財産の明細書

被相続人　東山 一男

第14表（令和5年4月分以降用）

1　純資産価額に加算される暦年課税分の贈与財産価額及び特定贈与財産価額の明細

この表は、相続、遺贈や相続時精算課税に係る贈与によって財産を取得した人（注）が、その相続開始前3年以内に被相続人から暦年課税に係る贈与によって取得した財産がある場合に記入します。

（注）被相続人から租税特別措置法第 70 条の 2 の 2（直系尊属から教育資金の一括贈与を受けた場合の贈与税の非課税）第 12 項第 1 号に規定する管理残額及び同法第 70 条の 2 の 3（直系尊属から結婚・子育て資金の一括贈与を受けた場合の贈与税の非課税）第 12 項第 2 号に規定する管理残額以外の財産を取得しなかった人（その人が被相続人から相続時精算課税に係る贈与によって財産を取得している場合を除きます。）は除きます。

番号	贈与を受けた人の氏名	贈与年月日	相続開始前3年以内に暦年課税に係る贈与を受けた財産の明細 種類	細目	所在場所等	数量	①価額	② ①の価額のうち特定贈与財産の価額	③ 相続税の課税価格に加算される価額（①－②）
1	東山 京子	5・1・9	土地	宅地	台東区〇〇 1丁目×番×号	117.64㎡	19,998,800円	19,998,800円	0円
2	東山 京子	2・6・1	現金預貯金	現金	〃		1,000,000		1,000,000
3	東山 葉子	3・6・1	〃	〃	〃		2,000,000		2,000,000
4		・・							

贈与を受けた人ごとの③欄の合計額	氏名	（各人の合計）	東山 京子	東山 葉子		
	④金額	3,000,000円	1,000,000円	2,000,000円	円	円

上記「②」欄において、相続開始の年に被相続人から贈与によって取得した居住用不動産や金銭の全部又は一部を特定贈与財産としている場合には、次の事項について、「（受贈配偶者）」及び「（受贈財産の番号）」の欄に所定の記入をすることにより確認します。

（受贈配偶者）　**（受贈財産の番号）**

私［東山 京子］は、相続開始の年に被相続人から贈与によって取得した上記［1］の特定贈与財産の価額については贈与税の課税価格に算入します。

なお、私は、相続開始の年の前年以前に被相続人からの贈与について相続税法第21条の6第1項の規定の適用を受けていません。

（注）④欄の金額を第1表のその人の「純資産価額に加算される暦年課税分の贈与財産価額⑤」欄及び第15表の㊲欄にそれぞれ転記します。

2　出資持分の定めのない法人などに遺贈した財産の明細

この表は、被相続人が人格のない社団又は財団や学校法人、社会福祉法人、宗教法人などの出資持分の定めのない法人に遺贈した財産のうち、相続税がかからないものの明細を記入します。

遺贈した財産の明細 種類	細目	所在場所等	数量	価額	出資持分の定めのない法人などの所在地、名称
				円	
		合計			

3　特定の公益法人などに寄附した相続財産又は特定公益信託のために支出した相続財産の明細

私は、下記に掲げる相続財産を、相続税の申告期限までに、

⑴ 国、地方公共団体又は租税特別措置法施行令第 40 条の 3 に規定する法人に対して寄附をしましたので、租税特別措置法第 70 条第 1 項の規定の適用を受けます。

⑵ 租税特別措置法施行令第40条の4第3項の要件に該当する特定公益信託の信託財産とするために支出しましたので、租税特別措置法第70条第3項の規定の適用を受けます。

⑶ 特定非営利活動促進法第2条第3項に規定する認定特定非営利活動法人に対して寄附をしましたので、租税特別措置法第70条第10項の規定の適用を受けます。

寄附（支出）年月日	寄附（支出）した財産の明細 種類	細目	所在場所等	数量	価額	公益法人等の所在地・名称（公益信託の受託者及び名称）	寄附（支出）をした相続人等の氏名
5・10・2	現金預貯金	現金	台東区×× 1丁目×番×号		2,000,000円	日本赤十字社	東山 京子
・・							
			合計		2,000,000		

（注）この特例の適用を受ける場合には、期限内申告書に一定の受領書、証明書類等の添付が必要です。

第14表（令5.7）　（資4－20－15－A4統一）

■ **相続財産の種類別価額表**（この表は、第11表から第14表までの記載に基づいて記入します。） ■

F D 3 5 3 9

第15表（令和2年4月分以降用）

○この申告書は機械で読み取りますので、黒ボールペンで記入してください。

（単位は円）

種類	細目	番号	被相続人 東山一男（各人の合計）	（氏名）東山 京子
※	整理番号		被相続人	
土地（土地の上に存する権利を含みます。）	田	①		
	畑	②		
	宅地	③	139466000	97216000
	山林	④	5177100	
	その他の土地	⑤		
	計	⑥	144643100	97216000
	③のうち配偶者居住権に基づく敷地利用権	⑦		
	⑥のうち特例農地等　通常価額	⑧		
	⑥のうち特例農地等　農業投資価格による価額	⑨		
家屋等		⑩	24275950	12231050
	⑩のうち配偶者居住権	⑪		
事業（農業）用財産	機械、器具、農耕具、その他の減価償却資産	⑫		
	商品、製品、半製品、原材料、農産物等	⑬		
	売掛金	⑭		
	その他の財産	⑮		
	計	⑯		
有価証券	特定同族会社の株式及び出資　配当還元方式によったもの	⑰	50000	50000
	特定同族会社の株式及び出資　その他の方式によったもの	⑱	69000000	69000000
	⑰及び⑱以外の株式及び出資	⑲	31085000	7830000
	公債及び社債	⑳	6590700	
	証券投資信託、貸付信託の受益証券	㉑	6902700	
	計	㉒	113628400	76880000
現金、預貯金等		㉓	81158343	26588600
家庭用財産		㉔	2500000	2500000
その他の財産	生命保険金等	㉕	60397608	
	退職手当金等	㉖	30000000	30000000
	立木	㉗	2578050	
	その他	㉘	32250700	7750700
	計	㉙	125226358	37750700
合計（⑥＋⑩＋⑯＋㉒＋㉓＋㉔＋㉙）		㉚	491432151	253166350
相続時精算課税適用財産の価額		㉛	24626035	
不動産等の価額（⑥＋⑩＋⑫＋⑰＋⑱＋㉗）		㉜	240547100	178497050
債務等	債務	㉝	24056340	
	葬式費用	㉞	3359600	3359600
	合計（㉝＋㉞）	㉟	27415940	3359600
差引純資産価額（㉚＋㉛－㉟）（赤字のときは0）		㊱	488642246	249806750
純資産価額に加算される暦年課税分の贈与財産価額		㊲	3000000	1000000
課税価格（㊱＋㊲）（1,000円未満切捨て）		㊳	491640000	250806000

※税務署整理欄	申告区分		年分		名簿番号		申告年月日		グループ番号	

※の項目は記入する必要がありません。

第15表（令5.7）　（資4－20－16－1－A4統一）

相続財産の種類別価額表（続）（この表は、第11表から第14表までの記載に基づいて記入します。）

FD3540

第15表（続）（令和２年４月分以降用）

○この申告書は機械で読み取りますので、黒ボールペンで記入してください。

※の項目は記入する必要がありません。

（単位は円）

被相続人　東山 一男

種類	細目		番号	（氏名）東山 太郎	（氏名）東山 葉子
	※整理番号				
土地（土地の上に存する権利を含みます。）	田		①		
	畑		②		
	宅地		③	19700000	22550000
	山林		④	5177100	
	その他の土地		⑤		
	計		⑥	24877100	22550000
	③のうち配偶者居住権に基づく敷地利用権		⑦		
	⑥のうち特例農地等	通常価額	⑧		
		農業投資価格による価額	⑨		
家屋等			⑩		12044900
	⑩のうち配偶者居住権		⑪		
事業（農業）用財産	機械、器具、農耕具、その他の減価償却資産		⑫		
	商品、製品、半製品、原材料、農産物等		⑬		
	売掛金		⑭		
	その他の財産		⑮		
	計		⑯		
有価証券	特定同族会社の株式及び出資	配当還元方式によったもの	⑰		
		その他の方式によったもの	⑱		
	⑰及び⑱以外の株式及び出資		⑲	9155000	14100000
	公債及び社債		⑳		6590700
	証券投資信託、貸付信託の受益証券		㉑	5240700	1662000
	計		㉒	14395700	22352700
現金、預貯金等			㉓	23485611	31084132
家庭用財産			㉔		
その他の財産	生命保険金等		㉕	35750657	24646951
	退職手当金等		㉖		
	立木		㉗	2578050	
	その他		㉘	24500000	
	計		㉙	62828707	24646951
合計（⑥＋⑩＋⑯＋㉒＋㉓＋㉔＋㉙）			㉚	125587118	112678683
相続時精算課税適用財産の価額			㉛	24626035	
不動産等の価額（⑥＋⑩＋⑫＋⑰＋⑱＋㉗）			㉜	27455150	34594900
債務等	債務		㉝	24056340	
	葬式費用		㉞		
	合計（㉝＋㉞）		㉟	24056340	
差引純資産価額（㉚＋㉛－㉟）（赤字のときは０）			㊱	126156813	112678683
純資産価額に加算される暦年課税分の贈与財産価額			㊲		2000000
課税価格（㊱＋㊲）（1,000円未満切捨て）			㊳	126156000	114678000

※税務署整理欄	申告区分		年分		名簿番号		申告年月日		グループ番号	

第15表(続)（令５.７）　　（資４－20－16－２－Ａ４統一）

第8章　相続税の申告と納税

1　相続税の申告書の提出義務者等

⑴　相続税の申告書の提出義務者

遺産の総額（課税価格の合計額㈱）が遺産に係る基礎控除額（3,000万円＋600万円×法定相続人の数）を超える場合において、配偶者の税額軽減の規定の適用がないものとして相続税額の計算を行ったときに、納付すべき税額が算出される相続人又は受遺者は、相続税の申告書を提出しなければなりません（相法27①、相基通27－1）。

㈱　小規模宅地等についての相続税の課税価格の計算の特例、特定計画山林についての相続税の課税価格の計算の特例及び国等に対して相続財産を贈与した場合等の相続税の非課税等の特例を適用しない場合における課税価格の合計額をいいます。

なお、同一の被相続人から相続や遺贈によって財産を取得した者のうちに、相続税の申告書を提出しなければならない者が2名以上ある場合には、それらの者は、相続税の申告書を共同で提出することができます（相法27⑤、相令7）。

＜相続税の申告書の提出義務者＞

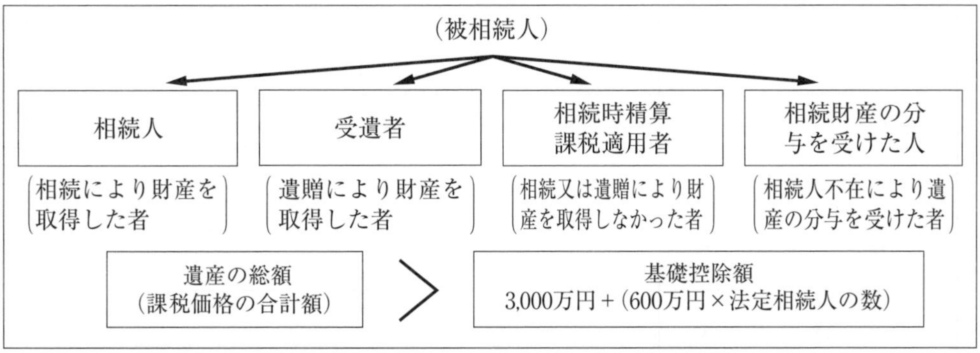

※　平成6年1月1日から平成26年12月31日までの間の相続・遺贈に係る基礎控除額は、「5,000万円＋1,000万円×法定相続人の数」とされていました。

⑵　相続税の申告書の提出期限

相続税の申告書を提出しなければならない者は、その相続の開始があったことを知った日の翌日から10か月以内に、相続税の申告書を提出しなければなりません（相法27①）。

なお、その者が、国税通則法第117条第2項の規定による納税管理人の届出をしないで上記の期間内に日本に住所及び居所を有しないこととなるときは、その出国の日までに申告書を提出しなければなりません（相法27①かっこ書）。したがって、上記の期間内に出国する者が、他の相続人と同様に、相続の開始があったことを知った日の翌日から10か月以内の期限をもって申告をするためには、その出国の日までに次ページの「納税管理人届出書」を提出しなければなりません。

税務署受付印

納税管理人届出書

令和____年____月____日提出 ________ 税務署長	(フリガナ)	
	納税地	(〒　　－　　) (電話　　－　　－　　)
	(フリガナ)	
	氏名又は名称	
	(フリガナ)	
	(法人等の場合) 代表者等氏名	
	個人番号又は法人番号	↓個人番号の記載に当たっては、左端を空欄とし、ここから記載してください。
	生年月日	大正・昭和 平成・令和　____年____月____日生

相続税
贈与税　の納税管理人として次の者を定めたので届出します。

納税管理人	(フリガナ)	
	住所又は居所	(〒　　－　　) (電話　　－　　－　　)
	(フリガナ)	
	氏名又は名称	
	届出者との続柄(関係)	
	職業又は事業内容	
法の施行地外における住所又は居所となる場所		
納税管理人を定めた理由		
その他参考事項		(1) 出国(予定)年月日　平成・令和____年____月____日 　帰国(予定)年月日　平成・令和____年____月____日 (2) その他

関与税理士	(電話　　－　　－　　)

税務署整理欄	番号確認	身元確認	確認書類	整理番号	名簿番号
		□ 済 □ 未済	個人番号カード／通知カード・運転免許証 その他(　　　)		

(資3－21－A4統一)(令3.3)

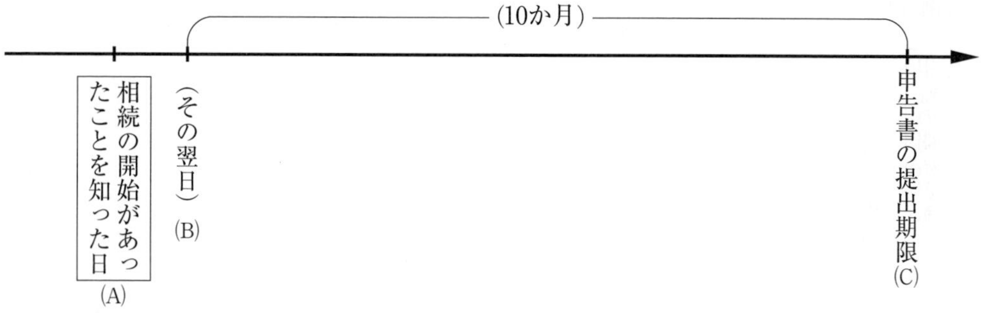

例えば、相続の開始があったことを知った日　(A)　令和６年２月２日
その翌日　(B)　令和６年２月３日
その翌日(B)から10か月目　(C)　令和６年12月２日

したがって、申告書の提出期限は、令和６年12月２日となります。

なお、(C)に当たる月に応当日がないとき、例えば、(A)の日が４月30日の場合の(C)の日は、その翌年の２月末日となります（通則法10①三）。

〔設例１〕

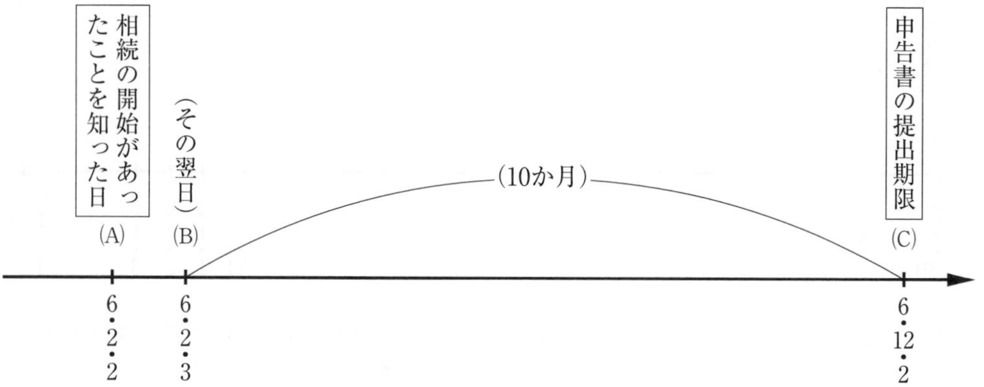

〔設例２〕

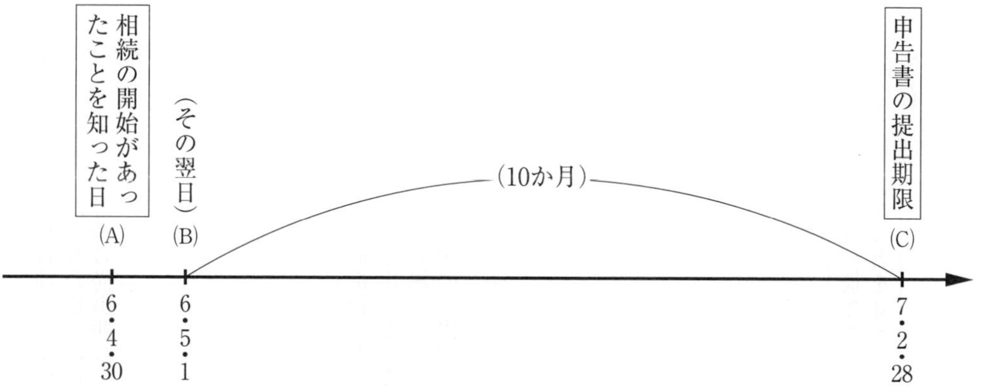

〔設例３〕

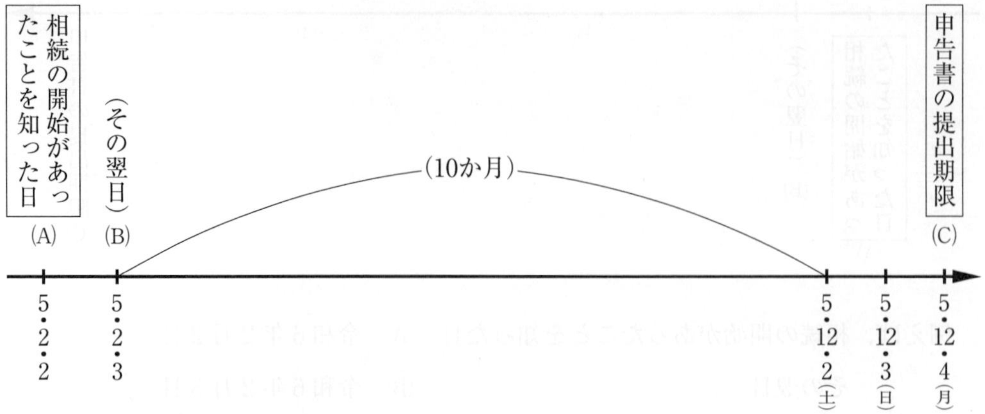

※　令和５年12月２日が土曜日に当たるため、(C)は、その翌々日に延長されて、令和４年12月４日となります（通則令２②）。

〔設例４〕

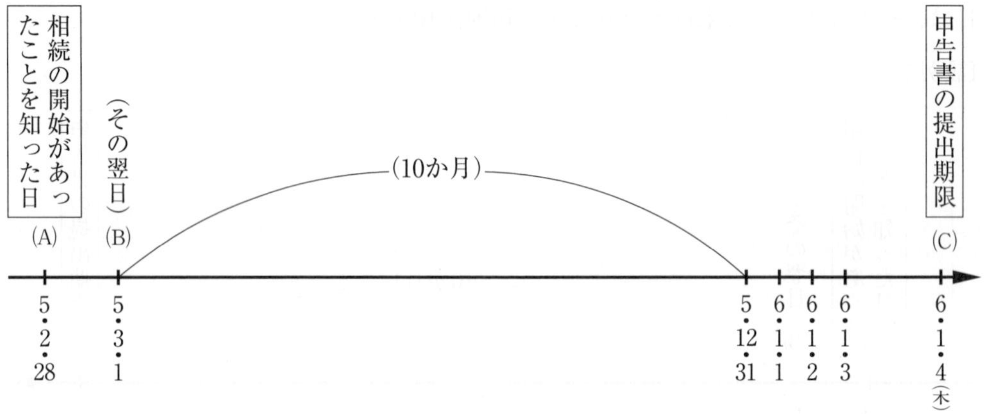

※１　国税通則法施行令第２条第２項の規定により、12月29日、30日、31日に申告期限が到来するものについては、翌年１月４日が申告期限になります。

２　なお、翌年１月４日が、土曜日の場合には１月６日が、日曜日の場合には１月５日が申告期限となります。

○　相続の開始があったことを知った日の翌日から10か月以内に日本に住所及び居所を有しないこととなる場合

〔設例５〕

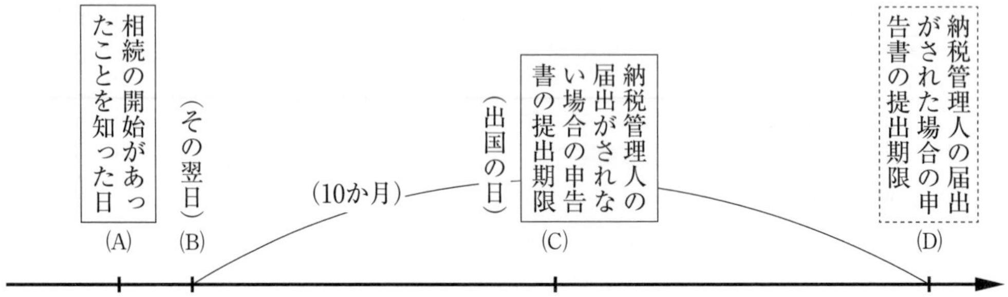

(3) 「相続の開始があったことを知った日」の意義

相続の開始があったことを知った日

⇧

「相続の開始があったことを知った日」とは、単に、相続開始の事実を知った日すなわち、被相続人が死亡したことを知った日をいうのではなく、「自己のために相続の開始があったことを知った日」をいいます。したがって、次の左に掲げる者については右に掲げる日をその「相続の開始があったことを知った日」として取り扱うこととされています（相基通27－４）。

①	失踪宣告を受け死亡したものとみなされた者の相続人又は受遺者	➡	それらの者がその失踪宣告に関する審判の確定のあったことを知った日
②	相続開始後においてその相続に係る相続人について失踪宣告があり、その死亡したとみなされた日がその相続開始前であることにより相続人となった者	➡	その者がその失踪宣告に関する審判の確定のあったことを知った日
③	失踪宣告の取消しがあったことにより相続開始後において相続人となった者	➡	その者がその失踪宣告の取消しに関する審判の確定のあったことを知った日
④	認知に関する裁判又は相続人の廃除の取消しに関する裁判の確定により相続開始後において相続人となった者	➡	その者がその裁判の確定を知った日
⑤	相続人の廃除に関する裁判の確定により相続開始後において、相続人となった者	➡	その者がその裁判の確定を知った日
⑥	相続について既に生まれたものとみなされる胎児	➡	法定代理人がその胎児の生まれたことを知った日
⑦	相続開始の事実を知ることができる弁識能力のない幼児等	➡	法定代理人がその相続の開始のあったことを知った日（相続開始の時に法定代理人がないときは、後見人の選任された日）
⑧	遺贈（被相続人から相続人に対する遺贈を除きます。）によって財産を取得した者	➡	自己のためにその遺贈のあったことを知った日
⑨	停止条件付の遺贈（被相続人から相続人に対する遺贈を除きます。）によって財産を取得した者	➡	その条件が成就した日

※　これらの場合において、相続又は遺贈により取得した財産の相続税の課税価格に算入すべき価額は、上記の右に掲げる日における価額ではなく、相続開始の時の価額によることとなります（相基通27－４㈳）。

(4)　相続税の申告期限の特例

災害その他やむを得ない事由があったことにより、相続税の申告書を法定申告期限までに提出できない場合には税務署長等の職権又は納税義務者からの申請により法定申告期限が延長されることがあります（通則法11、通則令３、相基通27－５、27－６、措法69の８①②)。

<table>
<tr><th colspan="3">事由又は理由</th><th>手　続</th><th>申告期限の延長の内容</th></tr>
<tr><td rowspan="11">相続税の申告期限の特例</td><td colspan="2">①　災害その他やむを得ない理由
（通則法11）</td><td>税務署長等の職権
申告義務者の相当期間内の申請</td><td>その理由のやんだ日から２か月以内の期限の延長</td></tr>
<tr><td rowspan="8">②　申告書の提出期限が右の事由の生じた日後１か月以内に到来するとき（相基通27－５）</td><td>㋑　認知、相続人の廃除又はその取消しに関する裁判の確定、相続の回復、相続の放棄の取消しその他の事由により相続人に異動を生じたこと</td><td rowspan="7">相続人等の申請
（左の認知された子等の相続人、遺留分侵害額の請求をした相続人、失踪宣告がなされた相続人、出生したことにより相続人となった胎児らを除きます。）</td><td rowspan="7">左の事由が生じたことを知った日から２か月の範囲内で延長</td></tr>
<tr><td>㋺　遺留分侵害額の請求に基づき支払うべき金銭の額が確定したこと</td></tr>
<tr><td>㋩　遺贈に係る遺言書が発見され､又は遺贈の放棄があったこと</td></tr>
<tr><td>㊁　相続又は遺贈により取得した財産についての権利の帰属に関する訴えについての判決があったこと</td></tr>
<tr><td>㋭　相続の開始後に認知された者の価額の支払請求権に基づく請求があったことにより弁済すべき額が確定したこと</td></tr>
<tr><td>㋬　相続人について失踪宣告があったこと</td></tr>
<tr><td>㋣　既に生まれたものとみなされる胎児が生まれたこと</td></tr>
<tr><td>③　死亡退職手当金等の支給額が確定した場合
（相基通27－５）</td><td>相続人等の申請</td><td>その確定があったことを知った日から２か月の範囲内で延長</td></tr>
<tr><td colspan="2">④　相続人となるべき胎児がある場合で胎児が生まれたものとして課税価格及び相続税額を計算した場合において、他の相続人等の申告義務がなくなるとき
（相基通27－６）</td><td>その胎児以外の相続人等の申請</td><td>胎児の生まれた日後２か月の範囲内で延長</td></tr>
<tr><td colspan="2">⑤　租税特別措置法第69条の６《特定土地等及び特定株式等に係る相続税の課税価格の計算の特例》第１項の適用を受けることができる者がいる場合（措法69の８①②）</td><td>—</td><td>上記①の延長された期限と災害発生日の翌日から10か月を経過する日のいずれか遅い日まで延長</td></tr>
</table>

(5) 相続財産の分与を受けた場合

相続人がいないため家庭裁判所から民法第958条の２《特別縁故者に対する相続財産の分与》による相続財産の分与を受けた者は、その分与を受けた財産（分与を受けた財産はその受けた時における時価で遺贈により取得したものとみなされます（相法４①）。）について納付すべき相続税額がある場合には、相続税の申告書を提出しなければなりません（相法29①）。

なお、この分与は家庭裁判所の審判により、相続財産法人となっていた相続財産の全部又は一部の分与を受けることになりますが、この場合にはその分与を受けることを知った日の翌日から10か月以内に相続税の申告書を提出しなければなりません（相法29①）。

ところで、この「分与を受けることを知った日」とは、特別縁故者の請求に基づく家庭裁判所による相続財産の分与に係る審判があったことを知った日をいいます。

すなわち、被相続人が死亡して相続が開始したものの相続人がいるのかいないのかはっきりしない状態（これを「相続人不存在」といいます。）においては、相続財産が相続財産法人という特別な財団法人として擬制され、下図のような経緯を経て、分与に係る審判がなされることとなります。

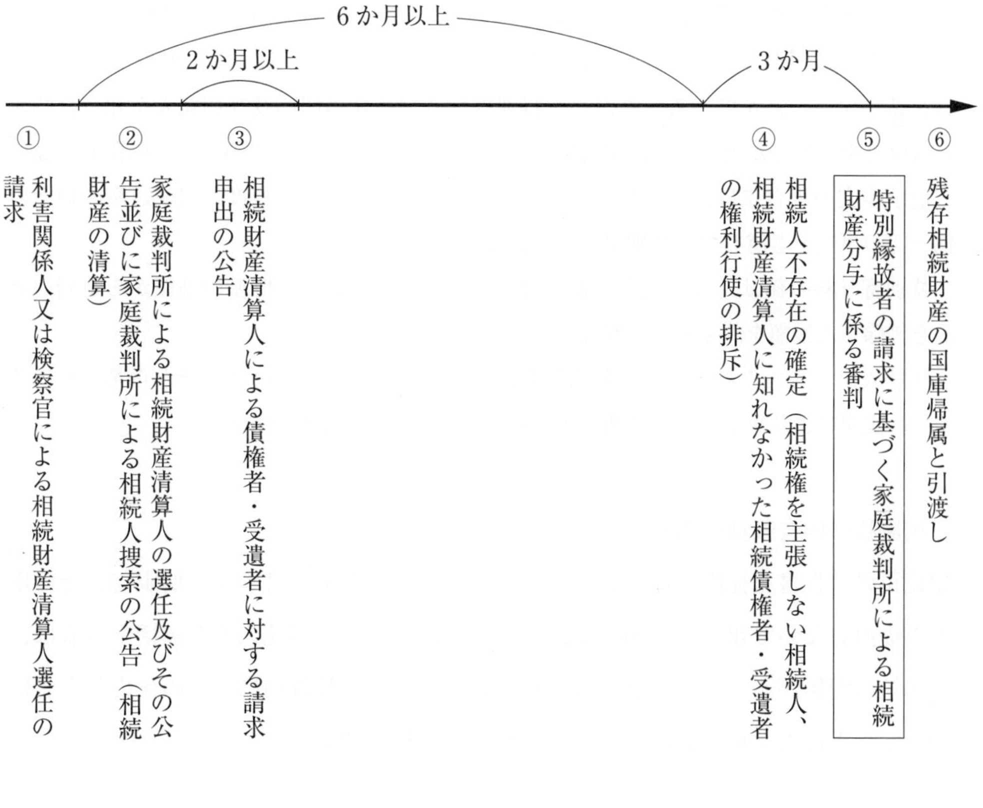

⑹　特別寄与料を受けた場合

特別寄与者が支払を受けるべき民法第1050条による特別寄与料の額が確定した場合には、その特別寄与者が、特別寄与料の額に相当する金額を、その特別寄与者による特別の寄与を受けた被相続人から遺贈により取得したものとみなされます（相法４②）。

したがって、この場合において納付すべき相続税額があるときは、特別寄与料の額が確定したことを知った日の翌日から10か月以内に、相続税の申告書を提出しなければなりません（相法29①）。

〔参考〕

○　民法（民法及び家事事件手続法の一部を改正する法律（平成30年法律第72号）による改正後）（抄）

第10章　特別の寄与

第1050条　被相続人に対して無償で療養看護その他の労務の提供をしたことにより被相続人の財産の維持又は増加について特別の寄与をした被相続人の親族（相続人、相続の放棄をした者及び第八百九十一条の規定に該当し又は廃除によってその相続権を失った者を除く。以下この条において「特別寄与者」という。）は、相続の開始後、相続人に対し、特別寄与者の寄与に応じた額の金銭（以下この条において「特別寄与料」という。）の支払を請求することができる。

２　前項の規定による特別寄与料の支払について、当事者間に協議が調わないとき、又は協議をすることができないときは、特別寄与者は、家庭裁判所に対して協議に代わる処分を請求することができる。ただし、特別寄与者が相続の開始及び相続人を知った時から六箇月を経過したとき、又は相続開始の時から一年を経過したときは、この限りでない。

３　前項本文の場合には、家庭裁判所は、寄与の時期、方法及び程度、相続財産の額その他一切の事情を考慮して、特別寄与料の額を定める。

４　特別寄与料の額は、被相続人が相続開始の時において有した財産の価額から遺贈の価額を控除した残額を超えることができない。

５　相続人が数人ある場合には、各相続人は、特別寄与料の額に第九百条から第九百二条までの規定により算定した当該相続人の相続分を乗じた額を負担する。

⑺　相続税の申告義務の承継

相続税の申告書を提出しなければならない者が、その申告書の提出期限前にその申告書を提出しないで死亡した場合には、その死亡した者の相続人及び包括受遺者は、その相続の開始があったことを知った日の翌日から10か月以内に、その死亡した者に代わって、申告書を提出しなければなりません（相法27②）。

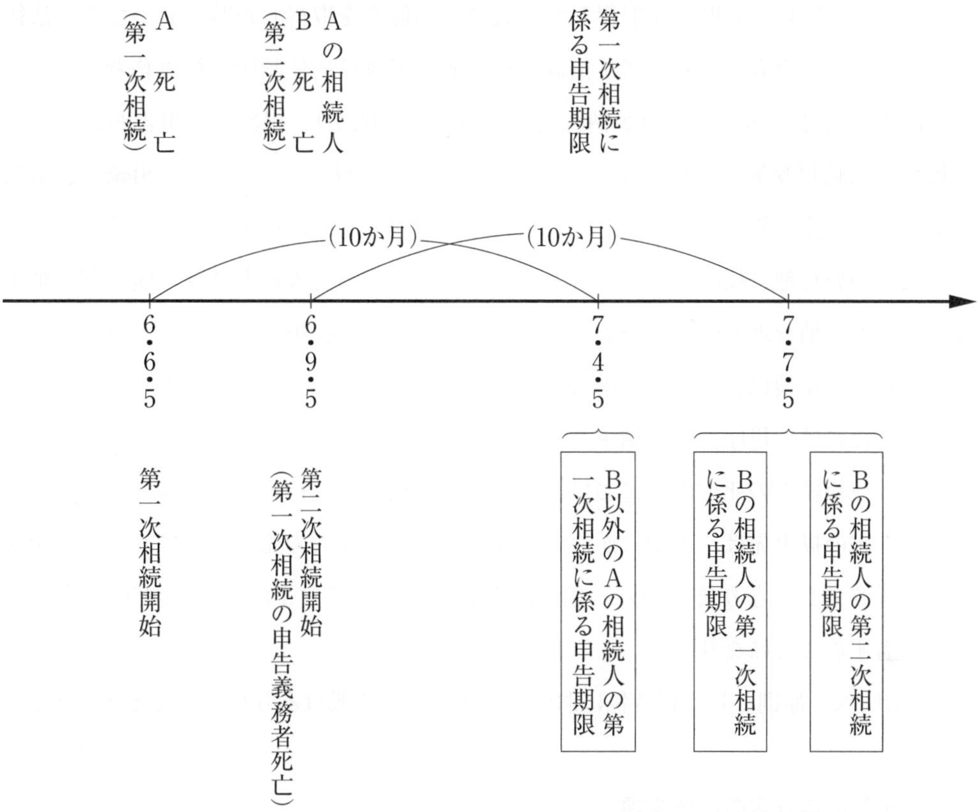

なお、相続時精算課税適用者が、その適用に係る贈与者（特定贈与者）の死亡以前に死亡していた場合、相続時精算課税適用者に係る権利義務を同人の相続人及び包括受遺者（特定贈与者を除きます。）が承継し、特定贈与者の死亡に係る相続税について、その相続時精算課税適用者に係る申告や、納税又は還付について手続を行うこととなります（相法21の17）。

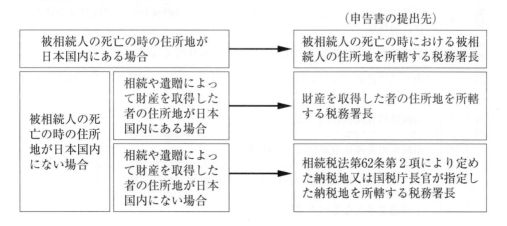

(8)　相続税の申告書の提出先

		（申告書の提出先）
被相続人の死亡の時の住所地が日本国内にある場合		被相続人の死亡の時における被相続人の住所地を所轄する税務署長
被相続人の死亡の時の住所地が日本国内にない場合	相続や遺贈によって財産を取得した者の住所地が日本国内にある場合	財産を取得した者の住所地を所轄する税務署長
	相続や遺贈によって財産を取得した者の住所地が日本国内にない場合	相続税法第62条第２項により定めた納税地又は国税庁長官が指定した納税地を所轄する税務署長

相続又は遺贈により財産を取得した個人でその財産を取得した時においてこの法律の施行地に住所を有する者（居住無制限納税義務者及び居住制限納税義務者）は、相続税法の施行地にある住所地が納税地となり（相法62①)、相続税の申告書は、その納税地の所轄税務署長に提出することになります（相法27①)。また、相続又は遺贈によりこの法律の施行地にある財産を取得した個人でその財産を取得した時においてこの法律の施行地に住所を有しない者（非居住無制限納税義務者及び非居住制限納税義務者）も、納税地の所轄税務署長に相続税の申告書を提出すべきこととされていますが、その納税地は、その者が納税地を定めて申告した場合はそれにより、その申告がない場合には国税庁長官が納税地を指定することとされています（相法62②)。

なお、被相続人の死亡の時における住所が相続税法の施行地にある場合には、相続税の申告書の提出先は、上記にかかわらず、当該被相続人の死亡の時における住所地の所轄税務署長となりますから（相法附則３、相基通27－３)、ほとんどの場合、これに該当することになります。

したがって、原則として相続税においては納税地の異動はあり得ないこととなります。

(9) 相続税の申告書の記載事項

相続税の申告書には、次の事項を記載しなければなりません（相規13)。

なお、相続税の申告書様式を使用することにより、これらの事項を記載できるようになっています。

相続税の申告書の記載事項	①	課税価格及び相続税額
	②	同一の被相続人から相続又は遺贈により財産を取得した全ての者に係る相続税の課税価格の合計額及び相続税の総額その他相続税額の計算の基礎となる事項
	③	納税義務者の氏名及び住所又は居所並びに個人番号又は法人番号
	④	納税管理人が申告書を提出する場合には、その納税管理人の氏名及び住所並びに納税地
	⑤	被相続人の氏名及びその死亡の時における住所又は居所
	⑥	相続又は遺贈によって取得した財産の種類、数量、価額及び所在場所の明細、当該財産の取得の事由並びにその取得の年月日
	⑦	相続時精算課税に関する事項
	⑧	相続税の非課税財産に関する事項
	⑨	債務控除及び相続税額の控除並びに相続税額の加算に関する事項
	⑩	その他参考となるべき事項

※　申告書に記載すべき事項のうち、その一部について記載のないものの提出があった場合においても、その欠陥を税務署長が照会することにより補正することができる程度のものであるときは、その提出があった日において申告書が提出されたものとして取り扱われます（相基通27－７）。

2　遺産未分割の場合の相続税の申告

相続税の申告は、原則として、相続人又は受遺者が相続又は遺贈により取得した財産について、課税価格及び税額を計算して申告しなければなりませんが、実際の申告においては、相続税の申告書の提出期限までに遺産の分割がなされないために、各相続人の取得部分が確定しない場合があります。

このように、相続税の申告書の提出期限までに遺産の分割が行われない場合において、相続税の申告と納税の期限を延期することは、分割の有無によって、相続税の実質負担を左右することとなり、課税の公平に反することとなりかねないので、民法（民法第904条の２《寄与分》に規定するものを除きます。）に規定する相続分又は包括遺贈の割合により、取得した相続財産の価額及び承継債務の金額を計算し、これにより相続税の申告をすることとされています（相法55）。

⑴　申告期限において遺産が未分割の場合

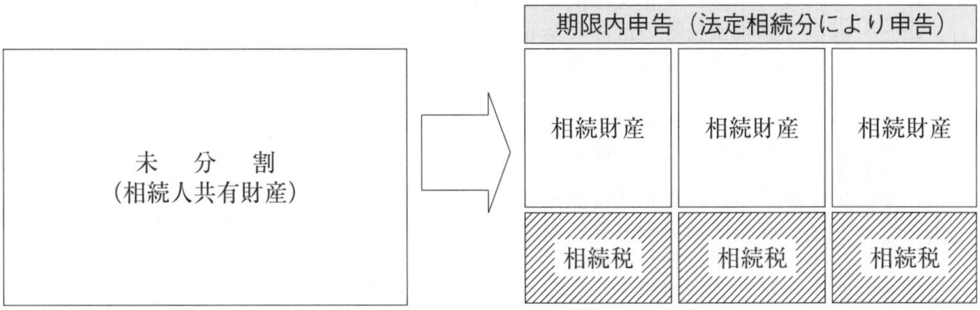

⑵　申告期限後において遺産分割が成立

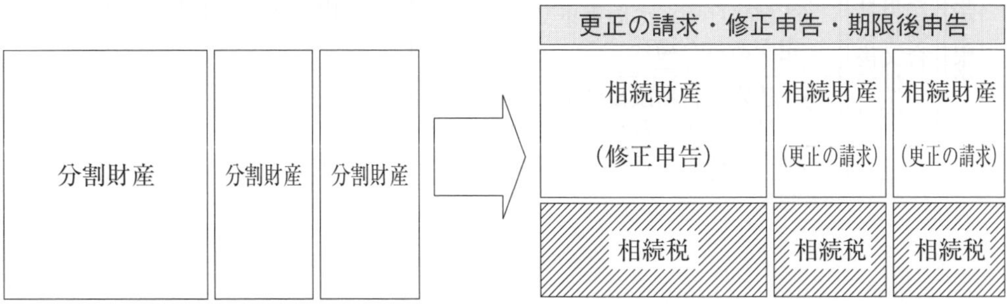

未分割財産が分割されたことにより、上記⑴の申告（又は決定）に係る相続税額よ

り上記(2)の相続税額が増加した場合又は減少した場合には、修正申告又は更正の請求を（相法31①、32①一）、また、新たに申告納税義務が発生した場合には、期限後申告をそれぞれすることができます（相法30①）。

3　相続税の期限後申告等

(1)　国税通則法の規定に基づく期限後申告・修正申告・更正の請求

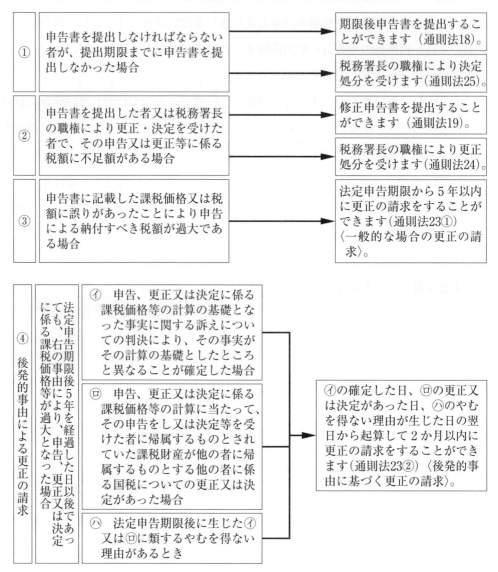

	場合	
①	申告書を提出しなければならない者が、提出期限までに申告書を提出しなかった場合	→ 期限後申告書を提出することができます（通則法18）。 → 税務署長の職権により決定処分を受けます（通則法25）。
②	申告書を提出した者又は税務署長の職権により更正・決定を受けた者で、その申告又は更正等に係る税額に不足額がある場合	→ 修正申告書を提出することができます（通則法19）。 → 税務署長の職権により更正処分を受けます（通則法24）。
③	申告書に記載した課税価格又は税額に誤りがあったことにより申告による納付すべき税額が過大である場合	→ 法定申告期限から５年以内に更正の請求をすることができます（通則法23①）〈一般的な場合の更正の請求〉。

④ 後発的事由による更正の請求	法定申告期限後5年を経過した日以後であっても、右の事由により、申告、更正又は決定に係る課税価格等が過大となった場合	㋑　申告、更正又は決定に係る課税価格等の計算の基礎となった事実に関する訴えについての判決により、その事実がその計算の基礎としたところと異なることが確定した場合 ㋺　申告、更正又は決定に係る課税価格等の計算に当たって、その申告をし又は決定等を受けた者に帰属するものとされていた課税財産が他の者に帰属するものとする他の者に係る国税についての更正又は決定があった場合 ㋩　法定申告期限後に生じた㋑又は㋺に類するやむを得ない理由があるとき	→ ㋑の確定した日、㋺の更正又は決定があった日、㋩のやむを得ない理由が生じた日の翌日から起算して２か月以内に更正の請求をすることができます（通則法23②）〈後発的事由に基づく更正の請求〉。

⑵　相続税法の規定に基づく期限後申告・修正申告・更正の請求

申告書の提出期限後、又は申告書を提出した後若しくは決定があった後に右の事由が生じた場合（相法32①一～六）

- ①　未分割遺産が共同相続人又は包括受遺者により分割されたこと
- ②　認知、相続人の廃除又はその取消しに関する裁判の確定、相続の回復、相続の放棄の取消し等により相続人に異動が生じたこと
- ③　遺留分侵害額の請求に基づき支払うべき金銭の額が確定したこと（注１）
- ④　遺贈に係る遺言書が発見され、又は遺贈の放棄があったこと
- ⑤　条件を付して物納が許可された場合において、その条件に係る物納財産の性質その他の事情に関して一定の事由が生じたこと
- ⑥　相続若しくは遺贈又は贈与により取得した財産についての権利の帰属に関する訴えについての判決があったこと（相令８②一）
  民法第910条《相続の開始後に認知された者の価額の支払請求権》の規定による請求があったことにより弁済すべき額が確定したこと（相令８②二）
  条件付の遺贈（停止条件付遺贈、解除条件付遺贈）又は期限付の遺贈（始期付遺贈、終期付遺贈）について、条件が成就し、又は期限が到来したこと（相令８②三）

→
- 新たに申告書を提出すべき要件に該当することとなった場合（相法30）→ 期限後申告
- 既に確定した相続税額に不足を生じた場合（相法31①）→ 修正申告
- 申告又は決定に係る課税価格及び相続税額が過大となった場合（相法32）→ 左の事由が生じたことを知った日の翌日から４か月以内に更正の請求

- ・国外転出時課税又は国外転出（贈与等）課税に係る納税猶予の特例の適用を受けた者に係る納税猶予分の所得税額の納付義務を承継したその者の相続人（所法137の２⑬、137の３⑮）が当該納税猶予分の所得税額に相当する所得税を納付することとなったこと（相法32①九）
- ・国外転出時（贈与等）課税の適用を受けた者（所法60の３）の相続人で国外転出時（贈与等）課税に係る納税猶予の特例の適用を受けるもの（所法137の３②）が相続等納税猶予分の所得税額に相当する所得税を納付することとなったことと（相法32①九、相令８③）

→ 申告又は決定に係る課税価格及び相続税額が過大となった場合（相法32）→ 左の事由が生じたことを知った日の翌日から４か月以内に更正の請求

- ・相続財産法人に係る財産が被相続人の特別縁故者などに分与されたこと（相法32①七）
- ・特別寄与者が支払を受けるべき特別寄与料の額が確定した場合（相法32①七）（注２）

→
- 申告又は決定に係る課税価格及び相続税額が過大となった場合（相法32）→ 左の事由が生じたことを知った日の翌日から４か月以内に更正の請求
- 既に確定した相続税額に不足を生じた場合（相法31②）→ 義務的修正申告

㊟１　令和元年７月１日から適用されます（平成31年改正法附則１三ロ）。令和元年７月１日より前の場合は、遺留分による減殺の請求に基づき返還すべき、又は弁済すべき額が確定したこととなります。

２　令和元年７月１日以後に開始する相続に係る相続税又は贈与税について適用されます（平成31年改正法附則23④）。

※１　これらの期限後申告、修正申告については、延滞税についての特例が設けられています（相法51②一）。

２　配偶者の税額軽減の規定を適用して計算した相続税額が、遺産分割が行われた時以前に確定していた課税価格又は相続税額と異なることとなったときは、相続税法第32条の規定による更正の請求のほか、国税通則法第23条の規定による更正の請求もできますので、その更正の請求の期限は、その分割が行われた日から４か月を経過する日と、法定申告期限から５年を経過する日のいずれか遅い日として取り扱われます（相基通32－２）。

３　期限後申告及び修正申告に関する特則

①　相続税の当初の課税価格の計算の基礎に算入されなかった在外財産等（昭和20年８月15日において相続税法の施行地外にあった財産等をいいます。）についてその価額の算定ができることとなり、かつ、これを相続税の課税価格に算入すると新たに相続税の申告書を提出すべきこととなった場合には、その算定ができることとなった日の翌日から４か月以内に期限後申告書を提出すべきこととされています（措法69の３②）。なお、このような期限後申告書でその提出期限内に提出されたものは、期限内申告書とみなされます（措法69の３⑤一）。

②　相続税の申告書を提出した者で、当初の課税価格の計算の基礎に算入されなかった在外財産等についてその価額の算定ができることとなった場合には、その算定ができることとなった日の翌日から４か月以内に修正申告書を提出すべきこととされています（措法69の３①）。

③　特定の公益法人に贈与されて相続税の非課税の適用を受けた相続財産について、一定期間経過しても公益事業の用に供されない等のため相続税の課税価格に算入されることとなった場合には、その一定期間が経過した日の翌日から４か月以内に修正申告書を提出すべきこととされています（措法70⑥）。

④　相続税の申告書の提出期限後において、相続財産とみなされる退職手当金等の支給額の確定により新たに納付すべき相続税があることとなった者が提出した申告書については、相続税法第30条の規定による期限後申告書に該当するものとして取り扱われ、延滞税についての特例を適用することができます（相法51②一ロ）。

⑶　更正、決定の期間制限

国税通則法に規定する更正、決定の期間制限

Ⅰ　通常の場合（通則法70）

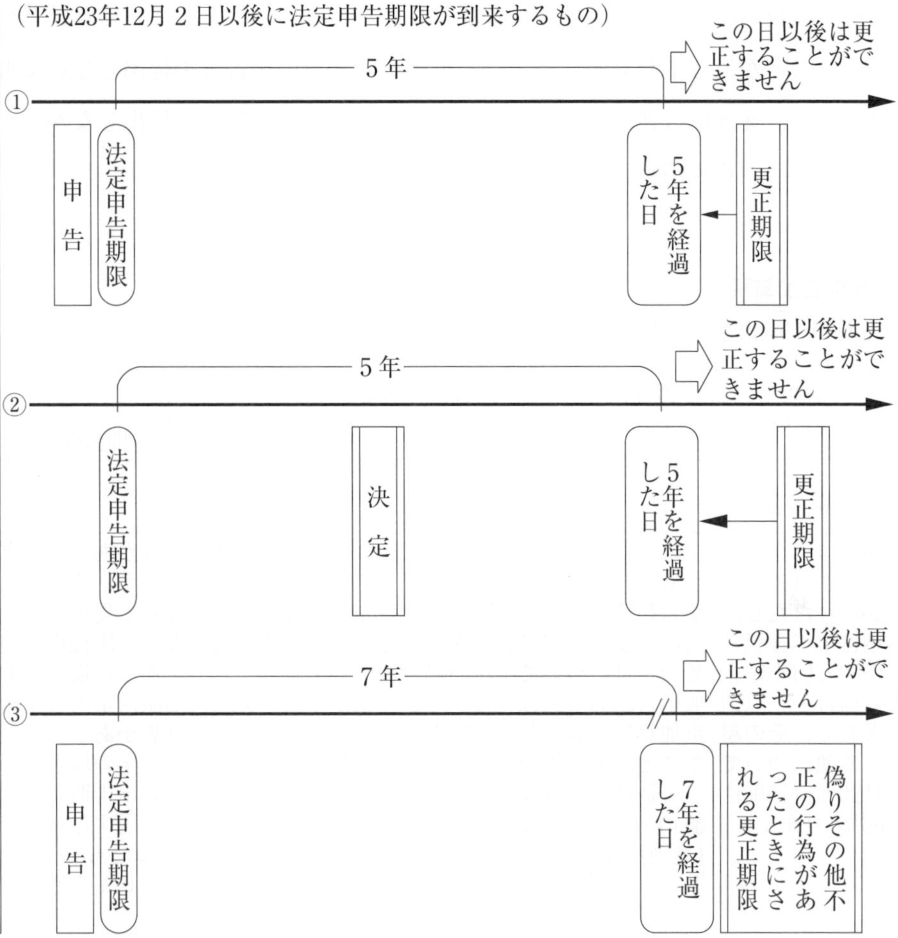

Ⅱ　期間制限の特例（通則法71）

	更正又は決定	更正又は決定の期間
①	更正決定についての不服申立て若しくは訴えについての裁決、決定若しくは判決（この⑶において、以下「裁決等」といいます。）による原処分の異動又は更正の請求に基づく更正に伴って課税価格又は税額に異動を生ずべき相続税又は贈与税につき、その裁決等又は更正を受けた者に係るものについての更正又は決定	その裁決等又は更正があった日から６か月間
②	相続税又は贈与税につき、その課税価格の計算の基礎となった事実のうちに含まれていた無効な行為により生じた経済的成果が、その行為が無効であることに基因して失われたこと、その事実のうちに含まれていた取り消しうべき行為が取り消されたこと等に基づいてする更正（減額）又はその更正に伴いその相続税又は贈与税に係る加算税についてする賦課決定	その理由が生じた日から３年間

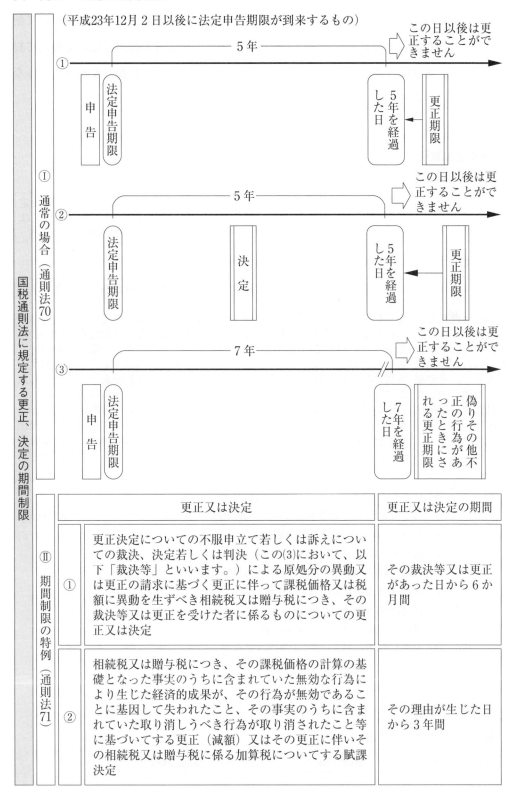

⑷　加算税

申告納税制度の下では、各納税者がそれぞれ正しい申告をして、それに基づいて納税することが最も重要です。そこで、申告期限までに申告書を提出しないで遅れて提出したり、又は申告書を提出すべき義務があるのに、申告書を提出しなかったような場合には、加算税が賦課されます。

無申告加算税

〈加算税が賦課される事由〉

①	期限後申告書の提出（通則法66①一）	②	決定処分（通則法66①一）	③	期限後申告書の提出後又は決定処分後の修正申告書の提出又は更正処分（通則法66①二）

〈加算税の割合〉

納付すべき税額の15％（通則法66①）ただし、納付すべき税額が50万円を超える場合……原則として、その超える額については20％（通則法66②）（※１）	上の①、②又は③があった日の前日から起算して５年前の日までの間に、その税目について、無申告加算税又は重加算税を課されたことがある場合……納付すべき税額の10％を加算（通則法66④）	上の①又は③の期限後申告書又は修正申告書の提出で更正又は決定があるべきことを予知してされたものでない場合において、 A　その提出が事前通知後にあったとき……納付すべき税額の10％（通則法66①かっこ書）（※２） B　その提出が事前通知前にあったとき……納付すべき税額の５％（通則法66⑥）	調査があったことにより決定があるべきことを予知して提出されたものでない期限後申告書の提出があった場合において、期限内申告書を提出する意思があったと認められる一定の場合で、かつ、法定申告期限から１か月を経過する日までに提出されたものである場合……０％（通則法66⑦）

令和６年１月１日以降に申告期限が致来するものについて

（※１）　納付すべき税額が300万円を超える時は、通則法66②規定にかかわらず次の税額に区分して以下のとおりとなります。（通則法66③）

a　50万円以下の部分に相当する税額　15％

b　50万円以上300万円以下の部分に相当する税額　20％

c　300万円を超える部分に相当する税額　30％

２　※１の各税額から５％減じた額

a　50万円以下の部分に相当する税額　10％

b　50万円以上300万円以下の部分に相当する税額　15％

c　300万円を超える部分に相当する税額　25％

過少申告加算税

〈加算税が賦課される事由〉

①	修正申告書の提出（通則法65①）	②	更正処分（通則法65①）

〈加算税の割合〉

納付すべき税額の10％（通則法65①）ただし、納付すべき税額が50万円又は期限内申告における納付すべき税額のいずれか多い額を超える場合……原則として、その超える額については15％（通則法65②）	上の①の修正申告書の提出で更正があるべきことを予知してされたものでない場合において、 A　その提出が事前通知後にあったとき……納付すべき税額の５％（通則法65①かっこ書） B　その提出が事前通知前にあったとき……０％（通則法65⑤）

重加算税

〈加算税が賦課される事由〉

①	過少申告加算税に該当する場合において、課税標準又は税額の計算の基礎となるべき事実を隠蔽又は仮装して申告したとき（通則法68①）	②	無申告加算税に該当する場合において、課税標準又は税額の計算の基礎となるべき事実を隠蔽、仮装して法定申告期限までに申告しないとき（通則法68②）

〈加算税の割合〉

納付すべき税額の35％	納付すべき税額の40％	上の①又は②の重加算税を課された際の期限後申告書若しくは修正申告書又は更正若しくは決定があった日の前日から起算して５年前の日までの間に、その税目について、無申告加算税又は、重加算税を課されたことがある場合 納付すべき税額の10％を左記の金額に加算（通則法68④）

令和６年１月１日以降に申告期限が致来するものについて

※　前年度及び前々年度につき、無申告重加算税が課された者の無申告行為の場合は、更に10％の加重措置となる。

〔設例１〕

期限内申告による税額　80万円　①

修正申告による税額　250万円　②

増差税額　170万円　③（②－①）

（③が①（①＞50万円）を上回るので、上回る部分については５％加重されます。）

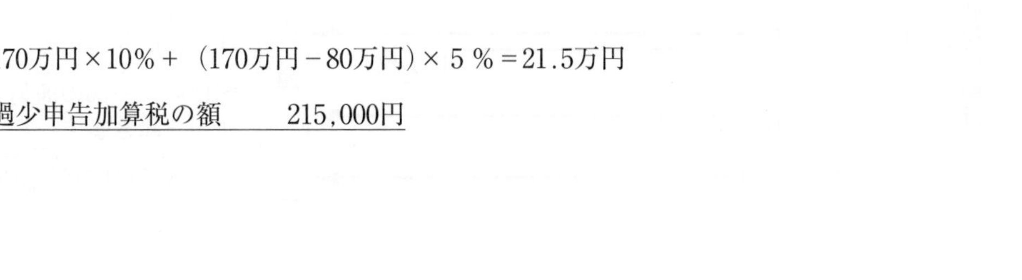

170万円×10％＋（170万円－80万円）×５％＝21.5万円

過少申告加算税の額　215,000円

〔設例２〕

期限内申告による税額　　30万円　①

更 正 に よ る 税 額　100万円　②

増差税額　　　　　　　　70万円　③（②－①）

（③が50万円（50万円＞①）を上回るので、上回る部分については５％加重されます。）

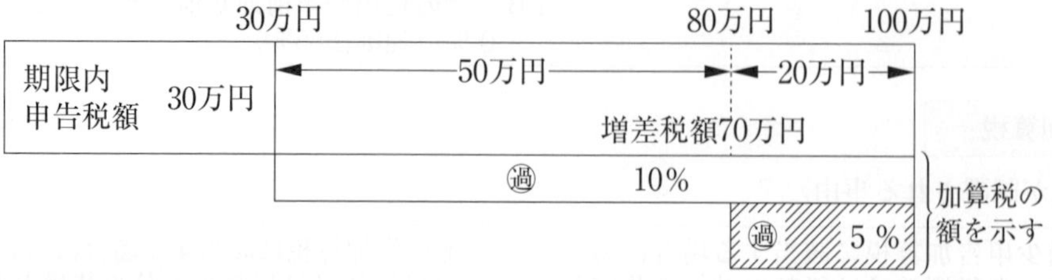

70万円×10％＋（70万円－50万円）×５％＝８万円

過少申告加算税の額　　80,000円

〔設例３〕

期限内申告による税額　　80万円　①

修正申告による税額　150万円　②

増差税額　　　　　　　　70万円　③（②－①）

（③が①（①＞50万円）を下回るので、加重されません。）

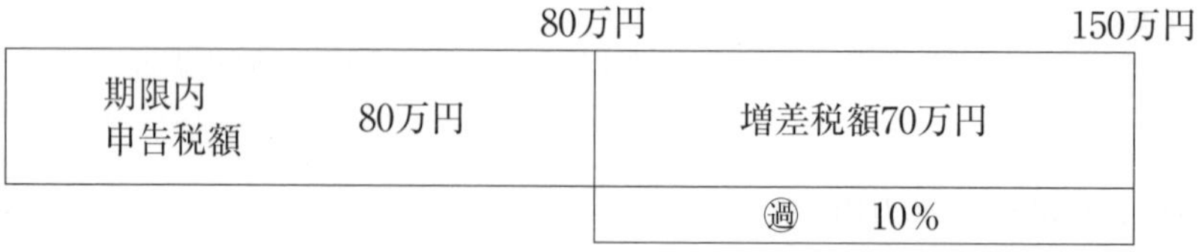

70万円×10％＝７万円

過少申告加算税の額　　70,000円

4　相続税の納付・還付

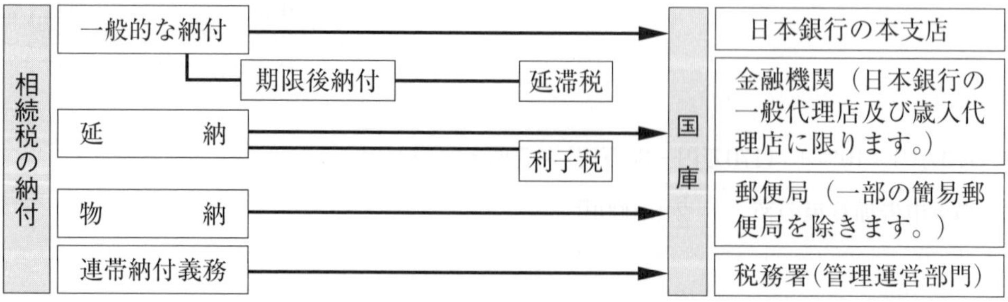

⑴　相続税の納付方法の特徴

税金は、金銭で即納することが原則とされていますが、相続税は、他の税目と異なり財産を課税客体とするものであり、その納付が困難な場合も考えられることから、①課税された財産のうちに流動性に欠けるものがある場合に、年賦延納ができるものとされており、また、②換金しにくい財産がある場合等において、相続により取得した財産による物納ができることとされています。

⑵　相続税の納期限

申告又は更正、決定により、納付すべきことが確定した相続税額は、次に掲げる納期限までに、国に納付しなければならないこととなっています（相法33、通則法35②）。

相続税の納期限				
	①	期限内申告書に係る相続税額	→	期限内申告書の提出期限
	②	期限後申告書又は修正申告書に係る相続税額	→	その申告書を提出した日
	③	更正又は決定に係る相続税額	→	更正の通知書又は決定の通知書が発せられた日の翌日から起算して１か月を経過する日

⑶　相続税の還付

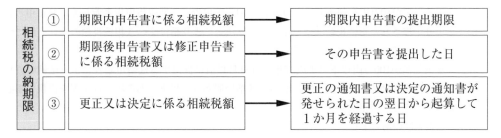

相続時精算課税分の贈与税額控除後に、その控除しきれない金額があるときは、その金額（その贈与税額に係る外国税額控除の金額がある場合は、その金額を控除した後の金額）に相当する税額の還付を受けるための相続税の申告書を提出することができます（相法27③、33の２①、相規15）。

なお、上記相続税の申告書は特定贈与者の相続開始の日の翌日から起算して５年を経過する日まで提出することができます（通則法74①、相基通27－８）。

５　延納

相続税は、相続又は遺贈により取得した財産の価額を課税標準として課せられる租税であり、財産税としての性格を有しています。このような相続税においては、多額の税額を一時に金銭で納付することが困難な場合がありますので、一定の要件の下で年賦延納の制度が設けられています（相法38）。

なお、その相続税に附帯する延滞税、加算税及び連帯納付額については、延納の対象にはなりません。

(1) 延納ができる場合

延納ができる場合（要件）（相法38①）

①	申告･更正又は決定による税額が10万円（※１）を超えること
②	納期限までに、又は納付すべき日に金銭で納付することが困難であること
③	担保を提供すること（※２）
④	相続税の納期限又は納付すべき日までに延納申請書を提出すること（※３） 税務署長の許可（変更した条件による許可を含みます。）を要します（※３）。

担保の種類（通則法50）

- 国債及び地方債
- 社債その他の有価証券
- 土　地
- 建物、立木、船舶などで保険に付したもの
- 鉄道財団、工場財団、鉱業財団などの財団
- 保証人の保証

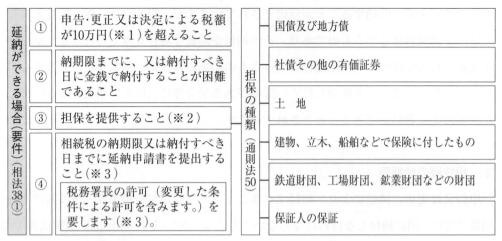

(※)1　相続税額が10万円を超えるかどうかは、期限内申告書、期限後申告書若しくは修正申告書により申告された相続税額又は更正若しくは決定により納付すべき相続税額のそれぞれについて各別に判定されます（相基通38－１）。

2　延納税額が100万円以下（平成27年３月31日以前に提出する延納申請書により延納の許可を受ける場合は50万円未満）で、かつ、延納期間が３年以下である場合は担保を提供する必要はありません（相法38④）。

3　延納制度のあらまし

①　延納申請時に提出する「延納申請書」には一定の「担保提供関係書類」を添付することが必要です（相法39①、相規20②）。

②「延納申請書」が提出された場合には、税務署長は、原則として、申請期限から３か月以内に許可又は却下の通知を行います（相法39②③⑨⑯⑰㉑）。

ただし、税務署長が、延納の要件を満たしているか否かの調査に３か月を超える期間を要すると認めるときは、原則として、申請期限から６か月以内に許可又は却下の通知を行います（相法39㉓㉔）。

また、税務署長が上記期間内に許可又は却下をしない場合には、延納の許可があったものとみなされます（相法39㉘）。

③　申請者の提供しようとする担保が適当でない場合には、税務署長は、申請者に対し、担保の変更を求める旨の通知をし、その通知後20日以内にその変更に係る「担保提供関係書類」を申請者が提出しなかった場合には、延納申請を却下することができます（相法39②④⑤）。

④　申請者が、「担保提供関係書類」の全部又は一部を申請書の提出期限までに添付して提出することができない場合には、「担保提供関係書類提出期限延長届出書」を延納申請書に添付して税務署長に提出することにより、提出期限の延長が３か月を限度として（最長、当初の申請書の提出期限から６か月）認められます（相法39⑥～⑧、相令15①）。

ただし、担保提供関係書類の全てを提出したと考えていた納税者がその提出期限後において、担保提供関係書類の一部が不足していたことを知った場合には、その提出期限の翌日から起算して１か月以内又は税務署長から補完通知が送付されるまでの期間のいずれか早い日までであれば、「担保提供関係書類提出期限延長届出書」を提出することができます（相令15②）。

なお、申請者において、（変更）担保提供関係書類の提出期限を延長している場合や書

類の訂正等を行う期限を延長している場合（この５において、以下「申請者の処理延長」といいます。）において、その申請者の処理延長中に、次のＡからＣまでに掲げる事由が生じた場合には、申請者の処理延長による延長期限は、次に掲げる日となる特例があります（相法39㉒、相令16の２①③。以下の⑥及び⑦についても同様です。）。

Ａ　国税通則法第11条《災害等による期限の延長》の規定の適用がある場合
　国税通則法第11条に規定する災害その他やむを得ない理由が生じた日から同条の規定により延長された期限までの期間

Ｂ　延納の許可の申請に係る手続を行う者が死亡した場合
　次のいずれか長い期間
・手続を行う者が死亡した日の翌日から同日以後10か月を経過する日までの期間
・手続を行う者が死亡した日の翌日からその者の相続財産について民法第952条《相続財産の清算人の選任》第２項の規定による公告があった日までの期間

Ｃ　延納の許可の申請に対する処分に係る不服申立て又は訴えの提起があった場合
　税務署長による処分のあった日の翌日から不服申立て又は訴えについての決定若しくは裁決又は判決が確定する日までの期間

⑤　提出された「延納申請書」についてその記載に不備があること又は「担保提供関係書類」についてその記載に不備又はその全部若しくは一部の提出がない場合には、税務署長は、申請者に対し、「延納申請書」又は「担保提供関係書類」の訂正若しくは提出を求める旨の通知（「補完通知書」）をすることができ、申請者が、その通知後20日以内に訂正又は提出をしなかった場合には、延納申請を取り下げたものとみなされます（相法39⑩～⑫）。

　この場合、税務署長による許可又は却下の処分は、延納の申請書の提出期限から３か月に訂正を求める旨の通知を受けた日の翌日から20日を経過するまでの期間（この通知が複数ある場合には、その期間を合計し、重複する期間は控除します。）を加算した期間までに行います（相法39⑯）。

⑥　補完通知書を受けた申請者が、上記⑤の20日以内に訂正又は提出をすることができない場合には、「担保提供関係書類補完期限延長届出書」を税務署長に提出することにより、訂正又は提出期限を３か月を限度として（最長、補完通知書を受けた日から６か月）延長することができます（相法39⑬～⑮㉗）。

⑦　上記③により、担保の変更を求められた申請書が、「担保提供関係書類」の全部又は一部を申請書の提出期限までに添付して提出することができない場合には、「変更担保提供関係書類提出期限延長届出書」を税務署長に提出することにより、提出期限を３か月を限度として（最長、担保変更通知を受けた日から６か月）延長することができます（相法39⑱～⑳）。

　この「変更担保提供関係書類提出期限延長届出書」は、原則として、変更を求める通知を受けた日の翌日から起算して20日以内に納税地の所轄税務署長へ提出することになります（相令15④）が、担保提供関係書類の全てを提出したと考えていた納税者がその提出期限後において、担保提供関係書類の一部が不足していたことを知った場合には、その提出期限の翌日から起算して１か月以内に限り、「変更担保提供関係書類提出期限延長届出書」を提出することができます（相令15⑤）。

⑧　延納の許可を受けた者は、その後の資力の状況の変化等により延納の条件について変更を求めようとする場合には、延納の許可をした税務署長に申請書を提出し、税務署長は、提出された日から１か月以内に許可又は却下の通知を行います（相法39㉚㉛）。

⑨　金銭による納付困難要件を判定する際には、相続財産だけではなく、納税者の固有の財産も対象として判定することとし、具体的には、相続税額から「現金で即納することができる金額」を控除した金額を延納許可限度額とします（相法38①、相令12①）。

＜担保の提供手続等一覧表＞

<table>
<tr><td rowspan="2">土地</td><td>・登記事項証明書（※１）
・固定資産税評価証明書
・抵当権設定登記承諾書
・印鑑証明書</td><td>【担保にできないもの】
譲渡について制限のある土地</td></tr>
<tr><td colspan="2">【担保の提供手続及び解除手続】
抵当権の設定及び抹消の手続は税務署で行います。</td></tr>
<tr><td rowspan="2">建物</td><td>・登記事項証明書（※１）
・固定資産税評価証明書
・抵当権設定登記承諾書
・印鑑証明書
・質権設定承認請求書
・保険証券等の写し</td><td>【担保にできないもの】
(1)　火災保険に加入していない建物
(2)　違法建築又は土地の違法利用のため、建物除去命令等がされているもの
(3)　法令上担保権の設定又は処分が禁止されているもの
(4)　借地上の建物で担保物処分の際に、借地権の譲渡についてあらかじめ地主の同意が得られないもの</td></tr>
<tr><td colspan="2">【担保の提供手続】
1　保険金請求権に対する質権設定（※詳しくは保険会社でご確認ください。）
①　保険会社等所定の『質権設定承認請求書』を税務署に提出し、税務署長の記名なつ印を受け、これに保険証券又は継続保険の契約証書を添えて保険会社に提出します。
②　保険会社から質権設定の裏書をした保険証券、継続保険の契約証書又は質権設定承諾書の交付を受けます。
③　上記の質権の設定に関する書類に公証人役場等で確定日付を受け、税務署に提出します。
④　提出を受けた保険証券の内容を確認し、保険証券の写しを作成した上で、保険証券は返却されます。
2　抵当権の設定の手続は税務署で行います。
【担保の解除手続】
1　税務署から『質権消滅通知書』を受け取ります。
2　質権消滅承認請求書（保険会社に請求します。）に必要事項を記載し、保険証券等に質権消滅通知書を添えて、保険会社に提出し、保険金請求権の質権の抹消登録を受けます。
3　抵当権の抹消の手続は税務署で行います。</td></tr>
<tr><td rowspan="2">登録国債</td><td>・登録済通知書</td><td>【担保にできないもの】
担保制限のある国債（例：遺族国庫債券、引揚者国庫債券、特別給付金国庫債券、特別弔慰金国庫債券、農地被買取者国庫債券）</td></tr>
<tr><td colspan="2">【担保の提供手続】
1　担保権関係登録請求書（日本銀行の本店、支店又は代理店に備え付けてあります。）に必要事項を記載し、日本銀行（本店、支店又は代理店）に提出します。
2　日本銀行から登録済通知書の交付を受け、税務署に提出します。
【担保の解除手続】
1　税務署から『登録済通知書』及び『担保原因消滅証明書』を受け取ります。
2　担保権関係登録請求書（日本銀行の本店、支店又は代理店に備え付けてあります。）に必要事項を記載し、担保原因消滅証明書を添えて日本銀行（本店、支店又は代理店）に提出します。
3　日本銀行から登録抹消済通知書の交付を受けます。</td></tr>
</table>

<table>
<tr><td rowspan="2">振替国債</td><td>・供託書正本</td><td>【担保にできないもの】
　担保制限のある国債（例：遺族国庫債券、引揚者国庫債券、特別給付金国庫債券、特別弔慰金国庫債券、農地被買取者国庫債券）</td></tr>
<tr><td colspan="2">【担保の提供手続】
1　担保のための供託書（供託所に備え付けてあります。）を正副2通作成し、なるべく税務署の所在地の供託所に提出して、供託受理決定通知書の交付を受けます。
2　供託しようとする振替国債を管理している口座管理機関（金融機関等）に日本銀行代理店の委嘱先金融機関等に開設されている供託所の口座へ振替国債について振替手続をとるよう申請します。
3　供託所から振替国債が受入れされた旨が記載された供託書正本の交付を受け、税務署に提出します。
　なお、供託手続を行うに当たり、供託しようとする振替国債の銘柄等を確認できる資料の提示を供託所等から求められます。
【担保の解除手続】
1　税務署から『供託書正本』及び『供託原因消滅証明書』を受け取ります。
2　供託有価証券払渡請求書（供託所に備え付けてあります。）を正副2通作成し、供託書正本及び供託原因消滅証明書を添えて、供託をした供託所に提出します。</td></tr>
<tr><td rowspan="2">無記名国債</td><td>・供託書正本</td><td>【担保にできないもの】
⑴　担保制限のある国債
（例：遺族国庫債券、引揚者国庫債券、特別給付金国庫債券、特別弔慰金国庫債券、農地被買取者国庫債券）
⑵　利札付き国債で、利払期未到来の利札が切り取られているもの</td></tr>
<tr><td colspan="2">【担保の提供手続】
1　担保のための供託書（供託所に備え付けてあります。）を正副2通作成し、なるべく税務署の所在地の供託所に提出して、供託を受理した旨の記載がされた供託書正本と供託有価証券寄託書の交付を受けます。
2　供託所から交付を受けた供託書正本と供託有価証券寄託書に供託する無記名国債証券を添えて、供託所から指定された日本銀行（本店、支店又は代理店）に提出します。
3　日本銀行からその有価証券が納入された旨が記載された供託書正本の交付を受け、税務署に提出します。
【担保の解除手続】
1　税務署から『供託書正本』及び『供託原因消滅証明書』を受け取ります。
2　供託有価証券払渡請求書（供託所に備え付けてあります。）を正副2通作成し、供託書正本及び供託原因消滅証明書を添えて、供託をした供託所に提出します。
3　供託有価証券払渡請求書は、払渡しを認可する旨の記載がされ、供託所から返付されるので、指定された日本銀行に提出し、無記名国債証券の交付を受けます。</td></tr>
<tr><td rowspan="2">登録地方債（※旧社債等登録法の適用を受けるもの）</td><td>・担保権登録内容証明書</td><td>—</td></tr>
<tr><td colspan="2">【担保の提供手続】
1　担保権関係登録請求書（地方債を登録した登録機関に備え付けてあります。）に必要事項を記載し、登録済証を添えて、地方債を登録した登録機関に提出します。
2　登録機関から担保権登録内容証明書の交付を受け、税務署に提出します。
【担保の解除手続】
1　税務署から『担保権登録内容証明書』及び『担保原因消滅証明書』を受け取ります。
2　担保権抹消登録請求書（地方債を登録した登録機関に備え付けてあります。）に必要事項を記載し、担保権登録内容証明書及び担保原因消滅証明書を添えて登録機</td></tr>
</table>

<table>
<tr><td></td><td colspan="2">関に提出します。
3　登録機関から担保権抹消の通知書の交付を受けます。</td></tr>
<tr><td rowspan="2">登録地方債以外の地方債</td><td>・供託書正本</td><td>【担保にできないもの】
利札付き地方債で、利払期未到来の利札が切り取られているもの</td></tr>
<tr><td colspan="2">【担保の提供手続】
1　担保のための供託書（供託所に備え付けてあります。）を正副２通作成し、なるべく税務署の所在地の供託所に提出して、供託を受理した旨の記載がされた供託書正本と供託有価証券寄託書の交付を受けます。
2　供託所から交付を受けた供託書正本と供託有価証券寄託書に供託する地方債証券を添えて、供託所から指定された日本銀行（本店、支店又は代理店）に提出します。
3　日本銀行からその有価証券が納入された旨が記載された供託書正本の交付を受け、税務署に提出します。
【担保の解除手続】
1　税務署から『供託書正本』及び『供託原因消滅証明書』を受け取ります。
2　供託有価証券払渡請求書（供託所に備え付けてあります。）を正副２通作成し、供託書正本及び供託原因消滅証明書を添えて、供託をした供託所に提出します。
3　供託有価証券払渡請求書は、払渡しを認可する旨の記載がされ、供託所から返付されるので、指定された日本銀行に提出し、地方債証券の交付を受けます。</td></tr>
<tr><td rowspan="2">登録社債（※旧社債等登録法の適用を受けるもの）</td><td>・担保権登録内容証明書</td><td>—</td></tr>
<tr><td colspan="2">【担保の提供手続】
1　担保権関係登録請求書（社債を登録した登録機関に備え付けてあります。）に必要事項を記載し、社債を登録した登録機関に提出します。
2　登録機関から担保権登録内容証明書の交付を受け、税務署に提出します。
【担保の解除手続】
1　税務署から『担保権登録内容証明書』及び『担保原因消滅証明書』を受け取ります。
2　担保権抹消登録請求書（社債を登録した登録機関に備え付けてあります。）に必要事項を記載し、担保権登録内容証明書及び担保原因消滅証明書を添えて登録機関に提出します。
3　登録機関から担保権抹消の通知書の交付を受けます。</td></tr>
<tr><td rowspan="2">登録社債以外の社債及び特別の法律により設立された法人の発行する債券</td><td>・供託書正本</td><td>—</td></tr>
<tr><td colspan="2">【登録社債以外の社債とは】
1　金融商品取引所に上場されている社債
2　担保附社債信託法の規定により発行された物上担保附社債
【特別の法律により設立された法人の発行する債券とは】
1　農林中央金庫法、信用金庫法その他の特別の法律により設立された法人（株式会社を除きます。）の発行する債券（農林債券等）
2　日本たばこ産業株式会社法、日本電信電話株式会社法その他の特別の法律により設立された株式会社の発行する社債
3　長期信用銀行法等により設立された法人が発行する債券（長期信用債券等）
【担保の提供手続】
1　担保のための供託書（供託所に備え付けてあります。）を正副２通作成し、なるべく税務署の所在地の供託所に提出して、供託を受理した旨の記載がされた供託書正本と供託有価証券寄託書の交付を受けます。
2　供託所から交付を受けた供託書正本と供託有価証券寄託書に供託する社債等の証券を添えて、供託所から指定された日本銀行（本店、支店又は代理店）に提出します。
3　日本銀行から当該有価証券が納入された旨が記載された供託書正本の交付を受け、税務署に提出します。</td></tr>
</table>

<table>
<tr><td></td><td colspan="2">【担保の解除手続】
1　税務署から『供託書正本』及び『供託原因消滅証明書』を受け取ります。
2　供託有価証券払渡請求書（供託所に備え付けてあります。）を正副２通作成し、供託書正本及び供託原因消滅証明書を添えて、供託をした供託所に提出します。
3　供託有価証券払渡請求書は、払渡しを認可する旨の記載がされ、供託所から返付されるので、指定された日本銀行に提出し、社債等の証券の交付を受けます。</td></tr>
<tr><td rowspan="2">取引相場のない株式及び投資信託又は貸付信託の受益証券</td><td>・供託書正本</td><td>【担保にできないもの】
1　記名式の投資信託又は貸付信託の受益証券
2　券面発行ができない投資信託又は貸付信託の受託証券</td></tr>
<tr><td colspan="2">【取引相場のない株式を担保にするための条件】
次のいずれかに該当する場合には、担保とすることができます。
1　相続若しくは遺贈又は贈与により取得した財産のほとんどが取引相場のない株式であり、かつ、その株式以外に延納の担保とすべき適当な財産がないと認められること
2　取引相場のない株式以外に財産があるが、その財産が他の債務の担保となっており、延納の担保とすることが適当でないと認められること
【取引相場のない株式を担保にするための注意事項】
1　株券の発行がされていない場合には、会社に対して株券の発行を請求します。
2　譲渡制限が付されている場合には、譲渡について取締役会の承認を受けるなど、譲渡可能としたことを証する議事録の写しを税務署に提出します。
【担保の提供手続】
1　担保のための供託書（供託所に備え付けてあります。）を正副２通作成し、なるべく税務署の所在地の供託所に提出して、供託を受理した旨の記載がされた供託書正本と供託有価証券寄託書の交付を受けます。
2　供託所から交付を受けた供託書正本と供託有価証券寄託書に供託する証券を添えて、供託所から指定された日本銀行（本店、支店又は代理店）に提出します。
3　日本銀行からその有価証券が納入された旨記載された供託書正本の交付を受け、税務署に提出します。
【担保の解除手続】
1　税務署から『供託書正本』及び『供託原因消滅証明書』を受け取ります。
2　供託有価証券払渡請求書（供託所に備え付けてあります。）を正副２通作成し、供託書正本及び供託原因消滅証明書を添えて、供託をした供託所に提出します。
3　供託有価証券払渡請求書は、払渡しを認可する旨の記載がされ、供託所から返付されるので、指定された日本銀行に提出し、証券の交付を受けます。</td></tr>
<tr><td rowspan="2">保証人（個人）</td><td>・納税保証書
・保証人の印鑑証明書
・保証人の土地・建物の登記事項証明書（※１）及び固定資産税評価証明書
・保証人の収入の状況を確認できる書類（源泉徴収票等）</td><td>金融機関その他の保証義務を果たすための資力が十分であると認められる者であれば、差し支えありません。</td></tr>
<tr><td colspan="2">【担保の提供の手続】
税務署において、保証人の方の審査を行いますので、特にありません。なお、審査にあたり保証人の方に納税保証について意思確認が行われます。
【担保の解除手続】
税務署から『納税保証書』を返付します。</td></tr>
<tr><td rowspan="2"></td><td>・上場株式の所有者の振替口座簿の写し</td><td>—</td></tr>
<tr><td colspan="2">【上場株式を担保にするための注意事項】</td></tr>
</table>

<table>
<tr><td rowspan="1">上場株式</td><td colspan="2">１　税務署が指定する証券会社等に担保提供者の口座を開設する必要があります。
２　担保にするための質権設定に係る手続に必要な費用については、担保提供者の負担となります。
３　延納中に税務署が指定する証券会社等が変更となった場合、株式の移管及び質権設定に係る手続を行う必要があり、この場合にかかる費用についても、担保提供者の負担となります。
【担保の提供手続】
１　税務署が指定する証券会社等に担保提供者の口座を開設します。
２　担保にするために質権を設定する株式を、現在保有している口座から、税務署が指定する証券会社等に開設した担保提供者の口座へ振替を行います。
３　税務署から指示がありましたら、証券会社等に対して、担保提供者の口座から税務署長口座（質権欄）へ振替を行うよう指図します。
【担保の解除手続】
質権の抹消の手続は税務署で行います。</td></tr>
<tr><td rowspan="2">保証人（法人）</td><td>・納税保証書
・法人の印鑑証明書
・保証法人の登記事項証明書（※２）
・議事録の写し</td><td>１　金融機関その他の保証義務を果たすための資力が十分であると認められる者であれば、差し支えありません。
２　保証人となる法人がその国税を保証することが、定款の定めの範囲内に属する場合に限ります。
　なお、次のような場合には「定款の定めの範囲内に属する場合」として取り扱います。
(1)　納税者と取引上密接な関係にある営利を目的とする法人
(2)　納税者が取締役又は業務を執行する社員となっている営利を目的とする法人で、株主総会又は取締役会などの承認を受けた法人</td></tr>
<tr><td colspan="2">【担保の提供手続】
法人が、その法人の取締役又は業務を執行する社員である納税者のために保証する場合には、法人の態様に応じて次のような手続を行い、その内容が記載されている株主総会又は取締役会などの議事録の写しを提出します。
１　株式会社の場合　……株主総会の決議
（取締役会設置会社においては、取締役会の決議）
２　特例有限会社の場合　……株主総会の決議
３　持分会社（合名会社・合資会社・合同会社）の場合　……社員の過半数の決議
【担保の解除手続】
税務署から『納税保証書』を返付します。</td></tr>
<tr><td>第三者所有の財産を担保とする場合</td><td colspan="2">第三者の所有する財産を担保とする場合（物上保証）には、財産の種類及び第三者の態様に応じて、それぞれ次の書類が追加で必要になります。なお、審査にあたり、担保物所有者等への担保提供の意思確認が行われます。（物上保証人が法人の場合は除きます。）
個人の場合
・担保を提供することについて担保物所有者の承諾書
・担保物所有者の印鑑証明書
未成年者（又は成年被後見人）が、法定代理人である納税者のための担保を提供する場合（家庭裁判所で特別代理人の選任を受ける必要があります。）
・特別代理人の資格を証する書面として、審判書謄本
・特別代理人の印鑑証明書
物上保証人が法人の場合
（上記「保証人（法人）」の右欄「２」と同様に保証することが定款の範囲内に属する場合に限ります。）</td></tr>
</table>

	・法人の代表者の資格を証する書面（資格証明書、登記事項証明書（※２）） ・法人の印鑑証明書 ・議事録（原本）㈱ ㈱　法人が物上保証することについて、上記「保証人（法人）の担保提供手続」に掲げた手続が行われた旨が記載されたもの なお、抵当権設定登記等の手続後に返付されます。
納税者が未成年者等の場合	納税者が未成年者等の場合、それぞれ次の書類が追加で必要になります。
	未成年者の場合 ・未成年者の戸籍謄（抄）本 ・法定代理人（親権者又は未成年後見人）の印鑑証明書
	成年被後見人の場合 ・成年被後見人の登記事項証明書 ・成年後見人の印鑑証明書
	被保佐人又は被補助人の場合 （延納担保の提供手続について代理権が付与されている場合） ・被保佐人又は被補助人の登記事項証明書 ・保佐人又は補助人の印鑑証明書 （延納担保の提供手続について代理権が付与されていない場合） ・被保佐人又は被補助人の登記事項証明書 ・被保佐人又は被補助人の印鑑証明書 ・保佐人又は補助人の同意書及び印鑑証明書

（※１）　登記事項証明書については、申告書への不動産番号等の記入又は不動産番号等明細書を提出することなどにより、その添付を省略することができます（526ページ参照）。

（※２）　登記事項証明書については、法人の商号又は名称（漢字商号／名称）及び本店又は主たる事務所の所在地等を提供することなどにより、その添付を省略することができます（情報通信技術を活用した行政の推進等に関する法律11、同法施行令５）。

⑵　延納制度の概要

イ　延納申請書の提出期限

①　期限内申告……申告期限

㈱　相続税の申告書の提出期限は、相続の開始があったことを知った日（通常の場合は、被相続人の死亡の日）の翌日から10か月目の日です。

②　期限後申告又は修正申告……申告書の提出の日

③　更正又は決定……更正又は決定の通知が発せられた日の翌日から起算して１か月を経過する日

ロ　担保提供の手続

担保の提供手続は、その担保財産の種類に応じて異なります。

詳細は、「担保の提供手続等一覧表」（360ページ）を参照してください。

ハ　担保関係書類提出期限の延長

延納申請書の提出期限までに担保提供関係書類の提出ができない場合には、その提出期限までに、『担保提供関係書類提出期限延長届出書』を提出することにより、担保提供関係書類の提出期限を延長することができます。なお、延納申請書別紙は担保提供関係書類ではないため、提出期限の延長はできません。不足する書類の作成状況を踏まえて、いつまで期限を延長する必要があるかを申請者が判断し、３か月の範囲内の日を期限とする『担保提供関係書類提出期限延長届出書』を提出（延長届出）します（相法39⑥）。

また、担保提供関係書類の提出期限を延長したものの、延長した期限においてもまだ提出ができない場合には、その延長した期限までに再度『担保提供関係書類提出期限延長届出書』を提出することにより、提出期限を再延長することができます。

『担保提供関係書類提出期限延長届出書』には提出回数の制限はありませんので、３か月の範囲で期限の延長を順次行うことにより、延納申請書の提出期限の翌日から最長で６か月間(※２)、提出期限を延長することができます（相法39⑧)。

㈡　最終の提出期限までに書類の提出ができなかった場合には、その延納申請は却下されることになります。

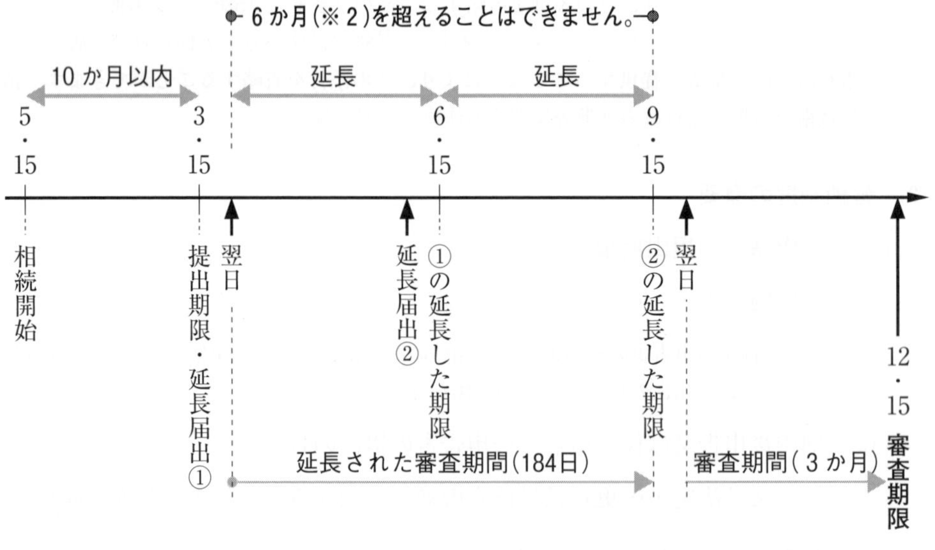

※１　土日祝日及びうるう年の考慮はしていません（以下の表についても同様です。）。

２　①国税通則法第11条《災害等による期限の延長》の規定の適用がある場合、②延納の許可の申請に係る手続を行う者が死亡した場合、③延納の許可の申請に対する処分に係る不服申立て又は訴えの提起があった場合には延納手続に関する期限が一定期間（359ページのＡ～Ｃ参照）延長される特例があります（以下の表についても同様です。）。

ニ　提出漏れの書類があった場合の手続

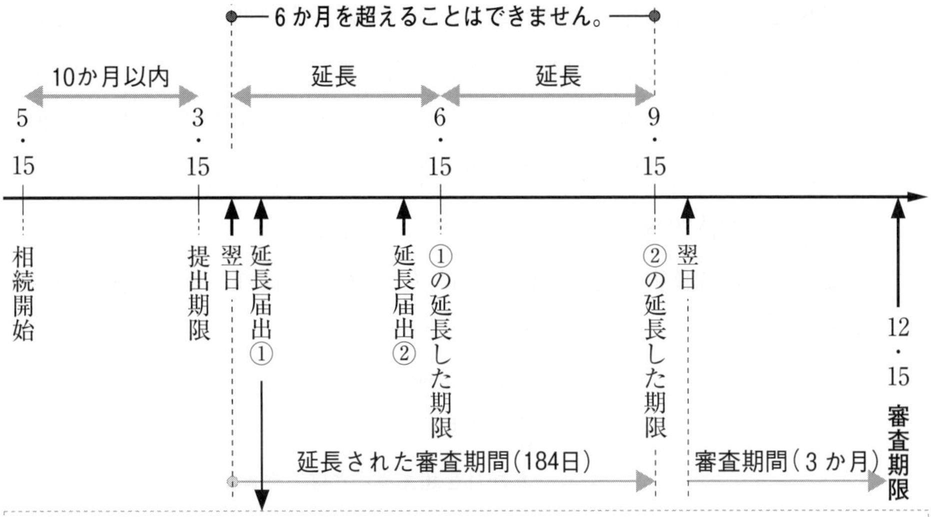

提出期限から１か月以内で、税務署から「補完通知書」の送付がされるまでに延長届出を行った場合、提出期限までに延長届出がされていたものとして取り扱います。

ホ　担保提供関係書類補完期限の延長

税務署から補完通知書が送付され、その補完期限（補完通知書を受けた日の翌日から起算して20日以内）までに担保提供関係書類の訂正又は提出ができない場合には、補完期限までに『担保提供関係書類補完期限延長届出書』を提出することにより、この補完期限を延長することができます（相法39⑬）。

なお、担保関係書類提出期限の延長（上記ハ）と同様、補完期限を再延長することができます。

㊟　最終の補完期限までに書類の提出又は訂正ができなかった場合には、その延納申請は却下されることになります。

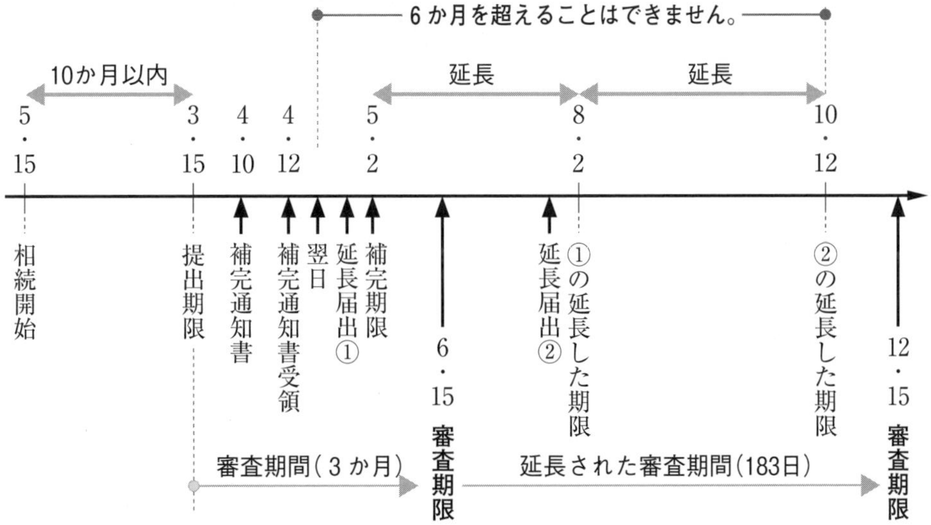

ヘ　変更担保提供関係書類提出期限の延長

税務署から担保変更等要求通知書が送付され、変更期限（担保変更等要求通知書を受けた日の翌日から起算して20日以内）までに変更又は追加した担保に係る担保提供関係書類の提出ができない場合には、変更期限までに『変更担保提供関係書類提出期限延長届出書』を提出することにより、変更期限を延長することができます（相法39⑱）。

なお、担保関係書類提出期限の延長（上記ハ）と同様、変更期限を再延長することができます。

(注)　最終の変更期限までに変更担保提供関係書類の提出ができなかった場合には、その延納申請は却下されることになります。

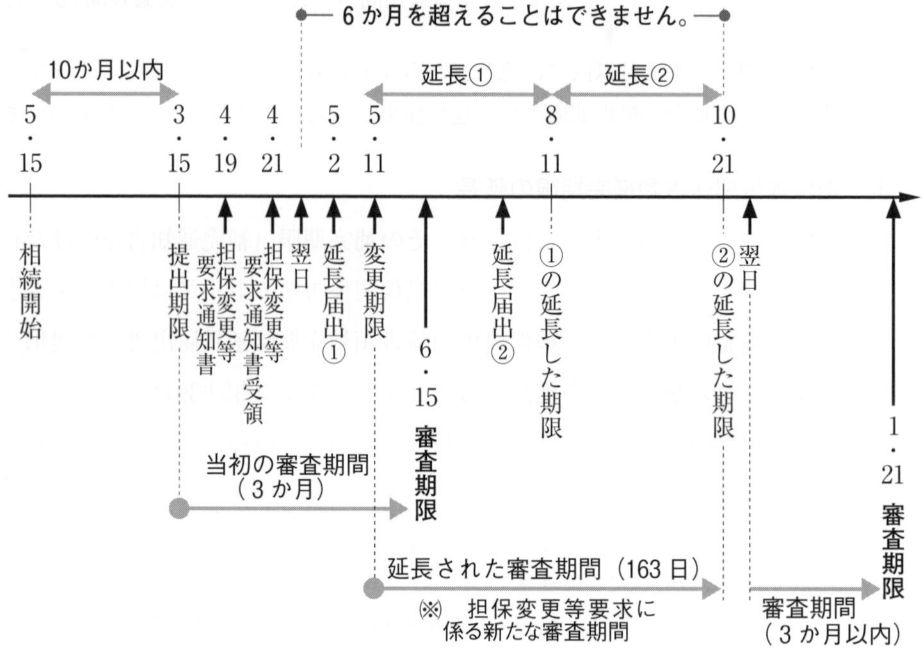

⑶　延納期間と利子税

延納税額については、次のように、その内容により、利子税が課されます。

区　分			延納期間（最長）	延納利子税割合（年割合）	特例割合（延納特例基準割合が1.0％の場合）
相続税	不動産等の割合が75％以上の場合	①　動産等に係る延納相続税額	10年	5.4％	0.7％
相続税	不動産等の割合が75％以上の場合	②　不動産等に係る延納相続税額（③を除きます。）	20年	3.6％	0.4％
相続税	不動産等の割合が75％以上の場合	③　森林計画立木の割合が20％以上の場合の森林計画立木に係る延納相続税額	20年	1.2％	0.1％
相続税	不動産等の割合が50％以上75％未満の場合	④　動産等に係る延納相続税額	10年	5.4％	0.7％
相続税	不動産等の割合が50％以上75％未満の場合	⑤　不動産等に係る延納相続税額（⑥を除きます。）	15年	3.6％	0.4％
相続税	不動産等の割合が50％以上75％未満の場合	⑥　森林計画立木の割合が20％以上の場合の森林計画立木に係る延納相続税額	20年	1.2％	0.1％
相続税	不動産等の割合が50％未満の場合	⑦　一般の延納相続税額（⑧から⑩を除きます。）	５年	6.0％	0.8％
相続税	不動産等の割合が50％未満の場合	⑧　立木の割合が30％を超える場合の立木に係る延納相続税額（⑩を除きます。）	５年	4.8％	0.6％
相続税	不動産等の割合が50％未満の場合	⑨　特別緑地保全地区等内の土地に係る延納相続税額	５年	4.2％	0.5％
相続税	不動産等の割合が50％未満の場合	⑩　森林計画立木の割合が20％以上の場合の森林計画立木に係る延納相続税額	５年	1.2％	0.1％
贈与税		延納贈与税額	５年	6.6％	0.9％

※１　上記の相続税の延納利子税割合は、平成12年４月１日以降の期間（上記③、⑥、⑩に該当する場合は平成14年４月１日以降の期間）に対応する延納利子税割合を示しています。

２　延納利子税の割合については、各年の延納特例基準割合（※１）が7.3％に満たない場合には、次の算式により計算される割合（特例割合）が適用されます。

$$\text{延納利子税割合} \times \frac{\text{延納特例基準割合（※１）}}{7.3\%} \quad \text{（0.1％未満の端数は切捨て）}$$

※１　延納特例基準割合

【平成25年12月31日まで】

各分納期間の開始日の属する月の２か月前の月の末日を経過する時の日本銀行が定める基準割引率　＋　４％

【平成26年１月１日以降】

その分納期間の開始の日の属する年の前々年の10月から前年の９月までの各月における銀行の新規の短期貸出約定平均金利の合計を12で除して得た割合として各年の前年の12月15日までに財務大臣が告示する割合　＋　１％

【令和３年１月１日以降】

その分納期間の開始の日の属する年の平均貸付割合（各年の前々年の９月から前年の８月までの各月における短期貸付けの平均利率（当該各月において銀行が新たに行った貸付け（貸付期間が１年未満のものに限ります。）+0.5％に係る利率の平均をいいます。）の合計を12で除して計算した割合として各年の前年の11月30日までに財務大臣が告示する割合

なお、平成26年１月１日前に開始し、平成26年１月１日以降にまたがる分納期間のうち、分納期間の始期から平成25年12月31日までの期間は4.3％、平成26年１月１日から分納期間の終期までの期間は、4.3％と平成26年分の延納特例基準割合のうちいずれか低い割合を適用します。

3　延納税額が150万円未満（②、③及び⑥に該当する場合は200万円未満）の場合には、不動産等の価額の割合が50％以上（②及び③に該当する場合は75％以上）であっても、延納期間は、延納税額を10万円で除して得た数（１未満の端数は、切り上げます。）に相当する年数を限度とします。

また、③及び⑥のうち従来の特定森林経営計画又は平成14年４月１日以降に市町村長等から認定を受けた森林経営計画で一定の要件を満たすものに対応する場合は、延納期間（最高）が40年となります（措法70の８の２①）。

4　不動産等とは、不動産や不動産の上に存する権利、立木、事業用の減価償却資産、特定同族会社の株式や出資をいいます。この場合の特定同族会社とは、相続や遺贈により財産を取得した人とその特別関係者の有する株式や出資の金額の合計額が、その会社の株式金額や出資金額の50％超を占めている非上場会社をいいます（相法38①、相令13。棚卸資産である「不動産」も含まれます（相基通38－４）。）。

不動産等の割合とは、相続又は遺贈により取得した財産で相続税額の計算の基礎となったものの価額の合計額（課税相続財産の価額）のうちに不動産等の価額が占める割合をいいます。

5　森林計画立木には、森林の保健機能の増進に関する特別措置法に規定する森林保健施設の整備に係る地区内に存する立木は除かれます（措法70の８の２①かっこ書）。

6　特別緑地保全地区等内とは、都市緑地法の規定による特別緑地保全地区、古都における歴史的風土の保全に関する特別措置法の規定による歴史的風土特別保存地区及び森林法第25条第１項第１号から第３号までに掲げる目的を達成するため保安林として指定された区域をいいます。

7　相続税の各納税猶予の特例を受ける場合の延納期間及び利子税の割合の適用区分の判定に当たっては、特例農地等の価額は農業投資価格、特例山林の価額は特例山林の価額の20％の額、特定美術品の価額は特定美術品の価額の20％の額、対象非上場株式等の価額は対象非上場株式等の価額の20％の額※（会社ごとに計算し、１円未満の端数切捨て）、特例対象非上場株式の価額は０㈱認定医療法人の持分の価額は０、特定事業用資産の価額は０になります。

㈱（特例）対象非上場株式等に係る認定承継会社等が外国会社等の株式等を有する場合には、外国会社等の株式等の価額を加算します。

⑷　延納期間の計算

延納税額が50万円未満（不動産等の割合が50％以上である場合には150万円未満）であるときは、その延納期間は、延納税額を10万円で除して得た数（その数に１未満の端数があるときは、これを１とします。）に相当する年数に制限されます（相法38①）。

〔例〕　不動産等の割合が50％以上である場合の延納税額が126万円であるとすれば、延納期間は13年（126万円÷10万円＝12.6≒13）以内となります。

㈲１　延納することとされている場合において、その納付の期限ごとの分割金額に1,000円未満の端数があるときは、その端数金額は、全て最初の納付の期限に係る分割金額に合算することとされています（通則法119③）。
２　延納期間は、納期限の翌日から暦に従って計算することとされています（相基通38－６）。

⑸　延納税額に対する利子税の計算

利子税の額は、次のように計算します。

第１回目の納付分

$$延納税額×利子税の割合×\frac{期間（日数）}{365}$$

第２回目以降の納付分

$$\left(延納税額－\begin{array}{c}前回までの分\\納税額の合計\end{array}\right)×利子税の割合×\frac{期間（日数）}{365}$$

㈲１　相続開始年月日が平成18年４月１日以後のものに係る利子税の額の計算方法は、月割計算方式から日単位による計算方法（日割計算方式）に変更されています（相法52）。
２　分納期限後に納付した場合には、その納期限から納付の日までの期間について、上記の利子税額のほかに、分納期限の翌日から納付の日までの日数に応じ、その金額に年7.3％（分納期限の翌日から２か月を経過した後は年14.6％）の割合（ただし、延滞税の割合の特例（措法94①）があります。）で計算した延滞税を併せて納付しなければなりません。（延滞税の割合の特例については、407ページ「⑵租税特別措置法における規定（特例）」を参照してください。）
３　利子税の額を計算する場合において、延納税額に10,000円未満の端数があるとき又はその延納税額の全額が10,000円未満であるときは、その端数金額又はその全額を切り捨てます（通則法118③）。
４　利子税の確定金額に100円未満の端数があるとき又はその全額が1,000円未満であるときは、その端数金額又は全額を切り捨てます（通則法119④）。

⑹　延納の申請期限（相続税の延納申請）

相続税の延納の申請期限

	納付すべき税額の基因となった事項	延納の申請期限
①	期限内申告書	これらの申告書の提出期限（相基通39－1⑴）
②	相続財産法人に係る財産分与があった場合の修正申告書	
③	期限後申告書	これらの申告書の提出の日（相基通39－1⑵）
④	②に掲げる修正申告書以外の修正申告書	
⑤	更正又は決定	更正通知書又は決定通知書が発せられた日の翌日から起算して１か月を経過する日（相基通39－1⑶）
⑥	物納の撤回	物納撤回申請の時（相法47②）

⑺　延納許可

延納申請の内容が法律の定める要件を満たし、延納担保財産が担保として適当であると判断された場合には、延納が許可され、『相続税（贈与税）延納許可通知書』が送付されます。

⑻　延納却下

延納申請の却下又は延納申請を取り下げたものとみなされると、『延納申請却下通知書』又は『延納みなす取下げ通知書』が送付されます。

この場合、①（法定）納期限の翌日から却下の日（取下げがあったものとみなされる日）までの期間については利子税が（相法52④）、②却下の日（取下げがあったものとみなされる日）の翌日から本税の完納の日までの期間については延滞税がかかります。

㈱　期限後申告、修正申告、更正又は決定に係る納付すべき相続税額（贈与税額）について延納申請されていた場合には、法定申告期限の翌日から、それぞれの納期限又は納付すべき日までの期間も延滞税がかかります。

⑼　延納条件変更申請

延納許可を受けた後に、許可された延納期間、分納期限等による納付ができないときなどには、原則として、分納期限が到来していない延納税額について、延納条件の変更の申請をすることができます（相法39㉚）。

延納条件変更申請書が提出された場合は、税務署長は、その申請から１か月以内に許可又は却下を行います（相法39㉛）。

また、延納条件変更は、納税者の申請に基づくものと税務署長の職権により行うものがあります（相法39㉜）。

⑽　特定物納の申請

相続税の納付方法として延納を選択した納税者が、その後の資力の変化等により、延納条件の変更を行ったとしても延納を継続することが困難な事由が生じた場合には、その納付を困難とする金額を限度として、その相続税の申告期限の翌日から10年を経過する日までの申請により、延納から物納に変更することができます。これを特定物納といいます（相法48の２）。

要件	①	延納条件の変更を行っても、延納を継続することが困難な金額の範囲内であること
	②	申請財産が定められた種類の財産で申請順位によっていること
	③	申請書及び物納手続関係書類を申告期限（法定納期限）の翌日から10年を経過する日までに提出すること
	④	物納適格財産であること

なお、分納期限が到来している分納税額のほか加算税、利子税、延滞税及び連帯納付義務により納付すべき税額は、特定物納の対象とはなりません（相基通48の２－１）。

特定物納については、必要書類の提出期限の延長はできないなど、一般的な物納申請の取扱いと相違しています（398ページ「※２　物納制度と特定物納制度の比較」参照）。

⑾　延納許可の取消し

分納税額を滞納した場合や増担保の提供に応じなかった場合など、一定の要件に該当する場合には、延納の許可が取り消されます（相法39㉜）。

イ　弁明の聴取

延納の許可を取り消しする場合、税務署長は、あらかじめ納税者の弁明を聴くこととされています。

ロ　延納許可取消通知

延納の許可が取消しされると『延納許可取消通知書』が送付され、取り消された税額を納付することとなります（相法39㉝）。

この場合、許可取消しの日までの利子税と許可取消しの日の翌日から本税を完納する日までの延滞税を併せて納付する必要があります。

⑿　延納手続の流れ（まとめ）

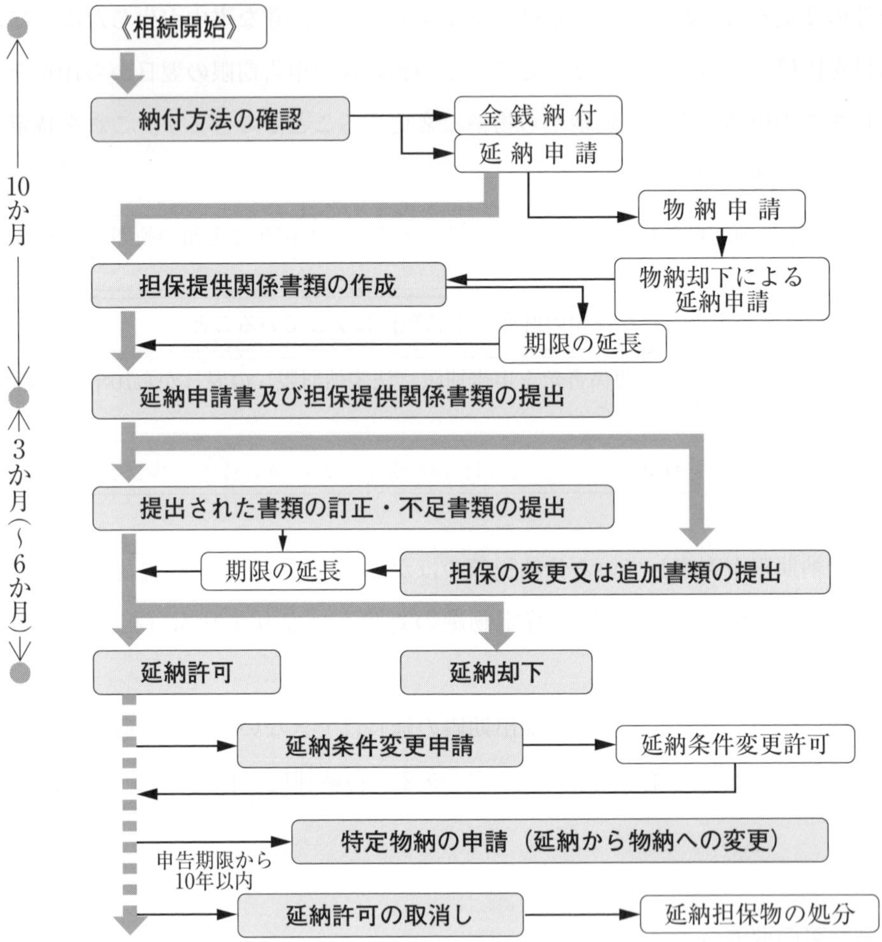

6　物納

国税は、原則として金銭で納付することとされており、相続税についても同様に金銭で納付することを原則としています。しかし、相続税が財産税の性格を有していることから、前述の延納の制度のほか物納制度が設けられており、一定の条件の下に金銭納付の例外として物納が認められています。物納は、公法上の代物弁済と解され、物納の許可のあった相続税は、物納財産の引渡し、所有権の移転の登記その他法令により第三者に対抗することができる要件を充足した時において納付があったものとされます（相法43②）。

なお、加算税、利子税、延滞税及び連帯納付義務により納付すべき税額等は、物納の対象となりません（相基通41－２）。

要件	①	延納によっても金銭で納付することが困難な金額の範囲内であること
	②	物納申請財産が定められた種類の財産で申請順位によっていること
	③	申請書及び物納手続関係書類を期限までに提出すること
	④	物納申請財産が物納適格財産であること

⑴　物納制度のあらまし

イ　納付方法の検討

〔原則：金銭納付〕

納付方法の検討に当たっては、まず、金銭による納付の可否を検討することになります。納期限までに金銭によりその相続税の全額を納付できるかどうか又は納期限等までに納付できる金額はいくらかを算定してください。

納付は、最寄りの金融機関（日本銀行歳入代理店）又は相続税の申告書を提出された税務署で納付してください。

⇩　期限内に金銭で全額を納付することが困難な場合
一定の年数の年賦による分割納付を行うことができるかどうかを算定してください。

〔特例：延納による金銭納付〕

納期限までに金銭で一時に納付することが困難な場合には、その困難な金額を限度として、一定の要件の下で、年賦による分割納付を行うこと（延納）ができます。

延納のできる期間は、課税相続財産に占める不動産等の割合に応じて５～20年間となっています。

また、この延納する相続税額に対しては利子税がかかります。

※　延納の許可を受けた後に延納を継続することが困難となった場合には、一定の要件の下で物納に変更することができます。

⇩　延納によっても金銭で納付することが困難な場合

〔例外：物納〕

延納によっても金銭で納付することが困難な場合は、その困難な金額を限度として、一定の要件の下で、相続財産による納付を行うこと（物納）ができます。

＜物納制度のあらまし＞

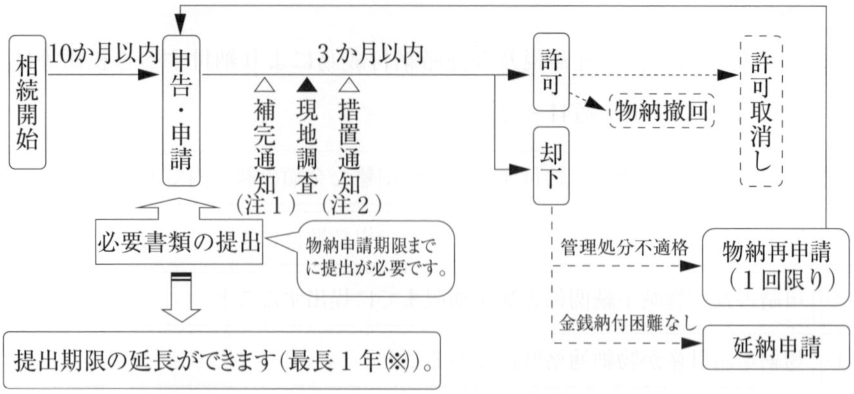

㈡１補完通知：書類の提出や記載の不備の訂正を求める通知
　２措置通知：廃棄物の撤去等収納のために必要な措置を求める通知
　３延長した期間については利子税の納付が必要となります。

※　次のＡからＣの場合に、それぞれ次に掲げる期間が加算される特例があります。（相法42㉘、相令19の４①）。

Ａ　国税通則法第11条の規定の適用がある場合
　国税通則法第11条に規定する災害その他やむを得ない理由が生じた日から同条の規定により延長された期限までの期間

Ｂ　物納の許可の申請に係る手続を行う者が死亡した場合
　次のいずれか長い期間
　・手続を行う者が死亡した日の翌日から同日以後10か月を経過する日までの期間
　・手続を行う者が死亡した日の翌日からその者の相続財産について民法第952条第２項の規定による公告があった日までの期間

Ｃ　物納の許可の申請に対する処分に係る不服申立て又は訴えの提起があった場合
　税務署長による処分のあった日の翌日から不服申立て又は訴えについての決定若しくは裁決又は判決が確定する日までの期間

ロ　物納に充てる財産の整備や必要書類の作成のための費用等

物納に充てる財産の整備や必要書類の作成のための費用（例えば、土地に係る登記関係費用、手数料のほか、境界標の設置や実測費用など）及び物納が許可されるまでの維持管理費用（例えば、固定資産税、建物の修繕費など）は、申請者自身の負担になります。

ハ　利子税の納付

物納申請が行われた場合には、①物納の許可による納付があったものとされた日までの期間のうち、申請者において必要書類の訂正等又は物納申請財産の収納に当たっての措置を行う期間、②却下等が行われた日までの期間について、利子税がかかります。

ニ　物納に充てることのできる財産の種類及び順位

物納に充てることのできる財産は、納付すべき相続税額の課税価格計算の基礎となった相続財産（相続により取得した財産を含み、相続時精算課税の適用を受ける贈与によって取得した財産を除きます。）のうち、次表に掲げる財産及び順位で、物納申請税額を超えないようにします（物納劣後財産を含めた申請の順位は次表の①から⑤の順になります。）。

ただし、他に適当な価額の財産がなく、その財産の性質・形状等により分割することが困難な場合など、やむを得ない事情があると税務署長が判断した場合には、物納申請税額を超える財産による物納が認められます。

この場合には、物納申請に当たって適宜の様式により「やむを得ない事情を記載した書面」を提出します。

順　位		物納に充てることのできる財産の種類
第１順位	①	不動産、船舶、国債証券、地方債証券、上場株式等（特別の法律により法人の発行する債券及び出資証券を含み、短期社債等を除きます。）
	②	不動産及び上場株式等のうち物納劣後財産に該当するもの
第２順位	③	非上場株式等（特別の法律により法人の発行する債券及び出資証券を含み、短期社債等を除きます。）
	④	非上場株式等のうち物納劣後財産に該当するもの
第３順位	⑤	動産

※1　相続開始前から被相続人が所有していた特定登録美術品は、上の表の順位によることなく物納に充てることのできる財産とすることができます。

特定登録美術品とは、「美術品の美術館における公開の促進に関する法律」に定める登録美術品のうち、その相続開始時において、既に同法による登録を受けているものをいいます。

2　自然公園法の国立公園特別保護地区等内の土地で平成26年３月31日までに風景地保護協定を締結しているなど一定の要件を満たす土地については、上記②の「不動産のうち物納劣後財産」に該当しないものとして取り扱われます。

(2)　物納手続の概要

①　物納申請時には「物納申請書」に「物納手続関係書類」を添付して税務署長に提出しなければなりません（相法42①）。

②　管理処分不適格財産（物納に充てることができない財産）（相法41②、相令18、相規21、相基通41－５～41－８）

物納に充てようとする財産を選択する場合には、相続税法第41条各項の規定による要件に該当していることが必要であり、特に、管理処分不適格財産（相令18、相規21）、物納劣後財産（相令19）（386ページ）に該当していないことを確認する必要があります。

なお、次表の「管理処分不適格財産」欄の左側は相続税法施行令第18条の規定を、右側は相続税法施行規則第21条の規定を示しています。

＜物納に充てることができない財産＞

Ａ　不動産

<table>
<tr><th colspan="4">管理処分不適格財産</th><th>チェックポイント</th></tr>
<tr><td rowspan="5">イ</td><td rowspan="5">担保権が設定されていることその他これに準ずる事情がある不動産</td><td>①</td><td>抵当権の目的となっている不動産</td><td rowspan="5">登記事項証明書（※１）の甲区（所有権の表示）及び乙区（所有権以外の権利の表示）に記載されている内容を確認します。
甲区には、差押え、条件付譲渡、仮処分などの登記がされていないこと、乙区には、抵当権などの登記がされていないことを確認します。</td></tr>
<tr><td>②</td><td>譲渡により担保の目的となっている不動産</td></tr>
<tr><td>③</td><td>差押えがされている不動産</td></tr>
<tr><td>④</td><td>買戻しの特約が付されている不動産</td></tr>
<tr><td>⑤</td><td>その他処分が制限されているもの</td></tr>
<tr><td rowspan="2">ロ</td><td rowspan="2">権利の帰属について争いがある不動産</td><td>①</td><td>所有権の存否又は帰属について争いがある不動産</td><td rowspan="2">登記事項証明書（※１）及び土地の使用収益に関する契約書（例えば、土地の賃貸借契約書があります。以下同じです。）で確認します。
所有権の帰属について争いがある場合のほか、協議分割が未了で相続登記がされていない場合や遺留分減殺請求が提起されている場合などは、これに該当します。
また、物件の現況が①無断で建物などの建築がされている場合、②無断で菜園等として使用されている場合、③契約者でない方が居住又は使用している場合、④借地人（借家人）間での相続争いがあるため、相続人全員の連名での契約又は相続人代表者での契約ができない場合、⑤契約内容と違う利用をしている場合なども、これに該当します。</td></tr>
<tr><td>②</td><td>地上権、永小作権、賃借権その他の所有権以外の使用及び収益を目的とする権利の存否又は帰属について争いがある不動産</td></tr>
<tr><td>ハ</td><td>境界が明らかでない土地</td><td>①</td><td>境界標の設置（隣地の所有者との間の合意に基づくものに限ります。）がされていないことにより他の土地との境界を認識することができない土地（ただし、申請財産を取引（売買）する場合において、通常行われる境界の確認方法により境界を認識できるも</td><td>公図の写し、登記事項証明書（※１）、地積測量図及び境界線に関する確認書により、それぞれの書類に記載されている物納申請財産の所在、地番、地積数量が合致していること及び申請地と隣地との境界すべてについて同意がされていることを確認します。
また、現地において、それらの書類と実際の物納申請財産の現況が異なっていないか形状、辺長、境界標の場所、境界標の種類などを確認します。</td></tr>
</table>

			のを除きます。）	
		②	土地使用収益権（地上権、賃借権等）が設定されている土地の範囲が明らかでない土地	土地の使用収益に関する契約書、登記事項証明書（※１）及び賃借地の境界に関する確認書により、それぞれの書類に記載されている所在、地番、地積数量が合致していることを確認します。 また、契約されている範囲（境界標）と賃借地の境界に関する確認書に添付されている地積測量図が一致しており、実際に土地を使用収益している範囲内であることを確認します。
ニ	隣接する不動産の所有者その他の者との争訟によらなければ通常の使用ができないと見込まれる不動産	①	隣地に存する建物等が、境界線を越える当該土地（ひさし等で軽微な越境の場合で、隣接する不動産の所有者の同意があるものを除きます。）	現地において、公図の写し、登記事項証明書（※１）、地積測量図等により、物納申請財産の利用状況を確認します。 この際、隣地との境界線、上空（空中）及び地下（地中）について、建物、工作物、樹木が、相互に越境していないか確認します。
		②	物納財産である土地に存する建物等が、隣地との境界線を越える当該土地（ひさし等で軽微な越境の場合で、隣接する不動産の所有者の同意があるものを除きます。）	
		③	土地使用収益権の設定契約の内容が、設定者にとって著しく不利な場合における当該土地	土地の使用収益権に関する契約書により、記載されている契約内容について貸主に著しく不利な条件がないことを確認します。 賃料が近隣相場と比較して低廉である場合、転貸借の事前承認や原状回復義務の規定がない契約は貸主にとって著しく不利なものに該当します。 ㈱賃貸料は、近隣の賃貸料相場と同等であることが必要ですが、近隣の賃貸料相場を確認できない場合には、固定資産税相当額及び都市計画税相当額の合計額と比較し、下回る場合には、不適格財産に該当するものと判断することとなります。
		④	建物の使用・収益をする契約の内容が、設定者にとって著しく不利な当該建物	
		⑤	賃貸料の滞納がある不動産その他収納後の円滑な契約の履行に著しい支障を及ぼす事情が存すると見込まれる不動産	賃貸料が滞納となっていないこと又は供託されていないことを確認します。 例えば、賃貸料について、契約書上、前払いとされているにもかかわらず、後払い又は当月払いとなっている場合には、賃貸料の支払方法（領収書等の写し）と契約内容が一致していることの確認が必要となります。 なお、収納後の国（財務局）との契約等については、国（財務局）が定める条件になります。

		⑥	その敷地を通常の地代により国が借り受けられる見込みがない土地の上の建物	土地賃貸借契約書と実際に支払っている地代が一致していることを確認し、その支払賃料が近隣の賃貸料相場と同等であることを確認します。 なお、契約書上の賃貸料と実際の支払っている賃借料が相違している場合には、契約書の賃貸料の訂正が必要となります。
ホ	他の土地に囲まれて公道に通じない土地で民法第210条《公道に至るための他の土地の通行権》の規定による通行権の内容が明確でないもの	—		物納申請財産から公道に至るまでの土地の一部（持分）について併せて申請が必要となることがあります。 次の事項について確認します。 ・私道（実際に出入している進入路）の土地所有者が通行について承諾（合意）している場所を「所在図や公図の写しをコピーしたもの」等に記載（特定）して、その範囲を明確にすることができる。 ・その通行承諾を得た範囲が現地において実際に使用できる範囲であることを確認することができる。 ・通行承諾を得た私道が、「物納劣後財産（他に適当な財産がない場合には物納できる財産）」の⑦（387ページ参照）に該当する場合には、チェックポイントに記載された事項を確認する。
ヘ	借地権の目的となっている土地で、当該借地権を有する者が不明であることその他これに類する事情があるもの	—		土地賃貸借契約書と建物の登記事項証明書（※１）により契約者名義と建物所有者が一致していることを確認します。 未登記の建物がある場合には、固定資産税評価証明書や固定資産税の課税通知書その他所有者がわかる書類と土地賃貸借契約書の名義を確認します。 契約者名義と建物の所有者が相違している場合には、相違している原因に応じて、使用貸借確認書、相続人代表借地権確認書等を作成する必要があります。これらの確認書の提出に当たっては、戸籍謄本又は固定資産税課税証明書、住民票の写しなど相違している原因を調べるために使用した書類の写しを添付して提出します。
ト		①	共有物である不動産（共有者全員が申請する場合を除きます。）	登記事項証明書（※１）の甲区により、物納申請者以外の共有者がいないことを確認します（私道の持分を物納する場合を除きます。）。 相続開始時に被相続人と物納申請者の共有財産であった場合には、相続した部分を特定し、「被相続人と共有していた不動産に関する確認書」を作成します。 また、共有者全員が物納申請しない場合又は物納申請できない場合において、共有財産である不動産を物納申請する場合

ト	他の不動産（他の不動産の上に存する権利を含みます。）と社会通念上一体として利用されている、若しくは利用されるべき不動産又は、二以上の者の共有に属する不動産			には、共有持分の分割登記が必要となります。 なお、法令、建築協定又は不合理分割などの理由により共有物の分割登記ができない場合には、その財産は不適格財産となります。
		②	がけ地、面積が著しく狭い土地又は形状が著しく不整形である土地でこれらの土地のみでは使用することが困難であるもの	現地において公図の写し及び地積測量図により形状その他の条件から、周辺土地の利用状況を比較してください。周辺の土地の利用状況から、一般的な取引が困難でないことを確認します。 また、建築基準法、都市計画法その他の法律及び条例により、物納申請財産を使用することに制限がないことを、物納申請財産の所在地を所轄する都道府県又は市区町村で確認します。
		③	私道の用に供されている土地（他の申請財産と一体として使用されるものを除く。）	公図の写し、登記事項証明書（※１）及び地積測量図により私道として利用されていない土地であることを確認します。 私道のみの物納はできませんが、物納申請する土地に付随する私道の場合には、物納申請する土地とその付随する私道を併せて物納に充てることができます。
		④	敷地とともに物納申請がされている建物以外の建物（借地権が設定されているものを除きます。）	建物の登記事項証明書（※１）及び土地の賃貸借契約書などにより、建物に係る借地権があることを確認します。 建物の登記がされていない場合や登記があっても契約がない（借地権がない）場合には、不適格財産となります。
		⑤	他の不動産と一体となってその効用を有する不動産	例えば、工場と一体となっている倉庫、事務所等の附属建物やいわゆる離れを有する旅館の離れなど、そのもの単独では利用又は処分が困難で、他の不動産と一体となって効用を有する不動産に該当していないことを確認します。
チ	耐用年数（所得税法の規定に基づいて定められている耐用年数をいいます。）を経過している建物（通常の使用ができるものを除きます。）	—		登記事項証明書（※１）に建物の建築年月日が記載されていますので確認します。 耐用年数を経過している場合でも、通常の使用（利用）ができる建物については、不適格財産とならない場合がありますが、耐用年数は十分残っているものの、修繕しなければ使用できない場合などは不適格財産となる場合があります。
		①	敷金その他の財産の返還に係る債務を国が負うこととなる不	土地の使用収益に関する契約書により敷金、保証金その他名目いかんにかかわらず、賃貸借契約において生ずる債権債務の有無を確認します。 債権債務がある場合には、物納申請者の方と借地人又は借家人の間において清算

リ	敷金の返還に係る債務その他の債務を国が負担することとなる不動産（申請者において清算することを確認できる場合を除きます。）		動産	する必要があります。 また、マンションの管理費などの維持・管理費については、所有権移転の日の前日までの費用は清算します。
		②	土地区画整理事業等が施行されている場合において、収納の時までに発生した土地区画整理法の規定による賦課金その他これに類する債務を国が負うこととなる不動産	土地区画整理事業区域内に所在する場合には、その事業組合で賦課金・清算金の有無を確認します。 収納の時までに賦課金等が発生している場合（総会で議決されている場合も含みます。）には、「賦課金等の債務を国に引き継がない旨の確認書」を、仮換地が指定されている場合で、相続税課税評価を仮換地で行っている場合には、「清算金の授受に係る権利及び義務を国に引き継がない旨の確認書」を提出します。 なお、物納申請時又は現地調査の際に、賦課金・清算金の内容及び今後の見込みその他清算時期等についてたずねられる場合があります。その他土地改良区域内に所在する場合には、地区除外決済金が必要となる場合があります。
		③	土地区画整理事業等の清算金の授受の義務を国が負うこととなる不動産	
ヌ	管理又は処分を行うために要する費用の額がその収納価額と比較して過大となると見込まれる不動産	①	土壌汚染対策法に規定する特定有害物質その他これに類する有害物質により汚染されている不動産	都道府県又は市区町村の環境行政担当の部局で汚染地区指定、調査命令地区に該当していないことを確認します。 過去の利用状況により特定有害物質その他これに類する有害物質により汚染されているおそれがある場合には、調査して、必要な手続を行います。 すでに土壌汚染調査が完了（除去済み）している場合には、証明書を提出します。
		②	廃棄物の処理及び清掃に関する法律に規定する廃棄物その他の物で除去しなければ通常の使用ができないものが地下にある不動産	過去の利用状況を調査し、必要に応じて、都道府県又は市区町村の環境行政担当の部局に確認をするなどして、地下埋設物がないことを確認します。 過去の利用状況により地下に廃棄物等が埋設されているおそれがある場合には、調査して、必要な手続を行います。
		③	農地法の規定による許可を受けずに転用されている土地	登記事項証明書（※１）の地目と現況の利用状況を確認します。 登記上の地目が農地（田・畑）の場合で、現況が農地として利用されていない場合には、農地転用の手続が必要です。
		④	土留等の設置、護岸の建設その他の現状を維持するための工事が必要となる不動産	現地において土留その他の施設の設置、護岸の建設その他の現状を維持するための工事の必要性を確認し、法令等の規制による工事の必要性については、都道府県又は市区町村の担当部局で確認します。 法令等の規制がない場合でも、通常の維持管理状態では、土留その他の施設の設置、護岸の建設その他の現状を維持する

				ための工事が必要な場合があります。
ル	公の秩序又は善良の風俗を害するおそれのある目的に使用されている不動産その他社会通念上適切でないと認められる目的に使用されている不動産	①	風俗営業等の規制及び業務の適正化等に関する法律に規定する風俗営業又は性風俗関連特殊営業、又は特定遊興飲食店営業の用に供されている建物及びその敷地	賃貸借契約書及び現況により賃貸借契約している財産が、風俗営業、性風俗関連特殊営業、暴力団事務所（類似を含みます。）として使用されていないことを確認します。
		②	暴力団員による不当な行為の防止等に関する法律に規定する暴力団の事務所その他これに類する施設の用に供されている建物及びその敷地	
ヲ	その引渡しに際して通常必要とされる行為がされていない不動産（イに掲げるものを除きます。）	①	物納財産である土地の上の建物が既に滅失している場合において、当該建物の滅失の登記がされていない土地	物納申請土地上に建物がない場合には、過去の土地の利用状況を調査して、法務局において物納申請地番地上に建物登記が残っていないことを確認します。 滅失している建物の登記が残っている場合には、滅失登記を行う必要があります。 また、滅失した建物又は曳家した建物の配置図が残っている場合には、その建物を特定し、配置図の地番を訂正するなどの手続が必要です。
		②	廃棄物の処理及び清掃に関する法律に規定する廃棄物その他の物が除去されていない不動産	物納申請財産に廃棄物がないことを確認します。 契約していない駐車車両がある場合や遊具その他の広場などとして利用されている場合には、契約外の使用状況を解消し、駐車車両や遊具等をすべて撤去する必要があります。
		③	生産緑地法に規定する生産緑地のうち「生産緑地の買取りの申出」の規定による買取り申出がされていない土地	現地にある表示柱や市区町村の固定資産税担当部局又は農業委員会等において生産緑地に指定されている土地かどうかを確認します。 生産緑地に指定されている場合、生産緑地の買取請求手続により、生産緑地の指定を解除する必要があります。 生産緑地の指定解除がされた場合には、指定解除の通知がありますので、物納申請に当たっては、生産緑地指定解除通知書の写しを添付します。
			暴力団員による不当な行為の防止等に関	

ワ	地上権、永小作権、賃借権その他の使用及び収益を目的とする権利が設定されている不動産で次に掲げる者がその権利を有しているもの	①	する法律第２条第６号に規定する暴力団員又は暴力団員でなくなった日から５年を経過しない者（以下「暴力団員等」という。）	物納申請不動産上に賃借権等の権利が設定されている場合には、当該権利を有している者（以下「権利者」といいます。）又は権利者が法人である場合においてその役員等（※２）が暴力団員等に該当しないこと並びに権利者が暴力団員等によりその事業活動を支配されていないことを、その権利者が誓約した書類（権利者が法人の場合は、当該法人の代表者が誓約した書類及び役員一覧）を提出します。
		②	暴力団員等によりその事業活動を支配されている者	
		③	法人で暴力団員等を役員等（※２）とするもの	

※１　登記事項証明書については、申告書への不動産番号等の記入又は不動産番号等明細書を提出することなどにより、その添付を省略することができます（526ページ参照）。

２　役員等とは、取締役、執行役、会計参与、監査役、理事及び監事並びにこれら以外の者で当該法人の経営に従事している者並びに支配人をいいます。

３　権利者である法人が上場会社の場合は、誓約書及び役員一覧の提出は不要です。

Ｂ　株式

管理処分不適格財産				チェックポイント
イ	譲渡に関して金融商品取引法その他の法令の規定により一定の手続が定められている株式で、当該手続がとられていない株式	①	物納財産である株式を一般競争入札により売却することとした場合（金融商品取引法第４条１項の届出及び同法第15条第２項の目論見書の交付が必要とされる場合に限ります。）において、当該届出に係る書類及び当該目論見書の提出がされる見込みがないもの	物納後に国（財務局）が株式の売却手続を行うに当たって、次の書類を求めた時に、速やかに作成・提出ができることを、株式の発行会社に確認します。 １　金融商品取引法その他の法令の規定により一般競争入札に際し必要なものとして定められている書類を発行会社が税務署長に求められた日から６か月以内に提出すること。 ２　株式の価額を算定する上で必要な書類を速やかに提出すること。 ※　物納後に財務局において非上場株式を一般競争入札により売却する場合には、当該株式の発行会社に費用負担等が生じることになります。 非上場株式を物納財産として申請される場合には、「物納非上場株式の一般競争入札による売却について」を確認するとともに、物納後の一般競争入札に係る取扱いの詳細については財務局に確認します。
		②	物納財産である株式を一般競争入札により売却することとした場合（金融商品取引法第４条第５項の通知書の提出及び目論見書の交付が必要とされる場合に限ります。）において、当該通知書及び目論見書の提出がされる見込みがないもの	

<table>
<tr><td>ロ</td><td>譲渡制限株式</td><td>—</td><td>物納しようとする株式に譲渡制限がされていないことを、発行会社の登記事項証明書※及び定款により確認します。
譲渡制限がある場合、株主総会又は取締役会において、買受人を指定又は制限することなく譲渡を承認する旨の決議が必要となります。この場合は、株主総会又は取締役会の議事録の写しを添付します。</td></tr>
<tr><td>ハ</td><td>質権その他の担保権の目的となっている株式</td><td>—</td><td rowspan="3">物納申請財産である株式の証券、保護預かり証書等から、株式の名義が物納申請者となっていること及び質権等の目的となっていないことを確認します。
また、株式（証券）が発行されていない又は紛失している場合には、発行会社に株式の再発行手続を行います。</td></tr>
<tr><td>ニ</td><td>権利の帰属について争いがある株式</td><td>—</td></tr>
<tr><td>ホ</td><td>二以上の者の共有に属する株式（共有者全員が当該株式について物納の許可を申請する場合を除きます。）</td><td>—</td></tr>
<tr><td>ヘ</td><td>暴力団員等によりその事業活動を支配されている株式会社又は暴力団員等を役員（取締役、会計参与、監査役及び執行役をいいます。）とする株式会社が発行した株式</td><td>—</td><td>取引相場のない株式を物納申請する場合には、その株式の発行会社が暴力団員等によりその事業活動を支配されていないこと及び当該株式会社の役員（取締役、会計参与、監査役及び執行役）が暴力団員等に該当しないことを、当該株式会社の代表者が誓約した書類及び役員一覧を提出します。</td></tr>
</table>

※　登記事項証明書については、法人の所在地等を提供することなどにより、その添付を省略することができます（526ページ参照）。

C　その他

管理処分不適格財産	チェックポイント
当該財産の性質が不動産又は株式に定める財産に準ずるものとして税務署長が認めるもの	財産に応じて、前記「A不動産」又は「B株式」のチェックポイントに準じて、管理処分不適格財産でないことを確認します。

③　物納劣後財産（他に適当な財産がない場合には物納できる財産）（相法41④、相令19）

次表の「物納劣後財産」欄には、相続税法施行令第19条の規定を示しています。

物納劣後財産	チェックポイント
①　地上権、永小作権若しくは耕作を目的とする賃借権、地役権又は入会権が設定されている土地（②・Ａ・ワに掲げるものを除きます。）	提出書類の登記事項証明書㊟の乙区（所有権以外の権利の表示）に記載されている内容を確認します。 乙区に、地役権、賃借権などの登記がないことを確認します。 なお、入会権については、慣習的な制度による権利であるため、一般的に登記されないことが多いことから、地方公共団体や周辺住民、地元業者等に確認します。
②　法令の規定に違反して建築された建物及びその敷地	地積測量図及び土地の登記事項証明書㊟と建物の登記事項証明書㊟の床面積や建物図面等から容積率、建ぺい率を概算により計算し、物納申請財産の地域の基準に適合していることを確認します。 また、増築を行っても登記されていない場合もありますので、物納申請財産上の建物と登記内容を確認し、容積率や建ぺい率を超えている可能性がある場合には、市区町村の建築課等で確認する必要があります。
③　次に掲げる事業が施行され、その施行に係る土地につき、それぞれ次に規定する法律の定めるところにより仮換地（仮に使用又は収益をすることができる権利の目的となるべき土地又はその部分の指定を含みます。）又は一時利用地の指定がされていない土地（当該指定後において使用又は収益をすることができない当該仮換地又は一時利用地に係る土地を含みます。） イ　土地区画整理法による土地区画整理事業 ロ　新都市基盤整備法による土地整理 ハ　大都市地域における住宅及び住宅地の供給の促進に関する特別措置法による住宅街区整備事業 ニ　土地改良法による土地改良事業	物納申請財産について、イからニの事業が施行されているかどうか、現地及び「仮換地指定通知書」により、確認します。 また、いずれかの事業が施行されている場合は、進捗状況を現地又は総会議事録で確認し、使用又は収益を開始することができる時期（年月日）、新しい街区での土地の利用制限（用途地域、建ぺい率、容積率、建築協定締結見込みなど）を組合等で確認します。
④　現に納税義務者の居住の用又は事業の用に供されている建物及びその敷地（当該納税義務者が当該建物及びその敷地について物納の許可を申請する場合を除きます。）	居住の用又は事業の用に供されている建物とその敷地が併せて物納申請された場合は、物納劣後財産に該当しません。
⑤　配偶者居住権の目的となっている建物及びその敷地	建物の登記事項証明書㊟の乙区に記載されている内容を確認します。 乙区に配偶者居住権の登記がないことを確認します。 遺産分割協議書や遺言書で建物が配偶者居住権の目的となっていないか確認します。

⑥	劇場、工場、浴場その他の維持又は管理に特殊技能を要する建物及びこれらの敷地	物納申請財産を維持管理するために、資格、試験、許認可及び技能が必要でないことを確認します。
⑦	建築基準法第43条第１項（敷地等と道路との関係）に規定する道路に２ｍ以上接していない土地	公図の写し、登記事項証明書(※)、地積測量図、通行承諾書（特定できる図面を含みます）により、接道が建築基準法上の道路に該当し、間口の幅員が２ｍ以上であることを確認します。 また、建築基準法又は条例等により定められた開発許可基準その他の指導要綱等の基準に適合していることを確認します。 建築主事の判断や開発指導要綱等地方公共団体独自の定めがあることから、都道府県又は市町村の担当部局に確認する必要があります。
⑧	都市計画法第29条第１項又は第２項の規定による都道府県知事の許可を受けなければならない同法第４条第12項に規定する開発行為をする場合において、当該開発行為が同法第33条第１項第２号に掲げる基準（都市計画法施行令第25条第２号に掲げる技術的細目に係るものに限ります。）に適合しないときにおける当該開発行為に係る土地	
⑨	都市計画法第７条第２項に規定する市街化区域以外の区域にある土地（宅地として造成することができるものを除きます。）	所在図、公図の写し、登記事項証明書(※)により市区町村の担当部局で都市計画区域を確認します。 市街化調整区域に所在する財産であっても、宅地造成などの開発行為ができる要件がありますので、所在図、公図の写し、登記事項証明書(※)、地積測量図などにより、都道府県又は市町村の担当部局で確認します。
⑩	農業振興地域の整備に関する法律第８条第１項の農業振興地域整備計画において同条第２項第１号の農用地区域として定められた区域内の土地	所在図、公図の写し、登記事項証明書(※)により市区町村の担当部局で都市計画区域の確認します。 (※)　保安林の場合には、登記事項証明書の「地目」が「保安林」として登記されています。
⑪	森林法第25条又は第25条の２の規定により保安林として指定された区域内の土地	
⑫	法令の規定により建物の建築ができない土地（建物の建築をすることができる面積が著しく狭くなる土地を含みます。）	所在図、公図の写し、登記事項証明書(※)及び地積測量図などにより、都道府県又は市区町村の担当部局において、建物が建築ができることを確認します。 また、物納申請財産周辺の建物及びその敷地の利用状況と物納申請財産へ建築可能な建物が同等であることを現地において確認します。
⑬	過去に生じた事件又は事故その他の事情により、正常な取引が行われないおそれがある不動産及びこれに隣接する不動産	過去の利用状況等から過去に生じた事件・事故等の事情の有無を確認し、正常な取引を行うに当たって支障がないことを確認します。
⑭	事業の休止（一時的な休止を除きます。）をしている法人に係る株式	株式発行会社の事業活動状況について、決算報告書及び事業報告書等により、事業休止していないことを確認します。

(※)　登記事項証明書については、申告書への不動産番号等の記入又は不動産番号等明細書を提出することなどにより、その添付を省略することができます（526ページ参照）。

④　「物納申請書」が提出された場合には、税務署長は、原則として、申請期限から３か月以内に許可又は却下の通知を行うこととされています（相法42②③）。

ただし、物納財産が多数となるなど調査に３か月を超える期間を要すると認められる場合、上記の期間は、６か月以内（積雪など特別な事情によるものは９か月以内）とされることがあります（相法42⑯⑰⑲）。

なお、税務署長が上記期間内に許可又は却下をしない場合には、物納申請の許可があったものとみなされます（相法42㉛）。

⑤　税務署長は、１年以内の期限を定めて、廃棄物の撤去その他の物納財産を収納するために必要な措置をとることを物納申請者に命ずる旨の通知をし、期限内にその措置がとられなかった場合には、物納申請を却下することができることとされています（相法42⑳～㉒）。

この場合、税務署長による許可又は却下の処分は、物納の申請書の提出期限から３か月に収納に必要な措置を命ずる旨の通知を受けた日の翌日から税務署長が定めた期限（納税者が「収納関係措置期限延長届出書」を提出した場合には、その「収納関係措置期限延長届出書」による物納財産の収納に必要な措置を行う期限）までの期間を加算した期間までに行われます（相法42㉖）。

また、通知を受けた申請者が必要な措置をとった場合には、その申請者は、遅滞なく必要事項を記載した届出書を税務署長に提出しなければなりません（相法42㉗、相規22⑨）。

⑥　申請者が、「物納手続関係書類」の全部又は一部を申請書の提出期限までに添付して提出することができない場合には、「物納手続関係書類提出期限延長届出書」を税務署長に提出することにより、提出期限の延長が３か月を限度として（最長、申請書の提出期限から１年）認められます（相法42④～⑦）。

ただし、物納手続関係書類の全てを提出したと考えていた納税者がその提出期限後において、物納手続関係書類の一部が不足していたことを知った場合には、その提出期限の翌日から起算して１か月以内又は税務署長から補完通知が送付されるまでの期間のいずれか早い日までであれば、物納手続関係書類提出期限延長届出書を提出することができます（相令19の２②）。

⑦　延納手続と同様に（374ページ）、①国税通則法第11条《災害等による期限の延長》の規定の適用がある場合、②物納の許可の申請に係る手続を行う者が死亡した場合、③物納の許可の申請に対する処分に係る不服申立て又は訴えの提起があった場合には物納手続に関する期限が一定期間延長されます（相法42㉘、相令19

の４①。以下の図についても同様です。)。

＜物納手続関係書類の提出期限の延長＞

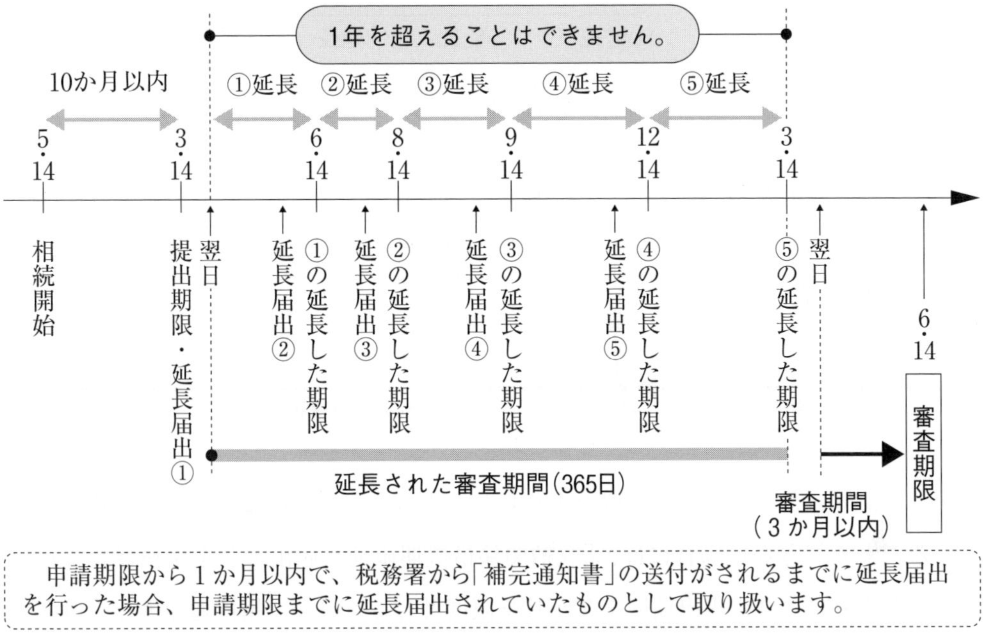

※　土日祝日及びうるう年の考慮はしていません（以下の図についても同様です。)。

⑧　提出された「物納申請書」についてその記載に不備があること又は「物納手続関係書類」についてその記載に不備があること若しくはその提出がない場合には、税務署長は、申請者に対し、その書類の訂正又は提出を求める旨の通知（「補完通知書」）をし、その通知後20日以内にその書類について申請者が訂正等をしなかった場合には、物納申請は取り下げたものとみなされます（相法42⑧～⑩)。

この場合、税務署長による許可又は却下の処分は、物納の申請書の提出期限から３か月に訂正を求める旨の通知を受けた日の翌日から20日を経過するまでの期間（この通知が複数ある場合には、その期間を合計し、重複する期間は控除します。）を加算した期間までに行われます（相法42⑭)。

⑨　補完通知書を受けた申請者が、上記⑧の20日以内に訂正又は提出をすることができない場合には、「物納手続関係書類補完期限延長届出書」を税務署長に提出することにより、訂正又は提出期限を３か月を限度として（最長、補完通知書を受けた日から１年）延長することができます（相法42⑪～⑬)。

＜補完期限の延長・再延長＞

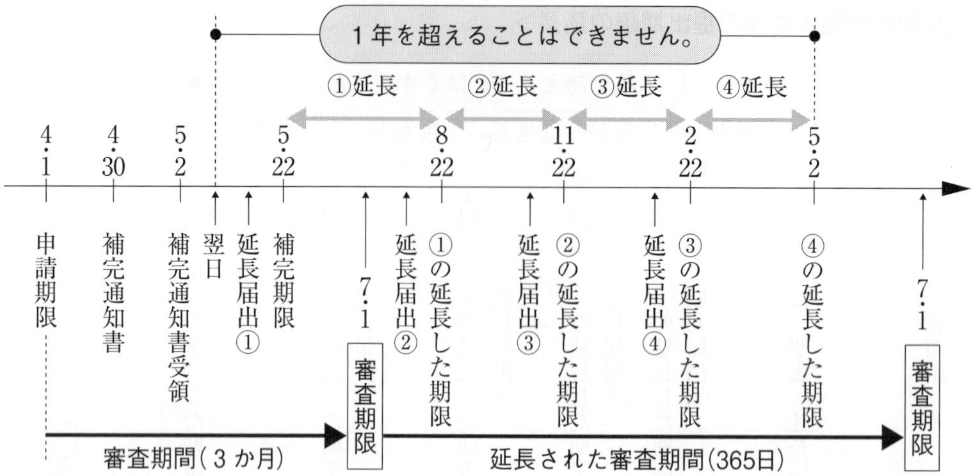

⑩　上記⑤により、必要な措置を求められた申請者が、期限までに必要な措置をとることができない場合には、「収納関係措置期限延長届出書」を税務署長に提出することにより、提出期限を３か月を限度として（最長、措置通知書を受けた日から１年）延長することができます（相法42㉓～㉕）。

＜措置期限の延長・再延長＞

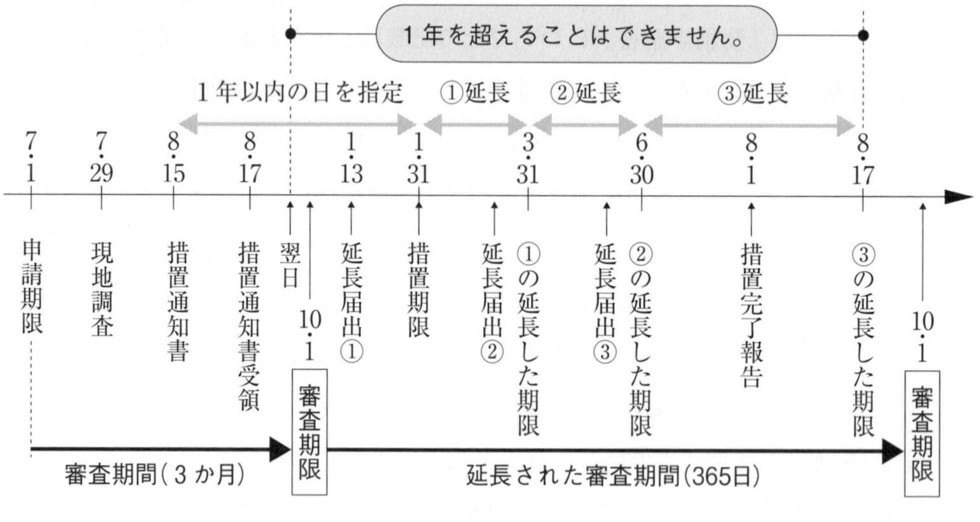

⑪　税務署長は、物納の許可をするに当たって、物納財産の性質その他の事情に照らし必要があると認めるときは、その許可に条件を付して申請者に通知することができることとされています（相法42㉚）。

なお、税務署長がその条件に則して一定の事項の履行を求めた場合において、納税者がその期限までに一定の事項を履行しないときは、許可後５年以内に限り物納の許可を取り消すことができることとされています（相法42㉚、48）。

⑫　いわゆる超過物納（相続税額を超える価額の財産による物納）について、税務署長においてやむを得ない事情があると認めるときは、その物納を許可できることとされています（相法41①）。

⑬　金銭による納付困難要件を判定する際には、相続財産だけではなく、納税者の固有の財産も対象として判定することとし、具体的には、相続税額から「現金で即納することができる金額」と「延納によって納付することができる金額」の合計額を控除した金額を物納可能額とします（相法41①、相令17）。

(3)　利子税がかかる期間の具体例

①	物納申請期限までに物納手続関係書類の全部又は一部を提出できないため、「物納手続関係書類提出期限延長届出書」を提出した場合のその延長期限までの期間
②	提出された物納手続関係書類が一部不足していたとき又は、訂正等が必要であったときなどに、税務署長から書類の提出又は訂正を求める補完通知書が送付された場合のその通知を発した日の翌日から補完期限までの期間
③	上記②の期間内に物納手続関係書類の提出又は訂正ができないため、「物納手続関係書類補完期限延長届出書」を提出した場合のその延長期限までの期間
④	物納申請された財産について、税務署長から収納のために必要な措置を求める措置通知書が送付された場合の、その通知を発した日の翌日から求められた措置を了した旨を届け出た日までの期間
⑤	上記④の措置期限までに求められた措置を完了できないため、「収納関係措置期限延長届出書」を提出した場合の措置を了した旨を届け出た日までの期間
⑥	物納許可があった日の翌日から起算して７日を経過する日から納付があったものとされた日（例：名義変更後の株式の引渡し）までの期間

※　物納申請が却下された場合や物納申請を取り下げたものとみなされた場合にも、納期限又は納付すべき日の翌日から、その却下の日又はみなす取下げの日までの期間について、利子税がかかります。

また、物納の撤回の承認があった場合又は物納許可取消しがあった場合についても、納期限又は納付すべき日の翌日から物納の撤回に係る一時に納付すべき相続税の納付の日（納付があったものとされた日から物納の撤回の承認があった日までの期間を除きます。）又は許可取消しの日まで利子税がかかります。

〔参考〕　物納申請にかかる利子税の計算方法

物納申請にかかる利子税は、次の算式により計算される金額となります。

$$\frac{\boxed{\text{納付すべき本税の額（※１）}} \times \boxed{\text{利子税の割合（※２）}} \times \boxed{\text{期間（日数）（※３）}}}{365} = \boxed{\text{利子税の額（※４）}}$$

※１　本税の額が10,000円未満の場合には、利子税を納付する必要はありません。

また、本税の額に10,000円未満の端数があるときは、これを切り捨てて計算します（通則法118③）。

2　利子税の割合は、年「7.3%」と「平均貸付割合（前々年の9月から前年の8月までの各月における銀行の新規の短期貸出約定平均金利の合計を12で除して得た割合として各年の前年の11月30日までに財務大臣が告示する割合に、年0.5%の割合を加算した割合」のいずれか低い割合になります（措法93②）。

3　上記①から⑥に掲げた期間の日数となります。

4　計算した利子税の額が1,000円未満となる場合は納付する必要はありません。

また、その額が1,000円以上の場合、100円未満の端数を切り捨てて計算します（通則法119④）。

⑷　物納の申請期限及び提出書類

物納申請書は、物納を求めようとする相続税の納期限までに又は納付すべき日に提出しなければなりません（相法42①）。また、提出先は、被相続人の死亡の時における住所地を所轄する税務署長となります。

㈾　納期限に相続財産の分割協議が未了である場合や遺留分減殺請求が行われている場合などについては、相続財産の所有権の帰属が確定していない状況にありますので、このような状況にある財産は管理処分不適格な財産に該当することとなり、物納が認められません。

イ　納期限

①　期限内申告……申告期限

㈾　相続税の申告書の提出期限は、相続の開始があったことを知った日（通常の場合は、被相続人の死亡の日）の翌日から起算して10か月目の日です。

②　更正又は決定……更正又は決定の通知が発せられた日の翌日から起算して1か月を経過する日

ロ　納付すべき日

期限後申告又は修正申告……申告書の提出の日

ハ　物納申請時に提出する書類

①	物納申請書
②	物納申請書別紙「物納財産目録」
③	物納申請書別紙「金銭納付を困難とする理由書」
④	上記③の内容を説明する資料の写し
⑤	物納申請財産が物納劣後財産の場合は「物納劣後財産等を物納に充てる理由書」
⑥	物納手続関係書類
⑦	物納手続関係書類が提出できない場合は「物納手続関係書類提出期限延長届出書」
⑧	物納手続関係書類チェックリスト

⑸　物納申請財産の選定

物納を申請する税額を算定した場合には、その税額の範囲内で、どの財産を物納申請するのかを選定します。また、物納が許可されるためには、申請財産について次の要件を満たす必要がありますので、財産の状況・権利関係等を十分に踏まえて物納申請をする財産を選定する必要があります。

①	物納申請者が相続により取得した財産で日本国内にあること
②	管理処分不適格財産でないこと
③	物納申請財産の種類及び順位に従っていること
④	物納劣後財産に該当する場合は、他に適当な価額の財産がないこと
⑤	物納に充てる財産の価額は、原則として、物納申請税額を超えないこと

⑹　物納申請財産の収納価額

物納申請財産の収納価額は、原則として、相続税の課税価格計算の基礎となった相続財産の価額（注１）になります。

ただし、収納の時までに物納財産の状況に相続時と比べて著しい変化があった場合には、収納の時の現況により評価した価額になります。

これを「収納価額の改訂」（注２）といいます。

㈱１　課税価格の計算の特例を受けた財産の収納価額
小規模宅地等についての相続税の課税価格の計算の特例などの相続税の課税価格の計算の特例の適用を受けた相続財産を物納する場合の収納価額は、これらの特例適用後の価額となります。

２　収納価額の改訂をする場合の例示
収納価額の改訂を行う「財産の状況について著しい変化のあった場合」とは、次のような場合をいいます。

①　土地の地目変換があった場合又は荒地となった場合
地目変換の判断は、登記事項証明書㈱に記載されている地目ではなく、現況の利用状況で判断します。

②　引き続き居住の用に供する土地又は家屋を物納する場合

③　所有権以外の物権又は借地権・賃借権の設定、変更又は消滅があった場合

④　株式又は出資証券について増資又は減資が行われた場合、あるいはこれらの発行法人が合併し、株式又は出資証券の交付を受けた場合

⑤　上記以外に、その財産の使用、収益又は処分について制限が付けられた場合

㈱　登記事項証明書については、申告書への不動産番号等の記入又は不動産番号等明細書を提出することなどにより、その添付を省略することができます（526ページ参照）。

⑺　物納却下

延納による金銭での納付が困難でないこと等物納申請の全部又は一部が却下された場合には、申請者は、その却下の日から20日以内に、延納の申請を行うことができます（相法44）。

また、物納申請された財産が管理処分不適格財産又は物納劣後財産に該当することにより物納申請を却下された申請者は、その却下の日から20日以内に物納の再申請（１回限り）をすることができます（相法45）。

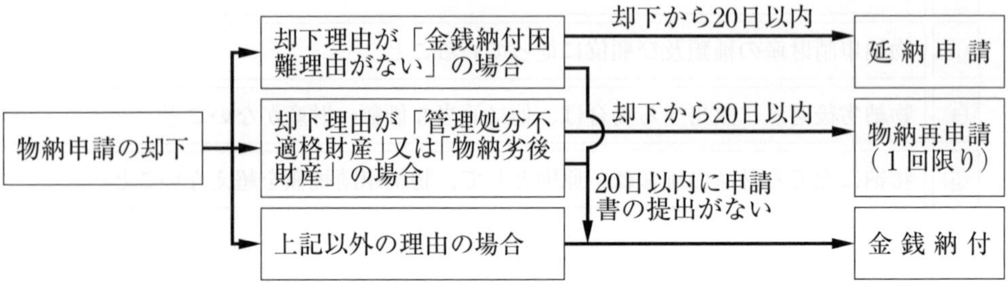

イ　物納却下による延納申請を行った場合の利子税

この延納申請手続の結果、延納申請が許可された場合には、納期限又は納付すべき日の翌日から延納に係る利子税を計算しますので、物納申請から却下までの期間中は、全て延納に係る利子税の計算期間の対象となります。

ロ　物納却下による物納再申請を行った場合の利子税

物納申請を却下された理由が、「物納申請財産が管理処分不適格財産に該当する」又は「物納申請財産は物納劣後財産に該当し、他に適当な価額の財産を有する」の場合には、再度、申請する時点での金銭納付困難理由を検討し、その金額の範囲内の他の相続財産をもって物納の申請をすることができます。

この手続により再申請された場合は、納期限又は納付すべき日の翌日から再申請の日までの期間は、全て物納に係る利子税の計算期間となります。

なお、この再申請が却下された場合には、延納申請や物納の再申請はできません。

ハ　却下された税額を納付する場合

納期限又は納付すべき日の翌日から却下の日までは利子税、却下の日の翌日から本税を完納する日までの期間は延滞税がかかりますので、本税と併せて納付することとなります。

(8) 物納の撤回

税務署長は、物納の許可を受けた者が、物納に係る相続税を金銭で一時に納付又は延納により納付する場合には、物納許可後1年以内に限り、物納の撤回の承認をすることができることとされています（相法46）。

この場合、物納の撤回の審査期間については、原則として、3か月となります（相法46③）。

また、物納の許可を受けた者が物納の撤回の承認を受けようとする場合には、その者が延納申請書に担保提供関係書類を添付して提出することにより、一定の金額を限度として、物納から延納へ変更を許可できることとされています（相法47）。

イ　物納撤回承認申請書の提出

物納を撤回しようとするときには、その物納の許可を受けた日の翌日から起算して1年以内に、「物納撤回承認申請書」又は「物納申請撤回承認兼延納申請書」を、相続税の申告をした税務署に提出します。

ロ　相続税の納付

物納を撤回することにより金銭で納付することになった相続税額については、税務署からその金額について通知がされ、その通知を発した日の翌日から起算して1か月以内に納付することとなります。

また、一時に納付できないことから、「物納撤回承認申請兼延納申請書」を提出した場合には、この申請書の提出に併せて、担保提供関係書類の提出も必要となります。

ハ　国が支出した有益費の納付

物納撤回承認申請書の提出があった場合には、物納された財産を管理する財務局に、国が物納財産を管理していた期間における管理費など国が支出した有益費の有無を確認（照会）して、その金額を上記ロの「物納を撤回することにより金銭で納付することとなった相続税額」に併せて通知され、同様に納付することとなります。この有益費及び上記ロの納付することになった相続税額が1か月以内に納付がされない場合には、物納撤回承認申請（兼延納申請）は取り下げたものとみなされます。

なお、この有益費相当額を分割納付又は延納申請することはできません。

ニ　撤回があった場合の利子税の納付

撤回に係る相続税の納期限又は納付すべき日の翌日から完納するまでの期間（撤回に係る物納許可の納付があったものとする日の翌日からその撤回承認の日

までの期間を除きます。）に応じ、利子税を納付することとなります。

⑼　物納許可条件の履行を求める場合

例えば、「地下埋設物が判明した場合に、地下埋設物の撤去又は除去を行うこと」を条件として物納許可を行ったところ、物納許可した財産に地下埋設物があることが判明したときは、税務署長から「物納の条件付許可に係る条件履行要求通知書」（この第８章において、以下「履行要求通知書」といいます。）が送付され、その通知書に記載された措置の内容を、通知書に記載された期限までに行うこととなります。

物納許可後５年以内に履行要求通知が行われた場合に、指定された期限までに除去等の措置が完了できなかったときには、物納許可が取り消されることになります。

なお、物納許可の取消しが行われた場合又は取り消されることとなる場合には、その内容に応じて、履行要求通知書を受け取った日の翌日から４か月以内に限って、更正の請求ができます。

〔参考〕　財務局における地下埋設物等の調査について

物納許可後に財務局に引き継がれた土地は、国有財産として管理・処分されることとなるため、土地の利活用に支障となる地下埋設物等が判明した場合は、その除去等が求められることとなります。

このため、財務局は必要に応じ地下埋設物等の有無をボーリング調査等により確認しています。

なお、ボーリング調査等によっても地下埋設物等の全てが把握できない場合があるため、状況によっては再度の除去等が求められる場合があります。

⑽　特定物納制度

相続税の納付方法として延納を選択した納税者が、その後の資力の変化等により、延納条件の変更を行ったとしても延納を継続することが困難となった場合には、その納付を困難とする金額を限度として、その相続税の申告期限から10年以内の申請により、延納から物納に変更すること（これを「特定物納」といいます。）ができます（相法48の２）。

なお、分納期限が到来している分納税額のほか、加算税、利子税及び延滞税及び連帯納付義務により納付すべき税額は、特定物納の対象にはなりません（相基通48の２－１）。

要件		
	①	延納条件の変更を行っても、延納を継続することが困難な金額の範囲内であること
	②	申請財産が定められた種類の財産で申請順位によっていること
	③	申請書及び物納手続関係書類を申告期限（法定納期限）から10年以内に提出すること
	④	物納適格財産であること

イ　特定物納申請税額の算定

特定物納は、相続税の申告期限から10年以内の申請により、延納によって納付を継続することが困難な金額の範囲内で認められるものですから、この納付が困難な金額の範囲内となるよう物納申請税額を算定することが必要です。

特定物納申請税額の算定に当たっては、特定物納申請書の別紙「金銭納付を困難とする理由書」の作成が必要です。

ロ　特定物納申請財産の選定

特定物納申請財産は、一般の物納申請の場合に準じて選定します。

なお、課税価格の計算の特例を受けている財産（措法69の４、69の５）は特定物納財産とすることはできません。

ハ　特定物納申請財産の収納価額

特定物納申請財産の収納価額は、特定物納申請書を提出した時の価額になります。

この申請の時の価額は、特定物納申請財産について、特定物納申請書が提出された時の財産の状況により、財産評価基本通達を適用して求めた価額をいいます。

なお、一般的な物納と同様に、収納の時までに物納財産の状況が特定物納申請時と比べて著しい変化があった場合には、収納時の現況により評価した価額になります（相法48の２⑤）。

ニ　物納手続関係書類の作成

物納手続関係書類は、一般の物納申請の場合に準じて作成します。

なお、特定物納に係る「物納手続関係書類」の提出期限は延長することができません。物納手続関係書類は特定物納申請書を提出するまでに作成する必要があります。

※１　特定物納申請税額の算定

特定物納の申請ができる税額は次のとおりです（利子税・延滞税については、特定物納の申請をすることができません。）。

延納許可を受けた税額 － 特定物納申請日までに分納期限が到来している分納税額 ＝ 特定物納対象税額（利子税・延滞税は含みません。）

特定物納対象税額 ⇔ 特定物納申請時において延納条件を変更しても延納によって納付を継続することが困難な金額

→ いずれか少ない額が特定物納申請できる税額になります。

※２　物納制度と特定物納制度の比較

項　目	物納制度	特定物納制度
申請期限	物納申請に係る相続税の納期限又は納付すべき日まで	相続税の申告期限から10年以内
申請税額の範囲	延納によっても納付することが困難な金額の範囲内	申請時に分納期限の到来していない延納税額のうち、延納条件を変更しても延納によって納付を継続することが困難な金額の範囲内
物納に充てることができない財産	管理処分不適格財産	管理処分不適格財産及び課税価格計算の特例を受けている財産
収納価額（原則）	課税価格計算の基礎となった財産の価額	特定物納申請の時の価額（特定物納申請時の財産の状況により財産評価基本通達を適用して求めた価額）
物納手続関係書類の提出期限	申請書と同時に提出。届出することにより提出期限の延長ができます。	申請書と同時に提出。提出期限の延長をすることはできません。
申請書又は関係書類の訂正等の期限（補完期限）	補完通知書を受けた日の翌日から起算して20日以内までに届出することにより、期限の延長ができます。	補完通知書を受けた日の翌日から起算して20日以内で、期限の延長はできません。
収納に必要な措置の期限（措置期限）	措置通知書に記載された期限までに届出することにより、期限の延長ができます。	措置通知書に記載された期限までに届出することにより、期限の延長ができます。
物納却下の場合	却下された理由によって、延納申請又は物納再申請ができる場合があります。	延納中の状態に戻ります。 却下された日、みなす取下げの日及び自ら取下げをした日までに、納期限が到来した分納税額については、それぞれの日の翌日から１か月以内に利子税を含めて納付します。
みなす取下げの場合	みなす取下げされた相続税及び利子税を直ちに納付する必要があります。	
取下げの場合	自ら取下げはできるが、相続税及び延滞税を直ちに納付する必要があります。	
物納の撤回	一定の財産について物納の許可を受けた後１年以内に限りできます。	できません。

利子税の納付	物納申請から納付があったものとみなされる期間（審査期間を除きます。）について、利子税を納付します。	当初の延納条件による利子税を納付します。

⑾　**物納手続の流れ（まとめ）**

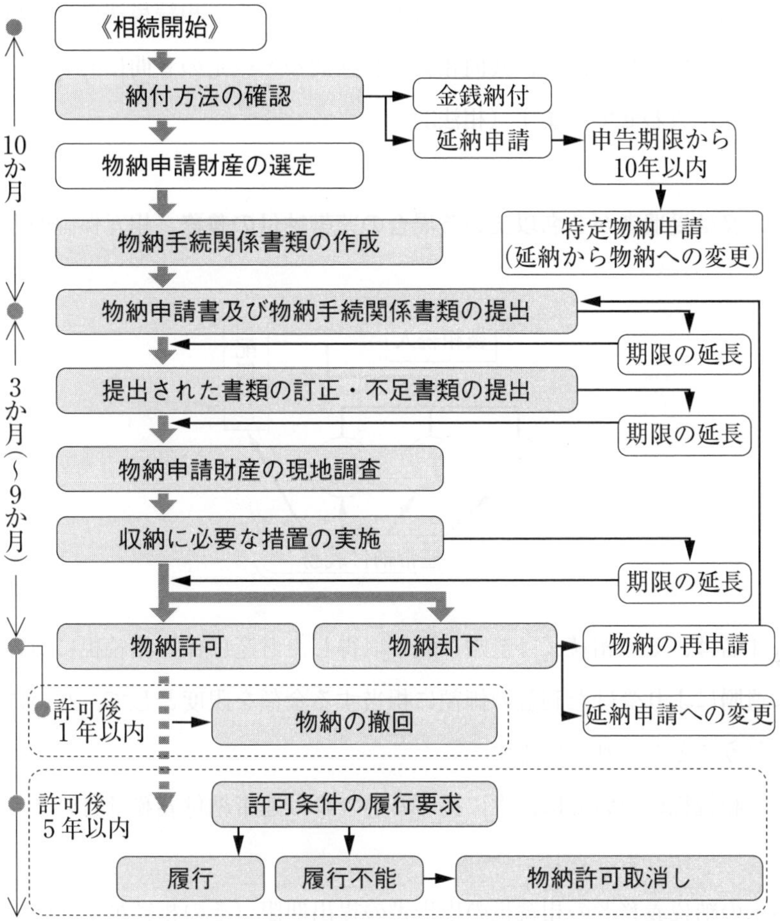

7　連帯納付義務

相続税の納付義務については、原則として、相続又は遺贈（相続時精算課税の適用を受ける財産に係る贈与を含みます。以下、この第８章において同じです。）により財産を取得した者がそれぞれ負っています。

しかしながら、遺産を分割するかしないか、又はどのように分割するかについては、その一切が相続人らに委ねられていること等にかんがみ、相続税法では、負担の公平や相続税債権確保の見地から、共同相続人相互間など一定の者間において、互いに連帯納付の義務を負わせています（相法34）。

⑴　相続人又は受遺者が２名以上いる場合の連帯納付の義務（相互保証的な連帯納付責任）

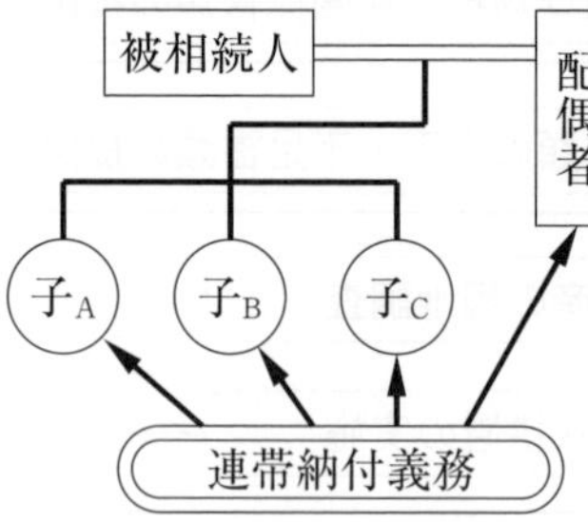

相続人４名は、その相続又は遺贈により取得した財産に係る相続税について、その相続又は遺贈により受けた利益の価額に相当する金額を限度として、互いに連帯納付の義務を負うこととされています。

ただし、相続税については、次に掲げる場合には連帯納付義務は負いません（相法34①）。

イ　本来の納税義務者の相続税の申告書の提出期限（その相続税が期限後申告書若しくは修正申告書を提出したことにより納付すべき相続税額、更正若しくは決定に係る相続税額又は通則法第32条第５項に規定する賦課決定に係る相続税額に係るものである場合には、その期限後申告書若しくは修正申告書の提出があった日、その更正若しくは決定に係る更正通知書若しくは決定通知書を発した日又は賦課決定通知書を発した日）から５年を経過する日までに税務署長等が連帯納付義務者に対して相続税法第34条第６項の規定による通知（納付通知書）を発していない場合

ロ　本来の納税義務者が延納の許可を受けた相続税額に係る相続税

ハ　本来の納税義務者が相続税の納税猶予の適用を受けた相続税額に係る相続税

⑵　死亡者の相続税の連帯納付の義務（一方保証的な連帯納付責任）

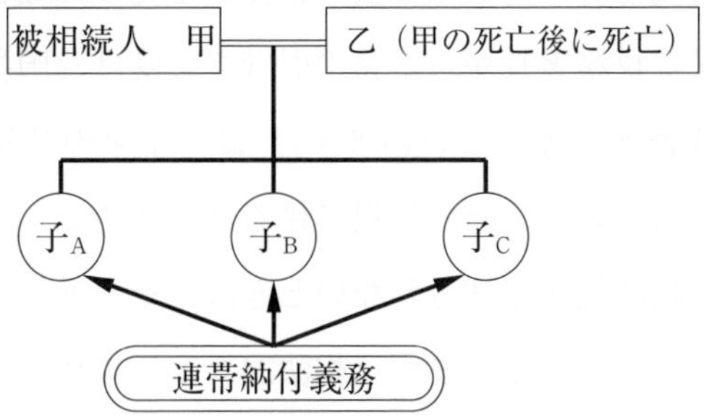

被相続人甲の相続人である乙が、甲の死亡に係る相続税を未納のまま死亡した場合、その甲の死亡に係る相続税について、被相続人乙の相続人Ａ、Ｂ、Ｃはその乙からの相続又は遺贈により受けた利益の価額に相当する金額を限度として、互いに連帯納付の義務を負うこととされています（相法34②）。

⑶　相続又は遺贈により取得した財産が贈与等された場合

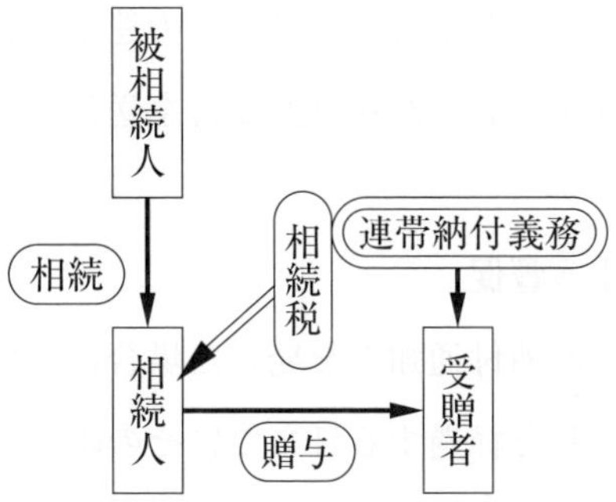

相続税の課税価格の計算の基礎となった財産が、贈与、遺贈又は寄附行為により移転があった場合には、その贈与若しくは遺贈によって財産をもらった者又はその寄附行為によって設立された法人は、その贈与などをした者が納めるべき相続税のうち、取得した財産の価額に対応する部分の金額について、その受けた利益の価額に当たる金額を限度として、連帯納付の責任を負わなければなりません（相法34③）。

$$\text{相続税額}\times\frac{\text{相続税の課税された財産のうち、贈与、遺贈又は寄附行為により移転した財産の価額}}{\text{相続税の課税価格}}$$

㈱　相続税の延納の規定は、連帯納付の責めに任ずる者のその責めに任ずべき金額については適用がありません（相基通38－５）。

(4) 連帯納付義務者への通知等

イ　本来の納税義務者に対し相続税の督促状を発した場合の通知

税務署長又は税務署長から事務の引継ぎを受けた国税局長（この第８章において、以下「税務署長等」といいます。）は、本来の納税義務者に対し相続税の督促をした場合において、その督促に係る督促状を発した日から１か月を経過する日までにその相続税が完納されないときは、その連帯納付義務者に対し、次の事項を通知することとしています（相法34⑤、相規18の２）。

①	その相続税が完納されていない旨
②	連帯納付義務の適用がある旨
③	その相続税に係る被相続人の氏名
④	その他必要な事項

ロ　連帯納付義務者から徴収しようとする場合の納付通知

税務署長等は、上記イの通知をした場合において、その通知に係る相続税を連帯納付義務者から徴収しようとするときは、その連帯納付義務者に対し、納付すべき金額及び納付場所等を記載した納付通知書を送付しなければなりません（相法34⑥）。

ハ　連帯納付義務者に対する督促

税務署長等は、上記ロの納付通知書を発した場合において、その納付通知書を発した日の翌日から２か月を経過する日までにその納付通知書に係る相続税が完納されない場合には、その納付通知書を受けた連帯納付義務者に対し国税通則法第37条の規定による督促を行います（相法34⑦）。

ニ　繰上請求に該当する事実があった場合の督促

税務署長等は、上記イからハにかかわらず、連帯納付義務者に国税通則法第38条第１項各号に規定する繰上請求に該当する事実があり、かつ、相続税の徴収に支障があると認められる場合には、その連帯納付義務者に対し同法第37条の規定による督促を行います（相法34⑧）。

8　納税についての特例

税金は、納期限までに納めるのが原則ですが、納税者が災害により被害を受けた場合等においては、期限まで納付することは困難となります。このような特別な事情が生じた場合の特別措置として、次のような制度が設けられています。

<table>
<tr><td rowspan="12">納税についての特例</td><td colspan="2">納期限の延長</td><td colspan="3">災害その他やむを得ない理由があるときは、国税庁長官、国税局長又は税務署長は、その納期限をその理由のやんだ日から２か月以内に限り延長することができます。</td><td>通則法11</td></tr>
<tr><td rowspan="10">納税の猶予</td><td rowspan="3">災害等の場合の納税猶予</td><td>Ⓐ　災害により、納税者がその財産に相当な損失を受けた場合</td><td>災害のやんだ日から２か月以内に税務署長に納税の猶予を申請します。</td><td>財産の損失の程度に応じ、納期限から１年以内の猶予</td><td>通則法46①</td></tr>
<tr><td>Ⓑ　災害、盗難又は納税者若しくは同居の親族の病気又は負傷の場合</td><td>税務署長に担保を提供し、納税の猶予を申請します。</td><td>１年以内の猶予</td><td>通則法46②</td></tr>
<tr><td>Ⓒ　Ⓐ又はⒷにより、納税が猶予される場合</td><td>—</td><td>延滞税の免除</td><td>通則法63①</td></tr>
<tr><td>非上場株式等についての納税猶予</td><td colspan="4">（第11章で説明します。）</td></tr>
<tr><td>農地等についての納税猶予</td><td colspan="4">（第10章で説明します。）</td></tr>
<tr><td>山林についての納税猶予</td><td colspan="4">（第13章で説明します。）</td></tr>
<tr><td>医療法人の持分についての納税猶予</td><td colspan="4">（第14章で説明します。）</td></tr>
<tr><td>特定美術品についての納税猶予</td><td colspan="4">（第15章で説明します。）</td></tr>
<tr><td>事業用資産についての納税猶予</td><td colspan="4">（第12章で説明します。）</td></tr>
<tr><td colspan="2">相続税の免除</td><td>相続税の申告書の提出期限後に、災害により相続税の課税財産にその価額の10％以上の被害を受けた場合</td><td>災害のやんだ日から２か月以内に税務署長に所定の申請書を提出します。</td><td>被害を受けた日以後に納付すべき税額のうちの被害に対応する税額の免除</td><td>災免法４、災免令11</td></tr>
</table>

※1　Ⓐの「災害」及びⒷの「災害等」は、次に掲げるとおりです。

Ⓐの「災害」	震災、風水害、落雷、火災、地すべり、噴火、干害、冷害、海流の激変その他の自然現象の異変による災害、火薬類の爆発、ガス爆発、鉱害、天然ガスの採取等による地盤沈下その他の人為による異常な災害、病虫害、鳥獣害その他の生物による異常な災害（通則法46①、国税通則法基本通達（徴収部関係）第46条関係１）
Ⓑの「災害等」	上表のほか盗難、納税者又はその者と生計を一にする親族の病気又は負傷、納税者の事業休廃止、納税者の事業の著しい損失等（通則法46②、国税通則法基本通達（徴収部関係）第46条関係８－３）

2　次のイ又はロのいずれかに該当した場合には、被害にあった日以後において納付すべき相続税（延滞税、利子税、過少申告加算税、無申告加算税及び重加算税を除きます。）のうち、その税額にその課税価格の計算の基礎となった財産の価額（債務控除後）のうちに被害を受けた部分の価額（保険金等により補てんされた金額を除きます。）の占める割合を乗じて計算した金額に相当する税額を免除します（災免法４、災免令11)。

イ　相続税の課税価格の計算の基礎となった財産の価額（債務控除後の価額）のうちに被害を受けた部分の価額の占める割合が10分の１以上であるとき

$$\frac{\text{被害を受けた部分の価額}}{\text{相続税の課税価格の計算の基礎となった財産の価額（債務控除後の価額）}} \geqq \frac{1}{10}$$

ロ　相続税の課税価格の計算の基礎となった動産等の価額のうちに、動産等について被害を受けた部分の価額の占める割合が10分の１以上であるとき

$$\frac{\text{動産等について被害を受けた部分の価額}}{\text{相続税の課税価格の計算の基礎となった動産等の価額}} \geqq \frac{1}{10}$$

※　動産等とは、次に掲げる財産をいいます。

①　動産（金銭及び有価証券を除きます。）

②　不動産（土地及び土地の上に存する権利を除きます。）

③　立木

9　延滞税

法定納期限までに納付しなかった場合には、次のとおり、その納付の遅れた期間に応じてそれぞれ延滞税を納付しなければなりません（通則法60）。

⑴　国税通則法における規定（原則）

① 期限内申告書による相続税に係る延滞税

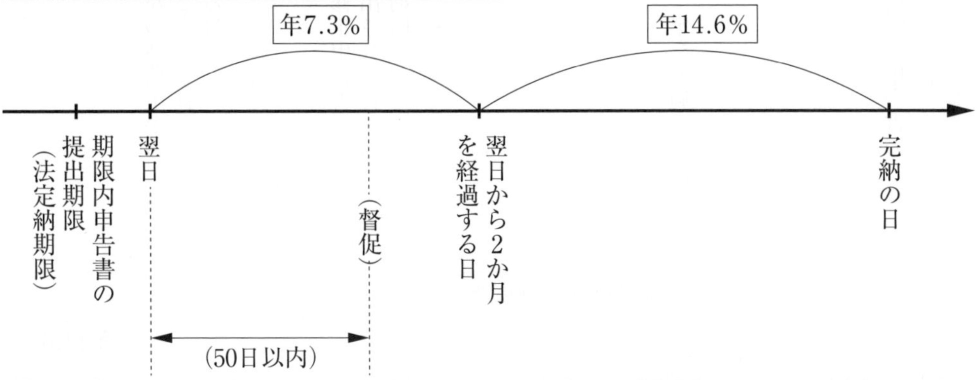

② 期限後申告書又は修正申告書による相続税に係る延滞税（④の場合を除きます。）

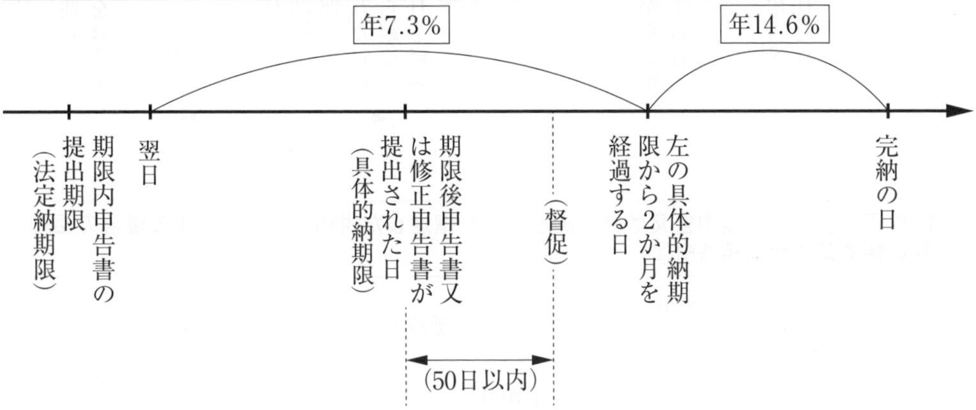

③ 更正又は決定による相続税に係る延滞税（④の場合を除きます。）

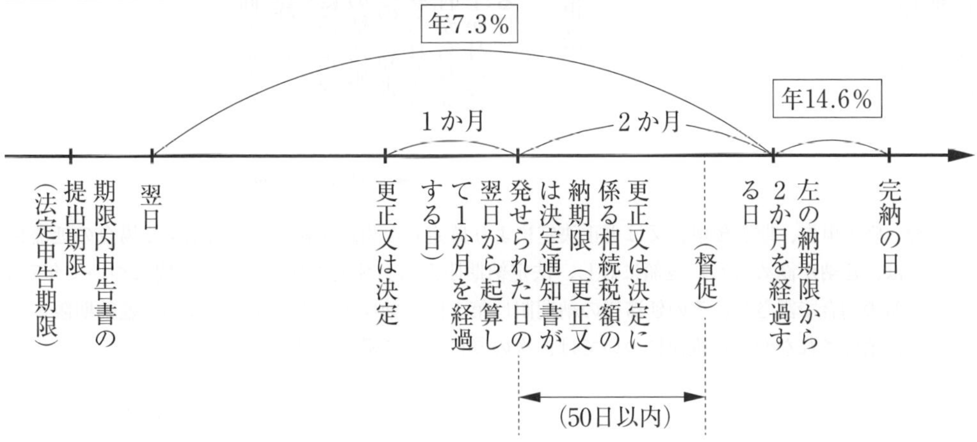

④　申告期限（期限後申告書が提出されている場合には期限後申告書を提出した日）から１年を経過した日後に修正申告書の提出又は更正が行われる場合の相続税に係る延滞税（通則法61①）

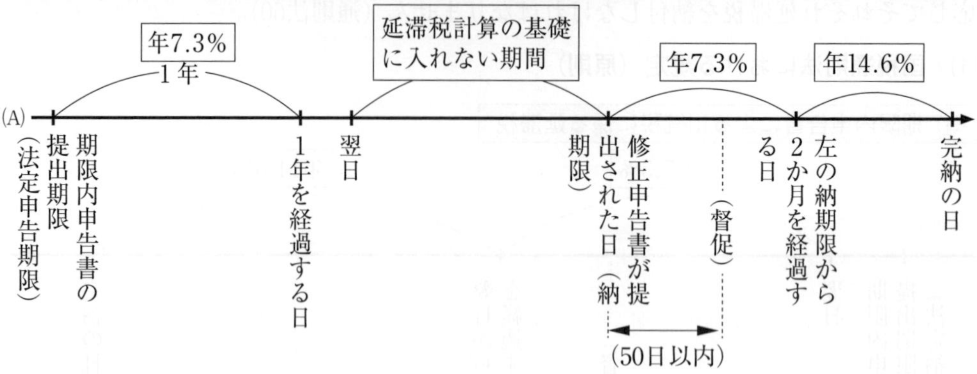

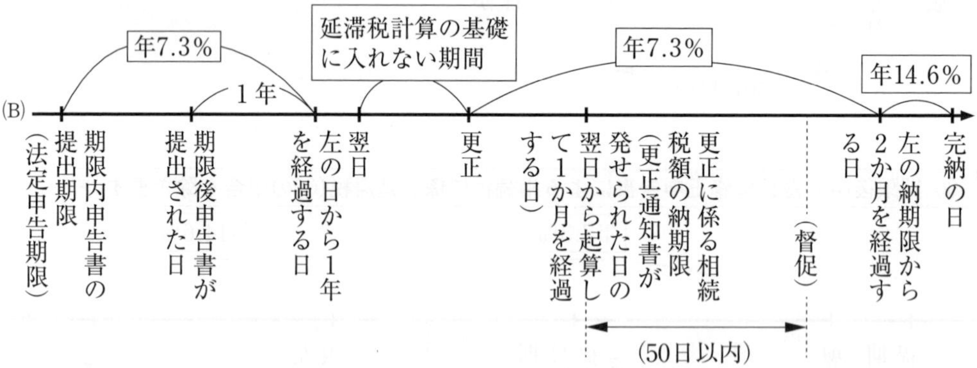

⑤　修正申告、期限後申告又は更正決定により確定した税額につき延納する場合の相続税に係る延滞税（相法51①）

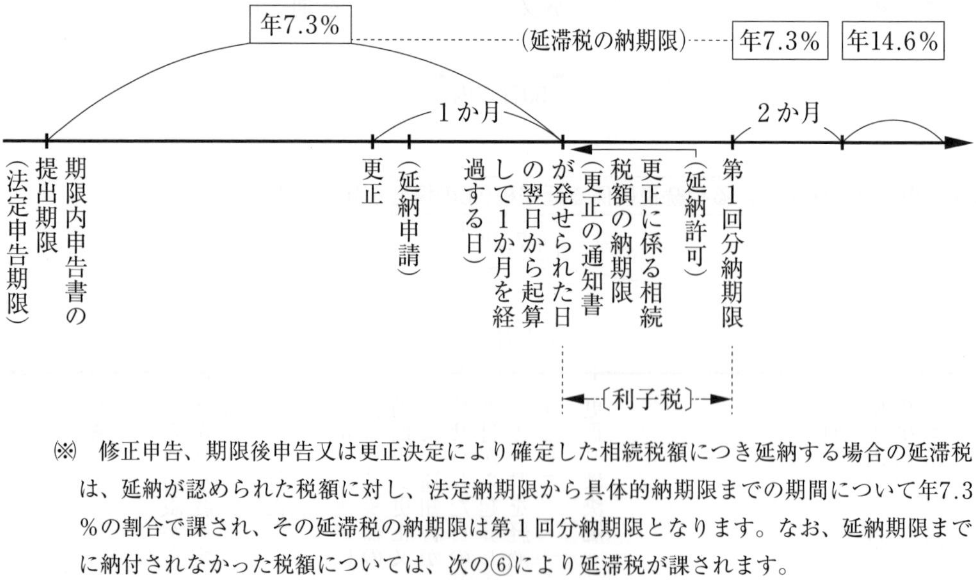

※　修正申告、期限後申告又は更正決定により確定した相続税額につき延納する場合の延滞税は、延納が認められた税額に対し、法定納期限から具体的納期限までの期間について年7.3％の割合で課され、その延滞税の納期限は第１回分納期限となります。なお、延納期限までに納付されなかった税額については、次の⑥により延滞税が課されます。

⑥　相続税の年賦延納税額が延納期限後に納付された場合の延滞税（相法51①）

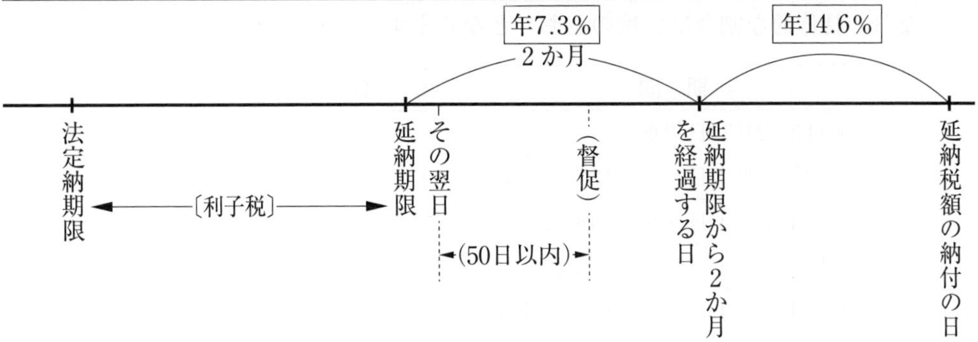

※　相続税の延納税額（年賦延納の場合は各回ごとの延納税額）が延納期限後に納付された場合には、その延納税額に対し、延納期限の翌日から２か月間は7.3%の割合で、その後の期間は年14.6%の割合で延滞税が課されます。

⑵　租税特別措置法における規定（特例）

上記⑴のとおり、延滞税の割合は、原則として、納期限㈱の翌日から２か月を経過する日までの期間は年7.3%、納期限の翌日から２か月を経過した日以後は年14.6%となりますが、次のとおり、延滞税の割合の特例が設けられています（措法94)。

㈱　納期限は次のとおりです。

期限内申告の場合	法定納期限
期限後申告・修正申告の場合	申告書を提出した日
更正・決定の場合	更正通知書を発した日から１か月後の日

イ　納期限の翌日から２か月を経過する日まで

【平成12年１月１日から平成25年12月31日までの期間】

年「7.3%」と「前年の11月30日において日本銀行が定める基準割引率＋４%」のいずれか低い割合となっていました。

【平成26年１月１日以後の期間】

年「7.3%」と「特例基準割合＋１%」のいずれか低い割合となります。

特例基準割合とは、各年の前々年の10月から前年の９月までの各月における銀行の新規の短期貸出約定平均金利の合計を12で除して得た割合として各年の前年の12月15日までに財務大臣が告示する割合に、年１%の割合を加算した割合をいいます。

なお、令和３年１月１日以降は、平均貸付割合（各年の前々年の９月から前年の８月までの各月における短期貸付けの平均利率（当該各月において銀行が新たに行った貸付け（貸付期間が１年未満のものに限ります。）に係る利率の平均をいいます。）に年１％の割合を加算した割合をいいます。

なお、具体的な割合は、次のとおりとなります。

期　間	割　合
平成11年12月31日以前	7.3%
平成12年１月１日～平成12年12月31日	4.5%
平成13年１月１日～平成13年12月31日	4.5%
平成14年１月１日～平成14年12月31日	4.1%
平成15年１月１日～平成15年12月31日	4.1%
平成16年１月１日～平成16年12月31日	4.1%
平成17年１月１日～平成17年12月31日	4.1%
平成18年１月１日～平成18年12月31日	4.1%
平成19年１月１日～平成19年12月31日	4.4%
平成20年１月１日～平成20年12月31日	4.7%
平成21年１月１日～平成21年12月31日	4.5%
平成22年１月１日～平成22年12月31日	4.3%
平成23年１月１日～平成23年12月31日	4.3%
平成24年１月１日～平成24年12月31日	4.3%
平成25年１月１日～平成25年12月31日	4.3%
平成26年１月１日～平成26年12月31日	2.9%
平成27年１月１日～平成27年12月31日	2.8%
平成28年１月１日～平成28年12月31日	2.8%
平成29年１月１日～平成29年12月31日	2.7%
平成30年１月１日～平成30年12月31日	2.6%
平成31年１月１日～令和元年12月31日	2.6%
令和２年１月１日～令和２年12月31日	2.6%
令和３年１月１日～令和３年12月31日	2.5%
令和４年１月１日～令和４年12月31日	2.4%
令和５年１月１日～令和５年12月31日	2.4%
令和６年１月１日～令和６年12月31日	2.4%

ロ　納期限の翌日から２か月を経過した日以後

平成26年１月１日以後の期間は、年「14.6%」と「特例基準割合＋7.3%」のいずれか低い割合となります。

なお、具体的な割合は、次のとおりとなります。

期　間	割　合
平成25年12月31日以前	14.6%
平成26年１月１日～平成26年12月31日	9.2%
平成27年１月１日～平成27年12月31日	9.1%
平成28年１月１日～平成28年12月31日	9.1%
平成29年１月１日～平成29年12月31日	9.0%
平成30年１月１日～平成30年12月31日	8.9%
平成31年１月１日～令和元年12月31日	8.9%
令和２年１月１日～令和２年12月31日	8.9%
令和３年１月１日～令和３年12月31日	8.8%
令和４年１月１日～令和４年12月31日	8.7%
令和５年１月１日～令和５年12月31日	8.7%
令和６年１月１日～令和６年12月31日	8.7%

⑶　**相続税法における延滞税に関する特則**（租税特別措置法を含みます。）

イ　後発的事由等による納税額に関する特例

(イ)　次の相続税については、右欄の期間は、延滞税の計算期間に算入されません（相法51②）。

<table>
<tr><th colspan="4">延滞税が課される納付すべき相続税額</th><th>延滞税の計算期間に算入されない期間</th></tr>
<tr><td rowspan="3">①</td><td rowspan="3">相続又は遺贈により財産を取得した者が、右に掲げる事由による期限後申告書又は修正申告書を提出したことにより納付すべき相続税額</td><td>イ</td><td>期限内申告書の提出期限後に、その被相続人から相続又は遺贈により財産を取得した他の者がその被相続人から贈与により取得した財産で相続税額の計算の基礎とされていなかったものがあることを知ったこと</td><td rowspan="3">納期限の翌日からこれらの申告書の提出があった日までの期間</td></tr>
<tr><td>ロ</td><td>相続財産とみなされる退職手当金等の支給が相続税の法定申告期限後に確定し、支給を受けたこと</td></tr>
<tr><td>ハ</td><td>未分割財産について相続分と異なった分割があったこと、認知の訴え、承認、放棄の取消しその他の事由により相続税額に異動を生じたこと、遺留分侵害額の請求に基づき支払うべき金銭の額が確定したこと、又は遺贈に係る遺言書が発見され、若しくは遺贈の放棄があったこと、条件付で物納の許可がされた財産について、後日その性質等に関して特定の事由が判明したこと等</td></tr>
</table>

②	相続又は遺贈により財産を取得した者について、右に掲げる事由により更正又は決定があった場合におけるその更正又は決定により納付すべき相続税額	イ	その被相続人から相続又は遺贈により財産を取得した他の者がその被相続人からの贈与により取得した財産で相続税額の計算の基礎とされていないものがあったこと	納期限の翌日からその更正又は決定に係る通知書を発した日（ハについては通知書を発した日とハの事由の生じた日の翌日から起算して４か月を経過する日とのいずれか早い日）までの期間
		ロ	相続財産とみなされる退職手当金等の支給が相続税の法定申告期限後に確定し、支給を受けたこと	
		ハ	①のハと同じ事由が生じたこと	
③	災害等の場合において、延納の許可申請をした者がその申請を取り下げたときの相続税額			災害等延長期間等
④	災害等の場合において、物納の許可申請をした者が申請を取り下げたときの相続税額			災害等延長期間等

(ロ)　延滞税の計算期間の起算日（措法69の３④⑤、70⑨）

①	相続税の当初の課税価格の計算の基礎に算入されていなかった在外財産等についての価額の算定ができなかった場合	その算定ができることとなったとき	左のようなときにすべき修正申告又は期限後申告若しくは更正又は決定による相続税額に係る延滞税の計算期間の起算日はその修正申告等の期限の翌日となります。
②	相続等により財産を取得した者がその財産を公益事業の用に供するために贈与した場合	受贈者がその贈与の日から２年を経過した日までにその目的に供しないとき	

ロ　連帯納付義務者が連帯納付義務を履行する場合の延滞税を利子税に代える特例

連帯納付義務者が納付基準日(注)までに連帯納付義務の履行により本来の納税義務者の相続税を納付する場合には、連帯納付義務者が延滞税の負担を不当に減少させる行為をした場合を除き、その相続税の納期限の翌日から納付基準日又はその相続税を完納する日のいずれか早い日までの期間に対応する部分の延滞税に代え、その期間に対応する部分の利子税を併せて納付することとなります（相法51の２①）。

(注)「納付基準日」とは、相続税法第34条第６項の納付通知書（連帯納付義務者から未納の相続税を徴収しようとする場合に発せられる通知書をいいます。）が発せられた日の翌日から２か月を経過する日又は同条第８項の督促に係る督促状が発せられた日のいずれか早い日をいいます。

⑷　利子税、延滞税、加算税の端数計算

利子税、延滞税及び加算税（この⑷において、以下「附帯税」といいます。）の端数計算は、次によります（通則法118、119）。

イ　附帯税の額を計算する場合においては、その計算の基礎となる税額に10,000円未満の端数があるとき、又はその税額の全額が10,000円未満であるときはその端数金額又はその全額を切り捨てます。

ロ　附帯税の確定金額に100円未満の端数があるとき、又はその全額が1,000円未満（加算税に係るものについては、5,000円未満）であるときは、その端数金額又はその全額を切り捨てます。

〔設例〕

①　納期限後に納付した相続税　8,200円

→延滞税を計算するときの基礎となる税額は、零（10,000円未満は全額切り捨てるため、延滞税は算出されません。）

②　無申告により納付すべき税額　434,500円

→加算税を計算するときの基礎となる税額　430,000円（10,000円未満切捨て）

加算税の基礎となる税額	430,000円	⒜	
無申告加算税の割合	15％	⒝	
算出無申告加算税の額	64,500円	(⒜×⒝)	無申告加算税額　64,500円

③　延納税額　515,000円

→利子税を計算するときの基礎となる税額　510,000円（10,000円未満切捨て）

利子税の基礎となる税額	510,000円	⒜	
利子税の率	年1.4％	⒝	
算出利子税の額	7,140円	(⒜×⒝)	利子税額　7,100円 （100円未満切捨て）

④　納期限後に納付した相続税　12,300円

→延滞税を計算するときの基礎となる税額　10,000円（10,000円未満切捨て）

延滞税の基礎となる税額	10,000円	⒜	
延滞税の率	年2.5％	⒝	
延滞税の額	250円	(⒜×⒝)	延滞税額　－ （1,000円未満全額切捨て）

第9章　贈　与　税

第1　贈与税のあらまし

1　贈与税の性格

贈与税は、個人から贈与により財産を取得した者に課される税金です。

前に述べたように、相続や遺贈（死因贈与を含みます。）により財産を取得した場合には、その財産について相続税が課税されます。しかし、被相続人が生前に、配偶者や子供などに財産を贈与すれば、その分相続財産が減少するので、相続税がかからなくなったり又はかかっても少ない税負担で済むことになり、相続税の課税制度が設けられていても、相続税の課税ができなくなるばかりか、生前に贈与することにより財産を分散した場合とそうでない場合とでは、税負担に著しい不公平が生ずることになります。

そこで、相続税で課税されない部分を補完するために、生前贈与に対する課税措置を講じ、これを防止するというのが贈与税の趣旨です。

2　贈与の意義

贈与とは、当事者の一方が自己の財産を無償で相手方に与える意思表示をし、相手方がこれを受諾することによって成立する契約をいいます（民法549）。

贈与の意思表示は、書面でも口頭でもよいのですが、書面によらない場合には、まだ、その履行の終わらない部分に限り、いつでも取り消すことができます（民法550）。

また、夫婦間の契約は、第三者の権利を害しない限り、婚姻中いつでも、夫婦の一方からこれを取り消すことができます（民法754）。

なお、特殊な形態の贈与として、①定期贈与（民法552）、②負担付贈与（民法553）及び③死因贈与（民法554）があります。このうち、死因贈与については、相続税の課税対象となります（相法1の3①一かっこ書）。

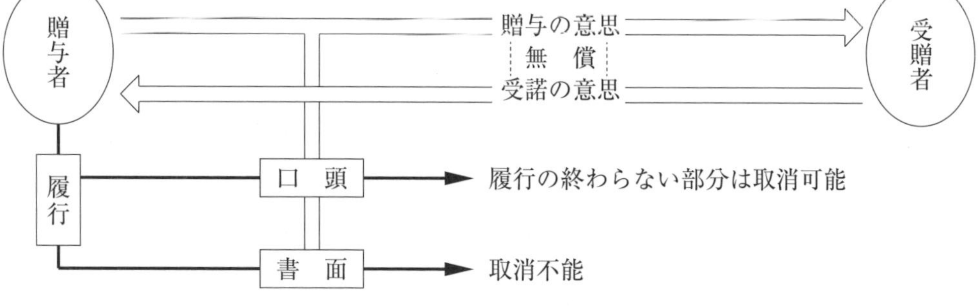

贈与の種類	贈与の内容（例）	贈与税の課税方法
定期贈与（民法552）	「毎年100万円ずつ20年間贈与する」というように、定期の給付を目的とする贈与	定期金に関する権利（相法24）の価額が課税価格となります。
負担付贈与（民法553）	「土地を贈与する代わりに、借入金の一部を負担させる」というように、財産の贈与を受けた者に一定の給付をなすべき義務を負わせる贈与	贈与財産の価額から負担額を控除した価額が贈与税の課税価格となります（相基通21の２－４、平元.３.29付直評５、直資２－204）。
死因贈与（民法554）	「私が死んだらこの家屋をあげる」というように、財産を贈与する者が死亡して効力が生ずる贈与	贈与税は課税されず、相続税の課税対象となります（相法１の３①一かっこ書）。

３　課税方法

贈与税の課税制度には、原則的な課税方式である「暦年課税」と、一定の要件に当てはまる場合に選択することができる「相続時精算課税」の２つがあり、贈与者ごとに異なる課税方式によることを選択することができます。

それぞれの課税方式の概要は、次のとおりです。

	暦年課税の課税方式	相続時精算課税の課税方式
適用対象者	―	贈与の年の１月１日において18歳以上※で、かつ、贈与者の直系卑属（子や孫など）である推定相続人及び孫
贈与者	個人	上記の日において60歳以上の者
基礎控除	110万円	［令和５年12月31日以前の贈与］ なし ［令和６年１月１日以後の贈与］ 110万円
特別控除	なし （配偶者控除の適用がある場合があります。）	贈与者ごとに2,500万円（前年以前に既に適用した金額がある場合はその残額） ※　期限内申告書に記載した金額が限度となります。
課税価格	１月１日から12月31日までの１年間に贈与を受けた財産（みなし贈与財産を含みます。）の合計額	上記の要件を満たす贈与者（特定贈与者といいます。）ごとの左記期間に贈与を受けた財産の合計額
税率	10％～55％の累進税率 （直系尊属からの贈与については、税率が緩和されます。）	一律20％
申告	贈与税の申告書第１表を作成して申告します。	「相続時精算課税」を選択した財産については特定贈与者ごとに贈与税の申告書第２表を作成し、「暦年課税」の対象となる財産と併せて贈与税の申告書第１表を作成して申告します。 ［令和６年１月１日以後の贈与］ 基礎控除後の贈与税の課税価格がない場合は、贈与税の申告書の提出義務はありません。

※　令和４年３月31日以前は、20歳以上となります（平成31年改正法附則23③）。

届出要件	—	［令和５年12月31日以前の贈与］ 特定贈与者ごとに、最初の適用年分の贈与税の期限内申告書に「相続時精算課税選択届出書」と一定の書類を添付して税務署長に提出しなければなりません。
		［令和６年１月１日以後の贈与］ 贈与税の申告書を提出する場合には、その申告書に「相続時精算課税選択届出書」を添付して提出しなければなりません。 なお、贈与税の申告書の提出義務のない者が、相続時精算課税を選択する場合には、同届出書を単独で提出することとなります。
贈与者が死亡したときの相続税	［令和５年12月31日以前の贈与］ 相続財産を取得した場合は、相続開始前３年以内に贈与を受けた財産の価額を相続税の課税価格に加算し、その財産の取得につき課された贈与税額を相続税額から控除します（還付はありません。）。	［令和５年12月31日以前の贈与］ 相続財産の取得の有無を問わず、贈与を受けた全ての財産の価額を相続税の課税価格に加算し、課された贈与税額を相続税額から控除します（控除した後に残額があるときは、外国税額控除額を控除した後の残額について還付を受けることができます。）。
	［令和６年１月１日以後の贈与］ 相続財産を取得した場合は、相続開始前７年以内に贈与を受けた財産の価額（加算対象贈与財産（相続税法第19条第１項に規定する加算対象贈与財産をいう。）のうち、その相続の開始前３年以内に取得した財産以外の財産にあっては、その財産の価額の合計額から100万円を控除した残額）を相続税の課税価格に加算し、その財産の取得につき課された贈与税額を相続税額から控除します（還付はありません。）。	［令和６年１月１日以後の贈与］ 相続財産の取得の有無を問わず、贈与を受けた全ての財産の価額から、贈与を受けた年分ごとに基礎控除額110万円の控除（相続税法第21条の11の２第１項の規定による控除をいう。）をした残額を相続税の課税価格に加算し、課された贈与税額を相続税額から控除します（控除した後に残額があるときは、外国税額控除額を控除した後の残額について還付を受けることができます。）。

＜暦年課税の課税方式のイメージ＞

贈与税の基礎控除（110万円）は、贈与税の申告書の提出の有無に関係なく認められますから、その年中に贈与により取得した財産の価額の合計額が110万円以下であれば、贈与税は課税されません（相法21の５、措法70の２の４）。

なお、人格のない社団等や持分の定めのない法人が個人とみなされて贈与税が課税される場合には、各贈与者ごとの課税価格からそれぞれ110万円が控除されます（相法66①）。

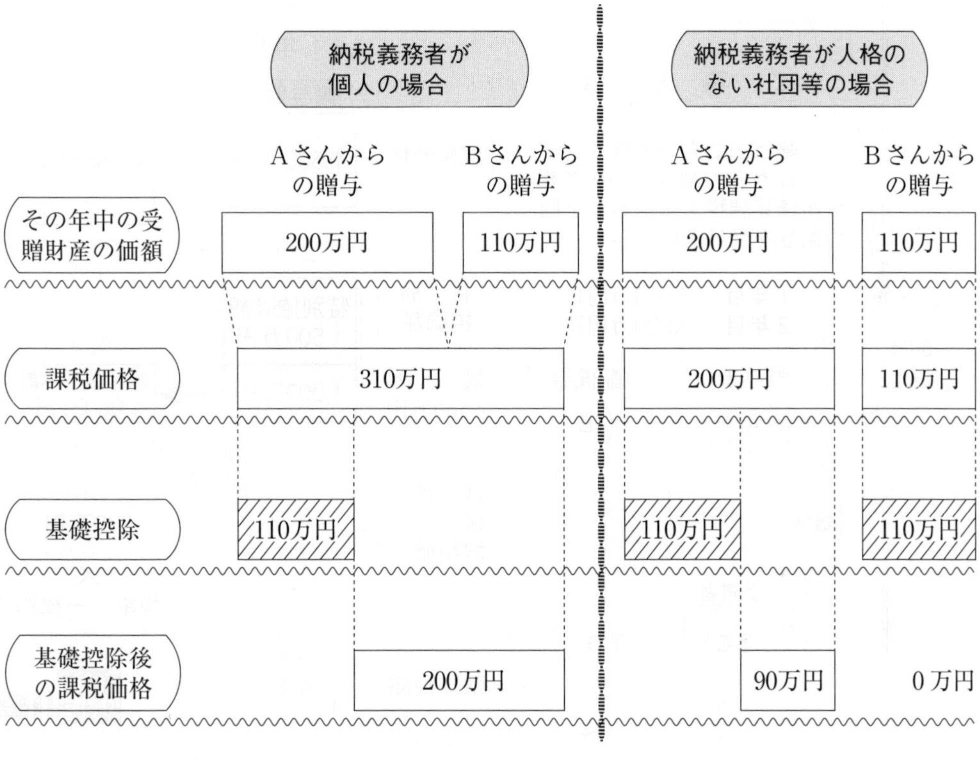

＜相続時精算課税の課税方式のイメージ（令和５年12月31日以前の贈与）＞

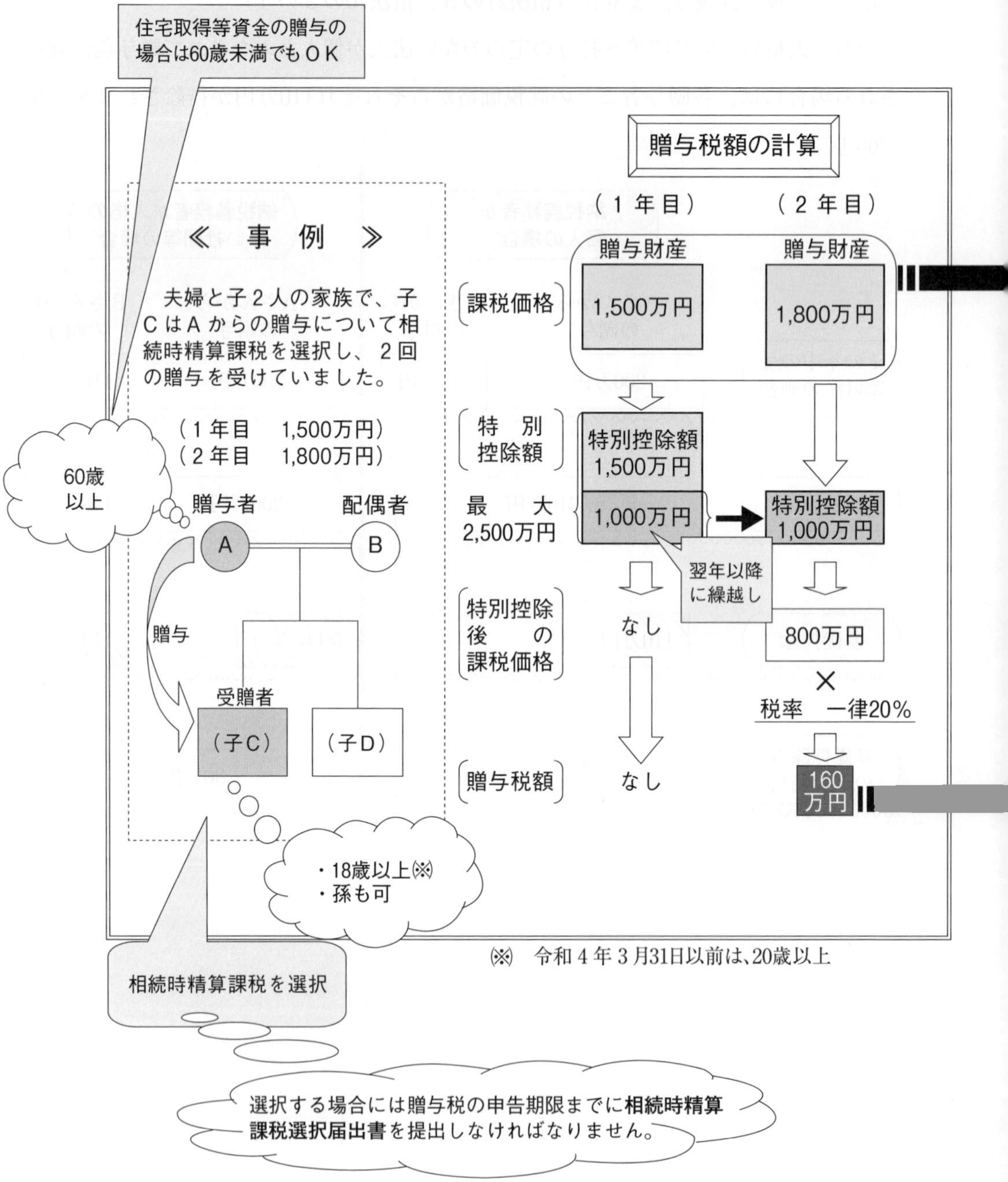

(※)　令和４年３月31日以前は、20歳以上

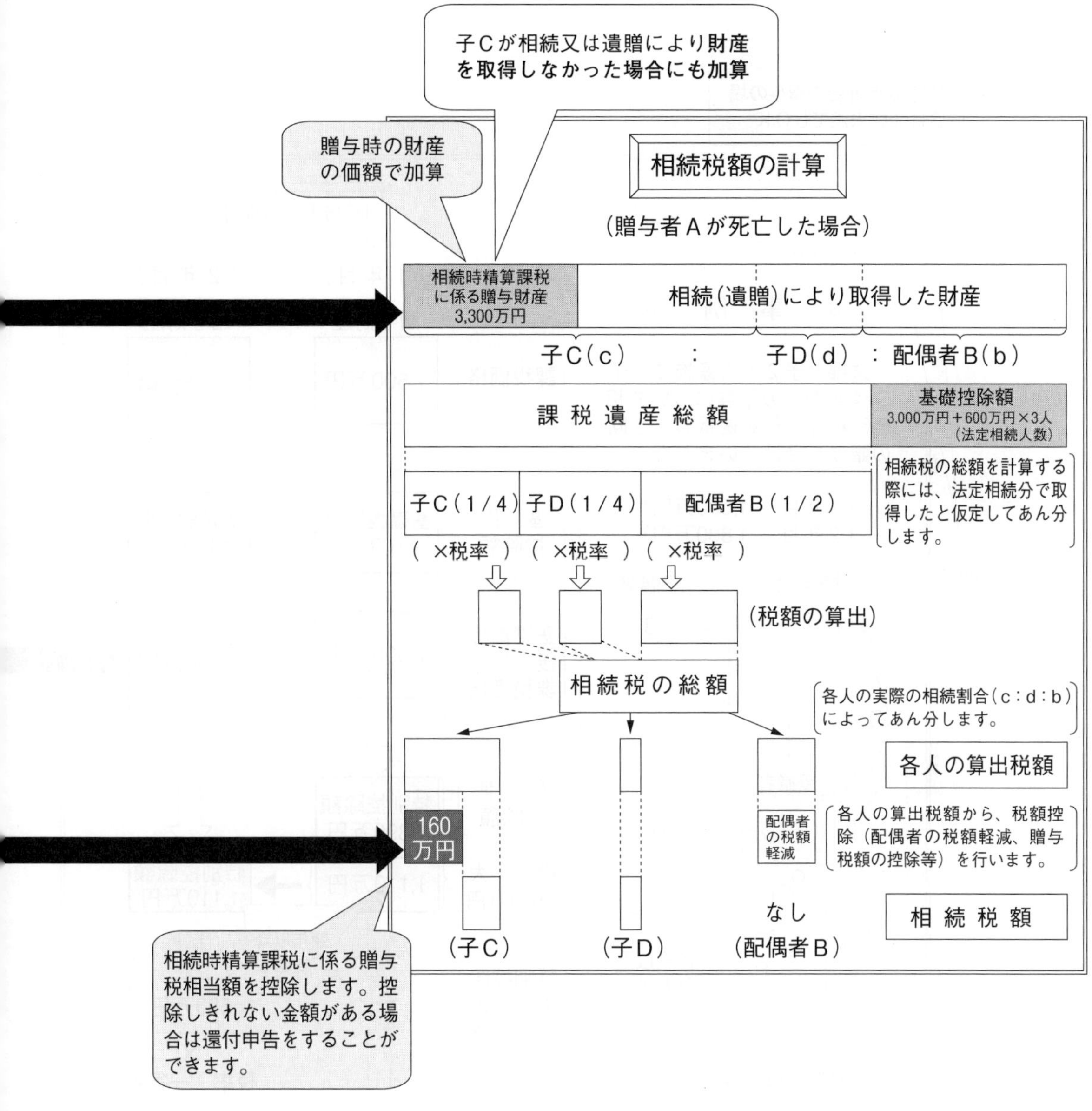
子Ｃが相続又は遺贈により財産を取得しなかった場合にも加算
贈与時の財産の価額で加算
相続税額の計算
（贈与者Ａが死亡した場合）
相続時精算課税に係る贈与財産 3,300万円
相続（遺贈）により取得した財産
子Ｃ（ｃ）　：　子Ｄ（ｄ）：配偶者Ｂ（ｂ）
課税遺産総額
基礎控除額 3,000万円＋600万円×3人（法定相続人数）
相続税の総額を計算する際には、法定相続分で取得したと仮定してあん分します。
子Ｃ（１/４）
子Ｄ（１/４）
配偶者Ｂ（１/２）
（×税率）（×税率）（×税率）
（税額の算出）
相続税の総額
各人の実際の相続割合（ｃ：ｄ：ｂ）によってあん分します。
各人の算出税額
160万円
配偶者の税額軽減
各人の算出税額から、税額控除（配偶者の税額軽減、贈与税額の控除等）を行います。
なし
相続税額
（子Ｃ）
（子Ｄ）
（配偶者Ｂ）
相続時精算課税に係る贈与税相当額を控除します。控除しきれない金額がある場合は還付申告をすることができます。

＜相続時精算課税の課税方式のイメージ（令和６年１月１日以後の贈与）＞

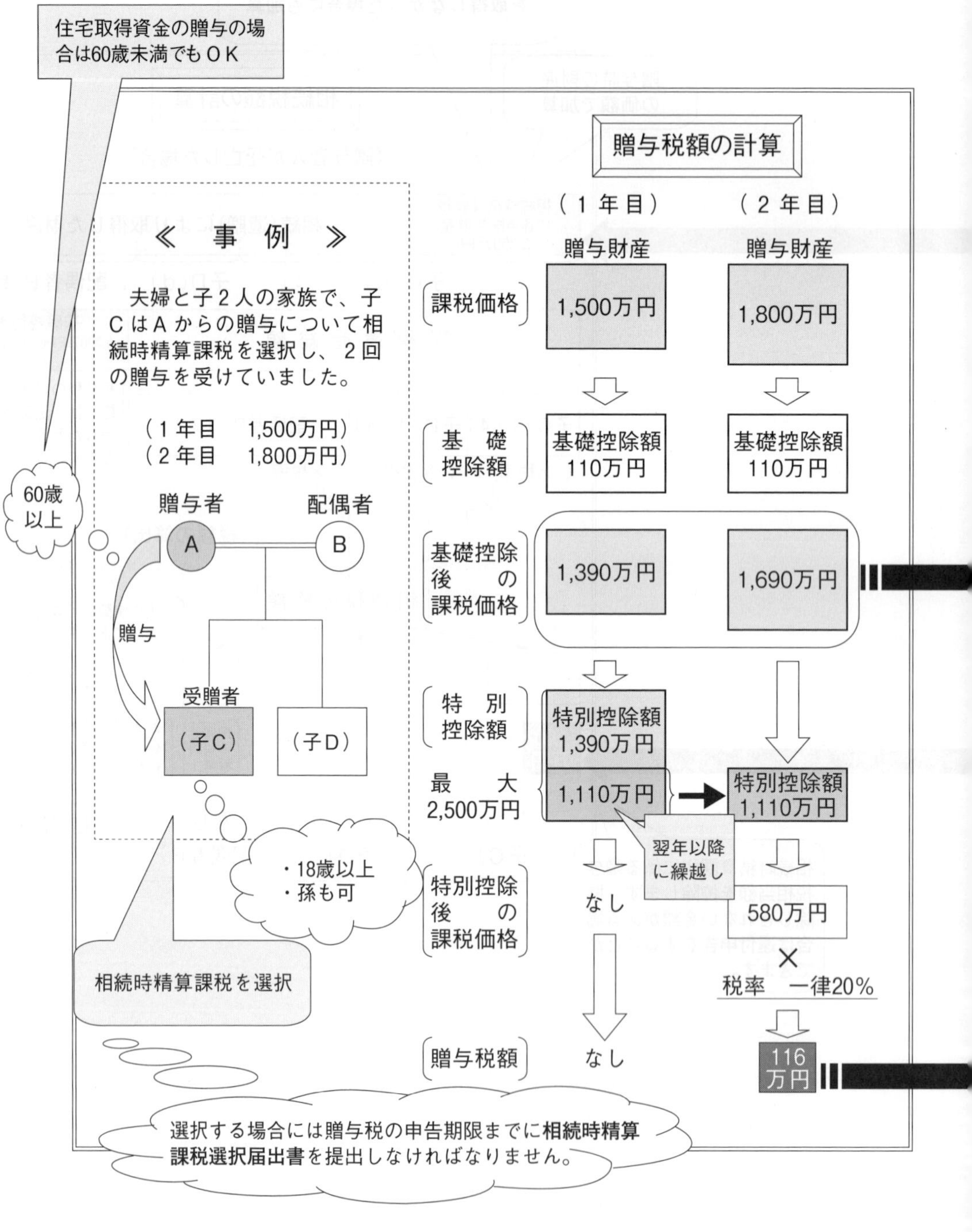

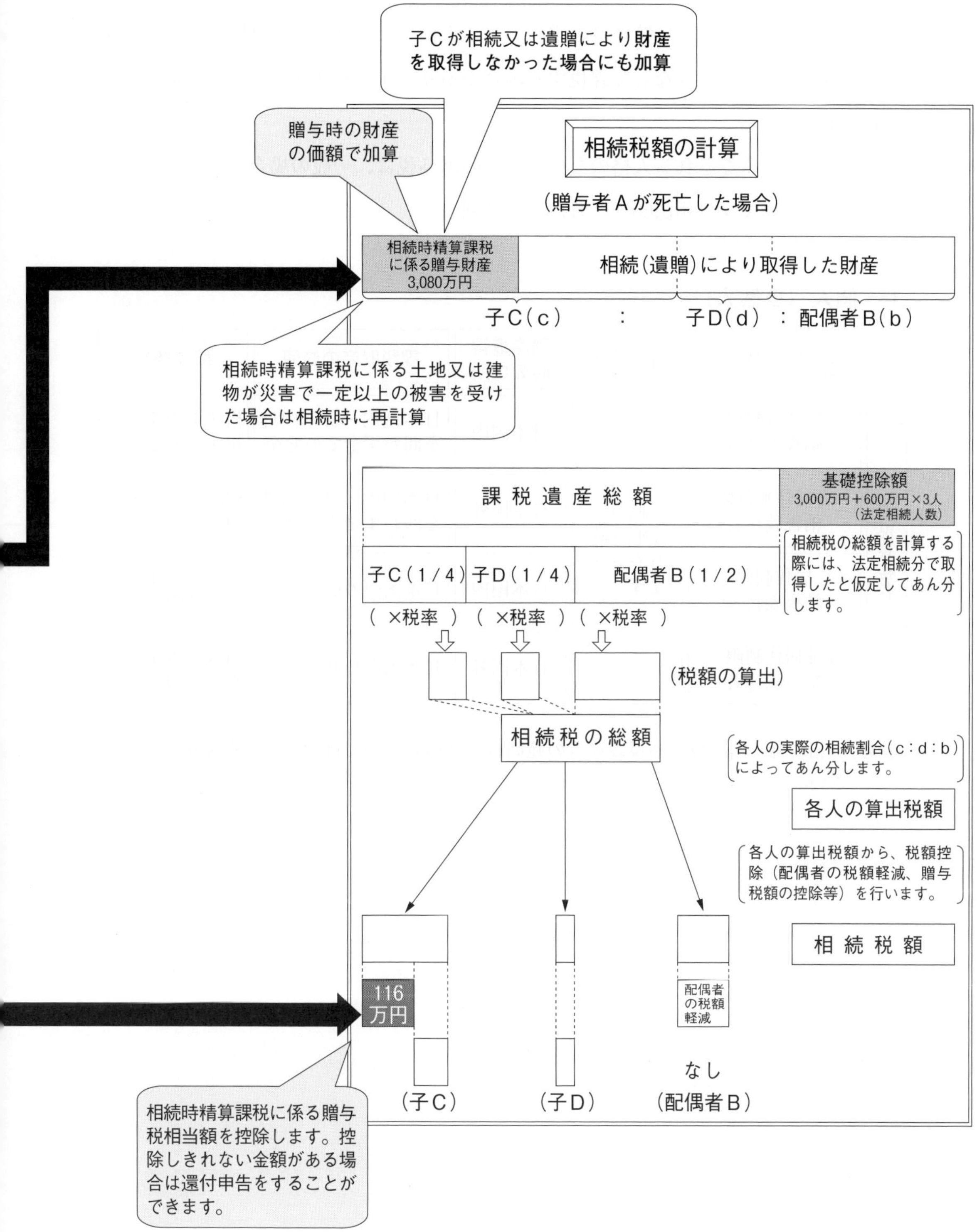
子Ｃが相続又は遺贈により財産を取得しなかった場合にも加算
贈与時の財産の価額で加算
相続税額の計算
（贈与者Ａが死亡した場合）
相続時精算課税に係る贈与財産 3,080万円
相続（遺贈）により取得した財産
子Ｃ（ｃ）　：　子Ｄ（ｄ）：配偶者Ｂ（ｂ）
相続時精算課税に係る土地又は建物が災害で一定以上の被害を受けた場合は相続時に再計算
課税遺産総額
基礎控除額 3,000万円＋600万円×3人（法定相続人数）
相続税の総額を計算する際には、法定相続分で取得したと仮定してあん分します。
子Ｃ（１/４）
子Ｄ（１/４）
配偶者Ｂ（１/２）
（×税率）（×税率）（×税率）
（税額の算出）
相続税の総額
各人の実際の相続割合（ｃ：ｄ：ｂ）によってあん分します。
各人の算出税額
各人の算出税額から、税額控除（配偶者の税額軽減、贈与税額の控除等）を行います。
相続税額
116万円
配偶者の税額軽減
なし
（子Ｃ）
（子Ｄ）
（配偶者Ｂ）
相続時精算課税に係る贈与税相当額を控除します。控除しきれない金額がある場合は還付申告をすることができます。

第２　贈与税の納税義務者

贈与税の納税義務者は、原則として贈与により財産を取得した個人（自然人）です（相法１の４、相基通１の３・１の４共－１）が、贈与税の税負担の公平を図るために、例外として代表者又は管理者の定めのある人格のない社団又は財団や、持分の定めのない法人を個人とみなして課税する場合があります（相法66①④、相基通１の３・１の４共－２）。

なお、個人とみなされる人格のない社団等の贈与税は、一般の場合と異なる計算方法がとられています（相法66①、417ページ参照）。

１　個人（自然人）

<table>
<tr><th></th><th>区　分</th><th>課税原因</th><th>財産取得時の住所</th><th>課税財産の範囲</th><th>根拠条文</th></tr>
<tr><td rowspan="4">納税義務者</td><td>居住無制限納税義務者</td><td rowspan="4">贈与（死因贈与を除きます。）</td><td>日本国内</td><td>日本国内・日本国外を問わず全ての財産</td><td>相法１の４①一
相法２の２①</td></tr>
<tr><td>非居住無制限納税義務者</td><td>日本国外</td><td>日本国内・日本国外を問わず全ての財産</td><td>相法１の４①二
相法２の２①</td></tr>
<tr><td>居住制限納税義務者</td><td>日本国内</td><td>日本国内の財産</td><td>相法１の４①三
相法２の２②</td></tr>
<tr><td>非居住制限納税義務者</td><td>日本国外</td><td>日本国内の財産</td><td>相法１の４①四
相法２の２②</td></tr>
</table>

〔参考〕　相続税・贈与税の納税義務者の範囲の概要図については54ページを参照してください。

＜非居住無制限納税義務者に係る相続税法の適用＞

区分 相続税法	非居住無制限納税義務者がその年中における贈与により国内財産を取得している場合	非居住無制限納税義務者がその年中における贈与により国内財産を取得していない場合
贈与税の課税財産の範囲（相法２の２）	その者が贈与により取得した財産の全部	その者が贈与により取得した国外財産
贈与税の課税価格（相法21の２）	その者が贈与により取得した全部の財産の価額の合計額	その者が贈与により取得した国外財産の価額の合計額
	※　上記の合計額には、その者が国内に住所を有していなかった期間内に贈与により取得した財産のうち国外財産を取得したときにおいて非居住無制限納税義務者に当たらない者である場合には、その取得した国外財産の価額は含まれません（相令４の４の２②）。	
特定障害者に対する贈与税の非課税（相法21の４）	適用なし	
納税地（相法62②）	適用あり	

2　個人とみなされる納税義務者

課税原因	区分		要件				
設立するための又は既存のものに対する財産の贈与	人格のない社団等	代表者又は管理者の定めのある人格のない社団又は財団 （例）　PTA、同窓会、町内会など	（要件なし）	⇒ 個人とみなす	相法66①②	⇒ 贈与税の納税義務者（※３）	法人税等が課税される場合は、その税額相当額は贈与税額から控除します。（相法66⑤、相令33①②）（※４）
	持分の定めのない法人	持分の定めのない法人（※１） （例）　一般財団法人、一般社団法人、学校法人、社会福祉法人など	贈与者の親族その他これらの者と特別の関係がある者の相続税又は贈与税の負担が不当に減少する結果となると認められるとき（相法66④⑥、相令31①、33③④）（※２）	⇒ 個人とみなす	相法66④		

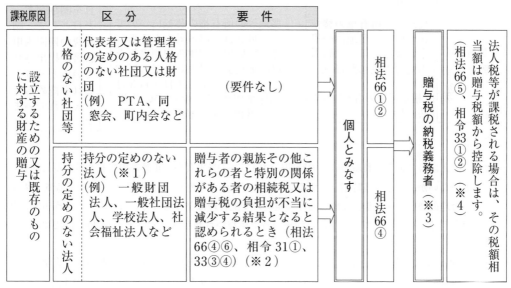

※　※１～※４は、64ページ（「第３章　相続税・贈与税の納税義務者」の「２　個人とみなされる納税義務者」）を参照してください。

第3　贈与による財産の取得時期

贈与による財産の取得時期がいつであるかは、納税義務の発生時期、贈与財産の評価時期、申告期限及び税率の適用等に関連するため重要な事項であり、次のように取り扱われています（相基通1の3・1の4共－8～11)。

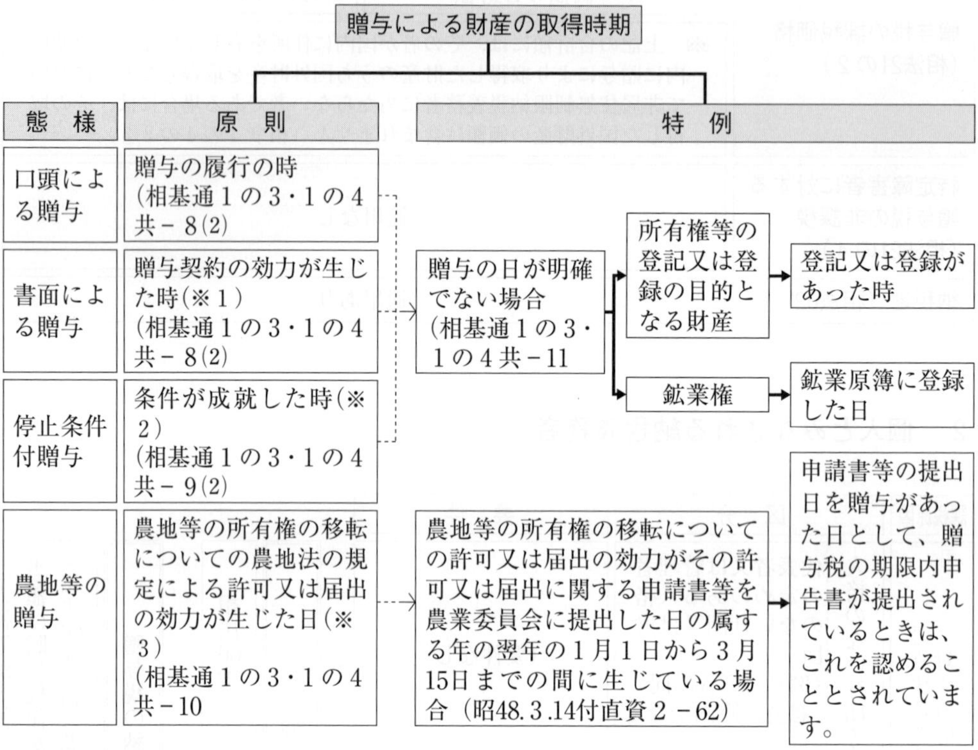

※1　公正証書による不動産の贈与の時期について、①当事者が公正証書の記載と異なる言動をしていないか、②その当時贈与をする必要があったかどうか、③長期間所有権移転登記を行わない合理的理由があるか、④贈与物件の現実の支配管理はどうなっているのか、という事実に基づき判断すべきとして、公正証書作成の時ではない旨判示されています（昭56.11.2神戸地裁判決)。

2　「停止条件付贈与」とは、「入学すれば○○を与える」というような贈与契約で「入学する」という条件が成就したときその効力が生じることになります（相基通1の3・1の4共－9(2))。

3　農地及び採草放牧地の所有権の移転については、農地法第3条第1項若しくは第5条第1項の規定により、農業委員会等の許可又は届出の受理がなければその移転の効力が生じません（農地法3⑥、5③)。

なお、その許可があった日又は届出の効力が生じた日後に贈与があったと認められる場合（例えば、停止条件付贈与の場合）には、その贈与があったと認められる時を贈与による取得時期とします（相基通1の3・1の4共－10)。

第４　贈与税の課税財産

贈与税は、民法第549条の規定に基づき贈与により財産を取得した場合（相法２の２）及び相続税法で贈与により財産を取得したとみなされる場合（相法５～９の５）に課税されます。

贈与により財産を取得したとみなすのは、法形式上は贈与による財産の取得でなくても、その経済的な効果が実質的に贈与を受けたのと同様な場合に、税負担の公平を図るため、これを贈与による取得とみなして課税するものです。

なお、財産とは、金銭で見積もることができる経済的価値のある全てのものをいいますので、物権、債権、無体財産権に限らず、信託受益権、電話加入権等や、法律上の根拠を有しないものであっても経済的価値が認められるもの、例えば、営業権のようなものも含まれます（相基通11の２－１）。

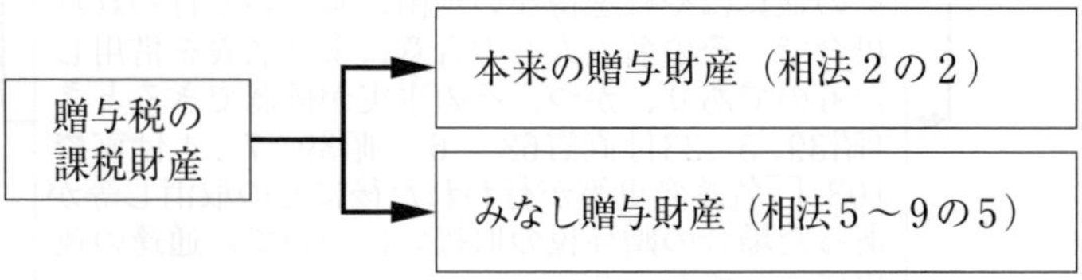

１　本来の贈与財産

財産の贈与は、一般に親族等の特殊関係のある者相互間で行われることが多いため、外観上贈与としているもののほか、例えば、売買や貸借などの形式をとることもあります。しかし、その実質が贈与であれば、形式にとらわれず贈与税が課税されます。

また、不動産や株式等の名義変更があった場合において、対価の授受が行われていないとき又は他人名義で新たに不動産や株式等を取得した場合には、原則として、それらの財産はその名義人となった者が贈与を受けたものとして取り扱われます（相基通９－９）。

しかし、これらの行為が贈与の意思に基づくものでなく、他のやむを得ない理由に基づいて行われたことが明らかな場合には、その財産について贈与税が課税される前に、その財産の名義を実際の所有者の名義にしたときに限り、贈与がなかったものとして取り扱われます（昭39.5.23付直資68「名義変更等が行われた後にその取消し等があった場合の贈与税の取扱いについて」）。

＜財産の名義変更があった場合の取扱い＞

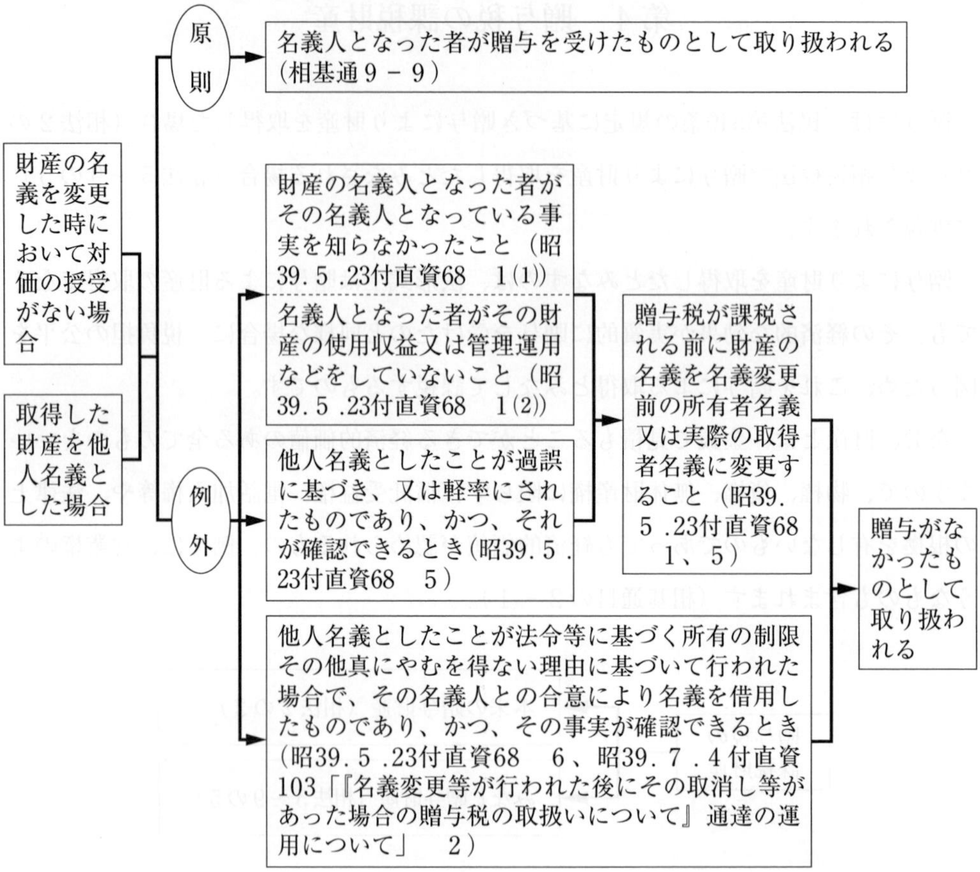

＜贈与契約の取消し等があった場合の取扱い＞

	区　分	贈与契約による当初の名義変更（甲──►乙）	贈与契約の取消し等による名義変更（甲◄──乙）
法定解除	贈与契約が法定取消権又は法定解除権に基づいて取り消され又は解除された場合（※１）	法定取消し又は法定解除の事実が、贈与財産の名義を贈与者の名義に変更したことその他により確認された場合に限り、当初の贈与はなかったものとして取り扱われます（昭39.５.23付直資68　８）（※２）。	贈与として取り扱われません（昭39.５.23付直資68　12）。
合意解除	贈与契約が当事者の合意で取り消され又は解除された場合	原則として贈与税が課税されます（昭39.５.23付直資68　11）。 例外（※３）	贈与として取り扱われません（昭39.５.23付直資68　12）。

※1　「法定取消権又は法定解除権に基づいて取り消され又は解除された場合」とは、取消権又は解除権の種類に従い、おおむね次に掲げる事実が認められる場合をいいます（昭39.７.４付直資103　３）。

①　民法第96条《詐欺又は強迫による取消権》の規定に基づくものについては、詐欺又は強迫をした者について公訴の提起がされたこと、又はその者の性状、社会上の風評等から詐

欺又は強迫の事実が認められること

② 民法第754条《夫婦間の契約取消権》の規定に基づくものについては、その取消権の行使をした者及びその配偶者の経済力その他の状況からみて取消権の行使が贈与税の回避のみを目的として行われたと認められないこと

③ 未成年者の行為の取消権、履行遅滞による解除権その他の法定取消権又は法定解除権に基づくものについては、その行為、行為者、事実関係の状況等からみて取消権又は解除権の行使が相当と認められること

2　贈与税の申告又は決定若しくは更正の日後に法定取消権等に基づいて贈与契約が取り消された場合には、その理由が生じた日の翌日から２か月以内に限り更正の請求をすることができます（通則法23②、昭39.５.23付直資68　9）。

3　合意による贈与契約の取消し又は解除が次のいずれにも該当しており、かつ、税務署長において贈与税を課税することが著しく税負担の公平を害することになると認められる場合に限り、その贈与はなかったものとして取り扱うことができます（昭39.７.４付直資103　4）。

① 贈与契約の取消し又は解除が、その贈与税の申告期限までに行われており、かつ、その取消し又は解除したことが贈与財産の名義を変更したこと等の事実から確認できること

② 贈与財産が受贈者によって処分され、又は担保の目的若しくは差押えなどの処分の目的とされていないこと

③ 贈与財産について贈与者又は受贈者が、譲渡所得又は非課税貯蓄等（いわゆるマル優）に関する申告又は届出をしていないこと

④ 受贈者がその財産から生ずる果実（例えば利息、家賃、地代など）を収受していないこと、又は収受している場合には、その果実を贈与者に引き渡していること

2　みなし贈与財産

相続税法が贈与により取得したとみなす財産は、私法上の原因により取得した財産ではないが、その経済的効果が実質的に贈与を受けたのと同様な場合に税負担の公平を図るために贈与税を課税するもので、次に掲げる財産がこれに当たります。

みなし贈与の種類	贈与により取得したとみなされる財産	贈与の時期	根拠条文
生命保険金	満期等により取得した生命保険金等	保険事故が発生した時	相法５
定　期　金	給付事由の発生により取得した定期金の受給権	定期金給付事由が発生した時	相法６
低額譲受け	低額譲受けにより受けた利益	財産を譲り受けた時	相法７
債務免除等	債務の免除、引受けなどにより受けた利益	債務の免除等があった時	相法８
その他利益の享受	その他の事由により受けた経済的な利益	利益を受けた時	相法９
信託に関する権利	委託者以外の者を受益者とする信託の効力が生じた場合等の信託に関する権利又は利益	信託の効力が生じた時等	相法９の２～９の５

⑴　生命保険金

生命保険契約の保険金を満期又は被保険者の死亡により取得した場合において、その保険契約の保険料を保険金受取人以外の者が負担しているときは、保険金受取人が取得した保険金（相続又は遺贈により取得したものとみなされる部分を除きます。）のうち、次の算式によって計算した部分の金額が保険料を負担した者から贈与により取得したものとみなされます（相法5）。

なお、保険金には、保険契約に基づき分配を受ける剰余金、割戻金及び払戻しを受ける前納保険料も含まれます（相基通5－1、3－8）。

㊟　相続税法第5条第1項に規定する保険金受取人は、保険契約によって決定された契約上の受取人をいいますが、保険契約上の保険金受取人以外の者が現実に保険金を取得している場合において、保険金受取人の変更の手続がなされていなかったことにつきやむを得ない事情があると認められるときなど、現実に保険金を取得した者がその保険金を取得することについて相当な理由があると認められるときは、その者を保険金受取人として取り扱うこととされています（相基通5－2、3－11、3－12）。

$$\text{保険金受取人が取得した保険金の額} \times \frac{\text{被保険者及び保険金受取人以外の者が負担した保険料の額}}{\text{保険事故の発生の時までに払い込まれた保険料の総額}} = \text{贈与により取得したものとみなされる金額}$$

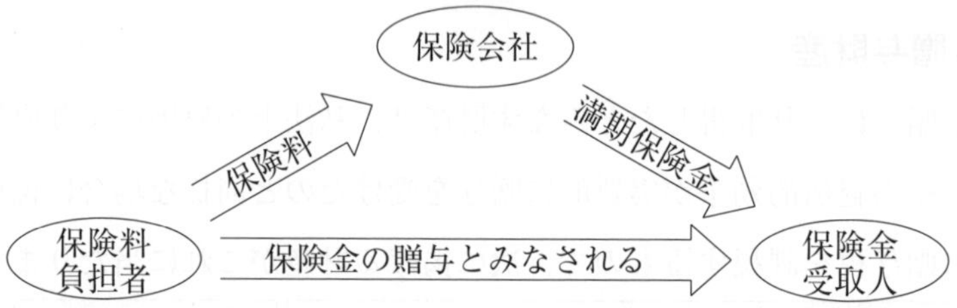

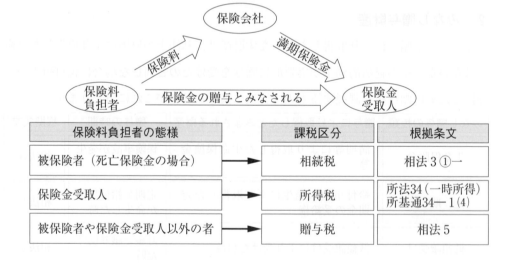

保険料負担者の態様	課税区分	根拠条文
被保険者（死亡保険金の場合）	相続税	相法3①一
保険金受取人	所得税	所法34（一時所得） 所基通34－1⑷
被保険者や保険金受取人以外の者	贈与税	相法5

〔事例〕

甲は、父の死亡により2,000万円の保険金を受け取りました。甲、父及び母が負担した保険料は、甲100万円、父60万円、母40万円です。

①　甲の一時所得の収入となる金額

$$2{,}000\text{万円} \times \frac{100\text{万円}}{200\text{万円}} = 1{,}000\text{万円}$$

②　甲が父から相続により取得したものとみなされる金額

$$2{,}000\text{万円}\times\frac{60\text{万円}}{200\text{万円}}=600\text{万円}$$

③　甲が母から贈与により取得したものとみなされる金額

$$2{,}000\text{万円}\times\frac{40\text{万円}}{200\text{万円}}=400\text{万円}$$

生命保険金等の課税関係区分表

<table>
<tr><th></th><th>契約者</th><th>被保険者</th><th>保険料負担者</th><th>保険金受取人</th><th>保険事故等</th><th>課　税　関　係</th><th>関係法令等</th></tr>
<tr><td rowspan="2">①</td><td rowspan="2">Ａ</td><td rowspan="2">Ａ</td><td rowspan="2">Ａ</td><td rowspan="2">Ａ</td><td>満　　期</td><td>Ａの一時所得となります。</td><td>所令183②</td></tr>
<tr><td>Ａの死亡</td><td>Ａの相続人が相続により取得したものとみなされます。</td><td>相法３①一</td></tr>
<tr><td rowspan="3">②</td><td rowspan="3">Ａ</td><td rowspan="3">Ａ</td><td rowspan="3">Ａ</td><td rowspan="3">Ｂ
（Ａの子）</td><td>満　　期</td><td>ＢがＡから贈与により取得したものとみなされます。</td><td>相法５①</td></tr>
<tr><td>Ａの死亡</td><td>Ｂが相続により取得したものとみなされます。（Ｂが相続を放棄した場合は遺贈による取得）</td><td>相法３①一</td></tr>
<tr><td>Ａの高度障害</td><td>課税されません。</td><td>所法９①十八、所令30一、所基通９－21</td></tr>
<tr><td rowspan="2">③</td><td rowspan="2">Ａ</td><td rowspan="2">Ａ</td><td rowspan="2">Ｃ</td><td rowspan="2">Ｂ
（Ａの子）</td><td>満　　期</td><td rowspan="2">ＢがＣから贈与により取得したものとみなされます。</td><td rowspan="2">相法５①</td></tr>
<tr><td>Ａの死亡</td></tr>
<tr><td rowspan="3">④</td><td rowspan="3">Ａ</td><td rowspan="3">Ａ</td><td rowspan="3">Ａ1/2
Ｃ1/2</td><td rowspan="3">Ｂ
（Ａの子）</td><td>満　　期</td><td>ＢがＡとＣから贈与により取得したものとみなされます。</td><td>相法５①</td></tr>
<tr><td rowspan="2">Ａの死亡</td><td>ＢがＡから２分の１を相続により取得したものとみなされます。</td><td>相法３①一</td></tr>
<tr><td>ＢがＣから２分の１を贈与により取得したものとみなされます。</td><td>相法５①</td></tr>
<tr><td>⑤</td><td>Ｂ</td><td>Ｂ</td><td>Ａ
（Ｂの父）</td><td>Ｂ</td><td>Ａの死亡</td><td>Ｂが生命保険契約に関する権利（この表において、以下「権利」といいます。）を相続により取得したものとみなされます。</td><td>相法３①三</td></tr>
<tr><td>⑥</td><td>Ａ</td><td>Ｂ
（Ａの子）</td><td>Ａ</td><td>Ｂ</td><td>Ａの死亡</td><td>Ａの相続人が相続により権利を取得します。</td><td>相基通３－36⑴</td></tr>
</table>

⑦	A	A	A	B（Aの子）	Bの死亡	課税関係は生じません。	相基通3－34
⑧	A	B（Aの子）	B	A	Aの死亡	課税されません。	相基通3－36(2)
⑨	A	B（Aの子）	A	A	Bの死亡	Aの一時所得となります。	所令183②

＜生命保険料の負担者の判定＞

保険料の支払能力のない者（例えば子）が保険契約者となっている場合には、その保険料を実際に支払っている者（例えば父）が、保険料の負担者となります（Ⓐ）。

しかし、この場合であっても父が子に現金を贈与し、子がその現金を保険料の支払に充てていることが証明できるときは、その子が保険料の負担者となります（Ⓑ）。

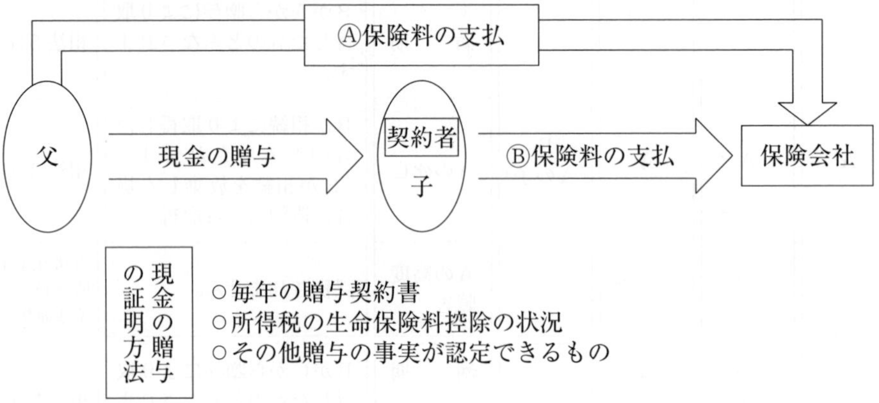

(2) 定期金

定期金給付契約（生命保険契約を除きます。）の定期金給付事由が発生した場合において、その契約の掛金又は保険料を定期金受取人以外の者が負担しているときは、定期金受取人が取得した定期金給付契約に関する権利のうち、次の算式によって計算した部分の金額が、その定期金給付事由が発生した時において、その掛金を負担した者から贈与により取得したものとみなされます（相法6①）。

$$\text{定期金給付契約に関する権利の価額} \times \frac{\text{定期金受取人以外の者が負担した掛金又は保険料の額}}{\text{給付事由の発生の時までに払い込まれた掛金又は保険料の総額}} = \text{贈与により取得したものとみなされる金額}$$

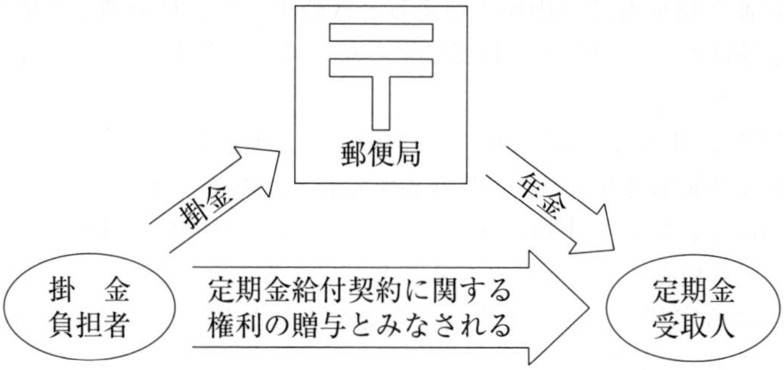

⑶　低額譲受け

著しく低い価額の対価で財産を譲り受けた場合には、その財産の時価（その財産が土地及び土地の上に存する権利（この第4において、以下「土地等」といいます。）並びに家屋及びその附属設備又は構築物（この第4において、以下「家屋等」といいます。）であるときには、通常の取引価額に相当する金額、それ以外の財産である場合には相続税評価額をいいます。）と支払った対価の額との差額に相当する金額が、その譲渡があった時において、財産を譲渡した者から贈与により取得したものとみなされます（相法7）（注1、2）。

しかし、この場合であっても、その財産を譲り受けた者が、資力を喪失して債務を弁済することが困難であるため、その弁済に充てる目的でその者の扶養義務者（配偶者及び民法第877条に規定する親族をいいます。）から譲り受けたものであるときは、その債務を弁済することが困難である部分の金額について贈与税は課税されません（相法7ただし書）（注3、4、5）。

㈨1　相続税法第7条から第9条までに規定する「著しく低い価額の対価」であるかどうかは、所得税法施行令第169条の規定による判定と異なります。

〔参考〕「『著しく低い価額』とは、時価の2分の1に満たない金額を指すものと解すべき旨主張するが、所詮、独自の見解に基づくものであって、採用の限りではない。」（昭44.12.25東京地裁判決）

また、譲渡財産が2以上ある場合における「著しく低い価額の対価」であるかどうかの判定は、譲渡された個々の財産ごとに行うのではなく、1つの譲渡契約ごとに行うこととなります（相基通7－1）。

2　相続税法第7条に規定する「著しく低い価額の対価で財産の譲渡を受けた場合」に当たるかどうかは、個々の取引について取引の事情、取引当事者間の関係等を総合勘案し、実質的に贈与を受けたと認められる金額があるかどうかにより判定することとなり、対象資産が土地等又は家屋等であり、これらの事情により同条を適用するときは、相続税評価額によらず、通常の取引価額に相当する金額によることとされます（平元.3.29付直評5、直資2－204）。この取扱いは、相続税法第9条の適用においても同じです。

3　「資力を喪失して債務を弁済することが困難である場合」とは、財産を譲り受けた者の債務の金額が積極財産の価額を超えるときのように、社会通念上債務の支払が不能（破産手続開始の原因となる程度に至らない場合を含みます。）と認められる場合をいいます（相基通7－4）。

4　民法第877条は、扶養義務者について、次のとおり規定しています。

①　直系血族及び兄弟姉妹は、互いに扶養する義務があること

②　家庭裁判所は、特別の事情があるときは、上記①の場合のほか、三親等内の親族間においても扶養の義務を負わせることができること

③　上記②による審判があった後事情に変更を生じたときは、家庭裁判所は、その審判を取り消すことができること

5「債務を弁済することが困難である部分の金額」とは、債務超過の部分の金額から、債務者の信用による債務の借換え、労務の提供等により近い将来においてその債務の弁済に充てることができる金額を控除した金額をいいますが、特に支障がないと認められる場合には、債務超過の部分の金額を「債務を弁済することが困難である部分の金額」として取り扱うことができます（相基通7－5）。

6　上記1、3、4及び5の取扱いは次の「債務免除等」（相法8）、「その他の利益の享受」（相法9）の場合も同様です。

通常の取引価額に相当する金額又は相続税評価額　－　譲受価額　＝　贈与により取得したものとみなされる金額

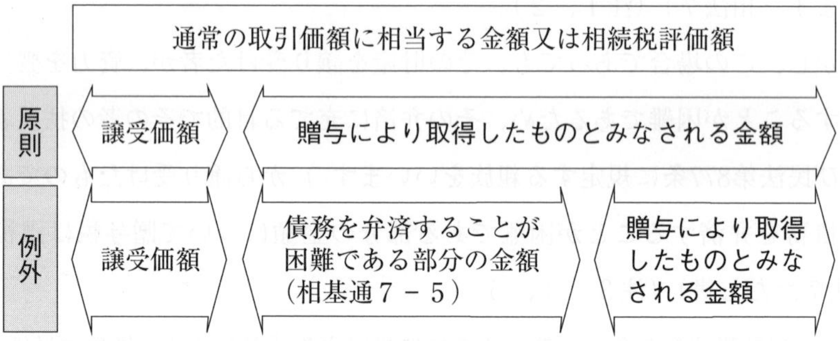

〔事例〕

甲は、事業上の借金2,500万円を弁済するため、父から時価（通常の取引価額に相当する金額）3,000万円の土地を400万円で譲り受け、これを転売して、その代金の中から借金を返済することとしています。なお、甲の財産は預金500万円だけです。

1　低額譲受けによる利益の金額

（土地の時価）　（譲受価額）　（利益の金額）
3,000万円　－　400万円　＝　2,600万円

2　債務を弁済することが困難な部分の金額

（消極財産）　（積極財産）　（債務超過額）
2,500万円　－　500万円　＝　2,000万円

3　贈与により取得したものとみなされる金額

（利益の金額）　（債務超過額）
2,600万円　－　2,000万円　＝　600万円

⑷　債務免除等

対価を支払わないで、又は著しく低い価額の対価で債務の免除、引受け又は第三者のためにする債務の弁済による利益を受けた場合には、これらの行為があった時に、その利益を受けた者が、その債務の免除、引受け又は弁済に係る債務の金額に相当する金額（対価を支払っている場合には、その価額を差し引いた金額）を、その債務免除等をした者から贈与により取得したものとみなされます（相法８）。

しかし、この場合であっても、債務者が資力を喪失して債務を弁済することが困難である場合において、①債務の免除を受けたとき又は②債務者の扶養義務者（配偶者及び民法第877条に規定する親族をいいます。）に債務の引受け又は弁済してもらったときには、贈与とみなされた金額のうちその債務を弁済することが困難である部分の金額について、贈与税は課税されません（相法８ただし書）。

＜債務免除＞

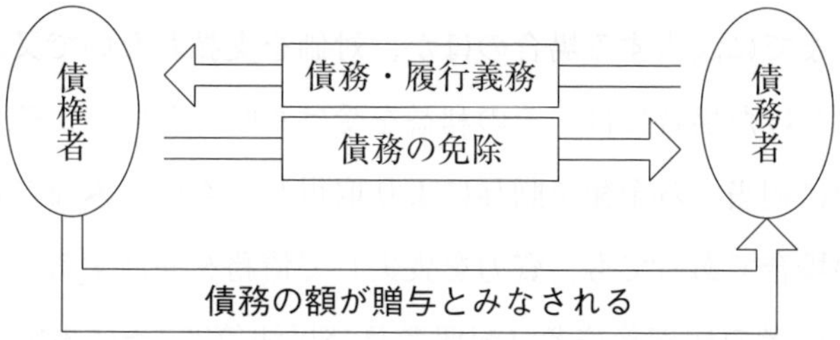

＜債務引受け＞

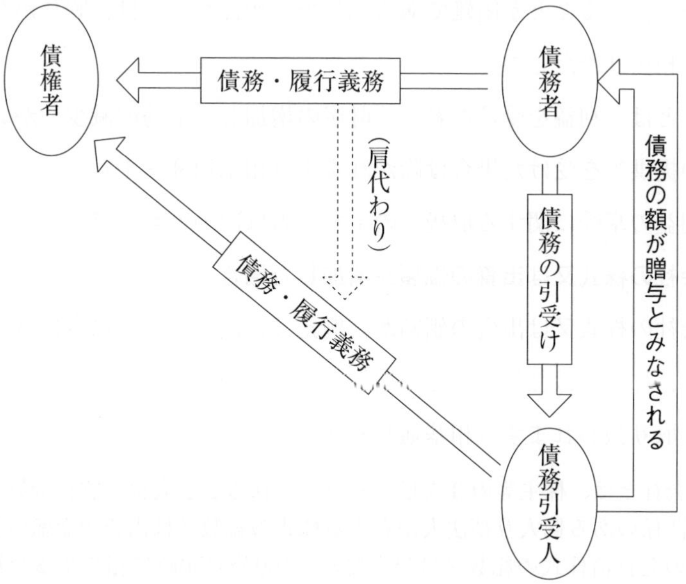

＜第三者のためにする債務の弁済＞

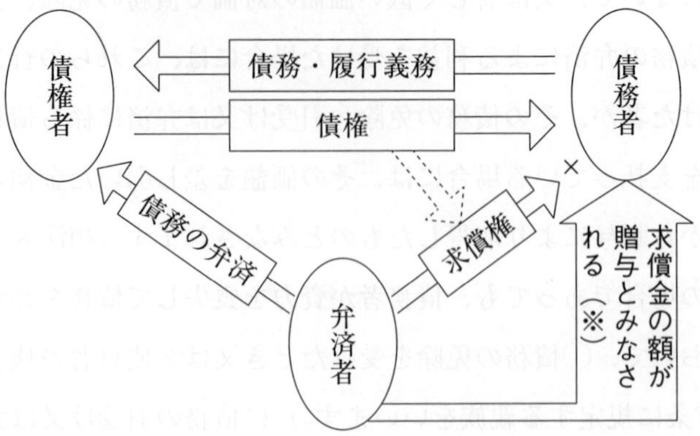

※　債務を弁済した者は、債務者に対して求償権を有することとなりますが、その者が求償権を行使した部分については、贈与があったものとみなされません。

(5)　その他の利益の享受

上記(1)から(4)までに該当する場合のほか、対価を支払わないで又は著しく低い価額の対価で利益を受けた場合には、その利益を受けた時において、その利益を受けた者が、利益の価額に相当する金額を贈与により取得したものとみなされます（相法9）。

しかし、この場合であっても、資力を喪失して債務を弁済することが困難である場合において、その者の扶養義務者（配偶者及び民法第877条に規定する親族をいいます。）から、その債務の弁済に充てるためにされたものであれば、その受けた利益のうち、債務を弁済することが困難である部分の金額については、贈与がなかったものとされます（相法9ただし書）。

利益の享受とは、利益を受けた者の「財産の増加」、「債務の減少」があった場合をいい、労務の提供等を受けた場合は除かれます（相基通9－1）。

その他の利益の享受に関する取扱いの主なものは次のとおりです。

イ　同族会社の株式又は出資の価額が増加した場合

同族会社の株式又は出資の価額が、例えば、次に掲げる場合に該当して増加したときは、株主又は社員が、その増加した部分の金額を、贈与により取得したものとして取り扱われます（相基通9－2）。

(注)　同族会社とは、株主等の3人以下並びにこれらと法人税法施行令第4条で定める特殊の関係のある個人及び法人が有する株式の総数又は出資の金額の合計額が、その会社の発行済株式の総数又は出資総額の100分の50超に相当する会社をいいます（法法2十）。

区　分	贈与者（行為者）
会社に対し無償で財産を提供した場合	財産を提供した者
時価より著しく低い価額で現物出資をした場合	現物出資をした者
対価を受けないで会社の債務の免除、引受け又は弁済をした場合	債務の免除等をした者
会社に対し時価より著しく低い価額の対価で財産を譲渡した場合	財産の譲渡をした者

<会社に対し無償で財産の提供があった場合>

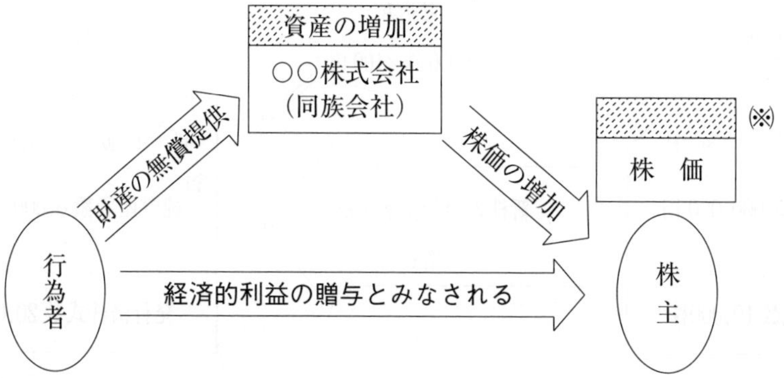

※　会社に対し財産の無償提供があった場合には、会社の資産が増加したことにより法人税の課税関係が生じます（法法22②）ので、株式の価額（純資産価額方式により評価する場合）の増加額は、法人税相当額控除後の金額となります（評基通185）。

ロ　同族会社の募集株式引受権

同族会社が新株の発行（その同族会社の有する自己株式の処分を含みます。）をする場合に、その新株に係る引受権（この第４において、以下「募集株式引受権（注１）」といいます。）の全部又は一部が会社法第206条に規定する①募集株式の申込者及び②募集株式の総数の引受けを行う契約（同法205）によりその総数を引き受けた者（いずれもその同族会社の株主の親族等（注２）に限ります。）に与えられ、募集株式引受権に基づき新株を取得したときは、その募集株式引受権が給与所得又は退職所得として所得税の課税対象となる場合を除き、原則として、株主の親族等が、募集株式引受権を株主から贈与によって取得したものとして取り扱われます（相基通９－４）。

この取扱いは、同族会社である合同会社及び合資会社の増資についても準用されます（相基通９－６）。

㈱１　「募集株式引受権」とは、株主が従来の持株数に比例して新株式を優先的に引き受ける（割当てを受ける）権利をいいます。
　２　「親族等」とは、株主の親族及び株主と次に掲げる特別の関係のある者（相令31

①）をいいます（相基通9－4かっこ書）。

① その株主とまだ婚姻の届出をしていないが、事実上婚姻関係と同様の事情にある者及びその者の親族でその者と生計を一にしている者

② その株主の使用人及び使用人以外の者で、その株主から受ける金銭その他の財産によって生計を維持している者並びにこれらの者の親族でこれらの者と生計を一にしている者

＜新株の発行と募集株式引受権＞

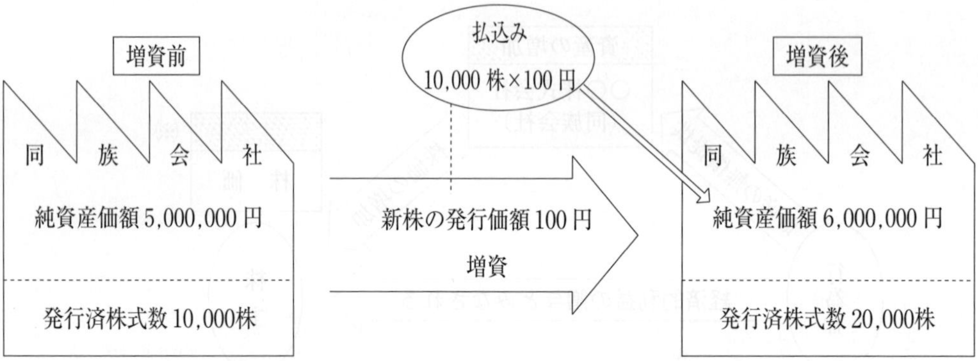

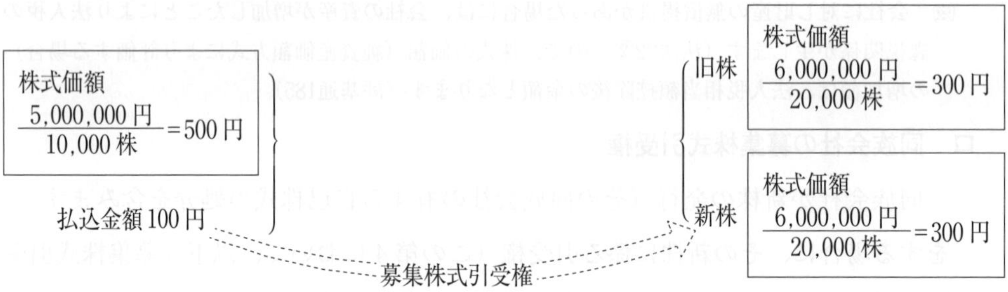

1株当たりの募集株式引受権の価額（評基通187、190）

（増資前の1株当たりの価額）（1株当たりの払込金額）（増資割合）　（1株当たりの価額）

$$\frac{500\text{円} + 100\text{円} \times 1}{1\text{株} + 1\text{株}} = 300\text{円}$$

（1株当たりの価額）（1株当たりの払込金額）（募集株式引受権の価額）

300円 － 100円 ＝ 200円

〔事例〕

前ページの例で、増資前の株式10,000株を甲（父）が所有しており、新株の全部を乙（子）が引き受けた場合

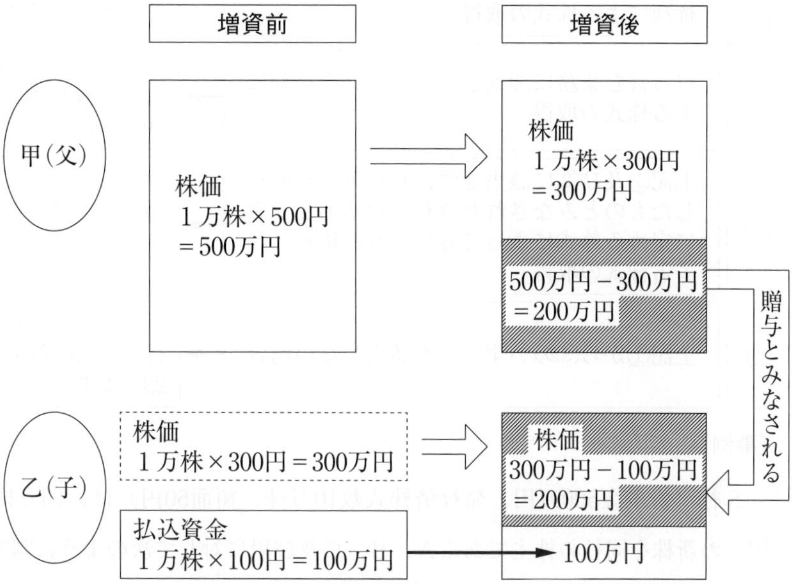

乙が甲から贈与を受けたものとみなされる募集株式引受権の金額

$$\left(\frac{\frac{500\text{万円}}{1\text{万株}}+100\text{円}\times 1}{1\text{株}+1\text{株}}-\overset{\text{(払込金額)}}{100\text{円}}\right)\times\overset{\text{(募集株式引受権の数)}}{10{,}000\text{株}}=200\text{万円}$$

なお、贈与により取得したものとみなされる募集株式引受権の数は、次の算式により計算します（相基通９－５）。

$A\times\frac{C}{B}$＝その者の親族等から贈与を受けた募集株式引受権の数

算式中の符号は、次のとおりです。

Ａ：他の株主又は従業員と同じ条件により与えられる募集株式引受権の数を超えて与えられた者のその超える部分の募集株式引受権の数

Ｂ：法人の株主又は従業員が他の株主又は従業員と同じ条件により与えられる募集株式引受権のうち、その者の取得した新株の数が、当該与えられる募集株式引受権の数に満たない数の総数

Ｃ：Ｂの募集株式引受権の総数のうち、Ａに掲げる者の親族等（親族等が２人以上あるときは、親族等の１人ごと）の占めているものの数

<募集株式引受権の利益に対する課税>

①	発行法人の取締役又は使用人、雇用契約又はこれに類する関係に基因して与えられた権利による株式の取得	→ 所得税（給与所得又は退職所得）の課税の対象（所基通23～35共－6(1)イ、(2)）
②	自ら営む業務に関連して与えられた権利による株式の取得	→ 所得税（事業所得又は雑所得）の課税の対象（所基通23～35共－6(1)ロ）
③	上記①及び②に該当せず、親族等から取得したものとみなされた権利（相基通9－5に定める算式によって算出される権利）による株式の取得	→ 贈与税の課税の対象（相基通9－4）
④	上記①から③のいずれにも該当しない場合	→ 所得税（雑所得又は一時所得）の課税の対象（所基通23～35共－6(1)ハ、(2)）

〔事例〕

Ｓ社（資本金500万円、発行済株式数10万株、額面50円）は、10万株（払込金額50円）の新株を同社の株主であるＡ、Ｂ、Ｃ及び甲に対して次のように割当てしたところ、それぞれが③のとおり引き受けました。なお、Ａ、Ｂ、Ｃは親族等の関係にありますが、甲はＡ、Ｂ、Ｃとは親族等の関係にはありません。

また、Ｓ社の増資前の株式の価額は1,550円です。

株主	①増資前の株数	②増資比率(1：1)による株数	③引き受けた新株数	④過不足分の株数(③－②)
Ａ	40,000　株	40,000　株	20,000　株	△20,000　株
Ｂ	30,000	30,000	25,000	△ 5,000
Ｃ	20,000	20,000	50,000	＋30,000
甲	10,000	10,000	5,000	△ 5,000
計	100,000	100,000	100,000	0 (＋30,000 / △30,000)

(1)　Ｃが贈与を受けた募集株式引受権の数

Ａからの贈与　$30{,}000\text{株} \times \dfrac{20{,}000\text{株(A)}}{20{,}000\text{株(A)} + 5{,}000\text{株(B)} + 5{,}000\text{株(甲)}} = 20{,}000\text{株}$

Ｂからの贈与　$30{,}000\text{株} \times \dfrac{5{,}000\text{株(B)}}{20{,}000\text{株(A)} + 5{,}000\text{株(B)} + 5{,}000\text{株(甲)}} = 5{,}000\text{株}$

(2)　Ｃの一時所得の対象となる募集株式引受権の数

$$30{,}000\text{株} \times \frac{5{,}000\text{株(甲)}}{20{,}000\text{株(A)} + 5{,}000\text{株(B)} + 5{,}000\text{株(甲)}} = 5{,}000\text{株}$$

⑶　募集株式引受権の価額

$$\frac{1{,}550円+50円\times 1}{1株+1株}=800円（1株当たりの価額）$$

800円－50円＝750円（募集株式引受権の価額）

⑷　Ｃが贈与を受けたものとみなされる金額

(20,000株＋5,000株)×750円＝18,750,000円

⑸　Ｃの一時所得となる金額

5,000株×750円＝3,750,000円

ハ　同族会社の新株の発行に伴う失権株に係る新株の発行が行われなかった場合

同族会社の新株の発行に際し、次の①又は②のいずれかの場合において、その申込み又は出資の履行をしなかった新株（この第４において、以下「失権株」といいます。）に係る新株の発行が行われなかったことにより、結果的に新株発行割合（新株の発行前の同族会社の発行済株式の総数（同族会社の有する自己株式の数を除きます。）に対する新株の発行により出資の履行があった新株の総数の割合をいいます。）を超えた割合で新株を取得した者があるときは、その者のうち失権株主（新株の全部の取得をしなかった者及び結果的に新株発行割合に満たない割合で新株を取得した者をいいます。）の親族等については、失権株の発行が行われなかったことにより受けた利益の総額のうち、次の⑴及び⑵の算式により計算した金額に相当する利益をその者の親族等である失権株主のそれぞれから贈与によって取得したものとして取り扱われます（相基通９－７）。

①　会社法第202条《株主に株式の割当てを受ける権利を与える場合》第１項の規定により株式の割当てを受ける権利（この第４において、以下「株式割当権」といいます。）を与えられた者が株式割当権の全部若しくは一部について同法第204条《募集株式の割当て》第４項に規定する申込みをしなかった場合

②　①の申込みにより同法第206条第１号に規定する募集株式の引受人となった者が同法第208条《出資の履行》第３項に規定する出資の履行をしなかった場合

⑴　その者が受けた利益の総額

$$新株の発行後の1株当たりの価額(A)\times\left(その者の新株の発行前における所有株式数(B)+その者が取得した新株の数(C)\right)$$

$$-\left(新株の発行前の1株当たりの価額(D)\times その者の新株の発行前における所有株式数(B)+新株の1株当たりの払込金額(E)\times その者が取得した新株の数(C)\right)$$

※　上記(A)の価額は、次の算式により計算した金額によります。

（新株の発行前の１株当たりの価額(D) × 新株の発行前の発行済株式数(H) ＋ 新株の１株当たりの払込金額(E) × 新株の発行により出資の履行があった新株の総数(I)）

÷（新株の発行前の発行済株式数(H) ＋ 新株の発行により出資の履行があった新株の総数(I)）

(ロ)　親族等である失権株主のそれぞれから贈与により取得したものとする利益の金額

その者が受けた利益の総額（上記(イ)） × 親族等である各失権株主が与えた利益の金額(G) ÷ 各失権株主が与えた利益の総額(F)

※１　上記(F)の金額は、失権株主のそれぞれについて次により計算した金額の合計額によります。

（新株の発行前の１株当たりの価額(D) × その者の新株の発行前における所有株式数(B) ＋ 新株の１株当たりの払込金額(E) × その者が取得した新株の数(C)）

－ 新株の発行後の１株当たりの価額(A) ×（その者の新株の発行前における所有株式数(B) ＋ その者が取得した新株の数(C)）

２　上記(G)の価額は、失権株主のうち親族等である失権株主のそれぞれについて※１の算式により計算した金額によります。

〔事例〕

Ｔ社（発行済株式20,000株は親と子が半分ずつ所有）は、倍額増資することになったが、親が失権した場合（増資前１株当たりの株価425円、１株当たりの払込金額50円）

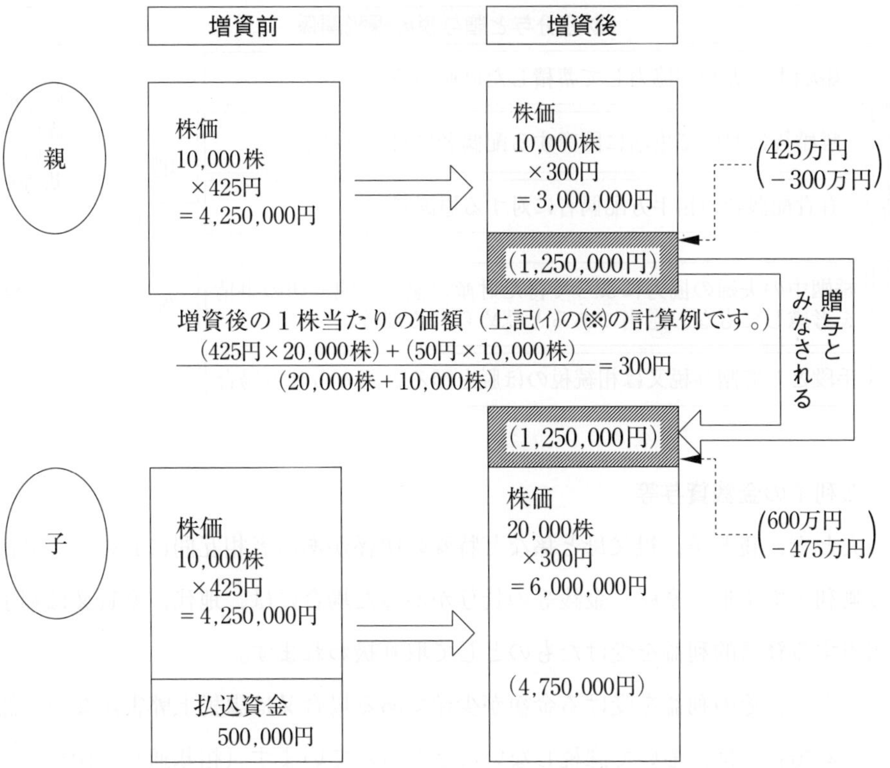

子が親から贈与を受けたものとみなされる金額（上記(イ)の計算例です。）

300円(A)×（10,000株(B)＋10,000株(C)）－（425円(D)×10,000株(B)＋50円(E)×10,000株(C)）＝1,250,000円

(※)　失権株主は、親のみですから125万円の全部が贈与により取得したものとして取り扱われます。

二　離婚による財産分与

婚姻の取消し又は離婚による財産の分与によって取得した財産については、その取得した財産の額が社会通念上相当な範囲のものについては、原則として贈与税は課税されません（相基通９－８）。

譲渡所得の基因となる資産を財産分与として給付した場合には、その資産の給付が財産分与義務の消滅という経済的利益を対価とする有償譲渡になりますので、分与した者に譲渡所得が課税されます（所基通33－１の４）（昭50.5.27最高裁判決）。

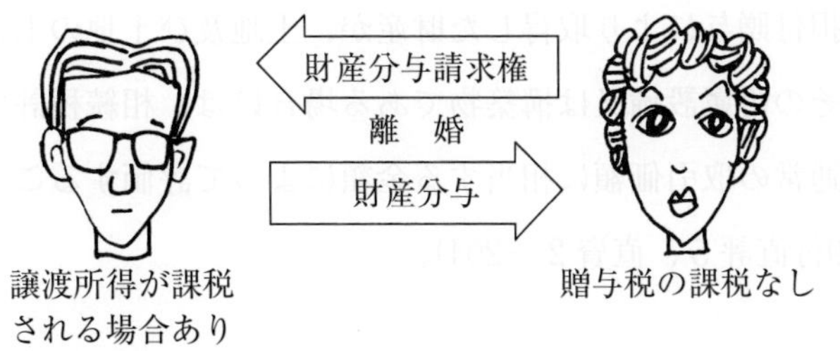

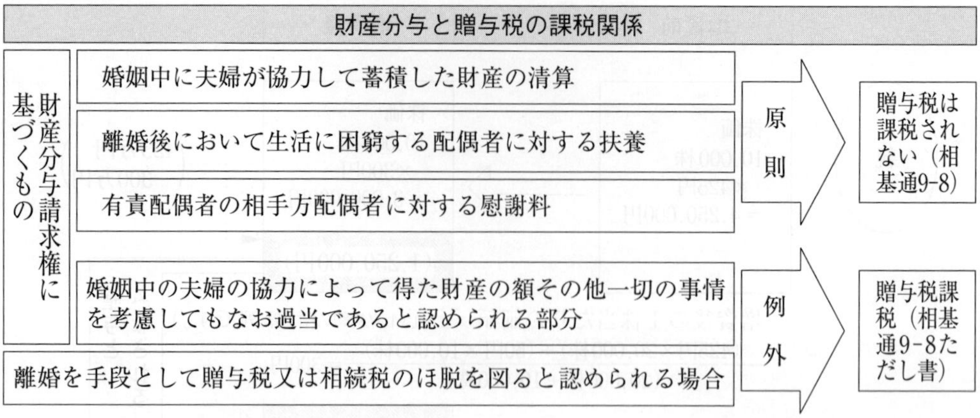

ホ　無利子の金銭貸与等

夫と妻、親と子、祖父母と孫など特殊の関係がある者相互間において、無償又は無利子で土地、家屋、金銭等の貸与があった場合には、地代、家賃又は利子に相当する経済的利益を受けたものとして取り扱われます。

しかし、その利益を受ける金額が少額である場合又は課税上弊害がないと認められる場合には、強いて課税しないこととされています（相基通９－10)。

なお、金銭の授与に当たって、「ある時払いの催促なし」又は「出世払い」というような貸借や、実質的に贈与であるにもかかわらず形式上貸借としている場合には、その金銭の授与は、贈与税の課税の対象となります。

ヘ　負担付贈与

負担付贈与に係る贈与財産の価額は、負担がないものとした場合における贈与財産の価額から負担額を控除した価額により（相基通21の２－４)、その負担額が第三者の利益となる場合には、その第三者が、その負担額に相当する金額を、贈与によって取得したこととなります（相基通９－11)。

この負担付による贈与について、その負担に停止条件が付されていた場合には、条件が成就した時に、贈与によって取得したことになります（相基通１の３・１の４共－９、同９－11)。

なお、負担付贈与により取得した財産が、土地及び土地の上に存する権利並びに家屋及びその附属設備又は構築物である場合には、相続税評価額ではなく取得時における通常の取引価額に相当する金額によって評価することとされています（平元. ３.29付直評５、直資２－204)。

〔事例〕

甲は、父から通常の取引価額に相当する金額2,200万円（相続税評価額1,800万円）の土地の贈与を受けましたが、乙（妹）に現金600万円を贈与することが条件となっています。

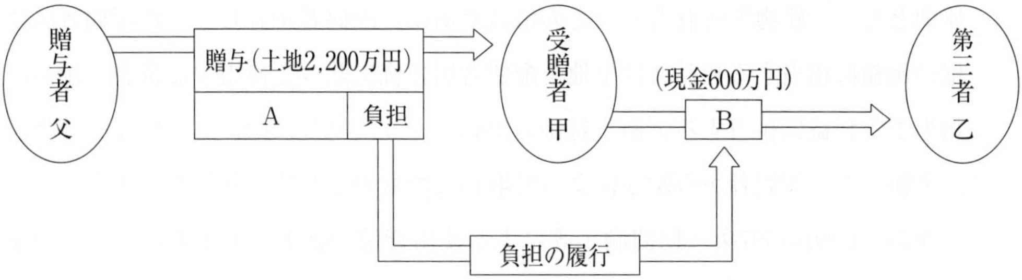

甲が贈与を受けた金額 A　2,200万円－600万円＝1,600万円
乙が贈与を受けた金額 B　600万円

ト　共有持分の放棄

共有財産の共有者の１人が、その持分を放棄（相続の放棄を除きます。）したときは、その者の持分は、他の共有者が各自の持分の割合に応じて贈与により取得したものとして取り扱われます（相基通９－12、㈱）。

㈱　共有物の共有者の１人が、その持分を放棄したとき又は相続人がなくて死亡したときは、その持分は他の共有者に帰属します（民法255）。

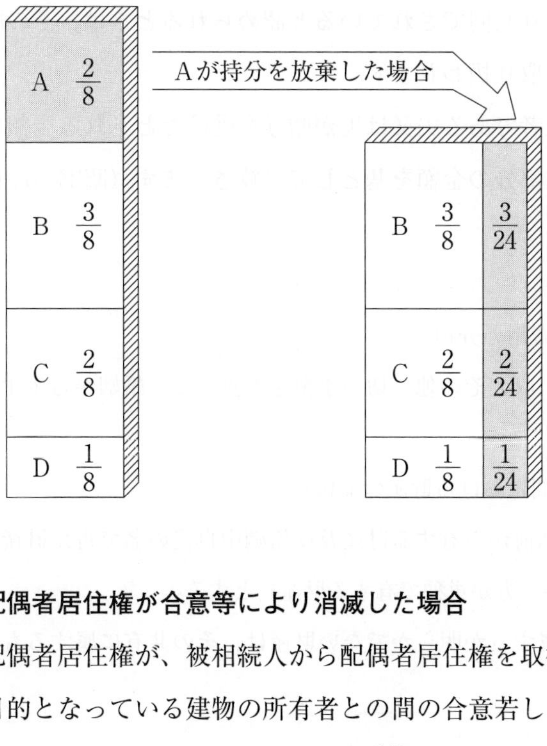

贈与により取得したとみなされる持分

$$\frac{2}{8}\times\frac{\frac{3}{8}}{\frac{3}{8}+\frac{2}{8}+\frac{1}{8}}=\underline{\underline{\frac{3}{24}}}$$

$$\frac{2}{8}\times\frac{\frac{2}{8}}{\frac{3}{8}+\frac{2}{8}+\frac{1}{8}}=\underline{\underline{\frac{2}{24}}}$$

$$\frac{2}{8}\times\frac{\frac{1}{8}}{\frac{3}{8}+\frac{2}{8}+\frac{1}{8}}=\underline{\underline{\frac{1}{24}}}$$

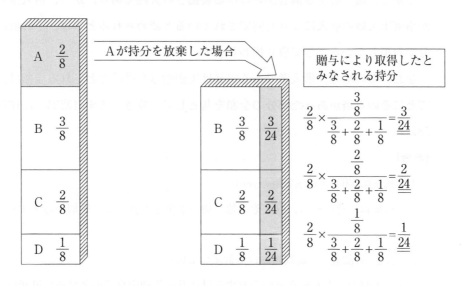

チ　配偶者居住権が合意等により消滅した場合

配偶者居住権が、被相続人から配偶者居住権を取得した配偶者と配偶者居住権の目的となっている建物の所有者との間の合意若しくは配偶者による配偶者居住

権の放棄により消滅した場合又は民法第1032条第４項《建物所有者による消滅の意思表示》により消滅した場合において、建物の所有者又はその建物の敷地の用に供される土地等の所有者（以下、チにおいて「建物等所有者」といいます。）が、対価を支払わなかったとき、又は著しく低い価額の対価を支払ったときは、原則として、建物等所有者が、その消滅直前に、配偶者が有していた配偶者居住権の価額に相当する利益又は土地を配偶者居住権に基づき使用する権利の価額に相当する利益に相当する金額（対価の支払があった場合には、その価額を控除した金額）を、配偶者から贈与によって取得したものとして取り扱われます。

なお、民法第597条《期間満了等による使用貸借の終了》第１項及び第３項並びに第616条の２《賃借物の全部滅失等による賃貸借の終了》の規定により配偶者居住権が消滅した場合には、贈与により取得したものとは取り扱われません（相基通９―13の２）。

リ　共働き夫婦が住宅等を購入した場合

個人が、金融機関からの借入金により住宅又は敷地を取得した場合に、その借入金の返済が借入者以外の者の負担によってされているときは、その負担部分は借入者に対する贈与となります。

しかし、借入者や返済者がいわゆる共働きの夫婦であり、かつ、借入金の返済が事実上夫婦の収入により共同でされていると認められるときは、その所得あん分で負担しているとして取り扱われます。

なお、この場合、借入者である夫又は妻が贈与を受けたとされる金額は、暦年ごとにその返済があった部分の金額を基として計算されます（昭34. ６.16付直資58）。

〔参考〕

１　民法第760条《婚姻費用の分担》

夫婦は、その資産、収入その他一切の事情を考慮して、婚姻から生ずる費用を分担する。

２　民法第762条《夫婦間における財産の帰属》

①　夫婦の一方が婚姻前から有する財産及び婚姻中自己の名で得た財産は、その特有財産（夫婦の一方が単独で有する財産）とする。

②　夫婦のいずれに属するか明らかでない財産は、その共有に属するものと推定する。

〔事例〕

共働き夫婦がマンションを全額借入金で購入し、その返済を夫婦共同で行っていく場合の贈与税の課税関係

借入金　3,000万円（令和6年の返済額300万円）
夫の所得　500万円
妻の所得　300万円

登　記	贈与税の課税関係
夫のみ	夫が妻から贈与を受けた金額（令和6年分） （令和6年の返済額） $300万円 \times \frac{300万円(妻)}{500万円(夫)+300万円(妻)} = 1,125,000円$
妻のみ	妻が夫から贈与を受けた金額（令和6年分） （令和6年の返済額） $300万円 \times \frac{500万円(夫)}{500万円(夫)+300万円(妻)} = 1,875,000円$
夫$\frac{5}{8}$ 妻$\frac{3}{8}$	夫と妻の負担額に応じて、共有持分を定め、夫婦の共有財産として登記をすれば贈与税は課税されません。 夫の持分　$\frac{500万円}{500万円+300万円} = \frac{5}{8}$　　妻の持分　$\frac{300万円}{500万円+300万円} = \frac{3}{8}$

ヌ　使用貸借に係る土地等についての取扱い

個人間の土地等の使用貸借（注）に係る経済的利益の贈与税の取扱いは、昭48.11.1付直資2－189ほか「使用貸借に係る土地についての相続税及び贈与税の取扱いについて」通達（この第4において、以下「使用貸借通達」といいます。）により定められています。

(注)　使用貸借とは、当事者の一方がある物を引き渡すことを約し、相手方がその受け取った物について無償で使用及び収益をして、契約が終了したときに返還をすることを約することによって効力が生じる（民法593）もので、借主は、借用物の通常の必要費を負担する義務を負います（同法595①）。

　また、使用貸借による土地の使用権は、当事者の人的関係を基礎とすることから、借主の死亡によって終了する（民法597③）こととなり、当事者が使用貸借の期間を定めなかった場合において、使用及び収益の目的を定めたときは、使用貸借は、借主がその目的に従い使用及び収益を終えることによって終了する（同法597②）など、借地借家法に定める借地権とは異なります。

使用貸借通達1

使用貸借による土地の借受けがあった場合

⇨土地の使用貸借に係る使用権の価額は零として取り扱われます。

(1) 子が使用貸借により、父の所有地に建物を建築した場合

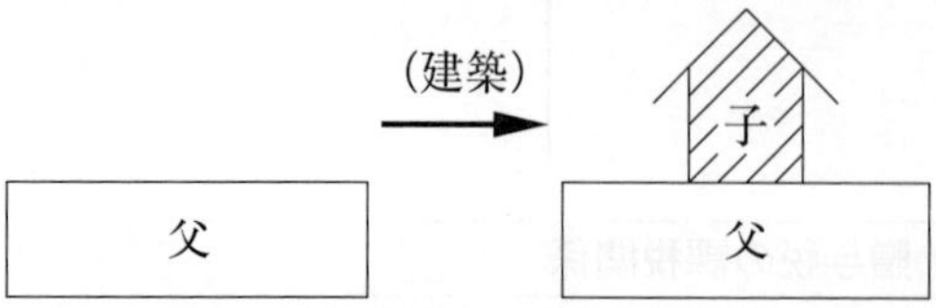

子に対して借地権相当額の贈与はないことになります。

(2) 子が父から建物のみの贈与を受け、以後、父の所有地を使用貸借とした場合

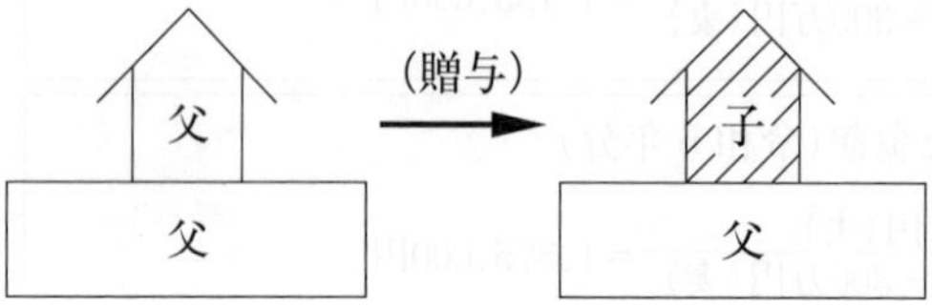

建物のみが贈与税の課税対象となります。

(3) 子が父から土地のみの贈与を受け、以後、土地を使用貸借とした場合

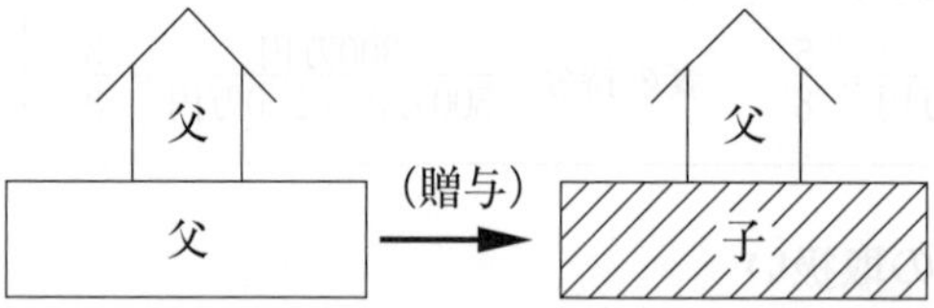

自用地の贈与となります（父の建物が貸家のときは、貸家建付地となります。)。

使用貸借通達2

使用貸借による借地権の転借があった場合

（借地権の転貸借があった場合において、その貸借が使用貸借に該当するものであり、その事実がその使用貸借に係る借受者、借地権者及び土地の所有者において「**借地権の使用貸借に関する確認書**」(455ページ）により確認されたとき）

⇨借地権の使用貸借に係る使用権の価額は、零として取り扱われます。

(1) 子が使用貸借により父の借地の一部に建物を建築した場合

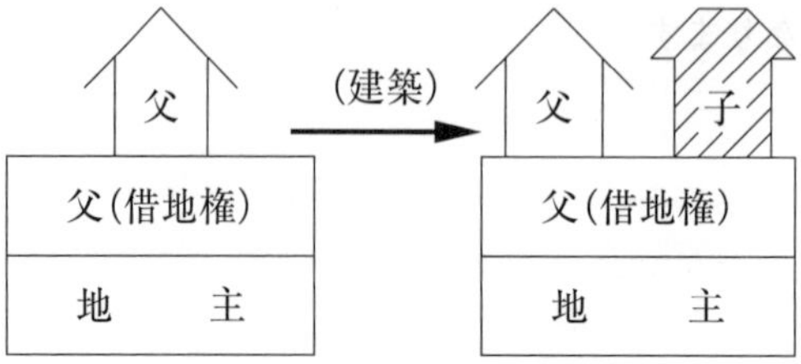

子に対して転借権相当額の贈与はないことになります。

⑵　子が父から建物のみの贈与を受け、以後、父の借地権を使用貸借とした場合

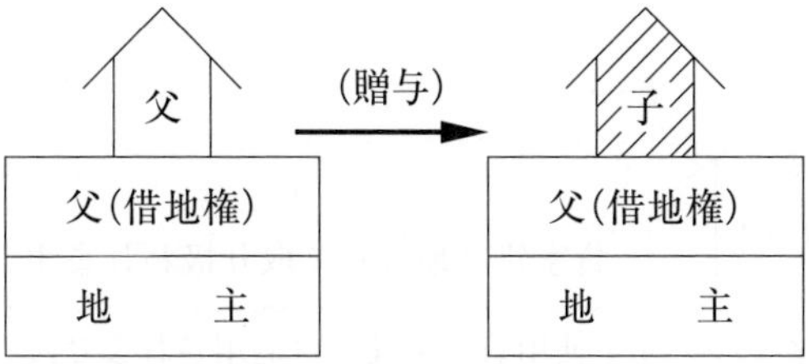

建物の価額のみが贈与税の課税対象とされます。

⑶　父の建物を取り壊し、子が使用貸借により父の借地権上に建物を建築した場合

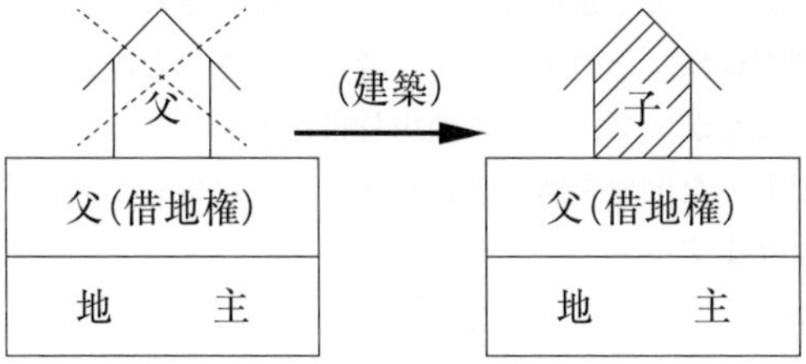

借地権等の課税関係は生じません。

使用貸借通達３

使用貸借に係る土地等を相続又は贈与により取得した場合

⇨土地又は借地権の上に存する建物等が自用であるか又は貸付けであるかの区分にかかわらず自用地として取り扱われます。

⑴　使用貸借に係る土地の上に存する建物が自用のものである場合

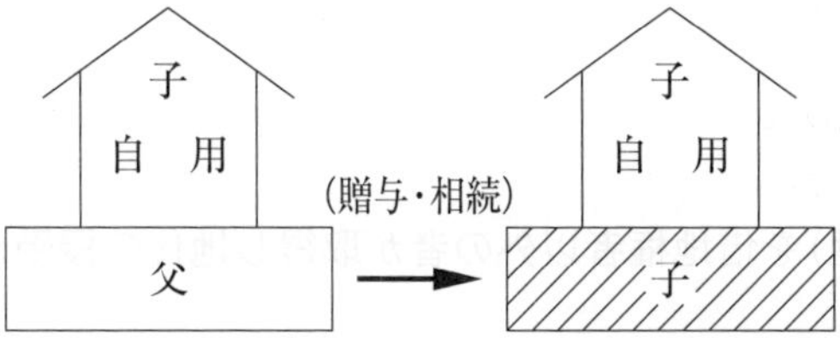

自用地として取り扱われます。

⑵　使用貸借に係る土地の上に存する建物が賃貸されている場合

イ　子が使用貸借により父の所有地に建物を建築し、他人に賃貸している場合

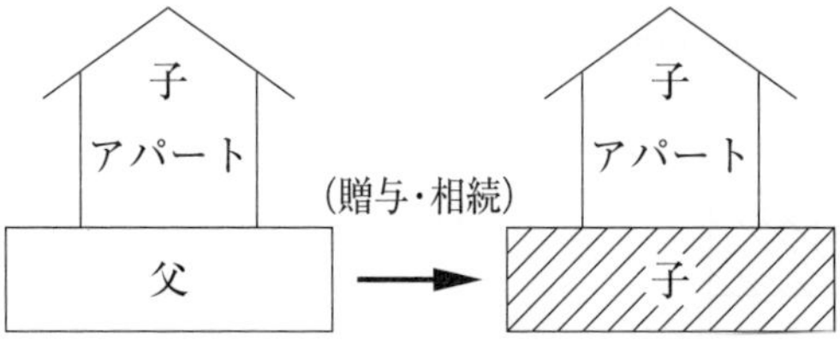

自用地として取り扱われます。

㈱　建物賃借人の敷地利用権は、建物所有者の敷地利用権に従属し、その範囲内において行使できるにすぎないと解されています。そこで、土地を使用貸借している場合の建物所有者の敷地利用権の価額が零として取り扱われている以上、その建物賃借人の有する敷地利用権の価額も零となります。したがって、その土地の上に存する建物が自用であるか又は貸付けであるかの区分にかかわらず、自用地として評価します。

ロ　子が父からアパート敷地のみの贈与を受け、以後、その土地を使用貸借とした場合

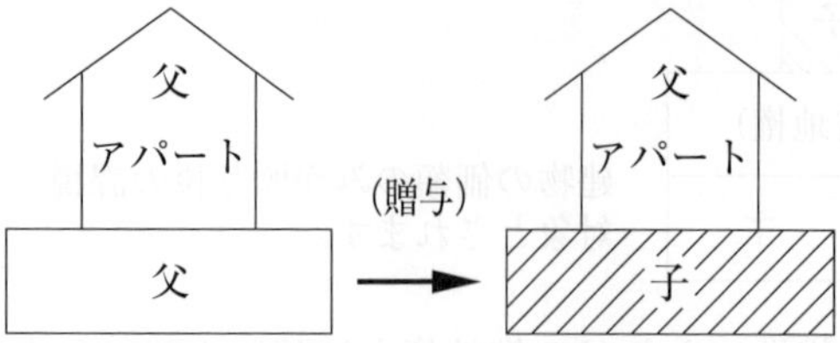

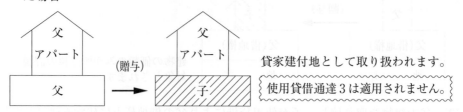

貸家建付地として取り扱われます。

使用貸借通達3は適用されません。

※　この場合における建物の賃貸借契約は、父と建物賃借人との間に締結されたものであることから、その建物賃借人の敷地利用権は、その土地が第三者に譲渡された場合においても侵害されないと解されています。したがって、土地の使用貸借が開始される以前に、貸家建付地として評価するのが相当であった土地を贈与又は相続により取得した場合には、貸家建付地として評価することになります。

使用貸借通達4

使用貸借に係る土地等の上に存する建物等を相続又は贈与により取得した場合

⇨建物のみが課税の対象になります。

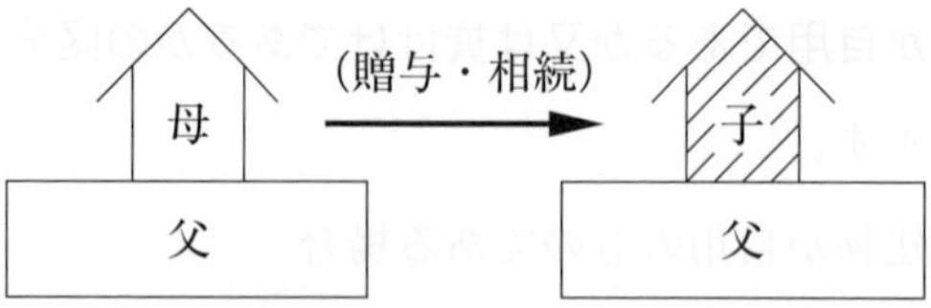

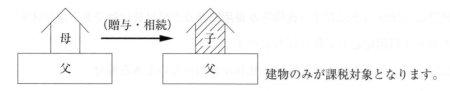

建物のみが課税対象となります。

使用貸借通達5

借地権の目的となっている土地(底地)を借地権者以外の者が取得し地代の授受が行われないこととなった場合

⇨その土地(底地)の取得者は、その土地(底地)を取得した時に借地権者からその土地に係る借地権の贈与を受けたものとして取り扱われます。

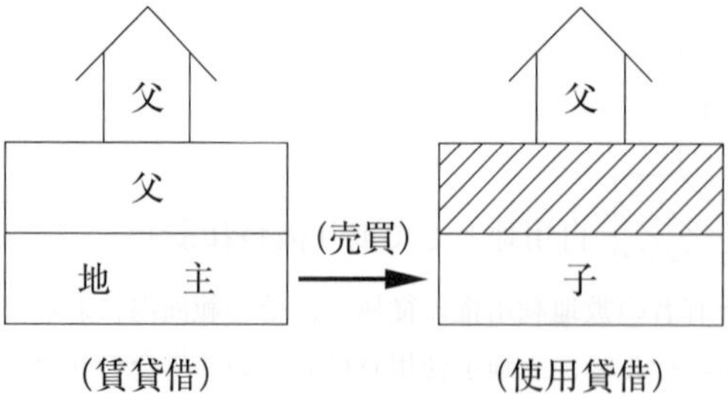

借地権の贈与となります。

※　この取扱いにより借地権の贈与があったとして贈与税が課税された場合には、その後、その土地は自用地として取り扱われます。

⇨ただし、その貸借関係について、当事者から「**借地権者の地位に変更がない旨の申出書**」(456ページ) が提出された場合には賃貸借契約が継続しているものとし

て取り扱われます。

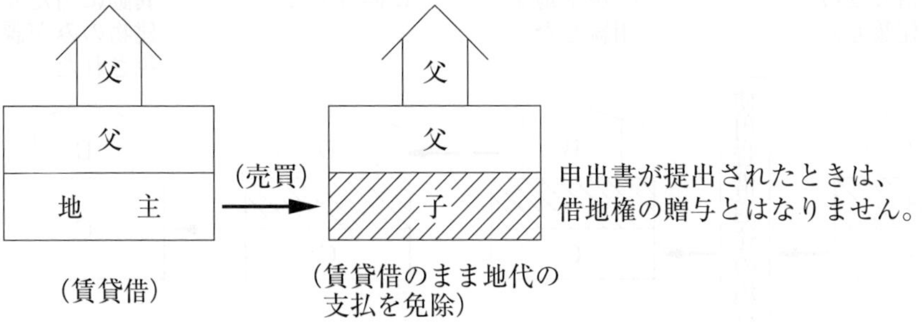
父
父
地　主
（売買）
父
父
子
申出書が提出されたときは、
借地権の贈与とはなりません。
（賃貸借）
（賃貸借のまま地代の
支払を免除）

※　この取扱いにより借地権者の地位に変更がないものとして贈与税の課税が行われなかった場合には、その土地について父の借地権は従来どおり存在することとなりますので、その土地は、貸付地（底地）として取り扱われます。

使用貸借通達６

経過的取扱い――土地の無償借受け時に借地権相当額の課税が行われている場合

⇨土地所有者の異動により、建物と土地の所有者が同一人となったことにより使用貸借関係が終了するか、又は建物所有者の異動により建物のみの価額として取り扱われることとなるまでの間の土地の所有者の異動については、貸付地（底地）として取り扱われます。

(1)

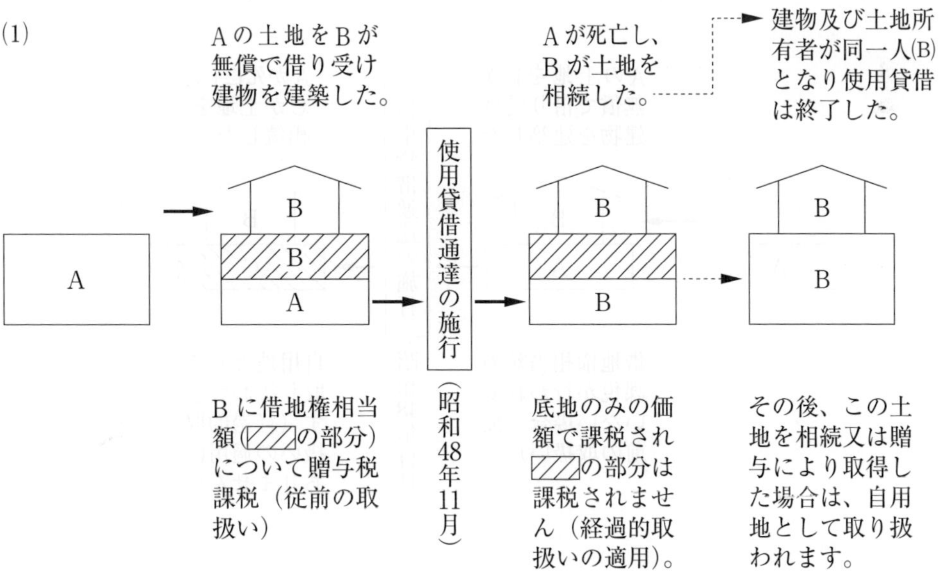
Aの土地をBが
無償で借り受け
建物を建築した。
Aが死亡し、
Bが土地を
相続した。
建物及び土地所
有者が同一人(B)
となり使用貸借
は終了した。
A
B
B
A
使用貸借通達の施行
（昭和48年11月）
B
B
B
B
B に借地権相当
額（▨の部分）
について贈与税
課税（従前の取
扱い）
底地のみの価
額で課税され
▨の部分は
課税されませ
ん（経過的取
扱いの適用）。
その後、この土
地を相続又は贈
与により取得し
た場合は、自用
地として取り扱
われます。

(2)

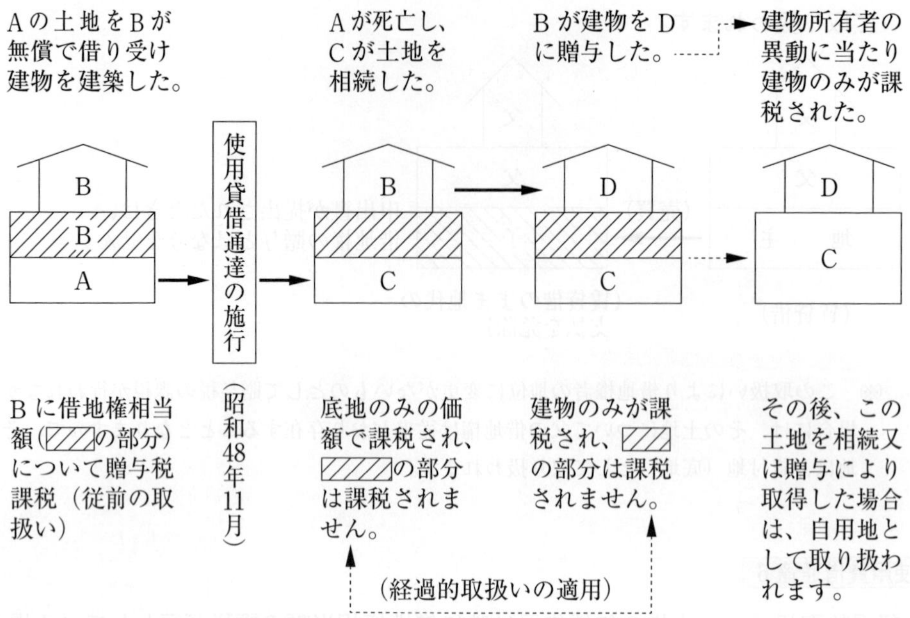
Aの土地をBが無償で借り受け建物を建築した。
Aが死亡し、Cが土地を相続した。
Bが建物をDに贈与した。
建物所有者の異動に当たり建物のみが課税された。
B
B
A
使用貸借通達の施行
（昭和48年11月）
B
C
D
C
D
C
Bに借地権相当額（▨の部分）について贈与税課税（従前の取扱い）
底地のみの価額で課税され、▨の部分は課税されません。
建物のみが課税され、▨の部分は課税されません。
その後、この土地を相続又は贈与により取得した場合は、自用地として取り扱われます。
（経過的取扱いの適用）

※1　この取扱いは、既往において、土地を無償で借り受けた際、借地権相当額について贈与税の課税が行われている場合、又は建物等を相続又は贈与により取得した時に借地権相当額について相続税若しくは贈与税の課税が行われている場合について、今後その土地又は建物等を相続又は贈与により取得した場合の経過措置として定められたものです。

2　また、この経過的取扱いは、使用貸借通達の施行前に土地の無償借受けがあった場合であっても、従前の取扱いにより借地権相当額の課税が行われていないときには、適用されないことになります。

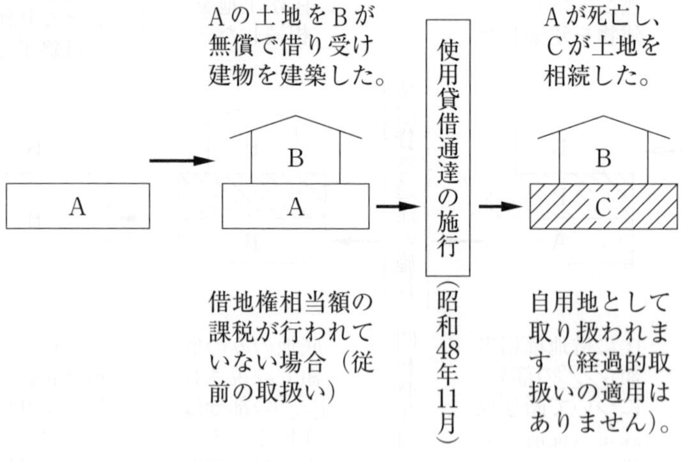
Aの土地をBが無償で借り受け建物を建築した。
Aが死亡し、Cが土地を相続した。
A
B
A
使用貸借通達の施行
（昭和48年11月）
B
C
借地権相当額の課税が行われていない場合（従前の取扱い）
自用地として取り扱われます（経過的取扱いの適用はありません）。

〔参考〕

別表　使用貸借に係る土地についての相続税及び贈与税の経過的取扱い（時期別一覧表）

土地の無償使用の開始があった場合

時　　期	既往における課税上の取扱い	今後相続・贈与があった場合の取扱い
昭和22.5.2以前	借地権相当額の贈与税の課税は行われていなかった。	(1)　建物の所有者の異動 ……………………建物のみの価額 (2)　土地の所有者の異動 …………………………自用地価額
昭和22.5.3 ｜ 昭和33.12.31	借地権相当額の贈与税の課税は行われていたものとして取り扱う。	(1)　建物の所有者の異動 ……………………建物のみの価額 (2)　土地の所有者の異動 イ　建物の所有者が異動していない場合……………底地価額 ロ　建物の所有者が異動している場合 (イ)　借地権相当額の課税が行われている場合 ………………………底地価額 (ロ)　借地権相当額の課税が行われていない場合 ……………………自用地価額
昭和34.1.1 ｜ 昭和39.12.31	イ　夫と妻、親と子、祖父母と孫等特殊関係のある者相互間における居住用の建物の所有を目的とした土地の無償借受けがあった場合には、借地権相当額の贈与税の課税は行われなかったものとして取り扱う。ただし、納税者の申出により贈与税を課税した事実が明らかなものについては、この限りでない。	(1)　建物の所有者の異動 ……………………建物のみの価額 (2)　土地の所有者の異動 …………………………自用地価額 (注)「既往における課税上の取扱い」欄のただし書に該当するものについては、次のロによるものであるから留意する。
	ロ　イ以外の土地の無償借受けがあった場合には借地権相当額の贈与税の課税は行われていたものとして取り扱う。 ハ　土地の使用貸借の開始時において贈与税を課税した事案に係る建物等を相続又は贈与により取得した場合における相続税又は贈与税の課税は行われていたものとして取り扱う。	(1)　建物の所有者の異動 ……………………建物のみの価額 (2)　土地の所有者の異動 イ　建物の所有者が異動していない場合……………底地価額 ロ　建物の所有者が異動している場合 (イ)　借地権相当額の課税が行われている場合 ………………………底地価額 (ロ)　借地権相当額の課税が行われていない場合 ……………………自用地価額

昭和40．1．1 ｜ 昭和42.12.31	イ　配偶者、直系血族及び推定相続人である直系血族の配偶者など特別近親関係者（以下「特別近親関係者」という。）で、かつ、自己の居住の用に供する家屋の所有を目的とした土地の無償借受け（借地権の一部について無償借受けがあった場合を含む。）があった場合には、借地権相当額の贈与税の課税は行われなかったものとして取り扱う。 　ただし、納税者の申出により、贈与税を課税した事実が明らかなものについては、この限りではない。	⑴　建物の所有者の異動 …………………建物のみの価額 ⑵　土地の所有者の異動 ………………………自用地価額
	ロ　イに掲げる特別近親関係者に該当する場合であっても、建物と当該建物に係る敷地を併せ所有する者から建物のみの贈与を受け、土地の使用貸借の開始があったものについては借地権相当額の贈与税の課税が行われていたものとして取り扱う。 ハ　イ及びロ以外の土地の無償借受けがあった場合には、借地権相当額の贈与税の課税を行ったかどうかにかかわらず、すべて贈与税の課税は行われていたものとして取り扱う。	⑴　建物の所有者の異動 …………………建物のみの価額 ⑵　土地の所有者の異動 イ　建物の所有者が異動していない場合……………底地価額 ロ　建物の所有者が異動している場合 (イ)　借地権相当額の課税が行われている場合 ……………………底地価額 (ロ)　借地権相当額の課税が行われていない場合 ………………自用地価額
昭和43．1．1 ｜ 昭和46.12.31	イ　すべて借地権相当額の贈与税の課税は行われていなかったものとして取り扱う。	⑴　建物の所有者の異動 …………………建物のみの価額 ⑵　土地の所有者の異動 ……………………自用地地価額
	ロ　イの例外として、土地の無償使用開始時に、借地権相当額の贈与税を課税した事案に係る建物等を相続又は贈与により取得した場合における相続税又は贈与税の課税は行われていたものとして取り扱う。	⑴　建物の所有者の異動 …………………建物のみの価額 ⑵　土地の所有者の異動 イ　建物の所有者が異動していない場合 ……………………底地価額 ロ　建物の所有者が異動している場合 (イ)　借地権相当額の課税が行われている場合 ……………………底地価額 (ロ)　借地権相当額の課税が行われていない場合 ………………自用地価額
昭和47．1．1 以降	現行（使用貸借通達）の取扱いと同じ扱い	現行の取扱いと同じ扱い

※　特別近親関係者の範囲は、次のとおりです。

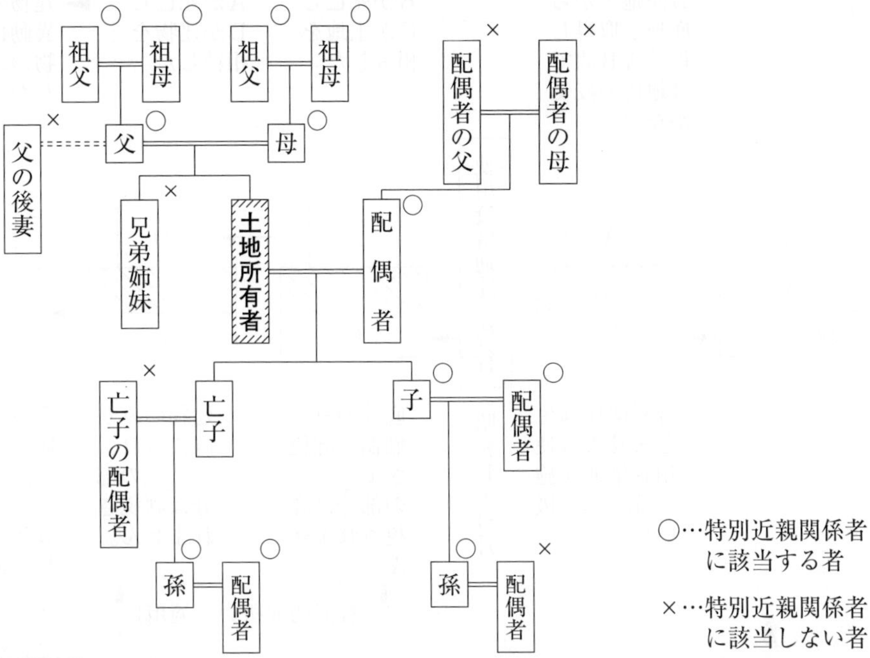

使用貸借通達７

経過的取扱い――借地権の目的となっている土地をこの通達の施行前に当該借地権者以外の者が取得している場合

⇨土地所有者の異動により、建物と土地の所有者が同一人となったことにより使用貸借関係が終了するか、又は建物所有者の異動により建物のみの価額として取り扱われることとなるまでの間の土地の所有者の異動については、貸付地（底地）として取り扱われます。

(1)

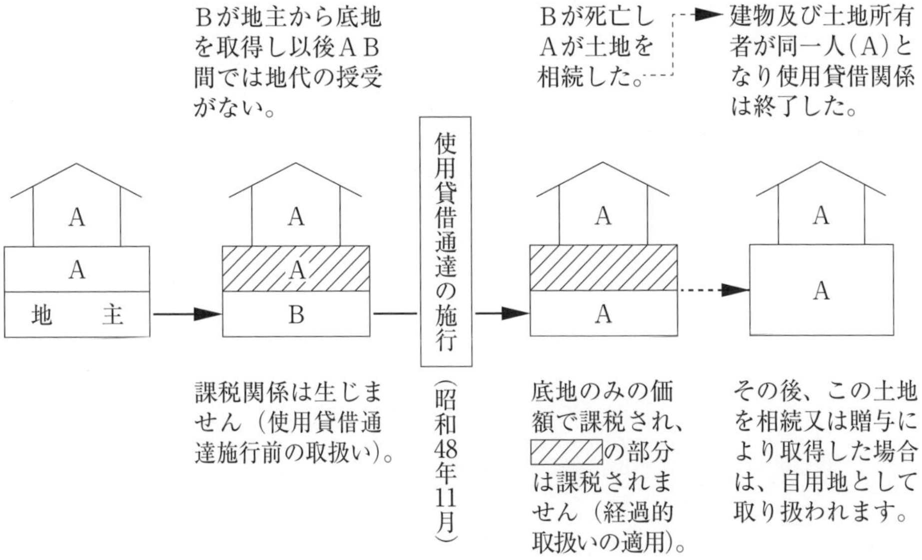
Bが地主から底地を取得し以後ＡＢ間では地代の授受がない。
Bが死亡しＡが土地を相続した。
建物及び土地所有者が同一人(A)となり使用貸借関係は終了した。
A
A
地　主
A
A
B
使用貸借通達の施行
（昭和48年11月）
A
A
A
A
A
課税関係は生じません（使用貸借通達施行前の取扱い）。
底地のみの価額で課税され、の部分は課税されません（経過的取扱いの適用）。
その後、この土地を相続又は贈与により取得した場合は、自用地として取り扱われます。

(2)

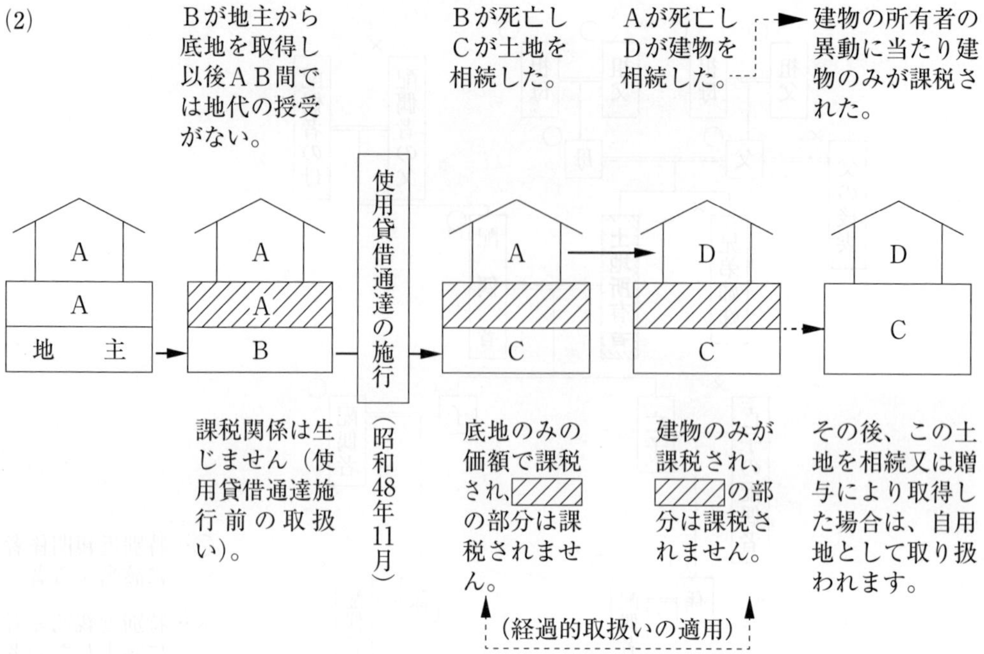
Bが地主から底地を取得し以後ＡＢ間では地代の授受がない。
Bが死亡しCが土地を相続した。
Aが死亡しDが建物を相続した。
建物の所有者の異動に当たり建物のみが課税された。
A
A
地　主
A
A
B
使用貸借通達の施行
（昭和48年11月）
A
C
D
C
D
C
課税関係は生じません（使用貸借通達施行前の取扱い）。
底地のみの価額で課税され、の部分は課税されません。
建物のみが課税され、の部分は課税されません。
その後、この土地を相続又は贈与により取得した場合は、自用地として取り扱われます。
（経過的取扱いの適用）

※1　既往において、借地権の目的となっている土地（底地）をその借地権者以外の者が取得し、その土地の取得者と借地権者との間に地代の授受が行われないこととなった場合には、借地権者としての地位に変更がないものとして、その土地の取得時に借地権相当額についての贈与税の課税が行われていなかったのですが、使用貸借通達5においては、その取扱いが改められ、原則として、借地権者の地位に変更があったものとしてその土地の取得時に借地権の贈与があったものとして取り扱われることとされました。

2　使用貸借通達7の取扱いは、既往において借地権の目的となっている土地（底地）をその借地権者以外の者が取得し、その取得者と借地権者との間に地代の授受が行われないこととなったものについて、今後、その土地又は建物等を相続又は贈与により取得した場合における経過措置として定められたものです。

借地権の使用貸借に関する確認書

①（借地権者）　　　　　　（借受者）

＿＿＿＿＿＿は、＿＿＿＿＿＿に対し、令和＿＿年＿＿月＿＿日にその借地

している下記の土地 ｛に建物を建築させることになりました。／の上に建築されている建物を贈与（譲渡）しました。｝ しかし、その土地の使用

（借地権者）

関係は使用貸借によるものであり、＿＿＿＿＿＿の借地権者としての従前の地位には、何ら変

更はありません。

記

土地の所在＿＿＿＿＿＿＿＿＿＿＿＿＿＿＿＿＿＿

地　　積＿＿＿＿＿＿＿＿＿＿㎡

②　上記①の事実に相違ありません。したがって、今後相続税等の課税に当たりましては、建物の所有者はこの土地について何らの権利を有さず、借地権者が借地権を有するものとして取り扱われることを確認します。

令和　　年　　月　　日

借 地 権 者（住所）＿＿＿＿＿＿＿＿＿＿（氏名）＿＿＿＿＿＿

建物の所有者（住所）＿＿＿＿＿＿＿＿＿＿（氏名）＿＿＿＿＿＿

③　上記①の事実に相違ありません。

令和　　年　　月　　日

土地の所有者（住所）＿＿＿＿＿＿＿＿＿＿（氏名）＿＿＿＿＿＿

※

上記①の事実を確認した。

令和　　年　　月　　日

（確認者）＿＿＿＿＿＿税務署　＿＿＿＿＿＿部門　担当者＿＿＿＿＿

（注）※印欄は記入しないでください。

借地権者の地位に変更がない旨の申出書

令和　　年　　月　　日

＿＿＿＿＿＿税務署長

（土地の所有者）

＿＿＿＿＿＿＿＿＿＿＿＿は、令和　　年　　月　　日に借地権の目的となっている

（借地権者）

下記の土地の所有権を取得し、以後その土地を＿＿＿＿＿＿＿＿＿＿に無償で貸し付けることになりましたが、借地権者は従前の土地の所有者との間の土地の賃貸借契約に基づく借地権者の地位を放棄しておらず、借地権者としての地位には何らの変更をきたすものでないことを申し出ます。

記

土地の所在＿＿＿＿＿＿＿＿＿＿＿＿＿＿＿＿＿＿＿＿

地　　積＿＿＿＿＿＿＿＿＿＿＿㎡

土地の所有者（住所）＿＿＿＿＿＿＿＿＿＿＿＿（氏名）＿＿＿＿＿＿＿＿＿＿

借 地 権 者（住所）＿＿＿＿＿＿＿＿＿＿＿＿（氏名）＿＿＿＿＿＿＿＿＿＿

⑹　信託に関する権利

信託に関する権利については、退職年金の支給を目的とする信託その他の信託で相続税法施行令第１条の６に規定するものを除き、適正な対価を負担せずに信託の受益者等となった場合や信託に関する利益を受けた場合、贈与によって財産の取得があったものとみなされます（相法９の２。課税関係の詳細は、第４章２⑻信託に関する権利（83ページ）に記載の内容の「相続税が課税される場合」において、委託者等の死亡を基因としないときに贈与によって取得したものとみなされますので、その内容をご参照ください。）。

なお、受益者等が存しない信託や受益者等が存する信託について受益者等が存しないこととなった場合については、第４章２⑻ロ受益者等が存しない信託における課税関係（86ページ）の委託者等や前受益者等の死亡を基因としないときに贈与があったものとみなされ、いずれも受託者に対して贈与税が課されることとなります（相法９の４）。

また、受益者等が存しない信託については、上記相続税法第９条の４第１項又は第２項により受託者に対して贈与税が課されるか否かにかかわらず、契約締結時等に存しない者（出生していない者等）が受益者等となる場合においてその者が契約締結時等における委託者の親族であるときは、受益者等となる者は、受益者等となる時に信託に関する権利を個人から贈与により取得したものとみなされ、贈与税が課税されます（相法９の５、相基通９の５－１）。

第5　贈与税の非課税財産

贈与により取得した財産でも、その財産の性質又は贈与の目的等からみて贈与税を課税することが適当でないものがあります。そこで、次に掲げる財産は、贈与税が課税されないことになっています（相法21の2④、21の3、21の4、相基通21の3－9）。

	非課税財産の種類	非課税の範囲
贈与税の非課税財産	法人からの贈与により取得した財産及び公益信託から給付を受けた財産(※)（相法21の3①一）	限度なし
	扶養義務者から生活費や教育費として贈与を受けた財産（相法21の3①二）	通常必要と認められるもの
	公益事業用財産（相法21の3①四に掲げるものを除く）（相法21の3①三）	公益事業に供される部分
	公益信託の受託者が贈与により取得した財産(※)（相法21の3①四）	信託財産として取得したもの
	心身障害者共済制度に基づく給付金の受給権（相法21の3①五）	給付金の受給権の額
	公職選挙の候補者が贈与により取得した財産（相法21の3①六）	公職選挙法の規定により報告されたもの
	特定障害者扶養信託契約に基づく信託受益権（相法21の4）	6,000万円又は3,000万円までの部分
	社交上必要と認められる香典・祝物・見舞金等（相基通21の3-9）	社会通念上相当と認められるもの
	相続開始の年に被相続人から贈与を受けた財産（相法21の2④）	限度なし

(※)「公益信託から給付を受けた財産」及び「公益信託の受託者が贈与により取得した財産」については、公益信託に関する法律（令和6年法律第30号）の施行の日から適用されます。

1　法人からの贈与により取得した財産及び公益信託から給付を受けた財産

贈与税は、相続税の補完税という性格から、その納税義務者である受贈者は、原則として個人に限るとともに贈与者も個人に限ることになります（相法1の4①）。

したがって、相続（自然人の死亡）という事実が起こり得ない法人については、相続税の補完という問題が生じないので、法人から贈与により取得した財産については、贈与税を非課税（相法21の3①一）とし、所得税（一時所得）を課することとしています（所基通34－1(5)）。

贈与者＼受贈者	個　人	法　人
個　人	贈 与 税	法 人 税 人格のない社団等の場合は、贈与税
法　人	所 得 税 （一時所得）	法 人 税

また、公益信託に関する法律第２条第１項第１号に規定する公益信託から給付を受けた財産については、法人からの贈与により取得した財産と同様に、その公益信託の信託目的にかかわらず、贈与税の課税価格に算入しません（相法21の３①一）。

２　扶養義務者から生活費や教育費として贈与を受けた財産

扶養義務者相互間における生活費又は教育費の贈与で、通常必要と認められるものについては贈与税が課税されません（相法21の３①二）。これは、日常生活に通常必要な費用を、扶養義務に基づいて贈与されたものについてまで課税するのは適当でないからです。

㈱１　「扶養義務者」とは、次の者をいいます（民法877、相法１の２一、相基通１の２－１）。

①　配偶者

②　直系血族及び兄弟姉妹

③　家庭裁判所の審判を受けて扶養義務者となった三親等内の親族

④　三親等内の親族で生計を一にする者

なお、扶養義務者に該当するかどうかは、贈与の時の状況により判断します。

２　贈与税の課税対象とならない「生活費」とは、その者の通常の日常生活を営むのに必要な費用（教育費を除きます。）をいいます。また、治療費や養育費その他これらに準ずるもの（保険金又は損害賠償金により補填される部分の金額を除きます。）を含みます（相基通21の３－３）。

３　贈与税の課税対象とならない「教育費」とは、子や孫（被扶養者）の教育上通常必要と認められる学資、教材費、文具費、通学のための交通費、学級費、修学旅行参加費等をいい、義務教育に係る費用に限りません（相基通21の３－４）。

なお、個人から受ける入学祝等の金品は、社交上の必要によるもので贈与をした者と贈与を受けた者との関係等に照らして社会通念上相当と認められるものについては、贈与税の課税対象となりません（相基通21の３－９）。

４　贈与税の課税対象とならない生活費又は教育費に充てるために贈与を受けた財産のうち「通常必要と認められるもの」とは、贈与を受けた者（被扶養者）の需要と贈与をした者（扶養者）の資力その他一切の事情を勘案して社会通念上適当と認められる範囲の財産をいいます（相基通21の３－６）。

５　贈与税の課税対象とならない生活費又は教育費は、生活費又は教育費として必要な都度直接これらの用に充てるために贈与を受けた財産であり、したがって、数年間分の生活費又は教育費を一括して贈与を受けた場合において、その財産が生活費又は教育費に充てられずに預貯金となっているとき、株式や家屋の購入費用に充てられたとき等のように、その生活費又は教育費に充てられなかった部分については、贈与税の課税対象となります（相基通21の３－５）。

6　婚姻に当たって、子が親から婚姻後の生活を営むために、家具、寝具、家電製品等の通常の日常生活を営むのに必要な家具什器等の贈与を受けた場合、又はそれらの購入費用に充てるために金銭の贈与を受け、その全額を家具什器等の購入費用に充てた場合等には、贈与税の課税対象となりません。

なお、贈与を受けた金銭が預貯金となっている場合、株式や家屋の購入費用に充てられた場合等のように、その生活費（家具什器等の購入費用）に充てられなかった部分については、贈与税の課税対象となります（相基通21の３－５）。

7　結婚式・披露宴の費用を誰（子（新郎・新婦）、その親（両家））が負担するかは、その結婚式・披露宴の内容、招待客との関係・人数や地域の慣習などによって様々であると考えられますが、それらの事情に応じて、本来費用を負担すべき者それぞれが、その費用を分担している場合には、そもそも贈与には当たらないことから、贈与税の課税対象となりません。

8　贈与税の課税対象とならない「生活費」は、上記２のとおりであるため、扶養義務者相互間において、出産に要する費用で、検査・検診代、分娩・入院費に充てるために贈与を受けた場合には、これらについては治療費に準ずるものであることから（保険等により補填される部分を除きます。）、贈与税の課税対象となりません。

また、新生児のための寝具、産着等ベビー用品の購入費に充てるための金銭の贈与を受けた場合についても、生まれてくる子供が通常の日常生活を営むのに必要なものの購入費に充てられている部分については、贈与税の課税対象となりません。

なお、個人から受ける出産祝の金品は、社交上の必要によるもので贈与をした者と贈与を受けた者との関係等に照らして社会通念上相当と認められるものについては、贈与税の課税対象となりません（相基通21の３－３、21の３－９）。

9　子が自らの資力によって居住する賃貸住宅の家賃等を負担し得ないなどの事情を勘案し、社会通念上適当と認められる範囲の家賃等を親が負担している場合には、贈与税の課税対象となりません（相基通21の３－３、21の３－６）。

10　「教育費」については、別途、「直系尊属から教育資金の一括贈与を受けた場合の贈与税の非課税措置（措法70の２の２）」（468ページ参照）が設けられています。

また、結婚、出産、育児に要する費用についても、別途、「直系尊属から結婚・子育て資金の一括贈与を受けた場合の贈与税の非課税措置（措法70の２の３）」（493ページ参照）が設けられています。

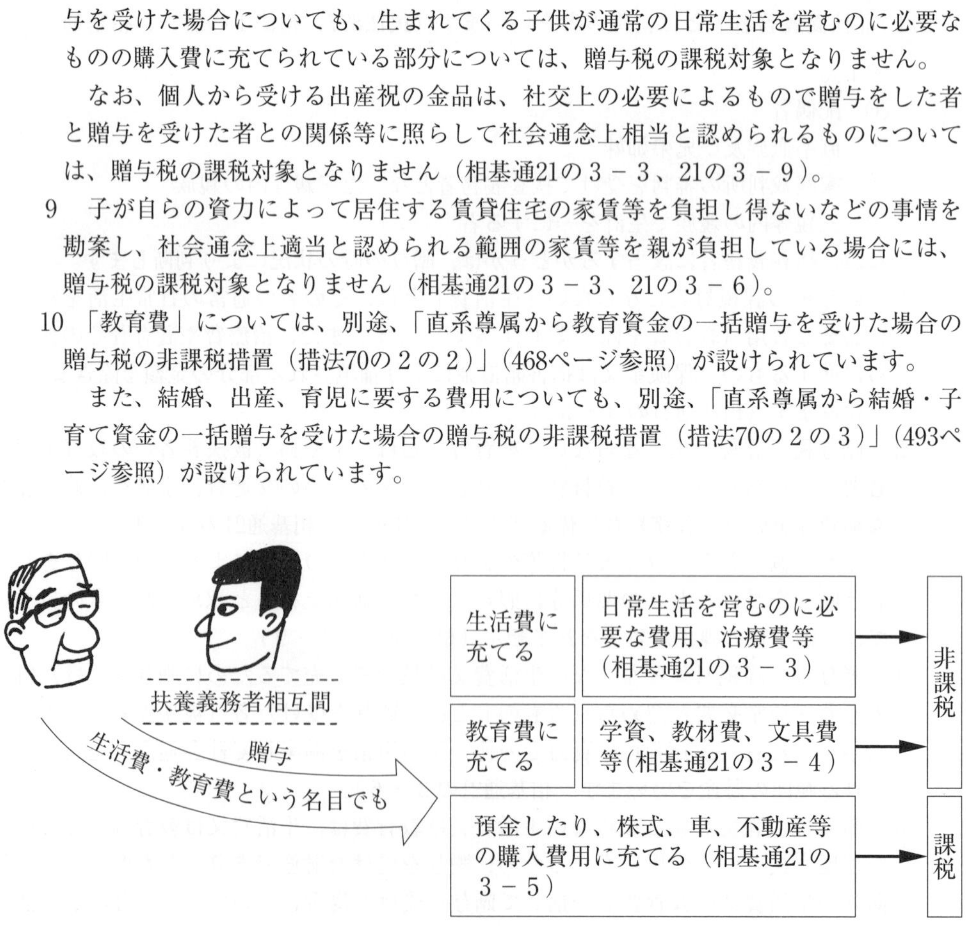

３　公益事業用財産

宗教、慈善、学術その他公益を目的とする事業を行う者で一定の要件に該当するものが贈与により取得した財産で、その公益を目的とする事業の用に供されることが確実なものは、贈与税が課税されないことになります（相法21の３①三、相令４の５、２）。これは、民間の公益事業の保護育成を図るために非課税とされているものです。

なお、贈与により取得した財産をその取得した日から２年を経過した日において、なおその事業の用に供していないとき又はその用に供しなくなったときは、その財産について贈与税が課税されることになります（相法21の３②、12②、相基通12－６）。

非課税の要件		
公益の増進に寄与するところが著しいと認められる事業（「昭和39・6・9付直審（資）24」2）	事業の種類	①　公益社団法人及び公益財団法人の認定等に関する法律第２条第４号に規定する公益目的事業 ②　社会福祉法第２条第２項各号及び第３項各号に掲げる事業 ③　更生保護事業法第２条第１項に掲げる更生保護事業 ④　学校教育法第１条に規定する学校を設置運営する事業 ⑤　育英事業 ⑥　科学技術に関する知識の普及又は学術の研究に関する事業 ⑦　図書館若しくは博物館又はこれらに類する施設を設置運営する事業 ⑧　宗教の普及その他教化育成に寄与することとなる事業 ⑨　保健衛生に関する知識の普及その他公衆衛生に寄与することとなる事業 ⑩　政治資金規正法第３条に規定する目的のために政党、政治団体の行う事業 ⑪　公園その他公衆の利用に供される施設を設置運営する事業 ⑫　①から⑪までに掲げる事業を直接助成する事業
	事業の規模	事業の内容に応じ、その事業を営む地域又は分野において社会的存在として認識される程度の規模を有しており、かつ、その事業を行うために必要な施設その他の財産を有していること
	事業の運営	①　事業の遂行により与えられる公益が、それを必要とする者の現在又は将来における勤務先、職業等により制限されることなく、公益を必要とする全ての者（やむを得ない場合においてはこれらの者から公平に選出された者）に与えられるなど公益の分配が適正に行われること ②　公益の対価は、原則として無料（事業の維持運営についてやむを得ない事情があって対価を徴収する場合においても、その対価は事業の与える公益に比し社会一般の通念に照らし著しく低廉）であること

受贈者の要件（相令4の5、2）	財産の取得者が個人の場合（相令4の5、2一）	高度の公益事業のみを専念して行う者であること（「昭39.6.9付直審（資）24」3）
		贈与者、その事業を行う者又はこれらの者の親族その他これらの者と特別の関係がある者に対してその事業に係る施設の利用、余裕金の運用などに関して特別の利益を与えないこと（「昭39．6．9付直審（資）24」4）
	財産の取得者が人格のない社団等の場合（相令4の5、2二、三）	高度の公益事業のみをその目的事業として行う人格のない社団等であること（「昭39.6.9付直審（資）24」3）
		①　その人格のない社団等の役員その他の機関の構成、その選任方法その他その事業の運営が特定の者又はその親族その他その特定の者と特別関係がある者の意思に従ってなされていると認められる事実がないこと（「昭39.6.9付直審（資）24」5、6） ②　その人格のない社団等の機関の地位にある者、贈与者又はこれらの者の親族その他これらの者と特別関係がある者に対してその事業に係る施設の利用、余裕金の運用、解散した場合における財産の帰属などに関し特別の利益を与えないこと（「昭39.6.9付直審（資）24」7）

4　公益信託の受託者が贈与により取得した財産

公益信託の受託者が贈与により財産を取得した場合には、その財産の価額は、贈与税の課税価格に算入しません。

なお、その財産とは、信託財産として取得した場合に限ります（相法21の3①四)。

5　心身障害者共済制度に基づく給付金の受給権

条例の規定により地方公共団体が精神又は身体に障害のある者（この第5において、以下「心身障害者」といいます。）に関して実施する所得税法施行令第20条第2項に規定する共済制度（地方公共団体の条例において心身障害者を扶養する者を加入者とし、その加入者が地方公共団体に掛金を納付し、地方公共団体が心身障害者の扶養のための給付金を定期に支給することを定めている制度（脱退一時金の支給に係る部分を除きます。）で、一定の要件を備えているもの）に基づいて支給される給付金（心身障害者又は一定の扶養者を受取人とするもの）を受ける権利を取得した場合には、その権利の取得者（心身障害者又は一定の扶養者）については、贈与税又は所得税は課税されません（相法21の3①五、相令2の2、所法9①三ハ、所令20②)。

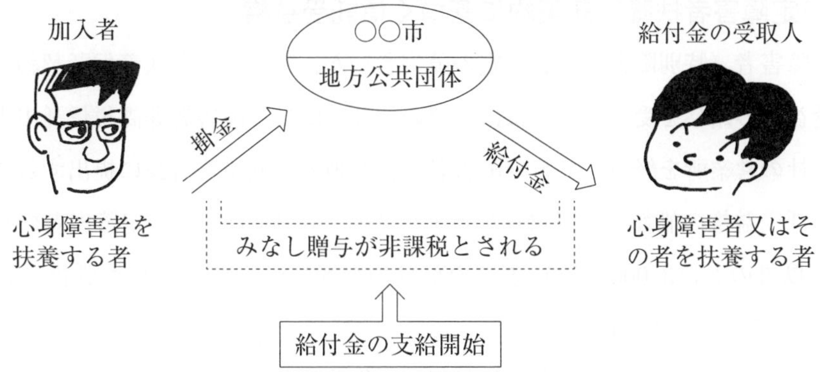

6　公職選挙の候補者が贈与により取得した財産

選挙における公職（衆議院議員、参議院議員並びに地方公共団体の議会の議員及び長の職）の候補者が選挙運動に関し、個人から贈与により取得した金銭、物品その他の財産上の利益で、公職選挙法の規定により報告されているものについては贈与税が課税されません（相法21の３①六、相基通21の３－８⑴イ、公職選挙法189）。

なお、政治資金規正法の適用を受ける政党（法人格を付与されたものを除きます。）、政治資金団体その他の政治団体が政治資金として個人から贈与により取得した金銭、物品その他の財産上の利益については、その政党、政治資金団体その他の政治団体が公益を目的とする事業を行う者に該当し、かつ、その取得した財産を政治資金に供することが確実であるときは贈与税が課税されません（相基通21の３－８⑵イ）。

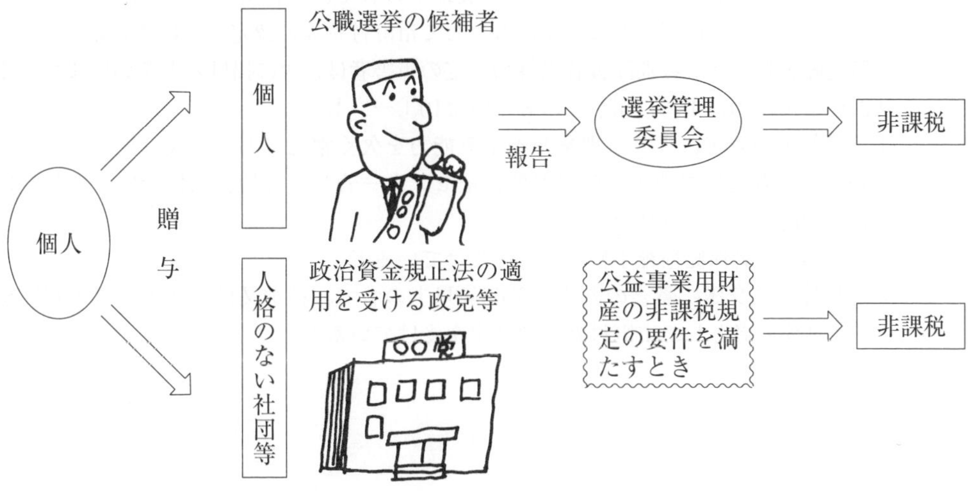

7　特定障害者扶養信託契約に基づく信託受益権

特定障害者（特別障害者及び一定の障害者）が、特定障害者扶養信託契約に基づく信託受益権の贈与を受けた場合には、その信託の際に「障害者非課税信託申告書」を信託会社の営業所を経由して特定障害者の納税地の所轄税務署長に提出することにより、信託受益権の価額（信託財産の価額）のうち6,000万円（特定障害者のうち特別障害者以外の者は3,000万円）までの部分の金額について贈与税が課税されません（相法21の４、相令４の10)。

なお、制限納税義務者及び非居住無制限納税義務者については、この非課税制度の適用はありません。

(注)１　「特別障害者」とは、次に掲げる者をいいます（相法21の４①、19の４②、相令４の４、所令10①②、相基通19の４－２)。

⑴　精神上の障害により事理を弁識する能力を欠く常況にある者又は児童相談所、知的障害者更生相談所、精神保健福祉センター若しくは精神保健指定医の判定により重度の知的障害者とされた者

⑵　精神障害者保健福祉手帳に障害等級が１級である者として記載されている者

⑶　身体障害者手帳に身体上の障害の程度が１級又は２級である者として記載されている者

⑷　戦傷病者手帳に精神上又は身体上の障害の程度が恩給法別表第１号表の２の特別項症から第３項症までである者として記載されている者

⑸　原子爆弾被爆者に対する援護に関する法律第11条《認定》第１項の規定による厚生労働大臣の認定を受けている者

⑹　常に就床を要し、複雑な介護を要する者のうち、精神又は身体の障害の程度が上記⑴又は⑶に掲げる者に準ずる者として市町村長等の認定を受けている者

⑺　精神又は身体に障害のある年齢65歳以上の者で、精神又は身体の障害の程度が上記⑴又は⑶に掲げる者に準ずる者として市町村長等の認定を受けている者

２　特定障害者のうち特別障害者以外の一定の障害者は、次に掲げる者をいいます（相法21の４①、19の４②、相令４の８、所令10①一二七)。

⑴　精神上の障害により事理を弁識する能力を欠く常況にある者又は児童相談所、知的障害者更生相談所、精神保健福祉センター若しくは精神保健指定医の判定により知的障害者とされた者

⑵　精神障害者保健福祉手帳の交付を受けている者

⑶　精神又は身体に障害のある年齢65歳以上の者で、精神又は身体の障害の程度が⑴に準ずる者として市町村長等の認定を受けている者

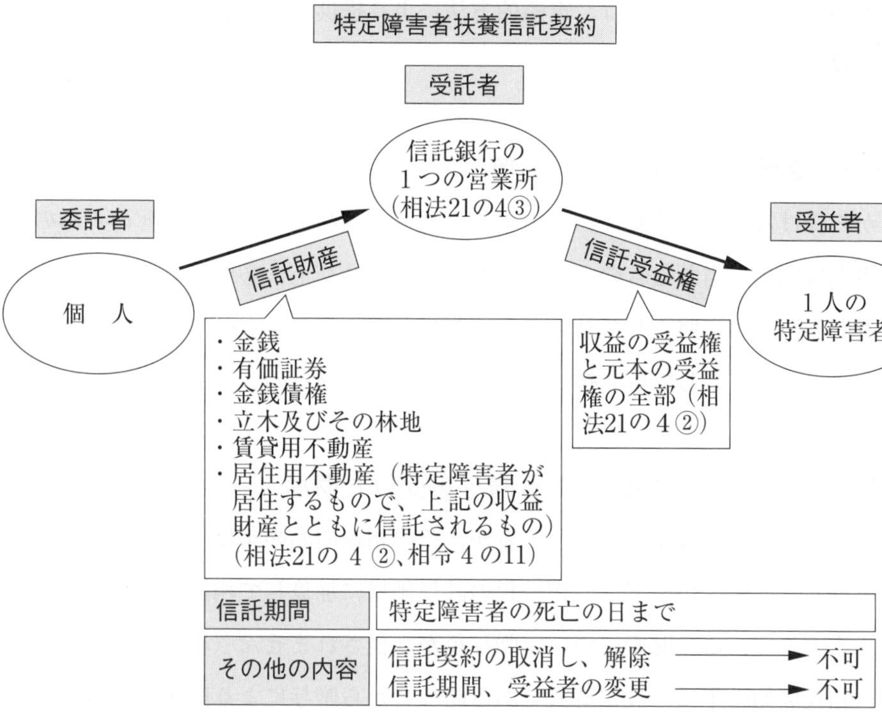

⑴　特定障害者扶養信託契約の要件

	区　分	根拠条文
①	受益者である特定障害者の死亡の日に終了することとされていること	相法21の４② 相令４の12一
②	取消し又は解除をすることができず、かつ、信託の期間及び受益者は変更することができない旨の定めがあること	相令４の12二
③	特定障害者に対する信託財産からの金銭（収益の分配を含みます。）の支払は、特定障害者の生活又は療養の需要に応じるため、定期に、かつ、その実際の必要に応じて適切に行われることとされていること	相令４の12三
④	信託された財産の運用は、安定した収益の確保を目的として適正に行うこととされていること	相令４の12四
⑤	特定障害者扶養信託に係る信託受益権については、譲渡に係る契約を締結し、又はこれを担保に供することができない旨の定めがあること	相令４の12五

⑵　非課税手続（障害者非課税信託申告書の提出）

贈与税の非課税の適用を受けようとする特定障害者は、所定の書類を添付の上、障害者非課税信託申告書を受託者の営業所等を経由し、財産の信託がされる日までに、納税地の所轄税務署長に提出しなければなりません（相法21の４①、相令４の10、相規２）。

受託者の営業所等への提出は、電磁的方法により提供することもできます（相令4の17、相規5の2）。

8　社交上必要と認められる香典等

個人から受ける香典、花輪代、年末年始の贈答、祝物又は見舞いなどのための金品で、法律上は贈与に当たるものであっても、それが社交上の必要によるもので贈与者と受贈者との関係等に照らして社会通念上相当と認められるものについては、贈与税が課税されないこととして取り扱われています（相基通21の3－9）。

9　相続開始の年に被相続人から贈与を受けた財産

相続又は遺贈により財産を取得した者が、その相続開始の年に、被相続人から贈与により取得した財産については、相続税の課税価格に加算して相続税が課税されることになりますので、この財産について贈与税が課税されません（相法21の2④、19）。

なお、相続開始の年に、被相続人である贈与者から贈与により財産を取得した場合であっても、被相続人から相続又は遺贈により財産を取得しないときには、通常の例により贈与税が課税されます（相法21の2①）。

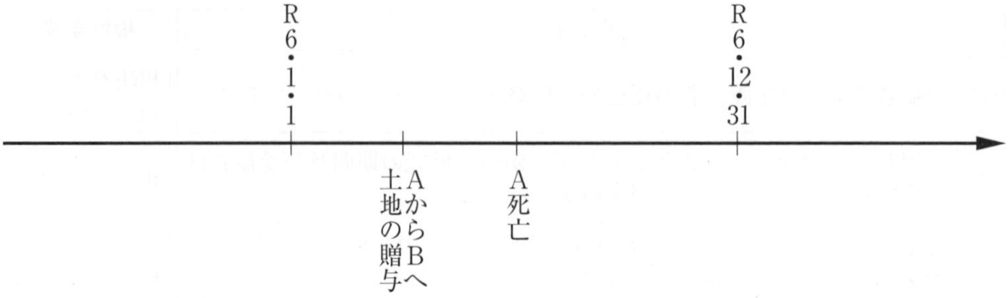

区　分		土地についての贈与税
BがAから相続又は遺贈により財産を取得した場合	⇨	贈与税の課税価格には算入せず相続税の課税価格に算入（相法21の2④、19）
BがAから相続又は遺贈により財産を取得しなかった場合	⇨	贈与税課税（相法21の2①）

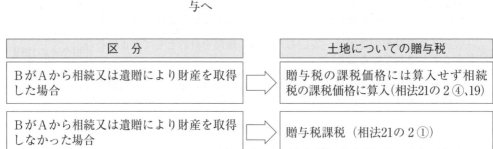

相続開始前7年以内（令和5年12月31日以前に贈与により取得した財産の場合は3年以内）に被相続人からその配偶者（贈与時点で被相続人との婚姻期間が20年以上である者に限ります。）が贈与により取得した居住用不動産又は金銭で、特定贈与財産に該当するものについては、その価額を相続税の課税価格に加算しないこととされています（相法19）。

特定贈与財産とは次のいずれかに該当するものをいいます（相法19②）。

⑴　相続開始の年の前年以前に贈与により取得した財産で、贈与税の配偶者控除の適用を受けたもののうちその控除額に相当する部分

⑵　配偶者が被相続人からの贈与について贈与税の配偶者控除の適用を受けたことがない者である場合において、相続開始の年に贈与により取得した財産のうち、その財産について贈与税の配偶者控除の適用があるものとした場合にその控除額として控除されることとなる金額に相当する部分

㈡　上記⑵は、相続税の申告書（期限後申告書及び修正申告書を含みます。）又は更正の請求書に贈与を受けた居住用不動産又は金銭の価額を贈与税の課税価格に算入する旨、これらの財産のうち贈与税の課税価格に算入する部分の価額等を記載し、一定の書類を添付して、これを提出した場合に適用があります（相令４②、相規１の５）。

なお、上記⑵の財産は相続税法第21条の２第４項の規定を適用することができないので、贈与税の申告を要することになります。この場合、贈与税の配偶者控除の適用要件を満たしていれば、この適用が受けられます（適用要件を満たしていないときは贈与税が課税されます。贈与税の配偶者控除の適用要件などは516ページを参照してください。）。

第6　直系尊属から教育資金の一括贈与を受けた場合の贈与税の非課税措置

1　制度の概要

(1)　教育資金の一括贈与時の課税

平成25年4月1日から令和8年3月31日までの間に、直系尊属から金銭等の贈与を受けた受贈者（教育資金管理契約を締結する日において30歳未満の者に限ります。）が、教育資金に充てるため、次のいずれかに該当する場合には、信託受益権、金銭又は金銭等の価額のうち1,500万円までの金額（既にこの特例の適用を受けて贈与税の課税価格に算入しなかった金額がある場合には、算入しなかった金額を控除した残額）に相当する部分の価額については、贈与税の課税価格に算入されません（措法70の2の2①、措通70の2の2－7。以下、この第6において、この特例を「教育資金の非課税特例」といいます。）。

ただし、平成31年4月1日以後に贈与するものについては、贈与をする日の前年分の受贈者の所得税の合計所得金額が1,000万円を超える場合には、この特例の適用を受けることができません（以下2(2)の追加贈与においても同様です）（措通70の2の2－3の2）。

①	その直系尊属と信託会社との間の教育資金管理契約に基づき信託受益権を取得した場合
②	その直系尊属からの書面による贈与により取得した金銭を教育資金管理契約に基づき銀行等の営業所等において預金若しくは貯金として預入をした場合
③	教育資金管理契約に基づきその直系尊属からの書面による贈与により取得した金銭等で金融商品取引業者の営業所等において有価証券を購入した場合

(注)1　受贈者について、居住者や日本国籍を有する者といった限定はありません（措通70の2の2－2）。

なお、受贈者が相続税法の施行地内に住所を有しない場合には、国税通則法第117条《納税管理人》の規定に基づき、「納税管理人届出書」を納税地の所轄税務署長に提出する必要があります。

2　直系尊属には、受贈者の養親及び養親の直系尊属は含まれますが、次に掲げるものは含まれません（措通70の2の2－3、70の2－1）。

A　受贈者の配偶者の直系尊属（民法第727条《縁組による親族関係の発生》に規定する親族関係がある場合を除きます。Bにおいて同じです。）

B　受贈者の父母が養子の縁組による養子となっている場合において、その受贈者がその養子の縁組前に出生した子である場合の父母の養親及びその養親の直系尊属

Ｃ　受贈者が民法第817条の２《特別養子縁組の成立》第１項に規定する特別養子縁組による養子である場合のその実方の父母及び実方の直系尊属

３　教育資金の非課税特例の適用を受けるためには、一定の申告手続が必要となります（措法70の２の２③）。

４「金銭等」とは、金銭又は公社債投資信託の受益証券のうち一定のもの（いわゆるMRF又はMMF）をいいます（措令40の４の３②、措規23の５の３①）。

５　上記⑴②又は③の場合には、受贈者は、書面による贈与（贈与者の死亡により効力を生ずる贈与を除きます。）により金銭等を取得した後２か月以内に、教育資金管理契約に基づき、金銭を預金等として預入をし、又は金銭等で有価証券を購入しなければならないこととされています（措令40の４の３④）。

６　上記⑴③の場合に、贈与者の証券口座から受贈者の証券口座へ公社債投資信託の受益証券のうち一定のもの（いわゆるMRF又はMMF）を振り替えたときは、有価証券の購入があったものとみなされます（措令40の４の３⑤）。

⑵　教育資金管理契約

教育資金管理契約とは、受贈者の教育に必要な教育資金を管理することを目的とする契約であって、契約の形態に応じ次の事項が定められているものをいいます。

イ	受贈者の直系尊属と受託者の間で締結する信託に関する契約（措法70の２の２②二イ、措令40の４の３⑨）	㈠　信託の主たる目的は、教育資金の管理とされていること ㈡　受託者がその信託財産として受け入れる資産は、金銭等に限られるものであること ㈢　受贈者を信託の利益の全部についての受益者とするものであること ㈣　信託財産から教育資金の支払に充てた金銭に相当する額の払出しを受ける場合又は教育資金の支払に充てるための金銭の交付を受ける場合には、受贈者は受託者に領収書等の提出又は提供をすること ㈤　信託は、取消しができず、かつ、教育資金管理契約の終了事由の区分に応じそれぞれに定める日のいずれか早い日に終了すること ㈥　信託の受益者は変更することができないこと ㈦　信託受益権については、その譲渡に係る契約を締結し、又はこれを担保に供することができないこと
ロ	受贈者と銀行等との間で締結する一定の預金又は貯金に係る契約※（措法70の２の２②二ロ、措令40の４の３⑩）	㈠　教育資金の支払に充てるために預金又は貯金を払い出した場合には、受贈者は銀行等に領収書等の提出又は提供をすること ㈡　預金又は貯金に係る契約は、受贈者が解約の申入れをすることができず、かつ、教育資金管理契約の終了事由の区分に応じそれぞれに定める日のいずれか早い日に終了すること ㈢　預金又は貯金については、その譲渡に係る契約を締結し、又はこれを担保に供することができないこと ※「一定の預金又は貯金に係る契約」とは、普通預（貯）金若しくは貯蓄預（貯）金に係る契約又は定期預（貯）金若しくは通知預（貯）金に係る契約をいいます（措規23の５の３④）。

ハ	受贈者と金融商品取引業者との間で締結する有価証券の保管の委託に係る契約（措法70の2の2②二ハ、措令40の4の3⑪）	(イ)　教育資金の支払に充てるために有価証券の譲渡、償還その他の事由により金銭の交付を受けた場合には、受贈者は、金融商品取引業者に領収書等の提出又は提供をすること (ロ)　有価証券の保管の委託に関する契約は、受贈者が解約の申入れをすることができず、かつ、教育資金管理契約の終了事由の区分に応じそれぞれに定める日のいずれか早い日に終了すること (ハ)　受贈者が有する有価証券の保管の委託に関する契約に係る権利については、譲渡に係る契約を締結することができないこと (ニ)　保管される有価証券は、これを担保に供することができないこと

〔参考〕　贈与を受けてから教育資金管理契約を締結するまで

①　信託銀行の場合

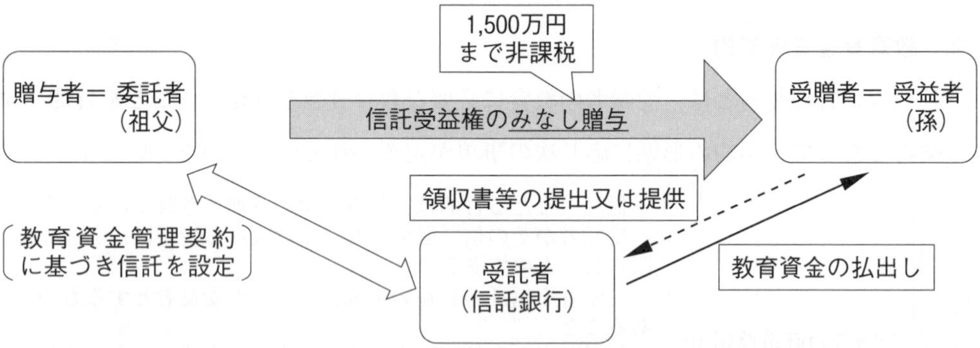

②　銀行の場合

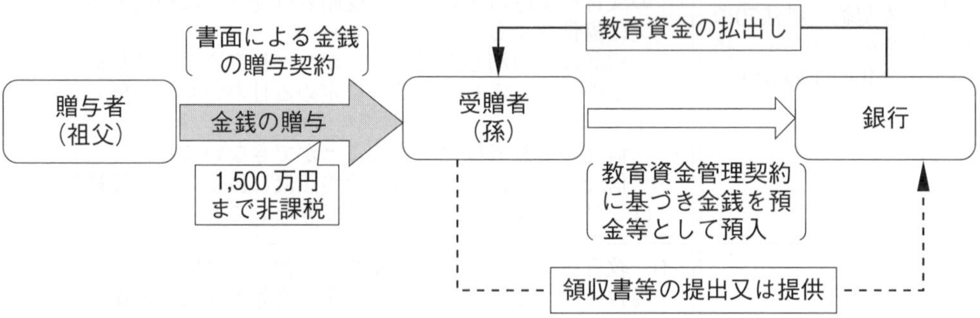

③　金融商品取引業者（証券会社）の場合

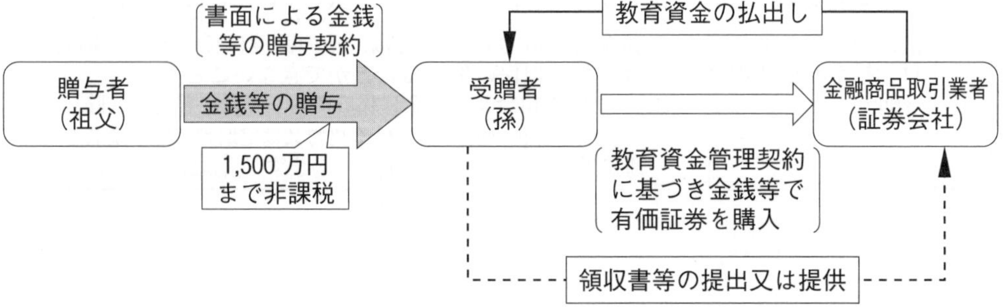

(3)　金融機関の範囲

教育資金の非課税特例を取り扱うことができるのは、次の金融機関の営業所等（相続税法の施行地にあるものに限ります。）です。

イ	信託会社	信託業法第３条又は第53条第１項の免許を受けた信託会社、金融機関の信託業務の兼営等に関する法律により同法第１条第１項に規定する信託業務を営む金融機関（信託銀行）（措法70の２の２①）
ロ	銀行等	銀行、信用金庫、信用金庫連合会、労働金庫、労働金庫連合会、信用協同組合、信用協同組合連合会（中小企業等協同組合法第９条の９第１項第１号の事業を行う協同組合連合会）、農林中央金庫及び株式会社商工組合中央金庫並びに貯金の受入れをする農業協同組合、農業協同組合連合会、漁業協同組合、漁業協同組合連合会、水産加工業協同組合及び水産加工業協同組合連合会（措令40の４の３①）
ハ	金融商品取引業者	金融商品取引法第２条第９項に規定する金融商品取引業者（同法第28条第１項に規定する第一種金融商品取引業を行う者に限ります。）（措法70の２の２①）

＜教育資金の一括贈与に係る非課税措置（イメージ）＞

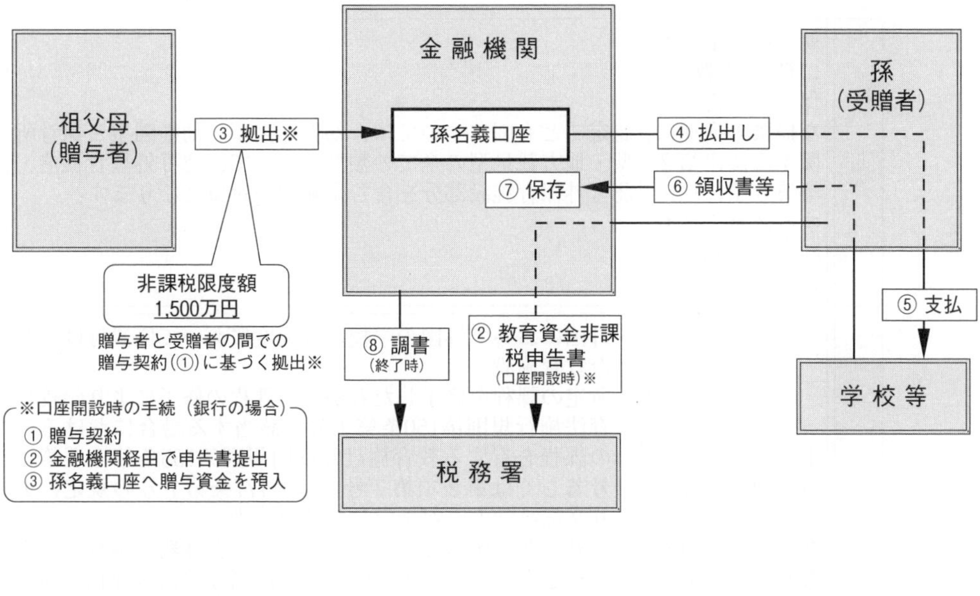

(4)　教育資金の範囲

教育資金とは、次に掲げる金銭をいうこととされています（措法70の２の２②一、措令40の４の３⑥～⑧、措規23の５の３②③、平成25年３月文部科学省告示第68号）。

イ　学校等に直接支払われる入学金、授業料その他の金銭で一定のもの

ロ　学校等以外の者に、教育に関する役務の提供の対価として直接支払われる金銭その他の教育を受けるために直接支払われる金銭で一定のもの

(注)1 「学校等」の範囲は、次のとおり定められています。

i	学校教育法に規定する次の学校(措法70の2の2②一イ)	学校教育法第1条に規定する学校（幼稚園、小学校、中学校、義務教育学校、高等学校、中等教育学校、特別支援学校、大学（大学院）及び高等専門学校)、同法第124条に規定する専修学校、同法134条第1項に規定する各種学校
ii	児童福祉法に規定する次の施設(措令40の4の3⑥一、措規23の5の3②)	・児童福祉法第39条第1項に規定する保育所 ・児童福祉法第6条の2の2第1項に規定する障害児通所支援事業（同条第2項に規定する児童発達支援を行う事業に限ります。）が行われる施設 ・児童福祉法第6条の3第9項に規定する家庭的保育事業、同条第10項に規定する小規模保育事業、同条第11項に規定する居宅訪問型保育事業又は同条第12項に規定する事業所内保育事業に係る施設 ・児童福祉法第59条の2第1項に規定する施設で、子ども・子育て支援法第61条第1項に規定する市町村子ども・子育て支援事業計画において教育・保育を目的とする施設として定められているもの ・児童福祉法第59条の2第1項に規定する施設で、内閣総理大臣及び文部科学大臣が財務大臣と協議して定める事項に該当するもの（認可外保育施設のうち、都道府県知事、指定都市市長、中核市市長又は児童相談所設置市市長から認可外保育施設指導監督基準を満たす旨の証明書の交付を受けている施設がこれに該当します。）
iii	就学前の子どもに関する教育、保育等の総合的な提供の推進に関する法律第2条第6項に規定する認定こども園（措令40の4の3⑥二)	認定こども園については、幼保連携型・幼稚園型・保育所型・地方裁量型の全ての類型について、認可外教育機能・認可外保育施設部分を含む全範囲が対象となります。
iv	上記iに相当する外国の教育施設又はこれらに準ずる外国の教育施設で文部科学大臣が財務大臣と協議して定めた次の施設(措令40の4の3⑥三、措規23の5の3③、平成25年3月文部科学省告示第68号)	・外国において外国の学校教育制度において位置付けられた教育施設 ・所定の課程を修了した者がその課程の修了により学校教育法施行規則第150条第1号に該当する場合におけるその課程を有する教育施設及び同規則第155条第1項第4号若しくは第2項第7号又は第177条第7号の規定により文部科学大臣が指定した教育施設 ・海外に在留する邦人の子女のための在外教育施設で、文部科学大臣が小学校、中学校又は高等学校の課程と同等の課程を有するものとして認定したもの ・外国人を対象に教育を行うことを目的として我が国において設置された教育施設で、その教育活動等について、アメリカ合衆国カリフォルニア州に主たる事務所が所在する団体であるウェスタン・アソシエーション・オブ・スクールズ・アンド・カレッジズ、同国コロラド州に主たる事務所が所在する団体であるアソシエーション・オブ・クリスチャン・スクールズ・インターナショナル、同国マサチューセッツ州に主たる事務所が所在する団体であるニューイングランド・アソシエーション・オブ・スクールズ・アンド・カレッジ又はオランダ王国南ホラント州に主たる事務

		所が所在する団体であるカウンセル・オブ・インターナショナル・スクールズの認定を受けたもの ・国際連合大学
v	他の法律で定められている教育施設で次のもの（措令40の4の3⑥四）	国立研究開発法人水産研究・教育機構の施設、独立行政法人海技教育機構の施設、独立行政法人航空大学校及び国立研究開発法人国立国際医療研究センターの施設
vi	職業能力開発に関する次の施設（措令40の4の3⑥五）	職業能力開発総合大学校、職業能力開発大学校、職業能力開発短期大学校、職業能力開発校、職業能力開発促進センター及び障害者職業能力開発校（職業能力開発総合大学校及び障害者職業能力開発校以外は、国若しくは地方公共団体又は職業訓練法人が設置するものに限ります。）

2　上記イの学校等に支払われる「一定のもの」とは、次に掲げる金銭をいいます（措令40の4の3⑦、平成25年3月文部科学省告示第68号）。

①	入学金、授業料、入園料及び保育料並びに施設設備費
②	入学又は入園のための試験に係る検定料
③	在学証明、成績証明その他学生等の記録の証明に係る手数料及びこれに類する手数料
④	学用品の購入費、修学旅行費又は学校給食費その他学校等における教育に伴って必要な費用に充てるための金銭

3　上記ロの学校等以外の者に支払われる「一定のもの」とは、次に掲げる金銭で、教育を受けるために支払われるものとして社会通念上相当と認められるものをいいます（措令40の4の3⑧、平成25年3月文部科学省告示第68号）。

①	教育に関する役務の提供の対価
②	施設の使用料
③	スポーツ又は文化芸術に関する活動その他教養の向上のための活動に係る指導への対価として支払われる金銭
④	上記①の役務の提供又は上記③の指導において使用する物品の購入に要する金銭で、その役務の提供又は指導を行う者に直接支払われるもの
⑤	学用品の購入費、修学旅行費又は学校給食費その他学校等における教育に伴って必要な費用に充てるための金銭で、学生等の全部又は大部分が支払うべきものと学校等が認めたもの
⑥	通学定期券代
⑦	外国の教育施設に就学するための渡航費（1回の就学につき1回の往復に要するものに限ります。）又は学校等（外国の教育施設を除きます。）への就学に伴う転居に要する交通費で公共交通機関に支払われるもの（1回の就学につき1回の往復に要するものに限ります。）

㈱1　令和元年7月1日以後に支払われる上記①から④の金銭で、受贈者が23歳に達した日の翌日以後に支払われるものについては、教育訓練給付金の支給対象となる教育訓練を受講するための費用に限ります。

2　令和５年４月１日以後に支払われる教育資金で、特例の対象となる範囲に、都道府県知事等から国家戦略特別区域内に所在する場合の外国の保育士資格を有する者の人員配置基準等の一定の基準を満たす旨の証明書の交付を受けた認可外保育施設に支払われる保育料等が加えられました（令和５年文部科学省・厚生労働省告示第４号）。

※　文部科学省のホームページ（www. mext. go. jp）に具体的な教育費の範囲等に関する情報が掲載されています。

(5)　非課税限度額

教育資金の非課税特例の対象となる非課税の限度額は、受贈者ごとに1,500万円となります（措法70の２の２①）。

したがって、例えば、祖父及び祖母のそれぞれから1,500万円を贈与により取得した場合（合計で3,000万円を取得した場合）であっても、教育資金の非課税特例の対象は1,500万円が限度となるため、差額の1,500万円については、その贈与により取得した年分の贈与税の課税価格に算入されます。

(6)　教育資金管理契約の終了時の課税

教育資金管理契約は、次のイからホの事由に応じ、そのいずれか早い日に終了します（措法70の２の２⑯）。

また、次のイからニの事由に該当したことにより教育資金管理契約が終了した場合において、その教育資金管理契約に係る非課税拠出額から教育資金支出額（相続により取得したものとみなされた管理残額を含みます。）を控除した残額があるときは、その残額については、イからニの終了の日の属する年の贈与税の課税価格に算入されます（措法70の２の２⑰、措通70の２の２－10）。

(注) 1　終了時の手続については、「４　教育資金管理契約終了時の手続等」を参照してください。

2　「非課税拠出額」とは、教育資金非課税申告書又は追加教育資金非課税申告書に教育資金の非課税特例の適用を受けるものとして記載された金額を合計した金額（1,500万円を限度）をいいます（措法70の２の２②四、④）。

3　「教育資金支出額」とは、取扱金融機関の営業所等において教育資金の支払の事実が確認され、かつ、記録された金額を合計した金額をいいます（措法70の２の２②五）。

4　暦年課税で申告を行う場合、令和５年４月１日以後に取得した信託受益権等に対応する部分は、一般税率が適用されます。

	契約の終了事由	終了の日
イ	受贈者が30歳に達したこと（受贈者が30歳に達した日に学校等に在学又は教育訓練を受けている場合で一定の届出をした場合は除きます。）	30歳に達した日
ロ	30歳以上の受贈者がその年中のいずれかの日において学校等に在学した日又は教育訓練を受けた日があることを取扱金融機関の営業所等に届け出なかったこと	その年の12月31日
ハ	30歳以上の受贈者が40歳に達したこと	40歳に達した日
ニ	次に掲げる場合において、受贈者と取扱金融機関（受贈者の直系尊属又は受贈者と教育資金管理契約を締結した金融機関等をいいます。この第６において、以下同じです。）との間でこれらの教育資金管理契約を終了させる合意があったことによりその教育資金管理契約が終了したこと (イ)　教育資金管理契約に係る信託財産の価額が零となった場合 (ロ)　教育資金管理契約に係る預金又は貯金の額が零となった場合 (ハ)　教育資金管理契約に基づき保管されている有価証券の価額が零となった場合	合意に基づき終了する日
ホ	受贈者が死亡したこと	死亡した日

※　上記イのかっこ書、ロ及びハの事由は、令和元年７月１日から適用されています。

〔参考〕　教育資金の非課税特例のイメージ

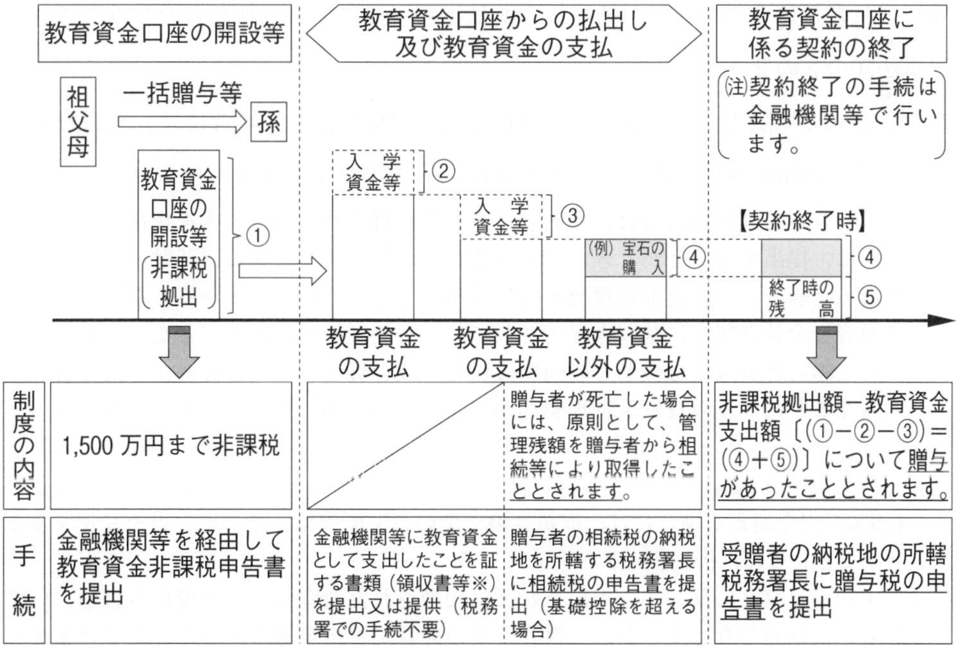

※　領収書等

領収書等とは、教育資金の支払に充てた金銭に係る領収書その他の書類（電磁的記録を含みます。）でその支払の事実を証するものをいい、その支払が少額（1回の支払が1万円以下で、かつ、年間24万円以下）である場合における支払の事実を記載又は記録した一定の書類も含まれますが、次のものは除きます（措法70の2の2⑨、措規23の5の3⑧⑨）。

1　相続税法第21条の3第1項第2号の規定（扶養義務者間の生活費又は教育費に充てるためにした贈与）の適用を受けた贈与により取得した財産が充てられた教育費に係るもの

2　租税特別措置法70条の2の3《直系尊属から結婚・子育て資金の一括贈与を受けた場合の贈与税の非課税》第2項第1号に規定する結婚・子育て資金の支払に充てた金銭に係る領収書等で同条に規定する特例（結婚・子育て資金の非課税特例）の適用を受けるために取扱金融機関の営業所等に提出されたもの

2　特例の適用を受けるための手続等

(1)　教育資金非課税申告書の提出

教育資金の非課税特例の適用を受けるためには、その適用を受けようとする受贈者が、教育資金非課税申告書を取扱金融機関の営業所等を経由して、信託がされる日、預金若しくは貯金の預入をする日又は有価証券を購入する日（この第6において、以下「預入等期限」といいます。）までに、受贈者の納税地の所轄税務署長に提出しなければなりません（措法70の2の2③）。

また、教育資金非課税申告書が取扱金融機関の営業所等に受理された場合には、その受理された日にその受贈者の納税地の所轄税務署長に提出されたものとみなされます（措法70の2の2⑤）。

なお、預入等期限までに教育資金非課税申告書の提出がない場合には、教育資金の非課税特例の適用を受けることはできません（措法70の2の2③）。

(注)1　教育資金非課税申告書は、受贈者が既に教育資金非課税申告書を提出している場合には、提出することができません（教育資金管理契約に係る信託財産の価額が零となった場合、教育資金管理契約に係る預金若しくは貯金の額が零となった場合又は教育資金管理契約に基づき保管されている有価証券の価額が零となった場合において受贈者と取扱金融機関との間でこれらの教育資金管理契約を終了させる合意があったことにより教育資金管理契約が終了している場合を除きます。）（措法70の2の2⑥⑯五）。

2　教育資金非課税申告書にこの特例の適用を受けるものとして記載された金額が1,500万円を超える場合には、取扱金融機関の営業所等は、その申告書を受理することができません（措法70の2の2⑥）。

3　上記1及び2に反して、提出され又は受理された教育資金非課税申告書は、いずれもその効力を有しないため、教育資金の非課税特例を適用することができません（措通70の2の2－5）。

4　教育資金非課税申告書の取扱金融機関の営業所等への提出は、電磁的方法により提供することができます（措法70の2の2⑦⑧、措令40の4の3⑬）。

５　教育資金非課税申告書には、次に掲げる書類を添付する必要があります（措令40の４の３⑫）。

①	信託又は贈与に関する契約書その他の信託又は贈与の事実及び年月日を証する書類の写し
②	受贈者の戸籍の謄本又は抄本、住民票の写しその他の書類で受贈者の氏名、生年月日、住所又は居所及び贈与者との続柄を証する書類
③	受贈者が教育資金を取得した日の属する年の前年分の所得税に係る合計所得金額を明らかにする書類

なお、上記書類又は30歳以上の受贈者が学校等に在学している場合などに該当する旨の届出書を受理した取扱金融機関の営業所等は、教育資金管理契約が終了した日の属する年の翌年３月15日後６年を経過する日までの間、教育資金非課税申告書とともにその書類又は届出書を保存しなければなりません（措令40の４の３⑭）。

⑵　教育資金の追加贈与

受贈者（30歳未満の者に限ります。）が既に教育資金管理契約に係る信託受益権、金銭又は金銭等について教育資金の非課税特例を適用している場合において、新たにその直系尊属から信託受益権、金銭又は金銭等を取得したときは、非課税の限度額（1,500万円）から非課税拠出額を控除した残額を限度に、教育資金の非課税特例を適用することができます。その場合、受贈者は、「追加教育資金非課税申告書」を教育資金非課税申告書を提出した取扱金融機関の営業所等を経由して、新たに信託がされる日、預金若しくは貯金の預入をする日又は有価証券を購入する日まで（この第６において、以下「追加預入等期限」といいます。）に、受贈者の納税地の所轄税務署長に提出する必要があります（措法70の２の２④）。

また、追加教育資金非課税申告書が取扱金融機関の営業所等に受理された場合には、その受理された日にその受贈者の納税地の所轄税務署長に提出されたものとみなされます（措法70の２の２⑤）。

なお、追加預入等期限までに追加教育資金非課税申告書の提出がない場合には、新たに取得した信託受益権、金銭又は金銭等について、教育資金の非課税特例の適用を受けることはできません（措法70の２の２④）。

㈱１　追加教育資金非課税申告書に係る教育資金管理契約について、既に受理された教育資金非課税申告書及び追加教育資金非課税申告書に教育資金の非課税特例を受けるものとして記載された金額を合計した金額が1,500万円を超える場合には、取扱金融機関の営業所等は、追加教育資金非課税申告書を受理することはできません（措法70の２の２⑥）。

２　上記１に反して受理された追加教育資金非課税申告書及び教育資金非課税申告書を提出した取扱金融機関の営業所等以外の取扱金融機関の営業所等に提出された追

加教育資金非課税申告書は、いずれもその効力を有しないため、教育資金の非課税特例を適用することはできません（措通70の2の2－4、70の2の2－5）。

3　追加教育資金非課税申告書の取扱金融機関の営業所等への提出は、電磁的方法により提供することができます（措法70の2の2⑦⑧、措令40の4の3⑬）。

4　追加教育資金非課税申告書には、次に掲げる書類を添付する必要があります（措令40の4の3⑫）。

①	信託又は贈与に関する契約書その他の信託又は贈与の事実及び年月日を証する書類の写し
②	受贈者の戸籍の謄本又は抄本、住民票の写しその他の書類で受贈者の氏名、生年月日、住所又は居所及び贈与者との続柄を証する書類
③	受贈者が教育資金を取得した日の属する年の前年分の所得税に係る合計所得金額を明らかにする書類

なお、②及び③は、既に提出した教育資金非課税申告書又は追加教育資金非課税申告書（この第6において、以下「教育資金非課税申告書等」といいます。）に添付したものである場合には、それ以後に提出する追加教育資金非課税申告書には再度添付する必要はありません。

(3) 非課税拠出額の減少等

イ　教育資金非課税取消申告書

既に提出した教育資金非課税申告書等に係る教育資金管理契約に基づいて信託された金銭等又は教育資金管理契約に係る贈与により取得をした金銭等の一部につき、次に掲げる事由に該当したことにより教育資金非課税申告書等に記載された非課税拠出額が減少することとなった場合には、受贈者は遅滞なく、その旨、減少することとなった理由、非課税拠出額のうち減少することとなった部分の価額又は請求に基づき支払うべき金銭の額（この第6において、以下「非課税拠出額減価額」といいます。）等を記載した申告書（この第6において、以下「教育資金非課税取消申告書」といいます。）を、取扱金融機関の営業所等を経由し、納税地の所轄税務署長に提出しなければなりません（措令40の4の3㉗、措規23の5の3⑱）。

(イ)	信託法第11条《詐害信託の取消し等》第1項の規定による取消権の行使があったこと又は民法第424条《詐害行為取消権》第1項の規定による取消権の行使があったこと
(ロ)	教育資金管理契約に基づく信託又は教育資金管理契約に係る贈与が遺留分を侵害するものとして行われた遺留分侵害額の請求に基づき金銭を支払うべきことが確定したこと

教育資金非課税取消申告書の取扱金融機関の営業所等への提出は、電磁的方法により提供することができます（措令40の4の3㊲㊳）。

また、教育資金非課税取消申告書が取扱金融機関の営業所等に受理された場合には、その受理された日にその受贈者の納税地の所轄税務署長に提出されたものとみなされます（措令40の４の３㉘）。

なお、教育資金非課税取消申告書の提出があった場合には、既に提出されていた教育資金非課税申告書等に記載された非課税拠出額のうち、教育資金非課税取消申告書に記載された非課税拠出額減価額に相当する金額は、非課税拠出額に含まれないことになります（措令40の４の３㉙）。

ロ　教育資金非課税廃止申告書

次に掲げる事由により、既に提出した教育資金非課税申告書等に記載された非課税拠出額がないこととなった場合には、受贈者は、遅滞なく、「教育資金非課税廃止申告書」を取扱金融機関の営業所等を経由し、納税地の所轄税務署長に提出しなければなりません（措令40の４の３㉚、措規23の５の３⑲）。

(イ)	教育資金管理契約の締結に関する行為又は贈与が無効であったこと
(ロ)	教育資金管理契約の締結に関する行為又は贈与が、取り消すことのできる行為であったことにより取り消されたこと
(ハ)	教育資金管理契約に基づく信託又は教育資金管理契約に係る贈与が遺留分を侵害するものとして行われた遺留分侵害額の請求に基づき非課税拠出額に相当する額の金銭を支払うべきことが確定したこと

教育資金非課税廃止申告書の金融機関の営業所等への提出は、電磁的方法により提供することができます（措令40の４の３㊲㊳）。

また、教育資金非課税廃止申告書が取扱金融機関の営業所等に受理された場合には、その受理された日にその受贈者の納税地の所轄税務署長に提出されたものとみなされます（措令40の４の３㉛）。

なお、教育資金非課税廃止申告書の提出があった場合には、教育資金の非課税特例の適用がなかったものとみなされます（措令40の４の３㉜）。

⑷　教育資金管理契約に関する異動

教育資金非課税申告書を提出した受贈者が、次に掲げる場合に該当するときには、遅滞なく、「教育資金管理契約に関する異動申告書」を、取扱金融機関の営業所等を経由して、受贈者の納税地（住所又は居所を変更したことにより納税地の異動があった場合には、異動前の納税地）の所轄税務署長に提出しなければなりません（措令40の４の３㉝㉞、措規23の５の３⑳㉒）。

イ	教育資金非課税申告書に記載した住所若しくは居所、氏名又は個人番号の変更をした場合
ロ	受贈者が、取扱金融機関の営業所等に対して事務の全部を他の営業所等に移管することを依頼し、かつ、他の営業所にその移管が行われた場合

教育資金管理契約に関する異動申告書の金融機関の営業所等への提出は、電磁的方法により提供することができます（措令40の４の３㊲㊳）。

また、教育資金管理契約に関する異動申告書が取扱金融機関の営業所等に受理された場合には、その受理された日にその受贈者の納税地の所轄税務署長に提出されたものとみなされます（措令40の４の３㉟）。

なお、上記ロの場合において事務の移管が可能な取扱金融機関の営業所等は、同一の取扱金融機関内の営業所等に限られます（措通70の２の２－12）。

⑸　教育資金の非課税特例に係る各種申告書を受理した金融機関の手続等

取扱金融機関の営業所等の長は、受贈者が提出する教育資金非課税申告書、追加教育資金非課税申告書、教育資金非課税取消申告書、教育資金非課税廃止申告書又は教育資金管理契約に関する異動申告書を受理した場合には、遅滞なく、これらの申告書をその取扱金融機関の営業所等の所在地の所轄税務署長に送付しなければなりません（措令40の４の３㊶）。

㈱１　取扱金融機関の営業所等の長から上記申告書の送付を受けた税務署長が、受贈者の納税地の所轄税務署長でないときは、その送付を受けた税務署長は、遅滞なく、その申告書を所轄税務署長に送付しなければなりません（措令40の４の３㊷）。

２　取扱金融機関の営業所等は、上記申告書を受理したときは、写しを作成し、添付書類とともに、上記申告書に係る教育資金管理契約が終了した日の属する年の翌年３月15日後６年を経過する日までの間保存しなければなりません（措令40の４の３⑭㊹、措規23の５の３㉖）。

３　事業の譲渡等（事業の譲渡若しくは合併若しくは分割又は取扱金融機関の営業所等の新設若しくは廃止若しくは業務を行う区域の変更をいいます。）により、教育資金非課税申告書を提出した受贈者の教育資金管理契約に関する事務の全部が、その事業の譲渡等を受けた金融機関の移管先の営業所等に移管された場合には、移管先の営業所等の長は、遅滞なく、その旨その他一定の事項を記載した書類「事業の譲渡等に伴う教育資金管理契約に関する事務の移管の届出書」を移管先の営業所等の所在地の所轄税務署長に提出しなければなりません（措令40の４の３㊴、措規23の５の３㉓）。

３　教育資金管理契約に係る口座からの払出し時における手続

⑴　領収書等の提出又は提供

教育資金の非課税特例の適用を受ける受贈者は、教育資金の支払に充てた金銭に係る領収書等（領収書等の意義については476ページを参照してください。）を、受贈者が選択した払出方法ごとに定められた次のイ又はロの提出期限までに、取扱金融機関の営業所等に提出又は提供をしなければなりません（措法70の２の２⑨）。

ただし、上記１⑹イからニに掲げる事由（475ページ）により教育資金管理契約が終了した日において取扱金融機関の営業所等に対してまだ提出又は提供していない領収書等がある場合は、次のイ又はロの提出期限ではなく、その教育資金管理契約が終了する日の属する月の翌月末日までに提出又は提供をしなければなりません（措令40の４の３⑰二）。

	払出方法	領収書等の提出期限
イ	教育資金を支払った後にその実際に支払った金額を教育資金管理契約に係る口座から払い出す方法（のみ）をその口座からの払出方法として選択した場合	領収書等に記載又は記録がされた支払年月日から１年を経過する日
ロ	イ以外の方法を教育資金管理契約に係る口座の払出方法として選択した場合	領収書等に記載又は記録がされた支払年月日の属する年の翌年３月15日

※１　「領収書等」には、教育資金の非課税特例を受けるため最初に信託がされる日、預金若しくは貯金の預入をする日又は有価証券を購入する日前に支払われた教育資金に係るもの及び上記１⑹イからニに掲げる事由により教育資金管理契約が終了する日後に支払われた教育資金に係るものは含まれません（措令40の４の３⑯、⑰一）。

２　払出方法は、受贈者が教育資金管理契約締結時に教育資金管理契約において選択する必要があり、その後において選択の変更はできません（措令40の４の３⑮）。

３　領収書等に記載された金額が外国通貨により表示されている場合には、取扱金融機関の営業所等が確認した領収書等に記載された支払年月日における最終の為替相場（取扱金融機関などの金融機関が公表する対顧客直物電信売相場をいいます。また、同日に相場がない場合には、同日前の相場のうち、同日に最も近い日の相場となります。）により邦貨換算を行います（措通70の２の２－８）。

〔参考〕　領収書等の提出期限

イ　教育資金を支払った後にその実際に支払った金額を教育資金管理契約に係る口座から払い出す方法（のみ）をその口座からの払出方法として選択した場合
⇒領収書等を、領収書等に記載された支払年月日から１年以内に金融機関等へ提出

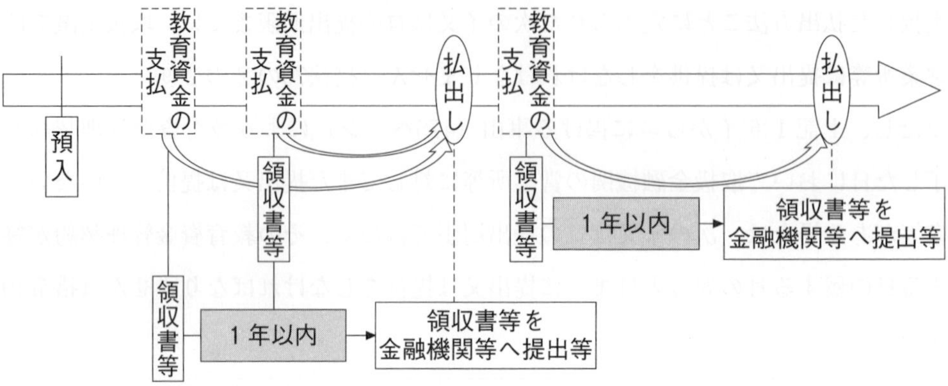

ロ　イ以外の方法を教育資金管理契約に係る口座の払出方法として選択した場合
⇒領収書等を、領収書等に記載された支払年月日の属する年の翌年３月15日までにまとめて金融機関等へ提出

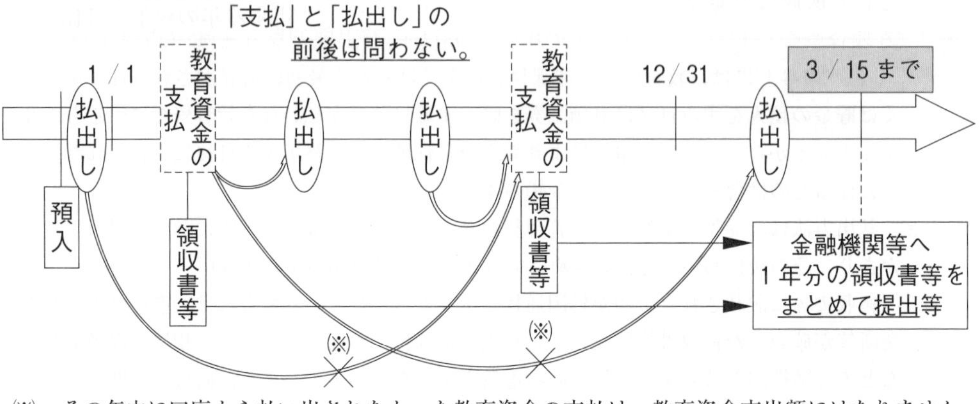

(※)　その年中に口座から払い出されなかった教育資金の支払は、教育資金支出額にはなりません。

⑵　金融機関等において記録される教育資金支出額

取扱金融機関の営業所等は、受贈者から提出又は提供を受けた領収書等により払い出した金銭が教育資金の支払に充てられたことを確認し、領収書等に記載又は記録がされた支払金額及び年月日について記録をし、かつ、領収書等を受領した日から受贈者に係る教育資金管理契約が終了した日の属する年の翌年３月15日後６年を経過する日までの間、領収書等及び記録を保存しなければなりません（措法70の２の２⑩、措規23の５の３⑪）。

なお、上記⑴ロの場合（１年分の領収書等をまとめて提出する方法を選択した場合）で、その年中に払い出した金銭の合計額が、取扱金融機関等に提出又は提供をされた領収書等で教育資金の支払に充てたことを取扱金融機関等が確認した金額の合計額を下回るときは、取扱金融機関の営業所等が教育資金支出額として記録する金額は、その払い出した金銭の合計額が限度となります（措法70の２の２⑪）。

㈠１　教育資金支出額とは、取扱金融機関の営業所等において教育資金の支払事実が確認され、かつ、記録された金額を合計した金額をいいます（措法70の２の２②五）。

２　上記の教育資金支出額には、教育資金の非課税特例を受けるため最初に信託がされる日、預金若しくは貯金の預入をする日又は有価証券を購入する日前に支払われた教育資金に係るものや上記１⑹イからニに掲げる事由により教育資金管理契約が終了する日後に支払われた教育資金に係るものは含まれません（措令40の４の３⑯、⑰一）。

３　上記⑴ロの場合（１年分の領収書等をまとめて提出する方法を選択した場合）で、取扱金融機関の営業所等が教育資金支出額として記録しようとする金額のうちに学校等に支払われる教育資金の額と学校等以外に支払われる教育資金の額があるときは、学校等に支払われる教育資金の額が優先して教育資金支出額として記録され、なおその年中に払い出した金銭の合計額に満たない金額があるときは、学校等以外に支払われる教育資金の額のうちその満たない金額が教育資金支出額として記録されることとなります（措令40の４の３⑱、次の図を参照してください。）。

４　贈与税の課税価格を算定する場合に非課税拠出額から控除する教育資金支出額には、相続により取得したものとみなされた管理残額を含み、学校等以外に支払われる教育資金（473ページ参照）の場合、500万円が限度となります（措法70の２の２⑫一、⑰一）。

〔参考〕　教育資金支出額として金融機関等で記録される金額

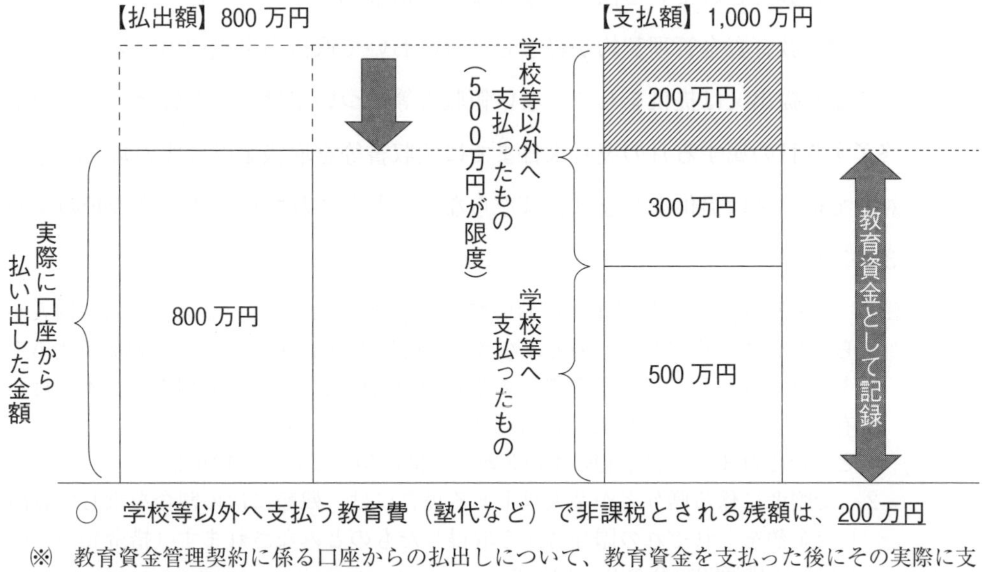

○　学校等以外へ支払う教育費（塾代など）で非課税とされる残額は、200 万円

※　教育資金管理契約に係る口座からの払出しについて、教育資金を支払った後にその実際に支払った金額を教育資金管理契約に係る口座から払い出す方法のみをその口座からの払出方法として選択した場合には、教育資金の支払いと口座からの払出しが対応関係にあるため、上図のような問題は生じません。

４　教育資金管理契約終了時の手続等

⑴　教育資金管理契約の終了事由

教育資金管理契約の終了事由及び終了の日は、475ページの表のとおりです（措法70の２の２⑯）。

⑵　教育資金管理契約終了時の手続

イ　受贈者の手続

㈠　受贈者の死亡以外の事由により教育資金管理契約が終了した場合

教育資金管理契約に係る非課税拠出額から教育資金支出額（学校等以外の者に、教育に関する役務の提供として直接支払われる金銭その他の教育のために直接支払われる金銭で一定のものについては、500万円を限度とします。また、相続により取得したものとみなされた管理残額を含みます。以下㈡において同じです。）を控除した残額があるときは、その残額については、教育資金管理契約の475ページの表のイからニに定める日の属する年の贈与税の課税価格に算入されることになるため（措法70の２の２⑰、措通70の２の２－13）、贈与税の申告義務がある者については、その年の翌年の２月１日から３月15日までの間に贈与税の申告書を納税地の所轄税務署長に提出しなければなりません。また、その贈与税の申告に適用される法令は、475ページの表のイからニに定める日に施行されている法令となります（措令40の４の３㉖）。

なお、教育資金管理契約が終了した日において取扱金融機関の営業所等に対してまだ提出又は提供をしていない領収書等については、教育資金管理契約が終了する日の属する月の翌月末日までに領収書等を取扱金融機関の営業所等に対して提出又は提供をしなければならないこととされています（措令40の４の３⑰二）。

㈯１　教育資金管理契約終了日において、贈与者が死亡している場合には、個人から贈与により取得したものとみなされ（措令40の４の３㉖一ロ）、相続税法第１条の４《贈与税の納税義務者》の規定の適用において、その個人は日本国籍を有するものと、その個人の住所は、贈与者の死亡の時における住所にあるものとみなされます（措令40の４の３㉖二、措通70の２の２－13㈯２）。

２　受贈者に係る贈与者が２人以上ある場合には、残額に次の割合を乗じて算出した金額をそれぞれの贈与者から取得したものとみなされます（措令40の４の３㉖三、措通70の２の２－13㈯３）。

$$\frac{\text{各贈与者から取得した信託受益権、金銭又は金銭等（※1）のうち贈与税の課税価格に算入しなかった金額に相当する部分の金額}}{\text{非課税拠出額（※2）}}$$

㈱1　教育資金管理契約の終了の日前に各贈与者が死亡した場合、その死亡につき、租税特別措置法70条の2の2第12項第2号の規定の適用があったときは、その贈与者から取得したものを除きます。

㈱2　教育資金管理契約の終了の日前に死亡した贈与者がある場合、その死亡につき、同号（㈱1に記載）の規定の適用があったときは、非課税拠出額から死亡した贈与者から取得した信託受益権、金銭又は金銭等のうち、贈与税の課税価格に算入しなかった金額に相当する部分の価額を控除した残額となります。

3　受贈者が贈与者に係る相続時精算課税適用者である場合には、贈与者から取得したとみなされた価額について相続時精算課税が適用され、相続時精算課税適用者でない場合には、相続時精算課税の適用要件を満たしていればその価額について相続時精算課税を選択することができます（措通70の2の2－13㈲5）。

4　教育資金管理契約が終了した場合において、非課税拠出額から教育資金支出額を控除（相続等により取得したものとみなされた管理残額も控除します。）した残額に暦年課税の贈与税が課されるときは、一般税率を適用することとなります（措法70の2の2⑰）。

5　令和5年3月31日以前に贈与者から信託受益権等を取得した受贈者に係る上記4の一般税率を適用することとなる残額は、下記（算式）により計算した金額となります（令和5年改正措令附則14⑤）。また、非課税拠出額から教育資金支出額を控除（相続等により取得したものとみなされた管理残額も控除します。）した残額から下記（算式）により計算した金額を控除した残額は、租税特別措置法第70の2の5《直系尊属から贈与を受けた場合の贈与税の税率の特例》に規定する特例税率となります。

（算式）

$$(\mathrm{A}-\mathrm{B})\times\frac{\mathrm{C}}{\mathrm{D}}$$

上記（算式）中の符号は次のとおりです。

A　非課税拠出額

B　教育資金支出額

C　令和5年4月1日以後に贈与者から取得をした信託受益権等（※1）のうち教育資金の非課税の適用を受け、贈与税の課税価格に算入しなかった金額に相当する部分の価額

D　贈与者から取得をした信託受益権等（※1）のうち教育資金の非課税の適用を受け、贈与税の課税価格に算入しなかった金額に相当する部分の価額

※1　教育資金管理契約の終了の日前に贈与者の死亡につき相続又は遺贈により取得したものとみなされた管理残額がある場合には、その管理残額に係る信託受益権等の価額（※2）に相当する部分を除く。

2　次に掲げる場合の区分に応じ、それぞれ次に定める信託受益権等を除く。

①　その贈与者の死亡の日において23歳未満である場合等に該当する場合

・　令和5年3月31日以前に取得したもの

②　その贈与者の死亡の日において23歳未満である場合等に該当しない

場合

・　平成31年３月31日以前に取得したもの

・　平成31年４月１日から令和３年３月31日までの間に取得したもののうち、他の贈与者の死亡前３年以内に取得したものではないもの

3　贈与者が２以上ある場合の「（Ａ－Ｂ）」は、当該贈与者に係る措置法令第40条の４の３第26項第３号の規定により算出した金額となります。

(ロ)　受贈者の死亡により教育資金管理契約が終了した場合

受贈者の死亡により教育資金管理契約が終了した場合において、教育資金管理契約に係る非課税拠出額から教育資金支出額を控除した残額があるときは、その残額については、贈与税の課税価格に算入しないこととされています（措法70の２の２⑱、措通70の２の２－13(注)６）。

なお、死亡時における実際の口座残高については、受贈者の相続財産として受贈者の死亡に係る相続税の課税対象となります。

(注)　受贈者が６(1)イの23歳未満である場合等に該当した場合において、贈与者の死亡に係る相続税法第27条《相続税の申告書》第１項の規定による期限内申告書の提出期限を経過したときは、次のとおりとなります（措法70の２の２⑮、措規23の５の３⑬⑭）。

・　受贈者は、速やかに、贈与者に係る相続税の課税価格の合計額が５億円を超えるかどうかを確認するために必要と認められる書類（電磁的記録を含む。以下この(注)において「確認書類等」といいます。）(※)を取扱金融機関の営業所等に提出又は提供をしなければなりません。

※「確認書類等」とは、相続税法第27条第１項の規定による期限内申告書の提出期限において次に掲げる場合のいずれに該当するかに応じ、それぞれに定める書類をいいます。

①　贈与者に係る相続税の課税価格の合計額が５億円を超える場合　その旨を記載した書類及び次に掲げる場合の区分に応じ、それぞれ次に定める書類

Ａ　受贈者が贈与者の死亡に係る相続税法第27条第１項の規定による申告書を提出している場合　当該申告書の写し

Ｂ　Ａに掲げる場合以外の場合　当該贈与者に係る相続税の課税価格の合計額の計算に関する明細を記載した書類

②　①に掲げる場合以外の場合　上記(2)の贈与者に係る相続税の課税価格の合計額が５億円を超えない旨を記載した書類

ロ　取扱金融機関の手続

取扱金融機関の営業所等の長は、教育資金管理契約が終了した場合には、「教育資金管理契約の終了に関する調書」を教育資金管理契約が終了した日（教育資金管理契約が受贈者の死亡により終了した場合には、取扱金融機関の営業所等の長がその事由を知った日）の属する月の翌々月末日までに受贈者の納税地の所轄

税務署長に提出しなければなりません（措法70の２の２⑲、措規23の５の３㉔）。

5　税務署長から取扱金融機関への通知

税務署長は、次の(1)から(3)の事実を知った場合には、取扱金融機関の営業所等の長に一定の事項を通知しなければなりません（措法70の２の２⑳、措規23の５の３㉕）。

(1)	受贈者が教育資金の支払に充てるために取扱金融機関の営業所等から払い出した金銭が教育資金の支払に充てられていないこと	〈通知事項〉 ・左記の場合である旨 ・受贈者の氏名、住所又は居所及び生年月日 ・教育資金の支払に充てられていない金銭の額 ・その他参考となるべき事項
(2)	受贈者に係る教育資金非課税申告書が２以上の取扱金融機関の営業所等に提出されていること又は受贈者に係る非課税拠出額が1,500万円を超えていること	〈通知事項〉 ・左記の場合である旨 ・受贈者の氏名、住所又は居所及び生年月日 ・その他参考となるべき事項
(3)	受贈者が信託受益権、金銭又は金銭等を取得した日の属する年の前年分の受贈者の所得税に係る合計所得金額が1,000万円を超えること	〈通知事項〉 ・左記の場合である旨 ・受贈者の氏名、住所又は居所及び生年月日 ・その他参考となるべき事項
(4)	受贈者の贈与者に係る相続税の課税価格の合計額が、更正若しくは決定又は期限後申告書若しくは修正申告書の提出により５億円を超えることとなること又は５億円以下となること	〈通知事項〉 ・左記の場合である旨 ・受贈者の氏名、住所又は居所及び生年月日 ・贈与者の氏名、その贈与者が死亡した年月日 ・その他参考となるべき事項

※　取扱金融機関の営業所等の長は、(1)と(4)の場合について税務署長からの通知を受けたときは、その通知に基づきその受贈者に係る教育資金支出額の記録を訂正しなければなりません（措法70の２の２㉑）。

6　教育資金の非課税特例に係る贈与者が死亡した場合の適用関係

(1)　教育資金管理契約期間中に贈与者が死亡した場合

イ　相続税の課税の対象とされる場合

贈与者が、教育資金管理契約に基づき信託をした日、教育資金管理契約に基づき預金若しくは貯金をするための金銭の書面による贈与をした日又は教育資金管理契約に基づき有価証券を購入するための金銭等の書面による贈与をした日からこれらの教育資金管理契約の終了の日までの間に死亡した場合には、その受贈者について、「管理残額」を贈与者から相続又は遺贈により取得したものとみなして、相続税法その他相続税に関する法令の規定が適用されます（措法70の2の2⑫⑬）。

ただし、贈与者から相続又は遺贈（その贈与者からの贈与により取得した財産で相続時精算課税の規定の適用を受けるものに係る贈与を含みます。）により財産を取得した全ての者に係る措置法第70条の2の2第12項第2号の規定の適用がないものとした場合における相続税の課税価格の合計額（「贈与者に係る相続税の課税価格の合計額」といいます。）（注1）が5億円を超えるときは、贈与者の死亡の日において受贈者が次に掲げる場合（以下、この6において、「23歳未満である場合等」といいます。）であっても、その死亡の日における「管理残額」を相続財産に加算（注3）します（措法70の2の2⑬）。

㈠　23歳未満である場合

㈡　学校等に在学している場合（注2）

㈢　雇用保険法第60条の2《教育訓練給付金》第1項に規定する教育訓練を受けている場合（注2）

また、受贈者が贈与者から相続又は遺贈により管理残額以外の財産を取得しなかった場合については、相続税法第19条《相続開始前7年以内に贈与があった場合の相続税額》の規定は適用されません（措法70の2の2⑫四）。

㈟1　「贈与者に係る相続税の課税価格の合計額」は、国税通則法第70条第1項若しくは第3項又は相続税法第36条の規定により国税通則法第58条第1項第1号イに規定する更正決定等をすることができないこととなる日前に相続税額の計算の基礎となった財産の価額及び債務の金額を基準として計算するものとします（措法70の2の2⑭）。

したがって、これらの日前で「贈与者に係る相続税の課税価格の合計額」が判定されることになるため、同日以後に相続税法第32条第1項各号又は国税通則法第23条第2項各号の事由に該当し、その課税価格が異なることになった場合でも、上記の「贈与者に係る相続税の課税価格の合計額」は変わらないこととなります。

2　上記㈡又は㈢に該当する場合には、受贈者がその旨を明らかにする書類（電磁的記録を含みます。）を、取扱金融機関の営業所等にその贈与者が死亡した旨を届け出る際に、併せて提出又は提供した場合に限られます（措法70の2の2⑬）。

3　この取扱いは、令和5年4月1日以後に取得する相続税について適用されます（令和5年改正法附則51②）。

ロ　管理残額

管理残額とは、贈与者が死亡した日における教育資金管理契約に係る非課税拠出額から同日におけるその教育資金管理契約に係る教育資金支出額（注1）を控除した残額に、その贈与者から取得した信託受益権、金銭又は金銭等のうち教育資金の非課税特例の適用を受けて贈与税の課税価格に参入しなかった金額に相当する部分の価額が非課税拠出額（注２）のうちに占める割合を乗じて算出した金額をいいます（措法70の２の２⑫一、措令40の４の３㉑）。

㈜１　贈与者が死亡した日前に租税特別措置法第70条の２の２第12項第２号の規定により相続又は遺贈により取得したものとみなされた金額がある場合には、そのみなされた金額を含みます。

２　贈与者が死亡した日前に死亡した他の贈与者がある場合に、その死亡について租税特別措置法第70条の２の２第12項第２号の規定の適用があったときは、その非課税拠出額から他の贈与者から取得した信託受益権、金銭又は金銭等のうちこの特例の適用を受けて贈与税の課税価格に算入しなかった金額に相当する部分の価額を控除した残額とします。

ハ　令和５年３月31日以前に拠出額がある場合の管理残額

令和５年３月31日以前に信託受益権等を取得した受贈者に係る管理残額の計算は、次に掲げる場合に応じ、それぞれに定める（算式）により計算した金額となります（措法70の２の２⑫、措令40の４の３㉑、令和５年改正措令附則14②③）。

①　受贈者が、贈与者の死亡の日において23歳未満である場合等に該当する場合（令和５年４月１日以後に贈与者から信託受益権等を取得し、教育資金の非課税の適用を受けたことがある場合に限ります。）

（算式①）　$(A-B)\times\frac{C}{E}$

※　上記管理残額は、死亡した贈与者に係る相続税の課税価格の合計額が５億円を超える場合には、その贈与者から相続又は遺贈により取得したものとみなされます。

②　受贈者が、贈与者の死亡の日において23歳未満である場合等に該当しない場合

（算式②）　$(A-B)\times\frac{D}{E}$

※　上記（算式①）及び（算式②）中の符号は次のとおりです。

Ａ　贈与者が死亡した日における非課税拠出額

Ｂ　贈与者が死亡した日における教育資金支出額（注１）

Ｃ　死亡した贈与者から令和５年４月１日以後に取得した信託受益権等のうち教育資金の非課税の適用を受け、贈与税の課税価格に算入しなかった金額に相当する部分の価額

Ｄ　死亡した贈与者から取得した信託受益権等（注２）のうち教育資金の非課税の適用を受け、贈与税の課税価格に算入しなかった金額に相当する部分の価額

Ｅ　贈与者が死亡した日における教育資金管理契約に係る非課税拠出額（注３）

㈜１　その贈与者の死亡の日前に死亡した他の贈与者がいる場合において、その死亡につき相続又は遺贈により取得したものとみなされた管理残額があるときは、その管理残額を含みます。

２　次の①②を除きます。

① 平成31年3月31日以前に取得をしたもの
② 平成31年4月1日から令和3年3月31日までの間に取得をしたもののうち、その贈与者の死亡前3年以内に取得をしたものではないもの

3　その贈与者の死亡の日前に死亡した他の贈与者の死亡につき相続又は遺贈により取得したものとみなされた管理残額がある場合には、非課税拠出額からその他の贈与者から取得をした信託受益権等（注4）のうち教育資金の非課税の適用を受けて贈与税の課税価格に算入しなかった金額に相当する部分の価額を控除した残額となります。

4　次の①②を除きます。
① 他の贈与者の死亡の日において受贈者が23歳未満である場合等に該当する場合
・　令和5年3月31日以前に取得したもの
② 他の贈与者の死亡の日において受贈者が23歳未満である場合等に該当しない場合
・　平成31年3月31日以前に取得したもの
・　平成31年4月1日から令和3年3月31日までの間に取得したもののうち、他の贈与者の死亡前3年以内に取得したものではないもの

ニ　相続税法第18条（2割加算）の適用

上記イにより管理残額を相続又は遺贈により取得したものとみなされた場合における当該管理残額に対応する相続税額については、令和3年4月1日から相続税法第18条《相続税額の加算》の規定が適用されることとなりました。

なお、令和5年3月31日以前に信託受益権等を取得した受贈者（23歳未満である場合等に該当しない場合に限る。）についての相続税法第18条第1項《相続税額の加算》の規定の適用に係る相続税額の計算の基礎となる管理残額は、次の（算式）により計算した金額となります（令和5年改正措令附則14④）。

（算式）　$A \times \dfrac{C}{B + C}$

㈲　上記（算式）中の符号は次のとおりです。
A　上記ハ②の（算式②）により算出した管理残額
B　死亡した贈与者から令和2年4月1日から令和3年3月31日までの間に取得をした信託受益権等（その贈与者の死亡前3年以内に取得をしたものに限る。）のうち、教育資金の非課税の適用を受け、贈与税の課税価格に算入しなかった金額に相当する部分の価額
C　死亡した贈与者から令和3年4月1日以後に取得をした信託受益権等のうち、教育資金の非課税の適用を受け、贈与税の課税価格に算入しなかった金額に相当する部分の価額

ホ　贈与者が死亡した場合の手続き

受贈者は、贈与者が死亡した事実を知った場合には、速やかに贈与者が死亡した旨を取扱金融機関の営業所等に届け出なければなりません（措法70の2の2⑫一）。

取扱金融機関の営業所等は、贈与者から相続又は遺贈により取得したとみなされた管理残額及び贈与者が死亡した日を記録しなければなりません（措法70の２の２⑫三）。

〔参考１〕　贈与者死亡時における管理残額の相続税課税

課税関係＼拠出時期		～平成31．３．31	平成31．４．１～令和３．３．31	令和３．４．１～令和５．３．31	令和５．４．１～
管理残額の相続税課税		課税なし	死亡前３年以内の非課税拠出分に限り課税あり	課税あり	課税あり
	23歳未満である場合等に該当	課税なし	課税なし	課税なし	課税あり※
相続税額の２割加算		適用なし	適用なし	適用あり	適用あり

※　贈与者に係る相続税の課税価格の合計額が５億円以下である場合には、課税されません。

〔参考２〕　贈与者の死亡日における管理残額の計算方法等（イメージ）※

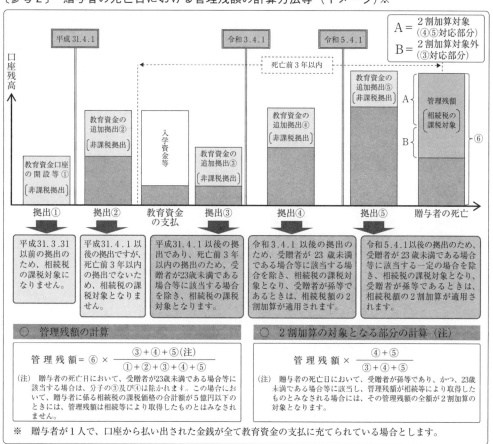

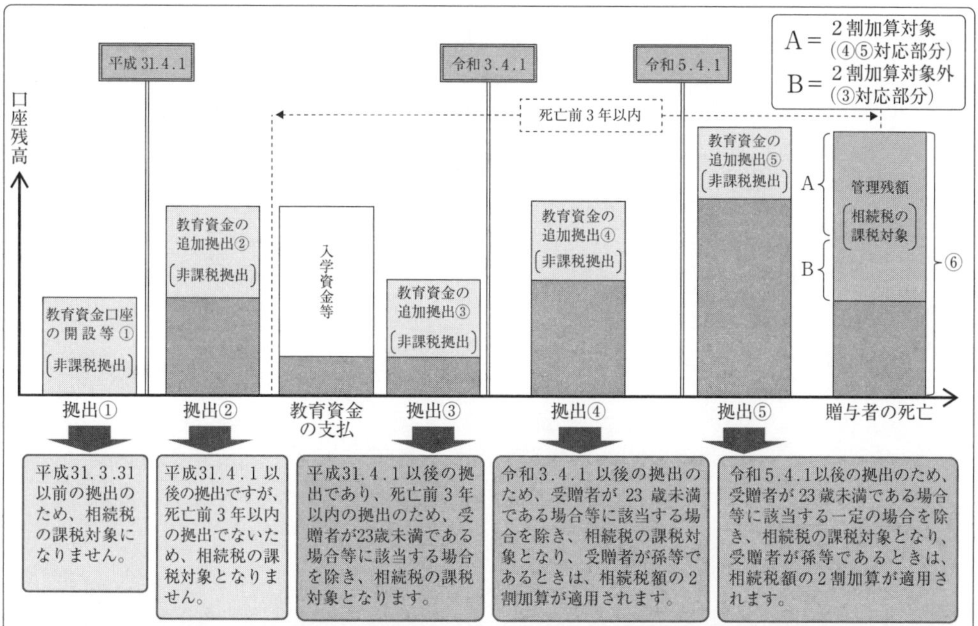

○　管理残額の計算

管理残額＝⑥×（③＋④＋⑤（注））／（①＋②＋③＋④＋⑤）

（注）　贈与者の死亡日において、受贈者が23歳未満である場合等に該当する場合は、分子の③及び④は除かれます。この場合において、贈与者に係る相続税の課税価格の合計額が５億円以下のときには、管理残額は相続等により取得したものとはみなされません。

○　２割加算の対象となる部分の計算（注）

管理残額×（④＋⑤）／（③＋④＋⑤）

（注）　贈与者の死亡日において、受贈者が孫等であり、かつ、23歳未満である場合等に該当し、管理残額が相続等により取得したものとみなされる場合には、その管理残額の全額が２割加算の対象となります。

※　贈与者が１人で、口座から払い出された金銭が全て教育資金の支払に充てられている場合とします。

⑵　教育資金管理契約終了後に贈与者が死亡した場合

上記１⑹イからニの事由により教育資金管理契約が終了した場合において、上記１⑹イからニに定める日から７年以内に贈与者が死亡し、かつ、教育資金管理契約終了日に贈与税の課税価格に算入すべき金額があるときは、その算入した金額については、贈与者の死亡に係る相続税の課税価格の計算上、相続開始前７年以内（令和５年12月31日以前に贈与により取得した財産の場合は３年以内）の贈与加算（相法19）が適用されます（措令40の４の３㉖一イ、措通70の２の２－11）。

第７　直系尊属から結婚・子育て資金の一括贈与を受けた場合の贈与税の非課税措置

１　制度の概要

⑴　結婚・子育て資金の一括贈与時の課税

平成27年４月１日から令和７年３月31日までの間に、直系尊属から金銭等の贈与を受けた受贈者（結婚・子育て資金管理契約を締結する日において18歳以上50歳未満の者に限ります。）が、結婚・子育て資金に充てるため、次のいずれかに該当する場合には、信託受益権、金銭又は金銭等の価額のうち1,000万円までの金額（既にこの特例の適用を受けて贈与税の課税価格に算入しなかった金額がある場合には、算入しなかった金額を控除した残額）に相当する部分の価額については、贈与税の課税価格に算入されません（措法70の２の３①、措通70の２の３－７、以下、この第７において、この特例を「結婚・子育て資金の非課税特例」といいます。）。

ただし、平成31年４月１日以後に贈与するものについては、贈与をする日の前年分の受贈者の所得税の合計所得金額が1,000万円を超える場合には、この特例の適用を受けることができません（以下２⑵の追加贈与においても同様です。）

①	その直系尊属と信託会社との間の結婚・子育て資金管理契約に基づき信託受益権を取得した場合
②	その直系尊属からの書面による贈与により取得した金銭を結婚・子育て資金管理契約に基づき銀行等の営業所等において預金又は貯金として預入をした場合
③	結婚・子育て資金管理契約に基づきその直系尊属からの書面による贈与により取得した金銭等で金融商品取引業者の営業所等において有価証券を購入した場合

㈱１　受贈者について、居住者や日本国籍を有する者といった限定はありません（措通70の２の３－２）。

なお、受贈者が相続税法の施行地内に住所を有しない場合には、国税通則法第117条《納税管理人》の規定に基づき、「納税管理人届出書」を納税地の所轄税務署長に提出する必要があります。

２　直系尊属には、受贈者の養親及び養親の直系尊属は含まれますが、次に掲げるものは含まれません（措通70の２の３－３、70の２－１）。

Ａ　受贈者の配偶者の直系尊属（民法第727条《縁組による親族関係の発生》に規定する親族関係がある場合を除きます。Ｂにおいて同じです。）

Ｂ　受贈者の父母が養子の縁組による養子となっている場合において、その受贈者がその養子の縁組前に出生した子である場合の父母の養親及びその養親の直系尊属

Ｃ　受贈者が民法第817条の２《特別養子縁組の成立》第１項に規定する特別養子縁

組による養子である場合のその実方の父母及び実方の直系尊属

3　結婚・子育て資金の非課税特例の適用を受けるためには、一定の申告手続が必要となります（措法70の2の3③）。

4「金銭等」とは、金銭又は公社債投資信託の受益証券のうち一定のもの（いわゆるＭＲＦ又はMMＦ）をいいます（措令40の4の4②、措規23の5の4①）。

5　上記⑴②又は③の場合には、受贈者は、書面による贈与（贈与者の死亡により効力を生じる贈与を除きます。）により金銭等を取得した後2か月以内に、結婚・子育て資金管理契約に基づき、金銭を預金等として預入をし、又は金銭等で有価証券を購入しなければならないこととされています（措令40の4の4④）。

6　上記⑴③の場合に、贈与者の証券口座から受贈者の証券口座へ公社債投資信託の受益証券のうち一定のもの（いわゆるＭＲＦ又はMMＦ）を振り替えたときは、有価証券の購入があったものとみなされます（措令40の4の4⑤）。

⑵　結婚・子育て資金管理契約

結婚・子育て資金管理契約とは、受贈者の結婚・子育て資金を管理することを目的とする契約であって、契約の形態に応じ次の事項が定められているものをいいます。

イ	受贈者の直系尊属と受託者との間で締結する信託に関する契約（措法70の2の3②二イ、措令40の4の4⑧）	㈠　信託の主たる目的は、結婚・子育て資金の管理とされていること ㈡　受託者がその信託財産として受け入れる資産は、金銭等に限られるものであること ㈢　受贈者を信託の利益の全部についての受益者とするものであること ㈣　信託財産から結婚・子育て資金の支払に充てた金銭に相当する額の払出しを受ける場合又は結婚・子育て資金の支払に充てるための金銭の交付を受ける場合には、受贈者は受託者に領収書等を提出すること ㈤　信託は、取消しができず、かつ、結婚・子育て資金管理契約の終了事由の区分に応じそれぞれに定める日のいずれか早い日に終了すること ㈥　信託の受益者は変更することができないこと ㈦　信託受益権については、その譲渡に係る契約を締結し、又はこれを担保に供することができないこと
ロ	受贈者と銀行等との間で締結する一定の預金又は貯金に係る契約(※)（措法70の2の3②ロ、措令40の4の4⑨）	㈠　結婚・子育て資金の支払に充てるために預金又は貯金を払い出した場合には、受贈者は銀行等に領収書等を提出すること ㈡　預金又は貯金に係る契約は、受贈者が解約の申入れをすることができず、かつ、結婚・子育て資金管理契約の終了事由の区分に応じそれぞれに定める日のいずれか早い日に終了すること ㈢　預金又は貯金については、その譲渡に係る契約を締結し、又はこれを担保に供することができないこと (※)「一定の預金又は貯金に係る契約」とは、普通預(貯）金若しくは貯蓄預(貯)金に係る契約又は定期預(貯)金若しくは通知預(貯)金に係る契約をいいます（措規23の5の4③）。

ハ	受贈者と金融商品取引業者との間で締結する有価証券の保管の委託に係る契約（措法70の2の3②二ハ、措令40の4の4⑩）	(イ)　結婚・子育て資金の支払に充てるために有価証券の譲渡、償還その他の事由により金銭の交付を受けた場合には、受贈者は金融商品取引業者に領収書等を提出すること (ロ)　有価証券の保管の委託に関する契約は、受贈者が解約の申入れをすることができず、かつ、結婚・子育て資金管理契約の終了事由の区分に応じそれぞれに定める日のいずれか早い日に終了すること (ハ)　受贈者が有する有価証券の保管の委託に関する契約に係る権利については、譲渡に係る契約を締結することができないこと (ニ)　保管される有価証券は、これを担保に供することができないこと

〔参考〕　贈与を受けてから結婚・子育て資金管理契約を締結するまで

①　信託銀行の場合

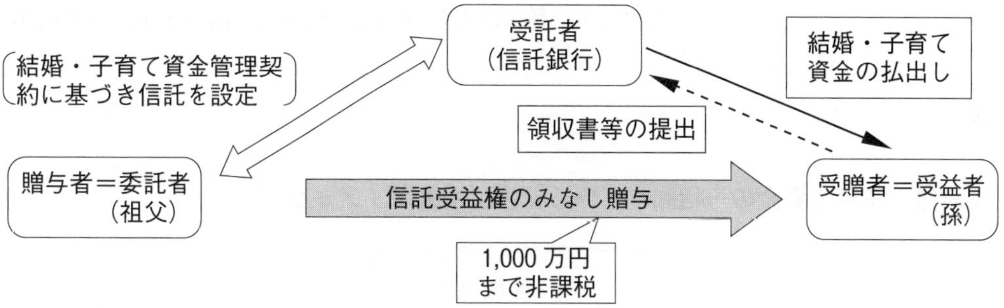

②　銀行の場合

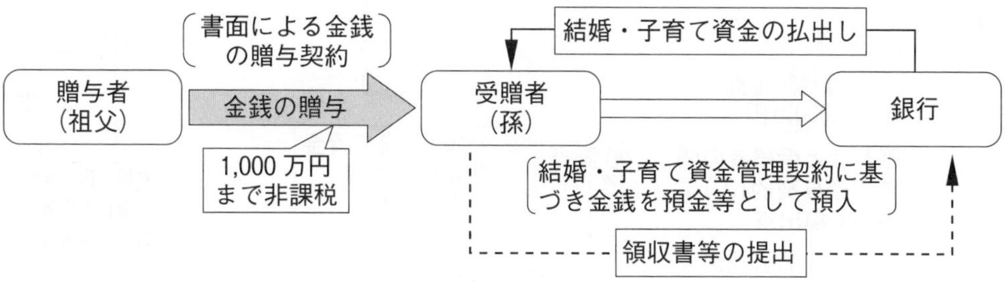

③　金融商品取引業者（証券業者）の場合

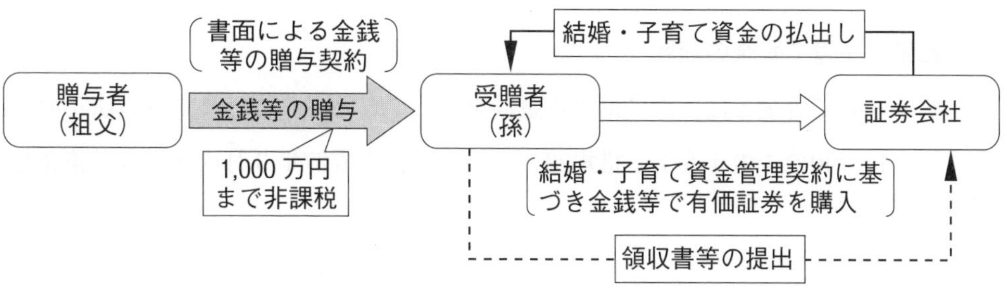

(3)　金融機関の範囲

結婚・子育て資金の非課税特例を取り扱うことができるのは、次の金融機関の営業所等（相続税法の施行地にあるものに限ります。）です。

イ	信託会社	信託業法第3条又は第53条第1項の免許を受けた信託会社、金融機関の信託業務の兼営等に関する法律により同法第1条第1項に規定する信託業務を営む金融機関（信託銀行）（措法70の2の3①）
ロ	銀行等	銀行、信用金庫、信用金庫連合会、労働金庫、労働金庫連合会、信用協同組合、信用協同組合連合会（中小企業等協同組合法第9条の9第1項第1号の事業を行う協同組合連合会）、農林中央金庫及び株式会社商工組合中央金庫並びに貯金の受入れをする農業協同組合、農業協同組合連合会、漁業協同組合、漁業協同組合連合会、水産加工業協同組合及び水産加工業協同組合連合会（措令40の4の4①）
ハ	金融商品取引業者	金融商品取引法第2条第9項に規定する金融商品取引業者（同法第28条第1項に規定する第一種金融商品取引業を行う者に限ります。）（措法70の2の3①）

＜結婚・子育て資金の一括贈与に係る非課税措置（イメージ）＞

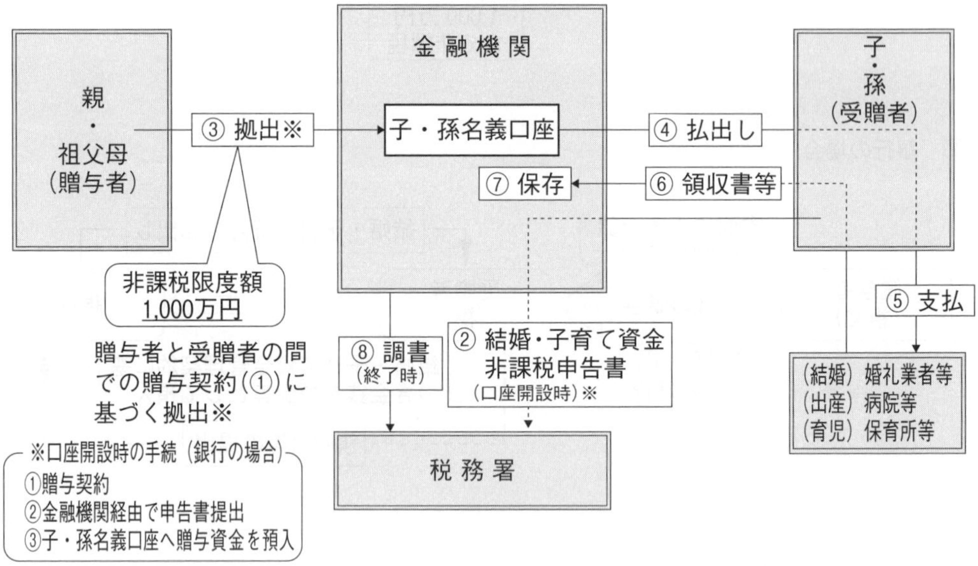

(4)　結婚・子育て資金の範囲

結婚・子育て資金とは、次に掲げる金銭をいうこととされています（措法70の2の3②一、措令40の4の4⑥⑦、措規23の5の4②、平成27年3月内閣府告示第48号）。

イ　受贈者の結婚に際して支出する費用で次に掲げるもの（結婚関係費用）

①	受贈者の婚姻の日の１年前の日以後に支払われる婚姻に係る婚礼（結婚披露を含みます。）のために要する費用で、施設の提供、衣服の貸与、贈答品の販売その他の便益の提供及びこれらに付随する物品の給付（以下「婚礼事業」といいます。）の対価として支払われる金銭であって、婚礼事業を行う事業者に支払われるもの
②	受贈者又は受贈者の配偶者の居住の用に供する家屋の賃貸借契約（受贈者が締結するものに限ります。）であって受贈者の婚姻の日の１年前の日から婚姻の日以後１年を経過する日までの期間に締結されるものに基づき締結の日（その期間内に締結をされた受贈者又は受贈者の配偶者の居住の用に供する家屋の賃貸借契約が２以上ある場合には、これらの賃貸借契約のうち、最初の賃貸借契約の締結の日）以後３年を経過する日までに支払われる家賃、敷金その他これらに類する費用で次のもの Ａ　家賃、敷金及び共益費その他賃貸借契約（対象となる賃貸借契約が２以上ある場合には、これらの賃貸借契約のうち主としてその居住の用に供すると認められる１の家屋の賃貸借契約（賃貸借契約の締結の日の属する最初の月が別の賃貸借契約の効力の存する月である場合には、その月についてはいずれの賃貸借契約も含みます。）をいいます。以下、第７において「賃貸借契約」といいます。）に基づき支払われる金銭であって、その賃貸借契約の締結の日以後３年を経過する日までに支払われるもの Ｂ　礼金、仲介手数料及び契約更新料その他借賃以外に授受される金銭であって、賃貸人又は宅地建物取引業者に支払われるもの (※)　受贈者が締結する契約には、社宅やいわゆる借上げ社宅の使用に係る契約も含まれます。
③	受贈者が、本人及びその配偶者の居住の用に供するための家屋への転居（婚姻の日の１年前の日から婚姻の日以後１年を経過する日までの期間にする転居に限ります。）のための生活の用に供する家具その他の資産の運送に要する費用であって、運送業を営む者に支払われるもの

ロ　受贈者（その配偶者を含みます。）の妊娠、出産又は育児に要する費用で次に掲げるもの（子育て関係費用）

①	受贈者（受贈者の配偶者を含みます。）の不妊治療のために要する費用又は妊娠中に要する費用で次のもの Ａ　人工授精その他不妊治療に要する費用（不妊治療に係る医薬品（処方箋に基づき調剤されたものに限ります。以下同じです。）に要するものを含みます。）であって、病院、診療所又は薬局に支払われるもの Ｂ　母子保健法第13条第１項の規定による妊婦に対する健康診査に要する費用又は妊娠に起因する疾患の治療に要する費用（その治療に係る医薬品に要するものを含みます。）であって、病院、診療所、助産所又は薬局に支払われるもの
②	受贈者（受贈者の配偶者を含みます。）の出産の日以後１年を経過する日までに支払われるその出産に係る分べん費その他これに類する費用で次のもの Ａ　分べん費、入院費、検査・薬剤料及び処置・手当料その他出産のための入院から退院までの間に要する費用、出産に起因する疾患の治療に要する費用（その治療に係る医薬品に要するものを含みます。）又は母子保健法第13条第１項の規定による産婦に対する健康診査に要する費用であって、病院、診療所、助産所、薬局又は地方公共団体に支払われるもの Ｂ　母子の心身の健康保持又は子育て支援のための宿泊施設の提供、相談、指導及び助言その他の便益の提供（以下「産後ケア」といいます。）の対価として支払われる金銭であって、産後ケアを行う病院、診療所、助産所又は地方公共団体（その地方公共団体から委託を受けて産後ケアを行う者を含みま

	す。）に支払われるもの（6泊分又は7回分に相当する金額を限度とします。）
③	受贈者の小学校就学前の子の医療のために要する費用で治療、予防接種、母子保健法の規定による乳幼児に対する健康診査又は医薬品の対価として支払われる金銭であって、病院、診療所、助産所又は薬局に支払われるもの
④	幼稚園、保育所その他これらに類する施設を設置する者に支払う受贈者の小学校就学前の子に係る保育料その他これに類する費用で次のもの A　入園料、保育料及び施設設備費 B　入園のための試験に係る検定料 C　在園証明その他記録に係る手数料及びこれに類する手数料 D　行事への参加に要する費用及び食事の提供に要する費用その他育児に伴って必要な費用

※　内閣府のホームページ（www.cao.go.jp）に「結婚・子育て資金の一括贈与税非課税措置に関するＱ＆Ａ」が掲載されています。

(5)　非課税限度額

結婚・子育て資金の非課税特例の対象となる非課税の限度額は、受贈者ごとに1,000万円となります（措法70の2の3①）。

したがって、例えば、父及び母のそれぞれから1,000万円を贈与により取得した場合（合計で2,000万円を取得した場合）であっても、結婚・子育て資金の非課税特例の対象は1,000万円が限度となるため、差額の1,000万円については、その贈与により取得した年分の贈与税の課税価格に算入されます。

(6)　結婚・子育て資金管理契約の終了時の課税

結婚・子育て資金管理契約は、次のイないしハの事由に応じ、そのいずれか早い日に終了します（措法70の2の3⑬）。

また、次のイ又はロの事由に該当したことにより結婚・子育て資金管理契約が終了した場合において、結婚・子育て資金管理契約に係る非課税拠出額から結婚・子育て資金支出額（受贈者の結婚に際して支出する費用については300万円を限度とし、相続により取得したものとみなされた管理残額を含みます。）を控除した残額があるときは、その残額については、イ又はロに該当する日の属する年の贈与税の課税価格に算入されます（措法70の2の3⑭）。

(注)1　終了時の手続については、「4　結婚・子育て資金管理契約終了時の手続等」を参照してください。

2　「非課税拠出額」とは、結婚・子育て資金非課税申告書又は追加結婚・子育て資金非課税申告書に結婚・子育て資金非課税特例の適用を受けるものとして記載された金額を合計した金額（1,000万円を限度）をいいます（措法70の2の3②四、④）。

3　「結婚・子育て資金支出額」とは、取扱金融機関の営業所等において結婚・子育て資金の支払の事実が確認され、かつ、記録された金額を合計した金額をいいます（措法70の２の３②五）。

	契約の終了事由	終了日
イ	受贈者が50歳に達したこと	50歳に達した日
ロ	次に掲げる場合において、受贈者と取扱金融機関（受贈者の直系尊属又は受贈者と結婚・子育て資金管理契約を締結した金融機関等をいいます。この第７において、以下同じです。）との間で結婚・子育て資金管理契約を終了させる合意があったこと (イ)　結婚・子育て資金管理契約に係る信託財産の価額が零となった場合 (ロ)　結婚・子育て資金管理契約に係る預金又は貯金の額が零となった場合 (ハ)　結婚・子育て資金管理契約に基づき保管されている有価証券の価額が零となった場合	合意に基づき終了する日
ハ	受贈者が死亡したこと	死亡した日

〔参考〕　結婚・子育て資金の非課税特例のイメージ

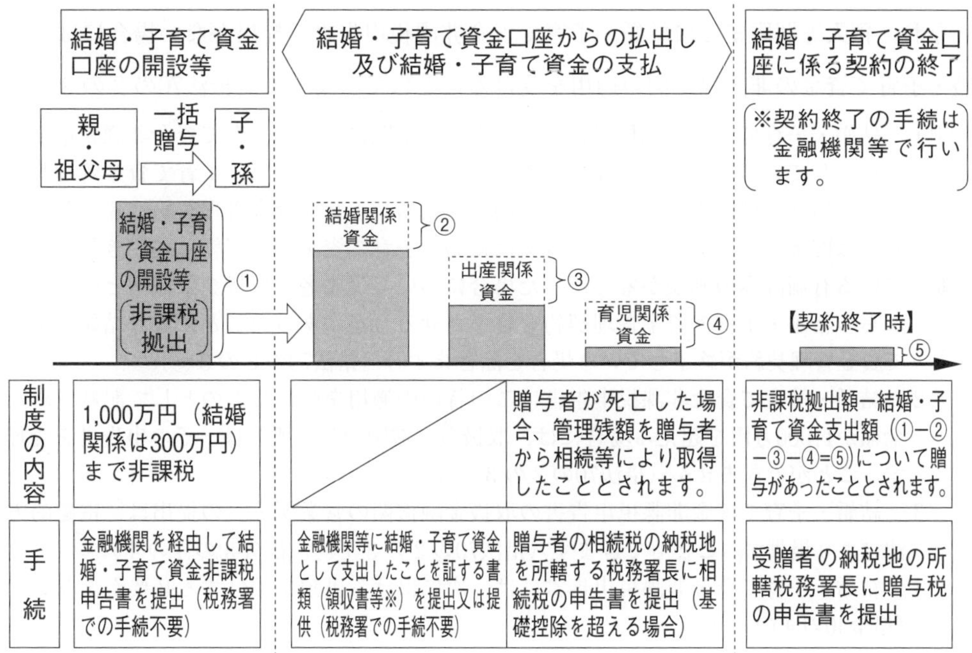

(※)　領収書等

領収書等とは、結婚・子育て資金の支払に充てた金銭に係る領収書その他の書類でその支払の事実を証するものをいい、支払が少額（１回の支払が１万円以下で、かつ、年間24万円以下）である場合におけるその支払の事実を記載又は記録した一定の書類も含まれますが、次のものを除きます（措法70の２の３⑨、措規23の５の４⑧⑨）。

1　相続税法第21条の３第１項第２号の規定（扶養義務者間の生活費又は教育費に充てるためにした贈与）の適用を受けた贈与により取得した財産が充てられた生活費又は教育費に係るもの

2　租税特別措置法第70条の２の２《直系尊属から教育資金の一括贈与を受けた場合の贈与税の

非課税》第2項第1号に規定する教育資金の支払に充てた金銭に係る同条第7項に規定する領収書等で同条第1項に規定する特例（教育資金の非課税特例）の適用を受けるために取扱金融機関の営業所等に提出又提供されたもの

2　特例の適用を受けるための手続等

(1)　結婚・子育て資金非課税申告書の提出

結婚・子育て資金の非課税特例の適用を受けるためには、その適用を受けようとする受贈者が、結婚・子育て資金非課税申告書を取扱金融機関の営業所等を経由して、信託がされる日、預金若しくは貯金の預入をする日又は有価証券を購入する日（この第7において、以下「預入等期限」といいます。）までに、受贈者の納税地の所轄税務署長に提出しなければなりません（措法70の2の3③）。

また、結婚・子育て資金非課税申告書が取扱金融機関の営業所等に受理された場合には、その受理された日に受贈者の納税地の所轄税務署長に提出されたものとみなされます（措法70の2の3⑤）。

なお、預入等期限までに結婚・子育て資金非課税申告書の提出がない場合には、結婚・子育て資金の非課税特例の適用を受けることはできません（措法70の2の3③）。

(注)1　結婚・子育て資金非課税申告書は、受贈者が既に結婚・子育て資金非課税申告書を提出している場合には、提出することができません（結婚・子育て資金管理契約に係る信託財産の価額が零となった場合、結婚・子育て資金管理契約に係る預金若しくは貯金の額が零となった場合又は結婚・子育て資金管理契約に基づき保管されている有価証券の価額が零となった場合において受贈者と取扱金融機関との間でこれらの結婚・子育て資金管理契約を終了させる合意があったことにより結婚・子育て資金管理契約が終了している場合を除きます。）（措法70の2の3⑥）。

2　結婚・子育て資金非課税申告書にこの特例の適用を受けるものとして記載された金額が1,000万円を超える場合には、取扱金融機関の営業所等は、その申告書を受理することができません（措法70の2の3⑥）。

3　結婚・子育て資金非課税申告書の取扱金融機関の営業所等への提出は、電磁的方法により提供することもできます（措法70の2の3⑦⑧、措令40の4の4⑫）。

4　結婚・子育て資金非課税申告書には、次に掲げる書類を添付する必要があります（措令40の4の4⑪）。

①	信託又は贈与に関する契約書その他の信託又は贈与の事実及び年月日を証する書類の写し
②	受贈者の戸籍の謄本又は抄本、住民票の写しその他の書類で受贈者の氏名、生年月日、住所又は居所及び贈与者との続柄を証する書類
③	受贈者が結婚・子育て資金を取得した日の属する年の前年分の所得税に係る合計所得金額を明らかにする書類

なお、上記書類を受理した取扱金融機関の営業所等は、結婚・子育て資金管理契約が終了した日の属する年の翌年3月15日後6年を経過する日までの間、結婚・子

育て資金非課税申告書とともに当該書類を保存しなければなりません（措令40の４の４⑰）。

⑵　結婚・子育て資金の追加贈与

既に結婚・子育て資金管理契約に係る信託受益権、金銭又は金銭等について結婚・子育て資金の非課税特例を適用している場合において、新たに直系尊属から信託受益権、金銭又は金銭等を取得したときは、非課税の限度額（1,000万円）から非課税拠出額を控除した残額を限度に、結婚・子育て資金の非課税特例を適用することができます。その場合、受贈者は「追加結婚・子育て資金非課税申告書」を結婚・子育て資金非課税申告書を提出した取扱金融機関の営業所等を経由して、新たに信託がされる日、預金若しくは貯金の預入をする日又は有価証券を購入する日まで（この第７において、以下「追加預入等期限」といいます。）に、受贈者の納税地の所轄税務署長に提出する必要があります（措法70の２の３④）。

また、追加結婚・子育て資金非課税申告書が取扱金融機関の営業所等に受理された場合には、その受理された日にその受贈者の納税地の所轄税務署長に提出されたものとみなされます（措法70の２の３⑤）。

なお、追加預入等期限までに追加結婚・子育て資金非課税申告書の提出がない場合には、新たに取得した信託受益権、金銭又は金銭等について、結婚・子育て資金の非課税特例の適用を受けることはできません（措法70の２の３④）。

㈱１　追加結婚・子育て資金非課税申告書に係る結婚・子育て資金管理契約について既に受理された結婚・子育て資金非課税申告書及び追加結婚・子育て資金非課税申告書に結婚・子育て資金の非課税特例を受けるものとして記載された金額を合計した金額が1,000万円を超える場合には、取扱金融機関の営業所等は、追加結婚・子育て資金非課税申告書を受理することができません（措法70の２の３⑥）。

２　上記１に反して受理された追加結婚・子育て資金非課税申告書及び結婚・子育て資金非課税申告書を提出した取扱金融機関の営業所等以外の取扱金融機関の営業所等に提出された追加結婚・子育て資金非課税申告書は、いずれもその効力を有しないため、結婚・子育て資金の非課税特例を適用することはできません（措通70の２の３－４、70の２の３－５）。

３　追加結婚・子育て資金非課税申告書の取扱金融機関の営業所等への提出は、電磁的方法により提供することができます（措法70の２の３⑦⑧、措令40の４の４⑫）。

４　追加結婚・子育て資金非課税申告書には、次に掲げる書類を添付する必要があります（措令40の４の４⑪）。

①	信託又は贈与に関する契約書その他の信託又は贈与の事実及び年月日を証する書類の写し
②	受贈者の戸籍の謄本又は抄本、住民票の写しその他の書類で受贈者の氏名、生年月日、住所又は居所及び贈与者との続柄を証する書類

③	受贈者が結婚・子育て資金を取得した日の属する年の前年分の所得税に係る合計所得金額を明らかにする書類

なお、②及び③の書類に関しては、既に他の結婚・子育て資金非課税申告書又は追加結婚・子育て資金非課税申告書（この第7において、以下「結婚・子育て資金の非課税申告書等」といいます。）に添付した場合には、それ以後に提出する追加結婚・子育て資金非課税申告書には再度添付する必要はありません。

(3)　非課税拠出額の減少等

イ　結婚・子育て資金非課税取消申告書

既に提出した結婚・子育て資金非課税申告書等に係る結婚・子育て資金管理契約に基づいて信託された金銭等又は結婚・子育て資金管理契約に係る贈与により取得をした金銭等の一部につき、次に掲げる事由に該当したことにより結婚・子育て資金非課税申告書等に記載された非課税拠出額が減少することとなった場合には、受贈者は遅滞なく、その旨、減少することとなった理由、非課税拠出額のうち減少することとなった部分の価額又は請求に基づき支払うべき金銭の額（この第7において、以下「非課税拠出額減価額」といいます。）等を記載した申告書（この第7において、以下「結婚・子育て資金非課税取消申告書」といいます。）を、取扱金融機関の営業所等を経由して、納税地の所轄税務署長に提出しなければなりません（措令40の4の4㉖、措規23の5の4⑪）。

(イ)	信託法第11条《詐害信託の取消し等》第1項の規定による取消権の行使があったこと又は民法第424条《詐害行為取消権》第1項の規定による取消権の行使があったこと
(ロ)	結婚・子育て資金管理契約に基づく信託又は結婚・子育て資金管理契約に係る贈与が、遺留分を侵害するものとして行われた遺留分侵害額の請求に基づき非課税拠出額の一部に相当する額の金銭を支払うべきことが確定したこと

結婚・子育て資金非課税取消申告書の取扱金融機関の営業所等への提出は、電磁的方法により提供することもできます（措令40の4の4㊱㊲）。

また、結婚・子育て資金非課税取消申告書が取扱金融機関の営業所等に受理された場合には、その受理された日にその受贈者の納税地の所轄税務署長に提出されたものとみなされます（措令40の4の4㉗）。

なお、結婚・子育て資金非課税取消申告書の提出があった場合には、既に提出されていた結婚・子育て資金非課税申告書等に記載された非課税拠出額のうち、結婚・子育て資金非課税取消申告書に記載された非課税拠出額減価額に相当する金額は、非課税拠出額に含まれないことになります（措令40の4の4㉘）。

ロ　結婚・子育て資金非課税廃止申告書

次に掲げる事由により、既に提出した結婚・子育て資金非課税申告書等に記載された非課税拠出額がないこととなった場合には、結婚・子育て資金非課税申告書等を提出した受贈者は、遅滞なく、「結婚・子育て資金非課税廃止申告書」を取扱金融機関の営業所等を経由して、納税地の所轄税務署長に提出しなければなりません（措令40の４の４㉙、措規23の５の４⑫）。

(イ)	結婚・子育て資金管理契約の締結に関する行為又は贈与が無効であったこと
(ロ)	結婚・子育て資金管理契約の締結に関する行為又は贈与が、取り消すことのできる行為であったことにより取り消されたこと
(ハ)	結婚・子育て資金管理契約に基づく信託又は結婚・子育て資金管理契約に係る贈与が、遺留分を侵害するものとして行われた遺留分侵害額の請求に基づき非課税拠出額に相当する額の金銭を支払うべきことが確定したこと

結婚・子育て資金非課税廃止申告書の取扱金融機関の営業所等への提出は、電磁的方法により提供することもできます（措令40の４の４㊱㊲）。

また、結婚・子育て資金非課税廃止申告書が取扱金融機関の営業所等に受理された場合には、その受理された日にその受贈者の所轄税務署長に提出されたものとみなされます（措令40の４の４㉚）。

なお、結婚・子育て資金非課税廃止申告書の提出があった場合には、結婚・子育て資金非課税特例の適用がなかったものとみなされます（措令40の４の４㉛）。

⑷　結婚・子育て資金管理契約に関する異動

結婚・子育て資金非課税申告書を提出した受贈者が、次に掲げる場合に該当するときには、遅滞なく、「結婚・子育て資金管理契約に関する異動申告書」を、取扱金融機関の営業所等を経由して、受贈者の納税地（住所又は居所を変更したことにより納税地の異動があった場合には、異動前の納税地）の所轄税務署長に提出しなければなりません（措令40の４の４㉜㉝、措規23の５の４⑬⑮）。

イ	結婚・子育て資金非課税申告書に記載した住所若しくは居所、氏名又は個人番号の変更をした場合
ロ	受贈者が、取扱金融機関の営業所等に対して事務の全部をこの営業所等以外の他の営業所等に移管することを依頼し、かつ、他の営業所等にその移管が行われた場合

結婚・子育て資金管理契約に関する異動申告書の取扱金融機関の営業所等への提出は、電磁的方法により提供することもできます（措令40の４の４㊱㊲）。

また、結婚・子育て資金管理契約に関する異動申告書が取扱金融機関の営業所等に受理された場合には、その受理された日にその受贈者の納税地の所轄税務署長に提出されたものとみなされます（措令40の４の４㉞）。

なお、上記ロの場合において、結婚・子育て資金管理契約に基づく事務の移管が可能な取扱金融機関の営業所等は、同一の取扱金融機関内の営業所等に限られます（措通70の２の３－12）。

(5)　結婚・子育て資金の非課税特例に係る各種申告書を受理した金融機関の手続等

取扱金融機関の営業所等の長は、受贈者が提出する結婚・子育て資金非課税申告書、追加結婚・子育て資金非課税申告書、結婚・子育て資金非課税取消申告書、結婚・子育て資金非課税廃止申告書又は結婚・子育て資金管理契約に関する異動申告書を受理した場合には、遅滞なく、これらの申告書を取扱金融機関の営業所等の所在地の所轄税務署長に提出しなければなりません（措令40の４の４㊵）。

(注)１　取扱金融機関の営業所等の長から上記申告書の送付を受けた税務署長が、受贈者の納税地の所轄税務署長でないときは、その送付を受けた税務署長は、遅滞なく、その申告書をその所轄税務署長に送付しなければなりません（措令40の４の４㊶）。

２　取扱金融機関の営業所等は、上記申告書を受理したときは、写しを作成し、添付書類とともに、上記申告書に係る教育資金管理契約が終了した日の属する年の翌年３月15日後６年を経過する日までの間保存しなければなりません（措令40の４の４⑰㊷、措規23の５の４⑲）。

３　事業の譲渡等（事業の譲渡若しくは合併若しくは分割又は取扱金融機関の営業所等の新設若しくは廃止若しくは業務を行う区域の変更をいいます。）により、結婚・子育て資金非課税申告書を提出した受贈者の結婚・子育て資金管理契約に関する事務の全部が、その事業の譲渡等を受けた金融機関の移管先の営業所等に移管された場合には、移管先の営業所等の長は、遅滞なく、その旨その他一定の事項を記載した書類（「事業の譲渡等に伴う結婚・子育て資金管理契約に関する事務の移管の届出書」）を移管先の営業所等の所在地の所轄税務署長に提出しなければなりません（措令40の４の４㊳、措規23の５の４⑯）。

3　結婚・子育て資金管理契約に係る口座からの払出し時における手続

(1)　領収書等の提出

結婚・子育て資金の非課税特例の適用を受ける受贈者は、結婚・子育て資金の支払に充てた金銭に係る領収書等（領収書等の意義については499ページを参照してください。）を、受贈者が選択した方法ごとに定められた次のイ又はロの提出期限までに、取扱金融機関の営業所等に提出しなければなりません（措法70の２の３⑨）。

ただし、上記１(6)イ又はロに掲げる事由（499ページ）により結婚・子育て資金管理契約が終了した日において取扱金融機関の営業所等に対してまだ提出していない領収書等については、次のイ又はロの提出期限ではなく、その結婚・子育て資金管理契約が終了する日の属する月の翌月末日までに領収書等を取扱金融機関の営業所等に対して提出しなければなりません（措令40の４の４⑱二）。

	払出方法	領収書等の提出期限
イ	結婚・子育て資金を支払った後にその実際に支払った金額を結婚・子育て資金管理契約に係る口座から払い出す方法（のみ）をその口座からの払出方法として選択した場合	領収書等に記載又は記録がされた支払年月日から１年を経過する日
ロ	イ以外の方法を結婚・子育て資金管理契約に係る口座の払出方法として選択した場合	領収書等に記載又は記録がされた支払年月日の属する年の翌年３月15日

※１　「領収書等」には、結婚・子育て資金の非課税特例を受けるため最初に信託がされる日、預金若しくは貯金の預入をする日又は有価証券を購入する日前に支払われた結婚・子育て資金に係るもの及び１⑹イ又はロに掲げる事由により結婚・子育て資金管理契約が終了する日後に支払われた結婚・子育て資金に係るものは含まれません（措令40の４の４⑭、⑱一）。

２　領収書等の提出時期は、受贈者が結婚・子育て資金管理契約締結時に結婚・子育て資金管理契約において選択する必要があり、その後において当該選択の変更はできません（措令40の４の４⑬）。

３　領収書等に記載された金額が外国通貨により表示されている場合には、取扱金融機関の営業所等が確認した当該領収書等に記載された支払の年月日における最終の為替相場（取扱金融機関などの金融機関が公表する対顧客直物電信売相場をいいます。また、同日に当該相場がない場合には、同日前の当該相場のうち、同日に最も近い日の当該相場となります。）により邦貨換算を行います（措通70の２の３－８）。

４　上記イ又はロの期限までに提出されなかった領収書等に係る結婚・子育て資金は、下記⑷の結婚・子育て資金支出額としての記録はされません。

〔参考〕　領収書等の提出期限

イ　結婚・子育て資金を支払った後にその実際に支払った金額を結婚・子育て資金管理契約に係る口座から払い出す方法（のみ）をその口座からの払出方法として選択した場合
⇒領収書等を、<u>領収書等に記載された支払年月日から１年以内に金融機関等へ提出</u>

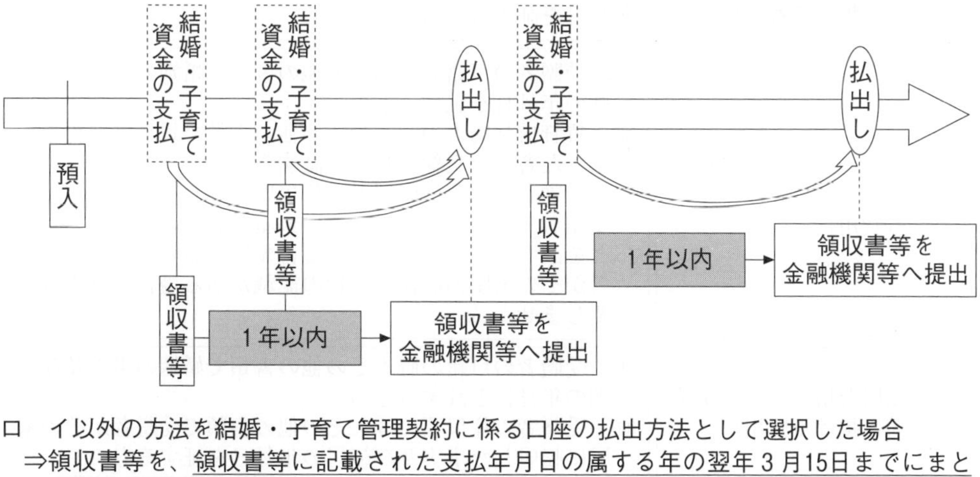

ロ　イ以外の方法を結婚・子育て管理契約に係る口座の払出方法として選択した場合
⇒領収書等を、<u>領収書等に記載された支払年月日の属する年の翌年３月15日までにまとめて金融機関等へ提出</u>

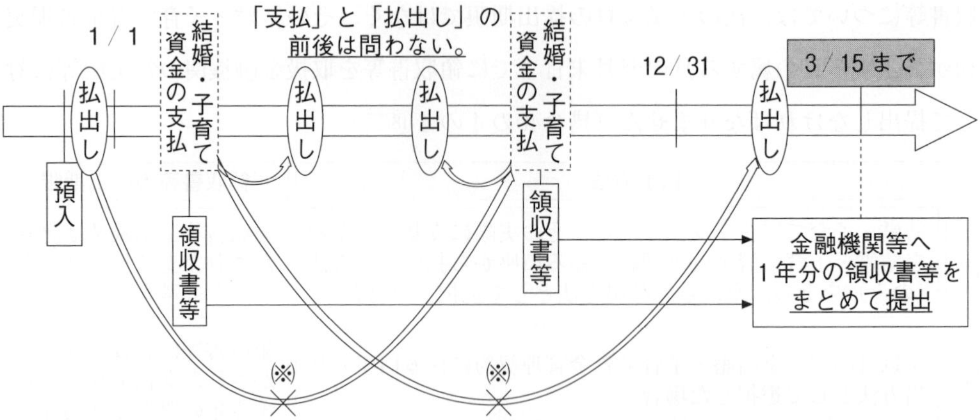

(※)　その年中に口座から払い出されなかった結婚・子育て資金の支払は、結婚・子育て資金支出額にはなりません。

(2)　領収書等に記載されるべき事項

取扱金融機関に提出される領収書等は、結婚・子育て資金の支払の事実を証するものであることから、領収書等には、支払日付、金額、摘要（支払内容）、支払者（宛名）、支払先の氏名（名称）及び住所（所在地）が記載されていることが必要です。

(3)　領収書等に添付すべき書類

受贈者は、領収書等を取扱金融機関の営業所等に提出する場合には、領収書等が結婚・子育て資金に係るものであることを証する次の書類を併せて提出しなければなりません（措令40の4の4⑮、措規23の5の4⑦）。

イ　結婚関係費用（受贈者の結婚に際して支出する費用）

区　分	添付書類
婚礼費用（上記1(4)イ①に掲げる費用）	受贈者の戸籍の謄本その他の書類で婚姻の事実及び婚姻の年月日を証するもの
家屋の賃借に係る費用（上記1(4)イ②に掲げる費用）	(イ)　受贈者の戸籍の謄本その他の書類で婚姻の事実及び婚姻の年月日を証するもの (ロ)　賃貸借契約書の写しやその他の書類で賃貸借契約を締結した者及び契約年月日を証するもの (ハ)　受贈者又はその配偶者の住民票の写しその他の書類で受贈者又はその配偶者がその家屋を居住の用に供したことを証するもの（(ロ)に掲げる書類に受贈者又はその配偶者がその家屋の居住する旨の記載がある場合には添付を要しません。）
転居費用（上記1(4)イ③に掲げる費用）	(イ)　受贈者の戸籍の謄本その他の書類で婚姻の事実及び婚姻の年月日を証するもの (ロ)　受贈者の住民票の写しその他の書類で受贈者がその家屋に転居した事実及び転居の年月日を証するもの

ロ　子育て関係費用（受贈者及びその配偶者の出産・育児に要する費用）

区　分	添付書類
不妊治療又は妊娠中に要する費用（上記1(4)ロ①に掲げる費用）で、受贈者の配偶者に係るものである場合	受贈者の配偶者の住民票の写しその他の書類で配偶者の氏名及び受贈者の配偶者である旨を証するもの
分べん費等（上記1(4)ロ②に掲げる費用）	(イ)　受贈者の配偶者の住民票の写しその他の書類で配偶者の氏名及び受贈者の配偶者である旨を証するもの（その費用が受贈者の配偶者に係るものである場合） (ロ)　出産の事実及び出産の年月日を証する書類
受贈者の子に係る医療費及び保育料等（上記1(4)ロ③及び④に掲げる費用）	受贈者の子の住民票の写し、戸籍の謄本その他の書類で受贈者の子の氏名及び生年月日並びに受贈者の子である旨を証するもの

(4)　金融機関等において記録される結婚・子育て資金支出額

取扱金融機関の営業所等は、受贈者から提出を受けた領収書等により払い出した金銭が結婚・子育て資金の支払に充てられたことを確認し、領収書等に記載又は記録がされた支払の金額及び年月日について記録をし、かつ、領収書等を受領した日から受贈者に係る結婚・子育て資金管理契約が終了した日の属する年の翌年3月15日後6年を経過する日までの間、領収書等及び記録を保存しなければなりません（措法70の2の3⑩、措規23の5の4⑩）。

なお、上記(1)ロの場合（1年分の領収書等をまとめて提出する方法を選択した場合）で、その年中に払い出した金銭の合計額が、取扱金融機関に提出された領収書等で結婚・子育て資金の支払に充てられたことを取扱金融機関が確認した金額の合計額を下回るときは、取扱金融機関の営業所等が結婚・子育て資金支出額として記録する金額は、その払い出した金銭の合計額が限度となります（措法70の2の3⑪）。

(注)1　結婚・子育て資金支出額とは、取扱金融機関の営業所等において結婚・子育て資金の支払事実が確認され、かつ、記録された金額を合計した金額をいいます（措法70の2の3②五）。

2　上記の結婚・子育て資金支出額には、結婚・子育て資金の非課税特例を受けるため最初に信託がされる日、預金若しくは貯金の預入をする日又は有価証券を購入する日前に支払われた結婚・子育て資金に係るものや上記1(6)イ又はロに掲げる事由により結婚・子育て資金管理契約が終了する日後に支払われた結婚・子育て資金に係るものは含まれません（措令40の4の4⑭、⑱一）。

3　上記(1)ロの場合（1年分の領収書等をまとめて提出する方法を選択した場合）で、取扱金融機関の営業所等が結婚・子育て資金支出額として記録しようとする金額のうちに結婚関係費用と子育て関係費用があるときは、子育て関係費用の額が優先して結婚・子育て支出額として記録され、なおその年中に払い出した金銭の合計額に満たない金額があるときは、結婚関係費用のうちその満たない金額が結婚・子育て資金として記録されることになります（措令40の4の4⑲、下の図を参照してください。）。

4　贈与税の課税価格を算定する場合に非課税拠出額から控除する結婚・子育て資金支出額は、結婚関係費用（497ページ参照）の場合、300万円が限度となります（措法70の2の3⑫二、⑭）。

〔参考〕　結婚・子育て資金支出額として金融機関等で記録される金額

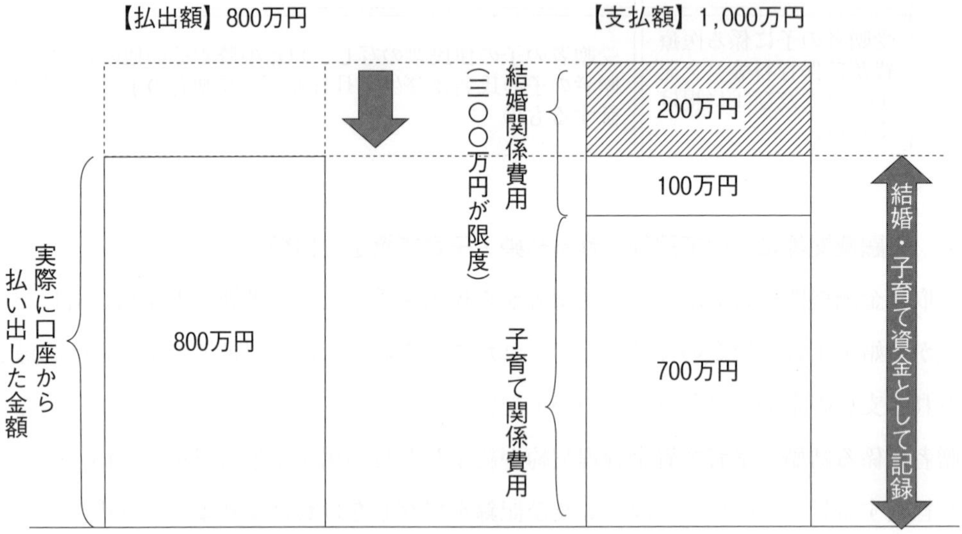

○　結婚費用で非課税とされる残額は、200万円

※　結婚・子育て資金管理契約に係る口座からの払出しについて、結婚・子育て資金を支払った後にその実際に支払った金額を結婚・子育て資金管理契約に係る口座から払い出す方法（のみ）をその口座からの払出方法として選択した場合には、結婚・子育て資金の支払と口座からの払出しが対応関係にあるため、上図のような問題は生じません。

4　結婚・子育て資金管理契約終了時の手続等

⑴　結婚・子育て資金管理契約の終了事由

結婚・子育て資金管理契約の終了事由及び終了日は、499ページの表のとおりです（措法70の2の3⑬）。

⑵　結婚・子育て資金管理契約終了時の手続

イ　受贈者の手続

⑴　受贈者の死亡以外の事由により結婚・子育て資金管理契約が終了した場合

結婚・子育て資金管理契約に係る非課税拠出額から結婚・子育て資金支出額（受贈者の結婚に際して支出する費用については300万円を限度とし、相続により取得したものとみなされた管理残額を含みます。以下㈺において同じです。）を控除した残額があるときは、その残額については、結婚・子育て資金管理契約の499ページの表のイ又はロの日の属する年の贈与税の課税価格に算入されることになるため、贈与税の申告義務がある者については、その年の翌年の２月１日から３月15日までの間に贈与税の申告書を納税地の所轄税務署長に提出しなければなりません（措法70の２の３⑭、措通70の２の３－10）。また、その贈与税の申告に適用される法令は、499ページの表のイ又はロの日に施行されている法令となります（措令40の４の４㉕）。

なお、結婚・子育て資金管理契約が終了した日において取扱金融機関の営業所等に対してまだ提出していない領収書等については、結婚・子育て資金管理契約が終了する日の属する月の翌月末日までに領収書等を取扱金融機関の営業所等に対して提出しなければならないこととされています（措令40の４の４⑱二）。

㈷１　受贈者に係る生存贈与者が２人以上ある場合には、残額に対し、次の割合を乗じて算出した金額をそれぞれの生存贈与者から取得したものとみなされます（措令40の４の４㉕二、措通70の２の３－10㈷１）。

$$\frac{\text{各生存贈与者から取得した信託受益権又は金銭等のうち、結婚・子育て資金の非課税特例を適用して贈与税の課税価格に算入しなかった金額に相当する部分の価額}}{\text{非課税拠出額}}$$

なお、その結婚・子育て資金管理契約終了の日までに死亡した贈与者がある場合、上記算式の非課税拠出額から、その死亡した贈与者から取得した信託受益権又は金銭等のうち結婚・子育て資金の非課税特例を適用して贈与税の課税価格に算入しなかった金額に相当する部分の価額を控除します。

２　受贈者が贈与者に係る相続時精算課税適用者である場合には、贈与者から取得したとみなされた価額について相続時精算課税が適用され、相続時精算課税適用者でない場合には、相続時精算課税の適用要件を満たしていれば当該価額について相続時精算課税を選択することができます（措通70の２の３－10㈷２）。

３　結婚・子育て管理契約が終了した場合において、非課税拠出額から結婚・子育て資金支出額を控除（相続等により取得したものとみなされた管理残額も控除します。）した残額に暦年課税の贈与税が課されるときは、一般税率を適用することとなります（措法70の２の３⑭）。

４　令和５年３月31日以前に贈与者から信託受益権等を取得した受贈者に係る上記３の一般税率を適用することとなる残額は、下記（算式）により計算した金額となります（令和５年改正措令附則14⑥）。

（算式）

$$(A-B)^{(※)}\times\frac{C}{C+D}$$

上記（算式）中の符号は次のとおりです。

A　非課税拠出額

B　結婚・子育て資金支出額

C　令和５年４月１日以後に贈与者から取得をした信託受益権等のうち結婚・子育て資金の非課税の適用を受け、贈与税の課税価格に算入しなかった金額に相当する部分の価額

D　令和５年３月31日以前に贈与者から取得をした信託受益権等のうち結婚・子育て資金の非課税の適用を受けて贈与税の課税価格に算入しなかった金額に相当する部分の価額

※　贈与者が２以上ある場合は、当該贈与者に係る措置法令第40条の４の４第25項第２号の規定により算出した金額となります。

(ロ)　受贈者の死亡により結婚・子育て資金管理契約が終了した場合

受贈者の死亡により結婚・子育て資金管理契約が終了した場合において、結婚・子育て資金管理契約に係る非課税拠出額から結婚・子育て資金支出額を控除した残額があるときであっても、当該残額については、贈与税の課税価格に算入しないこととされています（措法70の２の３⑮、措通70の２の３－10㈱３）。

なお、死亡時における実際の口座残高については、受贈者の相続財産として受贈者の死亡に係る相続税の課税対象となります。

ロ　取扱金融機関の手続

取扱金融機関の営業所等の長は、結婚・子育て資金管理契約が終了した場合には、「結婚・子育て資金管理契約の終了に関する調書」を結婚・子育て資金管理契約が終了した日（結婚・子育て資金管理契約が受贈者の死亡により終了した場合には、取扱金融機関の営業所等の長がその事由を知った日）の属する月の翌々月末日までに受贈者の納税地の所轄税務署長に提出しなければなりません（措法70の２の３⑯）。

5　税務署長から取扱金融機関への通知

税務署長は、次の(1)から(3)の事実を知った場合には、取扱金融機関の営業所等の長に一定の事項を通知しなければなりません（措法70の２の３⑰、措規23の５の４⑱）。

(1)	受贈者が結婚・子育て資金の支払に充てるために取扱金融機関の営業所等から払い出した金銭が結婚・子育て資金の支払に充てられていないこと	〈通知事項〉 ・左記の場合である旨 ・受贈者の氏名、住所又は居所及び生年月日 ・結婚・子育て資金の支払に充てられていない金銭の額 ・その他参考となるべき事項
(2)	受贈者に係る結婚・子育て資金非課税申告書が２以上の取扱金融機関の営業所等に提出されていること又は受贈者に係る非課税拠出額が1,000万円を超えていること	〈通知事項〉 ・左記の場合である旨 ・受贈者の氏名、住所又は居所及び生年月日 ・その他参考となるべき事項
(3)	受贈者が結婚・子育て資金を取得した日の属する年の前年分の受贈者の所得税に係る合計所得金額が1,000万円を超えること	〈通知事項〉 ・左記の場合である旨 ・受贈者の氏名、住所又は居所及び生年月日 ・その他参考となるべき事項

※　取扱金融機関の営業所等の長は、(1)の場合について税務署長からの通知を受けたときは、その通知に基づき受贈者に係る結婚・子育て資金支出額の記録を訂正しなければなりません（措法70の２の３⑱）。

6　結婚・子育て資金の非課税特例に係る贈与者が死亡した場合の適用関係

(1)　結婚・子育て資金管理契約の期間中に贈与者が死亡した場合

結婚・子育て資金の贈与者が、結婚・子育て資金管理契約に基づき信託をした日、結婚・子育て資金管理契約に基づき預金若しくは貯金をするための金銭の書面による贈与をした日又は結婚・子育て資金管理契約に基づき有価証券の購入をするための金銭等の書面による贈与をした日からこれらの結婚・子育て資金管理契約の終了の日までの間に死亡した場合は、次のとおりとなります（措法70の２の３⑫、措通70の２の３－９）。

イ　相続税の課税の対象とされる場合

受贈者については、管理残額(注)を贈与者から相続又は遺贈により取得したものとみなして、相続税の計算をするなど相続税に関する法令の規定が適用されます（措法70の２の３⑫二）。

(注)　管理残額とは、次の算式により計算された金額をいいます（措法70の２の３⑫二、措令40の４の４㉔、措通70の２の３－９(1)）。

$$\left(\begin{array}{l}\text{贈与者が死亡した日}\\\text{における結婚・子育}\\\text{て資金管理契約に係}\\\text{る非課税拠出額}\end{array} - \begin{array}{l}\text{贈与者が死亡した日における結婚・子育て資金管理}\\\text{契約に係る結婚・子育て資金支出額（租税特別措置}\\\text{法第70条の2の3第12項第2号により、相続により}\\\text{取得したものとみなされた管理残額を含みます。）}\end{array}\right)$$

$$\times \frac{\begin{array}{l}\text{死亡した贈与者から取得した信託受益権又は金銭等のう}\\\text{ち結婚・子育て資金の非課税特例を適用して贈与税の課}\\\text{税価格に算入しなかった金額に相当する部分の価額}\end{array}}{\text{非課税拠出額※}} = \boxed{\text{管理残額}}$$

※　贈与者の死亡の日前に死亡した他の贈与者がある場合には、当該非課税拠出額から、他の贈与者から取得した信託受益権又は金銭等のうち結婚・子育て資金の非課税特例を適用して贈与税の課税価格に算入しなかった金額に相当する部分の価額を控除します。

なお、受贈者が贈与者から相続又は遺贈により取得した財産が管理残額のみである場合には、贈与者の死亡に係る相続税の課税価格の計算上、相続開始前3年以内の贈与加算（相法19）は適用されません（措法70の2の3⑫四、措通70の2の3－9(4)）。

ロ　相続税法第18条（2割加算）の適用

上記イにより管理残額を相続又は遺贈により取得したものとみなされた場合における当該管理残額に対応する相続税額については、令和3年4月1日から相続税法第18条《相続税額の加算》の規定が適用されることとなりました。

ただし、令和3年3月31日以前に個人が贈与者の行為により信託受益権、金銭又は金銭等を取得した場合等に、その個人がその信託受益権、金銭又は金銭等の価額についてこの特例の適用を受けたときにおけるその贈与者の死亡に係る管理残額（一定の金額に限ります。）に係る相続税については、適用されません（令和3年改正法附則75⑤）。

(注)　上記の「一定の金額」とは、次の算式により計算した金額をいいます（令和3年改正措令附則29⑦）。

（算式）

$$A \times \frac{B}{B + C}$$

※　上記の算式中の符号は次のとおりです。

A　管理残額

B　令和3年3月31日以前に贈与者の行為等により取得した信託受益権、金銭又は金銭等のうち結婚・子育て資金の非課税特例の適用を受けて贈与税の課税価格に算入しなかった金額に相当する部分の価額

C　令和3年4月1日以後にその贈与者の行為等により取得をした信託受益権、金銭又は金銭等のうち結婚・子育て資金の非課税特例の適用を受けて贈与税の課税価格に算入しなかった金額に相当する部分の価額

ハ　贈与者が死亡した場合の手続

受贈者は、贈与者が死亡した事実を知った場合には、速やかに贈与者が死亡した旨を取扱金融機関の営業所等に届け出なければなりません（措法70の２の３⑫一）。

取扱金融機関の営業所等は、贈与者から相続又は遺贈により取得したものとみなされた管理残額及び贈与者が死亡した日を記録しなければなりません（措法70の２の３⑫三）。

〔参考１〕　拠出時期による贈与者死亡時の相続税課税の比較（イメージ）

提出時期	～令和３年３月31日	令和３年４月１日～
相続財産への加算（上記イ）	加算あり	加算あり
相続税額の２割加算の適用（上記ロ）	適用なし	適用あり

〔参考２〕　相続により取得したものとみなされる管理残額

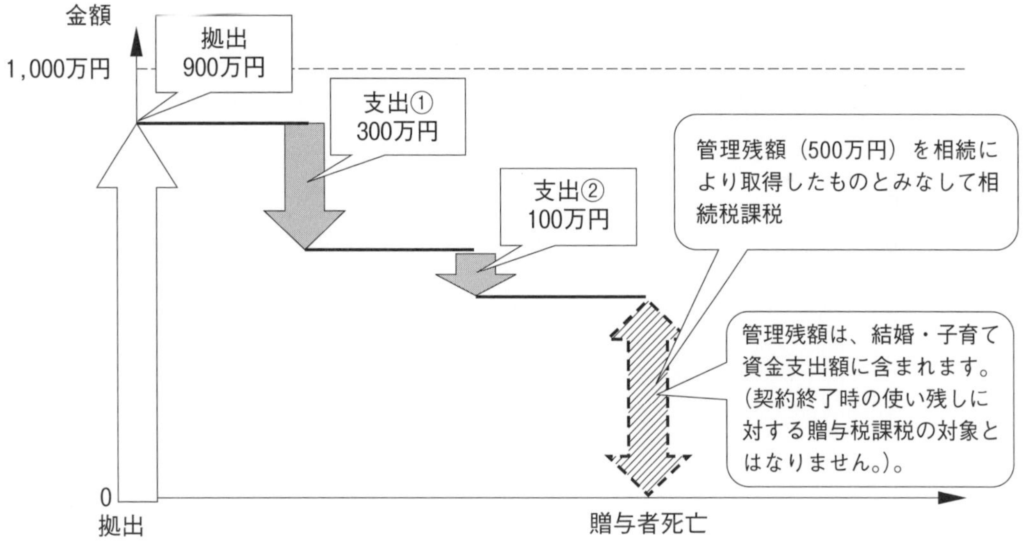

⑵　結婚・子育て資金管理契約終了後に贈与者が死亡した場合

上記１⑹イ又はロ（受贈者の死亡以外）の事由により結婚・子育て資金管理契約が終了した場合において、上記１⑹イ又はロに定める日から７年以内に贈与者が死亡し、かつ、結婚・子育て資金管理契約終了時に贈与税の課税価格に算入した金額があるときは、その算入した金額については、贈与者の死亡に係る相続税の課税価格の計算上、相続開始前７年以内（令和５年12月31日以前に贈与により取得した財産の場合は３年以内）の贈与加算（相法19）が適用されます（措令40の４の４㉕一、措通70の２の３－11）。

第８　贈与税の配偶者控除（暦年課税）

1　贈与税の配偶者控除の制度の趣旨

贈与税は、相続税の補完税として設けられているものであることは前にも述べたとおりですが、配偶者間の贈与については、①同一世代間の贈与であることが多いこと、②贈与の認識が概して希薄であること及び③夫の死亡後の妻の生活保障の意図で行われることなどの理由から、婚姻期間が20年以上である配偶者から次の居住用不動産又は居住用不動産を取得するための金銭（当該金銭をもって信託に関する一定の権利を取得した場合を含みます。）を贈与により取得した場合に限り、それらの財産に係る贈与税の課税価格から2,000万円（配偶者控除額）を控除することができます（相法21の６①、相令４の６③）。

⑴　国内にある専ら居住の用に供する土地若しくは土地の上に存する権利又は家屋（この第８において、以下「居住用不動産」といいます。）で、贈与を受けた年の翌年３月15日までに受贈者の居住の用に供し、かつ、その後も引き続いて居住の用に供する見込みであるもの

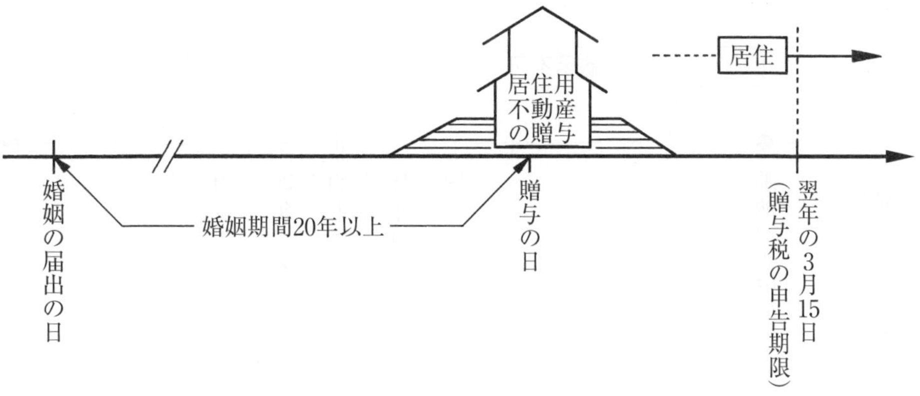

⑵　居住用不動産を取得するための金銭で、その金銭の贈与を受けた年の翌年３月15日までに居住用不動産の取得に充て、かつ、その取得した居住用不動産を３月15日までに受贈者の居住の用に供し、その後も引き続き居住の用に供する見込みであるもの

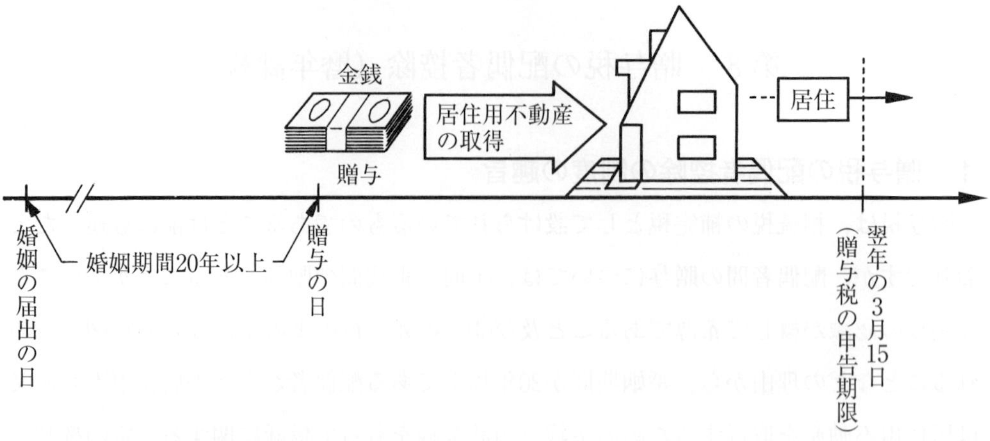

2 贈与税の配偶者控除の適用要件

⑴ 婚姻期間の判定

イ　婚姻期間が20年以上であるかどうかは、婚姻の届出（民法739①）のあった日から贈与の日までの期間により計算します。したがって、入籍されていない期間は婚姻期間に含まれません（相法21の6④、相令4の6②)。

ロ　また、婚姻期間に1年未満の端数があるときは、その端数は切り捨てます。したがって、例えば、婚姻期間が19年10か月である場合は配偶者控除の適用を受けることができません（相基通21の6－7）。

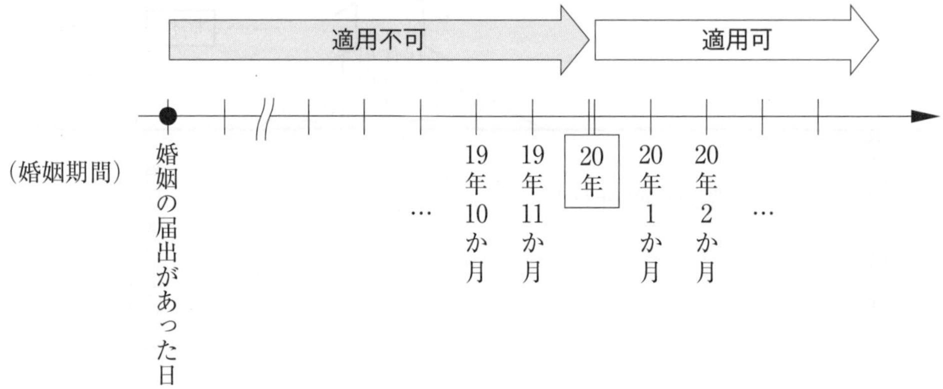

⑵ 居住用不動産の範囲

贈与税の配偶者控除の適用が受けられる居住用不動産は、国内にある専ら居住の用に供する土地若しくは借地権（この第8において、以下「土地等」といいます。）又は家屋に限られますが、この配偶者控除の適用を受けられる者（この第8において、以下「受贈配偶者」といいます。）が取得した次に掲げる場合もこの特例の適用が受けられることとして取り扱われます。

イ　店舗兼住宅等を取得した場合

受贈配偶者が取得した土地等又は家屋で、専ら居住の用に供している部分と居住の用以外に供されている部分とがある場合には、その居住の用に供している部分について特例の適用があります。

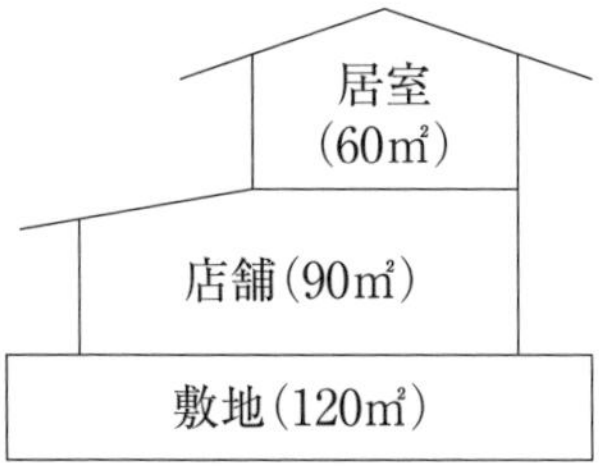

居住用不動産は

居室　60㎡

敷地　$120㎡ \times \dfrac{60㎡}{60㎡+90㎡} = 48㎡$

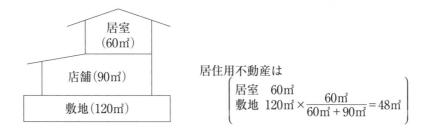

なお、この場合において、居住の用に供している部分の面積が、その土地等又は家屋の面積のそれぞれのおおむね90％以上であるときは、その土地等又は家屋の全部を居住用不動産とすることができます（相基通21の６－１⑴）。

【店舗兼住宅等の居住用部分の判定】

受贈配偶者が居住の用に供している家屋のうちに居住の用以外の用に供されている部分（店舗、事務所等）がある家屋及びその家屋の敷地の用に供されている土地等についての居住用部分は、次のように計算します（相基通21の６－２）。

⑴　家屋のうち居住の用に供している部分は、次の算式により計算した面積に相当する部分となります。

$$\text{専ら居住の用に供している部分の床面積Ⓐ} + \text{居住の用と居住の用以外の用とに併用されている部分の床面積Ⓑ} \times \frac{\text{Ⓐ}}{\text{家屋の総床面積}-\text{Ⓑ}}$$

＝居住の用に供している部分の家屋の面積

⑵　土地等のうちその居住の用に供している部分は、次の算式により計算した面積に相当する部分となります。

$$\text{土地等のうちその専ら居住の用に供している部分の面積} + \text{土地等のうちその居住の用と居住の用以外の用とに併用されている部分の面積} \times \frac{\text{家屋の面積のうち上記⑴の算式により計算した面積}}{\text{家屋の総床面積}}$$

＝居住の用に供している部分の土地等の面積

〔事例〕

家屋（店舗兼住宅）の総床面積　144㎡（家屋の価額　900万円）

専ら居住の用に供している部分の床面積　80㎡
居住用と店舗用に併用されている部分の床面積　24㎡
店舗の用に供している部分の床面積　40㎡

土地の面積　210㎡（土地の価額　2,100万円）

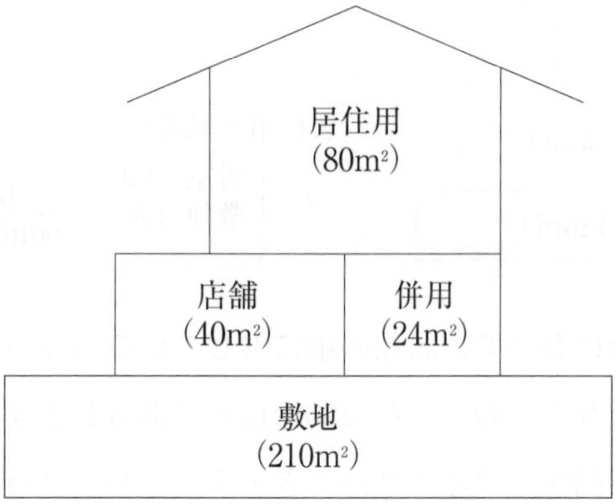

① 家屋

㋑ 居住の用に供している部分　$80㎡+24㎡\times\frac{80㎡}{144㎡-24㎡}=96㎡$

㋺ 居住の用に供している部分の家屋の価額　$900万円\times\frac{96㎡}{144㎡}=600万円$

② 土地

㋑ 居住の用に供している部分　$210㎡\times\frac{96㎡}{144㎡}=140㎡$

㋺ 居住の用に供している部分の土地の価額　$2,100万円\times\frac{140㎡}{210㎡}=1,400万円$

③ 贈与財産の価額

（家屋）　（土地）
900万円＋2,100万円＝3,000万円

④ 贈与税の配偶者控除の対象となる居住用不動産の価額

（家屋）　（土地）
600万円＋1,400万円＝2,000万円

⑤ 贈与税の課税価格

（配偶者控除額）　（基礎控除額）
3,000万円　－　2,000万円　－　110万円　＝890万円

⑥ 贈与税額

（税率）　（控除額）（贈与税額）
890万円　×　40％　－　125万円　＝　231万円

※ 贈与税の課税価格の計算に当たっては、①贈与税の配偶者控除、②贈与税の基礎控除の順序で行うことになります（相基通21の6－6）。

ロ　贈与配偶者又は受贈配偶者と同居する親族の所有する家屋で、受贈配偶者が専ら居住の用に供しているものの敷地のみを取得した場合（相基通21の６－１⑵）

①　夫が妻へ土地の全部を贈与した場合

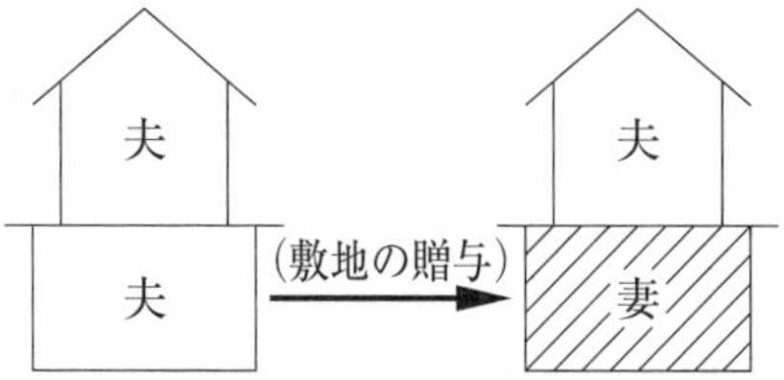

②　夫が妻へ土地の持分を贈与した場合

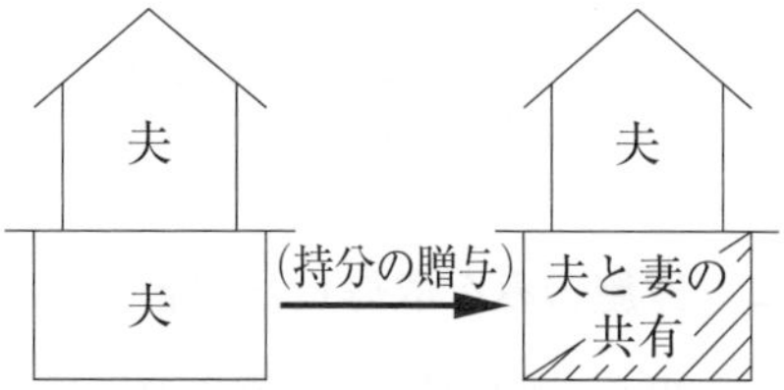

③　夫が妻へ土地の一部を分筆して贈与した場合

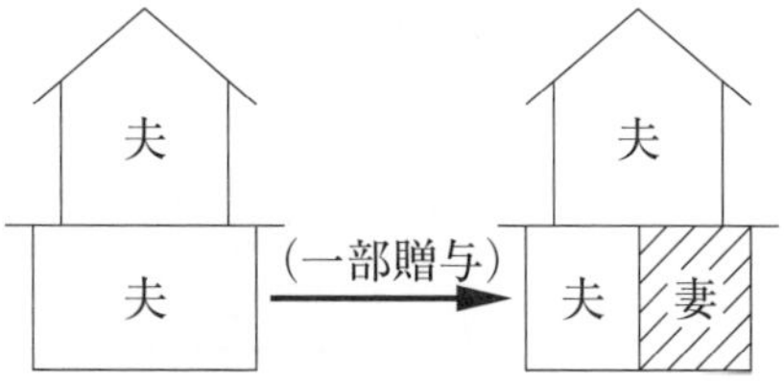

④　夫が妻に土地（家屋）の購入資金を贈与した場合

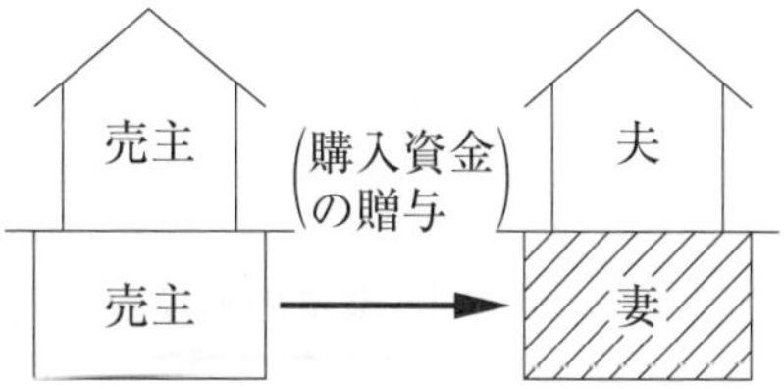

⑤　夫が妻に底地の購入資金を贈与した場合（※）

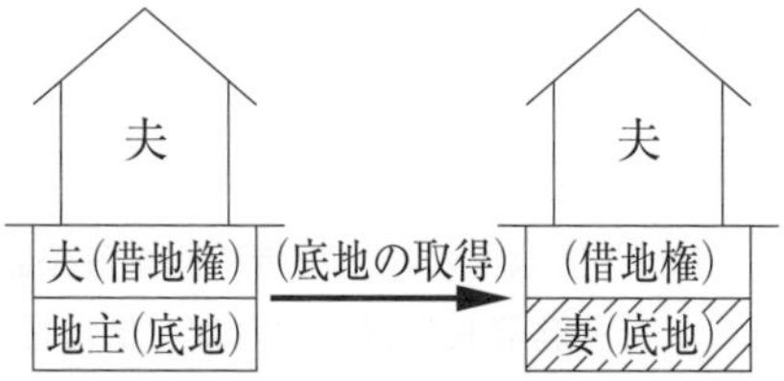

⑥　家屋の所有者が親族であるときに、夫が妻に土地を贈与した場合

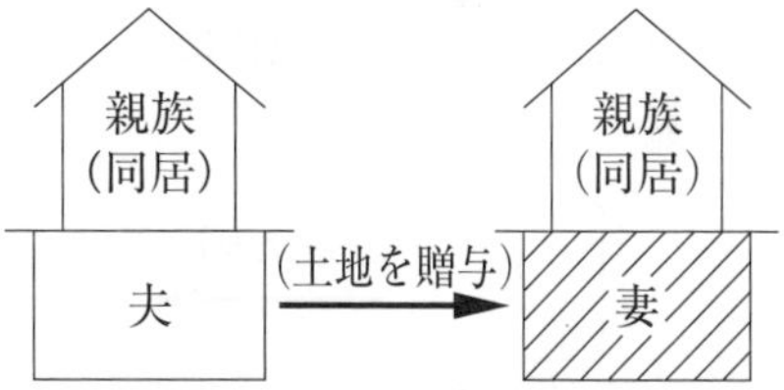

※　妻と夫が連名で、「借地権者の地位に変更がない旨の申出書」を税務署長に提出した場合は、妻に対する借地権の贈与がないものとして、借地権に対する贈与税の課税は行われないことになります。

⑦　夫が妻へ夫の所有する配偶者居住権の目的となっている家屋の敷地の用に供される土地等を贈与した場合

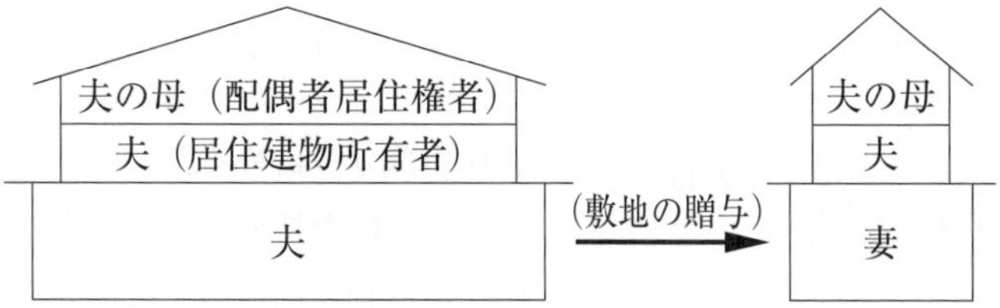

ハ 贈与配偶者又は受贈配偶者と同居する親族の所有する家屋で、店舗兼住宅の居宅部分に受贈配偶者が居住しているものの敷地のみを取得した場合（相基通21の6－1(3)）

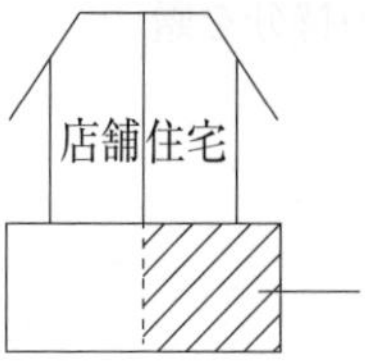

敷地のうち、居住部分に対応する部分
適用ケースとしては、上記ロと同様に底地の取得の場合も含まれます。

ニ 家屋のみを取得した場合

専ら受贈配偶者の居住の用に供する家屋のみを贈与により取得した場合も配偶者控除の適用を受けることができます。

なお、家屋の取得には、家屋の増築も含まれます（相基通21の6－4）。

① 夫が妻へ家屋の全部を贈与した場合

② 夫が妻へ家屋の持分を贈与した場合

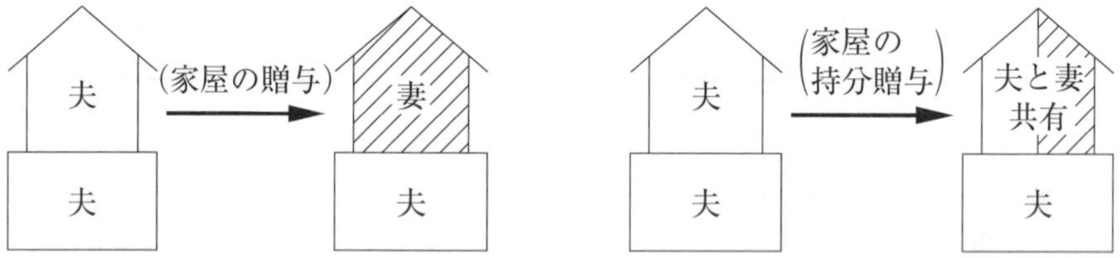

③ 夫が妻へ夫の借地上の家屋を贈与した場合
（夫と妻の間の借地権については使用貸借）

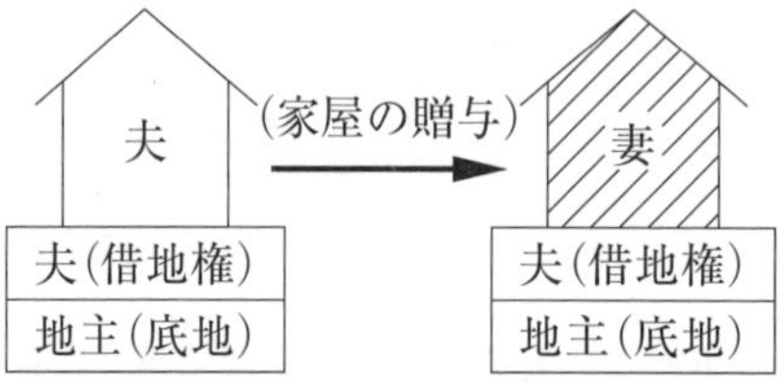

※ 「借地権の使用貸借に関する確認書」を税務署長に提出すれば、借地権に対する贈与税の課税は行われません。

【店舗兼住宅等の持分の贈与の場合の居住用部分の判定】

(イ) 配偶者から店舗兼住宅等の持分の贈与を受けた場合には、その居住用部分の占める割合に贈与を受けた持分の割合を乗じて計算した部分が居住用不動産に該当するものとするのが原則です（相基通21の6－3本書）。

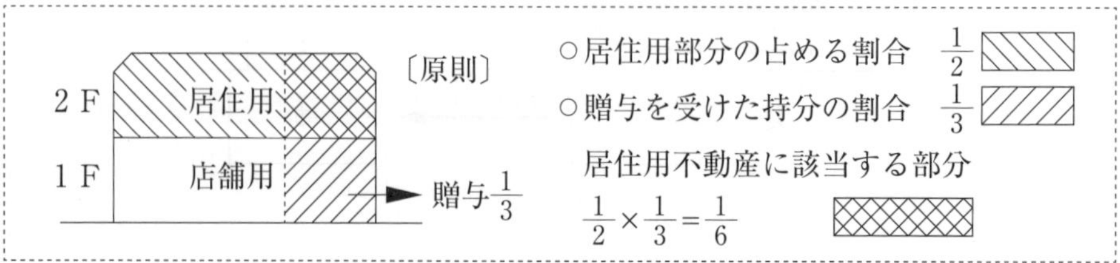

(ロ)　しかし、その贈与を受けた持分の割合が、店舗兼住宅等の居住の用に供している部分（その居住の用に供している部分に受贈配偶者とその配偶者との持分の割合を合わせた割合を乗じて計算した部分をいいます。この第８において以下同じです。）の割合以下である場合においては、その贈与を受けた持分の割合に対応するその店舗兼住宅等の部分を居住用不動産として認めることとされています（相基通21の６－３ただし書）。

つまり、店舗兼住宅等の土地等又は家屋の価額に、次の①又は②のうちいずれか少ない割合を乗じて計算した価額を、贈与を受けた居住用不動産の価額とするものです。

①　贈与を受けた持分の割合

②　居住の用に供している部分の割合

これは、贈与税の配偶者控除制度の趣旨及び当事者の贈与の認識を尊重して、贈与部分のうち、居住用部分を先取りして贈与税の配偶者控除を適用しようとするものです。

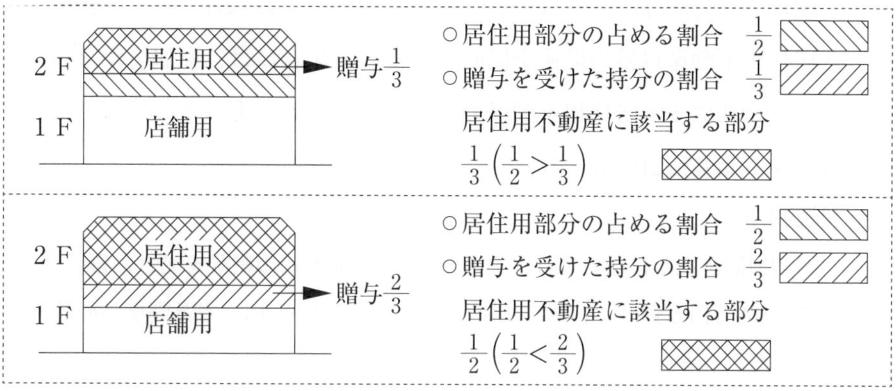

〔事例〕

事務所兼住宅で60％が居住用である土地及び家屋について、50％の持分を配偶者から贈与を受けた場合（土地及び家屋の相続税評価額を4,800万円とします。）

①　4,800万円×50％＝2,400万円（贈与を受けた持分の割合に相当する部分の価額）

②　1,800万円×60％＝2,880万円（居住用部分の割合に相当する部分の価額）

③　①と②のいずれか少ない方の金額

2,400万円（贈与を受けた居住用不動産の価額）

（原則的取扱いによれば、居住用不動産の価額は、4,800万円×50％×60％＝1,440万円となります。）

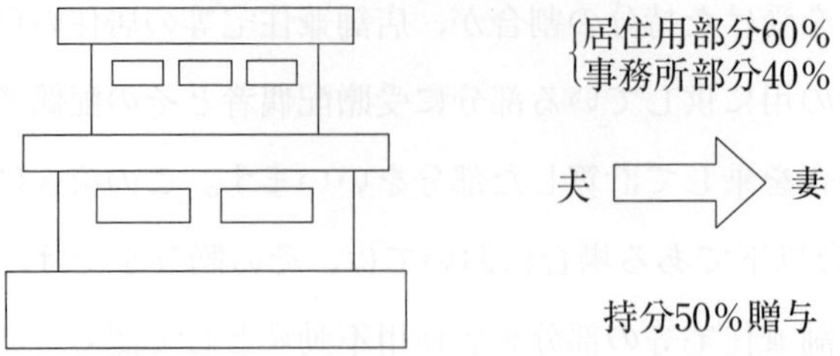

贈与持分割合50%＜居住用部分割合60%

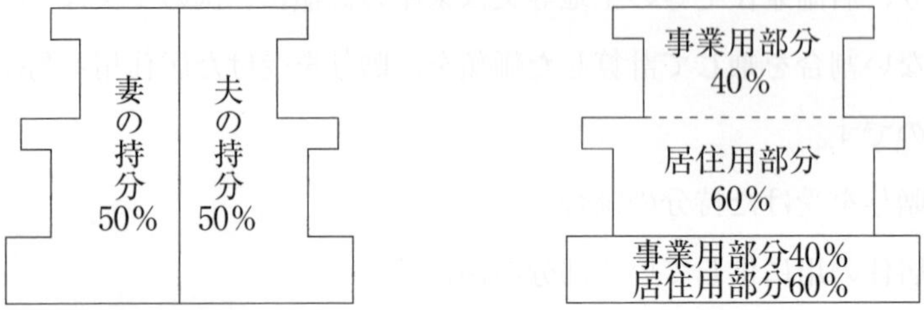

ホ　贈与により取得した金銭で居住用不動産と居住用不動産以外の財産を取得した場合

配偶者から贈与により取得した金銭及びその金銭以外の資金で、居住用不動産と居住用不動産以外の財産を同時に取得した場合には、配偶者から贈与により取得した金銭はまず居住用不動産の取得に充てられたものとして取り扱うことができます（相基通21の6－5）。

〔設例1〕

婚姻期間が22年になる妻は、夫から現金1,500万円の贈与を受け、自己資金（銀行預金等）800万円と併せて、居住用家屋の新築に2,000万円、家具調度品の購入に300万円を充てた。

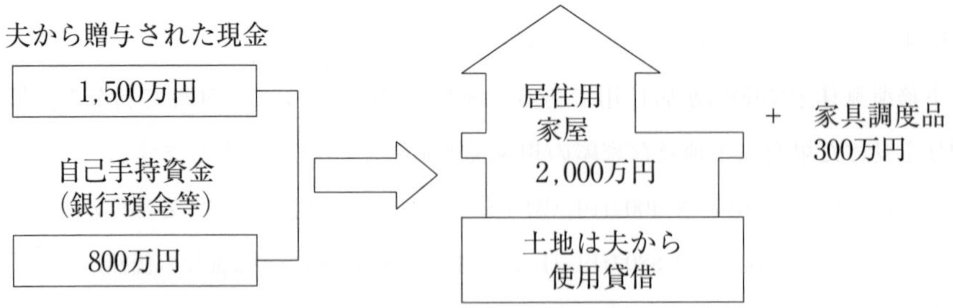

この場合、居住用家屋と家具調度品を同時に取得した場合には、夫から贈与により取得した金銭1,500万円は、まず居住用家屋の取得の資金に充てられたものとして、その金額を贈与税の配偶者控除の対象とすることができます。したがって、贈与税額は0円となります。

〔設例２〕

婚姻期間が25年になる妻は、夫から現金2,000万円の贈与を受け、1,500万円を居住用家屋の取得に充て、残りの500万円で株式を取得した。

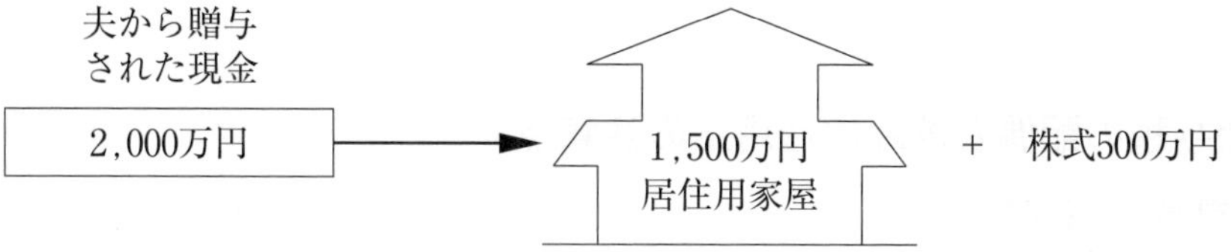

配偶者控除額　1,500万円（限度額2,000万円＞居住用不動産の価額1,500万円）

〔計算〕

（居住用不動産の取得に充てた金銭）		（配偶者控除額）		（株式の取得に充てた金額）		（基礎控除額）	（課税価格）
1,500万円	－	1,500万円	＋	500万円	－	110万円	＝390万円

（課税価格）		（税率）		（控除額）		（贈与税額）
390万円	×	20％	－	25万円	＝	53万円

３　信託財産である居住用不動産についての贈与税の配偶者控除の適用

受贈配偶者が取得した信託に関する権利で、その信託の信託財産に属する資産が次に掲げるいずれかのものである場合には、その信託に関する権利は、贈与税の配偶者控除の特例の適用対象となる居住用不動産に該当するものとして取り扱われます（相基通21の６―９）。

ただし、集団投資信託（法法２二十九）、法人課税信託（法法２二十九の二）、退職年金等信託（法法12④一）に関する権利及び相続税法第９条の４第１項又は第２項の規定により贈与により取得したものとみなされる受益者等が存しない信託等に関する権利は除かれます。

⑴　信託財産に属する土地等又は家屋が居住用不動産に該当するもの

⑵　委託者である受贈配偶者が信託した金銭により、受託者が、信託財産として取得した土地等又は家屋（その受贈配偶者が信託した金銭（配偶者から贈与により取得した金銭に限ります。）により取得したもので、その金銭に対応する部分に限ります。）が居住用不動産に該当するもの

上記の場合、贈与税の申告書に添付する居住用不動産に関する登記事項証明書㈱その他の書類については、上記⑴の場合には、居住用不動産に係る信託目録が含まれた登記事項証明書㈱、上記⑵の場合には、信託の受託者が信託財産として居住用不動産

を取得したことを明らかにするものが必要となります。

※　登記事項証明書については、申告書への不動産番号等の記入又は不動産番号等明細書（526ページ参照）を提出することなどにより、その添付を省略することができます（情報通信技術を活用した行政の推進等に関する法律11、同法施行令５）。

4　贈与税の配偶者控除の適用上の注意点

(1)　重複適用の排除

贈与税の配偶者控除は、配偶者から贈与を受けた前年以前のいずれかの年分においてその配偶者から取得した財産に係る贈与税について、贈与税の配偶者控除の適用を受けている者については、その適用を受けることができません（相法21の６①かっこ書）。

なお、上記「その配偶者」とは、今回の贈与者である配偶者をいいます（相基通21の６－８）。

(2)　相続税の７年以内の贈与加算との関係

相続又は遺贈により財産を取得した者が、その相続の開始前７年以内に、その相続に係る被相続人から贈与により財産を取得している場合には、その贈与により取得した財産の価額は、その贈与を受けた相続人又は受遺者の相続税の課税価格に加算されますが、贈与税の配偶者控除の適用を受けた受贈財産については、贈与税の配偶者控除額を控除したところで加算することになります（相法19①②）。

(注)　令和５年12月31日以前に贈与により取得した財産については、相続税の３年以内の贈与加算となります。(94ページ参照)

また、居住用不動産の贈与を受けた年に贈与者が死亡した場合で、その配偶者が被相続人からの贈与について贈与税の配偶者控除の適用を受けたことがない者である場合において、相続開始の年に贈与により取得した財産のうち、その財産について贈与税の配偶者控除の適用があるものとした場合にその控除額として控除されることとなる金額に相当する部分は、加算されません。

(注)　上記は、相続税の申告書（期限後申告書及び修正申告書を含みます。）又は更正の請求書に贈与を受けた居住用不動産又は金銭の価額を贈与税の課税価格に算入する旨、これらの財産のうち贈与税の課税価格に算入する部分の価額等を記載し、一定の書類を添付して、これを提出した場合に適用があります（相法19②二、相令４②、相規１の５）。

　したがって、上記の財産は相続税法第21条の２第４項の規定の適用を受けないこととなりますので、贈与税が課税されることになり、贈与税の申告を要することになります。この場合、贈与税の配偶者控除の適用要件を満たしていれば、この適用が受けられます（適用要件を満たしていないときは贈与税が課税されます。）。

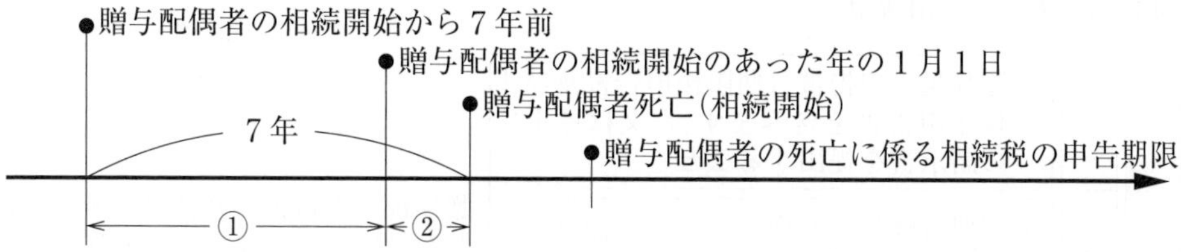

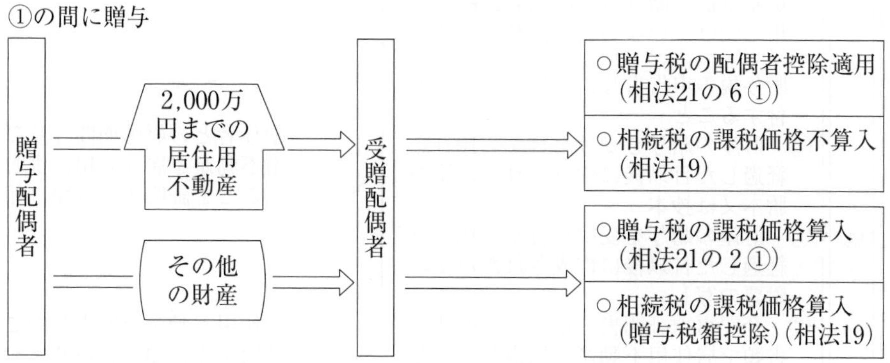

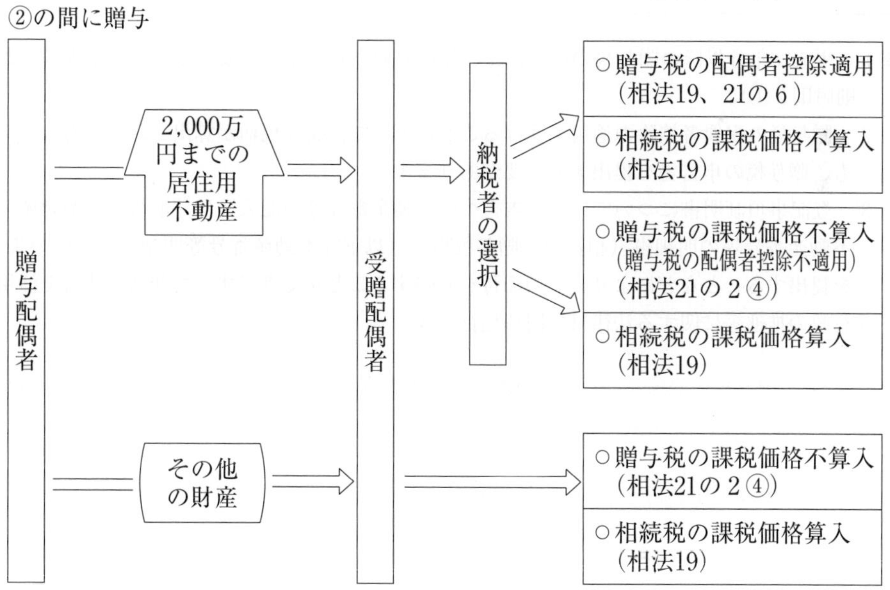

5　贈与税の配偶者控除の適用を受けるための手続

この配偶者控除の適用を受けるためには、次の申告手続をしなければなりません（相法21の6②、相規9）。

適用を受けるための手続要件			
	①	贈与税の申告書（期限後申告書及び修正申告書を含みます。）又は更正の請求書を提出すること	①～③：贈与税の申告書の様式に、所定の記載欄が設けてあります(相法21の6②)。
	②	配偶者控除の適用を受ける金額及びその控除に関する事項を記載すること	
	③	前年以前に贈与税の配偶者控除の適用を受けていない旨を記載すること	
	④	贈与税の申告書等に、次の書類を添付すること Ⅰ　財産の贈与を受けた日から10日を経過した日以後に作成された戸籍の謄本又は抄本 Ⅱ　財産の贈与を受けた日から10日を経過した日以後に作成された戸籍の附票の写し Ⅲ　登記事項証明書（※3）その他の書類で居住用不動産を取得したことを証する書類	Ⅰ・Ⅱ ⇐ 贈与者との婚姻期間等及び居住用不動産を居住の用に供していることを証明する書類（相規9一） Ⅲ ⇐ 居住用不動産を取得したことを証明する書類（相規9二）

※1　平成28年分以降の贈与税の申告には、住民票の写しの添付を要しません（平成27年改正規則附則2①）。

2　贈与税の配偶者控除の適用を受けることによって、贈与税額が算出されない場合であっても、贈与税の申告書を提出する必要があります。

3　登記事項証明書については、申告書への不動産番号等の記入又は「取得した不動産に係る不動産番号等の明細書（相続税・贈与税用）」（以下「不動産番号等明細書」といいます。）を提出することなどにより、その添付を省略することができます（情報通信技術を活用した行政の推進等に関する法律11、同法施行令5）。

取得した不動産に係る不動産番号等の明細書（相続税・贈与税用）

氏　名	

この明細書は、次に掲げる場合において、その取得した不動産に係る不動産番号等を記入することにより、その取得した不動産に係る登記事項証明書の添付を省略するときに使用します。

（注）　登記事項証明書の写しなど不動産番号等の記載のあるものを提出いただくことで、登記事項証明書の添付を省略することができます（その場合、この明細書の提出は不要です。）。

①　贈与税の配偶者控除の適用を受ける場合で、贈与税の申告書第１表に不動産番号を書ききれないとき
②　住宅取得等資金の非課税の適用を受ける場合で、贈与税の申告書第１表の２に不動産番号を書ききれないとき
③　住宅取得等資金の贈与を受けた場合の相続時精算課税選択の特例の適用を受ける場合（②の住宅取得等資金の非課税と併せて適用する場合を除きます。）
④　震災に係る住宅取得等資金の非課税の適用を受ける場合で、贈与税の申告書第１表の３に不動産番号を書ききれないとき
⑤　相続開始の年に被相続人から贈与によって取得した相続税法第 19 条第２項に規定する特定贈与財産の価額について、相続税の課税価格に加算しない場合

１　適用を受ける特例（適用を受ける特例の□に✓印を記入してください。）

□　贈与税の配偶者控除
□　住宅取得等資金の非課税
□　住宅取得等資金の贈与を受けた場合の相続時精算課税選択の特例
□　震災に係る住宅取得等資金の非課税
□　相続開始の年に被相続人から贈与によって取得した相続税法第 19 条第２項に規定する特定贈与財産の価額について、相続税の課税価格に加算しない場合

２　取得した不動産に係る不動産番号等

	不動産の種別	所在及び地番又は家屋番号（注1） 不動産番号（注2）
1	□土地 □建物	
2	□土地 □建物	
3	□土地 □建物	
4	□土地 □建物	
5	□土地 □建物	

（注）１　地番・家屋番号は、住居表示番号（○番○号）とは異なりますので、注意してください。
　　２　不動産番号欄には、登記事項証明書等に記載されている 13 桁の不動産番号を記入してください。

（資３－32－Ａ４統一）（令５.12）

第9　相続時精算課税

財産の贈与を受けた者で、一定の要件に該当する場合には、贈与時に贈与財産に対する贈与税を支払い、その後の相続時にその贈与財産と相続財産とを合計した価額を基に計算した相続税額から、既に支払ったその贈与税を控除することにより贈与税・相続税を通じた納税をすることができる相続時精算課税の適用を受けることを選択できます。

相続時精算課税制度は、生前に贈与を受けた財産についての課税上の精算を相続時に行うことが制度の前提とされていることから基礎控除が設けられていませんでしたが、令和5年度税制改正において、相続時精算課税制度の利用を促進する観点から、毎年110万円の基礎控除が設けられることになりました。

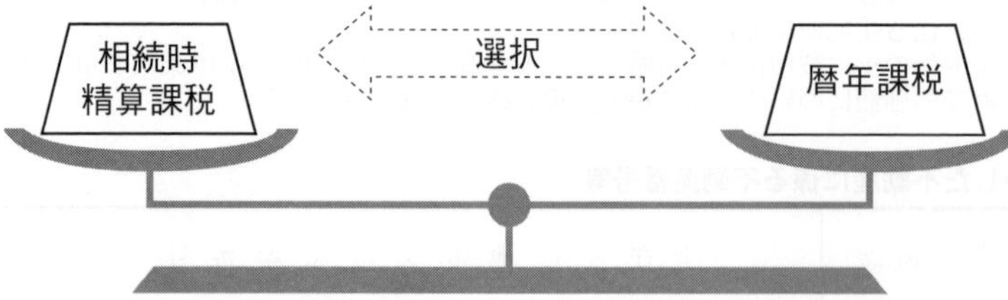

1　適用対象者等の要件（相法21の9①、措法70の2の6①）

相続時精算課税の適用対象者等の要件は、次のとおりです。

受贈者	贈与をした者の直系卑属（子や孫など）である推定相続人及び孫のうち、贈与を受けた年の1月1日において18歳以上※である者 「贈与をした者の推定相続人」とは、贈与をした日現在においてその贈与をした者の最先順位の相続権（代襲相続権を含みます。）を有する者をいい、推定相続人であるかどうかの判定は、その贈与の日において行います（相基通21の9－1）。 また、年の途中で推定相続人又は孫となった場合は、推定相続人又は孫となった時前に贈与を受けた財産には相続時精算課税が適用されません（相法21の9④、措法70の2の6②）が、この適用のない受贈財産に係る贈与税額は、暦年課税により計算することとなるため、110万円の基礎控除（相法21の5、措法70の2の4）の適用があります（相基通21の9－4）。
贈与者	贈与をした年の1月1日において60歳以上である者

※　令和4年3月31日以前に贈与を受けた場合は20歳以上（平成31年改正法附則23③）。

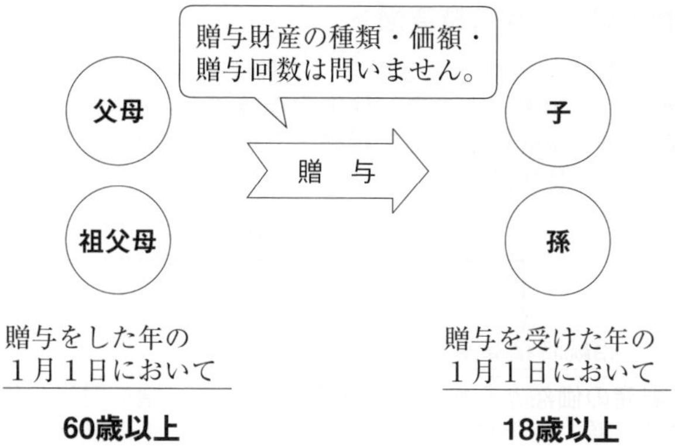

２　適用手続

令和６年１月１日以後に贈与により財産を取得し、相続時精算課税の適用を受けようとする受贈者で、相続時精算課税に係る基礎控除後の贈与税の課税価格がある場合には、贈与税の申告義務があることから、贈与を受けた財産に係る贈与税の**申告書の提出期限まで**に「相続時精算課税選択届出書」（贈与者ごとに作成しなければなりません。）及び一定の書類を贈与税の申告書に添付し、贈与税の納税地の所轄税務署長に提出しなければなりません。

なお、相続時精算課税に係る基礎控除後の贈与税の課税価格がない場合には、贈与税の申告義務がないことから、贈与を受けた年の翌年２月１日から３月15日までに「相続時精算課税選択届出書」（贈与者ごとに作成しなければなりません。）を単独で、贈与税の納税地の所轄税務署長に提出しなければなりません（相法21の９②、令和５年改正後相令５①②、令和５年改正後相規10、11、令和５年改正相令附則２、令和５年改正相規附則２①）。

「相続時精算課税選択届出書」を提出した場合には、その届出書に係る贈与者からの贈与により取得する財産については、本課税を適用した年分以後、全て本課税の適用を受けることになります（相法21の９③）。

なお、提出された「相続時精算課税選択届出書」は撤回することはできません（相法21の９⑥）。

㊟　相続時精算課税において、「相続時精算課税選択届出書」を贈与税の納税地の所轄税務署長に提出した受贈者を「相続時精算課税適用者」といい、当該届出書に係る贈与者を「特定贈与者」といいます（相法21の９⑤）。

また、贈与により財産を取得した者が当該財産について相続時精算課税選択届出書をその提出期限までに提出しなかった場合には、相続時精算課税の適用を受けることはできない（ゆうじょ規定がない）ことに留意が必要です（相基通21の９－３）。

＜相続時精算課税と暦年課税の概要図＞

相続時精算課税を選択できる場合（年齢は贈与の年の１月１日現在のものです。）
・贈与者　→　60歳以上の者（住宅取得等資金の贈与の場合には特例があります。）
・受贈者　→　18歳以上の推定相続人（子が亡くなっているときには孫を含みます。）及び孫

選択

	相続時精算課税	暦年課税
贈与税	①　贈与財産の価額から控除する金額 基礎控除額　毎年110万円(※) 特別控除額2,500万円 なお、前年までに特別控除額を使用した場合には、2,500万円から既に使用した額を控除した金額が特別控除額となります。 ②　税額 特別控除額を超えた部分に対して一律20％の税率で計算します。	①　贈与財産の価額から控除する金額 基礎控除額　毎年110万円 ②　税額 基礎控除後の課税価格に応じ、累進税率で計算します。
	相続時に精算	
相続税	贈与者が亡くなった時の相続税の計算上、相続財産の価額に、相続時精算課税を適用した贈与財産の価額（贈与時の価額）の基礎控除後の価額(※)を加算して相続税額を計算します。 その際、既に支払った贈与税相当額を相続税額から控除します。なお、控除しきれない金額は還付を受けることができます。	贈与者が亡くなった時の相続税の計算上、原則として、相続財産の価額に贈与財産の価額を加算する必要はありません。 ただし、相続又は遺贈により財産を取得した者が、相続開始前７年以内に贈与を受けた財産の価額（贈与時の価額で、相続開始前３年以内に取得した財産以外の財産にあっては、当該財産の価額の合計額から100万円を控除した残額）は加算しなければなりません。

※　令和５年12月31日以前の贈与については相続時精算課税に係る贈与税の基礎控除の適用はありません（令和５年改正法附則19④）。

※「相続時精算課税」を選択すると、その選択に係る贈与者から贈与を受ける財産については、その選択をした年分以後、全て相続時精算課税が適用されることとなり、「暦年課税」へ変更することはできません。

※　相続時精算課税に係る基礎控除110万円は、受贈者１人につき毎年認められるものであり、同一の年に２人以上の特定贈与者から、贈与を受けた場合であっても、基礎控除額は110万円が限度となります。

※　令和５年12月31日以前の贈与により取得した財産については、相続又は遺贈により財産を取得した者が、相続開始前３年以内に贈与を受けた財産の価額（贈与時の価額）を加算しなければなりません。

※　相続時精算課税に係る基礎控除と暦年課税に係る基礎控除とは別のものであるため、年間で最大220万円までの贈与について贈与税が課税されないこととなります。

※　特定贈与者からの贈与について、暦年課税の基礎控除の適用はできません。

〔設例１〕

長男、二男が父から財産の贈与を受けた場合、長男、二男のそれぞれが父からの贈与について相続時精算課税の適用を受けるか否かを選択することになります。

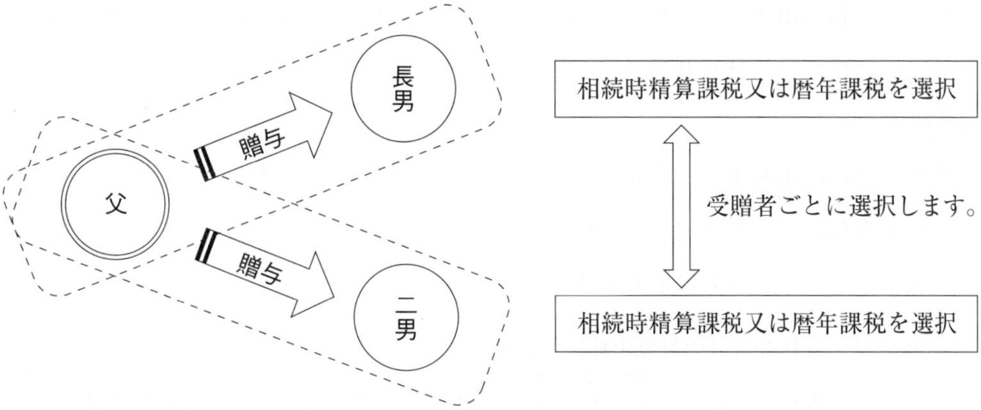

〔設例２〕

子が父母から財産の贈与を受けた場合、子は父母のそれぞれについて相続時精算課税の適用を受けるか否かを選択することになります。

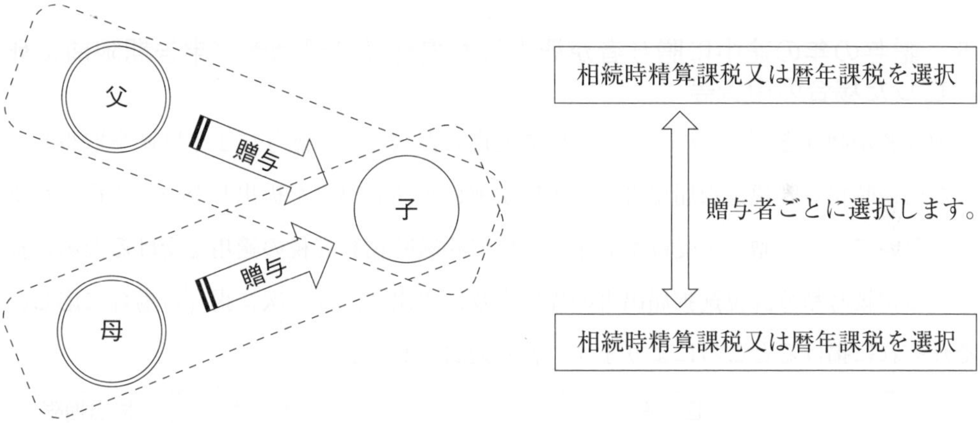

３　添付書類

相続時精算課税選択届出書には、次の書類を添付しなければなりません（相法21の９②、相令５②、相規11、措規23の５の６）。

受贈者の戸籍の謄本又は抄本その他の書類で右の内容を証する書類	イ	受贈者の氏名、生年月日
	ロ	受贈者が贈与者の推定相続人又は孫であること

４　特定計画山林についての相続税の課税価格の計算の特例の適用を受けようとする場合の添付書類

被相続人である贈与者の死亡に係る相続税において、相続時精算課税に係る贈与を受けた特定受贈森林経営計画対象山林について、相続税の課税価格の軽減措置（「第6章第3　課税価格の計算の特例」の「2　特定計画山林についての相続税の課税価格の計算の特例」152ページを参照ください。）を受けるためには、贈与税の申告期間内に、贈与税の申告書に次に記載の添付書類を添付して、受贈者の住所地の所轄税務署長に届け出なければなりません（措法69の5⑧、措令40の2の2⑬、措規23の2の2⑧⑨）。

なお、この届出をすることができる人は、原則としてその贈与を受けた時からその特定受贈森林経営計画対象山林について市町村長等の認定を受けた森林経営計画に基づき施業を行っている人に限られます。

①	特定受贈森林経営計画対象山林に係る届出書
②	特定受贈森林経営計画対象山林について贈与の前に市町村長等の認定を受けていた森林経営計画に係る森林経営計画書の写し
③	上記②の森林経営計画に係る認定書の写し及びその他参考となるべき事項を記載した書類

5　贈与の年の途中に贈与者が死亡した場合及び受贈者が申告期限前に死亡した場合の申告等

贈与者が贈与をした年の中途において死亡した場合又は贈与により財産を取得した者が相続時精算課税選択届出書の提出期限前に当該届出書を提出しないで死亡した場合において、その贈与を受けた財産について相続時精算課税の適用を受けるために提出する相続時精算課税選択届出書の提出先及び提出期限は、次に掲げる場合に応じ、それぞれに掲げるところによります（相基通21の9－2）。

<table>
<tr><th colspan="2">区　分</th><th>提出先</th><th>提出期限</th></tr>
<tr><td rowspan="2">贈与者が贈与をした年の中途で死亡した場合
※　相続時精算課税選択届出書に係る受贈財産については、贈与税の申告は必要ありません。</td><td>受贈者に係る贈与税の申告書の提出期限（相法28①②）以前に贈与者の死亡に係る相続税の申告書の提出期限（相法27①②）が到来するとき</td><td rowspan="2">その贈与者に係る相続税の納税地を所轄する税務署長</td><td>その贈与者に係る相続税の申告書の提出期限</td></tr>
<tr><td>贈与者の死亡に係る相続税の申告書の提出期限（相法27①②）前に受贈者に係る贈与税の申告書の提出期限（相法28①②）が到来するとき</td><td>その受贈者に係る贈与税の申告書の提出期限</td></tr>
<tr><td colspan="2">贈与により財産を取得した者が相続時精算課税選択届出書の提出期限前に当該届出書を提出しないで死亡した場合（上欄に該当する場合を除きます。）</td><td>その受贈者に係る贈与税の納税地を所轄する税務署長</td><td>その受贈者に係る贈与税の申告書の提出期限</td></tr>
</table>

〔設例１〕

贈与のあった年の中途において贈与者が死亡した場合には、相続時精算課税の適用を受けようとする受贈者は、次の(イ)又は(ロ)のいずれか早い日までに「相続時精算課税選択届出書」を贈与者の死亡に係る相続税の納税地の所轄税務署長に提出しなければなりません（相令５③④）。

(イ)　贈与を受けた年の翌年の３月15日（贈与税の申告書の提出期限）

(ロ)　贈与者についての相続の開始があったことを知った日の翌日から10か月を経過する日（相続税の申告書の提出期限）

なお、(ロ)の日が当該届出書の提出期限となる場合において、当該贈与者の死亡に係る相続税の申告書を提出しなければならないときには、当該相続税の申告書に当該届出書を添付しなければなりません（相令５④）。

※　相続税の申告書を提出する必要がない場合であっても、当該届出書を当該贈与者の死亡に係る相続税の納税地の所轄税務署長に提出しなければならないことになります。

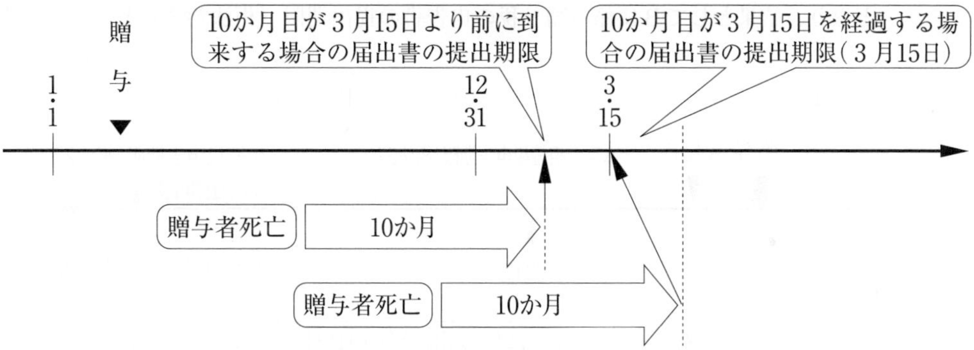

（具体例１）

贈与者Ａが贈与をした年の中途で死亡した場合で、受贈者Ｂに係る贈与税の申告書の提出期限（相続税法第28条第１項に規定する期限）以前にＡの死亡に係る相続税の申告書の提出期限（相続税法第27条第１項に規定する期限）が到来するとき

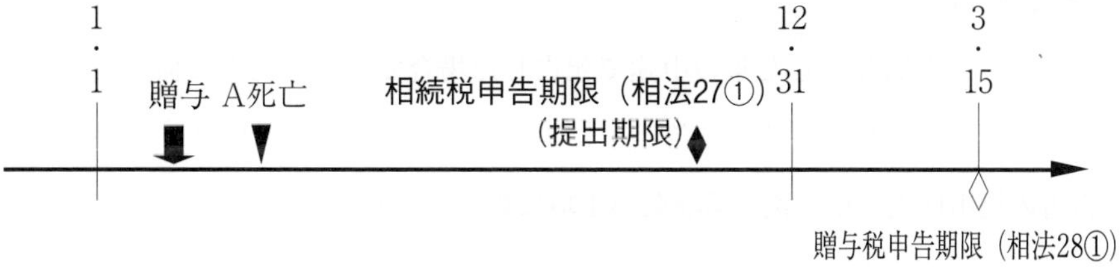

①	届出書の提出先	贈与者Aに係る相続税の納税地を所轄する税務署長
②	届出書の提出期限	贈与者Aに係る相続税の申告書の提出期限（相法27①）
③	届出書の提出方法	相続税の申告書に添付して提出（申告不要の場合には届出書（添付書類を含みます。以下同じです。）のみ提出）
④	根拠規定	相令5③④

（具体例2）

贈与者Aが贈与をした年の中途で死亡し、かつ、その贈与に係る受贈者Bが相続時精算課税選択届出書の提出期限前に当該届出書を提出しないで死亡した場合で、死亡したBに係る贈与税の申告書の提出期限（相続税法第28条第2項に規定する期限）以前にAの死亡に係る相続税の申告書の提出期限（相続税法第27条第1項に規定する期限）が到来するとき（BがAに係る相続税の申告書を提出しないで死亡しているケース）

⇒　Aに係る相続税の申告書の提出期限は、相続税法第27条第2項に規定する期限となり、結果としてBに係る贈与税の申告書の提出期限（相法28②）と一致します。

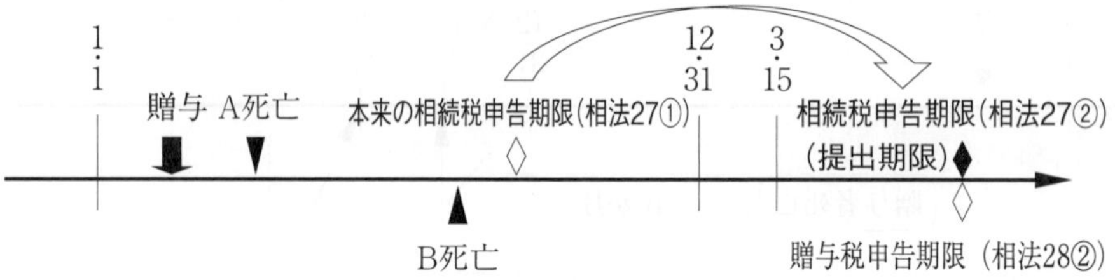

①	届出書の提出先	贈与者Aに係る相続税の納税地を所轄する税務署長
②	届出書の提出期限	贈与者Aに係る相続税の申告書の提出期限（相法27②）
③	届出書の提出方法	相続税の申告書に添付して提出（申告不要の場合には届出書のみ提出）
④	根拠規定	相令5の6①④（⇒相令5③④）

（具体例3）

贈与者Aが贈与をした年の中途で死亡した場合で、Aの死亡に係る相続税の申告書の提出期限（相続税法第27条第1項に規定する期限）前に受贈者Bに係る贈与税の申告書の提出期限（相続税法第28条第1項に規定する期限）が到来するとき

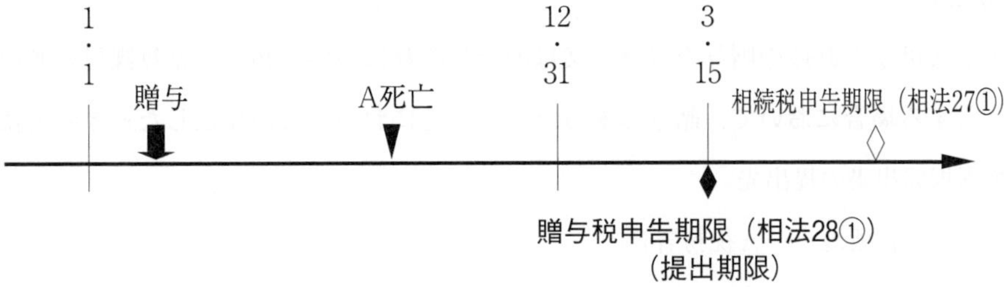

①	届出書の提出先	贈与者Ａに係る相続税の納税地を所轄する税務署長
②	届出書の提出期限	受贈者Ｂに係る贈与税の申告書の提出期限（相法28①）
③	届出書の提出方法	届出書のみ提出
④	根拠規定	相令５③

（具体例４）

贈与者Ａが贈与をした年の中途で死亡し、かつ、その贈与に係る受贈者Ｂが相続時精算課税選択届出書の提出期限前に当該届出書を提出しないで死亡した場合で、Ａの死亡に係る相続税の申告書の提出期限（相続税法第27条第１項に規定する期限）前に死亡したＢに係る贈与税の申告書の提出期限（相続税法第28条第２項に規定する期限）が到来するとき

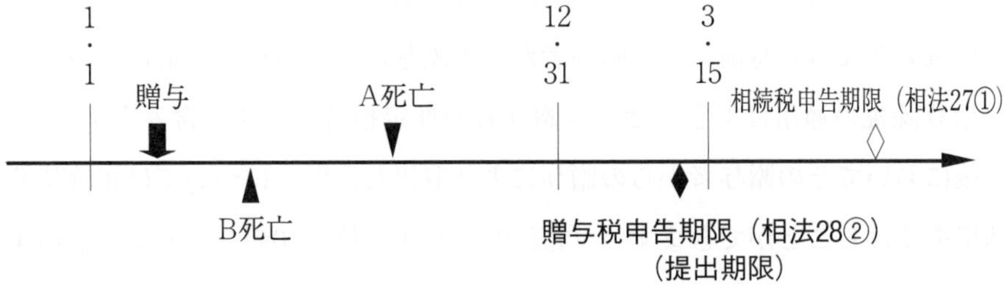

①	届出書の提出先	贈与者Ａに係る相続税の納税地を所轄する税務署長
②	届出書の提出期限	受贈者Ｂに係る贈与税の申告書の提出期限（相法28②）
③	届出書の提出方法	届出書のみ提出
④	根拠規定	相令５の６①④（⇒相令５③）

〔設例2〕

子が父母から財産の贈与を受け、父母のそれぞれについて相続時精算課税の適用を受けようとする場合において、贈与のあった年の中途において父が死亡したときの相続時精算課税選択届出書の提出先

・父母の住所地……A税務署管内

・子の住所地………B税務署管内

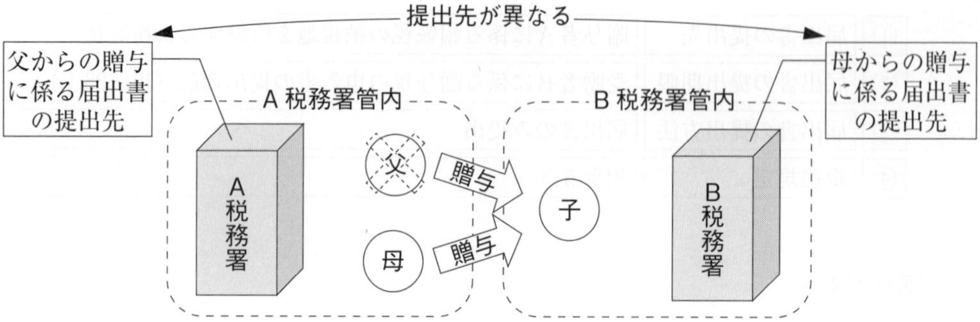

6　年の中途において推定相続人となった者に対する相続時精算課税の適用

贈与のあった年の1月1日において18歳以上（令和4年3月31日以前は20歳以上）である者が同日において60歳以上の者からの贈与により財産を取得した場合に、その年の中途においてその贈与者の養子となったことその他の事由によりその贈与者の推定相続人（孫も含みます。）となったとき（配偶者となったときを除きます。）には、推定相続人となった時前にその贈与者からの贈与により取得した財産については、相続時精算課税の適用はできません（贈与者の推定相続人（孫も含みます。）になった時以後においてその贈与者からの贈与により取得した財産については相続時精算課税の適用を受けることができます。）（相法21の9④、措法70の2の6②、令和4年改正法附則51⑤）。

<ひ孫が曾祖父から財産の贈与（①～③）を受けた場合>

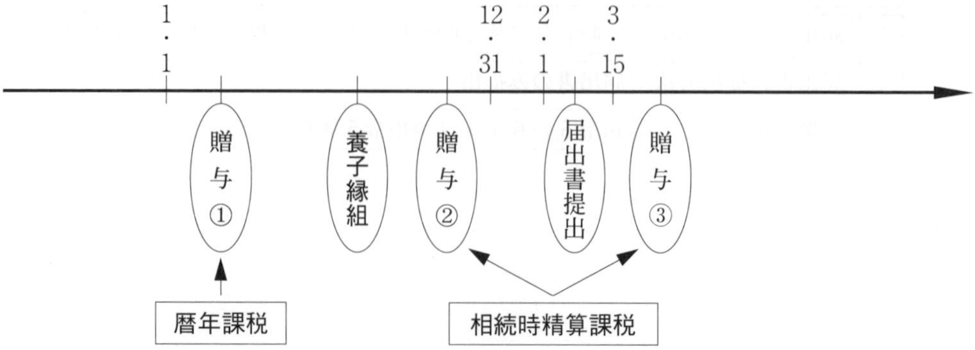

※　養子縁組前の贈与①については、暦年課税により贈与税額を計算し、養子縁組以後の贈

与②及び③は、相続時精算課税により贈与税額を計算します。

7　特定贈与者の推定相続人でなくなった者に対する相続時精算課税の適用

相続時精算課税適用者が、その特定贈与者の推定相続人（孫を含みます。）でなくなった場合においても、その特定贈与者からの贈与により取得した財産については相続時精算課税が適用されます（相法21の９⑤、措法70の２の６③）。

＜ひ孫が曾祖父から財産の贈与（①、②）を受けた場合＞

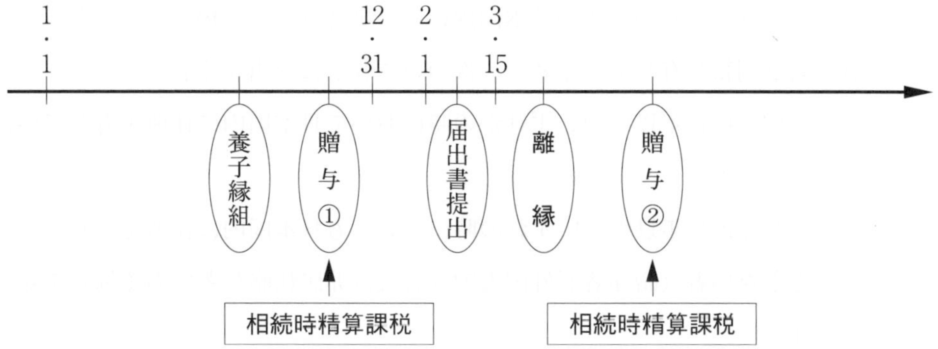

※　離縁後に贈与②があっても、相続時精算課税が適用されます。

8　特定の贈与者から住宅取得等資金の贈与を受けた場合の相続時精算課税の特例（措法70の３）

令和８年12月31日までに、贈与による住宅取得等資金の取得をした場合、贈与者の年齢がその年の１月１日に60歳未満であっても、一定の要件（次の(1)から(5)の要件）を満たせば相続時精算課税の適用を受けることができます（この特例を、この第９において、以下「住宅取得等資金に係る相続時精算課税選択特例」といいます。）。

＜特例のイメージ＞

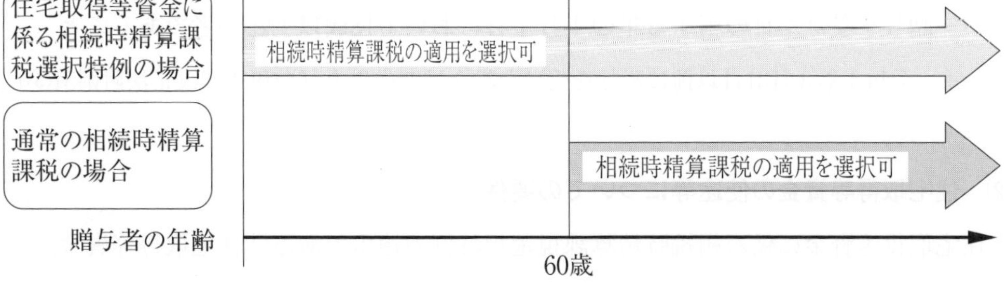

⑴　受贈者の要件

住宅取得等資金に係る相続時精算課税選択特例の適用のある受贈者には、次の要件があります（措法70の3③一）。

イ　次のいずれかに該当する者であること（相法1の4①一二）

㈠　贈与を受けた時の住所が日本国内にある場合は、次に掲げる者であること

A　一時居住者でない者

B　一時居住者である者（贈与者が外国人贈与者又は非居住贈与者である場合を除きます。）

㈡　贈与を受けた時の住所が日本国内にない場合は、次に掲げる者であること

A　日本国籍を有している者で、次のいずれかに該当する者

(a)　贈与前10年以内のいずれかの時において日本国内に住所を有していたことがある者

(b)　贈与前10年以内のいずれの時においても日本国内に住所を有していたことがない者（贈与者が外国人贈与者又は非居住贈与者である場合を除きます。）

B　日本国籍を有していない者（贈与者が外国人贈与者又は非居住贈与者である場合を除きます。）

㈱1　一時居住者とは、贈与の時において在留資格を有する者であって、贈与前15年以内において日本国内に住所を有していた期間の合計が10年以下である者をいいます。

2　外国人贈与者とは、贈与の時において、在留資格を有し、かつ、日本国内に住所を有していた贈与者をいいます。

3　非居住贈与者とは、贈与の時において日本国内に住所を有していなかった贈与者であって、贈与前10年以内のいずれかの時において日本国内に住所を有していたことがあるもののうちそのいずれの時においても日本国籍を有していなかったもの又は贈与前10年以内のいずれの時においても日本国内に住所を有していたことがないものをいいます。

ロ　贈与者の直系卑属である推定相続人（孫を含みます。）であること

ハ　贈与を受けた日の属する年の1月1日において18歳以上㈱の者であること

㈱　令和4年3月31日以前に贈与を受けた場合は20歳以上（令和4年改正法附則51⑤）。

⑵　住宅取得等資金の使途等についての要件

住宅取得等資金に係る相続時精算課税選択特例の適用のある「住宅取得等資金」とは、次の⑶に記載の住宅用家屋等の新築、取得又は増改築等の対価に充てるための金

銭をいい（措法70の３③五）、贈与を受けた年の翌年３月15日までにその金銭の全額をその取得等に充てなければなりません（措法70の３①各号）。

また、「住宅取得等資金」には、「新築、取得又は増改築等の対価に充てる」ものであることが要件とされていますので、

・住宅用の家屋の新築工事の請負代金

・売買代金

・増改築等に係る工事の請負代金

・建築の請負業者以外の建築士に支払った家屋の設計料

・住宅用の家屋と一体として取得した電気設備等の附属設備の取得対価

については、含まれますが、

・売買契約書等に貼付した印紙

・不動産仲介手数料

・不動産取得税等

・登録免許税

などの「住宅用の家屋の取得に要した費用」は含まれません。

⑶　住宅用の家屋の要件

住宅取得等資金に係る相続時精算課税選択特例の適用の対象となる新築若しくは取得又は増改築等をした住宅用の家屋には、次の要件があります（措法70の３①③二～五、措令40の５①～⑥、措規23の６①②）。

イ　新築若しくは取得又は増改築等をした住宅用の家屋が日本国内にあること

ロ　受贈者の①配偶者、②直系血族、③親族で生計を一にしているもの、④婚姻の届出をしていないが事実上婚姻関係と同様の事情にある者及びその者の親族でその者と生計を一にしているもの並びに⑤受贈者から受ける金銭その他の財産によって生計を維持しているもの及びその者の親族でその者と生計を一にしているもの（以下「特別の関係のある者」といいます。）との請負契約その他の契約に基づき住宅用の家屋の新築若しくは取得又は増改築等をしたものではないこと

ハ　贈与を受けた年の翌年３月15日までに住宅用の家屋を新築若しくは取得又は増改築等すること

なお、「新築」には、贈与を受けた年の翌年３月15日において屋根（その骨組みを含みます。）を有し、土地に定着した建造物として認められる時以後の状態にあるものが含まれます。

また、「増改築等」には、贈与を受けた年の翌年3月15日において増築又は改築部分の屋根（その骨組みを含みます。）を有し、既存の家屋と一体となって土地に定着した建造物として認められる時以後の状態にあるものが含まれます。

ただし、「取得」の場合には、これらの状態にあるものが含まれませんので、贈与を受けた住宅取得等のための金銭を建売住宅又は分譲マンションの取得の対価に充てている場合でも、贈与を受けた年の翌年3月15日までにその引渡しを受けていなければ、住宅取得等資金に係る相続時精算課税選択特例の適用を受けることはできません。

ニ　新築若しくは取得又は増改築等の別に次の表に記載の要件に該当すること。

新築若しくは取得又は増改築等には、その新築若しくは取得又は増改築等とともに取得する敷地の用に供される土地等の取得も含まれますが、この場合の「土地等」とは、例えば、住宅用家屋の新築請負契約と同時に締結された売買契約によって取得した土地等、住宅用家屋の新築請負契約の締結を条件（停止条件又は解除条件）とする売買契約によって取得した土地等、いわゆる建売住宅や分譲マンションなど、住宅用家屋と同時に取得した土地等に限定されます（措法70の3①各号、措通70の3－2）。

なお、上記新築若しくは取得又は増改築等ともに取得する敷地の用に供される土地等には、住宅用家屋の新築（住宅取得等資金の贈与を受けた日の属する年の翌年3月15日までに行われたものに限ります。）に先行して取得する土地等も含まれます。

＜住宅取得等資金に係る相続時精算課税選択特例の対象となる住宅用家屋等の範囲＞

<table>
<tr><th>区　分</th><th colspan="4">要　件</th></tr>
<tr><td rowspan="3">新築若しくは建築後使用されたことのない住宅用家屋（措令40の５①）</td><td>①</td><td colspan="3">その家屋の床面積の２分の１以上に相当する部分が専ら住居の用に供されるもの（居住の用に供する家屋を二以上有する場合には、主たるものに限ります。）</td></tr>
<tr><td rowspan="2">②</td><td rowspan="2">床面積が40㎡以上であるもの</td><td rowspan="2">判定</td><td>１棟の家屋の場合には、その床面積によります（措令40の５①一）。</td></tr>
<tr><td>区分所有建物である場合には、その区分所有する部分の床面積によります（措令40の５①二）。</td></tr>
<tr><td rowspan="5">既存住宅用家屋（建築後使用されたことのある住宅用家屋）（措法70の３⑦、措令40の５②③⑦）</td><td>①</td><td colspan="3">その家屋の床面積の２分の１以上に相当する部分が専ら住居の用に供されるもの（居住の用に供する家屋を二以上有する場合には、主たるものに限ります。）</td></tr>
<tr><td>②</td><td colspan="3">床面積が40㎡以上であるもの（床面積の判定は新築住宅に同じです。）</td></tr>
<tr><td rowspan="3">③</td><td rowspan="3">次のいずれかに該当するもの</td><td colspan="2">イ　その家屋が昭和57年１月１日以後に建築されたものであること</td></tr>
<tr><td colspan="2">ロ　その家屋が建築基準法施行令第三章及び第五章の四の規定又は国土交通大臣が財務大臣と協議して定める地震に対する安全性に係る基準に適合するものであること</td></tr>
<tr><td colspan="2">ハ　その家屋の取得の日までに同日以後その住宅用の家屋の耐震改修を行うことにつき建築物の耐震改修の促進に関する法律第17条第１項の申請等をし、かつ、取得期限までにその耐震改修によりその家屋が耐震基準に適合することとなったものであること</td></tr>
<tr><td rowspan="5">居住の用に供されている住宅用の家屋について行う増改築等（措令40の５④⑤）</td><td>①</td><td colspan="3">自己が所有し、居住の用に供している家屋（主として居住の用に供すると認められるもの）（措法70の３①三、③四ロ）</td></tr>
<tr><td>②</td><td colspan="3">工事費が100万円以上であるもの（居住用部分の工事費が全体の工事費の２分の１以上でること）（措法70の３③四イ、措令40の５⑤一）</td></tr>
<tr><td>③</td><td colspan="3">増改築等後の家屋の床面積の２分の１以上に相当する部分が専ら居住の用に供されるもの（措令40の５⑤二）</td></tr>
<tr><td>④</td><td colspan="3">増改築後の床面積が40㎡以上であるもの（床面積の判定は新築住宅に同じです。）（措令40の５⑤二）</td></tr>
<tr><td>⑤</td><td colspan="3">増改築等の要件（措法70の３③四、措令40の５④）
イ　増築、改築、建築基準法第２条第14号に規定する大規模の修繕又は同条第15号に規定する大規模の模様替（措令40の５④一）
ロ　区分所有建物について行う次に掲げるいずれかの修繕又は模様替
(イ)　建築基準法第２条第５号に規定する主要構造部の床の過半又は主要構造部である階段の過半について行う修繕又は模様替（措令40の５④二イ）</td></tr>
</table>

		(ロ)　間仕切壁の室内に面する部分の過半について行う修繕又は模様替で間仕切壁の一部について位置の変更を伴うもの（措令40の５④二ロ） (ハ)　主要構造部である壁の室内に面する部分の過半について行う修繕又は模様替で壁の過半について遮音又は熱の損失の防止のための性能を向上させるもの（措令40の５④二ハ） ハ　家屋のうち居室、調理室、浴室、便所等の一室の床又は壁の全部について行う修繕又は模様替（措令40の５④三） ニ　建築基準法施行令第３章及び第５章の４の規定又は国土交通大臣が財務大臣と協議して定める地震に対する安全性に係る基準に適合させるための修繕又は模様替（措令40の５④四） ホ　家屋について行う国土交通大臣が財務大臣と協議して定める高齢者等（租税特別措置法第41の３の２第１項に規定する高齢者等をいいます。）が自立した日常生活を営むのに必要な構造及び設備の基準に適合させるための修繕又は模様替（措令40の５④五） ヘ　家屋について行う国土交通大臣が財務大臣と協議して定めるエネルギーの使用の合理化に資する修繕又は模様替（措令40の５④六） ト　家屋について行う給水管、排水管又は雨水の浸入を防止する部分（住宅の品質確保の促進等に関する法律施行令第５条第２項に規定する雨水の浸入を防止する部分をいいます。）に係る修繕又は模様替（その家屋の瑕疵を担保すべき責任の履行に関し国土交通大臣が財務大臣と協議して定める保証保険契約が締結されているものに限られます。）（措令40の５④七） チ　家屋について行うエネルギーの使用の合理化に資する住宅用の家屋、大規模な地震に対する安全性を有する住宅用の家屋又は高齢者等が自立した日常生活を営むのに特に必要な構造及び設備の基準に適合する住宅用の家屋として国土交通大臣が財務大臣と協議して定める基準に適合させるための修繕又は模様替（措令40の５④八）

※1　住宅用家屋は相続税法の施行地にあるものに限ります。

2　「増築」とは、一の敷地内にある既存の家屋を棟続きで床面積を増加させること又は別棟扱いで床面積を増加させることをいいます。

3　「改築」とは、家屋の全部又は一部を除却し又はこれらの部分が災害等によって滅失した後、引き続きこれと用途、規模及び構造の著しく異ならない家屋を建てることをいいます。

4　「修繕」とは、既存の建築物の部分に対して、おおむね同様の形状、寸法、材料により行われる工事をいいます。

5　「模様替」とは、おおむね同様の形状、寸法によるが、材料、構造種別等は異なるような既存の建築物の部分に対する工事をいいます。

(4)　居住要件

住宅取得等資金に係る相続時精算課税選択特例の適用を受けるためには、上記(3)の要件に該当する住宅用の家屋に贈与を受けた年の翌年３月15日までに居住すること又は同年12月31日までに遅滞なくその家屋に居住する見込みであることが要件とされています（措法70の３①④）。

⑸　期限内申告の要件

住宅取得等資金に係る相続時精算課税選択特例は、贈与税の期限内申告書にその適用を受けようとする旨を記載（「贈与税の申告書第二表（相続時精算課税の計算明細書）」の上部の該当欄をチェック）し、相続時精算課税選択届出書と一定の書類を提出した場合に限り適用されます（措法70の３⑫、措規23の６⑧）。

したがって、期限後申告若しくは修正申告又は更正若しくは決定に係る贈与税には適用がありません（措通70の３－15）。

なお、住宅取得等資金に係る相続時精算課税選択特例の適用のための次の書類のほか、相続時精算課税の適用のための書類としての「３　添付書類」（531ページ参照）に記載のものの提出も必要となります。

⑹　添付書類

この特例を受けようとする場合に、贈与税の申告書に添付する書類は、次の住宅取得等資金の区分に応じ次のとおりです。

イ　住宅用家屋の新築又は取得の対価に充てるための住宅取得等資金

⑷　住宅取得等資金を贈与により取得した日の属する年の翌年３月15日までに、住宅用家屋の新築又は取得をし、居住の用に供した場合（措規23の６⑧一イ）

①	必要事項を記載した贈与税の申告書第二表（相続時精算課税の計算明細書）
②	住宅用家屋（住宅用家屋の新築又は取得とともにその敷地の用に供されている土地等を取得する場合には、土地等を含みます。③において同じです。）に関する登記事項証明書(※)（住宅用家屋の床面積が明かでないときは、それを明らかにする書類が別途必要となります。）
③	住宅用家屋の新築の工事又は取得に係る契約書の写しその他の書類で住宅用家屋を特別の関係がある者以外の者との請負契約その他の契約に基づき新築をしたこと又は特別の関係がある者以外の者から取得したことを明らかにするもの

(※)　登記事項証明書については、申告書への不動産番号等の記入又は不動産番号等明細書を提出することなどにより、その添付を省略することができます（526ページ参照）。

⑹　住宅取得等資金を贈与により取得した日の属する年の翌年３月15日までに、住宅用家屋の新築又は取得をし、住宅用家屋を同日後遅滞なく居住の用に供することが確実であると認められる場合（措規23の６⑧一ロ）

①	⑷に掲げる書類
②	住宅用家屋の新築又は取得後直ちに居住の用に供することができない事情及び居住の用に供する予定時期を記載した書類
③	住宅用家屋を遅滞なく居住の用に供することを約する書類

(ハ)　住宅取得等資金を贈与により取得した日の属する年の翌年３月15日において、住宅用家屋が新築に準ずる状態にある場合（措規23の６⑧一ハ）

①	(イ)（②を除きます。）に掲げる書類
②	家屋の新築の工事の契約書の写しその他の書類で家屋が住宅用家屋に該当することを明らかにするもの
③	住宅用家屋が新築に準ずる状態にあることを証する書類でその工事の完了予定年月の記載があるもの（新築の工事を請け負った建設業者その他の者が証明したもの）
④	住宅用家屋を遅滞なく居住の用に供すること並びに居住の用に供したときは遅滞なく(イ)②に掲げる書類（登記事項証明書）※を提出することを約する書類で、居住の用に供する予定時期の記載があるもの ※　登記事項証明書については、申告書への不動産番号等の記入又は不動産番号等明細書を提出することなどにより、その添付を省略することができます（526ページ参照）。

ロ　既存住宅用家屋の取得の対価に充てるための住宅取得等資金

(イ)　住宅取得等資金を贈与により取得した日の属する年の翌年３月15日までに、既存住宅用家屋の取得をし、居住の用に供した場合（措規23の６③一、⑤～⑦⑧二イハ）

①	上記イ(イ)①に掲げる書類
②	取得をした既存住宅用家屋（既存住宅用家屋の取得とともにその敷地の用に供されている土地等の取得をする場合には、その土地等を含みます。③において同じです。）に関する登記事項証明書※ ※　登記事項証明書については、申告書への不動産番号等の記入又は不動産番号等明細書を提出することなどにより、その添付を省略することができます（526ページ参照）。
③	取得をした既存住宅用家屋を特別の関係がある者以外の者から取得したことを明らかにする書類
④	既存住宅家屋が昭和57年１月１日以前に建築されたものである場合には、耐震基準適合証明書、建設住宅性能評価書の写し又は既存住宅売買瑕疵担保責任保険契約が締結されていることを証する書類 ※１　「耐震基準適合証明書」は、その家屋の取得の日前２年以内にその証明のための家屋の調査が終了したものに限ります。 ２　「建設住宅性能評価書の写し」は、その家屋の取得の日前２年以内に評価されたもので、耐震等級に係る評価が等級１、２又は３であるものに限ります。 ３　「既存住宅売買瑕疵担保責任保険契約が締結されていることを証する書類」は、その保険契約がその家屋の取得の日前２年以内に締結されたものに限ります。
⑤	取得をした既存住宅用家屋が、昭和57年１月１日以後に建築されたものではなく、地震に対する安全性に係る基準等に適合するものとして④に掲げる書類により証明されたものではない場合には、次に掲げるいずれかの申請書等の写し（住宅用の家屋の耐震改修を行うことにつき申請をしたことを証する書類）及びその申請書等に応じた証明書等

<table>
<tr><td rowspan="6">⑤</td><td></td><td>申請書等</td><td>証明書等</td></tr>
<tr><td>a</td><td>建築物の耐震改修の計画の認定申請書</td><td>耐震基準適合証明書</td></tr>
<tr><td>b</td><td>耐震基準適合証明申請書（仮申請書）</td><td>耐震基準適合証明書</td></tr>
<tr><td>c</td><td>建設住宅性能評価申請書（仮申請書）</td><td>建設住宅性能評価書の写し</td></tr>
<tr><td>d</td><td>既存住宅売買瑕疵担保責任保険契約の申込書</td><td>既存住宅売買瑕疵担保責任保険契約が締結されていることを証する書類</td></tr>
<tr><td colspan="3">※１　申請書等は、住宅用の家屋の取得の日までに行った申請に係るものに限ります。
２　証明書等は、住宅取得等資金を贈与により取得した年の翌年３月15日までに耐震基準に適合することとなった住宅用の家屋に係るものに限ります。
３「建設住宅性能評価書の写し」は、耐震等級に係る評価が等級１、２又は３であるものに限ります。</td></tr>
</table>

⑴　住宅取得等資金を贈与により取得した日の属する年の翌年３月15日までに、既存住宅用家屋の取得をし、遅滞なく居住の用に供することが確実であると認められる場合（措規23の６③一、⑧二ロハ）

①	⑴に掲げる書類
②	既存住宅用家屋の取得後直ちに居住の用に供することができない事情及び居住の用に供する予定時期を記載した書類
③	既存住宅用家屋を遅滞なく居住の用に供することを約する書類

ハ　増改築等の対価に充てるための住宅取得等資金

⑴　住宅取得等資金を贈与により取得した日の属する年の翌年３月15日までに、増改築対象家屋の増改築等をし、居住の用に供した場合（措規23の６④一、⑧三イ）

①	上記イ⑴①に掲げる書類
②	増改築対象家屋（増改築等とともにその敷地の用に供されることとなる土地等の取得をする場合には、その土地等を含みます。）に関する登記事項証明書⦅※⦆（増改築をした家屋の床面積が明らかでないときは、それを明らかにする書類が別途必要となります。） ⦅※⦆　登記事項証明書については、申告書への不動産番号等の記入又は不動産番号等明細書を提出することなどにより、その添付を省略することができます（526ページ参照）。
③	増改築対象家屋の増改築等の工事の契約書の写しその他の書類で増改築等をした年月日並びに増改築等の工事に要した費用の額及びその明細を明らかにするもの
④	増改築対象家屋の増改築等（増改築対象家屋の増改築等とともにするその敷地の用に供されることとなる土地等の取得を含みます。）の工事の契約書の写しその他の書類で、その増改築等が特別の関係がある者以外の者との請負契約その他の契約に基づきされたものであることを明らかにするもの
⑤	特例の対象となる増改築等の工事である旨を証する増改築等工事証明書

(ロ)　住宅取得等資金を贈与により取得した日の属する年の翌年３月15日までに、増改築対象家屋の増改築等をし、遅滞なく居住の用に供することが確実であると認められる場合（措規23の６④一、⑧三ロ）

①	(イ)に掲げる書類
②	増改築対象家屋の増改築等後直ちに居住の用に供することができない事情及び居住の用に供する予定時期を記載した書類
③	増改築対象家屋を遅滞なく居住の用に供することを約する書類

(ハ)　住宅取得等資金を贈与により取得した日の属する年の翌年３月15日において、増改築対象家屋が増改築等の完了に準ずる状態にある場合（措規23の６④二、⑧三ハ）

①	(イ)①及び④に掲げる書類
②	増改築対象家屋の増改築等の工事の契約書の写しその他の書類で当該工事により増改築対象家屋の床面積が40㎡以上となることを明らかにするもの
③	増改築対象家屋が工事の完成に準ずる状態にあることを証する書類でその工事の完了予定日の記載があるもの（増改築等の工事を請け負った建設業者その他の者が証明したもの）
④	増改築対象家屋の工事が完了したとき（増改築対象家屋を居住の用に供した時が工事が完了した時後となる場合には、居住の用に供したとき）は遅滞なく(イ)②及び③に掲げる書類を提出することを約する書類
⑤	増改築等をした増改築対象家屋の工事が完了したときは遅滞なく(イ)⑤に掲げる書類を提出することを約する書類

(7)　住宅取得等資金の贈与者が贈与した年中に死亡した場合又は受贈者が申告期限前に死亡した場合の申告等

贈与者が住宅取得等資金の贈与をした年の中途において死亡した場合又は住宅取得等資金を贈与により取得した受贈者が上記(5)及び(6)の書類の提出期限前に提出しないで死亡した場合において、贈与を受けた住宅取得等資金について住宅取得等資金に係る相続時精算課税選択特例の適用を受けるために提出する書類の提出先及び提出期限は、次に掲げる場合に応じて、それぞれに掲げるところによります（措通70の３－13)。

<table>
<tr><th colspan="2">区　分</th><th>提出先</th><th>提出期限</th></tr>
<tr><td rowspan="2">贈与者が住宅取得等資金の贈与をした年の中途で死亡した場合
※　上記(5)及び(6)の書類に係る受贈財産については、贈与税の申告は必要ありません。</td><td>受贈者に係る贈与税の申告書の提出期限（相法28①②）以前に贈与者の死亡に係る相続税の申告書の提出期限（同法27①②）が到来するとき</td><td rowspan="2">その贈与者に係る相続税の納税地を所轄する税務署長</td><td>その贈与者に係る相続税の申告書の提出期限</td></tr>
<tr><td>贈与者の死亡に係る相続税の申告書の提出期限（相法27①②）前に受贈者に係る贈与税の申告書の提出期限（同法28①②）が到来するとき</td><td>その受贈者に係る贈与税の申告書の提出期限</td></tr>
<tr><td colspan="2">住宅取得等資金を贈与により取得した受贈者が上記(5)及び(6)の書類の提出期限前にその書類を提出しないで死亡した場合（上欄に該当する場合を除きます。）</td><td>その受贈者に係る贈与税の納税地を所轄する税務署長</td><td>その受贈者に係る贈与税の申告書の提出期限</td></tr>
</table>

(8)　住宅取得等資金に係る相続時精算課税選択特例の適用を受けた年分以後の課税方式

住宅取得等資金に係る相続時精算課税選択特例の適用を受けた年分以後は、その適用の対象となった贈与者からの贈与により取得した財産は、住宅取得等資金に限らず、相続時精算課税の課税方式によることとなります（措法70の３②、措通70の３－４）。

(9)　期限までに居住の用に供しなかった場合の修正申告及び納付

贈与により住宅取得等資金の取得をした日の属する年の翌年３月16日から12月31日までに遅滞なくその家屋に居住する見込みであるとして住宅取得等資金に係る相続時精算課税選択特例の適用を受けた受贈者が、同日までにその家屋を居住の用に供していなかったときは、①申告の際に提出した相続時精算課税選択届出書は、提出していなかったとみなされ、②同日から２か月を経過する日までに暦年課税の課税方式により計算した修正申告をし、かつ、③その経過する日までにその修正申告により納付すべきこととなる贈与税額を納付しなければなりません（措法70の３④、措通70の３－14）。

(10)　災害があった場合の住宅取得等資金に係る相続時精算課税選択特例の適用

住宅取得等資金を贈与により取得した後に、災害があった場合の住宅取得等資金に係る相続時精算課税選択特例の適用については、次のとおりです（措法70の３⑧⑨⑩⑪）。なお、災害とは、震災、風水害、火災、冷害、雪害、干害、落雷、噴火その他の自然現象の異変による災害及び鉱害、火薬類の爆発その他の人為による異常な災害並びに害虫、害獣その他の生物による異常な災害をいいます（措法70の2⑧一、措令40の4の2⑪）。

イ　新築若しくは取得又は増改築等をした住宅用の家屋が滅失した場合

⑴　贈与により金銭の取得をした者が、その金銭を住宅用の家屋の新築若しくは取得又は増改築等の対価に充てて、贈与を受けた年の翌年3月15日までに新築等をした場合には、新築等をした住宅用の家屋が災害により滅失（通常の修繕によっては原状回復が困難な損壊を含みます。次の⑵において同じです。）したことにより、同日までに居住することができなくなったときには、この特例の適用を受けることができます。

⑵　住宅取得等資金の贈与を受けて住宅用の家屋の新築若しくは取得又は増改築等をした者が、その贈与を受けた年の翌年3月15日後遅滞なくその住宅用の家屋を居住の用に供することが確実であると見込まれることにより、この特例の適用を受けた場合において、その住宅用の家屋が災害により滅失したため、居住することができなくなったときには、この特例の適用を受けることができます（修正申告書を提出する必要はありません。）。

ロ　災害に基因するやむを得ない事情により居住できない場合

住宅取得等資金の贈与を受けて住宅用の家屋の新築若しくは取得又は増改築等をした者が、その贈与を受けた年の翌年3月15日後遅滞なくその住宅用の家屋を居住の用に供することが確実であると見込まれることにより、住宅取得等資金の贈与税の特例の適用を受けた場合において、災害に基因するやむを得ない事情により、贈与を受けた年の翌年12月31日までに居住することができなかったときには、贈与を受けた年の翌々年12月31日までにその住宅用の家屋に居住するときにはこの特例の適用を受けることができます。

ハ　災害に基因するやむを得ない事情により住宅用の家屋を新築若しくは取得又は増改築等ができない場合

贈与により金銭の取得をした者が、その金銭を住宅用の家屋の新築若しくは取得又は増改築等の対価に充てて新築等をする場合には、災害に基因するやむを得ない事情により、贈与を受けた年の翌年3月15日までにその住宅用の家屋の新築等ができなかったときには、贈与を受けた年の翌々年3月15日までにその住宅用の家屋の新築等をし、贈与を受けた年の翌々年12月31日までにその住宅用の家屋に居住する場合には、この特例の適用を受けることができます。

第10　直系尊属から住宅取得等資金の贈与を受けた場合の贈与税の非課税

1　特例の概要

令和６年１月１日から令和８年12月31日までの間に、一定の受贈者（この第10において、以下「特定受贈者」といいます。）が、その直系尊属（父母、祖父母、養父母等）からの贈与により住宅用家屋の新築、取得又は増改築等（この第10において、以下「新築等」といいます。）の対価に充てるための金銭（この第10において、以下「住宅取得等資金」といいます。）の取得をし、一定の要件を満たす住宅用家屋の新築等を行ったときには、その贈与により取得した住宅取得等資金のうち住宅資金非課税限度額（既にこの贈与税の非課税の適用を受けている場合には、既に適用を受けた金額を控除した残額）までの金額については、贈与税の課税価格に算入しません（措法70の２①）。

なお、この贈与税の非課税の規定（この第10において、以下「非課税制度」といいます。）は、暦年課税の基礎控除（相法21の５、措法70の２の４）、相続時精算課税の特別控除（相法21の12）又は特定の贈与者から住宅取得等資金の贈与を受けた場合の相続時精算課税の特例（措法70の３）と併せて適用が可能です。

㈲　平成21年から令和５年までの間に直系尊属から住宅取得等資金の贈与を受けて、既にこの規定（平成22年度、平成24年度、平成27年度、令和４年度又は令和６年度の税制改正前の租税特別措置法第70条の２）の適用を受けている場合には、令和６年以降の直系尊属からの住宅取得等資金の贈与について、この特例の適用をすることはできません（令和６年改正法附則54⑥）。

2　住宅資金非課税限度額

住宅資金非課税限度額は、次の表の⑴及び⑵に掲げる場合の区分に応じ、それぞれに定めるとおりです（措法70の２②六）。

⑴	住宅取得等資金を充てて新築等をした住宅用家屋が省エネ等住宅㈲である場合	1,000万円
⑵	住宅取得等資金を充てて新築等をした住宅用家屋が省エネ等住宅以外である場合	500万円

㈲　省エネ等住宅とは、①エネルギーの使用の合理化に著しく資する住宅用家屋、②地震に対する安全性に係る基準に適合する住宅用家屋又は③高齢者等（租税特別措置法第41条の３の２第１項に規定する高齢者等をいいます。）が自立した日常生活を営むのに必要な構造及び設備の基準に適合する住宅用の家屋をいい、次の①から③の区分に応じ、それぞれ次に掲げる家屋をいいます（措法70の２②六イ⑴⑵、措令40の４の２⑧⑨、平成24年国土交通省告示第389号）。

<table>
<tr><th colspan="2">区　分</th><th>該当する家屋</th></tr>
<tr><td>①</td><td>住宅用家屋の新築又は建築後使用されたことのない住宅用家屋を取得する場合</td><td>○断熱等性能等級５以上（※１）かつ一次エネルギー消費量等級６以上の住宅（※２）
○耐震等級（構造躯体の倒壊等防止）２以上又は免震建築物の住宅
○高齢者等配慮対策等級（専用部分）３以上である住宅</td></tr>
<tr><td>②</td><td>建築後使用されたことのある住宅用家屋を取得する場合</td><td rowspan="2">○断熱等性能等級４以上又は一次エネルギー消費量等級４以上の住宅
○耐震等級（構造躯体の倒壊等防止）２以上又は免震建築物の住宅
○高齢者等配慮対策等級（専用部分）３以上である住宅</td></tr>
<tr><td>③</td><td>住宅用家屋の増改築等の場合</td></tr>
</table>

※１　断熱等性能等級の評価基準のうち、結露の発生を防止する対策に関する基準を除きます。

※２　令和５年12月31日までに建築確認を受けた住宅用家屋又は令和６年６月30日までに建築された住宅用家屋は、断熱等性能等級４以上又は一次エネルギー消費量等級４以上（令和６年度改正法附則54⑤）

※３　各等級は、住宅性能表示制度の性能等級と同じです（具体的な基準は、評価方法基準（平成13年国土交通省告示第1347号）において定められています。）。

３　住宅用家屋の取得期限等の要件

非課税制度の適用の対象となる新築等をした住宅用の家屋には、次の要件があります。

⑴　住宅用家屋の新築又は建築後使用されたことのない住宅用家屋の取得の場合（措法70の２①一）

①	住宅取得等資金を贈与により取得した年の翌年３月15日までにその住宅取得等資金の全額により住宅用家屋の新築又は建築後使用されたことのない住宅用家屋の取得をし、その日までに特定受贈者の居住の用に供していること
②	住宅取得等資金を贈与により取得した年の翌年３月15日までにその住宅取得等資金の全額により住宅用家屋の新築又は建築後使用されたことのない住宅用家屋を取得し、その日後遅滞なく特定受贈者の居住の用に供することが確実と見込まれること

※１　新築には、新築に準ずる状態として、屋根（その骨組みを含みます。）を有し、土地に定着した建造物として認められる時以後の状態が含まれます（措規23の５の２①）。

２　住宅用家屋の新築又は取得には、住宅用家屋とともに取得するその敷地の用に供される土地又は土地の上に存する権利（この第10において、以下「土地等」といいます。）が含まれます。

３　上記２の土地等の取得の範囲には、住宅用家屋の新築に先行してするその敷地の用に供されることとなる土地等の取得が含まれます（措法70の２①一）。

ただし、この場合でも新築される住宅用家屋については、上記⑴の要件を満たさなければなりません。

(2)　既存住宅用家屋の取得の場合（措法70の２①二）

①	住宅取得等資金を贈与により取得した年の翌年３月15日までにその住宅取得等資金の全額により既存住宅用家屋（建築後使用されたことのある住宅用家屋で一定のものをいいます。この第10において、以下同じです。）を取得し、その日までに特定受贈者の居住の用に供していること
②	住宅取得等資金を贈与により取得した年の翌年３月15日までにその住宅取得等資金の全額により既存住宅用家屋を取得し、その日後遅滞なく特定受贈者の居住の用に供することが確実と見込まれること

※　既存住宅用家屋の取得には、既存住宅用家屋とともに取得するその敷地の用に供される土地等が含まれます。

(3)　増改築等の場合（措法70の２①三）

①	住宅取得等資金を贈与により取得した年の翌年３月15日までにその住宅取得等資金の全額を特定受贈者が居住の用に供している家屋の増改築等の対価に充てて増改築等を行い、その日までに特定受贈者の居住の用に供していること
②	住宅取得等資金を贈与により取得した年の翌年３月15日までにその住宅取得等資金の全額を特定受贈者が居住の用に供している家屋の増改築等の対価に充てて増改築等を行い、その日後遅滞なく特定受贈者の居住の用に供することが確実と見込まれること

※１　増改築等には、増改築等の完了に準ずる状態として、増築又は改築部分の屋根（その骨組みを含みます。）を有し、既存の家屋と一体となって土地に定着した建造物として認められる時以後の状態が含まれます（措規23の５の２②）。

２　増改築等には、増改築等とともに取得するその敷地の用に供されることとなる土地等が含まれます。

4　特定受贈者の要件

非課税制度の適用を受けることができる特定受贈者は、以下の要件を全て満たす者をいいます（措法70の２①、②一、相法１の４①一二、措令40の４の２①）。

①	住宅取得等資金の贈与をした者がその者の直系尊属（※１）であること
②	次のいずれかに該当する者であること イ　贈与を受けた時の住所が日本国内にある場合は、次に掲げる者であること (イ)　一時居住者（※２）でない者 (ロ)　一時居住者である者（贈与者が外国人贈与者（※３）又は非居住贈与者（※４）である場合を除きます。） ロ　贈与を受けた時の住所が日本国内にない場合は、次に掲げる者であること (イ)　日本国籍を有している者で次のいずれかに該当する者 A　贈与前10年以内のいずれかの時において日本国内に住所を有していたことがある者 B　贈与前10年以内のいずれの時においても日本国内に住所を有していたことがない者（贈与者が外国人贈与者又は非居住贈与者である場合を除きます。） (ロ)　日本国籍を有していない者（贈与者が外国人贈与者又は非居住贈与者である場合を除きます。）

③	住宅取得等資金の贈与を受けた年の１月１日において18歳以上であって、その年分の所得税に係る合計所得金額（※５）が2,000万円（住宅取得等資金を充てて新築等をした住宅用家屋の床面積が50㎡未満である場合は1,000万円）以下であること

※１　直系尊属には、特定受贈者の養親及びその養親の直系尊属は含まれますが、次に掲げるものは含まれません（措通70の２－１）。

①　特定受贈者の配偶者の直系尊属（民法第727条《縁組による親族関係の発生》に規定する親族関係がある場合を除きます（②において同じです。）。）

②　特定受贈者の父母が養子の縁組による養子となっている場合において、その特定受贈者がその養子の縁組前に出生した子である場合の父母の養親及びその養親の直系尊属

③　特定受贈者が民法第817条の２第１項《特別養子縁組の成立》に規定する特別養子縁組による養子である場合のその実方の父母及び実方の直系尊属

２　一時居住者とは、贈与の時において在留資格を有する者であって、贈与前15年以内において日本国内に住所を有していた期間の合計が10年以下である者をいいます。

３　外国人贈与者とは、贈与の時において在留資格を有し、かつ、日本国内に住所を有していた贈与者である者をいいます。

４　非居住贈与者とは、贈与の時において日本国内に住所を有していなかった贈与者であって、①贈与前10年以内のいずれかの時において日本国内に住所を有していたことがあるもののうち、そのいずれの時においても日本国籍を有していなかった者又は、②贈与前10年以内のいずれの時においても日本国内に住所を有していたことがない者をいいます。

５「合計所得金額」とは、次の①と②の合計額（総所得金額）に、退職所得金額、山林所得金額を加算した金額㈱をいいます（所法２①三十）。

①　事業所得、不動産所得、給与所得、総合課税の利子所得・配当所得・短期譲渡所得及び雑所得の合計額（損益通算後の金額）

②　総合課税の長期譲渡所得と一時所得の合計額（損益通算後の金額）の２分の１の金額

㈱１　申告分離課税の所得がある場合には、その特別控除前の所得金額の合計額を加算します。

２　繰越控除（純損失、雑損失、居住用財産の買換え等の場合の譲渡損失及び特定居住用財産の譲渡損失の繰越控除など）を受けている場合には、その適用前の金額をいいます。

5　住宅取得等資金の要件

非課税制度の対象となる住宅取得等資金とは、次のいずれかに掲げる新築等（特定受贈者の配偶者その他の特定受贈者と特別の関係がある者との請負契約その他の契約に基づき新築若しくは増改築等をする場合又はその特別の関係がある者から取得をする場合を除きます。）の対価に充てるための金銭をいいます（措法70の２②五）。

①	特定受贈者による住宅用家屋の新築又は建築後使用されたことのない住宅用家屋の取得（これらの住宅用家屋の新築又は取得とともにするその敷地の用に供されている土地等の取得を含みます。）
②	特定受贈者による既存住宅用家屋の取得（その既存住宅用家屋の取得とともにするその敷地の用に供されている土地等の取得を含みます。）

③	特定受贈者が所有している家屋につき行う増改築等（その家屋についての増改築等とともにするその敷地の用に供されることとなる土地等の取得を含みます。）

※1　住宅取得等資金の範囲には、住宅用家屋の新築に先行してするその敷地の用に供されることとなる土地等の取得の対価に充てるための金銭が含まれます（措法70の２①一）。
　ただし、この場合でも新築される住宅用家屋については、上記３の(1)（550ページ）の要件を満たさなければなりません。

２　住宅取得等資金により新築等する住宅用家屋等の所在地は国内でなければなりませんが、その住宅取得等資金の所在地は国内又は国外のいずれでもかまいません（措通70の２－４、措通70の３－３）。

チェックポイント

特定受贈者と特別の関係がある者とは、次の者をいいます（措令40の４の２⑦）。

①	特定受贈者の配偶者及び直系血族
②	特定受贈者の親族（①に掲げる者を除きます。）で特定受贈者と生計を一にしているもの
③	特定受贈者と婚姻の届出をしていないが事実上婚姻関係と同様の事情にある者及びその者の親族でその者と生計を一にしているもの
④	上記①から③に掲げる者以外の者で特定受贈者から受ける金銭等によって生計を維持しているもの※及びその者の親族でその者と生計を一にしているもの

※「特定受贈者から受ける金銭等によって生計を維持しているもの」には、特定受贈者から離婚に伴う財産分与、損害賠償その他これらに類するものとして受ける金銭その他の財産によって生計を維持しているものは含まれません（措通70の２－９、措通70の３－９）。

6　対象となる住宅の要件

(1)　住宅用家屋の要件

非課税制度の対象となる住宅用家屋とは、特定受贈者の居住の用に供する家屋で次の要件の全てを満たすものをいいます（措法70の２②二、措令40の４の２②）。

イ　その家屋の床面積の２分の１以上に相当する部分が、専ら居住の用に供されるものであること

ロ　国内にあること

ハ　次のいずれかの要件を満たすものであること

①　１棟の家屋で床面積が40㎡以上240㎡以下であること

②　区分所有建物である場合には、特定受贈者が区分所有する部分（以下「専有部分」といいます。）の床面積が40㎡以上240㎡以下であること

なお、特定受贈者の居住の用に供する家屋が二以上ある場合には、これらの家屋のうち、特定受贈者が主として居住の用に供すると認められる一の家屋に限ります。

⑵　建築後使用されたことのある住宅用家屋の要件

非課税制度の対象となる建築後使用されたことのある住宅用家屋とは、特定受贈者の居住の用に供する家屋で次の要件の全てを満たすものをいいます（措法70の2②三、措令40の4の2③④⑩、措規23の5の2⑦⑧）。

イ　上記⑴イからハまでの要件を満たすものであること

ロ　次の要件のいずれかを満たすものであること

①　建築基準法施行令第3章及び第5章の4の規定又は国土交通大臣が財務大臣と協議して定める地震に対する安全性に係る基準（平成21年国土交通省告示第681号）に適合するものであること

②　昭和57年1月1日以後に建築されたものであること

なお、ロの要件を満たさない建築後使用されたことのある住宅用家屋であっても、その取得の日までに一定の手続きを行い、住宅取得等資金の贈与の日の翌年3月15日までに耐震改修によりロ①の要件に適合したことにつき一定の証明がされたときは、当該住宅用家屋は非課税制度の対象となる建築後使用されたことのある住宅用家屋とみなされます（措法70の2⑦）。

7　増改築等の要件

非課税制度の対象となる住宅の増改築等とは、特定受贈者が所有する家屋について行う工事であって次の要件を満たすものをいいます（措法70の2②四、措令40の4の2⑤⑥）。

①　日本国内で行われる工事であること

②　工事に要した費用の額が100万円以上であること

③　工事をした家屋が特定受贈者が主としてその居住の用に供するものであると認められるものであること

④　次の工事に該当するもののうち、贈与税の申告書に添付された増改築等工事証明書により次の工事に該当することが証明されたものであること

A　増築、改築、大規模の修繕又は大規模の模様替

B　区分所有建物の専有部分について行う修繕又は模様替で、次に掲げるものであること（Aに該当するものを除きます。）

a　専有部分の床又は階段の過半について行う修繕又は模様替

b　専有部分の間仕切壁の室内に面する部分の過半について行う修繕又は模様替（その間仕切壁の一部について位置の変更を伴うものに限ります。）

c　専有部分の壁の室内に面する部分の過半について行う修繕又は模様替（その修繕又は模様替に係る壁の過半について遮音又は熱の損失の防止のための性能を向上させるものに限ります。）

C　家屋のうち居室、調理室、浴室、便所その他の室で国土交通大臣が財務大臣と協議して定めるもの（平成21年国土交通省告示第682号）の一室の床又は壁の全部について行う修繕又は模様替（Ａ及びＢに該当するものを除きます。）

D　家屋について行う建築基準法施行令第３章及び第５章の４の規定又は国土交通大臣が財務大臣と協議して定める地震に対する安全性に係る基準（平成21年国土交通省告示第683号）に適合させるための修繕又は模様替（ＡからＣまでに該当するものを除きます。）

E　家屋について行う国土交通大臣が財務大臣と協議して定める高齢者等が自立した日常生活を営むのに必要な構造及び設備の基準（平成27年国土交通省告示第480号）に適合させるための修繕又は模様替（ＡからＤまでに該当するものを除きます。）

F　家屋について行う国土交通大臣が財務大臣と協議して定めるエネルギーの使用の合理化に資する修繕又は模様替（平成27年国土交通省告示第481号）（ＡからＥまでに該当するものを除きます。）

G　家屋について行う給水管、排水管又は雨水の侵入を防止する部分（住宅の品質確保の促進等に関する法律施行令第５条第２項に規定する雨水の侵入を防止する部分をいいます。）に係る修繕又は模様替（その家屋の瑕疵を担保すべき責任の履行に関し国土交通大臣が財務大臣と協議して定める保証保険契約（平成27年国土交通省告示第482号）が締結されているものに限り、ＡからＦまでに該当するものを除きます。）

H　家屋について行う省エネ等住宅の基準に適合させるための修繕又は模様替（ＡからＧまでに該当するものを除きます。）

⑤　工事をした部分のうちに居住の用以外の用に供する部分がある場合には、居住の用に供する部分の工事に要した費用の額が、工事に要した費用の総額の２分の１以上であること

⑥　工事をした家屋（床面積の２分の１以上に相当する部分が専ら居住の用に供さ

れるものに限ります。）が、次の要件のいずれかに該当するものであること

Ａ　１棟の家屋で床面積が40㎡以上240㎡以下であること

Ｂ　区分所有建物である場合には、専有部分の床面積が40㎡以上240㎡以下であること

㈲　増改築等の工事に要した費用の額の判定は、家屋の増改築等の工事に要した費用の総額により行います（措通70の２－10、70の３－10）。

例えば、店舗兼住宅の場合で店舗部分の増改築を含め工事を行っている場合、工事に要した費用の額の判定に当たっては、当該店舗部分の工事に要した費用の額を含めることになります。

この場合でも、居住の用に供する部分の工事に要した費用の額が、工事に要した費用の総額の２分の１以上となる必要があります（措令40の４の２⑥一）。

8　申告要件

非課税制度は、その適用を受けようとする者の贈与税の期限内申告書に、その適用を受けようとする旨を記載し、計算の明細書等の書類を添付した場合に限り適用されます（措法70の２⑭）。

なお、税務署長は、その旨の記載又は計算の明細書等の書類の添付がない期限内申告書の提出があった場合において、その記載又は添付がなかったことについてやむを得ない事情があると認めるときは、その後にその旨を記載した書類及び計算の明細書等の書類の提出があった場合に限り、非課税制度を適用することができることとされています（措法70の２⑮）。

㈲１　期限後申告又は決定による贈与税については、非課税制度の適用はありません（措通70の２－15）。

２　租税特別措置法第70条の２第15項の規定は、「その旨の記載又は計算の明細書等の書類の添付がない贈与税の申告書の提出があった場合」においてゆうじょする規定であり、申告書の提出がない場合をゆうじょする規定ではありません。

9　住宅取得等資金の贈与者が死亡した場合における相続税の課税価格に加算する金額

住宅取得等資金の贈与をした者（この第10において、以下「住宅資金贈与者」といいます。）が死亡した場合に、非課税制度の適用により贈与税の課税価格に算入されなかった住宅取得等資金の金額は、相続税の課税価格の計算の基礎に算入されません（措法70の２③、措令40の４の２⑬）。

10　住宅資金贈与者が贈与した年中に死亡した場合

住宅資金贈与者がその贈与をした年の中途において死亡した場合において、次に掲げる場合に該当するときは、その住宅取得等資金を取得した特定受贈者は、贈与税の申告書等を期限内に提出することにより、非課税制度の適用を受けることができます(措令40の4の2⑭)。

⑴　特定受贈者が、その住宅資金贈与者から相続又は遺贈により財産を取得した場合

⑵　特定受贈者が、次に掲げる者のいずれかに該当する場合

イ　その住宅資金贈与者に係る相続税法第21条の9第5項に規定する相続時精算課税適用者（この第10において、以下「相続時精算課税適用者」といいます。）

ロ　住宅取得等資金を贈与により取得した日の属する年中において、その住宅資金贈与者から贈与を受けた財産について、相続時精算課税選択届出書を提出する者

なお、⑴及び⑵に該当しない場合で、住宅取得等資金を取得した特定受贈者が非課税制度の適用を受けようとするときには、贈与税の申告書等を期限内に提出する必要があります（⑴及び⑵に該当しない場合には、相続税法第21条の2第4項の規定の適用はありません。)。

㈟　住宅資金贈与者がその贈与をした年の中途において死亡した場合において、特定受贈者が贈与税の申告書を期限内に提出しない場合には、この特例の適用はなく、贈与された住宅取得等資金の金額は、相続税法第19条第1項、同法第21条の15又は第21条の16の規定により、その贈与をした者の死亡に係る相続税の課税価格の計算の基礎に算入されます（措通70の2－14なお書）。

11　特定受贈者が贈与税の申告書等の提出期限前に申告書等を提出しないで死亡した場合

特定受贈者が贈与税の申告書等の提出期限前に申告書等を提出しないで死亡した場合には、その特定受贈者の相続人（包括受遺者を含みます。）は、その申告書等を提出することにより、非課税制度の適用を受けることができます。

この場合に提出する贈与税の申告書等は、その特定受贈者の相続人がその相続の開始があったことを知った日の翌日から10か月以内に提出しなければなりません（措令40の4の2⑮)。

12　期限までに居住の用に供しなかった場合の修正申告等及び納付

住宅取得等資金を贈与により取得した日の属する年の翌年3月15日後遅滞なく居住の用に供することが確実であると見込まれることにより、非課税制度の適用を受けて

いた特定受贈者が、贈与を受けた年の翌年12月31日までに居住の用に供しなかったときは、非課税制度は適用されません（措法70の２④前段）。そして、この場合、当該住宅取得等資金を贈与により取得した日の属する年の翌年の12月31日から２か月以内に修正申告書を提出し、その提出により納付すべき税額を納付しなければなりません（措法70の２④後段、措通70の２－13）。

また、この場合において修正申告書の提出がないときは、税務署長は更正を行うこととされています（措法70の２⑤）。

なお、財産を取得した者が相続時精算課税適用者以外の者である場合には暦年課税により贈与税を計算し、相続時精算課税適用者である場合には、相続時精算課税に係る特別控除額を控除しないで贈与税を計算することになります（措通70の２―13㈡３）。

13　災害があった場合の非課税制度の適用

(1)　住宅取得等資金を贈与により取得した後に、災害があった場合の非課税制度の適用については、次のとおりです。なお、災害とは、震災、風水害、火災、冷害、雪害、干害、落雷、噴火その他の自然現象の異変による災害及び鉱害、火薬類の爆発その他の人為による異常な災害並びに害虫、害獣その他の生物による異常な災害をいいます（措令40の４の２⑪）。

イ　新築若しくは取得又は増改築等をした住宅用の家屋が滅失した場合

次の場合には、非課税制度が適用できます。

(イ)　贈与により金銭の取得をした者が、その金銭を住宅用の家屋の新築等の対価に充てて、贈与を受けた年の翌年３月15日までに新築等をした場合には、新築等をした住宅用の家屋が災害により滅失（通常の修繕によっては原状回復が困難な損壊を含みます。この13において同じです。）したことにより、同日までに居住することができなくなったときにおいても、非課税制度の適用を受けることができます（措法70の２⑨）。

(ロ)　住宅取得等資金の贈与を受けて住宅用の家屋の新築等をした者が、その贈与を受けた年の翌年３月15日後遅滞なくその住宅用の家屋を居住の用に供することが確実であると見込まれることにより、非課税制度の適用を受けた場合において、その住宅用の家屋が災害により滅失したため、居住することができなくなったときには、上記12の修正申告書の提出をする必要はなく、非課税制度の適用を受けることができます（措法70の２⑧）。

ロ　災害に基因するやむを得ない事情により居住できない場合

住宅取得等資金の贈与を受けて住宅用の家屋の新築等をした者が、その贈与を受けた年の翌年３月15日後遅滞なくその住宅用の家屋を居住の用に供することが確実であると見込まれることにより、非課税制度の適用を受けた場合において、災害に基因するやむを得ない事情により、贈与を受けた年の翌年12月31日までに居住することができなかったときには、贈与を受けた年の翌々年12月31日までにその住宅用の家屋に居住するときには非課税制度の適用を受けることができます（措法70の２⑩）。

ハ　災害に基因するやむを得ない事情により住宅用の家屋の新築若しくは取得又は増改築等ができない場合

贈与により金銭の取得をした者が、その金銭を住宅用の家屋の新築等の対価に充てて新築等をし、災害に基因するやむを得ない事情により、贈与を受けた年の翌年３月15日までにその住宅用の家屋の新築等ができなかった場合であっても、贈与を受けた年の翌々年３月15日までにその住宅用の家屋の新築等をし、同年12月31日までにその住宅用の家屋に居住するときは、非課税制度の適用を受けることができます（措法70の２⑪）。

⑵　非課税制度の適用を受けた者が新築等をした家屋が自然災害（被災者生活再建支援法施行令第１条に規定するものをいいます。）により滅失した場合において、令和６年１月１日から令和８年12月31日までの間に非課税制度を受けようとするときは、既に受けた非課税制度に係る控除額を考慮する必要はありません（549ページの「１　特例の概要」で下線を引いた部分の適用がありません。）（措法70の２⑫）。

⑶　旧非課税制度（平成22年度、平成24年度、平成27年度、令和４年度又は令和６年度の税制改正前の措置法第70条の２の規定をいいます。）の適用を受けて新築等した住宅用家屋が、災害により滅失した場合には、再度、非課税制度の適用を受けることができます（措法70の２⑬）。

14　添付書類（共通書類）

非課税制度の適用を受けようとする場合に、贈与税の申告書に添付する書類は、次の住宅取得等資金の区分に応じ次のとおりとなります。

なお、省エネ等住宅に係る住宅資金非課税限度額を適用する場合には、次の書類のほか「15　添付書類（省エネ等住宅に係る住宅資金非課税限度額の適用を受ける場合）」に掲げる書類の提出も併せて必要になります。

(1) 住宅用家屋の新築又は取得の対価に充てるための住宅取得等資金

イ 住宅取得等資金を贈与により取得した日の属する年の翌年3月15日までに、住宅用家屋の新築又は取得をし、居住の用に供した場合（措規23の5の2⑩一イ）

①	贈与税の申告書第1表の2（住宅取得等資金の非課税の計算明細書）
②	特定受贈者の戸籍の謄本その他の書類で特定受贈者の氏名、生年月日及び住宅資金贈与者が特定受贈者の直系尊属に該当することを証するもの
③	特定受贈者の住宅取得等資金を贈与により取得した日の属する年分の所得税に係る合計所得金額を明らかにする書類（所得税に係る確定申告書を提出した特定受贈者にあっては、その旨を記載した書類）
④	新築又は取得をした住宅用家屋（住宅用家屋の新築又は取得とともにその敷地の用に供されている土地等を取得する場合には、その土地等を含みます。⑤において同じです。）に関する登記事項証明書※（住宅用家屋の床面積が明らかでないときは、それを明らかにする書類が別途必要となります。）
⑤	住宅用家屋の新築又は取得に係る契約書その他の書類（その写しを含む。）でその住宅用家屋を特別の関係がある者以外の者との請負契約その他の契約に基づき新築をしたこと又は特別の関係がある者以外の者から取得したことを明らかにするもの

※ 登記事項証明書については、申告書への不動産番号等の記入又は不動産番号等明細書を提出することなどにより、その添付を省略することができます（526ページ参照）。

ロ 住宅取得等資金を贈与により取得した日の属する年の翌年3月15日までに、住宅用家屋の新築又は取得をし、住宅用家屋を遅滞なく居住の用に供することが確実であると認められる場合（措規23の5の2⑩一ロ）

①	イに掲げる書類
②	住宅用家屋の新築又は取得後直ちに居住の用に供することができない事情及び居住の用に供する予定時期を記載した書類
③	住宅用家屋を遅滞なく居住の用に供することを約する書類

ハ 住宅取得等資金を贈与により取得した日の属する年の翌年3月15日において、住宅用家屋が新築に準ずる状態にある場合（措規23の5の2⑩一ハ）

①	イ①から③まで及び⑤に掲げる書類
②	家屋の新築の工事の契約書の写しその他の書類で家屋が住宅用家屋に該当することを明らかにするもの
③	住宅用家屋が新築に準ずる状態にあることを証する書類でその工事の完了予定年月の記載があるもの（新築の工事を請け負った建設業者その他の者が証明したもの）
④	住宅用家屋を遅滞なく居住の用に供すること並びに居住の用に供したときは遅滞なくイ④に掲げる書類（登記事項証明書）※を提出することを約する書類で、居住の用に供する予定時期の記載があるもの

※ 登記事項証明書については、申告書への不動産番号等の記入又は不動産番号等明細書を提出することなどにより、その添付を省略することができます（526ページ参照）。

(2)　既存住宅用家屋の取得の対価に充てるための住宅取得等資金

イ　住宅取得等資金を贈与により取得した日の属する年の翌年３月15日までに、既存住宅用家屋の取得をし、居住の用に供した場合（措規23の５の２③一、⑩二イハ）

①	上記(1)イ①から③に掲げる書類
②	取得をした既存住宅用家屋（既存住宅用家屋の取得とともにその敷地の用に供されている土地等の取得をする場合には、その土地等を含みます。③において同じです。）に関する登記事項証明書※（既存住宅用家屋の床面積や昭和57年１月１日以後に建築されたものであって建築年月日が明らかでないときは、それらを明らかにする書類が別途必要となります。）
③	既存住宅用家屋の取得に係る契約書の写しその他の書類で、当該既存住宅用家屋を特別の関係がある者以外の者から取得したことを明らかにするもの
④	既存住宅用家屋が昭和56年12月31日以前に建築されたものである場合には、耐震基準適合証明書、建設住宅性能評価書の写し又は既存住宅売買瑕疵担保責任保険契約が締結されていることを証する書類 ※１　「耐震基準適合証明書」は、その家屋の取得の日前２年以内にその証明のための家屋の調査が終了したものに限ります。 ２　「建設住宅性能評価書の写し」は、その家屋の取得の日前２年以内に評価されたもので、耐震等級に係る評価が等級１、２又は３であるものに限ります。 ３　「既存住宅売買瑕疵担保責任保険契約が締結されていることを証する書類」は、その保険契約がその家屋の取得の日前２年以内に締結されたものに限ります。
⑤	取得をした既存住宅用家屋が、耐震基準に適合するものとして②又は④の書類により証明されたものではない場合には、次に掲げるいずれかの申請書等の写し（住宅用の家屋の耐震改修を行うことにつき申請をしたことを証する書類）及びその申請書等に応じた証明書等（下表参照） ※１　申請書等は、住宅用の家屋の取得の日までに行った申請に係るものに限ります。 ２　証明書等は、住宅取得等資金を贈与により取得した年の翌年３月15日までに耐震基準に適合することとなった住宅用の家屋に係るものに限ります。 ３　「建設住宅性能評価書の写し」は、耐震等級に係る評価が等級１、２又は３であるものに限ります。

	申請書等	証明書等
a	建築物の耐震改修の計画の認定申請書	耐震基準適合証明書
b	耐震基準適合証明申請書（仮申請書）	耐震基準適合証明書
c	建設住宅性能評価申請書（仮申請書）	建設住宅性能評価書の写し
d	既存住宅売買瑕疵担保責任保険契約の申込書	既存住宅売買瑕疵担保責任保険契約が締結されていることを証する書類

※　登記事項証明書については、申告書への不動産番号等の記入又は不動産番号等明細書を提出することなどにより、その添付を省略することができます（526ページ参照）。

ロ　住宅取得等資金を贈与により取得した日の属する年の翌年３月15日までに既存住宅用家屋の取得をし、遅滞なく居住の用に供することが確実であると認められる場合（措規23の５の２⑩二ロハ）

①	イに掲げる書類

②	既存住宅用家屋の取得後直ちに居住の用に供することができない事情及び居住の用に供する予定時期を記載した書類
③	既存住宅用家屋を遅滞なく居住の用に供することを約する書類

(3) 増改築等の対価に充てるための住宅取得等資金

イ　住宅取得等資金を贈与により取得した日の属する年の翌年3月15日までに、増改築対象家屋の増改築等をし、居住の用に供した場合（措規23の5の2④一、⑩三イ）

①	上記(1)イ①から③までに掲げる書類
②	増改築等をした増改築対象家屋（増改築等とともにその敷地の用に供されることとなる土地等の取得をする場合には、その土地等を含みます。）に関する登記事項証明書※（増改築をした家屋の床面積が明らかでないときは、それを明らかにする書類が別途必要となります。）
③	増改築対象家屋の増改築等に係る契約書の写しその他の書類で、増改築等（増改築対象家屋の増改築等とともにするその敷地の用に供されることとなる土地等の取得を含みます。）が特別の関係がある者以外との請負契約その他の契約に基づくものであること、増改築等をした年月日並びに工事に要した費用の額及び明細を明らかにするもの
④	特例の対象となる増改築等の工事である旨を証する増改築等工事証明書〔参考5〕

※　登記事項証明書については、申告書への不動産番号等の記入又は不動産番号等明細書を提出することなどにより、その添付を省略することができます（526ページ参照）。

ロ　住宅取得等資金を贈与により取得した日の属する年の翌年3月15日までに、増改築対象家屋の増改築等をし、遅滞なく居住の用に供することが確実であると認められる場合（措規23の5の2④一、⑩三ロ）

①	イに掲げる書類
②	増改築対象家屋の増改築等後直ちに居住の用に供することができない事情及び居住の用に供する予定時期を記載した書類
③	増改築対象家屋を遅滞なく居住の用に供することを約する書類

ハ　住宅取得等資金を贈与により取得した日の属する年の翌年3月15日において、増改築対象家屋が増改築等の完了に準ずる状態にある場合（措規23の5の2④二、⑩三ハ）

①	イ①及び③に掲げる書類（工事完了年月日及び工事費用の額等を明らかにするものを除きます。）
②	増改築対象家屋の増改築等に係る工事の契約書その他の書類でその工事により増改築対象家屋の床面積を明らかにするもの又はその写し
③	増改築対象家屋が工事の完成に準ずる状態にあることを証する書類でその工事の完了予定日の記載があるもの（増改築等の工事を請け負った建設業者その他の者が証明したもの）

④	増改築等をした増改築対象家屋の工事が完了したとき（増改築対象家屋を居住の用に供した時が工事が完了した時の後となる場合には、居住の用に供したとき）は遅滞なくイ②及び③（工事完了年月日及び工事費用の額等を明らかにするものに限ります。）の書類を提出することを約する書類及び工事完了後遅滞なくイ④に掲げる証明書を提出することを約する書類

15　添付書類（省エネ等住宅に係る住宅資金非課税限度額の適用を受ける場合）

省エネ等住宅に係る住宅資金非課税限度額の適用を受ける場合には、「14　添付書類（共通書類）」に掲げる書類のほか、次の区分に応じ、次に掲げる書類を贈与税の申告書に添付する必要があります（措規23の5の2⑥、平成24年国交省告示第390号）。

⑴　住宅用家屋の新築又は新築住宅を取得する場合

次に掲げるいずれかの書類

①	住宅性能証明書
②	建設住宅性能評価書の写し
③	長期優良住宅建築等計画の認定通知書の写し及び認定長期優良住宅建築証明書又は住宅用家屋証明書（その写し）
④	低炭素建築物新築等計画の認定通知書の写し及び認定低炭素住宅建築証明書又は住宅用家屋証明書（その写し）
⑤	住宅省エネルギー性能証明書(※)

(※)　住宅用家屋の取得の日前に調査が終了したものに限ります。

⑵　既存住宅用家屋を取得する場合

次に掲げるいずれかの書類

①	住宅性能証明書（※１）
②	建設住宅性能評価書の写し（※２）
③	長期優良住宅建築等計画の認定通知書及び認定長期優良住宅建築証明書又は住宅用家屋証明書（その写し）
④	低炭素建築物新築等計画の認定通知書の写し及び認定低炭素住宅建築証明書又は住宅用家屋証明書（その写し）
⑤	住宅省エネルギー性能証明書（※３）

(※)１　住宅性能証明書は、既存住宅用家屋の取得の日前２年以内又は取得の日以降に証明のための家屋の調査が終了したものに限ります。

２　建設住宅性能評価書は、既存住宅用家屋の取得の日前２年以内又は取得の日以降に評価されたものに限ります。

３　住宅省エネルギー性能証明書は、既存住宅家屋の取得の日前２年以内又は取得の日以後６か月以内に調査が終了したものに限ります。

⑶　住宅用家屋の増改築等の場合

次に掲げるいずれかの書類

①	住宅性能証明書
②	建設住宅性能評価書の写し
③	増改築等工事証明書

※　増改築等工事証明書は、省エネ等住宅の基準に適合させるものであることについて証明がされたものに限ります。

なお、住宅取得等資金を贈与により取得した日の属する年の翌年３月15日において、新築する住宅用家屋が新築に準ずる状態にある場合及び増改築等する家屋が増改築等の完了に準ずる状態にある場合には、住宅用家屋の工事が完了したときは、遅滞なく上記⑴又は⑶の書類を税務署長に提出することを約する書類の提出が必要となります（措規23の５の２⑥二、三ロ）。

＜添付書類一覧表（共通書類）＞

	新築住宅用家屋			既存住宅用家屋		増改築等		
	イ	ロ	ハ	イ	ロ	イ	ロ	ハ
贈与税の申告書第１表の２（住宅取得等資金の非課税の計算明細書）	○	○	○	○	○	○	○	○
特定受贈者の戸籍の謄本等で特定受贈者の氏名、生年月日及び贈与者が特定受贈者の直系尊属に該当することを証明するもの	○	○	○	○	○	○	○	○
特定受贈者が住宅取得等資金を贈与により取得した日の属する年分の所得税に係る合計所得金額を明らかにする書類（所得税に係る確定申告書を提出した特定受贈者にあっては、その旨を記載した書類）	○	○	○	○	○	○	○	○
登記事項証明書（※２）（床面積及び既存住宅用家屋である場合において、昭和57年１月１日以後に建築されたもので、かつ、その建築年月日が明らかでない場合には、明らかにする書類が別途必要）	○	○	○ 居住開始後提出	○	○	○	○	○ 居住開始後提出
地震に対する安全性に係る基準等に適合する旨を証する書類（耐震基準適合証明書、建設住宅性能評価書の写し又は既存住宅売買瑕疵担保責任保険契約が締結されていることを証する書類）	—	—	—	△ 昭和57年1月1日以前に建築されたものや耐震基準に適合させる耐震改修を行った場合等に添付が必要	△	—	—	—
住宅用の家屋の耐震改修を行うことにつき申請したことを証する書類及びその申請等に応じた証明書等	—	—	—	△ 耐震基準に適合しない場合に添付が必要	△	—	—	—
増改築等の工事が特例の対象となる工事である旨を証する書類（増改築等工事証明書（大規模修繕又は大規模模様替の場合は確認済証の写し又は検査済証の写しでも可））	—	—	—	—	—	○	○	○ 工事完了後に提出
住宅用家屋等を特別の関係がある者以外の者から取得等したこと及び住宅用家屋の取得等に係る契約の締結をした年月日を明らかにする書類	○	○	○	○	○	○	○	○
居住の用に供することができない事情及び居住開始予定時期を記載した書類	—	○	—	—	○	—	○	—
住宅用家屋を遅滞なく居住の用に供することを約する書類	—	○	○	—	○	—	○	—
工事完了のとき又は居住の用に供したときは遅滞なく書類（登記事項証明書（※2））を提出することを約する書類	—	—	○ 居住開始予定日の記載が必要	—	—	—	—	○
増改築等の工事完了年月日及び工事に要した費用の額及び明細（請負契約書など）	—	—	—	—	—	○	○	○
家屋が住宅用家屋に該当することを明らかにするもの又はその写し	—	—	○	—	—	—	—	—
新築又は増改築等の完了に準ずる状態にあることを証する書類で工事等の完了予定年月日の記載があるもの（建設業者等が証明したもの）	—	—	○	—	—	—	—	○

（※１）　上記の区分のイからハは以下のとおり。

イ　住宅取得等資金を贈与により取得した日の属する年の翌年３月15日において家屋を新築等をし、居住の用に供している場合

ロ　住宅取得等資金を贈与により取得した日の属する年の翌年３月15日において家屋を新築等をし、居住の用に供することが確実と見込まれる場合

ハ　住宅取得等資金を贈与により取得した日の属する年の翌年３月15日において家屋に屋根を有し新築又は増改築等の完了に準ずる状態にある場合

（※２）　登記事項証明書については、申告書への不動産番号等の記入又は不動産番号等明細書を提出することなどにより、その添付を省略することができます（526ページ参照）。

第11　税額の計算

1　暦年課税の場合の贈与税額の計算

贈与税の税額は、贈与税の配偶者控除額及び基礎控除額を差し引いた後の課税価格に税率を乗じて計算します（相法21の7、措法70の2の5）。

贈与財産の価額の合計額（課税価格） － 配偶者控除額（最高2,000万円） － 基礎控除額（110万円） ＝ 基礎控除後の課税価格

（基礎控除後の課税価格 × 税率） － 外国税額控除額 ＝ 納付税額

⇩

＜贈与税（暦年課税）の速算表＞（平成27年1月1日以後）

基礎控除後の課税価格	一般税率		特例税率※	
	税率	控除額	税率	控除額
200万円以下の金額	10%	—	10%	—
300万円以下の金額	15%	10万円	15%	10万円
400万円以下の金額	20%	25万円		
600万円以下の金額	30%	65万円	20%	30万円
1,000万円以下の金額	40%	125万円	30%	90万円
1,500万円以下の金額	45%	175万円	40%	190万円
3,000万円以下の金額	50%	250万円	45%	265万円
4,500万円以下の金額	55%	400万円	50%	415万円
4,500万円超			55%	640万円

※　その年の1月1日において18歳以上（令和4年3月31日以前は、20歳以上）の者が直系尊属から受ける贈与（死因贈与を除きます。）に適用されます。なお、特例税率の適用を受ける場合には、贈与税の申告書（期限後申告書及び修正申告書を含みます。）又は更正の請求書に本特例の適用を受ける旨を記載し、贈与税の額の計算に関する明細書及び贈与により財産を取得した者の戸籍謄本又は抄本その他の書類（贈与税の配偶者控除額及び基礎控除額を差し引いた後の課税価格が300万円以下である場合には、この書類の提出の必要はありません。）でその者の氏名、生年月日及びその者が贈与した者の直系卑属に該当することを証するもの（既に当該証する書類を添付した申告書又は更正の請求書を提出している場合には、当該申告書又は更正の請求書を提出した税務署の名称及びその提出に係る年分を記載した書類）を添付する必要があります（措法70の2の5④、措規23の5の5、平成31年改正法附則79⑥）。

なお、同年中に直系尊属からの贈与により取得した財産（特例贈与財産）と直系尊属以外の者からの贈与により取得した財産（一般贈与財産）があった場合の贈与税の計算については、次のイ及びロに掲げる金額を合計した金額となります（措法70の2の5③）。

イ　Ⓐ × 特例税率 × $\frac{\text{特例適用財産の価額}}{\text{合計贈与価額}}$

ロ　Ⓐ × 一般税率 × $\frac{\text{一般贈与財産の価額}}{\text{合計贈与価額}}$

※1　Ⓐは、贈与税の基礎控除及び贈与税の配偶者控除後の課税価格です。

2　合計贈与価額とは、1年間に贈与を受けた一般贈与財産の価額（贈与税の課税価格の計算の基礎に算入されるもので、贈与税の配偶者控除後のもの）と特例適用財産の価額の合計額です。

3　一般贈与財産の価額は、贈与税の配偶者控除後のものです。

〔設例1〕　一般の贈与の場合

甲は、令和6年に、夫から現金500万円の贈与を受けました。

（課税価格）　（基礎控除額）　（基礎控除後の課税価格）
500万円　－　110万円　＝　390万円

甲の令和6年に係る贈与税額は53万円となります（390万円×20%－25万円＝53万円)。

〔設例2〕　直系尊属からの贈与の場合

乙は、令和6年に、父から現金300万円、母から株式200万円の贈与を受けました。

（課税価格）　（基礎控除額）　（基礎控除後の課税価格）
（300万円＋200万円）－　110万円　＝　390万円

乙の令和6年に係る贈与税額は48万5千円となります（390万円×15%－10万円＝48万5千円)。

〔設例3〕　一般の贈与と直系尊属からの贈与がある場合

丙は、令和6年に、父から現金400万円、夫から株式100万円の贈与を受けました。

（課税価格）　（基礎控除額）　（基礎控除後の課税価格）
（400万円＋100万円）－　110万円　＝　390万円

丙の令和6年に係る贈与税額は49万4千円となります（次の①＋②＝49万4千円)。

①　父からの贈与に対応する金額（直系尊属からの贈与）
(390万円×15%－10万円)×400万円／500万円＝38万8千円

②　夫からの贈与に対応する金額（一般の贈与）
(390万円×20%－25万円)×100万円／500万円＝10万6千円

〔設例4〕　配偶者控除の適用を受ける場合

丁は、令和6年に、夫から居住用不動産（相続税評価額2,200万円）の贈与を受けました。

（課税価格）　（配偶者控除額）　（基礎控除額）　（基礎控除後の課税価格）
2,200万円　－　2,000万円　－　110万円　＝　90万円

丁の令和６年の贈与税額は９万円となります（90万円×10％＝９万円）。

〔設例５〕　人格のない社団等の場合

人格のない社団Ｓは、令和６年に、Ａから300万円、Ｂから150万円の贈与を受けました。

Ａからの分　　（300万円－110万円）×10％＝19万円　……………(a)

Ｂからの分　　（150万円－110万円）×10％＝４万円………………(b)

(a)　　(b)

社団Ｓの令和６年の贈与税額は23万円となります（19万円＋４万円＝23万円）。

2　相続時精算課税における贈与税額の計算

(1)　概要

相続時精算課税における贈与税額の計算は、課税価格から基礎控除額及び特別控除額を控除した後の金額に一律20％の税率を乗じて計算します。

(2)　課税価格

相続時精算課税適用者が特定贈与者からの贈与により取得した財産については、特定贈与者ごとにその年中において贈与により取得した財産の価額の合計額をもって贈与税の課税価格とします（相法21の10）。

(注)　相続時精算課税適用者が特定贈与者からの贈与により取得した財産については、相続税法第21条の５《贈与税の基礎控除》、同法第21条の６《贈与税の配偶者控除》及び同法第21条の７《贈与税の税率》の規定の適用はないことになります（相法21の11）。

(3)　基礎控除額

相続時精算課税適用者がその年中において特定贈与者からの贈与により取得した財産に係るその年分の贈与税については、贈与税の課税価格から110万円を控除します（相法21の11の２①、措法70の３の２①②）。

相続時精算課税適用者がその年中において２人以上の特定贈与者からの贈与により財産を取得した場合には、特定贈与者の異なるごとに、110万円に、特定贈与者ごとの贈与税の課税価格がその課税価格の合計額のうちに占める割合を乗じて計算します（相法21の11の２②、相令５の２、措法70の３の２③、措令40の５の２）。

〔参考〕　経過措置

基礎控除額については、令和６年１月１日以後に贈与により取得する財産に係る贈与税について適用があります（令和５年改正法附則19④）。

⑷　特別控除額

イ　特別控除額の適用

㈠　令和５年12月31日以前に贈与により取得する財産に係る贈与税について

相続時精算課税適用者がその年中において特定贈与者からの贈与により取得した財産に係るその年分の贈与税については、特定贈与者ごとの相続時精算課税に係る贈与税の課税価格からそれぞれ次に掲げる金額のうちいずれか低い金額を控除します（令和５年改正前相法21の12①）。

①　2,500万円（前年以前この特別控除を適用し控除した金額がある場合には、その金額の合計額を控除した残額）

②　特定贈与者ごとの贈与税の課税価格

なお、この特別控除は、贈与税の期限内申告書に控除を受ける金額、前年以前この特別控除を適用し控除した金額等の記載がある場合に限り適用されます（令和５年改正前相法21の12②、相規12）。

㈟　税務署長は、特定贈与者からの贈与により取得した財産について、特別控除を受ける金額、前年以前この特別控除を適用し控除した金額等の記載がない期限内申告書の提出があった場合において、その記載がなかったことについてやむを得ない事情があると認めるときは、その旨を記載をした書類の提出があった場合に限り、特別控除を適用することができます（令和５年改正前相法21の12③）。

㈡　令和６年１月１日以後に贈与により取得する財産に係る贈与税について

相続時精算課税適用者がその年中において特定贈与者からの贈与により取得した財産に係るその年分の贈与税については、特定贈与者ごとの上記⑶の基礎控除額の控除後の贈与税の課税価格からそれぞれ次に掲げる金額のうちいずれか低い金額を控除します（令和５年改正後相法21の12①）。

①　2,500万円（前年以前この特別控除を適用し控除した金額がある場合には、その金額の合計額を控除した残額）

②　特定贈与者ごとの上記⑶の基礎控除額の控除後の贈与税の課税価格

なお、この特別控除は、贈与税の期限内申告書に控除を受ける金額、上記⑶の基礎控除額及び前年以前この特別控除を適用し控除した金額等の記載がある場合に限り適用されます（令和５年改正後相法21の12②、相規12）。

㈟　税務署長は、特定贈与者からの贈与により取得した財産について、特別控除を受ける金額、前年以前この特別控除を適用し控除した金額等の記載がない期限内申告書の提出があった場合において、その記載がなかったことについてやむを得ない事情があると認めるときは、その旨を記載をした書類の提出があった場合に限り、特別控除を適用することができます（令和５年改正後相法21の12③）。

ロ　翌年以降に繰り越される特別控除額が過大であるときの修正申告

相続時精算課税に係る贈与税の特別控除を適用した贈与税の申告書を提出した者は、同控除を適用した金額がある場合における当該金額の合計額を2,500万円から控除した後の翌年以降に繰り越される金額が過大であるときには、その金額について税務署長による更正があるまでは修正申告書を提出することができます（通則法２六ハ(3)、19①二）。

(5)　税率

(イ)　令和５年12月31日以前に贈与により取得する財産に係る贈与税について

相続時精算課税適用者がその年中において特定贈与者からの贈与により取得した財産に係るその年分の贈与税の額は、特定贈与者ごとに計算した課税価格から、特定贈与者ごとに計算した特別控除額を控除した金額にそれぞれ20％の税率を乗じて計算した金額とします（令和５年改正前相法21の13）。

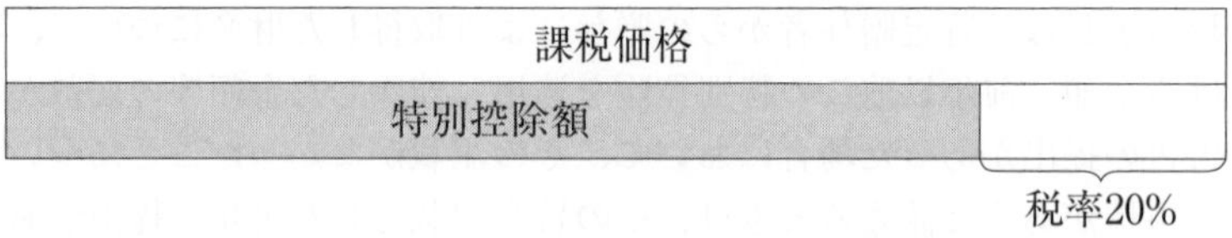

(ロ)　令和６年１月１日以後に贈与により取得する財産に係る贈与税について

相続時精算課税適用者がその年中において特定贈与者からの贈与により取得した財産に係るその年分の贈与税の額は、特定贈与者ごとに上記(3)の基礎控除額の控除後の贈与税の課税価格から、特定贈与者ごとに計算した特別控除額を控除した金額にそれぞれ20％の税率を乗じて計算した金額とします（令和５年改正後相法21の13）。

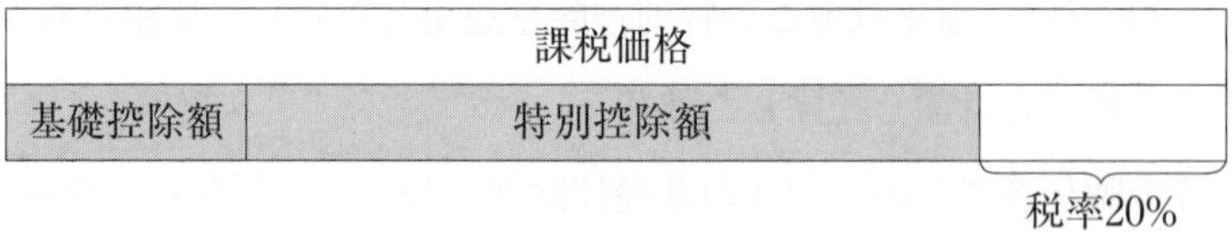

〔設例１〕　特定贈与者１人から財産の贈与を受けた場合

子が父から３年にわたり財産の贈与を受け（１年目に1,000万円、２年目に1,300万円、３年目に800万円）、１年目から相続時精算課税の適用を受けた場合

○　令和５年12月31日以前に贈与により取得した場合

（１年目の計算）

（課税価格）（特別控除額）※
1,000万円 － 1,000万円 ＝ ０万円

※　特別控除額の計算

（2,500万円－０万円）＞1,000万円（課税価格）　∴1,000万円

（２年目の計算）

（課税価格）（特別控除額）※
1,300万円 － 1,300万円 ＝ ０万円

※　特別控除額の計算

（2,500万円－1,000万円（１年目の特別控除額））＞1,300万円（課税価格）　∴1,300万円

（３年目の計算）

（課税価格）（特別控除額）※　　　　　　　（税率）（贈与税額）
800万円 － 200万円 ＝ 600万円　　600万円 × 20％ ＝120万円

※　特別控除額の計算

（2,500万円－2,300万円（１、２年目の特別控除額の合計額））＜800万円（課税価格）
∴200万円

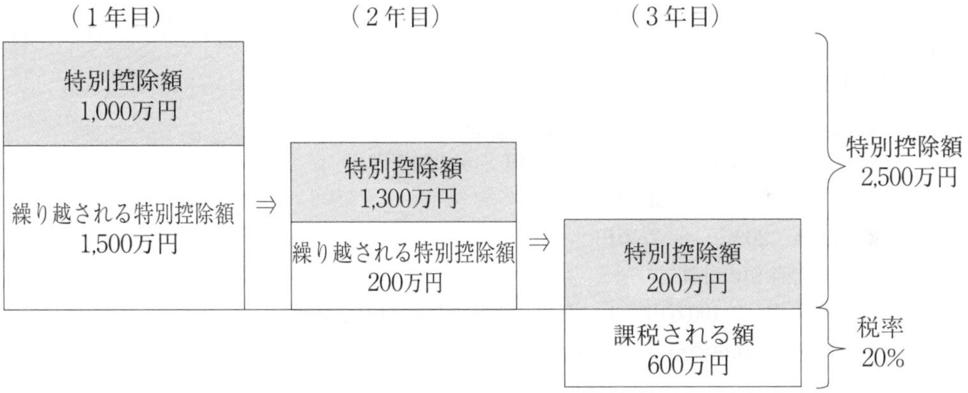

○　令和６年１月１日以後に贈与により取得した場合

（１年目の計算）

（課税価格）（基礎控除額）（特別控除額）※
1,000万円 － 110万円 － 890万円 ＝ ０万円

※　特別控除額の計算

（2,500万円－０万円）＞890万円（課税価格）　∴890万円

（２年目の計算）

（課税価格）（基礎控除額）（特別控除額）※
1,300万円 － 110万円 － 1,190万円 ＝ ０万円

※　特別控除額の計算

（2,500万円－890万円（１年目の特別控除額））＞1,190万円（課税価格）　∴1,190万円

（３年目の計算）

（課税価格）（基礎控除額）（特別控除額）㈱
800万円 － 110万円 － 420万円 ＝ 270万円
（税率）（贈与税額）
270万円 × 20％ ＝ 54万円
㈱　特別控除額の計算
（2,500万円－2,080万円（１、２年目の特別控除額の合計額））
＜800万円（課税価格）　∴420万円

○　令和５年から令和７年の３年間に贈与により取得した場合

（１年目の計算）

（課税価格）（特別控除額）㈱
1,000万円 － 1,000万円 ＝ ０万円
㈱　特別控除額の計算
（2,500万円－０万円）＞1,000万円（課税価格）　∴1,000万円

（２年目の計算）

（課税価格）（基礎控除額）（特別控除額）㈱
1,300万円 － 110万円 － 1,190万円 ＝ ０万円
㈱　特別控除額の計算
（2,500万円－1,000万円（１年目の特別控除額））＞1,190万円（課税価格）　∴1,190万円

（３年目の計算）

（課税価格）（基礎控除額）（特別控除額）㈱
800万円 － 110万円 － 310万円 ＝ 380万円
（税率）（贈与税額）
380万円 × 20％ ＝ 76万円
㈱　特別控除額の計算
（2,500万円－2,190万円（１、２年目の特別控除額の合計額））
＜800万円（課税価格）　∴310万円

〔設例２〕　同一年中に特定贈与者２人以上から財産の贈与を受けた場合

子が同一年中に父から3,000万円、母から2,500万円の財産の贈与を受け、父母それぞれからの受贈財産について相続時精算課税の適用を受ける場合

○　令和５年12月31日以前に贈与により取得した場合

（父から贈与を受けた財産に係る贈与税額の計算）

（課税価格）（特別控除額）（税率）（贈与税額）
3,000万円 － 2,500万円 ＝ 500万円　500万円 × 20％ ＝ 100万円……①

（母から贈与を受けた財産に係る贈与税額の計算）

（課税価格）（特別控除額）
2,500万円 － 2,500万円 ＝ ０万円……②

（納付すべき税額）

①　＋　②　＝　100万円

○　令和６年１月１日以後に贈与により取得した場合

（父から贈与を受けた財産に係る贈与税額の計算）

（父からの贈与税の課税価格）／（父と母からの贈与税の課税価格の合計）
3,000万円　－　110万円　×　3,000万円／5,500万円　－　2,500万円　＝　440万円

（税率）　（贈与税額）
440万円　×　20%　＝　88万円……①

（母から贈与を受けた財産に係る贈与税額の計算）

（母からの贈与税の課税価格）／（父と母からの贈与税の課税価格の合計）
2,500万円　－　110万円　×　2,500万円／5,500万円　－　2,450万円　＝　０万円……②

（納付すべき税額）

①　＋　②　＝　88万円

〔設例３〕　同一年中に特定贈与者及び特定贈与者以外の贈与者から財産の贈与を受けた場合

子が同一年中に父から3,000万円、母から200万円の財産の贈与を受け、父からの受贈財産について相続時精算課税の適用を受ける場合

○　令和５年12月31日以前に贈与により取得した場合

（父から贈与を受けた財産に係る贈与税額の計算）

（課税価格）　（特別控除額）　（税率）　（贈与税額）
3,000万円　－　2,500万円　＝　500万円　500万円　×　20%　＝　100万円……①

（母から贈与を受けた財産に係る贈与税額の計算）

（課税価格）　（基礎控除額）　（税率）　（贈与税額）
200万円　－　110万円　＝　90万円　90万円　×　10%　＝　９万円……②

（納付すべき税額）

①　＋　②　＝　109万円

○　令和６年１月１日以後に贈与により取得した場合

（父から贈与を受けた財産に係る贈与税額の計算）

（課税価格）　（基礎控除額）（特別控除額）
3,000万円　110万円　－　2,500万円　＝　390万円

（税率）　（贈与税額）
390万円　×　20%　＝　78万円……①

（母から贈与を受けた財産に係る贈与税額の計算）

（課税価格）　（基礎控除額）　（税率）　（贈与税額）
200万円　－　110万円　＝　90万円　90万円　×　10%　＝　９万円……②

（納付すべき税額）

② ＋ ② ＝ 87万円

3　外国税額控除

外国の財産（在外財産）を贈与により取得した場合において、その財産についてその国の法令により贈与税に相当する税が課税されたときには、その者が贈与により取得した財産全体に対する贈与税額から、その国において課税された贈与税相当額を控除することができます（相法21の８）。

なお、外国税額控除は、暦年課税、相続時精算課税の別に、それぞれ適用することとなります（相基通21の８－２）。

㈴１　控除額は次の①又は②のいずれか少ない額となります。

① 外国で課税された贈与税相当額

② その者の贈与税額×$\frac{\text{在外財産の価額}}{\text{その年分の贈与税の課税価格}}$

２　外国において課税された贈与税相当額は、納付すべき日における電信売相場（T．T．S.）により邦貨換算することになります（相基通21の８－１、20の２－１）。

4　特定土地等及び特定株式等に係る贈与税の課税価格の計算の特例

⑴　概要

個人が特定非常災害発生日の属する年の１月１日から特定非常災害発生日の前日までの間に贈与により取得した財産で、特定非常災害発生日（特定土地等及び特定株式等に係る相続税の課税価格の計算の特例の場合と同じです。161ページを参照）において所有していたもののうちに、特定土地等又は特定株式等がある場合には、その特定土地等又はその特定株式等の贈与税の課税価格に算入すべき価額は、特定非常災害の発生直後の価額とすることができます（措法69の７①）。

㈴　特定非常災害とは、特定非常災害の被害者の権利利益の保全等を図るための特別措置に関する法律第２条第１項の規定により、特定非常災害として指定された非常災害をいいます。

⑵　特定土地等及び特定株式等

特定土地等及び特定株式等に係る相続税の課税価格の計算の特例の場合と同じです。「第６章　相続税の計算の仕方」の「第３　課税価格の計算の特例」の３⑵（161ページ）を参照してください。

(3) 贈与税の課税価格に算入すべき価額

特定土地等及び特定株式等に係る相続税の課税価格の計算の特例の場合と同じです。「第６章　相続税の計算の仕方」の「第３　課税価格の計算の特例」の３(4)（164ページ）を参照してください。

(4) 特例を受けるための手続

この特例を受けるためには、次の申告手続をしなければなりません（措法69の７②）

特例を受けるための手続要件	①	贈与税の申告書（期限後申告書及び修正申告書を含みます。）又は更正の請求書を提出すること
	②	上記①の申告書又は更正の請求書に、この特例の適用を受けようとする旨を記載すること

第12　贈与税の申告と納税

1　贈与税の申告

(1)　暦年課税の贈与税の申告書の提出義務者

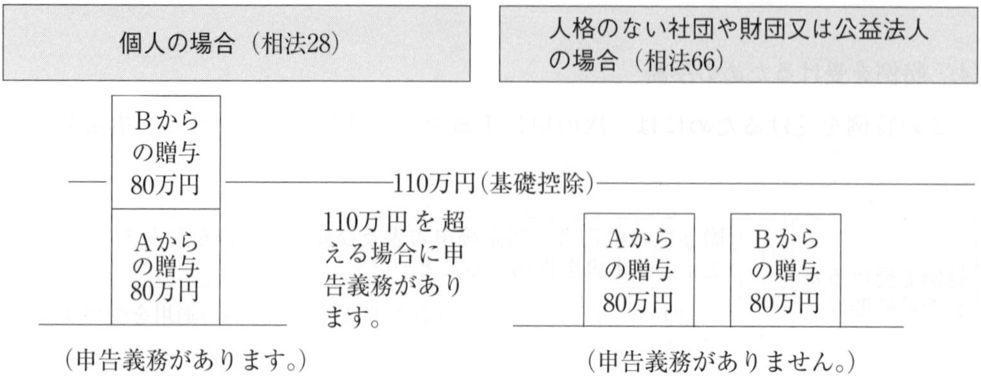

(2)　相続時精算課税の贈与税の申告書の提出義務者

令和５年12月31日以前に贈与により財産を取得し、相続時精算課税の適用を受けようとする受贈者は、贈与を受けた財産に係る贈与税の**申告書の提出期限まで**に「相続時精算課税選択届出書」（贈与者ごとに作成しなければなりません。）及び一定の書類を贈与税の申告書に添付し、贈与税の納税地の所轄税務署長に提出しなければなりません（相法21の９②、令和５年改正前相令５①②、令和５年改正前相規10、11）。

令和６年１月１日以後に贈与により財産を取得し、相続時精算課税の適用を受けようとする受贈者で、相続時精算課税に係る基礎控除後の贈与税の課税価格がある場合には、贈与税の申告義務があることから、贈与を受けた財産に係る贈与税の**申告書の提出期限まで**に「相続時精算課税選択届出書」（贈与者ごとに作成しなければなりません。）及び一定の書類を贈与税の申告書に添付し、贈与税の納税地の所轄税務署長に提出しなければなりません

なお、相続時精算課税に係る基礎控除後の贈与税の課税価格がない場合には、贈与税の申告義務がないことから、贈与を受けた年の翌年２月１日から３月15日までに「相続時精算課税選択届出書」（贈与者ごとに作成しなければなりません。）を単独で、贈与税の納税地の所轄税務署長に提出しなければなりません（相法21の９②、令和５年改正後相令５①②、令和５年改正後相規10、11、令和５年改正相令附則２、令和５年改正相規附則２①）。

また、令和６年１月１日以後に贈与により取得する財産に係る贈与税について、相

続時精算課税の適用を受けた以後の年分は、その適用に係る贈与者からの贈与を受けた場合には、相続税法第21条の11の２第１項の規定による基礎控除の控除後の贈与税の課税価格がある場合には、贈与税の申告が必要になります。

(3)　贈与税の申告書の提出期限

イ　原則

贈与を受けた年の翌年の２月１日から３月15日までの間に、その者の納税地（相法62）の所轄税務署長に提出することになります（相法28①）。

ロ　相続税法の施行地内に住所又は居所を有しないこととなる場合

贈与税の申告書等を提出すべき者が納税管理人の届出をしないで贈与を受けた年の翌年１月１日から３月15日までに国内に住所及び居所を有しないこととなるときは、その住所及び居所を有しないこととなる日までに贈与税の申告書等を提出しなければなりません（相法28①）。

なお、その住所又は居所を有しないこととなる日までに納税管理人を選任し納税地の所轄税務署長にその旨を届け出た場合の提出期限は、上記イになります（相法28①）。

㈱　贈与を受けた年の途中で出国する場合は、原則どおりの申告となります。

ハ　特定非常災害が発生した場合

租税特別措置法第69条の７《特定土地等及び特定株式等に係る贈与税の課税価格の計算の特例》の規定の適用を受けることができる場合の贈与税の申告書等の提出期限は、国税通則法第11条の規定により延長された申告に関する期限と特定非常災害発生日の翌日から10か月を経過する日のいずれか遅い日となります（措法69の８③）。

ただし、その日が上記イの期限より前の場合の提出期限は上記イになります。

(4)　受贈者が死亡した場合の贈与税の申告書

贈与により財産を取得した者が、申告書の提出期限前に申告書を提出しないで死亡した場合には、次によりその者の相続人が贈与税の申告書を提出することになります（相法28②）。

贈与税の申告をしなければならない場合	申告書の提出義務者	申告書の提出期限	申告書の提出先	贈与税の納税地
年の中途において死亡した者が、その年の1月1日から死亡の日までに贈与により財産を取得し、税額を計算したところ贈与税額があることとなる場合（相法28②一）	本来の贈与税の申告義務者の相続人（包括受遺者を含みます）（相法28②、27②）	その相続開始があったことを知った日の翌日から10か月以内（相法28②、27②）	死亡した者の納税地の所轄税務署長（相法28②、27②）	死亡した者の死亡した日における納税地（住所又は居所）（相法62③）
相続時精算課税適用者が年の中途において死亡した場合に、その年の1月1日から死亡の日までに相続税法第21条の9第3項の規定の適用を受ける財産を贈与により取得した場合（令和6年1月1日以後の贈与については、相続税法第21条の11の2第1項の規定による控除後の贈与税の課税価格がある場合に限ります。）（相法28②二、改正法附則19⑥）				
贈与税の申告書を提出すべき者が申告書の提出期限前に、その申告書を提出しないで死亡した場合（相法28②三）				

※　受贈者が「相続時精算課税選択届出書」の提出前に死亡した場合

贈与により財産を取得した者（この第12において、以下「死亡受贈者」といいます。）が相続時精算課税の適用を受けることができる場合において、その死亡受贈者が贈与税の申告期限前に「相続時精算課税選択届出書」を提出しないで死亡したときは、その死亡受贈者の相続人（包括受遺者を含み、相続人のうちに特定贈与者がいる場合にはその特定贈与者を除きます。）は、その相続の開始があったことを知った日の翌日から10か月以内に「相続時精算課税選択届出書」をその死亡受贈者の贈与税の納税地の所轄税務署長に共同して提出することができます（相法21の18①）。

なお、これにより、「相続時精算課税選択届出書」を提出した相続人は、死亡受贈者が有することになる相続時精算課税の適用を受けることに伴う納税に係る権利又は義務を承継することになります（相法21の18②）。

また、相続人が2人以上いる場合には、「相続時精算課税選択届出書」の提出は、これらの者が一の「相続時精算課税選択届出書」に連署して行う必要があります（相令5の6③）。

(5)　贈与税の申告書の提出先

贈与税の申告書は、次の区分によりそれぞれの税務署長に提出することとなります。

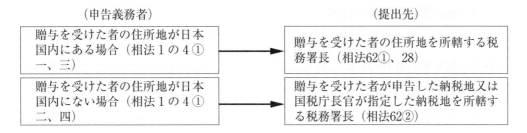

（申告義務者）		（提出先）
贈与を受けた者の住所地が日本国内にある場合（相法１の４①一、三）	→	贈与を受けた者の住所地を所轄する税務署長（相法62①、28）
贈与を受けた者の住所地が日本国内にない場合（相法１の４①二、四）	→	贈与を受けた者が申告した納税地又は国税庁長官が指定した納税地を所轄する税務署長（相法62②）

⑹　贈与税の期限後申告、修正申告、更正の請求

贈与により財産を取得した者は、財産を取得した年の翌年の２月１日から３月15日までの間に贈与税の申告書を提出して納税しなければなりません（相法28①）。

しかし、期限内に申告しなかったり又は申告した税額に誤りがあった場合には、納税者は、次の方法により是正することになります。

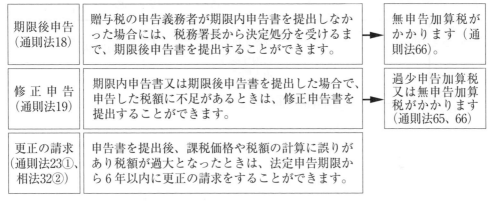

期限後申告（通則法18）	贈与税の申告義務者が期限内申告書を提出しなかった場合には、税務署長から決定処分を受けるまで、期限後申告書を提出することができます。	→	無申告加算税がかかります（通則法66）。
修正申告（通則法19）	期限内申告書又は期限後申告書を提出した場合で、申告した税額に不足があるときは、修正申告書を提出することができます。	→	過少申告加算税又は無申告加算税がかかります（通則法65、66）
更正の請求（通則法23①、相法32②）	申告書を提出後、課税価格や税額の計算に誤りがあり税額が過大となったときは、法定申告期限から６年以内に更正の請求をすることができます。		

※　加算税については第８章の３の⑷を参照してください。

⑺　贈与税の期限後申告及び修正申告の特則

贈与税の申告書の提出期限後において相続税法第32条第１項第１号から第６号まで（更正の請求の特則）に規定する事由が生じたことにより相続又は遺贈による財産の取得をしないこととなったため新たに贈与税の申告書を提出すべき要件に該当することとなった者は、期限後申告書を提出することができます（相法30②）。

また、贈与税の期限内申告書又は期限後申告書を提出した者（贈与税について決定を受けた者を含みます。）は、相続税法第32条第１項第１号から第６号までに規定する事由が生じたことにより相続又は遺贈による財産の取得をしないこととなったため既に確定した贈与税額に不足が生じた場合には、修正申告書を提出することができます（相法31④）。

(8) 贈与税の更正の請求の特則

贈与税の申告書を提出した者（贈与税の決定処分を受けた者も含まれます。）が、贈与税の課税価格の計算の基礎に算入した財産のうちに、被相続人からその相続開始の年に贈与により取得した財産で、相続税の課税価格に算入される（相法21の2④）ことを知った場合には、そのことを知った日の翌日から4か月以内に限り、更正の請求をすることができます（相法32①十）。

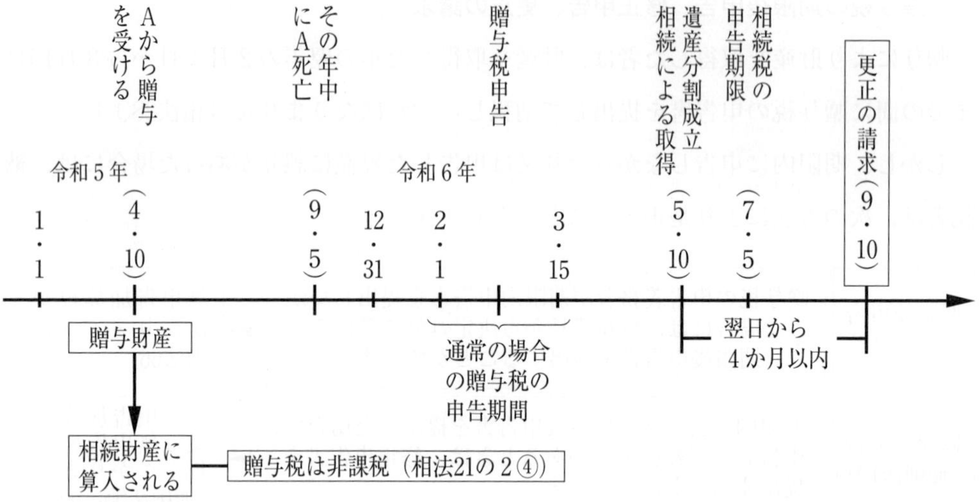

(9) 更正、決定

イ　原則

税務署長は、納税者が贈与税の申告期限（相法28）までに申告しなかったときは、その調査したところに基づいて課税価格及び税額を決定します（通則法25)。また、税務署長は、納税者の申告に誤りがある場合には、その調査したところに基づいて正しい課税価格及び税額に更正します（通則法24)。

更正又は決定	更正又は決定の事由	更正又は決定に係る税額の納付	加算税	更正又は決定できる期間
更正（通則法24）	納税者から提出された申告書（期限内、期限後及び修正の各申告書）に記載された課税価格又は税額が法律の規定に従っていなかったとき及び税務署長が調査した課税価格又は税額と異なるとき	更正通知書が発せられた日から1か月以内に納付しなければなりません（通則法35②二)。また、法定納期限から納付の日まで延滞税がかかります（通則法60)。	過少申告加算税又は無申告加算税若しくは重加算税がかかります（通則法65、66、68)。	原則として、申告期限から5年を経過する日まで（通則法70①）
決定（通則法25）	贈与税の申告をすべき者が申告をしなかったとき	決定通知書が発せられた日から1か月以内に納付しなければなりません（通則法35②二)。また、法定納期限から納付の日まで延滞税がかかります（通則法60)。	無申告加算税又は重加算税がかかります（通則法66、68)。	原則として、申告期限から5年を経過する日まで（通則法70①）

※1　更正、決定の期間制限については、第8章の3の(3)を参照してください。
　2　加算税については第8章の3の(4)を参照してください。

ロ　贈与税の更正・決定等の期間制限の特則

(イ)　贈与税については、国税通則法第70条（国税の更正・決定等の期間制限）の規定にかかわらず、次に掲げる期限又は日から6年を経過する日まで、更正若しくは決定又は賦課決定をすることができることとされています（相法37①一～三)。

①　贈与税についての更正又は決定については、更正又は決定に係る贈与税の申告書の提出期限

②　①の更正又は決定に伴い国税通則法第19条第1項（修正申告）に規定する課税標準等又は税額等に異動を生ずべき贈与税に係る更正又は決定については、更正又は決定に係る贈与税の申告書の提出期限

③　過少申告加算税、無申告加算税又は重加算税の賦課決定については、その納税義務の成立の日

(ロ)　偽りその他不正の行為によりその全部若しくは一部の税額を免れ、若しくはその全部若しくは一部の税額の還付を受けた贈与税（その贈与税に係る加算税を含みます。）についての更正決定若しくは賦課決定又は偽りその他不正の行為により国税通則法第２条第９号に規定する課税期間において生じた同条第６号ハに規定する純損失等の金額が過大にあるものとする同号に規定する納税申告書を提出していた場合におけるその納税申告書に記載されたその純損失等の金額（その金額に関し更正があった場合には、更正後の金額）についての更正は、次に掲げる更正決定又は賦課決定の区分に応じてそれぞれの期限又は日から７年を経過する日までをすることができるとされています（相法37④）。

①　贈与税に係る更正又は決定については、更正又は決定に係る贈与税の申告書の提出期限

②　贈与税に係る加算税についてする賦課決定については、その納税義務の成立の日

(注)１　上記(イ)（相法37①一～三）の規定により更正をすることができないこととなる日前６か月以内にされた国税通則法第23条第１項の規定による更正の請求に係る更正又は当該更正に伴い贈与税に係る加算税についてする賦課決定は、上記(イ)（相法37①一～三）の規定にかかわらず、その更正の請求があった日から６か月を経過する日まで、することができることとされています（相法37②）。

　また、上記(イ)（相法37①三）の規定により賦課決定をすることができないこととなる日前３か月以内にされた国税通則法第２条第６号に規定する納税申告書の提出に伴い贈与税に係る無申告加算税（同法第66条第６項の規定の適用があるものに限ります。令和６年１月１日以後は、同法同条第８項の規定の適用があるものに限ります。）についてする賦課決定は、上記(イ)（相法37①三）の規定にかかわらず、その納税申告書の提出があった日から３か月を経過する日まで、することができるとされています。（相法37③）

２　贈与税に係る徴収権の時効は、国税通則法第73条《時効の中断及び停止》第３項の適用がある場合を除き、贈与税の申告書の提出期限から１年間は進行しません（相法37⑤）。この場合、同項ただし書の規定が準用されます（同項ただし書中「２年」とあるのは「１年」と読み替えます。）（相法37⑥）。

2　贈与税の納税

贈与税も所得税などと同様に原則として金銭で一時に納付しなければなりません。

贈与税の納期限

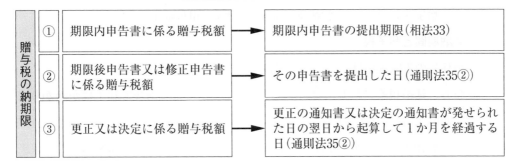

①	期限内申告書に係る贈与税額	→	期限内申告書の提出期限（相法33）
②	期限後申告書又は修正申告書に係る贈与税額	→	その申告書を提出した日（通則法35②）
③	更正又は決定に係る贈与税額	→	更正の通知書又は決定の通知書が発せられた日の翌日から起算して１か月を経過する日（通則法35②）

(1)　延納

イ　贈与税の延納

贈与税を納期限までに金銭で納付することが困難な場合は、一定の金額（注1）について、年賦延納制度が設けられています（相法38③）。なお、延納する場合には、贈与税の納期限までに必要な事項を記載した申請書及び担保（注2）に関する書類を税務署長に提出して延納の許可を受ける必要があります（相法39①㉙）。

㈴1　延納の申請ができる限度額（延納の許可限度額）は、「期限内申告、期限後申告若しくはこれらの申告に係る修正申告により納付すべき金額又は更正若しくは決定により納付すべき金額」から、次の算式により計算した金額を控除した残額となります（相基通38－２）。

納期限に有する現金の額※　＋　納期限に有する預貯金の額　＋　納期限に有する換価の容易な財産の価額　－　（通常必要とされる１か月分の生活費　×　３　＋　事業の継続のために当面必要な運転資金の額）

※　現金には、強制通用力を有する日本円を単位とする通貨のほか、証券ヲ以テスル歳入納付ニ関スル法律（大正５年法律第10号）により国税の納付に充てることのできる証券を含みます。

2　延納税額が100万円以下で、かつ、その延納期間が３年以下であるときには、担保を提供する必要はありません（相法38④）。

延納できる場合（要件）

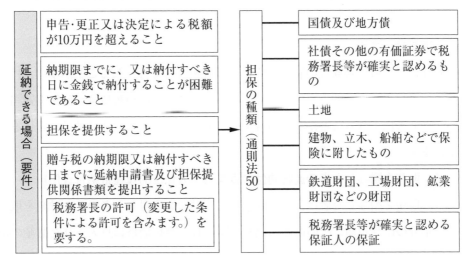

- 申告･更正又は決定による税額が10万円を超えること
- 納期限までに、又は納付すべき日に金銭で納付することが困難であること
- 担保を提供すること　→　担保の種類（通則法50）
- 贈与税の納期限又は納付すべき日までに延納申請書及び担保提供関係書類を提出すること
  - 税務署長の許可（変更した条件による許可を含みます。）を要する。

担保の種類（通則法50）

- 国債及び地方債
- 社債その他の有価証券で税務署長等が確実と認めるもの
- 土地
- 建物、立木、船舶などで保険に附したもの
- 鉄道財団、工場財団、鉱業財団などの財団
- 税務署長等が確実と認める保証人の保証

3　贈与税については、物納制度はありません（相基通41－2）。

ロ　延納期間と利子税

贈与税の年賦延納は、最長5年以内となります（相法38③）。

なお、延納税額に対しては、原則として、年6.6％の割合で利子税がかかります（通則法64①、相法52①）。

㈲　延納期間は、納期限の翌日から暦に従って計算されます（相基通38－6）。

ハ　延納税額に対する利子税の計算

(イ)　利子税の額は、次のように計算します。

第1回目の納付分

$$\text{延納税額}\times 6.6\%\times\frac{\text{納期限の翌日から分納期限までの日数}}{365}$$

第2回目以降の納付分

$$\left(\text{延納税額}-\text{前回までの分納税額の合計}\right)\times 6.6\%\times\frac{\text{前回の分納期限の翌日からその分納期限までの日数}}{365}$$

※1　分納期限後に納付した場合には、上記の利子税、分納期限の翌日から納付の日までの日数に応じ、原則としてその金額に年7.3％（分納期限の翌日から2か月を経過した後は年14.6％）の割合で計算した延滞税を併せて納付しなければなりません。

ただし、平成12年1月1日以後の延滞税の割合（7.3％部分）については、特例が設けられています（詳細は407ページ「⑵　租税特別措置法における規定（特例）」を参照してください。）。

2　利子税を計算する場合、延納税額に1万円未満の端数があるとき又は延納税額の全額が1万円未満であるときは、その端数金額又はその全額を切り捨てます（通則法118③）。

3　利子税の確定税額に100円未満の端数があるとき又はその全額が1000円未満であるときは、その端数金額又は全額を切り捨てます（通則法119④）。

(ロ)　利子税の特例割合

なお、特例割合については、369ページ（※2）を参照してください。

⑵　連帯納付義務

贈与は、一般に親族等の特殊関係のある者相互間で行われることが多いだけに、贈与税の納付義務を受贈者だけに限定してしまうことは、租税債権の確保上適当ではないことも考慮されることから、相続税法において贈与者にも連帯納付の責任を負わせています。

イ　財産を贈与した者の連帯納付の責任（一方保証的な連帯納付責任）

財産を贈与した者は、その贈与により財産を取得した者のその財産を取得した年分の贈与税額にその財産の価額が贈与税の課税価格に算入された財産の価額のうちに占める割合を乗じて算出した金額として次の①及び②の財産に応じる贈与税について、その財産の価額に相当する金額を限度として、連帯納付義務があります（相法34④、相令11）。

①　相続時精算課税の適用を受ける財産

その財産について相続税法第21条の11の２（令和５年12月31日以前の贈与については、同法第21条の12）及び同法第21条の13の規定により計算された贈与税額

②　相続時精算課税の適用を受けない財産

贈与により財産を取得した者のその財産を取得した年分の贈与税額（相続時精算課税の適用を受ける財産に係る贈与税額を除きます。）にその財産の価額が贈与税の課税価格（相続時精算課税の適用を受ける財産に係る課税価格を除きます。）に算入された財産の価額のうちに占める割合を乗じて算出した金額

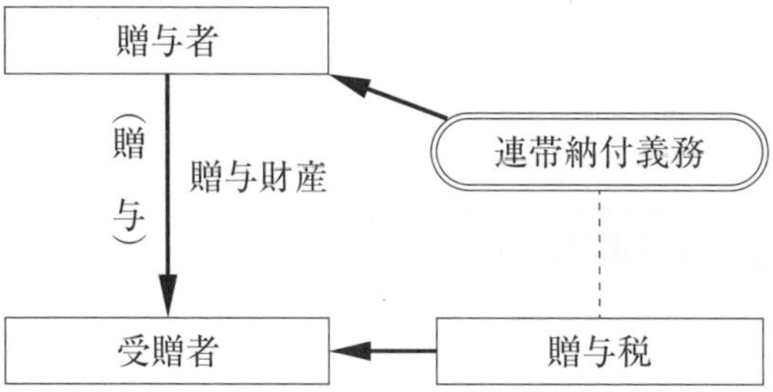

なお、連帯納付義務に基づく贈与税の納付があった場合において、その納付が、贈与により財産を取得した者がその取得した財産を費消するなどしたことから資力を喪失して贈与税を納付することが困難であることによりなされたものでないときには、債務免除等による利益の贈与があったものとみなされて㊟、贈与税が課税されることがあります（相基通34－３㊟）。

㊟　次の場合には、次の金額について相続税法第８条の規定による贈与があったものとみなされます（相基通８－３）。

①　連帯債務者が自己の負担に属する債務の部分を超えて弁済した場合において、その超える部分の金額について他の債務者に対し求償権を放棄したとき、その超える部分の金額

②　保証債務者が主たる債務者の弁済すべき債務を弁済した場合において、その求償権を放棄したとき、その代わって弁済した金額

ロ　贈与税を課税された財産を取得した者の連帯納付の責任（相互保証的な連帯納付責任）

贈与税の課税価格の基礎となった財産が更に受贈者から贈与又は寄附行為によ

り移転した場合には、その贈与により財産を転得した者又は寄附行為により設立された法人は、その贈与又は寄附行為をした者の納めるべき贈与税額に、その財産の価額が、その贈与税の課税価格に算入された財産の価額のうちに占める割合を乗じて算出した贈与税について、その受けた利益の価額に相当する金額を限度として、連帯納付の責任を負います（相法34③）。

㈲　贈与税の延納の規定は、連帯納付の責めに任ずる者のその責めに任ずべき金額については適用がありません（相基通38－５）。

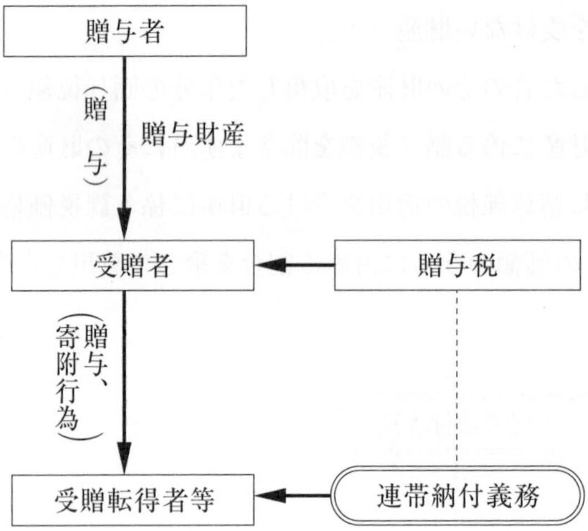

⑶　延滞税

贈与により財産を取得した年の翌年３月15日（相法28、33）までに贈与税を納付しなかった場合には、その納付の遅れた期間に応じて、それぞれ延滞税を納付しなければなりません（通則法60）。

なお、延滞税の割合については、405ページを参照してください。

第10章　農地等の相続税・贈与税の納税猶予及び免除の特例

1　農地等の相続税・贈与税の納税猶予の特例の趣旨

農業経営の承継については、民法が均分相続制度を採っていることから、遺産分割によって農地が細分化され、農業経営が困難になるなどの問題がありました。

そこで、旧農業基本法の趣旨である農業経営の近代化に資するため、民法の均分相続等による農地の細分化防止と農業後継者の育成を税制面から支援するために、昭和39年に贈与税の納税猶予（納期限の延長）の特例が、昭和50年に相続税の納税猶予の特例が、それぞれ設けられ、その後、土地政策や農地政策の見直し等に伴う改正を重ね、現在の特例となっています。

具体的には、農地等の生前一括贈与（贈与者の死亡により効力を生ずる死因贈与を除きます。この１において、以下同じです。）を受けた場合には、贈与税の納税猶予の特例（措法70の４）が、また、相続人が農地等を相続又は遺贈により取得した場合には、相続税の納税猶予の特例（措法70の６）が、それぞれ一定の要件の下に農業後継者又は農業相続人が農業経営を継続することを前提として設けられています。

相続税の納税猶予の特例は、贈与税の納税猶予の特例の適用を受けた者に限って適用されるものではありませんが、農地等の承継過程においては、贈与税から相続税、更に次の世代に農地等の贈与があった場合の贈与税というように、連続して課税関係が発生しますので、両特例は相互に接続した関係にあるということができます。

すなわち、贈与税の納税猶予の特例の適用を受けていた贈与税額は、その農地等の贈与者が死亡したときに免除されますが、その死亡したときに納税猶予の特例の適用対象となっていた農地等は、その死亡した贈与者から受贈者（農業後継者）が相続又は遺贈により取得したものとみなされて、受贈者に対してその死亡の日の価額により相続税が課税されることになり、この場合、その受贈者である相続人は、改めて相続税の納税猶予の特例の適用を受けることができます。

また、相続税の納税猶予の特例の適用を受けた相続税額は、原則として、農業相続人が死亡した場合に免除されることになるほか、例えば、農業相続人が、後継者育成のため又は農業の経営移譲年金受給のためなどの事情により農地等の生前一括贈与をした場合においても、納税猶予を受けていた相続税額は免除されることになり、この場合、受贈者（農業後継者）については、贈与税の納税猶予の特例の適用を受けることができます。

以上の関係を簡単に図示すれば、下記のとおりです。

(注)　贈与税の納税猶予の特例の適用を受けた者（受贈者）が、農業者年金基金法の規定による特例付加年金（経営移譲年金）の支給を受けるため、その納税猶予の特例の適用を受けた農地等に使用貸借権の設定をしてその者の後継者に農業経営を移譲した場合には、その受贈者が農業の用に供しているものとみなされ、なお納税猶予の継続適用が認められる特例が設けられています（措法70の4⑥）。

＜贈与税及び相続税の納税猶予の関係＞

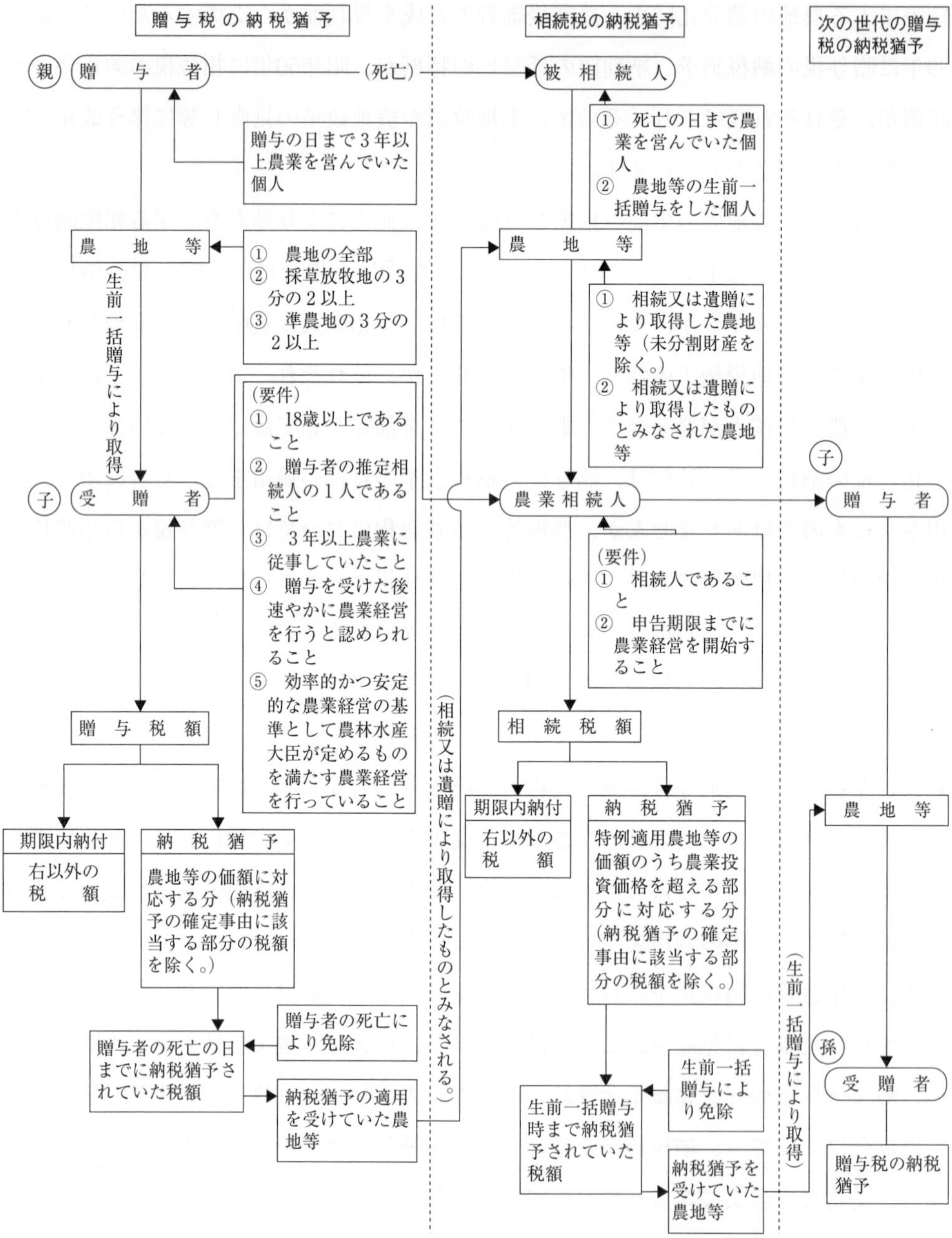

2　農地等の相続税の納税猶予の特例

(1)　特例の概要

イ　農業相続人が、農業を営んでいた被相続人（遺贈者を含みます。以下同じです。）から相続又は遺贈（死因贈与を含みます。この2において、以下同じです。）により農地（特定市街化区域農地等及び農地法第32条第1項又は第33条第1項の規定による利用意向調査に係るもので同法第36条第1項各号に該当する農地（該当することについて正当の事由があるものを除きます。）以外の農地)、採草放牧地（特定市街化区域農地等に該当するものを除きます。）及び準農地（この2において、以下「農地等」といいます。）を取得して農業を営む場合には、相続税の期限内申告書の提出により納付すべき相続税額のうち、その申告書に相続税の納税猶予の特例の適用を受ける旨を記載した農地等（この2において、以下「特例適用農地等」といいます。）の価額のうち農業投資価格を超える部分に対応する相続税額は、一定の要件の下に、次のいずれか早い日まで納税猶予の特例の適用を受けることができます（措法70の6①⑥）。

①　相続税の納税猶予の特例の適用を受けた相続人（この2において、以下「農業相続人」といいます。）の死亡の日

②　その相続税の申告書の提出期限の翌日から20年を経過する日（特例適用農地等の全てが市街化区域内農地等であり、かつ、特例適用農地等に都市営農農地等及び都市営農農地等に該当しない生産緑地地区内に所在する農地又は採草放牧地を含まない場合又は、特例適用農地等に都市営農農地等がなく、かつ、相続税の申告書の提出期限の翌日から同日以後20年を経過する日までの間に、特例適用農地等のうち①都市営農農地等に該当しない生産緑地地区内に所在する農地又は採草放牧地、②市街化区域内農地等以外のものに係る相続税の全てについて、納税猶予の期限が到来している場合）

(注)　下線部は「都市農地の貸借の円滑化に関する法律」の施行日である平成30年9月1日以後に相続又は遺贈により取得をする特例農地等について適用されます。

③　農業相続人が、特例適用農地等の全部を農業後継者に生前一括贈与をした場合には、その贈与の日

(注)　特定貸付けを行っていない農業相続人に限ります。

ロ　納税猶予の特例の適用を受けた相続税額は、上記(1)イの①から③までのいずれかに該当する日に免除されます（措法70の6㊴）。

ハ　相続税の納税猶予の特例は、贈与税の納税猶予の特例と同様に、農業相続人が、

その特例適用農地等によって農業経営を継続することを前提として設けられたものですから、上記の免除要件に該当する日前に、農業相続人が①特例適用農地等を譲渡等した場合、②農業経営を廃止した場合、③継続届出書の提出がなかった場合、④増担保又は担保変更の命令に応じない場合、⑤生産緑地地区内にある特例適用農地等につき買取りの申出又は指定の解除があった場合、⑥相続税の申告書の提出期限後10年を経過する日において、準農地を農業相続人の農業の用に供していないものがある場合等には、納税猶予に係る期限が確定し、その納税猶予の特例の適用を受けていた相続税額の全部又は一部を納付しなければならないことになります（措法70の６①⑦⑧㉟㊱）。

この場合には、本税のほか、その申告書の提出期限の翌日からその確定した期限までの期間に応じ、原則として年3.6％の割合を乗じて計算した利子税を納付しなければならないことになります（措法70の６㊵）。

⑵　特例の適用要件等

イ　被相続人の範囲（措法70の６①）

「農業を営んでいた個人」の意義（措通70の６－４、70の４－６）
○耕作又は養畜の行為を反復、かつ、継続的に行う者
　※　耕作等を反復、かつ、継続的に行う次の者も含まれます。
　・耕作又は養畜による生産物を自家消費に充てていた場合
　・その者が他に職業又は主たる事業を有している場合

↓

被相続人の範囲		
	①	死亡の日まで農業を営んでいた個人（措令40の７①）
	②	贈与税の納税猶予を適用した農地等の生前一括贈与をした個人(措令40の７①二)

「農業を営んでいた個人」の範囲(次の者を含みます。)(措通70の６－５)
○旧法による贈与税の納期限延長の適用に係る農地等の贈与者等
○相続開始の年に農地等の生前一括贈与をした者
○死亡の日まで相続税の納税猶予の特例を受けていた農業相続人で、障害、疾病などの事由により自己の農業の用に供することが困難な状態であるため、賃借権等の設定による貸付けを行っていたその農業相続人（その貸付けを行っている旨の届出書を提出している場合に限ります。）
○死亡の日まで贈与税の納税猶予の特例を受けていた受贈者で障害、疾病などの事由により自己の農業の用に供することが困難な状態であるため、賃借権等の設定による貸付けを行っていたその受贈者（その貸付けを行っている旨の届出書を提出している場合に限ります。）
○死亡の日まで租税特別措置法第70条の６の３第１項に規定する特定貸付けを行っている者
○租税特別措置法第70条の６の５第１項に規定する認定都市農地貸付け又は農園用地貸付けを行っている者

被相続人が死亡の日まで農業を営んでいたものとして取り扱う場合（措通70の６－６）

①	被相続人が老齢又は病弱のため、生前において、その者と住居及び生計を一にする親族並びにその者が行っていた耕作又は養畜の事業に従事していたその他の二親等内の親族に農業経営を移譲していたこと
②	被相続人が特例付加年金又は経営移譲年金の支給を受けるため、相続開始の日前に、その者の親族に農業経営を移譲していたこと

ロ　農業相続人の範囲（措令40の７②）

農業相続人の範囲	
	農業相続人は、イの被相続人の相続人で被相続人が農業の用に供していた農地等を相続又は遺贈により取得した個人（措法70の６①）
	次の要件に該当するものとして農業委員会が証明した個人(措令40の７②)

↓

①	相続税の期限内申告書の提出期限までに農業経営を開始し、その後も引き続き農業経営を行うと認められる者（農業経営を行う者）
②	農地等の生前一括贈与を受けた受贈者で、特例付加年金又は経営移譲年金の支給を受けるためその者の推定相続人の１名に対し、贈与税の納税猶予の適用を受けている農地等の全部につき、使用貸借権を設定して農業経営を移譲された者

⇐

「農業経営を行う者」の意義(措通70の６－８、70の４－６、70の６－７の２）

①　相続税の申告書の提出期限までに相続又は遺贈により取得した農地等について耕作又は養畜の行為を反復、かつ、継続的に行っている者

以下の者を含みます。

○贈与税の納税猶予の特例の適用を受けていた受贈者に係る贈与者が死亡し、農地等の受贈者がその農地等を相続又は遺贈により取得したものとみなされる場合において、相続税の申告期限まで当該農地等に係る農業経営を開始し、その後引き続き当該農業経営を行うと認められる受贈者

○贈与税の納税猶予における営農困難時貸付特例の適用を受ける受贈者に係る贈与者の死亡により、当該特例適用農地等を当該贈与者から相続又は遺贈により取得したものとみなされる当該受贈者

○農業経営者又は農業相続人が死亡した場合において、その相続人が当該農業経営者等から相続又は遺贈により取得した農地等について、相続税の申告期限までに特定貸付けを行った当該相続人

○贈与税の納税猶予を受ける受贈者に係る贈与者が死亡した場合において、特例適用農地等のうち農地又は採草放牧地について、当該贈与者に係る相続税の申告期限までに特定貸付けを行った当該受贈者

○農業経営者又は農業相続人が死亡した場合において、その相続人が農業経営者等から相続又は遺贈により取得した農地について、相続税の申告期限までに認定都市農地貸付け又は農園用地貸付けを行った当該相続人

○贈与税の納税猶予を受ける受贈者に係る贈与者が死亡した場合において、特例適用農地等のうち農地について、当該贈与者に係る相続税の申告期限までに認定都市農地貸付け又は農園用地貸付けを行った当該受贈者

②　農業相続人が農業以外にも職業を有する場合

○農業の傍ら、他に職業又は主たる事業を有している場合であっても、その耕作又は養畜の行為を反復、かつ、継続的に行っている限り、その者は農業を営む個人に該当

○住居及び生計を一にする２人以上の親族が同一の被相続人から農地等を相続により取得し、それぞれ耕作又は養畜の行為を反復、かつ、継続的に行っている場合には、それぞれの者がいずれも農業相続人に該当

○相続又は遺贈により農地等を取得した者が未成年者（成年に達した後、引き続き就学している者を含む。）であるときは、その未成年者と住居及び生計を一にする親族がその農地等によって農業経営を行うときに限り、その未成年者は農業相続人に該当

※　相続の放棄をしたため相続人に該当しない者（民法939）であっても、次の(イ)ないし(ハ)に該当する者は、租税特別措置法第70条の６第１項に規定する「相続人」に該当するものとして取り扱われます（措通70の６－７）。

(イ)　特例適用農地等の贈与者の死亡の時まで贈与税の納税猶予の適用を受けていた当該特例適用農地等の受贈者

(ロ)　相続開始の年に当該相続に係る被相続人から贈与税の納税猶予の特例に該当する農地等の贈与を受けた者で、当該被相続人から遺贈により財産を取得したもの

(ハ)　相続開始の年に当該相続に係る被相続人から贈与税の納税猶予の特例に該当する農地等の贈与を受けた者で、当該贈与につき相続時精算課税の適用を受けることにより当該農地等の価額が相続税の課税価格に加算されることとなるもの（被相続人から相続又は遺贈により財産を取得しなかった者について、当該被相続人からの贈与により取得した財産で相続時精算課税の適用を受けるものを当該被相続人から相続又は遺贈により取得したものとみなして相続税の課税価格を計算することとなるものを含みます。）

ハ　特例対象となる農地等

特例の対象となる農地等（措法70の6①）・右の①から③に掲げるもので、相続税の期限内申告書にこの特例の適用を受けようとする旨の記載があるもの

区分	内容
農地（耕作の用に供される土地）	○現に耕作されている土地（家庭菜園等を除きます。） ○現に耕作されていない土地のうち、通常であれば耕作されていると認められるもの（休耕地等を含みます。） ○農地法第43条第1項の規定による届出に係る同条第2項に規定する農作物栽培高度化施設の用に供される土地（農業経営基盤強化促進法等の一部を改正する法律の施行日である平成30年11月16日より適用。） （措通70の6－1、70の4－1）
採草放牧地	農地以外の土地で主として耕作又は養畜の事業のための採草又は家畜の放牧の目的に供されるもの（措通70の6－1、70の4－1）
準農地	農地及び採草放牧地以外の土地で、農業振興地域の整備に関する法律に規定する農業上の用途区分が農地又は採草放牧地となっているもので、市町村長が証明したもの（措令40の7⑤） （準農地は、農地及び採草放牧地とともに取得しなければ納税猶予の対象となりません。）

①　農業を営んでいた被相続人から相続又は遺贈により取得した農地（特定市街化区域農地等を除きます。）、採草放牧地（特定市街化区域農地等を除きます。）又は準農地
㊟　相続税の申告書の提出期限までに遺産分割によって取得していないもの（未分割財産）を除きます。
（措法70の6①⑤、措令40の7①一）

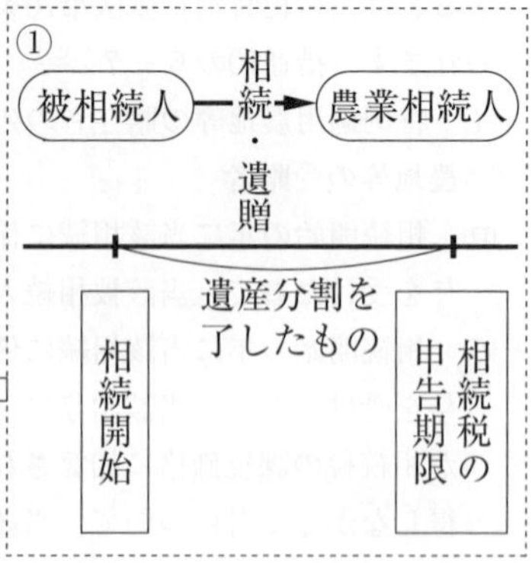

②　被相続人たる贈与者から生前一括贈与により取得した農地等で贈与者死亡のときにおいて贈与税の納税猶予の特例の適用を受けていたもの（相続又は遺贈により取得したとみなされたときにおいて特定市街化区域農地等に該当するものを除きます。）
（措法70の5、70の6①、措通70の6－2）

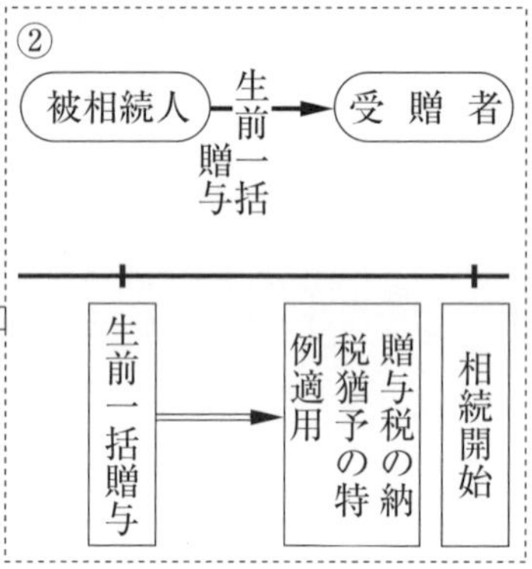

③　相続又は遺贈により財産を取得した者が、相続開始の年にその相続に係る被相続人から贈与により取得した農地等で、贈与税の納税猶予の適用要件に該当するもの
（措令40の7④）

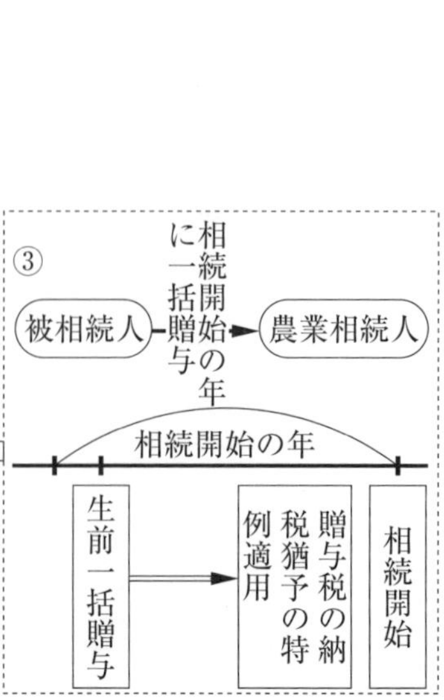

※1　特例の対象となる農地又は採草放牧地は、農地法第２条に規定する農地又は採草放牧地のうち特定市街化区域農地等及び農地法第36条第１項各号の規定に該当するもの以外のものであり、かつ、被相続人の営んでいた農業の用に供されていたものに限られます（措法70の６①、措令40の７③）。

2　特例の対象となる農地又は採草放牧地には、それらの土地の上に存する地上権、永小作権、使用貸借による権利及び賃借権が含まれます。したがって、被相続人が他の者の農地に設定している賃借権（耕作権）は、相続税の納税猶予の特例の対象となりますが、被相続人が自己所有地に耕作権を設定させ貸し付けている農地は、被相続人自身が農業の用に供していないので、相続税の納税猶予の特例の対象とはなりません（措法70の６①、措令40の７①一）。

(イ)　農地等の意義

特例農地等の範囲	＝	農地又は採草放牧地及びこれらとともに取得した準農地

㋑　農地

相続税の納税猶予の適用対象となる「農地」とは、農地法第２条第１項に規定する農地（「農業経営基盤強化促進法等の一部を改正する法律」による改正後の農地法第43条第１項の規定により農作物の栽培を耕作に該当するものとみなして適用する同法第２条第１項に規定する農地を含みます。）のうち特定市街化区域農地等及び農地法第36条第１項各号の規定に該当する農地以外の農地をいい、耕作の目的に供される土地をいいます。この耕作の目的に供される土地には、現に耕作されている土地のほか、現に耕作されていない土地のうち通常であれば耕作されていると認められるものが含まれます。

しかし、現に耕作されている土地であっても、いわゆる家庭菜園や通常であれば耕作されないと認められる土地、例えば、運動場、工場敷地等を一時耕作しているものは、農地に該当しないことになります（措通70の６－１、70の４－１）。

また、ある土地が農地に該当するかどうかは、その土地の現状に基づいて客観的に判定することとされており、登記簿上の地目がどうなっているかを問うものではありません。

(注)「耕作」とは、土地に労資を加え、肥培管理を行って作物を栽培することをいい、肥培管理とは、作物の生育を助けるため、その土地及びそこに植栽される作物について行う耕うん、整地、播種、かんがい、排水、施肥、農薬散布、除草等の一連の人為的作業をいいます（措通70の６－１、70の４－１(1)(注)１）。

農地等に該当するもの	農地等に該当しないもの
○現在は耕作されていないが耕作しようとすればいつでも耕作できるような土地（休耕地） ○植木の植栽されている土地（植木を育成する目的で苗木を植栽し、かつ、その苗木の育成について肥培管理を行っている土地） ○土地区画整理事業に係る土地（従前の土地が農地であり、区画整理事業の完了した後も作物を栽培している土地に限ります。） ○盆栽を育成販売するための盆栽用の苗木を植え、肥培管理している土地（例えば、苗床）	○いわゆる家庭菜園（宅地の一部を一時的に耕作しているもの） ○工場敷地や運動場等を一時的に耕作しているもの ○宅地の空閑地利用（建物等の建設に着工するまでの間など、たまたま耕作しているもの） ○農作業場の敷地 ○温室の敷地（ただし、その土地を農地の状態のまま耕作を継続している場合を除きます。） ○畜舎、牧舎の敷地 ○盆栽を眺めるために植えてある土地 ○農地等に栽培されている立毛、果樹等（措通70の６－３、70の４－５）

農業の用に供されている農地等の判定（措通70の４－12）	
農業の用に供されている農地等	農業の用に供されていない農地等
○災害・疾病等のためやむを得ず一時的に休耕している農地、療養により他人に一時使用されている農地 ○土地改良法による土地改良事業又は、土地区画整理法による土地区画整理事業等のため農業の用に供することができない土地	○農業協同組合の受託経営に委託された農地 ○貸付農地

㋺　採草放牧地

相続税の納税猶予の適用対象となる「採草放牧地」とは、農地法第２条第１項に規定する採草放牧地のうち特定市街化区域農地等以外のものをいい、農地以外の土地で主として耕作又は養畜の事業のための採草又は家畜の放牧の目的に供されるものをいいます。したがって、採草又は家畜の放牧の目的に供される土地であっても、肥培管理が行われているものは、農地に該当し、採草放牧地には該当しないことになります（措通70の６－１、70の４－１(2)）。

㊟「養畜」とは、家畜、家きん、毛皮獣などの生産、育成、肥育、採卵又は採乳を行うことをいいます。

㋩　準農地

相続税の納税猶予の適用対象となる「準農地」とは、農地及び採草放牧地以外の土地で、農業振興地域の整備に関する法律第８条第１項に規定する農業振興地域整備計画において同条第２項第１号に規定する農業上の用途区分が農地又は採草放牧地とされているものであって、開発して農地又は採草放牧地としてその農業相続人の農業の用に供することが適当であるものとして市町村長が証明したものをいいます（措令40の７⑤）。

(ロ)　特例対象となる農地等の要件

相続税の納税猶予の適用が受けられる農地等とは、農地法第２条第１項に規定する農地又は採草放牧地のうち、特定市街化区域農地等や農地法第36条第１項各号の規定に該当する農地に該当するもの以外のもの及びこれらとともに取得した準農地で、相続税の期限内申告書にこの特例を受けようとする旨の記載があるもので、かつ、次の①から③までに掲げるものに該当する農地等をいいます。

①　農業を営んでいた被相続人から相続又は遺贈により取得した農地、採草放牧地又は準農地で、相続税の申告期限までに分割されているもの（措法70の６①⑤）

㈲「農地、採草放牧地」は被相続人の営んでいた農業の用に供されていたものに限ります（措法70の６①）。

②　被相続人である贈与者から生前一括贈与により取得した農地等で、贈与者死亡のときまで、贈与税の納税猶予の特例の適用を受けていたことにより相続又は遺贈により取得したものとみなされたもの（措法70の５、70の６①）

㈲　相続又は遺贈により取得したとみなされたときにおいて、その農地等が昭和50年改正前の租税特別措置法第70条の４第１項の規定による贈与税の納期限の延長の適用を受けているもの又は平成３年改正前の同項の規定による贈与税の納税猶予の適用を受けているものであり、かつ、特定市街化区域農地等に該当するものは除きます（措通70の６－２(3)）。

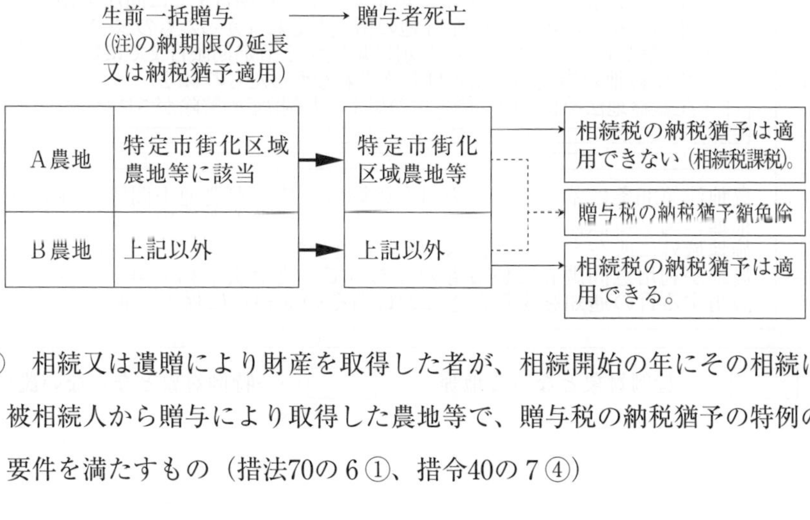

③　相続又は遺贈により財産を取得した者が、相続開始の年にその相続に係る被相続人から贈与により取得した農地等で、贈与税の納税猶予の特例の適用要件を満たすもの（措法70の６①、措令40の７④）

(ハ)　特例対象となる農地等の範囲

①　平成30年3月31日以前（農地法等の一部を改正する法律の施行の日（平成21年12月15日）以後）

農地、採草放牧地、準農地

市街化区域に所在する農地、採草放牧地

三大都市圏の特定市の市街化区域内に所在する
農地、採草放牧地（特定市街化区域農地等）

生産緑地地区内にある農地、採草放牧地（都市営農農地等）

生産緑地法第10条又は第15条第１項の規定による買取りの
申出がされたもの

農地法第36条に基づく農業委員会の勧告（農地が農地中間管理事業の推進に関する法律第２条第３項に規定する農地中間管理事業の事業実施地域外に所在する場合には、農業委員会等から所轄税務署長に対し、農地が利用意向調査に係るものであって、農地法第36条第１項各号に該当する旨の通知をするときにおけるその通知）に係る農地

……特例対象となる農地等　　……特例対象とならない農地等

②　平成30年４月１日以後（平成30年度税制改正）

農地、採草放牧地、準農地

市街化区域に所在する農地、採草放牧地

三大都市圏の特定市の市街化区域内に所在する
農地、採草放牧地（特定市街化区域農地等）

生産緑地地区内にある農地、採草放牧地
田園住居地域内にある農地
（都市営農農地等（※１））

・生産緑地法第10条（同法第10条の５の規定による読替適用を含む。）又は第15条第１項の規定による買取りの申出がされたもの
・生産緑地法第10条第１項に規定する申出基準日までに同法第10条の２第１項の特定生産緑地の指定がされなかったもの（※２）
・生産緑地法第10条の３第２項に規定する指定期限日までに特定生産緑地の指定の期限の延長がされなかったもの（※２）
・生産緑地法第10条の６第１項の規定による指定の解除がされたもの

農地法第36条に基づく農業委員会の勧告（農地が農地中間管理事業の推進に関する法律第２条第３項に規定する農地中間管理事業の事業実施地域外に所在する場合には、農業委員会等から所轄税務署長に対し、農地が利用意向調査に係るものであって、農地法第36条第１項各号に該当する旨の通知をするときにおけるその通知）に係る農地

……特例対象となる農地等　　……特例対象とならない農地等

③　令和２年９月７日（都市再生特別措置法等の一部を改正する法律の施行の日）以後（令和２年度税制改正）

農地、採草放牧地、準農地

市街化区域に所在する農地、採草放牧地

三大都市圏の特定市の市街化区域内に所在する
農地、採草放牧地（特定市街化区域農地等）

生産緑地地区内にある農地、採草放牧地
田園住居地域内にある農地
地区計画農地保全条例による制限を受ける
区域内にある農地
（都市営農農地等 ※１）

・生産緑地法第10条(同法第10条の５の規定による読替適用を含む。)又は第15条第１項の規定による買取りの申出がされたもの
・生産緑地法第10条第１項に規定する申出基準日までに同法第10条の２第１項の特定生産緑地の指定がされなかったもの(※２)
・生産緑地法第10条の３第２項に規定する指定期限日までに特定生産緑地の指定の期限の延長がされなかったもの(※２)
・生産緑地法第10条の６第１項の規定による指定の解除がされたもの

農地法第36条に基づく農業委員会の勧告（農地が農業振興地域の整備に関する法律第６条第１項の規定により指定された農業振興地域外に所在する場合には、農業委員会等から所轄税務署長に対し、農地が利用意向調査に係るものであって、農地法第36条第１項各号に該当する旨の通知をするときにおけるその通知）に係る農地

（網掛け）……特例対象となる農地等　　（白地）……特例対象とならない農地等

(※１)　旧第１種生産緑地（旧生産緑地地区（生産緑地法の一部を改正する法律（平成３年法律第39号）による改正前の生産緑地法第３条第１項の規定により定められている第１種生産緑地地区をいいます。）の区域内にある農地又は採草放牧地をいいます。）については、特定生産緑地制度の施行日（平成30年４月１日）時点において、既に申出基準日を経過しており、特定生産緑地の指定の対象とはなりえないから、申出基準日までに特定生産緑地として指定されなかったものには該当しません（措法70の４②四イ、措通70の４－３）。

２　現に納税猶予の特例の適用を受けている都市営農農地等については、特定生産緑地の指定又は指定の期限の延長がされなかったとしても、納税猶予の期限は確定せず、納税猶予は継続されます（贈与の納税猶予の特例についても同じです。）（措法70の４⑤、70の６⑧、措通70の４－37の２、70の６－41の２）。

納税猶予の対象となる農地等は、従来、農地法第２条第１項に規定する農地及び採草放牧地（農地及び採草放牧地の上に存する賃借権等の権利を含みます。）並びに農地及び採草放牧地とともに取得する準農地とされていましたが、平成３年度の税制改正により、平成４年１月１日以後の相続・遺贈に係る相続税の納税猶予の特例対象となる農地等に、「特定市街化区域農地等」が含まれな

いこととされました（措法70の６①）。

その後、平成17年度の税制改正により、農業経営基盤強化促進法第５条第２項第４号ハに掲げる要件に該当する農地のうち一定の農地（一定の遊休農地）が平成17年４月１日以後の相続・遺贈に係る相続税の納税猶予の特例対象となる農地等から除かれることとされました（措法70の６①）。この一定の農地については平成21年度税制改正により農地法第32条の規定による農業委員会の遊休農地である旨の通知（同項ただし書の規定による公告を含みます。）があった農地とされました。

なお、上記の特例対象から除かれることとなる「農地法第32条の規定による通知があった農地」は、農地法の改正を受けた平成26年度の税制改正により、平成26年４月１日以後の相続・遺贈については、農地法第32条第１項又は第33条第１項の規定による利用意向調査に係るものであって、農地法第36条第１項各号に該当する農地とされました。

そして、平成30年度の税制改正により、平成30年４月１日以後の相続・遺贈に係る相続税について、都市営農農地等に田園住居地域内にある農地（三大都市圏の特定市の区域内に所在するもの）が加えられるとともに（措法70の４②四ロ）、都市営農農地等から、生産緑地法第10条第１項に規定する申出基準日までに同法第10条の２第１項の特定生産緑地の指定がされなかったもの、同法第10条の３第２項に規定する指定期限日までに特定生産緑地の指定の期限の延長がされなかったもの及び同法第10条の６第１項の規定による指定の解除がされたものが除かれることとなりました（措法70の４②四イ）。なお、現に納税猶予の特例の適用を受けている都市営農農地等については、特定生産緑地の指定又は指定の期限の延長がされなかったとしても、納税猶予の期限は確定せず、納税猶予は継続されます（贈与の納税猶予の特例についても同じです。）（措法70の４⑤、70の６⑧、措通70の４－37の２、70の６－41の２）。

更に、令和２年度の税制改正により、都市再生特別措置法等の一部を改正する法律の施行日である令和２年９月７日以後の相続・遺贈に係る相続税について、都市営農農地等に地区計画農地保全条例による制限を受ける区域内にある農地が加えられました（措法70の４②四ハ）。

A　市街化区域内農地等

「市街化区域内農地等」とは、都市計画法第７条第１項に規定する市街化区域内に所在する農地又は採草放牧地です（措法70の６⑥二ロ）。

B　特定市街化区域農地等

「特定市街化区域農地等」とは、都市計画法第7条第1項に規定する市街化区域内に所在する農地又は採草放牧地で、平成3年1月1日において次の区域内に所在するもの（次のCの「都市営農農地等」に該当するものを除きます。）です（措法70の4②三）。

①　都の区域（特別区の存する区域に限ります。）……（いわゆる東京都の23区）

②　首都圏整備法第2条第1項に規定する首都圏、近畿圏整備法第2条第1項に規定する近畿圏又は中部圏開発整備法第2条第1項に規定する中部圏内にある地方自治法第252条の19第1項の市の区域……（いわゆる三大都市圏内の政令指定都市）

③　上記②の市以外の市でその区域の全部又は一部が首都圏整備法第2条第3項に規定する既成市街地若しくは同条第4項に規定する近郊整備地帯、近畿圏整備法第2条第3項に規定する既成都市区域若しくは同条第4項に規定する近郊整備区域又は中部圏開発整備法第2条第3項に規定する都市整備区域内にあるものの区域

㈱　上記①、②及び③の区・市は、次ページの「三大都市圏内に所在する特定の都市名」に掲げるものです。

C　都市営農農地等

「都市営農農地等」とは、次に掲げる農地又は採草放牧地で、平成3年1月1日において、上記Bの①から③までに掲げる区域内に所在するものです（措法70の4②四イロハ）。

①　都市計画法第8条第1項第14号に掲げる生産緑地地区内にある農地又は採草放牧地

ただし、生産緑地法第10条（同法第10条の5の規定により読み替えて適用する場合を含みます。）又は第15条第1項の規定による買取りの申出がされたもの並びに同法第10条第1項に規定する申出基準日までに同法第10条の2第1項の特定生産緑地の指定がされなかったもの、同法第10条の3第2項に規定する指定期限日までに特定生産緑地の指定の期限の延長がされなかったもの及び同法第10条の6第1項の規定による指定の解除がされたものは除かれます（措法70の4②四イかっこ書）。

②　都市計画法第8条第1項第1号に掲げる田園住居地域内にある農地（上

記①に掲げる農地を除きます。)

③　都市計画法第58条の３第２項に規定する地区計画農地保全条例による制限を受ける同条第１項に規定する区域内にある農地（上記①及び②に掲げる農地を除きます。)

＜三大都市圏内に所在する特定の都市名（190市）（措通70の４－２）＞

	都道府県	都　市　名
首都圏（106市）	茨城県（５市）	龍ケ崎市、水海道市、取手市、岩井市、牛久市
	埼玉県（36市）	川口市、川越市、浦和市、大宮市、行田市、所沢市、飯能市、加須市、東松山市、岩槻市、春日部市、狭山市、羽生市、鴻巣市、上尾市、与野市、草加市、越谷市、蕨市、戸田市、志木市、和光市、桶川市、新座市、朝霞市、鳩ヶ谷市、入間市、久喜市、北本市、上福岡市、富士見市、八潮市、蓮田市、三郷市、坂戸市、幸手市
	東京都（27市）	特別区＊、〔武蔵野市〕、〔三鷹市〕、八王子市、立川市、青梅市、府中市、昭島市、調布市、町田市、小金井市、小平市、日野市、東村山市、国分寺市、国立市、福生市、多摩市、稲城市、狛江市、武蔵村山市、東大和市、清瀬市、東久留米市、保谷市、田無市、秋川市
	千葉県（19市）	千葉市、市川市、船橋市、木更津市、松戸市、野田市、成田市、佐倉市、習志野市、柏市、市原市、君津市、富津市、八千代市、浦安市、鎌ヶ谷市、流山市、我孫子市、四街道市
	神奈川県（19市）	（横浜市）、（川崎市）、横須賀市、平塚市、鎌倉市、藤沢市、小田原市、茅ヶ崎市、逗子市、相模原市、三浦市、秦野市、厚木市、大和市、海老名市、座間市、伊勢原市、南足柄市、綾瀬市
中部圏（28市）	愛知県（26市）	（名古屋市）、岡崎市、一宮市、瀬戸市、半田市、春日井市、津島市、碧南市、刈谷市、豊田市、安城市、西尾市、犬山市、常滑市、江南市、尾西市、小牧市、稲沢市、東海市、尾張旭市、知立市、高浜市、大府市、知多市、岩倉市、豊明市
	三重県（２市）	四日市市、桑名市
近畿圏（56市）	京都府（７市）	（京都市）、宇治市、亀岡市、向日市、長岡京市、城陽市、八幡市
	大阪府（32市）	（大阪市）、守口市、東大阪市、堺市、岸和田市、豊中市、池田市、吹田市、泉大津市、高槻市、貝塚市、枚方市、茨木市、八尾市、泉佐野市、富田林市、寝屋川市、河内長野市、松原市、大東市、和泉市、箕面市、柏原市、羽曳野市、門真市、摂津市、泉南市、藤井寺市、交野市、四条畷市、高石市、大阪狭山市
	兵庫県（８市）	（神戸市）、〔尼崎市〕、〔西宮市〕、〔芦屋市〕、伊丹市、宝塚市、川西市、三田市
	奈良県（９市）	奈良市、大和高田市、大和郡山市、天理市、橿原市、桜井市、五條市、御所市、生駒市

(※)　＊は租税特別措置法第70条の４第２項第３号イに掲げる区域、（　）書は同号ロに掲げる区域、その他は同号ハに掲げる区域に所在する市を示します。

なお、〔　〕書は同号ハに掲げる区域のうち首都圏整備法の既成市街地又は近畿圏整備法の既成都市区域に所在する市を示します。

⑶　納税猶予税額の計算方法

同一の被相続人から相続又は遺贈により財産を取得した者のうちに、特例適用農地等に対する相続税の納税猶予の特例の適用を受ける農業相続人がいる場合における相続税の額は、その財産を取得した者が農業相続人である場合と農業相続人以外の者である場合とによって、次のとおりとなります（措法70の６②）。

この計算の考え方は、特例適用農地等につき農業投資価格を超える部分の税額、つまり上積み部分の税額を農業相続人の納税猶予税額とし、下積み部分の税額を農業相続人及びその他の者の納付税額としようとするものです。

イ　相続税の総額の計算

相続税の総額について、次の二通りの計算を行います。

⑴　通常の相続税の総額

各人の取得した全ての財産を通常の評価額によって計算し、それを基として相続税の総額を計算します（これにより計算した相続税の総額をⒶとします。）。

⑵　農業投資価格によって計算した相続税の総額（特例相続税の総額）

農業相続人の相続税の課税価格の計算に当たっては、特例適用農地等の価額を農業投資価格によって計算し（これにより計算した農業相続人の課税価格をⒷとします。）、このⒷの金額と農業相続人以外の者の課税価格の合計額（Ⓒ）を基として相続税の総額を計算します（これにより計算した相続税の総額をⒹとします。）。

ロ　農業相続人の相続税額の計算

農業相続人の相続税額＝⒜＋⒝

Ⓑにより計算した算出相続税額⒜＝Ⓓ×Ⓑ／Ⓒ

相続税の総額の差額（納税猶予税額）⒝＝Ⓐ－Ⓓ

この場合、農業相続人が２人以上いる場合には、上記Ⓐ－Ⓓの金額⒝を次の算式によって計算した農業相続人の農業投資価格超過額の比によってあん分します。

農業投資価格超過額 ＝ 通常の評価額により計算した特例適用農地等の価額 － 農業投資価格により計算した特例適用農地等の価額

ハ　農業相続人以外の者の相続税額の計算

農業相続人以外の者の相続税額(C)＝Ⓓ×各人の課税価格／Ⓒ

> 各人の実際に納付する相続税額は、上記により算出した金額を基として、それぞれ相続税額の２割加算、未成年者控除、配偶者の税額軽減などの適用がある場合には、それらを適用して計算します。
>
> この場合、配偶者の税額軽減額の計算をするための相続税の総額及び課税価格の合計額は、それぞれⒹの金額及びⒸの金額の合計額を用います。

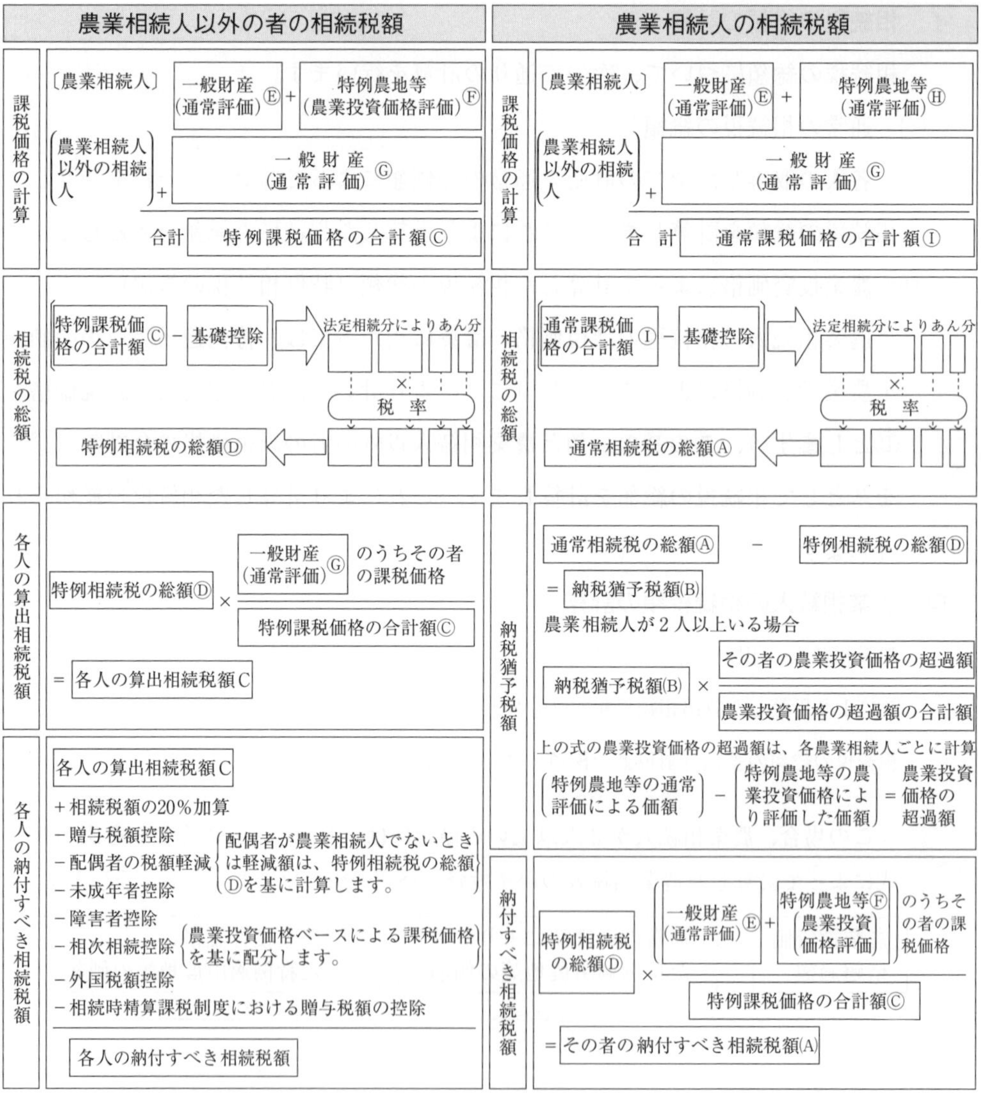

※１　具体的には、相続税申告書第３表「財産を取得した人のうちに農業相続人がいる場合の各人の算出税額の計算書」により計算します。

２　一般財産には、相続時精算課税制度により相続税の課税価格に加算されるものも含まれます。

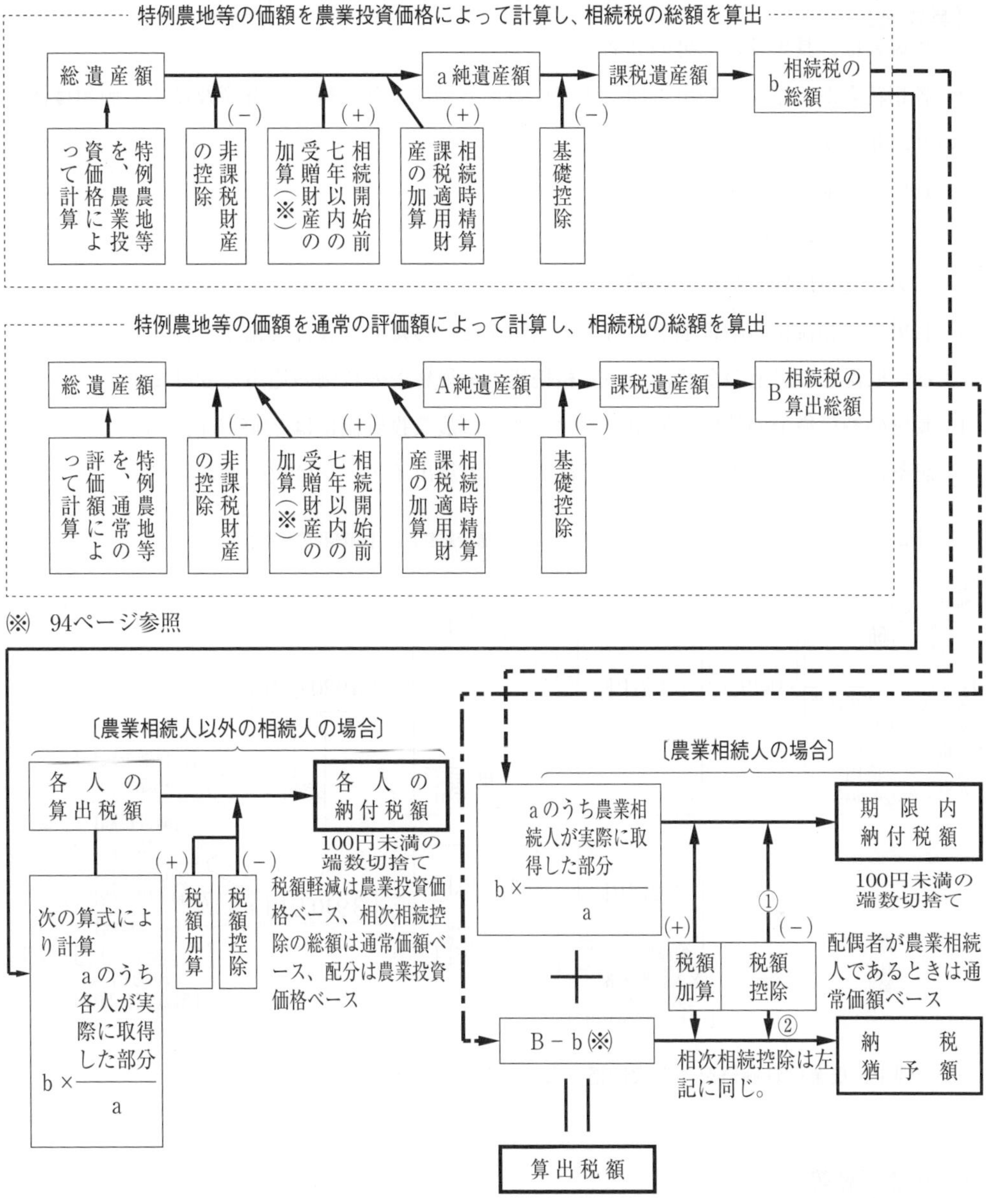

※　農業相続人が2人以上ある場合の「B − b」は、次の算式となります。

$$(B - b) \times \frac{(T - t)\text{のうち各農業相続人の特例農地等に係る部分の金額}}{\text{全ての特例農地等の通常価額の総額}(T) - \text{全ての特例農地等の農業投資価格の総額}(t)}$$

〔具体例〕

1　相続人は、長男及び二男の２名

2　各相続人が、相続税の申告期限までに遺産分割により取得した財産及びその価額は次のとおりです。

長男：農地　１億円

農地以外の財産　5,000万円

二男：農地以外の財産　1.5億円

3　長男は、相続税の納税猶予の特例の適用を受けるための要件を備えており、相続によって取得した農地の全部について相続税の納税猶予の特例の適用を受けます。

4　長男の納税猶予の特例の適用を受ける農地の農業投資価格は2,000万円です。

上記条件の下における各相続人の納付税額等の算出イメージは次のとおりです。

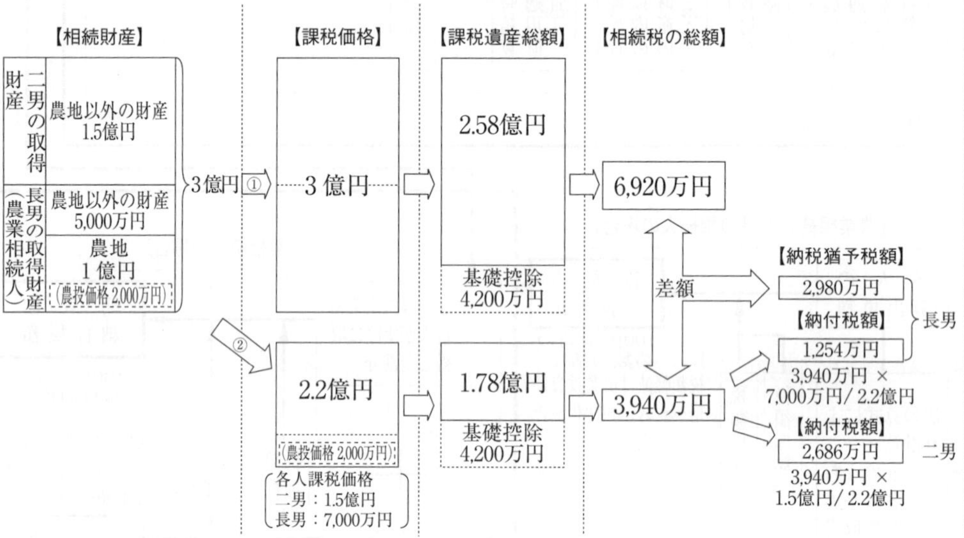

※　図中、農業投資価格を「農投価格」と表示しています。

⑷　申告手続等

相続税の納税猶予の特例の適用を受けるためには、相続税の期限内申告書に所定の事項を記載し、必要な書類を添付するとともに、担保を提供しなければなりません（措法70の６①㉛）。

イ　期限内申告書の提出（措法70の６①㉛）。

申告書に記載する事項	①	納税猶予の特例の適用を受けようとする旨
	②	相続又は遺贈により取得した農地等の明細（地目、所在地、面積等）
	③	納税猶予の特例に係る相続税額の計算に関する明細

※１　相続税の納税猶予の特例は、期限内申告に係る相続税額に限って適用されます。

２　相続税の申告書の提出期限については339ページを参照してください。

ロ　添付書類（措法70の6㉛、措規23の8①③）

添付書類	①	担保提供に関する書類
	②	被相続人及び農業相続人が納税猶予の特例の適用要件に該当することにつき農業委員会の発行した『相続税の納税猶予に関する適格者証明書』
	③	農業相続人が被相続人から相続又は遺贈により取得した特例農地等に係る遺言書の写し、財産の分割の協議に関する書類その他財産の取得の状況を証する書類
	④	特例農地等のうちに農作物栽培高度化施設の用に供されているものがある場合には、当該施設の用に供されているものである旨を証する農業委員会の書類
	⑤	特例農地等のうちに三大都市圏の特定市の区域内に所在する農地又は採草放牧地がある場合には、この特例の対象となる農地等に該当すること等を証する市長又は特別区の区長の書類
	⑥	取得財産が準農地である場合、その土地が準農地に該当する旨を市町村長が証明した『相続税の納税猶予の特例適用の準農地該当証明書』
	⑦	特定貸付けを行っている場合、「特定貸付けに関する届出書」及びその添付書類

なお、期限内申告に係る修正申告又は更正であって、その税額の増加が納税猶予の適用を受けた農地等の評価誤り又は税額計算の誤りのみに基づくものであるときは、その修正申告又は更正による増加税額は、当初から納税猶予等の適用があるものとして取り扱われます（措通70の6－18、70の4－18）。

(5)　担保財産の価額と継続届出書の提出

担保提供の態様	担保財産の価額	継続届出書の提出
①　全部担保（納税猶予の適用を受けた農地等の全部を担保として提供した場合）	相続税の額に相当する担保の提供があったものとして取り扱われます（措通70の6－17(1)）。	イ　平成17年4月1日以後の相続開始 納税猶予に係る期限が確定するまでの間、その農地等の相続に係る相続税の申告書の提出期限の翌日から起算して3年を経過するごとの日までに、引き続き納税猶予の適用を受けたい旨の「継続届出書」を提出しなければなりません（措法70の6㉜）。 ロ　平成17年3月31日以前の相続開始 3年目ごとの継続届出書の提出を要しません（平成17年3月法律第21号による改正前の措法70の6㉛）。

		※　相続税の納税猶予の適用を受ける特例農地等のうちに、都市営農農地等が含まれている場合は、①特例農地等の全部を担保として提供している場合であっても、継続届出書を提出しなければならず、②この継続届出書には、特例農地等に係る一定の農業経営に関する事項を記載しなければなりません（平成17年３月法律第21号による改正前の措法70の６㉘、同措令40の７㊺六）。
②　一部担保（①以外の場合）	納税猶予に係る相続税の本税の額とこれに係る農業相続人の平均余命年数に相当する納税猶予期間中の利子税の額との合計額に相当する担保の提供が必要となります（措通70の６－17⑵）。 ※　次に掲げる農業相続人（相続又は遺贈により特例農地等を取得をした日において当該特例農地等のうちに都市営農農地等がある農業相続人を除きます。）の納税猶予に係る相続税の本税の額のうち、当該特例農地等のうち市街化区域内農地等（都市計画法第８条第１項第１号に掲げる田園住居地域内にある農地及び都市計画法第58条の３第２項に規定する地区計画農地保全条例による制限を受ける同条第１項に規定する区域内にある農地であって三大都市圏の特定市の区域内に所在するもの及び生産緑地等を除きます。次の①において同じです。）に係る農業投資価格控除後の価格に対応する部分の金額については、上記平均余命年数は20年を限度として計算します。 ①　当該取得をした日において特例農地等の全てが市街化区域内農地等である農業相続人 ②　当該取得をした日において特例農地等のうちに都市営農農地等以外の市街化区域内農地等及び市街化区域内農地等以外の特例農地等がある農業相続人	納税猶予に係る期限が確定するまでの間、その農地等の相続に係る相続税の申告書の提出期限の翌日から起算して３年を経過するごとの日までに、引き続き納税猶予の適用を受けたい旨の「継続届出書」を提出しなければなりません（措法70の６㉜）。

⑹　納税猶予期限前における猶予期限の確定

納税猶予を受けた相続税について、免除要件（後出）に該当する前に、その農業相続人が特例農地等につき譲渡等をした場合、農業経営を廃止した場合等には、その時に納税猶予に係る期限が確定し、納税の猶予を受けている相続税額の全部又は一部を納付しなければなりません（措法70の６①⑦⑧㉟㊱）。

イ　特例農地等の譲渡等

農業相続人が、相続税の納税猶予の適用を受けた特例農地等を譲渡等（譲渡、贈与、転用、設定、耕作の放棄又は権利の消滅）をした場合においては、その譲渡等をした特例農地等の面積の割合が20％を超えるときは、納税猶予税額の全額を納付しなければなりません。また、その譲渡等をした特例農地等の面積の割合が20％以下であるときは、その譲渡等をした特例農地等の価額に対応する部分の税額を納付しなければなりません（措法70の６①一）。

㊟　この場合の譲渡等については、１年以内の代替農地等の買換えについて特例が設けられています（措法70の６⑲、70の４⑮）。

ただし、平成28年４月１日以後に特例農地等の上に太陽光パネルを設置するなど、区分地上権の設定（民法269の２①）があった場合でも、特例農地等を引き続き耕作の用に供する場合には、その耕作の用に供する部分について、納税猶予を継続して受けることができます（措法70の６①）。

譲渡等があった日　（措通70の６－24、70の４－23）

①　農地法第３条第１項本文若しくは同法第５条第１項本文の規定による許可又は同項第７号の規定による届出を要する農地又は採草放牧地の譲渡の場合

次のいずれか遅い日

農地法に規定する許可又は届出の効力の生じた日

引渡しがあった日

②　農業経営基盤強化促進法第20条に規定する農用地利用集積計画の定めるところによる農地又は採草放牧地の所有権の移転の場合

次のいずれか遅い日

農用地利用集積計画に定める日

引渡しがあった日

③　①又は②に該当しない農地、採草放牧地又は準農地の譲渡の場合

引渡しがあった日

④　代替農地等を取得する場合で「代替農地等の取得に関する承認申請書」が提出されたとき

契約の締結された日

⑤　租税特別措置法第70条の８《農地等についての贈与税の納税猶予等に係る

利子税の特例》の適用を受ける場合

契約の効力の発生した日

ロ　全部確定の場合

⑷　全部確定となる事由とその納期限（措法70の6①㉟㊱）

		全部確定事由	納税猶予税額の全額の納期限
納税猶予税額の全部について期限が確定する場合	①	特例農地等について、譲渡等（収用交換等による譲渡等を除きます。）があった場合で、その譲渡等をした面積（譲渡等が2回以上ある場合はその合計面積）が特例農地等の面積の20％を超えるとき	その譲渡等があった日から2か月を経過する日
	②	農業相続人が特例農地等に係る農業の経営を廃止した場合	その廃止した日から2か月を経過する日
	③	農業相続人が特例農地等の一部を農業後継者に生前一括贈与をした場合（採草放牧地又は準農地の3分の1以下を残す場合）の贈与されなかった特例農地等の価額に対応する部分	その贈与があった日から2か月を経過する日
	④	継続届出書の提出がなかった場合	その提出期限の翌日から2か月を経過する日
	⑤	増担保又は担保変更の命令に応じない場合	繰り上げられた納税猶予に係る期限

⑵　譲渡等に係る特例農地等の面積が20％を超えるかどうかの計算方法

㋑　譲渡等の範囲

この場合の譲渡等とは、特例農地等の譲渡、贈与、転用、特例農地等についてした権利の設定若しくは耕作の放棄㈱又は権利の消滅をいいます（措法70の6①一）。

なお、この20％の判定においては、①収用交換等（租税特別措置法第33条第1項各号に規定する収用、買取り、換地処分、権利変換、買収、買入れ若しくは消滅又は同法第33条の2第1項各号に規定する収用、買取り又は交換をいいます。）による譲渡その他一定の譲渡又は設定、②農業用の範囲とされる特定の目的のための転用は除外されます（措法70の6①一、措令40の6⑨、40の7⑩）。

㈱「耕作の放棄」とは、農地について農地法第36条第1項の規定による勧告があったことをいいます。

なお、耕作の放棄による納税猶予の確定は、平成17年4月1日以後に相続が開始した相続税の納税猶予について適用されます（平成17年改正措法附則55⑰）。

㋺　計算方法（措通70の６－27）

①	既往において代替取得農地等を取得していない場合	$\frac{B+C}{A}$
②	既往において租税特別措置法第70条の６第19項の規定に該当する代替取得農地等を取得している場合	$\frac{B+C}{A+(F-D+E)}$
③	既往において租税特別措置法第70条の６第21項の規定に該当する代替取得農地等を取得している場合	$\frac{B+C}{A+(F-D'+E')}$

㈱　上記の算式中の符号は、次のとおりです。

Ａ：贈与又は相続（遺贈）により取得した特例農地等のその取得をした時の面積

Ｂ：今回譲渡等（この場合の譲渡等には、収用交換等による譲渡その他租税特別措置法施行令第40の７第10項に規定する譲渡又は設定は含みません。）をした特例農地等の面積

Ｃ：既往において譲渡等（収用交換等による譲渡その他租税特別措置法施行令第40条の７第10項に規定する譲渡又は設定は含みません。）をした特例農地等の面積（代替取得農地等の買換え※により譲渡がなかったものとみなされるものの面積を除き、その特例において譲渡等があったものとみなされる面積を含みます。）

Ｄ、Ｄ′：既往において代替取得農地等の買換えにより譲渡等がなかったものとみなされた特例農地等（特定農地等）の面積

$$D=\left(\text{譲渡等をした特例農地等の面積}\right)\times\frac{\text{譲渡等の対価の額のうち代替取得農地等の取得に充てる見込金額}}{\text{譲渡等をした特例農地等の対価の額}}$$

$$D'=\left(\text{譲渡等をする見込みである特定農地等の面積}\right)\times\frac{\text{譲渡等の対価の見積額のうち代替取得農地等の取得に充てる見込金額}}{\text{譲渡等をする見込みである特定農地等の対価の見積額}}$$

Ｅ、Ｅ′：上記Ｄ又はＤ′の面積のうち、代替取得農地等の買換えによりその後譲渡等があったものとみなされた特例農地等（特定農地等）の面積

$$E=D\text{の面積}\times\frac{D\text{の面積に係る譲渡等の対価の額のうち、代替取得農地等の取得に充てられなかった金額}}{D\text{の面積に係る譲渡等の対価の額}}$$

$$E'=D'\text{の面積}\times\frac{D'\text{の面積に係る譲渡等の対価の額のうち、代替取得農地等の取得に充てられなかった金額}}{D'\text{の面積に係る譲渡等の対価の額}}$$

Ｆ：代替取得農地等の面積

※　代替取得農地等の買換えとは、租税特別措置法第70条の６第19項又は同条第21項において準用する租税特別措置法第70条の４第15項又は同条第17項の規定により譲渡等がなかったものとみなされる買換えをいいます。

ハ　一部確定の場合（措法70の6①⑦⑧、措令40の7⑱）

		一部確定事由	納税猶予税額の一部の納期限
納税猶予税額の一部について期限が確定する場合	①	特例農地等について、収用交換等による譲渡等があった場合	その譲渡等があった日の翌日から2か月を経過する日
	②	特例農地等について、20％以下の面積の収用交換等による譲渡以外の譲渡、転用等があった場合	その譲渡、転用等があった日の翌日から2か月を経過する日
	③	納税猶予の適用を受けた準農地のうち、相続税の申告書の提出期限後10年を経過する日において、農地又は採草放牧地に開発して農業相続人の農業の用に供されていないもの	その10年を経過する日の翌日から2か月を経過する日
	④	特例農地等について次に掲げる買取りの申出等があった場合 ・都市営農農地等について生産緑地法第10条（同法第10条の5の規定により読み替えて適用する場合を含みます。）又は第15条第1項の規定による買取りの申出若しくは同法第10条の6第1項の規定による指定の解除があった場合(※) ・都市計画法の規定に基づく都市計画の決定若しくは変更又は旧第二種生産緑地地区に関する都市計画の失効により、特定市街化区域農地等に該当することになった場合（当該変更により田園住居地域内にある農地又は地区計画農地保全条例による制限を受ける区域内にある農地でなくなった場合を除きます。）	その買取りの申出等があった日の翌日から2か月を経過する日

(※)　平成30年度税制改正による改正後の租税特別措置法第70条の4第2項第4号及び第5項の規定は平成30年4月1日以後に贈与により取得をする農地等に係る相続税について適用され、同日前に相続等により取得した農地等については、従前の例によります。

したがって、平成30年度税制改正前の農地等の相続税の納税猶予の適用を受ける農業相続人が有する特例適用農地等（特定生産緑地に限る。）について、指定の解除があった場合であっても、原則として、納税猶予の期限は確定しません。

なお、当該特例適用農地等について、生産緑地法の規定による買取りの申出があった場合又は都市計画法の規定に基づく都市計画の決定若しくは変更により特定市街化区域農地等に該当することとなった場合（当該変更により田園住居地域内にある農地又は地区計画農地保全条例による制限を受ける区域内にある農地でなくなった場合を除きます。）については、納税猶予の期限が確定します（措通70の6－41の3、措通70の4－37の3）。

ニ　確定税額等の納付

納税猶予に係る期限が確定したことにより納付する相続税については、延納又は物納の制度を適用することはできません（措法70の6㊳）。また、納付する相続税額については、相続税の申告書の提出期限の翌日から納税の猶予に係る期限までの期間に応じ、原則として、次の割合で利子税を納付しなければなりません（措法70の6㊵、措令40の7㊽㊾）。

区　分		割　合	
		平成21年12月15日以後	平成21年12月15日前
①	特例農地等のうちに相続又は遺贈により取得をした日において、都市営農農地等であるものを有する農業相続人の納税猶予税額	年3.6％	年6.6％
②	上記①に掲げる農業相続人以外の農業相続人の納税猶予税額のうち、市街化区域外の特例農地等に係る農業投資価格控除後の価額に対応する部分の金額を基礎とする部分		
③	上記②に掲げる農業相続人の納税猶予税額のうち市街化区域内の特例農地等に係る農業投資価格控除後の価額に対応する部分の金額を基礎とする部分	年6.6％	年6.6％

なお、平成12年１年１日以後の期間に対応する、その納税猶予の期限が確定したことにより納付する本税に係る利子税の割合は、各年の前年の11月30日の日本銀行が定める基準割引率に年４％を加算した割合（この２において、以下「特例基準割合」といいます。）が年7.3％の割合に満たない場合には、その年中においては、利子税の割合に、その特例基準割合が年7.3％の割合のうちに占める割合を乗じて計算した割合となります（平成25年改正措法附則90①）。

また、平成26年１月１日以降の特例基準割合は、各年の前々年の10月から前年の９月までの各月における銀行の新規の短期貸付けの平均利率の合計を12で除して計算した割合として各年の前年の12月15日までに財務大臣が告示する割合に、年１％の割合を加算した割合となります（措法93②、令和２年改正措法附則111①）。

$$\text{利子税の割合（年3.6\%又は年6.6\%）} \times \frac{\text{特例基準割合}}{\text{年7.3\%}}$$

（0.1％未満の端数切捨て）

令和３年１月１日以降の期間に対応する、その納税猶予の期限が確定したことにより納付する本税に係る利子税の割合は、各年の前々年の９月から前年の８月までの各月における銀行の新規の短期貸付けの平均利率の合計を12で除して計算した割合として各年の前年の11月30日までに財務大臣が告示する割合に、年0.5

%の割合を加算した割合（この2において、以下「利子税特例基準割合」といいます。）が年7.3%の割合に満たない場合には、その年中においては、利子税の割合に、その利子税特例基準割合が年7.3%のうちに占める割合を乗じた割合となります（措法93②、令和2年改正措法附則111①）。

$$\text{利子税の割合（年3.6\%又は年6.6\%）} \times \frac{\text{利子税特例基準割合}}{\text{年7.3\%}}$$

なお、農業相続人が納税猶予の適用を受ける場合において、申告期限までに納付する相続税額の納税については、延納及び物納の制度の適用を受けることができます。ただし、その場合の延納期間及び利子税の適用区分の判定をするときは、納税猶予を受ける特例適用農地等の価額は農業投資価格によって計算します（措法70の6㊳二）。

ホ　収用交換等による譲渡等の場合の利子税の特例

平成8年4月1日以後に特例農地等を収用交換等により譲渡をした場合に、納税期限が確定した相続税額とともに納付することとなる利子税については、2分の1に相当する金額とすることとされています（措法70の8①③）。

なお、平成26年4月1日から令和8年3月31日までの間に特例農地等を収用交換等により譲渡した場合には、利子税の全額が免除されます。

収用交換等による譲渡とは、次のものをいいます(措法70の8①、33の4①)。

①　租税特別措置法第33条第1項各号に規定する収用、買取り、換地処分、権利変換、買収又は消滅

②　租税特別措置法第33条の2第1項各号に規定する収用、買取り又は交換

<手続>（措法70の8②、措規23の13①②）

収用交換等による譲渡をした日の翌日から2か月（納税猶予期限）までに届出書等の提出が必要	特例の適用を受けるための届出書	届出者（農業相続人）の氏名、住所等
		収用交換等による譲渡をした農地等の明細
		譲渡先の名称、所在地
		その他参考事項
	公共事業施行者が収用交換等による譲渡を受けたことの証明書	

(7)　農地等の納税猶予に係る相続税額の免除

納税猶予に係る相続税額は、次の「特例農地等の範囲」の区分に応じ、それぞれ下記「納税猶予額の免除事由」のいずれかに該当することとなった場合に免除されます

（措法70の６㊴）。

特例農地等の範囲		納税猶予額の免除事由	免除される日
1　相続当初の特例農地等のうちに都市営農農地等が含まれていない場合	①	農業相続人の死亡	その死亡の日
	②	農業相続人が特例農地等の全部又は一部（採草放牧地又は準農地の３分の１以下を残す場合）を農業後継者に生前一括贈与をした場合	その贈与の日
	③	相続税の申告書の提出期限の翌日から20年間農業経営を継続した場合（特例農地等のうち市街化区域内農地等（田園住居地域内にある農地又は地区計画農地保全条例による制限を受ける区域内にある農地で都市営農農地等に該当するもの及び生産緑地地区内にある農地又は採草放牧地を除きます。）に係る農業投資価格控除後の価額に対応する部分の金額）	その20年を経過する日
2　相続当初の特例農地等のうちに都市営農農地等が含まれている場合	①	上記①の事由に同じ	その死亡の日
	②	上記②の事由に同じ	その贈与の日

※1　平成３年12月31日以前の相続又は遺贈に係る相続税の納税猶予の特例の適用分についての相続税の免除は、上表の１の場合のみとなります。

2　相続当初の特例農地等のうちに都市営農農地等が含まれていた場合には、その後、都市営農農地等が譲渡又は買取りの申出があったことなどにより特例農地等のうちに都市営農農地等が含まれないこととなった場合においても、上表の２に該当し、その納税猶予に係る相続税額の免除は上表の２の免除される日に掲げる①又は②のいずれか早い日となります。

3　上表の下線部のうち、田園住居地域内にある農地は、「都市農地の貸借の円滑化に関する法律」の施行日である平成30年９月１日以後に相続又は遺贈により取得をする市街化区域内農地等について適用され、下線部のうち、地区計画農地保全条例による制限を受ける区域内にある農地については、「都市再生特別措置法等の一部を改正する法律」の施行日である令和２年９月７日以後に相続又は遺贈により取得をする市街化区域内農地等について適用されます。そのため、平成30年９月１日の前日までに相続又は遺贈により取得をする市街化区域内農地等については、生産緑地地区内にある農地又は採草放牧地のうち都市営農農地等に該当するもののみを除き、令和２年９月７日の前日までに相続又は遺贈により取得する市街化区域内農地等については、田園住居地域内にある農地及び生産緑地地区内にある農地又は採草放牧地のうち都市営農農地等に該当するもののみを除きます。

この場合には、①納税猶予期限が到来し、納税猶予額が免除となることとなった事情の詳細及びその事情が生じた年月日、②免除を受けようとする旨、③免除を受ける納税猶予額などを記載した「免除届出書」を納税地の所轄税務署長に遅滞なく提出しなければなりません（措令40の７(65)）。

(8)　農地等の相続税の納税猶予に係る申告書の記入の仕方

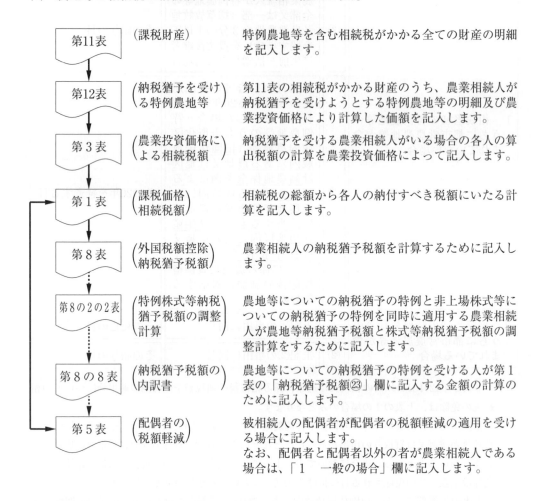

第11表	（課税財産）	特例農地等を含む相続税がかかる全ての財産の明細を記入します。
↓		
第12表	（納税猶予を受ける特例農地等）	第11表の相続税がかかる財産のうち、農業相続人が納税猶予を受けようとする特例農地等の明細及び農業投資価格により計算した価額を記入します。
↓		
第３表	（農業投資価格による相続税額）	納税猶予を受ける農業相続人がいる場合の各人の算出税額の計算を農業投資価格によって記入します。
↓		
第１表	（課税価格相続税額）	相続税の総額から各人の納付すべき税額にいたる計算を記入します。
↓		
第８表	（外国税額控除納税猶予税額）	農業相続人の納税猶予税額を計算するために記入します。
↓		
第８の２の２表	（特例株式等納税猶予税額の調整計算）	農地等についての納税猶予の特例と非上場株式等についての納税猶予の特例を同時に適用する農業相続人が農地等納税猶予税額と株式等納税猶予税額の調整計算をするために記入します。
↓		
第８の８表	（納税猶予税額の内訳書）	農地等についての納税猶予の特例を受ける人が第１表の「納税猶予税額㉓」欄に記入する金額の計算のために記入します。
↓		
第５表	（配偶者の税額軽減）	被相続人の配偶者が配偶者の税額軽減の適用を受ける場合に記入します。 なお、配偶者と配偶者以外の者が農業相続人である場合は、「１　一般の場合」欄に記入します。

○　農地等について相続税の納税猶予を選択した場合の相続税の申告書の記載例

相続人のうちに農地等について相続税の納税猶予を選択した者がいる場合の相続税申告書第１表、第１表（続）、第２表、第３表、第５表、第８表、第８の８表、第12表、第15表及び第15表（続）の記載例は以下のとおりです。

〔設例〕

1　相続人は、配偶者、長男、長女及び二男の４人

2　各相続人が相続税の申告期限までに遺産分割により取得した財産及びその価額は、次のとおりです。

配偶者　　宅地及び家屋　　120,000千円

長　男　　農地　　　　　　170,000千円

長　女　　預金　　　　　　 38,000千円

二　男　　株式及び預金　　 62,000千円

3　被相続人の債務及び葬式に要した費用の金額は、4,000千円であり、これは全額長男が負担しました。

4　長男は、相続税の納税猶予の特例の適用を受けるための要件を備えており、相続によって取得した農地の全部について相続税の納税猶予の特例の適用を受けます。

5　長男の納税猶予の適用を受ける農地の農業投資価格による価額は、32,000千円です。

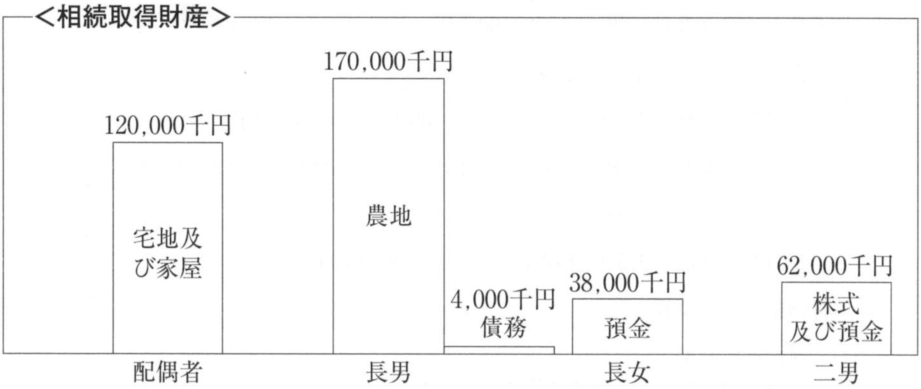

〔相続税額の計算〕

(1)　課税価格の合計額

イ　通常の評価額による課税価格の合計額

（単位：千円）

	計	配偶者	長男	長女	二男
取得財産	390,000	120,000	170,000	38,000	62,000
債務控除額	4,000	—	4,000	—	—
課税価格	386,000	120,000	166,000	38,000	62,000

ロ　農業投資価格による特例課税価格の合計額

（単位：千円）

	計	配偶者	長男	長女	二男
取得財産	252,000	120,000	32,000	38,000	62,000
債務控除額	4,000	—	4,000	—	—
課税価格	248,000	120,000	28,000	38,000	62,000

※　農地の価額は農業投資価額によります。

(2)　遺産に係る基礎控除額

3,000万円＋600万円×４（法定相続人の数）＝5,400万円

⑶　相続税の総額

イ　通常の相続税の総額

㈠　課税遺産総額

（通常の課税価格の合計額）　（遺産に係る基礎控除額）

386,000千円　－　54,000千円＝332,000千円

㈡　上記㈠の金額を法定相続人が法定相続分に応じて取得したものとした場合の各取得金額

・配偶者　　332,000千円×$\frac{1}{2}$＝166,000千円

・長男、長女及び二男　　332,000千円×$\frac{1}{2}$×$\frac{1}{3}$＝55,333千円

㈢　相続税の総額の基となる税額

・配偶者　　166,000千円×40％－17,000千円＝49,400千円

・長男、長女及び二男　　55,333千円×30％－7,000千円＝9,599,900円

㈣　通常の相続税の総額

49,400,000円＋9,599,900円×３＝78,199,700円

ロ　特例相続税の総額

㈠　課税遺産総額

（特例課税価格の合計額）　（遺産に係る基礎控除額）

248,000千円　－　54,000千円＝194,000千円

㈡　上記㈠の金額を法定相続人が法定相続分に応じて取得したものとした場合の各取得金額

・配偶者　　194,000千円×$\frac{1}{2}$＝97,000千円

・長男、長女及び二男　　194,000千円×$\frac{1}{2}$×$\frac{1}{3}$＝32,333千円

㈢　相続税の基となる税額

・配偶者　　97,000千円×30％－7,000千円＝22,100千円

・長男、長女及び二男　　32,333千円×20％－2,000千円＝4,466,600円

㈣　特例相続税の総額

22,100,000円＋4,466,600円×３＝35,499,800円

㈱　総額は、100円未満の端数を切り捨てます。

⑷　農業相続人以外の相続税額

イ　相続税の総額のあん分割合

（特例課税価格の合計額）

・配偶者　　120,000千円÷248,000千円＝0.49

・長　女　　38,000千円÷248,000千円＝0.15

・二　男　　62,000千円÷248,000千円＝0.25

※　相続税法基本通達17－1（あん分割合）により小数点2位未満を調整しています。

ロ　算出相続税額

（特例相続税の総額）（イのあん分割合）

・配偶者　35,499,800円×0.49＝17,394,902円

・長　女　35,499,800円×0.15＝ 5,324,970円

・二　男　35,499,800円×0.25＝ 8,874,950円

ハ　配偶者の税額軽減額

(イ)　配偶者の贈与税額控除後の相続税額

（贈与税額控除）

17,394,902円－　0円　＝17,394,902円

(ロ)　特例相続税の総額のうち、課税価格の合計額の法定相続分（2分の1）相当額又は配偶者の課税価格に対応する税額

A　課税価格の合計額の法定相続分（2分の1）相当額

（特例課税価格の合計額）

248,000千円×$\frac{1}{2}$＝124,000千円

上記の金額は、160,000千円以下なので、Aの金額は、160,000千円となります。

B　配偶者の課税価格　120,000千円

C　上記のAの金額とBの金額とのうち、いずれか少ない方の金額に対する税額

（特例相続税の総額）

35,499,800千円×$\frac{120,000千円（上記Bの金額）}{248,000千円（特例課税価格の合計額）}$＝17,177,322円

D　配偶者の税額軽減額

(イ)の金額とCの金額とのうち、いずれか少ない方の金額、したがって17,177,322円

ニ　納付税額（100円未満切捨て）

・配偶者　17,394,902円－17,177,322円＝217,500円

・長　女　5,324,900円

・二　男　8,874,900円

(5)　農業相続人の相続税額

イ　特例課税価格により算出した算出相続税額

(イ)　相続税の総額のあん分割合

（特例課税価格）（特例課税価格の合計額）

28,000千円÷248,000千円＝0.11

(ロ)　算出相続税額

（特例相続税の総額）（(イ)のあん分割合）

35,499,800円×0.11＝3,904,978円

ロ　相続税の総額の差額

（通常の相続税の総額）（特例相続税の総額）

78,199,700円－35,499,800円＝42,699,900円

ハ　算出相続税額

3,904,978円＋42,699,900円＝46,604,878円

以上によって、イの3,904,900円（100円未満切捨て）が通常どおり法定申告期限までに納付すべき相続税額となり、ロの42,699,900円が相続税の納税猶予を受ける税額となります。

相続税の申告書

修正　　FＤ３５６３

○　○税務署長
＿＿年＿＿月＿＿日提出

相続開始年月日 令和 5年 5月 10日

※申告期限延長日　　年　月　日

○フリガナは、必ず記入してください。

項目	各人の合計	財産を取得した人（参考として記載している場合　参考）
フリガナ	（被相続人）○○　○○	○○　○○
氏名	○○　○○	配偶者の氏名
個人番号又は法人番号		↓個人番号の記載に当たっては、左端を空欄としここから記入してください。
生年月日	昭和 22 年 10 月 19 日（年齢 75 歳）	昭和 29 年 9 月 21 日（年齢 68 歳）
住所（電話番号）	○○市○○一丁目２番３号	〒△△△-△△△△ ○○市○○1丁目２番３号 （ ××× － ××× － ×××× ）
被相続人との続柄／職業	農業	配偶者／なし
取得原因	該当する取得原因を○で囲みます。	（相続）・遺贈・相続時精算課税に係る贈与
※整理番号		

区分	項目	番号	各人の合計	財産を取得した人
課税価格の計算	取得財産の価額（第11表③）	①	390000000 円	120000000 円
	相続時精算課税適用財産の価額（第11の2表1⑦）	②		
	債務及び葬式費用の金額（第13表3⑦）	③	4000000	
	純資産価額（①+②-③）（赤字のときは0）	④	386000000	120000000
	純資産価額に加算される暦年課税分の贈与財産価額（第14表1④）	⑤		
	課税価格（④+⑤）（1,000円未満切捨て）	⑥	386000000 Ⓐ	120000000
各人の算出税額の計算	法定相続人の数／遺産に係る基礎控除額		4人　54000000 円 Ⓑ	左の欄には、第２表の②欄の㋺の人数及び㋩の金額を記入します。
	相続税の総額	⑦	78199700	左の欄には、第２表の⑧欄の金額を記入します。
	一般の場合（⑩の場合を除く） あん分割合（各人の⑥／Ⓐ）	⑧	1.00	.
	一般の場合 算出税額（⑦×各人の⑧）	⑨	円	円
	農地等納税猶予の適用を受ける場合 算出税額（第３表⑬）	⑩	78199700	17394902
	相続税額の２割加算が行われる場合の加算金額（第４表⑦）	⑪	円	円
各人の納付・還付税額の計算	税額控除 暦年課税分の贈与税額控除額（第４表の２㉕）	⑫		
	配偶者の税額軽減額（第５表㋥又は㋬）	⑬	17177322	17177322
	⑫・⑬以外の税額控除額（第８の８表1⑤）	⑭		
	計	⑮	17177322	17177322
	差引税額（⑨+⑪-⑮）又は（⑩+⑪-⑮）（赤字のときは0）	⑯	61022378	217580
	相続時精算課税分の贈与税額控除額（第11の２表1⑧）	⑰	00	00
	医療法人持分税額控除額（第８の４表2B）	⑱		
	小計（⑯－⑰－⑱）（黒字のときは100円未満切捨て）	⑲	61022100	217500
	納税猶予税額（第８の８表2⑧）	⑳	42699900	00
	申告納税額（⑲－⑳） 申告期限までに納付すべき税額	㉑	18322200	217500
	申告納税額（⑲－⑳） 還付される税額	㉒	△	△
この申告書が修正申告書である場合	この修正前の 小計	㉓		
	この修正前の 納税猶予税額	㉔	00	00
	この修正前の 申告納税額（還付の場合は、頭に△を記載）	㉕		
	小計の増加額（⑲－㉓）	㉖		
	この申告により納付すべき税額又は還付される税額（還付の場合は、頭に△を記載）（（㉑又は㉒）－㉕）	㉗		

※税務署整理欄　申告区分　年分　グループ番号　補完番号　名簿番号　申告年月日　関与区分　書面添付　検算　管理補完　確認

作成税理士の事務所所在地・署名・電話番号　　税理士法書面提出　30条　33条の2

この申告が修正申告である場合の異動の内容等

（資４－20－１－１－Ａ４統一）第１表（令5.7）

○この申告書は機械で読み取りますので、黒ボールペンで記入してください。
また、申告書と添付資料を一緒にとじないでください。

※の項目は記入する必要がありません。

税務署受付印

第１表（令和５年１月分以降用）

←この申告書で提出しない人である場合（参考として記載している場合）は（参考）を○で囲んでください（その人の分は申告書とは取り扱いません。）。

（注）⑲欄の金額が赤字となる場合は、⑲欄の左端に△を付してください。なお、この場合で、⑲欄の金額のうちに贈与税の外国税額控除額（第11の２表1⑨）があるときの㉒欄の金額については、「相続税の申告のしかた」を参照してください。

※税務署整理欄　通信日付印　年月日　・・　（確認）

相続税の申告書（続）　修正

FD3564

○この申告書は機械で読み取りますので、黒ボールペンで記入してください。

第1表（続）（令和5年1月分以降用）

←この申告書で提出しない人である場合（参考として記載している場合）は参考を○で囲んでください（その人の分は申告書とは取り扱いません。）。

○フリガナは、必ず記入してください。

項目		財産を取得した人	財産を取得した人
※申告期限延長日		年　月　日	年　月　日
フリガナ		○○　○○	○○　○○
氏名		長男の氏名（参考として記載している場合：参考）	長女の氏名（参考として記載している場合：参考）
個人番号又は法人番号		↓個人番号の記載に当たっては、左端を空欄としここから記入してください。	↓個人番号の記載に当たっては、左端を空欄としここから記入してください。
生年月日		昭和57年3月24日（年齢41歳）	昭和59年2月14日（年齢39歳）
住所（電話番号）		〒△△△-△△△△ ○○市○○1丁目2番3号 （×××－×××－××××）	〒×××-×××× △△市△△3丁目2番1号 （○○○－○○○－○○○○）
被相続人との続柄 / 職業		長男 / 農業	長女 / なし
取得原因		(相続)・遺贈・相続時精算課税に係る贈与	(相続)・遺贈・相続時精算課税に係る贈与
※整理番号			
課税価格の計算　取得財産の価額（第11表③）	①	170000000円	38000000円
相続時精算課税適用財産の価額（第11の2表1⑦）	②		
債務及び葬式費用の金額（第13表3⑦）	③	4000000	
純資産価額（①+②-③）（赤字のときは0）	④	166000000	38000000
純資産価額に加算される暦年課税分の贈与財産価額（第14表1④）	⑤		
課税価格（④+⑤）（1,000円未満切捨て）	⑥	166000000	38000000
各人の算出税額の計算　法定相続人の数 / 遺産に係る基礎控除額			
相続税の総額	⑦		
一般の場合（⑩の場合を除く）　あん分割合（各人の⑥/⑥）	⑧	.	.
一般の場合　算出税額（⑦×各人の⑧）	⑨	円	円
農地等納税猶予の適用を受ける場合　算出税額（第3表⑬）	⑩	46604878	5324970
相続税額の2割加算が行われる場合の加算金額（第4表⑦）	⑪	円	円
各人の納付・還付税額の計算　税額控除　暦年課税分の贈与税額控除額（第4表の2㉕）	⑫		
配偶者の税額軽減額（第5表㋥又は㋭）	⑬		
⑫・⑬以外の税額控除額（第8の8表1⑤）	⑭		
計	⑮		
差引税額（⑨+⑪-⑮）又は（⑩+⑪-⑮）（赤字のときは0）	⑯	46604878	5324970
相続時精算課税分の贈与税額控除額（第11の2表1⑧）	⑰	00	00
医療法人持分税額控除額（第8の4表2B）	⑱		
小計（⑯－⑰－⑱）（黒字のときは100円未満切捨て）	⑲	46604800	5324900
納税猶予税額（第8の8表2⑧）	⑳	42699900	00
申告納税額（⑲－⑳）　申告期限までに納付すべき税額	㉑	3904900	5324900
申告納税額（⑲－⑳）　還付される税額	㉒	△	△
この申告書が修正申告書である場合　この修正前の　小計	㉓		
納税猶予税額	㉔	00	00
申告納税額（還付の場合は、頭に△を記載）	㉕		
小計の増加額（⑲－㉓）	㉖		
この申告により納付すべき税額又は還付される税額（還付の場合は、頭に△を記載）（（㉑又は㉒）－㉕）	㉗		

※税務署整理欄			
申告区分 / 年分 / グループ番号	補完番号	補完番号	
名簿番号 / 申告年月日	管理補完 / 確認 / 検算	管理補完 / 確認	

※の項目は記入する必要がありません。

（注）⑲欄の金額が赤字となる場合は、⑲欄の左端に△を付してください。なお、この場合で、⑲欄の金額のうちに贈与税の外国税額控除額（第11の2表1⑨）があるときの㉒欄の金額については、「相続税の申告のしかた」を参照してください。

（資4－20－2－1－A4統一）第1表（続）（令5.7）

相続税の申告書（続）

修正　FD3564

第1表（続）（令和5年1月分以降用）

○この申告書は機械で読み取りますので、黒ボールペンで記入してください。

○フリガナは、必ず記入してください。

項目		財産を取得した人	財産を取得した人
※申告期限延長日		年　月　日	年　月　日
フリガナ		○○　○○	
氏名		二男の氏名（参考）	（参考）
個人番号又は法人番号		↓個人番号の記載に当たっては、左端を空欄としここから記入してください。	↓個人番号の記載に当たっては、左端を空欄としここから記入してください。
生年月日		昭和61年4月26日（年齢37歳）	年　月　日（年齢　歳）
住所（電話番号）		〒○○○-○○○○ ××市××2丁目2番2号（×××－×××－××××）	〒（　－　－　）
被相続人との続柄／職業		二男／会社員	
取得原因		㊧相続・遺贈・相続時精算課税に係る贈与	相続・遺贈・相続時精算課税に係る贈与
※整理番号			
課税価格の計算：取得財産の価額（第11表③）	①	62000000円	円
相続時精算課税適用財産の価額（第11の2表1⑦）	②		
債務及び葬式費用の金額（第13表3⑦）	③		
純資産価額（①+②-③）（赤字のときは0）	④	62000000	
純資産価額に加算される暦年課税分の贈与財産価額（第14表1④）	⑤		
課税価格（④+⑤）（1,000円未満切捨て）	⑥	62000000	000
各人の算出税額の計算：法定相続人の数／遺産に係る基礎控除額			
相続税の総額	⑦		
一般の場合（⑩の場合を除く）：あん分割合（各人の⑥/Ⓐ）	⑧	.	.
一般の場合：算出税額（⑦×各人の⑧）	⑨	円	円
農地等納税猶予の適用を受ける場合：算出税額（第3表⑬）	⑩	8874950	
相続税額の2割加算が行われる場合の加算金額（第4表⑦）	⑪	円	円
各人の納付・還付税額の計算：税額控除：暦年課税分の贈与税額控除額（第4表の2㉕）	⑫		
配偶者の税額軽減額（第5表㋥又は㋭）	⑬		
⑫・⑬以外の税額控除額（第8の8表1⑮）	⑭		
計	⑮		
差引税額（⑨+⑪-⑮）又は（⑩+⑪-⑮）（赤字のときは0）	⑯	8874950	
相続時精算課税分の贈与税額控除額（第11の2表1⑧）	⑰	00	00
医療法人持分税額控除額（第8の4表2B）	⑱		
小計（⑯－⑰－⑱）（黒字のときは100円未満切捨て）	⑲	8874900	
納税猶予税額（第8の8表2⑧）	⑳	00	00
申告納税額（⑲-⑳）：申告期限までに納付すべき税額	㉑	8874900	00
申告納税額（⑲-⑳）：還付される税額	㉒	△	△
この申告書が修正申告書である場合：この修正前の：小計	㉓		
この修正前の：納税猶予税額	㉔	00	00
この修正前の：申告納税額（還付の場合は、頭に△を記載）	㉕		
小計の増加額（⑲－㉓）	㉖		
この申告により納付すべき税額又は還付される税額（還付の場合は、頭に△を記載）（（㉑又は㉒）－㉕）	㉗		

※税務署整理欄：申告区分／年分／グループ番号／補完番号／名簿番号／申告年月日／管理補完／確認／検算／補完番号／管理補完／確認

※の項目は記入する必要がありません。

←この申告書で提出しない人である場合（参考として記載している場合）は参考を○で囲んでください（その人の分は申告書とは取り扱いません。）。

（注）⑲欄の金額が赤字となる場合は、⑲欄の左端に△を付してください。なお、この場合で、⑲欄の金額のうちに贈与税の外国税額控除額（第11の2表1⑨）があるときの㉒欄の金額については、「相続税の申告のしかた」を参照してください。

（資4－20－2－1－A4統一）第1表（続）（令5.7）

相続税の総額の計算書

被相続人　○○　○○

第2表（令和5年1月分以降用）

この表は、第1表及び第3表の「相続税の総額」の計算のために使用します。

なお、被相続人から相続、遺贈や相続時精算課税に係る贈与によって財産を取得した人のうちに農業相続人がいない場合は、この表のㇹ欄及びㇸ欄並びに⑨欄から⑪欄までは記入する必要がありません。

① 課税価格の合計額		② 遺産に係る基礎控除額	③ 課税遺産総額	
㋑（第1表⑥Ⓐ）	386,000,000円	3,000万円＋（600万円×㋺ 4人（Ⓐの法定相続人の数））＝㋩ 5,400万円	㊁（㋑－㋩）	332,000,000円
㋭（第3表⑥Ⓐ）	248,000,000	㋺の人数及び㋩の金額を第1表Ⓑへ転記します。	㋬（㋭－㋩）	194,000,000

④ 法定相続人（(注) 1参照）氏名	被相続人との続柄	⑤ 左の法定相続人に応じた法定相続分	第1表の「相続税の総額⑦」の計算 ⑥ 法定相続分に応ずる取得金額（㊁×⑤）（1,000円未満切捨て）	⑦ 相続税の総額の基となる税額（下の「速算表」で計算します。）	第3表の「相続税の総額⑦」の計算 ⑨ 法定相続分に応ずる取得金額（㋬×⑤）（1,000円未満切捨て）	⑩ 相続税の総額の基となる税額（下の「速算表」で計算します。）
配偶者の氏名	妻	$\frac{1}{2}$	166,000,000円	49,400,000円	97,000,000円	22,100,000円
長男の氏名	長男	$\frac{1}{2}\times\frac{1}{3}=\frac{1}{6}$	55,333,000	9,599,900	32,333,000	4,466,600
長女の氏名	長女	$\frac{1}{2}\times\frac{1}{3}=\frac{1}{6}$	55,333,000	9,599,900	32,333,000	4,466,600
二男の氏名	二男	$\frac{1}{2}\times\frac{1}{3}=\frac{1}{6}$	55,333,000	9,599,900	32,333,000	4,466,600
			,000		,000	
			,000		,000	
			,000		,000	
			,000		,000	
			,000		,000	
法定相続人の数	Ⓐ 4人	合計 1	⑧ 相続税の総額（⑦の合計額）（100円未満切捨て）	78,199,700	⑪ 相続税の総額（⑩の合計額）（100円未満切捨て）	35,499,800

(注) 1　④欄の記入に当たっては、被相続人に養子がある場合や相続の放棄があった場合には、「相続税の申告のしかた」をご覧ください。

2　⑧欄の金額を第1表⑦欄へ転記します。財産を取得した人のうちに農業相続人がいる場合は、⑧欄の金額を第1表⑦欄へ転記するとともに、⑪欄の金額を第3表⑦欄へ転記します。

相続税の速算表

法定相続分に応ずる取得金額	10,000千円以下	30,000千円以下	50,000千円以下	100,000千円以下	200,000千円以下	300,000千円以下	600,000千円以下	600,000千円超
税率	10%	15%	20%	30%	40%	45%	50%	55%
控除額	－	500千円	2,000千円	7,000千円	17,000千円	27,000千円	42,000千円	72,000千円

この速算表の使用方法は、次のとおりです。

⑥欄の金額×税率－控除額＝⑦欄の税額　　⑨欄の金額×税率－控除額＝⑩欄の税額

例えば、⑥欄の金額30,000千円に対する税額（⑦欄）は、30,000千円×15%－500千円＝4,000千円です。

○連帯納付義務について

相続税の納税については、各相続人等が相続、遺贈や相続時精算課税に係る贈与により受けた利益の価額を限度として、お互いに連帯して納付しなければならない義務があります。

第2表(令5.7)　　（資4－20－3－A4統一）

財産を取得した人のうちに農業相続人がいる場合の各人の算出税額の計算書

被相続人	○○ ○○

第3表（平成26年分以降用）

私は、租税特別措置法第70条の6第1項の規定による農地等についての相続税の納税猶予の適用を受けます。	相続税の納税猶予の適用を受ける農業相続人の氏名		
	長男の氏名（41歳）	（　歳）	（　歳）

被相続人から相続、遺贈や相続時精算課税に係る贈与によって財産を取得した人のうちに農業相続人がいる場合には、特例農地等については農業投資価格によって課税財産の価額を計算することになりますので、その被相続人から財産を取得した全ての人は、この表によって各人の算出税額を計算します。

	財産を取得した人の氏名			（各人の合計）	配偶者の氏名	長男の氏名	長女の氏名
課税価格の計算	取得財産の価額	農業相続人（第12表⑤）	①	32,000,000円	円	32,000,000円	円
		その他の人（第1表①+第1表②）	②	220,000,000	120,000,000		38,000,000
	債務及び葬式費用の金額（第1表③）		③	4,000,000		4,000,000	
	純資産価額（①−③）又は（②−③）（赤字のときは0）		④	248,000,000	120,000,000	28,000,000	38,000,000
	純資産価額に加算される暦年課税分の贈与財産価額（第1表⑤）		⑤				
	課税価格（④＋⑤）（1,000円未満切捨て）		⑥	Ⓐ 248,000,000	120,000,000	28,000,000	38,000,000
各人の算出税額の計算	相続税の総額（第2表⑪）		⑦	35,499,800			
	あん分割合（各人の⑥/Ⓐ）		⑧	1.00	0.49	0.11	0.15
	算出税額（⑦×各人の⑧）		⑨	35,499,800円	17,394,902円	3,904,978円	5,324,970円
	農業相続人の納税猶予の基となる税額	相続税の総額の差額	⑩	42,699,900	（第1表の⑦の金額）78,199,700円 −		（この表の⑦の金額）35,499,800円
		農業投資価格超過額（第12表③）	⑪	Ⓑ 138,000,000		138,000,000	
		各人へのあん分額（⑩×各人の⑪÷Ⓑ）	⑫	42,699,900		42,699,900	
	各人の算出税額（⑨＋⑫）		⑬	78,199,700	17,394,902	46,604,878	5,324,970

	財産を取得した人の氏名			二男の氏名			
課税価格の計算	取得財産の価額	農業相続人（第12表⑤）	①	円	円		
		その他の人（第1表①+第1表②）	②	62,000,000			
	債務及び葬式費用の金額（第1表③）		③				
	純資産価額（①−③）又は（②−③）（赤字のときは0）		④	62,000,000			
	純資産価額に加算される暦年課税分の贈与財産価額（第1表⑤）		⑤				
	課税価格（④＋⑤）（1,000円未満切捨て）		⑥	62,000,000	,000	,000	,000
各人の算出税額の計算	相続税の総額（第2表⑪）		⑦				
	あん分割合（各人の⑥/Ⓐ）		⑧	0.25			
	算出税額（⑦×各人の⑧）		⑨	8,874,950円	円	円	円
	農業相続人の納税猶予の基となる税額	相続税の総額の差額	⑩				
		農業投資価格超過額（第12表③）	⑪				
		各人へのあん分額（⑩×各人の⑪÷Ⓑ）	⑫				
	各人の算出税額（⑨＋⑫）		⑬	8,874,950			

○あん分割合に小数点以下2位未満の端数があるときは、全員の割合の合計が1.00になるように小数点以下2位未満の端数を調整することもできます。

○農地相続人とその他の人で記入する欄が異なります。

（注）1　「各人の算出税額の計算」の「農業相続人の納税猶予の基となる税額」欄は、農業相続人だけが記入します。
　　2　各人の⑬欄の金額を第1表のその人の「算出税額⑩」欄に転記します。
　　　この場合、第1表の「一般の場合」の「あん分割合⑧」欄及び「算出税額⑨」欄の記入を行う必要はありません。

第3表（令5.7）　（資4−20−4−A4統一）

配偶者の税額軽減額の計算書

被相続人　○○　○○

第５表（平成21年４月分以降用）

私は、相続税法第19条の２第１項の規定による配偶者の税額軽減の適用を受けます。

１　一般の場合（この表は、①被相続人から相続、遺贈や相続時精算課税に係る贈与によって財産を取得した人のうちに農業相続人がいない場合又は②配偶者が農業相続人である場合に記入します。）

課税価格の合計額のうち配偶者の法定相続分相当額	（第１表のⒶの金額）〔配偶者の法定相続分〕　,000円×　＝　円　上記の金額が16,000万円に満たない場合には、16,000万円	㋑※　円

配偶者の税額軽減額を計算する場合の課税価格	① 分割財産の価額（第11表の配偶者の①の金額）	② 債務及び葬式費用の金額（第１表の配偶者の③の金額）	③ 未分割財産の価額（第11表の配偶者の②の金額）	④ （②－③）の金額（③の金額が②の金額より大きいときは０）	⑤ 純資産価額に加算される暦年課税分の贈与財産価額（第１表の配偶者の⑤の金額）	⑥ （①－④＋⑤）の金額（⑤の金額より小さいときは⑤の金額）（1,000円未満切捨て）
	円	円	円	円	円	※　円 ,000

（②③④は「分割財産の価額から控除する債務及び葬式費用の金額」）

⑦ 相続税の総額（第１表の⑦の金額）	⑧ ㋑の金額と⑥の金額のうちいずれか少ない方の金額	⑨ 課税価格の合計額（第１表のⒶの金額）	⑩ 配偶者の税額軽減の基となる金額（⑦×⑧÷⑨）
円 00	円	円 ,000	円

配偶者の税額軽減の限度額	（第１表の配偶者の⑨又は⑩の金額）（第１表の配偶者の⑫の金額）（　円　－　円）	㋺　円
配偶者の税額軽減額	（⑩の金額と㋺の金額のうちいずれか少ない方の金額）	㋩　円

（注）㋩の金額を第１表の配偶者の「配偶者の税額軽減額⑬」欄に転記します。

２　配偶者以外の人が農業相続人である場合（この表は、被相続人から相続、遺贈や相続時精算課税に係る贈与によって財産を取得した人のうちに農業相続人がいる場合で、かつ、その農業相続人が配偶者以外の場合に記入します。）

課税価格の合計額のうち配偶者の法定相続分相当額	（第３表のⒶの金額）〔配偶者の法定相続分〕　248,000,000円×　1/2　＝　124,000,000円　上記の金額が16,000万円に満たない場合には、16,000万円	㊁※　円　160,000,000

配偶者の税額軽減額を計算する場合の課税価格	⑪ 分割財産の価額（第11表の配偶者の①の金額）	⑫ 債務及び葬式費用の金額（第１表の配偶者の③の金額）	⑬ 未分割財産の価額（第11表の配偶者の②の金額）	⑭ （⑫－⑬）の金額（⑬の金額が⑫の金額より大きいときは０）	⑮ 純資産価額に加算される暦年課税分の贈与財産価額（第１表の配偶者の⑤の金額）	⑯ （⑪－⑭＋⑮）の金額（⑮の金額より小さいときは⑮の金額）（1,000円未満切捨て）
	円 120,000,000	円 0	円 0	円 0	円 0	※　円 120,000,000

（⑫⑬⑭は「分割財産の価額から控除する債務及び葬式費用の金額」）

⑰ 相続税の総額（第３表の⑦の金額）	⑱ ㊁の金額と⑯の金額のうちいずれか少ない方の金額	⑲ 課税価格の合計額（第３表のⒶの金額）	⑳ 配偶者の税額軽減の基となる金額（⑰×⑱÷⑲）
円 35,499,800	円 120,000,000	円 248,000,000	円 17,177,322

配偶者の税額軽減の限度額	（第１表の配偶者の⑩の金額）（第１表の配偶者の⑫の金額）（17,394,902円　－　0円）	㋭　円　17,394,902
配偶者の税額軽減額	（⑳の金額と㋭の金額のうちいずれか少ない方の金額）	㋬　円　17,177,322

（注）㋬の金額を第１表の配偶者の「配偶者の税額軽減額⑬」欄に転記します。

※　相続税法第19条の２第５項（隠蔽又は仮装があった場合の配偶者の相続税額の軽減の不適用）の規定の適用があるときには、「課税価格の合計額のうち配偶者の法定相続分相当額」の（第１表のⒶの金額）、⑥、⑦、⑨、「課税価格の合計額のうち配偶者の法定相続分相当額」の（第３表のⒶの金額）、⑯、⑰及び⑲の各欄は、第５表の付表で計算した金額を転記します。

第５表（令5.7）　（資４－20－６－１－Ａ４統一）

税額控除額及び納税猶予税額の内訳書

FD3572

第8の8表（令和5年1月分以降用）

○この申告書は機械で読み取りますので、黒ボールペンで記入してください。

被相続人	○○　○○

（単位は円）

1 税額控除額

この表は、「未成年者控除」、「障害者控除」、「相次相続控除」又は「外国税額控除」の適用を受ける人が第１表の「⑫・⑬以外の税額控除額⑭」欄に記入する金額の計算のために使用します。

		（氏　名）	（氏　名）
※　整　理　番　号			
未成年者控除額（第６表１②、③又は⑥）	①		
障害者控除額（第６表２②、③又は⑥）	②		
相次相続控除額（第７表⑬又は⑱）	③		
外国税額控除額（第８表１⑧）	④		
合計（①+②+③+④）	⑤		

（注）　各人の⑤欄の金額を第１表のその人の「⑫・⑬以外の税額控除額⑭」欄に転記します。

（単位は円）

2 納税猶予税額

この表は、次の相続税の特例の適用を受ける人が第１表の「納税猶予税額⑳」欄に記入する金額の計算のために使用します。

(1)　農地等についての納税猶予及び免除等（租税特別措置法第70条の６第１項）
(2)　非上場株式等についての納税猶予及び免除（租税特別措置法第70条の７の２第１項又は第70条の７の４第１項）
(3)　非上場株式等についての納税猶予及び免除の特例（租税特別措置法第70条の７の６第１項又は第70条の７の８第１項）
(4)　山林についての納税猶予及び免除（租税特別措置法第70条の６の６第１項）
(5)　医療法人の持分についての納税猶予及び免除（租税特別措置法第70条の７の12第１項）
(6)　特定の美術品についての納税猶予及び免除（租税特別措置法第70条の６の７第１項）
(7)　個人の事業用資産についての納税猶予及び免除（租税特別措置法第70条の６の10第１項）

		（氏　名）長男の氏名	（氏　名）
※　整　理　番　号			
農地等納税猶予税額（第８表２⑦）	①	42699900	00
株式等納税猶予税額（第８の２表２A）	②	00	00
特例株式等納税猶予税額（第８の２の２表２A）	③	00	00
山林納税猶予税額（第８の３表２⑧）	④	00	00
医療法人持分納税猶予税額（第８の４表２A）	⑤	00	00
美術品納税猶予税額（第８の５表２A）	⑥	00	00
事業用資産納税猶予税額（第８の６表２A）	⑦	00	00
合計（①+②+③+④+⑤+⑥+⑦）	⑧	42699900	00

※の項目は記入する必要がありません。

（注）１　上記(1)～(7)の特例又は医療法人の持分についての相続税の税額控除（租税特別措置法第70条の７の13第１項）のうち２以上の特例の適用を受ける人がいる場合は、その人の①～⑦欄には、第８の７表の「３　納税猶予税額等」のうち①～⑦欄に対応する欄の金額を転記します。
２　各人の⑧欄の金額を第１表のその人の「納税猶予税額⑳」欄に転記します。

※税務署整理欄	申告区分		年分		名簿番号		申告年月日		グループ番号	

（資４－20－９－16－Ａ４統一）第８の８表（令5.7）

外国税額控除額 農地等納税猶予税額 の計算書

被相続人　○○　○○

第8表（令和5年1月分以降用）

1　外国税額控除

（この表は、課税される財産のうちに外国にあるものがあり、その財産について外国において日本の相続税に相当する税が課税されている場合に記入します。）

外国で相続税に相当する税を課せられた人の氏名	外国の法令により課せられた税 国名及び税の名称	① 納期限（年月日）	② 税額	③ ①の日現在における邦貨換算率	④ 邦貨換算税額（②×③）	⑤ 邦貨換算在外純財産の価額	⑥ （⑤の金額 / 取得財産の価額）の割合	⑦ 相次相続控除後の税額×⑥	⑧ 控除額（④と⑦のうちいずれか少ない方の金額）
		・・			円	円		円	円
		・・							
		・・							
		・・							
		・・							
		・・							

（注）1　⑤欄は、在外財産の価額（被相続人から相続開始の年に暦年課税に係る贈与によって取得した財産及び相続時精算課税適用財産の価額を含みます。）からその財産についての債務の金額を控除した価額を記入します。
　2　⑥欄の「取得財産の価額」は、第1表の④欄の金額と被相続人から相続開始の年に暦年課税に係る贈与によって取得した財産の価額の合計額によります。
　3　各人の⑧欄の金額を第8の8表1のその人の「外国税額控除額④」欄に転記します。

2　農地等納税猶予税額

（この表は、農業相続人について該当する金額を記入します。）

農業相続人の氏名			長男の氏名		
納税猶予の基となる税額（第3表の各農業相続人の⑫の金額）		①	42,699,900 円	円	円
相続税額の2割加算が行われる場合の加算金額（第4表⑦×①／第3表の各農業相続人の⑬の金額）		②			
納税猶予税額の計算	上の税額控除額の計（第1表の各農業相続人の(⑮＋⑰)の金額）	③			
	第3表⑨の各農業相続人の算出税額	④	3,904,978		
	相続税額の2割加算が行われる場合の加算金額（第4表⑦×④／第3表の各農業相続人の⑬の金額）	⑤			
	(③－(④＋⑤)) の金額（赤字のときは0）	⑥	0		
農地等納税猶予税額（①＋②－⑥）（100円未満切捨て、赤字のときは0）		⑦	42,699,900	00	00

（注）1　各人の⑦欄の金額を第8の8表2のその人の「農地等納税猶予税額①」欄に転記します。なお、その人が、他の相続税の納税猶予等の適用を受ける場合は、第8の7表の⑰欄の金額を第8の8表2のその人の「農地等納税猶予税額①」欄に転記します。
　2　この申告が修正申告である場合の⑦欄に記入する金額は、⑦欄の「①＋②－⑥」の金額が修正前の「農地等納税猶予税額」の金額を超える場合には、当該修正前の「農地等納税猶予税額」の金額にとどめます。ただし、納税猶予の適用を受ける特例農地等（期限内申告において第12表に記入した特例農地等に限ります。）の評価誤り又は税額の計算誤りがあった場合で、その誤りだけを修正するものであるときの⑦欄の金額は、当該修正前の「農地等納税猶予税額」の金額を超えることができます。

第8表(令5.7)　（資4－20－9－1－A4統一）

○農業相続人ごとに作成します。

第12表（令和2年4月分以降用）

農地等についての納税猶予の適用を受ける特例農地等の明細書

被相続人	○○　○○
農業相続人	長男の氏名

特例農地等の明細（この表は、農業相続人に該当する人が各人ごとに特例農地等の明細を作成します。）

都市営農農地等、生産緑地地区内農地等、市街化区域内農地等、その他の農地等の別	田、畑、採草放牧地、準農地、一時的道路用地等、営農困難時貸付農地等、特定貸付農地等、貸付都市農地等の別	地上権、永小作権、使用貸借による権利、賃借権（耕作権）の別	所在場所	面積	農業投資価格 単価(1,000㎡当たり)	農業投資価格 価額	通常価額（第11表の価額）
	畑			㎡	円	円 32,000,000	円 170,000,000
	（小計）					(32,000,000)	(170,000,000)
			合計			Ⓑ 32,000,000	Ⓐ 170,000,000

○農地等の所在場所を土地登記簿上の表示に基づいて地番まで記載します。

○田、畑、採草放牧地、準農地ごとに「計」も記入します。

○この各欄には他人から借り受けて農業の用に供している農地等について、地上権、永小作権、使用貸借による権利又は賃借権（耕作権）の別を記載します。

○相続開始の日現在の現況に応じて記載します。

○この各欄には納税猶予を受ける農地等の明細を田、畑、採草放牧地、準農地、一時的道路用地等の順に、各筆ごとに記載します。

農業投資価格により計算した取得財産の価額

①特例農地等の通常価額（上記Ⓐの金額）	②特例農地等の農業投資価格による価額（上記Ⓑの金額）	③農業投資価格超過額（①－②）	④通常価額により計算した取得財産の価額（その農業相続人の第11表①＋第11の2表⑦）	⑤農業投資価格により計算した取得財産の価額（④－③）
円 170,000,000	円 32,000,000	円 138,000,000	円 170,000,000	円 32,000,000

（注）1　「生産緑地地区内農地等」とは、都市計画法第8条第1項第14号に掲げる生産緑地地区内に所在する農地又は採草放牧地で都市営農農地等に該当しない農地又は採草放牧地をいいます。
2　「市街化区域内農地等」とは、都市計画法第7条第1項に規定する市街化区域内に所在する農地又は採草放牧地で都市営農農地等及び生産緑地地区内農地等に該当しない農地又は採草放牧地をいいます。
3　「その他の農地等」とは、都市営農農地等、生産緑地地区内農地等及び市街化区域内農地等のいずれにも該当しない農地又は採草放牧地をいいます。
4　「特例農地等の明細」欄の「農業投資価格」の「価額」欄及び「通常価額」欄には、田、畑、採草放牧地、準農地、一時的道路用地等、営農困難時貸付農地等、特定貸付農地等、貸付都市農地等の別に計を付して、その合計の金額（Ⓐ及びⒷ）を第15表の農業相続人の⑧及び⑨欄に転記します。
5　⑤欄の金額を第3表のその農業相続人の①欄に転記します。
6　③欄の金額を第3表のその農業相続人の⑪欄に転記します。

第12表（令5.7）　（資4－20－13－A4統一）

相続財産の種類別価額表

（この表は、第11表から第14表までの記載に基づいて記入します。）

FD3539

第15表（令和2年4月分以降用）

（単位は円）

被相続人　〇〇　〇〇

種類	細目	番号	各人の合計	（氏名）配偶者の氏名
※	整理番号		被相続人	
土地（土地の上に存する権利を含みます。）	田	①		
	畑	②	170000000	
	宅地	③	100000000	100000000
	山林	④		
	その他の土地	⑤		
	計	⑥	270000000	100000000
	③のうち配偶者居住権に基づく敷地利用権	⑦		
	⑥のうち特例農地等　通常価額	⑧	170000000	
	⑥のうち特例農地等　農業投資価格による価額	⑨	32000000	
家屋等		⑩	20000000	20000000
	⑩のうち配偶者居住権	⑪		
事業（農業）用財産	機械、器具、農耕具、その他の減価償却資産	⑫		
	商品、製品、半製品、原材料、農産物等	⑬		
	売掛金	⑭		
	その他の財産	⑮		
	計	⑯		
有価証券	特定同族会社の株式及び出資　配当還元方式によったもの	⑰		
	特定同族会社の株式及び出資　その他の方式によったもの	⑱		
	⑰及び⑱以外の株式及び出資	⑲	20000000	
	公債及び社債	⑳		
	証券投資信託、貸付信託の受益証券	㉑		
	計	㉒	20000000	
現金、預貯金等		㉓	80000000	
家庭用財産		㉔		
その他の財産	生命保険金等	㉕		
	退職手当金等	㉖		
	立木	㉗		
	その他	㉘		
	計	㉙		
合計（⑥＋⑩＋⑯＋㉒＋㉓＋㉔＋㉙）		㉚	390000000	120000000
相続時精算課税適用財産の価額		㉛		
不動産等の価額（⑥＋⑩＋⑫＋⑰＋⑱＋㉗）		㉜	290000000	120000000
債務等	債務	㉝	2550000	
	葬式費用	㉞	1450000	
	合計（㉝＋㉞）	㉟	4000000	
差引純資産価額（㉚＋㉛－㉟）（赤字のときは0）		㊱	386000000	120000000
純資産価額に加算される暦年課税分の贈与財産価額		㊲		
課税価格（㊱＋㊲）（1,000円未満切捨て）		㊳	386000000	120000000

※税務署整理欄	申告区分		年分		名簿番号		申告年月日		グループ番号	

○この申告書は機械で読み取りますので、黒ボールペンで記入してください。

※の項目は記入する必要がありません。

第15表（令5.7）　　（資4－20－16－1－A4統一）

相続財産の種類別価額表（続）

（この表は、第11表から第14表までの記載に基づいて記入します。）

FD3540

第15表(続)（令和2年4月分以降用）

（単位は円）

被相続人　○○　○○

種類	細目	番号	（氏名）長男の氏名	（氏名）長女の氏名
※	整理番号			
土地（土地の上に存する権利を含みます。）	田	①		
	畑	②	170000000	
	宅地	③		
	山林	④		
	その他の土地	⑤		
	計	⑥	170000000	
	③のうち配偶者居住権に基づく敷地利用権	⑦		
	⑥のうち特例農地等　通常価額	⑧	170000000	
	⑥のうち特例農地等　農業投資価格による価額	⑨	32000000	
家屋等		⑩		
	⑩のうち配偶者居住権	⑪		
事業（農業）用財産	機械、器具、農耕具、その他の減価償却資産	⑫		
	商品、製品、半製品、原材料、農産物等	⑬		
	売掛金	⑭		
	その他の財産	⑮		
	計	⑯		
有価証券	特定同族会社の株式及び出資　配当還元方式によったもの	⑰		
	特定同族会社の株式及び出資　その他の方式によったもの	⑱		
	⑰及び⑱以外の株式及び出資	⑲		
	公債及び社債	⑳		
	証券投資信託、貸付信託の受益証券	㉑		
	計	㉒		
現金、預貯金等		㉓		38000000
家庭用財産		㉔		
その他の財産	生命保険金等	㉕		
	退職手当金等	㉖		
	立木	㉗		
	その他	㉘		
	計	㉙		
合計（⑥＋⑩＋⑯＋㉒＋㉓＋㉔＋㉙）		㉚	170000000	38000000
相続時精算課税適用財産の価額		㉛		
不動産等の価額（⑥＋⑩＋⑫＋⑰＋⑱＋㉗）		㉜	170000000	
債務等	債務	㉝	2550000	
	葬式費用	㉞	1450000	
	合計（㉝＋㉞）	㉟	4000000	
差引純資産価額（㉚＋㉛－㉟）（赤字のときは0）		㊱	166000000	38000000
純資産価額に加算される暦年課税分の贈与財産価額		㊲		
課税価格（㊱＋㊲）（1,000円未満切捨て）		㊳	166000000	38000000

※税務署整理欄	申告区分		年分		名簿番号		申告年月日		グループ番号	

○この申告書は機械で読み取りますので、黒ボールペンで記入してください。

※の項目は記入する必要がありません。

第15表(続)（令5.7）　　（資4－20－16－2－A4統一）

相続財産の種類別価額表（続）

（この表は、第11表から第14表までの記載に基づいて記入します。）

F D 3 5 4 0

第15表(続)（令和2年4月分以降用）

○この申告書は機械で読み取りますので、黒ボールペンで記入してください。

（単位は円）

被相続人　○○　○○

種類	細目	番号	（氏名）二男の氏名	（氏名）
	※整理番号			
土地（土地の上に存する権利を含みます。）	田	①		
	畑	②		
	宅地	③		
	山林	④		
	その他の土地	⑤		
	計	⑥		
	③のうち配偶者居住権に基づく敷地利用権	⑦		
	⑥のうち特例農地等　通常価額	⑧		
	⑥のうち特例農地等　農業投資価格による価額	⑨		
家屋等		⑩		
	⑩のうち配偶者居住権	⑪		
事業（農業）用財産	機械、器具、農耕具、その他の減価償却資産	⑫		
	商品、製品、半製品、原材料、農産物等	⑬		
	売掛金	⑭		
	その他の財産	⑮		
	計	⑯		
有価証券	特定同族会社の株式及び出資　配当還元方式によったもの	⑰		
	特定同族会社の株式及び出資　その他の方式によったもの	⑱		
	⑰及び⑱以外の株式及び出資	⑲	20000000	
	公債及び社債	⑳		
	証券投資信託、貸付信託の受益証券	㉑		
	計	㉒	20000000	
現金、預貯金等		㉓	42000000	
家庭用財産		㉔		
その他の財産	生命保険金等	㉕		
	退職手当金等	㉖		
	立木	㉗		
	その他	㉘		
	計	㉙		
合計（⑥＋⑩＋⑯＋㉒＋㉓＋㉔＋㉙）		㉚	62000000	
相続時精算課税適用財産の価額		㉛		
不動産等の価額（⑥＋⑩＋⑫＋⑰＋⑱＋㉗）		㉜		
債務等	債務	㉝		
	葬式費用	㉞		
	合計（㉝＋㉞）	㉟		
差引純資産価額（㉚＋㉛－㉟）（赤字のときは0）		㊱	62000000	
純資産価額に加算される暦年課税分の贈与財産価額		㊲		
課税価格（㊱＋㊲）（1,000円未満切捨て）		㊳	62000000	000

※税務署整理欄	申告区分		年分		名簿番号		申告年月日		グループ番号	

※の項目は記入する必要がありません。

第15表(続)（令5.7）　（資4－20－16－2－A4統一）

3　特例適用農地等の買換えの特例

(1)　特例の概要

イ　特例適用農地等の譲渡等があった場合には、代替農地等の買換えの特例が設けられており、特例適用農地等の譲渡等があった日から１年以内に農地又は採草放牧地（代替農地等㈱）を取得する見込みであることにつき、所定の手続により税務署長の承認を受けたときは、次のように取り扱われます（措法70の６⑲、70の４⑮）。

①　その承認に係る譲渡等は、なかったものとみなされます。

②　その譲渡等があった日から１年を経過する日において、その承認に係る譲渡等の対価の額の全部又は一部がその農地又は採草放牧地の取得に充てられていない場合には、その譲渡等に係る農地等のうちその充てられていないものに対応するものとして次の⑵の算式により計算した部分は、同日において譲渡等をされたものとみなされます。

③　その譲渡等があった日から１年を経過する日までにその承認に係る譲渡等の対価の額の全部又は一部がその農地又は採草放牧地の取得に充てられた場合には、その取得に係るその農地又は採草放牧地は、納税猶予の特例の適用を受ける農地等とみなされます。

㈱　令和２年度税制改正前の農地等の納税猶予の適用を受ける農業相続人が、令和２年改正法附則第108条第２項の規定により、この代替農地等の買換えの特例の適用を受ける場合には、田園住居地域内にある農地又は地区計画農地保全条例による制限を受ける区域内にある農地を代替取得農地等とすることができます。

また、これらの農地が都市計画法の規定に基づく都市計画の変更により、当該田園住居地域内にある農地又は当該地区計画農地保全条例による制限を受ける区域内にある農地でなくなったことにより特定市街化区域農地等に該当することとなった場合には、納税猶予の期限は確定しません（措通70の６－65の２、措通70の４－71の３）

ロ　この代替農地等の買換えの特例の適用を受けるためには、「代替農地等の取得等に関する承認申請書」を、その譲渡等があった日から１か月以内に、納税地の所轄税務署長に提出しなければなりません（措令40の７㉙）。

なお、この申請書の提出があった場合において、その提出があった日から１か月以内に、その申請の承認又は却下の処分がなかったときは、その申請の承認があったものとみなされます（措令40の７㉚）。

ハ　代替農地等の買換えの特例の対象となる土地は、三大都市圏の特定市の市街化区域内であれば生産緑地に限られていたところですが、平成26年度税制改正により、三大都市圏の特定市に所在する特定農地等(注)を収用交換等により譲渡した場合における代替農地等については、取得時に生産緑地でない土地であっても、収用交換等による譲渡のあった日から１年以内に生産緑地になる見込みであることにつき所轄税務署長の承認を受け、その期間内に生産緑地となったものについてはこの買換え特例の対象とされました（措法70の６⑲）。

承認を受けるための申請書の提出及び生産緑地とした後の書類の提出については通常の買換え特例と同様です（措令40の７㉙、措規23の８⑱、23の７㉓）。

(注)　特定農地等とは、次の①から③に掲げる区域内にある農地等をいいます。

①　都の区域（特別区の存する区域に限ります。）

②　首都圏整備法第２条第１項に規定する首都圏、近畿圏整備法第２条第１項に規定する近畿圏又は中部圏開発整備法第２条第１項に規定する中部圏内にある地方自治法第252条の19第１項の市の区域

③　上記②に規定する市以外の市でその区域の全部又は一部が首都圏整備法第２条第３項に規定する既成市街地若しくは同条第４項に規定する近郊整備地帯、近畿圏整備法第２条第３項に規定する既成都市区域若しくは同条第４項に規定する近郊整備区域又は中部圏開発整備法第２条第３項に規定する都市整備区域内にあるものの区域

⑵　買換え特例の計算方法

譲渡等の対価の額が代替農地等の取得に充てられなかった場合には、その取得しなかった部分に対応する農地等の譲渡等があったものとみなされ、この部分の面積が20％を超えるときは納税猶予税額の全額を、また、それが20％以内の場合には、次の算式により計算された納税猶予税額を特例適用農地等の譲渡等のあった日から１年を経過する日後２か月を経過する日までに利子税と合わせて納付しなければなりません（措法70の６⑲、70の４⑮、措令40の７㉜、40の６㉛）。

イ　譲渡等の対価の額の全部が充てられていない場合

$$\text{当初に納税を猶予された相続税の額} \times \frac{\text{譲渡等をした特例適用農地等の農業投資価格超過額}}{\text{相続又は遺贈により取得した全ての特例適用農地等の農業投資価格超過額の合計額}}$$

ロ　譲渡等の対価の額の一部が充てられていない場合

上記イの算式中分子の「譲渡等をした特例適用農地等の農業投資価格超過額」を、次の算式により計算した金額に置き換えます。

$$\text{譲渡等をした特例適用農地等の農業投資価格超過額} \times \frac{\text{譲渡等の対価の額のうち代替農地等の取得に充てられなかった部分の金額}}{\text{譲渡等の対価の額}}$$

(3) 代替農地等の買換えに関する取扱い

イ　譲渡等があった日前に農地又は採草放牧地の取得があった場合

納税猶予の特例の適用における代替農地等の取得期限は、譲渡等があった日から１年以内と規定されており（措法70の６⑲）、譲渡等の日前におけるいわゆる先行取得を認めていません。

この場合の譲渡等があった日とは、農地又は採草放牧地については農地法の規定による許可等があった日と引渡しがあった日とのうち、いずれか遅い日として取り扱われています（措通70の６－24、70の４－23）。したがって、譲渡等があった日前に農地又は採草放牧地の取得があった場合には、原則として代替農地等の買換えの特例は適用されないことになりますが、特例適用農地等の譲渡等があった日前に農地又は採草放牧地の取得が行われた場合において、その取得に関する契約が譲渡等に関する契約又は収用交換等についての事業認定があった日以後に行われていると認められるときは、代替農地等の買換えの特例の適用があるものとして取り扱われます（措通70の６－63、70の４－67）。

ロ「対価の全部又は一部が農地又は採草放牧地の取得に充てられていない場合」の意義

代替農地等の買換えの特例により取得する農地又は採草放牧地は、たとえ、その取得のための対価の支払があっても、農地法第３条の規定による所有権移転の許可がない限り取得したことにはなりません。しかし、代替農地等の取得期限までに譲受けの契約がなされており、しかも、その代金の大部分が支払われているときは、経済的な実態に即して取り扱うことが妥当といえます。

そこで、特例適用農地等の譲渡等があった日から１年を経過する日までに代替農地等の取得について都道府県知事又は農業委員会の許可がない場合であっても、同日までに代替農地等の取得について都道府県知事又は農業委員会に対する許可申請書が提出されており、かつ、その取得代金のうち２分の１を超える額の支払がなされているときは、その代替農地等は、譲渡等があった日から１年以内に取得があったものとして取り扱われます（措通70の６－63、70の４－68）。

ハ　仲介料、登記費用等の費用

譲渡等の対価の額の全部又は一部が代替農地等の取得に充てられなかった場合には、その充てられなかった対価の額に対応する税額は納付しなければならないことになります（措法70の６⑲、70の４⑮）。

この場合、その譲渡等の対価の額のうち、例えば、譲渡等又は取得のために要した仲介料や登記費用等の経費を支払ったような場合、それらの経費は代替農地等の取得に充てられたことになるかどうかが問題となります。仮に、それらの経費が代替農地等の取得に充てられなかったものであると解した場合には、それらの経費の額に対応する税額を納付しなければならなくなります。

そこで、代替農地等の買換えのために要した経費の額については、次のとおり取り扱うこととされています（措通70の６－63、70の４－69）。

① 特例適用農地等の譲渡等について仲介料、登記費用等の費用を要した場合には、代替農地等の買換えの承認に係る譲渡等の対価の額は、その譲渡等に係る対価の額からその譲渡等に要した費用の額を控除した金額によります。

② 農地又は採草放牧地の取得について仲介料、登記費用等の費用を要した場合には、その費用の額は、その農地又は採草放牧地の取得価額に加算します。

ニ　農地又は採草放牧地と同時に農地又は採草放牧地以外の財産を取得した場合

特例適用農地等の譲渡代金と自己資金を併せて、農地又は採草放牧地とそれ以外の財産を同時に取得した場合には、譲渡等に係る対価の額は、双方の取得代金にあん分しないで、まず、買換えの対象となる農地又は採草放牧地の取得に充当されたものとして取り扱われています（措通70の６－63、70の４－70）。

ホ　譲渡等の対価の額を超過して農地又は採草放牧地を取得した場合

代替農地等の買換えの特例を適用して取得した代替農地等は、納税猶予の特例の適用上、譲渡等をした特例適用農地等に代わって納税猶予の特例の適用が継続されることになっており、譲渡等をした特例適用農地等の贈与時又は相続開始時における相続税評価額又は面積がその代替農地等に引き継がれた上で納税猶予の特例の適用をしていくことになります。したがって、代替農地等は譲渡等の対価の額をもって取得したものに限られ、譲渡代金以外の自己資金によって取得したものまでもがその対象とされるものではありません。

このようなことから、特例適用農地等の譲渡等に係る対価の額を超過して農地又は採草放牧地を取得した場合には、その取得した農地又は採草放牧地のうち次の算式により計算した面積に相当する部分が代替農地等に該当するものとして取り扱われています（措通70の６－63、70の４－71）。

なお、この場合の代替農地等は、譲渡等前の特例適用農地等の贈与又は相続若しくは遺贈により取得した時における相続税評価額を引き継ぐことになっていますので、納税猶予税額の継続適用に当たって、その代替農地等に該当する部分の面積を分筆するなどして特定させる必要があります。

$$\text{取得した農地又は採草放牧地の面積} \times \frac{\text{譲渡等をした特例適用農地等の対価の額（譲渡等に要した費用の額を除きます。）}}{\text{取得した農地又は採草放牧地の対価の額（取得に要した費用の額を含みます。）}}$$

〔設例〕

1　取得した農地の面積　100 a

2　上記1の農地の取得価額は900万円であり、この取得のために仲介料及び登記費用の額50万円を要しました。

3　特例適用農地等の譲渡の対価の額は800万円であり、その譲渡のために仲介料40万円を要しました。

（計算）

$$100\text{a} \times \frac{800\text{万円} - 40\text{万円}}{900\text{万円} + 50\text{万円}} = 80\text{a}$$

⑷　買取りの申出等のあった農地等の譲渡があった場合

イ　農地等についての相続税及び贈与税の納税猶予の特例の適用を受けている場合において、その適用を受けている特例適用農地等のうち都市営農農地等について生産緑地法第10条（同法第10条の5の規定により読み替えて適用する場合を含みます。）の規定に基づき「買取りの申出」があった場合、同法第15条第1項の規定による「買取り希望の申出」があった場合、同法第10条の6第1項の規定による「指定の解除」があった場合又は都市計画法の規定に基づく都市計画の決定・変更等により特定市街化区域農地等に該当することとなった場合（当該変更により田園住居地域内にある農地又は地区計画農地保全条例による制限を受ける区域内にある農地ではなくなったものを除きます。この⑷において、以下「買取りの申出等」といいます。）には、その特例適用農地等に対応する相続税額又は贈与税額については、その買取りの申出があった日、買取り希望の申出があった日、指定の解除があった日又は都市計画法第20条第1項等の規定による告示があった日等の翌日から2か月を経過する日をもって納税猶予の期限とされるため、それらに係る納税猶予税額及び利子税を納付しなければなりません（措法70の6⑧）。

ロ　しかし、その買取りの申出等があった日から1年以内に、その買取りの申出等に係る農地等の全部又は一部の譲渡等をする見込みであり、かつ、その譲渡等があった日から1年以内にその譲渡等の対価の額の全部又は一部をもって代替農地等を取得する見込みであることにつき税務署長の承認を受けた場合には、その買取りの申出等はなかったものとみなされます（措法70の６㉑）。

なお、その買取りの申出等があった日から１年以内に承認を受けた農地等の全部又は一部を譲渡等しなかった場合には、その買取りの申出又は買取りの希望の申出があった日から１年を経過する日において買取りの申出又は買取りの希望の申出があったものとみなされ、納税猶予に係る期限が確定することとなります。

ハ　その買取りの申出又は買取り希望の申出があった農地等について、税務署長の承認を受けようとする者は、その買取りの申出又は買取り希望の申出があった日から１か月以内に承認申請書を税務署長に提出しなければなりません（措令40の７㊳）。

4　自己所有農地への付替え特例

⑴　特例の概要

上記３のとおり、特例適用農地等の譲渡等があった場合においても、譲渡等の対価の額をもって代替農地等を取得し、代替農地等の買換えの特例を適用することにより、その譲渡等はなかったものと、取得した代替農地等は納税猶予の特例の適用を受ける農地等とそれぞれみなされることとなりますが、新たな代替農地等の取得がなくとも、収用交換等による譲渡時に納税猶予適用者が特例適用農地等以外の土地を有していれば、その土地に譲渡した特例適用農地等に係る猶予税額を付け替えることができます。すなわち、三大都市圏の特定市に所在する特例適用農地等を収用交換等により譲渡した場合に、その譲渡時に納税猶予適用者が有しているその譲渡対価の全部又は一部に相当する価額の特例適用農地等以外の土地で贈与又は相続の時以後に取得したもの（代替農地等）を、その譲渡があった日から１年以内にその譲渡した特例適用農地等に代わるものとしてその納税猶予適用者の農業の用に供する見込みであることにつき、所轄税務署長の承認を受け、その土地がその期間内にその納税猶予適用者の農業の用に供する農地又は採草放牧地とされた場合には、次のとおり取り扱われ、納税猶予を継続することができます（措法70の６⑳）。

㈱　令和２年度税制改正前の農地等の納税猶予の適用を受ける農業相続人が、令和２年改正法附則第108条第２項の規定により、この付替えの特例の適用を受ける場合には、田園住居地域内にある農地又は地区計画農地保全条例による制限を受ける区域内にある農地を付替農地等とすることができます。

また、これらの農地が都市計画法の規定に基づく都市計画の変更により、当該田園住居地域内にある農地又は当該地区計画農地保全条例による制限を受ける区域内にある農地でなくなったことにより特定市街化区域農地等に該当することとなった場合には、納税猶予の期限は確定しません（措通70の６－65の２、措通70の４－71の３）

イ　その承認に係る譲渡等はなかったものとみなされます。

ロ　その譲渡等があった日から１年を経過する日において、その承認に係る譲渡等の対価の額の全部又は一部に相当する価額の代替農地等をその譲渡等に係る特例適用農地等に代わるものとして納税猶予適用者の農業の用に供する農地又は採草放牧地としていない場合には、その譲渡等に係る特例適用農地等のうちその農業の用に供していないものに対応する部分は、同日において譲渡等をされたものとみなされます。

ハ　その譲渡等があった日から１年を経過する日までにその承認に係る譲渡等の対価の額の全部又は一部に相当する価額の代替農地等をその譲渡等に係る農地等に代わるものとして納税猶予適用者の農業の用に供する農地又は採草放牧地とした場合には、その譲渡等に係る特例適用農地等に代わるものとして納税猶予適用者の農業の用に供した代替農地等は、特例適用農地等とみなされます。

(2)　付替え特例の計算方法

イ　農地又は採草放牧地の取得に充てられていない部分の計算式（措令40の７㊱、40の６㉞）

$$\text{その譲渡等に係る農地の相続又は贈与の時の価額} \times \frac{\text{その譲渡等の対価の額} - \text{代替農地等価額}}{\text{その譲渡等の対価の額}}$$

ロ　買換え特例の承認と付替え特例の承認を併せて受けている場合における農地又は採草放牧地の取得に充てられていない部分の計算式（措令40の７㊲、40の６㉟）

$$\text{その譲渡等に係る農地の相続又は贈与の時の価額} \times \frac{\text{その譲渡等の対価の額} - \left(\text{譲渡等の対価で農地又は採草放牧地の取得に充てた額} + \text{代替農地等価額}\right)}{\text{その譲渡等の対価の額}}$$

※　上記イ及びロの「代替農地等価額」とは、その譲渡等があった日から１年を経過する日までに納税猶予適用者の農業の用に供する農地又は採草放牧地とした部分に相当する代替農地等の価額をいいます（措令40の７㊱、40の６㉞）。

(3)　承認手続

自己所有農地への付替え特例の承認を受けるためには、譲渡等のあった日から１か月以内に、次に掲げる事項を記載した申請書を所轄税務署長に提出する必要があります（措令40の７㉝）。

イ　申請者の氏名、住所

ロ　その譲渡等に係る農地等の明細、相続時又は贈与時の価額及びその譲渡等の対

価の額

ハ　代替農地等の明細及びその譲渡等における価額並びにその代替農地等を納税猶予適用者の農業の用に供する予定年月日

ニ　その他参考となるべき事項

(4)　承認後の手続

この承認を受けた納税猶予適用者は、その譲渡等があった日から１年を経過する日までに、その承認に係る代替農地等をその譲渡等に係る特例適用農地等に代わるものとして納税猶予適用者の農業の用に供する農地又は採草放牧地とした場合には、その農業の用に供した後遅滞なく、次に掲げる事項を記載した書類及び公共事業施行者の納税猶予適用者の農業の用に供する農地又は採草放牧地とした代替農地等のその譲渡等の時における価額を明らかにする書類をその承認をした税務署長に提出する必要があります（措規23の８⑲、23の７㉔）。

イ　その書類を提出する者の氏名、住所又は居所

ロ　その承認に係る譲渡等があった日及びその譲渡等の対価の額

ハ　納税猶予適用者の農業の用に供する農地又は採草放牧地とした代替農地等の地目、面積、その所在場所及び取得年月日その他の明細

ニ　その他参考となるべき事項

(注)1　納税猶予適用者の農業の用に供した農地又は採草放牧地のうちに平成３年１月１日において三大都市圏の特定市に所在する都市営農農地等がある場合には、これらの書類のほかに、その農地又は採草放牧地が都市営農農地等に該当する旨を証するその農地又は採草放牧地の所在地を管轄する市長又は特別区の区長の書類の写しを提出する必要があります。

2　納税猶予適用者の農業の用に供した農地のうちに農地法第43条第１項の規定により農作物の栽培を耕作に該当するものとみなして適用する同法第２条第１項に規定する農地がある場合には、当該農地が農作物栽培高度化施設の用に供されているものであることを証する当該農地の所在地を管轄する農業委員会の書類を提出する必要があります。

5　申告書の提出前に農地等の譲渡があった場合の取扱い

(1)　相続税の申告書の提出前に農地等の譲渡等があった場合

農地等を相続又は遺贈により取得した相続人が、相続税の納税猶予の特例の適用を受ける旨の相続税の申告書を提出する前に、相続又は遺贈により取得した農地等を譲渡等している場合で、その譲渡等に係る対価の全部又は一部をもって、農地又は採草

放牧地（代替農地等）を相続税の申告書の提出期限までに取得しているとき又はその譲渡等があった日から１年以内に取得する見込みであるときは、そのことにつき、相続税の提出期限までに「代替農地等の取得等に関する承認申請書」を所轄税務署長に提出し、承認を受けたときに限り、その農地等の譲渡等について代替農地等の買換えの特例の適用が受けられるものとして取り扱われています（措通70の６－22）。

(2)　相続税の申告書の提出前に農地等の買取りの申出等があった場合

農業相続人が相続税の納税猶予の特例の適用を受ける旨の相続税の申告書を提出する前に、相続又は遺贈により取得した農地等につき、買取りの申出等があった場合において、次のいずれかの場合に該当するときは、当該農地等の取得に係る相続税の申告書の提出期限までに代替農地等の取得又は都市営農農地等該当に関する承認申請書を所轄税務署長に提出し、承認を受けたときに限り、当該農地又は採草放牧地の買取りの申出等について代替農地等の買換えの特例（633ページ参照）の適用を受けられるものとして取り扱われています（措通70の６－23）。

イ　当該買取りの申出等に係る都市営農農地等若しくは特定市街化区域農地等に係る農地等の譲渡等をし、かつ、譲渡等に係る対価の全部若しくは一部をもって、相続税の申告書の提出期限までに農地等を取得している場合又は当該買取りの申出等があった日から１年以内に譲渡等をする見込み（相続税の申告書の提出期限までに譲渡等をしている場合を含みます。）であり、かつ、当該譲渡等があった日から１年以内に農地等を取得する見込みである場合

ロ　特定市街化区域農地等の告示等に係る特定市街化区域農地等に係る農地等の全部若しくは一部が相続税の申告書の提出期限までに都市営農農地等に該当することとなった場合又は当該告示があった日等から１年以内に都市営農農地等に該当することとなる見込みである場合

6　農地等の相続税の納税猶予の借換特例

(1)　特例の概要

農業相続人が、納税猶予期限前に相続税の納税猶予の適用を受けている農地又は採草放牧地の全部又は一部を農地中間管理事業の推進に関する法律第18条第８項に規定する農用地利用集積等促進計画（農業経営基盤強化促進法等の一部を改正する法律（令和４年法律）附則第５条第２項に規定する農用地利用集積計画を含みます。この６において、以下同じです。）の定めるところによる使用貸借による権利又は賃借権

（この６において、以下「賃借権等」といいます。）の設定に基づき貸し付けた場合において、当該農業相続人がその貸し付けた農地又は採草放牧地で一定のものに代わるものとして、当該農業相続人の農業の用に供する農地又は採草放牧地を農用地利用集積等促進計画の定めるところによる賃借権等の設定に基づき借り受けているときは、一定の要件を満たせば、当該貸付特例適用農地等に係る貸借権等の設定はなかったものとみなされ、引き続き納税猶予が継続されます（以下、この６において、この特例を「相続税の借換特例」といいます。措法70の６⑩）。

⑵　**適用要件**

イ　特例適用者が、特例適用農地等を農地中間管理事業の推進に関する法律第18条第８項に規定する農用地利用集積等促進計画の定めるところによる賃借権等の設定に基づき貸し付けた場合において、その貸し付けた農地又は採草放牧地のうち一定のもの（この６において、以下「貸付特例適用農地等」といいます。）㈲に代わるものとして農用地利用集積等促進計画の定めるところによる賃借権等の設定に基づき借り受けている農地又は採草放牧地（この６において、以下「借受代替農地等」といいます。）の全てに係る土地の面積の合計のその貸付特例適用農地等に係る土地の面積に対する割合が80％以上（この６において、以下「割合要件」といいます。）であること（措法70の６⑩）

$$\frac{\text{借受代替農地等の全てに係る土地の面積}}{\text{貸付特例適用農地等に係る土地の面積}} \geqq 80\%\text{（割合要件）}$$

㈲　貸付特例適用農地等

特例適用者が農用地利用集積等促進計画の定めるところによる賃借権等の設定に基づき貸し付けた納税猶予の借換特例の適用を受ける農地又は採草放牧地（この農地又は採草放牧地が２以上ある場合には、その農用地利用集積等促進計画において定められている賃借権等の存続期間が同一であるものに限ります。）で、その特例適用者が納税猶予の借換特例の適用を受けようとして一定の事項を記載した届出書を納税地の所轄税務署長に届け出たものをいいます。

ロ　借受代替農地等に係る賃借権等の設定をした日がその借受代替農地等に係る貸付特例適用農地等に係る賃借権等の設定をした日以前２か月以内の日であること（措令40の７㉑一）

ハ　貸付特例適用農地等に係る賃借権等の存続期間の満了の日がその貸付特例適用農地等に係る全ての借受代替農地等に係る賃借権等の存続期間の満了の日以前の日であること（措令40の７㉑二）

ニ　借受代替農地等につき、納税猶予の借換特例の適用を受けようとする特例適用者が一定の事項を記載した届出書を納税地の所轄税務署長に届け出たものであること（措令40の7㉑三、措規23の8⑩）

(3)　借換特例適用中の納税猶予期限の確定事由

イ　貸付特例適用農地等につき、次に掲げる場合のいずれかに該当することとなった場合には、それぞれに掲げる日から2か月を経過する日に納税猶予期限が確定します（措法70の6⑫）。

	納税猶予期限の確定事由	納税猶予期限
①	借受代替農地等の土地の面積が減少（農業相続人の農業の用に供されなくなった土地の部分を含みます。）したことにより、「割合要件」を満たさなくなった場合	その事実が生じた日 ※　例えば、借受代替農地等に係る賃借権等が消滅した場合でも、割合要件を満たす限りにおいては、納税猶予期限は確定しないことになります。
②	借受代替農地等の全部又は一部について耕作の放棄があった場合	相続・遺贈については農地法第36条の規定による勧告があった日
③	貸付特例適用農地等を借り受けた者（農地中間管理事業の推進に関する法律第2条第4項に規定する農地中間管理機構が借り受けた者である場合には、当該法人から借り受けた者）が当該貸付特例適用農地等の全部又は一部につき、農地又は採草放牧地としてその者の農業の用に供していない場合	当該農業相続人がその事実が生じたことを知った日 ※　農業相続人が自己都合により、貸付特例適用農地等に係る賃借権等の全部又は一部を解約した場合であっても、③に該当することになります。

ロ　ただし、上記イの①又は③に掲げる場合に該当したときであっても、農業相続人が、それぞれに掲げる日から2か月を経過する日までに、次の区分に応じそれぞれに掲げる措置を講じ、納税地の所轄税務署長に対し、一定の事項を記載した借換特例の届出書の変更の届出書を提出した場合には、引き続き納税猶予が継続されます（措法70の6⑬、措令40の7㉓㉔、措規23の8⑬）。

	区　分	納税猶予が継続される事由
①	イの①に該当した場合	農業相続人の農業の用に供する農地又は採草放牧地を新たに農用地利用集積等促進計画の定めるところによる賃借権等の設定に基づき借り受けたこと（新たな借受けに係る農地又は採草放牧地の賃借権等の存続期間の満了の日が、当該農地又は採草放牧地に係る貸付特例適用農地等の賃借権等の存続期間の満了の日以後であるものに限ります。）により、割合要件を満たすこととなったとき又は当該貸付特例適用農地等の全部に係る賃借権等を消滅させたとき

②	イの③に該当した場合	当該貸付特例適用農地等の全部に係る賃借権等を消滅させたとき

(4) 借換特例適用中の手続

イ　相続税の借換特例の適用を引き続き受けようとする農業相続人は、納税地の所轄税務署長に対し、借換特例に係る届出書ごとにそれを提出した日の翌日から起算して1年を経過するごとの日まで（この6において、以下「期限内」といいます。）に、貸付特例適用農地等に係る賃借権等の状況その他一定の事項を記載した「継続届出書」を提出しなければなりません（措法70の6⑭、措令40の7㉕、措規23の8⑭⑮）。

なお、継続届出書が期限内に提出されなかった場合には、当該提出期限の翌日から2か月を経過する日に納税猶予期限が確定します（当該継続届出書が期限内に提出されなかったことについてやむを得ない事情がある場合を除きます。）（措法70の6⑮、措令40の7㉖）。

ロ　貸付特例適用農地等につき、次に掲げるいずれかに該当することとなった場合には、農業相続人は、納税地の所轄税務署長に対し、それぞれに掲げる賃借権等が消滅した日から2か月以内に一定の事項を記載した届出書（この6において、以下「終了届出書」といいます。）を提出しなければなりません（措法70の6⑰、措令40の7㉗）。

①	貸付特例適用農地等に係る農用地利用集積等促進計画に基づく賃借権等の存続期間が満了したことにより当該賃借権等が消滅した場合	賃借権等が消滅した日から2か月以内に「終了届出書」の提出が必要です。
②	貸付特例適用農地等に係る農用地利用集積等促進計画に基づく賃借権等の存続期間が満了する前に当該賃借権等の全部の解約が行われたことにより当該賃借権等が消滅した場合（上記(3)のロの②に該当する場合を除きます。）	

(5) 貸付特例適用農地等について新たに相続税の納税猶予の適用を受ける場合

相続税の納税猶予の対象となる被相続人の農業の用に供されている農地等には、次に掲げる場合に応じ、それぞれに掲げる要件に該当するものも含まれます（措法70の6⑯⑱）。

区　分		被相続人の農業の用に供されている農地等に含まれるもの
イ	相続税の借換特例の適用を受けている農業相続人が死亡した場合	当該農業相続人を被相続人とする相続に係る相続税の申告書の提出期限までに、相続税の借換特例の適用を受けている貸付特例適用農地等に係る賃借権等が消滅したもの（措法70の6⑯）
ロ	贈与税の借換特例の適用を受けている受贈者が死亡した場合	当該受贈者を被相続人とする相続に係る相続税の申告書の提出期限までに、贈与税の借換特例の適用を受けている貸付特例適用農地等に係る賃借権等が消滅したもの（措法70の6⑱）
ハ	贈与税の借換特例の適用を受けている受贈者に係る贈与者が死亡し、当該特例の適用を受けている貸付特例適用農地等が租税特別措置法第70条の5第1項の規定により相続又は遺贈により取得したものとみなされる場合	当該贈与者を被相続人とする相続に係る相続税の申告書の提出期限までに、当該受贈者に係る贈与税の借換特例の適用を受けている貸付特例適用農地等に係る賃借権等が消滅したもの（措法70の6⑱）

(※)　上記のいずれの場合においても、当該農地等を相続又は遺贈により取得した者は、相続税の申告書の提出期限までに、当該農地等について農業経営を開始する必要があります。

7　農地等の相続税の納税猶予の貸付特例

相続税の納税猶予の適用を受けている者がこの特例の適用を受けている農地等を、一定の要件の下に一時的道路用地等として地上権等の設定に基づき貸付けを行った場合には、当該地上権等の設定はなかったものとみなされ、引き続き納税猶予が継続されることになります（措法70の6㉒。以下、この7において、この特例を「相続税の貸付特例」といいます。）。

(1)　適用要件

次のいずれかの要件を満たす農業相続人について、相続税の貸付特例の適用が認められます。

①	農業相続人が特例農地等の全部又は一部を一時的道路用地等の用に供するために地上権等の設定(※)に基づき貸付けを行った場合で、貸付期限が到来したのち遅滞なく当該一時的道路用地等の用に供していた特例農地等を農業相続人の農業の用に供する見込みであることについて納税地の所轄税務署長の承認を受けたもの（措法70の6㉒）
②	相続税の貸付特例の適用を受けている農業相続人が死亡した場合に、当該農業相続人の相続人が、その農業相続人から相続又は遺贈により取得した一時的道路用地等の用に供されている農地等について相続税の納税猶予の特例の適用を受けること（措法70の6㉕）
③	贈与税の貸付特例の適用を受けている受贈者が死亡した場合に、受贈者の相続人が、その受贈者から相続又は遺贈により取得した一時的道路用地等の用に供されている農地等について相続税の納税猶予の特例の適用を受けること（措法70の6㉗）

④	贈与税の貸付特例の適用を受けている受贈者に係る贈与者が死亡した場合に、その一時的道路用地等の用に供されていた農地等が租税特別措置法第70条の５第１項の規定により相続又は遺贈により取得したものとみなされた受贈者が、その一時的道路用地等の用に供されている農地等について相続税の納税猶予の特例の適用を受けること（措法70の５①、70の６㉗）

※　地上権、賃借権又は使用貸借権の設定をいいます（区分地上権の設定は含みません。）。

(2)　特例の対象となる一時的道路用地等としての貸付け

一時的道路用地等とは次に掲げる事業のために一時的に使用する道路、水路、鉄道その他の施設の用地で代替性のないものとしてその事業に係る主務大臣が認定した用地をいいます（措法70の６㉒、70の４⑱）。

①	道路法による道路に関する事業
②	河川法が適用される河川に関する事業
③	鉄道事業法による鉄道事業者がその鉄道事業で一般の需要に応ずるものの用に供する施設に関する事業
④	その他これらの事業に準ずる事業として当該事業に係る主務大臣が認定したもの

(3)　適用手続

イ　特例農地等についてこの特例の適用を受けようとする場合の手続

この特例の適用を受けようとする者は、特例の適用を受けようとする旨その他一定の事項を記載した申請書（この７において、以下「承認申請書」といいます。）及び特例の適用を受けようとする特例農地等について主務大臣が上記(2)の認定を行ったことを証する書類等を、その地上権等の設定に基づいて貸付けを行った日から１か月以内に納税地の所轄税務署長に提出しなければなりません（措法70の６㉒、措令40の７㊷㊸、措規23の８㉒）。

なお、承認申請書の提出があった場合に、その提出があってから１か月以内に当該申請の承認又は却下の処分がなかったときは、当該申請の承認があったものとみなされます（措令40の７㊹）。

ロ　貸付特例適用中の手続

この特例の適用を受ける者は、次に掲げる場合に応じ、次に掲げる書類を納税地の所轄税務署長に提出する必要があります（措法70の６㉓、措令40の７㊺㊾㉛、措規23の８㉓～㉗）。

提出すべき場合	期　限	提出すべき書類
一時的道路用地等として継続して貸し付けられている場合	承認を受けた日の翌日から１年を経過するごとの日	地上権等の設定に関する事項その他一定の事項を記載した届出書（継続貸付届出書）及び一時的道路用地等に係る事業の施行者が一定の事項を証する書類
貸付期限の到来等により地上権等が消滅した場合	地上権等が消滅した日から２か月以内	地上権等が消滅した旨その他一定の事項を記載した届出書
貸付期限が延長される場合	貸付期限の到来する日から１か月以内	引き続き貸付特例の適用を受けようとする旨その他一定の事項を記載した届出書

⑷　貸付特例適用中の納税猶予期限の確定事由

相続税の貸付特例適用中に次に掲げる事由が生じたときは、それぞれ次に掲げる日に納税猶予期限が確定することになります。

イ　貸付特例の適用を受けていた農地等について、貸付期限（貸付期限の到来前に地上権等の解約が行われたことにより地上権等が消滅した場合には、その消滅の日。以下、ロ及びハにおいて同じ。）から２か月を経過する日までにその特例農地等の全部又は一部が農業相続人の農業の用に供されていない場合

⇨　農業相続人の農業の用に供されていない部分についてその貸付期限から２か月を経過する日に地上権等の設定があったものとみなされて同日の翌日から２か月を経過する日に猶予期限が確定（措法70の６㉒二）

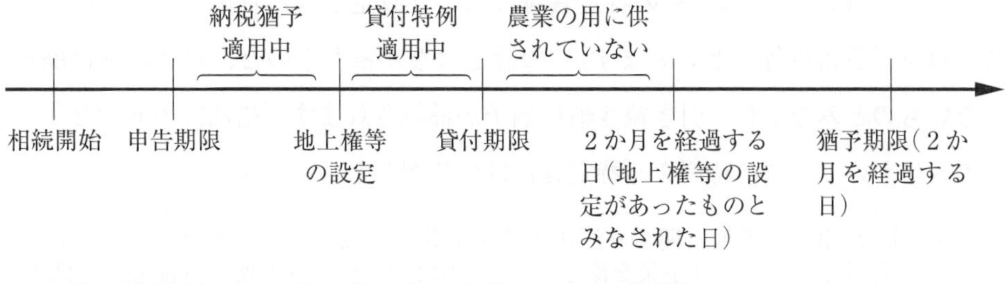

ロ　一時的道路用地等の用に供される直前において準農地であったものについて、貸付期限から２か月を経過する日において、その準農地の全部又は一部が農業相続人の農業の用に供されていない場合

⇨　農業相続人の農業の用に供されていない部分についてその貸付期限から２か月を経過する日の翌日から２か月を経過する日に猶予期限が確定（措法70の６㉒三）

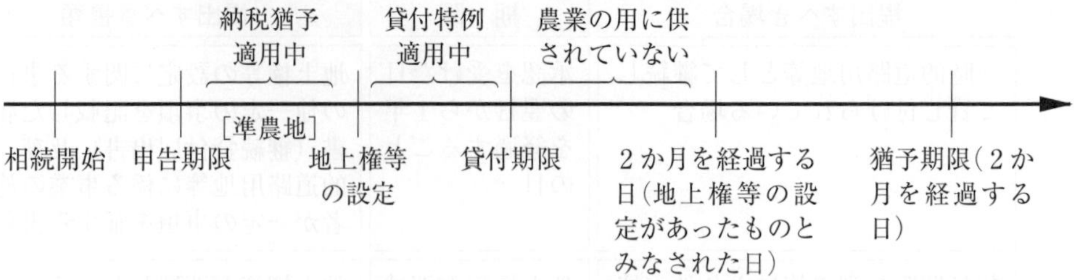

ハ　貸付特例の適用を受ける農業相続人が、継続貸付届出書をその提出期限までに提出しなかった場合

⇨　当該提出期限の翌日から２か月を経過する日に地上権等の設定があったものとして同日の翌日から２か月を経過する日に猶予期限が確定（措法70の６㉔）

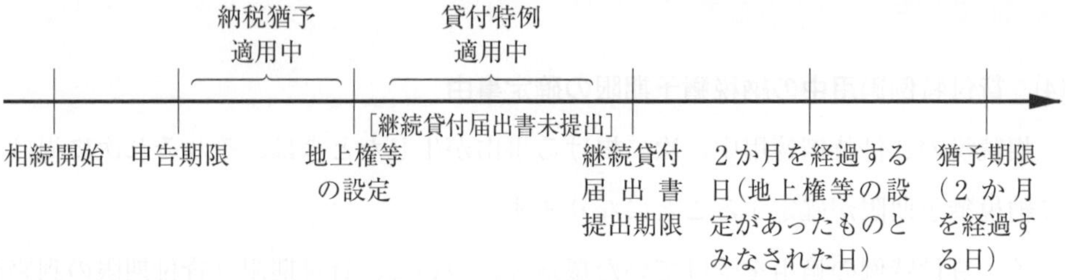

8　相続税の納税猶予を適用している場合の特定貸付けの特例

相続税の納税猶予の適用を受けている者が、特例農地等（市街化区域内農地等を除きます。）のうち農地又は採草放牧地の全部又は一部について、次に掲げる貸付け（この８において、以下「特定貸付け」といいます。）を行った場合において、その特定貸付けを行った農地又は採草放牧地（この８において、以下「特定貸付農地等」といいます。）については、その特定貸付けにより設定された賃借権等（この８において、以下「賃借権等」といいます。）の設定はなかったものと、農業経営は廃止していないものとみなされ、引き続き納税猶予が継続されます（措法70の６の２①。以下、この８において、この特例を「特定貸付けの特例」といいます。）。

農地中間管理事業の推進に関する法律第２条第３項に規定する農地中間管理事業（同項第７号に掲げる業務を行う事業を除きます。）のために行われる使用借権又は賃借権の設定による貸付け

※　農業経営基盤強化促進法等の一部を改正する法律（令和４年法律）の施行日以前は、次の①又は②に掲げる貸付けとなります。

①	地上権、永小作権、使用借権又は賃借権の設定（区分地上権の設定を除きます。）による貸付けで、農地中間管理事業の推進に関する法律第２条第３項に規定する農地中間管理事業（同項第５号に掲げる業務を行う事業を除きます。）のために行われるもの

②	地上権、永小作権、使用借権又は賃借権の設定（区分地上権の設定を除きます。）による貸付けで、農業経営基盤強化促進法第20条に規定する農用地利用集積計画の定めるところにより行われるもの

(1)　適用要件

特例の適用を受けようとする旨、特定貸付けを行っている旨及びその他一定の事項を記載した届出書に一定の書類を添付し、その特定貸付けを行った日から２か月以内に納税地の所轄税務署長に提出すること

なお、上記届出書は、特定貸付けごとに提出しなければなりません（措法70の６の２①、措令40の７の２①、措規23の８の２①②）。

(2)　貸付期限が到来した場合の手続

イ　新たな特定貸付け等を行った場合

特定貸付農地等の貸付けに係る期限（貸付期限前に解約などにより特定貸付けに係る賃借権等の消滅があった場合には、その消滅の日。この８において、以下「貸付期限」といいます。）が到来した場合において、特例適用者が、その貸付期限から２か月以内にその特定貸付農地等について新たな特定貸付けを行うか、又は自ら農業の用に供した場合には、その旨の届出書をその貸付期限から２か月以内に納税地の所轄税務署長に提出すれば、新たに貸付けを行った部分については新たな特定貸付けに係る賃借権等の設定はなかったものと、農業経営は廃止していないものとみなして、納税猶予の特例が継続されます（措法70の４の２③、70の６の２③）。

ロ　新たな特定貸付けを行う見込みの場合

特定貸付農地等の貸付期限から２か月以内にその特定貸付農地等について新たな特定貸付けを行うことができない場合において、特例適用者がその貸付期限の翌日から１年以内に新たな特定貸付けを行う見込みであることについて、その貸付期限から２か月以内に納税地の所轄税務署長に対し承認の申請を行い、その承認を受けたときは、貸付期限の翌日から１年を経過する日（この８において、以下「貸付猶予期日」といいます。）まで納税猶予の特例が継続されます（措法70の４の２④、70の６の２③）。

ハ　新たな特定貸付けを行う見込みで貸付期限の延長をした場合

上記ロの承認を受けた特例適用者は、新たな特定貸付けを行った場合又はその

特例適用者自らの農業の用に供した場合には、その新たな特定貸付けを行った日又は自ら農業の用に供した日から２か月以内にその旨の届出書を納税地の所轄税務署長に提出しなければなりません。

この場合、新たな特定貸付けを行った部分については、新たな特定貸付けに係る賃借権等の設定はなかったものと、農業経営は廃止していないものとみなされ、納税猶予の特例が継続されます。また、特例適用者自らの農業の用に供した部分についても、納税猶予の特例が継続されます（措法70の４の２⑤、70の６の２③）。

⑶　特定貸付農地等について耕作の放棄があった場合

特定貸付農地等について、借り受けた者がその特定貸付農地等の耕作をせず、その後もその特定貸付農地等の農業上の利用の増進が図られていないなどとして、農業委員会が、農地の所有者（特例適用者）に対し、農地法第36条第１項の規定による農地中間管理権の取得に関し農地中間管理機構と協議すべきことの勧告（当該特定貸付農地等が農地中間管理事業の事業実施地域外に所在する場合には、農業委員会等が、その特定貸付農地等の所在地の所轄税務署長に対し、当該特定貸付農地等が利用意向調査に係るものであって農地法第36条第１項各号に該当する旨の通知をするときにおけるその通知をいい、この８において、以下「耕作の放棄」といいます。）をした場合においては、この耕作の放棄があった日から２か月以内に特定貸付けに係る契約を解約し、新たな特定貸付けを行うか、又は特例適用者自らの農業の用に供するものとして、その旨の届出書を耕作の放棄があった日から２か月以内に納税地の所轄税務署長に提出したときに限り、耕作の放棄はなかったものと、新たな特定貸付けに係る賃借権等の設定はなかったものとみなし、納税猶予の特例が継続されます（措法70の４の２⑧、70の６の２③）。

この場合における耕作の放棄から２か月以内に特定貸付けができないときの貸付期限の延長、貸付期限の延長があった後の手続などは、上記⑵ロ及びハの手続に準じて行います（措法70の４の２⑧、70の６の２③）。

⑷　特定貸付けの特例に係る納税猶予期限の確定事由

貸付特例適用農地等につき、次に掲げる事由が生じたときは、それぞれ次に掲げる日に、納税猶予期限が確定します（措法70の４の２①⑦、70の６の２①③）。

確定事由		猶予期限確定日
①	特定貸付けの要件に該当しない貸付けを行った場合	その貸付けがあった日
②	貸付期限から２か月を経過する日において、新たな特定貸付けを行っていない場合又は農業相続人自らの農業の用に供していない場合	その貸付期限
③	貸付期限から２か月を経過する日までに⑵イの届出書を提出しない場合	その貸付期限
④	貸付猶予期日において、新たな特定貸付けを行っていない場合又は農業相続人の農業の用に供していない場合	その貸付猶予期日
⑤	貸付猶予期日から２か月を経過する日までに⑵ハの届出書を提出しない場合	その貸付猶予期日

⑸　平成21年度改正前の租税特別措置法第70条の４又は第70条の６を適用している受贈者又は農業相続人の取扱い

平成21年度税制改正前の贈与又は相続若しくは遺贈により取得した農地又は採草放牧地について贈与税又は相続税の納税猶予の特例の適用を受けている者（この８において、以下「旧法適用者」といいます。）は、既に納税猶予の特例の適用を受けている農地又は採草放牧地について、選択により、特定貸付けの特例の適用を受けることができます（措法70の４の２⑨、70の６の２②）。

しかし、自らの選択により特定貸付けを行った旧法適用者は、特定貸付け以後はそれぞれの贈与時又は相続開始時における租税特別措置法の関係規定は適用されず、改正後の租税特別措置法が適用されることから、猶予期限（免除）、利子税の割合等は全て平成21年度税制改正後（贈与税の納税猶予の場合は平成24年度税制改正後）の租税特別措置法の規定によることとなります（措法70の４の２⑩、70の６の２③）。

○　特定貸付けをした場合の猶予税額の免除の適用関係（相続税の納税猶予）

イ…都市営農農地等

ロ…イ以外の市街化区域内農地等

ハ…市街化区域外の農地等**【特定貸付け可能】**

相続が開始した日 / その者が有している特例農地等	平成３年12月31日以前 特定貸付け前 ⇨ 特定貸付け後	平成４年１月１日～ 農地法施行日の前日 特定貸付け前 ⇨ 特定貸付け後	農地法施行日～ （特定貸付け前後とも）
イ	20年免除（特定貸付けできない）	死亡まで（特定貸付けできない）	死亡まで
ロ	20年免除（特定貸付けできない）	20年免除（特定貸付けできない）	20年免除(※2)
ハ	20年免除　⇨　死亡まで	20年免除　⇨　死亡まで	死亡まで
イ＋ロ	20年免除（特定貸付けできない）	死亡まで（特定貸付けできない）	死亡まで
イ＋ハ	20年免除　⇨　死亡まで	死亡まで　⇨　死亡まで	死亡まで
ロ＋ハ	20年免除　⇨　ロ：20年免除(※1) ハ：死亡まで	20年免除　⇨　ロ：20年免除(※1) ハ：死亡まで	ロ：20年免除(※2) ハ：死亡まで
イ＋ロ＋ハ	20年免除　⇨　死亡まで	死亡まで　⇨　死亡まで	死亡まで

※１　特定貸付けが都市農地の貸借の円滑化に関する法律の施行日である平成30年９月１日以後の場合、生産緑地地区内にある農地等については「死亡まで」となります。

２　相続開始日が都市農地の貸借の円滑化に関する法律の施行日である平成30年９月１日の前日以前で、特定貸付けが都市農地の貸借の円滑化に関する法律の施行日である平成30年９月１日以後の場合、生産緑地地区内にある農地等については、特定貸付け後は「死亡まで」となります。また、相続開始日が都市農地の貸借の円滑化に関する法律の施行日である平成30年９月１日以後の場合、生産緑地地区内にある農地等については、特定貸付け前後とも「死亡まで」となります。

9　特定貸付けを行った農地又は採草放牧地についての相続税の課税の特例について

⑴　特例の概要

特定貸付けを行った農地又は採草放牧地について、次のイからハまでに該当する場合には、相続税の納税猶予の特例を適用することができます。

イ　特定貸付けを行っていた者が死亡した場合

特定貸付けを行っていた者が死亡した場合には、その特定貸付けを行っていた特定貸付農地等は、その死亡した者がその死亡の日まで農業の用に供していたものとみなされ、その死亡した者の相続人が新たに農業を営むなど一定の要件を満たせば特定貸付農地等について相続税の納税猶予の特例を適用することができます（措法70の６の３①）。

なお、その適用上、その死亡した者が前記８の「特定貸付けの特例」の適用を受けているかどうかは問いません（措通70の６の３－２）。

ロ　相続人が特定貸付けを行う場合

被相続人が納税猶予の特例の適用を受けていなかった場合又は適用を受けていたが特定貸付けを行っていなかった場合であっても、相続人が相続又は遺贈により取得した農地又は採草放牧地について相続税の申告期限までに新たに特定貸付けを行った場合には、その貸し付けた農地又は採草放牧地についても、相続人の農業の用に供する農地又は採草放牧地に該当するものとみなして、相続税の納税猶予の特例を適用することができます（措法70の６の３②）。

ハ　贈与税の納税猶予の特例を適用していた場合

贈与税の納税猶予の特例の適用を受けている受贈者に係る贈与者が死亡したときは、受贈者が贈与税の納税猶予の特例の適用を受けている農地又は採草放牧地については、租税特別措置法第70条の５の規定により、贈与者から相続により取得したものとみなされ、相続税の課税の対象とされます。そこで、受贈者がその贈与者の死亡に係る相続税の申告期限までに贈与税の納税猶予の特例の適用を受けていた農地又は採草放牧地について新たに特定貸付けを行った場合には、その農地又は採草放牧地は受贈者の農業の用に供しているものとみなして、相続税の納税猶予の特例を適用することができます（措法70の６の３③）。

⑵　特定貸付けに係る届出書の提出期限

上記⑴イからハまでに該当する場合の特定貸付けを行った旨の届出書は、特定貸付けを行った日の翌日から２か月を経過する日と相続税の申告期限のいずれか遅い日までに提出しなければなりません（措法70の６の３④）。

10　相続税の納税猶予を適用している場合の都市農地の貸付けの特例

相続税の納税猶予の適用を受けている者が、特例農地等（都市計画法第８条第１項第14号に掲げる生産緑地地区内にある農地であって、生産緑地法第10条（同法第10条の５の規定により読み替えて適用する場合を含みます。）又は第15条第１項の規定による買取りの申出がされたもの及び同法第10条の６第１項の規定による指定の解除がされたものを除きます。）の全部又は一部について、一定の要件の下に地上権、永小作権、使用借権又は賃借権（この10において、以下「賃借権等」といいます。）の設定（区分地上権の設定を除きます。）に基づく認定都市農地貸付け又は農園用地貸付けを行った場合には、その賃借権等の設定はなかったものと、農業経営は廃止していないものとみなされ、引き続き納税猶予が継続されます（措法70の６の４①。以下、この10において、この特例を「都市農地の貸付けの特例」といいます。）。

㈲　都市農地の貸付けの特例は、都市農地の貸借の円滑化に関する法律の施行の日である平成30年９月１日以後に相続又は遺贈により取得をする特例農地等に係る相続税について適用があります。

(1) 特例の対象となる貸付け

イ　認定都市農地貸付け

認定都市農地貸付けとは、賃借権又は使用貸借による権利の設定による貸付けであって都市農地の貸借の円滑化に関する法律第７条第１項第１号に規定する認定事業計画の定めるところにより行われるものをいいます（措法70の６の４②二)。

ロ　農園用地貸付け

農園用地貸付けとは、次の①から③までに掲げる貸付けをいいます（措法70の６の４②三)。

① 特定農地貸付けに関する農地法等の特例に関する法律（次の②及び③において「特定農地貸付法」といいます。）第３条第３項の承認（市民農園整備促進法第11条第１項の規定により承認を受けたものとみなされる場合における当該承認を含みます。次の②及び③について同じです。）を受けた地方公共団体又は農業協同組合が当該承認に係る特定農地貸付法第２条第２項に規定する特定農地貸付けの用に供するために猶予適用者との間で締結する賃借権その他の使用及び収益を目的とする権利の設定に関する契約に基づく貸付け

② 特定農地貸付法第３条第３項の承認（当該承認の申請書に適正な貸付けを確保するために必要な事項として一定の事項が記載された特定農地貸付法第２条第２項第５号イに規定する貸付協定が添付されたものに限ります。）を受けた地方公共団体及び農業協同組合以外の者が行う当該承認に係る特定農地貸付法第２条第２項に規定する特定農地貸付けのうち、猶予適用者が当該承認に係る特定農地貸付法第３条第１項の貸付規程に基づき行う貸付け

③ 都市農地の貸借の円滑化に関する法律第11条において準用する特定農地貸付法第３条第３項の承認を受けた地方公共団体及び農業協同組合以外の者が当該承認に係る都市農地の貸借の円滑化に関する法律第10条に規定する特定都市農地貸付けの用に供するために猶予適用者との間で締結する賃借権又は使用貸借による権利の設定に関する契約に基づく貸付け

(2) 適用要件

都市農地の貸付けの特例の適用を受ける場合には、次の要件を満たす必要がありま

す。

イ　農業相続人が認定都市農地貸付け又は農園用地貸付けを行った場合であること

ロ　特例の適用を受けようとする旨、認定都市農地貸付け又は農園用地貸付けを行っている旨及びその他一定の事項を記載した届出書に一定の書類を添付し、当該貸付けを行った日（上記⑴ロ②の貸付けについては、同②の貸付規程に基づく最初の貸付けの日）から２か月以内に納税地の所轄税務署長に提出すること（措法70の６の４①、措令40の７の４①）

⑶　貸付期限が到来した場合の手続

イ　新たな認定都市農地貸付け又は農園用地貸付けを行った場合

認定都市農地貸付け又は農園用地貸付けに係る期限（上記⑴ロ②の貸付けについては、同②の貸付規程に基づく最後の貸付けの日。また、貸付期限前に解約などにより賃借権等の消滅があった場合には、その消滅の日。この10において、以下「貸付期限」といいます。）が到来した場合において、特例適用者が、その貸付期限から２か月以内にその農地等について新たな認定都市農地貸付け又は農園用地貸付けを行うか、若しくは自ら農業の用に供した場合には、その旨の届出書をその貸付期限から２か月以内に納税地の所轄税務署長に提出すれば、新たに認定都市農地貸付け又は農園用地貸付けを行った部分については、その貸付けに係る賃借権等の設定はなかったものと、農業経営は廃止していないものとみなして、納税猶予の特例が継続されます（措法70の４の２③、70の６の４③④、措令40の７の４②③）。

ロ　新たな認定都市農地貸付け又は農園用地貸付けを行う見込みで貸付期限の延長した場合

貸付期限から２か月以内にその農地等について新たな認定都市農地貸付け又は農園用地貸付けを行うことができない場合において、特例適用者がその貸付期限の翌日から１年以内に新たな認定都市農地貸付け又は農園用地貸付けを行う見込みであることについて、その貸付期限から２か月以内に納税地の所轄税務署長に対し承認の申請を行い、その承認を受けたときは、貸付期限の翌日から１年を経過する日（この10において、以下「貸付猶予期日」といいます。）まで納税猶予の特例が継続されます（措法70の４の２④、70の６の４③④）。

ハ　新たな認定都市農地貸付け又は農園用地貸付けを行う見込みで貸付期限の延長をした場合

上記ロの承認を受けた特例適用者は、新たな認定都市農地貸付け又は農園用地貸付けを行った場合若しくはその特例適用者自らの農業の用に供した場合には、その新たな貸付けを行った日又は自ら農業の用に供した日から２か月以内にその旨の届出書を納税地の所轄税務署長に提出しなければなりません。

この場合、新たな認定都市農地貸付け又は農園用地貸付けを行った部分については、その貸付けに係る賃借権の設定はなかったものと、農業経営は廃止していないものとみなされ、納税猶予の特例が継続されます。また、特例適用者自らの農業の用に供した部分についても、納税猶予の特例が継続されます（措法70の４の２⑤、70の６の４③④）。

⑷　認定都市農地貸付けを行っていた農地等について耕作の放棄等があった場合

認定都市農地貸付けを行っていた農地等について、①借り受けた者がその農地等の耕作をせず、その後も当該農地等の農業上の利用の増進が図られていないなどとして、農業委員会が、農地の所有者（特例適用者）に対し、農地法第36条第１項の規定による農地中間管理権の取得に関し農地中間管理機構と協議すべきことの勧告（当該農地等が農地中間管理事業の事業実施地域外に所在する場合には、農業委員会等が、当該農地等の所在地の所轄税務署長に対し、当該農地等が利用意向調査に係るものであって農地法第36条第１項各号に該当する旨の通知をするときにおける当該通知をいいます。）をした場合又は、②都市農地の貸借の円滑化に関する法律第７条第２項の規定による同法第４条第１項の認定の取消しがあった場合（この10において、これらの場合を以下「耕作の放棄等」といいます。）においては、この耕作の放棄等があった日から２か月以内に認定都市農地貸付けに係る契約を解約し、新たな認定都市農地貸付けを行うか、又は特例適用者自ら農業の用に供するものとして、その旨の届出書を耕作の放棄等があった日から２か月以内に納税地の所轄税務署長に提出したときに限り、耕作の放棄等はなかったものと、新たな認定都市農地貸付けに係る賃借権等の設定はなかったものとみなし、納税猶予の特例が継続されます（措法70の４の２⑧、措法70の６の４③）。

この場合における耕作の放棄等から２か月以内に認定都市農地貸付けができないときの貸付期限の延長、貸付期限の延長があった後の手続などは、上記⑶のロ及びハの手続に準じて行います（措法70の４の２⑧、70の６の４③）。

⑸　都市農地の貸付けの特例に係る納税猶予期限の確定事由

都市農地の貸付けの特例を適用している農地等について、次に掲げる事由が生じたときは、それぞれ次に掲げる日に、納税猶予期限が確定します（措法70の４の２⑦、70の６の４③④⑤）。

	確定事由	猶予期限確定日
①	貸付期限から２か月を経過する日において、新たな認定都市農地貸付け又は農園用地貸付けを行っていない場合若しくは農業相続人自らの農業の用に供していない場合	その貸付期限
②	貸付期限から２か月を経過する日までに⑶イの届出書を提出していない場合	その貸付期限
③	貸付猶予期日において、新たな認定都市農地貸付け又は農園用地貸付けを行っていない場合若しくは農業相続人の農業の用に供していない場合	その貸付猶予期日
④	貸付け猶予期日から２か月を経過する日までに⑶ハの届出書を提出していない場合	その貸付猶予期日
⑤	⑴ロ①の賃借権その他の使用及び収益を目的とする権利の設定に関する契約又は⑴ロ③の賃借権若しくは使用貸借による権利の設定に関する契約が解除された場合	その解除がされた日
⑥	特定農地貸付法第３条第３項（都市農地の貸借の円滑化に関する法律第11条において準用する場合を含みます。）の承認の取消し又は市民農園整備促進法第10条の規定による認定の取消しがあった場合	それらの取消しがあった日
⑦	⑴ロ②の貸付協定について財務省令で定める事由が生じた場合又は都市農地の貸借の円滑化に関する法律第10条第２号の協定が廃止された場合	その事由が生じた日又はその廃止がされた日

※　⑤ないし⑦については、農園用地貸付けに限っての確定事由であり、その確定事由が生じた場合は、上記⑶のイないしハが準用されます（この場合、上記⑶のイないしハの貸付期限を⑤ないし⑦の各猶予期限確定日に読み替えます。）（措法70の６の４⑤⑥）。

⑹　改正前の租税特別措置法第70条の６を適用している農業相続人の取扱い

改正前の租税特別措置法第70条の６第１項の規定（平成３年法律第16号、平成12年法律第13号、平成13年法律第７号、平成15年法律第８号、平成17年法律第21号、平成21年法律第13号、平成26年法律第10号、平成28年法律第15号、平成30年法律第７号による各改正前のものをいいます。）により相続税の納税猶予の特例を適用している者は、既に納税猶予の特例の適用を受けている農地等について、都市農地の貸借の円滑化に関する法律の施行の日である平成30年９月１日以後、都市農地の貸付けの特例を適用することができます。

この場合の相続税の納税猶予の特例については、改正前の租税特別措置法の関係規定の適用はなくなり、現行の租税特別措置法の関係規定が適用されることとなります（措法70の6の2②、70の6の4⑦）。

したがって、認定都市農地貸付け又は農園用地貸付けを行った農地等（生産緑地）に係る猶予期限（免除期間）については、都市農地の貸付けの特例の適用以後、全てが農業相続人の死亡の日（又は生前一括贈与の日）となります。

11　認定都市農地貸付け又は農園用地貸付けを行った農地についての相続税の課税の特例

(1)　特例の概要

イ　認定都市農地貸付け又は農園用地貸付けを行っていた者が死亡した場合

認定都市農地貸付け又は農園用地貸付けを行っていた者が死亡した場合には、それらの貸付けを行っていた農地は、その死亡した者がその死亡の日まで農業の用に供していたものとみなされ、その死亡した者の相続人が新たに農業を営むなど一定の要件を満たせば当該農地について相続税の納税猶予の特例を適用することができます（措法70の6の5①）。

なお、その適用上、その死亡した者が前記10の「都市農地の貸付けの特例」の適用を受けているかどうかは問いません（措通70の6の5－2）。

ロ　相続人が認定都市農地貸付け又は農園用地貸付けを行う場合

被相続人が納税猶予の特例の適用を受けていなかった場合若しくは適用を受けていたが認定都市農地貸付け又は農園用地貸付けを行っていなかった場合であっても、相続人が相続又は遺贈により取得した農地について相続税の申告期限までに新たに認定都市農地貸付け又は農園用地貸付けを行った場合には、その貸し付けた農地についても、相続人の農業の用に供する農地に該当するものとみなして、相続税の納税猶予の特例を適用することができます（措法70の6の5②）。

ハ　贈与税の納税猶予の特例を適用していた場合

贈与税の納税猶予の特例の適用を受けている受贈者に係る贈与者が死亡した場合において、受贈者がその贈与者の死亡に係る相続税の申告期限までに贈与税の納税猶予の特例の適用を受けていた農地について新たに認定都市農地貸付け又は農園用地貸付けを行ったときには、その農地は受贈者の農業の用に供しているものとみなして、相続税の納税猶予の特例を適用することができます（措法70の6の5③）。

⑵　認定都市農地貸付け又は農園用地貸付けに係る届出書の提出期限

上記⑴イからハまでに該当する場合の認定都市農地貸付け又は農園用地貸付けを行った旨の届出書は、これらの貸付けを行った日（上記10⑴ロ②の貸付けについては、同②の貸付規程に基づく最初の貸付けの日）の翌日から２か月を経過する日と相続税の申告期限のいずれか遅い日までに提出しなければなりません（措法70の６の４①、措令40の７の５②）。

㈾　上記⑴イないしハは、都市農地の貸借の円滑化に関する法律の施行日である平成30年９月１日以後に相続又は遺贈により取得をする特例農地等に係る相続税について適用があります。

12　農地等の相続税の営農困難時貸付特例

相続税の納税猶予の適用を受けている者が、障害、疾病、その他の理由により、特例農地等について農業の用に供することが困難な一定の状態となった場合に、特例農地等について一定の要件の下に地上権、永小作権、使用借権又は賃借権の設定（区分地上権の設定を除きます。また、この12において、以下「権利設定」といいます。）による貸付け（いわゆる「営農困難時貸付け」）を行ったときは権利設定はなかったものと、農業経営は廃止していないものとみなされ、引き続き納税猶予が継続されることになります（措法70の６㉘。以下、この12において、この特例を「相続税の営農困難時貸付特例」といいます。）。

⑴　適用要件

イ　農業相続人が次に掲げる状態になったこと（相続税の申告書の提出期限に既に次に掲げる状態にある場合は除きます。）（措法70の６㉘、措令40の７㊺、40の６㊶）

①	精神障害者保健福祉手帳の交付を受けていること（精神保健及び精神障害者福祉に関する法律施行令第６条第３項に規定する障害等級が１級である者に限ります。）
②	身体障害者手帳の交付を受けていること（身体上の障害の程度が１級又は２級である者に限ります。）
③	介護保険法による要介護認定を受けていること（要介護状態区分が要介護５の区分の認定を受けている者に限ります。）
④	農業に従事することを不可能にさせる故障として市町村長又は特別区の区長の認定を受けていること

ロ　次の貸付けができない場合において、特例農地等について権利設定に基づく貸

付けを行ったこと（措法70の６㉘、70の６の２①、措通70の６－74）

農地中間管理事業の推進に関する法律第２条第３項に規定する農地中間管理事業（同項第７号に掲げる業務を行う事業を除きます。）のために行われる使用借権又は賃借権の設定による貸付け

上記の貸付けができない場合とは、次に掲げる場合のいずれかに該当する場合をいいます（措令40の７㊿）。

A	特例農地等が農地中間管理事業の推進に関する法律第８条第１項の都道府県知事の許可を受けた同法第２条第３項に規定する農地中間管理事業を行う同条第４項に規定する農地中間管理機構が存する場合における当該農地中間管理機構の同条第３項に規定する事業実施地域に存しない場合
B	上記の貸付けの申込みを行った日後１年を経過する日までに当該貸付けを行うことができなかった場合（当該貸付けの申込みを当該１年を経過する日まで引き続き行っている場合に限ります。）

※　農業経営基盤強化促進法等の一部を改正する法律（令和４年法律）の施行日以前は、次の①又は②に掲げる貸付けができない場合において、特例農地等について権利設定に基づく貸付けを行ったことが要件となります。

①	地上権、永小作権、使用借権又は賃借権の設定（区分地上権の設定を除きます。）による貸付けで、農地中間管理事業の推進に関する法律第２条第３項に規定する農地中間管理事業（同項第５号に掲げる業務を行う事業を除きます。）のために行われるもの
②	地上権、永小作権、使用借権又は賃借権の設定（区分地上権の設定を除きます。）による貸付けで、農業経営基盤強化促進法第20条に規定する農用地利用集積計画の定めるところにより行われるもの

上記①及び②に掲げる貸付けができない場合とは、次に掲げる場合のいずれかに該当する場合をいいます。

A	農地中間管理業務の推進に関する法律第８条第１項の都道府県知事の許可を受けた同法第２条第３項に規定する農地中間管理事業を行う同条第４項に規定する農地中間管理機構が存する場合における当該農地中間管理機構の同条第３項に規定する事業実施地域
	農業経営基盤強化促進法第４条第３項第１号に規定する利用権設定等促進事業（農業上の利用を目的とする賃借権又は使用賃借による権利の設定又は移転に係るものに限ります。）を行っている市町村の区域（都市計画法第７条第１項に規定する市街化区域を除きます。）
B	上記①及び②に掲げる貸付けの申込みを行った日後１年を経過する日までに当該貸付けを行うことができなかった場合（当該貸付けの申込みを当該１年を経過する日まで引き続き行っている場合に限ります。）

⑵　適用手続

相続税の営農困難時貸付特例の適用を受けようとする者は、特例の適用を受けようとする旨、営農困難時貸付けに関する事項及びその他一定の事項を記載した届出書を、その営農困難時貸付けを行った日から２か月以内に納税地の所轄税務署長に提出しなければなりません（措法70の６㉘、措令40の７57）。

⑶　特例適用農地等について耕作の放棄等があった場合

営農困難時貸付けを行った特例適用農地等（この12において、以下「営農困難時貸付農地等」といいます。）について、借り受けた者がその営農困難時貸付農地等の耕作をせず、その後もその営農困難時貸付農地等の農業上の利用の増進が図られていないなどとして、農業委員会が、農地の所有者（特例適用者）に対し、農地法第36条第１項の規定による農地中間管理権の取得に関し農地中間管理機構と協議すべきことの勧告（当該営農困難時貸付農地等が農地中間管理事業の事業実施地域外に所在する場合には、農業委員会等が、当該営農困難時貸付農地等の所在地の所轄税務署長に対し、当該営農困難時貸付農地等が利用意向調査に係るものであって農地法第36条第１項各号に該当する旨の通知をするときにおける当該通知をいい、この12において、以下「耕作の放棄」といいます。）をした場合又は営農困難時貸付けに係る地上権、永小作権、使用貸借による権利若しくは賃借権の消滅（この12において、以下「権利消滅」といいます。）があった場合には、その事由が生じた日においてその営農困難時貸付農地等について権利設定があったものとみなされ、納税猶予に係る期限が確定し、猶予税額を納付しなければなりません（措法70の４㉓一、措法70の６㉘）。

⑷　新たな営農困難時貸付け等を行った場合

耕作の放棄又は権利消滅があった場合において、その営農困難時貸付農地等について新たな営農困難時貸付けを行ったとき又は特例適用者自らの農業の用に供したときには、耕作の放棄又は権利消滅があった日から２か月以内に納税地の所轄税務署長にその旨の届出書を提出することにより、納税猶予の特例が継続されます（措法70の４㉓二、70の６㉘）。

⑸　新たな営農困難時貸付けを行う見込みの場合

営農困難時貸付農地等について耕作の放棄又は権利消滅があった日から２か月以内に新たな営農困難時貸付けを行うことができない場合において、その耕作の放棄又は権利消滅があった日の翌日から１年以内に新たな営農困難時貸付けを行う見込みであることについて、その耕作の放棄又は権利消滅があった日から２か月以内に納税地の所轄税務署長に承認の申請を行い、その承認を受けた場合には、耕作の放棄又は権利の消滅があった日の翌日から１年を経過する日まで納税猶予が継続されます（措法70の４㉓三、70の６㉘）。

⑹　新たな営農困難時貸付けを行う見込みで貸付期限の延長をした場合

上記⑸の承認を受けた特例適用者がその承認を受けた営農困難時貸付農地等について新たな営農困難時貸付けを行った場合又はその特例適用者自らの農業の用に供した場合、これらの場合に該当することとなった日から２か月以内に納税地の所轄税務署長にその旨の届出書を提出しなければなりません。

この場合、新たな営農困難時貸付けを行った部分については、新たな営農困難時貸付けに係る権利設定はなかったものと、農業経営は廃止していないものとみなされ、納税猶予の特例が継続されます。また、特例適用者自らの農業の用に供した部分についても、納税猶予の特例が継続されます（措法70の４㉓四、70の６㉘）。

⑺　新たな営農困難時貸付けを行う見込みであるとして承認を受けた場合の確定事由

上記⑸の承認を受けた営農困難時貸付農地等のうち、耕作の放棄又は権利消滅があった日の翌日から１年を経過する日において、新たな営農困難時貸付けを行った旨の届出書を提出していない部分については、その日に権利設定があったものとみなされ、納税猶予に係る期限が確定し、猶予税額を納付しなければなりません。また、特例適用者自らの農業の用に供した場合であっても届出書を提出していない場合には、その農業の用に供した日において権利設定があったものとみなされ、納税猶予に係る期限が確定します（措法70の４㉓五、70の６㉘）。

⑻　営農困難時貸付けを行っていた農業相続人が死亡した場合

相続税の納税猶予の特例において営農困難時貸付けを行っていた農業相続人が死亡した場合におけるその農業相続人の相続人に係る相続税の納税猶予の特例の適用については、営農困難時貸付けを行った特例適用農地等（営農困難時貸付農地等）は、農業相続人がその死亡の日まで農業の用に供していたものとみなされ、農業相続人の相続人が新たに農業を営むなど一定の要件を満たせば、その農業相続人の死亡に係る相続税についても、相続税の納税猶予の特例を適用することができます（措法70の6㉙）。

13　農地等の贈与税の納税猶予の特例

⑴　特例の概要

イ　農業経営者が、農地の全部及び採草放牧地と準農地のそれぞれ3分の2以上の面積のもの（この13において、以下「農地等」といいます。）を贈与した場合には、一定の要件の下に、受贈者のその年分の贈与税額のうち農地等の価額に対応する部分の税額は、その農地等の贈与者又は受贈者の死亡の日まで納税が猶予されます（措法70の4①、措令40の6③⑤）。

ロ　納税猶予の特例の適用を受けている贈与税額は、贈与者又は受贈者のいずれかが死亡したときに免除されます（措法70の4㉞）。

ハ　贈与者の死亡により贈与税額の免除を受けた場合には、その贈与者の死亡の日まで納税猶予の特例の適用対象となっていた農地等は、贈与者の死亡の日の価額により、贈与者である被相続人から受贈者が相続又は遺贈により取得したものとみなされ、相続税の課税対象とされます（措法70の5①）。

ニ　贈与税の納税猶予の特例は、農地等の受贈者が農業経営を継続することを前提として設けられていますので、上記ロの免除要件に該当する日前に、その受贈者が農業経営を廃止した場合、納税猶予の特例の適用対象となった農地等を譲渡、贈与、転用した場合、農地等に地上権、永小作権、使用貸借による権利若しくは賃借権の設定（引き続き耕作等の用に供する場合の区分地上権の設定を除きます。）をした場合又は耕作の放棄をした場合などには、納税猶予に係る期限が確定し、その納税猶予を受けていた贈与税額の全部又は一部を納付しなければならないこととなります（措法70の4①）。

　また、これらの場合には、納税猶予されていた贈与税額のほかに、贈与税の申告期限の翌日からその確定した期限までの期間に応じ、原則として年3.6％の割合を乗じて計算した利子税を納付しなければなりません（措法70の4㉟）。

　なお、農地法等の一部を改正する法律（平成21年法律第57号）の施行日（平成21年12月15日）前の期間に対応する利子税については、6.6％の割合で計算します（平成21年改正法附則66⑨）。また、利子税の計算においては、利子税の割合の特例（措法93）の適用があります。

ホ　贈与税の納税猶予の特例の概要は、おおむね次ページの図のとおりです。

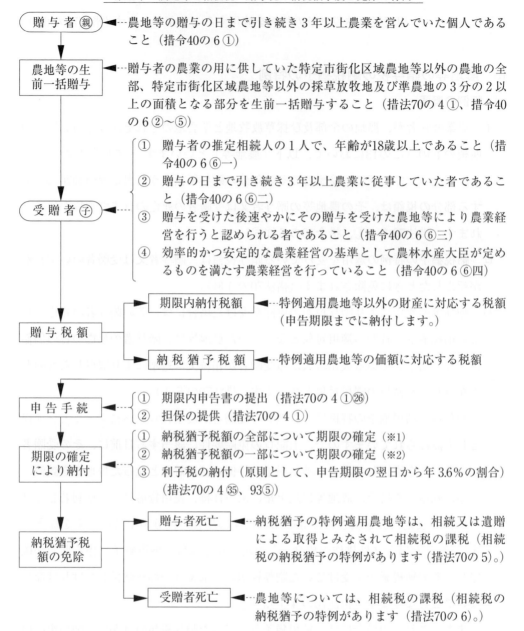

贈与者㊜ ← 農地等の贈与の日まで引き続き３年以上農業を営んでいた個人であること（措令40の６①）

↓

農地等の生前一括贈与 ← 贈与者の農業の用に供していた特定市街化区域農地等以外の農地の全部、特定市街化区域農地等以外の採草放牧地及び準農地の３分の２以上の面積となる部分を生前一括贈与すること（措法70の４①、措令40の６②～⑤）

↓

受贈者㊛ ←
- ①　贈与者の推定相続人の１人で、年齢が18歳以上であること（措令40の６⑥一）
- ②　贈与の日まで引き続き３年以上農業に従事していた者であること（措令40の６⑥二）
- ③　贈与を受けた後速やかにその贈与を受けた農地等により農業経営を行うと認められる者であること（措令40の６⑥三）
- ④　効率的かつ安定的な農業経営の基準として農林水産大臣が定めるものを満たす農業経営を行っていること（措令40の６⑥四）

↓

贈与税額
- → **期限内納付税額** ← 特例適用農地等以外の財産に対応する税額（申告期限までに納付します。）
- → **納税猶予税額** ← 特例適用農地等の価額に対応する税額

↓

申告手続 ←
- ①　期限内申告書の提出（措法70の４①㉖）
- ②　担保の提供（措法70の４①）

↓

期限の確定により納付 ←
- ①　納税猶予税額の全部について期限の確定（※1）
- ②　納税猶予税額の一部について期限の確定（※2）
- ③　利子税の納付（原則として、申告期限の翌日から年3.6%の割合）（措法70の４㉟、93⑤）

↓

納税猶予税額の免除
- → **贈与者死亡** ← 納税猶予の特例適用農地等は、相続又は遺贈による取得とみなされて相続税の課税（相続税の納税猶予の特例があります（措法70の５)。）
- → **受贈者死亡** ← 農地等については、相続税の課税（相続税の納税猶予の特例があります（措法70の６)。）

※1　贈与税の納税猶予税額の全部について期限の確定

①　任意譲渡等をした特例適用農地等の合計面積が特例適用農地等の20％を超える場合（措法70の４①一）（代替農地等の買換えの特例があります（措法70の４⑮)。）

②　受贈者が農業経営を廃止した場合（措法70の４①二）（受贈者が農業の特例付加年金（旧経営移譲年金）の支給を受けるため使用貸借権の設定により後継者へ農業経営を移譲した場合、受贈者が障害や疾病などの理由で営農が困難な状態となったため貸付けを行った場合（営農困難時貸付け）及び農地中間管理事業の推進に関する法律等の規定による貸付け（特定貸付け）を行った場合を除きます（措法70の４⑥㉒、70の４の２)。）

③　受贈者が贈与者の推定相続人に該当しなくなった場合（措法70の４①三）

④　受贈者が納税猶予を任意に取りやめた場合（措法70の４①四）

⑤　３年目ごとの継続届出書の提出をしなかった場合（措法70の４㉚）

⑥　受贈者が担保の変更命令等に応じなかった場合（措法70の4㉛）

2　贈与税の納税猶予税額の一部について期限の確定

①　任意譲渡等をした特例適用農地等の合計面積が特例適用農地等の20％以下の場合（措法70の4④）（代替農地等の買換えの特例があります（措法70の4⑮）。）

②　農地等を収用交換等により譲渡した場合（措法70の4①一、④）（代替農地等の買換えの特例や自己所有農地への付替え特例があります（措法70の4⑮⑯）。）

③　準農地を申告期限から10年以内に開発して農地又は採草放牧地として農業の用に供しなかった場合（措法70の4④）

④　特例適用農地等である都市営農農地等について、生産緑地法第10条（同法第10条の5の規定により読み替えて適用する場合を含みます。）又は第15条第1項の規定による買取りの申出があったとき若しくは同法第10条の6第1項の規定による指定の解除があったとき（措法70の4⑤一イロ）（代替農地等の買換えの特例があります（措法70の4⑰）。）

⑤　都市計画法の規定による都市計画の決定（変更）又は生産緑地地区に係る都市計画の失効により、特定市街化区域農地等に該当することとなった場合（その変更により田園住居地域内にある農地又は地区計画農地保全条例による制限を受ける区域内にある農地でなくなった場合を除きます。）（措法70の4⑤二）（代替農地等の買換えの特例があります（措法70の4⑰）。）

3　ただし、平成28年4月1日以後に、特例農地等の上に太陽光パネルを設置するなど、区分地上権の設定（民法269の2①）があった場合でも、特例農地等を引き続き耕作の用の供する場合には、その耕作の用に供する部分について納税猶予を継続して受けることができます（措法70の4①）。

⑵　特例の適用要件等

この特例は、農地等を贈与した場合に、その贈与について課される贈与税の納税を、一定の要件の下にその贈与者を被相続人とする相続についての相続税の納付期限まで猶予し、贈与者が死亡した場合には、先に贈与した農地等を相続開始時の時価で評価して相続財産に含めて相続税の課税を行い、納税猶予を受けていた贈与税額は相続開始と同時に免除するというものです。

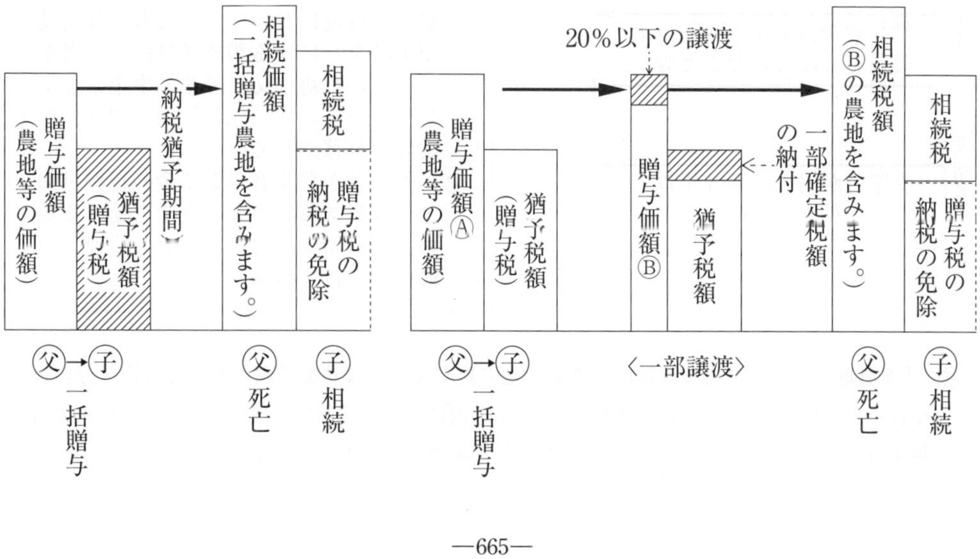

※ 「贈与」とは、特にことわりのない限り贈与者の死亡により効力を生ずる贈与（死因贈与）を除きます。

イ　贈与者の範囲

① その農地等の贈与の日まで引き続き３年以上農業を営んでいた個人で、次に掲げる場合に該当する者以外の者（措令40の６①）

イ　その贈与をした日の属する年（次のロにおいて「対象年」といいます。）の前年以前において、贈与者の農業の用に供していた租税特別措置法第70条の４第１項に規定する農地をその者の推定相続人に対し贈与をしている場合であって当該農地が相続時精算課税制度の適用を受けるものであるとき（措令40の６①一）

ロ　対象年において、その贈与以外の贈与により租税特別措置法第70条の４第１項に規定する農地及び採草放牧地並びに準農地の贈与をしている場合（措令40の６①二）

② 過去に納税猶予（又は改正前の納期限の延長）に係る一括贈与を行ったものでない者（措法70の４①）

「農業を営む個人等」の範囲（措通70の４－６）

- 耕作又は養畜の行為を反復、かつ、継続的に行う個人（次の場合を含みます。）
  - ○耕作又は養畜による生産物を自家消費に充てている場合
  - ○その者が他に職業又は主たる事業を有している場合

贈与者が贈与の日まで農業を営んでいるものとして取り扱う場合（措通70の４－７）

- その贈与者が農業経営を移譲する前まで引き続き３年以上農業を営んでいた実績を有すること
- その経営移譲が、次の㋑又は㋺に該当して、その贈与がその農業経営の移譲を受けた者に対してなされた場合

㋑　贈与者が老齢又は病弱のため、その贈与の日前において、その者と住居及び生計を一にする親族並びにその者が行っていた耕作又は養畜の事業に従事していたその他の二親等内の親族に農業経営を移譲していたこと

㋺　贈与者が農業者年金基金の特例付加金又は経営移譲年金の支給を受けるため、その贈与の日前に、その者の親族に農業経営を移譲していたこと

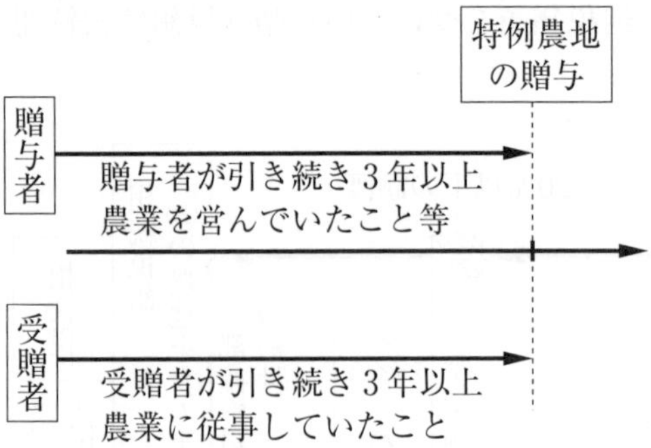

※ 「準農地」とは、農用地区域内にある土地で農業振興地域整備計画において用途区分が農地や採草放牧地とされているもののうち、10年以内に農地や採草放牧地に開発して、農業の用に供することが適当であるものとして市町村長が証明したものをいいます（措令40の６④）。

〔設例１〕

過去に父が農地の一部を二男に贈与し、今回、父が所有する全ての農地を長男に贈与する場合において、二男が贈与を受けた農地について相続時精算課税の適用を受けているときは、長男が贈与を受けた農地について贈与税の納税猶予の特例の適用を受けることはできません（措令40の６①一）。

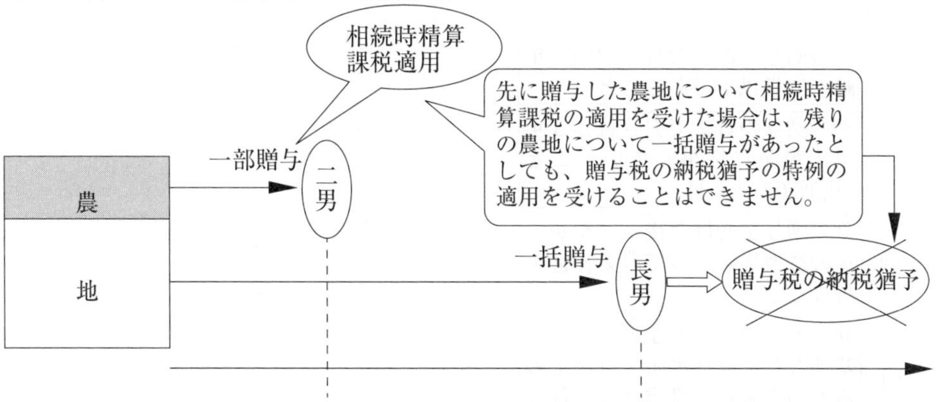

〔設例２〕

同一年中に父が農地の一部を二男に、残りの全てを長男に順に贈与をした場合において、長男が贈与を受けた農地について贈与税の納税猶予の特例の適用を受けることはできません（措令40の６①二）。

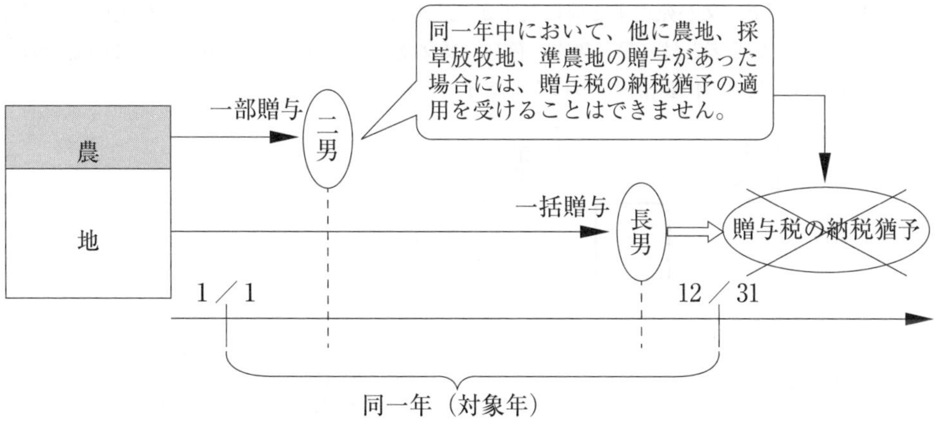

※　二男についても、父が農業の用に供している農地の全部の贈与を受けていないため、贈与税の納税猶予の特例の適用を受けることはできません。

ロ　受贈者の範囲

イの贈与者が農業の用に供していた農地等を贈与により取得した贈与者の推定相続人(※)（措法70の4①）

次の要件に該当するものとして農業委員会が証明した個人（措令40の6⑥）

①	その贈与のあった日において年齢が18歳以上であること
②	その贈与の日まで引き続き3年以上農業に従事していたこと（措通70の4－11）
③	その贈与を受けた後、速やかにその農地等によって農業経営を行うこと
④	効率的かつ安定的な農業経営の基準として農林水産大臣が定めるものを満たす農業経営を行っていること

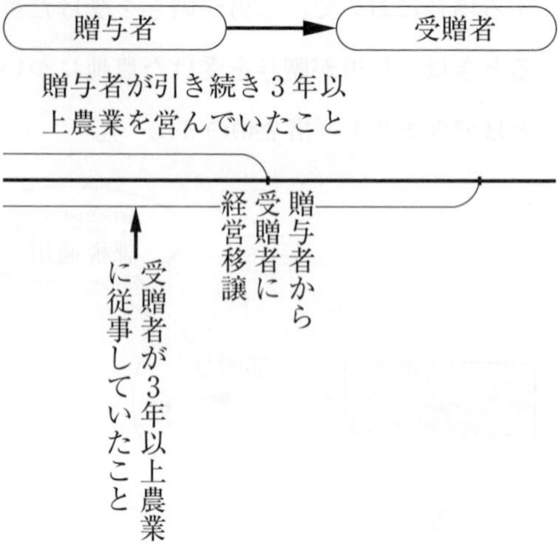

※　推定相続人

「推定相続人」とは、贈与があった日現在において贈与者に対し最先順位の相続権（代襲相続権を含めます。）を有している者をいいます（措通70の4－9）。

① 下の図で、父の最先順位の相続権を有している者は、母、長男、長女及び二男の4人となります。

② 下の図で、父が死亡する前に長男が死亡しているとした場合の父の最先順位の相続権を有している者とは、母、孫A、孫B、長女及び二男の5人となります。この場合の孫A、孫Bは、長男の代襲相続権者になります。

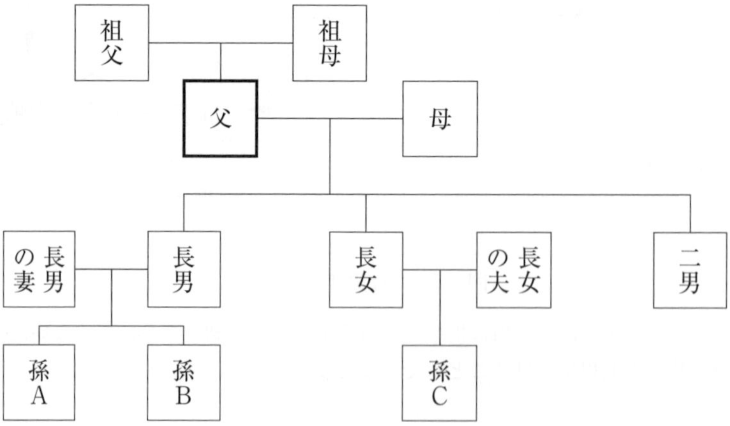

※　次に掲げる者が相続時精算課税制度に係る特定贈与者からの贈与により取得した農地等について贈与税の納税猶予の特例の適用を受ける場合には、納税猶予の適用を受ける農地等については相続時精算課税制度は適用しないこととされます（措法70の4③）。

① 相続時精算課税適用者（住宅取得等資金の贈与を受けた場合の相続時精算課税選択

の特例（措法70の３①）の適用を受けた者を含みます。）

② 贈与税の納税猶予の適用を受ける農地等を贈与により取得した日の属する年中において、当該農地等の贈与者から贈与を受けた当該農地等以外の財産について、相続時精算課税選択届出書を提出する者（住宅取得等資金の贈与を受けた場合の相続時精算課税選択の特例（措法70の３①）の適用を受けるため相続時精算課税選択届出書を提出する者を含みます。）

ハ　特例対象となる農地等の要件

贈与税の納税猶予の適用が受けられる農地等とは、農地法第２条第１項に規定する農地又は採草放牧地のうち、特定市街化区域農地や農地法第36条第１項各号の規定に該当するもの以外のもの及びこれらとともに取得した準農地で、次の①から③までに掲げるものに該当する農地等をいいます（措法70の４①、措令40の６②～④）。

① 贈与者が農業の用に供している農地等であること

㈱１　地上権、永小作権、使用借権及び賃借権を含みます（措法70の４②）。

２　災害、疾病等のため止むを得ず、一時的に休耕している農地及び土地改良事業等のため耕作不能となっている農地については、その事由が生じる直前に、農業の用に供されていた場合に限り、農業の用に供していた農地又は採草放牧地に該当するものとして取り扱われます（措通70の４－12）。

② 贈与をした農地が贈与者が農業の用に供している農地の全部、贈与者が贈与の日までその農業の用に供していた採草放牧地のうち、その面積及び従前採草放牧地の面積の合計の３分の２以上、準農地のうち、その面積及び従前準農地の面積の合計の３分の２以上であること←「生前一括贈与」

㈱１「従前採草放牧地」とは、贈与者が当該贈与をした日の属する年（以下「対象年」といいます。）の前年以前においてその農業の用に供している採草放牧地を当該贈与者の推定相続人に対し贈与をしている場合であって当該採草放牧地が相続時精算課税制度の適用を受けるものであるとき又は対象年において当該贈与以外の贈与により当該採草放牧地の贈与をしている場合におけるこれらの採草放牧地をいいます（措令40の６③）。

２「従前準農地」とは、贈与者が対象年の前年以前において有していた準農地を当該贈与者の推定相続人に対し贈与をしている場合であって当該準農地が相続時精算課税制度の適用を受けるものであるとき又は対象年において当該贈与以外の贈与により当該準農地の贈与をしている場合におけるこれらの準農地をいいます（措令40の６⑤）。

３　この特例は、農地の細分化を防ぐことが目的の一つですから、農地の一部贈与については、この特例の適用を受けることができません。

③ 期限内申告書に、この特例の適用を受ける旨記載した農地等であること

ニ　農地等の贈与の日（措通70の4－8、相基通1の3・1の4共－10）

農地又は採草放牧地の贈与の日とは、次に掲げる日後に贈与があったと認められる場合を除き、次に掲げる日であるものとして取り扱われます。

農地等の贈与の日	農地法第3条第1項又は第5条第1項本文に規定する許可のあった日
	農地法第5条第1項第6号に規定する届出の効力が生じた日

(3)　納税猶予税額の計算

納税猶予の適用が受けられる贈与税額は、その年分の贈与税額のうち特例農地等の価額に対応する部分の金額に限られます。

特例農地等とそれ以外の財産の贈与を受けた場合の特例農地等の価額に対応する金額は、特例農地等以外の贈与財産の上積み税額部分となります（措法70の4①、措令40の6⑧）。

〔算式〕特例農地等とそれ以外の財産の贈与を受けた場合の納税猶予税額の計算方法

Ⓐ贈与を受けた全財産について一般計算した場合の贈与税額 － Ⓑ特例農地等を除外して計算した場合の贈与税額 ＝ Ⓒ納税猶予税額

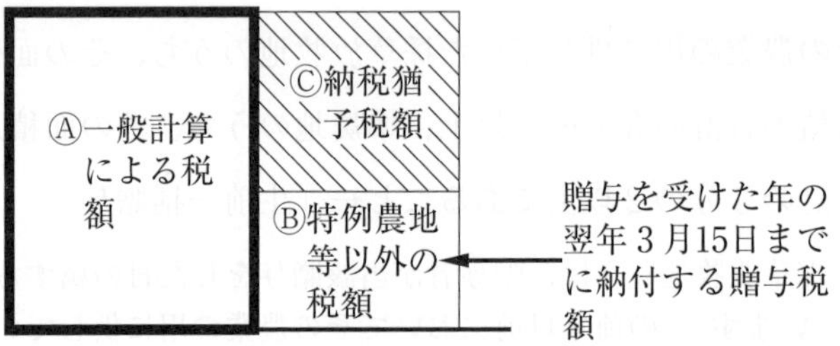

〔設例〕

（問）　長男（35歳）は、令和６年中に父からその所有農地の全部2,000万円と、母から宅地500万円の贈与を受けた（母からの贈与については、相続時精算課税制度は適用していません。）。

この場合、納税猶予税額及び期限内納付税額はどうなるか。

（答）

①　令和６年分の贈与税額

イ　課税価格

（父からの農地）　（母からの宅地）

20,000千円＋ 5,000千円 ＝25,000千円

ロ　贈与税額

（課税価格）　（基礎控除）　（特例税率(※)）　（控除額）

（25,000千円 － 1,100千円）× 45% － 2,650千円 ＝ 8,105千円

②　法定納期限（令和７年３月15日）までに納付する贈与税額

（農地以外）　（基礎控除）　（特例税率(※)）　（控除額）

（5,000千円 － 1,100千円）× 15% － 100千円＝ 485千円

③　納税猶予税額

8,105千円－485千円＝7,620千円

※　直系尊属（父母や祖父母など）からの贈与により財産を取得した受贈者（財産の贈与を受けた年の１月１日において18歳以上(注)の者に限ります。）については「特例税率」が適用されます。

(注)　令和４年３月31日以前の贈与については「20歳以上」となります（平成31年改正法附則79⑥）。

⑷　申告手続

贈与税の納税猶予の適用を受けるためには、その年分の期限内申告書に所定の事項を記載し、必要な書類を添付するとともに、担保を提供しなければなりません。

イ　期限内申告書の提出（措法70の４①㉖）

申告書に記載する事項	①	納税猶予の適用を受けようとする旨
	②	贈与を受けた農地等の明細（地目、所在地、面積等）
	③	納税猶予に係る贈与税額の計算に関する明細

※　期限後申告ではこの特例の適用を受けることができません。

なお、期限内申告の後にされた修正申告による増加税額については、納税猶予の対象となった特例農地等の評価誤り又は税額の計算誤りに基づくものに限って例外的に納税猶予の適用を認めることとして取り扱われています（措通70の４－18）。

ロ　添付書類（措法70の4㉖、措規23の7③）

申告書に添付する書類	①	担保提供に関する書類
	②	贈与者及び受贈者が「農業を営む個人」に該当することにつき農業委員会が発行する『贈与税の納税猶予に関する適格者証明書』
	③	受贈者が贈与者の推定相続人に該当することを証する書類（措通70の4－10）
	④	特例農地等のうちに農作物栽培高度化施設の用に供されているものがある場合には、当該施設の用に供されているものである旨を証する農業委員会の書類
	⑤	特例農地等のうちに三大都市圏の特定市の区域内に所在する農地又は採草放牧地がある場合には、この特例の対象となる農地等に該当すること等を証する市長又は特別区の区長の書類
	⑥	贈与物件が準農地である場合、その土地が準農地に該当する旨を市町村長が証明した『贈与税の納税猶予の特例適用の準農地該当証明書』
	⑦	贈与事実を証する書類

ハ　担保財産の価額と継続届出書の提出（措法70の4㉖㉗）

担保提供の態様		担保財産の価額	継続届出書の提出
①	全部担保（納税猶予の適用を受けた農地等の全部を担保として提供した場合）（措通70の4－17）	納税猶予分の贈与税の額に相当する担保の提供があったものとして取り扱われます（措通70の4－17(1)）。	平成6年12月31日以前の贈与 3年目ごとの継続届出書の提出を要しません。 ※　特例農地等のうちに都市営農農地等が含まれている場合は、①特例農地等の全部を担保として提供している場合であっても継続届出書を提出しなければならず、②この継続届出書には、特例農地等に係る一定の農業経営に関する事項を記載しなければなりません（旧措法70の4㉒）。 平成7年1月1日以後の贈与 納税猶予に係る期限が確定するまでの間、その農地等の贈与に係る贈与税の申告書の提出期限の翌日から起算して3年を経過するごとの日までに、引き続き納税猶予の適用を受けたい旨の「継続届出書」を提出しなければなりません。
②	一部担保（①以外の場合）	納税猶予に係る贈与税の本税の額と贈与者の平均余命年数に相当する納税猶予期間中の利子税の額との合計額に相当する担保の提供が必要になります（措通70の4－17(2)）。	3年目ごとに継続届出書を提出しなければなりません。

二　納税猶予に係る期限の確定及び納付

納税猶予税額の全部について期限が確定する場合

	全部確定事由（措法70の４①㉚㉛）	納税猶予税額の全額の納期限
①	特例農地等の面積の20％を超える部分の任意の譲渡等があった場合	譲渡等があった日から２か月を経過する日
	㈱　譲渡等が２回以上あったときは、その合計で判定します。	
②	受贈者が特例農地等について農業経営を廃止した場合	廃止した日から２か月を経過する日
③	受贈者が贈与者の推定相続人に該当しないこととなった場合	該当しないこととなった日から２か月を経過する日
	㈱　例えば、贈与者の配偶者である受贈者が離婚した場合です。	
④	受贈者が任意に納税猶予の適用を取りやめる場合	取りやめる旨の届出書の提出があった日から２か月を経過する日
⑤	継続届出書の提出がなかった場合	その提出期限の翌日から２か月を経過する日
⑥	税務署長の増担保又は担保の変更の命令に応じない場合	繰り上げられた期限（措通70の４－36）

納税猶予税額の一部について期限が確定する場合

	一部確定事由（措法70の４①一、④⑤）	納税猶予税額の一部の納期限
①	特例農地等について、収用交換等による譲渡、権利の設定があった場合	左の譲渡、権利の設定があった日の翌日から２か月を経過する日
②	特例農地等の面積の20％以下の部分について任意の譲渡等があった場合	譲渡等があった日の翌日から２か月を経過する日
③	準農地を申告期限から10年以内に開発して農地又は採草放牧地としなかった場合	その10年を経過する日の翌日から２か月を経過する日
④	次に掲げる買取りの申出等があった場合 ○特例農地等である都市営農農地等について生産緑地法第10条（同法第10条の５の規定により読み替えて適用する場合を含みます。）又は第15条第１項の規定による買取りの申出若しくは同法第10条の６第１項の規定による指定の解除があった場合 ○都市計画法の規定に基づく都市計画の決定・変更又は旧第二種生産緑地地区に関する都市計画の失効により、特定市街化区域農地等に該当することとなった場合（当該変更により田園住居地域内にある農地又は地区計画農地保全条例による制限を受ける区域内にある農地でなくなった場合を除きます。）	その買取り申出等があった日の翌日から２か月を経過する日

※「譲渡等」とは、特例農地等の譲渡、贈与又は転用のほか、その農地等についてされた権利の設定、耕作の放棄㈴及び権利の消滅をいいます（措法70の4①一）。

しかし、この20％の判定においては収用交換等（租税特別措置法第33条1項各号に規定する収用、買取り、換地処分、権利変換、買収、買入れ若しくは消滅又は同法第33条の2第1項各号に規定する収用、買取り又は交換をいいます。）による譲渡（措法70の4①一かっこ書）、農業用の範囲とされる特定の目的のための転用（措令40の6⑨）及び農業経営基盤強化促進法に規定する一定の事業のために農用地区域内の農地等の譲渡又は賃借権等の設定をした場合（措令40の6⑪）は除外されます。

なお、特例農地等を譲渡した場合や特例農地等について生産緑地法第10条又は第15条第1項の規定による買取りの申出があった場合などについては、1年以内の代替取得農地等の買換え制度が設けられています（措法70の4⑮⑰、措令40の6㉙㊱）。

㈴「耕作の放棄」とは、農地法第36条第1項の規定による勧告があったことをいいます（措法70の4①一）。

なお、耕作の放棄による納税猶予の確定は、平成17年4月1日以後に贈与により取得をした農地等に係る贈与税の納税猶予について適用されます（平成17年改正措法附則55①）。

ホ　農地等の譲渡による期限の確定

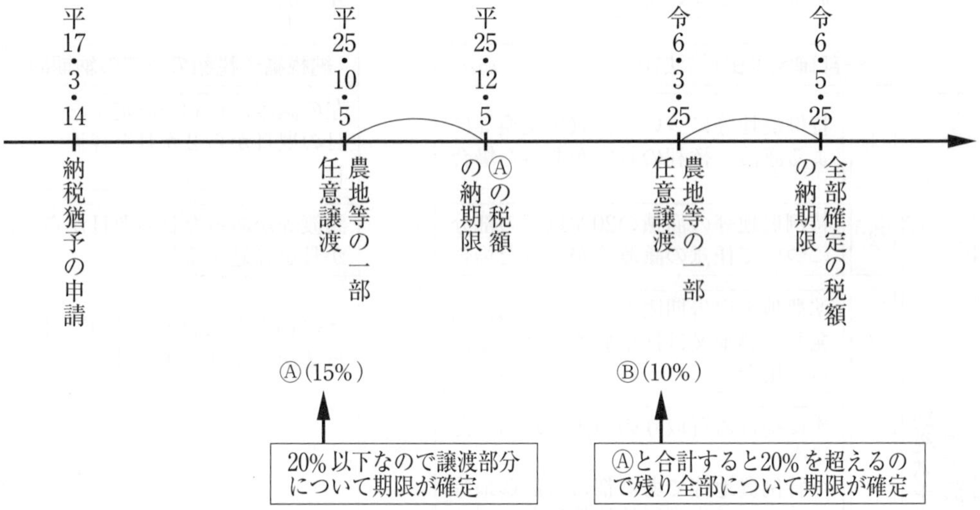

ヘ　譲渡等をした特例農地等の面積が20％を超えるかどうかの計算（措通70の4－26）

贈与税の納税猶予を受けている場合において、譲渡等をした特例農地等の面積が20％を超えるかどうかの計算は、次に掲げる場合に応じ、それぞれに掲げる算式により行うことになります。

㋑	既往において代替取得農地等を取得していない場合	$\frac{B + C}{A}$
㋺	既往において租税特別措置法第70条の4第15項第3号の規定に該当する代替取得農地等を取得している場合	$\frac{B + C}{A + (F - D + E)}$

※1　上記の算式中の符号は、次のとおりです。

A：贈与により取得した特例農地等の受贈時の面積をいいます。

B：今回譲渡等（収用交換等による譲渡又は権利の設定を除きます。）をした特例農地等の面積をいいます。

C：既往において譲渡等（収用交換等による譲渡又は権利の設定を除きます。）をした特例農地等の面積をいい、この面積は、租税特別措置法第70条の4第15項第1号の規定により譲渡等がなかったものとみなされるものの面積を除き、同項第2号の規定により譲渡等がされたものとみなされるものの面積を含みます。

D：既往において同項第1号の規定により譲渡等がなかったものとみなされた特例農地等の面積をいい、次の算式により計算します。

$$\text{譲渡等をした特例農地等の面積} \times \frac{\text{譲渡等の対価の額のうち代替取得農地等の取得に充てる見込金額}}{\text{譲渡等をした特例農地等の対価の額}}$$

E：Dの面積のうち、同項第2号の規定によりその後譲渡等がされたものとみなされた特例農地等の面積をいい、次の算式により計算します。

$$E = \text{Dの面積} \times \frac{\text{Dの面積に係る譲渡等の対価の額のうち代替取得農地等の取得に充てられなかった金額}}{\text{Dの面積に係る譲渡等の対価の額}}$$

F：代替取得農地等の面積をいいます。

2　既往において、租税特別措置法第70条の4第15項第3号の規定に該当する代替取得農地等を取得している場合には、上記㋺と同様の計算を行います。

＜具体的な計算例＞

〔設例1〕

既往において代替農地等を取得していない場合（上記への㋑の場合）

①　贈与により取得した特例農地等の受贈時の面積……10ha

②　今回譲渡等（収用交換等による譲渡等を除きます。）をした特例農地等の面積……2ha

③　既往において譲渡等（収用交換等による譲渡等を除きます。）をした特例農地等の面積……0.5ha

（計算）

㋑　「A」の数値（①）　10ha

㋺　「B」の数値（②）　2 ha

㋩　「C」の数値（③）　0.5ha

㊁　20%を超えるかどうかの計算

$$\frac{B+C}{A} = \frac{2+0.5}{10} = \frac{2.5}{10} > \frac{20}{100}$$

この場合には、20%を超えるので納税猶予税額の全額について納期限が確定します（措法70の4①一）。

〔設例２〕

既往において代替取得農地等を取得している場合（上記への㋺の場合）

① 贈与により取得した特例農地等の受贈時の面積……20ha

② イ 既往において譲渡等をした特例農地等の面積……４ha

ロ うち収用交換等による譲渡等に係る特例農地等の面積……0.5ha

ハ 差引（イ－ロ）……3.5ha

③ ②のうち租税特別措置法70の４⑮一の規定により譲渡等がなかったものとみなされた特例農地等の面積……３ha

④ ③のうち同項第２号の規定により譲渡等があったものとみなされた特例農地等の面積……２ha

⑤ 代替取得農地等の面積……2.5ha

⑥ イ 今回譲渡等をした特例農地等の面積……１ha

ロ うち収用交換等による譲渡等に係る特例農地等の面積……０

ハ 差引（イ－ロ）……１ha

（計算）

㋑	「Ａ」の数値（①）	20ha
㋺	「Ｂ」の数値（⑥）	１ha
㋩	「Ｃ」の数値（②－③＋④）	2.5ha
㊁	「Ｄ」の数値（③）	３ha
㋭	「Ｅ」の数値（④）	２ha
㋬	「Ｆ」の数値（⑤）	2.5ha

㋣ 20％を超えるかどうかの計算

$$\frac{B + C}{A + (F - D + E)} = \frac{1 + 2.5}{20 + (2.5 - 3 + 2)} = \frac{3.5}{21.5} < \frac{20}{100}$$

この場合には、20％を超えないことになります（措法70の４①一）。

ト　農地等の買換えをする場合

特例農地等を譲渡等した場合には、納税猶予を受けていた贈与税額の全部又は一部を納付しなければなりませんが、その譲渡があった日から１年以内にその譲渡対価の全部又は一部により農地又は採草放牧地を取得する場合には、それについて納税地の所轄税務署長に対し、一定の事項を記載した申請書を、当該譲渡等があった日から１か月以内に提出し、その承認を受けた場合に限り、その譲渡はなかったものとみなされ引き続き納税猶予を受けることができます（措法70の４

⑮、措令40の6㉙㉚)。

(注)　特例農地等である都市営農農地等について生産緑地法第10条（同法第10条の5の規定により読み替えて適用する場合を含みます。）又は第15条第1項の規定による買取りの申出若しくは同法第10条の6第1項の規定による指定の解除があった場合についても、代替取得農地等を取得したことによる納税猶予の継続の措置が講じられています（措法70の4⑰)。

(5)　納税猶予税額の免除

納税猶予を受けた贈与税は、その農地等の贈与者が死亡した場合又は贈与者の死亡前に受贈者が死亡した場合に免除されます（措法70の4㉞)。

このような事実が生じたときは、贈与者の死亡の場合は受贈者が、受贈者の死亡の場合は贈与者又は受贈者の相続人が、免除を受けようとする旨など所要の事項を記載した免除届出書を遅滞なく贈与税の納税地の所轄税務署長に提出しなければなりません（措令40の6㊸)。

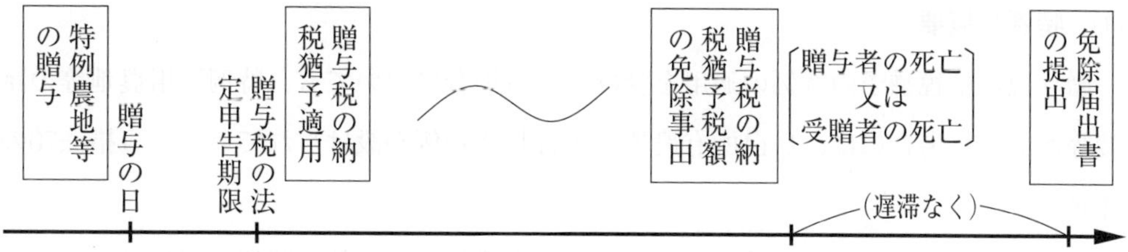

14　特例適用農地等の買換えの特例

(1)　特例の概要

贈与税の納税猶予の特例の適用を受けている場合においても、特例適用農地等の譲渡等があった場合には、代替農地等の買換えの特例が設けられています（措法70の4⑮)。

以下、特例の概要等は、前記「3　特例適用農地等の買換えの特例」(633ページ）と同じとなります。

(2)　買換え特例の計算方法

譲渡等の対価の額が代替農地等の取得に充てられなかった場合には、その取得しなかった部分に対応する農地等の譲渡等があったものとみなされ、この部分の面積が20％を超えるときは納税猶予税額の全額を、また、それが20％以内の場合には、次の算式により計算された納税猶予税額を特例適用農地等の譲渡等のあった日から1年を経過する日後2か月を経過する日までに利子税と合わせて納付しなければなりません(措法70の4⑮二、措令40の6㉛)。

(イ)　譲渡等の対価の額の全部が充てられていない場合

$$\text{当初に納税を猶予された贈与税の額} \times \frac{\text{譲渡等をした特例適用農地等の価額（贈与時における相続税評価額）}}{\text{贈与により取得した農地等の全部の価額（贈与時における相続税評価額）}}$$

(ロ)　譲渡等の対価の額の一部が充てられていない場合

上記(イ)の算式中分子の「譲渡等をした特例適用農地等の価額」を、次の算式により計算した金額に置き換えます。

$$\text{譲渡等をした特例適用農地等の価額（贈与時における相続税評価額）} \times \frac{\text{譲渡等の対価の額のうち代替農地等の取得に充てられなかった部分の金額}}{\text{譲渡等の対価の額}}$$

15　自己所有農地への付替え特例

(1)　特例の概要

贈与税の納税猶予の特例の適用を受けている場合においても、特例適用農地等の譲渡等があった場合には、自己所有農地への付替え特例が設けられています（措法70の4⑯)。

以下、特例の概要等は、前記「4　自己所有農地への付替え特例」(638ページ）と同じとなります。

(2)　贈与税の納税猶予の特例に係る贈与者が死亡した場合の取扱い

贈与税の納税猶予の特例の適用を受けている納税猶予適用者が、三大都市圏の特定市に所在する特例適用農地等を収用交換等により譲渡し、この特例の適用を受けるために所轄税務署長の承認を受けている場合において、その贈与税の納税猶予の特例に係る贈与者が死亡し、租税特別措置法第70条の5の規定により、その贈与税の納税猶予の特例に係る特例適用農地等を相続又は遺贈により取得したものとみなされ、その特例適用農地等について相続税の納税猶予の特例の適用を受けることとなったときは、贈与税の納税猶予の特例の適用期間中に受けたその承認は、相続税の納税猶予の特例の規定により受けた承認とみなされ、譲渡等があった日から1年を経過する日までにその承認に係る代替農地等をその譲渡等に係る特例適用農地等に代わるものとして納税猶予適用者の農業の用に供する農地又は採草放牧地とすれば、相続税の納税猶予の特例を受けることができます（措令40の7㉟)。

なお、この特例を受けた自己所有農地については、死亡した贈与者からの贈与により取得した農地ではありませんが、その死亡した贈与者から相続により取得したものとみなされます（措法70の５②）。

16　申告書の提出前に農地等の譲渡等があった場合の取扱い

⑴　贈与税の申告書の提出前に農地等の譲渡等があった場合

イ　贈与税の納税猶予の特例は、農地の細分化防止をその目的の一つとして設けられたものですので、贈与者の農業の用に供している農地等について一括して贈与を受ける必要があります（措法70の４①）。また、相続税の納税猶予の特例のように取得した農地等のうちから納税者が選択して適用を受けることは許されず、その贈与により取得した農地等の全部を納税猶予の対象としなければなりません。さらに、この特例は、受贈者（農業後継者）が農業経営を継続することを前提として設けられていますので、この特例の適用を受けた後、その農業経営の基盤となる農地等を譲渡等した場合には、納税猶予税額の全部又は一部を納付しなければならないことになります。

ところで、農地等の贈与を受けた者が、納税猶予の特例の適用を受ける旨の贈与税の申告書を提出する前に、贈与を受けた農地等の一部を譲渡等している場合には、前述の特例の趣旨に反するものとして納税猶予の特例の適用を全く受けることができないとするのも実情に即さないといえます。

ロ　そこで、受贈者が、納税猶予の特例の適用を受ける旨の申告書の提出前にその贈与を受けた農地等を譲渡等している場合の納税猶予の特例の適用については、次のように取り扱われています（措通70の４－21）。

①　その譲渡等をした農地等の面積が、贈与を受けた農地等の合計面積の20％を超える場合には、贈与税の納税猶予の特例の適用は受けられません。

②　その譲渡等をした農地等の面積が、贈与を受けた農地等の合計面積の20％以下の場合には、贈与税の納税猶予の特例の適用を受けることができることとし、この場合における納税猶予税額は、その譲渡等をした農地等の譲渡等がなかったものとして納税猶予税額を一般の計算方法により計算し、その全額からその譲渡等があった農地等の価額に対応する贈与税額を控除した金額とします。

なお、その譲渡等があった農地等の価額に対応する贈与税額は、法定納期限までに納付しなければならないことになります。

㈱　上記により、期限内納付の対象となった贈与税額に対応する譲渡等があった農地等の面積は、その後における譲渡等に係る農地等の面積が20％を超えるかどうかの計算をする場合においては、特例適用農地等の譲渡等の面積に加算することになります。

〔設例１〕　贈与税の納税猶予の特例適用前の譲渡

令和６年３月に父から農地80a（贈与時の価額1,200万円）と宅地300万円の贈与を受けましたが、同年９月に80aの農地のうち８a（贈与時の価額120万円）を譲渡しました。

（計算）

1　令和７年３月15日まで納付すべき贈与税額

(1)　宅地分

　（基礎控除）　（特例税率）
（300万円 － 110万円）×　10％　＝ 19万円

(2)　譲渡農地分

（農地全部の価額）（宅地の価額）　（特例税率）
イ　{(1,200万円 + 300万円) － 110万円} ×　40％　－ 190万円 ＝ 366万円

　（宅地分）
ロ　366万円 －　19万　＝ 347万円

ハ　347万円 × $\frac{120万円}{1{,}200万円}$ ＝ 34.7万円

(3)　法定納期限までに納付すべき贈与税額

（宅地分）　（譲渡農地分）
190,000円 ＋　347,000円　＝ 537,000円

2　納税猶予税額

　（期限内納付分）
3,470,000円 －　537,000円　＝ 2,933,000円

〔設例２〕　贈与税の納税猶予の特例適用後に譲渡があった場合

上記〔設例１〕の農地につき贈与税の納税猶予の特例の適用を受けた後、その特例適用農地等（80a）のうち10aを譲渡しました。

この場合の納税猶予に係る期限はどうなるのでしょうか。

（計算）

$$\frac{8\,a+10a}{80a}=\frac{18a}{80a}\ (22.5\%)$$

譲渡等をした農地等の面積は、納税猶予の特例の適用を受ける前に譲渡等をしたものと通算して20％を超えるかどうかを判定することになります。したがって、上記の設例の場合には、その譲渡等をした農地等の面積が20％を超えるので、納税猶予に係る税額の全部について期限が確定することになります。

③　上記①又は②の場合において、その譲渡等に係る対価をもって農地又は採草放牧地をその申告書の提出前に取得しているとき又はその譲渡等があった日から１年以内に取得する見込みであるときは、贈与税の申告期限までに「代替農地等の取得等に関する承認申請書」を所轄税務署長に提出し、承認を受けたときに限り、その農地等の譲渡等について代替農地等の買換えの特例を受けることができます（措法70の４⑮）。

⑵　贈与税の申告書の提出前に農地等の買取りの申出等があった場合

受贈者が贈与税の納税猶予の特例の適用を受ける旨の贈与税の申告書の提出前に、贈与により取得した農地等につき、租税特別措置法第70条の４第５項に規定する買取りの申出等があった場合における贈与税の納税猶予の特例の適用については、次のように取り扱われています（措通70の４－22）。

イ　買取りの申出等があった場合においても贈与税の納税猶予の特例の適用を受けられることとされ、この場合における納税猶予税額は、買取りの申出等のあった農地等の買取りの申出等がなかったものとして一般の方法により計算した金額から買取りの申出等があった農地等の価額に対応する贈与税額を控除した金額となります。

なお、買取りの申出等があった農地等の価額に対応する贈与税額については、贈与税の申告書の提出期限までに納付しなければならないことになります。

ロ　上記イの場合において、次のいずれかの場合に該当するときは、贈与税の申告書の提出期限までに「代替農地等の取得又は都市営農農地等に該当に関する承認申請書」を所轄税務署長に提出し、承認を受けたときに限り、当該農地等の買取りの申出等について代替農地等の買換えの特例の適用があります。

①　当該買取りの申出等に係る都市営農農地等若しくは特定市街化区域農地等に係る農地等の譲渡等をし、かつ、当該譲渡等に係る対価の全部若しくは一部をもって、贈与税の申告書の提出期限までに農地等を取得している場合又は当該買取りの申出等があった日から１年以内に譲渡等をする見込み（贈与税の申告書の提出期限までに譲渡等をしている場合を含みます。）であり、かつ、譲渡等があった日から１年以内に当該農地等を取得する見込みである場合

②　特定市街化区域農地等の告示等に係る特定市街化区域農地等に係る農地等の全部若しくは一部が贈与税の申告書の提出期限までに都市営農農地等に該当す

ることとなった場合又は当該告示があった日等から１年以内に都市営農農地等を該当することとなる見込みである場合

17　農地等の贈与税の納税猶予の借換特例

贈与税の納税猶予の特例の適用を受けている者（受贈者）が、この特例の適用を受けている農地又は採草放牧地（特例適用農地等）を一定の要件の下に使用貸借権又は賃借権（この17において、以下「賃借権等」といいます。）の設定に基づき貸し付けた場合には、当該賃借権等の設定はなかったものとみなされ、引き続き納税猶予が継続されます（措法70の４⑧）。

㈱　以下、適用要件等は、前記「６　農地等の相続税の納税猶予の借換特例」と同じ（「⑸　貸付特例適用農地等について新たに相続税の納税猶予の適用を受ける場合」（644ページ）を除きます。）となります。

18　農地等の贈与税の納税猶予の貸付特例

贈与税の納税猶予の特例の適用を受けている者（受贈者）が、この特例の適用を受けている農地等（租税特別措置法第70条の４第８項に規定する貸付特例適用農地等を除きます。）の全部又は一部を一時的道路用地等の用に供するため地上権等の設定㈱に基づき貸付けを行った場合に、貸付期限が到来したのち遅滞なく当該一時的道路用地等の用に供していた特例適用農地等を当該特例適用者の農業の用に供する見込みであることにつき、納税地の所轄税務署長の承認を受けた場合には、当該地上権等の設定はなったものとみなされ、引き続き納税猶予が継続されることになります（措法70の４⑱）。

㈱　地上権、賃借権又は使用貸借による権利の設定をいい、区分地上権の設定を除きます。

※　以下、適用要件等は、前記「７　農地等の相続税の納税猶予の貸付特例」（645ページ）とほぼ同じです。

19　贈与税の納税猶予を適用している場合の特定貸付けの特例

贈与税の納税猶予の特例の適用を受けている者（受贈者）のうち一定の者が、この特例を受けている農地等のうち農地又は採草放牧地の全部又は一部について、次に掲げる貸付け（この19において、以下「特定貸付け」といいます。）を行った場合において、特定貸付けを行った日から２か月以内に特定貸付けを行っている旨及びその他一定の事項を記載した届出書を納税地の所轄税務署長に提出した場合には、特定貸付けを行った農地又は採草放牧地の全部又は一部に係る賃借権等の設定はなかったものと、農業経営は廃止していないものとそれぞれみなされ、引き続き納税猶予が継続されることになります（措法70の４の２①）。

農地中間管理事業の推進に関する法律第２条第３項に規定する農地中間管理事業（同項第７号に掲げる業務を行う事業を除きます。）のために行われる使用借権又は賃借権の設定による貸付け

※　農業経営基盤強化促進法等の一部を改正する法律（令和４年法律）の施行日以前は、次の①又は②に掲げる貸付けとなります。

①	地上権、永小作権、使用借権又は賃借権の設定（区分地上権の設定を除きます。）による貸付けで、農地中間管理事業の推進に関する法律第２条第３項に規定する農地中間管理事業（同項第５号に掲げる業務を行う事業を除きます。）のために行われるもの
②	地上権、永小作権、使用借権又は賃借権の設定（区分地上権の設定を除きます。）による貸付けで、農業経営基盤強化促進法第20条に規定する農用地利用集積計画の定めるところにより行われるもの

以下、適用要件等は、前記「８　相続税の納税猶予を適用している場合の特定貸付けの特例」（648ページ）とほぼ同じです。

20　農地等の贈与税の営農困難時貸付特例

贈与税の納税猶予の特例の適用を受けている者が、障害、疾病、その他の理由により、特例農地等について農業の用に供することが困難な一定の状態となった場合においても、特例農地等について営農困難時貸付けを行ったときは、権利設定はなかったものと、農業経営は廃止していないものとみなされ、引き続き納税猶予が継続されます（措法70の４㉒）。

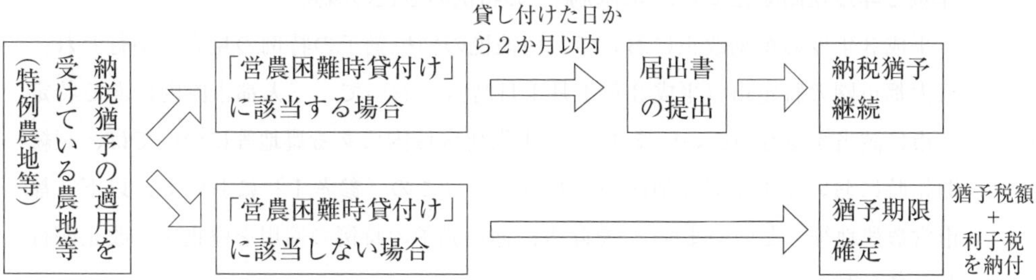

以下、適用要件等は、前記「12　農地等の相続税の営農困難時貸付特例」（659ページ）とほぼ同じです。

(1)　手続

この特例の適用を受けるためには、営農困難時貸付けを行った日から２か月以内に、

「営農困難時貸付けに関する届出書」とその添付書類を納税地の所轄税務署長に提出する必要があります（措法70の４㉒、措令40の６�、措規23の７㉞㉟）。

㈱　平成６年以前の贈与につき贈与税の納税猶予の適用を受けている者（平成４年分以降の贈与で、特例農地等を取得した日において、そのうちに都市営農農地等が含まれている者は除かれます。）で、特例農地等の全部を担保として提供している場合は、最初の営農困難時貸付けに係る「営農困難時貸付けに関する届出書」を提出した日の翌日から３年を経過するごとの日までに「贈与税の納税猶予の継続届出書」を提出しなければなりません。

(2)　贈与税の納税猶予の特例において営農困難時貸付けを行っていた受贈者が死亡した場合及び受贈者に係る贈与者が死亡した場合

贈与税の納税猶予の特例において営農困難時貸付けを行っていた受贈者が死亡した場合及び受贈者に係る贈与者が死亡し、営農困難時貸付農地等が相続又は遺贈により取得したとみなされる場合には、その営農困難時貸付農地等は、受贈者又は受贈者に係る贈与者の死亡の日まで受贈者の農業の用に供していたものとみなされ、その相続人が新たに農業を営むなど一定の要件を満たせば、その受贈者又は受贈者に係る贈与者の死亡に係る相続税についても、相続税の納税猶予の特例の適用を受けることができます（措法70の６㉚）。

〔参考１〕　平成19年３月31日までに適用された特定の住宅用地等に転用した場合の相続税の納税猶予の継続の特例

1　特例の概要

(1)　平成３年度税制改正における納税猶予の特例の改正の概要

①　平成３年度の税制改正において、相続税の納税猶予の特例の見直しが行われ、三大都市圏の特定市（平成３年１月１日時点において、三大都市圏内にある特定の市に該当するものをいいます。）の市街化区域内にある農地等については、相続開始時において生産緑地地区内にあるもの（この〔参考１〕において、以下「都市営農農地等」といいます。）を除き、納税猶予の特例の適用を廃止する改正が行われました。

この改正は、三大都市圏の特定市の市街化区域内に存する農地等について、都市計画上「保全すべき農地」と「宅地化すべき農地」とを区分することとしたことを受けて、相続税の納税猶予の特例においても、平成４年１月１日以後に相続をする者には、「宅地化すべき農地」について相続税の納税猶予の特例を適用しないこととされたものです（措法70の６）。

②　この相続税の納税猶予の特例の改正が行われた際に、三大都市圏の特定市内の

農地等で平成４年１月１日前に相続税の納税猶予の特例の適用を受けていたものについては、原則として、引き続き納税猶予の特例の適用が受けられることとされました（平成３年改正措法附則19⑤）。

⑵　平成３年度税制改正における賃貸住宅用地等への転用に係る経過措置の特例の概要

また、上記⑴の改正の際、三大都市圏の特定市内に所在する農地等のうち、平成３年１月１日時点において市街化区域内にある農地等（この〔参考１〕において、以下「旧特定市街化区域内農地等」といいます。）について、既に、相続税の納税猶予の特例の適用を受けている者のうち一定の者が、その農地等について特定の用途への転用を行う場合には、その納税猶予の特例の継続適用を認める経過措置（賃貸住宅用地等への転用に係る経過措置）が設けられました（平成３年改正措法附則19⑥）。

すなわち、昭和59年12月31日以前の相続により相続税の納税猶予の特例の適用を受けている農業相続人（この〔参考１〕において、以下「旧特例適用農業相続人」といいます。）が、平成４年１月１日から平成９年12月31日までの間に、旧特定市街化区域内農地等に該当するものについて、次の要件に該当する転用をする見込みであることにつき所轄税務署長の承認を受けた場合には、その旧特例適用農業相続人に限り、その承認に係る転用は、納税猶予に係る期限の到来する転用に該当しないものとみなし、転用された旧特定市街化区域内農地等については引き続き納税猶予の特例の適用を認め、20年を経過した場合又は旧特例適用農業相続人が死亡した場合には納税猶予税額を免除することとされていました（平成３年改正措法附則19⑥～⑫⑭）。

①　地方公共団体、独立行政法人都市再生機構等（この〔参考１〕において、以下「特定法人」といいます。）に貸し付け、その特定法人が賃貸用の共同住宅の敷地の用に供すること（1,000㎡以上のものに限ります。）

②　賃貸用の中高層耐火建築物である共同住宅の新築等を行い、特定法人に対してその共同住宅の貸付けを行うこと（独立部分が15戸以上又は床面積の合計が1,000㎡以上であるものに限ります。）

③　一定の賃貸用の中高層耐火建築物である共同住宅（独立部分が15戸以上又は床面積の合計が1,000㎡以上で、家賃が一定の計算方法により算定される額を超えないものに限ります。）の敷地の用に供すること

④　地方公共団体に貸し付け、その地方公共団体が都市公園の用に供すること

2　平成９年度税制改正における納税猶予の特例の改正の内容

この経過措置の特例の適用対象とされていた転用後の用途の範囲や転用対象者（昭和59年12月31日までに相続が開始した者）については、その利用状況にも低調なものが見られたこと等から、平成９年度の税制改正において三大都市圏の特定市内に所在する農地等のうち、平成９年４月１日時点において市街化区域内にある農地等（この

〔参考１〕において、以下「特定市街化区域内農地等」といいます。）について、昭和60年１月１日から昭和62年12月31日までの間の相続により相続税の納税猶予の特例の適用を受けている農業相続人（この〔参考１〕において、以下「特例適用農業相続人」といいます。）が、平成９年４月１日から平成13年３月31日までの間に次の要件に該当する転用をする見込みであることについて所轄税務署長の承認を受けた場合には、その特例適用農業相続人に限り、その承認に係る転用は、納税猶予に係る期限の到来する転用に該当しないものとみなし、転用された特定市街化区域内農地等について引き続き納税猶予の特例の適用を認め、20年を経過した場合又は特例適用農業相続人が死亡した場合には納税猶予税額を免除することとされました（平成３年改正措法附則19⑥～⑫⑭、平成９年改正措法附則29）。

①　賃貸用の中高層耐火建築物である共同住宅の新築等を行い、特定法人に対してその共同住宅の貸付けを行うこと（独立部分が15戸以上又は床面積の合計1,000㎡以上であるものに限ります。）。

②　一定の賃貸用の中高層耐火建築物である共同住宅（独立部分が15戸以上又は床面積の合計1,000㎡以上で、家賃が一定の計算方法により算定される額を超えないものに限ります。）の敷地の用に供すること。

㈲　この経過措置の特例の対象となる農地等は、改正前の制度では、三大都市圏の特定市に該当する市の区域内に所在する農地等のうち、平成３年１月１日時点において市街化区域の区域内にある農地等（都市営農農地等を除きます。）とされていましたが、改正後の制度では、三大都市圏の特定市に該当する市の区域内に所在する農地等のうち、平成９年４月１日時点において市街化区域内にある農地等（都市営農農地等を除きます。）とされています。この場合の「三大都市圏の特定市」であるかどうかはいずれの場合でも平成３年１月１日時点で判定することとされています。

3　平成13年度税制改正における納税猶予の特例の改正の内容

平成13年度の税制改正において、適用の対象となる転用が認められる特例適用農業相続人を、昭和63年１月１日から平成２年12月31日までの間に相続した者とした上で、その適用期限が平成16年３月31日まで延長されました（平成３年改正措法附則19⑥）。

4　平成16年度税制改正における納税猶予の特例の改正の内容

平成16年度の税制改正において、特例の対象となる転用が認められる特例適用農業相続人を、平成３年１月１日から平成３年12月31日までの間に相続した者とした上で、その適用期限が平成19年３月31日まで延長されました（平成３年改正措法附則19⑥）。

○　**特定転用の要件等**

区分 項目	新１号転用（措法附則19⑥一）	新２号転用（措法附則19⑥二）
１　転用形態	賃貸用共同住宅を新築又は独立行政法人都市再生機構から取得して、その建物全体を特定法人に貸し付ける	賃貸用共同住宅を新築又は取得して、自ら賃貸する
２　貸付け先	特定法人（地方公共団体、独立行政法人都市再生機構又は地方住宅供給公社）	制限なし
３　貸し付ける共同住宅の条件	①　新築又は取得する共同住宅は、耐火建築物又は準耐火建築物に該当する地上階数３以上を有するものであること ②　住居として貸し付ける独立部分が15以上のものであること又は共同住宅の床面積が1,000㎡以上のものであること ③　共同住宅は、すべてが居住の用に供されるものであること ④　特定法人の共同住宅に係る賃貸が公募の方法により行われるものであること ⑤　各独立部分は、次に掲げる要件のすべてを満たすものであること イ　専用面積が125㎡以下で、かつ、55㎡以上 ロ　専用の台所、浴室、便所及び洗面設備を備えている ハ　取得価額が、3.3㎡当たり100万円以下（耐火構造以外のものについては、95万円以下） ⑥　共同住宅は、建設の開始の時において、特定法人が借り受ける旨の契約がされているものであること	①　新築又は取得する共同住宅は、耐火建築物又は準耐火建築物に該当する地上階数３以上を有するものであること ②　住居として貸し付ける独立部分が15以上のものであること又は共同住宅の床面積が1,000㎡以上のものであること ③　共同住宅は、すべてが居住の用に供されるものであること ④　自ら行う共同住宅に係る賃貸が公募の方法により行われるものであること ⑤　各独立部分は、次に掲げる要件のすべてを満たすものであること イ　専用面積が125㎡以下で、かつ、55㎡以上 ロ　専用の台所、浴室、便所及び洗面設備を備えている ハ　取得価額が、3.3㎡当たり100万円以下（耐火構造以外のものについては、95万円以下） ⑥　住宅金融公庫又は農協等の融資を受けて新築するもの又は独立行政法人都市再生機構から取得するものであること（融資先等又は取得先が適正家賃の証明書を発行することに同意を与えていること）
４　貸付けの条件	①　貸付けに係る権利の設定に際し、その設定の対価の授受がないこと ②　貸付けの期間が20年以上とされていること	家賃の額が国土交通大臣が定める計算方法によって算定された額を超えないものであること（各年12月末まで適正家賃証明書の写しを提出すること）
５　工事着手時期	新築し又は取得する賃貸用の共同住宅は、平成19年３月31日までに建設工事に着手すること	新築し又は取得する賃貸用の共同住宅は、平成19年３月31日までに建設工事に着手すること

<平成９年度改正による相続税の納税猶予に係る特定転用制度の改正事項一覧表>

区分 ／ 項目	平成９年法律第22号による改正前	平成９年法律第22号による改正後（平成９年４月１日施行）平成13年度改正を含む	平成９年法律第22号による改正後（平成９年４月１日施行）平成16年度改正を含む
１　特定転用制度の概要	（対象農地等） ①　昭和60年１月１日前に開始した相続に係る相続税について納税猶予の適用を受けた特例農地等のうち ②　平成３年１月１日において特定市街化区域農地等に該当するもの （特定転用の時期） 平成４年１月１日から平成９年12月31日までの間に転用する見込みであるもの （承認申請の期限） 平成９年10月31日までに申請	（対象農地等） ①　昭和63年１月１日から平成２年12月31日までの間に開始した相続に係る相続税について納税猶予の適用を受けた特例農地等のうち ②　平成９年４月１日において特定市街化区域農地等に該当するもの　※ （特定転用の時期） 平成13年４月１日から平成16年３月31日までの間に転用する見込みであるもの （承認申請の期限） 平成16年１月31日までに申請	（対象農地等） ①　平成３年１月１日から同年12月31日までの間に開始した相続に係る相続税について納税猶予の適用を受けた特例農地等のうち ②　平成９年４月１日において特定市街化区域農地等に該当するもの　※ （特定転用の時期） 平成16年４月１日から平成19年３月31日までの間に転用する見込みであるもの （承認申請の期限） 平成19年１月31日までに申請
(1)賃貸用共同住宅用地として特定法人に貸し付ける場合の転用	旧１号転用（平成３年措法改正法附則19⑥一）	廃　止	廃　止
(2)賃貸用共同住宅を特定法人に貸し付ける場合の転用	旧２号転用（平成３年措法改正法附則19⑥二） （建設工事の着工時期） 平成９年12月31日までに共同住宅の建設の工事に着工すること	第１号転用（平成３年措法改正法附則19⑥一） （建設工事の着工時期） 平成16年３月31日までに共同住宅の建設の工事に着工すること	第１号転用（平成３年措法改正法附則19⑥一） （建設工事の着工時期） 平成19年３月31日までに共同住宅の建設の工事に着工すること
(3)賃貸用共同住宅を自ら貸し付ける場合の転用	旧３号転用（平成３年措法改正法附則19⑥三） （建設工事の着工時期） 平成９年12月31日までに共同住宅の建設の工事に着工すること	新２号転用（平成３年措法改正法附則19⑥二） （建設工事の着工時期） 平成16年３月31日までに共同住宅の建設の工事に着工すること	新２号転用（平成３年措法改正法附則19⑥二） （建設工事の着工時期） 平成19年３月31日までに共同住宅の建設の工事に着工すること
(4)都市公園用地として地方公共団体に貸し付ける場合の転用	旧４号転用（平成３年措法改正法附則19⑥四）	廃　止	廃　止

2　納税猶予期限の確定事由	①　特定転用の承認を受けた日から１年を経過する日において、１の⑴及び⑷の貸付けをしていない場合 ②　平成９年12月31日において特定転用の要件に係る建設の工事に着工していない場合 ③　１の⑶の要件に係る農業相続人が「適正家賃に係る証明書」をその提出期限までに提出しなかった場合 ④　納税猶予期限までの間に１の⑴若しくは⑵の貸付けを行わないこととなった場合、１の⑵若しくは⑶の共同住宅の敷地の用に供しないこととなった場合又は１の⑷の都市公園の用に供しないこととなった場合	削　除 ①　平成16年３月31日において特定転用の要件に係る建設の工事に着工していない場合 ②　１の⑶の要件に係る農業相続人が「適正家賃に係る証明書」をその提出期限までに提出しなかった場合 ③　納税猶予期限までの間に１の⑵の貸付けを行わないこととなった場合又は１の⑵若しくは⑶の共同住宅の敷地の用に供しないこととなった場合	削　除 ①　平成19年３月31日において特定転用の要件に係る建設の工事に着工していない場合 ②　１の⑶の要件に係る農業相続人が「適正家賃に係る証明書」をその提出期限までに提出しなかった場合 ③　納税猶予期限までの間に１の⑵の貸付けを行わないこととなった場合又は１の⑵若しくは⑶の共同住宅の敷地の用に供しないこととなった場合

※　この特定市街化区域農地等は、現時点での都市計画との整合性を図る観点から、平成９年４月１日時点において市街化区域の区域内に所在する農地等（都市営農農地等を除きます。）に該当する農地等とされました。

ただし、三大都市圏の特定市に該当するかどうかの判定は、平成３年１月１日現在で行うこととなります（措法70の４②三、平成３年改正法附則19④⑥、平成９年改正法附則29）。

5　適用関係

⑴　賃貸用共同住宅を特定法人に貸し付ける場合の転用

イ　適用要件

農業相続人が、自ら特定市街化区域農地等の上に賃貸の用に供する共同住宅を新築し、又は独立行政法人都市再生機構から賃貸の用に供する共同住宅を取得し、かつ、特定法人にその共同住宅（建物全体）を貸し付ける場合であって、次のすべての要件に該当するものであることを要します（平成３年改正措法附則19⑥一）。

㈠　共同住宅の貸付けに関する要件

A　貸付けに係る権利の設定に際し、その設定の対価を授受しないこと

B　貸付期間が20年以上とされていること

C　共同住宅の建設の時において、新築又は取得をしたその共同住宅を特定法人が借り受ける旨の契約がされているものであること

㈡　共同住宅（建物全体）に関する要件

A　共同住宅は、耐火建築物又は簡易耐火建築物のいずれかに該当する建築物で、地上階数３以上を有するものであること（平成３年改正措法附則19⑥一、平成３年改正措令附則10⑦）

㈱　地上階数の判定は、建築基準法施行令第２条第１項第８号の規定により判定しますので、日照権等による制約から一部が地上階数３未満であっても、その全部が「地上階数３以上を有するもの」に該当するものとして取り扱われます。

B　住居の用途に供する独立部分が15以上であること、又は共同住宅の床面積が1,000㎡以上のものであること

㈱　「独立部分」とは、建物の構成部分である隔壁、扉、階層（天井及び床）等によって他の部分と完全に遮断され、独立した出入口を有するなど独立して居住の用途に供することができるものをいいます（ふすま、障子、ベニヤ板等の堅固でないものによって仕切られている部分は該当しません。）。

C　共同住宅のすべてが住居の用に供されるものであること

D　共同住宅に係る賃貸が公募の方法により行われるものであること

E　平成19年３月31日までに共同住宅の建設の工事に着工することとされているものであること

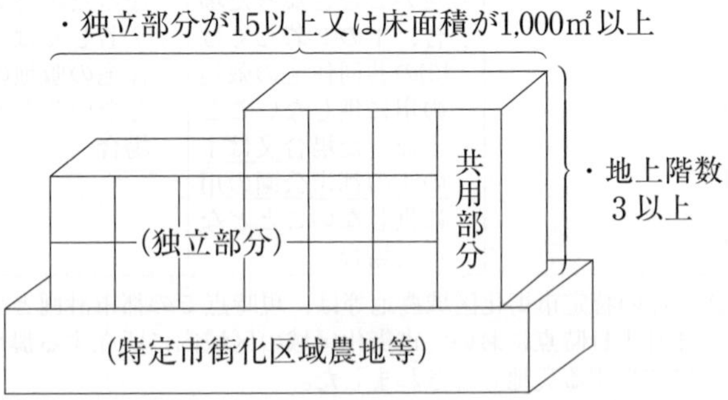

(ハ)　各独立部分に関する要件

A　各独立部分の床面積が55㎡以上125㎡以下であること

㈱　「各独立部分の床面積」には、共用部分（エレベーター、階段等）の床面積が含まれません。

B　専用の台所、浴室、便所及び洗面設備を備えたものであること

C　各独立部分の取得価額が3.3㎡当たり95万円（耐火構造を有するものについては、100万円）以下のものであること

㈱　取得価額基準を満たすかどうかは次の算式により計算した金額が95万円（耐火構造を有する場合は100万円）以下であるかどうかにより判定します。

〔算式〕

$$\frac{A}{B} \times 3.3㎡$$

A：共同住宅の取得価額（家屋の附属設備のうち、電気設備（内燃力発電設備及び蓄電池電源設備を除きます。）、給排水設備、衛生設備及びガス設備以外の附属設備に係る取得価額を除きます。）

B：共同住宅の床面積（共用部分が含まれます。）

〔設例〕

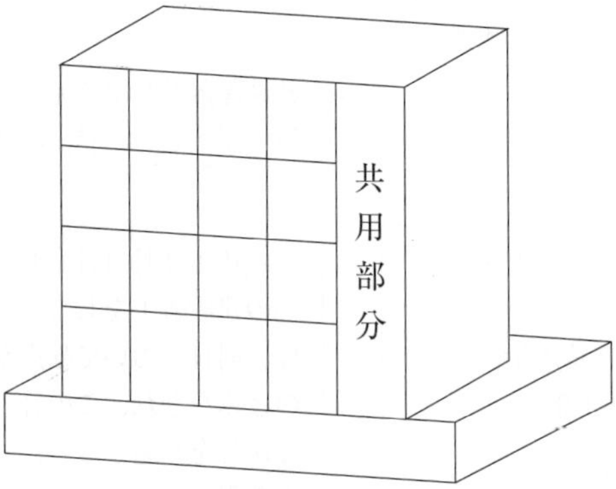

・独立部分の個数………… 16戸
・各独立部分の床面積…… 75㎡
・共用部分の床面積………200㎡
・共同住宅の取得価額… 3億5,000万円

1　各独立部分の床面積（上記(ハ)のAの判定）

55㎡＜75㎡＜125㎡

よって、上記(ハ)のAの要件に該当します。

2　取得価額基準の判定

$$\frac{3億5,000万円}{(75㎡\times16戸+200㎡)} \times 3.3㎡ = 825,000円$$

825,000円＜950,000円

よって取得価額基準（上記(ハ)のC）を満たします。

(ニ)　特定転用の承認を受けた農業相続人が継続届出書を承認を受けた日の翌日から起算して３年を経過するごとの日までに納税地の所轄税務署長に提出すること（平成３年改正措法附則19⑩）

ロ　特定転用の手続及び猶予期限の確定

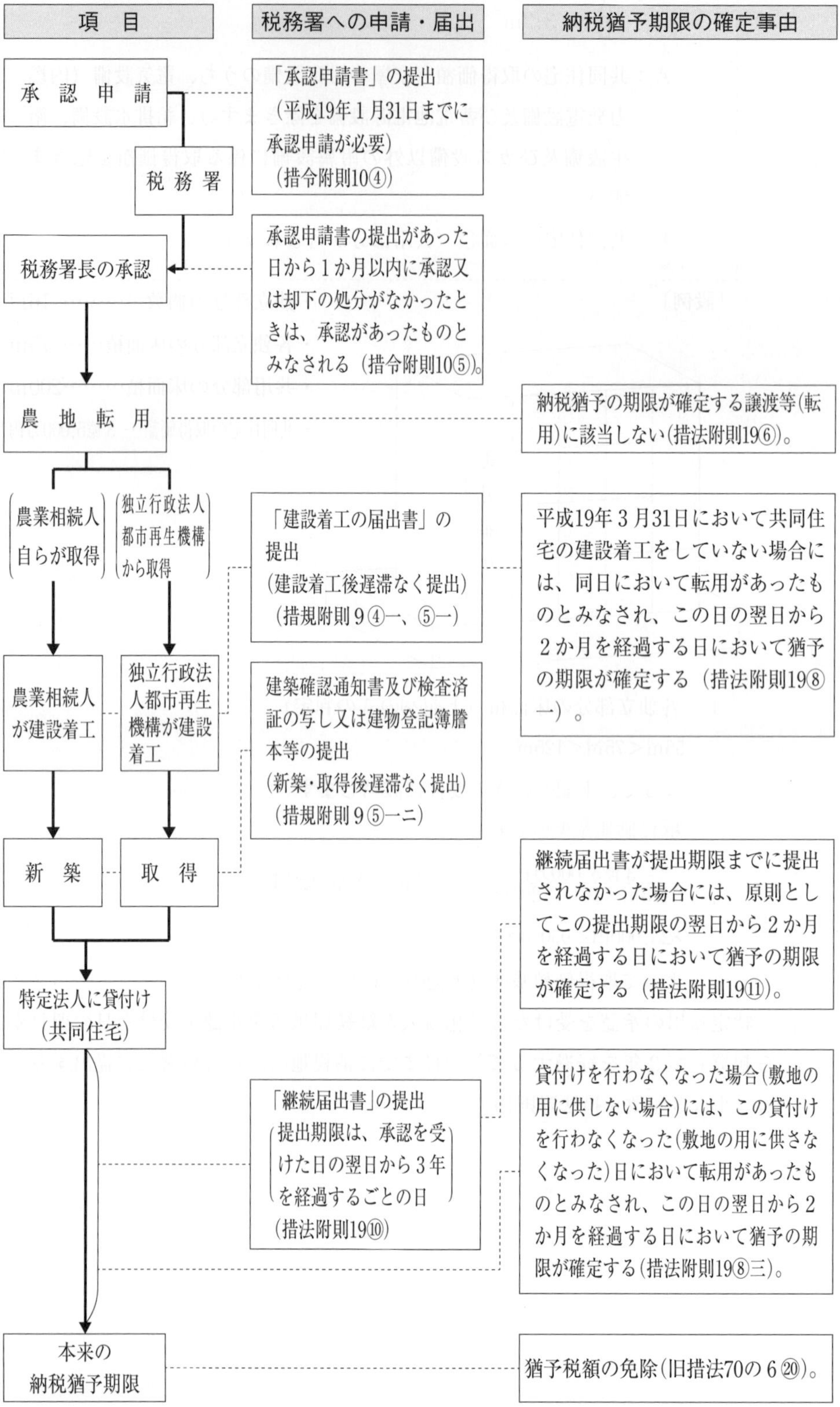

⑵　賃貸用共同住宅を自ら賃貸する場合の転用

イ　適用要件

農業相続人が、自ら特定市街化区域農地等に賃貸の用に供する中高層耐火建築物である共同住宅を新築し、又は独立行政法人都市再生機構から中高層耐火建築物である共同住宅を取得し、かつ、これらを自ら賃貸する場合であって、次の要件のすべてに該当するものであることを要します（平成３年改正措法附則19⑥二、平成３年改正措令附則10⑦）。

㈠　上記⑴のイの㈡及び㈢に掲げる要件に該当するものであること

㈡　賃貸に係る家賃の額が当該共同住宅に係る償却費、修繕費、管理事務費、損害保険料、地代に相当する額、貸倒れ及び空家による損失を補てんするための引当金並びに公租公課の合計額を基礎とする適正な家賃の計算方法として国土交通大臣が定める計算方法によって算定された額を超えないものであること

㈢　その共同住宅は、

①　住宅金融公庫の融資又は農業協同組合若しくは農業協同組合連合会の一定の融資（農業協同組合等と国との間で締結した利子補給契約に基づく融資）を受けて新築することとされており、かつ、これらの融資を行う者（農業協同組合等の場合は、国土交通大臣）が納税猶予期限までの間の各年12月31日までにその各年分の賃貸に係る家賃の額が上記㈡の限度内である旨の証明書を発行することについての同意を与えていること

②　独立行政法人都市再生機構から取得することとされており、かつ、同機構が納税猶予期限までの間の各年12月31日までにその各年分の賃貸に係る家賃の額が上記㈡の限度内である旨の証明書を発行することについての同意を与えていること（平成３年改正措法附則19⑥二ニ）

㈣　農業相続人がその共同住宅に係る上記㈢の①及び②の証明書の写しを各年12月31日までに納税地の所轄税務署長に提出すること（平成３年改正措法附則19⑥二ホ）

㈤　特定転用の承認を受けた農業相続人が、「特定転用の継続届出書」を、承認を受けた日の翌日から起算して３年を経過するごとの日までに納税地の所轄税務署長に提出すること（平成３年改正措法附則19⑩）

ロ　特定転用の手続及び猶予期限の確定

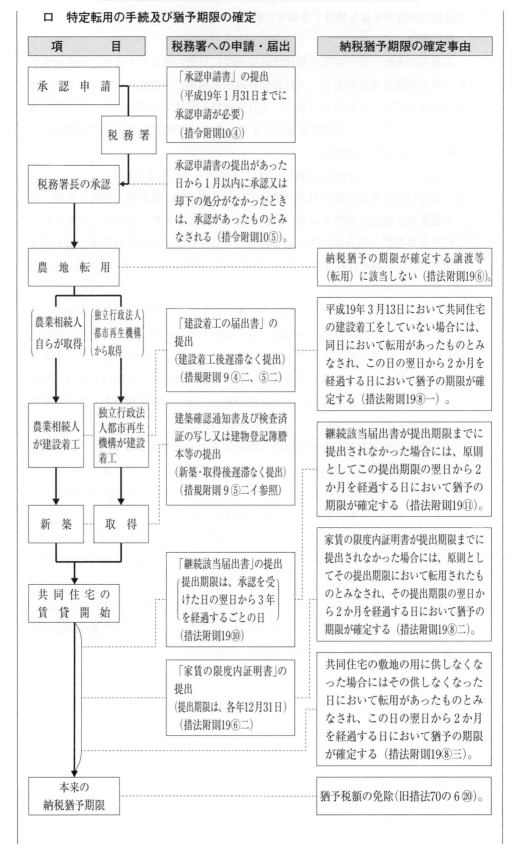

項　目	税務署への申請・届出	納税猶予期限の確定事由
承認申請 → 税務署	「承認申請書」の提出（平成19年1月31日までに承認申請が必要）（措令附則10④）	
税務署長の承認	承認申請書の提出があった日から1月以内に承認又は却下の処分がなかったときは、承認があったものとみなされる（措令附則10⑤）。	
農地転用		納税猶予の期限が確定する譲渡等（転用）に該当しない（措法附則19⑥）。
農業相続人自らが取得／独立行政法人都市再生機構から取得	「建設着工の届出書」の提出（建設着工後遅滞なく提出）（措規附則9④二、⑤二）	平成19年3月13日において共同住宅の建設着工をしていない場合には、同日において転用があったものとみなされ、この日の翌日から2か月を経過する日において猶予の期限が確定する（措法附則19⑧一）。
農業相続人が建設着工／独立行政法人都市再生機構が建設着工	建築確認通知書及び検査済証の写し又は建物登記簿謄本等の提出（新築・取得後遅滞なく提出）（措規附則9⑤二イ参照）	継続該当届出書が提出期限までに提出されなかった場合には、原則としてこの提出期限の翌日から2か月を経過する日において猶予の期限が確定する（措法附則19⑪）。
新築／取得		
共同住宅の賃貸開始	「継続該当届出書」の提出（提出期限は、承認を受けた日の翌日から3年を経過するごとの日）（措法附則19⑩）	家賃の限度内証明書が提出期限までに提出されなかった場合には、原則としてその提出期限において転用されたものとみなされ、その提出期限の翌日から2か月を経過する日において猶予の期限が確定する（措法附則19⑧二）。
	「家賃の限度内証明書」の提出（提出期限は、各年12月31日）（措法附則19⑥二）	共同住宅の敷地の用に供しなくなった場合にはその供しなくなった日において転用があったものとみなされ、この日の翌日から2か月を経過する日において猶予の期限が確定する（措法附則19⑧三）。
本来の納税猶予期限		猶予税額の免除（旧措法70の6⑳）。

⑶　特定転用に係る承認を受けていない特例農地等に係る猶予期限の確定

特定転用に係る承認（平成３年改正措法附則第19条第６項に規定する承認）を受けた特例農地等を転用した場合におけるその転用は、納税猶予期限の確定事由である譲渡等には該当しないものとみなされることになっています。農業相続人がこの特定転用に係る承認を受けた特例農地等と特定転用に係る承認を受けていない特例農地等（この〔参考１〕において、以下「承認外特例農地等」といいます。）を有する場合において、承認外特例農地等について譲渡等又は農業経営の廃止があったときには、次のとおり相続税の納税猶予の期限が確定します。

イ	承認外特例農地等の面積の100分の20を超える面積の譲渡等（収用交換等による譲渡等を除きます。）があった場合には、すべての承認外特例農地等に対応する納税猶予税額について納税猶予の期限が確定します。
ロ	承認外特例農地等の面積の100分の20以下の面積の譲渡等があった場合には、その譲渡があった承認外特例農地等に対応する部分の納税猶予税額について納税猶予の期限が確定します。
ハ	承認外特例農地等について農業経営の廃止があった場合には、すべての承認外特例農地等に対応する納税猶予税額について納税猶予の期限が確定します。

※　譲渡等をした承認外特例農地等の面積が承認外特例農地等の面積の100分の20を超えるかどうかの計算は、次に掲げる場合に応じて、それぞれ次に掲げる算式により行うこととなります。

⑴　既往において旧法第70条の６第９項の規定に該当する農地又は採草放牧地（この〔参考１〕において、以下「代替取得農地等」といいます。）を取得していない場合

$$\frac{B+C}{A-G}$$

⑵　既往において、代替取得農地等を取得している場合

$$\frac{B+C}{(A-G)+(F-D+E)}$$

算式中の符号は、次のとおりです。

Ａ：相続又は遺贈により取得した旧法第70条の６第１項に規定する特例農地等（この〔参考１〕において、以下「特例農地等」といいます。）の取得時の面積をいいます。

Ｂ：今回譲渡等をした承認外特例農地等の面積をいいます。
この場合の譲渡等には、収用交換等による譲渡等を含みません。

Ｃ：既往において譲渡等（収用交換等による譲渡等を除きます。）をした特例農地等の面積をいい、この面積は、旧法第70条の６第９項の規定により譲渡等がなかったものとみなされるものの面積を除き、同項の規定により譲渡等がされたものとみなされるものの面積を含みます。

Ｄ：既往において同項の規定により譲渡等がなかったものとみなされた特例農地等の面積をいい、次の算式により計算します。

$$譲渡等をした特例農地等の面積\times\frac{譲渡等の対価の額のうち代替取得農地等の取得に充てる見込金額}{譲渡等をした特例農地等の対価の額}$$

Ｅ：Ｄの面積のうち、同項の規定によりその後譲渡等がされたものとみなされた特例農地等の面積をいい、次の算式により計算します。

$$\text{Dの面積}\times\frac{\text{Dの面積に係る譲渡等の対価の額のうち代替取得農地等の取得に充てられなかった金額}}{\text{Dの面積に係る譲渡等の対価の額}}$$

F：代替取得農地等の面積をいいます。

G：法附則第19条第６項に規定する特定転用の承認を受けた特定市街化区域農地等の面積をいいます。

〔参考２〕　平成23年３月31日までに適用された旧特定農業生産法人に使用貸借による権利の設定をした場合の贈与税の納税猶予の継続の特例

１　特例の概要

平成17年３月31日以前に行われた農地等の贈与により贈与税の納税猶予の特例（措法第70条の４）の適用を受けている受贈者が、平成17年４月１日から平成23年３月31日までの間に、贈与者の死亡の日前に旧農地法第２条第３項に規定された農業生産法人（注１）で一定のもの（この〔参考２〕において、以下「旧特定農業生産法人」といいます。）に対し、その納税猶予の特例の適用を受けている農地等の全部（借受代替農地（注２）を有している場合には、当該借受代替農地に係る貸付特例適用農地等（注３）を除きます。）及び借受代替農地の全部について使用貸借による権利の設定をした場合において、その設定をしたことについての届出書をその設定の日から２か月を経過する日までに納税地の所轄税務署長に提出したときは、使用貸借による権利の設定はなかったものとして引き続き納税猶予の特例の適用が受けられることとされていました（平成17年改正所法等附則55③、平成20年改正所法等附則96）。

㈱１　平成27年に農地法の改正が行われ、農業生産法人の名称が「農地所有適格法人」と変更されました。

２　借受代替農地
貸付特例適用農地等に係る旧租税特別措置法第70条の４第８項に規定する借受代替農地

３　貸付特例適用農地等
旧租税特別措置法第70条の４第８項（借換特例）の規定の適用を受ける同項に規定する貸付特例適用農地等

２　旧特定農業生産法人について

旧特定農業生産法人とは、次に掲げる区分に応じてそれぞれに定める要件に該当するものとして農業委員会が証明したものとされていました（平成17年改正措令附則33③）。

⑴　農業経営基盤強化促進法第13条第１項に規定する認定農業者である農業生産法人

イ　受贈者が農業生産法人の理事、業務執行権を有する社員又は取締役（代表権を有しない場合を除きます。）となっていること。

ロ　受贈者が、農業生産法人の農地法に規定する常時従業者である組合員又は社員で次の要件の全てを満たすものであること。

㈹　１年間のうち農業生産法人の事業に従事する日数が150日以上であること。

㈺　１年間のうち農業生産法人の行う農業に必要な農作業に従事する日数が60日以上であること。

⑵　農業経営基盤強化促進法第23条第７項の規定により認定農業者とみなされる同条第４項に規定する特定農業法人である農業生産法人

イ　受贈者が農業生産法人の理事、業務執行権を有する社員又は取締役となっていること。

ロ　受贈者が、農業生産法人の農地法に規定する常時従業者である組合員又は社員で次の要件の全てを満たすものであること。

㈠　１年間のうち農業生産法人の事業に従事する日数が、次に掲げる日数のいずれか多い日数以上であること。

①　農業生産法人の耕作等の用に供している農地等の面積に農林水産大臣が定める必要農業従事日数（33日 /ha）を乗じて得た日数を構成員の数で除して得た日数（150日以上である場合は150日とし、60日未満の場合には60日とします。）

②　受贈者がこの特例を受けるために農業生産法人に使用貸借による権利の設定をした農地等の面積に農林水産大臣が定める必要農業従事日数（33日 / ha）を乗じて得た日数（150日以上である場合は150日とします。）

㈡　１年間のうち農業生産法人の行う農業に必要な農作業に従事する日数が60日以上であること。

３　納税猶予期限の確定事由

この特例の適用を受ける使用貸借により権利の設定をした受贈者が、その権利を設定した後、その農地等を引き続き旧特定農業生産法人に使用させている場合において、次に掲げる事実が生じたときは、納税猶予の特例の適用については、それぞれ次のとおりとなります。

⑴　平成17年改正所法等附則第55条第３項の規定により使用貸借による権利が設定された農地等

イ　旧特定農業生産法人が、その有する権利の譲渡等若しくは農地等の転用をした場合又は農業経営の廃止をした場合には、その譲渡等若しくは転用又は廃止した日において、その受贈者が譲渡等若しくは転用又は廃止したものとみなされます（平成17年改正所法等附則55④一）。

ロ　旧特定農業生産法人が、旧特定農業生産法人に該当しないこととなった場合には、その該当しないこととなった日において使用貸借による権利の設定が行われたものとみなされます（平成17年改正所法等附則55④二）。

ただし、次の場合には、納税猶予の特例が継続されることとなります（平成17年改正措令附則33⑤）。

㈠　受贈者が年齢、疾病その他のやむを得ない事由として税務署長が認める事由により常時従事者である構成員に該当しないこととなった場合（引き続いて旧特定農業生産法人の理事等である場合に限られます。）で、その旨の届出書をその該当しないこととなった日から１か月を経過する日までに納税地の所轄税務署長に提出されているとき。

(ロ)　認定農業者に係る農業経営改善計画の有効期限が満了した場合において、その満了の日から２か月を経過する日までに、新たに認定農業者の認定を受け、その旨の届出書が納税地の所轄税務署長に提出されているとき。

(ハ)　旧特定農業生産法人に係る特定農用地利用規定の有効期限が満了している場合において、その満了の日から２か月を経過する日までに、新たに作成された特定農地利用規定において特定農業法人として定められ、その旨の届出書が納税地の所轄税務署長に提出されているとき。

(ニ)　特定農業法人に係る特定農用地利用規定の有効期限が満了している場合において、その満了の日から２か月を経過する日までに、新たに認定農業者の認定を受け、その旨の届出書が納税地の所轄税務署長に提出されているとき。

(2)　平成17年改正所法等附則第55条第５項の規定により使用貸借による権利が設定された借受代替農地等

イ　上記(1)イ及びロに掲げる場合と同様の取扱いです（平成17年改正所法等附則55⑥一・二、平成17年改正措令附則33⑨）。

ロ　借受代替農地等に係る貸付特例適用農地等についての賃借権等の存続期間が満了した場合において、当該受贈者が貸付特例適用農地等であった農地等の全てについて、その満了の日から２か月を経過する日までに、借受代替農地等を貸し付けている旧特定農業生産法人に対し、使用貸借による権利の設定を行い、その旨の届出書が納税地の所轄税務署長に提出しないときには、その該当しないこととなった日において使用貸借による権利の設定が行われたものとみなされます（平成17年改正所法等附則55⑥三、平成17年改正措令附則33⑪）。

ハ　借受代替農地等に係る貸付特例適用農地等を借り受けた者がその貸付特例適用農地等の全部又は一部につき、農地又は採草放牧地としてその者の農業の用に供していない場合には、農地等について賃借権の設定があったものとみなされます。

　ただし、受贈者が貸付特例適用農地等であった農地等の全てについて、その者に対する賃借権を消滅させ、借受代替農地等を貸し付けている旧特定農業生産法人に対し、その貸付特例適用農地等であった農地等の全てについて使用貸借による権利の設定を行い、その旨の届出書を農地法第32条の規定による通知を受けた日から２か月を経過する日までに納税地の所轄税務署長に提出した場合には、引き続きこの特例の適用を受けることができます（平成17年改正所法等附則55⑧、平成17年改正措令附則33⑯～⑱）。

4　継続届出書の提出義務

この特例の適用を受けるために使用貸借により権利の設定をしたことに係る届出書の提出をした受贈者は、次の区分によりそれぞれ次に定める日までに引き続いて納税猶予の特例の適用を受けたい旨等を記載した、継続届出書を納税地の所轄税務署長に提出しなければなりません（平成17年改正所法等附則55⑭、平成17年改正措令附則33㉛）。

⑴　これまで３年ごとに引き続いて継続届出書を提出してきた受贈者

贈与税の申告期限の翌日から起算して３年を経過するごとの日

⑵　これまで納税猶予の特例の適用を受ける農地等について全部を担保に供していたため３年ごとの継続届出書を提出していなかった受贈者

使用貸借の権利の設定をしたことについての届出書を提出した日の翌日から起算して３年を経過するごとの日

5　贈与者が死亡した場合の相続税の納税猶予の特例の適用

この特例の適用を受けている受贈者に係る贈与者が死亡した場合には、租税特別措置法第70条の５の規定により使用貸借による権利が設定された農地等（借受代替農地等を除き、貸付特例適用農地等を含みます。）については、受贈者が相続又は遺贈により取得したものとして相続税の課税が行われますが、その受贈者については、租税特別措置法施行令第40条の７第２項に定める者に該当しないことから、相続税の納税猶予の特例の適用を受けることはできません。

第11章　非上場株式等についての相続税・贈与税の納税猶予及び免除の特例（法人版事業承継税制）

1　特例のあらまし

＜非上場株式等についての相続税・贈与税の納税猶予及び免除の特例＞

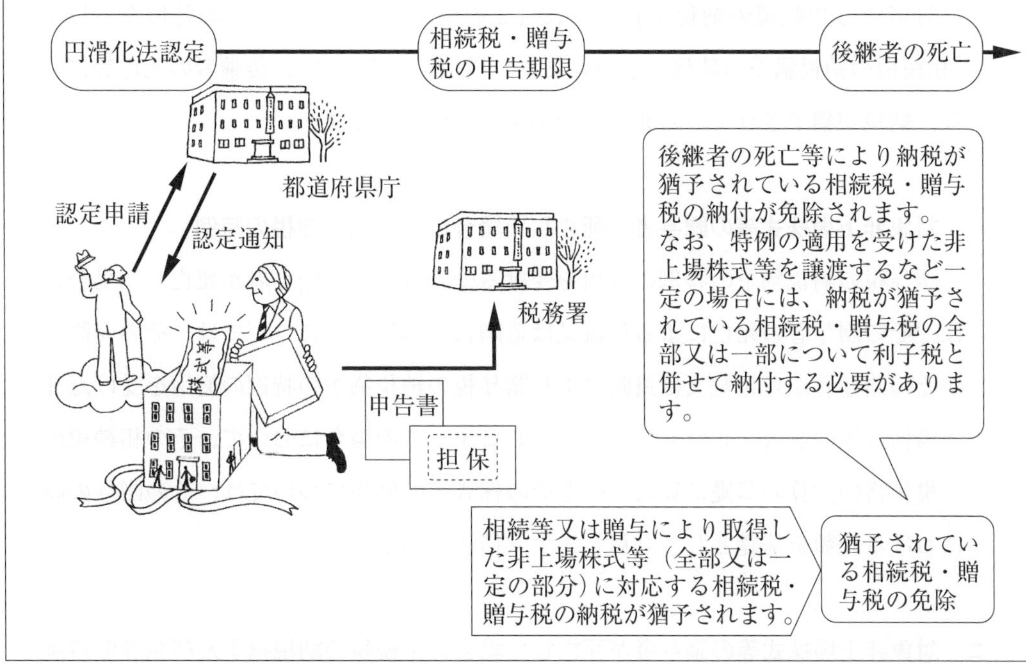

円滑化法認定
相続税・贈与税の申告期限
後継者の死亡
都道府県庁
認定申請
認定通知
税務署
申告書
担保
後継者の死亡等により納税が猶予されている相続税・贈与税の納付が免除されます。
なお、特例の適用を受けた非上場株式等を譲渡するなど一定の場合には、納税が猶予されている相続税・贈与税の全部又は一部について利子税と併せて納付する必要があります。
相続等又は贈与により取得した非上場株式等（全部又は一定の部分）に対応する相続税・贈与税の納税が猶予されます。
猶予されている相続税・贈与税の免除

⑴　対象非上場株式等に係る相続税及び贈与税の納税猶予及び免除の特例（一般事業承継税制）

イ　対象非上場株式等についての贈与税の納税猶予及び免除の特例

後継者である受贈者が、贈与により、中小企業における経営の承継の円滑化に関する法律（この第11章において、以下「円滑化法」といいます。）第12条第1項の都道府県知事の認定（この第11章において、以下「円滑化法認定」といいます。）を受ける非上場会社の株式等（中小企業者である非上場会社の株式又は出資をいいます。）を贈与者（先代経営者）から全部又は一定以上取得し、その会社を経営していく場合には、その後継者が納付すべき贈与税のうち、その株式等（一定の部分に限られます。）に対応する贈与税の全額の納税が猶予され（この第11章において、この特例を、以下「贈与税の納税猶予の特例」といいます。措法70の7）、先代経営者の死亡等により、納税が猶予されている贈与税の納付が免除されます。ただし、次のハの相続税の課税があります。

ロ　対象非上場株式等についての相続税の納税猶予及び免除の特例

後継者である相続人又は受遺者（この第11章において、以下「相続人等」といいます。）が、相続又は遺贈により、円滑化法認定を受ける非上場会社の株式等（中小企業者である非上場会社の株式又は出資をいいます。）を被相続人（先代経営者）から取得し、その会社を経営していく場合には、その後継者が納付すべき相続税のうち、その株式等（一定の部分に限られます。）に係る課税価格の80％に対応する相続税の納税が猶予され（この第11章において、この特例を、以下「相続税の納税猶予の特例」といいます。措法70の７の２）、後継者の死亡等により、納税が猶予されている相続税の納付が免除されます。

ハ　対象非上場株式等の贈与者が死亡した場合の相続税の課税の特例

贈与税の納税猶予の特例の適用を受ける受贈者に係る贈与者が死亡した場合には、その贈与者の死亡による相続又は遺贈に係る相続税については、その受贈者がその贈与者から相続又は遺贈により贈与税の納税猶予の特例の適用を受けた非上場株式等の取得をしたものとみなされます。この場合において、その相続税の課税価格の計算の基礎に算入すべきその株式等の価額については、その贈与の時における価額を基礎として計算します（措法70の７の３）。

ニ　対象非上場株式等の贈与者が死亡した場合の相続税の納税猶予及び免除の特例

上記ハにより、贈与者から相続又は遺贈により取得をしたものとみなされた非上場株式等について、その相続又は遺贈により取得した他の財産と合算して計算した相続税のうち、その株式等（一定の部分に限られます。）に係る課税価格の80％に対応する相続税の納税が猶予されます（この第11章において、以下「贈与者が死亡した場合の相続税の納税猶予の特例」といいます。措法70の７の４）。

なお、上記イからニにおける「非上場株式等」とは、次のものをいいます（措法70の７②二、70の７の２②二、70の７の４②二、措規23の９⑦⑧）。

①	会社の株式の全てが金融商品取引所（金融商品取引法２⑯）に上場されていないこと又はその上場の申請がされていないことを満たす株式
②	会社の株式の全てが金融商品取引所に類するものであって外国に所在するものに上場がされていないこと又はその上場の申請がされていないことを満たす株式
③	会社の株式の全てが店頭売買有価証券登録原簿（金融商品取引法67の11①）に登録がされていないこと又はその登録の申請がされていないことを満たす株式

④	会社の株式の全てが店頭売買有価証券登録原簿に類するものであって外国に備えられるものに登録がされていないこと又はその登録の申請がされていないことを満たす株式
⑤	合名会社、合資会社又は合同会社の出資のうち、その全てが金融商品取引所に類するものであって外国に所在するものに上場がされていないこと又はその上場の申請がされていないことを満たすもの
⑥	合名会社、合資会社又は合同会社の出資のうち、その全てが店頭売買有価証券登録原簿に類するものであって外国に備えられるものに登録がされていないこと又はその登録の申請がされていないことを満たすもの

＜贈与税の納税猶予の手続及び猶予税額の免除（一般事業承継税制）＞

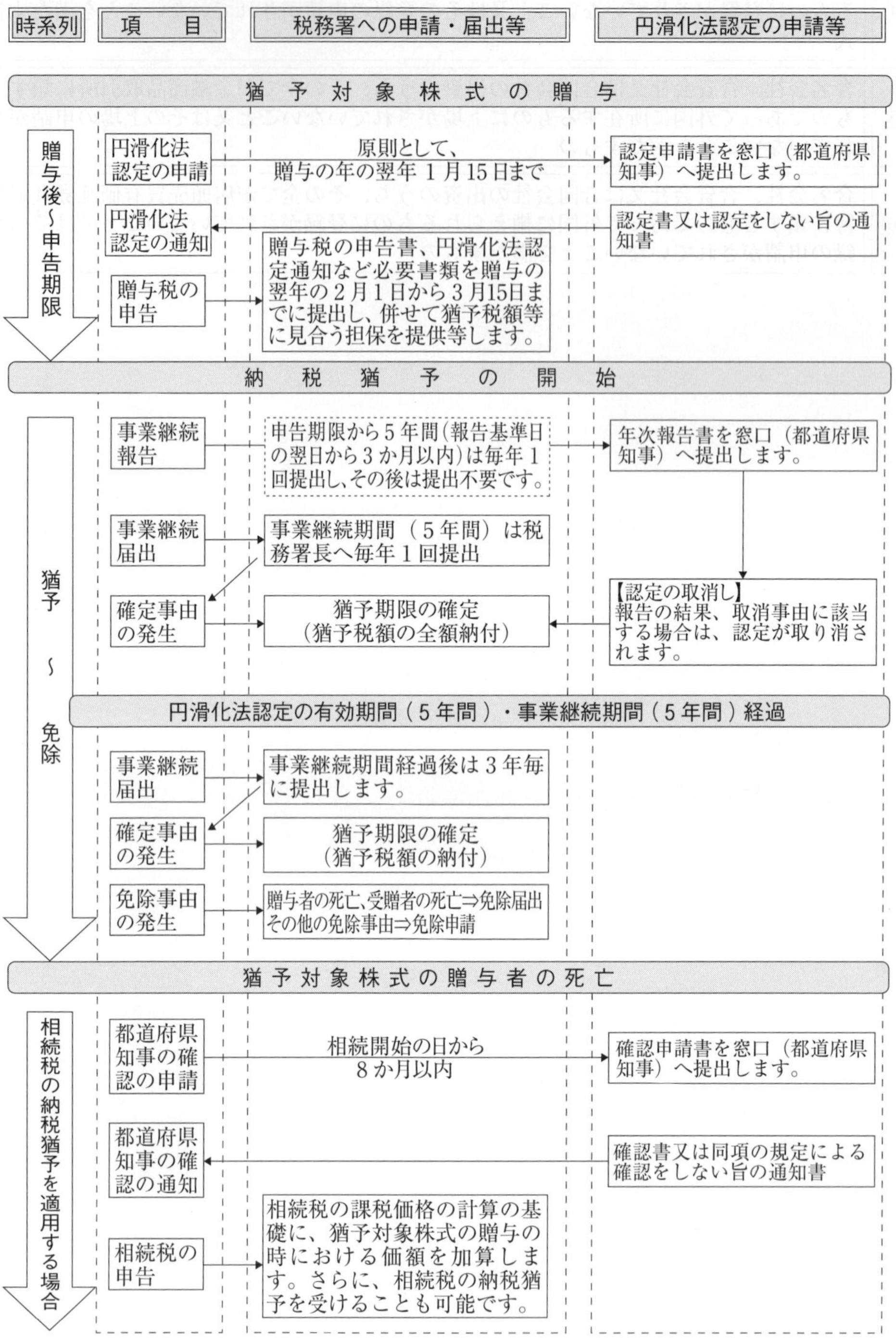

＜相続税の納税猶予の手続及び納税猶予の免除（一般事業承継税制）＞

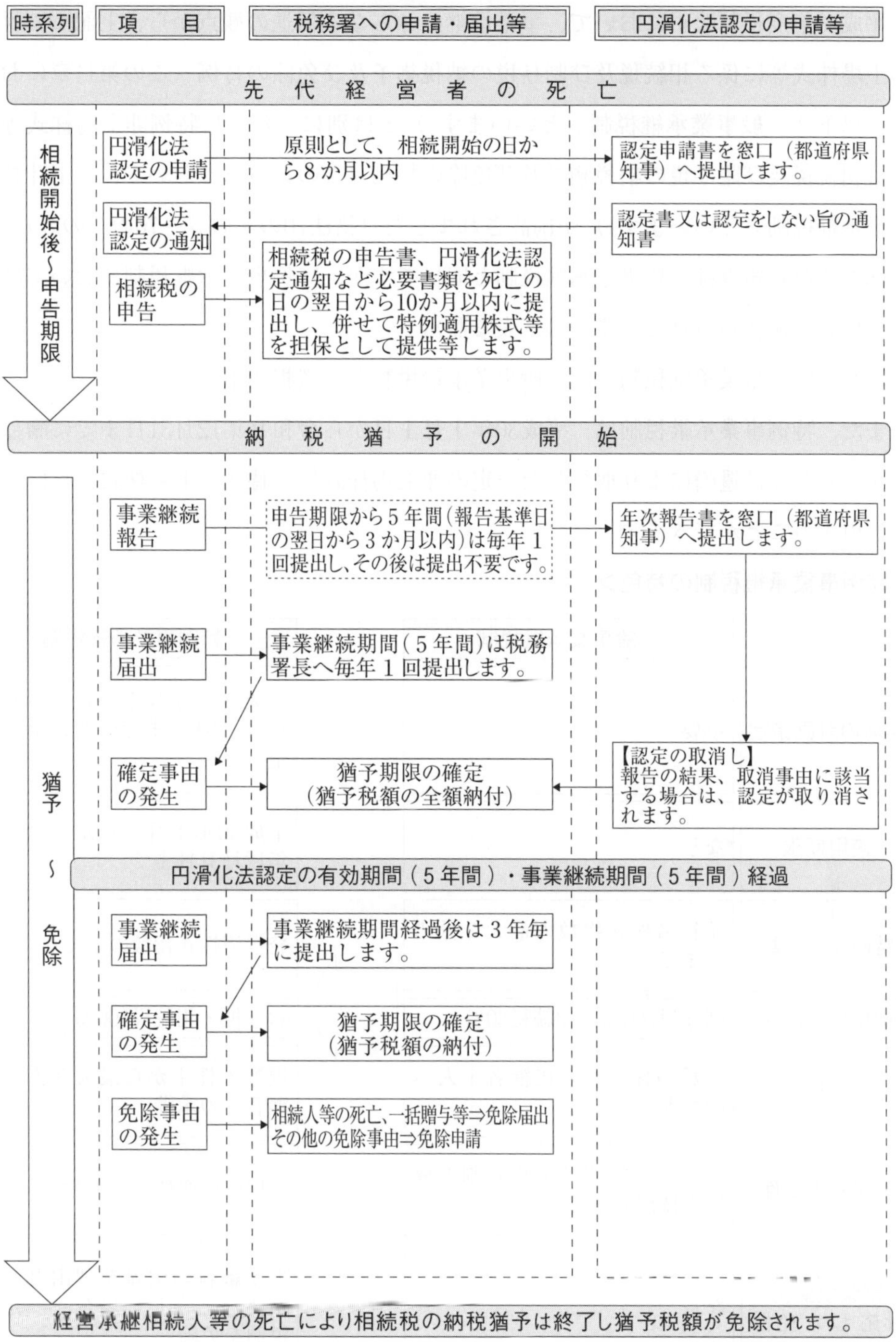

⑵　特例非上場株式等に係る相続税及び贈与税の納税猶予及び免除の特例

平成30年度税制改正において、事業承継のさらなる促進の観点から、上記⑴の対象非上場株式等に係る相続税及び贈与税の納税猶予及び免除の特例（この第11章において、以下「一般事業承継税制」といいます。）とは別に、新たに特例非上場株式等に係る相続税及び贈与税の納税猶予及び免除の特例（この第11章において、以下「特例事業承継税制」といいます。）が創設されました（措法70の７の５～70の７の８）。

基本的な仕組みは一般事業承継税制と同様ですが、特例事業承継税制においては適用要件などが緩和されています（下表参照）。

なお、特例事業承継税制は、一般事業承継税制との選択適用となります。

また、特例事業承継税制は、平成30年１月１日から令和９年12月31日までに贈与又は相続若しくは遺贈により取得した一定の非上場株式等（特例非上場株式等）について適用することができます。

＜特例事業承継税制の特色＞

	一般事業承継税制	特例事業承継税制
事前の計画策定	不要	平成30年４月１日から令和６年３月31日までの間に計画策定
適用期限	なし	平成30年１月１日から令和９年12月31日まで
特例対象株数	発行済株式総数の最大３分の２まで	発行済株式総数の全て
納税猶予割合	贈与税100％、相続税80％	贈与税・相続税100％
承継形態	複数の株主から後継者１人への承継	複数の株主から最大３人の後継者への承継
雇用確保要件	承継後５年間は平均８割の雇用維持が必要	雇用確保要件の弾力化
経営環境変化に対応した免除	なし	事業継続の困難を理由とした譲渡などをした場合、一定の税額を免除
相続時精算課税の適用対象者	18歳以上（※）の推定相続人又は孫	18歳以上（※）の者（推定相続人又は孫であるかは問わない）

※　令和４年３月31日以前の贈与については20歳以上となります（平成31年改正法附則23③、79⑥⑦）。

2　贈与税の納税猶予の特例

(1)　特例の適用要件や申告手続等の流れ

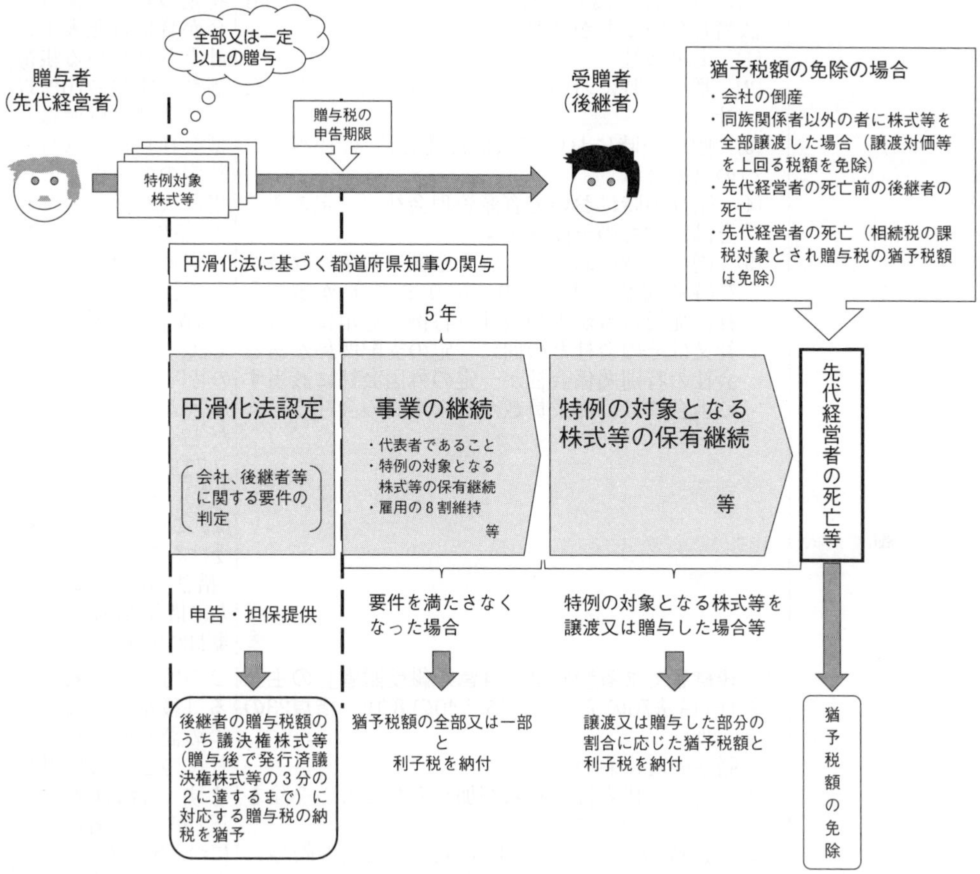

贈　与	◆　この特例の適用を受けるためには、贈与により、先代経営者である贈与者から、全部又は一定以上の「非上場株式等」（措法70の7②二）を取得する必要があります。	

⇩

円滑化法認定 申告書の作成・提出	◆　円滑化法に基づき会社・後継者（受贈者）及び先代経営者（贈与者）の要件を満たしていることについて「円滑化法認定」を受けます（措法70の7②四、措規23の9⑪）。 ◆　贈与税の申告期限までに、この特例の適用を受ける旨を記載した贈与税の申告書及び一定の書類を納税地の所轄税務署長へ提出するとともに、納税が猶予される贈与税額及び利子税の額に見合う担保を提供する必要があります（措法70の7①⑧、措規23の9㉔）。 〈この特例を受けるための要件〉 1　会社（「認定贈与承継会社」）の主な要件（措法70	「円滑化法認定」を受けるためには、贈与を受けた年の翌年の1月15日までにその申請を行う必要があります（円滑化規則7②）。 〔参考〕 中小企業庁ホームページ 「資産管理会社」と

の７②一、八、九、措令40の８⑥～⑩、⑲～㉒、措規23の９③～⑥、⑭～⑯）

次の会社のいずれにも該当しないこと（(1)から(3)は特定特別関係会社（712ページの（※１））も該当しないことが必要です。）

(1)　上場会社
(2)　贈与の時において中小企業者に該当しない会社
(3)　贈与の時において風俗営業会社（712ページの（※２））
(4)　贈与の時において資産管理会社（一定の要件を満たすものを除きます。）
(5)　贈与の時において総収入金額（営業外収益及び特別利益以外のものに限ります。）が零の会社、従業員数が零の会社（特例の適用に係る会社又はその会社との間に一定の支配関係がある会社の特別関係会社が一定の外国会社に該当する場合には、従業員数が５人未満の会社）

は、有価証券、自ら使用していない不動産、現金・預金等の特定の資産の保有割合が貸借対照表上に計上されている帳簿価額の総額の70％以上の会社（資産保有型会社）やこれらの特定の資産からの運用収入が総収入金額の75％以上の会社（資産運用型会社）のことをいいます。

資産管理会社については、原則として、この特例の適用を受けることはできません。ただし、一定の要件（712ページの（※３））を満たす場合は、この特例の適用を受けることができます（措法70の７②八、九、措令40の８⑥、措規23の９⑮）。

2　後継者である受贈者（「経営承継受贈者」）の主な要件（措法70の７②三、措令40の８⑪、措規23の９⑨⑩）

贈与の時において、

(1)　会社の代表権（制限が加えられたものを除きます。）を有していること
(2)　18歳以上（令和４年３月31日以前の贈与にあっては、20歳以上）であること
(3)　役員又は業務執行社員（この第11章において、以下「役員等」といいます。）の就任から３年以上を経過していること
(4)　後継者及び後継者と特別の関係がある者（715ページの（※４））の有する認定贈与承継会社の非上場株式等に係る議決権の数の合計が、その認定贈与承継会社に係る総株主等議決権数の50％を超える数であり、かつ、これらの者の中で最も多くの議決権数を保有することとなること
(5)　この特例を適用する非上場株式等（この第11章において、以下「対象受贈非上場株式等」といいます。）の全てを申告期限まで保有すること
(6)　認定贈与承継会社の非上場株式等について、特例非上場株式等についての贈与税及び相続税の納税猶予の特例（措法70の７の５、70の７の６、70の７の８）の適用を受けていないこと。

この特例の対象となる「後継者」は、１つの認定贈与承継会社につき１人に限ります（措法70の７②三）が、贈与者は１社につき複数人であってもこの特例の対象となります。

「役員」とは、取締役、会計参与及び監査役をいいます（会社法329①）。

「議決権数」には、株主総会において議決権を行使できる事項の全部について制限された株式の数等は含まれません（措通70の７－12）。

3　先代経営者である贈与者の主な要件（措法70の７①、措令40の８①）

(1)　会社の代表権を有していたこと

贈与者が、認定贈与承継会社の株式等について既に贈与税の

	⑵　贈与時において認定贈与承継会社の代表権を有していないこと ⑶　贈与直前（贈与の直前に代表権を有していない場合には、代表権を有していた期間内のいずれかの時及び贈与直前）において、贈与者及び贈与者と特別の関係がある者（715ページの（※４））で総議決権数の50％超の議決権数を保有し、かつ、後継者を除いたこれらの者の中で最も多数を保有していたこと ㈟　贈与の直前において、その認定贈与承継会社の株式について、既に一般事業承継税制の適用を受けている者がいる場合又は一般事業承継税制の対象となる相続若しくは遺贈又は贈与により当該株式を取得した者がいる場合には、上記⑴及び⑶の要件は不要です。	納税猶予の特例の適用に係る贈与をしている場合を除きます（措法70の７①）。
	４　担保提供（措法70の７①） 納税が猶予される贈与税額及び利子税の額に見合う担保を提供する必要があります。 また、会社が株券不発行会社であっても、一定の書類（①納税者が所有する非上場株式について、税務署長等の質権を設定することを承諾した旨を記載した書類、②納税者の印鑑証明書、③株主名簿記載事項証明書、④法人の印鑑証明書）を税務署長へ提出することにより、担保の提供が可能です（措令40の８③、措規23の９①一）。 ㈟　対象受贈非上場株式等の全てを担保とした場合には、納税が猶予される贈与税額及び利子税の額に見合う担保の提供があったものとみなされます（措法70の７⑥）。 ただし、その後に担保の変更があった場合又は会社が株券発行会社若しくは株券不発行会社に移行した場合（事前に税務署長に対しその旨を通知し、担保提供手続が行われた場合を除きます。）にはこの限りではありません（措令40の８㉝）。	担保提供に係る書類を所轄税務署長に提出します（措令40の８③、措規23の９①、通則令16）。 一定の事由が生じた場合において、税務署長は後継者の申請に基づきその担保の全部又は一部を解除することができます。この場合、その担保の解除はなかったものとみなされます（措令40の８㉞㉟、措規23の９㉒㉓）。

贈与税の申告期限	〈贈与税の申告期限〉 贈与を受けた年の翌年の２月１日から３月15日までに、後継者の住所地の所轄税務署長に申告する必要があります（措法70の７⑧、措規23の９㉔）。（715ページの（※５、６））	

納税猶予期間中非上場株式等の継続保有	◆　申告後も引き続き対象受贈非上場株式等を保有すること等により、納税の猶予が継続されます。 ただし、対象受贈非上場株式等を譲渡するなど一定の場合には、納税が猶予されている贈与税の全部又は一部について利子税と併せて納付しなければなりません（措法70の７③⑤㉗）。 〈納税が猶予されている贈与税を納付する必要がある主な場合〉 ⑴　下表の「A」に該当した場合は、納税が猶予されている贈与税の全額と利子税を併せて納付	「A」に該当した場合は、猶予された贈

	する必要があります。 ⑵　下表の「B」に該当した場合は、納税が猶予されている贈与税のうち、譲渡又は贈与（この第11章において、以下「譲渡等」といいます。）した部分に対応する贈与税と利子税を併せて納付する必要があります。 ㈯　譲渡等した部分に対応しない贈与税については、引き続き納税が猶予されます。	与税の全額と利子税を納付することとなり、この特例の適用は終了します。
	（下表参照） ※1　「経営贈与承継期間」とは、この特例の適用に係る贈与の日の属する年分の贈与税の申告書の提出期限の翌日から、次の①若しくは②のいずれか早い日又は経営承継受贈者（後継者）若しくは贈与者（先代経営者）の死亡の日の前日のいずれか早い日までの期間をいいます（措法70の7②六）。この2において、以下同じです。 ①　経営承継受贈者（後継者）の最初のこの特例の適用に係る贈与の日の属する年分の贈与税の申告書の提出期限の翌日以後5年を経過する日 ②　経営承継受贈者（後継者）の最初の相続税の納税猶予の特例（措法70の7の2）の適用に係る相続に係る相続税の申告書の提出期限の翌日以後5年を経過する日 2　「C」に該当した場合は、引き続き納税が猶予されます。 3　雇用の平均は、従業員数確認期間（724ページの㈯2を参照）の末日に判定します。	納税が猶予されている贈与税の<u>全部又は一部</u>と利子税は、左表に掲げる場合となった日から2か月を経過する日（納税猶予期限）までに納付する必要があります（措法70の7③⑤）。なお、利子税の額は、贈与税の申告期限の翌日から納税猶予期限までの期間（日数）に応じた額となります（措法70の7㉗）。しかし、申告期限後5年経過後において、納税猶予期限が確定する場合の申告期限後5年以内の期間の利子税は免除されます（措法70の7㉘）。
「継続届出書」の提出	◆　引き続きこの特例の適用を受ける旨や会社の経営に関する事項等を記載した「継続届出書」を、贈与税の申告期限後の5年間は毎年、5年経過後は3年ごとに後継者（受贈者）の納税地の所轄税務署長へ提出する必要があります（措法70の7⑨、措令40の8㊱、措規23の9㉕～㉘）。	「継続届出書」の提出がない場合には、猶予されている贈与税の全額と利子税を納付する必要があります（措法70の7⑪）。 また、円滑化法認定を受けた会社も申告期限後5年間は毎年、都道府県知事に対し一定の書類を提出する必要があります（円滑化規則12①②）。

主な場合（後記⑷⑸参照）	経営贈与承継期間（※1）内	経営贈与承継期間（※1）経過後
対象受贈非上場株式等についてその一部を譲渡等した場合	A	B
後継者が会社の代表権を有しなくなった場合	A	C（※2）
一定の基準日（※3）における雇用の平均が贈与時の雇用の8割を下回った場合	A	C（※2）
会社が一定の資産管理会社に該当した場合	A	A
先代経営者が代表権を有することとなった場合	A	C（※2）

先代経営者（贈与者）の死亡等 「免除届出書」の提出	◆　先代経営者（贈与者）の死亡等があった場合には、「免除届出書」を提出することにより、その死亡等のあったときにおいて納税が猶予されている贈与税の全部又は一部についてその納付が免除されます（措法70の7 ⑮⑯、措令40の8 ㊲）。 〈猶予されている贈与税の納付が免除される主な場合〉 (1)　先代経営者（贈与者）が死亡した場合 (2)　先代経営者（贈与者）の死亡の時以前に後継者（受贈者）が死亡した場合 (3)　経営贈与承継期間の経過後に、この特例の適用を受けた非上場株式等に係る会社について破産手続開始の決定又は特別清算開始の命令があった場合など一定の場合	経営贈与承継期間の経過後に、民事再生計画の認可決定があった場合など、その時点における非上場株式等の価額に基づき、納税猶予税額の再計算を行い、再計算後の納税猶予税額で納税猶予を継続することができる場合があります（再計算前における納税猶予税額から再計算後の納税猶予税額を控除した差額は、免除されます。）。

※1　「特別関係会社」及び「特定特別関係会社」とは、次に掲げる会社をいいます。

<table>
<tr><th colspan="4">特別関係会社（措令40の８⑦）</th><th colspan="2">特定特別関係会社（措令40の８⑧）</th></tr>
<tr><td colspan="6">円滑化法認定を受けた会社、その会社の代表権を有する者及びその代表権を有する者と以下のⅠからⅥの特別の関係がある者が有する他の会社（会社法第２条第２号に規定する外国会社を含みます。）の株式等に係る議決権の数の合計が、その「他の会社」に係る総株主等議決権数の50/100を超える数である場合における当該他の会社</td></tr>
<tr><td>Ⅰ</td><td colspan="3">その代表権を有する者の親族</td><td>Ⅰ</td><td>その代表権を有する者と生計を一にする親族</td></tr>
<tr><td>Ⅱ</td><td colspan="3">その代表権を有する者と婚姻の届出をしていないが事実上婚姻関係と同様の事情にある者</td><td>Ⅱ</td><td>特別関係会社と同じです。</td></tr>
<tr><td>Ⅲ</td><td colspan="3">その代表権を有する者の使用人</td><td>Ⅲ</td><td>特別関係会社と同じです。</td></tr>
<tr><td>Ⅳ</td><td colspan="3">ⅠからⅢ以外の者でその代表権を有する者から受ける金銭その他の資産によって生計を維持しているもの</td><td>Ⅳ</td><td>特別関係会社と同じです。</td></tr>
<tr><td>Ⅴ</td><td colspan="3">ⅡからⅣの者と生計を一にするこれらの親族</td><td>Ⅴ</td><td>特別関係会社と同じです。</td></tr>
<tr><td rowspan="3">Ⅵ</td><td rowspan="3">次に掲げる会社</td><td>ⅰ</td><td>その代表権を有する者（円滑化法認定を受けた会社及びⅠからⅤに掲げる者を含みます。ⅱ及びⅲにおいて同じです。）が有する会社の株式等に係る議決権の数の合計が、その会社に係る総株主等議決権数の50/100を超える数である場合におけるその会社</td><td rowspan="3">Ⅵ</td><td rowspan="3">特別関係会社と同じです。</td></tr>
<tr><td>ⅱ</td><td>その代表権を有する者及びⅰの会社が有する他の会社の株式等に係る議決権の数の合計がその「他の会社」に係る総株主等議決権数の50/100を超える数である場合におけるその「他の会社」</td></tr>
<tr><td>ⅲ</td><td>その代表権を有する者及びⅰ又はⅱの会社が有する他の会社の株式等に係る議決権の数の合計が、その「他の会社」に係る総株主等議決権数の50/100を超える数である場合におけるその「他の会社」</td></tr>
</table>

2　「風俗営業会社」とは、風俗営業等の規制及び業務の適正化等に関する法律（この第11章において、以下「風営法」といいます。）第２条第５項に規定する性風俗関連特殊営業に該当する事業を営む会社をいい、同項の規定は、次のとおりです（措通70の７－26）。

○　**風営法第２条《用語の意義》第５項**

この法律において「性風俗関連特殊営業」とは、店舗型性風俗特殊営業、無店舗型性風俗特殊営業、映像送信型性風俗特殊営業、店舗型電話異性紹介営業及び無店舗型電話異性紹介営業をいう。

3　資産管理会社のうち一定の会社の株式等は納税猶予の特例の対象となりません（次ページ参照。措法70の７②一ロ）

チェックポイント

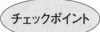

〔特例の対象とならない資産管理会社（措通70の7－11）〕

資産保有型会社又は資産運用型会社に該当するかどうかの判定は、次の(1)又は(2)により行いますが、これらの会社のうち(3)の要件の全てに該当するものに係る非上場株式等は、この特例の適用対象となりません。

このことは、納税猶予期限の確定事由としての資産管理会社に該当することとなったかどうか（措法70の7③九の要件）を判定する場合も同様です。

その場合は、(1)及び(2)中「贈与の日の属する事業年度の直前の事業年度の開始の日」を「贈与税の申告期限の翌日」に、「贈与税の申告期限」を「租税特別措置法第70条の7第2項第7号ロに規定する猶予中贈与税額に相当する贈与税の全部につき納税の猶予に係る期限が確定する日」にそれぞれ読み替えます。

(1)　資産保有型会社の判定

贈与の日の属する事業年度の直前の事業年度の開始の日からその贈与に係る贈与税の申告期限までの間のいずれかの日において次の算式を満たす場合には、資産保有型会社に該当します。

$$\frac{B+C}{A+C} \geqq \frac{70}{100}$$

Ａ：そのいずれかの日におけるその会社の総資産の貸借対照表に計上されている帳簿価額の総額

Ｂ：そのいずれかの日におけるその会社の特定資産（注３）の貸借対照表に計上されている帳簿価額の合計額

Ｃ：そのいずれかの日以前５年以内において経営承継受贈者及びその経営承継受贈者と特別の関係がある者（措令40の８⑪）がその会社から受けた次のａ及びｂの合計額

ａ　その会社から受けたその会社の株式等に係る剰余金の配当又は利益の配当（贈与の時前に受けたものを除きます。）の額

ｂ　その会社から支給された給与（債務の免除による利益その他の経済的な利益を含み、贈与の時前に支給されたものを除きます。）の額のうち、過大な使用人給与の損金不算入によりその会社の各事業年度の所得の金額の計算上損金の額に算入されないこととなる金額

(注)１　資産保有型会社に該当するかどうかの判定において、その会社の各事業年度の所得の金額の計算上損金の額に算入されないこととなる金額がある場合で、その損金の額に算入されないこととなる金額が、贈与の時前又は贈与の時以後のいずれに属するものか区分することができないときは、その区分することができない金額をその贈与の日の属する事業年度の開始の日からその贈与の日の前日までの日数とその贈与の日からその事業年度の末日までの日数がそれぞれの事業年度の日数に占める割合によりあん分します。この場合において、あん分後の金額に１円未満の端数があるときは、その端数金額を切り捨てて差し支えありません。

２　当該判定期間において、認定贈与承継会社の事業活動のために必要な資金の借入れを行ったことその他その事業の用に供していた資産の譲渡又は当該資産について生じた損

害に基因した保険金の取得その他事業活動上生じた偶発的な事由でこれらに類する事由が生じたことにより上記算式を満たすこととなった場合は、当該事由が生じた日から同日以後６か月を経過する日までの期間においては、上記算式を満たしても「資産保有型会社」には該当しません（措令40の８⑲、措規23の９⑭）。

３　「特定資産」の主なものは次のとおりです（措規23の９⑮、円滑化規則１⑰二イ～ホ）。

イ　金融商品取引法第２条に規定する有価証券及び有価証券とみなされる権利

ロ　その会社が現に自ら使用していない不動産

ハ　ゴルフ場その他の施設の利用に関する権利（事業供用目的以外のもの。ニにおいて同じです。）

ニ　絵画、彫刻、工芸品その他の有形の文化的所産である動産、貴金属及び宝石

ホ　現金、預貯金その他これらに類する資産（後継者又は後継者の同族関係者に対する貸付金、未収金その他これらに類する資産を含みます。）

⑵　資産運用型会社に該当するかどうかの判定

贈与の日の属する事業年度の直前の事業年度の開始の日からその贈与に係る贈与税の申告期限までの間に終了するいずれかの事業年度において次の算式を満たす場合には、資産運用型会社に該当します。

$$\frac{B}{A} \geqq \frac{75}{100}$$

Ａ：そのいずれかの事業年度における総収入金額

Ｂ：そのいずれかの事業年度における特定資産の運用収入の合計額

㊟　当該判定期間に係るいずれかの事業年度において、認定贈与承継会社の事業活動のために必要な資金を調達するために特定資産を譲渡したことその他事業活動上生じた偶発的な事由でこれに類する事由が生じたことにより上記算式を満たすこととなった場合は、当該事業年度の開始の日から当該事業年度終了の日の翌日以後６か月を経過する日の属する事業年度終了の日までの期間に係る事業年度においては、上記算式を満たしても「資産運用型会社」には該当しません（措令40の８㉒、措規23の９⑯）。

⑶　特例の適用対象とならない資産管理会社の要件（措法40の８⑥、措規23の９⑤、措通70の７－11）

イ　その資産管理会社の特定資産からその資産管理会社が有するその資産管理会社の特別関係会社で次に掲げる要件の全てを満たすものの株式等を除いた場合であっても、その資産管理会社が資産保有型会社又は資産運用型会社に該当すること

⑴　その特別関係会社が、贈与の日まで引き続き３年以上にわたり、商品の販売その他の業務で一定のものを行っていること

⑵　⑴の贈与の時において、その特別関係会社の親族外従業員の数が５人以上であること

⑶　⑴の贈与の時において、その特別関係会社が、⑵の親族外従業員が勤務している事務所、店舗、工場その他これらに類するものを所有し、又は賃借していること

ロ　その資産管理会社が、次に掲げる要件の全てを満たす資産保有型会社又は資産運用型会社でないこと

⑴　その資産管理会社が、贈与の日まで引き続き３年以上にわたり、商品の販売その他の業務で財務省令で定めるものを行っていること

⑵　⑴の贈与の時において、その資産管理会社の親族外従業員の数が５人以上であること

⑶　⑴の贈与の時において、その資産管理会社が、⑵の親族外従業員が勤務している事務所、店舗、工場その他これらに類するものを所有し、又は賃借していること

4　特別の関係がある者とは、次のとおりです（措令40の８⑪）。

①	その個人の親族
②	その個人と婚姻の届出をしていないが事実上婚姻関係と同様の事情にある者
③	その個人の使用人
④	①から③以外の者でその個人から受ける金銭その他の資産によって生計を維持している者
⑤	②から④の者と生計を一にするこれらの親族
⑥	その個人（①から⑤に掲げる者を含みます。⑦及び⑧において同じです。）が有する会社の株式等に係る議決権の数の合計が、当該会社に係る総株主等議決権数の50/100を超える数である場合におけるその会社
⑦	その個人及び⑥の会社が有する他の会社の株式等に係る議決権の数の合計が、その「他の会社」に係る総株主等議決権数の50/100を超える数である場合におけるその「他の会社」
⑧	その個人及び⑥又は⑦の会社が有する他の会社の株式等に係る議決権の数の合計が、その「他の会社」に係る総株主等議決権数の50/100を超える数である場合におけるその「他の会社」

5　医療法人の出資は、この特例（贈与税の納税猶予の特例（措法70の７））の対象にはなりません。

なお、このことは、相続税の納税猶予の特例（措法70の７の２）及び贈与者が死亡した場合の相続税の納税猶予の特例（措法70の７の４）においても同様です。

6　この特例は、期限後申告、修正申告又は更正に係る税額について適用がありません（措法70の７①）。

ただし、修正申告又は更正があった場合で、その修正申告又は更正が期限内申告においてこの特例の適用を受けた株式等の評価又は税額計算の誤りのみに基づいてされるときにおけるその修正申告又は更正により納付すべき贈与税額（附帯税を除きます。）については、当初からこの特例の適用があることとされています。

この場合において、その修正申告又は更正により納税猶予の適用を受けることとなる贈与税の本税の額とその本税に係る利子税の額に相当する担保については、その修正申告書の提出の日又はその更正に係る通知書が発せられた日の翌日から起算して１か月を経過する日までに提供しなければなりません（措通70の７－６）。

なお、このことは、相続税の納税猶予の特例（措法70の７の２）及び贈与者が死亡した場合の相続税の納税猶予の特例（措法70の７の４）においても同様です（措通70の７の２－９、70の７の４－３）。

(2)　納税が猶予される贈与税の計算方法（措法70の7②五）

1　贈与を受けた全ての財産の価額の合計額に基づき贈与税を計算します。

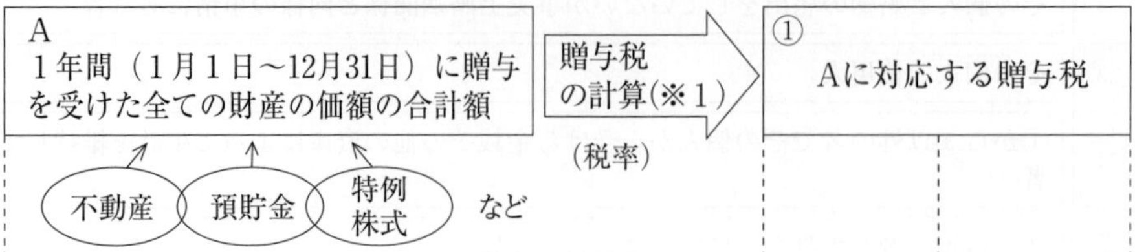

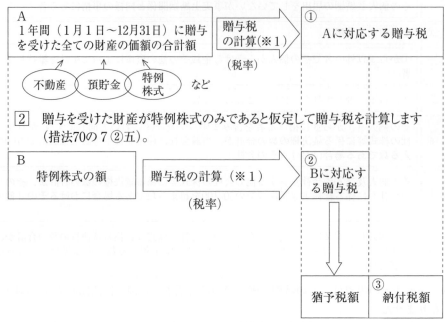

2　贈与を受けた財産が特例株式のみであると仮定して贈与税を計算します（措法70の7②五）。

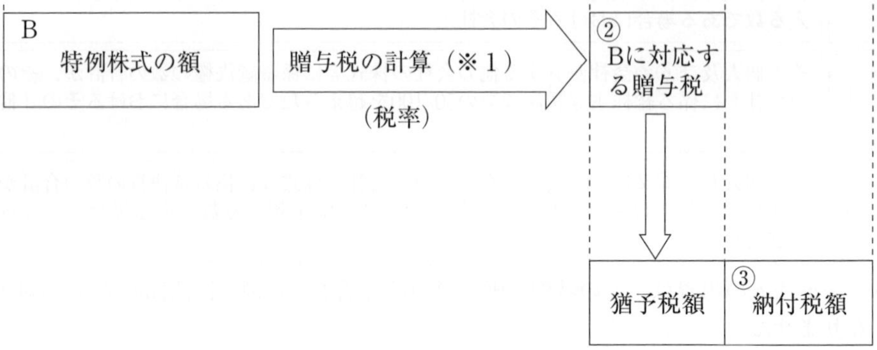

3　「②の金額」が「納税が猶予される贈与税の額」となります（100円未満の金額は切り捨てます（措令40の8⑬））。

なお、「①の金額」から「納税が猶予される贈与税の額（②の金額）」を控除した「③の金額（納付税額）」は、贈与税の申告期限までに納付します。

※1　暦年課税を選択した場合は、基礎控除110万円を控除し、暦年課税における贈与税率を適用して計算します。また、相続時精算課税を選択した場合は、基礎控除110万円及び特別控除2,500万円を控除し、税率20％を適用して計算します。

2　図中の「特例株式」とは、対象受贈非上場株式等を表しています。

＜贈与税の納付税額等の算出イメージ＞

①　暦年課税を選択した場合

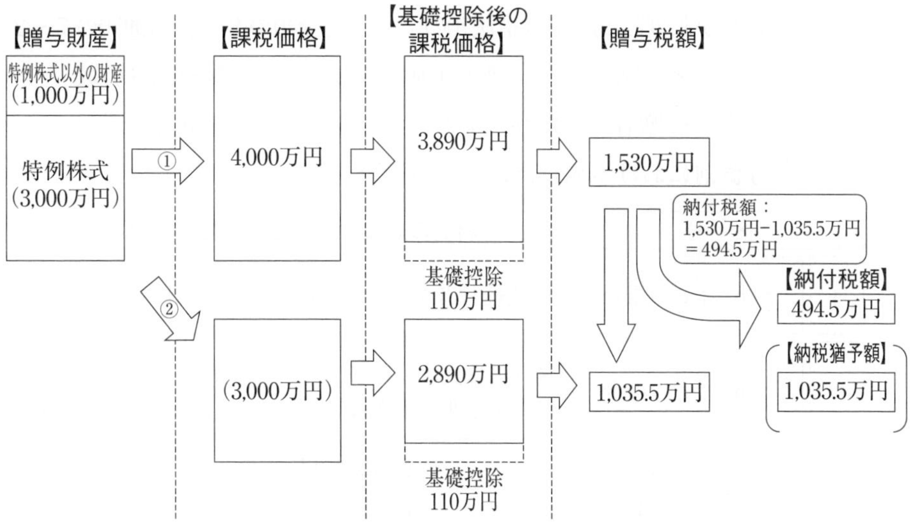

※1　税額は、孫等が直系尊属から贈与を受けた場合の特例税率によって計算しています。
　2　図中の「特例株式」とは、対象受贈非上場株式等を表しています。

②　相続時精算課税を選択した場合

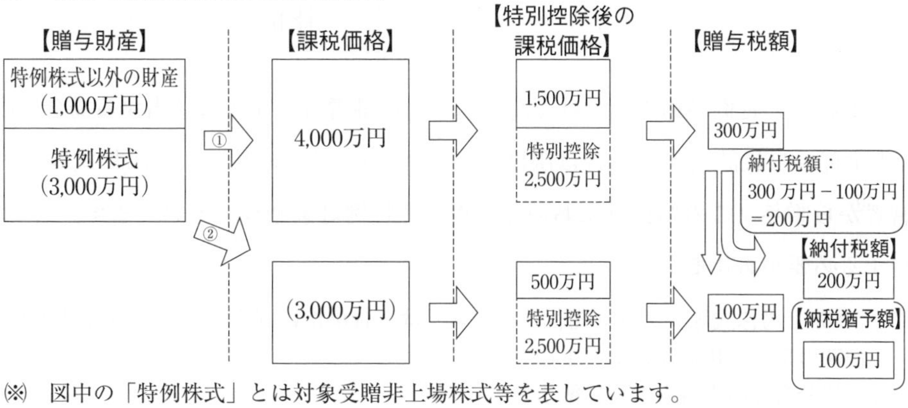

※　図中の「特例株式」とは対象受贈非上場株式等を表しています。

③　相続時精算課税を選択した場合（令和６年１月１日以後）

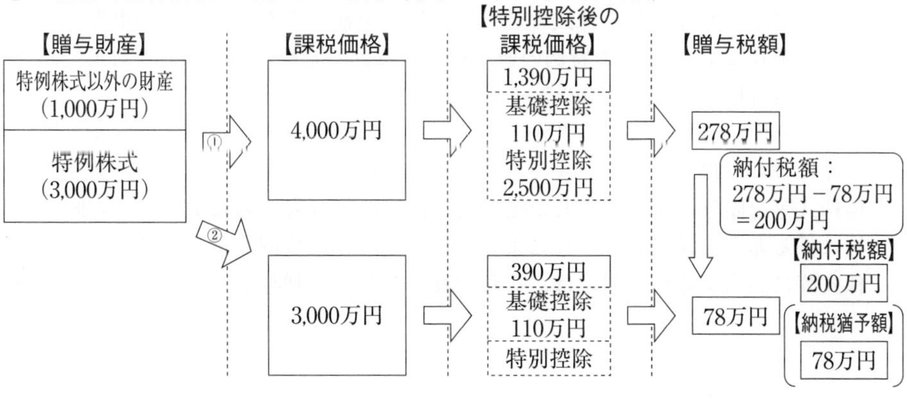

＜特例の対象となる非上場株式等（「対象受贈非上場株式等」）の限度数＞

この特例の対象となる非上場株式等の数は、次のa、b、cの数を基に下表の区分の場合に応じた数が限度となります（措法70の７①、措令40の８②、措通70の７－２）。

「a」：先代経営者（贈与者）が贈与直前に保有する非上場株式等の数

「b」：後継者（受贈者）が贈与の前から保有する非上場株式等の数

「c」：贈与直前における発行済株式等の総数

区　分		特例の対象となる非上場株式等の限度数
イ	$a+b<\frac{2}{3}c$ の場合	先代経営者が贈与直前に保有する非上場株式等の数（a）
ロ	$a+b\geqq\frac{2}{3}c$ の場合	発行済株式等の総数の３分の２から後継者が贈与直前に保有する非上場株式等の数を控除した数（$\frac{2}{3}c-b$）

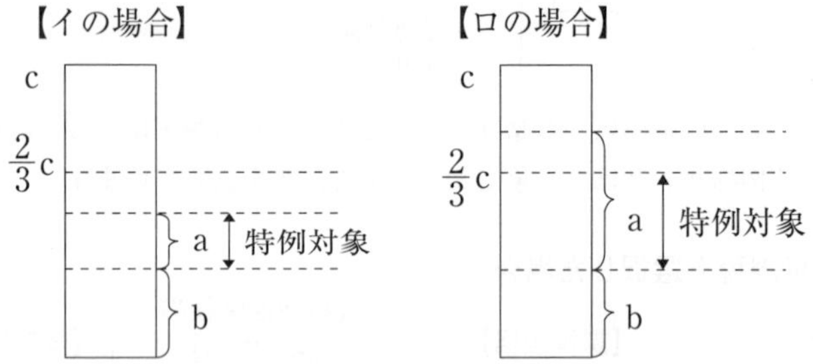

なお、この特例の適用を受けるためには、後継者は上記イに該当する場合は限度数aの全部、ロに該当する場合は限度数（$\frac{2}{3}c-b$）以上の数の非上場株式等を先代経営者から贈与（この第11章において、以下「特例対象贈与」といいます。）により取得する必要があります。

㈱1　「非上場株式等」又は「発行済株式等」は、議決権に制限のないものに限ります（措法70の７①、措通70の７－１）。

2　持分会社の場合も上表に準じます。

3　$\frac{2}{3}c$に端数が生じた場合は切り上げます（措令40の８②、措通70の７－２）。

4　上記により計算された株式の数又は出資の金額のうち、贈与税の申告書（期限内申告書に限ります。）にこの特例の適用を受ける旨の記載がある部分が対象受贈非上場株式等に該当します（措通70の７－２）。

5　同一年中に、異なる贈与者から同一の（認定贈与承継）会社に係る非上場株式等を贈与により取得した場合、異なる贈与者から複数の（認定贈与承継）会社に係る非上場株式等を贈与により取得した場合及び同一の贈与者から複数の（認定贈与承継）会社に係る非上場株式等を贈与により取得した場合の特例対象贈与及び対象受贈非上場株式等に該当するかの判定は、それぞれの会社及び贈与ごとに行います（措通70の７－２）。

チェックポイント

〔贈与税の納税猶予の特例の適用関係〕

【具体例１】父の保有する株式（50）を子（後継者）へ全て贈与した場合

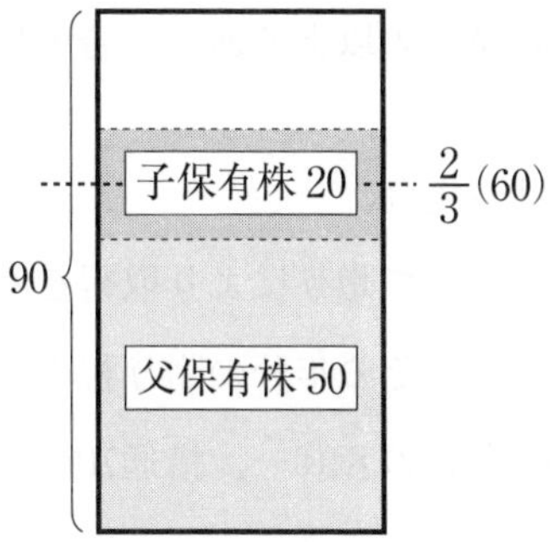

限度株数（金額）の計算

50（父保有株）＋20（子保有株）≧$90\times\frac{2}{3}$

⇩

60（$90\times\frac{2}{3}$）－20＝40　∴40 以上の贈与（特例対象贈与）

【ポイント】

○40以上の贈与なので、この贈与については納税猶予適用可

○40までの範囲でこの特例の適用を受けるとして選択（届出）したものについて適用が可能（措法70の7①一）

【具体例２】父の保有する株式（30）を子（後継者）へ全て贈与した場合

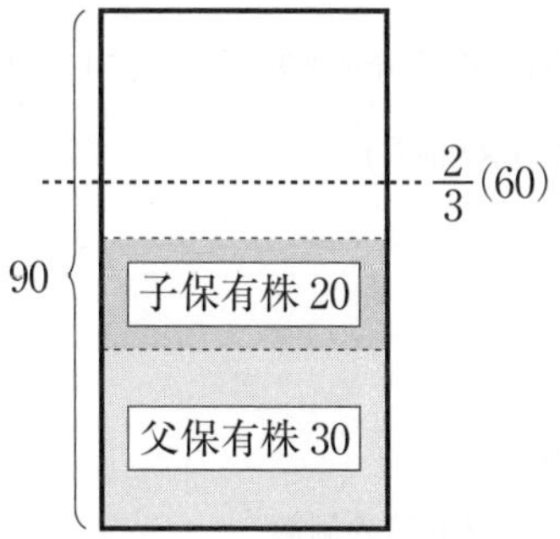

限度株数（金額）の計算

30（父保有株）＋20（子保有株）＜$90\times\frac{2}{3}$

⇩

∴父が保有する 30全部の贈与（特例対象贈与）

【ポイント】

○30全部の贈与なので、この贈与については納税猶予適用可

○30までの範囲でこの特例の適用を受けるとして選択（届出）したものについて適用が可能（措法70の7①二）

○仮に父が保有株全部の贈与をしなかった場合には、この特例の適用は不可

(3)　納税猶予分の贈与税額の計算

イ　認定贈与承継会社が１社であり、かつ、贈与者が１人の場合の納税猶予分の贈与税額の計算

次の(イ)及び(ロ)の金額が納税猶予分の贈与税額となり、この納税猶予分の贈与税額に100円未満の端数がある場合には切り捨てます（措法70の７②五、措令40の８⑬）。

(イ)　対象受贈非上場株式等が暦年課税の適用を受けるものである場合

対象受贈非上場株式等の価額を後継者に係るその年分の贈与税の課税価格とみなして、相続税法第21条の５《贈与税の基礎控除》及び第21条の７《贈与税の税率》の規定（租税特別措置法第70条の２の４《贈与税の基礎控除の特例》及び第70条の２の５《直系尊属から贈与を受けた場合の贈与税の税率の特例》の規定を含みます。）を適用して計算した金額

(ロ)　対象受贈非上場株式等が相続時精算課税制度の適用を受けるものである場合

対象受贈非上場株式等の価額を後継者に係るその年分の贈与税の課税価格とみなして、相続税法第21条の12《相続時精算課税に係る贈与税の特別控除》及び第21条の13《相続時精算課税に係る贈与税の税率》を適用して計算した金額

ロ　認定贈与承継会社が２社以上ある場合又は贈与者が２人以上である場合の納税猶予分の贈与税額の計算

(イ)　対象受贈非上場株式等が暦年課税の適用を受ける場合

納税猶予分の贈与税額は、後継者がその年中において贈与により取得をした全ての会社の対象受贈非上場株式等の価額の合計額をその年分の贈与税の課税価格とみなして、上記イ(イ)により計算します（措令40の８⑭一、措通70の７－14の２）。

この場合において、会社又は贈与者の異なるものごとの納税猶予分の贈与税額は、次の算式により計算した金額となり、納税猶予分の贈与税額に100円未満の端数がある場合には切り捨てます（措令40の８⑮一）。

〔算式〕

$$A \times \frac{B}{C}$$

A：上記イ(イ)により計算した金額（端数処理前の金額）

B：会社又は贈与者の異なるものごとの対象受贈非上場株式等の価額

C：対象受贈非上場株式等の価額の合計額

(ロ)　対象受贈非上場株式等が相続時精算課税制度の適用を受けるものである場合

納税猶予分の贈与税額は、後継者がその年中において相続時精算課税制度の適用を受ける贈与により取得した全ての会社の対象受贈非上場株式等の価額を特定贈与者ごとに合計した額のそれぞれの額をその年分の贈与税の課税価格とみなして、上記イ(ロ)により計算します（措令40の８⑭二）。

この場合において、会社又は贈与者の異なるものごとの納税猶予分の贈与税額は、次の算式により計算した金額となり、納税猶予分の贈与税額に100円未満の端数がある場合には切り捨てます（措令40の８⑮二）。

〔算式〕

$$A \times \frac{B}{C}$$

A：上記イ(ロ)により計算した金額（端数処理前の金額）

B：会社又は贈与者の異なるものごとの対象受贈非上場株式等の価額

C：対象受贈非上場株式等の価額を特定贈与者ごとに合計した額

ハ　対象受贈非上場株式等の価額

対象受贈非上場株式等の価額は、その株式等に係る認定贈与承継会社又はその会社の特別関係会社（712ページ参照）であってその認定贈与承継会社との間に支配関係がある法人（この第11章において、以下「認定贈与承継会社等」といいます。）が次の法人の株式等を有する場合には、その認定贈与承継会社等がその株式等を有していなかったものとして計算します（措法70の７②五イかっこ書、措令40の８⑫）。

①	会社法第２条第２号に規定する外国会社（その認定贈与承継会社の特別関係会社に該当するものに限ります。）
②	認定贈与承継会社、その会社の代表権を有する者及びその者と特別の関係がある者が法人の発行済株式又は出資の総数又は総額の３％に相当する数又は金額を有する場合における、その法人（医療法人を除きます。）
③	認定贈与承継会社、その会社の代表権を有する者及びその者と特別の関係がある者が医療法人の出資総額の50％を超える金額を有する場合における、その医療法人

※　認定贈与承継会社が資産管理会社（資産保有型会社又は資産運用型会社）に該当しない場合には、②の法人の株式等を除きません。

なお、この場合の資産管理会社は、租税特別措置法第70条の７第２項第８号及び第９号に規定する資産保有型会社又は資産運用型会社をいい、贈与税の納税猶予の特例が適用可能な会社も含みます（措法70の７②一ロ、措令40の８⑥）。

(4)　継続届出書の提出及び猶予期限の確定（措法70の7②③⑤⑨）

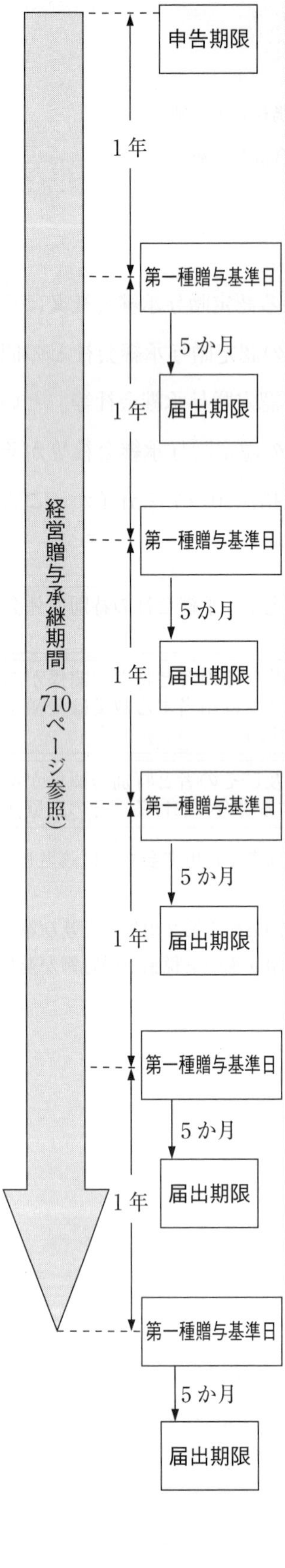

	猶予期限確定事由（全部確定）	猶予期限（以下の日から2か月を経過する日）
1	後継者が代表権を喪失（やむを得ない場合を除く（措規23の9⑰））（注1）	喪失した日
2	従業員数確認期間内に有する各基準日における常時使用従業員数を基に算定した平均値が贈与時の8割に満たない（措令40の8㉓、措規23の9⑱）（注2）	従業員数確認期間の末日
3	後継者及び特別関係者の有する議決権の数の合計が50/100以下（措法70の7③三）	50/100以下となった日
4	特別関係者のうちいずれかの者が、後継者が有する認定贈与承継会社株式等に係る議決権の数を超える数の議決権を有することとなった（措法70の7③四）	その有することとなった日
5	後継者が対象受贈非上場株式等の一部の譲渡等（注3）（注4）をした（措法70の7③五）	その譲渡等をした日
6	後継者が対象受贈非上場株式等の全部の譲渡等をした（株式交換等を除く）（措法70の7③六）	その譲渡等をした日
7	会社分割又は組織変更（措通70の7−27、28）	その会社分割がその効力を生じた日又はその組織変更がその効力を生じた日
8	会社が解散をした場合又は解散をしたものとみなされた場合（措法70の7③八）	その解散をした日又はそのみなされた日
9	一定の資産保有型会社又は資産運用型会社になった（措令40の8㉔）（注5）	その該当することとなった日
10	総収入金額（主たる事業活動から生ずる収入の額とされるべきものに限る）が零となった（措法70の7③十）	その事業年度終了の日
11	資本金の額の減少又は準備金の額の減少をした（措法70の7③十一、措規23の9⑲）	その資本金の額の減少又はその準備金の額の減少がその効力を生じた日
12	後継者がこの特例の適用を受けることをやめる旨を記載した届出書を提出した（措法70の7③十二）	その届出書の提出があった日
13	会社が合併により消滅した（適格合併等を除く（措規23の9⑳））	その合併がその効力を生じた日
14	会社が株式交換等により他の会社の株式交換完全子会社等となった（適格交換を除く（措規23の9㉑））	その株式交換等がその効力を生じた日
15	対象受贈非上場株式等が非上場株式等に該当しないこととなった（措通70の7−25）	その該当しないこととなった日
16	会社又は特定特別関係会社が風俗営業会社になった（措法70の7③十六）	その該当することとなった日
17	上記のほか、会社の円滑な事業の運営に支障を及ぼすおそれがある（措令40の8㉕）（注6）	その該当することとなった日

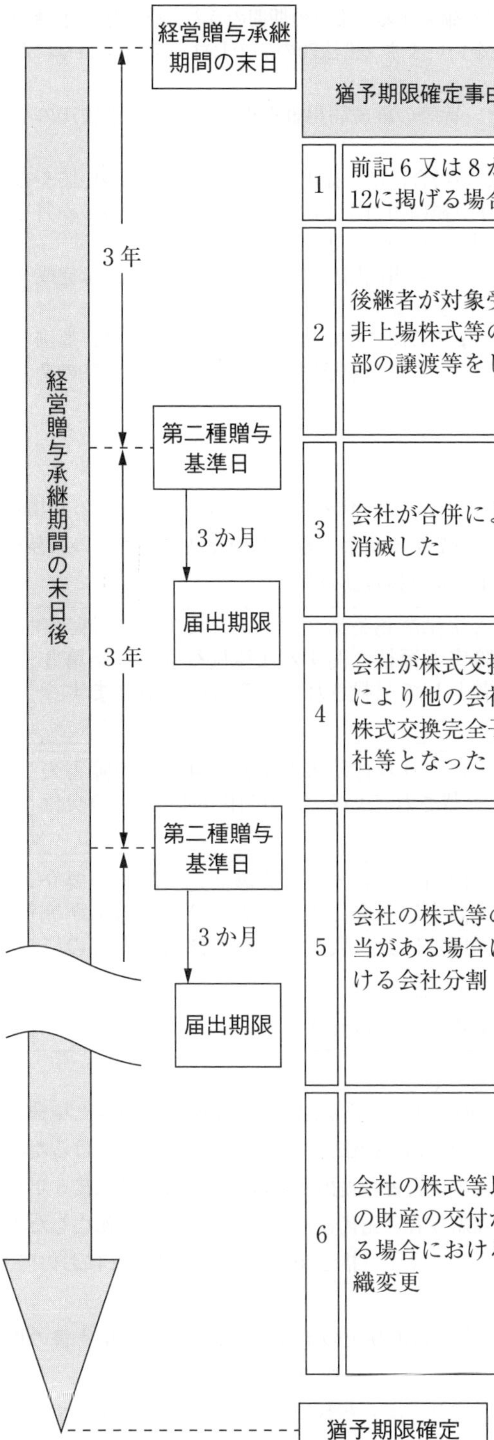

	猶予期限確定事由	対象税額	猶予期限（以下の日から2か月を経過する日）
1	前記6又は8から12に掲げる場合	猶予中贈与税額	前記6又は8から12までに定める日
2	後継者が対象受贈非上場株式等の一部の譲渡等をした	猶予中贈与税額のうち、その譲渡等をした株式等の数又は金額に対応する部分の額（措令40の8㉘、措通70の7－29）	その譲渡等をした日
3	会社が合併により消滅した	交付を受ける存続会社等の株式等相当額分を除く猶予中贈与税額（措令40の8㉙、措通70の7－29）	その合併がその効力を生じた日
4	会社が株式交換等により他の会社の株式交換完全子会社等となった	交付を受ける他の会社の株式等相当額分を除く猶予中贈与税額（措令40の8㉚、措通70の7－29）	その株式交換等がその効力を生じた日
5	会社の株式等の配当がある場合における会社分割	猶予中贈与税額のうち、その会社分割に際して会社から配当されたその吸収分割承継会社等の株式等の価額に対応する部分の額（措令40の8㉛、措通70の7－29）	その会社分割がその効力を生じた日
6	会社の株式等以外の財産の交付がある場合における組織変更	猶予中贈与税額のうち、その組織変更に際して会社から交付されたその会社の株式等以外の財産の価額に対応する部分の額（措令40の8㉜、措通70の7－29）	その組織変更がその効力を生じた日

※1　第一種贈与基準日とは、経営贈与承継期間のうち、この特例の適用に係る贈与の日の属する年分の贈与税の申告書の提出期限（この特例の適用を受ける前に認定贈与承継会社の非上場株式等について相続税の納税猶予の特例（措法70の7の2）の適用を受けている場合は、その相続税の申告書の提出期限）の翌日から1年を経過するごとの日をいいます（措法70の7②七イ）。この第11章において、以下同じです。

2　第二種贈与基準日とは、経営贈与承継期間の末日の翌日から納税猶予分の贈与税額に相当する贈与税の全部について、納税の猶予に係る期限が確定する日までの期間のうち、経営贈与承継期間の末日の翌日から３年を経過する日ごとの日をいいます（措法70の７②七ロ）。この第11章において、以下同じです。

3　後継者が引き続きこの特例の適用を受けたい旨等の継続届出書を提出します（措法70の７⑨、措令40の８㊱、措規23の９㉕～㉗）。

4　継続届出書が上記届出期限までに提出されない場合には、提出がなかったことについてやむを得ない事情がある場合を除き、猶予中の贈与税額に相当する贈与税は届出期限から２か月を経過する日をもって納税の猶予に係る期限となります（措法70の７⑪㉖）。

5　徴収権の時効は、継続届出書の提出があった時から当該届出書の届出期限までの間は完成せず、当該届出期限の翌日から新たにその進行が始まります（措法70の７⑩）。

6　確定事由が生じた日から２か月を経過する日までの間に後継者が死亡した場合には、原則として、その後継者の相続開始日から６か月を経過する日が猶予期限となります（措法70の７③⑤⑪）。

㊟１　後継者が代表権を喪失した場合の「やむを得ない」理由

後継者が次の①から④のいずれかに該当することにより代表権を有しないこととなった場合（措通70の７－16）は、租税特別措置法第70条の７第４項第１号に基づく納税猶予分の贈与税額に相当する贈与税の納税猶予期限は確定しません（措規23の９⑰）。

①	精神保健及び精神障害者福祉に関する法律第45条第２項の規定により精神障害者保健福祉手帳（精神保健及び精神障害者福祉に関する法律施行令第６条第３項に規定する障害等級が１級である者として記載されているものに限ります。）の交付を受けたこと
②	身体障害者福祉法第15条第４項の規定により身体障害者手帳（身体上の障害の程度が１級又は２級である者として記載されているものに限ります。）の交付を受けたこと
③	介護保険法第19条第１項の規定による同項に規定する要介護認定（同項の要介護状態区分が要介護認定等に係る介護認定審査会による審査及び判定の基準等に関する省令第１条第１項第５号に掲げる区分（要介護５）に該当するものに限ります。）を受けたこと
④	上記①から③までに掲げる事由に類すると認められること

２　常時使用従業員の数（雇用確保要件）について

①「従業員数確認期間」とは、対象受贈非上場株式等に係る認定贈与承継会社の非上場株式等について、この特例又は相続税の納税猶予の特例（措法70の７の２）の適用を受けるために提出する最初の贈与税の申告書又は相続税の申告書の提出期限の翌日から同日以後５年を経過する日（経営承継受贈者（後継者）又は贈与者（先代経営者）が同日までに死亡した場合には、その死亡の日の前日）までの期間をいいます（措法70の７③二）。この２において、以下同じです。

②「各基準日」とは、従業員数確認期間内に存する贈与税の申告書又は相続税の申告書の提出期限の翌日から１年を経過するごとの日をいいます（措法70の７③二）。

③　常時使用従業員数の平均値の判定を図示すると、次のとおりとなります（措法70の７③二、70の７の２③二、70の７の４③）。

なお、雇用確保要件の基準である、認定贈与承継会社の贈与の時における常時使用従業員の数に100分の80を乗じて計算した数に１人未満の端数がある場合、これを切り捨てた数となり、また、贈与の時における常時使用従業員の数が１人のときは１人となります（措令40の８㉓）。

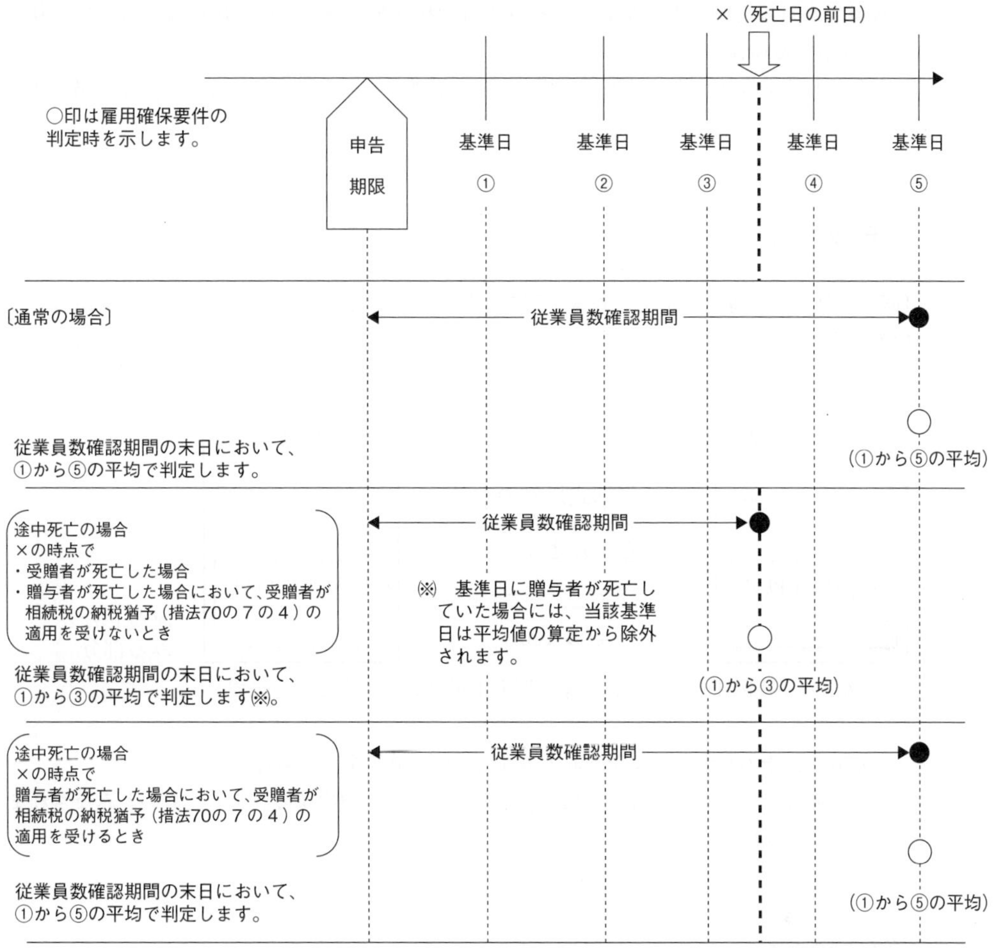

また、次の①から③の事由が生じたときは、それぞれに記載の数を加算したものを「贈与の時における数」として、従業員数確認期間内の各基準日における常時使用従業員の数の平均値が贈与の時における数の100分の80以上であるか判断することとなります（措規23の９⑱）。

①	吸収合併（会社が消滅する場合に限ります。）	吸収合併がその効力を生ずる直前におけるその吸収合併により存続する会社及びその吸収合併により消滅する会社（認定贈与承継会社を除きます。）の常時使用従業員の数
②	新設合併	新設合併がその効力を生ずる直前におけるその新設合併により消滅する会社（認定贈与承継会社を除きます。）の常時使用従業員の数
③	株式交換（会社が株式交換完全子会社等となる場合に限ります。）	株式交換がその効力を生ずる直前におけるその株式交換に係る交換等承継会社の常時使用従業員の数

3　租税特別措置法第70条の７第３項及び第５項の規定の適用における認定贈与承継会社の株式等を譲渡又は贈与（譲渡等）した場合の譲渡等の順は、次の①及び②のとおりとなります（措通70の７－17）。

①　後継者が対象受贈非上場株式等とそれ以外の株式等（議決権に制限のないものに限ります。）を有する場合

対象受贈非上場株式等以外の株式等から先に譲渡等をしたものとみなされます（措令40の8㉒）。

チェックポイント

〔同一会社の株式等について、対象受贈非上場株式等とそれ以外の株式等の両方を所有している場合〕

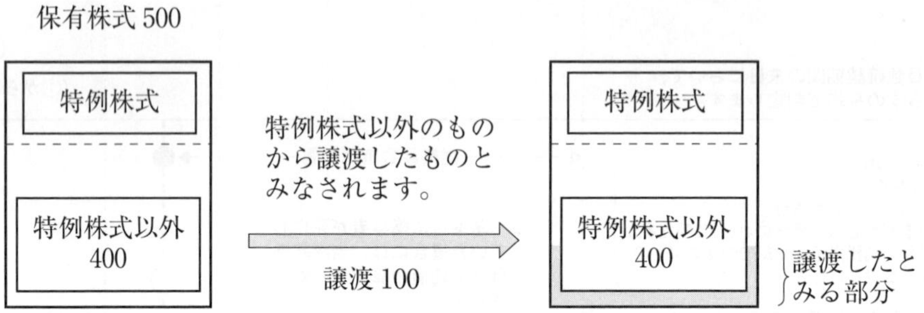

※　図中の「特例株式」とは、対象受贈非上場株式等を表しています。

②　後継者が、その有する対象受贈非上場株式等の譲渡等をした場合

対象受贈非上場株式等のうち先に取得をしたものから順次譲渡等をしたものとみなされます（措令40の8㉓）。

チェックポイント

〔2以上の贈与者から同一会社の対象受贈非上場株式等の贈与を受けている場合〕

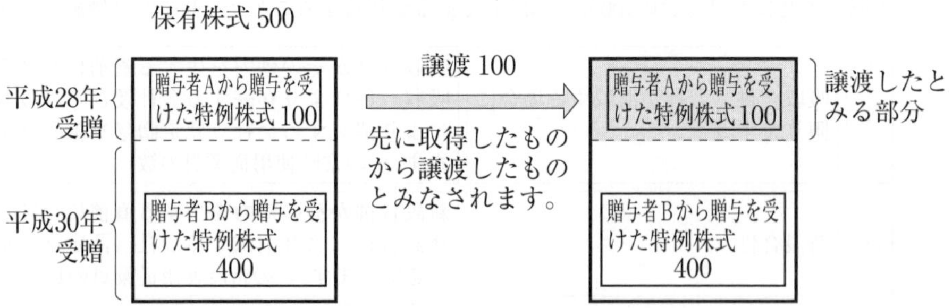

※　図中の「特例株式」とは、対象受贈非上場株式等を表しています。

チェックポイント

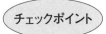

〔同一会社の株式について対象受贈非上場株式等と相続税の納税猶予の特例の適用を受けた株式等がある場合〕

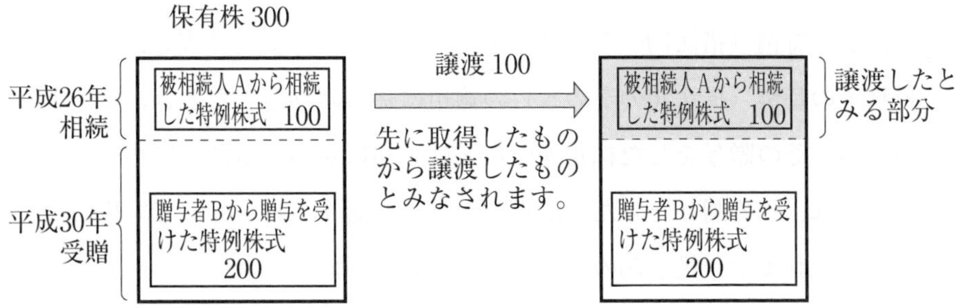

※　図中の「被相続人Ａから相続した株式」とは、相続税の納税猶予の特例の適用を受けた株式を表しています。
　また、「特例株式」とは、対象受贈非上場株式等を表しています。

4　後継者がやむを得ず認定贈与承継会社の代表権を有しないこととなった場合（この場合は、猶予期間確定事由に該当しません（上記（注１）参照）。）において、後継者が対象受贈非上場株式等につき贈与税の納税猶予の特例（措法70の７）又は後記４(1)の特例非上場株式等に係る贈与税の納税猶予の特例（措法70の７の５）に係る贈与をしたときは、一定の手続を行うことにより、猶予税額は免除されます（措法70の７⑮三）（猶予税額の免除については736ページも参照）。

5　一定の資産管理会社

一定の資産管理会社とは、資産保有型会社又は資産運用型会社に該当することとなった日（該当日）において、713ページの要件の全てに該当するものをいいます（措令40の８㉔、措規23の９⑤、措通70の７－11、70の７－20）。

6　会社の円滑な事業の運営に支障を及ぼすおそれがある事由

①　会社が発行する会社法第108条第１項第８号に掲げる事項についての定めがある種類の株式（いわゆる黄金株）を後継者以外の者が有することとなったとき（措法70の７③十七、措令40の８㉕一）

②　会社（株式会社であるものに限ります。）が対象受贈非上場株式等の全部又は一部の種類を株主総会において議決権を行使することができる事項につき制限のある株式に変更した場合（措法70の７③十七、措令40の８㉕二）

③　会社（持分会社であるものに限ります。）が定款の変更により後継者が有する議決権の制限をした場合（措法70の７③十七、措令40の８㉕三）

④　対象受贈非上場株式等に係る贈与者がその対象受贈非上場株式等に係る会社の代表権を有することとなった場合（措法70の７③十七、措令40の８㉕四）

(5)　経営贈与承継期間内の猶予税額の一部確定

イ　後継者が代表権を有しないこととなった場合

経営贈与承継期間内に後継者が認定贈与承継会社の代表権を有しないこととなった場合において、その後継者が対象受贈非上場株式等の一部につき贈与税の納税猶予の特例（措法70の７）又は後記４(1)の特例非上場株式等に係る贈与税の納税猶予の特例（措法70の７の５）の適用に係る贈与をしたとき、猶予中贈与税額のうち、その贈与をした株式等の数又は金額に対応する部分に相当する贈与税については、その贈与をした日から２か月を経過する日をもって納税の猶予に係る期限とされます（措法70の７④一、措令40の８㉖）。

〔算式〕（100円未満の端数切捨て）

猶予中贈与税額（贈与の直前）× 贈与をした特例株式の数又は金額 / 贈与の直前における特例株式の数又は金額

※「特例株式」とは、対象受贈非上場株式等を表しています。

なお、上記２か月を経過する日までの間に後継者が死亡した場合には、その後継者の相続人がその後継者の死亡による相続の開始があったことを知った日の翌日から６か月を経過する日が期限となります（措法70の７④かっこ書）。

ロ　適格合併又は適格交換等をした場合

経営贈与承継期間内に認定贈与承継会社が適格合併をした場合又は適格交換等をした場合において、後継者がその適格合併をした場合における合併又はその適格交換等をした場合における株式交換等に際して、吸収合併存続会社等及び他の会社の株式等以外の金銭その他の資産の交付を受けたときは、猶予中贈与税額のうち、その金銭その他の資産の額に対応する部分に相当する贈与税については、その合併又はその株式交換等がその効力を生じた日から２か月を経過する日をもって納税の猶予に係る期限とされます（措法70の７④二、措令40の８㉗、措通70の７－29）。

〔算式〕（100円未満の端数切捨て）

猶予中贈与税額（合併又は株式交換等がその効力を生じる直前）× 吸収合併存続会社等又は他の会社が交付しなければならない株式等以外の金銭その他の資産の額 / 合併前純資産額（※１）又は交換等前純資産額（※２）

※１「合併前純資産額」
　合併がその効力を生ずる日の属する年の前年12月31日における認定贈与承継会社の純資産額（措令40の８⑰二ロ）

２「交換等前純資産額」
　株式交換等がその効力を生ずる日の属する年の前年12月31日における認定贈与承

継会社の純資産額（措令40の８⑰二ロ）

なお、上記２か月を経過する日までの間に後継者が死亡した場合には、その後継者の相続人がその後継者の死亡による相続の開始があったことを知った日の翌日から６か月を経過する日が期限となります（措法70の７④かっこ書）。

⑹　継続届出手続

贈与税の納税猶予の特例の適用を受ける後継者は、贈与税の申告期限の翌日から猶予中贈与税額の全部について納税の猶予に係る期限が確定する日までの間に経営贈与報告基準日が存する場合には、届出期限（第１種贈与基準日の翌日から５か月を経過する日又は第２種贈与基準日の翌日から３か月を経過する日をいいます。）までに、引き続いてこの特例の適用を受けたい旨及び認定贈与承継会社の経営に関する事項を記載した継続届出書（次ページ参照）に認定贈与承継会社の定款の写し等の書類を添付して納税地の所轄税務署長に提出しなければならないこととされています（措法70の７⑨、70の７の２⑩、70の７の４⑧）。

非上場株式等についての 贈与税／相続税 の納税猶予の継続届出書（一般措置）

税務署受付印

※欄は記入しないでください。

令和＿＿年＿＿月＿＿日

＿＿＿＿＿税務署長

〒

届出者　住所＿＿＿＿＿＿＿＿＿＿＿＿＿＿

氏名＿＿＿＿＿＿＿＿＿＿＿＿＿＿

（電話番号　　－　　－　　）

租税特別措置法 第70条の７第１項／第70条の７の２第１項／第70条の７の４第１項 の規定による 贈与税／相続税 の納税の猶予を引き続いて受けたいので、次に掲げる税額等について確認し、同条 第９項／第10項／第８項 の規定により関係書類を添付して届け出ます。

非上場株式等の　贈与を受けた／相続(遺贈)があった　年月日		平成／令和　年　月　日	
贈与者／被相続人	住所	氏名	

この届出書は、認定(贈与・相続)承継会社、贈与者・被相続人ごとに作成してください。

1　経営(贈与・相続)報告基準日（以下「報告基準日」といいます。）　平成／令和＿＿年＿＿月＿＿日

2　１の報告基準日における猶予中 贈与税／相続税 額　＿＿＿＿＿＿＿＿円

3　１の報告基準日において有する対象(受贈・相続)非上場株式等（以下「**非上場株式等**」といいます。）の数又は金額　＿＿＿＿＿＿株(口・円)

【非上場株式等の内訳等】※　記載に当たっては、裏面の記載方法等の「２」をご覧ください。

	贈与年月日	贈与者の氏名	贈与者の住所	左記の贈与者が贈与した株式等の数又は金額
イ	・　・			株（口・円）
ロ	・　・			株（口・円）

4　認定（贈与・相続）承継会社の名称　＿＿＿＿＿＿＿＿

5　１の報告基準日の直前の経営(贈与・相続)報告基準日の翌日から当該報告基準日までの間に、経営承継者につき納税の猶予に係る期限が到来した猶予中贈与税・相続税額がある場合又は再計算免除贈与税・相続税額の通知があった場合には、その明細を「納税の猶予に係る期限が到来した猶予中贈与税・相続税額又は再計算免除贈与税・相続税額の明細書（一般措置）」に記載の上、この届出書に添付して提出してください。

【 添付書類 】　認定(贈与・相続)承継会社に係る報告基準日における次に掲げる書類

① 定款の写し

② 株主名簿の写しその他の書類で認定(贈与・相続)承継会社の株主又は社員の氏名又は名称及び住所又は所在地並びにこれらの者が有する認定(贈与・相続)承継会社の株式等に係る議決権の数が確認できる書類（認定（贈与・相続）承継会社が証明したものに限ります。）

③ 中小企業における経営の承継の円滑化に関する法律施行規則第12条第２項（同条第14項において準用する場合を含みます。）又は同条第４項（同条第15項において準用する場合を含みます。）の報告書の写し及び当該報告書に係る同条第37項の確認書の写し

④ 報告基準日の直前の経営(贈与・相続)報告基準日（最初の経営（贈与・相続）報告基準日の場合は、贈与税・相続税の申告書の提出期限）の翌日から報告基準日までの間に会社分割又は組織変更があった場合には、会社分割に係る吸収分割契約書若しくは新設分割計画書の写し又は組織変更に係る組織変更計画書の写し

⑤ 報告基準日の直前の経営(贈与・相続)報告基準日の翌日から報告基準日までの間に合併又は株式交換等があった場合には、裏面の４に掲げる書類

（注）　報告基準日が最初の「非上場株式等についての贈与税・相続税の納税猶予及び免除」の適用に係る贈与税又は相続税の申告書の提出期限の翌日以後５年を経過する日のいずれか早い日の翌日以後である場合は③の書類の提出は必要ありません。

関与税理士		電話番号	

※	通信日付印の年月日	(確認)	入力	確認	納税猶予番号
	年　月　日				

（資12②－13－A４統一）　（令5.6）

（裏）

記載方法等

1　次に掲げる方は、それぞれ次に掲げる提出期限までに贈与税・相続税の納税猶予を引き続き受けたい旨税務署長に届け出る必要があります。

⑴　非上場株式等についての贈与税・相続税の納税猶予及び免除（租税特別措置法第70条の７第１項・同法第70条の７の２第１項）の適用を受けている方

イ　経営（贈与）承継期間（注１）の場合　　第一種（贈与）基準日（注２）の翌日から５か月を経過する日

ロ　経営（贈与）承継期間の末日の翌日から猶予中贈与税・相続税額に相当する贈与税・相続税の全部についてその猶予期限が確定するまでの期間　　第二種（贈与）基準日（注３）の翌日から３か月を経過する日

（注１）「経営（贈与）承継期間」とは、贈与税・相続税の申告書の提出期限の翌日から、①経営承継者の最初の「非上場株式等についての贈与税の納税猶予及び免除」の適用に係る贈与税の申告書の提出期限の翌日以後５年を経過する日と②経営承継者の最初の「非上場株式等についての相続税の納税猶予及び免除」の適用に係る相続税の申告書の提出期限の翌日以後５年を経過する日のいずれか早い日又は経営承継者若しくは経営承継者に係る贈与者の死亡の日の前日のいずれか早い日までの期間をいいます。

（注２）「第一種（贈与）基準日」とは、「非上場株式等についての贈与税・相続税の納税猶予及び免除」の適用を受ける最初の贈与税・相続税の申告書の提出期限（提出期限の延長があった場合には、延長後の提出期限）の翌日から起算して１年を経過するごとの日をいいます。

（注３）「第二種（贈与）基準日」とは、経営（贈与）承継期間の末日の翌日から３年を経過するごとの日をいいます。

⑵　非上場株式等の贈与者が死亡した場合の相続税の納税猶予及び免除（租税特別措置法第70条の７の４第１項）の適用を受けている方

イ　経営相続承継期間（注４）の場合　　第一種相続基準日（注５）の翌日から５か月を経過する日

ロ　経営相続承継期間の末日の翌日から猶予中相続税額に相当する相続税の全部についてその猶予期限が確定するまでの期間　　第二種相続基準日（注６）の翌日から３か月を経過する日

（注４）「経営相続承継期間」とは、「非上場株式等についての贈与税の納税猶予及び免除」の適用に係る贈与税の申告書の提出期限の翌日から①経営承継者の最初の「非上場株式等についての贈与税の納税猶予及び免除」の適用に係る贈与の日の属する年分の贈与税の申告書の提出期限の翌日以後５年を経過する日と②経営承継者の最初の「非上場株式等についての相続税の納税猶予及び免除」の適用に係る相続税の申告書の提出期限の翌日以後５年を経過する日のいずれか早い日までの間に当該贈与に係る贈与者について相続が開始した場合における当該相続の開始の日から①と②のいずれか早い日又は当該贈与に係る経営承継者の死亡の日の前日のいずれか早い日までの期間をいいます。

（注５）「第一種相続基準日」とは、贈与税の申告書の提出期限（経営承継者が「非上場株式等についての贈与税の納税猶予及び免除」の適用を受ける前に認定相続承継会社の非上場株式等について「非上場株式等についての相続税の納税猶予及び免除」の適用を受けている場合には、相続税の申告書の提出期限をいい、これらの提出期限の延長があった場合には、延長後の提出期限）の翌日から起算して１年を経過するごとの日をいいます。

（注６）「第二種相続基準日」とは、経営相続承継期間の末日の翌日から３年を経過するごとの日をいいます。

2　３の【非上場株式等の内訳等】欄は、報告基準日において経営承継者が有する非上場株式等の全部又は一部が贈与者の免除対象贈与（※）により取得したものである場合（報告基準日の直前の経営（贈与・相続）報告基準日の翌日から当該報告基準日までの間に非上場株式等の内訳等につき変更があった場合に限ります。）に記載してください。

※「免除対象贈与」とは、租税特別措置法施行規則第23条の９第24項第５号に規定する贈与をいいます。

3　「経営承継者」とは、

イ「非上場株式等についての贈与税の納税猶予及び免除」（租税特別措置法第70条の７第１項）の適用を受けている方は、同条第２項第３号に規定する「経営承継受贈者」をいいます。

ロ「非上場株式等についての相続税の納税猶予及び免除」（租税特別措置法第70条の７の２第１項）の適用を受けている方は、同条第２項第３号に規定する「経営承継相続人等」をいいます。

ハ「非上場株式等の贈与者が死亡した場合の相続税の納税猶予及び免除」（租税特別措置法第70条の７の４第１項）の適用を受けている方は、同条第２項第３号に規定する「経営相続承継受贈者」をいいます。

4　報告基準日の直前の経営（贈与・相続）報告基準日の翌日からその報告基準日までの間に合併又は株式交換等があった場合には、次に掲げる書類も併せて提出してください。

（提出書類）

①　合併又は株式交換等に係る合併契約書又は株式交換契約書若しくは株式移転計画書の写し（※1）

②　次に掲げる書類（合併又は株式移転により合併承継会社又は交換等承継会社が設立される場合には、合併又は株式移転がその効力を生ずる直前に係るものを除きます。）

イ　合併又は株式交換等がその効力を生ずる日における合併承継会社又は交換等承継会社の株主名簿その他の書類で合併承継会社又は交換等承継会社の全ての株主又は社員の氏名又は名称及び住所又は所在地並びにこれらの者が有する認定（贈与・相続）承継会社の株式等に係る議決権の数が確認できる書類（合併承継会社又は交換等承継会社が証明したものに限ります。）

ロ　合併又は株式交換等に係る中小企業における経営の承継の円滑化に関する法律施行規則第12条第９項又は第10項（これらの規定を同条第18項において準用する場合を含みます。）の報告書の写し及び当該報告書に係る同条第37項の確認書の写し（※2）

（※1）①の書類は、最初の「非上場株式等についての贈与税・相続税の納税猶予及び免除」の適用に係る贈与又は相続に係る贈与税又は相続税の申告書の提出期限の翌日以後５年を経過する日のいずれか早い日までに合併又は株式交換等があった場合には提出する必要はありません。

（※2）②ロの書類は、（※1）のいずれか早い日の翌日以後に合併又は株式交換等があった場合には提出する必要はありません。

認定(贈与・相続)承継会社に関する明細書（一般措置）

受贈者、相続人（受遺者）の氏名		入力	確認
		※	※

租税特別措置法施行令 第40条の８第36項 第40条の８の２第42項 の規定による継続届出書の提出における認定(贈与・相続)承継会社に関する明細は、次のとおりです。					
認定（贈与・相続）承継会社の名称	 （変更前）	本店の所在地	 （変更前）		
この届出書を提出する日の直前の経営(贈与・相続)報告基準日までに終了する各事業年度における総収入金額[注1]	①　直前の事業年度 円	②　２期前の事業年度 円	③　３期前の事業年度 円		
経営(贈与・相続)報告基準日(以下「報告基準日」といいます。)の直前の経営(贈与・相続)報告基準日の翌日から今回の報告基準日までの間に、商号の変更、本店所在地の変更、合併による消滅、他の会社の株式交換完全子会社等となった、会社分割、組織変更又は解散の事実がある場合には、その事由及びその事実の発生日	事実発生日	・　・			
	事　　由				

※　報告基準日が最初の「非上場株式等についての贈与税の納税猶予及び免除」の適用に係る贈与税の申告書の提出期限の翌日以後５年を経過する日と最初の「非上場株式等についての相続税の納税猶予及び免除」の適用に係る相続税の申告書の提出期限の翌日以後５年を経過する日のいずれか早い日の翌日以後である場合には、その報告基準日の属する事業年度の直前の事業年度末における認定（贈与・相続）承継会社に係る次に掲げる事項等を記載してください。

報告基準日の直前の経営(贈与・相続)報告基準日の翌日から今回の報告基準日までの間に、認定（贈与・相続）承継会社が租税特別措置法施行令第40条の８第６項又は第40条の８の２第７項に規定する資産保有型会社等であるとした場合に同令第40条の８第24項第２号イからハまで又は第40条の８の２第30項第２号イからハまでの要件を全て満たしています。（該当する場合は「□」にレ印を記入してください。なお、該当する場合は③欄から⑪欄までの記載は不要です。）	□

①　直前の事業年度末における資本金の額又は出資の総額			円	
②　直前の事業年度末における準備金の額			円	
③　直前の事業年度末における会社の総資産の貸借対照表に計上されている帳簿価額の総額			円	
④　直前の事業年度における総収入金額			円	
⑤　直前の事業年度(末)における特定資産の帳簿価額及び運用収入[注2]			帳簿価額	運用収入
	有価証券	資産保有型子会社又は資産運用型子会社に該当する特別子会社の株式又は持分	a　円	j　円
		特別子会社の株式又は持分以外のもの（上記株式又は持分を除く。）	b　円	k　円
	不動産	現に自ら使用しているもの以外	c　円	l　円
	ゴルフ場その他の施設の利用に関する権利	事業の用に供することを目的として有するもの以外	d　円	m　円
	絵画、彫刻、工芸品その他の有形の文化的所産である動産、貴金属及び宝石	事業の用に供することを目的として有するもの以外	e　円	n　円
	現金、預貯金等	現金及び預貯金その他これらに類する資産	f　円	o　円
		経営承継者及び当該経営承継者と特別の関係がある者に対する貸付金及び未収金その他これらに類する資産	g　円	p　円
⑥　剰余金の配当等の額（基準日の直前の事業年度末以前５年間に支払われたもの）[注3]		経営承継者及び当該経営承継者と特別の関係がある者が会社から受けた剰余金の配当又は利益の配当の額	h　円	／
		会社から支給された給与の額のうち、法人税法第34条又は第36条の規定により損金の額に算入されない金額	i　円	／
⑦　上記⑤及び⑥の帳簿価額の合計額（a+b+c+d+e+f+g+h+i）			円	／
⑧　上記⑤の特定資産の運用収入の合計額（j+k+l+m+n+o+p）			／	円

⑨　特定資産の保有割合 （⑦/(③+⑥)）	%	⑩　特定資産の運用収入割合 （⑧/④）	%

⑪　報告基準日の直前の経営(贈与・相続)報告基準日の翌日から当該報告基準日までの間に租税特別措置法施行令第40条の８第19項ただし書若しくは第40条の８の２第25項ただし書に規定する場合[注4]又は同令第40条の８第22項ただし書若しくは第40条の８の２第27項ただし書に規定する場合[注5]に該当することとなった事実の有無（いずれかを丸で囲んでください。）

有※	無

※　「有」に該当する場合には、この明細書とともに「認定(贈与・相続)承継会社に関する明細書（一般措置）別紙【一定の事由により特定資産の保有割合又は運用収入割合が基準割合以上となった場合】」を継続届出書に添付して提出する必要があります。

※欄には記載しないでください。

この明細書は、非上場株式等についての贈与税・相続税の納税猶予の継続届出書（一般措置）と一緒に提出してください。

（資12②－14－1A４統一）

（裏）

1　「経営（贈与・相続）報告基準日」とは、
　イ　「非上場株式等についての贈与税の納税猶予及び免除」（租税特別措置法第70条の7第1項）の適用を受けている方は、同条第2項第7号に規定する「経営贈与報告基準日」をいいます。
　ロ　「非上場株式等についての相続税の納税猶予及び免除」（租税特別措置法第70条の7の2第1項）の適用を受けている方は、同条第2項第7号に規定する「経営報告基準日」をいいます。
　ハ　「非上場株式等の贈与者が死亡した場合の相続税の納税猶予及び免除」（租税特別措置法第70条の7の4第1項）の適用を受けている方は、同条第2項第6号に規定する「経営相続報告基準日」をいいます。

2　「資産保有型子会社」及び「資産運用型子会社」とは、中小企業における経営の承継の円滑化に関する法律施行規則第1条第17項第2号イに定めるものをいいます。

3　「経営承継者」とは、
　イ　「非上場株式等についての贈与税の納税猶予及び免除」（租税特別措置法第70条の7第1項）の適用を受けている方は、同条第2項第3号に規定する「経営承継受贈者」をいいます。
　ロ　「非上場株式等についての相続税の納税猶予及び免除」（租税特別措置法第70条の7の2第1項）の適用を受けている方は、同条第2項第3号に規定する「経営承継相続人等」をいいます。
　ハ　「非上場株式等の贈与者が死亡した場合の相続税の納税猶予及び免除」（租税特別措置法第70条の7の4第1項）の適用を受けている方は、同条第2項第3号に規定する「経営相続承継受贈者」をいいます。

4　「経営承継者と特別の関係がある者」とは、
　イ　「非上場株式等についての贈与税の納税猶予及び免除」（租税特別措置法第70条の7第1項）の適用を受けている方は、租税特別措置法施行令第40条の8第11項に定める特別の関係がある者をいいます。
　ロ　「非上場株式等についての相続税の納税猶予及び免除」（租税特別措置法第70条の7の2第1項）の適用を受けている方又は「非上場株式等の贈与者が死亡した場合の相続税の納税猶予及び免除」（租税特別措置法第70条の7の4第1項）の適用を受けている方は、租税特別措置法施行令第40条の8の2第11項に定める特別の関係がある者をいいます。

（注1）報告基準日が経営（贈与・相続）承継期間の場合には、報告基準日の属する事業年度の直前の事業年度における総収入金額（営業外収益及び特別利益以外のものに限ります。(※) 以下同じです。）のみを①欄に記載し、報告基準日が経営（贈与・相続）承継期間経過後の場合には、報告基準日の属する事業年度の直前の事業年度以前3期分の各総収入金額を①から③までの各欄に記載してください。
　※　平成26年12月31日以前に贈与又は相続（遺贈）により取得した非上場株式等について、納税猶予の適用を受けた方（所得税法等の一部を改正する法律（平成25年法律第5号）附則第86条第14項に規定する書類を提出し、租税特別措置法第70条の7、第70条の7の2又は第70条の7の4の一定の規定の適用を受けている方を除きます。）については、営業外収益及び特別利益を含む総収入金額を記載してください。

（注2）「特定資産の帳簿価額」とは事業年度末における会社の貸借対照表に計上されている帳簿価額をいい、「特定資産の運用収入」とは、事業年度における運用収入をいいます。

（注3）会社から支給された給与には、債務の免除による利益その他の経済的な利益を含み、租税特別措置法第70条の7第1項の規定の適用に係る贈与の時前及び同法第70条の7の2第1項の規定の適用に係る相続の開始前に支給されたものを除きます。

（注4）「租税特別措置法施行令第40条の8第19項ただし書又は第40条の8の2第25項ただし書に規定する場合」とは、事業活動のために必要な資金を調達するための資金の借入れを行ったことその他の租税特別措置法施行規則第23条の9第14項に定める事由が生じたことにより特定資産の保有割合が70%以上となった場合をいいます。

（注5）「租税特別措置法施行令第40条の8第22項ただし書又は第40条の8の2第27項ただし書に規定する場合」とは、事業活動のために必要な資金を調達するために特定資産を譲渡したことその他の租税特別措置法施行規則第23条の9第16項に定める事由が生じたことにより特定資産の運用収入割合が75%以上となった場合をいいます。

3.6

納税の猶予に係る期限が到来した猶予中贈与税・相続税額又は再計算免除贈与税・相続税額の明細書（一般措置）

受贈者、相続人（受遺者）の氏名		入力	確認
		※	※

※欄には記載しないでください。

1　納税の猶予に係る期限が到来した猶予中贈与税・相続税額の明細

「非上場株式等についての贈与税・相続税の納税猶予の継続届出書（一般措置）」の１の報告基準日の直前の経営（贈与・相続）報告基準日の翌日からその報告基準日までの間に、納税の猶予に係る期限が到来した猶予中 贈与税／相続税 額の明細は、次のとおりです。

番号	期限の到来した事由（該当する事由にレ点を付してください。）	事由が生じた年　月　日	期限が到来した株(口)数等	期限が到来した猶予中贈与税・相続税額
	□ 対象（受贈・相続）非上場株式等の一部贈与 □ 適格合併・適格交換等 □ 対象(受贈・相続)非上場株式等の一部譲渡等 □ 合併により消滅 □ 株式交換等により他の会社の株式交換完全子会社等に該当 □ 会社分割 □ 組織変更	・　・	株(口)円	円
	□ 対象（受贈・相続）非上場株式等の一部贈与 □ 適格合併・適格交換等 □ 対象(受贈・相続)非上場株式等の一部譲渡等 □ 合併により消滅 □ 株式交換等により他の会社の株式交換完全子会社等に該当 □ 会社分割 □ 組織変更	・　・	株(口)円	円
	□ 対象（受贈・相続）非上場株式等の一部贈与 □ 適格合併・適格交換等 □ 対象(受贈・相続)非上場株式等の一部譲渡等 □ 合併により消滅 □ 株式交換等により他の会社の株式交換完全子会社等に該当 □ 会社分割 □ 組織変更	・　・	株(口)円	円
	□ 対象（受贈・相続）非上場株式等の一部贈与 □ 適格合併・適格交換等 □ 対象(受贈・相続)非上場株式等の一部譲渡等 □ 合併により消滅 □ 株式交換等により他の会社の株式交換完全子会社等に該当 □ 会社分割 □ 組織変更	・　・	株(口)円	円

2　再計算免除贈与税・相続税額の明細

「非上場株式等についての贈与税・相続税の納税猶予の継続届出書（一般措置）」の１の報告基準日の直前の経営(贈与・相続)報告基準日の翌日からその報告基準日までの間に、免除された再計算免除 贈与税／相続税 額の明細は、次のとおりです。

番号	認可決定日	剰余金の配当等の額	再計算免除贈与税・相続税額
	・　・	円	円
	・　・	円	円
	・　・	円	円

（資12②－15－Ａ４統一）

（裏）

1　「経営（贈与・相続）報告基準日」とは、

イ　「非上場株式等についての贈与税の納税猶予及び免除」（租税特別措置法第70条の7第1項）の適用を受けている方は、同条第2項第7号に規定する「経営贈与報告基準日」をいいます。

ロ　「非上場株式等についての相続税の納税猶予及び免除」（租税特別措置法第70条の7の2第1項）の適用を受けている方は、同条第2項第7号に規定する「経営報告基準日」をいいます。

ハ　「非上場株式等の贈与者が死亡した場合の相続税の納税猶予及び免除」（租税特別措置法第70条の7の4第1項）の適用を受けている方は、同条第2項第6号に規定する「経営相続報告基準日」をいいます。

2　「期限の到来した事由」中

イ　「対象（受贈・相続）非上場株式等の一部贈与」とは、租税特別措置法第70条の7第4項第1号又は第70条の7の2第4項第1号（同法第70条の7の4第3項により準用する場合を含みます。）に該当した場合をいいます。

ロ　「適格合併・適格交換等」とは、同法第70条の7第4項第2号又は第70条の7の2第4項第2号(同法第70条の7の4第3項により準用する場合を含みます。)に該当した場合をいいます。

ハ　「対象（受贈・相続）非上場株式等の一部譲渡等」とは、同法第70条の7第5項第2号又は第70条の7の2第5項第2号(同法第70条の7の4第3項により準用する場合を含みます。)に該当した場合をいいます。

ニ　「合併により消滅」とは、同法第70条の7第5項第3号又は第70条の7の2第5項第3号(同法第70条の7の4第3項により準用する場合を含みます。)に該当した場合をいいます。

ホ　「株式交換等により他の会社の株式交換完全子会社等に該当」とは、同法第70条の7第5項第4号又は第70条の7の2第5項第4号(同法第70条の7の4第3項により準用する場合を含みます。)に該当した場合をいいます。

ヘ　「会社分割」とは、同法第70条の7第5項第5号又は第70条の7の2第5項第5号(同法第70条の7の4第3項により準用する場合を含みます。)に該当した場合をいいます。

ト　「組織変更」とは、同法第70条の7第5項第6号又は第70条の7の2第5項第6号(同法第70条の7の4第3項により準用する場合を含みます。)に該当した場合をいいます。

3　「事由が生じた年月日」とは、

イ　「対象（受贈・相続）非上場株式等の一部贈与」に該当する場合は、その贈与をした日をいいます。

ロ　「適格合併・適格交換等」に該当する場合は、その合併又は株式交換等の効力が生じた日をいいます。

ハ　「対象（受贈・相続）非上場株式等の一部譲渡等」に該当する場合は、その譲渡等をした日をいいます。

ニ　「合併により消滅」に該当する場合は、その合併の効力が生じた日をいいます。

ホ　「株式交換等により他の会社の株式交換完全子会社等に該当」に該当する場合は、その株式交換等の効力が生じた日をいいます。

ヘ　「会社分割」に該当する場合は、その会社分割の効力が生じた日をいいます。

ト　「組織変更」に該当する場合は、その組織変更の効力が生じた日をいいます。

4　「2　再計算免除贈与税・相続税額の明細」欄は、租税特別措置法第70条の7第24項又は第70条の7の2第25項（同法第70条の7の4第13項により準用する場合を含みます。）による通知があった場合に記載します。

5　「認可決定日」とは、租税特別措置法第70条の7第21項又は第70条の7の2第22項（同法第70条の7の4第13項により準用する場合を含みます。）に規定する「認可決定日」をいいます。

6　「剰余金の配当等の額」とは、租税特別措置法第70条の7第21項第2号又は第70条の7の2第22項第2号（同法第70条の7の4第13項により準用する場合を含みます。）に掲げる金額をいいます。

⑺　猶予期限の繰上げ

税務署長は、次に掲げる場合には、猶予中贈与税額に相当する贈与税に係る納税猶予期限を繰り上げることができることとされています（措法70の７⑫）。

①	後継者が提供した担保について、税務署長による担保の変更等の命令に応じない場合
②	後継者から提出された継続届出書に記載された事項と相違する事実が判明した場合

⑻　延納制度の利用

前記⑷（経営贈与承継期間における表の２の事由を除きます。）、⑸、⑹、⑺及び後記⑼の確定事由により確定する贈与税については、延納制度の適用はありません（措法70の７⑬十一）。

ただし、経営贈与承継期間内に雇用確保要件を満たせずに納税猶予期限が確定した場合で、納税猶予税額の納付について、猶予期限までに納付することを困難とする事由があるときは、経営贈与承継期間の末日から５か月を経過する日までに延納申請を行うことにより延納制度の利用が可能です（措法70の７⑬十一、十二、相法38③）。

⑼　同族会社の行為又は計算の否認等

認定贈与承継会社の行為又は計算で、これを容認した場合においては後継者若しくは先代経営者（贈与者）又はこれらの者と特別の関係がある者（措令40の８⑪）の相続税又は贈与税の負担を不当に減少させる結果となると認められるものがあるときは、税務署長は、この特例の適用に関し、その行為又は計算にかかわらず、その認めるところにより、納税猶予期限を繰り上げ、又は免除する納税の猶予に係る贈与税を定めることができることとされています（措法70の７⑭、措令40の８㊺）。

⑽　猶予税額の免除

次のイ又はロに当たる場合、猶予中贈与税額に相当する贈与税について、その全部又は一部が免除されることとなります。

イ　免除事由が生じた場合

贈与税の納税猶予の特例を受ける後継者又は先代経営者が次の①から③のいずれかに該当することとなった場合には、猶予中贈与税額に相当する贈与税の一定額が免除されます（措法70の７⑮）。

また、これらに該当する場合には、それぞれの届出期限までに一定事項を記載した免除届出書（739ページ参照）を納税地の所轄税務署長に提出しなければなりません（措法70の７⑮、措令40の８㊲、措規23の９㉚～㉜）。

	免除事由	免除額	届出書の提出期限
①	先代経営者の死亡の時以前に後継者が死亡した場合	猶予中贈与税額	後継者が死亡した日から同日以後６か月を経過する日
②	先代経営者が死亡した場合	猶予中贈与税額	先代経営者が死亡した日から同日以後10か月を経過する日
③	経営贈与承継期間の末日の翌日以後に、その後継者が対象受贈非上場株式等につき贈与税の納税猶予の特例（措法70の７）又は後記４(1)の特例非上場株式等に係る贈与税の納税猶予の特例（措法70の７の５）の適用に係る贈与をした場合（※１、２）	猶予中贈与税額のうち、左欄の贈与においてこれらの特例を適用する株式に対応する部分の贈与税額	左欄の贈与をした日からその贈与を受けた者が贈与税の納税猶予の特例に係る贈与税の申告書を提出した日以後６か月を経過する日

※１　経営贈与承継期間内に後継者が認定贈与承継会社の代表権を有しないこととなった場合には、「経営承継期間の末日の翌日」は、「その有しないこととなった日」となります。

２　その贈与をしたときにおける対象受贈非上場株式等の譲渡又は贈与の順の判断は、次の①及び②によります（措令40の８㉜㉝）。

①　後継者が認定贈与承継会社の非上場株式等（議決権に制限のないものに限ります。）で対象受贈非上場株式等以外のものを有する場合

認定贈与承継会社の非上場株式等の贈与をしたときは、対象受贈非上場株式等から先に贈与したものとみなされます。

②　後継者が、その有する対象受贈非上場株式等の贈与をした場合

対象受贈非上場株式等のうち先に取得したものから順次贈与をしたものとみなされます。

チェックポイント

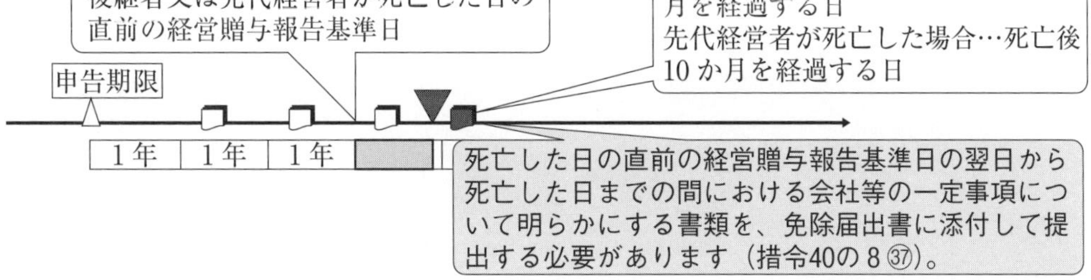

ただし、その該当することとなった日前に、①継続届出書が届出期限までに提出されなかった場合（措法70の７⑪）及び②税務署長の命令に応じない場合等の納税の猶予に係る期限の繰上げ（措法70の７⑫）又は③同族会社等の行為計算否認等による納税猶予期限の繰上げ等（措法70の７⑭）があった場合並びに④経営贈与承継期間内に猶予期限確定事由に該当することとなった場合（措法70の７③）には、上記のいずれかに該当したとしても、その免除はされないこととなります（措法70の７⑮）。

なお、猶予税額の免除を受けるための免除届出書がそれぞれの提出期限内に提出されなかった場合においても、一定の書類を提出し、税務署長がこれらの期限内にその提出がなかったことについてやむを得ない事情があると認めたときは、免除届出書がこれらの期限内に提出されたものとみなされます（措法70の７㉖、措令40の８㊽）。

税務署受付印

非上場株式等についての 贈与税／相続税 の納税猶予の免除届出書（死亡免除）（一般措置）

※欄は記入しないでください。

令和＿＿年＿＿月＿＿日

＿＿＿＿＿＿税務署長

＿＿年＿＿月＿＿日に 贈与者／受贈者／相続人等 （氏名:＿＿＿＿＿＿＿＿＿＿＿＿＿＿＿＿＿＿＿＿）

（住所:＿＿＿＿＿＿＿＿＿＿＿＿＿＿＿＿＿＿＿＿＿＿＿＿）が死亡し、租税特別措置法

第70条の7第15項第＿号／第70条の7の2第16項第1号／第70条の7の4第12項 の規定により次の 贈与税／相続税 を免除されたいので届け出ます。

【届出者】※ 書ききれない場合は適宜の用紙に記載してください。

〒

住所＿＿＿＿＿＿＿＿＿＿＿＿＿＿＿＿　氏名＿＿＿＿＿＿＿＿＿＿　贈与者／受贈者／相続人等 との続柄＿＿＿＿＿＿

1　対象（受贈・相続）非上場株式等（以下「**非上場株式等**」といいます。）の 贈与を受けた／相続（遺贈）があった 年月日　＿＿年＿＿月＿＿日

2　死亡日の直前における猶予中 贈与税／相続税 額　＿＿＿＿＿＿＿＿円

3　死亡日の直前において有する非上場株式等の数又は金額　＿＿＿＿＿＿株（口・円）

【非上場株式等の内訳等】※ 記載に当たっては、裏面の「2　記載方法等」の（4）をご覧ください。

	贈与年月日	贈与者の氏名	贈与者の住所	左記の贈与者が贈与した株式等の数又は金額（単位：株（口・円））		
				Ⓐ死亡日の直前	Ⓑ免除を受ける株式等	Ⓒ死亡日の後（Ⓐ－Ⓑ）
イ	・　・					
ロ	・　・					
ハ	・　・					

4　免除を受ける 贈与税／相続税 額　＿＿＿＿＿＿＿＿円

※　租税特別措置法第70条の7第15項第2号の規定により贈与税の免除を受ける場合には、次の欄の算式に従って計算し記載してください。

上記2の「死亡日の直前における猶予中贈与税額」（円）× 死亡した贈与者から贈与を受けた非上場株式等の数又は金額（注1）（株（口・円））／上記3の「死亡日の直前において有する非上場株式等の数又は金額」（株（口・円））＝ 免除を受ける贈与税額（注2）（円）

→この欄の金額を上記4の「免除を受ける贈与税額」欄に転記してください。

（注）1　【非上場株式等の内訳等】の「Ⓑ免除を受ける株式等」欄に数又は金額の記載がない場合には、上記3の「死亡日の直前において有する非上場株式等の数又は金額」に記載された数又は金額を転記し、【非上場株式等の内訳等】の「Ⓑ免除を受ける株式等」欄に数又は金額の記載がある場合には、同欄に記載された数又は金額を転記します。

2　計算した金額に百円未満の端数があるとき、又はその全額が百円未満であるときは、その端数金額又はその全額を切り捨ててください。

5　贈与者／被相続人 の住所＿＿＿＿＿＿＿＿＿＿＿＿＿＿＿＿氏名＿＿＿＿＿＿＿＿＿＿＿＿

6　死亡日の直前の経営（贈与・相続）報告基準日の翌日からその死亡日までの間に経営承継者につき納税の猶予に係る期限が到来した猶予中贈与税・相続税額がある場合には、その明細を「納税の猶予に係る期限が到来した猶予中贈与税・相続税額の明細書（免除届出用）（一般措置）」に記載の上、この届出書に添付して提出してください。

関与税理士		電話番号	

※	通信日付印の年月日	（確　認）	入　力	確　認	納税猶予番号
	年　月　日				

（資12②−16−1A4統一）　（令5.6）

（裏）

1　届出書を提出する人

贈与者（注1）、経営承継受贈者、経営承継相続人等又は経営相続承継受贈者が死亡した場合には、経営承継受贈者、経営承継受贈者の相続人（包括受遺者を含みます。以下同じです。）、経営承継相続人等の相続人又は経営相続承継受贈者の相続人は、贈与者が死亡した場合にはその死亡した日から10か月以内に、経営承継受贈者、経営承継相続人等又は経営相続承継受贈者が死亡した場合にはその死亡した日から６か月以内に、この届出書を提出する必要があります（注2・3）。

（注）１　非上場株式等の全部又は一部が贈与者の租税特別措置法第70条の７第15項（第３号に係る部分に限り、同法第70条の７の５第11項において準用する場合を含みます。）の規定の適用に係るものである場合における当該非上場株式等に係る納税猶予分の贈与税額に相当する贈与税については、租税特別措置法施行令第40条の８第５項に定める者に認定贈与承継会社の非上場株式等の贈与をした者をいいます。

２　贈与者、経営承継受贈者、経営承継相続人等又は経営相続承継受贈者が、贈与税又は相続税の申告書の提出期限の翌日から同日以後１年を経過する日までの間に死亡した場合において、当該期間内に経営（贈与・相続）報告基準日がないときは、表面の「死亡日の直前の経営（贈与・相続）報告基準日」は、「贈与税又は相続税の申告書の提出期限」となります。

３　贈与者が死亡（この届出に係る贈与税の申告書の提出期限の翌日から租税特別措置法第70条の７第２項第６号イ又はロに掲げる日のいずれか早い日までの期間における死亡に限ります。）した場合において、その贈与者の死亡に係る相続税の申告書を提出するとき（この届出に係る贈与税の納税地の所轄税務署長とその贈与者の死亡に係る相続税の納税地の所轄税務署長が同一である場合に限ります。）は、その贈与者の死亡に係る相続税の申告書と併せて提出する必要があります。

2　記載方法等

(1)　標題の「贈与税
相続税」や本文の「贈与者
受贈者
相続人等」などの箇所については、該当する部分以外の文字を横線で抹消してください。

なお、「第70条の７第15項第＿号
第70条の７の２第16項第１号
第70条の７の４第12項」の箇所について、租税特別措置法第70条の７第15項の規定に基づき、この届出書を提出する場合には、次の区分に応じ、それぞれの記載例のとおり記載してください。

	区分	記載例
①	贈与者の死亡の時以前に経営承継受贈者が死亡した場合	第70条の７第15項第1号
②	贈与者が死亡した場合	第70条の７第15項第2号

(2)　本文の「＿＿年＿＿月＿＿日に贈与者
受贈者
相続人等（氏名：＿＿＿）（住所：＿＿＿）」欄には、死亡年月日と氏名、住所を記載してください。

(3)　「贈与者
受贈者
相続人等との続柄」欄は、届出書を提出する人の続柄を記載してください。

(4)　3の【非上場株式等の内訳等】欄は、経営承継者が死亡日の直前において有する非上場株式等の全部又は一部が贈与者等の免除対象贈与（※）により取得をしたものである場合に記載してください。

この場合において、租税特別措置法施行令第40条の８第５項各号に掲げる場合の区分に応じ当該各号に定める者に非上場株式等の贈与をした者ごとに、贈与年月日、氏名、住所（この届出書を提出する時点の住所）及び非上場株式等の数又は金額の内訳を記載してください。

（注）「左記の贈与者が贈与した株式等の数又は金額」欄については、租税特別措置法第70条の７第15項第２号の規定に基づいてこの届出書を提出する場合のみ記載してください。

※「免除対象贈与」とは、租税特別措置法施行規則第23条の９第24項第５号に規定する贈与をいいます。

3　「経営承継者」とは、

イ　「非上場株式等についての贈与税の納税猶予及び免除」（租税特別措置法第70条の７第１項）の適用を受けている方は、同条第２項第３号に規定する「経営承継受贈者」をいいます。

ロ　「非上場株式等についての相続税の納税猶予及び免除」（租税特別措置法第70条の７の２第１項）の適用を受けている方は、同条第２項第３号に規定する「経営承継相続人等」をいいます。

ハ　「非上場株式等の贈与者が死亡した場合の相続税の納税猶予及び免除」（租税特別措置法第70条の７の４第１項）の適用を受けている方は、同条第２項第３号に規定する「経営相続承継受贈者」をいいます。

4　この届出書の添付書類は、「「非上場株式等についての贈与税・相続税の納税猶予の免除届出書（死亡免除）（一般措置）」の添付書類一覧」のとおりですので、該当する書類を届出書に添付して提出してください。

認定（贈与・相続）承継会社に関する明細書
（免除届出用）（一般措置）

受贈者、相続人（受遺者）の氏名		入力 ※	確認 ※

租税特別措置法施行令 第40条の８第37項／第40条の８の２第43項 の規定による免除届出書の提出における認定（贈与・相続）承継会社に関する明細は、次のとおりです。

認定（贈与・相続）承継会社の名称	（変更前）	本店の所在地	（変更前）

死亡等の日（注1）の属する事業年度の直前の各事業年度における総収入金額（注2）	① 直前の事業年度	② ２期前の事業年度	③ ３期前の事業年度
	円	円	円

死亡等の日の直前の経営（贈与・相続）報告基準日の翌日から死亡等の日までの間に、商号の変更、本店所在地の変更、合併による消滅、他の会社の株式交換完全子会社等となった、会社分割、組織変更又は解散の事実がある場合には、その事由及びその事実の発生日	事実発生日	・　・
	事　由	

※　死亡等の日が租税特別措置法第70条の７第２項第６号イ若しくはロに掲げる日のいずれか早い日又は同法70条の７の２第２項第６号イ若しくはロに掲げる日のいずれか早い日の翌日以後である場合には、その死亡等の日の属する事業年度の直前の事業年度末における認定（贈与・相続）承継会社に係る次に掲げる事項を記載してください。

死亡等の日の直前の経営（贈与・相続）報告基準日の翌日からその死亡等の日までの間に、認定（贈与・相続）承継会社が租税特別措置法施行令第40条の８第６項又は第40条の８の２第７項に規定する資産保有型会社等であるとした場合に同令第40条の８第24項第２号イからハまで又は第40条の８の２第30項第２号イからハまでの要件を全て満たしています。（該当する場合は「□」にレ印を記入してください。なお、該当する場合は③欄から⑪欄までの記載は不要です。）	□

① 直前の事業年度末における資本金の額又は出資の総額		円	
② 直前の事業年度末における準備金の額		円	
③ 直前の事業年度末における会社の総資産の貸借対照表に計上されている帳簿価額の総額		円	
④ 直前の事業年度における総収入金額		円	
⑤ 直前の事業年度（末）における特定資産の帳簿価額及び運用収入（注3）		帳簿価額	運用収入
有価証券	資産保有型子会社又は資産運用型子会社に該当する特別子会社の株式又は持分	a 円	j 円
有価証券	特別子会社の株式又は持分以外のもの（上記株式又は持分を除く。）	b 円	k 円
不動産	現に自ら使用しているもの以外	c 円	l 円
ゴルフ場その他の施設の利用に関する権利	事業の用に供することを目的として有するもの以外	d 円	m 円
絵画、彫刻、工芸品その他の有形の文化的所産である動産、貴金属及び宝石	事業の用に供することを目的として有するもの以外	e 円	n 円
現金、預貯金等	現金及び預貯金その他これらに類する資産	f 円	o 円
現金、預貯金等	経営承継者及び当該経営承継者と特別の関係がある者に対する貸付金及び未収金その他これらに類する資産	g 円	p 円
⑥ 剰余金の配当等の額（死亡等の日の直前の事業年度末以前５年間に支払われたもの）（注4）	経営承継者及び当該経営承継者と特別の関係がある者が会社から受けた剰余金の配当又は利益の配当の額	h 円	
	会社から支給された給与の額のうち、法人税法第34条又は第36条の規定により損金の額に算入されない金額	i 円	
⑦ 上記⑤及び⑥の帳簿価額の合計額（a+b+c+d+e+f+g+h+i）		円	
⑧ 上記⑤の特定資産の運用収入の合計額（j+k+l+m+n+o+p）			円

⑨ 特定資産の保有割合（⑦/（③+⑥））	%	⑩ 特定資産の運用収入割合（⑧/④）	%

⑪ 死亡等の日の直前の経営（贈与・相続）報告基準日の翌日から当該死亡等の日までの間に租税特別措置法施行令第40条の8第19項ただし書若しくは第40条の8の2第25項ただし書に規定する場合（注5）又は同令第40条の8第22項ただし書若しくは第40条の8の2第27項ただし書に規定する場合（注6）に該当することとなった事実の有無（いずれかを丸で囲んでください。）

有※	無

※　「有」に該当する場合には、この明細書とともに「認定（贈与・相続）承継会社に関する明細書（一般措置）別紙【一定の事由により特定資産の保有割合又は運用収入割合が基準割合以上となった場合】」を免除届出書に添付して提出する必要があります

※欄には記載しないでください。

この明細書は、非上場株式等についての贈与税・相続税の納税猶予の免除届出書（一般措置）と一緒に提出してください。

（資12②－17－1－Ａ４統一）

（裏）

租税特別措置法第70条の7第15項第3号又は第70条の7の2第16項第2号（第70条の7の4第12項において準用する場合を含みます。）に係る免除届出書を提出する場合においては、対象非上場株式等の全てを贈与したときに限り、この明細書を提出してください。

1　「経営（贈与・相続）報告基準日」とは、
イ　「非上場株式等についての贈与税の納税猶予及び免除」（租税特別措置法第70条の7第1項）の適用を受けている方は、同条第2項第7号に規定する「経営贈与報告基準日」をいいます。
ロ　「非上場株式等についての相続税の納税猶予及び免除」（租税特別措置法第70条の7の2第1項）の適用を受けている方は、同条第2項第7号に規定する「経営報告基準日」をいいます。
ハ　「非上場株式等の贈与者が死亡した場合の相続税の納税猶予及び免除」（租税特別措置法第70条の7の4第1項）の適用を受けている方は、同条第2項第6号に規定する「経営相続報告基準日」をいいます。

2　「資産保有型子会社」及び「資産運用型子会社」とは、中小企業における経営の承継の円滑化に関する法律施行規則第1条第17項第2号イに定めるものをいいます。

3　「経営承継者」とは、
イ　「非上場株式等についての贈与税の納税猶予及び免除」（租税特別措置法第70条の7第1項）の適用を受けている方は、同条第2項第3号に規定する「経営承継受贈者」をいいます。
ロ　「非上場株式等についての相続税の納税猶予及び免除」（租税特別措置法第70条の7の2第1項）の適用を受けている方は、同条第2項第3号に規定する「経営承継相続人等」をいいます。
ハ　「非上場株式等の贈与者が死亡した場合の相続税の納税猶予及び免除」（租税特別措置法第70条の7の4第1項）の適用を受けている方は、同条第2項第3号に規定する「経営相続承継受贈者」をいいます。

4　「経営承継者と特別の関係がある者」とは、
イ　「非上場株式等についての贈与税の納税猶予及び免除」（租税特別措置法第70条の7第1項）の適用を受けている方は、租税特別措置法施行令第40条の8第11項に定める特別の関係がある者をいいます。
ロ　「非上場株式等についての相続税の納税猶予及び免除」（租税特別措置法第70条の7の2第1項）の適用を受けている方又は「非上場株式等の贈与者が死亡した場合の相続税の納税猶予及び免除の特例」（租税特別措置法第70条の7の4第1項）の適用を受けている方は租税特別措置法施行令第40条の8の2第11項に定める特別の関係がある者をいいます。

（注1）「死亡等の日」とは、
イ　「非上場株式等についての贈与税の納税猶予及び免除」（租税特別措置法第70条の7第1項）の適用を受けている方は、租税特別措置法施行令第40条の8第37項の経営承継受贈者若しくは当該経営承継受贈者に係る租税特別措置法第70条の7第15項第2号の贈与者（非上場株式等の全部又は一部が同法第70条の7第15項第3号の規定の適用に係るものである場合には、その贈与者又はその贈与前に非上場株式等について同号の規定の適用に係る贈与をした他の経営承継受贈者のうち最初に同条第1項又は同法第70条の7の5第1項の規定の適用を受けていた者にその非上場株式等の贈与をした者をいいます。）が死亡した日又は当該経営承継受贈者が同法第70条の7第15項第3号の規定の適用に係る贈与をした日をいいます。
ロ　「非上場株式等についての相続税の納税猶予及び免除」（租税特別措置法第70条の7の2第1項）又は「非上場株式等の贈与者が死亡した場合の相続税の納税猶予及び免除」（租税特別措置法第70条の7の4第1項）の適用を受けている方は、租税特別措置法施行令第40条の8の2第43項（第40条の8の4第21項において準用する場合を含みます。）の経営承継相続人等若しくは経営相続承継受贈者が死亡した日又はこれらの者が租税特別措置法第70条の7の2第16項第2号の規定の適用に係る贈与をした日をいいます。

（注2）死亡等の日が経営（贈与・相続）承継期間の場合には、死亡等の日の属する事業年度の直前の事業年度における総収入金額（営業外収益及び特別利益以外のものに限ります。(※) 以下同じです。）のみを①欄に記載し、死亡等の日が経営（贈与・相続）承継期間経過後の場合には、死亡等の日の属する事業年度の直前の事業年度以前3期分の各総収入金額を①から③の各欄に記載してください。
※　平成26年12月31日以前に贈与又は相続（遺贈）により取得した非上場株式等について、納税猶予の特例の規定の適用を受けた方（所得税法等の一部を改正する法律（平成25年法律第5号）附則第86条第14項に規定する書類を提出し、租税特別措置法第70条の7、第70条の7の2又は第70条の7の4の一定の規定の適用を受けている方を除きます。）については、営業外収益及び特別利益を含む総収入金額を記載してください。

（注3）「特定資産の帳簿価額」とは、事業年度末における会社の貸借対照表に計上されている帳簿価額をいい、「特定資産の運用収入」とは、事業年度における運用収入をいいます。

（注4）会社から支給された給与には、債務の免除による利益その他の経済的な利益を含み、最初の租税特別措置法第70条の7第1項の規定の適用に係る贈与の時前及び最初の同法第70条の7の2第1項の規定の適用に係る相続の開始前に支給されたものを除きます。

（注5）「租税特別措置法施行令第40条の8第19項ただし書又は第40条の8の2第25項ただし書に規定する場合」とは、事業活動のために必要な資金を調達するための資金の借入れを行ったことその他の租税特別措置法施行規則第23条の9第14項に定める事由が生じたことにより特定資産の保有割合が70%以上となった場合をいいます。

（注6）「租税特別措置法施行令第40条の8第22項ただし書又は第40条の8の2第27項ただし書に規定する場合」とは、事業活動のために必要な資金を調達するために特定資産を譲渡したことその他の租税特別措置法施行規則第23条の9第16項に定める事由が生じたことにより特定資産の運用収入割合が75%以上となった場合をいいます。

5．6

納税の猶予に係る期限が到来した猶予中 贈与税／相続税 額の明細書
（免除届出用）（一般措置）

受贈者、相続人（受遺者）の氏名		入　力	確　認
		※	※

※欄には記載しないでください。

租税特別措置法施行令 第40条の８第37項／第40条の８の２第43項 の規定による死亡等の日の直前の経営（贈与・相続）報告基準日の翌日からその死亡等の日までの間に、納税の猶予に係る期限が到来した猶予中 贈与税／相続税 額の明細は、次のとおりです。

番号	期限の到来した事由 （該当する事由にレ点を付してください。）	事由が生じた 年　月　日	期限が到来した 株（口）数等	期限が到来した猶予中 贈与税・相続税の額
	□ 対象（受贈・相続）非上場株式等の一部贈与 □ 適格合併・適格交換等 □ 対象（受贈・相続）非上場株式等の一部譲渡等 □ 合併により消滅 □ 株式交換等により他の会社の株式交換完全子会社等に該当 □ 会社分割 □ 組織変更	・　・	株（口）円	円
	□ 対象（受贈・相続）非上場株式等の一部贈与 □ 適格合併・適格交換等 □ 対象（受贈・相続）非上場株式等の一部譲渡等 □ 合併により消滅 □ 株式交換等により他の会社の株式交換完全子会社等に該当 □ 会社分割 □ 組織変更	・　・	株（口）円	円
	□ 対象（受贈・相続）非上場株式等の一部贈与 □ 適格合併・適格交換等 □ 対象（受贈・相続）非上場株式等の一部譲渡等 □ 合併により消滅 □ 株式交換等により他の会社の株式交換完全子会社等に該当 □ 会社分割 □ 組織変更	・　・	株（口）円	円
	□ 対象（受贈・相続）非上場株式等の一部贈与 □ 適格合併・適格交換等 □ 対象（受贈・相続）非上場株式等の一部譲渡等 □ 合併により消滅 □ 株式交換等により他の会社の株式交換完全子会社等に該当 □ 会社分割 □ 組織変更	・　・	株（口）円	円
	□ 対象（受贈・相続）非上場株式等の一部贈与 □ 適格合併・適格交換等 □ 対象（受贈・相続）非上場株式等の一部譲渡等 □ 合併により消滅 □ 株式交換等により他の会社の株式交換完全子会社等に該当 □ 会社分割 □ 組織変更	・　・	株（口）円	円

（資12②－18－Ａ４統一）

（裏）

租税特別措置法第70条の７第15項第３号又は第70条の７の２第16項第２号（第70条の７の４第12項において準用する場合を含みます。）に係る免除届出書を提出する場合においては、対象非上場株式等の全てを贈与したときに限りこの明細書を提出してください。

１　「経営（贈与・相続）報告基準日」とは、
イ　「非上場株式等についての贈与税の納税猶予及び免除」（租税特別措置法第70条の７第１項）の適用を受けている方は、同条第２項第７号に規定する「経営贈与報告基準日」をいいます。
ロ　「非上場株式等についての相続税の納税猶予及び免除」（租税特別措置法第70条の７の２第１項）の適用を受けている方は、同条第２項第７号に規定する「経営報告基準日」をいいます。
ハ　「非上場株式等の贈与者が死亡した場合の相続税の納税猶予及び免除」（租税特別措置法第70条の７の４第１項）の適用を受けている方は、同条第２項第６号に規定する「経営相続報告基準日」をいいます。

２　「期限の到来した事由」中
イ　「対象（受贈・相続）非上場株式等の一部贈与」とは、租税特別措置法第70条の７第４項第１号又は第70条の７の２第４項第１号（第70条の７の４第３項において準用する場合を含みます。）に該当した場合をいいます。
ロ　「適格合併・適格交換等」とは、同法第70条の７第４項第２号又は第70条の７の２第４項第２号（第70条の７の４第３項において準用する場合を含みます。）に該当した場合をいいます。
ハ　「対象（受贈・相続）非上場株式等の一部譲渡等」とは、同法第70条の７第５項第２号又は第70条の７の２第５項第２号（第70条の７の４第３項において準用する場合を含みます。）に該当した場合をいいます。
ニ　「合併により消滅」とは、同法第70条の７第５項第３号又は第70条の７の２第５項第３号（第70条の７の４第３項において準用する場合を含みます。）に該当した場合をいいます。
ホ　「株式交換等により他の会社の株式交換完全子会社等に該当」とは、同法第70条の７第５項第４号又は第70条の７の２第５項第４号（第70条の７の４第３項において準用する場合を含みます。）に該当した場合をいいます。
ヘ　「会社分割」とは、同法第70条の７第５項第５号又は第70条の７の２第５項第５号（第70条の７の４第３項において準用する場合を含みます。）に該当した場合をいいます。
ト　「組織変更」とは、同法第70条の７第５項第６号又は第70条の７の２第５項第６号（第70条の７の４第３項において準用する場合を含みます。）に該当した場合をいいます。

３　「事由が生じた年月日」とは、
イ　「対象（受贈・相続）非上場株式等の一部贈与」に該当する場合は、その贈与をした日をいいます。
ロ　「適格合併・適格交換等」に該当する場合は、その合併又は株式交換等の効力が生じた日をいいます。
ハ　「対象（受贈・相続）非上場株式等の一部譲渡等」に該当する場合は、その譲渡等をした日をいいます。
ニ　「合併により消滅」に該当する場合は、その合併の効力が生じた日をいいます。
ホ　「株式交換等により他の会社の株式交換完全子会社等に該当」に該当する場合は、その株式交換等の効力が生じた日をいいます。
ヘ　「会社分割」に該当する場合は、その会社分割の効力が生じた日をいいます。
ト　「組織変更」に該当する場合は、その組織変更の効力が生じた日をいいます。

４　「死亡等の日」とは、
イ　非上場株式等についての贈与税の納税猶予及び免除（租税特別措置法第70条の７第１項）の適用を受けている方は、租税特別措置法施行令第40条の８第37項の経営承継受贈者若しくは当該経営承継受贈者に係る租税特別措置法第70条の７第15項第２号の贈与者（非上場株式等の全部又は一部が租税特別措置法第70条の７第15項第３号の規定の適用に係るものである場合には、その贈与者又はその贈与前に非上場株式等について同号の規定の適用に係る贈与をした他の経営承継受贈者のうち最初に同条第１項又は同法第70条の７の５第１項の規定の適用を受けていた者にその非上場株式等の贈与をした者をいいます。）が死亡した日又は当該経営承継受贈者が同法第70条の７第15項第３号の規定の適用に係る贈与をした日をいいます。
ロ　非上場株式等についての相続税の納税猶予及び免除（租税特別措置法第70条の７の２第１項）又は非上場株式等の贈与者が死亡した場合の相続税の納税猶予及び免除（租税特別措置法第70条の７の４第１項）の適用を受けている方は、租税特別措置法施行令第40条の８の２第43項若しくは第40条の８の４第21項において準用する同令第40条の８の２第43項の経営承継相続人等若しくは経営相続承継受贈者が死亡した日又はこれらの者が租税特別措置法第70条の７の２第16項第２号の規定の適用に係る贈与をした日をいいます。

（注）　経営承継受贈者、経営承継受贈者に係る贈与者又は経営承継相続人等が贈与税又は相続税の申告書の提出期限の翌日から起算して１年を経過する日までの間に死亡した場合には、表面の「死亡等の日の直前の経営（贈与・相続）報告基準日」は、「贈与税又は相続税の申告書の提出期限」となります。

５．６

「非上場株式等についての贈与税・相続税の納税猶予の免除届出書（贈与による免除）（一般措置）」の添付書類一覧

この届出書には、贈与をした日における認定（贈与・相続）承継会社に係る書類で、次の表に掲げるものを添付して提出してください。

	添　付　書　類
1	定款の写し
2	株主名簿の写しその他の書類で認定(贈与・相続)承継会社の株主又は社員の氏名又は名称及び住所又は所在地並びにこれらの者が有する認定(贈与・相続)承継会社の株式等に係る議決権の数が確認できる書類（認定（贈与・相続）承継会社が証明したものに限ります。）
3	贈与税について届出を行う場合には、中小企業における経営の承継の円滑化に関する法律施行規則第12条第６項若しくは第12項（これらの規定を同条第16項において準用する場合を含みます。）の報告書の写し及び当該報告書に係る同条第37項の確認書の写し又は同令第13条第２項（同条第３項において準用する場合を含みます。）の申請書の写し及び当該申請書に係る同条第12項の確認書の写し、相続税について届出を行う場合には、同令第12条第８項（同条第17項において準用する場合を含みます。）の報告書の写し及び当該報告書に係る同条第37項の確認書の写し(注1)
4	贈与をした日の直前の経営(贈与・相続)報告基準日の翌日から贈与をした日までの間に会社分割又は組織変更があった場合には、会社分割に係る吸収分割契約書の写し若しくは新設分割計画書の写し又は組織変更に係る組織変更計画書の写し

（注）１　上記３の書類は、贈与をした日が次の①又は②のいずれか早い日の翌日以後である場合には提出する必要はありません。

①	経営承継受贈者、経営承継相続人等又は経営相続承継受贈者の最初の「非上場株式等についての贈与税の納税猶予及び免除」の適用に係る贈与の日の属する年分の贈与税の申告書の提出期限の翌日以後５年を経過する日
②	経営承継受贈者、経営承継相続人等又は経営相続承継受贈者の最初の「非上場株式等についての相続税の納税猶予及び免除」の適用に係る相続に係る相続税の申告書の提出期限の翌日以後５年を経過する日

２　贈与をした日の直前の経営(贈与・相続)報告基準日の翌日からその贈与をした日までの間に合併又は株式交換等があった場合には、次に掲げる書類も併せて提出してください。

①	合併又は株式交換等に係る合併契約書又は株式交換契約書若しくは株式移転計画書の写し(※1)
②	次に掲げる書類(合併又は株式移転により合併承継会社又は交換等承継会社が設立される場合には、合併又は株式移転がその効力を生ずる直前に係るものを除きます。) イ　合併又は株式交換等がその効力を生ずる日における合併承継会社又は交換等承継会社の株主名簿その他の書類で合併承継会社又は交換等承継会社の全ての株主又は社員の氏名又は名称及び住所又は所在地並びにこれらの者が有する認定(贈与・相続)承継会社の株式等に係る議決権の数が確認できる書類（合併承継会社又は交換等承継会社が証明したものに限ります。） ロ　合併又は株式交換等に係る中小企業における経営の承継の円滑化に関する法律施行規則第12条第９項又は第10項（これらの規定を同条第18項において準用する場合を含みます。）の報告書の写し及び当該報告書に係る同条第37項の確認書の写し(※2)

（※1）　①の書類は、上記（注）１の①又は②のいずれか早い日までに合併又は株式交換等があった場合には提出する必要はありません。

（※2）　②ロの書類は、上記（注）１の①又は②のいずれか早い日の翌日以後に合併又は株式交換等があった場合には提出する必要はありません。

（資12②−19−２Ａ４統一）（令５．６）

通信日付印の年月日	（確　認）	納税猶予番号
年　月　日		

入　力	確　認
※	※

贈与者が死亡した場合の非上場株式等についての相続税の納税猶予の報告書（一般措置）

税務署受付印

令和＿＿年＿＿月＿＿日

＿＿＿＿＿＿税務署長

〒
住所＿＿＿＿＿＿＿＿＿＿＿＿

氏名＿＿＿＿＿＿＿＿＿＿＿＿
（電話番号　　－　　－　　）

租税特別措置法第70条の７の４第１項の規定による相続税の納税の猶予を受けたいので、次に掲げる税額等について確認し、同条第７項第２号の規定により報告します。

1　対象受贈非上場株式等の贈与を受けた年月日　＿＿年＿＿月＿＿日

2　相続税の申告書を提出する日の直前の経営相続報告基準日
（以下「基準日」といいます。）（注１）　＿＿年＿＿月＿＿日

3　２の基準日における猶予中贈与税額　＿＿＿＿＿＿円

4　２の基準日において有する対象相続非上場株式等の数又は金額　＿＿＿＿＿株（口・円）

5　認定相続承継会社の明細

認定相続承継会社	名　称	
		（変更前）
	本店の所在地	
		（変更前）

相続税の申告書を提出する日の直前の基準日までに終了する各事業年度における総収入金額（注２）

直前の事業年度	２期前の事業年度	３期前の事業年度
円	円	円

認定相続承継会社が商号の変更、本店所在地の変更、合併による消滅、株式交換若しくは株式移転により他の会社の株式交換完全子会社等となった場合又は解散の事実がある場合には、その事由

事　由	
基準日における資本金の額又は出資の総額	円
基準日における準備金の額	円

関与税理士		電話番号	

（資12②　－　28　－　Ａ４統一）

※欄は記入しないでください。

この報告書は相続税の申告書と一緒に提出してください。

（裏）

《 こ の 報 告 書 の 提 出 を す る 必 要 の あ る 方 》

非上場株式等の贈与者が死亡した場合の相続税の納税猶予及び免除の特例（租税特別措置法第70条の７の４第１項）の適用を受けようとする経営相続承継受贈者（租税特別措置法第70条の７の４第２項第３号に定める者をいいます。）が、対象受贈非上場株式等に係る贈与者（注３）の死亡の日の翌日以後最初に到来する経営相続報告基準日の翌日から５月（贈与者が経営相続承継受贈者に係る租税特別措置法第70条の７第２項第５号の５年を経過する日の翌日以後に死亡した場合には３月）を経過する日が贈与者の死亡に係る相続税の申告書の提出期限までに到来する場合に、相続税の申告書と一緒にこの報告書を提出する必要があります。

（注１）　「経営相続報告基準日」とは、租税特別措置法第70条の７の４第２項第６号に定める日をいいます。

（注２）　相続税の申告書を提出する日の直前の経営相続報告基準日までに終了する事業年度が経営相続承継期間（租税特別措置法第70条の７の４第２項第５号に定める期間をいいます。）の場合は、相続税の申告書を提出する日の直前の経営相続報告基準日までに終了する事業年度における総収入金額（営業外収益及び特別利益以外のものに限ります。以下同じです。）のみを「直前の事業年度」欄に記載し、また、その事業年度が、経営相続承継期間経過後の場合は、この報告書を提出する日の直前の経営相続報告基準日までに終了する事業年度以前３期分の各総収入金額を記載してください。

なお、その事業年度が経営相続報告基準日の直前の租税特別措置法第70条の７第２項第７号に規定する経営贈与報告基準日までに終了する場合にはこの欄への記載を要しません。

（注３）　租税特別措置法第70条の７第１項に規定する贈与者に対する同項又は同法第70条の７の５第１項の規定の適用に係る贈与が、その贈与をした者の同法70条の７第15項第３号（同法第70条の７の５第11項において準用する場合を含みます。以下同じです。）の規定の適用に係るものである場合には、対象受贈非上場株式等に係る認定贈与承継会社の非上場株式等について同法第70条の７第15項第３号の規定の適用に係る贈与をした者のうち最初に同条第１項又は同法第70条の７の５第１項の規定の適用を受けていた者にその対象受贈非上場株式等の贈与をした者をいいます。

R3.3

ロ　税務署長が申請に対して認めた場合

経営贈与承継期間の末日の翌日以後に、後継者又は認定贈与承継会社が下表①から④のいずれかに該当することとなった場合に、下表の免除額に相当する贈与税が免除されます（措法70の7⑯、措令40の8⑳㊵～㊷、措規23の9㉟㊱）。

	免除事由	免除額
①	後継者が対象受贈非上場株式等の全部の譲渡等（同族関係者以外（※1）又は民事再生・会社更生による場合に限ります。）をした場合で、右のイ＋ロの金額が譲渡直前における猶予中贈与税額に満たないとき	猶予中贈与税額から次のイ＋ロの金額を控除した残額 イ　原則として、対象受贈非上場株式等の譲渡時の時価（※3） ロ　譲渡等以前5年以内に後継者及び後継者と生計を一にする者が会社から受けた配当等の額等の合計額（※4）
②	認定贈与承継会社について破産手続開始の決定又は特別清算開始の命令があった場合	次のイ－ロの金額 イ　認定贈与承継会社の解散の直前における猶予中贈与税額 ロ　解散前5年以内において、後継者及び後継者と生計を一にする者が会社から受けた配当等の額等の合計額（※4）
③	認定贈与承継会社が一定の合併により消滅した場合（※2）で、右のイ＋ロの金額が合併直前における猶予中贈与税額に満たないとき	猶予中贈与税額から次のイ＋ロの金額を控除した残額 イ　原則として、合併直前における対象受贈非上場株式等の時価（※3） ロ　合併の日以前5年以内において、後継者及び後継者と生計を一にする者が会社から受けた配当等の額等の合計額（※4）
④	認定贈与承継会社が株式交換等により他の会社の株式交換完全子会社等となった場合において、右のイ＋ロの金額が株式交換等の直前における猶予中贈与税額に満たないとき	猶予中贈与税額から次のイ＋ロの金額を控除した残額 イ　原則として、株式交換等直前における対象受贈非上場株式等の時価（※3） ロ　株式交換等以前5年以内において、後継者及び後継者と生計を一にする者が会社から受けた配当等の額等の合計額（※4）

※1　譲渡後の要件として、①譲受者及び譲受者の特別関係者（措令40の8⑪）で認定贈与承継会社の総株主等議決権数の過半数を有すること、②譲受者が上記①の特別関係者の中で認定贈与承継会社の筆頭株主であること、③譲受者（譲受者が法人である場合には、その法人の役員等）が、認定贈与承継会社の代表権を有することが必要です（措規23の9㉟）。

2　吸収合併存続会社等が後継者の特別関係者（措令40の8⑪）以外のものであり、かつ、合併に際してその吸収合併存続会社等の株式等の交付がない場合に限ります（措法70の7⑯三）。

3　対象受贈非上場株式等の時価とは、個人が譲渡等をする直前又は合併若しくは株式交換等がその効力を生ずる直前において、贈与者から対象受贈非上場株式等に係る認定贈与承継会社の発行済株式又は出資（議決権があるものに限ります。）の総数又は総額の全てを贈与により取得したものとした場合のその贈与の時におけるその会社の株式又は出資の一単位当たりの価額に、譲渡等の直前又は合併若しくは株式交換等がその効力を生ずる直前において後継者が有していた対象受贈非上場株式等に係る認定贈与承継会社の株式等の数又は金額を乗じて得た金額となります（措規23の9㊱）。

4　配当等の額等とは、ⓐその会社の株式等に係る剰余金の配当又は利益の配当の額及びⓑその会社から支給された給与の額のうち、法人税法第34条又は第36条の規定によりその会社の各事業年度の所得の金額の計算上損金の額に算入されないこととなる金額の合計額（ⓐⓑのいずれも、贈与税の納税猶予の特例の適用に係る贈与の時前に受けたものを除きます。）をいいます（措令40の8㉑㊷）。

この場合には、後継者は、その該当することとなった日から2か月を経過する日（その日までの間にその後継者が死亡した場合には、その後継者の相続人が相続開始があったことを知った日の翌日から6か月を経過する日。このロにおいて、以下「申請期限」といいます。）までに、一定の事項を記載した免除申請書を納税地の所轄税務署長に提出しなければなりません（措法70の7⑯、措規23の9㉝㉞、措通70の7－38）。

ただし、その該当することとなった日前に、①継続届出書が届出期限までに提出されなかった場合（措法70の7⑪）、②税務署長の命令に応じない場合等の納税猶予期限の繰上げ（措法70の7⑫）及び③同族会社等の行為計算否認等による納税猶予期限の繰上げ等（措法70の7⑭）があった場合は、上記のいずれかに該当したとしても、その免除はされないこととなります（措法70の7⑯）。

なお、税務署長は、免除申請書の提出があった場合において、その免除申請書に係る贈与税の免除をし、又はその免除申請書に係る申請の却下をし、申請期限の翌日から起算して6か月以内に免除をした贈与税の額又は却下をした旨及びその理由を記載した書面を後継者に通知します（措法70の7⑰）。この場合、税務署長は、相当の理由があると認めるときは、その免除申請書に係る納期限（その納期限以前2か月以内にこの特例の適用を受けた後継者が死亡した場合には、その後継者の相続人がその後継者の死亡による相続の開始があったことを知った日の翌日から6か月を経過する日）又はその免除申請書の提出があった日のいずれか遅い日から税務署長が通知を発した日の翌日以後1か月を経過する日までの間、その申請によって免除を受けようとする贈与税相当額に相当する贈与税の徴収を猶予することができます（措法70の７⑱）。

　また、その間にかかる延滞税の額の計算の基礎となる贈与税の額は、猶予中贈与税額から免除申請した贈与税相当額を控除した残額となります（措令40の８㊸）。

非上場株式等についての納税猶予の 贈与税 相続税 の免除申請書（破産等免除）（一般措置）

税務署受付印

令和＿＿年＿＿月＿＿日

＿＿＿＿＿税務署長

〒
住所＿＿＿＿＿＿＿＿＿＿＿＿

氏名＿＿＿＿＿＿＿＿＿＿＿＿
（電話番号　　－　　－　　）

租税特別措置法 第70条の７第16項／第70条の７の２第17項／第70条の７の４第12項 の規定により納税の猶予に係る猶予中の 贈与税／相続税 について、

次のとおり免除を受けたいので、関係書類を添付して申請します。

※欄は記入しないでください。

1　この申請に係る事由の別

認定（贈与・相続）承継会社の名称＿＿＿＿＿＿＿＿所在地＿＿＿＿＿＿＿＿

※　該当する事由にレ点を付してください。

□　①　租税特別措置法（第70条の７第16項第１号・第70条の７の２第17項第１号）に該当
（譲渡先の氏名又は名称）＿＿＿＿＿＿＿＿
（譲渡先の住所又は所在地）＿＿＿＿＿＿＿＿

□　②　租税特別措置法（第70条の７第16項第２号・第70条の７の２第17項第２号）に該当
（破産手続開始の決定、特別清算開始の命令があった日）＿＿年＿＿月＿＿日
（解散をした日）＿＿年＿＿月＿＿日

□　③　租税特別措置法（第70条の７第16項第３号・第70条の７の２第17項第３号）に該当
（吸収合併存続会社等（注1）の名称）＿＿＿＿＿＿＿＿
（吸収合併存続会社等の所在地）＿＿＿＿＿＿＿＿

□　④　租税特別措置法（第70条の７第16項第４号・第70条の７の２第17項第４号）に該当
（株式交換完全親会社等（注2）の名称）＿＿＿＿＿＿＿＿
（株式交換完全親会社等の所在地）＿＿＿＿＿＿＿＿

2　１の事情が生じた年月日　＿＿年＿＿月＿＿日

3　１の事情の詳細

＿＿＿＿＿＿＿＿＿＿＿＿＿＿＿＿

※　書ききれない場合は適宜の用紙に記載してください。

4　免除を受けようとする贈与税・相続税額の計算

※　上記１の②の事由に該当する場合には、次の②欄～④欄は記載を要しません。

①　猶予中贈与税・相続税額（注3）・・・・・・・・・・・・・・・・・・・①＿＿＿＿＿＿円
②　対象（受贈・相続）非上場株式等の譲渡等の対価の額（注4）・・・・②＿＿＿＿＿＿円
③　対象（受贈・相続）非上場株式等の時価に相当する金額（注5）・・・③＿＿＿＿＿＿円
④　②と③のいずれか大きい金額・・・・・・・・・・・・・・・・・・・・④＿＿＿＿＿＿円
⑤　剰余金の配当等の額（イ＋ロの金額）（注6）・・・・・・・・・・・・⑤＿＿＿＿＿＿円
　イ　経営承継者（注7）及び経営承継者と生計を一にする者が
　　会社から受けた剰余金の配当又は利益の配当の額・・・・・・・・・（イ＿＿＿＿＿＿円）
　ロ　会社から支給された給与（注8）の額のうち、法人税法第
　　34条又は第36条の規定により損金の額に算入されない金額・・・・・（ロ＿＿＿＿＿＿円）
⑥　免除を受けようとする贈与税・相続税額（①－（④＋⑤））・・・・⑥＿＿＿＿＿＿円

※　この申請に必要な書類については、裏面をご覧ください。

関与税理士		電話番号	

※	通信日付印の年月日	（確　認）	入　力	確　認	納税猶予番号
	年　月　日				

（資12②－25－Ａ４統一）　（令5.6）

（裏）

《 添 付 書 類 等 》

この申請書は、経営（贈与・相続）承継期間の末日の翌日以後、譲渡等の一定の事由が生じた場合において、納税の猶予に係る猶予中の贈与税・相続税について免除申請を行う場合に使用します。

なお、免除申請を行う場合には、譲渡等の一定の事由の生じた日から２か月以内（譲渡等の一定の事由の生じた日から２か月以内に経営承継者が死亡した場合には、経営承継者の相続人（包括受遺者を含みます。）が経営承継者の死亡による相続の開始があったことを知った日の翌日から６か月以内）にこの申請書に関係書類を添付して提出する必要があります。

1　租税特別措置法（第70条の７第16項第１号・第70条の７の２第17項第１号）に該当する場合とは、次の場合をいいます。

①　経営承継者と特別の関係がある者以外の一定の者のうち一人の者に対して認定（贈与・相続）承継会社の非上場株式等の全部の譲渡等をした場合

（注）　上記「一定の者」とは、租税特別措置法施行令第40条の８第40項、同令第40条の８の２第45項、租税特別措置法施行規則第23条の９第35項及び同令第23条の10第33項に定める者をいいます。

②　民事再生法の規定による再生計画又は会社更生法の規定による更生計画の認可の決定があった場合（再生計画の認可の決定に準ずる一定の事実が生じた場合を含みます。）において、再生計画又は更生計画（債務の処理に関する計画として一定のものを含みます。）に基づき非上場株式等を消却するために認定（贈与・相続）承継会社の非上場株式等の全部の譲渡等をした場合

（注）　上記「一定の事実」とは、租税特別措置法施行令第40条の８第41項又は同令第40条の８の２第46項に定める事実をいい、「一定のもの」とは、同令第40条の８第41項又は同令第40条の８の２第46項に定める計画（以下「債務処理計画」といいます。）をいいます。

【①に該当する場合の添付書類】

1　譲渡等があったことを明らかにする書類

2　譲渡等後の認定（贈与・相続）承継会社の株主名簿の写しその他の書類で認定（贈与・相続）承継会社の全ての株主又は社員の氏名又は名称及び住所又は所在地並びにこれらの者が有する認定（贈与・相続）承継会社の株式等に係る議決権の数が確認できる書類（認定（贈与・相続）承継会社が証明したものに限られます。）

3　その他参考となる書類

【②に該当する場合の添付書類】

1　次に掲げる認定（贈与・相続）承継会社に係る計画の区分に応じて、それぞれ次に定める書類

・「再生計画」…認定（贈与・相続）承継会社に係る再生計画の写し及び再生計画の認可の決定があったことを証する書類

・「更生計画」…認定（贈与・相続）承継会社に係る更生計画の写し及び更生計画の認可の決定があったことを証する書類

・「債務処理計画」…認定（贈与・相続）承継会社に係る債務処理計画の写し及び債務処理計画が成立したことを証する書類

2　譲渡後の認定（贈与・相続）承継会社の株主名簿の写しその他の書類で認定（贈与・相続）承継会社の全ての株主又は社員の氏名又は名称及び住所又は所在地が確認できる書類（認定（贈与・相続）承継会社が証明したものに限られます。）

3　その他参考となる書類

2　租税特別措置法（第70条の７第16項第２号・第70条の７の２第17項第２号）に該当する場合とは、認定（贈与・相続）承継会社について破産手続開始の決定又は特別清算開始の命令があった場合をいいます。

【添付書類】

1　破産手続開始の決定又は特別清算開始の命令があったことを証する書類

2　その他参考となる書類

3　租税特別措置法（第70条の７第16項第３号・第70条の７の２第17項第３号）に該当する場合とは、認定（贈与・相続）承継会社が合併により消滅した場合をいいます。

【添付書類】

1　合併があったことを明らかにする書類

2　その他参考となる書類

4　租税特別措置法（第70条の７第16項第４号・第70条の７の２第17項第４号）に該当する場合とは、認定（贈与・相続）承継会社が株式交換等により他の会社の株式交換完全子会社等（注２）となった場合をいいます。

【添付書類】

1　株式交換等があったことを明らかにする書類

2　その他参考となる書類

（注１）　「吸収合併存続会社等」とは、会社法第749条第１項に規定する吸収合併存続会社又は同法第753条第１項に規定する新設合併設立会社をいいます。

（注２）　「株式交換完全親会社等」とは、会社法第768条第１項第１号に規定する株式交換完全親会社（株式交換完全子会社）又は同法第773条第１項第５号に規定する株式移転完全親会社（株式移転完全子会社）をいいます。

（注３）　認定（贈与・相続）承継会社の非上場株式等の譲渡等の直前、認定（贈与・相続）承継会社の解散の直前、認定（贈与・相続）承継会社の合併及び株式交換等がその効力を生ずる直前の猶予中贈与税額・相続税額をいいます。

（注４）　対象（受贈・相続）非上場株式等の譲渡等の対価の額、合併対価の額（吸収合併存続会社等が合併に際して消滅する認定（贈与・相続）承継会社の株主又は社員に対して交付する財産をいいます。）、交換等対価の額（他の会社が株式交換等に際して株式交換完全子会社等となった認定（贈与・相続）承継会社の株主に対して交付する財産をいいます。）をいいます。

（注５）　「対象（受贈・相続）非上場株式等の時価に相当する金額」とは、租税特別措置法施行規則第23条の９第36項又は同令第23条の10第34項に定める金額をいいます。

（注６）　認定（贈与・相続）承継会社の非上場株式等の譲渡等があった日以前５年間に支払われたもの、認定（贈与・相続）承継会社の解散前５年間に支払われたもの、認定（贈与・相続）承継会社の合併及び株式交換等がその効力を生ずる日以前５年間に支払われたものをいいます。

（注７）　「経営承継者」とは、租税特別措置法第70条の７第２項第３号に規定する「経営承継受贈者」、同法第70条の７の２第２項第３号に規定する「経営承継相続人等」及び同法第70条の７の４第２項第３号に規定する「経営相続承継受贈者」をいいます。

（注８）　「給与」には、債務の免除による利益その他の経済的な利益を含みます。

⑾　延滞税の免除

税務署長は、後継者が⑽ロの表中①、③又は④の適用を受ける場合において、その後継者が適正な時価を算定できないことについてやむを得ない理由があると認めるときは、それらの場合に該当することとなったことにより納付することとなった贈与税に係る延滞税につき、次に掲げる場合の区分に応じ次に掲げる納期限（その納期限以前２か月以内にこの特例の適用を受けた後継者が死亡した場合には、その後継者の相続人がその後継者の死亡による相続の開始があったことを知った日の翌日から６か月を経過する日）の翌日から通知を発した日の翌日以後１か月を経過する日までの間に対応する部分の金額を免除することができます（措法70の７⑲）。

①	⑽ロの表中①の場合	⑽ロの表中①の譲渡等をした日から２か月を経過する日（措法70の７⑱⑲㉗六）
②	⑽ロの表中③又は④の場合	⑽ロの表中③又は④の合併又は株式交換等がその効力を生じた日から２か月を経過する日（措法70の７⑱⑲㉗八）

⑿　再生計画の認可決定等があった場合の納税猶予税額の再計算の特例

経営贈与承継期間の末日の翌日以後に、認定贈与承継会社について民事再生計画若しくは会社更生計画の認可が決定され又は中小企業再生支援協議会の支援による再生計画が成立した場合において資産評定が行われたときは、その認可決定があった日又は債務処理計画が成立した日（この⑿において、以下「認可決定日」といいます。）における対象受贈非上場株式等の価額に基づき納税猶予税額を再計算し、当該再計算後の納税猶予税額（この⑿において、以下「再計算猶予税額」といいます。）を猶予税額として納税猶予を継続することができます。

この場合において、「再生前における猶予中贈与税額」から「再計算猶予税額」（認可決定日前５年以内に認定贈与承継会社から受けた配当等を含みます。）を控除した残額が免除されます（措法70の７㉑、措令40の８㊼）。

イ　認定贈与承継会社の要件

認可決定日において、次に掲げる要件の全てを満たす認定贈与承継会社であること（措令40の８㊻）

①	円滑化法第２条に規定する中小企業者であること
②	その会社の株式等が非上場株式等に該当すること

ロ　後継者の要件

代表権を有している者又は次に掲げる要件を満たしている者であること（措法70の７㉓、措規23の９㊴）

①	認可決定日の直前において代表権を有していたこと※
②	イ　後継者及び後継者の特別関係者（措令40の８⑪）の保有する議決権の数の合計が、総株主等議決権数の50％を超えること ロ　後継者が有する議決権の数が、後継者の特別関係者の中で最も多いこと

※　認可決定日とは、①裁判所による更生計画の認可決定があった日（会社更生手続）、②裁判所による再生計画の認可決定があった日（民事再生手続）及び③対象債権者全員の同意により債務処理計画が成立した日（中小企業再生支援協議会の再生スキーム）をいいます。

ハ　その他の適用要件

①	認定贈与承継会社について民事再生法の規定による再生計画又は会社更生法の規定による更生計画の認可の決定があること（措法70の７㉑、措令40の８㊶）
②	認定贈与承継会社の有する資産について、次に掲げる評定が行われたこと（措令40の８㊼） イ　再生計画又は更生計画の認可の決定があった場合 　　認定贈与承継会社がその有する資産の価額につきその再生計画又はその更生計画の認可の決定があった時の価額により行う評定 ロ　中小企業再生支援協議会の支援により行う再生計画が成立した場合 　　法人税法施行令第24条の２第１項第１号イに規定する事実に従って行う同項第２号の資産評定
③	認可決定日から免除通知が発せられた日の前日までの間に、次に掲げる事由に該当しないこと（措法70の７㉑） イ　納税猶予期限の一部確定事由に該当する事実が生じたこと（措法70の７⑤） ロ　継続届出書が期限までに提出されなかったことにより納税猶予期限が確定したこと（措法70の７⑪）
④	免除通知が発せられる日前に納税猶予期限の繰上げがないこと（措法70の７⑫⑭㉑）
⑤	再生計画を履行している認定贈与承継会社については、監督委員又は管財人が選任されていること（措法70の７㉑）

ニ　再計算猶予税額の計算

再計算猶予税額は、認可決定日における猶予中贈与税額に対応する対象受贈非上場株式等について、財産評価基本通達により算定した株式等の価額を基に、納税猶予税額を計算します（措法70の７㉒、措通70の７－40、70の７－48）。

ホ　再計算免除税額の計算

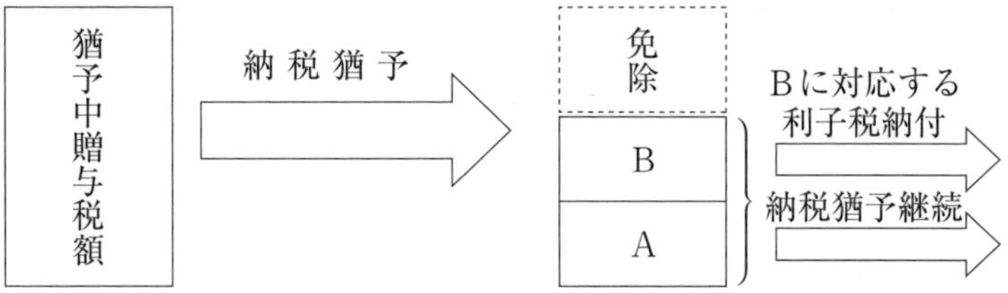

〔算式〕

再計算免除税額 ＝ 猶予中贈与税額 －（A＋B）

A：再計算猶予税額

B：認可決定日前５年以内に認定贈与承継会社から受けた配当等(※)

(※)「認可決定日前５年以内に認定贈与承継会社から受けた配当等」とは、認可決定日前５年以内において、後継者又はその後継者と生計を一にする者が認定贈与承継会社から受けた金額のうち、次の①及び②の金額の合計額です（措令40の８㉑㊷）。

①	その会社の株式等に係る剰余金の配当又は利益の配当
②	給与のうち過大役員給与部分

へ　この特例の適用を受けるための手続

認可決定日から２か月を経過する日までに、再計算特例の適用を受けたい旨、再計算猶予税額とその計算の明細、事情の詳細等を記載した申請書に、認可決定があった再生計画又は更生計画に関する一定の書類を添付して、納税地の所轄税務署長に提出する必要があります（措法70の７㉓、措規23の９㊵㊶）。

ト　免除通知

上記への申請書の提出を受けた税務署長は、その申請書に係る申請期限の翌日から起算して６か月以内に、再計算免除税額の免除をし、又は申請書に係る申請を却下します（措法70の７㉔）。

非上場株式等についての納税猶予の 贈与税／相続税 の再計算免除申請書（一般措置）

税務署受付印

※欄は記入しないでください。

令和＿＿年＿＿月＿＿日

＿＿＿＿＿税務署長

〒
住所＿＿＿＿＿＿＿＿＿＿

氏名＿＿＿＿＿＿＿＿＿＿
（電話番号　　－　　－　　）

租税特別措置法 第70条の7第1項／第70条の7の2第1項／第70条の7の4第1項 の規定による納税の猶予に係る猶予中の 贈与税／相続税 について、次のとおり同条 第21項／第22項／第13項 の規定の適用を受けたいので、関係書類を添付して申請します。

1　この申請に係る事由の別

認定（贈与・相続）承継会社の名称＿＿＿＿＿＿＿＿所在地＿＿＿＿＿＿＿＿

（※　認定（贈与・相続）承継会社について、該当する事由の「□」にレ印を記入してください。）

□	①	民事再生法の規定による再生計画の認可の決定があった場合において、その会社の有する資産につき租税特別措置法施行令第40条の8第47項第1号又は第40条の8の2第52項第1号で定める評定が行われたこと
□	②	会社更生法の規定による更生計画の認可の決定があった場合において、その会社の有する資産につき租税特別措置法施行令第40条の8第47項第1号又は第40条の8の2第52項第1号で定める評定が行われたこと
□	③	民事再生法の規定による再生計画の認可の決定に準ずるものとして租税特別措置法施行令第40条の8第41項又は第40条の8の2第46項に定める法人税法施行令第24条の2第1項に規定する事実が生じた場合において、その会社の有する資産につき同項第1号イに規定する事実に従って行う同項第2号の資産評定が行われたこと

2　1の事情が生じた年月日　＿＿＿年＿＿＿月＿＿＿日

3　1の事情の詳細　＿＿＿＿＿＿＿＿＿＿＿＿
（※　書ききれない場合は適宜の用紙に記載してください。）

4　再計算猶予中贈与税・相続税額及び再計算免除贈与税・相続税額の計算

①		猶予中贈与税・相続税額（注1）	円
②		再計算猶予中贈与税・相続税額（注2）　下表の「対象（受贈・相続）非上場株式等の認可決定日における価額の計算」の「認可決定日における価額」欄の価額に基づき再計算をした納税猶予分の贈与税額又は相続税額を記入します。	円
③		剰余金の配当等の額（イ＋ロ）（注3）	円
	イ	経営承継者（注4）及び経営承継者と生計を一にする者が認定（贈与・相続）承継会社から受けた剰余金の配当又は利益の配当の額	円
	ロ	認定（贈与・相続）承継会社から支給された給与（注5）の額のうち、法人税法第34条又は第36条の規定により損金の額に算入されない金額	円
④		再計算免除贈与税・相続税額（①－（②＋③））	円

（※　再計算猶予中贈与税・相続税額の計算の基となる対象（受贈・相続）非上場株式等の認可決定日における価額を計算します。）

対象（受贈・相続）非上場株式等の認可決定日における価額の計算

a	認可決定日の直前において認定（贈与・相続）承継会社の発行済株式又は出資（議決権があるものに限ります。）の総数又は総額の全てを贈与又は相続により取得したとした場合のその贈与又は相続の時における認定（贈与・相続）承継会社の株式又は出資の価額の1単位当たりの価額	円
b	認可決定日の直前において有していた認定（贈与・相続）承継会社の対象（受贈・相続）非上場株式等の数又は金額	株（口・円）
c	認可決定日における価額（a×b）（注2）	円

※　この申請に必要な書類等については、裏面をご覧ください。

関与税理士		電話番号	

※	通信日付印の年月日	（確認）	入力	確認	納税猶予番号
	年　月　日				

（資12②－32－A4統一）　（令5.6）

（裏）

《　添 付 書 類 等　》

この申請書は、経営（贈与・相続）承継期間の末日の翌日以後に、認定（贈与・相続）承継会社について、民事再生法の規定による再生計画又は会社更生法の規定による更生計画の認可の決定等があった場合において、その認定（贈与・相続）承継会社の有する資産につき評定が行われたことなど、この申請書の「1　この申請に係る事由の別」の①から③に掲げる事由（以下「申請事由」といいます。）のいずれかの事実が生じたことにより、認可の決定等があった日（以下「認可決定日」といいます。）における価額に基づき納税猶予分の贈与税額又は相続税額の再計算をし、免除申請を行うときに使用します。

なお、この申請を行う場合には、申請事由に係る認可決定日から２か月以内（その認可決定日から２か月以内に経営承継者が死亡した場合には、その経営承継者の相続人（包括受遺者を含みます。）がその経営承継者の死亡による相続の開始があったことを知った日の翌日から６か月以内）に、この申請書に次の１又は２の場合に応じ、それぞれ次に掲げる書類を添付して提出する必要があります。

【添付書類】

1　**民事再生法の規定による再生計画又は会社更生法の規定による更生計画の認可の決定があった場合**（申請事由の①又は②に該当する場合）

⑴　認可決定日における認定（贈与・相続）承継会社の定款の写しその他の書類で、その認定（贈与・相続）承継会社が中小企業における経営の承継の円滑化に関する法律第２条に規定する中小企業者であること及びその認定（贈与・相続）承継会社の株式等が非上場株式等に該当することを証するもの

⑵　認可決定日における認定（贈与・相続）承継会社の株主名簿の写しその他の書類で、その認定（贈与・相続）承継会社の全ての株主又は社員の氏名又は名称及び住所又は所在地並びにこれらの者が有するその認定（贈与・相続）承継会社の株式等に係る議決権の数が確認できる書類（その認定（贈与・相続）承継会社が証明したものに限ります。）

⑶　認定（贈与・相続）承継会社に係る再生計画（民事再生法第２条第３号に規定する再生計画で同法第 174 条第１項の規定により認可の決定がされたものに限ります。）の写し及びその再生計画の認可の決定があったことを証する書類又はその認定（贈与・相続）承継会社に係る更生計画（会社更生法第２条第２項に規定する更生計画で同法第 199 条第１項の規定により認可の決定がされたものに限ります。）の写し及びその更生計画の認可の決定があったことを証する書類

⑷　認定（贈与・相続）承継会社の有する資産及び負債につき租税特別措置法施行令第 40 条の８第 47 項第１号又は第 40 条の８の２第 52 項第１号に規定する評定に基づいて作成された貸借対照表

2　**租税特別措置法施行令第 40 条の８第 41 項又は第 40 条の８の２第 46 項に定める法人税法施行令第 24 条の２第１項に規定する事実が生じた場合**（申請事由の③に該当する場合）

⑴　申請事由の③の事実が生じた日における認定（贈与・相続）承継会社の定款の写しその他の書類で、その認定（贈与・相続）承継会社が中小企業における経営の承継の円滑化に関する法律第２条に規定する中小企業者であること及びその認定（贈与・相続）承継会社の株式等が非上場株式等に該当することを証するもの

⑵　申請事由の③の事実が生じた時における認定（贈与・相続）承継会社の株主名簿の写しその他の書類で、その認定（贈与・相続）承継会社の全ての株主又は社員の氏名又は名称及び住所又は所在地並びにこれらの者が有するその認定（贈与・相続）承継会社の株式等に係る議決権の数が確認できる書類（その認定（贈与・相続）承継会社が証明したものに限ります。）

⑶　認定（贈与・相続）承継会社に係る債務処理計画（その債務処理計画に係る法人税法施行令第 24 条の２第１項第１号に規定する一般に公表された債務処理を行うための手続についての準則が、産業競争力強化法第 135 条第１項に規定する中小企業再生支援協議会が定めたものである場合に限ります。）の写し及びその債務処理計画が成立したことを証する書類

⑷　法人税法施行規則第８条の６第１項第１号に掲げる者が作成した書類で、⑶の債務処理計画が租税特別措置法施行令第 40 条の８第 41 項又は第 40 条の８の２第 46 項に規定するものである旨を証するもの

（注１）　「猶予中贈与税・相続税額」とは、認可決定日の直前の納税猶予分の贈与税額又は相続税額をいいます。

（注２）　「再計算猶予中贈与税・相続税額」とは、認定（贈与・相続）承継会社の対象（受贈・相続）非上場株式等の認可決定日における価額として租税特別措置法施行規則第 23 条の９第 38 項の規定により算出した金額を、租税特別措置法第 70 条の７第１項又は同法第 70 条の７の２第１項の規定の適用に係る贈与又は相続により取得をしたその認定（贈与・相続）承継会社の対象（受贈・相続）非上場株式等のその贈与又は相続の時における価額とみなして再計算をした金額をいいます。

（注３）　「剰余金の配当等の額」とは、認可決定日前５年間に支払われたものをいいます。
なお、「剰余金の配当等の額」に該当するものがある場合には、猶予中贈与税・相続税額のうちその「剰余金の配当等の額」に相当する金額の贈与税又は相続税を納付しなければなりません。

（注４）　「経営承継者」とは、租税特別措置法第 70 条の７第 23 項に規定する「経営承継受贈者」、同法第 70 条の７の２第 24 項に規定する「経営承継相続人等」又は同法第 70 条の７の４第 13 項に規定する「経営相続承継受贈者」をいいます。

（注５）　「給与」には、債務の免除による利益その他の経済的な利益を含みます。

⒀ 利子税

贈与税の納税猶予の特例の適用を受けた後継者が、猶予税額の全部又は一部を納付する場合には、原則として、贈与税の申告書の提出期限の翌日から、年3.6％の割合を乗じて計算した金額に相当する利子税を併せて納付しなければなりません（措法70の7㉗）。また、利子税の額の計算の基礎となる贈与税の額は、猶予中贈与税額から免除申請した贈与税相当額を控除した残額とされています（措令40の8㊹）。

しかし、後継者が次表の③から⑨までの左欄に該当する場合（次表の④又は⑤の左欄に該当する場合にあっては、経営贈与承継期間の末日の翌日以後に、該当することとなった場合に限ります。）における経営贈与承継期間の利子税割合は零％となります（平成27年1月1日以後の贈与の場合に限ります。）（措法70の7㉘）。

なお、上記利子税の割合については、各年の利子税特例基準割合㈱が7.3％に満たない場合には、次の算式により計算される割合（特例割合）が適用されます。

$$利子税割合（3.6\%）\times \frac{利子税特例基準割合(※)}{7.3\%}$$

㊟　0.1％未満の端数は切捨て、その割合が0.1％未満である場合は0.1％

㈱　利子税特例基準割合

【平成25年12月31日まで】

各年の前年の日本銀行が定める基準割引率　＋　４％

【平成26年１月１日から令和２年12月31日まで】（平成25年度改正法附則１三イ、90①）

各年の前々年の10月から前年の９月までの各月における銀行の新規の短期貸出約定平均金利の合計を12で除して得た割合として各年の前年の12月15日までに財務大臣が告示する割合　＋　１％

【令和３年１月１日以降（措法93②）】

その分納期間の開始の日の属する年の平均貸付割合（各年の前々年の９月から前年の８月までの各月における短期貸付けの平均利率（当該各月において銀行が新たに行った貸付け（貸付期間が１年未満のものに限ります。）に係る利率の平均をいいます。）の合計を12で除して計算した割合として各年の前年の11月30日までに財務大臣が告示する割合　＋　0.5％

利子税を納付すべき場合		対象となる贈与税額	利子税の計算期間	
			始期	終期
①	経営贈与承継期間内に猶予期限確定事由が生じた場合（前記⑷参照）	猶予中贈与税額	申告期限	猶予期限（前記⑷参照）

②	イ　後継者がやむを得ない理由により認定贈与承継会社の代表権を有しないこととなった場合において、当該後継者が対象受贈非上場株式等の一部につき贈与税の納税猶予の特例の適用に係る贈与をしたとき（前記(5)イ参照）	その贈与をした対象受贈非上場株式等の数又は金額に対応する部分に相当する贈与税額	申告期限	猶予期限（前記(5)イ参照）
	ロ　適格合併又は適格交換等をした場合（前記(5)ロ参照）	交付を受けた金銭その他の資産の額に対応する部分に相当する贈与税額	申告期限	猶予期限（前記(5)ロ参照）
③	経営承継期間経過の末日後に猶予期限確定事由が生じた場合（前記(4)参照）	猶予中贈与税額	申告期限	猶予期限（前記(4)参照）
④	届出書が届出期限までに提出されなかった場合（前記(4)参照）	左記により納税猶予期限が確定する猶予中贈与税額	申告期限	猶予期限（前記(4)参照）
⑤	猶予の繰上げ、同族会社等の行為計算否認等の適用があった場合（前記(7)(9)参照）	期限が繰り上げられる猶予中贈与税額	申告期限	繰り上げられた猶予期限（前記(7)(9)参照）
⑥	免除事由が生じた場合（前記(10)ロの表中①参照）	前記(10)ロの表中①イ＋ロの金額	申告期限	譲渡等をした日から２か月を経過する日（前記(10)ロの表中①参照）
⑦	免除事由が生じた場合（前記(10)ロの表中②参照）	前記(10)ロの表中②ロの金額	申告期限	認定贈与承継会社が解散をした日から２か月を経過する日（前記(10)ロの表中②参照）
⑧	免除事由が生じた場合（前記(10)ロの表中③④参照）	前記(10)ロの表中③イ＋ロの金額又は④イ＋ロの金額	申告期限	合併又は株式交換等がその効力が生じた日から２か月を経過する日（前記(10)ロの表中③④参照）
⑨	再生計画の認可決定等があった場合の納税猶予税額の再計算の特例の適用があった場合（前記(12)参照）	認可決定日前５年以内に認定贈与承継会社から受けた配当等	申告期限	免除通知日から２か月を経過する日

※1　上記の①から③又は⑥から⑧の右欄に掲げる日以前2か月以内に後継者が死亡した場合の利子税の計算期間の終期は、その相続人が当該後継者の死亡による相続の開始があったことを知った日の翌日から6か月を経過する日となります。
2　上記の⑤の場合と他の場合が重複したときは⑤によるものとし、③の場合と⑥から⑧の場合が重複したときには⑥から⑧によります。

⒁　適用除外

イ　他の後継者等がいる場合

先代経営者から贈与により取得をした非上場株式等に係る会社の株式等について、この特例の適用を受けている他の後継者又は相続税の納税猶予の特例（措法70の7の2）の適用を受けている経営承継相続人等若しくは租税特別措置法第70条の7の4《非上場株式等の贈与者が死亡した場合の相続税の納税猶予及び免除》第1項の規定の適用を受けている経営相続承継受贈者がある場合（この特例の適用を受けようとする者がその経営承継相続人等若しくはその経営相続承継受贈者又は租税特別措置法第70条の7第15項第3号若しくは同法70の7の2第16項第2号の規定の適用に係る贈与によりその会社の株式等の取得をした者である場合を除きます。）には、この特例（贈与税の納税猶予の特例）の適用を受けることができません（措法70の7⑦、措通70の7－34）。

〔参考〕　事業承継パターン（相続税・贈与税共通）

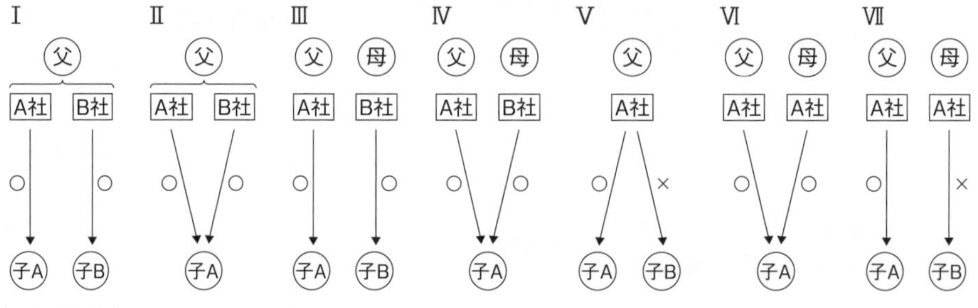

※1　1社につき事業承継税制の適用を受けることができるのは、1人のみです。
2　代表権を有していない複数の者からの相続若しくは遺贈又は贈与についても、この特例の対象となります。

ロ　現物出資又は贈与による取得資産がある場合

認定贈与承継会社が後継者及びその後継者の特別関係者（措令40の８⑪）から現物出資又は贈与によりこの特例の適用に係る贈与前３年以内に取得をした資産（このロにおいて、以下「現物出資等資産」といいます。）がある場合で、次に該当するときは贈与税の納税猶予の特例は適用できません（措法70の７㉙）。

$$\frac{\text{現物出資等資産の価額の合計額}}{\text{認定贈与承継会社の資産の価額の合計額}} \geqq 70\%$$

なお、上記の価額は特例の適用に係る贈与があった時におけるものですが、認定贈与承継会社がその贈与があった時において現物出資等資産を有していない場合の現物出資等資産の価額については、その贈与があった時に有しているものとしたときにおける現物出資等資産の価額となります（措通70の７－40）。

⒂　災害等による納税猶予の緩和又は納税猶予税額の免除

平成28年４月１日以後に発生した災害㈲により被害を受けた一定の会社又は中小企業信用保険法第２条第５項第１号から第４号までのいずれかの事由（以下、この⒂において「災害等」といいます。）に該当した一定の会社に係る非上場株式等について、災害等の発生前に贈与により取得し、贈与税の納税猶予及び免除の特例の適用を受けている場合に、一定の事由に該当するときには、納税猶予税額が免除、又は納税猶予期間中の要件が緩和されます（措法70の７㉚㉞、平成29年改正法附則88⑩～⑫）。

㈲　震災、風水害、火災、冷害、雪害、干害、落雷、噴火その他の自然現象の異変による災害及び鉱害、火薬類の爆発その他の人為による異常な災害並びに害虫、害獣その他の生物による異常な災害をいいます（措令40の８㊾）。

イ　経営贈与承継期間又は従業員数確認期間の末日において、雇用の平均が特例対象贈与時の雇用の８割を下回った場合における猶予要件の緩和

会社が次の「Ａ　会社の事由」の①から④までの区分に応じ、それぞれ次のＢに掲げる要件を満たした場合には、経営贈与承継期間（①②の場合は従業員数確認期間）㈱の末日において、常時使用従業員数の平均が特例対象贈与時の８割を下回ったときにおいても納税の猶予を継続することができます（措法70の７㉚）。

㈱　災害が発生した日以後の期間に限ります（措法70の７㉚二イかっこ書）。この⒂において同じです。

Ａ　会社の事由

	会社の事由
①	災害が発生した日の属する事業年度の直前の事業年度終了の時における会社の総資産の貸借対照表に計上されている帳簿価額の総額に対する当該会社の災害により滅失（※１）した会社の事業の用に供する資産（※２）の貸借対照表に計上されている帳簿価額の合計額の割合が30％以上である場合（措法70の７㉚一、措令40の８㊿）
②	会社の災害が発生した日の前日における常時使用従業員の総数に対する当該会社の被災常時使用従業員（事業所（※３）のうち当該災害が発生した日から同日以後６か月を経過する日までの間継続して常時使用従業員が当該会社の本来の業務に従事することができないと認められるものにおいて、当該災害が発生した日の前日に使用していた常時使用従業員をいいます。）の数の割合が20％以上である場合（上記①に該当する場合を除きます。）（措法70の７㉚二、措令40の８(52)）
③	会社が中小企業信用保険法第２条第５項第１号又は第２号のいずれかに該当することにより一定の証明がされた場合に限り、その事由が発生した日又は事業活動の制限を実施した日以後の６か月間の売上高が前年同期間の売上高の70％以下であるとき（上記①又は②に該当する場合を除きます。）（措法70の７㉚三、措令40の８(54)）
④	会社が中小企業信用保険法第２条第５項第３号又は第４号のいずれかに該当することにより一定の証明がされた場合に限り、その事由が発生した日以後の６か月間の売上高が前年同期間の売上高の70％以下であるとき（上記①から③までに該当する場合を除きます。）（措法70の７㉚四、措令40の８(56)）

㈱１　通常の修繕によっては原状回復が困難な損壊を含みます（措令40の８㊿）。

２　現金、預貯金などの一定の資産（特定資産）を除きます（措令40の８㊿。714ページを参照してください。）。

３　常時使用従業員が勤務している事務所、店舗、工場その他これらに類するもので、かつ、災害により滅失（上記㈱１の損壊を含みます。）し、又はその全部若しくは一部が損壊したものに限ります（措令40の８(52)）。

B　上記「A　会社の事由」に応じた一定の要件

	会社の事由	要　件
Ⓐ	上記①	なし
Ⓑ	上記②	会社の事業所のうちに被災事業所（※１）以外の事業所がある場合には、従業員数確認期間内にある各基準日における当該事業所の常時使用従業員の数の合計を従業員数確認期間の末日において従業員数確認期間内にある基準日の数で除して計算した数が、それぞれの事業所において特例対象贈与の時における常時使用従業員の数の80％以上（※２）であること（措法70の７㉚二イ、措令40の８㊸）
Ⓒ	上記③	会社の各売上判定事業年度（※３）における売上割合（※４）の合計を経営贈与承継期間の末日において経営贈与承継期間内に終了する当該売上判定事業年度の数で除して計算した割合の一定の区分に応じ、各雇用判定基準日（※５）における雇用割合（※６）の合計を経営贈与承継期間の末日において当該売上判定事業年度に係る雇用判定基準日の数で除して計算した割合がそれぞれ一定以上（※７）であること（措令40の８㊺㊼）
Ⓓ	上記④	売上金額に応じ、上記Ⓒと同様、雇用が確保されている場合（措令40の８㊼）。

※１　「被災事業所」とは、上記「A　会社の事由」の②に記述した「事業所のうち当該災害が発生した日から同日以後６か月を経過する日までの間継続して常時使用従業員が当該会社の本来の業務に従事することができないと認められるもの」をいいます（措令40の８㊷かっこ書）。この⒂において同じです。

２　その数に１人未満があるときにはこれを切り捨てた数とし、当該特例対象贈与の時における常時使用従業員の数が１人のときは１人とします（措令40の８㊸かっこ書）。

３　「売上判定事業年度」とは、基準日※の直前の経営贈与報告基準日の翌日から当該基準日までの間に終了する事業年度をいいます（措令40の８㊼一かっこ書）。この⒂において同じです。

※　「基準日」とは、中小企業信用保険法第２条第５項第３号又は第４号のいずれかに該当することにより大幅に減少した売上金額に係る事業年度の翌事業年度中にある経営贈与報告基準日のことをいいます（措法70の７㉚四）。

４　「売上割合」とは、会社の当該事由が発生した日の属する事業年度の直前の事業年度（この⒂において、以下「贈与特定事業年度」といいます。）における売上金額に当該売上判定事業年度の月数を乗じてこれを贈与特定事業年度の月数で除して計算した金額に対する当該売上判定事業年度における売上金額の割合をいいます（措令40の８㊼一かっこ書）。この⒂において同じです。

５　「雇用判定基準日」とは、売上判定事業年度に係る基準日が経営贈与承継期間内にある場合における当該基準日をいいます（措令40の８㊼一かっこ書）。この⒂において同じです。

６　「雇用割合」とは、会社の特例対象贈与の時における常時使用従業員の数に対する当該雇用判定基準日における常時使用従業員の数の割合をいいます（措令40の８㊼一かっこ書）。この⒂において同じです。

７　一定以上の割合とは、次の区分に応じた割合をいいます（措令40の８㊼一）。

売上割合の平均値	雇用割合の平均値
70％未満	０％
70％以上100％未満	40％
100％以上	80％

ロ　経営贈与承継期間内又は贈与特定期間内に、会社が一定の資産管理会社に該当することとなった場合における猶予要件の緩和

会社が上記イの「A　会社の事由」の①②及び④の区分に応じ、それぞれ次表に掲げる要件を満たした場合には、経営贈与承継期間内又は贈与特定期間（注1）内に一定の資産保有型会社又は資産運用型会社（注2）に該当することとなった場合においても納税の猶予を継続することができます（措法70の7㉚）。

㈱1　「贈与特定期間」は、次の期間をいいます。

災害が経営贈与承継期間内に発生した場合	経営贈与承継期間の末日の翌日から当該災害が発生した日の直前の経営贈与報告基準日の翌日以後10年を経過するまでの期間（措法70の7㉚一）
災害が経営贈与承継期間の末日の翌日以後に発生した場合	災害が発生した日の直前の特定基準日（経営贈与承継期間の末日から1年を経過するごとの日をいいます。）の翌日から同日以後10年を経過するまでの期間（災害が発生した日以後の期間に限ります。）（措令40の8㉛）

2　租税特別措置法施行令第40条の8第24項に規定する会社をいいます（714ページを参照）。

○　上記イの「A　会社の事由」に応じた一定の要件

	会社の事由	要　件
Ⓐ	上記①	なし
Ⓑ	上記②	会社の事業所のうちに被災事業所以外の事業所がある場合には、従業員数確認期間内にある各基準日における当該事業所の常時使用従業員の数の合計を従業員数確認期間の末日において従業員数確認期間内にある基準日の数で除して計算した数が、それぞれの事業所において特例対象贈与の時における常時使用従業員の数の80％以上（※1）であること（措法70の7㉚二イ、措令40の8㊸）
Ⓒ	上記④	Ⅰ　経営贈与承継期間内に租税特別措置法第70条の7第3項第2号に掲げる場合に該当することとなった場合 　売上金額に応じ、上記イBⒸと同様、雇用が確保されている場合（措令40の8㊼一）。 Ⅱ　経営贈与承継期間内に租税特別措置法第70条の7第3項第9号に掲げる場合又は贈与特定期間内に同条第5項の表の第1号の上欄（同条第3項第9号に係る部分に限ります。）に掲げる場合に該当することとなった場合 　売上判定事業年度における売上割合の一定の場合の区分に応じ、当該売上判定事業年度に係る雇用判定基準日における雇用割合がそれぞれ一定の割合以上（※2）であること（措令40の8㊼二）

※1　その数に1人未満があるときにはこれを切り捨てた数とし、当該特例対象贈与の時における常時使用従業員の数が1人のときは1人とします（措令40の8㊸）。

2　一定以上の割合とは、次の区分に応じた割合をいいます（措令40の8㊼二）。

売上割合の平均値	雇用割合の平均値
70％未満	0％
70％以上100％未満	40％
100％以上	80％

ハ　納税猶予税額の免除

会社が上記イの「A　会社の事由」の①から④までのいずれかに該当し、経営贈与承継期間内に、次表の「免除の事由」のⒶ又はⒷのいずれかに該当することとなったときには、納税猶予税額は免除されます（措法70の7㉜）。

	免除の事由
Ⓐ	受贈者が次のいずれかに該当する会社の非上場株式等の全部の譲渡等をしたとき(※) ①　その譲渡等が受贈者と特別の関係がある者（措令40の8⑪）以外の者のうちの1人の者に対して行う譲渡等であること ②　その譲渡等が、民事再生法の規定による再生計画又は会社更生法の規定による更生計画の認可があった場合において、当該再生計画又は当該更生計画に基づき当該非上場株式等を消却するために行うものであるとき
Ⓑ	会社について破産手続開始の決定又は特別清算開始の命令があったとき

(※)　認定贈与承継会社が株式交換等により他の会社の株式交換完全子会社等となったとき（その他の会社が経営承継受贈者と特別の関係がある者以外のものであり、かつ、その株式交換等に際してその他の会社の株式等の交付がないときに限ります。）は、免除されません。

ニ　特例の適用を受ける場合の手続

(イ)　上記イ及びロの特例

災害等の発生した日から10か月を経過する日までに「災害等により被害を受けた会社の被害要件確認表兼届出書」を所轄税務署に提出する必要があります（措法70の7㉛）。

また、上記イの「A　会社の事由」の③及び④に該当する場合で、上記イ又はロの適用を引き続き受ける場合には、「非上場株式等についての贈与税の納税猶予の継続届出書」を次のA又はBの提出期限までに所轄税務署に提出する必要があります（措令40の8⑯）。

A	基準日(※)が、災害等が発生した日以後の経営贈与承継期間内にある場合	基準日の翌日から5か月を経過する日
B	基準日(※)が、経営承継期間の末日の翌日以後にある場合	基準日の翌日から3か月を経過する日

(※)「基準日」とは、中小企業信用保険法第2条第5項第3号又は第4号のいずれかに該当することにより大幅に減少した売上金額に係る事業年度の翌事業年度中にある経営贈与報告基準日のことをいいます。

(ロ)　上記ハの特例

その免除の事由に該当することとなった日から2か月を経過する日までに、「非上場株式等についての納税猶予の贈与税・相続税の免除申請書（災害等免除）」に「災害等により被害を受けた会社の被害要件確認表兼届出書」などの一定の書類を添付して所轄税務署に提出する必要があります（措法70の７㉝、措令40の８㊶）。

⒃　都道府県知事の通知義務

都道府県知事は、後継者又は対象受贈非上場株式等若しくはその対象受贈非上場株式等に係る認定贈与承継会社について、納税猶予期限の確定に係る事実に関し、法令の規定に基づき認定、確認、報告の受理その他の行為をしたことによりその事実があったことを知った場合には、遅滞なく、その旨を書面により、国税庁長官又はその後継者の納税地の所轄税務署長に通知しなければなりません（措法70の７㉟、措規23の９㊸）。

⒄　税務署長の通知

税務署長は、都道府県知事の事務の処理を適正かつ確実に行うため必要があると認めるときは、都道府県知事に対し、その後継者が贈与税の納税猶予の特例の適用を受ける旨等を通知することができます（措法70の７㊱、措規23の９㊹）。

⒅　特例の適用を受けようとする旨の記載及び一定の明細書の添付

贈与税の納税猶予の特例は、贈与税の申告書にその適用を受けようとする旨の記載、非上場株式等の明細、納税猶予分の贈与税額の計算に関する明細その他の事項を記載した書類の添付がない場合には、その適用がないものとされています（措法70の７⑧）。

この特例の適用を受けるための適用要件及び添付書類を確認する際は、次ページのチェックシートを活用してください。

（１面）

（令和５年分用）
「非上場株式等についての贈与税の納税猶予及び免除」（一般措置）の適用要件チェックシート

（はじめにお読みください。）

1　このチェックシートは、「非上場株式等についての贈与税の納税猶予及び免除」（租税特別措置法第70条の７）の適用を受けるため(注)の適用要件を確認する際に使用してください。

2　「確認結果」欄の左側のみに○がある場合には、原則としてこの制度の適用を受けることができます。

3　このチェックシートは、申告書の作成に際して、この制度の適用に係る会社ごとに適用要件等を確認の上、申告書に添付してご提出ください。

(注)　「非上場株式等についての贈与税の納税猶予及び免除の特例」（租税特別措置法第70条の７の５）の適用を受ける場合には、「『非上場株式等についての贈与税の納税猶予及び免除の特例』（特例措置）の適用要件チェックシート」を使用してください。

制度の適用に係る会社の名称：　　　　　　　　　　**贈与者氏名：**

受贈者（制度適用者）

住　所

氏　名

電話　　　　　　　（　　　　）

関与税理士	所在地			
	氏名		電話	

項目		確認内容（適用要件）	確認結果		確認の基となる資料
贈与者	⑴　⑵の場合以外の場合ですか。		はい	／	－
	贈与前のいずれかの日	①　その会社の代表権（制限が加えられたものを除きます。以下同じです。）を有していたことがありますか。	はい	いいえ	○　登記事項証明書、定款の写しなど
	贈与の直前(注1)	②　贈与者及び贈与者と特別の関係がある者がその会社の総議決権数の50％超の議決権数を保有していますか。(注2)・(注3)	はい	いいえ	○　株主名簿の写し、定款の写し、戸籍の謄本又は抄本など
		③　贈与者が贈与者及び贈与者と特別の関係がある者（会社の後継者となる者を除きます。）の中で最も多くの議決権数を保有していますか。(注2)・(注3)	はい	いいえ	○　株主名簿の写し、定款の写し、戸籍の謄本又は抄本など
	贈与の時	その会社の代表権を有していますか。	いいえ	はい	○　登記事項証明書、定款の写しなど
	⑵　その会社の非上場株式等について既に租税特別措置法第70条の７第１項、第70条の７の２第１項又は第70条の７の４第１項の規定（以下「一般措置」といいます。）の適用を受けている者等が、その会社の非上場株式等を贈与により取得する場合ですか。		はい	／	○　株式等納税猶予税額の計算書（贈与税）など
	贈与の時	その会社の代表権を有していますか。	いいえ	はい	○　登記事項証明書、定款の写しなど
後継者（受贈者）	贈与の時	①　その会社の非上場株式等の取得は、経営贈与承継期間の末日までに贈与税の申告書の提出期限が到来する贈与による取得ですか。(注4) ※　その会社の非上場株式等について既に一般措置の適用を受けている場合等には、①の要件の確認が必要となります。	はい	いいえ	○　認定書の写し、株式等納税猶予税額の計算書（贈与税）など
		②　18歳以上ですか。	はい	いいえ	○　戸籍の謄本又は抄本
		③　会社の代表権を有していますか。	はい	いいえ	○　登記事項証明書、定款の写しなど
		④　後継者及び後継者と特別の関係がある者がその会社の総議決権数の50％超の議決権数を保有していますか。(注2)・(注3)	はい	いいえ	○　株主名簿の写し、定款の写し、戸籍の謄本又は抄本など
		⑤　後継者及び後継者と特別の関係がある者の中で最も多くの議決権数を保有していますか。(注2)・(注3)	はい	いいえ	○　株主名簿の写し、定款の写し、戸籍の謄本又は抄本など
	贈与の日	○　贈与の日まで引き続き３年以上会社の役員でしたか。	はい	いいえ	○　登記事項証明書、定款の写しなど
	贈与の時から申告期限まで	○　対象受贈非上場株式等の全てを保有していますか。(注5)	はい	いいえ	○　株式等納税猶予税額の計算書（贈与税）など
	申告期限まで	○　その会社の非上場株式等について、租税特別措置法第70条の７の５第１項、第70条の７の６第１項又は第70条の７の８第１項の規定の適用を受けていませんか。	はい	いいえ	○　特例株式等納税猶予税額の計算書（贈与税）など

※　２面に続きます。

（２面）

（１面からの続きです。）

項目		確認内容（適用要件）	確認結果		確認の基となる資料
会社	贈与の時	①　都道府県知事の円滑化法の認定を受けていますか。（注6）	はい	いいえ	○　認定書の写し
		②　中小企業者ですか。	はい	いいえ	
		③　非上場会社ですか。	はい	いいえ	
		④　風俗営業会社には該当していませんか。（注7）	はい	いいえ	
		⑤　特定特別関係会社が風俗営業会社には該当していませんか。 また、特定特別関係会社は中小企業者であり、かつ、非上場会社ですか。（注8）	はい	いいえ	
		⑥　常時使用従業員の数は１名以上ですか。 なお、制度の適用に係る会社の特別関係会社が会社法第２条第２号に規定する外国会社に該当する場合には、常時使用従業員の数は５名以上ですか。（注9）・（注10）	はい	いいえ	○　従業員数証明書
		⑦　一定の資産保有型会社又は資産運用型会社に該当していませんか。（注11）	はい	いいえ	○　貸借対照表・損益計算書など
		⑧　一定の事業年度の総収入金額は零を超えていますか。（注12）	はい	いいえ	○　損益計算書など
		⑨　会社法第108条第１項第８号に規定する種類の株式を発行している場合は、後継者のみが保有していますか。	はい	いいえ	○　株主名簿の写し、定款の写し、登記事項証明書など
		⑩　現物出資等資産の割合は70％未満ですか。	はい	いいえ	○　株式等納税猶予税額の計算書（贈与税）など

（注）１　代表権を有していた贈与者が贈与の直前において代表権を有していない場合には、代表権を有していた期間のいずれかの日についても判定が必要となります。

２　「特別の関係がある者」とは、租税特別措置法施行令第40条の８第11項に規定する特別の関係がある者をいいます。

３　「総議決権数」及び「議決権数」には、会社が有する自己の株式など議決権を有しない株式等の数は含まれません。
なお、株主総会等において議決権を行使できる事項の一部について制限がある株式等の議決権数及び株主総会等において議決権を行使できる事項の一部について制限がある株主等が有する株式等の議決権数は、「総議決権数」及び「議決権数」に含まれます。

４　「経営贈与承継期間」とは、この制度の適用に係る贈与税の申告書の提出期限の翌日から次に掲げる日のいずれか早い日又はこの制度の適用を受ける経営承継受贈者若しくは当該経営承継受贈者に係る贈与者の死亡の日の前日のいずれか早い日までの期間をいいます。

⑴　後継者の最初のこの制度の適用に係る贈与の日の属する年分の贈与税の申告書の提出期限の翌日以後５年を経過する日

⑵　後継者の最初の租税特別措置法第70条の７の２第１項の規定の適用に係る相続に係る相続税の申告書の提出期限の翌日以後５年を経過する日

５　「対象受贈非上場株式等」とは、租税特別措置法第70条の７第１項に規定する株式等をいいます。

６　「円滑化法」とは、中小企業における経営の承継の円滑化に関する法律をいいます。また、「円滑化省令」とは、中小企業における経営の承継の円滑化に関する法律施行規則をいいます。

７　「風俗営業会社」とは、風俗営業等の規制及び業務の適正化等に関する法律第２条第５項に規定する性風俗関連特殊営業に該当する事業を営む会社をいいます。

８　「特定特別関係会社」とは、租税特別措置法施行令第40条の８第８項に規定する会社をいいます。

９　「特別関係会社」とは、租税特別措置法施行令第40条の８第７項に規定する会社をいいます。

10　会社又は会社との間に支配関係（会社が他の法人の発行済株式等（他の法人が有する自己の株式等を除きます。）の総数等の50％超の数等の株式等を直接又は間接に保有する関係として租税特別措置法施行令第40条の８第９項に定める関係をいいます。）がある法人がその外国会社の株式等を有する場合に限ります。

11　「一定の資産保有型会社又は資産運用型会社」とは、租税特別措置法施行令第40条の８第６項に規定する会社をいいます。

12　「一定の事業年度の総収入金額」とは、租税特別措置法施行令第40条の８第10項第１号の総収入金額をいいます。

（令和５年分用）
「非上場株式等についての贈与税の納税猶予及び免除」（一般措置）の提出書類チェックシート

（はじめにお読みください。）
1　このチェックシートは、「非上場株式等についての贈与税の納税猶予及び免除」（租税特別措置法第70条の７）の適用を受けるため(注)の提出書類を確認する際に使用してください。
2　このチェックシートは、申告書の作成に際して、この制度の適用に係る会社ごとに提出書類を確認の上、申告書に添付してご提出ください。
(注)　「非上場株式等についての贈与税の納税猶予及び免除の特例」（租税特別措置法第70条の７の５）の適用を受ける場合には、「『非上場株式等についての贈与税の納税猶予及び免除の特例』（特例措置）の提出書類チェックシート」を使用してください。

制度の適用に係る会社の名称：＿＿＿＿＿＿＿＿＿＿　贈与者氏名：＿＿＿＿＿＿

受贈者（制度適用者）

住　所＿＿＿＿＿＿＿＿＿＿

氏　名＿＿＿＿＿＿＿＿＿＿
電話　　　　（　　　）

関与税理士	所在地			
	氏名		電話	

	提　出　書　類	チェック欄
1	この制度の適用を受ける旨、制度の適用を受ける非上場株式等の明細及び納税猶予税額の計算に関する明細を記載した書類（「**株式等納税猶予税額の計算書（贈与税）**」に必要な事項を記載してください。）	□
2	**会社の株主名簿の写しなど**、贈与の直前及び贈与の時における会社の全ての**株主又は社員の氏名等及び住所等並びにこれらの者が有する株式等に係る議決権の数が確認できる書類等**（その会社が証明したものに限ります。）	□
3	贈与の時における会社の**定款の写し**（会社法その他の法律の規定により定款の変更をしたものとみなされる事項がある場合には、当該事項を記載した書面を含みます。）	□
4	円滑化省令第７条第14項の都道府県知事の**認定書**（円滑化省令第６条第１項第７号又は第９号の事由に係るものに限ります。）**の写し**及び円滑化省令第７条第２項（同条第４項において準用する場合を含みます。）の**申請書の写し（租税特別措置法第70条の７第２項第３号イからトまでに掲げる要件の全てを満たす者が２人以上ある場合には、会社が定めた１人の者の記載があるものに限ります。）**	□

(注) 1　**担保提供書**及び**担保関係書類**が**別途必要**となります。
2　この制度の適用に係る贈与者から贈与を受けた非上場株式等について**相続時精算課税の適用を受ける場合**には、**「相続時精算課税選択届出書」及びその添付書類の提出が別途必要**になります。なお、当該贈与者から贈与を受けた財産について、前年以前に「相続時精算課税選択届出書」を提出している場合には、再度提出する必要はありません。
（参考）相続時精算課税の適用要件
・贈与者・・・その年の１月１日において60歳以上である者
・受贈者・・・その年の１月１日において18歳以上である者で、贈与を受けた日の現在において贈与者の直系卑属（子や孫など）である推定相続人又は孫

3　相続税の納税猶予の特例

⑴　特例の適用要件や申告手続等の流れ

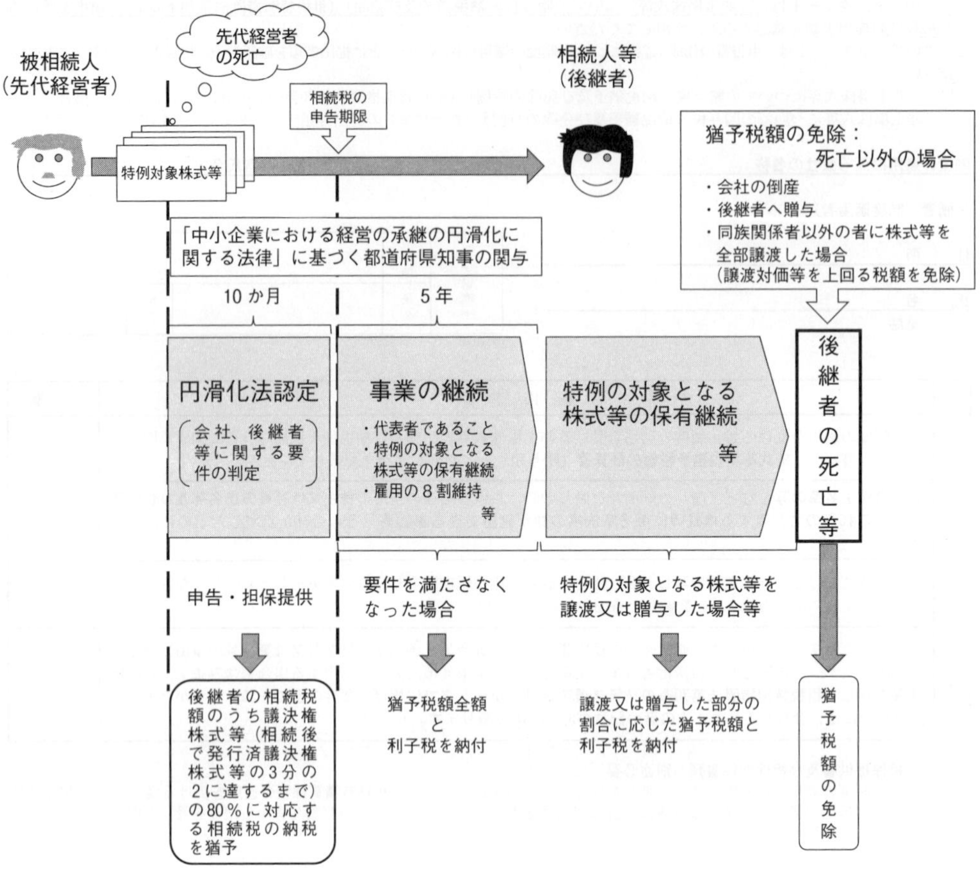

相続開始

相続税の申告期限までの間円滑化法認定	◆　相続開始後に円滑化法に基づき、会社・後継者（相続人等）・先代経営者（被相続人）の要件を満たしていることについて「円滑化法認定」を受けます（措法70の７の２②四、措規23の10⑨）。	なお、「円滑化法認定」を受けるためには、相続開始後８か月以内にその申請を行う必要があります（円滑化規則７③）。 〔参考〕 中小企業庁ホームページ
申告書の作成・提出	◆　相続税の申告期限までに、この特例の適用を受ける旨を記載した相続税の申告書及び一定の書類を納税地の所轄税務署長へ提出するとともに、納税が猶予される相続税額及び利子税の額に見合う担保を提供する必要があります（措法70の７の２①⑨、措規23の10㉒）。 〈この特例を受けるための要件〉 １　会社（「認定承継会社」）の主な要件（措法70の７の２②一、八、九、措令40の８の２⑦～⑩㉔、措規23の10④～⑦⑫～⑭） 贈与税の納税猶予（措法70の７）の特例におけ	

る会社の要件と同様です。
㈱　723ページを参照してください。

2　後継者である相続人等（「経営承継相続人等」）の主な要件（措法70の7の2②三、措令40の8の2⑪、措規23の10⑧）
(1)　相続開始日の翌日から5か月を経過する日において会社の代表権を有していること
(2)　相続開始の時において、後継者及び後継者と特別の関係がある者（措令40の8の2⑪）で総議決権数の50％超の議決権数を保有し、かつ、これらの者の中で最も多くの議決権数を保有することとなること
(3)　この特例を適用する非上場株式等（この第10章において、以下「対象非上場株式等」といいます。）の全てを申告期限まで保有すること
(4)　認定承継会社の非上場株式等について、特例非上場株式等についての贈与税及び相続税の納税猶予の特例（措法70の7の5、70の7の6、70の7の8）の適用を受けていないこと
(5)　相続開始の直前において認定承継会社の役員であったこと（この相続に係る被相続人が70歳未満で死亡した場合を除きます。）

この特例の対象となる「後継者」は、1つの会社につき1人に限ります（措法70の7の2②三）が、被相続人は1社につき複数人であってもこの特例の対象となります。

「議決権数」には、株主総会において議決権を行使できる事項の全部について制限された株式の数等は含まれません（措法70の7の2①）。

3　先代経営者である被相続人の主な要件（措法70の7の2①、措令40の8の2①）
(1)　会社の代表権を有していたこと
㈱　被相続人が生前のいずれかの時点で代表権（代表権に制限が加えられていないものに限ります。）を有していたことがあるかどうかにより判定します。したがって、過去に会社の代表権を有したことがある被相続人であれば、この要件を満たすことになります。
(2)　相続開始直前（相続開始直前に代表権を有しない場合には、代表権を有していた期間内のいずれかの時及び相続開始直前）において、被相続人及び被相続人と特別の関係がある者（贈与税の場合と同様です。詳しくは731ページを参照してください。）の有する認定承継会社の非上場株式等に係る議決権の数の合計が、その認定承継会社に係る総株主等議決権数の50％を超える数であり、かつ、後継者を除いたこれらの者の中で最も多くの議決権数を保有していたこと
㈱　相続開始の直前において、その認定承継会社の株式について、既に一般事業承継税制の適用を受けている者がいる場合又は一般事業承継税制の対象となる相続若しくは遺贈又は贈与により当該株式を取得した者がいる場合には、これらの要件は不要です。

4　担保提供（措法70の7の2①）
納税が猶予される相続税額及び利子税の額に見合う担保を提供します。
また、会社が株券不発行会社であっても、一

担保提供に係る書類を所轄税務署長に提出します（措令40の8の2⑤、措規23の

	定の書類（①納税者が所有する非上場株式について、税務署長等の質権を設定することを承諾した旨を記載した書類、②納税者の印鑑証明書、③株主名簿記載事項証明書、④法人の印鑑証明書）を税務署長へ提出することにより、担保の提供が可能です（措令40の８の２⑤、措規23の10②）。 ㈲　対象非上場株式等の全てを担保とした場合には、納税が猶予される相続税額及び利子税の額に見合う担保の提供があったものとみなされます（措法70の７の２⑥）。 ただし、その後に担保の変更があった場合又は会社が株券発行会社若しくは株券不発行会社に移行した場合（事前に税務署長に対しその旨を通知し、担保提供手続が行われた場合を除きます。）にはこの限りではありません（措令40の８の２㊴）。	10②、通則令16）。担保の解除がなかったものとみなされる場合は、贈与税と同様です（措令40の８の２㊵㊶、措規23の10⑱㉑）。

⇩

相続税の 申告期限	〈相続税の申告期限〉 相続開始があったことを知った日（通常は被相続人が死亡した日）の翌日から10か月以内に所轄税務署長㈲に申告書を提出をします（措法70の７の２⑨、措規23の10㉒）。 ㈲　通常は、被相続人の住所地の所轄税務署長となります。	

⇩

納税猶予期間中 非上場株式等の 継続保有 「継続届出書」 の提出	◆　申告後も引き続き対象非上場株式等を保有すること等により、納税の猶予が継続されます。 ただし、対象非上場株式等を譲渡するなど一定の場合には、納税が猶予されている相続税の全部又は一部について利子税と併せて納付します（措法70の７の２③⑤）。 〈納税が猶予されている相続税を納付する必要がある主な場合〉 贈与税の納税猶予の特例（措法70の７）における主な場合と同様です。 ◆　引き続きこの特例の適用を受ける旨や会社の経営に関する事項等を記載した「継続届出書」を、相続税の申告期限後５年間は毎年、５年経過後は３年ごとに所轄税務署長へ提出します（措法70の７の２⑩、措令40の８の２㊷、措規23の10㉓～㉕）。	「継続届出書」の提出がない場合には、猶予されている相続税の全額と利子税を納付します（措法70の７の２⑫）。また、円滑化法認定を受けた会社も申告期限後５年間は毎年、都道府県知事に対し一定の書類を提出します。

⇩

後継者の死亡等 「免除届出書」 の提出	◆　後継者の死亡等があった場合には、「免除届出書」を提出することにより、その死亡等があったときに納税が猶予されている相続税の全部又は一部についてその納付が免除されます（措法70の７の２⑯）。	相続人等が被相続人から過去に一定の「特定受贈同族会社株式等」（※１）又は「特定同族株式等」（※２）の贈与

	〈納税が猶予されている相続税の納付が免除される主な場合〉 ⑴　後継者が死亡した場合 ⑵　申告期限後５年を経過した後に、対象非上場株式等を一定の個人に贈与し、その個人が贈与税の納税猶予の特例の適用を受ける場合	を受けている場合、これらの株式等については、その被相続人に係る相続税の申告に際して、一定の要件を満たすときには、この相続税の納税猶予の特例を選択し適用することができます（平成21年改正法附則64②⑦）。

※１　「特定受贈同族会社株式等」とは、贈与を受けた人（相続人等）が所轄税務署長に提出した「特定受贈同族会社株式等に係る届出書（平成21年度税制改正前の措法69の５⑩）」に記載された株式等をいいます。

２　「特定同族株式等」とは、「特定同族株式等の贈与の特例（平成21年度税制改正前の措法70の３の３又は70の３の４）」の適用を受けた株式等及びその株式等の贈与があった年の翌年３月15日から４年を経過する日までの間に被相続人から贈与により取得したその株式等に係る会社の株式等をいいます。

⑵　**先代経営者（贈与者）が死亡した場合の特例**（措法70の７の３、70の７の４）

相続開始

先代経営者（贈与者）の死亡	◆　贈与税の納税猶予の特例の適用を受けた非上場株式等は、相続又は遺贈により取得したものとみなして、贈与時の価額により他の相続財産と合算して相続税を計算します（措法70の７の３）。ただし、合算した非上場株式等は、物納の対象財産とはなりません。 そして、その際、「都道府県知事の確認」を受け、一定の要件を満たす場合には、その相続又は遺贈により取得したものとみなされた非上場株式等（一定の部分に限られます。）について相続税の納税猶予の特例の適用を受けることができます（措法70の７の４①、円滑化規則13①）。	相続税の課税価格の計算の基礎に算入すべき価額は、贈与により取得した非上場株式等の贈与時の時価を基礎として計算します（措法70の７の３①、措通70の７の３－１）。

⇩

相続税の申告期限までの間 都道府県知事の確認	◆　円滑化法に基づき、会社が特例の適用要件を満たしていることについての「都道府県知事の確認」を受けます。	相続税の納税猶予の特例の適用に当たっての要件や申告手続などの流れについては、一部異なります（措法70の７の４②⑦、措令40の８の４、措規23の12）。
申告書の作成・提出	◆　相続税の申告期限までに、相続税の納税猶予の特例の適用を受ける旨を記載した相続税の申告書及び一定の書類を納税地の所轄税務署長へ提出するとともに、納税が猶予される相続税額及び利子税の額に見合う担保を提供します（措法70の７の４①）。 なお、対象非上場株式等の全てを担保とした場合には、納税が猶予される相続税額及び利子税の額に見合う担保の提供があったものとみなされます（措法70の７の４④、措規23の12④）。	担保の提供については、相続税の納税猶予の特例と同様です（措令40の８の４②⑰、通則令16）。

	〈この特例を受けるための主な要件〉 1　会社（認定相続承継会社）の要件（措法70の７の４②一） この特例の適用に係る相続の開始の時において、次の会社のいずれにも該当しないこと (1)　上場会社 (2)　風俗営業会社 (3)　資産管理会社 (4)　総収入金額（営業外収益及び特別利益以外のものに限ります。）が零の会社、従業員数が零の会社（特例の適用に係る会社又はその会社との間に一定の支配関係がある会社の特別関係会社が一定の外国会社に該当する場合には、従業員数が５人未満の会社） (注)１　特定特別関係会社が上記(1)及び(2)のいずれにも該当していないことが必要です。 ２　先代経営者が最初の贈与税の納税猶予の特例（措法70の７）の適用に係る贈与税の申告期限の翌日以後５年を経過する日又は最初の相続税の納税猶予の特例（措法70の７の２）の適用に係る相続税の申告期限の翌日以後５年を経過する日のいずれか早い日の翌日以後に死亡した場合には、上記(1)に該当していたとしてもこの特例の適用を受けることができます。 2　後継者である相続人等（経営相続承継受贈者）の要件（措法70の７の４②三） (1)　贈与税の納税猶予の特例の適用を受けた者であること (2)　相続の開始の時において贈与税の納税猶予の特例の適用を受けた非上場株式等に係る認定相続承継会社の代表権を有していること (3)　相続の開始の時において、その者及びその者と特別の関係がある者（措令40の８の４⑦）の有する認定相続承継会社の非上場株式等に係る議決権の数の合計が、その認定相続承継会社に係る総株主等議決権数の50％を超える数であり、かつこれらの者の中で最も多くの議決権数を保有することになること	被相続人から相続又は遺贈により取得をした非上場株式等に係る会社の株式等について、納税猶予の適用を受けている他の後継者がある場合には、その非上場株式等については、この特例の適用を受けることはできません（措法70の７の４⑤）。
	3　被相続人の要件（措法70の７の４①） 贈与者が死亡した場合の相続税の納税猶予の特例における被相続人は、贈与税の納税猶予の特例における贈与者に限られます。	この特例の適用を受けた場合、先代経営者（贈与者）が死亡した際の相続税の申告において相続又は遺贈により取得した非上場株式等（この特例の適用を受けた非上場株式等と同じ会社の株式等に限ります。）については、相続税の納税猶予の特例の適用を受けることができません（措法70の７の４⑥）。

⇩

相続税の申告期限	〈相続税の申告期限〉 相続開始があったことを知った日（通常は被相続人が死亡した日）の翌日から10か月以内に所轄税務署長(※)に申告書を提出をします（措法70の７の４⑦）。 ※　通常は、被相続人の住所地の所轄税務署長となります。	

⇩

納税猶予期間中	〈相続税の納税猶予の特例の規定の準用〉 非上場株式等の継続保有（措法70の７の４③、措令40の８の４⑫⑲）、「継続届出書」の提出（措法70の７の４⑧）、期限の確定・納付（措法70の７の４③⑨～⑪⑭）	

⇩

後継者の死亡等	「免除届出書」又は「免除申請書」の提出（措法70の７の４⑫、措令40の８の４㉑）	

⑶　**納税が猶予される相続税の計算方法**（措法70の７の２②五、70の７の４②四、措令40の８の２⑬～⑳、40の８の４⑨）

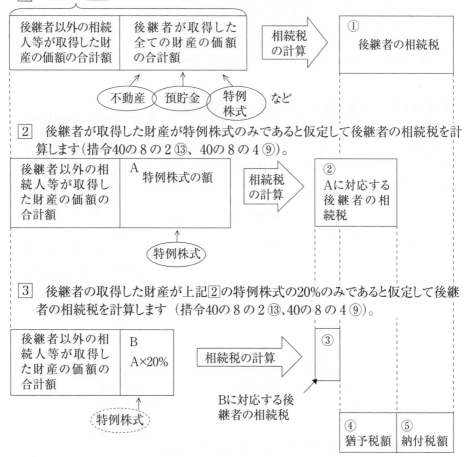

1　正味の遺産額に基づき後継者の相続税を計算します。

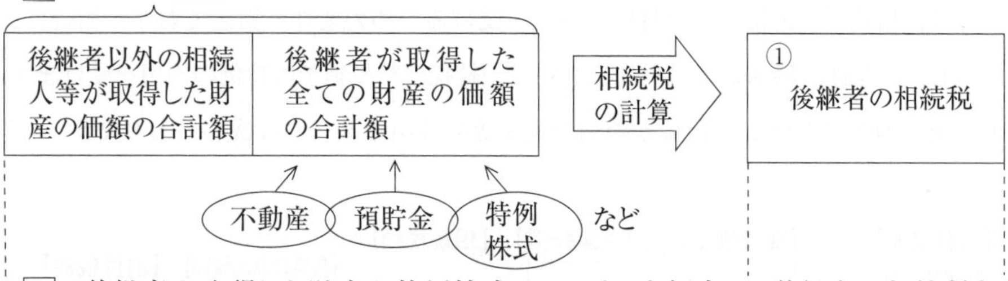

2　後継者が取得した財産が特例株式のみであると仮定して後継者の相続税を計算します(措令40の８の２⑬、40の８の４⑨)。

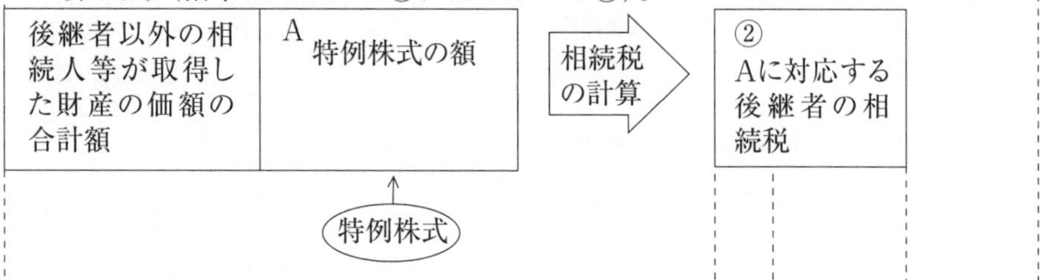

3　後継者の取得した財産が上記2の特例株式の20%のみであると仮定して後継者の相続税を計算します（措令40の８の２⑬､40の８の４⑨)。

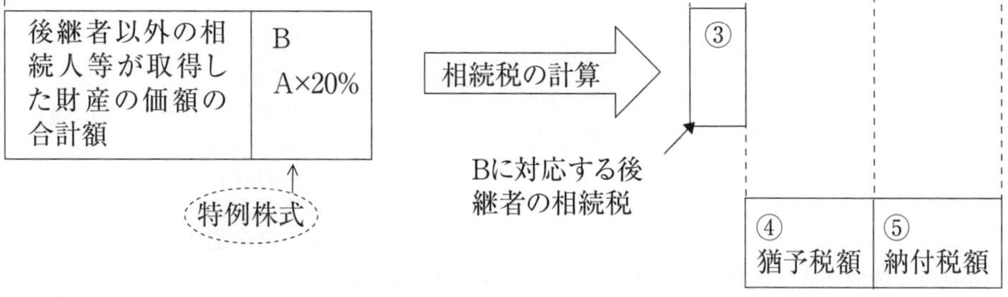

4　「②の金額」から「③の金額」を控除した残額が「納税が猶予される相続税（④の金額）」となります（100円未満の金額は切り捨てます（措令40の８の２⑯、40の８の４⑨）。）。

なお、「①の金額」から「納税が猶予される相続税（④の金額）」を控除した「⑤の金額（納付税額）」は、相続税の申告期限までに納付します。

※１　図中の「特例株式」とは、対象非上場株式等を表しています。

２　後継者が負担した債務・葬式費用は、先に後継者が相続又は遺贈により取得した対象非上場株式等以外の財産の額から控除し、それでも残額がある場合、対象非上場株式等の額から控除します（措令40の８の２⑭、40の８の４⑨）。

〔具体例１〕二男が負担する債務の額が対象非上場株式等以外の財産の額を下回るとき

１　相続人は、長男及び二男の２名

２　各相続人が、相続税の申告期限までに遺産分割により取得した財産及び債務は次のとおりです。

二男：対象非上場株式等　１億円

対象非上場株式等以外の財産　7,000万円

債務　2,000万円

長男：対象非上場株式等以外の財産　1.5億円

３　二男は、相続税の納税猶予の特例の適用を受けるための要件を備えており、相続によって取得した対象非上場株式等の全部について相続税の納税猶予の特例の適用を受けます。

上記条件の下における各相続人の納付税額等の算出イメージは次のとおりです。

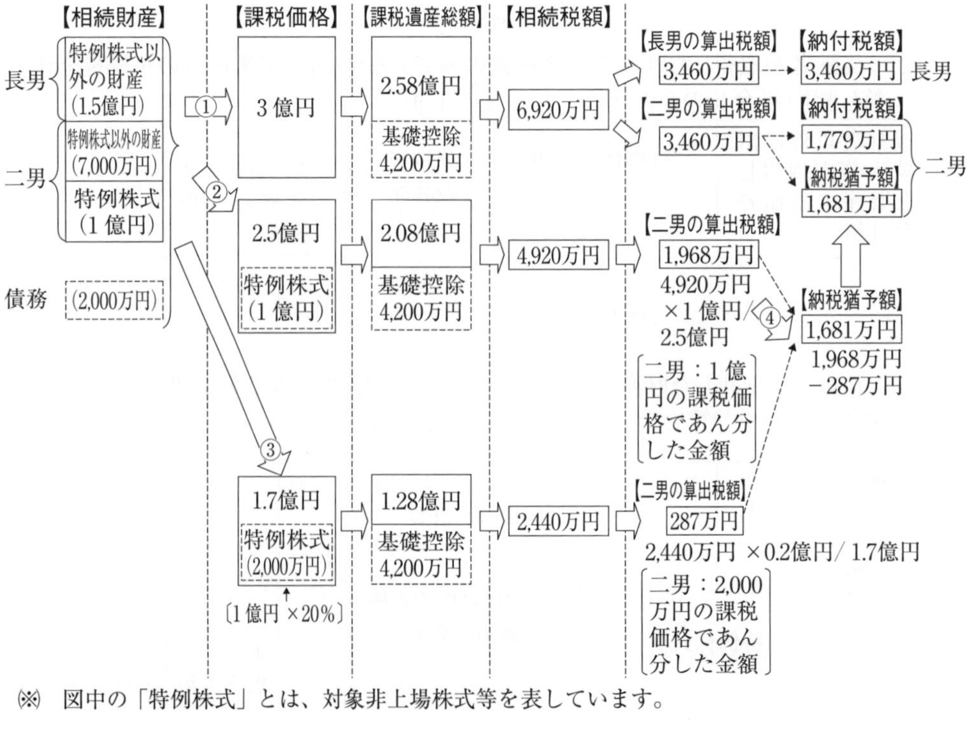

※　図中の「特例株式」とは、対象非上場株式等を表しています。

〔具体例２〕二男が負担する債務の額が対象非上場株式等以外の財産の額を上回るとき

1　相続人は、長男及び二男の２名

2　各相続人が、相続税の申告期限までに遺産分割により取得した財産及び債務は次のとおりです。

二男：対象非上場株式等　１億円

対象非上場株式等以外の財産　7,000万円

債務　1.2億円

長男：対象非上場株式等以外の財産　1.5億円

3　二男は、相続税の納税猶予の特例の適用を受けるための要件を備えており、相続によって取得した株式等の全部について相続税の納税猶予の特例の適用を受けます。

上記条件の下における各相続人の納付税額等の算出イメージは次のとおりです。

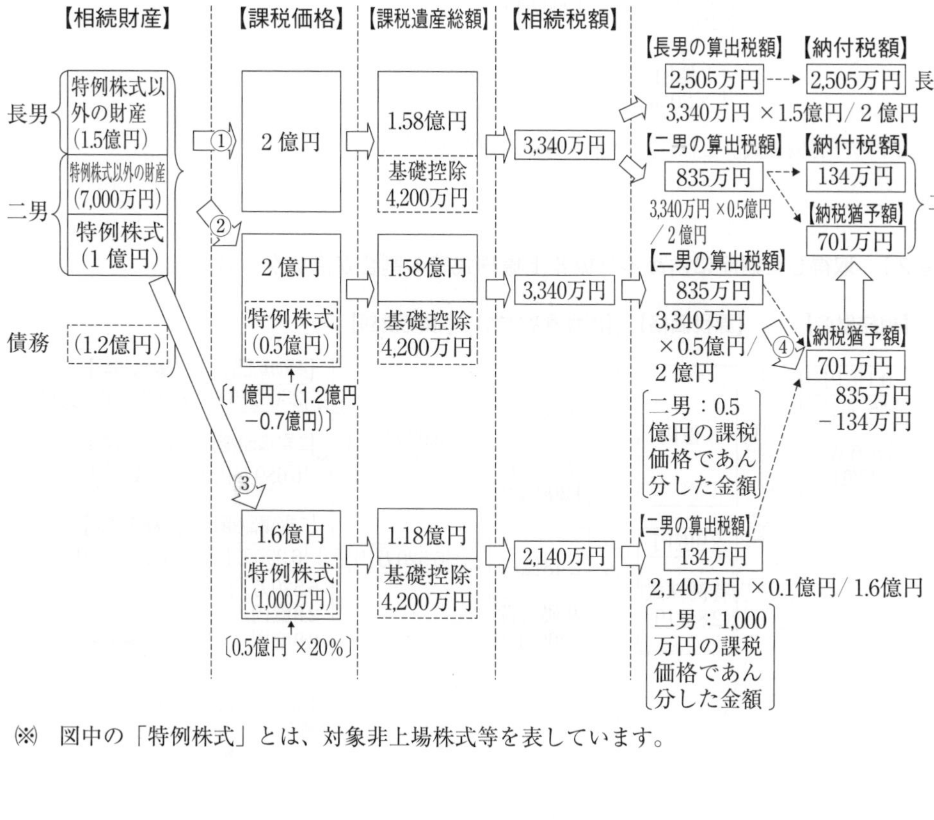

※　図中の「特例株式」とは、対象非上場株式等を表しています。

〔参考１〕 取得した財産に占める対象非上場株式等の割合が低いケース

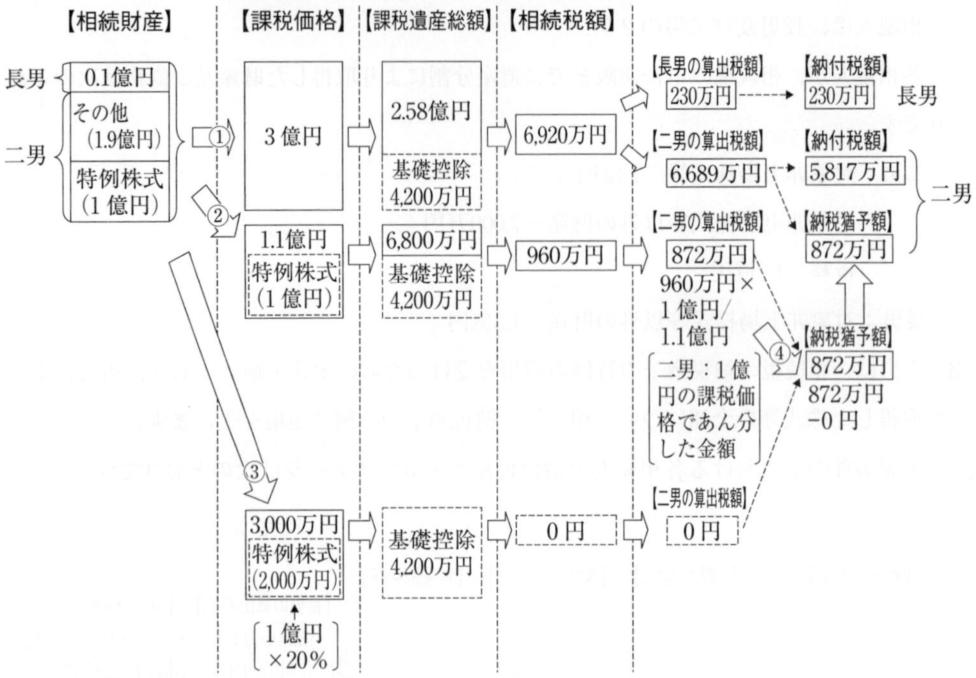

※　図中の「特例株式」とは、対象非上場株式等を表しています。

〔参考２〕 取得した財産に占める対象非上場株式等の割合が高いケース

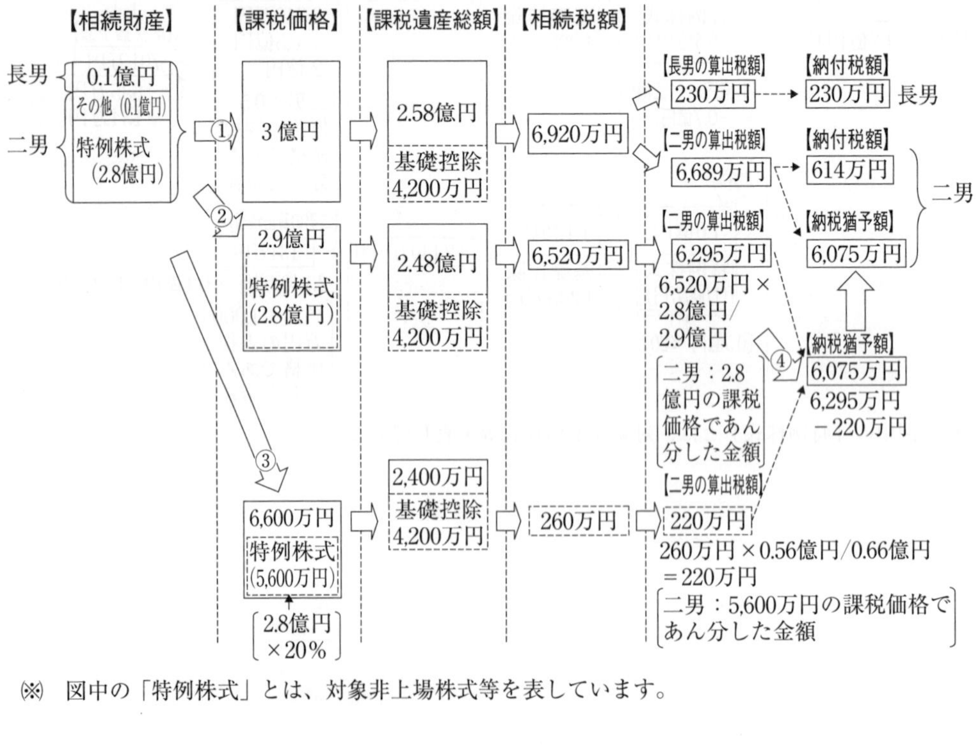

※　図中の「特例株式」とは、対象非上場株式等を表しています。

<特例の対象となる非上場株式等（「対象非上場株式等」）の限度数>

この特例の対象となる非上場株式等の数は、次のａ、ｂ、ｃの数を基に下表の区分の場合に応じた数が限度となります（措法70の７の２①、措令40の８の２④、措通70の７の２－2）。

ａ：後継者が相続又は遺贈（この(3)において、以下「相続等」といいます。）により取得した非上場株式等の数

ｂ：後継者が相続開始前から保有する非上場株式等の数

ｃ：相続開始の直前における発行済株式等の総数

区　分		特例の対象となる非上場株式等の限度数
イ	$a+b<\frac{2}{3}c$ の場合	後継者が相続等により取得した非上場株式等の数(a)
ロ	$a+b\geqq\frac{2}{3}c$ の場合	発行済株式等の総数の３分の２から後継者が相続開始前に保有する非上場株式等の数を控除した数($\frac{2}{3}c-b$)

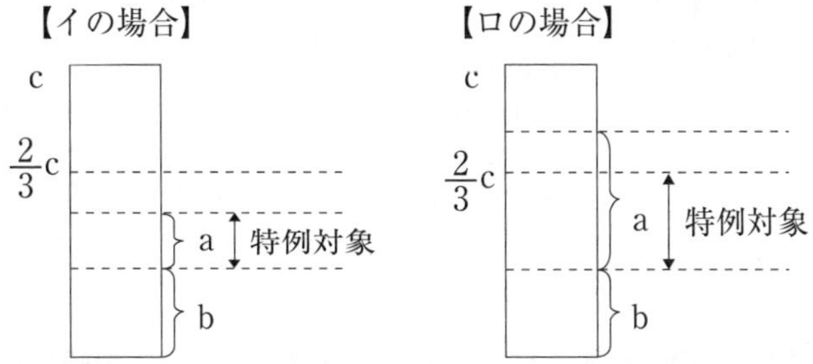

※1　「非上場株式等」又は「発行済株式等」は、議決権に制限のないものに限ります（措通70の７の２－１）。

2　持分会社の場合も上表に準じます。

3　$\frac{2}{3}c$に端数が生じた場合は切り上げます（措令40の８の２④、40の８の４①、措通70の７の２－２）。

4　複数の（認定承継）会社に係る非上場株式等を相続又は遺贈により取得した場合の対象非上場株式等に該当するかの判定は、それぞれの会社ごとに行います（措通70の７の２－２）。

5　上記により計算された株式の数又は出資の金額のうち、相続税の申告書（期限内申告書に限ります。）にこの特例の適用を受ける旨の記載がある部分が対象非上場株式等に該当します（措通70の７の２－２）。

チェックポイント　相続税の納税猶予の特例の適用関係

〔具体例 1〕父（被相続人）の保有する株式(50)を子（後継者）が全て相続した場合

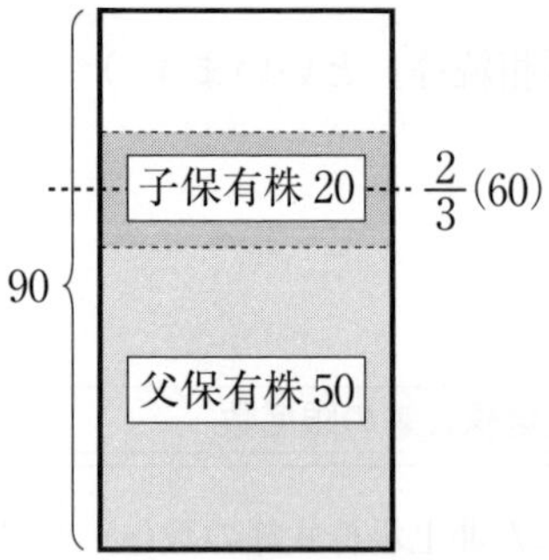

経過措置（平成21年改正法附則 64）により、受贈株についてこの特例（措法 70 の7の2）の適用を受ける場合には子が保有する株数からこの特例の適用を受ける株数を差し引いてから限度株数（金額）の計算を行います。

限度株数（金額）の計算

【例 1】相続時に子が既に 20 の株式を保有していた場合

50（父保有株）＋20（子保有株）$\geqq 90\times\frac{2}{3}$

⇩

60($90\times\frac{2}{3}$)－20＝40

相続株40までの範囲でこの特例の適用を受けるとして選択（届出）したものについてこの特例の適用が可能

【例 2】子の保有株 20 が、生前、被相続人（父）から贈与を受けた株式で、相続時精算課税（旧措法 69 の 5）の適用を受けている株式である場合

50（父保有株）＋20（子保有株）－5（子がこの特例の適用を受けるとして選択したものに限ります。）$\geqq 90\times\frac{2}{3}$

⇩

60($90\times\frac{2}{3}$)－(20－5)＝45

○子がこの特例の適用を受けるとして選択した受贈株 5 について適用が可能
○相続株 45 までの範囲でこの特例の適用を受けるとして選択（届出）したものについてもこの特例の適用が可能（受贈株についてこの特例を適用しない場合には、相続株もこの特例の適用は不可（平成 21 年改正法附則 64④））

〔具体例 2〕父（被相続人）の保有する株式(30)を子（後継者）が全て相続した場合

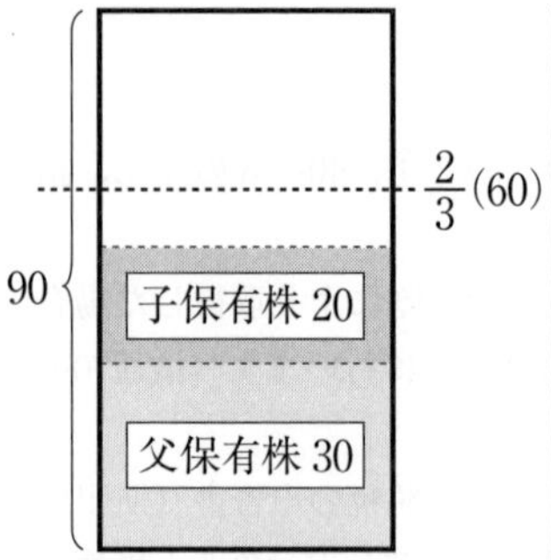

限度株数（金額）の計算

【例 1】相続時に子が既に 20 の株式を保有していた場合

30（父保有株）＋20（子保有株）$< 90\times\frac{2}{3}$

⇩

父が保有していた 30 全部

相続株 30 までの範囲でこの特例の適用を受けるとして選択（届出）したものについてこの特例の適用が可能

【例 2】子保有の 20 が、生前、被相続人（父）から贈与を受けた株式で、相続時精算課税（旧措法 69 の 5）の適用を受けている株式である場合

30（父）＋20（子）－15（子がこの特例の適用を受けるとして選択したものに限ります。）$< 90\times\frac{2}{3}$

⇩

父が保有していた 30 全部

○子がこの特例の適用を受けるとして選択した受贈株15についてこの特例の適用が可能
○相続株 30 までの範囲でこの特例の適用を受けるとして選択（届出）したものについてもこの特例の適用が可能（受贈株についてこの特例の適用を適用しない場合には、相続株もこの特例の適用は不可（平成 21 年改正法附則 64④））

チェックポイント　〈贈与者が死亡した場合の相続税の納税猶予の特例の適用関係（贈与税の納税猶予から相続税の納税猶予へ移行）〉

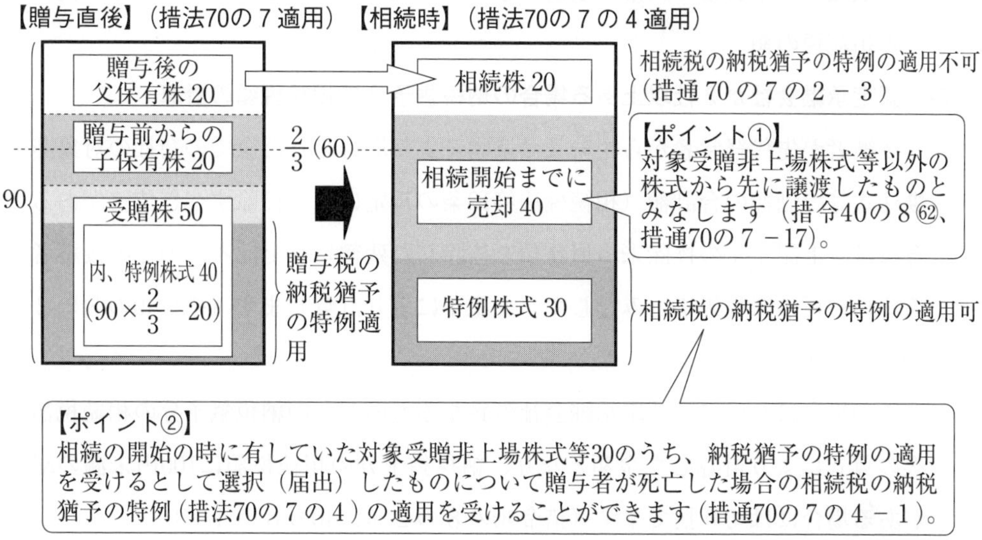

※　図中の「特例株式」とは、対象受贈非上場株式等を表しています。

(4)　納税猶予分の相続税額の計算

イ　認定承継会社が１社である場合の納税猶予分の相続税額の計算

次の①に掲げる金額から②に掲げる金額を控除した残額が納税猶予分の相続税額となり、納税猶予分の相続税額に100円未満の端数がある場合には切り捨てます（措法70の７の２②五、70の７の４②四、措令40の８の２⑬～⑯、40の８の４⑧)。

①　対象非上場株式等の価額（相続税法第13条の規定により控除すべき債務がある場合で、控除未済債務額があるときは、その控除未済債務額を控除した残額（この第11章において、以下「特定価額」といいます。)）をその後継者に係る相続税の課税価格とみなして、相続税法第13条から第19条まで、第21条の15第１項及び第２項並びに第21条の16第１項及び第２項の規定を適用して計算したその後継者の相続税の額

(注)１　一定の税額控除等がある場合には、調整計算が必要となります。
　　２　控除未済債務額は、次の算式によります。

〔算式〕

控除未済債務額＝後継者の負担する債務・葬式費用－（後継者が相続又は遺贈により取得した財産の価額－対象非上場株式等の価額）

②　特定価額に100分の20を乗じて計算した金額をその後継者に係る相続税の課税価格とみなして、相続税法第13条から第19条まで、第21条の15第１項及び第２項並びに第21条の16第１項及び第２項の規定を適用して計算したその後継者の相続税の額

ロ　認定承継会社が２社以上ある場合の納税猶予分の相続税額の計算

後継者が先代経営者から相続又は遺贈により取得をした全ての会社の対象非上場株式等の価額の合計額（相続税法第13条の規定により控除すべき債務がある場合には、上記イ①の控除未済債務額を控除した残額）を上記イ①のその後継者に係る相続税の課税価格とみなして、上記イにより計算します（措令40の８の２⑰、40の８の４⑨）。

この場合において、認定承継会社の異なるものごとの納税猶予分の相続税額は、次の算式により計算した金額となり、納税猶予分の相続税額に100円未満の端数がある場合には切り捨てます（措令40の８の２⑱、40の８の４⑨）。

〔算式〕

$$A \times \frac{B}{C}$$

A：上記イにより計算した納税猶予分の相続税額（端数処理前の金額）
B：認定承継会社の異なるものごとの対象非上場株式等の価額
C：全ての認定承継会社に係る対象非上場株式等の価額の合計額

ハ　農地等についての相続税の納税猶予等の特例の適用がある場合の納税猶予分の相続税額の計算

上記イ又はロにより納税猶予分の相続税額を計算する場合において、被相続人から相続又は遺贈により財産の取得をした者のうちに「農地等についての相続税の納税猶予等の特例」（措法70の６①）の適用を受ける者があるときにおけるその財産の取得をした全ての者に係る相続税の課税価格は、租税特別措置法第70条の６第２項第１号の規定により計算される相続税の課税価格（農業投資価格ベースの課税価格）となります（措令40の８の２⑲、40の８の４⑧）。

(注)　この特例の規定の適用を受ける後継者が「農地等についての相続税の納税猶予等の特例」の適用を受ける者である場合における農地等に係る納税猶予分の相続税額と対象非上場株式等に係る納税猶予分の相続税額の調整計算は、租税特別措置法施行令第40条の８の２第20項の規定により行います。

ニ　対象非上場株式等の価額

対象非上場株式等の価額は、その株式等に係る認定承継会社又はその会社の特別関係会社（712ページ参照）であってその認定承継会社との間に支配関係がある法人（この第11章において、以下「認定承継会社等」といいます。）が次の法人の株式等を有する場合には、その認定承継会社等がその株式等を有していなかったものとして計算します（措法70の７の２②五イかっこ書、70の７の４②四イかっこ書、措令40の８の２⑫、措令40の８の４⑧）。

①	会社法第２条第２号に規定する外国会社（その認定承継会社の特別関係会社に該当するものに限ります。）
②	認定承継会社、その会社の代表権を有する者及びその者と特別の関係がある者が法人の発行済株式又は出資の総数又は総額の３％に相当する数又は金額を有する場合における、その法人（医療法人を除きます。）
③	認定承継会社、その会社の代表権を有する者及びその者と特別の関係がある者が医療法人の出資総額の50%を超える金額を有する場合における、その医療法人

※　認定承継会社が資産管理会社（資産保有型会社又は資産運用型会社）に該当しない場合には、②の法人の株式等を除きません。

なお、この場合の資産管理会社は、租税特別措置法第70条の７第２項第８号及び第９号に規定する資産保有型会社又は資産運用型会社をいい、相続税の納税猶予の特例が適用可能な会社も含みます（措法70の７の２②一ロ、措令40の８の２⑦⑧）。

⑸　過去に特定受贈同族会社株式等の贈与を受けている場合（措法70の７の２①）

相続人等が被相続人から過去に「特定受贈同族会社株式等」（注１）又は「特定同族株式等」（注２）の贈与を受けている場合で、平成22年３月31日までに（注３）「特定受贈同族会社株式等・特定同族株式等の相続税の納税猶予の適用に関する届出書」を相続人等の納税地の所轄税務署長に提出しているなど一定の要件（注４）を満たすときには、これらの株式等については、相続税の納税猶予の特例を選択し適用することができます（注５）（平成21年改正法附則64②⑦、措令附則43①～⑫、措規附則21①～⑥）。

なお、「特定受贈同族会社株式等」について、この納税猶予の特例を選択し適用しない場合には、原則として、従前どおり、「特定同族会社株式等に係る課税価格の計算の特例（旧措法69の５）」の規定を適用することができます。

ただし、過去に贈与により取得した株式等の全部について相続税の納税猶予の特例の適用を受けない場合には、贈与者の死亡に係る相続税の申告に当たり、過去に贈与により取得した株式等だけでなく、相続又は遺贈により取得した同一会社の株式等についてもこの特例の適用を受けることができません（措通69の５－20）。

㈴1　「特定受贈同族会社株式等」とは、贈与を受けた人（相続人等）が所轄税務署長に提出した「特定受贈同族会社株式等に係る届出書（旧措法69の５⑩）」に記載された株式等をいいます。

2　「特定同族株式等」とは、「特定同族株式等の贈与の特例（旧措法70の３の３又は70の３の４）」の適用を受けた株式等及びその株式等の贈与があった年の翌年３月15日から４年を経過する日までの間に被相続人から贈与により取得したその株式等に係る会社の株式等をいいます。

3　届出書の提出期限は平成22年３月31日までとなっており、その期限までに届出書を提出していない場合には、特定贈与者の死亡に係る相続税の申告に当たり、過去に贈与により取得した株式又は出資だけでなく、相続又は遺贈により取得した同一会社の株式又は出資についても相続税の納税猶予の特例の適用ができません（平成21年改正法附則64④⑧、措通69の５－21、旧措通70の３の３・70の３の４－４）。

4　「一定の要件」とは、次に掲げるものをいいます。

①　受贈者が、非上場株式等の贈与を受けた時から特定贈与者の死亡により開始した相続に係る相続税の申告書の提出期限までの間の一定期間において、その非上場株式等に係る会社の役員等であったこと

②　受贈者が贈与者から過去に贈与により取得した非上場株式等のうち、相続税の納税猶予の特例の適用を受ける選択をしたものの全てを非上場株式等の贈与を受けた時から贈与者の死亡により開始した相続に係る相続税の申告書の提出期限までの間まで引き続き保有していること

③　贈与者から過去に贈与により取得した非上場株式等について、特定同族株式等の贈与の特例（相続時精算課税）（旧措法70の３の３又は70の３の４）の適用を受けている場合には、受贈者が、確認日の翌日から２か月を経過するまでの日までに、一定の確認書を税務署に提出していること

なお、上記「確認日」とは、特定同族株式等の贈与の特例（相続時精算課税）の適用をした年の翌年３月15日から４年を経過する日（４年を経過する日前に受贈者又は特定贈与者が死亡した場合は、その死亡の日）をいいます。

5　相続税の納税猶予の特例の適用要件のうち、先代経営者である被相続人に係るものとして、相続開始直前において、被相続人及び被相続人と特別の関係がある者で非上場株式等に係る総議決権の数の50％超の議決権の数を保有し、かつ、後継者を除いたこれらの者の中で「最も多くの議決権の数」を保有していることが必要です（措法70の７の２①、措令40の８の２①）。

そして、被相続人の生前に後継者が生前贈与の特例を適用している場合における、「最も多くの議決権の数」には、後継者が既に生前贈与の特例を適用して取得した株式等に係る議決権が含まれます（平成21年改正措令附則43④⑩）。

また、本特例の対象となる非上場株式等の数又は金額は、非上場株式等の総数又は総額の３分の２から相続開始直前において後継者が有していた非上場株式等の数又は金額を除外した部分に限られるところ（措法70の７の２①、措令40の８の２④）、被相続人の生前に後継者が生前贈与の特例を適用している場合、上記除外した部分には後継者が既に生前贈与の特例を適用して取得した株式等は含みません（平成21年改正措令附則43④⑩）。

〔参考〕

<相続税の納税猶予の特例の対象外となる非上場株式等（措通70の７の２－３）>

1　相続開始前３年以内に被相続人から贈与を受けた株式
2　相続開始前に被相続人から相続時精算課税による贈与を受けた株式

例外

⑴　措令40の８の２②により相続又は遺贈により取得したとみなされるもの
⑵　平成21年改正法附則64②⑦の適用を受ける次の株式
イ　旧措法69の５⑩の適用を受けた株式
ロ　旧措法70の３の３又は同法70の３の４の適用を受けた株式

3　贈与税の納税猶予の特例を受けていた株式に係る会社（A社）と同一会社（A社）の株式
※　ただし、贈与税の納税猶予の特例の適用を受けていた株式については、非上場株式等の贈与者が死亡した場合の相続税の納税猶予の特例の適用があります。

⑹　相続税の納税猶予の特例と小規模宅地等についての相続税の課税価格の計算の特例との併用

相続財産中に相続税の納税猶予の特例対象となる非上場株式等と租税特別措置法第69条の４《小規模宅地等についての相続税の課税価格の計算の特例》の対象となる宅地等がある場合には、その宅地等について同条の特例の適用をした上で、特例対象となる非上場株式等について相続税の納税猶予の特例の適用を受けることができます。

(7)　継続届出書の提出及び猶予期限の確定（措法70の７の２②③⑤⑩）

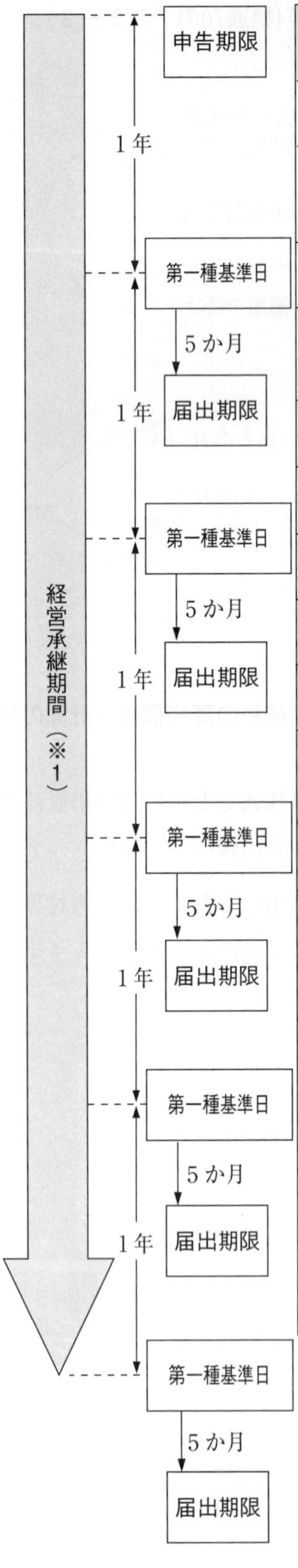

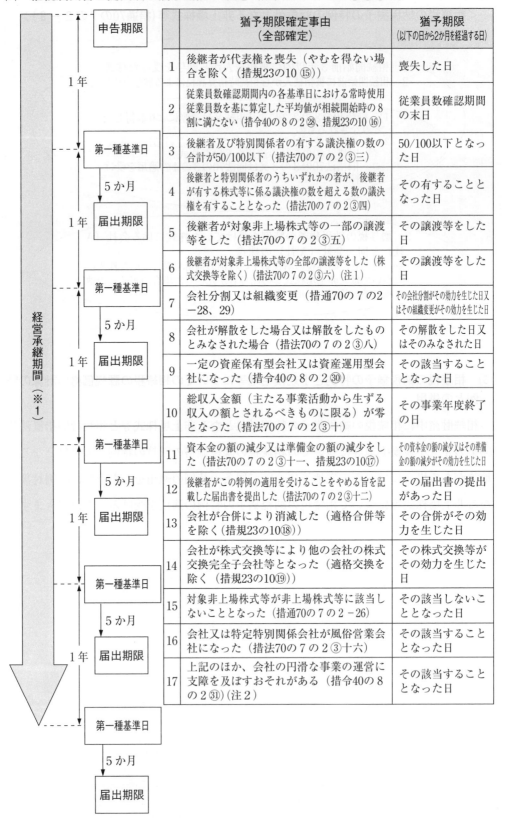

	猶予期限確定事由（全部確定）	猶予期限（以下の日から2か月を経過する日）
1	後継者が代表権を喪失（やむを得ない場合を除く（措規23の10⑮））	喪失した日
2	従業員数確認期間内の各基準日における常時使用従業員数を基に算定した平均値が相続開始時の８割に満たない（措令40の８の２㉘、措規23の10⑯）	従業員数確認期間の末日
3	後継者及び特別関係者の有する議決権の数の合計が50/100以下（措法70の７の２③三）	50/100以下となった日
4	後継者と特別関係者のうちいずれかの者が、後継者が有する株式等に係る議決権の数を超える数の議決権を有することとなった（措法70の７の２③四）	その有することとなった日
5	後継者が対象非上場株式等の一部の譲渡等をした（措法70の７の２③五）	その譲渡等をした日
6	後継者が対象非上場株式等の全部の譲渡等をした（株式交換等を除く）（措法70の７の２③六）（注１）	その譲渡等をした日
7	会社分割又は組織変更（措通70の７の２－28、29）	その会社分割がその効力を生じた日又はその組織変更がその効力を生じた日
8	会社が解散をした場合又は解散をしたものとみなされた場合（措法70の７の２③八）	その解散をした日又はそのみなされた日
9	一定の資産保有型会社又は資産運用型会社になった（措令40の８の２㉚）	その該当することとなった日
10	総収入金額（主たる事業活動から生ずる収入の額とされるべきものに限る）が零となった（措法70の７の２③十）	その事業年度終了の日
11	資本金の額の減少又は準備金の額の減少をした（措法70の７の２③十一、措規23の10⑰）	その資本金の額の減少又はその準備金の額の減少がその効力を生じた日
12	後継者がこの特例の適用を受けることをやめる旨を記載した届出書を提出した（措法70の７の２③十二）	その届出書の提出があった日
13	会社が合併により消滅した（適格合併等を除く（措規23の10⑱））	その合併がその効力を生じた日
14	会社が株式交換等により他の会社の株式交換完全子会社等となった（適格交換を除く（措規23の10⑲））	その株式交換等がその効力を生じた日
15	対象非上場株式等が非上場株式等に該当しないこととなった（措通70の７の２－26）	その該当しないこととなった日
16	会社又は特定特別関係会社が風俗営業会社になった（措法70の７の２③十六）	その該当することとなった日
17	上記のほか、会社の円滑な事業の運営に支障を及ぼすおそれがある（措令40の８の２㉛）（注２）	その該当することとなった日

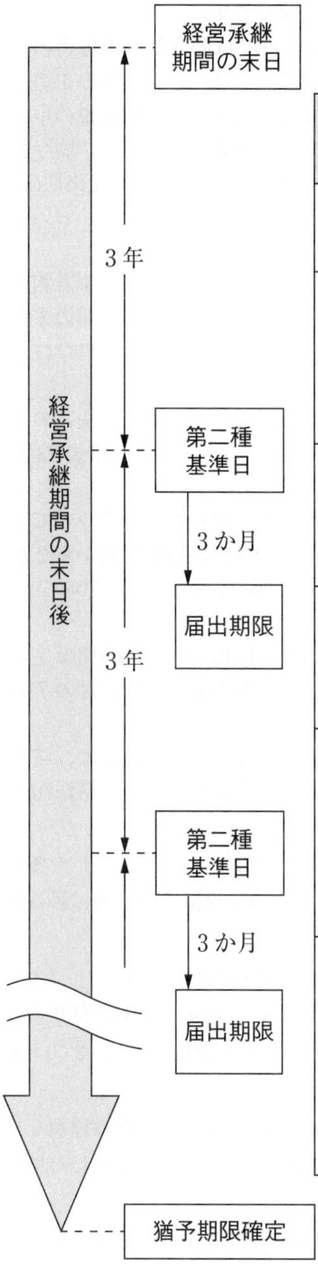

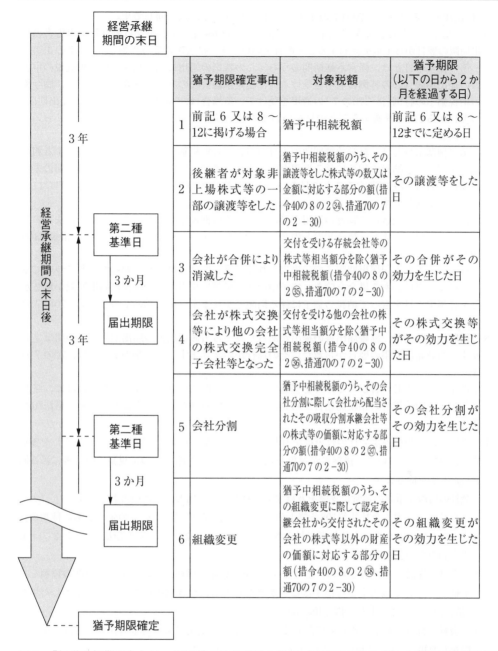

	猶予期限確定事由	対象税額	猶予期限（以下の日から2か月を経過する日）
1	前記6又は8～12に掲げる場合	猶予中相続税額	前記6又は8～12までに定める日
2	後継者が対象非上場株式等の一部の譲渡等をした	猶予中相続税額のうち、その譲渡等をした株式等の数又は金額に対応する部分の額（措令40の8の2㉞、措通70の7の2－30）	その譲渡等をした日
3	会社が合併により消滅した	交付を受ける存続会社等の株式等相当額分を除く猶予中相続税額（措令40の8の2㉟、措通70の7の2－30）	その合併がその効力を生じた日
4	会社が株式交換等により他の会社の株式交換完全子会社等となった	交付を受ける他の会社の株式等相当額分を除く猶予中相続税額（措令40の8の2㊱、措通70の7の2－30）	その株式交換等がその効力を生じた日
5	会社分割	猶予中相続税額のうち、その会社分割に際して会社から配当されたその吸収分割承継会社等の株式等の価額に対応する部分の額（措令40の8の2㊲、措通70の7の2－30）	その会社分割がその効力を生じた日
6	組織変更	猶予中相続税額のうち、その組織変更に際して認定承継会社から交付されたその会社の株式等以外の財産の価額に対応する部分の額（措令40の8の2㊳、措通70の7の2－30）	その組織変更がその効力を生じた日

※1　「経営承継期間」とは、相続税の納税猶予の特例（措法70の7の2）の適用に係る相続税の申告書の提出期限の翌日から、次の①若しくは②のいずれか早い日又は経営承継相続人等（後継者）の死亡の日の前日のいずれか早い日までの期間をいいます（措法70の7の2②六）。この3において、以下同じです。

① 経営承継相続人等（後継者）の最初の贈与税の納税猶予の特例（措法70の7）の適用に係る贈与の日の属する年分の贈与税の申告書の提出期限の翌日以後5年を経過する日

② 経営承継相続人等（後継者）の最初の相続税の納税猶予の特例（措法70の7の2）の適用に係る相続税の申告書の提出期限の翌日以後5年を経過する日

2　「従業員数確認期間」とは、対象非上場株式等に係る認定承継会社の非上場株式等について、この特例又は贈与税の納税猶予の特例（措法70の7）の適用を受けるために提出する最初の相続税の申告書又は贈与税の申告書の提出期限の翌日から同日以後5年を経過する日（経営承継相続人等が同日までに死亡した場合には、その死亡の日の前日）までの期間をいいます

（措法70の７の２③二、70の７の４③）。この３において、以下同じです。

3　「各基準日」とは、従業員数確認期間内に存する相続税の申告書又は贈与税の申告書の提出期限の翌日から１年を経過するごとの日をいいます（措法70の７の２③二、70の７の４③）。

4　第一種基準日とは、経営承継期間のうち、この特例の適用に係る相続に係る相続税の申告書の提出期限（この特例の適用を受ける前に認定承継会社の非上場株式等について、贈与税の納税猶予の特例（措法70の７）の適用を受けている場合は、その贈与税の申告書の提出期限）の翌日から1年を経過するごとの日をいいます（措法70の７の２②七イ）。この第11章において、以下同じです。

5　第二種基準日とは、経営承継期間の末日の翌日から納税猶予分の相続税額に相当する相続税の全部につき納税の猶予に係る期限が確定する日までの期間のうち、経営承継期間の末日の翌日から３年を経過するごとの日をいいます（措法70の７の２②七ロ）。この第11章において、以下同じです。

6　後継者が引き続きこの特例の適用を受けたい旨等の継続届出書を提出します（措法70の７の２⑩、70の７の４⑧、措令40の８の２㊷、40の８の４⑲、措規23の10㉓～㉖、措規23の12⑨）。

7　継続届出書が上記届出期限までに提出されない場合には、提出がなかったことについてやむを得ない事情がある場合を除き、猶予中の相続税額に相当する相続税は届出期限から２か月を経過する日をもって納税の猶予に係る期限となります（措法70の７の２⑫㉗、70の７の４⑨⑭）。

8　徴収権の時効は、継続届出書の提出があった時から当該届出書の届出期限までの間は完成せず、当該届出期限の翌日から新たにその進行が始まります（措法70の７の２⑪、70の７の４⑨）。

9　確定事由が生じた日から２か月を経過する日までの間に後継者が死亡した場合には、原則として、その後継者の相続開始日から６か月を経過する日が猶予期限となります（措法70の７の２③⑤）。

㈱1　後継者がやむを得ず会社の代表権を有しないこととなった場合（724ページ（注１）を参照してください。）において、後継者が対象非上場株式等につき贈与税の納税猶予の特例に係る贈与をしたときを除きます。

2　会社の円滑な事業の運営に支障を及ぼすおそれがある事由とは、次のとおりです。

①　会社が発行する会社法第108条第１項第８号に掲げる事項についての定めがある種類の株式（いわゆる黄金株）を後継者以外の者が有することとなったとき（措法70の７の２③十七、措令40の８の２㉛一）

②　会社（株式会社であるものに限ります。）が対象非上場株式等の全部又は一部の種類を株主総会において議決権を行使することができる事項につき制限のある株式に変更した場合（措法70の７の２③十七、措令40の８の２㉛二）

③　会社（持分会社であるものに限ります。）が定款の変更により後継者が有する議決権の制限をした場合（措法70の７の２③十七、措令40の８の２㉛三）

(8)　租税特別措置法第70条の７の４における継続届出書の提出及び猶予期限の確定

先代経営者（贈与者）が死亡した場合の相続税の納税猶予の特例（措法70の７の４）を適用する場合における、経営相続承継期間は、次に掲げる場合の区分に応じ次のとおりとなります（措法70の７の４②五）。

この場合、前記(7)の図中（※を含みます。）における申告期限は贈与税の申告期限とし、「経営承継期間」とあるのは「経営相続承継期間」と、「第一種基準日」とあるのは「第一種相続基準日」と、「第二種基準日」とあるのは「第二種相続基準日」とそれぞれ読み替えて参照してください（措法70の７の４③、措通70の７の４－10）。

ただし、先代経営者（贈与者）が最初の贈与税の納税猶予の特例（措法70の７）の適用に係る贈与税の申告期限の翌日以後５年を経過する日又は最初の相続税の納税猶予の特例（措法70の７の２）の適用に係る相続税の申告期限の翌日以後５年を経過する日のいずれか早い日（次の表において「５年経過日」といいます。）の翌日以後に死亡した場合には、前記(7)15（「対象非上場株式等が非上場株式等に該当しないこととなった」）に該当することとなったとしても納税猶予期限は確定しません（措法70の７の４②一かっこ書）。

	区　分	経営相続承継期間
①	５年経過日までに特例対象贈与に係る贈与者が死亡した場合	その死亡に係る相続の開始の日から、５年経過日まで又はその特例対象贈与に係る後継者の死亡した日の前日のいずれか早い日まで
②	５年経過日の翌日から猶予中贈与税額に相当する贈与税の全部につき納税の猶予に係る期限が確定する日までの期間に特例対象贈与に係る贈与者が死亡した場合	存在しません。

また、経営相続報告基準日は、次に掲げる場合の区分に応じ次のとおりとなります（措法70の７の４②六）。

	期　間	経営相続報告基準日
①	経営相続承継期間	贈与税の納税猶予の特例（措法70の７）の適用に係る贈与の日の属する年分の贈与税の申告書の提出期限（この特例（措法70の７）の適用を受ける前に認定贈与承継会社の非上場株式等について相続税の納税猶予の特例（措法70の７の２）の適用を受けている場合は、その相続税の提出期限）の翌日から起算して１年を経過する日ごとの日（第一種相続基準日）
②	経営相続承継期間（贈与者が前記(7)※１の①又は②のいずれか早い日の翌日以後に死亡した場合にあっては、経営贈与承継期間（726ページ参照））の末日の翌日から納税猶予分の相続税額に相当する相続税の全部について納税の猶予に係る期限が確定する日までの期間	その日の翌日から３年を経過するごとの日（第二種相続基準日）

後継者が引き続きこの特例の適用を受けたい場合には、その旨等を記載した継続届出書を第１種相続基準日の翌日から５か月を経過するごとの日又は第２種相続基準日の翌日から３か月を経過するごとの日までに提出しなければなりません（措法70の７の４⑧、措通70の７の４－10）。

ただし、継続届出書の提出に当たっては、上記経営相続報告基準日から、贈与者の死亡の日以後最初に到来する経営相続報告基準日の翌日から５か月（贈与者が前記⑺※１の①又は②のいずれか早い日の翌日以後に死亡した場合にあっては３か月）を経過する日が当該贈与者の死亡に係る相続税の申告書の提出期限までに到来する場合における当該最初に到来する経営相続報告基準日は除きます。

なお、徴収権の時効は、継続届出書の提出があった時からその提出期限までの間は完成せず、届出期限の翌日から新たに進行します。また、継続届出書が期限までに提出されない場合には、猶予中の相続税額に相当する相続税は届出期限から２か月を経過する日をもって納税猶予期限となります（措法70の７の４⑨）。

チェックポイント

① 贈与税の納税猶予の特例（措法70の７）から贈与者が死亡した場合の相続税の納税猶予の特例（措法70の７の４）へ移行したときには、経営承継期間（申告期限後５年間）が引き継がれます（経営贈与承継期間⇒経営相続承継期間）。

また、相続税の納税猶予の特例（措法70の７の２）の適用を受けている者が、その後、贈与税の納税猶予の特例（措法70の７）の適用を受けた場合（例えば、父の相続において相続税の納税猶予の特例の適用を受け、その後、母からの贈与について贈与税の納税猶予の特例を適用する場合など）における経営贈与承継期間は、経営承継期間（相続税の申告期限後５年間）と同一期間です（経営承継期間＝経営贈与承継期間）。

そして、贈与者が死亡した場合の相続税の納税猶予の特例（措法70の７の４）へ移行したときには、さらに引き継がれることとなります（経営贈与承継期間⇒経営相続承継期間）。したがって、贈与税・相続税を通じて、納税猶予の対象となる１の非上場会社の承継期間は、最大で５年間となります。

② その場合は、継続届出書の提出基準日となる「経営（贈与・相続）報告基準日」も引き継がれます。

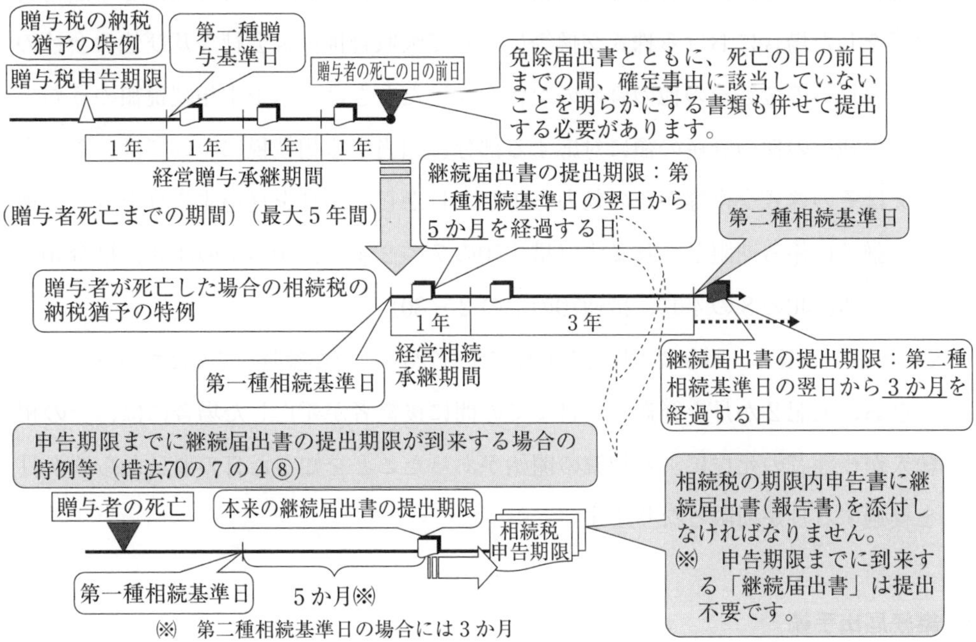

⑼　経営（相続）承継期間内の猶予税額の　部確定

イ　後継者が代表権を有しないこととなった場合

経営（相続）承継期間内に後継者が身体障害等のやむを得ない理由（措規23の10⑮、23の９⑰）により認定承継会社の代表権を有しないこととなった場合において、その後継者が対象非上場株式等の一部につき贈与税の納税猶予の特例（措法70の７）又は後記４⑴の特例非上場株式等に係る贈与税の納税猶予の特例（措法70の７の５）の適用に係る贈与をしたとき、猶予中相続税額のうち、その贈与をした株式等の数又は金額に対応する部分に相当する相続税については、その贈与をした日から２か月を経過する日をもって納税の猶予に係る期限となります（措法70の７の２④一、③五、70の７の４③、措令40の８の２㉜、40の８の４⑰、措規23の10⑮、23の９⑰）。

㈲　税額の計算は、贈与税の場合と同様です。

なお、上記２か月を経過する日までの間にその後継者が死亡した場合には、その後継者の相続人がその後継者の死亡による相続の開始があったことを知った日の翌日から６か月を経過する日が期限となります。

ロ　適格合併又は適格交換等をした場合

経営（相続）承継期間内に相続税の納税猶予の適用を受ける対象（相続）非上場株式等に係る認定（相続）承継会社が適格合併をした場合又は適格交換等をした場合において、後継者がその適格合併をした場合における合併又はその適格交換等をした場合における株式交換等に際して吸収合併存続会社等及び他の会社の株式等以外の金銭その他の資産の交付を受けたときは、猶予中相続税額のうち、その金銭その他の資産の額に対応する部分に相当する相続税については、その合併又はその株式交換等がその効力を生じた日から２か月を経過する日をもって納税の猶予に係る期限とされます（措法70の７の２④二、70の７の４③、措令40の８の２㉝、40の８の４⑰、措通70の７の２－30）。

㈲　税額の計算は、贈与税の場合と同様です（728ページを参照してください。）。

なお、上記２か月を経過する日までの間に後継者が死亡した場合には、その相続人が後継者の死亡による相続の開始があったことを知った日の翌日から６か月を経過する日が期限となります。

⑽　継続届出手続

贈与税の継続届出手続（729ページ）を参照してください。

⑾　猶予期限の繰上げ

税務署長は、次に掲げる場合には、猶予中相続税額に相当する相続税に係る納税猶予期限を繰り上げることができることとされています（措法70の７の２⑬、70の７の４⑩）。

①	後継者が提供した担保について、税務署長による担保の変更等の命令に応じない場合
②	後継者から提出された継続届出書に記載された事項と相違する事実が判明した場合

⑿　延納・物納制度の利用

前記⑺（経営承継期間における表の２の事由を除きます。）、⑻、⑼、⑾及び後記⒀の確定事由により確定する相続税については、延納制度及び物納制度の適用はありません（措法70の７の２⑭九、70の７の４⑪）。

ただし、経営承継期間内に雇用継続要件を満たせずに納税猶予期限が確定した場合（前記⑺の経営承継期間における表の２の事由）で、納税猶予税額の納付について、猶予期限までに納付することを困難とする事由があるときは、経営承継期間の末日から５か月を経過する日までに延納申請を行うことにより延納制度の利用が可能です（相法38①）。

さらに、延納制度によっても納付が困難な場合には、経営承継期間の末日から５か月を経過する日までに物納申請を行うことにより物納制度の利用が可能です（相法41①）。

⒀　同族会社等の行為又は計算の否認等

認定承継会社の行為又は計算で、これを容認した場合においては後継者若しくは被相続人又はこれらの者と特別の関係がある者（措令40の８の２⑪）の相続税又は贈与税の負担を不当に減少させる結果となると認められるものがあるときは、税務署長は、この特例の適用に関し、その行為又は計算にかかわらず、その認めるところにより、納税猶予期限を繰り上げ、又は免除する納税の猶予に係る相続税を定めることができることとされています（措法70の７の２⑮、70の７の４⑪、措令40の８の２㊷、40の８の４㉚）。

⒁　猶予税額の免除

次のイないしロに当たる場合、猶予中相続税額に相当する相続税について、その全部又は一部が免除されることとなります。

イ　免除事由が生じた場合に相続税が免除される場合

後継者が次の①又は②のいずれかに該当することとなった場合には、猶予中相続税額に相当する相続税の一定額が免除されます（措法70の７の２⑯）。

また、これらに該当する場合には、それぞれの届出期限までに一定事項を記載した免除届出書を納税地の所轄税務署長に提出しなければなりません（措法70の7の2⑯、措令40の8の2㊸、措規23の10㉘～㉚）。

	免除事由	免除額	届出書の提出期限
①	後継者が死亡した場合	猶予中相続税額	後継者が死亡した日から同日以後6か月を経過する日
②	経営承継期間の末日の翌日以後に、その後継者が対象非上場株式等につき贈与税の納税猶予の特例（措法70の7）又は後記4⑴の特例非上場株式等に係る贈与税の納税猶予の特例（措法70の7の5）の適用に係る贈与をした場合（※1、2）	猶予中相続税額のうち、左欄の贈与においてこれらの特例を適用する株式に対応する部分の相続税額	左欄の贈与をした日からその贈与を受けた者がその非上場株式等について贈与税の納税猶予の特例に係る贈与税の申告書を提出した日以後6か月を経過する日

※1　「経営承継期間の末日の翌日」は、経営承継期間内に後継者が身体障害等のやむを得ない理由（措規23の10⑮、23の9⑰）により認定承継会社の代表権を有しないこととなった場合、その有しないこととなった日となります。

2　対象非上場株式等及び対象非上場株式等以外の株式を有している場合などにおいて、その贈与をした場合の贈与したとみなされる順序は、贈与税の納税猶予の特例と同じです（措令40の8の2⑰⑱）。

チェックポイント

上表①の場合

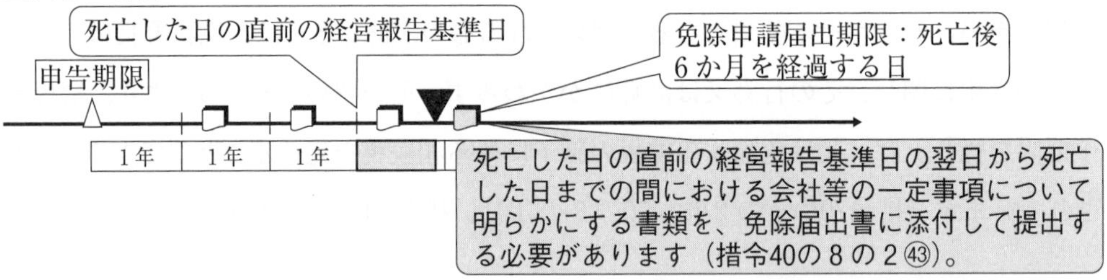
死亡した日の直前の経営報告基準日
免除申請届出期限：死亡後6か月を経過する日
申告期限
1年
1年
1年
死亡した日の直前の経営報告基準日の翌日から死亡した日までの間における会社等の一定事項について明らかにする書類を、免除届出書に添付して提出する必要があります（措令40の8の2㊸）。

上表②の場合

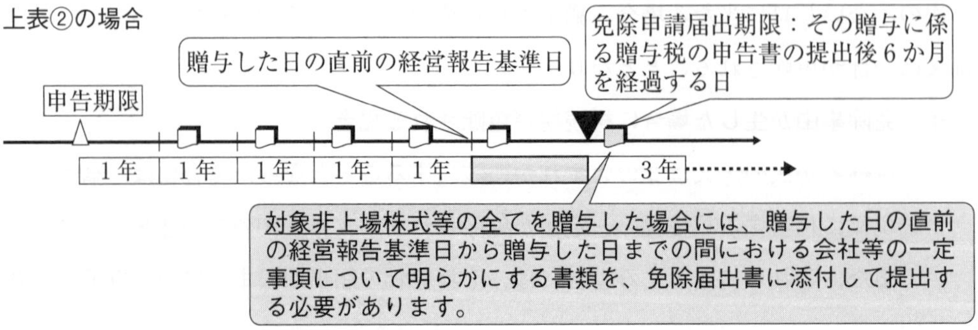
免除申請届出期限：その贈与に係る贈与税の申告書の提出後6か月を経過する日
贈与した日の直前の経営報告基準日
申告期限
1年
1年
1年
1年
1年
3年
対象非上場株式等の全てを贈与した場合には、贈与した日の直前の経営報告基準日から贈与した日までの間における会社等の一定事項について明らかにする書類を、免除届出書に添付して提出する必要があります。

ただし、その該当することとなった日前に、①継続届出書が届出期限までに提出されなかった場合（措法70の７の２⑫）及び②税務署長の命令に応じない場合等の納税の猶予に係る期限の繰上げ（措法70の７の２⑬）又は③同族会社等の行為計算否認等による納税猶予期限の繰上げ等（措法70の７の２⑮）があった場合並びに④経営承継期間内に猶予期限確定事由に該当することとなった場合（措法70の７の２③）には、上記の免除はされないこととなります（措法70の７の２⑯）。

なお、免除届出手続については、贈与税の猶予税額の免除（736ページ）を参照してください。

㈱　免除税額

後継者が対象非上場株式等について贈与税の納税猶予の特例の適用に係る贈与をした場合に免除されることとなる猶予中相続税額の計算は、次の算式によります（措令40の８の２㊹）。

（算式）※　100円未満切捨て

$$\text{猶予中相続税額（贈与の直前）} \times \frac{\text{贈与した対象非上場株式等のうち贈与税の納税猶予の特例の適用を受けるものの数又は金額}}{\text{贈与の直前におけるその対象非上場株式等の数又は金額}}$$

非上場株式等についての 贈与税／相続税 の納税猶予の免除届出書（贈与による免除）（一般措置）

税務署受付印

※欄は記入しないでください。

令和＿＿年＿＿月＿＿日

＿＿＿＿＿税務署長

私は、租税特別措置法 第70条の７第１項／第70の７の５第１項 の規定の適用に係る贈与をし、

同法 第70条の７第15項第３号／第70条の７の２第16項第２号／第70条の７の４第12項 の規定により次の 贈与税／相続税 を免除されたいので届け出ます。

【届出者】

〒

住所＿＿＿＿＿＿＿＿＿＿　氏名＿＿＿＿＿＿＿＿

認定（贈与・相続）承継会社の商号＿＿＿＿＿＿＿＿＿＿

1　対象（受贈・相続）非上場株式等（以下「**非上場株式等**」といいます。）の贈与をした年月日　＿＿年＿＿月＿＿日

2　非上場株式等の贈与を受けた人の住所・氏名

住所＿＿＿＿＿＿＿＿＿＿　氏名＿＿＿＿＿＿＿＿

3　贈与の直前における猶予中 贈与税／相続税 額　＿＿＿＿＿＿円

4　贈与の直前において有する非上場株式等の数又は金額　＿＿＿＿＿＿株（口・円）

5　贈与をした非上場株式等の数又は金額　＿＿＿＿＿＿株（口・円）

【非上場株式等の内訳等】※　**記載に当たっては、裏面の「２　記載方法等」の（２）をご覧ください。**

	贈与年月日	贈与者の氏名	贈与者の住所	左記の贈与者が贈与した株式等の数又は金額（単位：株（口・円））		
				Ⓐ贈与の直前	Ⓑ贈与をした株式等	Ⓒ贈与をした日の後（Ⓐ－Ⓑ）
イ	・　・					
ロ	・　・					
ハ	・　・					

6　免除を受ける 贈与税／相続税 額　＿＿＿＿＿＿円

※　**次の欄の算式に従って計算し記載してください。**

上記３の「贈与の直前における猶予中 贈与税／相続税 額」（円）× 贈与をした非上場株式等の数又は金額[注1]（株（口・円））／上記４の「贈与の直前において有する非上場株式等の数又は金額」（株（口・円））＝ 免除を受ける 贈与税／相続税 額[注2]（円）

→この欄の金額を「６　免除を受ける 贈与税／相続税 額」欄に転記してください。

（注）１　「贈与をした非上場株式等の数又は金額」には、贈与をした非上場株式等について、その贈与を受けた人が租税特別措置法第70条の７第１項又は第70条の７の５第１項の規定の適用を受けた非上場株式等の数又は金額を記載してください。

２　計算した金額に百円未満の端数があるとき、又はその全額が百円未満であるときは、その端数金額又はその全額を切り捨ててください。

7　非上場株式等の 贈与を受けた／相続（遺贈）があった 年月日　＿＿年＿＿月＿＿日

8　贈与者／被相続人 の住所＿＿＿＿＿＿＿＿＿＿　氏名＿＿＿＿＿＿＿＿

9　贈与をした日の直前の経営（贈与・相続）報告基準日の翌日から贈与をした日までの間に経営承継者につき納税の猶予に係る期限が到来した猶予中贈与税・相続税額がある場合には、その明細を「納税の猶予に係る期限が到来した猶予中贈与税・相続税額の明細書（免除届出用）（一般措置）」に記載の上、この届出書に添付して提出してください。

関与税理士		電話番号	

※	通信日付印の年月日	（確　認）	入　力	確　認	納税猶予番号
	年　月　日				

（資12②－19－１Ａ４統一）（令5.6）

(裏)

1　届出書を提出する人

経営承継受贈者、経営承継相続人等又は経営相続承継受贈者が経営（贈与・相続）承継期間の末日の翌日（経営（贈与・相続）承継期間内にこれらの者がその有する非上場株式等に係る認定（贈与・相続）承継会社の代表権を有しないこととなった場合（一定のやむを得ない理由がある場合に限ります。）には、その有しないこととなった日）以後に租税特別措置法第70条の７第１項又は第70条の７の５第１項の規定の適用に係る贈与をした場合には、この届出書を提出する必要があります。

なお、この届出書は、その非上場株式等の贈与を受けた者がその非上場株式等について同法第70条の７第１項又は第70条の７の５第１項の規定の適用に係る贈与税の申告書を提出した日以後６か月以内に提出する必要があります。

2　記載方法等

(1)　届出者の欄には、経営承継受贈者、経営承継相続人等又は経営相続承継受贈者の住所、氏名及び認定（贈与・相続）承継会社の商号を記載してください。

(2)　「５　贈与をした非上場株式等の数又は金額」の記載に当たっては次の点に留意してください。

イ　贈与をした株式等に非上場株式等以外のものが含まれる場合において、租税特別措置法第70条の７第15項第３号又は第70条の７の２第16項第２号の規定の適用に係る贈与をしたときは、非上場株式等から先に贈与をしたものとみなされます。

ロ　租税特別措置法第70条の７第15項第３号又は第70条の７の２第16項第２号の規定の適用に係る贈与をした場合は、その非上場株式等のうち先に取得をしたもの（先に取得をしたものが同法第70条の７第15項第３号（第70条の７の５第11項において準用する場合も含みます。）の規定の適用に係る贈与により取得をした非上場株式等である場合には、その非上場株式等のうち先に同法第70条の７第１項又は第70条の７の５第１項の規定の適用を受けた他の（特例）経営承継受贈者に係るもの）から順次贈与をしたものとみなされます。

ハ　【非上場株式等の内訳等】欄は、経営承継受贈者が贈与の直前において有する非上場株式等の全部又は一部が贈与者の租税特別措置法第70条の７第15項第３号（第70条の７の５第11項において準用する場合も含みます。）の規定の適用に係る贈与により取得をしたものである場合に記載してください。

この場合において、租税特別措置法施行令第40条の８第５項各号に掲げる場合の区分に応じその各号に定める者に非上場株式等の贈与をした者ごとに、贈与年月日、氏名、住所（この届出書を提出する時点の住所）及び非上場株式等の数又は金額の内訳を記載してください。

(3)　「７　非上場株式等の贈与を受けた／相続(遺贈)があった年月日」欄には、届出者が非上場株式等を贈与又は相続(遺贈)により取得をした年月日を記載してください。

(4)　「８　贈与者／被相続人の住所_氏名_」欄には、経営承継受贈者に係る贈与者又は経営承継相続人等若しくは経営相続承継受贈者に係る被相続人の住所及び氏名を記載してください。

3　「経営承継者」とは、

イ　「非上場株式等についての贈与税の納税猶予及び免除」（租税特別措置法第70条の７第１項）の適用を受けている方は、同条第２項第３号に規定する「経営承継受贈者」をいいます。

ロ　「非上場株式等についての相続税の納税猶予及び免除」（租税特別措置法第70条の７の２第１項）の適用を受けている方は、同条第２項第３号に規定する「経営承継相続人等」をいいます。

ハ　「非上場株式等の贈与者が死亡した場合の相続税の納税猶予及び免除」（租税特別措置法第70条の７の４第１項）の適用を受けている方は、同条第２項第３号に規定する「経営相続承継受贈者」をいいます。

4　この届出書の添付書類は、「「非上場株式等についての贈与税・相続税の納税猶予の免除届出書（贈与による免除）（一般措置）」の添付書類一覧」のとおりですので、該当する書類を届出書に添付して提出してください。

認定（贈与・相続）承継会社に関する明細書
（免除届出用）（一般措置）

受贈者、相続人（受遺者）の氏名		入力	確認
		※	※

租税特別措置法施行令 第40条の８第37項／第40条の８の２第43項 の規定による免除届出書の提出における認定（贈与・相続）承継会社に関する明細は、次のとおりです。

認定（贈与・相続）承継会社の名称	（変更前）	本店の所在地	（変更前）

死亡等の日[注1]の属する事業年度の直前の各事業年度における総収入金額[注2]	① 直前の事業年度	② ２期前の事業年度	③ ３期前の事業年度
	円	円	円

死亡等の日の直前の経営（贈与・相続）報告基準日の翌日から死亡等の日までの間に、商号の変更、本店所在地の変更、合併による消滅、他の会社の株式交換完全子会社等となった、会社分割、組織変更又は解散の事実がある場合には、その事由及びその事実の発生日	事実発生日	・　・
	事　由	

※　死亡等の日が租税特別措置法第70条の７第２項第６号イ若しくはロに掲げる日のいずれか早い日又は同法70条の７の２第２項第６号イ若しくはロに掲げる日のいずれか早い日の翌日以後である場合には、その死亡等の日の属する事業年度の直前の事業年度末における認定（贈与・相続）承継会社に係る次に掲げる事項を記載してください。

死亡等の日の直前の経営（贈与・相続）報告基準日の翌日からその死亡等の日までの間に、認定（贈与・相続）承継会社が租税特別措置法施行令第40条の８第６項又は第40条の８の２第７項に規定する資産保有型会社等であるとした場合に同令第40条の８第24項第２号イからハまで又は第40条の８の２第30項第２号イからハまでの要件を全て満たしています。（該当する場合は「□」にレ印を記入してください。なお、該当する場合は③欄から⑪欄までの記載は不要です。）	□

項目			帳簿価額	運用収入
① 直前の事業年度末における資本金の額又は出資の総額			円	
② 直前の事業年度末における準備金の額			円	
③ 直前の事業年度末における会社の総資産の貸借対照表に計上されている帳簿価額の総額			円	
④ 直前の事業年度における総収入金額			円	
⑤ 直前の事業年度（末）における特定資産の帳簿価額及び運用収入[注3]			帳簿価額	運用収入
	有価証券	資産保有型子会社又は資産運用型子会社に該当する特別子会社の株式又は持分	a　円	j　円
		特別子会社の株式又は持分以外のもの（上記株式又は持分を除く。）	b　円	k　円
	不動産	現に自ら使用しているもの以外	c　円	l　円
	ゴルフ場その他の施設の利用に関する権利	事業の用に供することを目的として有するもの以外	d　円	m　円
	絵画、彫刻、工芸品その他の有形の文化的所産である動産、貴金属及び宝石	事業の用に供することを目的として有するもの以外	e　円	n　円
	現金、預貯金等	現金及び預貯金その他これらに類する資産	f　円	o　円
		経営承継者及び当該経営承継者と特別の関係がある者に対する貸付金及び未収金その他これらに類する資産	g　円	p　円
⑥ 剰余金の配当等の額（死亡等の日の直前の事業年度末以前５年間に支払われたもの）[注4]		経営承継者及び当該経営承継者と特別の関係がある者が会社から受けた剰余金の配当又は利益の配当の額	h　円	
		会社から支給された給与の額のうち、法人税法第34条又は第36条の規定により損金の額に算入されない金額	i　円	
⑦ 上記⑤及び⑥の帳簿価額の合計額（a+b+c+d+e+f+g+h+i）			円	
⑧ 上記⑤の特定資産の運用収入の合計額（j+k+l+m+n+o+p）				円

⑨ 特定資産の保有割合（⑦/(③+⑥)）	%	⑩ 特定資産の運用収入割合（⑧/④）	%

⑪ 死亡等の日の直前の経営（贈与・相続）報告基準日の翌日から当該死亡等の日までの間に租税特別措置法施行令第40条の8第19項ただし書若しくは第40条の8の2第25項ただし書に規定する場合[注5]又は同令第40条の8第22項ただし書若しくは第40条の8の2第27項ただし書に規定する場合[注6]に該当することとなった事実の有無（いずれかを丸で囲んでください。）

有※	無

※　「有」に該当する場合には、この明細書とともに「認定（贈与・相続）承継会社に関する明細書（一般措置）別紙【一定の事由により特定資産の保有割合又は運用収入割合が基準割合以上となった場合】」を免除届出書に添付して提出する必要があります。

（資12②−17−1−Ａ４統一）

※欄には記載しないでください。

この明細書は、非上場株式等についての贈与税・相続税の納税猶予の免除届出書（一般措置）と一緒に提出してください。

（裏）

租税特別措置法第70条の7第15項第3号又は第70条の7の2第16項第2号（第70条の7の4第12項において準用する場合を含みます。）に係る免除届出書を提出する場合においては、対象非上場株式等の全てを贈与したときに限り、この明細書を提出してください。

1　「経営（贈与・相続）報告基準日」とは、
イ　「非上場株式等についての贈与税の納税猶予及び免除」（租税特別措置法第70条の7第1項）の適用を受けている方は、同条第2項第7号に規定する「経営贈与報告基準日」をいいます。
ロ　「非上場株式等についての相続税の納税猶予及び免除」（租税特別措置法第70条の7の2第1項）の適用を受けている方は、同条第2項第7号に規定する「経営報告基準日」をいいます。
ハ　「非上場株式等の贈与者が死亡した場合の相続税の納税猶予及び免除」（租税特別措置法第70条の7の4第1項）の適用を受けている方は、同条第2項第6号に規定する「経営相続報告基準日」をいいます。

2　「資産保有型子会社」及び「資産運用型子会社」とは、中小企業における経営の承継の円滑化に関する法律施行規則第1条第17項第2号イに定めるものをいいます。

3　「経営承継者」とは、
イ　「非上場株式等についての贈与税の納税猶予及び免除」（租税特別措置法第70条の7第1項）の適用を受けている方は、同条第2項第3号に規定する「経営承継受贈者」をいいます。
ロ　「非上場株式等についての相続税の納税猶予及び免除」（租税特別措置法第70条の7の2第1項）の適用を受けている方は、同条第2項第3号に規定する「経営承継相続人等」をいいます。
ハ　「非上場株式等の贈与者が死亡した場合の相続税の納税猶予及び免除」（租税特別措置法第70条の7の4第1項）の適用を受けている方は、同条第2項第3号に規定する「経営相続承継受贈者」をいいます。

4　「経営承継者と特別の関係がある者」とは、
イ　「非上場株式等についての贈与税の納税猶予及び免除」（租税特別措置法第70条の7第1項）の適用を受けている方は、租税特別措置法施行令第40条の8第11項に定める特別の関係がある者をいいます。
ロ　「非上場株式等についての相続税の納税猶予及び免除」（租税特別措置法第70条の7の2第1項）の適用を受けている方又は「非上場株式等の贈与者が死亡した場合の相続税の納税猶予及び免除の特例」（租税特別措置法第70条の7の4第1項）の適用を受けている方は租税特別措置法施行令第40条の8の2第11項に定める特別の関係がある者をいいます。

（注1）「死亡等の日」とは、
イ　「非上場株式等についての贈与税の納税猶予及び免除」（租税特別措置法第70条の7第1項）の適用を受けている方は、租税特別措置法施行令第40条の8第37項の経営承継受贈者若しくは当該経営承継受贈者に係る租税特別措置法第70条の7第15項第2号の贈与者（非上場株式等の全部又は一部が同法第70条の7第15項第3号の規定の適用に係るものである場合には、その贈与者又はその贈与前に非上場株式等について同号の規定の適用に係る贈与をした他の経営承継受贈者のうち最初に同条第1項又は同法第 70 条の7の5第1項の規定の適用を受けていた者にその非上場株式等の贈与をした者をいいます。）が死亡した日又は当該経営承継受贈者が同法第70条の7第15項第3号の規定の適用に係る贈与をした日をいいます。
ロ　「非上場株式等についての相続税の納税猶予及び免除」（租税特別措置法第70条の7の2第1項）又は「非上場株式等の贈与者が死亡した場合の相続税の納税猶予及び免除」（租税特別措置法第70条の7の4第1項）の適用を受けている方は、租税特別措置法施行令第40条の8の2第43項（第40条の8の4第21項において準用する場合を含みます。）の経営承継相続人等若しくは経営相続承継受贈者が死亡した日又はこれらの者が租税特別措置法第70条の7の2第16項第2号の規定の適用に係る贈与をした日をいいます。

（注2）死亡等の日が経営（贈与・相続）承継期間の場合には、死亡等の日の属する事業年度の直前の事業年度における総収入金額（営業外収益及び特別利益以外のものに限ります。(※) 以下同じです。）のみを①欄に記載し、死亡等の日が経営（贈与・相続）承継期間経過後の場合には、死亡等の日の属する事業年度の直前の事業年度以前3期分の各総収入金額を①から③の各欄に記載してください。
※　平成26年12月31日以前に贈与又は相続（遺贈）により取得した非上場株式等について、納税猶予の特例の規定の適用を受けた方（所得税法等の一部を改正する法律（平成25年法律第5号）附則第86条第14項に規定する書類を提出し、租税特別措置法第70条の7、第70条の7の2又は第70条の7の4の一定の規定の適用を受けている方を除きます。）については、営業外収益及び特別利益を含む総収入金額を記載してください。

（注3）「特定資産の帳簿価額」とは、事業年度末における会社の貸借対照表に計上されている帳簿価額をいい、「特定資産の運用収入」とは、事業年度における運用収入をいいます。

（注4）会社から支給された給与には、債務の免除による利益その他の経済的な利益を含み、最初の租税特別措置法第70条の7第1項の規定の適用に係る贈与の時前及び最初の同法第70条の7の2第1項の規定の適用に係る相続の開始前に支給されたものを除きます。

（注5）「租税特別措置法施行令第40条の8第19項ただし書又は第40条の8の2第25項ただし書に規定する場合」とは、事業活動のために必要な資金を調達するための資金の借入れを行ったことその他の租税特別措置法施行規則第23条の9第14項に定める事由が生じたことにより特定資産の保有割合が70%以上となった場合をいいます。

（注6）「租税特別措置法施行令第40条の8第22項ただし書又は第40条の8の2第27項ただし書に規定する場合」とは、事業活動のために必要な資金を調達するために特定資産を譲渡したことその他の租税特別措置法施行規則第23条の9第16項に定める事由が生じたことにより特定資産の運用収入割合が75%以上となった場合をいいます。

5．6

納税の猶予に係る期限が到来した猶予中 贈与税／相続税 額の明細書 （免除届出用）（一般措置）	受贈者、相続人（受遺者）の氏名		入　力 ※	確　認 ※

※欄には記載しないでください。

租税特別措置法施行令 第40条の８第37項／第40条の８の２第43項 の規定による死亡等の日の直前の経営（贈与・相続）報告基準日の翌日からその死亡等の日までの間に、納税の猶予に係る期限が到来した猶予中 贈与税／相続税 額の明細は、次のとおりです。

番号	期限の到来した事由 （該当する事由にレ点を付してください。）	事由が生じた 年　月　日	期限が到来した 株(口)数等	期限が到来した猶予中 贈与税・相続税の額
	□ 対象(受贈・相続)非上場株式等の一部贈与 □ 適格合併・適格交換等 □ 対象(受贈・相続)非上場株式等の一部譲渡等 □ 合併により消滅 □ 株式交換等により他の会社の株式交換完全子会社等に該当 □ 会社分割 □ 組織変更	・　・	株(口)円	円
	□ 対象(受贈・相続)非上場株式等の一部贈与 □ 適格合併・適格交換等 □ 対象(受贈・相続)非上場株式等の一部譲渡等 □ 合併により消滅 □ 株式交換等により他の会社の株式交換完全子会社等に該当 □ 会社分割 □ 組織変更	・　・	株(口)円	円
	□ 対象(受贈・相続)非上場株式等の一部贈与 □ 適格合併・適格交換等 □ 対象(受贈・相続)非上場株式等の一部譲渡等 □ 合併により消滅 □ 株式交換等により他の会社の株式交換完全子会社等に該当 □ 会社分割 □ 組織変更	・　・	株(口)円	円
	□ 対象(受贈・相続)非上場株式等の一部贈与 □ 適格合併・適格交換等 □ 対象(受贈・相続)非上場株式等の一部譲渡等 □ 合併により消滅 □ 株式交換等により他の会社の株式交換完全子会社等に該当 □ 会社分割 □ 組織変更	・　・	株(口)円	円
	□ 対象(受贈・相続)非上場株式等の一部贈与 □ 適格合併・適格交換等 □ 対象(受贈・相続)非上場株式等の一部譲渡等 □ 合併により消滅 □ 株式交換等により他の会社の株式交換完全子会社等に該当 □ 会社分割 □ 組織変更	・　・	株(口)円	円

（資12②－18－Ａ４統一）

（裏）

租税特別措置法第70条の７第15項第３号又は第70条の７の２第16項第２号（第70条の７の４第12項において準用する場合を含みます。）に係る免除届出書を提出する場合においては、対象非上場株式等の全てを贈与したときに限りこの明細書を提出してください。

１　「経営（贈与・相続）報告基準日」とは、
　イ　「非上場株式等についての贈与税の納税猶予及び免除」（租税特別措置法第70条の７第１項）の適用を受けている方は、同条第２項第７号に規定する「経営贈与報告基準日」をいいます。
　ロ　「非上場株式等についての相続税の納税猶予及び免除」（租税特別措置法第70条の７の２第１項）の適用を受けている方は、同条第２項第７号に規定する「経営報告基準日」をいいます。
　ハ　「非上場株式等の贈与者が死亡した場合の相続税の納税猶予及び免除」（租税特別措置法第70条の７の４第１項）の適用を受けている方は、同条第２項第６号に規定する「経営相続報告基準日」をいいます。

２　「期限の到来した事由」中
　イ　「対象（受贈・相続）非上場株式等の一部贈与」とは、租税特別措置法第70条の７第４項第１号又は第70条の７の２第４項第１号（第70条の７の４第３項において準用する場合を含みます。）に該当した場合をいいます。
　ロ　「適格合併・適格交換等」とは、同法第70条の７第４項第２号又は第70条の７の２第４項第２号(第70条の７の４第３項において準用する場合を含みます。)に該当した場合をいいます。
　ハ　「対象（受贈・相続）非上場株式等の一部譲渡等」とは、同法第70条の７第５項第２号又は第70条の７の２第５項第２号(第70条の７の４第３項において準用する場合を含みます。)に該当した場合をいいます。
　ニ　「合併により消滅」とは、同法第70条の７第５項第３号又は第70条の７の２第５項第３号(第70条の７の４第３項において準用する場合を含みます。)に該当した場合をいいます。
　ホ　「株式交換等により他の会社の株式交換完全子会社等に該当」とは、同法第70条の７第５項第４号又は第70条の７の２第５項第４号(第70条の７の４第３項において準用する場合を含みます。)に該当した場合をいいます。
　ヘ　「会社分割」とは、同法第70条の７第５項第５号又は第70条の７の２第５項第５号(第70条の７の４第３項において準用する場合を含みます。)に該当した場合をいいます。
　ト　「組織変更」とは、同法第70条の７第５項第６号又は第70条の７の２第５項第６号(第70条の７の４第３項において準用する場合を含みます。)に該当した場合をいいます。

３　「事由が生じた年月日」とは、
　イ　「対象（受贈・相続）非上場株式等の一部贈与」に該当する場合は、その贈与をした日をいいます。
　ロ　「適格合併・適格交換等」に該当する場合は、その合併又は株式交換等の効力が生じた日をいいます。
　ハ　「対象（受贈・相続）非上場株式等の一部譲渡等」に該当する場合は、その譲渡等をした日をいいます。
　ニ　「合併により消滅」に該当する場合は、その合併の効力が生じた日をいいます。
　ホ　「株式交換等により他の会社の株式交換完全子会社等に該当」に該当する場合は、その株式交換等の効力が生じた日をいいます。
　ヘ　「会社分割」に該当する場合は、その会社分割の効力が生じた日をいいます。
　ト　「組織変更」に該当する場合は、その組織変更の効力が生じた日をいいます。

４　「死亡等の日」とは、
　イ　非上場株式等についての贈与税の納税猶予及び免除（租税特別措置法第70条の７第１項）の適用を受けている方は、租税特別措置法施行令第40条の８第37項の経営承継受贈者若しくは当該経営承継受贈者に係る租税特別措置法第70条の７第15項第２号の贈与者（非上場株式等の全部又は一部が租税特別措置法第70条の７第15項第３号の規定の適用に係るものである場合には、その贈与者又はその贈与前に非上場株式等について同号の規定の適用に係る贈与をした他の経営承継受贈者のうち最初に同条第１項又は同法第70条の７の５第１項の規定の適用を受けていた者にその非上場株式等の贈与をした者をいいます。）が死亡した日又は当該経営承継受贈者が同法第70条の７第15項第３号の規定の適用に係る贈与をした日をいいます。
　ロ　非上場株式等についての相続税の納税猶予及び免除（租税特別措置法第70条の７の２第１項）又は非上場株式等の贈与者が死亡した場合の相続税の納税猶予及び免除（租税特別措置法第70条の７の４第１項）の適用を受けている方は、租税特別措置法施行令第40条の８の２第43項若しくは第40条の８の４第21項において準用する同令第40条の８の２第43項の経営承継相続人等若しくは経営相続承継受贈者が死亡した日又はこれらの者が租税特別措置法第70条の７の２第16項第２号の規定の適用に係る贈与をした日をいいます。

（注）　経営承継受贈者、経営承継受贈者に係る贈与者又は経営承継相続人等が贈与税又は相続税の申告書の提出期限の翌日から起算して１年を経過する日までの間に死亡した場合には、表面の「死亡等の日の直前の経営（贈与・相続）報告基準日」は、「贈与税又は相続税の申告書の提出期限」となります。

５．６

ロ　税務署長が申請に対して認めた場合

経営承継期間の末日の翌日以後に、後継者又は認定承継会社が下表①から④のいずれかに該当することとなった場合にも、下表の免除額に相当する相続税が免除されます（措法70の７の２⑰、措令40の８の２㉙㊺㊻、措規23の10㊲～㊴）。

	免除事由	免除額
①	後継者が対象非上場株式等の全部の譲渡等（同族関係者以外（※１）又は民事再生・会社更生による場合に限ります。）をした場合で、右のイ＋ロの金額が譲渡等直前における猶予中相続税額に満たないとき	猶予中相続税額から次のイ＋ロの金額を控除した残額 イ　原則として、対象非上場株式等の譲渡時の時価（※３） ロ　譲渡等以前５年以内に後継者及び後継者と生計を一にする者が会社から受けた配当等の額等の合計額（※４）
②	認定承継会社について破産手続開始の決定又は特別清算開始の命令があった場合	次のイ－ロの金額 イ　認定承継会社の解散の直前における猶予中相続税額 ロ　解散前５年以内において、後継者及び後継者と生計を一にする者が会社から受けた配当等の額等の合計額（※４）
③	認定承継会社が一定の合併により消滅した場合（※２）において、右のイ＋ロの金額が合併直前における猶予中相続税額に満たないとき	猶予中相続税額から次のイ＋ロの金額を控除した残額 イ　原則として、合併直前における対象非上場株式等の時価（※３） ロ　合併の日以前５年以内において、後継者及び後継者と生計を一にする者が会社から受けた配当等の額等の合計額（※４）
④	認定承継会社が株式交換等により他の会社の株式交換完全子会社等となった場合において、右のイ＋ロの金額が株式交換等の直前における猶予中相続税額に満たないとき	猶予中相続税額から次のイ＋ロの金額を控除した残額 イ　原則として、株式交換等直前における特例非上場株式等の時価（※３） ロ　株式交換等以前５年以内において、後継者及び後継者と生計を一にする者が会社から受けた配当等の額等の合計額（※４）

㈱１　譲渡後の要件として、①譲受者及び譲受者の特別関係者（措令40の８の２⑪）で認定承継会社の総株主等議決権数の過半数を有すること、②譲受者が上記①の特別関係者の中で認定承継会社の筆頭株主であること、③譲受者（譲受者が法人（医療法人を除きます。）である場合には、その法人の役員等）が、認定承継会社の代表権を有することが必要です。

２　吸収合併存続会社等が後継者の特別関係者（措令40の８の２⑪）以外のものであり、かつ、合併に際して当該吸収合併存続会社等の株式等の交付がない場合に限ります。

※　なお、先代経営者（贈与者）が死亡した場合の相続税の納税猶予の特例（措法70の７の４）においても、上記免除は準用されます（措法70の７の４⑫）。この場合、「経営承継相続人等」とあるのは「経営相続承継受贈者」と、「経営承継期間」とあるのは「経

営相続承継期間（第70条の７の４第１項の規定の適用を受ける経営相続承継受贈者に係る贈与者が当該経営相続承継受贈者に係る前条第２項第５号イ又はロに掲げるいずれか早い日の翌日以後に死亡した場合にあっては、当該経営贈与承継期間）」と、「対象非上場株式等」とあるのは「対象相続非上場株式等」と、「認定承継会社」とあるのは「認定相続承継会社」と読み替えて参照してください。

3　対象非上場株式等の時価とは、個人が、譲渡等をする直前又は合併若しくは株式交換等がその効力を生ずる直前において、被相続人から対象非上場株式等に係る会社の発行済株式又は出資（議決権があるものに限ります。）の総数又は総額の全てを相続により取得したものとした場合のその相続開始の時における会社の株式又は出資の１単位当たりの価額に、譲渡等の直前又は合併若しくは株式交換等がその効力を生ずる直前において被相続人が有していた対象非上場株式等に係る認定承継会社の株式等の数又は金額を乗じて計算した金額となります（措規23の10㉞）

4　配当等の額等とは、ⓐその会社の株式等に係る剰余金の配当又は利益の配当の額及びⓑその会社から支給された給与の額のうち、法人税法第34条又は第36条の規定によりその会社の各事業年度の所得の金額の計算上損金の額に算入されないこととなる金額の合計額（ⓐⓑのいずれも、相続税の納税猶予の特例の適用に係る相続開始の時前に受けたものを除きます。）をいいます（措令40の８の２㉖㊼）。

5　なお、先代経営者（贈与者）が死亡した場合の相続税の納税猶予の特例（措法70の７の４）においても、上記免除は準用されます（措法70の７の４⑫）。

この場合には、後継者は、その該当することとなった日から２か月を経過する日（その日までの間にその後継者が死亡した場合には、その後継者の相続人が相続開始があったことを知った日の翌日から６か月を経過する日。このロにおいて、以下「申請期限」といいます。）までに、一定の事項を記載した申請書を納税地の所轄税務署長に提出しなければなりません（措法70の７の２⑰、70の７の４⑫、措規23の10㉛㉜、措通70の７の２－42）。

ただし、その該当することとなった日前に、①継続届出書が届出期限までに提出されなかった場合（措法70の７の２⑫）、②税務署長の命令に応じない場合等の納税猶予期限の繰上げ（措法70の７の２⑬）及び③同族会社等の行為計算否認等による納税の猶予に係る期限の繰上げ等（措法70の７の２⑮）があった場合は、上記の免除はされないこととなります（措法70の７の２⑰）。

なお、税務署長は、免除申請書の提出があった場合において、その免除申請書に係る相続税の免除をし、又はその免除申請書に係る申請の却下をし、申請期限の翌日から起算して６か月以内にその旨及びその理由を記載した書面を後継者に通知します（措法70の７の２⑱、70の７の４⑫）。この場合、税務署長は、相当の理由があると認めるときは、その免除申請書に係る納期限（748ページ）又はその免除申請書の提出があった日のいずれか遅い日から税務署長が通知を発した日の翌日以後１か月を経過する日までの間、その申請によって免除を受けようとする相続税相当額に相当する相続税の徴収を猶予することができます（措法70の７の２⑲、措法70の７の４⑫）。

また、その間に係る延滞税の額の計算の基礎となる相続税の額は、猶予中相続税額から免除を申請した相続税相当額を控除した残額となります（措令40の８の２㊽）。

㈲　免除申請書の記載事項に「相続税額の明細」が必要とされる（措規23の10㉛二）ほかは、贈与税の納税猶予の特例に係る規定と同様のもの（措令40の８の２㊺㊻、措規23の10㉛㉜）となっています。

なお、贈与税の納税猶予の特例に係る項で用いる「贈与税」とは、相続税の納税猶予の特例の適用においては「相続税」、「認定贈与承継会社」は「認定承継会社」と読み替えます。

⒂　延滞税の免除

税務署長は、後継者が⒁ロの表中①、③又は④の適用を受ける場合において、その後継者が適正な時価を算定できないことについてやむを得ない理由があると認めるときは、それらの場合に該当することとなったことにより納付することとなった相続税に係る延滞税につき、次に掲げる場合の区分に応じ次に掲げる納期限（その納期限以前２か月以内にこの特例の適用を受けた後継者が死亡した場合には、その後継者の相続人がその後継者の死亡による相続の開始があったことを知った日の翌日から６か月を経過する日）の翌日から⒁による通知を発した日の翌日以後１か月を経過する日までの間に対応する部分の金額を免除することができます（措法70の７の２⑳、70の７の４⑫）。

①	⒁ロの表中①の場合	⒁ロの表中①の譲渡等をした日から２か月を経過する日（措法70の７の２⑲⑳㉘六）
②	⒁ロの表中③又は④の場合	⒁ロの表中③又は④の合併又は株式交換等がその効力を生じた日から２か月を経過する日（措法70の７の２⑰⑳㉘八）

⑯　再生計画の認可決定等があった場合の納税猶予税額の再計算の特例

経営（相続）承継期間の末日の翌日以後に、認定承継会社について民事再生計画若しくは会社更生計画の認可が決定され又は中小企業再生支援協議会の支援による再生計画が成立した場合において資産評定が行われたときは、その認可決定があった日又は債務処理計画が成立した日（この⑯において、以下「認可決定日」といいます。）における対象非上場株式等の価額に基づき納税猶予税額を再計算し、その再計算後の納税猶予税額（この⑯において、以下「再計算猶予税額」といいます。）を猶予税額として納税猶予を継続することができます。

この場合において、「再生前における猶予中相続税額」から「再計算猶予税額」を控除した残額（認可決定日前５年以内に認定承継会社から受けた配当等を除きます。）が免除されます（措法70の７の２㉒、70の７の４⑬）。

イ　認定承継会社の要件

認可決定日において、次に掲げる要件の全てを満たす認定承継会社であること（措令40の８の２㊿、措法40の８の４㉒）

①	円滑化法第２条に規定する中小企業者であること
②	その株式等が非上場株式等に該当すること

ロ　後継者の要件

代表権を有している者又は次に掲げる要件を満たしている者であること（措法70の７の２㉔、70の７の４⑬、措規23の10㊲、23の12⑨）

①	認可決定日の直前において代表権を有していたこと※
②	イ　後継者及び後継者の特別関係者（措令40の８の２⑪）の保有する議決権の数の合計が、総株主等議決権数の50％を超えること ロ　後継者が有する議決権の数が、後継者の特別関係者の中で最も多いこと

※　認可決定日とは、①裁判所による更生計画の認可決定があった日（会社更生手続）、②裁判所による再生計画の認可決定があった日（民事再生手続）及び③対象債権者全員の同意により債務処理計画が成立した日（中小企業再生支援協議会の再生スキーム）をいいます。

ハ　その他の適用要件

①	認定承継会社について民事再生法の規定による再生計画又は会社更生法の規定による更生計画の認可の決定があること（措令40の８の２㊻、40の８の４㉑）
②	認定承継会社の有する資産について、次に掲げる評定が行われたこと（措令40の８の２㊾、40の８の４㉑） イ　再生計画又は更生計画の認可の決定があった場合 　認定承継会社がその有する資産の価額につきその再生計画又はその更生計画の認可の決定があった時の価額により行う評定 ロ　中小企業再生支援協議会の支援により行う再生計画が成立した場合 　法人税法施行令第24条の２第１項第１号イに規定する事実に従って行う同項第２号の資産評定
③	認可決定日から免除通知が発せられた日の前日までの間に、次に掲げる事由に該当しないこと（措法70の７の２㉒、70の７の４⑬） イ　納税猶予期限の一部確定事由に該当する事実が生じたこと（措法70の７の２⑤、70の７の４⑨） ロ　継続届出書が期限までに提出されなかったことにより納税猶予期限が確定したこと（措法70の７の２⑫、70の７の４⑨）
④	免除通知が発せられる日前に納税猶予期限の繰上げがないこと（措法70の７の２⑬⑮㉒、70の７の４⑩⑪⑬）
⑤	再生計画を履行している認定承継会社については、監督委員又は管財人が選任されていること（措法70の７の２㉒、70の７の４⑬）

ニ　再計算猶予税額の計算

再計算猶予税額は、認可決定日における猶予税額に対応する対象非上場株式等について、財産評価基本通達により算定した株式等の価額を基に、納税猶予税額を計算します（措法70の７の２㉓、70の７の４⑬、措通70の７の２－52、70の７の４－12）。

ホ　再計算免除税額の計算

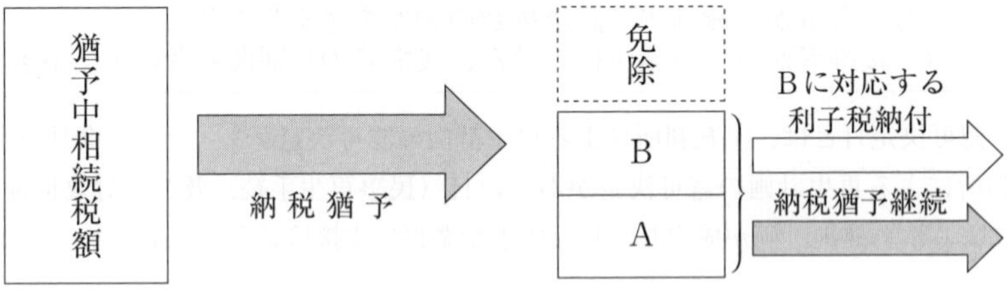

〔算式〕

再計算免除税額　＝　猶予中相続税額　－（A＋B）

A：再計算猶予税額

B：認可決定日前5年以内に認定承継会社から受けた配当等　(※)

(※)「認可決定日前5年以内に認定承継会社から受けた配当等」とは、認可決定日前5年以内において、後継者又はその後継者と生計を一にする者が認定承継会社から受けた金額のうち、次の①及び②の金額の合計額です（措令40の8の2㊼、40の8の4㉑）。

①	その会社の株式等に係る剰余金の配当又は利益の配当
②	給与のうち過大役員給与部分

ヘ　この特例の適用を受けるための手続

認可決定日から2か月を経過する日までに、再計算特例の適用を受けたい旨、再計算猶予税額とその計算の明細、事情の詳細等を記載した申請書に、認可決定があった再生計画又は更生計画に関する一定の書類を添付して、納税地の所轄税務署長に提出する必要があります（措法70の7の2㉔、70の7の4⑬、措規23の10㊳㊴、23の12⑨）。

ト　免除通知

上記への申請書の提出を受けた税務署長は、その申請書に係る申請期限の翌日から起算して6か月以内に、再計算免除税額の免除をし、又は申請書に係る申請を却下します（措法70の7の2㉕、70の7の4⑬）。

⒄　利子税

相続税の納税猶予の特例の適用を受けた後継者が、猶予税額の全部又は一部を納付する場合には、相続税の申告書の提出期限の翌日から、原則として年3.6％の割合を乗じて計算した金額に相当する利子税を併せて納付しなければなりません（措法70の7の2㉘、70の7の4⑮）。また、利子税の額の計算の基礎となる相続税の額は、免除申請した相続税相当額を控除した金額となります（措令40の8の2㊾）。

しかし、後継者が次表の③から⑨までの左欄に該当する場合（次表の④又は⑤の左欄に該当する場合にあっては、経営承継期間の末日の翌日以後に、該当することとなった場合に限ります。）における経営承継期間の利子税割合は零％となります（平成

27年1月1日以後の相続の場合に限ります。）（措法70の7の2㉙、70の7の4⑮）。

なお、上記利子税の割合については、各年の利子税特例基準割合(※)が7.3％に満たない場合には、次の算式により計算される割合（特例割合）が適用されます。

$$\text{利子税割合（3.6\%）} \times \frac{\text{利子税特例基準割合(※)}}{7.3\%}$$

※　0.1％未満の端数は切捨て、その割合が0.1％未満である場合は0.1％

(※)　利子税特例基準割合（758ページ※参照）

利子税を納付すべき場合			対象となる贈与税額	利子税の計算期間の終期	
				始　期	終　期
①	経営承継期間等内に猶予期限確定事由が生じた場合（前記⑺参照）		猶予中相続税額	申告期限	猶予期限（前記⑺参照）
②	イ	後継者がやむを得ない理由により認定承継会社の代表権を有しないこととなった場合において、当該後継者が対象非上場株式等の一部につき贈与税の納税猶予の特例に係る贈与をしたとき（前記⑼イ参照）	その贈与をした対象非上場株式等の数又は金額に対応する部分に相当する相続税額	申告期限	猶予期限（前記⑼イ参照）
	ロ	適格合併又は適格交換等をした場合（前記⑼ロ参照）	交付を受けた金銭その他の資産の額に対応する部分に相当する相続税額	申告期限	猶予期限（前記⑼ロ参照）
③	経営承継期間の末日後に猶予期限確定事由が生じた場合（前記⑺参照）		猶予中相続税額	申告期限	猶予期限（前記⑺参照）
④	届出書が届出期限までに提出されなかった場合（前記⑺参照）		左記により納税の猶予に係る期限が確定する猶予中相続税額	申告期限	猶予期限（前記⑺参照）
⑤	猶予の繰上げ、同族会社等の行為又は計算の否認等の規定の適用があった場合（前記⑾⒀参照）		期限が繰り上げられる猶予中相続税額	申告期限	繰り上げられた猶予期限（前記⑾⒀参照）
⑥	免除事由が生じた場合（前記⒁ロの表中①参照）		前記⒁ロの表中①イ＋ロの金額	申告期限	譲渡等をした日から2か月を経過する日（前記⒁ロの表中①参照）

⑦	免除事由が生じた場合（前記⒁ロの表中②参照）	前記⒁ロの表中②ロの金額	申告期限	認定承継会社等が解散をした日から２か月を経過する日（前記⒁ロの表中②参照）
⑧	免除事由が生じた場合（前記⒁ロの表中③④参照）	前記⒁ロの表中③イ＋ロの金額又は④イ＋ロの金額	申告期限	合併又は株式交換等がその効力が生じた日から２か月を経過する日（前記⒁ロの表中③④参照）
⑨	再生計画の認可決定等があった場合の納税猶予税額の再計算の特例の適用があった場合（前記⒃参照）	認可決定日前５年以内に認定承継会社から受けた配当等	申告期限	免除通知日から２か月を経過する日（前記⒃参照）

※１　上表の①から③及び⑥から⑧までの右欄に掲げる日以前２か月以内に後継者が死亡した場合の利子税の計算期間の終期は、その相続人が当該後継者の死亡による相続の開始があったことを知った日の翌日から６か月を経過する日となります。

２　上表の⑤と他の場合が重複した場合には⑤によるものとし、③と⑥から⑧の場合が重複した場合には⑥から⑧によります。

⒅　**適用除外**（措法70の７の２）

イ　非上場株式等の全部又は一部が未分割である場合

相続税の申告書の提出期限までに、相続又は遺贈により取得をした非上場株式等の全部又は一部が共同相続人又は包括受遺者によってまだ分割されていない場合における相続税の納税猶予の特例の適用については、その分割されていない非上場株式等は、相続税の申告書にその適用を受ける旨の記載をすることができません（措法70の７の２⑦）。

ロ　他の後継者等がいる場合

被相続人から相続又は遺贈により取得をした非上場株式等に係る会社の株式等について、この特例の適用を受けている他の経営承継相続人等又は贈与税の納税猶予の特例の適用を受けている経営承継受贈者若しくは贈与者が死亡した場合の相続税の納税猶予の特例の適用を受けている経営相続承継受贈者がある場合（この規定の適用を受けようとする者がその経営承継受贈者又はその経営相続承継受贈者である場合を除きます。）には、この特例（相続税の納税猶予の特例）の適用を受けることができません（措法70の７の２⑧、措通70の７の２－35）。

㈱　事業承継パターンについては、贈与税の場合と同様です（760ページ参照）。

ハ　現物出資又は贈与による取得資産がある場合

認定承継会社が後継者及びその後継者の特別関係者（措令40の８の２⑪）から現物出資又は贈与により相続の開始前３年以内に取得をした資産（このハにおいて、以下「現物出資等資産」といいます。）がある場合で、次に該当するときは、相続税の納税猶予は適用しないこととなります（措法70の７の２㉚）。

$$\frac{\text{現物出資等資産の価額の合計額}}{\text{認定承継会社の資産の価額の合計額}} \geqq 70\%$$

なお、上記の価額は相続の開始の時におけるものですが、認定承継会社がその相続の開始の時において現物出資等資産を有していない場合の現物出資等資産の価額については、相続の開始の時に有しているものとしたときにおける現物出資等資産の価額となります（措通70の７の２－44）。

⒆　適用除外（措法70の７の４）

贈与者が死亡した場合の相続税の納税猶予の特例には、次の適用除外規定がおかれています。

イ　贈与者が死亡した場合の相続税の納税猶予の特例の適用除外

被相続人（贈与者）から相続又は遺贈により取得をした非上場株式等（措法70の７の３第１項により相続又は遺贈により取得をしたものとみなされたものを含みます。）に係る会社の株式等について次の①から③の場合におけるその非上場株式等には、非上場株式等の贈与者が死亡した場合の相続税の納税猶予及び免除の特例は適用されません（措法70の７の４⑤）。

①	贈与者が死亡した場合の相続税の納税猶予の特例（措法70の７の４）の適用を受けている他の経営相続承継受贈者がある場合
②	贈与者が死亡した場合の相続税の納税猶予の特例の適用を受けようとする者ではない、非上場株式等についての贈与税の納税猶予の特例の適用を受けている経営承継受贈者（措法70の７②三）がある場合
③	贈与者が死亡した場合の相続税の納税猶予の特例の適用を受けようとする者ではない、相続税の納税猶予の特例の適用を受けている経営承継相続人等（措法70の７の２②三）がある場合

ロ　相続税の納税猶予の特例の適用除外

贈与者が死亡した場合の相続税の納税猶予の特例の適用を受ける場合には、被相続人（贈与者）から相続又は遺贈により取得をしたその非上場株式等に係る会社の非上場株式等には、非上場株式等についての相続税の納税猶予の特例は適用されません（措法70の７の４⑥）。

⒇　災害等による納税猶予の緩和又は納税猶予税額の免除

平成28年４月１日以後に発生した災害㈡により被害を受けた一定の会社又は中小企業信用保険法第２条第５項第１号から第４号までのいずれかの事由（この⒇において、以下「災害等」といいます。）に該当した一定の会社に係る非上場株式等について、次の①又は②の期間に相続又は遺贈（この⒇において、以下「相続等」といいます。）により取得し、相続税の納税猶予の特例の適用を受けている場合に、一定の事由に該当するときには、納税猶予税額が免除又は納税猶予期間中の要件が緩和されます（措法70の７の２㉛～㊴、70の７の４⑯～⑲、平成29年改正法附則88⑬～⑲）。

㈡　震災、風水害、火災、冷害、雪害、干害、落雷、噴火その他の自然現象の異変による災害及び鉱害、火薬類の爆発その他の人為による異常な災害並びに害虫、害獣その他の生物による異常な災害をいいます（措令40の８㊾）。この⒇において同じです。

①	災害等の発生前
②	災害等の発生した日から同日以後１年を経過する日までの間

イ　経営（相続）承継期間又は従業員数確認期間の末日において、雇用の平均が相続開始時の雇用の８割を下回った場合における猶予要件の緩和

会社が次の「A　会社の事由」の①から④までの区分に応じ、それぞれ次のBに掲げる要件を満たした場合には、経営（相続）承継期間（①②の場合は従業員数確認期間）（注）の末日において、常時使用従業員数の平均が相続開始時の８割を下回ったときにおいても納税の猶予を継続することができます（措法70の７の２㉛一～四、70の７の４⑯）。

㈡　災害が発生した日以後の期間に限ります（措法70の７の２㉛イかっこ書）。この⒇において同じです。

A　会社の事由

会社の事由	
①	災害が発生した日の属する事業年度の直前の事業年度終了の時における会社の総資産の貸借対照表に計上されている帳簿価額の総額に対する当該会社の災害により滅失（※１）した会社の事業の用に供する資産（※２）の貸借対照表に計上されている帳簿価額の合計額の割合が30％以上である場合（措令40の８の２㊿、40の８の４㉕）
②	会社の災害が発生した日の前日における常時使用従業員の総数に対する当該会社の被災常時使用従業員（事業所（※３）のうち当該災害が発生した日から同日以後６か月を経過する日までの間継続して常時使用従業員が当該会社の本来の業務に従事することができないと認められるものにおいて、当該災害が発生した日の前日に使用していた常時使用従業員をいいます。）の数の割合が20％以上である場合（上記①に該当する場合を除きます。）（措令40の８の２56、40の８の４㉕）

③	会社が中小企業信用保険法第２条第５項第１号又は第２号のいずれかに該当することにより、一定の証明がされた場合に限り、その事由が発生した日又は事業活動の制限を実施した日以後の６か月間の売上高が前年同期間の売上高の70％以下であるとき（上記①又は②に該当する場合を除きます。）（措令40の８の２㊿、40の８の４㉕）
④	会社が中小企業信用保険法第２条第５項第３号又は第４号のいずれかに該当することにより、一定の証明がされた場合に限り、その事由が発生した日以後の６か月間の売上高が前年同期間の売上高の70％以下であるとき（上記①から③までに該当する場合を除きます。）（措令40の８の２㊿、40の８の４㉕）

※1　通常の修繕によっては原状回復が困難な損壊を含みます（措令40の８の２㊹）。

2　現金、預貯金などの一定の資産（特定資産）を除きます（措令40の８の２㊹。714ページを参照してください。）。

3　常時使用従業員が勤務している事務所、店舗、工場その他これらに類するもので、かつ、災害により滅失（上記※1の損壊を含みます。）し、又はその全部若しくは一部が損壊したものに限ります（措令40の８の２㊻）。

B　上記「A　会社の事由」に応じた一定の要件

会社の事由		要　件
Ⓐ	上記①	なし
Ⓑ	上記②	会社の事業所のうちに被災事業所（※１）以外の事業所がある場合には、従業員数確認期間内にある各基準日における当該事業所の常時使用従業員の数の合計を従業員数確認期間の末日において従業員数確認期間内にある基準日の数で除して計算した数が、それぞれの事業所において相続開始時における常時使用従業員の数の80％以上（※２）であること（措法70の７の２㉛二イ、70の７の４⑯、措令40の８の２㊼、40の８の４㉕）
Ⓒ	上記③	会社の各売上判定事業年度（※３）における売上割合（※４）の合計を経営（相続）承継期間の末日において経営（相続）承継期間内に終了する当該売上判定事業年度の数で除して計算した割合の一定の区分に応じ、各雇用判定基準日（※５）における雇用割合（※６）の合計を経営（相続）承継期間の末日において当該売上判定事業年度に係る雇用判定基準日の数で除して計算した割合がそれぞれ一定以上（※７）であること（措令40の８の２㊾㊿、40の８の４㉕）
Ⓓ	上記④	売上金額に応じ、上記Ⓒと同様、雇用が確保されている場合（措令40の８の２㊿、40の８の４㉕）。

※1　「被災事業所」とは、上記「A　会社の事由」の②に記述した「事業所のうち当該災害が発生した日から同日以後６か月を経過する日までの間継続して常時使用従業員が当該会社の本来の業務に従事することができないと認められるもの」をいいます（措令40の８の２㊻かっこ書）。この⒇において同じです。

2　その数に１人未満があるときにはこれを切り捨てた数とし、相続開始の時における常時使用従業員の数が１人のときは１人とします（措令40の８の２㊼かっこ書）。

3　「売上判定事業年度」とは、基準日※の直前の経営（相続）報告基準日の翌日から当該基準日までの間に終了する事業年度をいいます。この⒇において同じです（措令40の８の２㊿一かっこ書）。

※　「基準日」とは、中小企業信用保険法第２条第５項第３号又は第４号のいずれかに該当することにより大幅に減少した売上金額に係る事業年度の翌事業年度中にある経営相続報告基準日のことをいいます（措法70の７の２㉛四）。

4　「売上割合」とは、会社の当該事由が発生した日の属する事業年度の直前の事業年度（この⒇において、以下「特定事業年度」といいます。）における売上金額に当該売上判定事業年度の月数を乗じてこれを特定事業年度の月数で除して計算した金額に対する当該売上判定事業年度における売上金額の割合をいいます（措令40の８の２㊶一かっこ書）。この⒇において同じです。

5　「雇用判定基準日」とは、売上判定事業年度に係る基準日が経営（相続）承継期間内にある場合における当該基準日をいいます（措令40の８の２㊶一かっこ書）。この⒇において同じです。

6　「雇用割合」とは、会社の相続開始時における常時使用従業員の数に対する当該雇用判定基準日における常時使用従業員の数の割合をいいます（措令40の８の２㊶一かっこ書）。この⒇において同じです。

7　一定以上の割合とは、次の区分に応じた割合をいいます（措令40の８の２㊶一）。

売上割合の平均値	雇用割合の平均値
70％未満	０％
70％以上100％未満	40％
100％以上	80％

ロ　経営（相続）承継期間内又は特定期間内に、会社が一定の資産管理会社に該当することとなった場合における猶予要件の緩和

会社が上記イの「A　会社の事由」の①、②及び④の区分に応じ、それぞれ次表に掲げる要件を満たした場合には、経営（相続）承継期間内又は特定期間（注１）内に一定の資産保有型会社又は資産運用型会社（注２）に該当することとなった場合においても納税の猶予を継続することができます（措法70の７の２㉛、70の７の４⑯）。

㈱1　「特定期間」は、次の期間をいいます。

災害が経営（相続）承継期間内に発生した場合	経営（相続）承継期間の末日の翌日から当該災害が発生した日の直前の経営相続報告基準日の翌日以後10年を経過するまでの期間（措法70の７の２㉛一、70の７の４⑯）
災害が経営（相続）承継期間の末日の翌日以後に発生した場合	災害が発生した日の直前の特定基準日（経営（相続）承継期間の末日から１年を経過するごとの日をいいます。）の翌日から同日以後10年を経過するまでの期間（災害が発生した日以後の期間に限ります。）（措令40の８の２㊺、40の８の４㉕）

2　租税特別措置法施行令第40条の８の２第30項に規定する会社をいいます（714ページを参照）。

○　上記イの「A　会社の事由」に応じた一定の要件

会社の事由		要　件
Ⓐ	上記①	なし
Ⓑ	上記②	会社の事業所のうちに被災事業所以外の事業所がある場合には、従業員数確認期間内にある各基準日における当該事業所の常時使用従業員の数の合計を従業員数確認期間の末日において従業員数確認期間内にある基準日の数で除して計算した数が、それぞれの事業所において相続開始時における常時使用従業員の数の80％以上（※１）であること（措法70の７の２㉛二イ、70の７の４⑯、措令40の８の２㊲、40の８の４㉕）
Ⓒ	上記④	Ⅰ　経営（相続）承継期間内に租税特別措置法第70条の７の２第３項第２号に掲げる場合に該当することとなった場合 売上金額に応じ、上記イBⒸと同様、雇用が確保されている場合（措令40の８の２㊶一、40の８の４㉕）。 Ⅱ　経営（相続）承継期間内に租税特別措置法第70条の７の２第３項第９号に掲げる場合又は特定期間内に同法第５項の表の第１号の上欄（同条第３項第９号に係る部分に限ります。）に掲げる場合に該当することとなった場合 売上判定事業年度における売上割合の一定の場合の区分に応じ、当該売上判定事業年度に係る雇用判定基準日における雇用割合がそれぞれ一定の割合以上（※２）であること（措令40の８の２㊶二、40の８の４㉕）

※１　その数に１人未満があるときにはこれを切り捨てた数とし、相続開始時における常時使用従業員の数が１人のときは１人とします（措令40の８の２㊲かっこ書）。

２　一定以上の割合とは、次の区分に応じた割合をいいます（措令40の８の２㊶二）。

売上割合の平均値	雇用割合の平均値
70％未満	０％
70％以上100％未満	40％
100％以上	80％

ハ　納税猶予税額の免除

会社が上記イの「A　会社の事由」の①から④までのいずれかに該当し、経営（相続）承継期間内に、次表の「免除の事由」のⒶ又はⒷのいずれかに該当することとなったときには、納税猶予税額は免除されます（措法70の７の２㉝、70の７の４⑰）。

免除の事由	
Ⓐ	相続人が次のいずれかに該当する会社の非上場株式等の全部の譲渡等をしたとき※ ①　その譲渡等が後継者と特別の関係がある者（措法40の８の２⑪）以外の者のうちの１人の者に対して行う譲渡等であるとき ②　その譲渡等が、民事再生法の規定による再生計画又は会社更生法の規定による更生計画の認可があった場合において、当該再生計画又は当該更生計画に基づき当該非上場株式等を消却するために行うものであるとき
Ⓑ	会社について破産手続開始の決定又は特別清算開始の命令があったとき

※　認定承継会社が株式交換等により他の会社の株式交換完全子会社等となったとき（その他の会社が経営承継相続人等と特別の関係がある者以外のものであり、かつ、その株式交換等に際してこの他の会社の株式等の交付がないときに限ります。）は、免除されません。

ニ　災害等により被害を受けた場合における相続税の納税猶予の特例の当初要件の緩和

⑴　会社の要件の緩和

会社が次のいずれかに掲げる場合において、災害等が発生した日から同日以後１年を経過する日までの間に相続等により会社の非上場株式等の取得をした後継者が相続の納税猶予の特例の適用を受けようとするときには、会社が租税特別措置法施行令第40条の８の２第30項に規定する資産管理会社であったとしても特例を適用することができます（措法70の７の２㉟、70の７の４⑱）。

A	災害が発生した日の属する事業年度の直前の事業年度終了の時における会社の総資産の貸借対照表に計上されている帳簿価額の総額に対する当該会社の災害により滅失（※１）した会社の事業の用に供する資産（※２）の貸借対照表に計上されている帳簿価額の合計額の割合が30％以上である場合（措令40の８の２㊷、40の８の４㉘）
B	会社の災害が発生した日の前日における常時使用従業員の総数に対する当該会社の被災常時使用従業員（上記イＡ②と同じです。）の数の割合が20％以上である場合（措令40の８の２㊸、40の８の４㉘）
C	会社が中小企業信用保険法第２条第５項第３号又は第４号のいずれかに該当することについて証明がされた場合において、その事由が発生した日以後の６か月間の売上高が前年同期間の売上高の70％以下であるとき（措令40の８の２㊹、40の８の４㉘）

※１　通常の修繕によっては原状回復が困難な損壊を含みます（措令40の８の２㊴）。
　２　現金、預貯金などの一定の資産（特定資産）を除きます（措令40の８の２㊴㊷、714ページを参照してください。）。
　３　常時使用従業員が勤務している事務所、店舗、工場その他これらに類するもので、かつ、災害により滅失（上記※１の損壊を含みます。）し、又はその全部若しくは一部が損壊したものに限ります。

⑵　後継者の要件の緩和

会社が上記イの「Ａ　会社の事由」①、②又は④のいずれかに掲げる場合において、災害等が発生した日から同日以後１年を経過する日までの間に被相続人から相続等により会社の非上場株式等の取得をした後継者が相続税の納税猶予の特例の適用を受けようとするときには、被相続人が60歳以上で死亡した際に後継者が相続開始の直前において当該会社の役員でなかったとしても特例の適用が可能です（措法70の７の２㊲）。

ホ　特例の適用を受ける場合の手続

⑴　上記イ及びロの特例

次のＡ又はＢの提出期限まで（災害等が発生した日が平成29年３月31日以前のときは平成30年２月１日まで）に「災害等により被害を受けた会社の被害要件確認表兼届出書」を所轄税務署に提出する必要があります（措法70の７の２㉜、70の７の４⑯。措令40の８の２㉟、40の８の４㉕、平成29年改正令附則30⑤⑧）。

Ａ	災害等の発生した日までに相続等をした場合	災害等の発生した日から10か月を経過する日
Ｂ	災害等の発生した日から同日以後１年を経過する日までの間に相続等をした場合	相続税の申告書の提出期限

また、上記イの「Ａ　会社の事由」の③及び④に該当する場合で、上記イ又はロの適用を引き続き受ける場合には、「非上場株式等についての相続税の納税猶予の継続届出書」を次のＡ又はＢの提出期限までに所轄税務署に提出する必要があります（措令40の８の２㊹、40の８の４㉕）。

Ａ	基準日(※)が、災害等が発生した日以後の経営（相続）承継期間内にある場合	基準日の翌日から５か月を経過する日
Ｂ	基準日(※)が、経営（相続）承継期間の末日の翌日以後にある場合	基準日の翌日から３か月を経過する日

(※)「基準日」とは、中小企業信用保険法第２条第５項第３号又は第４号のいずれかに該当することにより大幅に減少した売上金額に係る事業年度の翌事業年度中にある経営相続報告基準日のことをいいます。

(ロ)　上記ハの特例

その免除の事由に該当することとなった日から２か月を経過する日までに、「非上場株式等についての納税猶予の贈与税・相続税の免除申請書（災害等免除）」に「災害等により被害を受けた会社の被害要件確認表兼届出書」などの一定の書類を添付して所轄税務署に提出する必要があります（措法70の７の２㉞、70の７の４⑰、措令40の８の２㊻、40の８の４㉗）。

(21)　都道府県知事の通知義務

都道府県知事は、後継者又は対象非上場株式等若しくはその株式等に係る認定承継会社について、納税猶予期限の確定に係る事項に関し、法令の規定に基づき認定、確認、報告の受理その他の行為をしたことによりその事実があったことを知った場合には、遅滞なく、その旨を書面により、国税庁長官又はその後継者の納税地の所轄税務署長に通知しなければなりません（措法70の７の２㊵、70の７の４⑳、措規23の10㊾）。

㉒ 税務署長の通知

税務署長は、都道府県知事の事務の処理を適正かつ確実に行うため必要があると認めるときは、都道府県知事に対し、その後継者が相続税の納税猶予の特例の適用を受ける旨等を通知することができます（措法70の７の２㊶、70の７の４㉑、措規23の10㊷）。

㉓ 適用を受けようとする旨の記載及び一定の明細書の添付（措法70の７の２、70の７の４）

相続税の納税猶予の特例及び贈与者が死亡した場合の相続税の納税猶予の特例は、相続税の申告書にその適用を受けようとする旨の記載、非上場株式等の明細、納税猶予分の相続税額の計算に関する明細その他の事項を記載した書類の添付がない場合、その適用がないものとされています（措法70の７の２⑨、70の７の４⑦）。

特例の適用を受けるための適用要件及び添付書類を確認する際は、次ページのチェックシートを活用してください。

（１面）

（令和５年分用）「非上場株式等についての相続税の納税猶予及び免除」（一般措置）の適用要件チェックシート

（はじめにお読みください。）

1　このチェックシートは、「非上場株式等についての相続税の納税猶予及び免除」（租税特別措置法第70条の７の２）の適用を受けるため（※）の適用要件を確認する際に使用してください。

2　「確認結果」欄の左側のみに○がある場合には、原則としてこの制度の適用を受けることができます。

3　このチェックシートは、申告書の作成に際して、制度の適用に係る会社ごとに適用要件等を確認の上、申告書に添付してご提出ください。

4　被相続人からの贈与により非上場株式等を取得している場合において当該贈与の日の属する年に当該被相続人の相続が開始したことによりこの制度の適用を受ける場合には、このチェックシートは使用できません。詳しくは税務署にお尋ねください。

5　「非上場株式等の贈与者が死亡した場合の相続税の納税猶予及び免除」（租税特別措置法第70条の７の４）の制度の適用を受ける場合には、このチェックシートではなく、「非上場株式等の贈与者が死亡した場合の相続税の納税猶予及び免除（一般措置）」の適用要件チェックシートを使用してください。

6　被相続人から過去に贈与により取得した特定受贈同族会社株式等又は特定同族株式等についてこの制度の適用を受ける場合には、２面の要件も確認してください。

※　「非上場株式等についての相続税の納税猶予及び免除の特例」（租税特別措置法第70条の７の６）の適用を受ける場合には、「『非上場株式等についての相続税の納税猶予及び免除の特例』（特例措置）の適用要件チェックシート」を使用してください。

制度の適用に係る会社の名称：　　　　　　**被相続人氏名：**

相続人等（制度適用者）

住　所

氏　名

電　話　　　（　　　）

関与税理士		
所在地		
氏名		電話

項目		確認内容（適用要件）	確認結果		確認の基となる資料
被相続人	⑴　⑵の場合以外の場合ですか。		はい		−
	相続開始前のいずれかの日	①　その会社の代表権（制限が加えられたものを除きます。以下同じです。）を有していたことがありますか。	はい	いいえ	○　登記事項証明書、定款の写しなど
	相続開始の直前（注1）	②　被相続人及び被相続人と特別の関係がある者がその会社の総議決権数の50%超の議決権数を保有していますか。（注2）・（注3）	はい	いいえ	○　株主名簿の写し、定款の写し、戸籍の謄本又は抄本など
		③　被相続人が被相続人及び被相続人と特別の関係がある者（会社の後継者となる者を除きます。）の中で最も多くの議決権数を保有していますか。（注2）・（注3）	はい	いいえ	○　株主名簿の写し、定款の写し、戸籍の謄本又は抄本など
	⑵　その会社の非上場株式等について既に租税特別措置法第70条の７第１項、第70条の７の２第１項又は第70条の７の４第１項の規定の適用を受けている者等が、その会社の非上場株式等を相続又は遺贈（以下「相続等」といいます。）により取得する場合ですか。		はい		○　相続税の申告書第８の２表の付表１など
後継者（相続人等）	相続開始の直前	○　その会社の役員ですか（被相続人が70歳未満で死亡した場合を除きます。）。（注4）	はい	いいえ	○　登記事項証明書、定款の写しなど
	相続開始の時	①　その非上場株式等の取得は、経営承継期間の末日までに相続税の申告書の提出期限が到来する相続等によるものですか。（注6） ※　その会社の非上場株式等について既に租税特別措置法第70条の７第１項又は第70条の７の２第１項の規定の適用を受けている場合には、①の要件の確認が必要となります。	はい	いいえ	○　認定書の写し、戸籍の謄本又は抄本など
		②　後継者及び後継者と特別の関係がある者がその会社の総議決権数の50%超の議決権数を保有していますか。（注2）・（注3）	はい	いいえ	○　株主名簿の写し、定款の写し、戸籍の謄本又は抄本など
		③　後継者及び後継者と特別の関係がある者の中で最も多くの議決権数を保有していますか。（注2）・（注3）	はい	いいえ	○　株主名簿の写し、定款の写し、戸籍の謄本又は抄本など
	相続開始の日の翌日から５か月を経過する日	○　その会社の代表権を有していますか。	はい	いいえ	○　登記事項証明書、定款の写しなど
	相続開始の時から申告期限まで	○　対象非上場株式等の全てを保有していますか。（注6）	はい	いいえ	○　相続税の申告書第８の２表の付表１など
	申告期限まで	○　その会社の非上場株式等について、租税特別措置法第70条の７の５第１項、第70条の７の６第１項又は第70条の７の８第１項の規定の適用を受けていませんか。	はい	いいえ	○　相続税の申告書第８の２表の付表１など

※　２面に続きます。

（２面）

（１面からの続きです。）

会社	相続開始の時	①　都道府県知事の円滑化法の認定を受けていますか。（注7）	はい	いいえ	○　認定書の写し（①～⑤）
		②　中小企業者ですか。	はい	いいえ	
		③　非上場会社ですか。	はい	いいえ	
		④　風俗営業会社には該当していませんか。（注8）	はい	いいえ	
		⑤　特定特別関係会社が風俗営業会社には該当していませんか。また、特定特別関係会社は中小企業者であり、かつ、非上場会社ですか。（注9）	はい	いいえ	
		⑥　常時使用従業員の数は１名以上ですか。 なお、制度の適用に係る会社の特別関係会社が会社法第２条第２号に規定する外国会社に該当する場合には、常時使用従業員の数は５名以上ですか。（注10）・（注11）	はい	いいえ	○　従業員数証明書
		⑦　一定の資産保有型会社又は資産運用型会社に該当していませんか。（注12）・（注13）	はい	いいえ	○　貸借対照表・損益計算書など
		⑧　一定の事業年度の総収入金額は零を超えていますか。（注14）	はい	いいえ	○　損益計算書など
		⑨　会社法第108条第１項第８号に規定する種類の株式を発行している場合は、後継者のみが保有していますか。	はい	いいえ	○　株主名簿の写し、定款の写し、登記事項証明書など
		⑩　現物出資等資産の割合は70％未満ですか。	はい	いいえ	○　相続税の申告書第８の２表の付表１など

（注）１　代表権を有していた被相続人が相続開始の直前において代表権を有していない場合には、代表権を有していた期間のいずれかの日についても判定が必要となります。

２　「特別の関係がある者」とは、租税特別措置法施行令第40条の８の２第11項に定める特別の関係がある者をいいます。

３　「総議決権数」及び「議決権数」には、会社が有する自己の株式など議決権を有しない株式等の数は含まれません。
なお、株主総会等において議決権を行使できる事項の一部について制限がある株式等の議決権数及び株主総会等において議決権を行使できる事項の一部について制限がある株主等が有する株式等の議決権数は、「総議決権数」及び「議決権数」に含まれます。

４　災害等（租税特別措置法第70条の７の２第32項に規定する災害等をいいます。以下13において同じです。）が発生した日から同日以後１年を経過する日までの間に相続等により取得をした非上場株式等に係る会社が租税特別措置法第70条の７の２第31項第１号、第２号又は第４号に掲げる場合に該当するときには、相続税の申告書に一定の書類を添付等することにより、この要件が不要とされます。

５　「経営承継期間」とは、この制度の適用に係る相続税の申告書の提出期限※の翌日から次に掲げる日のいずれか早い日又はこの制度の適用を受ける後継者の死亡の日の前日のいずれか早い日までの期間をいいます。
⑴　後継者の最初のこの制度の適用に係る相続に係る相続税の申告書の提出期限※の翌日以後５年を経過する日
⑵　後継者の最初の租税特別措置法第70条の７第１項の規定の適用に係る贈与の日の属する年分の贈与税の申告書の提出期限※の翌日以後５年を経過する日
※　災害等により申告期限の延長がされる場合には、その延長後の申告期限となります。

６　「対象非上場株式等」とは、租税特別措置法第70条の７の２第１項に規定する株式等をいいます。

７　「円滑化法」とは、中小企業における経営の承継の円滑化に関する法律をいいます。

８　「風俗営業会社」とは、風俗営業等の規制及び業務の適正化等に関する法律第２条第５項に規定する性風俗関連特殊営業に該当する事業を営む会社をいいます。

９　「特定特別関係会社」とは、租税特別措置法施行令第40条の８の２第９項に規定する会社をいいます。

10　「特別関係会社」とは、租税特別措置法施行令第40条の８の２第８項に規定する会社をいいます。

11　会社又は会社との間に支配関係（会社が他の法人の発行済株式等（他の法人が有する自己の株式等を除きます。）の総数等の50％超の数等の株式等を直接又は間接に保有する関係として租税特別措置法施行令第40条の８第９項に定める関係をいいます。）がある法人がその外国会社の株式等を有する場合に限ります。

12　「一定の資産保有型会社又は資産運用型会社」とは、租税特別措置法施行令第40条の８の２第７項に規定する会社をいいます。

13　災害等が発生した日から同日以後１年を経過する日までの間に相続等により取得をした対象非上場株式等に係る会社が租税特別措置法第70条の７の２第35項各号に掲げる場合に該当するときには、相続税の申告書に一定の書類を添付等することにより、⑦の要件が不要とされます。

14　「一定の事業年度の総収入金額」とは、租税特別措置法施行令第40条の８の２第10項第１号に規定する総収入金額をいいます。

※　被相続人から過去に贈与により取得した特定受贈同族会社株式等又は特定同族株式等についてこの制度の適用を受ける場合に併せて確認してください。

項目	確認内容（適用要件）	確認結果	
特定受贈同族会社株式等・特定同族株式等	①　平成22年３月31日までに後継者の納税地の所轄税務署長に、この制度の適用を受けようとする旨その他一定の事項を記載した届出書を提出していますか。	はい	いいえ
	②　後継者は、贈与の時から相続税の申告期限までの間のうち一定期間、役員等に就いていますか。	はい	いいえ
	③　制度の適用を受けることを選択した特定受贈同族会社株式等又は特定同族株式等の全てを贈与の時から相続税の申告期限までの間保有していますか。	はい	いいえ
特定同族株式等	○　後継者が所得税法等の一部を改正する法律（平成21年法律第13号）による改正前の租税特別措置法第70条の３の３第３項第４号に規定する確認日の翌日から２か月を経過する日までに、同条第１項に規定する確認書を後継者の納税地の所轄税務署長に提出していますか。	はい	いいえ

（令和５年分用）「非上場株式等についての相続税の納税猶予及び免除」（一般措置）の提出書類チェックシート

（はじめにお読みください。）
1　このチェックシートは、「非上場株式等についての相続税の納税猶予及び免除」（租税特別措置法第70条の７の２）の適用を受けるため（※）の提出書類を確認する際に使用してください。
2　このチェックシートは、申告書の作成に際して、制度の適用に係る会社ごとに提出書類を確認の上、申告書に添付してご提出ください。
3　被相続人からの贈与により非上場株式等を取得している場合において当該贈与の日の属する年に当該被相続人の相続が開始したことによりこの制度の適用を受ける場合には、このチェックシートは使用できません。詳しくは税務署にお尋ねください。
4　「非上場株式等の贈与者が死亡した場合の相続税の納税猶予及び免除」（租税特別措置法第70条の７の４）の制度の適用を受ける場合には、このチェックシートではなく、「非上場株式等の贈与者が死亡した場合の相続税の納税猶予及び免除（一般措置）」の提出書類チェックシートを使用してください。
5　被相続人から過去に贈与により取得した特定受贈同族会社株式等又は特定同族株式等についてこの制度の適用を受ける場合には、下段の提出書類も確認してください。
※　「非上場株式等についての相続税の納税猶予及び免除の特例」（租税特別措置法第70条の７の６）の適用を受ける場合には「『非上場株式等についての相続税の納税猶予及び免除の特例』（特例措置）の提出書類チェックシート」を使用してください。

制度の適用に係る会社の名称：　　　　**被相続人氏名：**

相続人等（制度適用者）
住　所
氏　名
電　話　　　（　　　　）

関与税理士				
	所在地			
	氏名		電話	

(注)担保提供書及び担保関係書類が別途必要となります。

	提出書類	チェック欄
1	**会社の株主名簿の写しなど**、相続開始の直前及び相続開始の時における会社の全ての**株主又は社員の氏名等及び住所等並びにこれらの者が有する株式等に係る議決権の数が確認できる書類等**（その会社が証明したものに限ります。）	□
2	相続開始の時における会社の**定款の写し**（会社法その他の法律の規定により定款の変更をしたものとみなされる事項がある場合には、当該事項を記載した書面を含みます。）	□
3	**遺言書の写し又は遺産分割協議書の写し並びに相続人全員の印鑑証明書（遺産分割協議書に押印したもの）**	□
4	円滑化法施行規則第７条第14項の都道府県知事の**認定書**（同令第６条第１項第８号又は第10号の事由に係るものに限ります。）**の写し**及び同令第７条第３項（同条第５項において準用する場合を含みます。）の**申請書の写し**（租税特別措置法第70条の７の２第２項第３号イからヘまでに掲げる要件の全てを満たす者が２人以上ある場合には、会社が定めた１人の者の記載があるものに限ります。）	□

＊「非上場株式等についての相続税の納税猶予及び免除」（一般措置）の適用要件チェックシート（２面）における（注）４又は13に該当する場合の提出書類については、税務署にお尋ねください。

被相続人から過去に贈与により取得した特定受贈同族会社株式等又は特定同族株式等についてこの制度の適用を受ける場合には、次に掲げる書類を提出してください。

提出書類	チェック欄
後継者（相続人等）が、贈与の時から相続税の申告期限までの間のうち一定期間、**役員等に就いていたことを明らかにする書類**	□

(注)　特定同族株式等の贈与者が死亡した場合には、上記の書類の提出は必要ありません。

㉔　非上場株式等についての贈与税・相続税の納税猶予を取りやめる場合

贈与税の納税猶予の特例、相続税の納税猶予の特例又は贈与者が死亡した場合の相続税の納税猶予の特例の適用を受けている者は、納税猶予の特例の適用を受けることをやめる旨を記載した届出書を贈与税又は相続税の納税地を所轄する税務署に提出することで、納税猶予の特例の適用を受けることを取りやめることができます（措法70の7③十二、70の7の2③十二、70の7の4③）。

非上場株式等についての 贈与税／相続税 の納税猶予取りやめ届出書（一般措置）

税務署受付印

※欄は記入しないでください。

令和＿＿年＿＿月＿＿日

＿＿＿＿＿＿税務署長

〒

届出者住所 ＿＿＿＿＿＿＿＿＿＿＿＿＿＿＿＿

氏名 ＿＿＿＿＿＿＿＿＿＿＿＿＿＿＿＿

（電話番号　　　－　　　－　　　）

私は、下記に係る租税特別措置法 第70条の７第１項／第70条の７の２第１項／第70条の７の４第１項 の規定に基づく非上場株式等についての納税猶予について、この制度の適用を受けることを取りやめたいので、その旨届け出ます。

記

1　贈与者又は被相続人の住所 ＿＿＿＿＿＿＿＿＿＿＿＿ 氏名＿＿＿＿＿＿＿＿

2　対象（受贈・相続）非上場株式等の 贈与を受けた／相続(遺贈)があった 年月日　＿＿＿年＿＿＿月＿＿＿日

3　認定(贈与・相続)承継会社の所在地 ＿＿＿＿＿＿＿＿＿＿＿＿ 名称＿＿＿＿＿＿＿＿

4　猶予中贈与税額（相続税額） ＿＿＿＿＿＿＿＿＿＿＿＿円

（注）この届出書を提出した日から２か月を経過する日（当該２か月を経過する日までの間に届出書を提出した者（経営承継受贈者、経営承継相続人等又は経営相続承継受贈者をいいます。以下「届出者」といいます。）が死亡した場合には、届出者の相続人（包括受遺者を含みます。）が届出者の死亡による相続の開始のあったことを知った日の翌日から６か月を経過する日）が納税の猶予に係る期限となりますので、当該納税の猶予に係る期限までに、猶予中の贈与税（相続税）及び利子税を納付する必要があります。

関与税理士		電話番号	

※	通信日付印の年月日	（確　認）	入　力	確　認	納税猶予番号
	年　月　日				

（資12②－20－１Ａ４統一）（令5.6）

（裏）

使用目的

この届出書は、非上場株式等についての贈与税・相続税の納税猶予の適用を受けた者が税務署長に納税猶予の制度の適用を受けることを取りやめる旨の届出をするために使用します。

4　特例非上場株式等に係る相続税及び贈与税の納税猶予の特例

上記１⑵に記載したとおり、特例事業承継税制（特例非上場株式等に係る相続税及び贈与税の納税猶予及び免除の特例）の基本的な仕組みは一般事業承継税制（対象非上場株式等に係る相続税及び贈与税の納税猶予の特例）と同様のため、両者の異なる主な点について、以下説明します。

⑴　贈与税の納税猶予の特例

イ　特例の適用要件や申告手続等の流れ

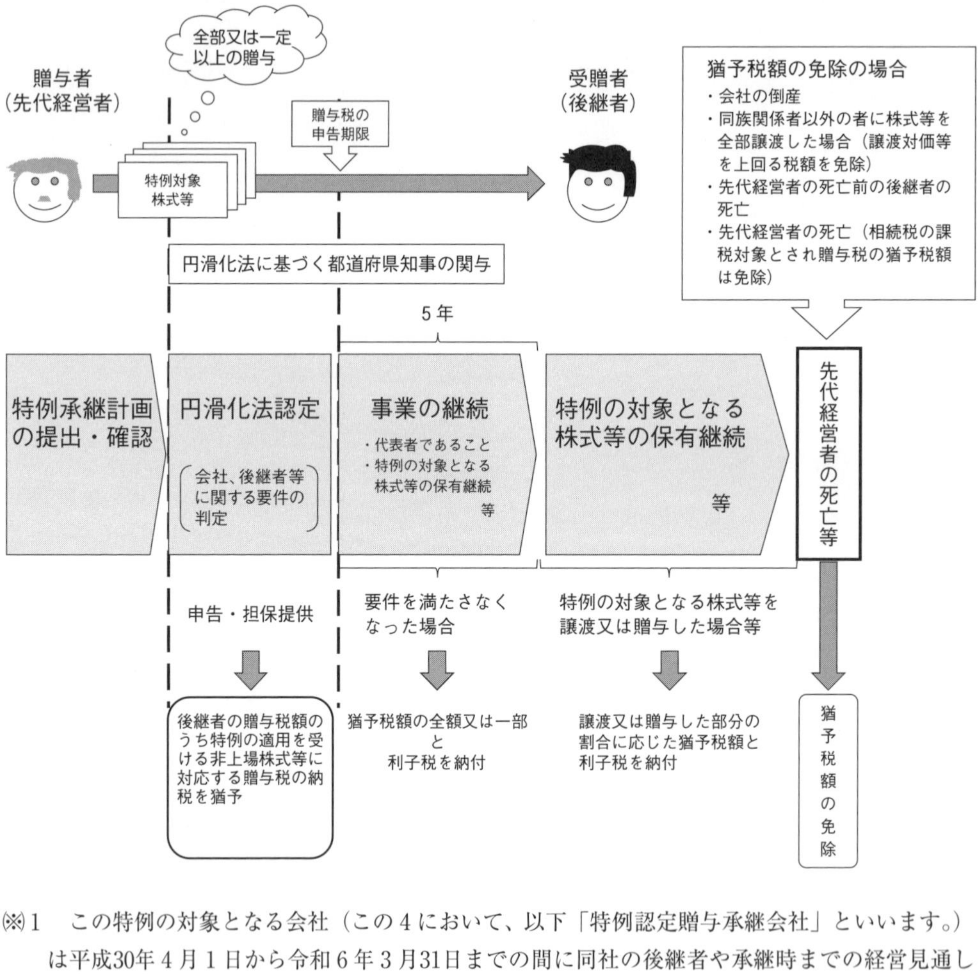

※１　この特例の対象となる会社（この４において、以下「特例認定贈与承継会社」といいます。）は平成30年４月１日から令和６年３月31日までの間に同社の後継者や承継時までの経営見通し等を記載した「特例承継計画」を策定し、認定経営革新等支援機関の所見を記載の上、都道府県知事に提出し、その確認を受ける必要があります（円滑化規則17②）。

なお、上記認定経営革新等支援機関とは、中小企業及び小規模事業者の多様化・複雑化する経営課題に対して事業計画策定支援等を通じて専門性の高い支援を行うため、税務、金融及び企業の財務に関する専門知識（又は同等以上の能力）及び一定の実務経験年数を有する者に対して、国が認定する公的な支援機関で、具体的には、税理士、商工会、商工会議所などが該当します。

2　特例認定贈与承継会社の要件

この特例の対象となる特例認定贈与承継会社とは、円滑化法第２条に規定する中小企業者のうち特例円滑化法認定（同法第12条第１項に規定する認定をいいます。この４において、以下同じです。）を受けた会社で、その会社の株式（この４において、以下「特例受贈非上場株式等」といいます。）の贈与の時において、次の要件の全てを満たすものをいいます（措法70の７の５②一、措令40の８の５⑨）。

⑴　親族外従業員の数が１人以上（この会社又はこの会社との間に一定の支配関係がある会社の特別関係会社（712ページ参照）が一定の外国会社（会社法②二）に該当する場合には５人以上）であること

⑵　資産管理会社（一定の要件に該当するものを除きます。713ページ参照）に該当しないこと

⑶　この会社及び特定特別関係会社（712ページ参照）の株式等が、非上場株式等に該当すること

⑷　この会社及び特定特別関係会社が風俗営業会社に該当しないこと

⑸　会社の円滑な事業の運営を確保するために必要なものとして、租税特別措置法施行令第40条の８の５第９項に規定する要件を備えていること

ロ　承継形態の拡大について

特例事業承継税制においては、一般事業承継税制と異なり、複数の株主（贈与者）から最大３人の後継者への承継が認められています。具体的な贈与者及び後継者（受贈者）の要件は、次のとおりです。

⑴　先代経営者（贈与者）の要件

この特例の対象となる先代経営者である贈与者（この４において、以下「特例贈与者」といいます。）とは、次のＡ及びＢの要件をいずれも満たす者をいいます（措法70の７の５①、措令40の８の５①）。

Ａ　特例認定贈与承継会社の株式について既に特例事業承継税制の適用に係る贈与をしていないこと。

すなわち、特例贈与者からは「既に特例事業承継税制の適用に係る贈与をしているもの」が除かれることとなります（措法70の７の５①）。

ただし、この特例の対象となる後継者である受贈者（この４において、以下「特例経営承継受贈者」といいます。）が２人又は３人の場合において、同一年中に、これらの特例経営承継受贈者に特例認定贈与承継会社の株式の贈与を行うものは、この「既に特例事業承継税制の適用に係る贈与をしているもの」には含まれないこととされます（措通70の７の５－２）。

<「既に特例事業承継税制の適用に係る贈与をしているもの」の判定>

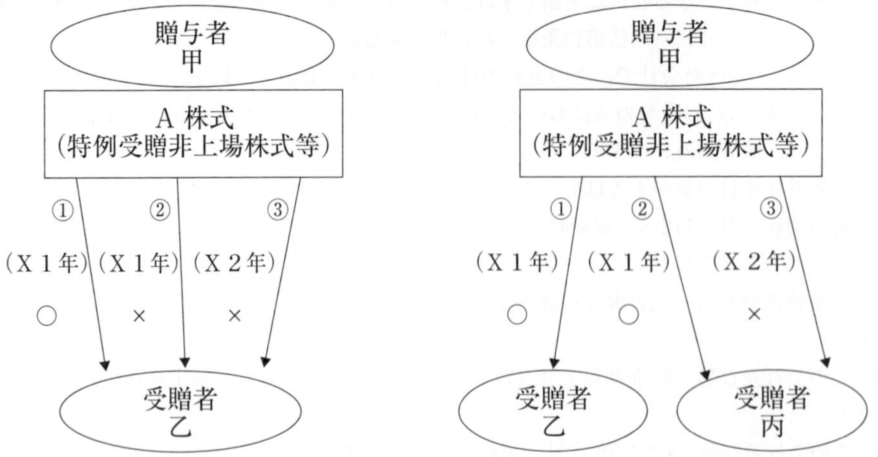

②及び③の贈与については、「既に特例事業承継税制の適用に係る贈与（①の贈与）をしているもの」に該当するため、甲は特例贈与者とならない。

①及び②の贈与については、同一年（X 1 年）中の異なる特例経営承継受贈者（乙及び丙）に対するものであるため、「既に特例事業承継税制の適用に係る贈与をしているもの」に該当せず、甲は、次のＢの要件を満たす場合には特例贈与者となる。
③の贈与については、「既に特例事業承継税制の適用に係る贈与（①及び②の贈与）をしているもの」に該当するため、甲は特例贈与者とならない。

Ｂ　次の(A)又は(B)の区分に応じ、それぞれに掲げる要件を全て満たすこと（措令40の８の５①）。

(A)　(B)の場合以外の場合

①	特例認定贈与承継会社の代表権を有していたこと
②	贈与の直前（贈与の直前に代表権を有していない場合には、代表権を有していた期間内のいずれかの時及び贈与直前）において、特例贈与及び特例贈与者と特別の関係がある者（715ページ参照）で総議決権数の50%超の議決権数を保有し、かつ、後継者（受贈者）を除いたこれらの者の中で最も多数を保有していたこと
③	贈与時において、特例認定贈与承継会社の代表権を有していないこと

(B)　贈与の直前において、その特例認定贈与承継会社の株式について既に特例事業承継税制の適用を受けている者がいる場合又は特例事業承継税制の対象となる相続若しくは遺贈又は贈与により当該株式を取得した者がいる場合

贈与時において、特例認定贈与承継会社の代表権を有していないこと

設 例

[特例贈与者の要件]

問　X株式会社の株式（発行済株式総数は100株であり、全て議決権に制限のない株式に該当する。）を甲（父）が60株、乙（母）が30株、その他（非同族）が10株保有している場合において、甲及び乙が子Aに保有株式の全てを次のとおり贈与した。

この場合、甲及び乙は、特例贈与者に該当するか。

①　甲が贈与を行った後に、乙が贈与を行う場合

②　乙が贈与を行った後に、甲が贈与を行う場合

㈱1　甲・乙とも贈与の直前においてX株式会社の代表権を有していたが、贈与の時には退任している。

2　いずれの贈与も令和9年12月31日までに行われている。

【①の場合】

1　甲の贈与について

甲の贈与の直前において、X株式会社の株式につき他に特例事業承継税制の適用を受けている者等がないことから、甲の贈与は上記Bの(A)の場合に該当する。

そして、甲は(A)の①～③の要件を全て満たすので、特例贈与者に該当する。

2　乙の贈与について

乙の贈与の直前において、Aは甲から特例事業承継税制の適用に係る贈与によりX株式会社の株式を取得していることから、乙の贈与は上記Bの(B)の場合に該当する。

そして、乙は贈与時においてX株式会社の代表権を有していないので、特例贈与者に該当する。

【②の場合】

1　乙の贈与について

乙の贈与の直前において、X株式会社の株式につき他に特例事業承継税制の適用を受けている者等がないことから、乙の贈与は上記Bの(A)の場合に該当する。

そして、乙の贈与の直前における議決権数は30であり、甲の議決権数60を下回ることから、乙は(A)の②の要件を満たさないので、特例贈与者に該当しない。

2　甲の贈与について

上記１のとおり、乙は特例贈与者に該当しないことから、乙の贈与につきAは特例事業承継税制の適用を受けることはできない。

そのため、甲の贈与についての要件は、上記【①の場合】の１と同様となるので、甲は特例贈与者に該当する。

(ロ)　後継者（受贈者）の要件

この特例の対象となる特例経営承継受贈者とは、次の全ての要件を満たすものをいいます（措法70の７の５②六)。

なお、この特例を適用できる特例経営承継受贈者は、特例認定贈与承継会社が定めた３人まで認められます（措法70の７の５②六かっこ書)。

A　贈与の日において18歳以上であること

※　令和４年３月31日以前の贈与については20歳以上となります（平成31年改正法附則79⑥)

B　贈与の時において、特例認定贈与承継会社の代表権（制限が加えられた代表権を除きます。）を有していること

C　贈与の時において、特例経営承継受贈者及び同人と特別の関係がある者で総議決権数の50％超の議決権数を保有すること

D　贈与の時の保有議決権数において、次の(A)又は(B)に該当すること

(A)　特例経営承継受贈者が１人の場合

贈与の時において、特例経営承継受贈者と特別の関係がある者（特例事業承継税制（措法70の７の５、70の７の６、70の７の７）の適用を受ける他の特例経営承継受贈者を除きます。次の(B)において同じです。）の中で最も多数の議決権数を保有すること

(B)　特例経営承継受贈者が２人又は３人である場合

贈与の時において、総議決権数の10％以上の議決権数を保有し、かつ、特例経営承継受贈者と特別の関係がある者の中で最も多数の議決権数を保有すること

E　贈与の日まで引き続き３年以上にわたり特例認定贈与承継会社の役員等の地位を有していること

F　特例認定贈与承継会社の株式について、一般事業承継税制（措法70の７、70の７の２、70の７の４）の適用を受けていないこと

G　特例認定贈与承継会社に係る円滑化規則第16条第１号ロに規定する特例後

継者であること

ハ　非上場株式等の取得株数の要件

この特例の適用を受けるためには、特例経営承継受贈者は、特例贈与者からの贈与により、次の(イ)又は(ロ)の区分に応じた一定以上の非上場株式等を取得する必要があります（措法70の７の５①）。

(イ)　特例経営承継受贈者が１人の場合

次のＡ又はＢの区分に応じた株数

区　分		取得必要株数
Ａ	「ａ≧ｂ×２／３－ｃ」の場合	「ｂ×２／３－ｃ」以上の株数
Ｂ	「ａ＜ｂ×２／３－ｃ」の場合	「ａ」の全ての株数

ａ：特例贈与者が贈与の直前に保有していた特例認定贈与承継会社の非上場株式等の数

ｂ：贈与の時における特例認定贈与承継会社の発行済株式等の総数

ｃ：特例経営承継受贈者が贈与直前に保有していた特例認定贈与承継会社の非上場株式等の数

(注)「非上場株式等」又は「発行済株式総数」は、議決権に制限のないものに限ります（次の(ロ)について同じです。）（措法70の７の５①）。

なお、議決権に制限のある株式とは、例えば、次のような株式が該当します。

1　自己株式（会社が有する自己の株式）

2　会社法第109条第２項《株主の平等》の規定に基づき、定款により議決権を行使することができる事項について制限がされた株主が有する株式

3　会社法第115条《議決権制限株式の発行数》に規定する議決権制限株式

4　会社法第189条第１項《単元未満株式についての権利の制限等》に規定する単元未満株式

5　株式会社がその総株主の議決権の４分の１以上を有することその他の事由を通じて株式会社がその経営を実質的に支配することが可能な関係にあるものとして会社法施行規則第67条《実質的に支配することが可能となる関係》で定める株主（会社法308①）が有する株式

(ロ)　特例経営承継受贈者が２人又は３人である場合

次のＡ及びＢを満たす株数

Ａ　ｄ≧ｂ×１/10

B　d≧贈与直後における特例贈与者の保有する特例認定贈与承継会社の非上場株式等の数

> b：贈与の時における特例認定贈与承継会社の発行済株式等の総数
> d：贈与直後におけるそれぞれの特例経営承継受贈者の保有する特例認定贈与承継会社の非上場株式等の数

㈲1　いずれの受贈者もこの要件を満たす必要があるため、受贈者のうちにこの要件を満たさない者が１人でもいる場合には、いずれの受贈者も特例事業承継税制の適用を受けることはできません（措法70の７の５①二）。

2　同一年中に同一の特例贈与者が同一の特例認定贈与承継会社の非上場株式等を２人又は３人の特例経営承継受贈者に贈与をした場合において、その贈与が異なる時期に行われたときは、上記Ｂの「贈与直後における特例贈与者の保有する特例認定贈与承継会社の非上場株式等の数」については、その贈与のうち、最後に行われた贈与直後の数によることとされています（措通70の７の５―３㈲３イ）。

なお、各特例経営承継受贈者の有する非上場株式等の数（上記算式のｄ）は、それぞれが贈与を受けた直後の非上場株式等の数によります。

(*)　上記(イ)及び(ロ)のいずれに該当するかは、同一年中に同一の特例贈与者から同一の特例認定贈与承継会社の非上場株式等を特例事業承継税制の適用に係る贈与により取得した特例経営承継受贈者の数によることとなります。

<「特例経営承継受贈者」の数の判定>

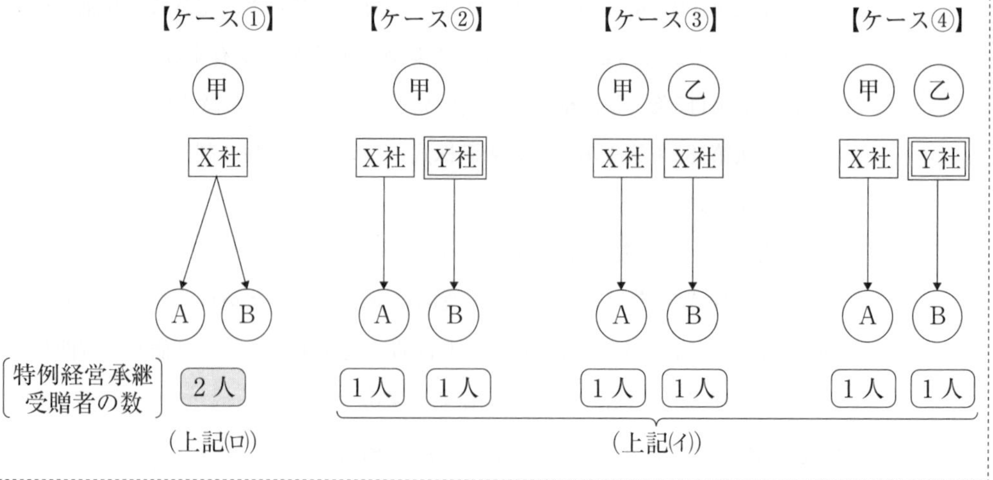

ニ　納税が猶予される贈与税の計算方法

贈与により取得した特例認定贈与承継会社の非上場株式等のうち特例事業承継税制の適用を受けるものに対応する贈与税の納税が猶予されます。具体的には、719ページを参照してください。

ホ　雇用継続要件に係る猶予税額の確定事由の緩和

一般事業承継税制においては、従業員数確認期間の末日における常時使用従業員数の平均値が贈与時の８割に満たない場合、その期間の末日に猶予期限が確定しますが（措法70の７の③二）、特例事業承継税制においては、特例経営贈与承継期間㈱の末日において常時使用従業員数の平均値が贈与時の８割に満たなかったとしても、そのことをもっては直ちに猶予期限は確定せず、その満たない理由等を記載した報告書（認定経営革新等支援機関の意見が記載されたものに限ります。）を都道府県知事に提出し、確認を受けるとともに（円滑化規則20①③）、その報告書及び確認書の写しをその期間の末日に係る継続届出書（730ページ参照）に添付して納税地の所轄税務署長に提出することにより、引き続き納税猶予を受けることができます（措法70の７の５⑥、措令40の８の５⑳、措規23の12の２⑮六）。

なお、この報告書及び確認書の写しを継続届出書に添付して提出できない場合、その継続届出書の提出期限（特例経営贈与承継期間の末日の翌日から５か月を経過する日）の翌日から２か月を経過する日をもって猶予期限が確定します（措法70の７の５⑧）。

また、特例経営贈与承継期間（一般事業承継税制にあっては従業員数確認期間）の経過後において常時使用従業員数の平均値が贈与時の８割に満たない場合であっても、一般事業承継税制同様、猶予期限は確定せず、引き続き納税猶予を適用することができます。

㈱　「特例経営贈与承継期間」とは、この特例の適用に係る贈与の日の属する年分の贈与税の申告書の提出期限の翌日から、次の①若しくは②のいずれか早い日又は特例経営承継受贈者若しくは特例贈与者の死亡の日の前日のいずれか早いまでの期間をいいます（措法70の７の５②七）。この４において、以下同じです。

① 特例経営承継受贈者の最初のこの特例の適用に係る贈与の日の属する年分の贈与税の申告書の提出期限の翌日以後５年を経過する日

② 特例経営承継受贈者の最初の特例非上場株式等に係る相続税の納税猶予の特例（措法70の７の６）の適用に係る相続に係る相続税の申告書の提出期限の翌日以後５年を経過する日

ヘ　事業継続の困難を理由とした譲渡などをした場合における猶予税額の免除

A　一般事業承継税制においては、経営贈与承継期間（710ページ参照）の末日の翌日以後に、この税制の適用を受けている非上場株式等を譲渡などした場合、その譲渡などした株式等に対応する部分の猶予税額が確定しますが（措法70の7⑤)、特例事業承継税制においては、特例経営贈与承継期間の末日の翌日以後に特例認定贈与承継会社の事業の継続が困難な事由㈾が生じた場合において、次表の事由に該当するときは、その事由に対応する部分の猶予税額が免除されます（措法70の7の5⑫)。

なお、免除された部分に対する利子税は免除されません（措法70の7の5㉒)。

また、このAの適用を受けるためには、その該当することとなった日から2月を経過する日（この4において、以下「申請期限」といいます。）までに免除を受けたい旨、免除を受けようとする贈与税に相当する金額及びその計算の明細その他一定の事項を記載した申請書に一定の書類を添付して納税地の所轄税務署長に提出する必要があります（措法70の7の5⑫)。

㈾「事業の継続が困難な事由」とは、次のいずれか（特例認定贈与承継会社が解散をした場合にあっては、⑤を除きます。）に該当する場合をいいます（措令40の8の5㉒、措規23の12の2⑳～㉓)。

① 直前事業年度（次ページ表のいずれかの事由に該当することとなった日の属する事業年度の前事業年度をいいます。この㈾において、以下同じです。）及びその直前の3事業年度のうち2年以上の事業年度において、特例認定贈与承継会社が赤字（経常損益金額が0未満）である場合

② 直前事業年度及びその直前の3事業年度のうち2年以上の事業年度において、特例認定贈与承継会社の各事業年度の平均総収入金額（主たる事業活動から生ずる収入に係る総収入金額をこの総収入金額に係る事業年度の月数で除した金額をいいます。この㈾において、以下同じです。）が、各事業年度の前事業年度の平均総収入金額を下回る場合

③ 直前事業年度又は直前事業年度の前事業年度の終了の日における特例認定贈与承継会社の有利子負債の帳簿価額が、その事業年度の平均総収入金額の6月分に相当する金額以上である場合

④ 判定期間（直前事業年度の終了の日の1年前の日の属する月から同月以後1年を経過する月までの期間をいいます。この㈾において、以下同じです。）又は前判定期間（判定期間の開始前1年間をいいます。）における業種平均株価（特例認定贈与承継会社の事業が該当する業種に属する事業を営む上場会社に係るその期間における1月当たりの平均株価をいいます。この㈾において、以下同じです。）が、その期間の開始前1年間における業種平均株価を下回る場合

⑤ 特例経営承継受贈者が心身の故障その他の事由により特例認定贈与承継会社の業務に従事することができなくなった場合

	対象となる事由	免除額 （猶予中贈与税額から各事由の「イ＋ロ」の金額を控除した残額）
①	特例株式の全部又は一部を譲渡又は贈与（この4において、以下「譲渡等」といいます。）した場合（特例経営承継受贈者と特別の関係がある者以外の者（この表において、以下「第三者」といいます。）に対して行う場合に限ります。）	イ　譲渡等の対価の額（この対価の額が特例株式の下限価額（相続税評価額の2分の1に相当する価額をいいます。この4において以下同じです。）以下である場合は下限価額）を贈与の時における特例株式の価額として計算した納税猶予分の贈与税額 ロ　譲渡等があった日以前5年以内において特例経営承継受贈者及び同人と特別の関係がある者が特例認定贈与承継会社から受けた剰余金の配当等の額及び給与のうち過大役員給与部分の合計額
②	特例認定贈与承継会社が合併により消滅した場合（吸収合併存続会社等が第三者である場合に限ります。）	イ　合併対価の額（この対価の額が特例株式の下限価額以下である場合は下限価額）を贈与の時における特例株式の価額として計算した納税猶予分の贈与税額 ロ　上記①のロと同じ
③	特例認定贈与承継会社が株式交換又は株式移転（この4において、以下「株式交換等」といいます。）により他の会社の株式交換完全子会社等となった場合（この他の会社が第三者である場合に限ります。）	イ　交換等対価の額（この対価の額が特例株式の下限価額以下である場合は下限価額）を贈与の時における特例株式の価額として計算した納税猶予分の贈与税額 ロ　上記①のロと同じ
④	特例認定贈与承継会社が解散した場合	イ　解散の直前における特例株式の相続税評価額を贈与の時における特例株式の価額として計算した納税猶予分の贈与税額 ロ　上記①のロと同じ

※　表中の「特例株式」とは、特例受贈非上場株式等を表しています。

＜事業継続の困難を理由とする譲渡による免除のイメージ＞

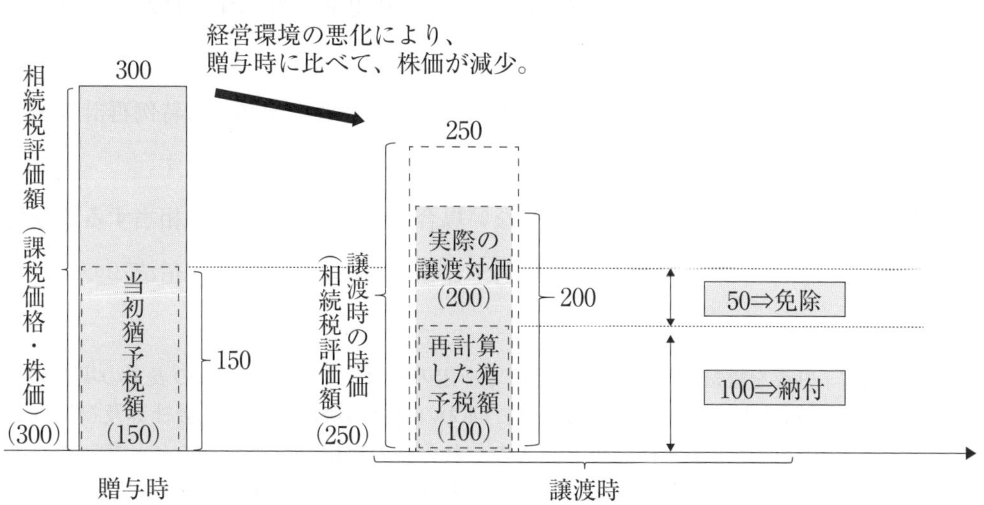

B　上記Aの表の①ないし③のいずれかに該当する場合で、かつ、上記Aの表の各事由に係る譲渡等の対価の額、合併対価の額又は交換等対価の額が特例受贈非上場株式等の下限価額以下である場合において、下記Cの適用を受けようとするときは、申請期限までに上記Aの表の各事由のイ及びロの金額の合計額（この4において、以下「猶予対象額」といいます。）に相当する担保を提供するとともに、このBの適用を受けようとする旨、その金額の計算の明細その他一定の事項を記載した申請書を納税地の所轄税務署長に提出することにより、上記Aにかかわらず、再計算対象猶予税額㈟から猶予対象額を控除した残額を免除し、この猶予対象額（上記Aの表①の場合は、猶予対象額に猶予中贈与税額から再計算対象猶予税額を控除した残額を加算した金額）を猶予中贈与税額とすることができます（措法70の7の5⑬）。

㈟「再計算対象猶予税額」とは、上記Aの表の各事由に応じた、次の金額をいいます（措法70の7の5⑬かっこ書）。

区　分	再計算対象猶予税額
上記Aの表①の事由の場合	猶予中贈与税額のうち譲渡等をした特例受贈非上場株式等に対応する部分
上記Aの表②及び③の事由の場合	猶予中贈与税額

C　上記Aの表①の場合の特例受贈非上場株式等に係る会社、同②の場合の吸収合併存続会社等及び同③の株式交換完全子会社等が上記Aのそれぞれの事由に該当することとなった日から2年を経過する日において、その事業を継続している場合として一定の場合（注1）に該当するときは、特例再計算贈与税額（注2）に相当する贈与税額については、この2年を経過する日から2月を経過する日（この4において、以下「再申請期限」といいます。）をもって、納税の猶予に係る期限となり、猶予中贈与税額とされた金額から特例再計算贈与税額を控除した残額に相当する贈与税については、免除されます。

なお、上記一定の場合に該当しない場合、猶予中贈与税額に相当する贈与税額は、再申請期限をもって納税の猶予に係る期限となります（措法70の7の5⑭）。

㈟1「事業を継続している場合として一定の場合」とは、上記Aの表①の場合の特例受贈非上場株式等に係る会社、同②の場合の吸収合併存続会社等及び同③の株式交換完全子会社等が上記Aのそれぞれの事由に該当することとなった日から2年を経過する日において、次の要件の全てを満たす場合をいいます（措令40の8の5㉛）。

① 商品の販売その他の業務で一定のもの（措規23の12の2㉚）を行っていること
② それぞれの事由に該当することとなった時の直前における特例認定承継会社の常時使用従業員のうちのその総数の2分の1に相当する数以上の者が、その該当することとなった時から2年を経過する日まで引き続き常時使用従業員であること
③ 上記②の常時使用従業員が勤務している事務所、店舗、工場その他これらに類するものを所有し、又は賃借していること

2 「特例再計算贈与税額」とは、上記Aの表の各事由に係る譲渡等の対価の額、合併対価の額又は交換等対価の額に相当する金額を贈与により取得した特例受贈非上場株式等の贈与の時における価額とみなして計算した納税猶予分の贈与税額に上記Aの表の各事由のロの金額を加算した金額をいいます（措法70の7の5⑮）。

＜下限価額以下で譲渡した場合の再計算のイメージ＞

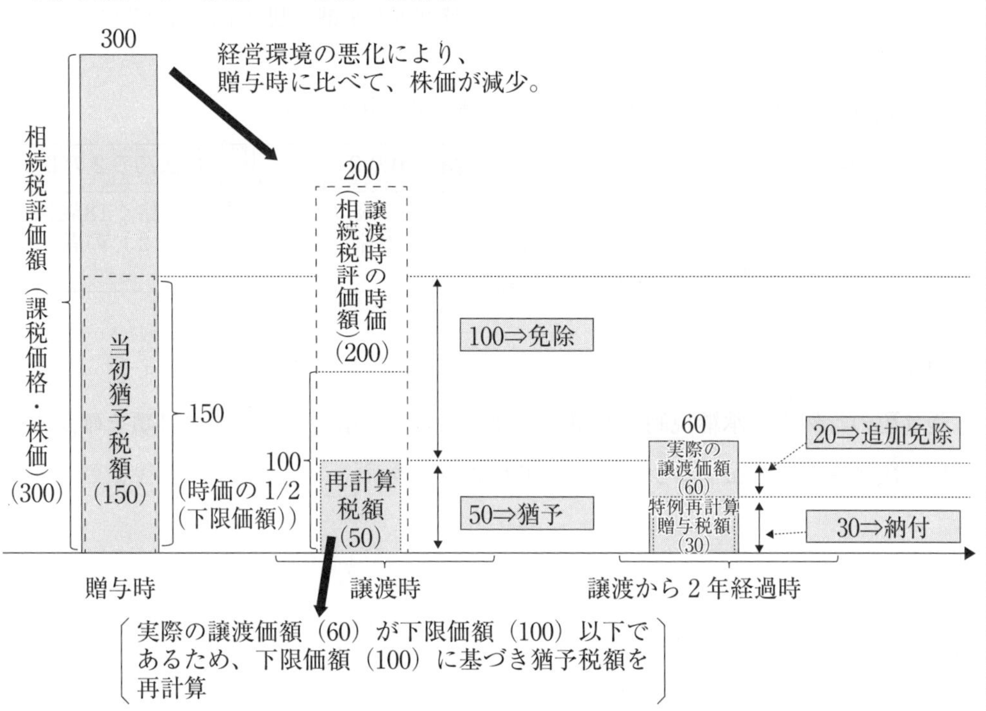

ト　相続時精算課税の適用対象者の拡大

特例事業承継税制（措法70の7の5）の適用を受ける特例経営承継受贈者が特例贈与者の推定相続人（注1）以外の者（その特例贈与者の孫を除き、その年の1月1日において18歳以上（注2）である者に限ります。）であり、かつ、その特例贈与者が同日において60歳以上の者である場合には、その贈与により特例受贈非上場株式等を取得した特例経営承継受贈者については、相続時精算課税を選択することができます（措法70の2の8）。

これは、納税猶予の確定事由に該当した場合において、その税負担を軽減する目的から創設されたもので、平成30年１月１日以後の贈与により取得した特例受贈非上場株式等について適用することができます（平成30年改正法附則118⑤)。

㊟１　相続税法第21条の９第１項に規定する推定相続人、すなわち、「贈与をした者の推定相続人であって、その贈与をした者の直系卑属である者のうちその年１月１日において20歳以上（次の注２）であるもの」をいいます（措通70の２の７－２)。

２　令和４年３月31日以前の贈与については20歳以上となります（平成31年改正法附則23③、79⑥⑦）

３　特例受贈非上場株式等の価額が相続時精算課税の特別控除額（2,500万円）以下であり、相続時精算課税制度の適用を受けたものとして計算した場合の贈与税額が零となる場合には、相続時精算課税を選択することはできません（措通70の２の７－１)。

なお、この場合でも暦年課税により計算した納税猶予分の贈与税額が算出されるときには、他の要件を満たすことで特例事業承継税制（措法70の７の５）を適用することができます。

〔参考〕 各規定における相続時精算課税制度の適用対象者

規定	相法21の９	措法70の２の６	措法70の２の８
対象者	贈与者の18歳以上（上記注２）の推定相続人（直系卑属に限る）	贈与者の18歳以上（上記注２）の孫	左記を除く18歳以上（上記注２）の者

〔参考〕

贈与税の特例事業承継税制の適用を受けるための適用要件及び添付書類を確認する際は、次ページのチェックシートを活用してください。

（１面）

（令和５年分用）
「非上場株式等についての贈与税の納税猶予及び免除の特例」（特例措置）の適用要件チェックシート

（はじめにお読みください。）
1　このチェックシートは、「非上場株式等についての贈与税の納税猶予及び免除の特例」（租税特別措置法第70条の７の５）の適用を受けるため(注)の適用要件を確認する際に使用してください。
2　「確認結果」欄の左側のみに○がある場合には、原則としてこの特例の適用を受けることができます。
3　このチェックシートは、申告書の作成に際して、特例の適用に係る会社ごとに適用要件等を確認の上、申告書に添付してご提出ください。
(注)「非上場株式等についての贈与税の納税猶予及び免除」（租税特別措置法第70条の７）の適用を受ける場合には、「『非上場株式等についての贈与税の納税猶予及び免除』（一般措置）の適用要件チェックシート」を使用してください。

特例の適用に係る会社の名称：　　　　　**贈与者氏名：**

受贈者（特例適用者）
住　所
氏　名
電話　　　（　　）

関与税理士			
所在地			
氏名		電話	

項目		確認内容（適用要件）	確認結果		確認の基となる資料
贈与者	(1)　(2)の場合以外の場合ですか。		はい		－
	贈与前のいずれかの日	①　その会社の代表権（制限が加えられたものを除きます。以下同じです。）を有していたことがありますか。	はい	いいえ	○　登記事項証明書、定款の写しなど
	贈与の直前(注1)	②　贈与者及び贈与者と特別の関係がある者がその会社の総議決権数の50％超の議決権数を保有していますか。(注2)・(注3)	はい	いいえ	○　株主名簿の写し、定款の写し、戸籍の謄本又は抄本など
		③　贈与者が贈与者及び贈与者と特別の関係がある者（会社の特例経営承継受贈者となる者を除きます。）の中で最も多くの議決権数を保有していますか。(注2)・(注3)	はい	いいえ	○　株主名簿の写し、定款の写し、戸籍の謄本又は抄本など
	贈与の時	その会社の代表権を有していますか。	いいえ	はい	○　登記事項証明書、定款の写しなど
	(2)　その会社の非上場株式等について既に租税特別措置法第70条の７の５第１項、第70条の７の６第１項又は第70条の７の８第１項の規定（以下、「特例措置」といいます。）の適用を受けている者等がいますか。		はい		○　特例株式等納税猶予税額の計算書（贈与税）など
	贈与の時	その会社の代表権を有していますか。	いいえ	はい	○　登記事項証明書、定款の写しなど
後継者（受贈者）	贈与の時	①　次のイ、ロの場合に応じて、どちらかの要件を確認してください。 イ　その会社の非上場株式等の取得が最初の特例措置の適用に係る贈与又は相続若しくは遺贈による取得である場合 平成30年１月１日から令和９年12月31日までの間の贈与による取得ですか。	はい	いいえ	○　認定書の写しなど
		ロ　イの場合以外の場合 イの最初の取得の日から特例経営贈与承継期間の末日までの間に贈与税の申告書の提出期限が到来する贈与による取得ですか。(注4)	はい	いいえ	○　認定書の写し、特例株式等納税猶予税額の計算書（贈与税）など
		②　18歳以上ですか。	はい	いいえ	○　戸籍の謄本又は抄本
		③　その会社の代表権を有していますか。	はい	いいえ	○　登記事項証明書、定款の写しなど
		④　後継者及び後継者と特別の関係がある者がその会社の総議決権数の50％超の議決権数を保有していますか。(注2)・(注3)	はい	いいえ	○　株主名簿の写し、定款の写し、戸籍の謄本又は抄本など
		⑤　次のイ、ロの場合に応じて、どちらかの要件を確認してください。(注5) イ　後継者が１人の場合 後継者及び後継者と特別の関係がある者（その後継者以外の特例措置の適用を受ける者を除きます。ロにおいて同じです。）の中で最も多くの議決権数を保有していますか。(注2)・(注3)	はい	いいえ	○　株主名簿の写し、定款の写し、戸籍の謄本又は抄本など
		ロ　後継者が２人又は３人の場合 総議決権数の10％以上の議決権数を保有し、かつ、後継者と特別の関係がある者の中で最も多くの議決権数を保有していますか。(注2)・(注3)	はい	いいえ	○　株主名簿の写し、定款の写し、戸籍の謄本又は抄本など
	贈与の日	○　贈与の日まで引き続き３年以上会社の役員でしたか。	はい	いいえ	○　登記事項証明書、定款の写しなど
	贈与の時から申告期限まで	○　特例対象受贈非上場株式等の全てを保有していますか。(注6)	はい	いいえ	○　特例株式等納税猶予税額の計算書（贈与税）など

※　２面に続きます。

（２面）

（１面からの続きです。）

項目		確認内容（適用要件）	確認結果		確認の基となる資料
後継者（受贈者）	申告期限まで	①　その会社の非上場株式等について、租税特別措置法第70条の７第１項、第70条の７の２第１項又は第70条の７の４第１項の規定の適用を受けていませんか。	はい	いいえ	○　株式等納税猶予額の計算書（贈与税）など
		②　円滑化省令第17条第１項の確認（同項第１号に係るものに限るものとし、円滑化省令第18条第１項の規定による変更の確認を受けたときは、その変更後のもの）を受けた会社の特例後継者ですか。（注7）・（注8）	はい	いいえ	○　確認書の写し
会社	贈与の時	①　都道府県知事の円滑化法の認定を受けていますか。（注7）	はい	いいえ	○　認定書の写し（①～⑤）
		②　中小企業者ですか。	はい	いいえ	
		③　非上場会社ですか。	はい	いいえ	
		④　風俗営業会社には該当していませんか。（注9）	はい	いいえ	
		⑤　特定特別関係会社が風俗営業会社には該当していませんか。 また、特定特別関係会社は中小企業者であり、かつ、非上場会社ですか。（注10）	はい	いいえ	
		⑥　常時使用従業員の数は１名以上ですか。 なお、特例の適用に係る会社の特別関係会社が会社法第２条第２号に規定する外国会社に該当する場合には、常時使用従業員の数は５名以上ですか。（注11）・（注12）	はい	いいえ	○　従業員数証明書
		⑦　一定の資産保有型会社又は資産運用型会社に該当していませんか。（注13）	はい	いいえ	○　貸借対照表・損益計算書など
		⑧　一定の事業年度の総収入金額は零を超えていますか。（注14）	はい	いいえ	○　損益計算書など
		⑨　会社法第108条第１項第８号に規定する種類の株式を発行している場合は、後継者その他の者のみが保有していますか。（注15）	はい	いいえ	○　株主名簿の写し、定款の写し、登記事項証明書など
		⑩　現物出資等資産の割合は70％未満ですか。	はい	いいえ	○　特例株式等納税猶予税額の計算書（贈与税）など

（注）１　代表権を有していた贈与者が贈与の直前において代表権を有していない場合には、代表権を有していた期間のいずれかの日についても判定が必要となります。

２　「特別の関係がある者」とは、租税特別措置法施行令第40条の８の５第14項において準用する同令第40条の８第11項に定める特別の関係がある者をいいます。

３　「総議決権数」及び「議決権数」には、会社が有する自己の株式など議決権を有しない株式等の数は含まれません。
なお、株主総会等において議決権を行使できる事項の一部について制限がある株式等の議決権数及び株主総会等において議決権を行使できる事項の一部について制限がある株主等が有する株式等の議決権数は、「総議決権数」及び「議決権数」に含まれます。

４　「特例経営贈与承継期間」とは、この特例の適用に係る贈与税の申告書の提出期限の翌日から次に掲げる日のいずれか早い日又はこの特例の適用を受ける特例経営承継受贈者若しくは当該特例経営承継受贈者に係る贈与者の死亡の日の前日のいずれか早い日までの期間をいいます。

⑴　後継者の最初のこの特例の適用に係る贈与の日の属する年分の贈与税の申告書の提出期限の翌日以後５年を経過する日

⑵　後継者の最初の租税特別措置法第70条の７の６第１項の規定の適用に係る相続に係る相続税の申告書の提出期限の翌日以後５年を経過する日

５　⑤のイ又はロのいずれかの場合に該当するかは、その贈与者から同一年中にその会社の非上場株式等を贈与により取得した後継者の数によります。

６　「特例対象受贈非上場株式等」とは、租税特別措置法第70条の７の５第１項に規定する株式等をいいます。

７　「円滑化法」とは、中小企業における経営の承継の円滑化に関する法律をいいます。また、「円滑化省令」とは、中小企業における経営の承継の円滑化に関する法律施行規則をいいます。

８　「特例後継者」とは、円滑化省令第16条第１号ロに規定する者のことをいいます。なお、円滑化省令第17条第１項の確認は、令和６年３月31日までに円滑化省令第16条第１号に規定する特例承継計画を都道府県知事に提出し、その確認を受けることとされています。

９　「風俗営業会社」とは、風俗営業等の規制及び業務の適正化等に関する法律第２条第５項に規定する性風俗関連特殊営業に該当する事業を営む会社をいいます。

10　「特定特別関係会社」とは、租税特別措置法施行令第40条の８の５第７項において準用する同令第40条の８第８項に規定する会社をいいます。

11　「特別関係会社」とは、租税特別措置法施行令第40条の８の５第６項において準用する同令第40条の８第７項に規定する会社をいいます。

12　会社又は会社との間に支配関係（会社が他の法人の発行済株式等（他の法人が有する自己の株式等を除きます。）の総数等の50％超の数等の株式等を直接又は間接に保有する関係として租税特別措置法施行令第40条の８の５第８項において準用する同令第40条の８第９項に定める関係をいいます。）がある法人がその外国会社の株式等を有する場合に限ります。

13　「一定の資産保有型会社又は資産運用型会社」とは、租税特別措置法施行令第40条の８の５第５項において準用する同令第40条の８第６項に規定する会社をいいます。

14　「一定の事業年度の総収入金額」とは、租税特別措置法施行令第40条の８の５第９項において準用する同令第40条の８第10項第１号の総収入金額をいいます。

15　「後継者その他の者」とは、その会社の非上場株式等につき特例措置の適用を受けている者など、租税特別措置法施行令第40条の８の５第１項第２号に掲げる者をいいます。

（令和５年分用）
「非上場株式等についての贈与税の納税猶予及び免除の特例」（特例措置）の提出書類チェックシート

（はじめにお読みください。）
1　このチェックシートは、「非上場株式等についての贈与税の納税猶予及び免除の特例」（租税特別措置法第70条の７の５）の適用を受けるため(注)の提出書類を確認する際に使用してください。
2　このチェックシートは、申告書の作成に際して、特例の適用に係る会社ごとに提出書類を確認の上、申告書に添付してご提出ください。
(注)「非上場株式等についての贈与税の納税猶予及び免除」（租税特別措置法第70条の７）の適用を受ける場合には、「『非上場株式等についての贈与税の納税猶予及び免除』（一般措置）の提出書類チェックシート」を使用してください。

特例の適用に係る会社の名称：　　　　**贈与者氏名：**

受贈者（特例適用者）

住　所

氏　名
電話　　　（　　　）

関与税理士	所在地			
	氏名		電話	

	提　出　書　類	チェック欄
1	この特例の適用を受ける旨、特例の適用を受ける非上場株式等の明細及び納税猶予税額の計算に関する明細を記載した書類（「**特例株式等納税猶予税額の計算書（贈与税）**」に必要な事項を記載してください。）	□
2	**会社の株主名簿の写しなど**、贈与の直前及び贈与の時における会社の全ての**株主又は社員の氏名等及び住所等並びにこれらの者が有する株式等に係る議決権の数が確認できる書類等**（その会社が証明したものに限ります。）	□
3	贈与の時における会社の**定款の写し**（会社法その他の法律の規定により定款の変更をしたものとみなされる事項がある場合には、当該事項を記載した書面を含みます。）	□
4	円滑化省令第７条第14項の都道府県知事の**認定書**（円滑化省令第６条第１項第11号又は第13号の事由に係るものに限ります。）**の写し**及び円滑化省令第７条第６項（同条第８項において準用する場合を含みます。）の**申請書の写し**	□
5	円滑化省令第17条第５項の都道府県知事の**確認書の写し**及び同条第２項の**申請書の写し**	□

(注) 1　**担保提供書**及び**担保関係書類**が**別途必要**となります。
2　この制度の適用に係る贈与者から贈与を受けた非上場株式等について**相続時精算課税の適用を受ける場合**には、**「相続時精算課税選択届出書」及びその添付書類の提出が別途必要**になります。なお、当該贈与者から贈与を受けた財産について、前年以前に「相続時精算課税選択届出書」を提出している場合には、再度提出する必要はありません。
（参考）相続時精算課税の適用要件
・贈与者…その年の１月１日において60歳以上である者
・受贈者…その年の１月１日において18歳以上である者で、次に掲げる者
①　贈与を受けた日現在において贈与者の直系卑属（子や孫など）である推定相続人又は孫
②　①以外の者で、租税特別措置法第70条の７の５第１項の規定の適用を受ける者

⑵　相続税の納税猶予の特例

イ　特例の適用要件や申告手続等の流れ

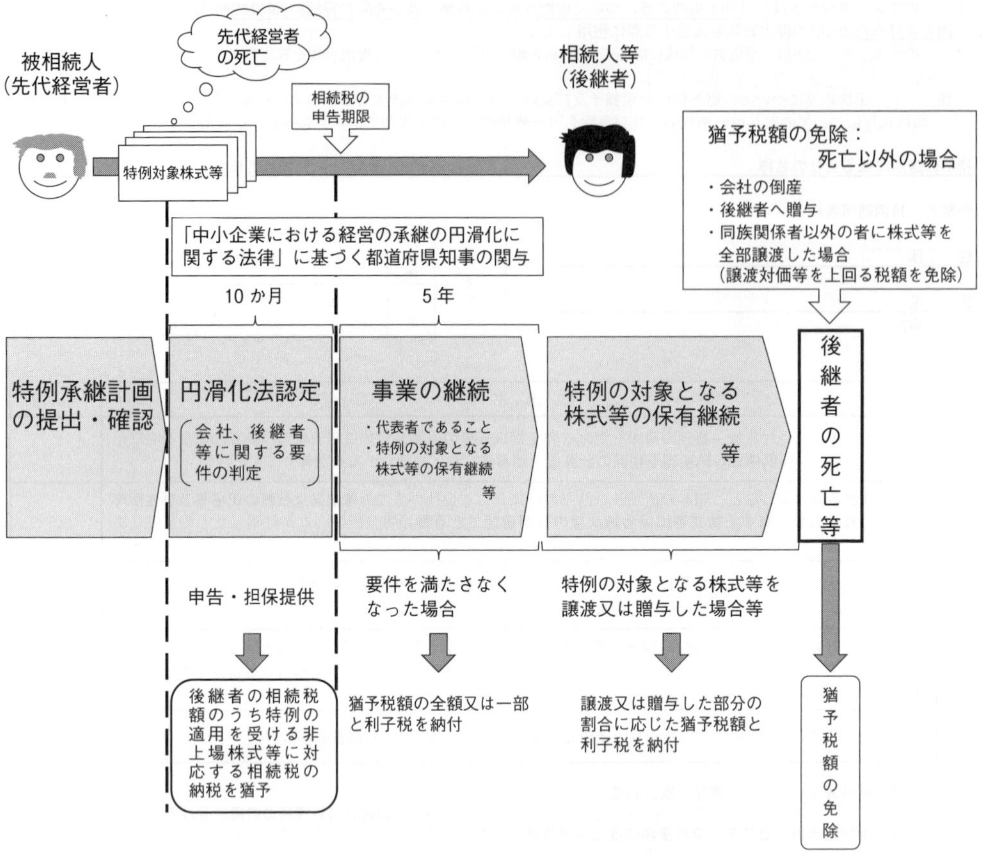

※1　この特例の対象となる会社（この４において、以下「特例認定承継会社」といいます。）は平成30年４月１日から令和６年３月31日までの間に同社の後継者や承継時までの経営見通し等を記載した「特例承継計画」を策定し、認定経営革新等支援機関（824ページ参照）の所見を記載の上、都道府県知事に提出し、その確認を受ける必要があります（円滑化規則17②）。

2　特例認定承継会社の要件
贈与税の場合と同様です（825ページ参照）。

ロ　承継形態の拡大について

特例事業承継税制においては、一般事業承継税制と異なり、最大３人の後継者への承継が認められています。具体的な被相続人及び後継者（相続人又は受遺者）の要件は、次のとおりです。

⑴　先代経営者（被相続人）の要件

この特例の対象となる先代経営者である被相続人（この４において、以下「特例被相続人」といいます。）とは、次の全ての要件を満たすものをいいます（措法70の７の６①、措令40の８の６）。

なお、相続開始の直前において、その特例認定承継会社の株式について既に特例事業承継税制の適用を受けている者がいる場合又は特例事業継承税制の対象となる相続若しくは遺贈又は贈与により当該株式を取得した者がいる場合には、これらの要件は不要です。

A　特例認定承継会社の代表権を有していたこと

B　相続開始直前において（相続開始の直前に代表権を有していない場合には、代表権を有していた期間内のいずれかの時及び相続開始直前）、特例被相続人及び特例被相続人と特別の関係がある者（715ページ参照）で総議決権数の50％超の議決権数を保有し、かつ、後継者（相続人又は受遺者）を除いたこれらの者の中で最も多数を保有していたこと

(ロ)　後継者（相続人又は受遺者）の要件

この特例の対象となる後継者（相続人又は受遺者）（この４において、以下「特例経営承継相続人等」といいます。）とは、次の全ての要件を満たすものをいいます（措法70の７の６②七、措規23の12の３⑨）。

なお、この特例を適用できる特例経営承継相続人等は、特例認定承継会社が定めた３人まで認められます。

A　相続開始の翌日から５か月を経過する日において特例認定承継会社の代表権（制限が加えられた代表権を除きます。）を有していること

B　相続開始の時において、特例経営承継相続人等及び同人と特別の関係がある者で総議決権数の50％超の議決権数を保有すること

C　相続開始の時の保有議決権数において、次の(A)又は(B)に該当すること

(A)　特例経営承継相続人等が１人の場合

特例経営承継相続人等と特別の関係がある者（特例事業承継税制の適用を受ける他の特例経営承継相続人等を除きます。次の(B)において同じです。）の中で最も多数の議決権数を保有すること

(B)　特例経営承継相続人等が２人又は３人である場合

総議決権数の10％以上の議決権数を保有し、かつ、特例経営承継相続人等と特別の関係がある者の中で最も多数の議決権を保有すること

D　相続の開始の時からこの相続に係る相続税の申告書の提出期限（この提出期限前に特例経営承継相続人等が死亡した場合には、その死亡の日）まで引き続き相続又は遺贈により取得した特例認定承継会社の非上場株式等の全てを保有していること

E　特例認定承継会社の株式について、一般事業承継税制（措法70の７、70の

7の2、70の7の4）の適用を受けていないこと

F　特例認定承継会社に係る円滑化規則第16条第1号ロに規定する特例後継者であることの経営を確実に承継すると認められる一定の要件を満たしていること

G　相続開始の直前において特例認定承継会社の役員であったこと（後継者が840ページ※1の確認を受けた上記Fの特例後継者である場合又は特例被相続人が70歳未満で死亡した場合を除きます。）

ハ　非上場株式等の取得株数の要件

贈与税と異なり、取得必要株数の要件はありません。

ニ　納税が猶予される相続税の計算方法

特例事業承継税制においては、一般事業承継税制と異なり、この特例の適用を受ける非上場株式等に対応する全ての相続税の納税を猶予することができます（一般事業承継税制は、特例の適用を受ける非上場株式等の80％に対する部分のみが納税猶予の対象となります。）。具体的には、次のとおり計算します。

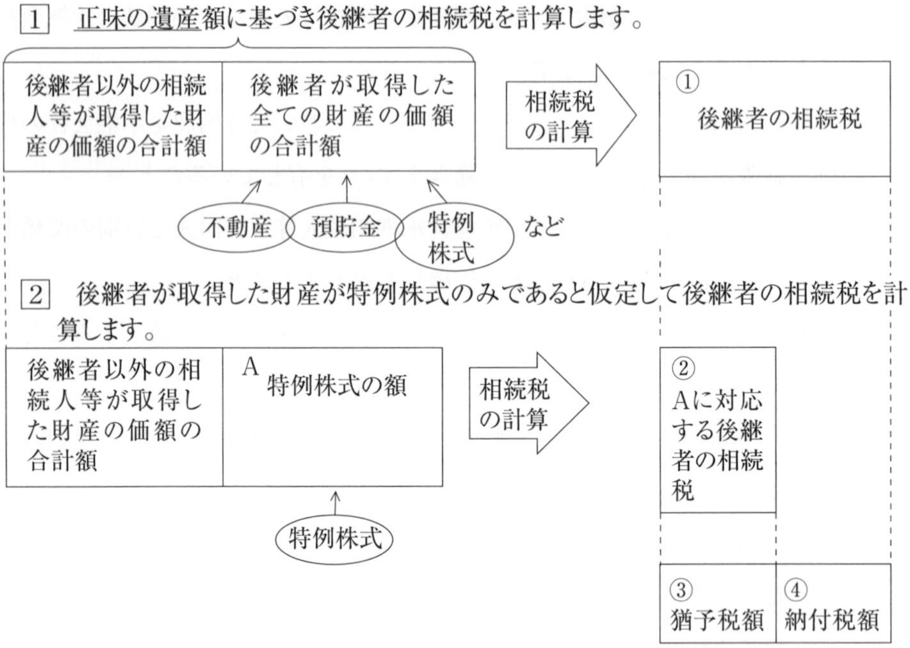

ホ　雇用継続要件に係る猶予税額の確定事由の緩和

贈与税の場合と同様です（831ページ参照）。

ヘ　事業継続の困難を理由とした譲渡などをした場合における猶予税額の免除

贈与税の場合と同様に、この特例（措法70の7の6）の適用を受けた特例認定承継会社の非上場株式等を譲渡などした場合、一定の猶予税額が免除されます（832ページ参照）。

〔参考〕

相続税の特例事業承継税制の適用を受けるための適用要件及び添付書類を確認する際は、以下のチェックシートを活用してください。

（１面）

（令和５年分用）「非上場株式等についての相続税の納税猶予及び免除の特例」（特例措置）の適用要件チェックシート

（はじめにお読みください。）

1　このチェックシートは、「非上場株式等についての相続税の納税猶予及び免除の特例」（租税特別措置法第70条の７の６）の適用を受けるため（※）の適用要件を確認する際に使用してください。

2　「確認結果」欄の左側のみに○がある場合には、原則としてこの特例の適用を受けることができます。

3　このチェックシートは、申告書の作成に際して、特例の適用に係る会社ごとに適用要件等を確認の上、申告書に添付してご提出ください。

4　被相続人からの特例贈与により非上場株式等を取得している場合において当該贈与の日の属する年に当該被相続人の相続が開始したことによりこの特例の適用を受ける場合には、このチェックシートは使用できません。詳しくは税務署にお尋ねください。

5　「非上場株式等の特例贈与者が死亡した場合の相続税の納税猶予及び免除の特例」（租税特別措置法第70条の７の８）の適用を受ける場合には、このチェックシートではなく、「非上場株式等の特例贈与者が死亡した場合の相続税の納税猶予及び免除の特例」（特例措置）の適用要件チェックシートを使用してください。

※　「非上場株式等についての相続税の納税猶予及び免除」（租税特別措置法第70条の７の２）の適用を受ける場合には、「『非上場株式等についての相続税の納税猶予及び免除』（一般措置）の適用要件チェックシート」を使用してください。

特例の適用に係る会社の名称：　　　　　　　　**被相続人氏名：**

相続人等（特例適用者）

住　所

氏　名

電　話　（　　　　）

関与税理士			
所在地			
氏名		電話	

項目		確認内容（適用要件）	確認結果		確認の基となる資料
被相続人	(1)　(2)の場合以外の場合ですか。		はい	／	―
	相続開始前のいずれかの日	①　その会社の代表権（制限が加えられたものを除きます。以下同じです。）を有していたことがありますか。	はい	いいえ	○　登記事項証明書、定款の写しなど
	相続開始の直前（注1）	②　被相続人及び被相続人と特別の関係がある者がその会社の総議決権数の50%超の議決権数を保有していますか。（注2）・（注3）	はい	いいえ	○　株主名簿の写し、定款の写し、戸籍の謄本又は抄本など
		③　被相続人が被相続人及び被相続人と特別の関係がある者（会社の特例経営承継相続人等となる者を除きます。）の中で最も多くの議決権数を保有していますか。（注2）・（注3）	はい	いいえ	○　株主名簿の写し、定款の写し、戸籍の謄本又は抄本など
	(2)　その会社の非上場株式等について既に租税特別措置法第70条の７の５第１項、第70条の７の６第１項又は第70条の７の８第１項の規定（以下「特例措置」といいます。）の適用を受けている者等がいますか。		はい	／	○　相続税の申告書第８の２の２表の付表１など
後継者（相続人等）	相続開始の直前	○　その会社の役員ですか（被相続人が70歳未満で死亡した場合及び後継者が円滑化省令の確認を受けた特例承継計画に記載されている特例後継者である場合を除きます。）。（注4）・（注5）	はい	いいえ	○　登記事項証明書、定款の写しなど
	相続開始の時	①　次のイ、ロの場合に応じて、どちらかの要件を確認してください。 イ　その会社の非上場株式等の取得が最初の特例措置の適用に係る贈与又は相続若しくは遺贈による取得である場合 平成30年１月１日から令和９年12月31日までの間の相続又は遺贈（以下「相続等」といいます。）による取得ですか。 ロ　イの場合の以外の場合 イの最初の取得の日から特例経営承継期間の末日までの間に相続税の申告書の提出期限が到来する相続等による取得ですか。（注6）	はい	いいえ	○　認定書の写し、戸籍の謄本又は抄本など
		②　後継者及び後継者と特別の関係がある者がその会社の総議決権数の50%超の議決権数を保有していますか。（注2）・（注3）	はい	いいえ	○　株主名簿の写し、定款の写し、戸籍の謄本又は抄本など
		③　次のイ、ロの場合に応じて、どちらかの要件を確認してください。 イ　後継者が１人の場合 後継者及び後継者と特別の関係がある者（その後継者以外の特例措置の適用を受ける者を除きます。ロにおいて同じです。）の中で最も多くの議決権数を保有していますか。（注2）・（注3）	はい	いいえ	○　株主名簿の写し、定款の写し、戸籍の謄本又は抄本など
		ロ　後継者が２人又は３人の場合 総議決権数の10%以上の議決権数を保有し、かつ、後継者と特別の関係がある者の中で最も多くの議決権数を保有していますか。（注2）・（注3）	はい	いいえ	○　株主名簿の写し、定款の写し、戸籍の謄本又は抄本など
	相続開始の日の翌日から５か月を経過する日	○　その会社の代表権を有していますか。	はい	いいえ	○　登記事項証明書、定款の写しなど
	相続開始の時から申告期限まで	○　特例対象非上場株式等の全てを保有していますか。（注7）	はい	いいえ	○　相続税の申告書第８の２の２表の付表１など
	申告期限まで	①　その会社の株式等について、租税特別措置法第70条の７第１項、第70条の７の２第１項又は第70条の７の４第１項の規定の適用を受けていませんか。	はい	いいえ	○　相続税の申告書第８の２の２表の付表１など
		②　円滑化省令第17条第１項の確認（同項第１号に係るものに限るものとし、円滑化省令第18条第１項の規定による変更の確認を受けたときは、その変更後のもの）を受けた会社の特例後継者ですか。（注4）・（注8）	はい	いいえ	○　確認書の写し

※　２面に続きます。

（２面）

（１面からの続きです。）

項目		確認内容（適用要件）	確認結果		確認の基となる資料
会社	相続開始の時	①　都道府県知事の円滑化法の認定を受けていますか。（注4）	はい	いいえ	○　認定書の写し
		②　中小企業者ですか。	はい	いいえ	
		③　非上場会社ですか。	はい	いいえ	
		④　風俗営業会社には該当していませんか。（注9）	はい	いいえ	
		⑤　特定特別関係会社が風俗営業会社には該当していませんか。また、特定特別関係会社は中小企業者であり、かつ、非上場会社ですか。（注10）	はい	いいえ	
		⑥　常時使用従業員の数は１名以上ですか。なお、特例の適用に係る会社の特別関係会社が会社法第２条第２号に規定する外国会社に該当する場合には、常時使用従業員の数は５名以上ですか。（注11）・（注12）	はい	いいえ	○　従業員数証明書
		⑦　一定の資産保有型会社又は資産運用型会社に該当していませんか。（注13）・（注14）	はい	いいえ	○　貸借対照表・損益計算書など
		⑧　一定の事業年度の総収入金額は零を超えていますか。（注15）	はい	いいえ	○　損益計算書など
		⑨　会社法第108条第１項第８号に規定する種類の株式を発行している場合は、後継者その他の者のみが保有していますか。（注16）	はい	いいえ	○　株主名簿の写し、定款の写し、登記事項証明書など
		⑩　現物出資等資産の割合は70％未満ですか。	はい	いいえ	○　相続税の申告書第８の２の２表の付表１など

（注）１　代表権を有していた被相続人が相続開始の直前において代表権を有していない場合には、代表権を有していた期間のいずれかの日についても判定が必要となります。

２　「特別の関係がある者」とは、租税特別措置法施行令第40条の８の６第14項において準用する同令第40条の８の２第11項に定める特別の関係がある者をいいます。

３　「総議決権数」及び「議決権数」には、会社が有する自己の株式など議決権を有しない株式等の数は含まれません。
なお、株主総会等において議決権を行使できる事項の一部について制限がある株式等の議決権数及び株主総会等において議決権を行使できる事項の一部について制限がある株主等が有する株式等の議決権数は、「総議決権数」及び「議決権数」に含まれます。

４　「円滑化法」とは、中小企業における経営の承継の円滑化に関する法律をいいます。また、「円滑化省令」とは、中小企業における経営の承継の円滑化に関する法律施行規則をいいます。

５　災害等（租税特別措置法第70条の７の６第26項において準用する同法第70条の７の２第32項に規定する災害等をいいます。以下14において同じです。）が発生した日から同日以後１年を経過する日までの間に相続等により取得をした非上場株式等に係る会社が租税特別措置法第70条の７の２第31項第１号、第２号又は第４号に掲げる場合に該当するときには、相続税の申告書に一定の書類を添付等することにより、この要件は不要とされます。

６　「特例経営承継期間」とは、この特例の適用に係る相続税の申告書の提出期限※の翌日から次に掲げる日のいずれか早い日又はこの特例の適用を受ける後継者の死亡の日の前日のいずれか早い日までの期間をいいます。
⑴　後継者の最初のこの特例の適用に係る相続に係る相続税の申告書の提出期限※の翌日以後５年を経過する日
⑵　後継者の最初の租税特別措置法第70条の７の５第１項の規定の適用に係る贈与の日の属する年分の贈与税の申告書の提出期限※の翌日以後５年を経過する日
※　災害等により申告期限の延長がされる場合には、その延長後の申告期限となります。

７　「特例対象非上場株式等」とは、租税特別措置法第70条の７の６第１項に規定する株式等をいいます。

８　「特例後継者」とは、円滑化省令第16条第１号ロに規定する者のことをいいます。なお、円滑化省令第17条第１項の確認は、令和６年３月31日までに円滑化省令第16条第１号に規定する特例承継計画を都道府県知事に提出し、その確認を受けることとされています。

９　「風俗営業会社」とは、風俗営業等の規制及び業務の適正化等に関する法律第２条第５項に規定する性風俗関連特殊営業に該当する事業を営む会社をいいます。

10　「特定特別関係会社」とは、租税特別措置法施行令第40条の８の６第８項において準用する同令第40条の８の２第９項に規定する会社をいいます。

11　「特別関係会社」とは、租税特別措置法施行令第40条の８の６第７項において準用する同令第40条の８の２第８項に規定する会社をいいます。

12　会社又は会社との間に支配関係（会社が他の法人の発行済株式等（他の法人が有する自己の株式等を除きます。）の総数等の50％超の数等の株式等を直接又は間接に保有する関係として租税特別措置法施行令第40条の８第９項に定める関係をいいます。）がある法人がその外国会社の株式等を有する場合に限ります。

13　「一定の資産保有型会社又は資産運用型会社」とは、租税特別措置法施行令第40条の８の６第６項において準用する同令第40条の８の２第７項に規定する会社をいいます。

14　災害等が発生した日から同日以後１年を経過する日までの間に相続等により取得をした特例対象非上場株式等に係る会社が租税特別措置法第70条の７の６第26項において準用する同法第70条の７の２第35項各号に掲げる場合に該当するときには、相続税の申告書に一定の書類を添付等することにより、⑦の要件は不要とされます。

15　「一定の事業年度の総収入金額」とは、租税特別措置法施行令第40条の８の６第９項において準用する同令第40条の８の２第10項第１号に規定する総収入金額をいいます。

16　「後継者その他の者」とは、その会社の非上場株式等につき特例措置の適用を受けている者など、租税特別措置法施行令第40条の８の６第１項第２号に掲げる者をいいます。

（令和５年分用）「非上場株式等についての相続税の納税猶予及び免除の特例」（特例措置）の提出書類チェックシート

（はじめにお読みください。）

1　このチェックシートは、「非上場株式等についての相続税の納税猶予及び免除の特例」（租税特別措置法第70条の７の６）の適用を受けるため（※）の提出書類を確認する際に使用してください。

2　このチェックシートは、申告書の作成に際して、特例の適用に係る会社ごとに提出書類を確認の上、申告書に添付してご提出ください。

3　被相続人からの特例贈与により非上場株式等を取得している場合において当該贈与の日の属する年に当該被相続人の相続が開始したことによりこの特例の適用を受ける場合には、このチェックシートは使用できません。詳しくは税務署にお尋ねください。

4　「非上場株式等の特例贈与者が死亡した場合の相続税の納税猶予及び免除の特例」（租税特別措置法第70条の７の８）の適用を受ける場合には、このチェックシートではなく、「非上場株式等の特例贈与者が死亡した場合の相続税の納税猶予及び免除の特例」（特例措置）の提出書類チェックシートを使用してください。

※「非上場株式等についての相続税の納税猶予及び免除」（租税特別措置法第70条の７の２）の適用を受ける場合には、「『非上場株式等についての相続税の納税猶予及び免除』（一般措置）の提出書類チェックシート」を使用してください。

特例の適用に係る会社の名称：　　　　**被相続人氏名：**

相続人等（特例適用者）

住　所

氏　名

電　話　（　　）

関与税理士				
所在地				
氏名		電話		

（注）担保提供書及び担保提供関係書類が別途必要となります。

	提出書類	チェック欄
1	**会社の株主名簿の写しなど**、相続開始の直前及び相続開始の時における会社の全ての**株主又は社員の氏名等及び住所等並びにこれらの者が有する株式等に係る議決権の数が確認できる書類等**（その会社が証明したものに限ります。）	□
2	相続開始の時における会社の**定款の写し**（会社法その他の法律の規定により定款の変更をしたものとみなされる事項がある場合には、当該事項を記載した書面を含みます。）	□
3	**遺言書の写し又は遺産分割協議書の写し並びに相続人全員の印鑑証明書（遺産分割協議書に押印したもの）**	□
4	円滑化省令第７条第14項の都道府県知事の**認定書**（円滑化省令第６条第１項第12号又は第14号の事由に係るものに限ります。）**の写し**及び円滑化省令第７条第７項（同条第９項において準用する場合を含みます。）の**申請書の写し**	□
5	円滑化省令第17条第５項の都道府県知事の**確認書の写し**及び同条第２項の**申請書の写し**	□

＊　「非上場株式等についての相続税の納税猶予及び免除の特例」（特例措置）の適用要件チェックシート（２面）における（注）５又は14に該当する場合の提出書類については、税務署にお尋ねください。

第12章　個人事業者の事業用資産に係る相続税・贈与税の納税猶予及び免除の特例（個人版事業承継税制）

第１　個人事業者の事業用資産に係る贈与税と相続税の納税猶予特例の関係

個人の事業用資産の生前一括贈与を受けた場合には、贈与税の納税猶予の特例（措法70の６の８）が、また、相続人が個人の事業用資産を相続又は遺贈により取得した場合には、相続税の納税猶予の特例（措法70の６の10）が、それぞれ設けられています。これらの特例は、一定の要件の下に事業承継者が経営を継続することを前提として設けられているものです。ところで、相続税の納税猶予の特例は、贈与税の納税猶予の特例の適用を受けた者に限って適用されるものではありません。

しかし、個人の事業用資産の承継過程においては、贈与税から相続税、更に次の世代に事業用資産の贈与があった場合の贈与税というように、連続して課税関係が発生しますので、両特例は相互に接続した関係にあるということができます。

例えば、贈与税の納税猶予の特例の適用を受けていた贈与税額は、その事業用資産の贈与者が死亡したときに免除され、その死亡したときに納税猶予の特例の適用対象となっていた事業用資産は、その死亡した贈与者から受贈者（事業承継者）が相続又は遺贈により取得したものとみなされて、受贈者に対してその死亡の日の価額により相続税が課されることになり、この場合、その受贈者である相続人は、改めて相続税の納税猶予の特例の適用を受けることができます。

また、相続税の納税猶予の特例の適用を受けた相続税額は、原則として、事業承継者が死亡した場合に免除されることになるほか、例えば、事業承継者が、後継者に対して一定の期間経過後に生前一括贈与をした場合においても、納税猶予を受けていた相続税額は免除されることとなり、この場合、受贈者（後継者）については、贈与税の納税猶予の特例を受けることとなります。

なお、これらの個人事業者の事業承継税制は、従来の事業用の小規模宅地等の特例との選択適用を前提に10年間の時限措置として、従来から特例の対象である事業用の宅地（面積上限400㎡）に加え、事業用の建物（床面積上限800㎡）及び一定の減価償却資産を対象に、相続のみならず生前贈与にも適用することとし、対象資産の課税価格の100％に対応する相続税・贈与税額の納税が猶予されます。

また、この制度の適正性を確保するため、終身の事業・資産保有の継続要件を設けるとともに、債務控除を利用した制度の濫用の防止を考慮した猶予税額の計算方法を採り、法人の事業承継税制と同様、後継者以外の相続人の税額に影響を及ぼさない仕組みとする一方、個人事業者の特性も考慮した緩和措置を設けています。

第2　特例のあらまし

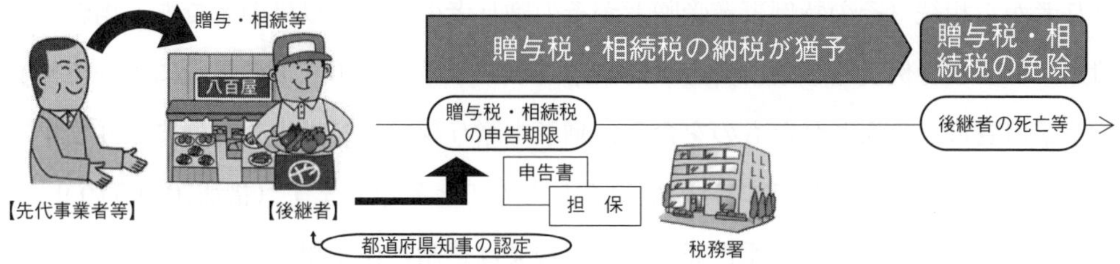

1　個人の事業用資産についての贈与税の納税猶予及び免除の特例（贈与税の納税猶予の特例）

特定事業用資産（注1）を有していた一定の個人（既にこの制度の適用に係る贈与をしているものを除きます。この第12章において、以下「贈与者」といいます。）が特例事業受贈者に特定事業用資産の全ての贈与で次に掲げるものをした場合は、その特例事業受贈者のその贈与の日の属する年分の贈与税で贈与税の申告書（相続税法第28条第1項の規定による期限内申告書をいいます。この第12章において同じです。）の提出により納付すべきものの額のうち、特例受贈事業用資産（注2）に係る納税猶予分の贈与税額に相当する贈与税については、贈与税の申告書の提出期限までにその納税猶予分の贈与税額に相当する担保を提供した場合に限り、その贈与者の死亡等の日まで、その納税が猶予されます（措法70の6の8①、措令40の7の8①）。

イ　平成31年1月1日から令和10年12月31日までの間の贈与で、最初のこの制度の適用に係る贈与

ロ　平成31年1月1日から令和10年12月31日までの間の贈与で、イの贈与の日（同日前に取得したその特定事業用資産に係る事業と同一の事業に係る他の資産について措置法第70条の6の10第1項の規定の適用を受けようとする場合又は受けている場合には、最初の同項の規定の適用に係る相続の開始の日）から1年を経過する日までの贈与

㊟1　特定事業用資産については、3を参照。

2　「特例受贈事業用資産」とは、その贈与により取得した特定事業用資産で贈与税の申告書にこの制度の適用を受けようとする旨の記載があるものをいいます（措法70の6の8①）。

2　個人の事業用資産の贈与者が死亡した場合の相続税の課税の特例

上記1の「個人の事業用資産についての贈与税の納税猶予及び免除」（措法70の6

の８）の適用を受ける特例事業受贈者に係る贈与者が死亡等した場合には、その贈与者の死亡等による相続又は遺贈に係る相続税については、その特例事業受贈者がその贈与者から相続（その特例事業受贈者がその贈与者の相続人以外の者である場合には、遺贈）により特例受贈事業用資産（同条第５項第３号又は第６項の規定により特例受贈事業用資産とみなされたものを含み、猶予中贈与税額に対応する部分に限ります。以下この２において同じです。）の取得をしたものとみなします（措法70の６の９）。

この場合において、その死亡等による相続又は遺贈に係る相続税の課税価格の計算の基礎に算入すべきその特例受贈事業用資産の価額については、原則として、その贈与者から贈与により取得をした特例受贈事業用資産のその贈与の時における価額を基礎として計算するものとします（平成31年４月１日から適用します（平成31年改正法附則１）。）。

3　個人の事業用資産についての相続税の納税猶予及び免除の特例（相続税の納税猶予の特例）

特定事業用資産を有していた一定の個人（以下この３において「被相続人」といいます。）から相続又は遺贈によりその事業に係る特定事業用資産の全ての取得（次に掲げる取得に限ります。）をした特例事業相続人等が、その相続に係る相続税の申告書（相続税法第27条第１項の規定による期限内申告書をいいます。以下この３において同じです。）の提出により納付すべき相続税の額のうち、特例事業用資産（注１）に係る納税猶予分の相続税額に相当する相続税については、相続税の申告書の提出期限までにその納税猶予分の相続税額に相当する担保を提供した場合に限り、その特例事業相続人等の死亡の日まで、その納税が猶予されます（措法70の６の10①、措令40の７の10①）。

イ　平成31年１月１日から令和10年12月31日までの間の取得で、最初のこの制度の適用に係る相続又は遺贈による取得

ロ　平成31年１月１日から令和10年12月31日までの間の取得で、イの取得の日（同日前に取得したその特定事業用資産に係る事業と同一の事業に係る他の資産について措置法第70条の６の８第１項の規定の適用を受けようとする場合又は受けている場合には、最初の同項の規定の適用に係る贈与の日）から１年を経過する日までの相続又は遺贈による取得

㈱１　「特例事業用資産」とは、その相続又は遺贈により取得した特定事業用資産で相続税の申告書にこの制度の適用を受けようとする旨の記載があるものをいいます（措法70の６の10①）。

2　上記2の「個人の事業用資産の贈与者が死亡した場合の相続税の課税の特例」（措法70の6の9）の規定により相続又は遺贈により取得したものとみなされた特例受贈事業用資産については、上記ロの期間内の取得に限るという規定の適用はありません（措法70の6の10㉚）。

なお、上記1及び3における「特定事業用資産」とは、先代事業者（贈与者・被相続人）の事業の用（不動産貸付業を除きます。）に供されていた次の資産で、贈与若しくは相続又は遺贈（以下「相続等」といいます。）の日の属する年の前年分の事業所得に係る青色申告書の貸借対照表に計上されていたものをいいます（措法70の6の8②一、70の6の10②一、措令40の7の8④～⑦、40の7の10⑤～⑧、措規23の8の8①②、23の8の9②）。

①　宅地等（その面積の合計のうち400㎡以下の部分）（※1）

②　建物（その床面積の合計のうち800㎡以下の部分）（※2）

③　②以外の減価償却資産で次のもの

・　固定資産税の課税対象となっているもの

・　自動車税又は軽自動車税において営業用の標準税率が適用される自動車

・　その他一定のもの（貨物運送用など一定の自動車、乳牛・果樹等の生物、特許権等の無形固定資産）

※1「宅地等」とは、土地又は土地の上に存する権利をいい、温室等の建物又は構築物でその敷地が耕作の用に供されている建物又は構築物以外のもので、贈与又は相続等の直前において先代事業者の事業の用に供されていた棚卸資産に該当しない宅地等に限ります（措法70の6の8②一イ、70の6の10②一イ、措令40の7の8⑥、40の7の10⑥、措規23の8の8①、23の8の9②）。

2「建物」とは、贈与又は相続等の直前において先代事業者の事業の用に供されていた棚卸資産に該当しない建物で、その建物のうちに事業の用以外に供されていた部分があるときは、事業の用に供されていた部分に限ります（措法70の6の8②一ロ、70の6の10②一ロ、措令40の7の8⑦、40の7の10⑧）。

＜贈与税の納税猶予の手続及び猶予税額の免除＞

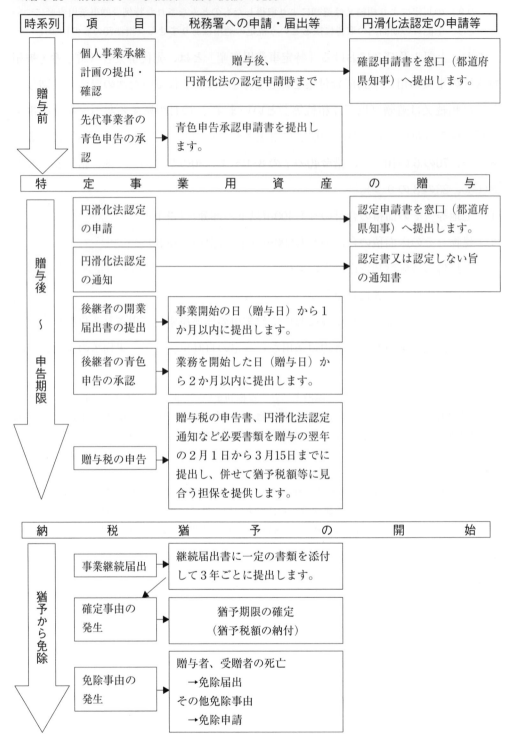

時系列	項　　目	税務署への申請・届出等	円滑化法認定の申請等
贈与前	個人事業承継計画の提出・確認	贈与後、円滑化法の認定申請時まで →	確認申請書を窓口（都道府県知事）へ提出します。
贈与前	先代事業者の青色申告の承認	青色申告承認申請書を提出します。	
特定事業用資産の贈与			
贈与後～申告期限	円滑化法認定の申請	→	認定申請書を窓口（都道府県知事）へ提出します。
贈与後～申告期限	円滑化法認定の通知	→	認定書又は認定しない旨の通知書
贈与後～申告期限	後継者の開業届出書の提出	事業開始の日（贈与日）から１か月以内に提出します。	
贈与後～申告期限	後継者の青色申告の承認	業務を開始した日（贈与日）から２か月以内に提出します。	
贈与後～申告期限	贈与税の申告	贈与税の申告書、円滑化法認定通知など必要書類を贈与の翌年の２月１日から３月15日までに提出し、併せて猶予税額等に見合う担保を提供します。	
納税猶予の開始			
猶予から免除	事業継続届出	継続届出書に一定の書類を添付して３年ごとに提出します。	
猶予から免除	確定事由の発生	猶予期限の確定（猶予税額の納付）	
猶予から免除	免除事由の発生	贈与者、受贈者の死亡 →免除届出 その他免除事由 →免除申請	

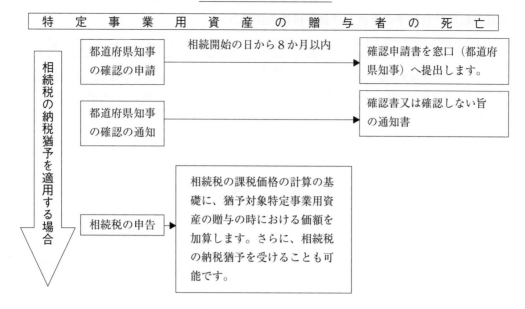

特　定　事　業　用　資　産　の　贈　与　者　の　死　亡

相続税の納税猶予を適用する場合

- 都道府県知事の確認の申請 → 相続開始の日から８か月以内 → 確認申請書を窓口（都道府県知事）へ提出します。
- 都道府県知事の確認の通知 → 確認書又は確認しない旨の通知書
- 相続税の申告 → 相続税の課税価格の計算の基礎に、猶予対象特定事業用資産の贈与の時における価額を加算します。さらに、相続税の納税猶予を受けることも可能です。

＜相続税の納税猶予の手続及び猶予税額の免除＞

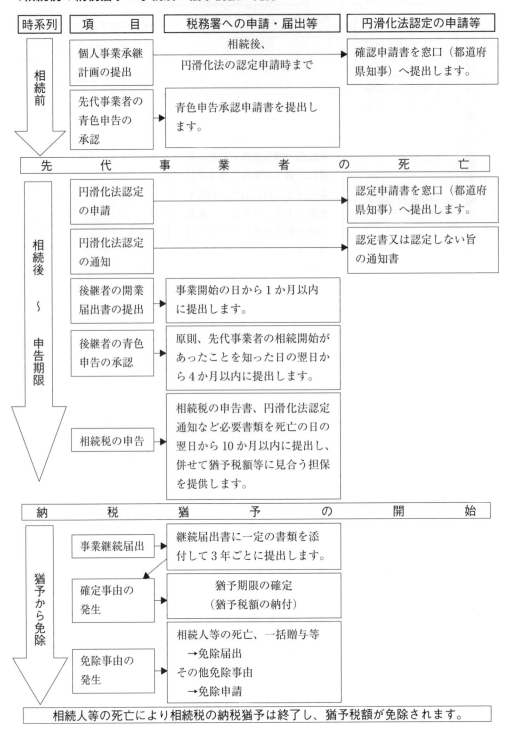

時系列	項　目	税務署への申請・届出等	円滑化法認定の申請等
相続前	個人事業承継計画の提出	相続後、円滑化法の認定申請時まで →	確認申請書を窓口（都道府県知事）へ提出します。
相続前	先代事業者の青色申告の承認	青色申告承認申請書を提出します。	
先代事業者の死亡			
相続後～申告期限	円滑化法認定の申請	→	認定申請書を窓口（都道府県知事）へ提出します。
相続後～申告期限	円滑化法認定の通知	→	認定書又は認定しない旨の通知書
相続後～申告期限	後継者の開業届出書の提出	事業開始の日から１か月以内に提出します。	
相続後～申告期限	後継者の青色申告の承認	原則、先代事業者の相続開始があったことを知った日の翌日から４か月以内に提出します。	
相続後～申告期限	相続税の申告	相続税の申告書、円滑化法認定通知など必要書類を死亡の日の翌日から10か月以内に提出し、併せて猶予税額等に見合う担保を提供します。	
納税猶予の開始			
猶予から免除	事業継続届出	継続届出書に一定の書類を添付して３年ごとに提出します。	
猶予から免除	確定事由の発生	猶予期限の確定（猶予税額の納付）	
猶予から免除	免除事由の発生	相続人等の死亡、一括贈与等 →免除届出 その他免除事由 →免除申請	

相続人等の死亡により相続税の納税猶予は終了し、猶予税額が免除されます。

第3　贈与税の納税猶予の特例

1　特例の適用要件や申告手続等の流れ

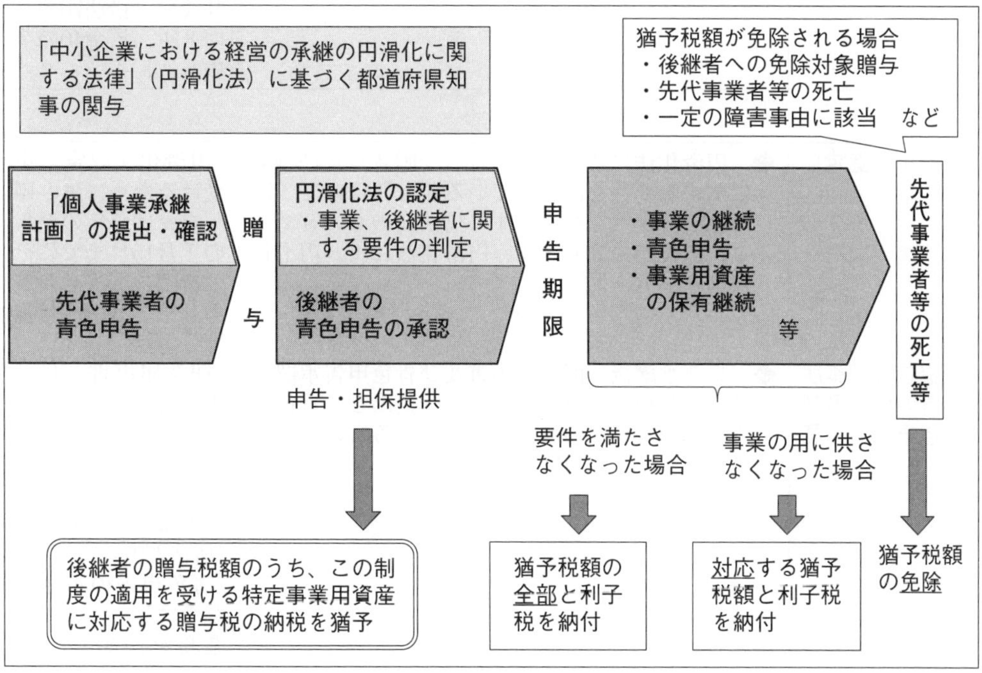

個人事業承継計画の提出	◆　後継者は、先代事業者の事業を確実に承継するための具体的な計画を記載した「個人事業承継計画」を策定します（円滑化規則16三）。 ◆　上記「個人事業承継計画」に認定経営革新等支援機関（税理士、商工会、商工会議所等）の所見を記載の上、都道府県知事に提出し、その確認を受けます（円滑化規則17①三、④）。	平成31年４月１日から令和８年３月31日までに都道府県知事に提出します（円滑化規則17①④）。 ※令和８年３月31日までの贈与については、贈与後、円滑化法の認定申請時までの提出も可能です。 〔参考〕 中小企業庁ホームページ
先代事業者の青色申告の承認	◆　先代事業者が、青色申告の承認（正規の簿記の原則によるものに限ります。）を受けます（所法144、措法25の２③）。	

⇩

贈与	◆　この特例の適用を受けるためには、贈与により、先代事業者である贈与者から、全部の「特定事業用資産」（措法70の６の８②一）を取得する必要があります。	平成31年１月１日から令和10年12月31日までの贈与で、最初にこの制度の適用に係る贈与に限ります（措法70の６の８①）。先代事業者以外からの贈与については、上記期間内で、先代事業者からの贈与又

		は相続税の納税猶予の特例を最初に適用した当該相続開始の日から１年を経過する日までの贈与に限ります（措法70の６の８①、措令40の７の８②）。

⇩

円滑化法認定	◆　円滑化法に基づき後継者（受贈者）及び事業に関する要件を満たしていることについて「円滑化法認定」を受けます（措法70の６の８②二ロ、措規23の８の８④、円滑化法12①、円滑化規則６⑯七、九）。	「円滑化法認定」を受けるためには、贈与を受けた年の翌年の１月15日までにその申請を行う必要があります（円滑化規則７⑩）。
後継者の開業届出書の提出及び青色申告の承認	◆　事業承継後、開業届出書及び青色申告承認申請書を納税地の所轄税務署長へ提出し、青色申告の承認（正規の簿記の原則によるものに限ります。）を受ける必要があります。	「開業届出書」は、事業開始の日（贈与日）の属する年分の所得税に係る確定申告期限までに提出する必要があります(所法229)。 「青色申告の承認」を受けるためには、業務を開始した日(贈与日）から２か月以内に申請を行う必要があります。 なお、後継者が既に他の業務を行っている場合には、青色申告を行おうとする年の３月15日までに申請を行う必要があります（所法144、措法25の２③）。
申告書の作成・提出	◆　贈与税の申告期限までに、この特例の適用を受ける旨を記載した贈与税の申告書及び一定の書類を納税地の所轄税務署長へ提出するとともに、納税が猶予される贈与税額及び利子税の額に見合う担保を提供する必要があります（措法70の６の８①⑧、措規23の８の８⑭)。 〈この特例を受けるための要件〉 １　贈与者の「事業」の主な要件（措法70の６の８②一、措令40の７の８⑤） ・　不動産貸付業、駐車場業及び自転車駐車場業ではないこと	 「贈与者の事業」には、次に掲げる者の事業も含まれます(措法70の６の８②一、措令40の７の８④)。 ・贈与者と生計を一にする配偶者その他の親族 ・贈与税の納税猶予

の特例を受けようとする者の相続税の納税猶予の特例の適用に係る被相続人でその被相続人に係る相続の開始の直前において贈与者と生計を一にしていた当該贈与者の親族

2　「特定事業用資産」の主な要件（措法70の6の8②一、措令40の7の8⑥⑦、措規23の8の8①②）

先代事業者（贈与者）の贈与の日の属する年の前年分の事業所得に係る青色申告書の貸借対照表に計上されている次の資産に限ります。

(1)　宅地等　400㎡以下の部分

(2)　建物　800㎡以下の部分

(3)　減価償却資産

イ　固定資産税の課税対象とされる償却資産

ロ　自動車税又は軽自動車税において営業用として課税対象とされる自動車

ハ　特許権、牛、果樹など

(1)宅地等及び(2)建物の限度面積要件の判定は、贈与者ごとに行います（措通70の6の8－18）。

3　後継者である受贈者「特例事業受贈者」の主な要件（措法70の6の8②二、措規23の8の8④～⑥）

(1)　贈与の日において18歳以上であること

※　令和4年3月31日以前に贈与する場合は、20歳以上であること（平成31年改正法附則79⑦）

(2)　円滑化法認定を受けていること

(3)　贈与の日まで引き続き3年以上にわたり特定事業用資産に係る事業に従事していたこと

(4)　贈与の日から贈与の日の属する年分の贈与税の申告書の提出期限まで引き続き特定事業用資産の全てを有し、かつ自己の事業の用に供していること

(5)　贈与の日の属する年分の贈与税の申告書の提出期限において、特定事業用資産に係る事業について開業の届出書を提出していること及び青色申告の承認を受けていること

(6)　特定事業用資産に係る事業が、贈与の時において、次のいずれにも該当しないこと

イ　性風俗関連特殊営業（860ページ※1）

ロ　資産管理事業（860ページ※2）

(7)　贈与者の事業を確実に承継すると認められる要件として都道府県知事の確認を受けた者であること

「特定事業用資産に係る事業」には、当該事業と同種又は類似の事業に係る業務も含まれます（措規23の8の8⑤）。

「資産管理事業」とは、有価証券、自ら使用していない不動産、現金・預金等の特定の資産の保有割合が特定事業用資産の事業に係る総資産の総額の70％以上となる事業（資産保有型事業）やこれらの特定の資産からの運用収入が特定事業用資産に係る事業の総

		収入金額の75％以上となる事業（資産運用型事業）をいいます（措法70の６の８②四、五、措令40の７の８⑭～⑰、措規23の８の８⑦～⑨）。
	４　「贈与者」の主な要件（措法70の６の８①、措令40の７の８①） (1)　贈与者が先代事業者の場合 イ　贈与の時において所得税の納税地の所轄税務署長に事業を廃止した旨の届出書を提出していること又は贈与に係る贈与税の申告書の提出期限までに当該届出書を提出する見込みであること ロ　贈与の日の属する年、前年及び前々年の確定申告書を青色申告書により所得税の納税地の所轄税務署長に提出していること (2)　(1)（贈与者が先代事業者）以外の場合 イ　先代事業者の贈与又は相続開始の直前において、先代事業者と生計を一にする親族であること ロ　先代事業者からの贈与又は相続後に特定事業用資産の贈与をしていること	先代事業者からの贈与又は相続開始の日から１年を経過する日までの贈与に限ります（措法70の６の８①、措令40の７の８②）。
	５　担保提供（措法70の６の８①） 納税が猶予される贈与税額及び利子税の額に見合う担保を提供する必要があります。	担保提供に係る書類を所轄税務署長に提出します。

⇩

贈与税の申告期限	贈与を受けた年の翌年の２月１日から３月15日までに、後継者の住所地の所轄税務署長に申告する必要があります（措法70の６の８①⑧、措規23の８の８⑭）。（861ページ※４）	

⇩

特例受贈事業用資産に係る事業の継続等	◆　申告後も引き続き特例受贈事業用資産を保有すること等により、納税の猶予が継続されます。 特例受贈事業用資産に係る事業を廃止するなど一定の場合には、納税が猶予されている贈与税の全部又は一部について利子税と併せて納付しなければなりません（措法70の６の８③④㉕）。 〈納税が猶予されている贈与税を納付する必要がある主な場合〉 (1)　次に該当した場合は、贈与税の全額と利子税を併せて納付する必要があります。 イ　後継者が、特例受贈事業用資産に係る事	

業を廃止した場合
ロ　特例受贈事業用資産に係る事業が、資産管理事業及び性風俗関連特殊営業に該当した場合
ハ　その年の特例受贈事業用資産に係る事業所得の総収入金額が零となった場合
ニ　後継者の青色申告の承認が取り消された場合

(2)　特例受贈事業用資産が事業の用に供されなくなった場合は、納税が猶予されている贈与税のうち、その事業の用に供されなくなった部分に対応する贈与税と利子税を併せて納付する必要があります。

ただし、次の場合は、納税猶予は継続されます。

イ　特例受贈事業用資産を陳腐化等の事由により廃棄した場合において、税務署長にその旨の書類等を提出したとき（措令40の７の８⑱、措規23の８の８⑩）
ロ　特例受贈事業用資産を譲渡した場合において、その譲渡があった日から１年以内にその対価により新たな事業用資産を取得する見込みであることにつき税務署長の承認を受けたとき（取得に充てられた対価に相当する部分に限ります。）（措法70の６の８⑤、措令40の７の８㉑～㉔、措規23の８の８⑪）
ハ　特定申告期限の翌日から５年を経過する日後の会社の設立に伴う現物出資により全ての特例受贈事業用資産を移転した場合において、その移転につき税務署長の承認を受けたとき（措法70の６の８⑥、措令40の７の８㉕～㉗、措規23の８の８⑫⑬）

「特定申告期限」とは、後継者の最初の本制度の適用に係る贈与税の申告期限又は最初の相続税の納税猶予の特例の適用に係る相続税の申告期限のいずれか早い日をいいます（措法70の６の８⑥）。

「継続届出書」の提出

◆　引き続きこの特例の適用を受ける旨や、特例受贈事業用資産に係る事業に関する事項等を記載した「継続届出書」を贈与税の申告書の提出期限後の３年ごとに後継者（受贈者）の納税地の所轄税務署長へ提出する必要があります（措法70の６の８⑨、措令40の７の８㉘、措規23の８の８⑮～⑰）。

先代事業者（贈与者）の死亡等「免除届出書」の提出

◆　先代事業者（贈与者）の死亡等があった場合には、「免除届出書」を提出することにより、その死亡等のあったときにおいて納税が猶予されている贈与税の全額又は一部についてその納付が免除されます（措法70の６の８⑭、措令40の７の８㉙㉚、措規23の８の８㉑）。

〈猶予されている贈与税の納付が免除される主な場合〉

(1)　先代事業者（贈与者）の死亡の時以前に後

	継者（受贈者）が死亡した場合 (2)　先代事業者（贈与者）が死亡した場合 (3)　特定申告期限の翌日から５年を経過する日後に、特例受贈事業用資産の全てについて「免除対象贈与」を行った場合 (4)　事業を継続することができなくなった場合（やむを得ない理由がある場合に限ります。）	「免除対象贈与」とは、特例受贈事業用資産の全てが後継者に贈与され、その後継者が「贈与税の納税猶予の特例」を受ける場合における贈与をいいます。

※1　「性風俗関連特殊営業」とは、風俗営業等の規制及び業務の適正化等に関する法律（この第12章において、以下「風営法」といいます。）第２条第５項に規定する事業をいい、同項の規定は、次のとおりです（措通70の６の８－30）。

○　**風営法第２条《用語の意義》第５項**

この法律において「性風俗関連特殊営業」とは、店舗型性風俗特殊営業、無店舗型性風俗特殊営業、映像送信型性風俗特殊営業、店舗型電話異性紹介営業及び無店舗型電話異性紹介営業をいう。

※2　「資産管理事業」とは、次の要件を満たす「資産保有型事業」及び「資産運用型事業」をいいます（措法70の６の８②四、五、措令40の７の８⑭～⑰、措規23の８の８⑦～⑨、措通70の６の８－21、22）。

資産保有型事業	特定事業用資産に係る事業の資産状況を確認する期間（贈与の日の属する年の前年１月１日から納税の猶予に係る期限が確定する日までの期間）のいずれかの日において、右の①及び③に掲げる金額の合計額に対する②及び③に掲げる金額の合計額の割合が70/100以上となる事業をいいます。	①	その日におけるその事業に係る貸借対照表に計上されている総資産の帳簿価額の総額
		②	その日におけるその事業に係る特定資産の貸借対照表に計上されている帳簿価額の合計額 → 特定個人事業資産
		③	その日以前５年以内において、後継者と特別の関係がある者（※３）がその後継者から受けた対価又は給与の額のうち、所得税法の規定により必要経費不算入とされた金額の合計額
資産運用型事業	特定事業用資産に係る事業の資産の運用状況を確認する期間（贈与の日の属する年の前年１月１日から納税の猶予に係る期限が確定する日の属する年の前年の12月31日までの期間）内のいずれかの年における総収入金額に占める特定資産の運用収入の合計額の割合が75/100以上となる会社をいいます。		

特定個人事業資産（措規23の8の8⑧、円滑化規則1㉛ニイ～ホ）		
	①	金融商品取引法第２条第１項に規定する有価証券及び同条第２項の規定により有価証券とみなされる権利
	②	後継者が自ら使用していない不動産
	③	ゴルフ場その他施設の利用に関する権利
	④	絵画、彫刻、工芸品その他有形の文化的所産である動産、貴金属及び宝石
	⑤	現金預貯金及び後継者又は後継者の特別関係者に対する貸付金、未収金

※３　「特別の関係がある者」とは、次のとおりです（措令40の７の８⑮）。

①	その個人の親族
②	その個人と婚姻の届出をしていないが事実上婚姻関係と同様の事情にある者
③	その個人の使用人
④	①から③以外の者でその個人から受ける金銭その他の資産によって生計を維持している者
⑤	②から④の者と生計を一にするこれらの親族
⑥	その個人（①から⑤に掲げる者を含みます。⑦及び⑧において同じです。）が有する会社の株式等に係る議決権の数の合計が、当該会社に係る総株主等議決権数の50/100を超える数である場合におけるその会社
⑦	その個人及び⑥の会社が有する他の会社の株式等に係る議決権の数の合計が、その「他の会社」に係る総株主等議決権数の50/100を超える数である場合におけるその「他の会社」
⑧	その個人及び⑥又は⑦の会社が有する他の会社の株式等に係る議決権の数の合計が、その「他の会社」に係る総株主等議決権数の50/100を超える数である場合におけるその「他の会社」

※４　この特例は、期限後申告、修正申告又は更正に係る税額について適用がありません（措法70の６の８①）。

ただし、修正申告又は更正があった場合で、その修正申告又は更正が期限内申告においてこの特例の適用を受けた特例受贈事業用資産の評価又は税額計算の誤りのみに基づいてされるときにおけるその修正申告又は更正により納付すべき贈与税額（附帯税を除きます。）については、当初からこの特例の適用があることとされています。

この場合において、その修正申告又は更正により納税猶予の適用を受けることとなる贈与税の本税の額とその本税に係る利子税の額に相当する担保については、その修正申告書の提出の日又はその更正に係る通知書が発せられた日の翌日から起算して１か月を経過する日までに提供しなければなりません（措通70の６の８－９）。

なお、このことは、相続税の納税猶予の特例（措法70の６の10）においても同様です（措通70の６の10－８）。

2　納税が猶予される贈与税の計算方法（措法70の6の8②三）

1　贈与を受けた全ての財産の価額の合計額に基づき贈与税を計算します。

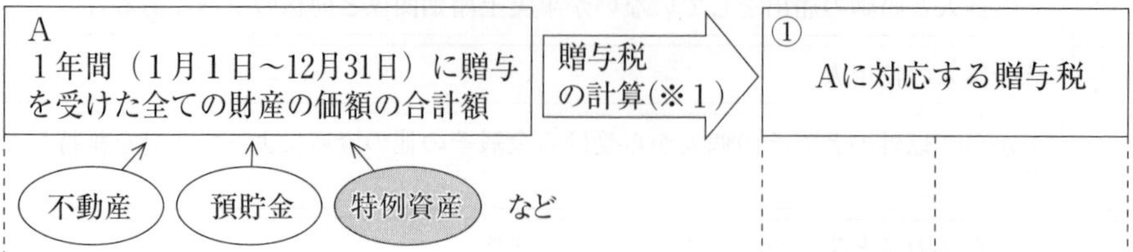

2　贈与を受けた財産が特例資産のみであると仮定して贈与税を計算します。

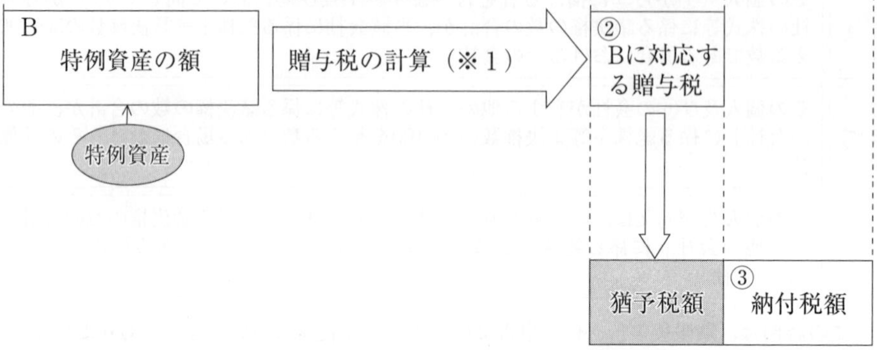

3　「②の金額」が「納税が猶予される贈与税の額」となります（100円未満の金額は切り捨てます（措令40の7の8⑩））。

なお、「①の金額」から「納税が猶予される贈与税の額（②の金額）」を控除した「③の金額（納付税額）」は、贈与税の申告期限までに納付します。

※1　暦年課税を選択した場合は、基礎控除110万円を控除し、暦年課税における贈与税率を適用して計算します。また、相続時精算課税を選択した場合は、令和6年1月1日以後は基礎控除110万円及び特別控除2,500万円を控除し、税率20％を適用して計算します。

2　上記により計算した納税猶予分の贈与税額が0となる場合には、「贈与税の納税猶予」の適用はありません。

3　図中の「特例資産」とは、特例受贈事業用資産を表しています。

＜贈与税の納付税額等の算出イメージ＞

①　暦年課税を選択した場合

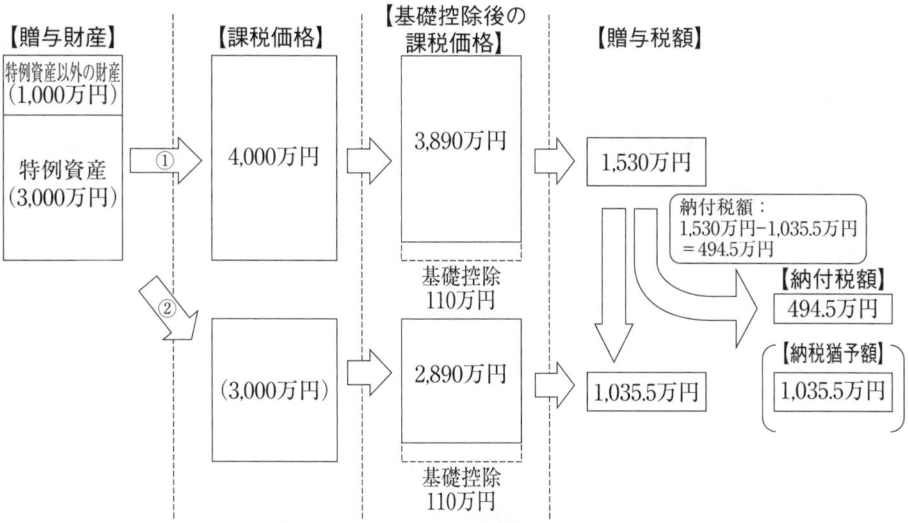

※１　税額は、孫等が直系尊属から贈与を受けた場合の特例税率によって計算しています。
　２　図中の「特例資産」とは、特例受贈事業用資産を表しています。

②　相続時精算課税を選択した場合

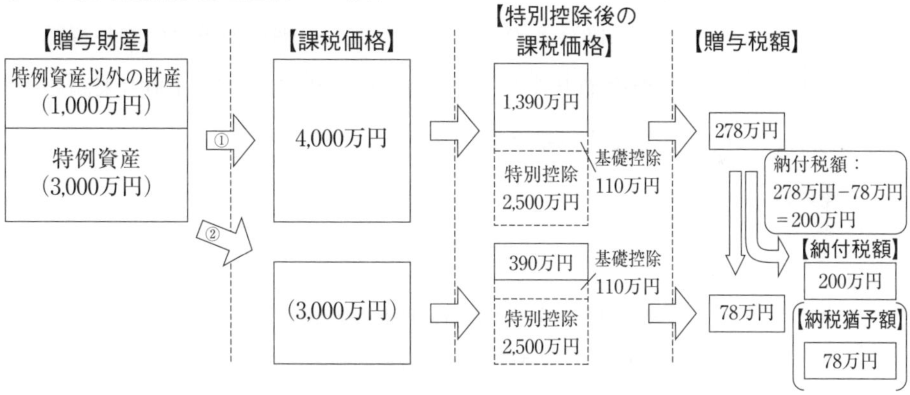

※１　図中の「特例資産」とは特例受贈事業用資産を表しています。
　２　令和５年12月31日までの贈与については110万円の基礎控除はありません。

３　納税猶予分の贈与税額の計算

⑴　贈与者が１人の場合の納税猶予分の贈与税額の計算

次のイ及びロの金額が納税猶予分の贈与税額となり、この納税猶予分の贈与税額に100円未満の端数がある場合には切り捨てます（措法70の６の８②三、措令40の７の８⑩）。

イ　特例受贈事業用資産が暦年課税の適用を受けるものである場合

特例受贈事業用資産の価額を後継者に係るその年分の贈与税の課税価格とみな

して、相続税法第21条の５《贈与税の基礎控除》及び第21条の７《贈与税の税率》の規定（租税特別措置法第70条の２の４《贈与税の基礎控除の特例》及び第70条の２の５《直系尊属から贈与を受けた場合の贈与税の税率の特例》の規定を含みます。）を適用して計算した金額

ロ　特例受贈事業用資産が相続時精算課税制度の適用を受けるものである場合

特例受贈事業用資産の価額を後継者に係るその年分の贈与税の課税価格とみなして、相続税法第21条の11の２《相続時精算課税に係る贈与税の基礎控除》、相続税法第21条の12《相続時精算課税に係る贈与税の特別控除》及び第21条の13《相続時精算課税に係る贈与税の税率》を適用して計算した金額

(2)　贈与者が２人以上である場合の納税猶予分の贈与税額の計算

イ　特例受贈事業用資産が暦年課税の適用を受ける場合

納税猶予分の贈与税額は、後継者がその年中において贈与により取得をした全ての特例受贈事業用資産の価額の合計額をその年分の贈与税の課税価格とみなして、上記(1)イにより計算します（措令40の７の８⑪一、措通70の６の８－27）。

この場合において、贈与者の異なるものごとの納税猶予分の贈与税額は、次の算式により計算した金額となり、納税猶予分の贈与税額に100円未満の端数がある場合には切り捨てます（措令40の７の８⑫一）。

〔算式〕

$$A \times \frac{B}{C}$$

Ａ：上記(1)イにより計算した金額（端数処理前の金額）

Ｂ：贈与者の異なるものごとの特定事業用資産の価額

Ｃ：特例受贈事業用資産の価額の合計額

ロ　特例受贈事業用資産が相続時精算課税制度の適用を受けるものである場合

納税猶予分の贈与税額は、後継者がその年中において相続時精算課税制度の適用を受ける贈与により取得した全ての特例受贈事業用資産の価額を特定贈与者ごとに合計した額のそれぞれの額をその年分の贈与税の課税価格とみなして、上記(1)ロにより計算し（措令40の７の８⑪二）、これにより計算された金額が贈与者の異なるものごとの納税猶予分の贈与税額となります（措令40の７の８⑫二、措通70の６の８―27）。

⑶　特例受贈事業用資産の価額

特例受贈事業用資産の価額は、後継者が、贈与者から特例受贈事業用資産の贈与とともに債務を引き受けた場合には、次の計算式により計算します（措法70の６の８②三、措令40の７の８⑧）。

〔算式〕

特例受贈事業用資産※1 －（当該特例受贈事業用資産とともに引き受けた債務の金額 － 当該債務のうち当該特例受贈事業用資産に係る事業に関するものと認められるもの以外の債務※2の金額）

※１　当該債務の引受けがないものとした場合の価額によります（措令40の７の８⑨）。

２　当該事業に関するもの以外の債務であることが金銭の貸付に係る消費貸借の契約書その他の書面により明らかにされているものに限ります（措令40の７の８⑧）。

４　納税猶予期間内の猶予税額の全部確定

⑴　事業を廃止した場合、破産手続開始の決定があった場合

納税猶予期間内に後継者が特例受贈事業用資産に係る事業を廃止したとき又は当該後継者について破産手続開始の決定があったときは、その事業を廃止した日又はその決定があった日から２か月を経過する日をもって納税の猶予に係る期限とされます（措法70の６の８③一）。

⑵　資産管理事業及び性風俗関連特殊営業に該当した場合

納税猶予期間内に特例受贈事業用資産に係る事業が資産保有型事業、資産運用型事業又は性風俗関連特殊営業のいずれかに該当することとなったときは、その該当することとなった日から２か月を経過する日をもって納税の猶予に係る期限とされます（措法70の６の８③二）。

⑶　事業所得の総収入金額が零となった場合

納税猶予期間内に後継者のその年の特例受贈事業用資産に係る事業所得の総収入金額が零となったときは、その年の12月31日から２か月を経過する日をもって納税の猶予に係る期限とされます（措法70の６の８③三）。

⑷　事業用資産の全てが青色申告書の貸借対照表に計上されなくなった場合

特例受贈事業用資産の全てが後継者のその年の事業所得に係る青色申告書の貸借対照表に計上されなくなったときは、その年の12月31日から２か月を経過する日をもっ

て納税の猶予に係る期限とされます（措法70の６の８③四）。

⑸　青色申告の承認が取り消された場合、青色申告書の提出を取りやめた場合

後継者が所得税法第150条第１項の規定により青色申告の承認を取り消されたとき又は同法第151条第１項の規定による青色申告書の提出をやめる旨の届出書を提出したときは、その承認が取り消された日又はその届出書の提出があった日から２か月を経過する日をもって納税の猶予に係る期限とされます（措法70の６の８③五）。

⑹　贈与税の納税猶予の特例の適用をやめた場合

後継者が本制度の適用を受けることをやめる旨を記載した届出書を納税地の所轄税務署長に提出したときは、その届出書の提出があった日から２か月を経過する日をもって納税の猶予に係る期限とされます（措法70の６の８③六）。

㈱　上記のそれぞれに定める日から２か月を経過する日までの間に後継者が死亡した場合には、後継者の相続人（包括受遺者を含む。）が後継者の死亡による相続の開始があったことを知った日の翌月から６か月を経過する日が納税の猶予に係る期限となります（措法70の６の８㉖）。

チェックポイント

〔特例の対象とならない資産管理事業〕

資産保有型事業又は資産運用型事業に該当するかどうかの判定は、次の⑴又は⑵により行います。

⑴　資産保有型事業の判定（措通70の６の８－21）

贈与の日の属する年の前年１月１日から猶予中贈与税額に相当する贈与税の全部につき納税の猶予に係る期限が確定する日までの期間のいずれかの日において次の算式を満たす場合には、資産保有型事業に該当します（措法70の６の８②四、措令40の７の８⑭～⑯、措規23の８の８⑧）。

ただし、当該後継者の事業活動のために必要な資金の借入れを行ったことその他措置法規則第23条の８の８第７項に定める事由が生じたことにより、次の算式に該当することとなった場合には、当該事由が生じた日から同日以後６か月を経過する日までの期間は、上記の判定期間から除かれます（措令40の７の８⑭ただし書）。

〔算式〕

$$\frac{B+C}{A+C} \geqq \frac{70}{100}$$

※　上記の算式中の符号は次のとおり。

A　そのいずれかの日における当該事業に係る貸借対照表に計上されている総資産の帳簿価額の総額

B　そのいずれかの日における当該事業に係る貸借対照表に計上されている特定資産㈲の帳簿価額の合計額

C　そのいずれかの日以前５年以内において後継者と特別の関係がある者が当該後継者から支払を受けた対価又は給与であって、所得税法第56条又は第57条の規定により、当該事業に係る事業所得の金額の計算上必要経費にされるもの以外のものをいいます（措令40の７の８⑯）。

㈲「特定資産」の主なものは次のとおりです（措規23の８の８⑧、円滑化規則１㉛二イ～ホ）。

イ　金融商品取引法第２条に規定する有価証券及び有価証券とみなされる権利

ロ　後継者が現に自ら使用していない不動産

ハ　ゴルフ場その他の施設の利用に関する権利（事業供用目的以外のもの。ニにおいて同じです。）

ニ　絵画、彫刻、工芸品その他の有形の文化的所産である動産、貴金属及び宝石

ホ　現金、預貯金その他これらに類する資産（後継者又は後継者の同族関係者に対する貸付金、未収金その他これらに類する資産を含みます。）

⑵　**資産運用型事業に該当するかどうかの判定**（措通70の６の８－22）

贈与の日の属する年の前年１月１日から猶予中贈与税額に相当する贈与税の全部につき納税の猶予に係る期限が確定する日の属する年の前年12月31日までの期間内のいずれかの年において次の算式を満たす場合には、資産運用型事業に該当します（措法70の６の８②五、措令40の７の８⑰）。

ただし、当該後継者の事業活動のために必要な資金を調達するために特定資産を譲渡したことその他措置法規則第23条の８の８第９項に定める事由が生じたことにより、次の算式に該当することとなった場合には、当該事由が生じた年の１月１日からその翌年の12月31日までの期間は、上記の判定期間から除かれます（措令40の７の８⑰ただし書）。

〔算式〕

$$\frac{B}{A} \geqq \frac{75}{100}$$

※　上記算式中の符号は次のとおり。

A　そのいずれかの年における当該事業の事業所得に係る総収入金額

B　そのいずれかの年における当該事業に係る特定資産の運用収入の合計額

5　納税猶予期間内の猶予税額の一部確定

特例受贈事業用資産の全部又は一部が後継者の事業の用に供されなくなった場合には、当該事業の用に供されなくなった日から２か月を経過する日をもって納税の猶予に係る期限とされます（措法70の６の８④）。

なお、上記のこととなったときは、納税が猶予されている贈与税額のうち、その事業の用に供されなくなった部分に対応する部分の額（措令40の７の８⑳）に相当する

贈与税と利子税を併せて納付します。

ただし、次に掲げる場合には、納税の猶予は継続されます。

(1)　特例受贈事業用資産の陳腐化、腐食、損耗その他これらに準ずる事由により、特例受贈事業用資産を廃棄したことにより、事業の用に供することが困難になった場合において、その廃棄した日から２か月を経過する日までに納税地の所轄税務署長に対し、所定の届出書を提出したとき（措法70の６の８④、措令40の７の８⑱、措規23の８の８⑩）

(2)　特例受贈事業用資産を譲渡した場合において、その譲渡があった日から１年以内にその対価により新たな事業用資産を取得する見込みであることにつき、納税地の所轄税務署長の承認を受けたとき（措法70の６の８⑤、措令40の７の８㉑～㉔、措規23の８の８⑪）

(3)　特定申告期限(※)の翌日から５年を経過する日後の会社の設立に伴う現物出資による全ての特例受贈事業用資産の移転である場合において、その移転につき、納税地の所轄税務署長の承認を受けたとき（措法70の６の８⑥、措令40の７の８㉕㉖、措規23の８の８⑫）

(注)「特定申告期限」とは、後継者の最初の本制度の適用に係る贈与税の申告期限又は最初の相続税の納税猶予の特例の適用に係る相続税の申告期限のいずれか早い日をいいます（措法70の６の８⑥）。

なお、上記の承認を受けた場合における納税猶予の期限の確定等については、次のとおりです。

イ　納税猶予の期限の確定

非上場株式等についての贈与税の納税猶予に係る租税特別措置法第70条の７第５項等の規定が準用され、贈与税の納税猶予の特例の規定は適用されません（措令40の７の８㉗一、二）。

ロ　納税猶予額の免除

(イ)　後継者が現物出資により取得した株式を全て贈与した場合において、当該株式を取得した者がその株式について、非上場株式等についての贈与税の納税猶予の特例（措法70の７①又は70の７の５①）の適用を受けるときは、猶予税額が免除されます（措令40の７の８㉗三）。

(ロ)　後継者が有する特例受贈事業用資産に係る事業を継続することができなくなった場合における免除の規定（措法70の６の８⑭四）は適用されません（措令40の７の８㉗一）。

(ハ)　現物出資により設立した会社につき法的な倒産等があった場合には、非上場株式等についての贈与税の納税猶予に係る次の規定が準用され、一定の猶予税額が免除される（措令40の７の８㉗二）こととなり、贈与税の納税猶予の特例（措法70の６の８）の第16項から第18項までの規定は適用されません。

A　法的な倒産等による納税猶予税額の免除（措法70の７⑯～⑳）

B　事業の継続が困難な事由が生じた場合において譲渡等を行ったときの納税猶予税額の再計算による免除（措法70の７の５⑫～⑲）

C　再生計画認可の決定等があった場合の納税猶予税額の再計算による免除（措法70の７㉑～㉕）

(注)　租税特別措置法第70条の６の８第４項及び第５項の規定の適用における特例受贈事業用資産を譲渡又は贈与（譲渡等）した場合の譲渡等の順は、次の①及び②のとおりとなります（措通70の６の８―34）。

①　後継者が特例受贈事業用資産とそれ以外の事業用資産（措法70の６の８②一の資産に限ります。）を有する場合

特例受贈事業用資産以外の事業用資産から先に譲渡等をしたものとみなされます（措令40の７の８㊵）。

チェックポイント

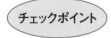

〔同一事業の事業用資産について、特例受贈事業用資産とそれ以外の事業用資産の両方を所有している場合〕

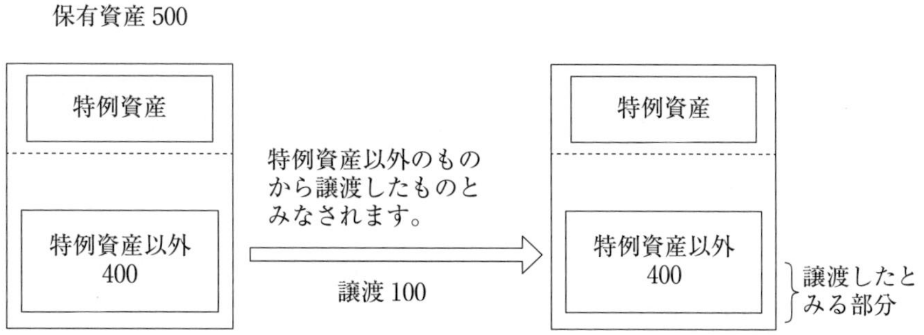

※　図中の「特例資産」とは、特例受贈事業用資産を表しています。

②　後継者が、その有する特例受贈事業用資産の譲渡等をした場合

特例受贈事業用資産のうち先に取得をしたものから順次譲渡等をしたものとみなされます（措令40の７の８㊶）。

チェックポイント

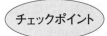

〔２以上の贈与者から同一事業の特例受贈事業用資産の贈与を受けている場合〕

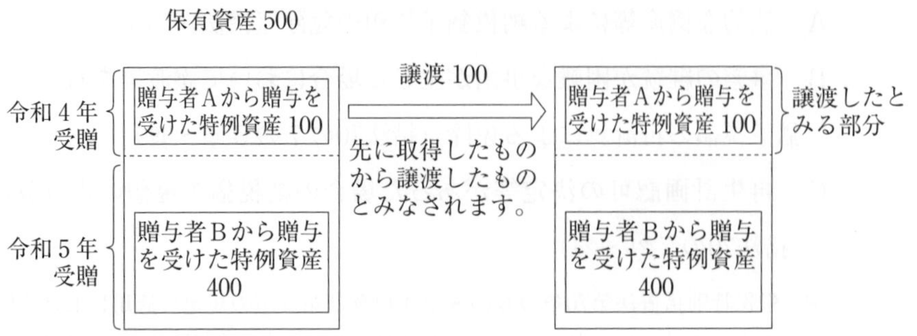

※　図中の「特例資産」とは、特例受贈事業用資産を表しています。

チェックポイント

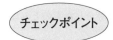

〔同一事業の事業用資産について、特例受贈事業用資産と相続税の納税猶予の特例の適用を受けた資産がある場合〕

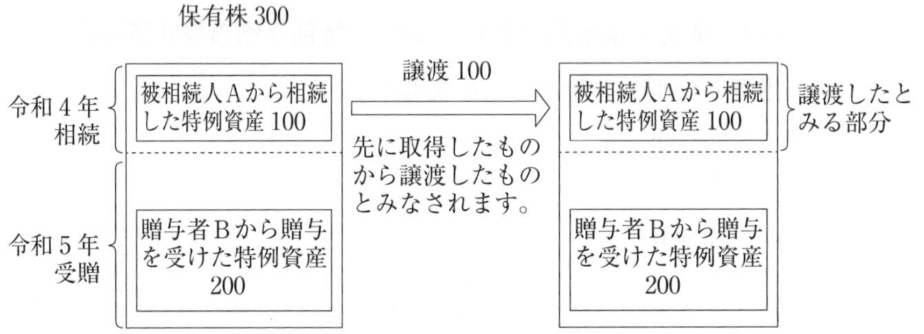

※　図中の「被相続人Ａから相続した特例資産」とは、相続税の納税猶予の特例の適用を受けた株式を表しています。
また「特例資産」とは、特例受贈事業用資産を表しています。

6　継続届出手続

贈与税の納税猶予の特例を受ける後継者は、贈与税の申告書の提出期限の翌日から猶予中贈与税額に相当する贈与税の全部につき納税の猶予に係る期限が確定する日までの間に特例贈与報告基準日㈱が存する場合には、届出期限（当該特例贈与報告基準日の翌日から3か月を経過する日をいいます。）までに、引き続いてこの特例を受けたい旨及びこの制度の適用を受ける特例受贈事業用資産に係る事業に関する事項を記載した継続届出書に一定の書類を添付して納税地の所轄税務署長に提出しなければならないこととされています（措法70の6の8⑨、措令40の7の8㉘、措規23の8の8⑮～⑰）。

㈜「特例贈与報告基準日」とは、特定申告期限（868ページ㈜参照）の翌日から3年を経過するごとの日をいいます。

なお、徴収権の時効は、継続届出書の提出があった時に中断し、届出期限の翌日から新たに進行します（措法70の6の8⑩）。また、継続届出書が上記届出期限までに提出されない場合には、提出がなかったことについてやむを得ない事情がある場合を除き、猶予中の贈与税額に相当する贈与税は届出期限から2か月を経過する日をもって納税の猶予に係る期限となります（措法70の6の8⑪⑮）。

7　猶予期限の繰上げ

税務署長は、次に掲げる場合には、猶予中贈与税額に相当する贈与税に係る納税猶予期限を繰り上げることができることとされています（措法70の6の8⑫）。

①	後継者が提供した担保について、税務署長による担保の変更等の命令に応じない場合
②	後継者から提出された継続届出書に記載された事項と相違する事実が判明した場合

8　延納制度の利用

前記4、5、6及び7の確定事由により確定する贈与税については、延納制度の適用はありません（措法70の6の8⑬八）。

9　猶予税額の免除

次の⑴又は⑵に当たる場合、猶予中贈与税額に相当する贈与税について、その全部又は一部が免除されることとなります。

⑴　免除事由が生じた場合（届出免除）

贈与税の納税猶予の特例を受ける後継者又は先代事業者が次の①から④のいずれかに該当することとなった場合には、猶予中贈与税額に相当する贈与税の一定額が免除されます（措法70の6の8⑭）。

また、これらに該当する場合には、それぞれの届出期限までに一定事項を記載した免除届出書を納税地の所轄税務署長に提出しなければなりません（措法70の６の８⑭、措令40の７の８㉙㉚、措規23の８の８⑱～㉑）。

免除事由		免除額	届出書の提出期限
①	先代事業者の死亡の時以前に後継者が死亡した場合	猶予中贈与税額	後継者が死亡した日から同日以後６か月を経過する日
②	先代事業者が死亡した場合	猶予中贈与税額のうち先代事業者が贈与をした特例受贈事業用資産に対応する部分の額に相当する贈与税額	先代事業者が死亡した日から同日以後６か月を経過する日
③	特定申告期限の翌日から５年を経過する日後に、その後継者が特定事業用資産につき贈与税の納税猶予の特例（措法70の６の８）の適用に係る贈与をした場合	猶予中贈与税額	左欄の贈与をした日からその贈与を受けた者が贈与税の納税猶予の特例に係る贈与税の申告書を提出した日以後６か月を経過する日
④	後継者が事業を継続することができなくなったことについてやむを得ない理由がある場合※	猶予中贈与税額	後継者が事業を継続することができなくなった日から同日以後６か月を経過する日

※「やむを得ない理由」とは、後継者が次に掲げる事由のいずれかに該当することとなったことをいいます（措規23の８の８㉑）。

1　精神保健及び精神障害者福祉に関する法律第45条第２項の規定により精神障害者保健福祉手帳（障害等級が一級である者として記載されているものに限ります。）の交付を受けたこと。

2　身体障害者福祉法第15条第４項の規定により身体障害者手帳（身体上の障害の程度が一級又は二級である者として記載されているものに限ります。）の交付を受けたこと。

3　介護保険法第19条第１項の規定による同項に規定する要介護認定（同項の要介護状態区分が要介護認定等に係る介護認定審査会による審査及び判定の基準等に関する省令第１条第１項第５号に掲げる区分（要介護５）に該当するものに限ります。）を受けたこと。

チェックポイント

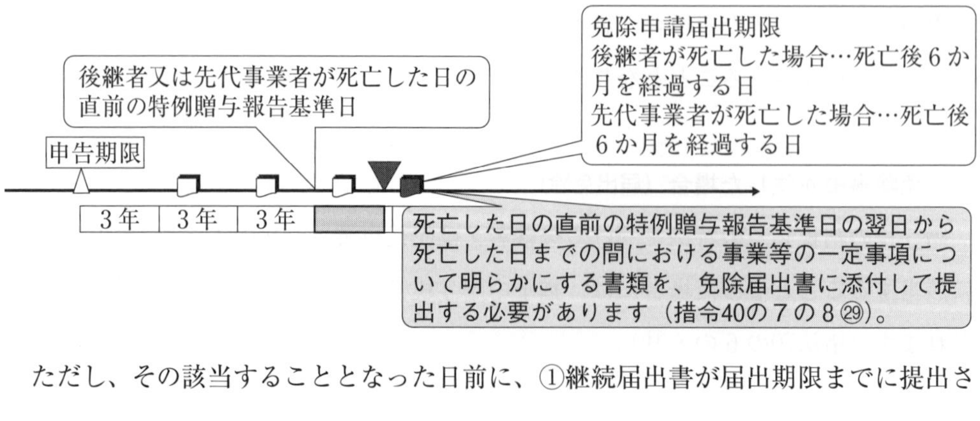

ただし、その該当することとなった日前に、①継続届出書が届出期限までに提出さ

れなかった場合（措法70の６の８⑪）、②税務署長の命令に応じない場合等の納税の猶予に係る期限の繰上げ（措法70の６の８⑫）又は③猶予期限確定事由に該当することとなった場合（措法70の６の８③④）には、上記のいずれかに該当したとしても、その免除はされないこととなります（措法70の６の８⑭）。

なお、猶予税額の免除を受けるための免除届出書がそれぞれの提出期限内に提出されなかった場合においても、一定の書類を提出し、税務署長がこれらの期限内にその提出がなかったことについてやむを得ない事情があると認めたときは、免除届出書がこれらの期限内に提出されたものとみなされます（措法70の６の８⑮、措令40の７の８㉜）。

⑵　税務署長が申請に対して認めた場合（申請免除）

後継者が次表①から④のいずれかに該当することとなった場合に、次表の免除額に相当する贈与税が免除されます（措法70の６の８⑯⑰、措令40の７の８㉝～㉟、措規23の８の８㉓～㉗）。

	免除事由	免除額
①	後継者が特例受贈事業用資産の全部の譲渡等（特別関係者以外の者のうちの一人の者（※１）に対するもの又は民事再生による場合に限ります。）をした場合で、右のイ＋ロの金額が譲渡直前における猶予中贈与税額に満たないとき	猶予中贈与税額から次のイ＋ロの金額を控除した残額 イ　原則として、特例受贈事業用資産の譲渡時の時価 ロ　譲渡等以前５年以内において後継者の特別関係者が後継者から受けた必要経費不算入対価等の合計額
②	後継者について破産手続開始の決定があった場合	次のイ－ロの金額 イ　破産手続開始の決定の直前における猶予中贈与税額 ロ　破産手続開始の決定があった日以前５年以内において、後継者の特別関係者が後継者から受けた必要経費不算入対価等の合計額
③	後継者が特例受贈事業用資産の全部の譲渡等（特別関係者以外の者に対するもので事業の継続が困難な事由として一定の事由（※２）が生じた場合に限ります。）をした場合で、右のイ＋ロの金額が譲渡等直前における猶予中贈与税額に満たないとき	猶予中贈与税額から次のイ＋ロの金額を控除した残額 イ　原則として、特例受贈事業用資産の譲渡時の時価に基づき再計算した猶予税額 ロ　譲渡等の日以前５年以内において、後継者の特別関係者が後継者から受けた必要経費不算入対価等の合計額

④	後継者が事業を廃止した場合において、右のイ＋ロの金額が廃止直前における猶予中贈与税額に満たないとき	猶予中贈与税額から次のイ＋ロの金額を控除した残額 イ　原則として、廃止直前における特例受贈事業用資産の時価に基づき再計算した猶予税額 ロ　廃止以前５年以内において、後継者の特別関係者が後継者から受けた必要経費不算入対価等の合計額

※1 「特別関係者以外の者のうちの一人の者」とは次に掲げる者をいいます（措令40の７の８㉝）。

① 譲渡等の時において青色申告の承認を受けている個人

② 持分の定めのある法人（医療法人を除く。）

③ 持分の定めのない法人（一般社団法人（公益社団法人を除く。）又は一般財団法人（公益財団法人を除く。）を除く。）

2 「事業の継続が困難な事由として一定の事由」とは、次に掲げる事由をいいます（措令40の７の８㉟）

① 後継者又はその事業が前表の③又は④の場合のいずれかに該当することとなった日の属する年の前年以前３年内の各年（②において「直前３年内の各年」といいます。）のうち２以上の年において、その事業に係る事業所得の金額が零未満であること（措令40の７の８㉟一）

② 直前３年内の各年のうち２以上の年において、その事業に係る各年の事業所得に係る総収入金額が、その各年の前年の総収入金額を下回ること（措令40の７の８㉟二）

③ 上記の他、後継者によるその事業の継続が困難となった事由として、後継者が心身の故障その他の事由により、その事業に従事することができなくなったこと（措令40の７の８㉟三、措規23の８の８㉕）

この場合には、後継者は、その該当することとなった日から２か月を経過する日（その日までの間にその後継者が死亡した場合には、その後継者の相続人が相続開始があったことを知った日の翌日から６か月を経過する日。この⑵において、以下「申請期限」といいます。）までに、一定の事項を記載した免除申請書を納税地の所轄税務署長に提出しなければなりません（措法70の６の８⑯⑰㉖、措規23の８の８㉓㉔㉖㉗㉙、措通70の６の８－59）。

ただし、その該当することとなった日前に、①継続届出書が届出期限までに提出されなかった場合（措法70の６の８⑪）、②税務署長の命令に応じない場合等の納税猶予期限の繰上げ（措法70の６の８⑫）又は③猶予期限確定事由に該当することとなった場合（措法70の６の８③④）は、上記のいずれかに該当したとしても、その免除はされないこととなります（措法70の６の８⑯⑰）。

なお、税務署長は、免除申請書の提出があった場合において、その免除申請書に係る贈与税の免除をし、又はその免除申請書に係る申請の却下をし、申請期限の翌日から起算して６か月以内に免除をした贈与税の額又は却下をした旨及びその理由を記載した書面を後継者に通知します（措法70の６の８㉑）。この場合、税務署長は、相当の理由があると認めるときは、その免除申請書に係る納期限（その納期限以前２か月以内にこの特例の適用を受けた後継者が死亡した場合には、その後継者の相続人がその後継者の死亡による相続の開始があったことを知った日の翌日から６か月を経過する日）又はその免除申請書の提出があった日のいずれか遅い日から税務署長が通知を発した日の翌日以後１か月を経過する日までの間、その申請によって免除を受けようとする贈与税相当額に相当する贈与税の徴収を猶予することができます（措法70の６の８㉒）。

また、その間にかかる延滞税の額の計算の基礎となる贈与税の額は、猶予中贈与税額から免除申請した贈与税相当額を控除した残額となります（措令40の７の８㊲）。

10　延滞税の免除

税務署長は、後継者が前記９⑵の表中①、③又は④の適用を受ける場合において、その後継者が適正な時価を算定できないことについてやむを得ない理由があると認めるときは、それらの場合に該当することとなったことにより納付することとなった贈与税に係る延滞税につき、次に掲げる場合の区分に応じ次に掲げる納期限（その納期限以前２か月以内にこの特例の適用を受けた後継者が死亡した場合には、その後継者の相続人がその後継者の死亡による相続の開始があったことを知った日の翌日から６か月を経過する日）の翌日から前記９による通知を発した日の翌日以後１か月を経過する日までの間に対応する部分の金額を免除することができます（措法70の６の８㉓）。

	免除区分	納期限
①	９⑵の表中①の場合	９⑵の表中①の譲渡等をした日から２か月を経過する日
②	９⑵の表中③又は④の場合	９⑵の表中③又は④の譲渡等又は事業の廃止をした日から２か月を経過する日

11　再生計画の認可決定等があった場合の納税猶予税額の再計算の特例

後継者について民事再生計画の認可が決定され又は中小企業再生支援協議会の支援による再生計画が成立した場合において一定の評定が行われたときは、その認可決定があった日又は債務処理計画が成立した日（この11において、以下「認可決定日」といいます。）における特例受贈事業用資産の価額に基づき納税猶予税額を再計算し、当該再計算後の納税猶予税額（この11において、以下「再計算猶予税額」といいます。）を猶予税額として納税猶予を継続することができます。

この場合において、「再生前における猶予中贈与税額」から「再計算猶予税額」を控除した残額（認可決定日前５年以内において、後継者の特別関係者が後継者から受けた必要経費不算入対価等の合計額を除きます。）が免除されます（措法70の６の８⑱、措令40の７の８㉞㊱）。

(1)　適用要件

①	後継者について民事再生法の規定による再生計画の認可の決定があること（措法70の６の８⑱、措令40の７の８㉞）
②	後継者の有する資産について、次に掲げる評定が行われたこと（措令40の７の８㊱） イ　再生計画の認可の決定があった場合 　後継者がその有する資産の価額につきその再生計画の認可の決定があった時の価額により行う評定 ロ　中小企業再生支援協議会の支援により行う再生計画が成立した場合 　法人税法施行令第24条の２第１項第１号イに規定する事実に従って行う同項第２号の資産評定
③	認可決定日から免除通知が発せられた日の前日までの間に、次に掲げる事由に該当しないこと（措法70の６の８⑱） イ　納税猶予期限の全部又は一部確定事由に該当する事実が生じたこと（措法70の６の８③④） ロ　継続届出書が期限までに提出されなかったことにより納税猶予期限が確定したこと（措法70の６の８⑪）
④	免除通知が発せられる日前に納税猶予期限の繰上げがないこと（措法70の６の８⑫）
⑤	再生計画を履行している後継者については、監督委員又は管財人が選任されていること（措法70の６の８⑱）

(2)　再計算猶予税額の計算

再計算猶予税額は、認可決定日における猶予中贈与税額に対応する特例受贈事業用資産について、財産評価基本通達により算定した価額を基に、納税猶予税額を計算します（措法70の６の８⑲、措通70の６の８－72）。

(3)　再計算免除税額の計算

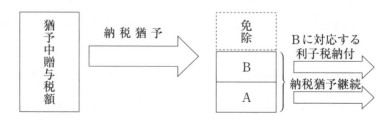

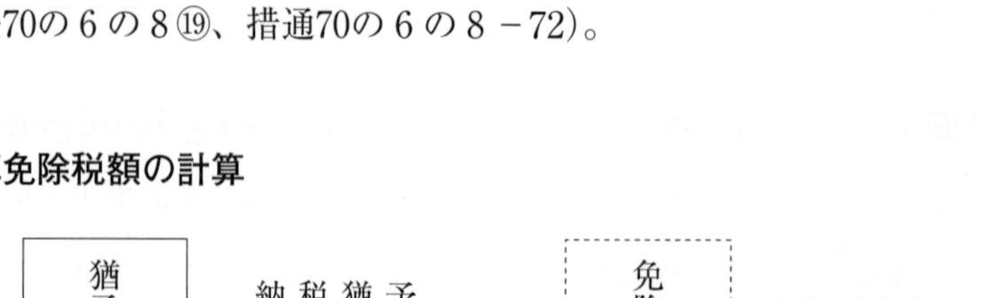

〔算式〕

再計算免除税額 ＝ 猶予中贈与税額 －（Ａ＋Ｂ）

Ａ：再計算猶予税額

Ｂ：認可決定日前５年以内において、後継者の特別関係者が後継者から受けた必要経費不算入対価等の合計額

⑷　この特例の適用を受けるための手続

認可決定日から２か月を経過する日までに、再計算特例の適用を受けたい旨、再計算猶予税額とその計算の明細、事情の詳細等を記載した申請書に、認可決定があった再生計画に関する一定の書類を添付して、納税地の所轄税務署長に提出する必要があります（措法70の６の８⑳、措規23の８の８㉘㉙）。

⑸　免除通知

上記⑷の申請書の提出を受けた税務署長は、その申請書に係る申請期限の翌日から起算して６か月以内に、再計算免除税額の免除をし、又は申請書に係る申請を却下します（措法70の６の８㉑）。

12　利子税

贈与税の納税猶予の特例の適用を受けた後継者が、猶予税額の全部又は一部を納付する場合には、原則として贈与税の申告書の提出期限の翌日から、年3.6％の割合を乗じて計算した金額に相当する利子税を併せて納付しなければなりません（措法70の６の８㉕）。また、利子税の額の計算の基礎となる贈与税の額は、猶予中贈与税額から免除申請した贈与税相当額を控除した残額とされています（措令40の７の８㊳）。

なお、上記利子税の割合については、各年の利子税特例基準割合㈱が7.3％に満たない場合には、次の算式により計算される割合（特例割合）が適用されます。

利子税割合（3.6％）× $\dfrac{\text{利子税特例基準割合※}}{7.3\%}$　㈲　0.1％未満の端数は切捨て、その割合が0.1％未満である場合は0.1％

※　利子税特例基準割合（758ページ※参照）

利子税を納付すべき場合		対象となる贈与税額	利子税の計算期間	
			始期	終期
①	猶予期限確定事由が生じた場合（前記４、５参照）	猶予中贈与税額	申告期限	猶予期限（前記４、５参照）
②	継続届出書が届出期限までに提出されなかった場合（前記６参照）	左記により納税猶予期限が確定する猶予中贈与税額	申告期限	猶予期限（前記６参照）
③	猶予の繰上げがあった場合（前記７参照）	期限が繰り上げられる猶予中贈与税額	申告期限	繰り上げられた猶予期限（前記７参照）
④	免除事由が生じた場合（前記９(2)の表中①参照）	前記９(2)の表中①イ＋ロの金額	申告期限	譲渡等をした日から２か月を経過する日（前記９(2)の表中①参照）
⑤	免除事由が生じた場合（前記９(2)の表中②参照）	前記９(2)の表中②ロの金額	申告期限	後継者について破産手続開始の決定があった日から２か月を経過する日（前記９(2)の表中②参照）
⑥	免除事由が生じた場合（前記９(2)の表中③④参照）	前記９(2)の表中③イ＋ロの金額又は④イ＋ロの金額	申告期限	譲渡等又は事業の廃止をした日から２か月を経過する日（前記９(2)の表中③④参照）
⑦	再生計画の認可決定等があった場合の納税猶予税額の再計算の特例の適用があった場合（前記11参照）	認可決定日前５年以内において後継者の特別関係者が後継者から受けた必要経費不算入対価等の合計額	申告期限	免除通知日から２か月を経過する日（前期11参照）

(※)　上記の①、②、④から⑦の右欄に掲げる日以前２か月以内に後継者が死亡した場合の利子税の計算期間の終期は、その相続人が当該後継者の死亡による相続の開始があったことを知った日の翌日から６か月を経過する日となります（措法70の６の８㉖）。

13　適用除外（他の後継者等がいる場合）

先代経営者から贈与により取得をした特定事業用資産に係る事業と同一の事業の用に供される資産について、この特例の適用を受けている（受けようとしているときも含みます。）他の後継者又は相続税の納税猶予の特例（措法70の６の10）の適用を受けている（受けようとしているときも含みます。）特例事業相続人等がいる場合には、この特例（贈与税の納税猶予の特例）の適用を受けることができません（措法70の６の８⑦、措通70の６の８－49）。

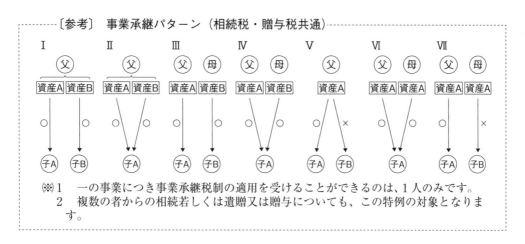

〔参考〕事業承継パターン（相続税・贈与税共通）

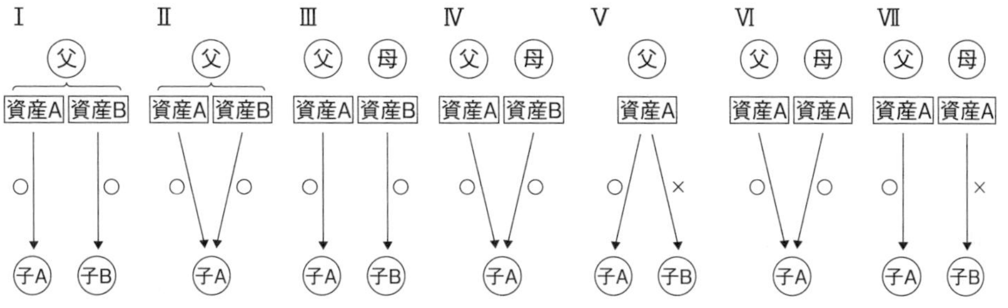

※１　一の事業につき事業承継税制の適用を受けることができるのは、１人のみです。
　２　複数の者からの相続若しくは遺贈又は贈与についても、この特例の対象となります。

14　都道府県知事の通知義務

都道府県知事は、後継者又は特例受贈事業用資産若しくはその特例受贈事業用資産に係る事業について、納税猶予期限の確定に係る事実に関し、法令の規定に基づき認定、確認、報告の受理その他の行為をしたことによりその事実があったことを知った場合には、遅滞なく、その旨を書面により、国税庁長官又はその後継者の納税地の所轄税務署長に通知しなければなりません（措法70の６の８㉗、措規23の８の８㉚）。

15　税務署長の通知

税務署長は、都道府県知事の事務の処理を適正かつ確実に行うため必要があると認めるときは、都道府県知事に対し、その後継者が贈与税の納税猶予の特例の適用を受ける旨等を通知することができます（措法70の６の８㉘、措規23の８の８㉛）。

16　特例の適用を受けようとする旨の記載及び一定の明細書の添付

贈与税の納税猶予の特例は、贈与税の申告書にその適用を受けようとする旨の記載、資産の明細、納税猶予分の贈与税額の計算に関する明細その他の事項を記載した書類の添付がない場合には、その適用がないものとされています（措法70の6の8⑧、措規23の8の8⑭)。

この特例の適用を受けるための適用要件及び添付書類を確認する際は、次ページのチェックシートを活用してください。

（１面）

（令和５年分用）「個人の事業用資産についての贈与税の納税猶予及び免除」の適用要件チェックシート

（はじめにお読みください。）

1　このチェックシートは、「個人の事業用資産についての贈与税の納税猶予及び免除」（租税特別措置法第70条の６の８）の適用を受けるための適用要件を確認する際に使用してください。
2　「確認結果」欄の左側のみに○がある場合には、原則としてこの特例の適用を受けることができます。
3　このチェックシートは、申告書の作成に際して、この特例の適用に係る贈与者ごとに適用要件等を確認の上、申告書に添付してご提出ください。

受贈者（特例適用者）

住　所

氏　名

電話　　（　　　）

贈与者氏名：

関与税理士	所在地	
	氏名	電話

項目		確認内容（適用要件）	確認結果		確認の基となる資料
贈与者		(1)　この特例の適用に係る贈与の時前において特定事業用資産に係る事業を行っていた者に該当しますか。	はい	／	－
	申告期限まで	①　その事業について、贈与の日の属する年、その前年及びその前々年の確定申告書を青色申告書（租税特別措置法第25条の２第３項の規定の適用に係るものに限ります。以下同じです。）により提出していますか。	はい	いいえ	○　確定申告書、青色申告決算書など
	贈与の時	②　その事業を廃止した旨の届出書を提出している又はこの特例の適用に係る贈与税の申告書の提出期限までに提出する見込みですか。	はい	いいえ	○　廃業届出書
		③　既にこの特例の適用に係る贈与をしている者（注1）に該当しませんか。	はい	いいえ	○　贈与税の申告書など
		(2)　(1)の者以外の者ですか。	はい	／	－
	贈与の直前	①　特定事業用資産に係る事業を行っていた者に係るこの特例の適用に係る贈与の直前又は「個人の事業用資産についての相続税の納税猶予及び免除」の適用に係る相続開始の直前において、その者と生計を一にする親族ですか。	はい	いいえ	－
	贈与の時	②　①の贈与の時又は相続開始の時後に贈与をした贈与者ですか。	はい	いいえ	○　事業用資産納税猶予税額の計算書など
		③　既にこの特例の適用に係る贈与をしている者（注1）に該当しませんか。	はい	いいえ	○　贈与税の申告書など
後継者（受贈者）	贈与の日まで	○　その贈与の日まで引き続き３年以上にわたりその特定事業用資産に係る事業に従事していましたか。（注2）	はい	いいえ	－
		（業務の具体的内容等）			
	贈与の時	①　特定事業用資産の取得が、平成31年１月１日から令和10年12月31日までの間の贈与による取得で、次のいずれかの取得ですか。 イ　最初のこの特例の適用に係る贈与による取得 ロ　イの取得の日から１年を経過する日までの贈与による取得(注3)	はい	いいえ	○　認定書の写し、事業用資産納税猶予税額の計算書など
		②　贈与者から特定事業用資産の全てを取得していますか。	はい	いいえ	○　青色申告決算書、事業用資産納税猶予税額の計算書など
		③　その事業が、資産保有型事業、資産運用型事業及び性風俗関連特殊営業のいずれにも該当していませんか。(注4)	はい	いいえ	○　認定書の写しなど
		④　18歳以上ですか。	はい	いいえ	○　戸籍の謄本又は抄本

※　２面に続きます。

（２面）

（１面からの続きです。）

項目			確認内容（適用要件）	確認結果		確認の基となる資料
後継者（受贈者）	贈与の時から申告期限まで		○　特定事業用資産に係る事業を引き継ぎ、引き続きその特定事業用資産の全てを有し、かつ、自己の事業の用に供していますか。	はい	いいえ	○　登記事項証明書、青色申告決算書など
	申告期限まで		①　都道府県知事の円滑化法の認定を受けていますか。（注5）	はい	いいえ	○　認定書の写し
			②　中小企業者ですか。	はい	いいえ	○　認定書の写し
			③　その事業について開業の届出書を提出していますか。	はい	いいえ	○　開業の届出書
			④　その事業について青色申告の承認を受けていますか。（注6）	はい	いいえ	○　青色申告承認申請書
			⑤　円滑化省令第17条第１項の確認（同項第３号に係るものに限り、円滑化省令第18条第７項の規定による変更の確認を受けたときは、その変更後のもの）を受けていますか。（注5）	はい	いいえ	○　確認書の写し
特定事業用資産	贈与の直前	共通	①　次の区分に応じ、それぞれの日の属する年の前年分の事業所得に係る青色申告書の貸借対照表に計上されている資産ですか。 イ　贈与者が１面の⑴に該当する場合 その贈与者の贈与の日 ロ　贈与者が１面の⑵に該当する場合 特定事業用資産に係る事業を行っていた者に係るこの特例の適用に係る贈与の日又は「個人の事業用資産についての相続税の納税猶予及び免除」の適用に係る相続開始の日	はい	いいえ	○　青色申告決算書
			②　特定事業用資産に係る事業は、不動産貸付業、駐車場業及び自転車駐車場業に該当しませんか。	はい	いいえ	○　青色申告決算書
		宅地等	①　土地又は土地の上に存する権利で、一定の建物又は構築物の敷地の用に供されていますか。（注7）	はい	いいえ	○　青色申告決算書、登記事項証明書など
			②　贈与者の事業の用に供されていた宅地等のうち棚卸資産に該当しない宅地等ですか。（注8）	はい	いいえ	○　青色申告決算書、登記事項証明書など
		建物	○　贈与者の事業の用に供されていた建物のうち棚卸資産に該当しない建物ですか。（注8）	はい	いいえ	○　青色申告決算書、登記事項証明書など
		減価償却資産	○　固定資産税の課税対象とされる資産など、租税特別措置法第70条の６の８第２項第１号ハに定める一定の減価償却資産に該当しますか。（注9）	はい	いいえ	○　固定資産税の通知書の写しなど

（注）１　同一年中に他の受贈者（後継者）に、特定事業用資産の贈与をしている者は含まれません。

２　「特定事業用資産に係る事業」には、その事業と同種又は類似の事業に係る業務や、その事業に必要な知識及び技能を習得するための高等学校、大学、高等専門学校その他の教育機関における修学を含みます。また、「業務の具体的内容等」の記載に当たっては、具体的に従事した期間、事業内容等を記載します。

３　「イの取得の日」は、後継者が、その事業に係る特定事業用資産について、最初に「個人の事業用資産についての相続税の納税猶予及び免除」の適用を受けている場合には、その適用に係る相続又は遺贈による取得の日となります。

４　「資産保有型事業」とは、租税特別措置法第70条の６の８第２項第４号に規定する事業をいい、「資産運用型事業」とは、同項第５号に規定する事業をいい、「性風俗関連特殊営業」とは、風俗営業等の規制及び業務の適正化等に関する法律第２条第５項に規定する性風俗関連特殊営業をいいます。

５　「円滑化法」とは、中小企業における経営の承継の円滑化に関する法律をいいます。また、「円滑化省令」とは、中小企業における経営の承継の円滑化に関する法律施行規則をいいます。

６　所得税法第147条の規定により承認があったものとみなされる場合の承認を含みます。

７　「一定の建物又は構築物」とは、租税特別措置法施行規則第23条の８の８第１項に規定する建物又は構築物をいいます。

８　「贈与者の事業の用」は、贈与者が１面の⑵の場合には、「特定事業用資産に係る事業を行っていた被相続人又は贈与者の事業の用」となります。また、事業の用以外の用に供されていた部分があるときは、事業の用に供されていた部分に限ります。

９　特定事業用資産の対象となる一定の減価償却資産には、固定資産税の課税対象とされているもの、自動車税又は軽自動車税において営業用の標準税率が適用されるもの、その他一定のもの（一定の貨物運送用及び乗用自動車、乳牛・果樹等の生物、特許権等の無形固定資産）が該当します。

第３　贈与税の納税猶予の特例

（令和５年分用）「個人の事業用資産についての贈与税の納税猶予及び免除」の提出書類チェックシート

（はじめにお読みください。）
1　このチェックシートは、「個人の事業用資産についての贈与税の納税猶予及び免除」（租税特別措置法第70条の６の８）の適用を受けるための提出書類を確認する際に使用してください。
2　このチェックシートは、申告書の作成に際して、この特例の適用に係る贈与者ごとに提出書類を確認の上、申告書に添付してご提出ください。

受贈者（特例適用者）　　　　　　**贈与者氏名：**

住　所
氏　名
電話　　　（　　　）

関与税理士	所在地			
	氏名		電話	

(注)担保提供書及び担保関係書類が別途必要となります。

	提出書類	チェック欄
1	円滑化省令第７条第14項の都道府県知事の**認定書**（円滑化省令第６条第16項第７号又は第９号の事由に係るものに限ります。）**の写し**及び円滑化省令第７条第10項（同条第12項において準用する場合を含みます。）の**申請書の写し**	□
2	円滑化省令第17条第５項の都道府県知事の**確認書の写し**及び同条第４項の**申請書の写し**	□
3	特定事業用資産の区分に応じそれぞれ次に定める書類 ⑴　租税特別措置法第70条の６の８第２項第１号ハに定める資産（地方税法第341条第４号に規定する償却資産に限ります。） その資産についての地方税法第393条の規定による通知に係る**通知書の写し**その他の書類（同法第341条第14号に規定する償却資産課税台帳に登録をされている次に掲げる事項が記載されたものに限ります。） イ　当該資産の所有者の住所及び氏名 ロ　当該資産の所在、種類、数量及び価格	□
	⑵　租税特別措置法第70条の６の８第２項第１号ハに定める資産（自動車に限ります。）並びに租税特別措置法施行規則第23条の８の８第２項第２号及び第３号に掲げる資産 道路運送車両法第58条第１項の規定により交付を受けた**自動車検査証**（贈与の日において効力を有するものに限ります。）**の写し**又は地方税法第20条の10の規定により交付を受けたこれらの資産に係る同条の**証明書の写し**その他の書類でこれらの資産が自動車税及び軽自動車税において営業用の標準税率が適用されていること又は租税特別措置法施行規則第23条の８の８第２項第２号イ若しくはロ若しくは第３号に掲げる資産に該当することを明らかにするもの	□
	⑶　租税特別措置法施行規則第23条の８の８第２項第１号に掲げる資産（所得税法施行令第６条第９号ロ及びハに掲げる資産に限ります。） 当該資産が所在する敷地が**耕作の用に供されていることを証する書類**	□
4	**贈与に係る契約書の写し**その他の贈与の事実を明らかにする書類	□
5	後継者が贈与の日まで引き続き３年以上にわたり特定事業用資産に係る租税特別措置法第70条の６の８第２項第２号ハに規定する事業に従事していた旨及びその事実の詳細を記載した書類 ※　「個人の事業用資産についての贈与税の納税猶予及び免除」の適用要件チェックシートに当該事項について記載してください。	□

17　帳簿書類の備付け等

後継者が、特例受贈事業用資産に係る事業と別の事業を営んでいる場合には、後継者は、それぞれの事業につき所得税法第148条《青色申告者の帳簿書類》第１項の規定による帳簿書類の備付け、記録又は保存をしなければなりません（措令40の７の８㊴）。

18　事業用資産についての贈与税の納税猶予を取りやめる場合

贈与税の納税猶予の特例の適用を受けている者は、納税猶予の特例の適用を受けることをやめる旨を記載した届出書を贈与税の納税地を所轄する税務署に提出することで、納税猶予の特例の適用を受けることを取りやめることができます（措法70の６の８③六）。

第４　相続税の納税猶予の特例

1　特例の適用要件や申告手続等の流れ

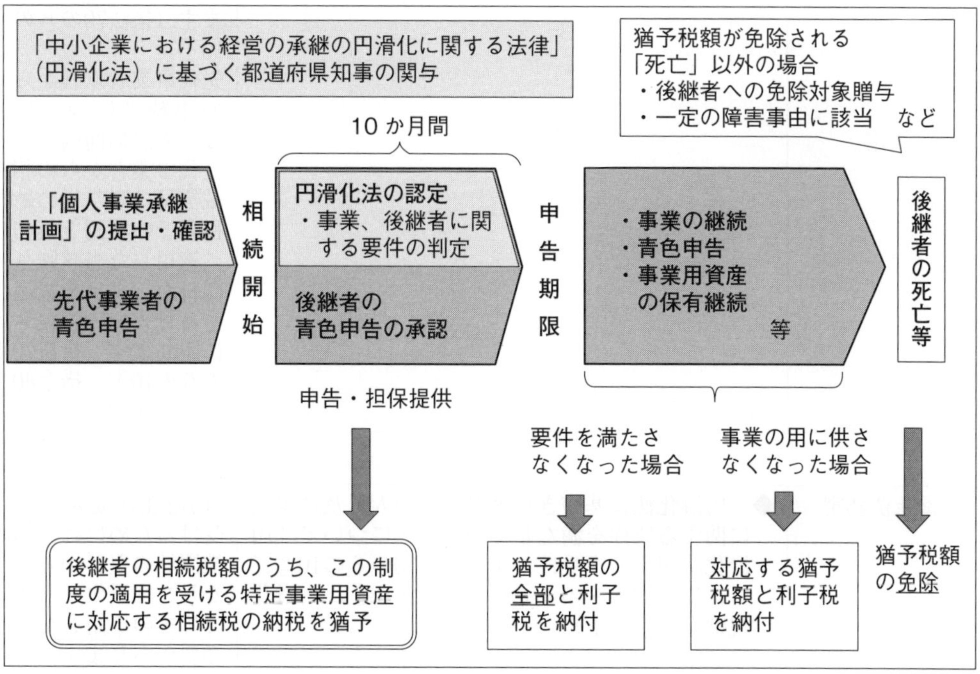

個人事業承継計画の提出	◆　後継者は、先代事業者の事業を確実に承継するための具体的な計画を記載した「個人事業承継計画」を策定します（円滑化規則16三）。 ◆　上記「個人事業承継計画」に認定経営革新等支援機関（税理士、商工会、商工会議所等）の所見を記載の上、都道府県知事に提出し、その確認を受けます（円滑化規則17①三、④）。	平成31年４月１日から令和６年３月31日までに都道府県知事に提出します（円滑化規則17①④）。 ※　令和６年３月31日までの相続については、相続後、円滑化法の認定申請時までの提出も可能です。 〔参考〕 中小企業庁ホームページ
先代事業者の青色申告の承認	◆　先代事業者が、青色申告の承認（正規の簿記の原則によるものに限ります。）を受けます（所法144、措法25の２③）。	

⇩

相続	◆　この特例の適用を受けるためには、相続により、先代事業者である被相続人から、全部の「特定事業用資産」（措法70の６の10②一）を取得する必要があります。	平成31年１月１日から令和10年12月31日までの相続等で、最初にこの制度の適用に係る相続等に限ります（措法70の６の10①）。 先代事業者以外からの相続等については、上記期間内で、先代事業者からの相続等又は贈与税の納税猶予の特例を最初に適用した当該贈与の日から１年を経過する日までの相続等に限ります（措法70の６の10①、措令40の７の10②）。

⇩

円滑化法認定	◆　円滑化法に基づき後継者（相続人）及び事業に関する要件を満たしていることについて「円滑化法認定」を受けます（措法70の６の10②二イ、措規23の８の９③、円滑化法12①、円滑化規則６⑯八、十）。	「円滑化法認定」を受けるためには、相続開始の翌日から８か月を経過する日までにその申請を行う必要があります（円滑化規則７⑪）。
後継者の開業届出書の提出及び青色申告の承認	◆　事業承継後、開業届出書及び青色申告承認申請書を納税地の所轄税務署長へ提出し、青色申告の承認（正規の簿記の原則によるものに限ります。）を受ける必要があります。	「開業届出書」は、事業開始の日の属する年分の所得税に係る確定申告期限までに提出する必要があります（所法229）。 「青色申告の承認」を受けるためには、原則、先代事業者の相続開始があったことを知った日の翌日から４か月以内に申請を行う必要があります。 なお、後継者が既に他の業務を行っている場合には、青色申告を行おうとする年の３月15日までに申請を行う必要があります（所法144、措法25の２③）。
申告書の作成・提出	◆　相続税の申告期限までに、この特例の適用を受ける旨を記載した相続税の申告書及び一定の書類を納税地の所轄税務署長へ提出するとともに、納税が猶予される相続税額及び利子税の額	

に見合う担保を提供する必要があります（措法70の６の10①⑨、措規23の８の９⑫）。

〈この特例を受けるための要件〉

１　被相続人の「事業」の主な要件（措法70の６の８②一、措令40の７の８⑤）

・　不動産貸付業、駐車場業及び自転車駐車場業ではないこと

「贈与者の事業」には、次に掲げる者の事業も含まれます（措法70の６の10②一、措令40の７の10⑤）。
・被相続人と生計を一にする配偶者その他の親族
・相続税の納税猶予の特例を受けようとする者の贈与税の納税猶予の特例の適用に係る贈与者で当該贈与者に係る贈与の直前において被相続人と生計を一にしていた当該被相続人の親族

２「特定事業用資産」の主な要件（措法70の６の10②一、措令40の７の10⑥～⑧、措規23の８の９②）

先代事業者（被相続人）の相続の開始の日の属する年の前年分の事業所得に係る青色申告書の貸借対照表に計上されている次の資産に限ります。

⑴　宅地等　400㎡以下の部分

ただし、被相続人から相続等により取得した宅地等について、小規模宅地等の特例（措法69の４①）の適用を受ける者がいる場合には、一定の制限があります（893ページ５）。

⑵　建物　800㎡以下の部分

⑶　減価償却資産

イ　固定資産税の課税対象とされる償却資産

ロ　自動車税又は軽自動車税において営業用として課税対象とされる自動車

ハ　特許権、牛、果樹など

３　後継者である相続人「特例事業相続人等」の主な要件（措法70の６の10②二、措規23の８の９③④）

⑴　円滑化法認定を受けていること

⑵　相続の開始の直前において特定事業用資産に係る事業に従事していたこと

※　被相続人が60歳未満で死亡した場合は、この⑵の要件は除かれます。

⑶　相続の開始の日から相続税の申告書の提出期限まで引き続き特定事業用資産の全てを有し、かつ自己の事業の用に供していること

「特定事業用資産に係る事業」には、当該事業と同種又は類似の事業に係る業務も含まれます（措規23の８の９①）。

	⑷　相続税の申告書の提出期限において、特定事業用資産に係る事業について開業の届出書を提出していること及び青色申告の承認を受けている又は受ける見込みであること	
	⑸　特定事業用資産に係る事業が、相続の開始の時において、次のいずれにも該当しないこと イ　性風俗関連特殊営業（860ページ※１） ロ　資産管理事業（860ページ※２） ⑹　被相続人から相続等により財産を取得した者が、特定事業用宅地等（措法69の４③一）について小規模宅地等の特例（措法69の４①）の適用を受けていないこと ⑺　被相続人の事業を確実に承継すると認められる要件として都道府県知事の確認を受けた者であること	「資産管理事業」とは、有価証券、自ら使用していない不動産、現金・預金等の特定の資産の保有割合が特定事業用資産の事業に係る総資産の総額の70％以上となる事業（資産保有型事業）やこれらの特定の資産からの運用収入が特定事業用資産に係る事業の総収入金額の75％以上となる事業（資産運用型事業）をいいます（措法70の６の10②四、五、措令40の７の８⑭～⑰、措規23の８の８⑦～⑨）。
	4　被相続人の主な要件（措法70の６の10①、措令40の７の10①） ⑴　被相続人が先代事業者の場合 相続の開始の日の属する年、前年及び前々年の確定申告書を青色申告書により所得税の納税地の所轄税務署長に提出していること ⑵　⑴（被相続人が先代事業者）以外の場合 イ　先代事業者の相続の開始の直前において、先代事業者と生計を一にする親族であること	
	ロ　先代事業者からの相続の開始の時後に開始した相続に係る被相続人であること	先代事業者からの贈与又は相続の開始の日から１年を経過する日までの相続等に限ります（措法70の６の10①、措令40の７の10②）。
	5　担保提供（措法70の６の10①） 納税が猶予される相続税額及び利子税の額に見合う担保を提供する必要があります。	担保提供に係る書類を所轄税務署長に提出します。

相続税の申告期限	〈相続税の申告期限〉 相続開始があったことを知った日（通常は被相続人が死亡した日）の翌日から10か月以内に所轄の税務署長に申告する必要があります（措法70の６の10①⑨、措規23の８の９⑫）。（次ページ※） ㈱　通常は、被相続人の住所地の所轄税務署長となります。	

	〈分割要件〉 相続税の上記申告期限までに相続等により取得した被相続人の事業の用に供されていた資産の全部又は一部が共同相続人又は包括受遺者によって分割されていない場合には、その分割されていない資産について相続税の納税猶予の特例を適用することはできません（措法70の６の10⑦）。	

特例事業用資産に係る事業の継続等	◆　申告後も引き続き特例事業用資産を保有すること等により、納税の猶予が継続されます。 ただし、特例事業用資産に係る事業を廃止するなど一定の場合には、納税が猶予されている相続税の全部又は一部について利子税と併せて納付しなければなりません（措法70の６の10③④㉖）。 〈納税が猶予されている相続税を納付する必要がある主な場合〉 贈与税の納税猶予の特例（措法70の６の８）における主な場合と同様です。	
「継続届出書」の提出	◆　引き続きこの特例の適用を受ける旨や、特例事業用資産に係る事業に関する事項等を記載した「継続届出書」を相続税の申告書の提出期限後の３年ごとに所轄税務署長へ提出する必要があります（措法70の６の10⑩、措令40の７の10㉖、措規23の８の９⑬～⑮）。	
後継者の死亡等「免除届出書」の提出	◆　後継者の死亡等があった場合には、「免除届出書」を提出することにより、その死亡等のあったときにおいて納税が猶予されている相続税の全額又は一部についてその納付が免除されます（措法70の６の10⑮、措令40の７の10㉗㉘、措規23の８の９⑱⑲）。 〈猶予されている相続税の納付が免除される主な場合〉 ⑴　後継者が死亡した場合 ⑵　特定申告期限の翌日から５年を経過する日後に、特例事業用資産の全てについて「免除対象贈与」を行った場合 ⑶　事業を継続することができなくなった場合（やむを得ない理由がある場合に限ります。）	「免除対象贈与」とは、特例事業用資産の全てが後継者に贈与され、その後継者が「贈与税の納税猶予の特例」を受ける場合における贈与をいいます。

※　この特例は、期限後申告、修正申告又は更正に係る税額について適用がありません（措法70の６の10①）。861ページ※４参照。

2　先代事業者（贈与者）が死亡した場合の特例（措法70の６の９）

先代事業者（贈与者）の死亡	◆　贈与税の納税猶予の特例の適用を受けた特例受贈事業用資産は、相続等により取得したものとみなして、贈与時の価額により他の相続財産と合算して相続税を計算します（措法70の６の９①）。 そして、その際、「都道府県知事の確認」を受け、一定の要件を満たす場合には、その相続等により取得したものとみなされた特例受贈事業用資産について相続税の納税猶予の特例の適用を受けることができます（措法70の６の９①、円滑化規則13⑥⑨）。	相続税の課税価格の計算の基礎に算入すべき価額は、贈与により取得した特例受贈事業用資産の贈与時の時価を基礎として計算します。 ただし、再生計画認可の決定等があった場合の納税猶予税額の再計算による免除（措法70の６の８⑱）の適用があった場合には、その認可決定日における価額を基礎として計算します（措通70の６の９—1）。

都道府県知事の確認	◆　円滑化法に基づき後継者及び事業が特例の適用要件を満たしていることについての「都道府県知事の確認」を受けます（措法70の６の９①、円滑化規則13⑥⑨）。	
申告書の作成・提出	◆　相続税の申告書の作成・提出については、相続税の納税猶予の特例（措法70の６の10）における場合と同様です。 〈この特例を受けるための要件〉 相続税の納税猶予の特例（措法70の６の10）における場合と同様です。	

相続税の申告期限	相続税の申告期限は、相続税の納税猶予の特例（措法70の６の10）における場合と同様です。	

納税猶予期間中	◆　特例事業用資産の継続保有、「継続届出書」の提出、猶予期限の確定・納付は、相続税の納税猶予の特例（措法70の６の10）における場合と同様です。 ※　「継続届出書」の提出期間は、贈与税の納税猶予の特例の提出期間が引き継がれることになります（措法70の６の10⑥⑩）。	
後継者の死亡等「免除届出書」の提出	◆　「免除届出書」の提出は、相続税の納税猶予の特例（措法70の６の10）における場合と同様です。	

3　納税が猶予される相続税の計算方法（措法70の6の9①②、70の6の10②三、措令40の7の9、40の7の10⑨～⑬）

1　正味の遺産額に基づき後継者の相続税を計算します。

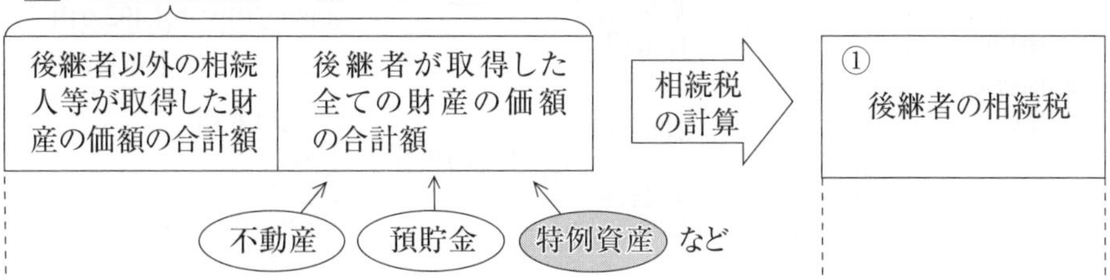

2　後継者が取得した財産が特例資産のみであると仮定して後継者の相続税を計算します。

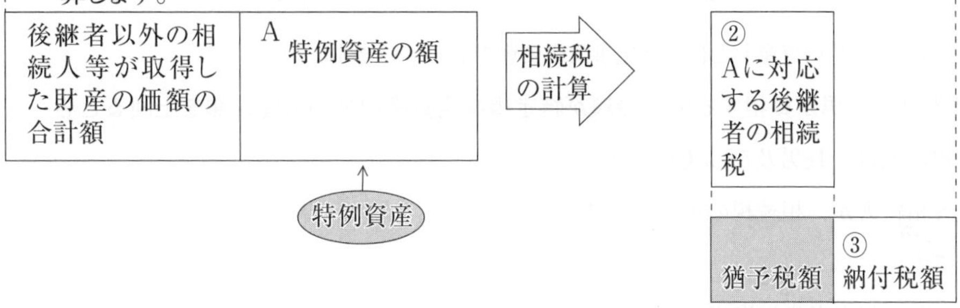

3　「②の金額」が「納税が猶予される相続税」となります（100円未満の金額は切り捨てます（措令40の7の10⑪)。)。

なお、「①の金額」から「納税が猶予される相続税（②の金額）」を控除した「③の金額（納付税額）」は、相続税の申告期限までに納付します。

※1　図中の「特例資産」とは、特例事業用資産を表しています。

2　「A」の算定に当たり、後継者が負担した債務・葬式費用は、先に後継者が相続又は遺贈により取得した特例事業用資産以外の財産の額から控除し、それでも残額がある場合、特例事業用資産の額から控除します（措令40の7の10⑨⑩)。

〔具体例1〕二男が負担する債務の額が特定事業用資産以外の財産の額を下回るとき

1　相続人は、長男及び二男の2名

2　各相続人が、相続税の申告期限までに遺産分割により取得した財産及び債務は次のとおりです。

二男：特定事業用資産　1億円

特定事業用資産以外の財産　7,000万円

債務　2,000万円

長男：特定事業用資産以外の財産　1.5億円

3　二男は、相続税の納税猶予の特例の適用を受けるための要件を備えており、相続によって取得した特例事業用資産の全部について相続税の納税猶予の特例の適用を受けます。

上記条件の下における各相続人の納付税額等の算出イメージは次のとおりです。

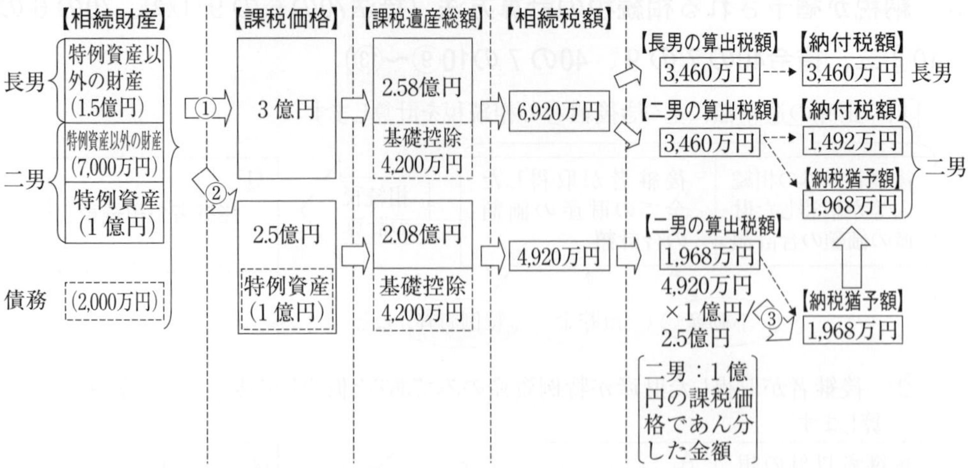

※　図中の「特例資産」とは、特定事業用資産を表しています。

〔具体例２〕二男が負担する債務の額が特定事業用資産以外の財産の額を上回るとき

1　相続人は、長男及び二男の２名

2　各相続人が、相続税の申告期限までに遺産分割により取得した財産及び債務は次のとおりです。

二男：特定事業用資産　1億円

特定事業用資産以外の財産　7,000万円

債務　1.2億円

長男：特定事業用資産以外の財産　1.5億円

3　二男は、相続税の納税猶予の特例の適用を受けるための要件を備えており、相続によって取得した特例事業用資産の全部について相続税の納税猶予の特例の適用を受けます。

上記条件の下における各相続人の納付税額等の算出イメージは次のとおりです。

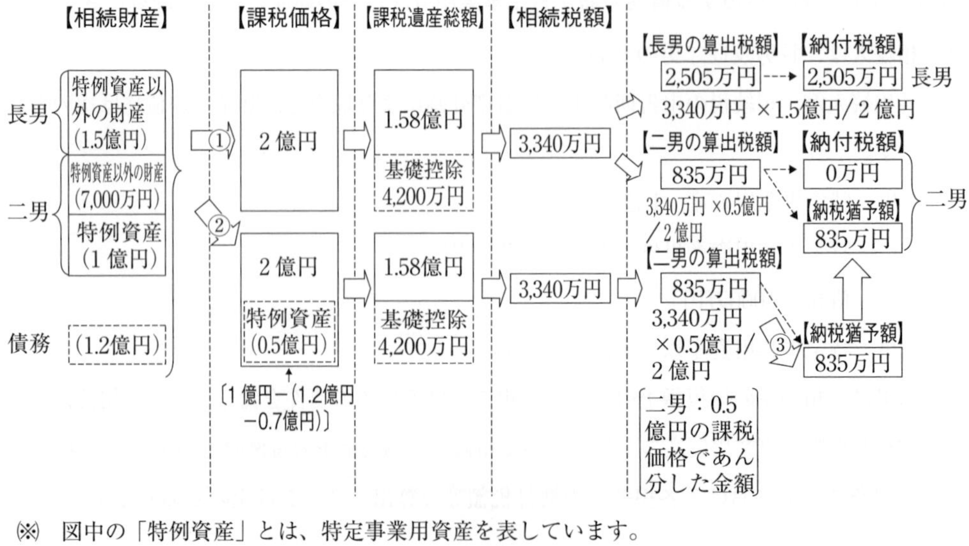

※　図中の「特例資産」とは、特定事業用資産を表しています。

４　納税猶予分の相続税額の計算

⑴　納税猶予分の相続税額の計算

特例事業用資産の価額（相続税法第13条の規定により控除すべき債務がある場合で、特定債務額があるときは、その特定債務額を控除した残額（この第12章において、以下「特定価額」といいます。））をその後継者に係る相続税の課税価格とみなして、相続税法第13条から第19条まで、第21条の15第１項及び第２項並びに第21条の16第１項及び第２項の規定を適用して計算したその後継者の相続税の額が納税猶予分の相続税となり、納税猶予分の相続税額に100円未満の端数がある場合には切り捨てます（措法70の６の10②三、措令40の７の10⑨～⑫）。

㈱　特定債務額は、次の算式によります。

〔算式〕

特定債務額＝｛(後継者の負担する債務・葬式費用－事業関連債務）(イ)－（後継者が相続又は遺贈により取得した財産の価額＋後継者が被相続人から相続時精算課税制度を選択して贈与により取得した財産から相続時精算課税に係る基礎控除を控除した残額－特例事業用資産の価額）(ロ)｝＋事業関連債務

※(イ)－(ロ)＜０の場合には０

⑵　農地等についての相続税の納税猶予等の特例の適用がある場合の納税猶予分の相続税額の計算

上記⑴により納税猶予分の相続税額を計算する場合において、被相続人から相続又は遺贈により財産の取得をした者のうちに「農地等についての相続税の納税猶予等の特例（措法70の６①）」の適用を受ける者があるときにおけるその財産の取得をした全ての者に係る相続税の課税価格は、租税特別措置法第70条の６第２項第１号の規定により計算される相続税の課税価格（農業投資価格ベースの課税価格）となります（措令40の７の10⑫）。

㈱　この特例の規定の適用を受ける後継者が「農地等についての相続税の納税猶予等の特例」の適用を受ける者である場合における農地等に係る納税猶予分の相続税額と特定事業用資産に係る納税猶予分の相続税額の調整計算は、租税特別措置法施行令第40条の７の10第13項の規定により行います。

５　相続税の納税猶予の特例と小規模宅地等についての相続税の課税価格の計算の特例との併用

⑴　相続財産中に相続税の納税猶予の特例対象となる特定事業用資産と租税特別措置

法第69条の４《小規模宅地等についての相続税の課税価格の計算の特例》の対象となる宅地等がある場合には、その宅地等について同条の特例の適用をした上で、特例対象となる特定事業用資産について相続税の納税猶予の特例の適用を受けることができますが、適用を受ける小規模宅地等の区分に応じ、相続税の納税猶予の適用が次のとおり、制限されます（措法70の６の10②一イ、措令40の７の10⑦、措通70の６の10―17）。

	適用を受ける小規模宅地等の区分	個人版事業承継税制の適用
イ	特定事業用宅地等	適用を受けることはできません。
ロ	特定同族会社事業用宅地等	「400㎡－特定同族会社事業用宅地等の面積」が適用対象となる宅地等の限度面積となります※1。
ハ	貸付事業用宅地等	「$400㎡ - 2 \times (A \times \frac{200}{330} + B \times \frac{200}{400} + C)$」が適用対象となる宅地等の限度面積となります※2。
ニ	特定居住用宅地等	適用制限はありません※1。

※１　他に貸付事業用宅地等について小規模宅地等の特例の適用を受ける場合には、ハによります。

２　Aは特定居住用宅地等の面積、Bは特定同族会社事業用宅地等の面積、Cは貸付事業用宅地等の面積です。

(2)　被相続人から相続又は遺贈により財産を取得した者が、特定事業用宅地等に係る小規模宅地等の特例の適用を受けている場合には、個人の事業用資産についての相続税の納税猶予の適用を受けることはできません。

(注)　同一の被相続人から宅地等を相続等により取得した者のうちに特定事業用宅地等に係る小規模宅地等の特例の適用を受けている者がいる場合には、その者が相続税の納税猶予の適用を受けようとする者であろうとそれ以外の者であろうと、その被相続人からの相続等については、個人の事業用資産についての相続税の納税猶予の適用を受けることはできません（措法69の４⑥、平成31年改正法附則79①）。

また、上記の「取得」は、個人の事業用資産の贈与者が死亡した場合の相続税の課税の特例により相続又は遺贈により取得をしたものとみなされる場合のその取得を含みます。

6　納税猶予期間内の猶予税額の全部確定

(1)　事業を廃止した場合、破産手続開始の決定があった場合

納税猶予期間内に後継者が特例事業用資産に係る事業を廃止したとき又は当該後継者について破産手続開始の決定があったときは、その事業を廃止した日又はその決定があった日から２か月を経過する日をもって納税の猶予に係る期限とされます（措法

70の6の10③一)。

(2) 資産管理事業及び性風俗関連特殊営業に該当した場合

納税猶予期間内に特例事業用資産に係る事業が資産保有型事業、資産運用型事業又は性風俗関連特殊営業のいずれかに該当することとなったときは、その該当することとなった日から2か月を経過する日をもって納税の猶予に係る期限とされます（措法70の6の10③二)。

(3) 事業所得の総収入金額が零となった場合

納税猶予期間内に後継者のその年の特例事業用資産に係る事業所得の総収入金額が零となったときは、その年の12月31日から2か月を経過する日をもって納税の猶予に係る期限とされます（措法70の6の10③三)。

(4) 事業用資産の全てが青色申告書の貸借対照表に計上されなくなった場合

特例事業用資産の全てが後継者のその年の事業所得に係る青色申告書の貸借対照表に計上されなくなったときは、その年の12月31日から2か月を経過する日をもって納税の猶予に係る期限とされます（措法70の6の10③四)。

(5) 青色申告の承認が取り消された場合、青色申告書の提出を取りやめた場合

後継者が所得税法第150条第1項の規定により青色申告の承認を取り消されたとき又は同法第151条第1項の規定による青色申告書の提出をやめる旨の届出書を提出したときは、その承認が取り消された日又はその届出書の提出があった日から2か月を経過する日をもって納税の猶予に係る期限とされます（措法70の6の10③五)。

(6) 相続税の納税猶予の特例の適用をやめた場合

後継者が本制度の適用を受けることをやめる旨を記載した届出書を納税地の所轄税務署長に提出したときは、その届出書の提出があった日から2か月を経過する日をもって納税の猶予に係る期限とされます（措法70の6の10③六)。

(7) 青色申告の承認が却下された場合

後継者が青色申告の承認を受ける見込みであることにより、相続税の納税猶予の特例を受けた場合において、所得税法第145条の規定によりその承認の申請が却下され

たときは、その却下された日から２か月を経過する日をもって納税の猶予に係る期限とされます（措法70の６の10③七）。

㈱１　上記のそれぞれに定める日から２か月を経過する日までの間に後継者が死亡した場合には、後継者の相続人（包括受遺者を含む。）が後継者の死亡による相続の開始があったことを知った日の翌月から６か月を経過する日が納税の猶予に係る期限となります（措法70の６の10㉗）。

２　特例の対象とならない資産管理事業（措通70の６の10－21、22）については、866ページ〈チェックポイント〉を参照してください。

7　納税猶予期間内の猶予税額の一部確定

特例事業用資産の全部又は一部が後継者の事業の用に供されなくなった場合には、当該事業の用に供されなくなった日から２か月を経過する日をもって納税の猶予に係る期限とされます（措法70の６の10④）。

なお、上記のこととなったときは、納税が猶予されている相続税額のうち、その事業の用に供されなくなった部分に対応する部分の額（措令40の７の10⑰）に相当する相続税と利子税を併せて納付します。

ただし、次に掲げる場合には、納税の猶予は継続されます。

⑴　特例事業用資産の陳腐化、腐食、損耗その他これらに準ずる事由により、特例事業用資産を廃棄したことにより、事業の用に供することが困難になった場合において、その廃棄した日から２か月を経過する日までに納税地の所轄税務署長に対し、所定の届出書を提出したとき（措法70の６の10④かっこ書、措令40の７の10⑮前段、措規23の８の９⑦）

⑵　特例事業用資産を譲渡した場合において、その譲渡があった日から１年以内にその対価により新たな事業用資産を取得する見込みであることにつき、納税地の所轄税務署長の承認を受けたとき（措法70の６の10⑤、措令40の７の10⑱～㉑、措規23の８の９⑧）

⑶　特定申告期限㊟の翌日から５年を経過する日後の会社の設立に伴う現物出資による全ての特例事業用資産の移転である場合において、その移転につき、納税地の所轄税務署長の承認を受けたとき（措法70の６の10⑥、措令40の７の10㉒㉓、措規23の８の９⑨）

㊟「特定申告期限」とは、後継者の最初の本制度の適用に係る相続税の申告期限又は最初の贈与税の納税猶予の特例の適用に係る贈与税の申告期限のいずれか早い日をいいます（措法70の６の10⑥）。

なお、上記の承認を受けた場合における納税猶予の期限の確定等については、次のとおりです。

イ　納税猶予の期限の確定

非上場株式等についての相続税の納税猶予に係る租税特別措置法第70条の７の２第５項等の規定が準用され、本制度の規定は適用されません（措令40の７の10㉕一、二）。

ロ　納税猶予額の免除

(イ)　後継者が現物出資により取得した株式を全て贈与した場合において、当該株式を取得した者がその株式について、非上場株式等についての贈与税の納税猶予の特例（措法70の７①又は70の７の５①）の適用を受けるときは、猶予税額が免除されます（措令40の７の10㉕三）。

(ロ)　後継者が有する特例事業用資産に係る事業を継続することができなくなった場合における免除の規定（措法70の６の10⑮三）は適用されません（措令40の７の10㉕一）。

(ハ)　現物出資により設立した会社につき法的な倒産等があった場合には、非上場株式等についての相続税の納税猶予に係る次の規定が準用され、一定の猶予税額が免除される（措令40の７の10㉕二）こととなり、本制度の第17項から第19項までの規定は適用されません。

A　法的な倒産等による納税猶予税額の免除（措法70の７の２⑰～㉑）

B　事業の継続が困難な事由が生じた場合において譲渡等を行ったときの納税猶予税額の再計算による免除（措法70の７の５⑬～⑳）

C　再生計画認可の決定等があった場合の納税猶予税額の再計算による免除（措法70の７㉒～㉖）

8　継続届出手続

相続税の納税猶予の特例を受ける後継者は、相続税の申告書の提出期限の翌日から猶予中相続税額に相当する相続税の全部につき納税の猶予に係る期限が確定する日までの間に特例相続報告基準日㈱が存する場合には、届出期限（当該特例相続報告基準日の翌日から３か月を経過する日をいいます。）までに、引き続いてこの特例を受けたい旨及びこの制度の適用を受ける特例事業用資産に係る事業に関する事項を記載した継続届出書に一定の書類を添付して納税地の所轄税務署長に提出しなければならないこととされています（措法70の６の10⑩、措令40の７の10㉖、措規23の８の９⑬～

⑮）。

㊟ 「特例相続報告基準日」とは、特定申告期限（896ページ７⑶㊟参照）の翌日から３年を経過するごとの日をいいます。

なお、徴収権の時効は、継続届出書の提出があった時に中断し、届出期限の翌日から新たに進行します（措法70の６の10⑪）。また、継続届出書が上記届出期限までに提出されない場合には、提出がなかったことについてやむを得ない事情がある場合を除き、猶予中の相続税額に相当する相続税は届出期限から２か月を経過する日をもって納税の猶予に係る期限となります（措法70の６の10⑫⑯）。

9　猶予期限の繰上げ

税務署長は、次に掲げる場合には、猶予中相続税額に相当する相続税に係る納税猶予期限を繰り上げることができることとされています（措法70の６の10⑬）。

①	後継者が提供した担保について、税務署長による担保の変更等の命令に応じない場合
②	後継者から提出された継続届出書に記載された事項と相違する事実が判明した場合

10　延納・物納制度の利用

前記６、７、８及び９の確定事由により確定する相続税については、延納制度及び物納制度の適用はありません（措法70の６の10⑭六）。

11　猶予税額の免除

次の⑴ないし⑵に当たる場合、猶予中相続税額に相当する相続税について、その全部又は一部が免除されることとなります。

⑴　免除事由が生じた場合（届出免除）

後継者が次の①から③のいずれかに該当することとなった場合には、猶予中相続税額に相当する相続税の一定額が免除されます（措法70の６の10⑮）。

また、これらに該当する場合には、それぞれの届出期限までに一定事項を記載した免除届出書を納税地の所轄税務署長に提出しなければなりません（措法70の６の10⑮、措令40の７の10㉗、措規23の８の９⑯～⑲）。

	免除事由	免除額	届出書の提出期限
①	後継者が死亡した場合	猶予中相続税額	後継者が死亡した日から同日以後６か月を経過する日

②	特定申告期限の翌日から５年を経過する日後に、その後継者が特定事業用資産につき贈与税の納税猶予の特例（措法70の６の８）の適用に係る贈与をした場合	猶予中相続税額	左欄の贈与をした日からその贈与を受けた者が贈与税の納税猶予の特例に係る贈与税の申告書を提出した日以後６か月を経過する日
③	後継者が事業を継続することができなくなったことについてやむを得ない理由がある場合(※)	猶予中相続税額	後継者が事業を継続することができなくなった日から同日以後６か月を経過する日

(※)「やむを得ない理由」については、贈与税の猶予税額の免除（872ページ）を参照してください。

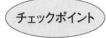

チェックポイント

前表①の場合

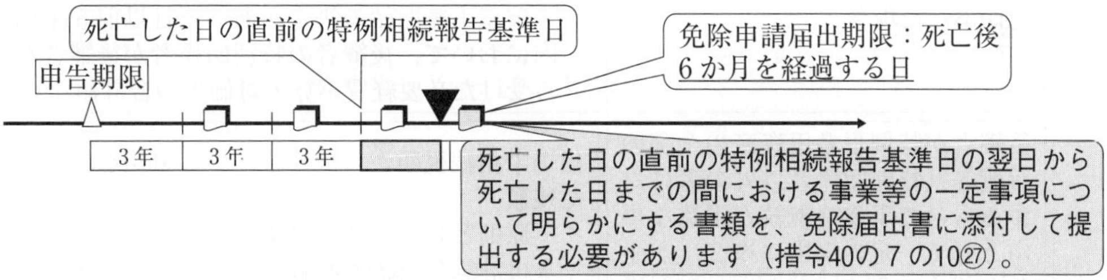
死亡した日の直前の特例相続報告基準日
免除申請届出期限：死亡後６か月を経過する日
申告期限
３年
３年
３年
死亡した日の直前の特例相続報告基準日の翌日から死亡した日までの間における事業等の一定事項について明らかにする書類を、免除届出書に添付して提出する必要があります（措令40の７の10㉗）。

前表②の場合

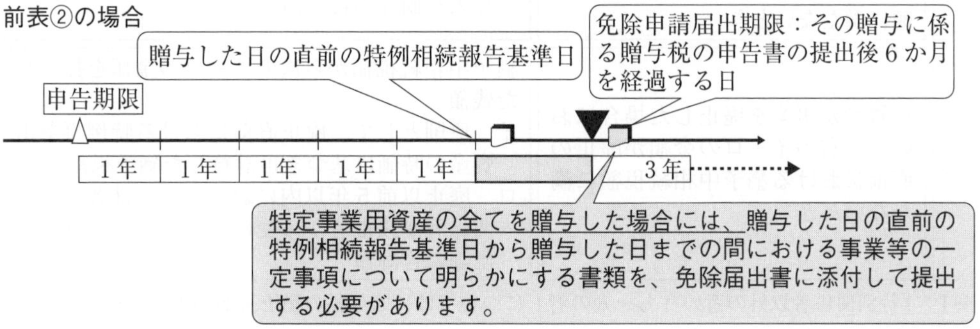
免除申請届出期限：その贈与に係る贈与税の申告書の提出後６か月を経過する日
贈与した日の直前の特例相続報告基準日
申告期限
１年
１年
１年
１年
１年
３年
特定事業用資産の全てを贈与した場合には、贈与した日の直前の特例相続報告基準日から贈与した日までの間における事業等の一定事項について明らかにする書類を、免除届出書に添付して提出する必要があります。

ただし、その該当することとなった日前に、①継続届出書が届出期限までに提出されなかった場合（措法70の６の10⑫）、②税務署長の命令に応じない場合等の納税の猶予に係る期限の繰上げ（措法70の６の10⑬）又は③猶予期限確定事由に該当することとなった場合（措法70の６の10③④）には、上記の免除はされないこととなります（措法70の６の10⑮）。

なお、免除手続については、贈与税の猶予税額の免除（871ページ）を参照してください。

⑵　税務署長が申請に対して認めた場合（申請免除）

後継者が次表①から④のいずれかに該当することとなった場合にも、次表の免除額に相当する相続税が免除されます（措法70の6の10⑰⑱、措令40の7の10㉙～㉛、措規23の8の9⑳～㉓）。

	免除事由	免除額
①	後継者が特例事業用資産の全部の譲渡等（特別関係者以外の者のうちの一人の者（※1）に対するもの又は民事再生による場合に限ります。）をした場合で、右のイ＋ロの金額が譲渡等直前における猶予中相続税額に満たないとき	猶予中相続税額から次のイ＋ロの金額を控除した残額 イ　原則として、特例事業用資産の譲渡時の時価 ロ　譲渡等以前5年以内において後継者の特別関係者が後継者から受けた必要経費不算入対価等の合計額
②	後継者について破産手続開始の決定があった場合	次のイ－ロの金額 イ　破産手続開始の決定の直前における猶予中相続税額 ロ　破産手続開始の決定があった日以前5年以内において、後継者の特別関係者が後継者から受けた必要経費不算入対価等の合計額
③	後継者が特例事業用資産の全部の譲渡等（特別関係者以外の者に対するもので事業の継続が困難な事由として一定の事由（※2）が生じた場合に限ります。）をした場合において、右のイ＋ロの金額が譲渡等直前における猶予中相続税額に満たないとき	猶予中相続税額から次のイ＋ロの金額を控除した残額 イ　原則として、特例事業用資産の時価に基づき再計算した猶予税額 ロ　譲渡等の日以前5年以内において、後継者の特別関係者が後継者から受けた必要経費不算入対価等の合計額
④	後継者が事業を廃止した場合において、右のイ＋ロの金額が廃止の直前における猶予中相続税額に満たないとき	猶予中相続税額から次のイ＋ロの金額を控除した残額 イ　原則として、廃止直前における特例事業用資産の時価に基づき再計算した猶予税額 ロ　廃止以前5年以内において、後継者の特別関係者が後継者から受けた必要経費不算入対価等の合計額

※1　「特別関係者以外の者のうち一人の者」については、贈与税の猶予税額の免除（874ページ）を参照してください。

2　「事業の継続が困難な事由として一定の事由」については、贈与税の猶予税額の免除（874ページ）を参照してください。

この場合には、後継者は、その該当することとなった日から2か月を経過する日（その日までの間にその後継者が死亡した場合には、その後継者の相続人が相続開始があったことを知った日の翌日から6か月を経過する日。この⑵において、以下「申請期限」といいます。）までに、一定の事項を記載した申請書を納税地の所轄税務署長に提出しなければなりません（措法70の６の10⑰⑱㉗、措規23の８の９㉒～㉕、措通70の６の10－51）。

ただし、その該当することとなった日前に、①継続届出書が届出期限までに提出されなかった場合（措法70の６の10⑫）、②税務署長の命令に応じない場合等の納税猶予期限の繰上げ（措法70の６の10⑬）又は③猶予期限確定事由に該当することとなった場合（措法70の６の10③④）は、上記の免除はされないこととなります（措法70の６の10⑰⑱）。

なお、税務署長は、免除申請書の提出があった場合において、その免除申請書に係る相続税の免除をし、又はその免除申請書に係る申請の却下をし、申請期限の翌日から起算して６か月以内にその旨及びその理由を記載した書面を後継者に通知します（措法70の６の10㉒）。この場合、税務署長は、相当の理由があると認めるときは、その免除申請書に係る納期限（その納期限以前２か月以内にこの特例の適用を受けた後継者が死亡した場合には、その後継者の相続人がその後継者の死亡による相続の開始があったことを知った日の翌日から６か月を経過する日）又はその免除申請書の提出があった日のいずれか遅い日から税務署長が通知を発した日の翌日以後１か月を経過する日までの間、その申請によって免除を受けようとする相続税相当額に相当する相続税の徴収を猶予することができます（措法70の６の10㉓）。

また、その間に係る延滞税の額の計算の基礎となる相続税の額は、猶予中相続税額から免除を申請した相続税相当額を控除した残額となります（措令40の７の10㉝）。

12　延滞税の免除

税務署長は、後継者が前記11⑵の表中①、③又は④の適用を受ける場合において、その後継者が適正な時価を算定できないことについてやむを得ない理由があると認めるときは、それらの場合に該当することとなったことにより納付することとなった相続税に係る延滞税につき、次に掲げる場合の区分に応じ次に掲げる納期限（その納期限以前２か月以内にこの特例の適用を受けた後継者が死亡した場合には、その後継者の相続人がその後継者の死亡による相続の開始があったことを知った日の翌日から６か月を経過する日）の翌日から前記11による通知を発した日の翌日以後１か月を経過する日までの間に対応する部分の金額を免除することができます（措法70の６の10㉔）。

	免除区分	納期限
①	11⑵の表中①の場合	11⑵の表中①の譲渡等をした日から２か月を経過する日
②	11⑵の表中③又は④の場合	11⑵の表中③又は④の譲渡等又は事業の廃止をした日から２か月を経過する日

13　再生計画の認可決定等があった場合の納税猶予税額の再計算の特例

後継者について民事再生計画の認可が決定され又は中小企業再生支援協議会の支援による再生計画が成立した場合において資産評定が行われたときは、その認可決定があった日又は債務処理計画が成立した日（この13において、以下「認可決定日」といいます。）における特定事業用資産の価額に基づき納税猶予税額を再計算し、その再計算後の納税猶予税額（この13において、以下「再計算猶予税額」といいます。）を猶予税額として納税猶予を継続することができます。

この場合において、「再生前における猶予中相続税額」から「再計算猶予税額」を控除した残額（認可決定日前５年以内に後継者の特別関係者が後継者から受けた必要経費不算入対価等の合計額を除きます。）が免除されます（措法70の６の10⑲、措令40の７の10㉚㉜）。

⑴　適用要件

①	後継者について民事再生法の規定による再生計画の認可の決定があること（措令40の７の10㉚）
②	後継者の有する資産について、次に掲げる評定が行われたこと（措令40の７の10㉜） イ　再生計画の認可の決定があった場合 後継者がその有する資産の価額につきその再生計画の認可の決定があった時の価額により行う評定 ロ　中小企業再生支援協議会の支援により行う再生計画が成立した場合 法人税法施行令第24条の２第１項第１号イに規定する事実に従って行う同項第２号の資産評定
③	認可決定日から免除通知が発せられた日の前日までの間に、次に掲げる事由に該当しないこと（措法70の６の10⑲） イ　納税猶予期限の全部又は一部確定事由に該当する事実が生じたこと（措法70の６の10③④） ロ　継続届出書が期限までに提出されなかったことにより納税猶予期限が確定したこと（措法70の６の10⑫）
④	免除通知が発せられる日前に納税猶予期限の繰上げがないこと（措法70の６の10⑬）
⑤	再生計画を履行している後継者については、監督委員又は管財人が選任されていること（措法70の６の10⑲）

⑵　再計算猶予税額の計算

再計算猶予税額は、認可決定日における猶予税額に対応する特定事業用資産について、財産評価基本通達により算定した価額を基に、納税猶予税額を計算します（措法70の６の10⑲、措通70の６の10－64)。

⑶　再計算免除税額の計算

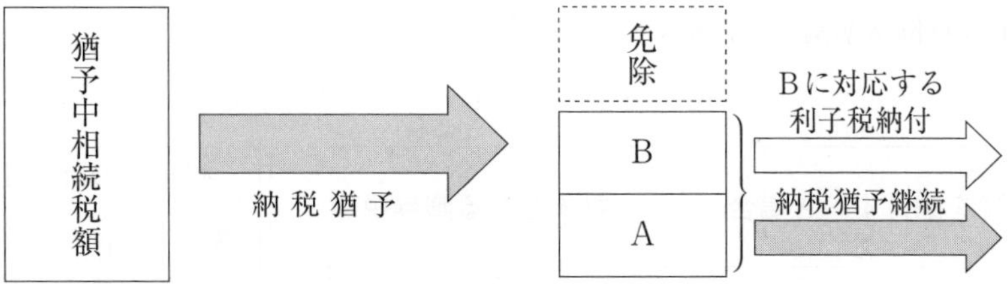

〔算式〕

再計算免除税額　＝　猶予中相続税額　－（Ａ＋Ｂ）

Ａ：再計算猶予税額

Ｂ：認可決定日前５年以内において後継者の特別関係者が後継者から受けた必要経費不算入対価等の合計額

⑷　この特例の適用を受けるための手続

認可決定日から２か月を経過する日までに、再計算特例の適用を受けたい旨、再計算猶予税額とその計算の明細、事情の詳細等を記載した申請書に、認可決定があった再生計画に関する一定の書類を添付して、納税地の所轄税務署長に提出する必要があります（措法70の６の10㉑、措規23の８の９㉔㉕)。

⑸　免除通知

上記⑷の申請書の提出を受けた税務署長は、その申請書に係る申請期限の翌日から起算して６か月以内に、再計算免除税額の免除をし、又は申請書に係る申請を却下します（措法70の６の10㉒)。

14　利子税

相続税の納税猶予の特例の適用を受けた後継者が、猶予税額の全部又は一部を納付する場合には、相続税の申告書の提出期限の翌日から、年3.6％の割合を乗じて計算した金額に相当する利子税を併せて納付しなければなりません（措法70の６の10㉖)。

また、利子税の額の計算の基礎となる相続税の額は、免除申請した相続税相当額を控除した金額となります（措令40の７の10㉞）。

なお、上記利子税の割合については、各年の利子税特例基準割合㈱が7.3％に満たない場合には、次の算式により計算される割合（特例割合）が適用されます。

利子税割合（3.6％）　×　$\frac{\text{利子税特例基準割合※}}{7.3\%}$　㈱　0.1％未満の端数は切捨て、その割合が0.1％未満である場合は年0.1％

㈱　利子税特例基準割合（758ページ※参照）

利子税を納付すべき場合		対象となる贈与税額	利子税の計算期間の終期	
			始　期	終　期
①	猶予期限確定事由が生じた場合（前記６、７参照）	猶予中相続税額	申告期限	猶予期限（前記６、７参照）
②	継続届出書が届出期限までに提出されなかった場合（前記８参照）	左記により納税の猶予に係る期限が確定する猶予中相続税額	申告期限	猶予期限（前記８参照）
③	猶予の繰上げがあった場合（前記９参照）	期限が繰り上げられる猶予中相続税額	申告期限	繰り上げられた猶予期限（前記９参照）
④	免除事由が生じた場合（前記11⑵の表中①参照）	前記11⑵の表中①イ＋ロの金額	申告期限	譲渡等をした日から２か月を経過する日（前記11⑵の表中①参照）
⑤	免除事由が生じた場合（前記11⑵の表中②参照）	前記11⑵の表中②ロの金額	申告期限	後継者について破産手続開始の決定があった日から２か月を経過する日（前記11⑵の表中②参照）
⑥	免除事由が生じた場合（前記11⑵の表中③④参照）	前記11⑵の表中③イ＋ロの金額又は④イ＋ロの金額	申告期限	譲渡等又は事業の廃止をした日から２か月を経過する日（前記11⑵の表中③④参照）
⑦	再生計画の認可決定等があった場合の納税猶予税額の再計算の特例の適用があった場合（前記13参照）	認可決定日前５年以内において後継者の特別関係者が後継者から受けた必要経費不算入対価等の合計額	申告期限	免除通知日から２か月を経過する日（前記13参照）

㈱　上表の①、②、④から⑦の右欄に掲げる日以前２か月以内に後継者が死亡した場合の利子税の

計算期間の終期は、その相続人が当該後継者の死亡による相続の開始があったことを知った日の翌日から６か月を経過する日となります（措法70の６の10㉗）。

15　適用除外

(1)　事業用資産の全部又は一部が未分割である場合

相続税の申告書の提出期限までに、相続又は遺贈により取得をした事業用資産の全部又は一部が共同相続人又は包括受遺者によってまだ分割されていない場合における相続税の納税猶予の特例の適用については、その分割されていない事業用資産は、相続税の申告書にその適用を受ける旨の記載をすることができません（措法70の６の10⑦）。

(2)　他の後継者等がいる場合

被相続人から相続又は遺贈により取得をした特定事業用資産に係る事業と同一の事業の用に供される資産について、この特例の適用を受けている他の特例事業相続人等若しくはこの特例を受けようとする他の特例事業相続人等又は贈与税の納税猶予の特例の適用を受けている特例事業受贈者がある場合には、この特例（相続税の納税猶予の特例）の適用を受けることができません（措法70の６の10⑧、措通70の６の10－44）。

㈴　事業承継パターンについては、贈与税の場合と同様です（879ページ参照）。

16　都道府県知事の通知義務

都道府県知事は、後継者又は特例事業用資産若しくはその特例事業用資産に係る事業について、納税猶予期限の確定に係る事項に関し、法令の規定に基づき認定、確認、報告の受理その他の行為をしたことによりその事実があったことを知った場合には、遅滞なく、その旨を書面により、国税庁長官又はその後継者の納税地の所轄税務署長に通知しなければなりません（措法70の６の10㉘、措規23の８の９㉖）。

17　税務署長の通知

税務署長は、都道府県知事の事務の処理を適正かつ確実に行うため必要があると認めるときは、都道府県知事に対し、その後継者が相続税の納税猶予の特例の適用を受ける旨等を通知することができます（措法70の６の10㉙、措規23の８の９㉘）。

18　特例の適用を受けようとする旨の記載及び一定の明細書の添付

相続税の納税猶予の特例は、相続税の申告書にその適用を受けようとする旨の記載、資産等の明細、納税猶予分の相続税額の計算に関する明細その他の事項を記載した書類の添付がない場合、その適用がないものとされています（措法70の６の10⑨、措規23の８の９⑫）。

この特例の適用を受けるための適用要件及び添付書類を確認する際は、次ページのチェックシートを活用してください。

（１面）

（令和５年分用）「個人の事業用資産についての相続税の納税猶予及び免除」の適用要件チェックシート

（はじめにお読みください。）

1　このチェックシートは、「個人の事業用資産についての相続税の納税猶予及び免除」（租税特別措置法第70条の６の10）の適用を受けるための適用要件を確認する際に使用してください。
2　「確認結果」欄の左側のみに○がある場合には、原則としてこの特例の適用を受けることができます。
3　このチェックシートは、申告書の作成に際して、この特例の適用を受ける者ごとに適用要件等を確認の上、申告書に添付してご提出ください。
4　「個人の事業用資産の贈与者が死亡した場合の相続税の納税猶予及び免除」（租税特別措置法第70条の６の10）の適用を受ける場合には、このチェックシートではなく、「個人の事業用資産の贈与者が死亡した場合の相続税の納税猶予及び免除」のチェックシートを使用してください。

相続人等（特例適用者）　　　　**被相続人氏名：**

住　所

氏　名

電　話　　　（　　　）

関与税理士			
所在地			
氏名		電話	

項目		確認内容（適用要件）	確認結果		確認の基となる資料
被相続人	⑴　この特例の適用に係る相続開始の直前において特定事業用資産に係る事業を行っていた者に該当しますか。		はい	／	－
	申告期限まで	○　その事業について、相続開始日の属する年、その前年及びその前々年の確定申告書を青色申告書（租税特別措置法第25条の２第３項の規定の適用に係るものに限ります。以下同じです。）により提出していますか。	はい	いいえ	○　確定申告書、青色申告決算書など
	⑵　⑴の場合以外の場合ですか。		はい	／	－
	相続開始の直前	①　特定事業用資産に係る事業を行っていた者に係るこの特例の適用に係る相続開始の直前又は「個人の事業用資産についての贈与税の納税猶予及び免除」の適用に係る贈与の直前において、その者と生計を一にする親族ですか。	はい	いいえ	－
	相続開始の時	②　①の相続開始の時又は贈与の時後に開始した相続に係る被相続人ですか。	はい	いいえ	○　戸籍の謄本又は抄本など
後継者（相続人等）	相続開始の直前	○　その特定事業用資産に係る事業に従事していましたか（被相続人が60歳未満で死亡した場合には、「はい」に○をしてください。）。（注1）	はい	いいえ	－
		（業務の具体的内容等）			
	相続開始の時	①　特定事業用資産の取得が、平成31年１月１日から令和10年12月31日までの間の相続又は遺贈（以下「相続等」といいます。）による取得で、次のいずれかの取得ですか。 イ　最初のこの特例の適用に係る相続等による取得 ロ　イの取得の日から１年を経過する日までの相続等による取得（注2）	はい	いいえ	○　戸籍の謄本又は抄本など
		②　被相続人から特定事業用資産の全てを取得していますか。	はい	いいえ	○　青色申告決算書、相続税の申告書第８の６表の付表１など
		③　その事業が、資産保有型事業、資産運用型事業及び性風俗関連特殊営業のいずれにも該当していませんか。（注3）	はい	いいえ	○　認定書の写しなど
	相続開始の時から申告期限まで	○　特定事業用資産に係る事業を引き継ぎ、引き続きその特定事業用資産の全てを有し、かつ、自己の事業の用に供していますか。	はい	いいえ	○　登記事項証明書、青色申告決算書など

※　２面に続きます。

（２面）

（１面からの続きです。）

項目			確認内容（適用要件）	確認結果		確認の基となる資料
後継者（相続人等）	申告期限まで		①　都道府県知事の円滑化法の認定を受けていますか。（注4）	はい	いいえ	○　認定書の写し
後継者（相続人等）	申告期限まで		②　中小企業者ですか。	はい	いいえ	○　認定書の写し
後継者（相続人等）	申告期限まで		③　その事業について開業の届出書を提出していますか。	はい	いいえ	○　開業の届出書
後継者（相続人等）	申告期限まで		④　その事業について青色申告の承認を受けている又は承認を受ける見込みですか。（注5）	はい	いいえ	○　青色申告承認申請書
後継者（相続人等）	申告期限まで		⑤　被相続人から相続等により財産を取得した者が、租税特別措置法第69条の４第３項第１号に規定する特定事業用宅地等について同条第１項の規定の適用を受けていませんか。	はい	いいえ	○　相続税の申告書第11・11の２表の付表１など
後継者（相続人等）	申告期限まで		⑥　円滑化省令第17条第１項の確認（同項第３号に係るものに限り、円滑化省令第18条第７項の規定による変更の確認を受けたときは、その変更後のもの）を受けていますか。（注4）	はい	いいえ	○　確認書の写し
特定事業用資産	相続開始の直前	共通	①　次の区分に応じ、それぞれの日の属する年の前年分の事業所得に係る青色申告書の貸借対照表に計上されている資産ですか。 イ　被相続人が１面の⑴に該当する場合 　その被相続人の相続開始の日 ロ　被相続人が１面の⑵に該当する場合 　特定事業用資産に係る事業を行っていた者に係るこの特例の適用に係る相続開始の日又は「個人の事業用資産についての贈与税の納税猶予及び免除」の適用に係る贈与の日	はい	いいえ	○　青色申告決算書
特定事業用資産	相続開始の直前	共通	②　特定事業用資産に係る事業は、不動産貸付業、駐車場業及び自転車駐車場業に該当しませんか。	はい	いいえ	○　青色申告決算書
特定事業用資産	相続開始の直前	宅地等	①　土地又は土地の上に存する権利で、一定の建物又は構築物の敷地の用に供されていますか。（注6）	はい	いいえ	○　青色申告決算書、登記事項証明書など
特定事業用資産	相続開始の直前	宅地等	②　被相続人の事業の用に供されていた宅地等のうち棚卸資産に該当しない宅地等ですか。（注7）	はい	いいえ	○　青色申告決算書、登記事項証明書など
特定事業用資産	相続開始の直前	建物	○　被相続人の事業の用に供されていた建物のうち棚卸資産に該当しない建物ですか。（注7）	はい	いいえ	○　青色申告決算書、登記事項証明書など
特定事業用資産	相続開始の直前	減価償却資産	○　固定資産税の課税対象とされる資産など、租税特別措置法第70条の６の８第２項第１号ハに定める一定の減価償却資産に該当しますか。（注8）	はい	いいえ	○　固定資産税の通知書の写しなど

（注）１　「特定事業用資産に係る事業」には、その事業と同種又は類似の事業に係る業務や、その事業に必要な知識及び技能を習得するための高等学校、大学、高等専門学校その他の教育機関における修学を含みます。また、「業務の具体的内容等」の記載に当たっては、具体的に従事した期間、事業内容等を記載します。

２　「イの取得の日」は、後継者が、その事業に係る特定事業用資産について、最初に「個人の事業用資産についての贈与税の納税猶予及び免除」の適用を受けている場合には、その適用に係る贈与による取得の日となります。

３　「資産保有型事業」とは、租税特別措置法第70条の６の10第２項第４号において準用する同法第70条の６の８第２項第４号に規定する事業をいい、「資産運用型事業」とは、同法第70条の６の10第２項第５号において準用する同法第70条の６の８第２項第５号に規定する事業をいい、「性風俗関連特殊営業」とは、風俗営業等の規制及び業務の適正化等に関する法律第２条第５項に規定する性風俗関連特殊営業をいいます。

４　「円滑化法」とは、中小企業における経営の承継の円滑化に関する法律をいいます。また、「円滑化省令」とは、中小企業における経営の承継の円滑化に関する法律施行規則をいいます。

５　所得税法第147条の規定により承認があったものとみなされる場合の承認を含みます。

６　「一定の建物又は構築物」とは、租税特別措置法施行規則第23条の８の９第２項において準用する同令第23条の８の８第１項に規定する建物又は構築物をいいます。

７　被相続人が１面の⑵の場合は、特定事業用資産に係る事業を行っていた被相続人又は贈与者をいいます。また、事業の用以外の用に供されていた部分があるときは、事業の用に供されていた部分に限ります。

８　特定事業用資産の対象となる一定の減価償却資産には、固定資産税の課税対象とされているもの、自動車税又は軽自動車税において営業用の標準税率が適用されるもの、その他一定のもの（一定の貨物運送用及び乗用自動車、乳牛・果樹等の生物、特許権等の無形固定資産）が該当します。詳細は「相続税の申告のしかた」をご覧ください。

（令和５年分用）「個人の事業用資産についての相続税の納税猶予及び免除」の提出書類チェックシート

（はじめにお読みください。）
1　このチェックシートは、「個人の事業用資産についての相続税の納税猶予及び免除」（租税特別措置法第70条の６の10）の適用を受けるための提出書類を確認する際に使用してください。
2　このチェックシートは、申告書の作成に際して、この特例の適用を受ける者ごとに提出書類を確認の上、申告書に添付してご提出ください。
3　「個人の事業用資産の贈与者が死亡した場合の相続税の納税猶予及び免除」（租税特別措置法第70条の６の10）の適用を受ける場合には、このチェックシートではなく、「個人の事業用資産の贈与者が死亡した場合の相続税の納税猶予及び免除」のチェックシートを使用してください。

相続人等（特例適用者）

住　所

氏　名

電　話　　　　　（　　　　）

被相続人氏名：

関与税理士	所在地			
	氏名		電話	

(注)担保提供書及び担保提供関係書類が別途必要となります。

	提出書類	チェック欄
1	**遺言書の写し又は遺産分割協議書の写し並びに相続人全員の印鑑証明書（遺産分割協議書に押印したもの）**	□
2	円滑化省令第７条第14項の都道府県知事の**認定書**（円滑化省令第６条第16項第８号又は第10号の事由に係るものに限ります。）**の写し**及び円滑化省令第７条第11項（同条第13項において準用する場合を含みます。）の**申請書の写し**	□
3	円滑化省令第17条第５項の都道府県知事の**確認書の写し**及び同条第４項の**申請書の写し**	□
4	減価償却資産である特定事業用資産の次の区分に応じそれぞれ次に定める書類 ⑴　地方税法第341条第４号に規定する償却資産（租税特別措置法第70条の６の10第２項第１号ハ）（機械装置など） 　その資産についての地方税法第393条の規定による通知に係る**通知書の写し**その他の書類（同法第341条第14号に規定する償却資産課税台帳に登録をされている次に掲げる事項が記載されたものに限ります。） イ　当該資産の所有者の住所及び氏名 ロ　当該資産の所在、種類、数量及び価格	□
	⑵　自動車等（租税特別措置法第70条の６の10第２項第１号、租税特別措置法施行規則第23条の８の８第２項第２号及び第３号） 　道路運送車両法第58条第１項の規定により交付を受けた**自動車検査証**（相続の開始の日において効力を有するものに限ります。）**の写し**又は地方税法第20条の10の規定により交付を受けたこれらの資産に係る同条の**証明書の写し**その他の書類でこれらの資産が自動車税及び軽自動車税において営業用の標準税率が適用されていること又は租税特別措置法施行規則第23条の８の８第２項第２号若しくは第３号に掲げる資産に該当することを明らかにするもの	□
	⑶　所得税法施行令第６条第９号ロ及びハに掲げる果樹等（租税特別措置法施行規則第23条の８の８第２項第１号） 　当該資産が所在する敷地が耕作の用に供されていることを証する書類	□
5	被相続人が60歳以上で死亡した場合には、後継者が相続開始の直前において特定事業用資産に係る租税特別措置法第70条の６の10第２項第２号ロに規定する事業に従事していた旨及びその事実の詳細を記載した書類 ※　「個人の事業用資産についての相続税の納税猶予及び免除」の適用要件チェックシートに当該事項について記載してください。	□

19　帳簿書類の備付け等

後継者が特例事業用資産に係る事業と別の事業を営んでいる場合には、後継者は、それぞれの事業につき所得税法第148条第１項の規定による帳簿書類の備付け、記録又は保存をしなければなりません（措令40の７の10㊱）。

20　事業用資産についての相続税の納税猶予を取りやめる場合

相続税の納税猶予の特例の適用を受けている者は、納税猶予の特例の適用を受けることをやめる旨を記載した届出書を相続税の納税地を所轄する税務署に提出することで、納税猶予の特例の適用を受けることを取りやめることができます（措法70の６の10③六）。

第13章　山林についての相続税の納税猶予及び免除の特例

1　特例の概要

特定森林経営計画（注１）が定められている区域内にある山林（立木又は土地をいいます。この第13章において、以下同じです。）を所有している被相続人から平成24年４月１日以降に相続又は遺贈（死因贈与を含みます。この第13章において、以下「相続等」といいます。）により特例施業対象山林（注２）を取得した林業経営相続人が、その相続に係る相続税の期限内申告書の提出により納付すべき相続税額のうち、特例山林（注３）に係る納税猶予分の相続税額に相当する担保を提供した場合に限り、林業経営相続人の死亡の日まで、その納税を猶予することができます（措法70の６の６①）。

㈲１　特定森林経営計画とは、租税特別措置法第70条の６の６第２項第１号に規定する市町村長等の認定を受けた森林法第11条第１項に規定する森林経営計画であって、次に掲げる要件の全てを満たすものをいいます（措法70の６の６②二、措規23の８の６⑥⑦）。

<table>
<tr><td>(1)</td><td colspan="5">対象とする山林が同一の者により一体として整備することを相当とするものとして森林法施行令第３条に規定する基準に適合するものであること</td></tr>
<tr><td>(2)</td><td colspan="5">森林経営計画に森林法第11条第３項に規定する事項が記載されていること</td></tr>
<tr><td rowspan="6">(3)</td><td rowspan="6">森林経営計画の内容が同一の者による効率的な山林の経営を実現するために必要とされる要件として右の要件を満たしていること（措規23の８の６⑦）
※　経営とは、施業又はその施業と一体として行う保護をいいます。以下同じです。</td><td>イ</td><td colspan="3">森林法第11条第５項第４号及び第７号に掲げる要件に該当する森林経営計画であって、その期間が連続し、かつ、引き続いて市町村長等の認定を受けているものであること</td></tr>
<tr><td>ロ</td><td colspan="3">森林法第11条第３項に規定する事項が最初に記載された森林経営計画の始期以降連続して森林法施行規則第99条第２号に掲げる要件に該当することについて同令第100条第１項の農林水産大臣の確認を受けている森林経営計画であること</td></tr>
<tr><td rowspan="2">ハ</td><td rowspan="2">定められている区域内に右に掲げる山林の全てが存する森林経営計画であること</td><td>(イ)</td><td>森林経営計画について市町村長等の認定を受けた個人の有する山林</td></tr>
<tr><td>(ロ)</td><td>(イ)の個人が他の山林の所有者から経営の委託を受けた山林</td></tr>
<tr><td>ニ</td><td colspan="3">定められている区域内に存する山林のうち作業路網の整備を行う部分の面積が100ha 以上ある森林経営計画であること</td></tr>
<tr><td>ホ</td><td colspan="3">定められている区域内に存する山林のうちに一の小流域内に存するものの面積が５ha 未満である山林がある場合にあっては、当該山林の全てが作業路網の整備を行わない山林である旨が記載された森林経営計画であること</td></tr>
</table>

２　特例施業対象山林とは、被相続人が相続開始の直前に有していた山林のうち相続開始前に特定森林経営計画が定められている区域内に存するもの（森林の保健機能

の増進に関する特別措置法第２条第２項第２号に規定する森林保健施設の整備に係る地区内に存するものを除きます。）であって、次に掲げる要件の全てを満たすものをいいます（措法70の６の６②三）。

<table>
<tr><td>(1)</td><td colspan="3">被相続人又は被相続人からその有する山林の全部の経営の委託を受けた者により相続開始の直前まで引き続き特定森林経営計画に従って適正かつ確実に経営が行われてきた山林であること</td></tr>
<tr><td rowspan="2">(2)</td><td rowspan="2">特定森林経営計画に記載されている山林のうち作業路網の整備を行う部分が、同一の者により一体として効率的な施業を行うことができるものとして右の要件を満たしていること（措令40の７の６④）</td><td>イ</td><td>特定森林経営計画が定められている区域内に存する山林であって、その面積の合計が100ha 以上であること</td></tr>
<tr><td>ロ</td><td>自然的条件及び作業路網の整備の状況に照らして、同一の者により、造林、保育、伐採及び木材の搬出を一体として効率的に行うことができると認められる山林であること</td></tr>
</table>

3　特例山林とは、特例施業対象山林で相続税の期限内申告書にこの制度の適用を受ける旨の記載があるもので、林業経営相続人が自ら経営を行うものであって、次に掲げる要件の全てを満たすものをいいます（措法70の６の６①）。

<table>
<tr><td>(1)</td><td>特定森林経営計画において、作業路網の整備を行う山林として記載されているものであること</td></tr>
<tr><td>(2)</td><td>都市計画法第７条第１項に規定する市街化区域内に所在するものでないこと</td></tr>
<tr><td>(3)</td><td>立木にあっては、相続開始日から立木が森林法第10条の５第１項に規定する市町村森林整備計画に定める標準伐期齢に達する日までの期間が、相続開始の時における林業経営相続人の平均余命期間（相続開始日から林業経営相続人に係る余命年数として租税特別措置法施行令第40条の７の６第２項及び租税特別措置法施行規則第23条の８の６第３項で定めるもの）を経過する日までの期間（最高30年）を超える場合における立木であること</td></tr>
</table>

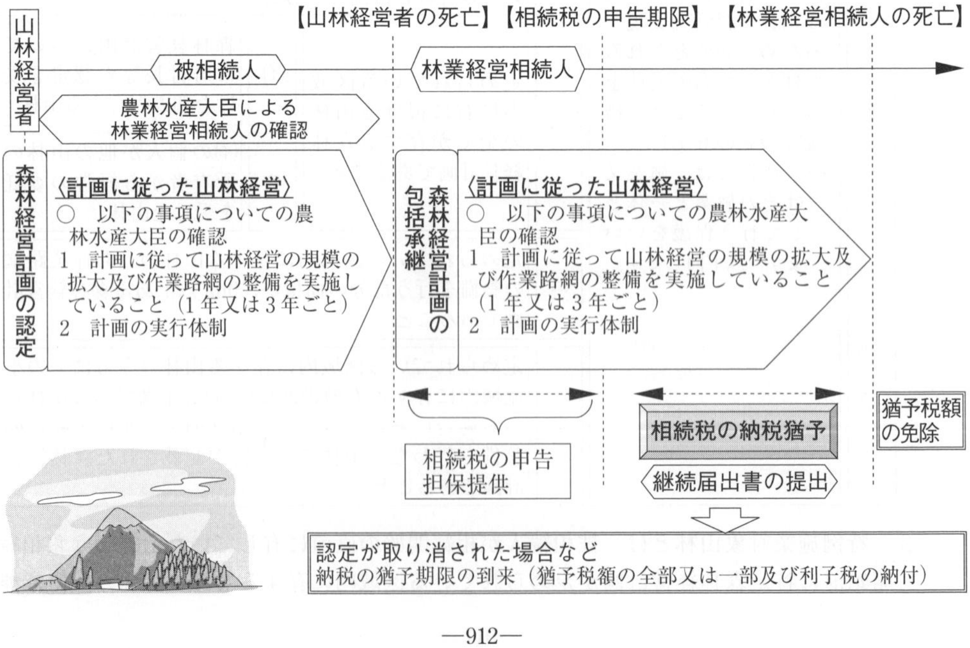

2　特例の適用対象となる被相続人及び林業経営相続人の範囲

⑴　被相続人の範囲（措令40の7の6①、措規23の8の6①②）

イ	相続の開始直前において、特定森林経営計画が定められている区域内にある山林で、当該山林に係る土地について作業路網の整備が行われる部分の面積の合計が100ha以上であるものを有していたものであること		
ロ	右の事項について、相続開始の前に農林水産大臣の確認を受けていた者であること	㈠	特定森林経営計画の達成のために必要な機械その他の設備を利用することができること
		㈡	特定森林経営計画が定められている区域内に存する山林の全てについて、この特定森林経営計画に従って適正かつ確実に経営及び作業路網の整備を行うものと認められること
		㈢	特定森林経営計画に従って山林の経営の規模の拡大を行うものと認められること
ハ	特定森林経営計画に従って当初認定起算日から相続開始の直前まで継続して、その有する山林又は経営の委託を受けた山林の全ての経営を適正かつ確実に行ってきた者であることについて、農林水産大臣の確認を受けていた者であること		

⑵　林業経営相続人の範囲（措法70の6の6②四、措規23の8の6⑧）

林業経営相続人とは、被相続人から相続等により被相続人が相続開始の直前に有していた全ての山林（特定森林経営計画が定められている区域内に存するものに限ります。）の取得をした者であって、次に掲げる要件の全てを満たす者をいいます。

イ	相続開始の直前において、被相続人の推定相続人であること		
ロ	相続開始の時から相続に係る相続税の申告書の提出期限（提出期限までにその個人が死亡した場合には、その死亡の日）まで引き続き相続等により取得した山林（特定森林経営計画が定められている区域内に存するものに限ります。）の全てを有し、かつ、特定森林経営計画に従って経営を行っていること		
ハ	特定森林経営計画に従って山林の経営を適正かつ確実に行うものと認められる要件として右の掲げる要件を満たしていること（措規23の8の6⑧）	㈠	森林法施行規則第99条第3号に掲げる要件に該当することについて同令第100条第1項の確認を受けた被相続人の当該確認に係る推定相続人であること
		㈡	特定森林経営計画について森林法第16条の規定により市町村長等の認定が取り消されたことがある場合にあっては、その取消しの日から起算して10年を経過している者であること
		㈢	特定森林経営計画についてその期間満了時までに引き続いて市町村長等の認定を受けなかったことがある場合にあっては、当該期間満了の日から10年を経過している者であること
		㈣	被相続人の死亡に係る森林法第17条第2項の届出書を当該死亡後遅滞なく提出していること

ハ	特定森林経営計画に従って山林の経営を適正かつ確実に行うものと認められる要件として右の掲げる要件を満たしていること（措規23の8の6⑧）	(ホ)	右に掲げる山林を除く山林について作業路網の整備が行われる部分の面積の合計が100ha以上であること	a	森林の保健機能の増進に関する特別措置法第２条第２項第２号に規定する森林保健施設の整備に係る地区内に存する山林
				b	山林を含む一の一体的かつ連続的な山林の面積が著しく小さい場合における当該所有山林
				c	分収林特別措置法第２条第３項に規定する分収林契約並びに国有林野の管理経営に関する法律第10条に規定する分収造林契約及び同法第17条の３に規定する分収育林契約に係る山林並びに入会林野等に係る権利関係の近代化の助長に関する法律第２条第１項に規定する入会林野に係る山林
		(ヘ)	有する山林（上記(ホ)b及びcを除き、被相続人から相続等により取得したものを含みます。）の全て及び個人が他の山林の所有者から経営の委託を受けた山林の全てが、特定森林経営計画が定められている区域内に存すること		
		(ト)	右に掲げる事項について、農林水産大臣の確認を受けた者であること	a	特定森林経営計画の達成のために必要な機械その他の設備を利用することができること
				b	特定森林経営計画が定められている区域内に存する山林の全てについて、特定森林経営計画に従って適正かつ確実に経営を行うことができること
		(チ)	被相続人が有する山林の全部の経営の委託を受けている場合にあっては、森林法施行規則第99条第２号に掲げる要件に該当することについて当該委託を受けた日から当該被相続人の相続の開始の直前まで引き続いて同令第100条第１項の農林水産大臣の確認を受けてきた者であること		

3　適用手続

(1)　期限内申告

相続税の申告書の提出期限までに相続等により取得した山林が共同相続人又は包括受遺者によって分割され、相続税の期限内申告書に特例施業対象山林の全部につきこの制度の適用を受けようとする旨を記載し、次に掲げる書類を添付しなければなりません（措法70の６の６⑧⑩）。

イ	特例施業対象山林の明細及び納税猶予分の相続税額の計算に関する明細を記載した書類その他租税特別措置法施行規則第23条の８の６第21項に定める書類
ロ	特例施業対象山林に係る被相続人の死亡の日の翌日以後最初に到来する経営報告基準日（917ページ参照）の翌日から５か月を経過する日が被相続人に係る相続税の申告書の提出期限までに到来する場合には、特例施業対象山林の経営に関する事項として租税特別措置法施行規則第23条の８の６第22項に定める事項を記載した書類
ハ	林業経営相続人の要件その他租税特別措置法施行規則第23条の８の６第23項に定める要件を満たしていることを証する書類

(2)　担保の提供

相続税の申告書の提出期限までに納税猶予分の相続税額に相当する担保を提供しなければなりません（措法70の６の６①）。

4　納税猶予分の相続税額の計算

(1)　「農地等についての相続税の納税猶予（措法70の６①）」の適用がある者がいない場合の納税猶予分の相続税額の計算

次のイに掲げる金額からロに掲げる金額を控除した残額が納税猶予分の相続税額となります（措法70の６の６②五、措令40の７の６⑤⑥⑦）。

イ		ロ
特例山林の価額（相続税の計算上、控除すべき債務がある場合には、控除すべき林業経営相続人の負担に属する部分の金額を控除した金額（この第13章において、以下「特定価額」といいます。））を林業経営相続人に係る相続税の課税価格とみなして、相続税法第13条から第19条まで、第21条の15第１項及び第２項並びに第21条の16第１項及び第２項の規定を適用して計算した林業経営相続人の相続税の額	－	特定価額に100分の20を乗じて計算した金額を林業経営相続人に係る相続税の課税価格とみなして、相続税法第13条から第19条まで、第21条の15第１項及び第２項並びに第21条の16第１項及び第２項の規定を適用して計算した林業経営相続人の相続税の額

＜納税が猶予される相続税額の計算方法＞

1　実際の遺産額に基づき林業経営相続人の相続税額を計算します。

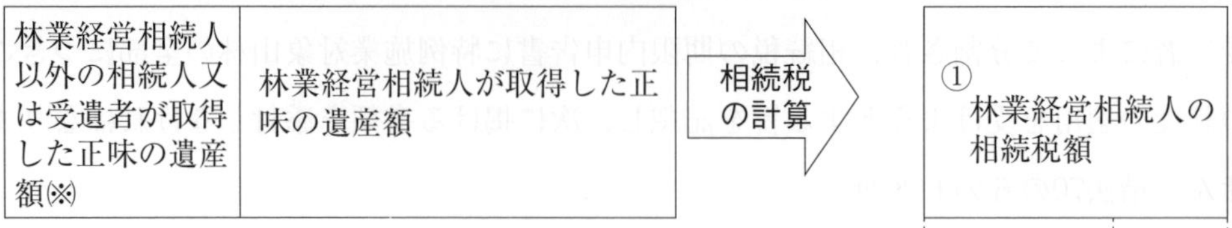

2　林業経営相続人が取得した財産が特例山林のみであると仮定して林業経営相続人の相続税額を計算します。

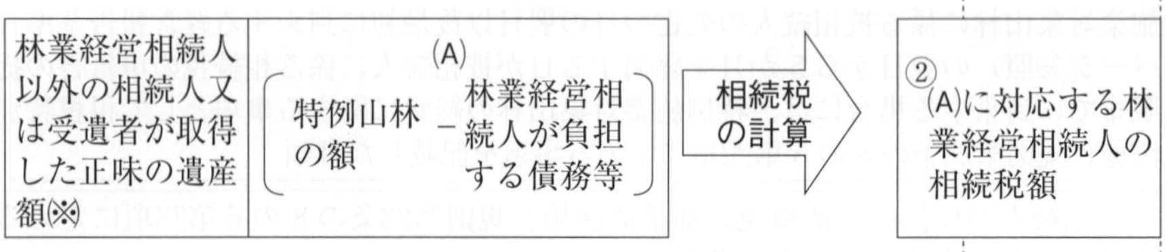

3　林業経営相続人の取得した財産が上記Aの20%のみであると仮定して相続税額を計算します。

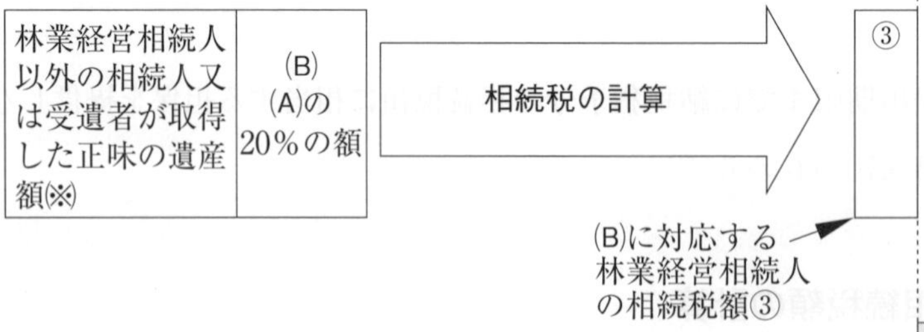

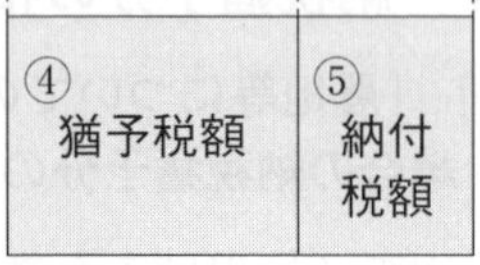

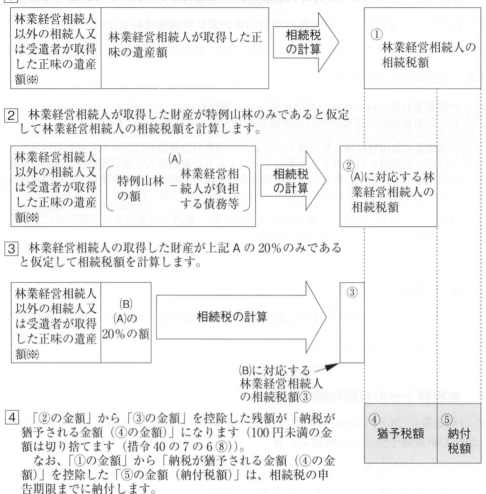

4　「②の金額」から「③の金額」を控除した残額が「納税が猶予される金額（④の金額）」になります（100円未満の金額は切り捨てます（措令40の7の6⑧））。

　なお、「①の金額」から「納税が猶予される金額（④の金額）」を控除した「⑤の金額（納付税額）」は、相続税の申告期限までに納付します。

(※)「正味の遺産額」は、相続等によって取得した財産の価額と相続時精算課税の適用を受ける財産の価額を合計した金額から、債務や葬式費用などの金額を控除して計算します。なお、相続開始前7年以内の暦年課税に係る贈与財産がある場合には、その贈与財産の価額を、上記により計算した金額に加算します（94ページ参照）。

(2)「農地等についての相続税の納税猶予」の適用がある者がいる場合の納税猶予分の相続税額の計算

　上記(1)により納税猶予分の相続税額を計算する場合において、被相続人から相続等により財産を取得した者のうちに「農地等についての相続税の納税猶予」の適用を受ける者があるときにおけるその財産を取得した全ての者に係る相続税の課税価格は、租税特別措置法第70条の6第2項第1号の規定により計算される相続税の課税価格

（農業投資価格ベースの課税価格）となります（措令40の７の６⑨）。

5　納税猶予期間中の継続届出書の提出義務

⑴　概　要

被相続人の死亡の日の翌日から猶予中相続税額（注１）の全部につき納税の猶予に係る期限が確定する日までの間に経営報告基準日（特例山林に係る被相続人の死亡の日の翌日以後最初に到来する経営報告基準日（注２）の翌日から５か月を経過する日が相続税の申告書の提出期限までに到来する場合におけるその最初に到来する経営報告基準日を除きます。）が存する場合には、届出期限（経営報告基準日の翌日から５か月を経過する日をいいます。）までに、引き続きこの制度の適用を受けたい旨及び租税特別措置法施行令第40条の７の６第21項の規定による記載事項を記載した届出書（この第13章において、以下「継続届出書」といいます。）並びに一定の添付書類を納税地の税務署長に提出しなければなりません（措法70の６の６⑪、措令40の７の６㉑、措規23の８の６㉕㉖）。

㈲１　猶予中相続税額とは、納税猶予分の相続税額から、既に納税の猶予に係る期限が確定した税額を除いたものをいいます（措法70の６の６②七ロ）。

２　経営報告基準日とは、①施業整備期間（注３）にあっては、当初認定起算日（注４）から１年を経過するごとの日をいい（措法70の６の６②七イ）、②施業整備期間の末日の翌日（当初認定起算日以後10年を経過する日の翌日以後にこの制度の適用に係る被相続人について相続が開始した場合にはその翌日）から、猶予中相続税額の全部について納税の猶予に係る期限が確定する日までの期間にあっては、施業整備期間の末日の翌日から３年を経過するごとの日をいいます（措法70の６の６②七ロ）。

３　施業整備期間とは、当初認定起算日からその当初認定起算日以後10年を経過する日までの間にこの制度の適用に係る被相続人について相続が開始した場合における、相続の開始の日の翌日から当初認定起算日以後10年を経過する日又は相続に係る林業経営相続人の死亡の日のいずれか早い日までの期間をいいます（措法70の６の６②六）。

４　当初認定起算日とは、特定森林経営計画に係る被相続人（特定森林経営計画につき過去に森林法第17条第１項の規定の適用があった場合にあっては、最初の適用に係る同項の認定森林所有者等）が市町村長等の認定（変更の設定を含みます。）を受けた特定森林経営計画（森林法第11条第３項に規定する事項が記載された最初のものに限ります。）の始期をいいます（措法70の６の６②六、措令40の７の６⑪）。

５　猶予中相続税額に相当する相続税並びにその相続税額に係る利子税及び延滞税の徴収を目的とする国の権利の時効については、国税通則法第73条第４項の規定の適用がある場合を除き、継続届出書の提出があった時からその継続届出書の届出期限までの間は完成せず、その届出期限の翌日から新たに進行します（措法70の６の６⑫）。

⑵　継続届出書未提出の場合

継続届出書の届出期限までに納税地の所轄税務署長に継続届出書が提出されない場合には、その届出期限における猶予中相続税額に相当する相続税額については、その届出期限の翌日から２か月を経過する日（届出期限の翌日から２か月を経過する日までの間に相続税に係る林業経営相続人が死亡した場合には、林業経営相続人の相続人が林業経営相続人の死亡による相続の開始があったことを知った日の翌日から６か月を経過する日）をもって納税の猶予に係る期限となります（措法70の６の６⑬）。

ただし、継続届出書が届出期限までに提出されなかった場合においても、納税地の所轄税務署長が届出期限内にその提出がなかったことについてやむを得ない事情があると認める場合において、そのやむを得ない事情を記載した継続届出書及び一定の添付書類が税務署長に提出されたときは、継続届出書が届出期限内に提出されたとみなされます（措法70の６の６⑱、措令40の７の６㉔）。

6　納税猶予期限前における猶予期限の確定

⑴　納税猶予税額の全部確定

この制度を受ける林業経営相続人又は特例山林（租税特別措置法第70条の６の６第６項の適用を受ける場合には林業経営相続人若しくは林業経営相続人から経営委託を受けた者（経営受託者といいます。第13章において同じです。）又は経営委託山林）について次のいずれかに掲げる場合に該当することとなった場合には、それぞれに掲げる日から２か月を経過する日（それぞれに掲げる日から２か月を経過する日までの間に林業経営相続人が死亡した場合には、林業経営相続人の相続人が林業経営相続人の死亡による相続の開始があったことを知った日の翌日から６か月を経過する日）が納税の猶予に係る期限となります（措法70の６の６③⑦）。

イ	林業経営相続人（又は経営受託者。以下この表において同じです。）による特定森林経営計画に従った特例山林（又は経営委託山林。以下この表において同じです。）の経営が適正かつ確実に行われていない場合に該当する場合において、その特定森林経営計画に係る農林水産大臣等（※１）から林業経営相続人の納税地の所轄税務署長にその該当する旨の通知があったとき	その通知があった日	措法70の６の６③一、⑦
ロ	林業経営相続人が特例山林の譲渡、贈与若しくは転用（※２）をし、若しくは特例山林につき地上権、永小作権、使用貸借による権利若しくは賃借権の設定をした場合（収用交換等による譲渡があった場合を除きます。）又は特例山林が路網未整備等（※３）に該当することとなった場合において、その譲渡、贈与、転用若しくは設定（この第13章において、以下「譲渡等」といいます。）又は路網未整備等があった特例山林に係る土地の面積（譲渡等又は路網未整備等の時前に特例山林に係る譲渡等（収用交換等による譲渡があった場合を除きます。）又は路網未整備等があった場合には、その譲渡等又は路網未整備等に係る土地の面積を加算した面積）が、林業経営相続人のその時の直前における特例山林に係る土地の面積（その時前に特例山林につき譲渡等又は路網未整備等があった場合には、その譲渡等又は路網未整備等に係る土地の面積を加算した面積）の100分の20を超えるとき	農林水産大臣等から林業経営相続人の納税地の所轄税務署長にその100分の20を超えることとなった譲渡等又は路網未整備等に係る通知があった日	措法70の６の６③二、⑦
ハ	特例山林に係る山林経営を廃止した場合	その廃止した日	措法70の６の６③三、⑦
ニ	林業経営相続人のその年分の山林所得に係る収入金額が零となった場合	その収入金額が零となった年の12月31日	措法70の６の６③四
ホ	林業経営相続人がこの制度の適用を受けることをやめる旨を記載した届出書を納税地の所轄税務署長に提出した場合	その届出書の提出があった日	措法70の６の６③五

※１　農林水産大臣等とは、農林水産大臣、都道府県知事又は市町村長をいいます（措法70の６の６③一）。

２　転用とは、特例山林の土地を立木の生育以外の用に供する行為として租税特別措置法施行規則第23条の８の６第15項で規定する行為をいいます。

３　路網未整備等とは、作業路網の一部の整備が適正に行われていない場合又は一体的かつ効率的な経営に適さなくなった山林となった場合として租税特別措置法施行令第40条の７の６第13項で定める場合をいいます。

４　林業経営相続人が、障害、疾病その他の事由により、特例山林について経営を行うことが困難な状態として租税特別措置法施行令第40条の７の６第17項で規定する状態となった場合において、その特例山林の全部の経営をその林業経営相続人の推定相続人で、租税特別措置法施行令第40条の７の６第18項で規定する者に委託（経営委託といいます。この第13章において同じです。）をしたときは、経営委託した日から２か月以内に、租税特別措置法施行令第40条の７の６第19項で規定するところにより、経営委託をした旨の届出書を、納税地の所轄税務署長に提出したときに限り、経営委託をした特例山林（経営委託山林といいます。第13章において同じです。）に係る経営は廃止していないものとみなします（措法70の６の６⑥、措令40の７の６⑰～⑳）。

⑵　納税猶予税額の一部確定

猶予中相続税額に相当する相続税の全部について納税の猶予に係る期限が確定する日までに、林業経営相続人（又は経営受託者。⑵において同じです。）が特例山林（又は経営委託山林。⑵において同じです。）の一部を譲渡等した場合又は特例山林が路網未整備等に該当することとなった場合には、猶予中相続税額のうち、その譲渡等をした特例山林又は路網未整備等に該当することとなった特例山林の金額に対応する部分の額として租税特別措置法施行令第40条の７の６第16項に規定するところにより計算した金額に相当する相続税については、農林水産大臣等から林業経営相続人の納税地の所轄税務署長にその譲渡等又は路網未整備等があった旨の通知があった日から２か月を経過する日（その通知があった日から２か月を経過する日までの間に林業経営相続人が死亡した場合には、林業経営相続人の相続人が林業経営相続人の死亡による相続の開始があったことを知った日の翌日から６か月を経過する日）が納税の猶予に係る期限となります（措法70の６の６④⑦）。

7　山林についての納税猶予に係る納税猶予税額の免除

この制度の適用を受ける林業経営相続人が死亡した場合には、猶予中相続税額に相当する相続税が免除されます。この場合には、林業経営相続人の相続人は、その死亡した日から同日以後６か月を経過する日（この第13章において、以下「免除届出期限」といいます。）までに、一定の事項を記載した届出書及び添付書類を納税地の所轄税務署長に提出しなければなりません（措法70の６の６⑰、措令40の７の６㉓、措規23の８の６㉘㉙）。

ただし、届出書が免除届出期限までに提出されなかった場合においても、納税地の所轄税務署長が免除届出期限内にその提出がなかったことについてやむを得ない事情があると認める場合において、そのやむを得ない事情を記載した届出書及び一定の添付書類が税務署長に提出されたときは、その届出書が期限内に提出されたとみなされます（措法70の６の６⑱、措令40の７の６㉔、措規23の８の６㉘㉙）。

8　利子税の納付

この制度を受けた林業経営相続人は、納税の猶予に係る期限が確定した猶予中相続税額の全部又は一部を納付する場合には、納付する税額を基礎とし、林業経営相続人がこの制度の適用を受ける相続税の申告書の提出期限の翌日から、次の区分に応じた期限までの期間に応じ、年3.6％の割合を乗じて計算した金額に相当する利子税を、合わせて納付しなければなりません（措法70の６の６⑲）。

(1)	納税猶予税額の全部確定の場合（(3)に該当する場合を除きます。）	納税猶予税額の全部確定の場合の納税の猶予に係る期限
(2)	納税猶予税額の一部確定又は継続届出書未提出の場合（(3)に該当する場合を除きます。）	それぞれの場合の納税の猶予に係る期限
(3)	担保の変更の命令違反等の場合の納税猶予期限の繰上げ等繰り上げられた納税の猶予に係る期限	

第14章　医療法人の持分に係る相続税及び贈与税の納税猶予等の特例

1　医療法人の持分に係る経済的利益についての贈与税の納税猶予及び免除（措法70の７の９）

⑴　概要

認定医療法人（平成26年10月１日から令和８年12月31日までの間に厚生労働大臣認定を受けた医療法人に限ります。以下４まで同じです。）の持分を有する個人（この第14章において、以下「贈与者」といいます。）が、その持分の全部又は一部の放棄をしたことにより、その認定医療法人の持分を有する他の個人（この第14章において、以下「受贈者」といいます。）に対して贈与税が課される場合（持分の放棄があった日（注１）の属する年分に課されることとなります。）には、その放棄により受けた利益（この第14章において、以下「経済的利益」といいます。（注２））の価額に係る納税猶予分の贈与税額に相当する贈与税については、贈与税の申告書（相続税法第28条第１項の規定による申告書で、提出期限内に提出されるものに限ります。この第14章において同じです。）の提出期限までにその納税猶予分の贈与税額に相当する担保を提供した場合に限り、認定移行計画に記載された移行期限まで、その納税が猶予されます（措法70の７の９①）。

なお、この特例は、受贈者が、贈与者による認定医療法人の持分の放棄があった日からその経済的利益に係る贈与税の申告期限までの間にその認定医療法人の持分に基づき出資額に応じた払戻しを受けた場合若しくはその持分の譲渡をした場合（有償又は無償を問いません。）又は下記２「医療法人の持分に係る経済的利益についての贈与税の税額控除」の適用を受ける場合には適用されません（措法70の７の９④、措通70の７の９－11）。

㈲１　「持分の放棄があった日」とは、その放棄が書面により行われた場合には、贈与者がその書面を認定医療法人に提出した日又はその書面に記載した放棄の日のいずれか遅い日をいい、その放棄が書面によらない場合には、その放棄に係る持分の処分について、認定医療法人が厚生労働大臣に提出した出資持分の状況報告書に記載された「出資持分の放棄の日」をいいます（措通70の７の９－１）。

　なお、認定医療法人の持分の全部又は一部の放棄は、「出資持分の放棄申出書」（医療法施行規則附則様式７）を認定医療法人に提出して行います（措規23の12の６③）。

２　「経済的利益の価額」とは、贈与者が認定医療法人の持分の全部又は一部の放棄をしたことにより、受贈者の持分の価額が増加した場合におけるその増加した部分に相当する価額をいいます（措通70の７の９－２）。

⑵　適用手続

イ　期限内申告

この特例の適用を受けるためには、経済的利益に係る贈与税の申告書を提出期限までに提出し、その申告書にその経済的利益につきこの特例の適用を受けようとする旨を記載し、次の書類を添付しなければなりません（措法70の７の９⑧、措規23の12の６④）。

①	経済的利益に係る持分の明細及び納税猶予分の贈与税額の計算に関する明細
②	贈与者による認定医療法人の持分の放棄の時において認定医療法人が厚生労働大臣認定を受けたことを証するもの
③	認定医療法人の認定移行計画の写し
④	贈与者による認定医療法人の持分の放棄の直前及び放棄の時における認定医療法人の出資者名簿の写し
⑤	租税特別措置法第70条の７の９第４項に規定する場合（上記⑴なお書に記載している場合）に該当しない旨を記載した書類
⑥	その他参考となるべき書類

この特例は、期限後申告、修正申告又は更正に係る税額については適用がありませんが、修正申告又は更正があった場合で、その修正申告又は更正が期限内申告においてこの特例の適用を受けた経済的利益の価額の算定又は税額計算の誤りのみに基づいてされるときにおけるその修正申告又は更正により納付すべき贈与税額（附帯税を除きます。）については、当初からこの特例の適用があることとして取り扱われます。

この場合において、その修正申告又は更正により納税猶予を受ける贈与税の本税の額とその本税に係る利子税の額に相当する担保については、その修正申告書の提出の日又はその更正に係る通知書が発せられた日の翌日から起算して１か月を経過する日までに提供しなければなりません（措通70の７の９－５）。

ロ　贈与者が贈与税の申告期限前に死亡した場合の取扱い（措通70の７の９－３）

経済的利益に係る贈与者が、その経済的利益に係る贈与税の申告書の提出期限前に、かつ、受贈者によるその申告書の提出前に死亡した場合におけるこの特例の適用については、次のとおりです。

【贈与者が認定医療法人の持分の放棄をした日の属する年に死亡した場合】

受贈者が贈与者の死亡に係る相続又は遺贈により財産を取得した場合であっても、当該受贈者が当該贈与者による持分の放棄により受けた経済的利益についてこの特例の適用を受けるときには、その経済的利益については租税特別措置法施行令第40条の８の９第15項の規定により相続税法第19条第１項の規定（いわゆる「７年以内の贈与加算」（94ページ参照））の適用がないことから、相続税の課税対象とならず、贈与税の課税対象となります。

【贈与者が認定医療法人の持分の放棄をした日の属する年の翌年に死亡した場合】

受贈者が贈与者の死亡に係る相続又は遺贈により財産を取得した場合であっても、当該受贈者が当該贈与者による持分の放棄により受けた経済的利益についてこの特例の適用を受けるときには、その経済的利益については租税特別措置法施行令第40条の８の９第15項の規定により相続税法第19条第１項の規定（いわゆる「７年以内の贈与加算」（94ページ参照））の適用がないことから、その経済的利益の価額は相続税の課税価格に加算されません。

㈲　受贈者が、贈与者による持分の放棄により受けた経済的利益についてこの特例の適用を受ける場合には、当該贈与者の死亡に係る相続税の申告書の提出期限において、その経済的利益に係る贈与税の申告書の提出期限が到来していないときであっても、その経済的利益の価額は当該贈与者の死亡に係る相続税の課税価格に加算されません。

ハ　受贈者が贈与税の申告期限前に死亡した場合の取扱い（措通70の７の９－４）

贈与者が認定医療法人の持分の全部又は一部の放棄をしたことにより経済的利益を受けた受贈者が、その経済的利益を受けた日の属する年の中途において死亡した場合又はその経済的利益に係る贈与税の申告書の提出期限前に当該申告書を提出しないで死亡した場合において、当該受贈者の相続人（包括受遺者を含みます。）がその経済的利益についてこの特例の適用を受ける旨の贈与税の申告書を提出したとき（適用要件を満たしている場合に限ります。）は、当該申告書は、この特例の適用のある申告書となります。

この場合において、受贈者の相続人が２人以上あるときには、各相続人は贈与税の申告書を共同して提出することができます（相法27⑤）。

なお、当該相続人が２人以上ある場合には、各相続人はそれぞれこの特例の適用を選択することができます。

二　担保の提供

この特例の適用を受けるためには、贈与税の申告書の提出期限までに納税猶予分の贈与税額（本税額と猶予期間中の利子税額の合計額）に相当する担保を提供しなければなりません（措法70の７の９①、措令40の８の９①③）。

この場合の猶予期間中の利子税の額は、贈与税の申告書の提出期限における認定移行計画に記載された移行期限から２か月を経過する日までを納税猶予期間として計算した額によります（措通70の７の９－７）。また、この担保の提供については、国税通則法第50条《担保の種類》から第54条《担保の提供等に関する項目》までの規定の適用があります（措通70の７の９－６）。

なお、受贈者が有する認定医療法人の持分の全てを担保として提供した場合（認定医療法人の持分は不可分であり、その持分の一部を担保提供することはできないため）には、その納税猶予分の贈与税額に相当する担保が提供されたものとみなされます（措法70の７の９⑦、措通70の７の９－８）。

ただし、このようにみなされるのは、この特例を受けようとする場合に受贈者が有する認定医療法人の持分の全てを担保として提供したときに限られますので、次の場合、その後に担保財産の変更を行った結果、認定医療法人の持分の全てを担保提供している状況が生じても、その時点から上記納税猶予分に相当する担保が提供されたものとみなされるものではありません（措法70の７の９⑦ただし書、措通70の７の９－18）。

①　この特例の適用を受けるに当たり認定医療法人の持分以外の財産を担保として提供したこと等により上記納税猶予分に相当する担保が提供されたものとみなされていない場合

②　上記納税猶予分に相当する担保が提供されたものとみなされたものの、担保の全部若しくは一部につき変更があったため、上記納税猶予分に相当する担保が提供されたものとみなされないこととなった場合

また、贈与者又は認定医療法人が２以上ある場合には、上記担保の提供手続及びみなす充足の各取扱いは、贈与者又は認定医療法人の異なるものごとの納税猶予分の贈与税額にそれぞれの規定を適用します（措通70の７の９－20）。

(3)　納税猶予分の贈与税額の計算

経済的利益の価額を受贈者に係るその年分の贈与税の課税価格とみなして、相続税法第21条の５及び第21条の７の規定（租税特別措置法第70条の２の４及び第70条の２の５の規定を含みます。）を適用して計算した金額が、納税猶予分の贈与税額となります（措法70の７の９①）。

なお、経済的利益に係る贈与者又は経済的利益に係る認定医療法人が２以上ある場合における納税猶予分の贈与税額の計算においては、その経済的利益に係る受贈者がその年中においてこの特例の適用に係る贈与者による放棄により受けた全ての認定医療法人の経済的利益の価額の合計額を、当該受贈者に係るその年分の贈与税の課税価格とみなして計算します（措令40の８の９⑤）。

この場合において、経済的利益に係る贈与者及び認定医療法人の異なるものごとの納税猶予分の贈与税額は、次のＡに掲げる金額に次のＢに掲げる割合を乗じて計算した金額となります（措令40の８の９⑥）。

Ａ　納税猶予分の贈与税額

Ｂ　経済的利益に係る贈与者及び認定医療法人の異なるものごとの経済的利益の価額が、その年分の経済的利益の価額の合計額に占める割合

また、この特例の適用に係る贈与者又は認定医療法人が２以上ある場合における納税猶予分の贈与税額（この第14章において、以下「納税猶予分の贈与税額」といいます。）の計算は、次の順序により行います（措通70の７の９－９）。

①　その経済的利益に係る受贈者がその年中において贈与者による放棄により受けた全ての認定医療法人の経済的利益の価額の合計額を受贈者に係るその年分の贈与税の課税価格とみなして、相続税法第21条の５及び第21条の７の規定（租税特別措置法第70条の２の３及び第70条の２の５の規定を含みます。）を適用して納税猶予分の贈与税額を計算（措置法令第40条の８の９第４項の規定による100円未満の端数処理は行いません。）します（措令40の８の９⑤）。

②　経済的利益に係る贈与者及び認定医療法人の異なるものごとの納税猶予分の贈与税額を計算し、100円未満の端数処理を行います（措令40の８の９⑥）。

③　上記②により算出されたそれぞれの納税猶予分の贈与税額の合計額がその受贈者に係る納税猶予分の贈与税額となります。

(4)　相続時精算課税の適用除外

次に掲げる者が、その者に係る相続税法第21条の９第５項に規定する特定贈与者が認定医療法人の持分を放棄したことによる経済的利益について、この特例の規定の適用を受ける場合には、その経済的利益については、相続時精算課税は適用せず暦年課税により計算します（措法70の７の９③、措通70の７の９－10）。

なお、当該特定贈与者から贈与により取得をした経済的利益以外の財産に係る贈与税については、相続時精算課税の適用となります（措通70の７の９－10）。

①　相続時精算課税適用者

②　この特例の適用を受ける認定医療法人の持分について当該特定贈与者による放棄があった日の属する年中において、当該特定贈与者から贈与を受けたこの特例の適用を受ける経済的利益以外の財産について相続時精算課税選択届出書を提出する者

(5)　納税猶予期限前における猶予期限の確定

イ　納税猶予の全部確定

この特例の適用を受ける受贈者又はこの特例の適用に係る認定医療法人について、次のいずれかに掲げる場合に該当することとなった場合には、それぞれに掲げる日から２か月を経過する日（それぞれに掲げる日から２か月を経過する日までの間に受贈者が死亡した場合には、受贈者の相続人が受贈者の死亡による相続の開始があったことを知った日の翌日から６か月を経過する日）が納税の猶予に係る期限となります（措法70の７の９⑤、措令40の８の９⑧）。

全部確定事由	起算日
受贈者が贈与税の申告書の提出期限から認定医療法人の認定移行計画に記載された移行期限までの間に認定医療法人の持分に基づき出資額に応じた払戻しを受けた場合	払戻しを受けた日
受贈者が贈与税の申告書の提出期限から認定医療法人の認定移行計画に記載された移行期限までの間に認定医療法人の持分の譲渡をした場合	譲渡をした日（※１）
認定医療法人の認定移行計画に記載された移行期限までに新医療法人（持分なし医療法人）への移行をしなかった場合（※２）	移行期限
認定医療法人の認定移行計画について厚生労働大臣認定が取り消された場合	厚生労働大臣認定が取り消された日
認定医療法人が解散をした場合（合併により消滅をする場合を除きます。）（※３）	解散をした日（※４）
認定医療法人が合併により消滅をした場合（合併により設立する医療法人又は合併後存続する医療法人（新医療法人になるものに限ります。）から、受贈者が合併により消滅する医療法人の持分に代わる金銭その他の財産の交付を受けないときを除きます。）	消滅をした日（※５）

※1　原則として、その譲渡に係る契約の効力が発生した日となりますが、書面によらない譲渡を行った場合には、当該譲渡に係る出資持分の状況報告書に記載された「出資持分

の譲渡の日」となり、その譲渡が有償又は無償であることを問いません（措通70の７の９－13）。

2　上記移行期限までに、新医療法人への移行のための定款の変更に係る医療法の規定による都道府県知事の認可があった場合であっても、その認可を受けた定款の変更が施行されていないときには、「新医療法人への移行をしなかった場合」に該当することとなります（措通70の７の９－14）。

3　「解散をした場合」とは、次のいずれかの事由が生じた場合をいいます（医療法55①一～三、五～七）。

①　定款をもって定めた解散事由の発生

②　目的たる業務の成功の不能

③　社員総会の決議

④　社員の欠亡

⑤　破産手続開始の決定

⑥　設立認可の取消し

4　上記（※３）の事由が生じた日（医療法第55条第１項第２号又は第３号に掲げる事由による解散の場合にあっては、都道府県知事の認可を受けた日）をいいます（措通70の７の９－15）。

5　医療法第58条の６又は第59条の４に規定する登記の日をいいます（措通70の７の９－16）。

ロ　納税猶予の一部確定

この特例の適用に係る認定医療法人が認定移行計画に記載された移行期限までに基金拠出型医療法人（注１）への移行をする場合において、この特例の適用を受ける受贈者が有するその認定医療法人の持分の一部を放棄し、その残余の部分を基金拠出型医療法人の基金として拠出したときは、当該受贈者の納税猶予分の贈与税額のうちその基金として拠出した額に対応する部分の金額（注２）に相当する贈与税については、当該基金拠出型医療法人への移行のための定款の変更に係る都道府県知事の認可があった日から２か月を経過する日（当該認可があった日から２か月を経過する日までの間に当該受贈者が死亡した場合には、当該受贈者の相続人が当該受贈者の死亡による相続の開始があったことを知った日の翌日から６か月を経過する日）が納税の猶予に係る期限となります（措法70の７の９⑥）。

㈲１　「基金拠出型医療法人」とは、平成18年医療法等改正法附則第10条の３第２項第１号ハに規定する医療法人をいい、具体的には、『持分なし医療法人』であって基金（医療法人に拠出された金銭等であって、当該医療法人が拠出した者に対して返還義務を負うものをいいます。）を引き受ける者の募集をすることができる旨を定款で定めたものをいいます（措法70の７の９②六）。

2　「基金として拠出した額に対応する部分の金額」は、納税猶予分の贈与税額に次の割合を乗じて計算します。

なお、これにより算出された金額に100円未満の端数があるとき又はその全部が

100円未満であるときは、その端数金額又はその全額を切り捨て、その切り捨てた金額は、免除されます（措令40の8の9⑨⑩、措通70の7の9－17）。

$$\frac{\text{基金として拠出した金額} - \text{自己所有持分相当額（※1）}}{\text{基金拠出の直前の受贈者の持分の価額} \times \text{納税猶予割合（※2）}}$$

※1　「自己所有持分相当額」とは、受贈者が認定医療法人の持分の一部を基金として拠出した直前において有していたその認定医療法人の持分の価額に1から納税猶予割合を控除した割合を乗じて計算した価額をいいます。

2　「納税猶予割合」は、次の算式により計算します。

$$\frac{A}{A + B}$$

A：贈与者による放棄により受けた経済的利益の価額
B：贈与者による放棄の直前において受贈者が有していた認定医療法人の持分の価額

⑹　担保の変更の命令違反等による納税猶予期限の繰上げ

税務署長は、この特例の適用を受ける受贈者が納税猶予分の贈与税額の担保について国税通則法第51条《担保の変更等》第1項の規定による命令に応じない場合には、納税猶予分の贈与税額に相当する贈与税に係る納税の猶予に係る期限を繰り上げることができます（措法70の7の9⑨）。

なお、この場合には、担保不足に対応する納税猶予に係る税額だけでなく、納税猶予分の贈与税額の全額について納税猶予の期限を繰り上げることになります（措通70の7の9－19）。

また、贈与者又は認定医療法人が2以上ある場合には、この納税猶予期限の繰上げの取扱いは、贈与者又は認定医療法人の異なるものごとの納税猶予分の贈与税額に適用します（措通70の7の9－20）。

⑺　納税猶予税額の免除

この特例の適用に係る認定医療法人の認定移行計画に記載された移行期限までに、次のいずれかに掲げる場合に該当することとなった場合（その該当することとなった日前に、納税猶予税額の全部確定の事由に該当することとなった場合及び担保の変更の命令違反等による納税の猶予に係る期限の繰上げがあった場合を除きます。）には、次に掲げる場合の区分に応じ、それぞれに掲げる金額に相当する贈与税は、免除されます（措法70の7の9⑪）。

この場合には、租税特別措置法施行令第40条の8の9第11項に定める事項を記載した届出書に、次のいずれかに掲げる場合に該当することとなったことを証する書類として一定のものを添付して、次のいずれかに掲げる事由に該当することとなった日後遅滞なく、贈与税の納税地の所轄税務署長に提出しなければなりません（措令40の８の９⑪、措規23の12の６⑤）。

免除事由	対象となる猶予税額
この特例の適用を受ける受贈者が有しているこの特例の適用に係る認定医療法人の持分の全てを放棄(※)した場合	納税猶予分の贈与税額
認定医療法人が基金拠出型医療法人への移行をする場合において、この特例の適用を受ける受贈者が有しているその認定医療法人の持分の一部を放棄(※)し、その残余の部分をその基金拠出型医療法人の基金として拠出したとき	納税猶予分の贈与税額から「基金として拠出した額に対応する部分の金額」に相当する贈与税額を控除した残額

(※)　認定医療法人の持分の全部又は一部の放棄は、厚生労働大臣が定める書類を認定医療法人に提出して行います（措規23の12の６③）。

(8)　利子税の納付

この特例の適用を受けた受贈者は、次のいずれかに掲げる場合に該当する場合には、上記(5)及び(6)により納付する贈与税額を基礎とし、贈与税の申告書の提出期限の翌日からそれぞれに掲げる納税の猶予に係る期限までの期間に応じ、年6.6％の割合を乗じて計算した金額に相当する利子税を、併せて納付しなければなりません（措法70の７の９⑫）。

	事　由	期　限
①	納税猶予税額の全部確定（③の場合を除きます。）	全部確定の場合の納税猶予に係る期限
②	納税猶予税額の一部確定（③の場合を除きます。）	基金として拠出した額に対応する部分の金額に相当する贈与税の納税猶予に係る期限
③	納税猶予期限の繰上げ	繰り上げられた納税の猶予に係る期限

(9)　納付義務の承継

この特例の適用に係る認定医療法人の認定移行計画に記載された移行期限までにこの特例の適用を受ける受贈者が死亡した場合には、この受贈者に係る納税猶予分の贈与税額に係る納付の義務は、当該受贈者の相続人が承継します（措法70の７の９⑬）。

この場合には、当該受贈者の相続人が承継する納付の義務は、次に掲げる場合の区分に応じ、それぞれに掲げる割合に応じて承継します（措令40の８の９⑫）。

なお、納付の義務を承継した当該受贈者の相続人（相続人が２人以上ある場合には、その納付義務を承継したそれぞれの相続人）については、この特例の適用を受ける受贈者とみなして租税特別措置法第70条の７の９（第２項から第４項まで及び第８項を除きます。）、租税特別措置法施行令第40条の８の９及び租税特別措置法施行規則第23条の12の６の各規定が適用されます（措令40の８の９⑬、措規23の12の6⑦、措通70の７の９－21）。

①	免除事由又は確定事由が生じたときまでにその受贈者が有していたこの特例の適用に係る認定医療法人の持分が共同相続人又は包括受遺者によって分割されている場合	その共同相続人又は包括受遺者が相続又は遺贈（死因贈与を含みます。）により取得したその認定医療法人の持分の価額が当該受贈者が有していたその認定医療法人の持分の価額のうちに占める割合
②	上記①の場合以外の場合	民法第900条から第902条までの規定による相続分（国税通則法第５条第２項に規定する相続分）

また、贈与者又は認定医療法人が２以上ある場合には、この納税猶予税額の承継の取扱いは、贈与者又は認定医療法人の異なるものごとの納税猶予分の贈与税額に適用します（措通70の７の９－20）。

⑽　相続税法第19条の適用除外

経済的利益に係る贈与者が、認定医療法人の持分の放棄の時から７年以内に死亡した場合であっても、その経済的利益の価額については、相続税法第19条《相続開始前７年以内に贈与があった場合の相続税額》第１項の規定は適用されません（措令40の８の９⑮）。

2　医療法人の持分に係る経済的利益についての贈与税の税額控除（措法70の７の10）

⑴　概要

贈与者がその持分の全部又は一部の放棄をしたことにより、受贈者に対して贈与税が課される場合において、当該受贈者が当該贈与者による放棄の時から贈与税の申告書の提出期限までの間にその認定医療法人の持分の全部又は一部を放棄したときは、相続税法第21条の５から第21条の８までの規定（租税特別措置法第70条の２の４及び第70条の２の５の規定を含みます。）により計算した金額から放棄相当贈与税額を控除した残額をもって、その納付すべき贈与税額とします（措法70の７の

10①)。

なお、この特例は、受贈者が、贈与者による認定医療法人の持分の放棄があった日から経済的利益に係る贈与税の申告書の提出期限までの間に、その認定医療法人の持分に基づき出資額に応じた払戻しを受けた場合又は持分の譲渡をした場合には適用されません（措法70の７の10④)。

「持分の放棄があった日の意義」（措通70の７の９－１)、「経済的利益の価額」（措通70の７の９－２)、「修正申告等に係る贈与税額の納税猶予」（措通70の７の９－５)、「贈与者又は認定医療法人が２以上ある場合の納税猶予分の贈与税額の計算」（措通70の７の９－９)、「相続時精算課税適用者等に係る贈与税の納税猶予」（措通70の７の９－10）及び「申告期限前に払戻し等が行われた場合」（措通70の７の９－11）の各取扱いについては、受贈者がこの特例の適用を受ける場合について準用します（措通70の７の10－１)。

⑵　適用手続

イ　期限内申告

この特例の適用を受けるためには、経済的利益に係る贈与税の申告書を提出期限までに提出し、その申告書にその経済的利益につきこの規定の適用を受けようとする旨を記載し、次の書類を添付しなければなりません（措法70の７の10⑤、措規23の12の７②)。

a　受贈者が有する認定医療法人の持分を全て放棄した場合

①	経済的利益に係る持分の明細及び放棄相当贈与税額の計算に関する明細
②	贈与者による認定医療法人の持分の放棄の時において認定医療法人が厚生労働大臣認定を受けたことを証するもの
③	認定医療法人の認定移行計画の写し
④	贈与者による認定医療法人の持分の放棄の直前及び放棄の時における認定医療法人の出資者名簿の写し
⑤	租税特別措置法第70条の７の10第４項に規定する場合（上記⑴なお書に記載している場合）に該当しない旨を記載した書類
⑥	受贈者が認定医療法人の持分の放棄をする際に認定医療法人に提出した書類（認定医療法人が当該書類を受理した年月日の記載があるものに限ります。）の写し

⑦	受贈者による認定医療法人の持分の放棄の直前及び放棄の時における認定医療法人の出資者名簿の写し
⑧	その他参考となるべき書類

b　認定医療法人が基金拠出型医療法人への移行をする場合において、受贈者が有する認定医療法人の持分の一部を放棄し、その残余の部分を基金拠出型医療法人の基金として拠出したとき

①	上記⑵イａの書類
②	基金拠出型医療法人の定款（認定医療法人から基金拠出型医療法人への移行のための都道府県知事の認可を受けたものに限ります。）の写し
③	放棄相当贈与税額の計算の明細の根拠を明らかにする書類

ロ　贈与者が贈与税の申告期限前に死亡した場合の取扱い（措通70の７の10－２）

認定医療法人の持分を有する個人（贈与者）が、経済的利益に係る贈与税の申告書の提出期限前に、かつ、受贈者によるその申告書の提出前に死亡した場合におけるこの特例の適用については、次のとおりです。

①　贈与者が認定医療法人の持分の放棄をした日の属する年に死亡した場合

受贈者が贈与者の死亡に係る相続又は遺贈により財産を取得した場合であっても、当該受贈者が当該贈与者による持分の放棄により受けた経済的利益についてこの特例の適用を受けるときには、その経済的利益については租税特別措置法施行令第40条の８の10第３項の規定により相続税法第19条第１項の規定（いわゆる「７年以内の贈与加算」（94ページ参照））の適用がないことから、相続税の課税対象とならず、贈与税の課税対象となります。

②　贈与者が認定医療法人の持分の放棄をした日の属する年の翌年に死亡した場合

受贈者が贈与者の死亡に係る相続又は遺贈により財産を取得した場合であっても、当該受贈者が当該贈与者による持分の放棄により受けた経済的利益についてこの特例の適用を受けるときには、その経済的利益については租税特別措置法施行令第40条の８の10第３項の規定により相続税法第19条第１項の規定（いわゆる「７年以内の贈与加算」（94ページ参照））の適用がないことから、その経済的利益の価額は相続税の課税価格に加算されません。

㈱　受贈者が、贈与者による持分の放棄により受けた経済的利益についてこの特例の適用を受ける場合には、当該贈与者の死亡に係る相続税の申告書の提出期限において、その経済的利益に係る贈与税の申告書の提出期限が到来していないとき

であっても、その経済的利益の価額は当該贈与者の死亡に係る相続税の課税価格に加算されません。

ハ　受贈者が贈与税の申告期限前に死亡した場合（措通70の７の10－３）

贈与者が認定医療法人の持分の全部又は一部の放棄をしたことにより経済的利益を受けた受贈者が、その認定医療法人の持分の全部又は一部を放棄した後、その経済的利益を受けた日の属する年の中途において死亡した場合又はその経済的利益に係る贈与税の申告書の提出期限前にその申告書を提出しないで死亡した場合において、その受贈者の相続人（包括受遺者を含みます。）がその経済的利益についてこの特例の適用を受ける旨の贈与税の申告書を提出したとき（この特例の適用に係る要件を満たしている場合に限ります。）は、その申告書は、同項の規定の適用のある申告書となります。

この場合において、受贈者の相続人が２人以上あるときには、当該相続人は相続税法第27条第５項の規定により贈与税の申告書を共同して提出することができます。

なお、当該相続人が２人以上ある場合には、各相続人はそれぞれこの特例の適用を選択することができます。

⑶　放棄相当贈与税額（税額控除額）の計算

放棄相当贈与税額とは、経済的利益の価額を受贈者に係るその年分の贈与税の課税価格とみなして相続税法第21条の５及び第21条の７（租税特別措置法第70条の２の４及び第70条の２の５の規定を含みます。この⑶において以下同じです。）の規定を適用して計算した金額のうち、受贈者による認定医療法人の持分の放棄がされた部分に相当するものとして次に掲げる場合の区分に応じ、それぞれに掲げる方法により計算した金額をいいます（措法70の７の10②、措令40の８の10①②、措通70の７の10－４）。

イ　受贈者が有する認定医療法人の持分の全てを放棄した場合

経済的利益の価額を受贈者に係るその年分の贈与税の課税価格とみなして相続税法第21条の５及び第21条の７の規定を適用して計算した金額

ロ　認定医療法人が基金拠出型医療法人へ移行する場合において、この特例の適用を受ける受贈者が有する認定医療法人の持分の一部を放棄し、その残余の部分をその基金拠出型医療法人の基金として拠出したとき

上記イの金額に次の算式により計算した割合（この割合が１を超える場合には、

1とします。）を乗じて計算した金額

$$\frac{\text{認定医療法人の持分のうち受贈者が放棄した部分に対応する部分のその放棄の直前における金額}}{\text{受贈者による放棄の直前においてその受贈者が有していた認定医療法人の持分の価額に相当する金額}} \times \frac{A}{A+B}$$

〔A：贈与者による放棄により受けた経済的利益の価額
B：贈与者による放棄の直前においてその受贈者が有していたその認定医療法人の持分の価額〕

(4)　相続時精算課税及び相続税法第19条の適用除外

上記1の特例と同様に（上記1(4)、(10)参照）、相続時精算課税及び相続税法第19条の規定は適用されません（措法70の7の10③、70の7の9③、措令40の8の10③）。

3　個人の死亡に伴い贈与又は遺贈があったものとみなされる場合の特例

（措法70の7の11）

(1)　概要

経過措置医療法人（注1）の持分を有する個人の死亡に伴い経過措置医療法人の持分を有する他の個人の持分の価額が増加した場合（注2）には、持分の価額の増加による経済的利益に係る相続税法第9条本文の規定の適用については、贈与により取得されたものとみなします（措法70の7の11①）。

この場合において、その経済的利益については、相続税法第19条第1項の規定（いわゆる「7年以内の贈与加算」（94ページ参照））は適用されないため、相続税の課税対象となることはありません。

また、経過措置医療法人が経済的利益に係る贈与税の申告期限において認定医療法人である場合には、他の個人は、その経済的利益について租税特別措置法第70条の7の9《医療法人の持分に係る経済的利益についての贈与税の納税猶予及び免除》又は第70条の7の10《医療法人の持分に係る経済的利益についての贈与税の税額控除》の規定の適用を受けることができます（注3）。

この場合において、死亡した個人は、租税特別措置法第70条の7の9第1項又は第70条の7の10第1項に規定する贈与者と、他の個人はこれらの規定に規定する受贈者とみなして、これらの規定を適用することができます（措法70の7の11②）。

この特例は、他の個人が同法第70条の7の11第2項の規定により同法第70条の7の9又は第70条の7の10の規定の適用を選択しなければ適用されません（措法70の

７の11③)。

(注)１　経過措置医療法人とは、平成18年医療法等改正法附則第10条の２に規定する経過措置医療法人（平成19年４月１日前に設立された社団たる医療法人又は同日前に医療法第44条第１項の規定による認可の申請をし、同日以後に設立の認可を受けた社団たる医療法人であって、その定款に残余財産の帰属すべき者に関する規定を設けていない者及び残余財産の帰属すべき者として同条第５項に規定する者以外の者を規定しているもの）をいいます（措法70の７の12②)。

２　経過措置医療法人の持分を有する個人（この(注)２において「死亡した個人」といいます。）の死亡に伴いその経過措置医療法人の持分を有する他の個人の当該持分の価額が増加した場合とは、例えば、次に掲げる場合に該当して当該他の個人の持分の価額が増加した場合をいいます（措通70の７の11－１)。

①　死亡した個人が、遺言により当該死亡した個人が有していた経過措置医療法人の持分を放棄した場合

②　経過措置医療法人が出資額限度法人※である場合において、死亡した個人が社員資格を喪失して退社し、当該死亡した個人の相続人が出資額を限度とする払戻しを受けたとき

※「出資額限度法人」とは、平成16年８月13日付医政発第0813001号「いわゆる『出資額限度法人』について」の「第２『出資額限度法人』の定義」に規定する出資額限度法人をいいます。

〔参考〕（平成16年８月13日付医政発第0813001号「いわゆる『出資額限度法人』について」）　第２　「出資額限度法人」の定義

本通知において「出資額限度法人」とは、出資持分の定めのある社団医療法人であって、その定款において、社員の退社時における出資持分払戻請求権や解散時における残余財産分配請求権の法人の財産及び範囲について、払込出資額を限度とすることを明らかにするものをいうこと。

３　経過措置医療法人が経済的利益に係る贈与税の申告書の提出期限において認定医療法人であるときは、経過措置医療法人の持分を有する他の個人はその経済的利益について、租税特別措置法第70条の７の９第１項又は第70条の７の10第１項の規定の適用を受けることができますが、同法第70条の７の10第１項の規定の適用があるのは、その経過措置医療法人が厚生労働大臣認定を受けた後に、上記他の個人がその厚生労働大臣認定に係る認定医療法人の持分の放棄をした場合に限られます（措通70の７の11－２)。

(2)　適用手続

この特例の適用を受けようとする者は、租税特別措置法第70条の７の９又は第70条の７の10の規定の適用を選択する旨をこれらの規定の適用に係る贈与税の申告書に記載しなければなりません（措令40の８の11③)。

4　医療法人の持分についての相続税の納税猶予及び免除（措法70の７の12）

⑴　概要

個人が、経過措置医療法人の持分を有していた他の個人（この４において以下「被相続人」といいます。）から相続又は遺贈により経過措置医療法人の持分を取得した場合において、経過措置医療法人が相続税法第27条第１項の規定による期限内申告書（この第14章において、以下「相続税の申告書」といいます。）の提出期限において認定医療法人であるときは、持分を取得した個人（この４において、以下「相続人等」といいます。）が相続税の申告書の提出により納付すべき相続税の額のうち、持分の価額に係る納税猶予分の相続税額に相当する相続税については、納税猶予分の相続税額に相当する担保を提供した場合に限り、認定移行計画に記載された移行期限まで、その納税が猶予されます（措法70の７の12①）。

なお、この特例は、相続人等が、相続の開始の時から相続税の申告書の提出期限までの間に、経過措置医療法人の持分に基づき出資額に応じた払戻しを受けた場合若しくは持分の譲渡をした場合又は下記５の「医療法人の持分についての相続税の税額控除」の適用を受ける場合（有償又は無償を問いません。）には、適用されません（措法70の７の12③、措通70の７の12－７）。

また、相続税の申告書の提出期限までに、相続又は遺贈により取得した経過措置医療法人の持分の全部又は一部が共同相続人又は包括受遺者によってまだ分割されていない場合におけるその分割されていない持分については、この特例の適用を受けることができません（措法70の７の12④）。

> 「払戻しを受けた日の意義」（措通70の７の９－12）、「譲渡をした日の意義」（措通70の７の９－13）、「新医療法人への移行をしなかった場合の意義」（措通70の７の９－14」）、「解散をした場合等の意義」（措通70の７の９－15）及び「合併により消滅した日の意義」（措通70の７の９－16）については、相続人等が、この特例の適用を受ける場合について準用します（措通70の７の12－14）。

⑵　適用手続

イ　期限内申告

この特例の適用を受けるためには、相続税の申告書を提出期限までに提出し、その期限内申告書に、持分につきこの特例の適用を受けようとする旨を記載し、次の書類を添付しなければなりません（措法70の７の12①⑧、措規23の12の８④）。

①	持分の明細及び納税猶予分の相続税額の計算に関する明細
②	認定医療法人の定款の写しその他の書類で認定医療法人が厚生労働大臣認定を受けたことを証するもの
③	認定医療法人の認定移行計画の写し
④	相続の開始の直前及び相続の開始の時における認定医療法人の出資者名簿の写し
⑤	租税特別措置法第70条の７の12第３項に規定する場合（上記(1)なお書に記載している場合）に該当しない旨を記載した書類
⑥	遺言書の写し、財産の分割の協議に関する書類（当該書類に当該相続に係る全ての共同相続人及び包括受遺者が自署し、自己の印を押しているものに限ります。）の写し（当該自己の印に係る印鑑証明書が添付されているものに限ります。）その他の財産の取得の状況を証する書類
⑦	その他参考となるべき書類

この特例は、期限後申告、修正申告又は更正に係る税額については適用がありませんが、この特例の適用を受ける旨の相続税の申告において経過措置医療法人（相続税の申告書の提出期限において認定医療法人であるものに限ります。）の持分の評価又は税額計算の誤りがあり、その誤りのみに基づいて修正申告又は更正があった場合におけるその修正申告又は更正により納付すべき相続税額（附帯税を除きます。）については、措通70の７の９－５《修正申告等に係る贈与税額の納税猶予》を準用します（措通70の７の12－３）。

ロ　相続人等が相続税の申告期限前に死亡した場合の取扱い

相続税の申告書の提出期限前に、相続人等が死亡した場合には、当該相続人等の相続人（包括受遺者を含みます。）がその持分の価額についてこの特例の適用を受ける旨の相続税の申告書を提出したとき（適用要件を満たしている場合に限ります。）は、その申告書は、この特例の適用のある申告書となります。

この場合において、相続人等の相続人が２人以上ある場合には、相続税法第27条第５項の規定により各相続人は相続税の申告書を共同して提出することができます。

なお、相続人等の相続人が２人以上ある場合には、各相続人はそれぞれこの特例の適用を選択することができます（措通70の７の12－１）。

ハ　相次相続控除の算式

第２次相続に係る被相続人がこの特例の適用を受けていた場合又は第２次相続により財産を取得した者のうちにこの特例の適用を受ける者がある場合における

相次相続控除額は、相続税法基本通達20－３《相次相続控除の算式》に準じて算出します。

この場合において、相続税法基本通達20－３中のＡは、その被相続人がその納税猶予の適用を受けていた場合には、租税特別措置法第70条の７の12第11項の規定により免除された相続税額以外の税額に限られます（措通70の７の12－２）。

二　担保の提供

この特例の適用を受けるためには、相続税の申告書の提出期限までに納税猶予分の相続税額（本税額と猶予期間中の利子税額の合計額）に相当する担保を提供しなければなりません（措法70の７の12①、措令40の８の12①③）。

この場合の猶予期間中の利子税の額は、相続税の申告書の提出期限における認定移行計画に記載された移行期限から２か月を経過する日までを納税猶予期間として計算した額によります（措通70の７の12－５）（この担保の提供については国税通則法第50条から第54条までの規定の適用があります（措通70の７の12－４）。）。

なお、相続人等が有する認定医療法人の持分の全てを担保として提供した場合には、その納税猶予分の相続税額に相当する担保が提供されたものとみなされます（措法70の７の12⑦、70の７の９⑦）。

この「認定医療法人の持分の全て」とは、認定医療法人の持分は不可分であり、その持分の一部を担保提供することができないため、相続人等が現に有するその認定医療法人の持分の全て（既にその相続人等が担保として提供している場合におけるその持分を含みます。）となります（措通70の７の12－９）。

ただし、このようにみなされるのは、この特例を受けようとする場合に相続人等が有する認定医療法人の持分の全てを担保として提供したときに限られますので、次の場合、その後に担保財産の変更を行った結果、認定医療法人の持分の全てを担保提供している状況が生じても、その時点から上記納税猶予分に相当する担保が提供されたものとみなされるものではありません（措法70の７の12⑦、70の７の９⑦ただし書、措通70の７の12－10）。

①　この特例の適用を受けるに当たり認定医療法人の持分以外の財産を担保として提供したこと等により上記納税猶予分に相当する担保が提供されたものとみなされていない場合

②　上記納税猶予分に相当する担保が提供されたものとみなされたものの、上記納税猶予分に相当する担保が提供されたものとみなされないこととなった場合

また、認定医療法人が２以上ある場合には、上記担保の提供手続及びみなす充足の各取扱いは、認定医療法人の異なるものごとの納税猶予分の相続税額にそれぞれの規定を適用します（措通70の７の12－12）。

⑶　納税猶予分の相続税額の計算

租税特別措置法第70条の７の12第１項の規定の適用に係る持分の価額を相続人等に係る相続税の課税価格とみなして、相続税法第13条から第19条までの規定を適用して次の(イ)の方法により計算した金額が、納税猶予分の相続税額となります（措法70の７の12②、措令40の８の12④）。

イ　相続人等の相続税額は、この特例の適用に係る持分の価額（相続税の計算上控除すべき債務がある場合において、控除未済債務額があるときは、持分の価額から控除未済債務額を控除した残額です。この４において、以下「特定価額」といいます。）を相続人等に係る相続税の課税価格とみなして、相続税法第13条から第19条まで並びに同法第21条の15第１項及び第２項の規定を適用して計算した相続人等の相続税の額（相続人等が同法第19条の２から第20条の２まで又は第21条の15の規定の適用を受ける者である場合において、相続人等に係る租税特別措置法第70条の７の12第１項に規定する納付すべき相続税の額の計算上これらの規定により控除された金額の合計額が次のＡに掲げる金額からＢに掲げる金額を控除した残額を超えるときは、その超える部分の金額を控除した残額）とします。

Ａ　相続税法第13条から第19条まで並びに第21条の15第１項及び第２項の規定を適用して計算した相続人等の相続税の額

Ｂ　特定価額を相続人等に係る相続税の課税価格とみなして、相続税法第13条から第19条まで並びに第21条の15第１項及び第２項の規定を適用して計算した相続人等の相続税の額

ロ　上記イの「控除未済債務額」とは、次のＡに掲げる金額からＢに掲げる金額を控除した金額（この金額が零を下回る場合には、零とします。）をいいます。

Ａ　相続税法第13条の規定により控除すべき相続人等の負担に属する部分の金額

Ｂ　上記Ａの相続人等に係る(A)に掲げる価額と(B)に掲げる金額との合計額から(C)に掲げる価額を控除した残額

(A)　その相続人等が租税特別措置法第70条の７の12第１項の規定の適用に係る相続又は遺贈（贈与をした者の死亡により効力を生ずる贈与を含む。）

により取得した財産の価額

(B)　その相続人等が被相続人からの贈与（贈与をした者の死亡により効力を生ずる贈与を除きます。）により取得した財産で相続税法第21条の９第３項の規定の適用を受けるものの価額から同法第21条の11の２第１項の規定（租税特別措置法第70条の３の２第１項の規定を含みます。）による控除をした残額

(C)　その相続人等が租税特別措置法第70条の７の12第１項の規定の適用に係る相続又は遺贈により取得した同項の規定の適用に係る持分の価額

ハ　また、この特例の適用に係る持分に係る認定医療法人が２以上ある場合における納税猶予分の相続税額の計算は、次の順序により行います（措通70の７の12－6）。

この場合において、相続人等が２人以上あるときにおけるその計算は、それぞれの相続人等ごとに行います。

①　その認定医療法人の持分に係る相続人等が被相続人からこの特例の適用に係る相続又は遺贈により取得をした全ての認定医療法人の持分の価額の合計額（控除未済債務額を控除した残額）を当該相続人等に係る相続税の課税価格とみなして計算し（措法70の７の12②）、租税特別措置法施行令40条の８の12第６項の規定による100円未満の端数処理は行いません。

②　その持分に係る認定医療法人の異なるものごとの納税猶予分の相続税額を計算し、100円未満の端数処理を行います（措令40の８の12⑧）。

③　上記②により算出されたそれぞれの納税猶予分の相続税額の合計額が、当該相続人等に係る納税猶予分の相続税額となります。

(4)　納税猶予期限前における猶予期限の確定

イ　納税猶予の全部確定

この特例の適用を受ける相続人等又はこの特例の適用に係る認定医療法人について、次のいずれかに掲げる場合に該当することとなった場合には、それぞれに掲げる日から２か月を経過する日（それぞれに掲げる日から２か月を経過する日までの間に相続人等が死亡した場合には、当該相続人等の相続人が当該相続人等の死亡による相続の開始があったことを知った日の翌日から６か月を経過する日）が納税の猶予に係る期限となります（措法70の７の12⑤、70の７の９⑤）。

全部確定事由	起算日
相続人等が相続税の申告書の提出期限から認定医療法人の認定移行計画に記載された移行期限までの間に認定医療法人の持分に基づき出資額に応じた払戻しを受けた場合	払戻しを受けた日
相続人等が相続税の申告書の提出期限から認定医療法人の認定移行計画に記載された移行期限までの間に認定医療法人の持分の譲渡をした場合	譲渡をした日
認定医療法人の認定移行計画に記載された移行期限までに新医療法人（持分なし医療法人）への移行をしなかった場合	移行期限
認定医療法人の認定移行計画について厚生労働大臣認定が取り消された場合	厚生労働大臣認定が取り消された日
認定医療法人が解散をした場合（合併により消滅をする場合を除きます。）	解散をした日
認定医療法人が合併により消滅をした場合（合併により設立する医療法人又は合併後存続する医療法人（新医療法人になるものに限ります。）から、相続人等が合併により消滅する医療法人の持分に代わる金銭その他の財産の交付を受けないときを除きます。）	消滅をした日

ロ　納税猶予の一部確定

この特例の適用に係る認定医療法人が認定移行計画に記載された移行期限までに基金拠出型医療法人への移行をする場合において、この特例の適用を受ける相続人等が有するその認定医療法人の持分の一部を放棄し、その残余の部分を基金拠出型医療法人の基金として拠出したときは、当該相続人等の納税猶予分の相続税額のうちその基金として拠出した額に対応する部分の金額㈵に相当する相続税については、その基金拠出型医療法人への移行のための定款の変更に係る都道府県知事の認可があった日から２か月を経過する日（その認可があった日から２か月を経過する日までの間に相続人等が死亡した場合には、当該相続人等の相続人が当該相続人等の死亡による相続の開始があったことを知った日の翌日から６か月を経過する日）が納税の猶予に係る期限となります（措法70の７の12⑥、70の７の９⑥）。

㈵「基金として拠出した額に対応する部分の金額」は、納税猶予分の相続税額に次の割合を乗じて計算します。

なお、これにより算出された金額に100円未満の端数があるとき又はその全額が100円未満であるときは、その端数金額又はその全額を切り捨て、その切り捨てた金額は、免除されます（措令40の８の12⑬、40の８の９⑨⑩、措通70の７の12－８）。

$$\frac{\text{基金として拠出した金額} - \text{自己所有持分相当額（※1）}}{\text{基金拠出の直前の相続人等の持分の価額} \times \text{納税猶予割合（※2）}}$$

※1 「自己所有持分相当額」とは、相続人等が認定医療法人の持分の一部を基金として拠出した直前において有していたその認定医療法人の持分の価額に1から納税猶予割合を控除した割合を乗じて計算した価額をいいます。

2 「納税猶予割合」は、次の算式により計算します。

$$\frac{A}{A + B}$$

（A：相続又は遺贈により取得した認定医療法人の持分の価額
B：相続又は遺贈の直前において相続人等が有していた認定医療法人の持分の価額）

(5) 担保の変更の命令違反等による納税猶予期限の繰上げ

税務署長は、この特例の適用を受ける相続人等が納税猶予分の相続税額に相当する担保について国税通則法第51条《担保の変更等》第1項の規定による命令に応じない場合には、納税猶予分の相続税額に相当する相続税に係る期限を繰り上げることができます（措法70の7の12⑨、70の7の9⑨）。

なお、この場合には、担保不足に対応する納税猶予に係る税額だけでなく、納税猶予分の相続税額の全額について納税猶予の期限を繰り上げることになります（措通70の7の12－11）。

また、認定医療法人が2以上ある場合には、この納税猶予の期限の繰上げの取扱いは、認定医療法人の異なるものごとの納税猶予分の相続税額に適用します（措通70の7の12－12）。

(6) 納税猶予税額の免除

この特例の適用に係る認定医療法人の認定移行計画に記載された移行期限までに、次のいずれかに掲げる場合に該当することとなった場合（その該当することとなった日前に、納税猶予税額の全部確定の事由に該当することとなった場合及び担保の変更の命令違反等による納税の猶予に係る期限の繰上げがあった場合を除きます。）には、次に掲げる場合の区分に応じ、それぞれに掲げる金額に相当する相続税は、免除されます（措法70の7の12⑪、70の7の9⑪）。

この場合には、租税特別措置法第40条の8の12第15項に定める事項を記載した届出書に、次のいずれかに掲げる場合に該当することとなったことを証する書類として一定のものを添付し、次のいずれかに掲げる場合に該当することとなった日後遅滞なく、相続税の納税地の所轄税務署長に提出しなければなりません（措令40の8の12⑮、40の8の9⑪、措規23の12の8⑤、23の12の6⑤）。

免除事由	対象となる猶予税額
この特例の適用を受ける相続人等が有しているこの特例の適用に係る認定医療法人の持分の全てを放棄(※)した場合	納税猶予分の相続税額
認定医療法人が基金拠出型医療法人への移行をする場合において、この特例の適用を受ける相続人等が有しているその認定医療法人の持分の一部を放棄(※)し、その残余の部分をその基金拠出型医療法人の基金として拠出したとき	納税猶予分の相続税額から「基金として拠出した額に対応する部分の金額」に相当する相続税額を控除した残額

(※)　認定医療法人の持分の全部又は一部の放棄は、厚生労働大臣が定める書類を認定医療法人に提出して行います（措規23の12の8③、23の12の6③）。

(7)　利子税の納付

この特例の適用を受ける相続人等は、次のいずれかに掲げる場合に該当する場合には、上記(4)又は(5)により納付する相続税額を基礎とし、相続税の申告書の提出期限の翌日からそれぞれに掲げる納税の猶予に係る期限までの期間に応じ、年6.6％の割合を乗じて計算した金額に相当する利子税を、併せて納付しなければなりません（措法70の7の12⑫、70の7の9⑫）。

事　由		期　限
①	納税猶予税額の全部確定（③の場合を除きます。）	全部確定の場合の納税猶予に係る期限
②	納税猶予税額の一部確定（③の場合を除きます。）	基金として拠出した額に対応する部分の金額に相当する相続税の納税猶予に係る期限
③	納税猶予期限の繰上げ	繰り上げられた納税の猶予に係る期限

(8)　納付義務の承継

この特例の適用に係る認定医療法人の認定移行計画に記載された移行期限までにこの特例の適用を受ける相続人等が死亡した場合には、当該相続人等に係る納税猶予分の相続税額に係る納付の義務は、当該相続人等の相続人が承継します（措法70の7の12⑬、70の7の9⑬）。

この場合には、当該相続人等の相続人が承継する納付の義務は、次に掲げる場合の区分に応じ、それぞれに掲げる割合に応じて承継します（措令40の8の12⑯、40の8の9⑫）。

①	免除事由又は確定事由が生じたときまでに当該相続人等が有していたこの特例の適用に係る認定医療法人の持分が共同相続人又は包括受遺者によって分割されている場合	その共同相続人又は包括受遺者が相続又は遺贈（死因贈与を含みます。）により取得したその認定医療法人の持分の価額がその相続人等が有していたその認定医療法人の持分の価額のうちに占める割合
②	上記①の場合以外の場合	民法第900条から第902条までの規定による相続分（国税通則法第５条第２項に規定する相続分）

なお、納付の義務を承継した当該相続人等の相続人（相続人が２人以上ある場合には、その納付義務を承継したそれぞれの相続人）については、この特例の適用を受ける相続人等とみなして租税特別措置法第70条の７の12（第３項、第４項及び第８項を除きます。）、租税特別措置法施行令第40条の８の12及び租税特別措置法施行規則第23条の12の８の各規定が適用されます（措令40の８の12⑯、40の８の９⑬、措規23の12の８⑥、23の12の６⑦、措通70の７の12－13）。

また、認定医療法人が２以上ある場合には、この納税猶予額の承継の取扱いは、認定医療法人の異なるものごとの納税猶予分の相続税額に適用します（措通70の７の12－12）。

5　医療法人の持分についての相続税の税額控除（措法70の７の13）

(1)　概要

個人（この５において、以下「相続人等」といいます。）が、経過措置医療法人の持分を有していた他の個人（この５において、以下「被相続人」といいます。）から相続又は遺贈により経過措置医療法人の持分を取得した場合において、経過措置医療法人が相続の開始の時において認定医療法人（相続税の申告書の提出期限又は令和８年12月31日のいずれか早い日までに厚生労働大臣認定を受けた経過措置医療法人を含みます。）であり、かつ、持分を取得した相続人等が相続の開始の時から相続税の申告書の提出期限までの間に経過措置医療法人で厚生労働大臣認定を受けたものの持分の全部又は一部を放棄したときは、当該相続人等については、相続税法第15条から第20条の２まで及び第21条の15第３項の規定により計算した金額から放棄相当相続税額を控除した残額をもって、納付すべき相続税額とします（措法70の７の13①）。

なお、この特例は、相続人等が、相続の開始の時から相続税の申告書の提出期限までの間に、経過措置医療法人の持分に基づき出資額に応じた払戻しを受けた場合又は持分の譲渡をした場合には適用されません（措法70の７の13③）。

「相続人等が相続税の申告期限前に死亡した場合」（措通70の７の12－１）、「相次相続控除の算式」（措通70の７の12－２）「修正申告等に係る相続税額の納税猶予」（措通70の７の12－３）、「認定医療法人が２以上ある場合の納税猶予分の相続税額の計算」（措通70の７の12－６）及び「申告期限前に払戻し等が行われた場合」（措通70の７の12－７）については、相続人等が、この特例の適用を受ける場合について準用します（措通70の７の13－１）。

(2)　適用手続

この規定の適用を受けるためには、相続人等が、被相続人から相続又は遺贈により取得した持分に係る相続税の申告書を提出期限内に提出し、その申告書にその持分についてこの規定の適用を受けようとする旨を記載し、次の書類を添付しなければなりません（措法70の７の13④、措規23の12の９②）。

イ　相続人等が有する認定医療法人の持分の全てを放棄した場合

①	持分の明細及び放棄相当相続税額の計算に関する明細
②	認定医療法人の定款の写しその他の書類で認定医療法人が厚生労働大臣認定を受けたことを証するもの
③	認定医療法人の認定移行計画の写し
④	相続の開始の直前及び相続の開始の時における認定医療法人の出資者名簿の写し
⑤	遺言書の写し、財産の分割の協議に関する書類（当該書類に当該相続に係る全ての共同相続人及び包括受遺者が自署し自己の印を押しているものに限ります。）の写し（当該自己の印に係る印鑑証明書が添付されているものに限ります。）その他の財産の取得の状況を証する書類
⑥	租税特別措置法第70条の７の13第３項に規定する場合（上記(1)なお書に記載している場合）に該当しない旨を記載した書類
⑦	相続人等が認定医療法人の持分を放棄する際に認定医療法人に提出した書類（認定医療法人が当該書類を受理した年月日の記載があるものに限ります。）の写し
⑧	相続人等による認定医療法人の持分の放棄の直前及び放棄の時における認定医療法人の出資者名簿の写し
⑨	その他参考となるべき書類

ロ　認定医療法人が基金拠出型医療法人への移行をする場合において、相続人等が有する認定医療法人の持分の一部を放棄し、その残余の部分を基金拠出型医療法人の基金として拠出したとき

①	上記(2)イの書類
②	基金拠出型医療法人の定款（認定医療法人から基金拠出型医療法人への移行のための都道府県知事の認可を受けたものに限ります。）の写し
③	放棄相当相続税額の計算の明細の根拠を明らかにする書類

(3)　放棄相当相続税額（税額控除額）の計算

放棄相当相続税額とは、認定医療法人の持分の価額を相続人等に係る相続税の課税価格とみなして上記４(3)により計算した金額のうち、相続人等により放棄がされた部分に相当するものとして次のそれぞれに掲げる場合の区分に応じ、それぞれに掲げる方法により計算した金額をいいます（措法70の７の13②、措令40の８の13①②、措通70の７の13―２）。

イ　この特例の適用を受ける相続人等が有する認定医療法人の持分の全てを放棄した場合

上記４(3)の納税猶予分の相続税額に相当する金額

ロ　認定医療法人が基金拠出型医療法人へ移行する場合において、相続人等が有する認定医療法人の持分の一部を放棄し、その残余の部分をその基金拠出型医療法人の基金として拠出したとき

上記４(3)の納税猶予分の相続税額に相当する金額に次の算式により計算した割合（この割合が１を超える場合には、１とします。）を乗じて計算した金額

$$\frac{\text{認定医療法人の持分のうち相続人等が放棄した部分に対応する部分の当該放棄の直前における金額}}{\text{相続人等による放棄の直前において当該相続人等が有していた認定医療法人の持分の価額に相当する金額} \times \dfrac{A}{A + B}}$$

Ａ：被相続人からの相続又は遺贈により取得した持分の価額

Ｂ：被相続人からの相続又は遺贈の直前においてその相続人等が有していたその認定医療法人の持分の価額

6　医療法人の持分の放棄があった場合の贈与税の課税の特例（措法70の７の14）

(1)　概要

認定医療法人（平成29年10月１日から令和８年12月31日までの間に厚生労働大臣認定を受けた医療法人に限ります。）の持分を有する個人が当該持分の全部又は一

部の放棄(注)をしたことにより当該認定医療法人が受けた当該経済的利益については、当該認定医療法人に対し贈与税が課税されません（措法70の７の14①）。

(注)　当該認定医療法人がその移行期限までに新医療法人（平成18年医療法等改正法附則第10条の２に規定する新医療法人をいいます。この６において同じです。）への移行をする場合における当該移行の基因となる放棄に限り、当該個人の遺言による放棄を除きます。

(2)　適用要件

この特例を受けるためには、認定医療法人が、当該認定医療法人の持分を有する個人から当該持分の全部又は一部を放棄により受けた経済的利益に係る贈与税の申告書を提出期限内に提出し、その申告書に、その経済的利益についてこの特例の適用を受けようとする旨記載し、次の書類を添付しなければなりません（措法70の７の14⑤、措規23の12の10②）。

①	放棄により受けた経済的利益についての明細
②	持分の放棄の時における認定医療法人の定款の写しその他の書類で当該認定医療法人が厚生労働大臣認定を受けたことを証するもの
③	当該認定医療法人の認定移行計画の写し
④	認定医療法人の持分の放棄の直前における当該医療法人の出資者名簿の写し
⑤	個人が認定医療法人の持分を放棄する際に認定医療法人に提出した書類

(3)　厚生労働大臣の認定を取り消された場合

この特例の適用を受けた認定医療法人（当該医療法人が合併により消滅した場合には、その合併後存続する医療法人で一定の要件を満たすものをいいます。）が、贈与税の申告期限から当該認定医療法人が新医療法人への移行をした日から起算して６年を経過する日までの間に、平成18年医療法等改正法附則第10条の４第２項又は第３項の規定により厚生労働大臣認定が取り消された場合には、当該認定医療法人を個人とみなして、当該認定医療法人が受けた経済的利益について贈与税が課税されます（措法70の７の14②）。

この場合において、当該認定医療法人は、厚生労働大臣認定が取り消された日の翌日から２か月以内に、この特例の適用を受けた年分の贈与税について、修正申告書を提出し、かつ、修正申告書の提出により納付すべき税額を納付しなければなりません（措法70の７の14②）。

(注) 1　認定医療法人が納付すべき贈与税額は、当該認定医療法人の持分を有する個人が当該持分の全部又は一部の放棄をしたことにより受けた経済的利益について、当該放棄をした者ごとに、当該放棄をした者の各１人のみから経済的利益を受けたものとみなして算出した場合の贈与税額の合計額をいいます（措令40の８の14①）。

2　認定医療法人は、日本国籍を有し、その住所はその主たる事務所の所在地にあるものとそれぞれみなします（措令40の８の14②）。

第15章　特定の美術品に係る相続税の納税猶予及び免除の特例

1　特例の概要

寄託先美術館の設置者と特定美術品の寄託契約を締結し、認定保存活用計画に基づき特定美術品を寄託先美術館の設置者に寄託していた者から相続又は遺贈によりその特定美術品を取得した者（この第15章において、以下「寄託相続人」といいます。）が、その寄託を継続する場合には、担保の提供を条件に、その寄託相続人が納付すべき相続税額のうち、その特定美術品に係る課税価格の80％に対応する相続税の納税が猶予され、寄託相続人の死亡等により、猶予されている相続税の納付が免除されます（措法70の６の７①）。

㈱１　上記の「寄託先美術館」とは、博物館法第２条第１項に規定する博物館又は同法第31条第２項の規定により博物館に相当する施設として指定された施設のうち、特定美術品の公開及び保管を行うものをいいます（措法70の６の７②五）。

２　上記の「特定美術品」とは、認定保存活用計画に記載された次のものをいいます（措法70の６の７②一）。

①　文化財保護法第27条第１項の規定により重要文化財として指定された絵画、彫刻、工芸品その他の有形の文化的所産である動産

②　文化財保護法第58条第１項に規定する登録有形文化財（建造物を除きます。）のうち世界文化の見地から歴史上、芸術上又は学術上特に優れた価値を有するもの

なお、相続税法第19条（相続開始前３年以内の贈与加算）及び同法21条の９第３項（相続時精算課税）の適用を受ける特定美術品は含まれません。また、代償分割により取得した特定美術品は特例の対象となる特定美術品に該当しません（措通70の６の７－１、70の６の７－２）

３　上記「寄託契約」とは、特定美術品の所有者と寄託先美術館の設置者との間で締結された特定美術品の寄託に関する契約で、契約期間その他一定の事項の記載があるものをいいます（措法70の６の７②二、措規23の８の７②）。

４　上記の「認定保存活用計画」とは、次に掲げるものをいいます（措法70の６の７②三）。

①　文化財保護法第53条の２第３項第３号に掲げる事項が記載されている同法第53条の６に規定する認定重要文化財保存活用計画

②　文化財保護法第67条の２第３項第２号に掲げる事項が記載されている同法第67条の５に規定する認定登録有形文化財保存活用計画

<特定の美術品に係る相続税の納税猶予の特例イメージ>

世界文化の見地から特に優れた価値を有する美術品の「公開促進」と「散逸防止」のため、美術館と寄託契約を締結し、文化財保護法の「保存活用計画」の認定を受けて寄託している特定の美術品を相続した場合には、美術品の価額の80％に対応する相続税の納税を猶予する。

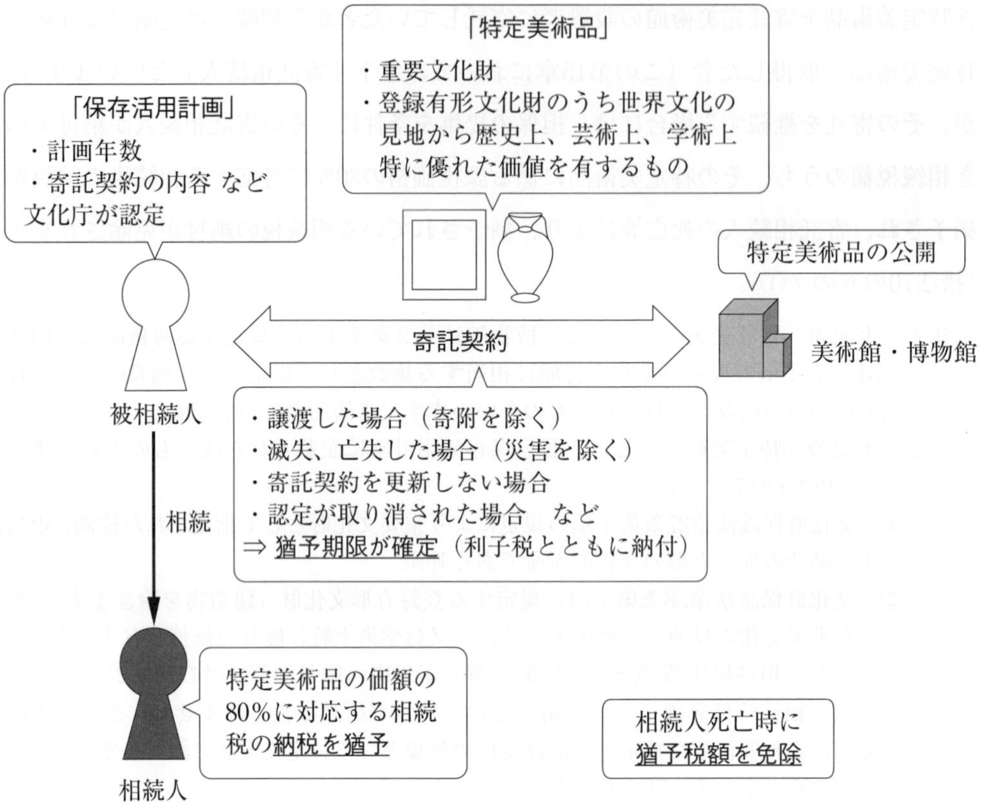

2　特例の内容

(1)　納税猶予額の計算方法

納税猶予分の相続税額は、次のイに掲げる金額からロに掲げる金額を控除した金額となります（措法70の６の７②六、措令40の７の７④⑥）。

イ　特定美術品の価額（相続税法第13条の規定により控除すべき債務がある場合において、控除未済債務額があるときは、特定美術品の価額から控除未済債務額を控除した残額。この(1)において、以下「特定価額」といいます。）を寄託相続人に係る相続税の課税価格とみなして、相続税法第13条から第19条まで、第21条の15第１項及び第２項並びに第21条の16第１項及び第２項の規定を適用して計算した寄託相続人の相続税の額

ロ　特定価額に100分の20を乗じて計算した金額を寄託相続人に係る相続税の課税価格とみなして、相続税法第13条から第19条まで、第21条の15第１項及び第２項並びに第21条の16第１項及び第２項の規定を適用して計算した寄託相続人の相続税の額

㈱「控除未済債務額」とは、次のＡに掲げる金額からＢに掲げる金額を控除した金額（この金額が零を下回る場合には、零とします。）をいいます（措令40の７の７⑤）。

Ａ　相続税法第13条の規定により控除すべき寄託相続人の負担に属する部分の金額

Ｂ　上記Ａの寄託相続人に係る(a)に掲げる価額と(b)に掲げる金額との合計額から(c)に掲げる価額を控除した残額

(a)　寄託相続人が租税特別措置法第70条の６の７第１項の規定の適用に係る相続又は遺贈により取得した財産の価額

(b)　寄託相続人が被相続人からの贈与により取得した財産で相続税法第21条の９第３項の規定の適用を受けるものの価額から同法第21条の11の２第１項の規定（租税特別措置法第70条の３の２第１項の規定を含みます。）による控除をした残額

(c)　寄託相続人が租税特別措置法第70条の６の７第１項の規定の適用に係る相続又は遺贈により取得した同項の規定の適用を受ける特定美術品の価額

なお、この特例の適用を受ける特定美術品が２以上ある場合における納税猶予分の相続税額は、特定美術品に係る寄託相続人が被相続人から相続又は遺贈により取得した全ての特定美術品の価額の合計額（相続税法第13条の規定により控除すべき債務がある場合において控除未済債務額があるときは、その特定美術品の価額の合計額からその控除未済債務額を控除した残額）を上記(1)イの寄託相続人に係る相続税の課税価格とみなして計算します（措令40の７の７⑧）。

この場合において、特定美術品の異なるものごとの納税猶予分の相続税額は、次の算式により計算した金額となります（措令40の７の７⑨）。

ａ×ｃ／ｂ

ａ：上記により計算した納税猶予分の相続税額

ｂ：全ての特定美術品の価額の合計額

ｃ：特定美術品の異なるものごとの価額

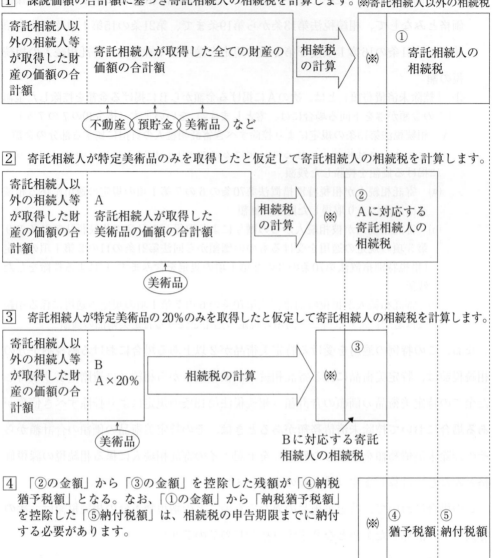

1　課説価額の合計額に基づき寄託相続人の相続税を計算します。

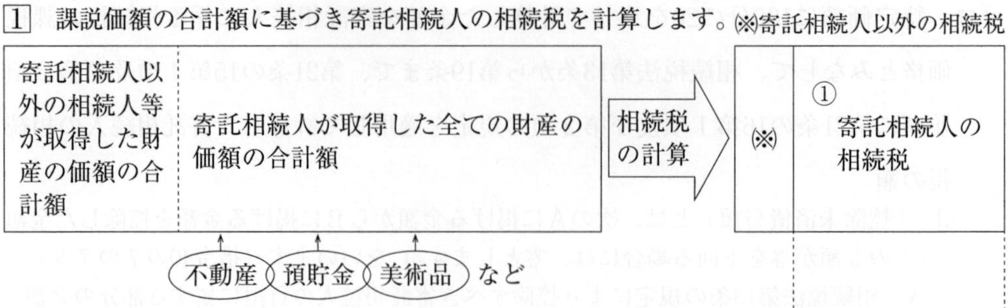

2　寄託相続人が特定美術品のみを取得したと仮定して寄託相続人の相続税を計算します。

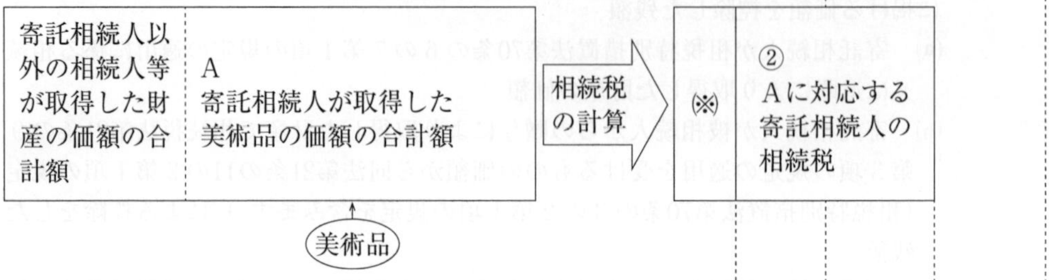

3　寄託相続人が特定美術品の20%のみを取得したと仮定して寄託相続人の相続税を計算します。

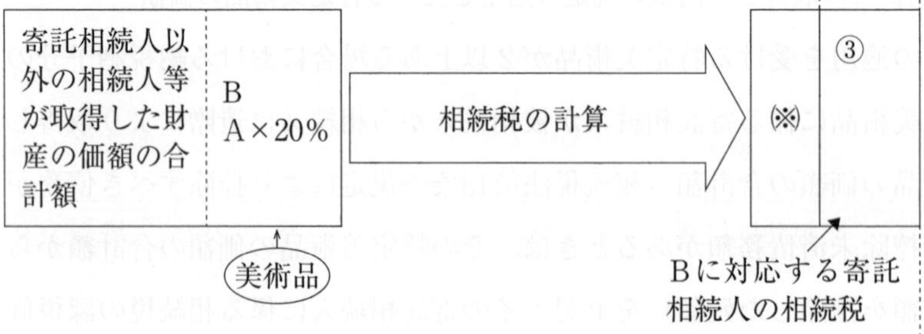

4　「②の金額」から「③の金額」を控除した残額が「④納税猶予税額」となる。なお、「①の金額」から「納税猶予税額」を控除した「⑤納付税額」は、相続税の申告期限までに納付する必要があります。

(2)　申告手続等

この特例の適用を受けるためには、相続税の期限内申告書にこの特例の適用を受けようとする旨を記載し、必要な書類を添付するとともに、担保を提供しなければなりません（措法70の６の７①）。

イ　期限内申告（措法70の６の７①⑧、措規23の８の７⑩）

申告書に添付する書類	①	相続又は遺贈により取得した特定美術品の明細
	②	納税猶予の特例に係る相続税額の計算に関する明細
	③	次の事項を記載した書類 a　被相続人の相続開始があったことを知った日 b　特定美術品の明細 c　寄託先美術館の名称及び所在地
	④	評価価格通知書の写し
	⑤	認定保存活用計画に係る計画書の写し
	⑥	次に掲げる日において現に効力を有する認定保存活用計画に係る認定又は文化庁長官の認定に係る通知の写し a　被相続人の相続開始日 b　相続税の申告書の提出期限
	⑦	次に掲げる日において被相続人又は寄託相続人が特定美術品を寄託していたことを明らかにする書類 a　被相続人の相続開始日 b　相続税の申告書の提出期限
	⑧	遺言書の写し、財産の分割の協議に関する書類の写し、その他の財産の取得の状況を証する書類
	⑨	租税特別措置法施行令第40条の７の７第２項に規定する場合に該当する場合には、その旨を記載した書類及び被相続人が文化庁長官に提出した同項の認定に係る申請書の写し
	⑩	租税特別措置法施行令第40条の７の７第３項に規定する場合に該当する場合には、その旨及び同項に規定する場合に該当することとなった事情の詳細を記載した書類並びに租税特別措置法施行規則第23条の８の７第３項又は第５項に規定する書類
	⑪	その他参考となるべき書類

※　相続税の申告書の提出期限までに、相続又は遺贈により取得をした特定美術品が共同相続人又は包括受遺者によってまだ分割されていない場合は、その分割されていない特定美術品については、当該相続税の申告書にこの特例を受ける旨の記載をすることができません（措法70の６の７⑦）。

なお、期限内申告に係る修正申告又は更正であって、その税額の増加が納税猶予の適用を受けた特定美術品の評価又は税額計算の誤りのみに基づくものであるときは、その修正申告又は更正による増加税額は、当初から納税猶予の適用があるものとして取り扱われます（措通70の６の７－５）。

ロ　担保の提供

この特例の適用を受けるためには、相続税の申告書の提出期限までに納税猶予分の相続税額に相当する担保を提供しなければなりません（措法70の６の７①、措令40の７の７⑲、措規23の８の７⑧）。

また、国税通則法第50条《担保の種類》の規定にかかわらず、この特例の適用を受けようとする特定美術品を担保として提供することができますが、この場合、その特定美術品には保険を付さなければなりません（措法70の6の7⑥一二）。

そのほか、税務署長は、寄託相続人と特定美術品に関する寄託契約を締結している寄託先美術館の設置者にその担保として提供を受けた特定美術品を保管させることができることとされています（措法70の6の7⑥三）。

⑶　継続届出書の提出

寄託相続人は、納税猶予の期限が確定するまでの間、相続税の申告書の提出期限の翌日から起算して3年を経過するごとの日（この第15章において、以下「届出期限」といいます。）までに、引き続き納税猶予の特例の適用を受けたい旨を記載した継続届出書に寄託先美術館の設置者が発行する証明書を添付して、納税地の所轄税務署長に提出しなければなりません（措法70の6の7⑨、措令40の7の7㉒、措規23の8の7⑪）。

この継続届出書が、届出期限までに納税地の所轄税務署長に提出されない場合には、届出期限における納税猶予分の相続税額に相当する相続税については、この届出期限の翌日から2か月を経過する日（この届出期限の翌日から2か月を経過する日までの間に寄託相続人が死亡した場合には、その寄託相続人の相続人がその寄託相続人の死亡による相続の開始があったことを知った日の翌日から6か月を経過する日）に下記⑸の納税猶予に係る期限が確定し、納税の猶予を受けている相続税額を納付しなければなりません（措法70の6の7⑪）。

ただし、継続届出書が届出期限までに提出されなかった場合においても、納税地の所轄税務署長が届出期限内にその提出がなかったことについてやむを得ない事情があると認める場合において、そのやむを得ない事情を記載した継続届出書及び一定の添付書類がその税務署長に提出されたときは、その継続届出書が届出期限内に提出されたものとみなされます（措法70の6の7⑮、措令40の7の7㉕）。

⑷　担保の変更の命令違反等の場合の納税猶予期限の繰上げ

税務署長は、次に掲げる場合には、納税猶予分の相続税額に相当する相続税に係る納税の猶予に係る期限を繰り上げることができます（措法70の6の7⑫）。

イ　寄託相続人が、提供する担保について国税通則法第51条《担保の変更等》第1項の規定による命令に応じない場合

ロ　寄託相続人から提出された継続届出書に記載された事項と相違する事実が判明した場合

⑸　納税猶予期限前における猶予期限の確定

納税猶予を受けた相続税について、次のいずれかの事由に該当することとなった場合には、それぞれ次に掲げる日から２か月を経過する日（それぞれに掲げる日から２か月を経過する日までの間に寄託相続人が死亡した場合には、その寄託相続人の相続人（包括受遺者を含みます。）がその寄託相続人の死亡による相続の開始があったことを知った日の翌日から６か月を経過する日）に納税猶予に係る期限が確定します(措法70の６の７③)。

	確定事由	猶予期限確定日
①	寄託相続人が特定美術品を譲渡した場合（特定美術品を寄託先美術館の設置者に贈与した場合を除きます。）	特定美術品の譲渡があったことについて文化庁長官からの通知を寄託相続人の納税地の所轄税務署長が受けた日
②	特定美術品が滅失（災害によるものを除きます。）をし、又は寄託先美術館において亡失し、若しくは盗み取られた場合	左記の事由が生じたことについて文化庁長官からの通知を寄託相続人の納税地の所轄税務署長が受けた日
③	特定美術品に係る寄託契約の契約期間が終了した場合	その寄託契約終了の日
④	特定美術品に係る認定保存活用計画の認定が文化財保護法第53条の７第１項又は第67条の６第１項の規定により取り消された場合（同法第59条第１項の規定により登録有形文化財の登録が抹消されたことに伴い認定登録有形文化財保存活用計画の認定が取り消される前に重要文化財保存活用計画（同法第53条の２第３項第３号に掲げる事由が記載されたものを除きます。）の認定を受けている場合を除きます。）	その認定が取り消された日
⑤	特定美術品に係る認定保存活用計画の計画期間が満了した日から４か月を経過する日（下記イの規定の適用を受けている場合には、この計画期間が満了した日と下記イの契約期間の終了の日から１年を経過する日とのいずれか遅い日とします。）においてこの認定保存活用計画に記載された特定美術品について新たな認定を受けていない場合	計画期間が満了した日から４か月を経過する日
⑥	特定美術品について重要文化財の指定が解除された場合又は登録有形文化財の登録が抹消された場合（災害による滅失に基因して解除され、又は抹消された場合を除きます。）	その指定が解除された日又は登録が抹消された日
⑦	寄託先美術館について、登録が取り消された場合又は登録を抹消された場合（寄託先美術館が博物館に類する施設として指定された施設である場合には、取消し又は抹消に類する事由が生じた場合）	その登録が取り消され、若しくは抹消され、又は事由が生じた日

なお、次の場合については、納税猶予に係る期限は確定せず、納税猶予が継続されます。

イ　上記③の場合において、寄託契約の契約期間の終了が寄託先美術館の設置者からの契約の解除又は寄託契約の更新を行わない旨の申出によるものであるときは、寄託契約の契約期間の終了の日から１年以内に新たな寄託先美術館（この第15章において、以下「新寄託先美術館」といいます。）の設置者との間で寄託契約を締結し、寄託先美術館の設置者に寄託していた特定美術品を新寄託先美術館の設置者に寄託する見込みであることについて、納税地の所轄税務署長の承認を受けた場合（措法70の６の７④一、措令40の７の７⑯、措規23の８の７③）

ただし、その契約期間終了の日から１年を経過する日において、新寄託先美術館の設置者との間の寄託契約に基づき、この承認に係る特定美術品を新寄託先美術館の設置者に寄託していない場合には、同日に③の契約期間が終了したものとみなされます（措法70の６の７④二）。

ロ　上記⑦の場合において、寄託相続人が上記⑦に定める、取り消され、若しくは抹消され、又は事由が生じた日から１年以内に寄託先美術館の設置者に寄託していた特定美術品を新寄託先美術館の設置者に寄託する見込みであることについて、納税地の所轄税務署長の承認を受けた場合（措法70の６の７⑤一、措令40の７の７⑰、措規23の８の７⑤）

ただし、その取り消され、若しくは抹消され、又は事由が生じた日から１年を経過する日において、新寄託先美術館の設置者との間の寄託契約に基づき、その承認に係る特定美術品を新寄託先美術館の設置者に寄託していない場合には、同日に上記⑦の取り消された場合若しくは抹消された場合又は事由が生じた場合に該当するものとみなされます（措法70の６の７⑤二）。

(6)　確定税額等の納付

納税猶予に係る期限が確定したことにより納付する相続税については、延納又は物納の制度を適用することはできません（措法70の６の７⑬四）。

また、納付する相続税額については、納付する納税猶予分の相続税額を基礎とし、相続税の申告書の提出期限の翌日から納税猶予の期限までの期間に応じ、年3.6％の割合を乗じて計算した金額に相当する利子税をあわせて納付しなければなりません（措法70の６の７⑯）。

なお、上記年3.6％の割合は、各年の利子税特例基準割合が年7.3％の割合に満たない場合には、その年中においては、年3.6％の割合に利子税特例基準割合が年7.3％の割合のうちに占める割合を乗じて計算した割合に軽減されます（措法93⑤）。

㈱　利子税特例基準割合とは、平均貸付割合（各年の前々年の９月から前年の８月までの各月における短期貸付けの平均利率（当該各月において銀行が新たに行った貸付け（貸付期間が１年未満のものに限ります。）に係る利率の平均をいいます。）の合計を12で除して計算した割合として各年の前年の11月30日までに財務大臣が告示する割合）に年0.5％の割合を加算した割合をいうことになります。（措法93②）。

(7)　納税猶予税額の免除

特定美術品に係る納税猶予分の相続税額に相当する相続税は、次に掲げる事由（これらの事由が生じた日前に、上記(3)の継続届出書が提出されなかった場合、上記(4)の納税猶予の期限が繰り上げられた場合又は上記(5)の納税猶予の期限が確定した場合を除きます。）が生じた場合には、その納税が免除されます（措法70の６の７⑭）。

また、この納税猶予税額の免除を受ける場合には、これらの事由が生じた日後遅滞なく、この納税猶予の免除を受けようとする旨等を記載した届出書に一定の書類を添付して、納税地の所轄税務署長に提出しなければなりません（措令40の７の７㉔、措規23の８の７⑭）。

イ	寄託相続人が死亡した場合
ロ	特定美術品を寄託している寄託先美術館の設置者に当該特定美術品の贈与をした場合
ハ	特定美術品が災害により滅失した場合

(8)　その他

イ　文部科学大臣等の通知義務

文部科学大臣又は文化庁長官は、この特例の適用を受ける寄託相続人若しくは特定美術品又は寄託先美術館について、上記(5)の納税の猶予に係る期限の確定に係る事実に関し、法令の規定に基づき報告の受理その他の行為をしたことによりその事実があったことを知った場合には、遅滞なく、その特定美術品については、その事実が生じた旨その他一定の事項を、書面により、国税庁長官又は寄託相続人の納税地の所轄税務署長に通知しなければならないこととされています（措法70の６の７⑰）。

ロ　文部科学大臣等への通知

税務署長は、文部科学大臣又は文化庁長官の事務（この特例の適用を受ける寄託相続人に関する事務で、上記イの適用に係るものに限ります。）の処理を適正かつ確実に行うために必要があると認めるときは、文部科学大臣又は文化庁長官に対し、寄託相続人がこの特例の適用を受ける旨その他一定の事項を通知することができることとされています（措法70の6の7⑱）。

第16章　災害に係る相続税及び贈与税の特例措置等

第１　国税通則法上の申告等の期限延長措置

1　国税通則法上における申告等の期限延長措置の概要

震災等の災害により被害を受けたため、国税に関する法律に基づく申告、申請、請求、届出その他書類の提出、納付又は徴収（この第１において、以下「申告・納付等」といいます。）に関する期限までにこれらの行為をすることができないと認められるときには、災害のやんだ日から２か月以内に限り、その期限を延長することができます（通則法11）。

この申告・納付等の期限の延長措置は、①地域指定による期限延長、②対象者指定による期限延長、③個別指定による期限延長とがあります。

2　地域指定及び対象者指定と個別指定による期限延長における手続等

区　分		申請手続等の要否	延長後の申告・納付等の期限等の期日	利子税の納付の要否	根拠条文
①	指定地域内の納税者（地域指定）	不要（国税庁長官が地域及び申告・納付等の延長期日を指定（告示）するため、延長申請等は不要です。）	告示により指定した期日	否（延長期間に係る利子税は課されません。）	通則法11 通則令３①
②	指定対象者の範囲に当たる納税者（対象者指定）	不要（国税庁長官が対象者の範囲及び申告・納付等の延長期日を指定（告示）するため、延長申請等は不要です。）			通則法11 通則令３②
③	指定地域以外の納税者（個別指定）	要（書面により税務署長への申請が必要となります。）	納税者の申請により、納税地の所轄税務署長が指定した期日	否（延長期間に係る利子税は課されません。）	通則法11 通則令３③

地域指定は、災害等による被害が広範囲に及び、その地域に国税の納税地を有する者が申告・納付等をすることができないと認められる場合に、国税庁長官がその地域及び申告期限の延長期日を告示するもので、申請手続等を要さずに申告・納付等の期限が延長されます。

対象者指定は、電子申告その他の特定の税目に係る特定の行為をすることができないと認める者が多数に上ると認める場合に、同様に国税庁長官による告示により、申告・納付等の期限が延長されるものです。

個別指定は、地域指定が行われた地域内に納税地を有しない納税者について、災害等によって、申告・納付等の期限までに申告や納税などができないときに、納税地の所轄税務署長に申請することにより、災害のやんだ日から２か月以内に限り、所轄税務署長が申告・納付等の期限を定めて延長するものです。

第２　災害減免法による相続税及び贈与税の減免措置

災害により相続若しくは遺贈（死因贈与を含みます。この第２において、以下「相続等」といいます。）又は贈与により取得した財産（建物、家庭用財産、自動車等、以下同じです。）が被害を受けた場合における、災害被害者に対する租税の減免、徴収猶予等に関する法律（以下「災害減免法」といいます。）による相続税又は贈与税の減免措置については、被害を受けた時期が相続税及び贈与税の申告期限前か申告期限後かどうかでその内容が異なります（災免法４、６）。

１　申告期限前に被害を受けた場合の災害減免法による相続税及び贈与税の減免措置

申告期限前に災害により相続等又は贈与により取得した財産が被害を受けた場合（一定以上の被害を受けた場合に限ります。）、相続等により取得した財産（この第２において、以下「相続財産」といいます。）又は贈与により取得した財産（この第２において、以下「受贈財産」といいます。）の価額からその被害を受けた部分の価額を控除した金額を相続税又は贈与税の課税価格に算入します（災免法６、災免令12）。

(1)　減免措置の適用を受けるための要件

次のいずれかに該当する場合に減免措置の適用を受けることができます。

①　相続税及び贈与税の課税価格の計算の基礎となるべき財産の価額（相続税の場合においては、相続税法第13条に規定する債務控除後の価額）のうちに、被害を受けた部分の価額の占める割合が10分の１以上であること

②　課税価格の計算の基礎となるべき金銭及び有価証券を除いた動産、土地及び土地の上に存する権利を除いた不動産及び立木（この第２において、以下「動産等」といいます。）の価額のうちに、当該動産等について被害を受けた部分の価額が占める割合が10分の１以上であること

(2)　減免措置の内容

被害を受けた相続財産又は受贈財産の相続税及び贈与税の課税価格に算入する価額は、次の算式により計算した金額とすることができます。

〔算式〕

相続財産又は受贈財産の価額(※)	−	被害を受けた部分の価額（下記３参照）	＝	相続税又は贈与税の課税価格に算入する価額

(※)「相続財産又は受贈財産の価額」は、相続税の場合には、相続税の申告書第11表に記載されるべき「価額」（相続税の評価額）となります。なお、小規模宅地等の特例などの課税価格の計算の特例の適用を受けている場合は、それらの特例の適用後の価額となります。

(3) 減免を受けるための手続

「災害減免法第６条の規定による相続税・贈与税の財産の価額の計算明細書」(969ページ参照）に被害の状況や被害を受けた部分の価額などを記載し、相続税や贈与税の（期限内）申告書に添付して提出しなければなりません。

2　申告期限後に被害を受けた場合の災害減免法による相続税及び贈与税の減免措置

申告期限後に災害により相続等又は贈与により取得した財産が被害を受けた場合（一定以上の被害を受けた場合に限ります。)、その被害のあった日以後において納付すべき相続税又は贈与税のうち、その被害を受けた部分の価額に対応する部分の税額を免除します（災免法４、災免令11)。

(1) 減免措置の適用を受けるための要件

次のいずれかに該当する場合に減免措置の適用を受けることができます。

①　相続税及び贈与税の課税価格の計算の基礎となるべき財産の価額（相続税の場合においては、相続税法第13条に規定する債務控除後の価額）のうちに、被害を受けた部分の価額の占める割合が10分の１以上であること

②　課税価格の計算の基礎となった動産等の価額のうちに、当該動産等について被害を受けた部分の価額が占める割合が10分の１以上であること

(2) 減免措置の内容

被害のあった日以後に納付すべき相続税又は贈与税のうち、次の算式により計算した税額が免除されます。

〔算式〕

被害のあった日以後に納付すべき相続税額又は贈与税額(※１) × 被害を受けた部分の価額（下記３参照） / 課税価格の計算の基礎となった財産の価額(※２)（相続税の場合は、債務控除後の価額） ＝ 免除される相続税額又は贈与税額

※１　「被害のあった日以後に納付すべき相続税額又は贈与税額」とは、延納中の税額や延納又は物納の許可前の徴収猶予中の税額、農地等についての相続税又は贈与税の納税猶予の特例の適用を受けている税額等をいい、例えば、延納中の税額の場合には、被害のあった日以後に分納期限が到来する税額となります。なお、延滞税、利子税及び加算税のほか、既に納付済の税額や滞納となっている税額は含まれません。

２　「課税価格の計算の基礎となった財産の価額」は、相続税の場合は、相続税の申告書第１表の「④純資産価額」の金額に相当する金額となります。なお、相続税の申告書第１表の「②相続時精算課税適用財産の価額」の金額がある場合には、「④純資産価額」から「②相続時精算課税適用財産の価額」を差し引いた後の金額となります。

(3)　減免を受けるための手続

「災害減免法第４条の規定による相続税・贈与税の免除承認申請書」（967ページ参照）に被害の状況や被害を受けた部分の価額などを記載し、災害のやんだ日から２か月以内に、納税地の所轄税務署長に提出しなければなりません。

３　被害を受けた部分の価額の計算

上記１及び２の「被害を受けた部分の価額」は、個々の相続財産又は受贈財産ごとに、その被害の程度（被害割合）を基として、次の算式のとおり計算します。

(1)　被害を受けた部分の価額の計算方法

〔算式〕

被害を受けた相続財産又は受贈財産の価額(※)　×　被害割合　＝　被害を受けた部分の価額

(※)　「相続財産又は受贈財産の価額」は、相続税の場合は、相続税の申告書第11表に記載されるべき「価額」（相続税の評価額）となります。なお、小規模宅地等の特例などの課税価格の計算の特例の適用を受けている場合は、適用後の価格となります。

(2)　被害割合の計算

イ　被害を受けた財産の被害額等が明らかな場合

被害を受けた財産の被害額（保険金、共済金又は損害賠償金等（この第２において、以下「保険金等」といいます。）による補填額を控除した金額）及び被害があった時の財産の時価（その財産が被害を受ける直前の価額）が明らかな場合

の「被害割合」は、次の算式により計算します。

〔算式〕

$$\frac{\text{被害額（保険金等による補填額を控除した金額）}}{\text{被害があった時の時価（被害を受ける直前の価額）}} = \text{被害割合}$$

ロ　被害を受けた財産の被害額等が明らかでない場合

被害を受けた財産の被害額及び被害があった時の時価（その財産が被害を受ける直前の価額）が明らかでない場合には、次のような方法により被害割合を計算することができます。

(イ)　被害を受けた財産について保険金等による補填がない場合には、「別表１　被害割合表」（970ページ参照）により被害割合を求めます。

(ロ)　被害を受けた財産について保険金等による補填がある場合には、次の算式により被害割合を計算します。

〔算式〕

$$\frac{\begin{matrix}\text{被害があった時の時価として} \\ \text{ＡからＤにより求めた価額}\end{matrix} \times \begin{matrix}\text{別表１の} \\ \text{被害割合}\end{matrix} - \begin{matrix}\text{保険金等による} \\ \text{補填額}\end{matrix}}{\text{被害があった時の時価としてＡからＤにより求めた価額}} = \text{被害割合}$$

Ａ：建物

建物の価額は、①取得価額が明らかな場合には、建物の取得価額から「償却費相当額」を差し引いた金額とし、②取得価額が明らかでない場合には、「別表２　地域別・構造別の工事費用表」（970ページ参照）の１㎡当たりの工事費用に総床面積を乗じた金額から、「償却費相当額」を差し引いた金額とします。

Ｂ：家庭用財産

家庭用財産の価額は、①取得価額が明らかな場合には、家庭用財産の取得価額から「償却費相当額」を差し引いた金額とし、②取得価額が明らかでない場合には、「別表３　家族構成別家庭用財産評価額」により求めた金額とします。

Ｃ：車両

車両の価額は、取得価額から「償却費相当額」を差し引いた金額とします。

Ｄ：その他

農機具及び船舶等の事業用（農業用）財産の価額は、上記Ｃに準じて計算した金額とします。

＿＿＿＿＿税　務　署　長

提出年月日　令和＿＿年＿＿月＿＿日

申請者　氏　名＿＿＿＿＿＿＿＿＿＿＿＿＿＿＿＿
〒
住　所＿＿＿＿＿＿＿＿＿＿＿＿＿＿＿＿
（電話番号　　　－　　　－　　　）

連絡先＿＿＿＿＿＿＿＿＿＿＿＿＿＿＿＿
（電話番号　　　－　　　－　　　）

法人番号
（申請者が法人等の場合は法人番号を記載してください。）

災害減免法第４条の規定による相続税・贈与税の免除承認申請書

私は、下記のとおり＿＿＿＿＿＿＿により被害を受けたので、災害被害者に対する租税の減免、徴収猶予等に関する法律第４条の規定により（相続税／贈与税）の免除申請をします。

記

１　税 目 等

税　目	相続税・贈与税	被相続人・贈与者	(氏名)		
			(住所)		
相続開始・受贈年月日	昭和 平成　・　・ 令和		申告書の提出年月日	昭和 平成　・　・ 令和	延納申請中・延納中・物納申請中・納税猶予・その他

２　被害を受けた部分の価額の計算等（裏面「２」に記載してください。）

３　適用要件の判定（裏面「３」に記載してください。）

４　免除を受けようとする税額の計算

①　被害のあった日以後に納付すべき税額	円
②　課税価格の計算の基礎となった財産の価額	円
③　被害を受けた部分の価額（裏面2の(A)）	円
④　免除を受けようとする税額（①×③÷②）	円

(注)１　①欄の税額には、滞納中の税額、延滞税、利子税及び加算税は含まれません。
２　②欄は、相続税の場合は申告書第１表の「④純資産価額」の金額に相当する金額を記載します。なお、相続税の申告書第１表の「②相続時精算課税適用財産の価額」の金額がある場合には、「④純資産価額」から「②相続時精算課税適用財産の価額」を差し引いた後の金額を記載します。
３　④欄は、１円未満の端数金額を切り捨てます。

※	通信日付印の年月日	（確　認）	整　理　番　号	番号確認
	年　月　日			

※欄は記入しないでください。

（資17－18－Ａ４統一）　（令3.3）

（裏　面）

2　被害を受けた部分の価額の計算等

（書ききれない場合は、「被害を受けた部分の価額の計算等(続)（災害減免法第４条申請）」に記載してください。）

項目＼番号		1	2	3	4	計
被害を受けた財産（注1）	所在地					
	区分(注2)	動産等・その他	動産等・その他	動産等・その他	動産等・その他	
	種　類					
	細　目					
①　相続・受贈時の財産の価額(注3)		円	円	円	円	
②　被害があったときの時価　※		(　　)	(　　)	(　　)	(　　)	※　かっこ内には、面積や取得時期等の計算の参考事項を記載してください。
③　②を基とした被害額（注4)						
④　保険金等で補てんされた金額						
⑤　差引被害額（③－④）						
⑥　被害を受けた財産の被害割合		%	%	%	%	
⑦　被害を受けた部分の価額（①×⑥）		円	円	円	円	(A)　円
⑧　被害の状況（被害の程度）						(B)　(A)のうち動産等

(注) 1　被害を受けた財産には、相続税の場合は相続時精算課税適用財産や純資産価額に加算される暦年課税分の贈与財産は含まれません。
2　「動産等」とは、動産（金銭及び有価証券を除きます。）、不動産（土地及び土地の上に存する権利を除きます。）及び立木をいいます。また、「動産等・その他」の該当する方を○で囲んでください。
3　①の「財産の価額」は、相続税の場合は、申告書第11表の「価額」（相続税の評価額）となります。
なお、租税特別措置法第69条の４《小規模宅地等についての相続税の課税価格の計算の特例》などの課税価格の計算の特例の適用を受けている場合は、適用後の価額となります。
4　③の「被害」とは、例えば、建物、家庭用財産及び車両等の損壊又は滅失等の物的な損害をいい、経済的価値の減少（地価の下落等）は含まれません。

3　適用要件の判定

項　　目	全財産を基とした計算	動産等を基とした計算	判　定（注3） 左の(C)及び(D)の	
①　課税価格の計算の基礎となった財産の価額	(注1)　円	(注2)　円		
②　被害を受けた部分の価額	2の(A)	2の(B)	いずれかが10%以上 ⇩	いずれも10%未満 ⇩
③　被害割合　（②÷①）	(C)　%	(D)　%	適用有り	適用無し

(注)1　①の「全財産を基とした計算」欄には、相続税の場合は申告書第１表の「④純資産価額」の金額に相当する金額を記載します。なお、相続税の申告書第１表の「②相続時精算課税適用財産の価額」の金額がある場合には、「④純資産価額」から「②相続時精算課税適用財産の価額」を差し引いた後の金額を記載します。
2　①の「動産等を基とした計算」欄には、相続税の場合は申告書第11表の財産の価額(2の(注3)参照)のうち、動産等の価額の合計額を記載します。
3　「判定」欄で「適用有り」の場合には、災害減免法第４条の適用がありますので、「４免除を受けようとする税額の計算」の各欄を記載します。

相続人又は受贈者　氏名＿＿＿＿＿＿＿＿

災害減免法第６条の規定による相続税・贈与税の財産の価額の計算明細書

私は、＿＿＿＿＿＿＿＿＿により被害を受けたので、災害被害者に対する租税の減免、徴収猶予等に関する法律第６条の規定による相続税・贈与税の軽減措置の適用を受けます。

1　被害を受けた部分の価額の計算等
（書ききれない場合は、「被害を受けた部分の価額の計算等(続)（災害減免法第６条）」に記載してください。）

項目 ＼ 番号		1	2	3	4	計
被害を受けた財産（注1）	所在地					
	区分(注2)	動産等・その他	動産等・その他	動産等・その他	動産等・その他	
	種類					
	細目					
① 相続・受贈時の財産の価額(注3)		円	円	円	円	
② 被害があったときの時価 ※		(　　)	(　　)	(　　)	(　　)	※ かっこ内には、面積や取得時期等の計算の参考事項を記載してください。
③ ②を基とした被害額(注4)						
④ 保険金等で補てんされた金額						
⑤ 差引被害額（③－④）						
⑥ 被害を受けた財産の被害割合		%	%	%	%	
⑦ 被害を受けた部分の価額（①×⑥）(注5)		円	円	円	円	(A)　円
⑧ 被害の状況（被害の程度）						(B) (A)のうち動産等
⑨ 差引財産の価額（①－⑦）						

（注）1　被害を受けた財産には、相続税の場合は相続時精算課税適用財産や純資産価額に加算される暦年課税分の贈与財産は含まれません。
2　「動産等」とは、動産（金銭及び有価証券を除きます。）、不動産（土地及び土地の上に存する権利を除きます。）及び立木をいいます。また、「動産等・その他」の該当する方を○で囲んでください。
3　①の「財産の価額」は、相続税の場合は、申告書第11表の「価額」（相続税の評価額）となります。なお、租税特別措置法第69条の４《小規模宅地等についての相続税の課税価格の計算の特例》などの課税価格の計算の特例の適用を受けている場合は、適用後の価額となります。
4　③の「被害」とは、例えば、建物、家庭用財産及び車両等の損壊又は滅失等の物的な損害をいい、経済的価値の減少（地価の下落等）は含まれません。
5　⑦の「被害を受けた部分の価額」は、物理的な損失に係る原状回復費用の見積額（保険金、損害賠償金等により補填された金額を除きます。）の100分の80に相当する金額（①の「財産の価額」を限度とします。）をもって、土地等の「被害を受けた部分の価額」として差し支えありません。

2　適用要件の判定

項目	全財産を基とした計算	動産等を基とした計算	判定(注) 左の(C)及び(D)の	
① 課税価格の計算の基礎となった財産の価額	円	円		
② 被害を受けた部分の価額	1の(A)	1の(B)	いずれかが10%以上 ⇩	いずれも10%未満 ⇩
③ 被害割合（②÷①）	(C)　%	(D)　%	適用有り	適用無し

（注）「判定」欄で「適用有り」の場合には、災害減免法第６条の適用がありますので、「１の⑨ 差引財産の価額」を相続税の申告書第11表又は贈与税の申告書第１表（及び第２表）の「財産の価額」欄に記載します。

※　この計算明細書は、相続税又は贈与税の申告書等に添付してください。

別表１　被害割合表

区　分	被害区分		被害割合(%) 建物	被害割合(%) 家庭用財産	適用
損　壊	全壊・流出・埋没・倒壊 (倒壊に準ずるものを含む)		100	100	被害建物の残存部分に補修を加えても、再び建物として使用できない場合をいいます。 建物の主要構造部の被害額がその建物の時価の50%以上であるか、損失部分の床面積がその建物の総床面積の70%以上である場合をいいます。
	半　壊		50	50	建物の主要構造部の被害額がその建物の時価の20%以上50%未満であるか、損失部分の床面積がその建物の総床面積の20%以上70%未満で残存部分を補修すれば再び使用できる場合をいいます。
	一部破損		5	5	建物の主要構造部の被害が半壊程度には達しないが、相当の復旧費を要する被害を受けた場合をいいます。
浸　水	床　上 (1.5m以上)	平 屋	80 (65)	100 (100)	○海水や土砂を伴う場合には上段の割合を使用し、それ以外の場合には、下段のかっこ書の割合を使用します。 　なお、長期浸水（24時間以上）の場合には、各割合に15%を加算した割合を使用します。 ○床上とは、床板以上をいい、二階のみ借りている場合は、「床上」を「二階床上」と読み替え平屋の割合を使用します。 ○二階建以上とは、同一人が一階、二階以上とも使用している場合をいいます。
		二階建以上	55 (40)	85 (70)	
	床　上 (1m以上1.5m未満)	平 屋	75 (60)	100 (100)	
		二階建以上	50 (35)	85 (70)	
	床　上 (50cm以上1m未満)	平 屋	60 (45)	90 (75)	
		二階建以上	45 (30)	70 (55)	
	床　上 (50cm未満)	平 屋	40 (25)	55 (40)	
		二階建以上	35 (20)	40 (25)	
	床　下		15 (0)	―	

(注)　車両に係る被害割合については、上記を参考に、例えば、津波による流出で「補修を加えても再び使用できない場合」には被害割合を100%とするなど、個々の被害の状況を踏まえ適用します。

別表２　地域別・構造別の工事費用表（令和５年分用）

都道府県	木　造	鉄骨鉄筋コンクリート造	鉄筋コンクリート造	鉄骨造	都道府県	木　造	鉄骨鉄筋コンクリート造	鉄筋コンクリート造	鉄骨造
	(千円)	(千円)	(千円)	(千円)		(千円)	(千円)	(千円)	(千円)
北海道	197	305	278	272	滋賀	177	265	278	272
青森	188	265	278	272	京都	180	389	278	293
岩手	193	265	278	272	大阪	177	265	278	272
宮城	177	265	302	272	兵庫	177	277	278	272
秋田	183	265	312	272	奈良	177	265	278	272

山形	189	265	278	272	和歌山	177	265	278	272
福島	182	265	307	272	鳥取	188	265	278	272
茨城	177	265	278	272	島根	187	265	278	272
栃木	177	265	278	272	岡山	190	291	278	272
群馬	177	265	278	272	広島	177	288	278	272
埼玉	177	308	285	280	山口	185	265	278	272
新潟	193	265	278	354	徳島	195	265	278	272
長野	192	265	300	272	香川	192	265	278	272
千葉	177	309	278	274	愛媛	184	265	278	272
東京都	177	327	341	321	高知	188	265	296	272
神奈川	177	265	312	303	福岡	177	265	278	272
山梨	191	265	322	272	佐賀	177	265	278	272
富山	190	265	332	272	長崎	181	265	278	272
石川	189	291	326	290	熊本	184	265	278	272
福井	187	385	368	276	大分	180	265	278	291
岐阜	178	265	278	272	宮崎	179	265	278	272
静岡	185	265	278	272	鹿児島	183	265	278	272
愛知	177	265	278	272	沖縄	182	265	278	291
三重	186	265	278	274	全国平均	177	265	278	272

(注)　該当する地域の工事費用が全国平均を下回る場合は、全国平均の工事費用を用いています。

別表３　家族構成別家庭用財産評価額

世帯主の年齢	夫　婦	独　身
歳 ～　29	万円 500	万円 300
30　～　39	800	
40　～　49	1,100	
50　～	1,150	

(注)　大人（年齢18歳以上）１名につき130万円を加算し、子供１名につき80万円を加算します。
例えば、世帯主（夫）の年齢が60歳で、家族構成が夫婦及び子（21歳）の場合
家庭用財産の被害があったときの時価は、1,150万円＋130万円＝1,280万円となります。

〔参考〕 償却費相当額の計算方法

償却費相当額は、①業務用資産の場合は、事業所得や不動産所得の計算上必要経費に算入される償却費の累積額とし、②非業務用資産の場合は、所得税法施行令第85条（非事業用資産の減価の額の計算）の規定に準じて計算した金額となります。

なお、非業務用資産の償却率は、法定耐用年数に1.5を乗じた年数（1年未満の端数がある場合は、その端数を切り捨てます。）に対応する旧定額法の償却率になります。

【非業務用建物（居住用）の場合の償却費の方法】

建物の取得価額 × 0.9 × 償却率（下記参照）× 経過年数（※）= 償却費相当額

※「経過年数」は、6か月以上の端数は1年とし、6か月未満の端数は切り捨てます。

【非業務用建物（居住用）の償却率】

構　造	木　造	木骨 モルタル	（鉄骨）鉄筋 コンクリート	鉄　骨　造	
				金属造①	金属造②
償却率	0.031	0.034	0.015	0.036	0.025

「金属造①」は、軽量鉄骨造のうち骨格材の肉厚が3 mm 以下の建物です。

「金属造②」は、軽量鉄骨造のうち骨格材の肉厚が3 mm 超4 mm 以下の建物です。

【巻末付録】

相続税の申告のためのチェックシート

相続税の申告のためのチェックシート

このチェックシートは一般に誤りやすい事項についてのチェックポイントをまとめたものです。

検討項目	検討内容	検討資料等	検討事績	適否判定
相続人等	○相続欠格者はいないか。	○相続欠格事由の存否		
	○被廃除者はいないか（家庭裁判所の審判や調停はないか、また、遺言書に廃除に関する記載はないか。）。	○審判書、調停調書、遺言書		
	○代襲相続人の判定は適切か。 ○養子はいないか。 ○認知された者はいないか。	被相続人や相続人の戸籍謄本、遺言書		
	○受遺者や死因贈与による財産の取得者はいないか。	○遺言書や贈与契約証書		
	○相続税法第15条第２項にいう相続人の数（いわゆる法定相続人の数）に誤りはないか。また、相続人の数に含める養子の数は適切か。	○（以上の検討事績を踏まえて確認する。）		
遺産分割等の状況	○遺言の内容はどうか。	○遺言書（自筆証書及び秘密証書によるものは家庭裁判所へ提出して検認を受けなければならない。また、封印のある遺言書は家庭裁判所において開封しなければならない。）		
	○遺産分割協議は調っているか。	○遺産分割協議書（相続人の中に未成年者がいる場合には、未成年者の特別代理人が分割協議に参加しているか。また、協議書に押印されている印章は印鑑証明を受けた印章か、更に相続人等の印鑑証明書が添付されているか。）		
	○みなし相続（遺贈）財産の帰属権利者は誰か。	○財産の取得の状況を証する書類（例えば、生命保険金等についていえば、保険証券・保険約款や保険金支払計算書等。また、退職手当金等では、退職手当金支給計算書や退職給与規程等）		

相続税の申告のためのチェックシート

検討項目		検討内容	検討資料等	検討事績	適否判定
		○未成年者が相続人である場合には、特別代理人が選任されているか。	○家庭裁判所の審判に関する書類		
財産	土地等、家屋等	○未登記のものはないか。 ○共有のものはないか。 ○先代名義のものはないか。 ○他の市区町村にはないか。	固定資産税の評価証明書や納税通知書、登記済権利証、登記事項証明書、購入時（新築時）の売買（請負）契約書		
		○土地の上に存する権利(借地権、地上権、賃借権、耕作権）はないか（借地権や耕作権といえるものかどうかの判定は慎重に行う必要がある。)。	○賃貸借契約書や地代（賃料）受領証書、農業委員会の証明書等		
		○建築中の家屋はないか。	○家屋請負契約書や請負人に支払った代金の領収証書		
	有価証券	○名義は異なるが、実質的に被相続人に帰属するものはないか。	○取得資金に関する書類（預金通帳等や売買報告書等)、配当等の受領事実を証する預金通帳等や所得税の確定申告書の控		
		○電子化されていない上場株式はないか。	○株券の現物		
		○株式等に関する権利（新株引受権、株式の引受による権利、新株無償交付期待権、配当期待権）はないか。	○発行法人から通知された書類、会社四季報等		
		○増資等による増加分や端株の漏れはないか。	○株券等の現物の預り証の確認、会社四季報等による検討		
	現金、預貯金等	○名義は異なるが、実質的に被相続人に帰属するものはないか。	○蓄積の原資に関する書類（書換前の預金通帳等、被相続人や相続人等の所得税の確定申告書の控)、利子等の受領事実を証する預金通帳等や所得税の確定申告書の控		
		○相続開始直後に払い戻された預金等はないか。また、相続開始直後に費消された現金はないか。	○預金通帳等や葬儀に係る諸経費控帳等		

検討項目		検討内容	検討資料等	検討事績	適否判定
財産	生命保険金等	○生命保険契約に関する権利はないか。	○保険証券や保険会社からの関係書類		
	退職手当金等	○未収給与等が加えられていたり、借入金・未収金が差し引かれたりしていることはないか。	○退職手当金支給計算書		
	立　木	○樹種や樹齢等は確認したか。	○現地確認		
	その他の財産（利益）	○庭園設備はないか。 ○自動車、ヨット等はないか。 ○貴金属や書画骨とうはないか。 ○ゴルフ会員権やレジャー会員権はないか。 ○貸付金、未収金等はないか。 ○未収給与や未収家賃等はないか。 ○営業権はないか。	現地又は現物の確認（取得時の価額を証する書類） ○会員証 主宰法人の法人税の確定申告書の控等、借用証、金銭消費貸借契約書、預貯金通帳等、賃貸借契約書		
債務控除	債　務	○墓碑購入未払金等が含まれていることはないか。 ○相続財産の中から支弁する相続財産に関する費用は含まれていることはないか。	領収証書や請求書等		
	葬式費用	○香典返しや法会（初七日、四十九日等）に要した費用が含まれていることはないか。 ○墓碑等の購入費が含まれていることはないか。	○領収証書や請求書等（日付に注意する。） ○領収証書や請求書等		
7年以内の生前贈与加算（相法19）		○加算すべき贈与財産はないか（贈与税の配偶者控除及び贈与税額控除の規定との関係に注意する。）。	○贈与税の申告書の控、相続開始前7年以内の預貯金や有価証券の取引明細書（相続人等のものも含む。）		
相続時精算課税制度により贈与を受けた財産（相法21の14～21の16）		○相続又は遺贈により取得した又は取得したものとみなされる相続時精算課税制度により贈与を受けた財産はないか。	○贈与税の申告書の控		

検討項目		検討内容	検討資料等	検討事績	適否判定
評価	土地等、家屋等	○土地等の評価は実測面積によっているか。	○実測図		
		○土地や家屋の上に存する権利関係は確認したか。	○賃貸借契約書、使用貸借契約書、地代(賃料)受領証書及び農業委員会の証明書等		
		○所在や地形は確認したか。	○住宅地図、実測図や公図の写し		
		○山林等に縄延はないか。	○実測図や航空写真		
		○小規模宅地等の特例の計算は正しく行われているか。	(具体的には申告書第11・11の2表の付表等で計算する。)		
	取引相場のない株式等	○法人資産として計上されていない簿外の借地権等はないか。	○賃貸借契約書、地代(賃料)受領証書、建物等と土地の所在明細書(建物等があって、その敷地がない場合には十分に注意する。)		
		○法人の受取生命保険金等請求権は資産に計上されているか。また、資産に計上されている保険料を減額しているか。更に、保険差益について課される法人税等を負債に計上しているか。	○保険証券、保険金支払計算書等、法人の貸借対照表等		
		○繰延資産を資産に計上していることはないか。 ○退職給与引当金以外の引当金や準備金を負債に計上していることはないか。 ○死亡退職金や未納公租公課を負債に計上しているか。	法人の貸借対照表等、法人税の確定申告書の控		
	現金、預貯金等	○既経過利子の計算は行っているか。また、利子につき源泉徴収されるべき所得税相当額は控除したか。	○金融機関からの関係書類、預金通帳等、定期預金証書等(具体的には、「定期預金・貸付信託等の評価明細書」により評価する。)		

検討項目		検討内容	検討資料等	検討事績	適否判定
	立　木	○15％評価減の対象者に該当するか否か。 ○保安林に該当するか否か。	○相続又は遺贈（包括遺贈及び被相続人からの相続人に対する遺贈に限る。）かどうかにより判定する。 ○森林法その他の法令		
計算	相続税の総額	○法定相続分の計算に誤りはないか。	○父母の一方のみを同じくする兄弟姉妹及び代襲相続人の相続分については特に注意する。		
	相続税額の加算	○納税義務者が被相続人の配偶者及び一親等の血族以外の場合、相続税額の２割加算が適切に行われているか（被相続人の直系卑属で当該被相続人の養子となっている者は２割加算の対象となることに注意。）。			
	配偶者に対する相続税額の軽減	○計算に誤りはないか（未分割財産は対象とならないことに注意する。）。	○遺言書、遺産分割協議書、その他財産の取得の状況を証する書類		
	未成年者控除、障害者控除	○控除不足額について扶養義務者から控除しているか。 ○過去に適用していないか。	○今回の前の相続税の申告書		
	相次相続控除	○第１次相続財産に対する第２次相続の遺産総額の割合が100分の100を超えている場合の計算に誤りはないか。			
	そ の 他	○単純な計算誤り、桁の見間違い、数字の書き誤り、転記誤りはないか。			

検討項目	検討内容	検討資料等	検討事績	適否判定
納税猶予	○贈与税の納税猶予の特例の適用を受けていたか。	○贈与税の申告書の控（措通70の５―１の取扱いに注意する。）		
	○期限内に農地等の帰属が確定しているか。	○遺言書、遺産分割協議書、その他財産の取得の状況を証する書類		
	○期限内申告（添付書類を含む。）であるか。			
	○被相続人は死亡の日まで農業を営んでいた者であるか。	○現地確認や相続人等からの聴取		
	○相続人であるか。			
	○相続人は速やかに農業経営を開始しているか。 ○被相続人が農業の用に供していた農地等の取得であるか。	現地確認		
	○添付書類等に不足はないか。（適格者証明書等）			
	○担保提供は適正であるか。			
	○計算に誤りはないか（検算をしてみる。）。			

〔索　　引〕

〔い〕

遺産が未分割であることについてやむを得ない事由がある旨の承認申請書…204,207
遺産が未分割である場合……121
遺産の分割……23
遺産分割協議書……25
遺産未分割の場合の相続税の申告……349
遺贈……31
一時居住者……56,57,59
一時居住被相続人（一時居住贈与者）……56,57
著しく低い価額……431
一部確定の場合（農地等の納税猶予の特例）……612
一定の資産管理会社……727
一般障害者……213
遺留分……35
遺留分侵害額の請求……36
遺留分権利者……35
遺留分に関する民法の特例制度……37
医療法人の持分に係る経済的利益についての贈与税の税額控除……932
医療法人の持分に係る経済的利益についての贈与税の納税猶予及び免除……923
医療法人の持分についての相続税の税額控除……946
医療法人の持分についての相続税の納税猶予及び免除……938
医療法人の持分の放棄があった場合の贈与税の課税の特例……948

〔う〕

売上判定事業年度……763,812
売上割合……763,813

〔え〕

延滞税……405,586
延滞税の免除……753,804,875
延納……357,583
延納期間……369,584
延納制度の概要……365
延納手続……374
延納特例基準割合……369
延納の申請期限……372
延納要件……358,583

〔か〕

外国税額控除……224,574
外国人被相続人（外国人贈与者）……60
会社の円滑な事業の運営に支障を及ぼすおそれがある事由……727
確定税額等の納付（農地等の納税猶予の特例）……612
加算税……354
貸付事業用宅地等……136
貸付特例適用農地等……644
課税価格の合計額……186
借受代替農地等……642
換価分割……23,120

〔き〕

期限後申告……350,351,579
期限後申告の特則……352,579
基礎控除……415
基礎控除額……186
寄附……41
教育資金の範囲……471
協議分割……23
居住制限納税義務者……55,59,115,422
居住無制限納税義務者……53,55,58,115,422

〔け〕

経営承継期間……786
経営承継受贈者……708
経営承継相続人等……771
経営相続承継期間……789
経営(相続)承継期間内の猶予税額の一部確定……791
経営相続承継受贈者……774
経営相続報告基準日……789
経営贈与承継期間……722

経営贈与承継期間内の猶予税額の一部確定……728
経過的取扱い（使用貸借通達）…………449,453
経済的利益…………………………………………82
継続届出書（個人版事業承継税制）……859,889
継続届出書の提出（農地等の納税猶予の
特例）……………………………………607,672
継続届出手続（個人版事業承継税制）…870,897
継続届出手続（法人版事業承継税制）…729,792
契約に基づかない定期金に関する権利………79
結婚・子育て資金の範囲………………………496
決定……………………………………353,581
現実贈与…………………………………………41
限定承認…………………………………………27
現物出資又は贈与による取得資産がある
場合……………………………………761,810
現物分割…………………………………………23

〔こ〕

公益法人…………………………………………66
公益信託の信託財産…………………………111
控除対象とならない債務……………………182
更正……………………………………353,581
更正・決定等の期間制限の特則……………581
公正証書遺言……………………………………33
更正の請求…………………………350,351,579
更正の請求の特則……………………………580
功労金……………………………………………75
個人事業者の事業承継税制…………………847
個人事業承継計画……………………855,885
個人とみなされる納税義務者…………64,423
個人の事業用資産……………………………155
固定合意…………………………………………39
雇用判定基準日………………………763,813
混合贈与…………………………………………42

〔さ〕

災害に係る相続税及び贈与税の特例措置
等…………………………………………961
災害等による納税猶予の緩和又は納税猶
予税額の免除…………………………761,811
再計算免除税額………………755,806,876,903
再計算猶予税額…………753,754,806,876,903
財産の所在の判定………………………………68
採草放牧地……………………………594,596
財団………………………………………………65
債務控除………………………………………180
債務免除等……………………………………433
三大都市圏内に所在する特定の都市名……602
山林についての相続税の納税猶予及び免
除の特例………………………………………911

〔し〕

死因贈与………………………………42,414
市街化区域内農地等…………………………600
事業の継続が困難な事由として一定の事
由……………………………………………873
資産運用型会社………………………………714
資産運用型事業………………………………860
資産運用型事業に該当するかどうかの判
定……………………………………………867
資産管理会社…………………………………713
資産管理事業…………………………………860
資産保有型会社………………………………713
資産保有型事業………………………………860
失踪宣告……………………………………………4
自筆証書遺言……………………………………31
死亡保険金の非課税限度額…………………106
借地権者の地位に変更がない旨の申出書
……………………………………………448,456
借地権の使用貸借に関する確認書……446,455
社団………………………………………………65
修正申告……………………………350,351,579
修正申告の特則………………………352,579
住宅用家屋等の範囲…………………………541
収用交換等による譲渡等の場合の利子税
の特例…………………………………………614
受贈者が死亡した場合の贈与税の申告書……577
受贈者の範囲（農地等の納税猶予の特
例）…………………………………………668
準正………………………………………………14
準農地……………………………594,596,666
障害者控除……………………………………213
小規模宅地等…………………………………125

小規模宅地等についての相続税の課税価
格の計算の特例……125
小規模宅地等の特例との併用……155,785
常時使用従業員の数……724
使用貸借……445
使用貸借通達……446～454
譲渡担保……120
除外合意……38
人格のない財団……66
人格のない社団……65
申告期限後3年以内の分割見込書……203,206
申告手続（農地等の納税猶予の特例）…606,671
信託に関する権利……83,457
審判分割……23
森林経営計画……152
〔す〕
推定……4
〔せ〕
制限納税義務者……53,115
税務署長の通知……766,817,879,905
生命保険金……71,428
生命保険契約に関する権利……77
先代経営者（贈与者）が死亡した場合の
特例……773
先代事業者（贈与者）が死亡した場合の
特例……890
全部確定の場合（農地等の納税猶予の特
例）……610
〔そ〕
葬式費用の範囲……182
相次相続控除……219
相続開始……3
相続の開始があったことを知った日……343
相続開始の時期……5
相続開始前7年以内の贈与……94,184
相続開始前7年以内の贈与加算……168
相続時精算課税……46,528
相続時精算課税選択届出書……529
相続時精算課税適用者……529
相続時精算課税における贈与税額の計算……568
相続時精算課税分の贈与税額控除……226
相続税がかかる財産の例……92
相続税額の加算……191
相続税の課税財産……67
相続税の申告期限の特例……344
相続税の申告書の提出期限……339
相続税の申告書の提出義務者……339
相続税の申告書の提出先……347
相続税の総額の計算……186
相続税の速算表……190
相続税の非課税財産……101
相続人……8
相続人不存在……28,345
相続分……13
贈与者（個人版事業承継税制）……858
贈与者の範囲（農地等の納税猶予の特
例）……666
贈与税……413
贈与税及び相続税の納税猶予の関係（農
地等の納税猶予の特例）……588
贈与税額控除……195
贈与税の課税財産……425
贈与税の申告書の提出期限……577
贈与税の申告書の提出義務者……576
贈与税の申告書の提出先……578
贈与税の性格……413
贈与税の納税義務者……422
贈与税の納税猶予を適用している場合の
特定貸付けの特例……682
贈与税の非課税財産……458
贈与による財産の取得時期……424
贈与の意義……413
その他の利益の享受……434
〔た〕
第一種基準日……786,788
第一種相続基準日……789
第一種贈与基準日……722,723
対象受贈非上場株式等……718
対象受贈非上場株式等の価額……721
対象非上場株式等の価額……783

胎児の相続能力……………………………………12
代襲相続…………………………………………………9
代襲相続分…………………………………………20
代償分割………………………………………23,118
退職手当金……………………………………………75
第二種基準日……………………………787,788
第二種相続基準日………………………………789
第二種贈与基準日………………………………723
宅地等………………………………………………851
建物…………………………………………………851
他の後継者等がいる場合………………760,809
単純承認……………………………………………26
担保財産の価額（農地等の納税猶予の特
例）……………………………………………607,672

〔ち〕

嫡出子………………………………………………14
嫡出でない子………………………………………14
中小企業における経営の承継の円滑化に
関する法律（円滑化法）………………38,701
直系尊属………………………………………………9
直系尊属から教育資金の一括贈与を受け
た場合の贈与税の非課税措置……………468
直系尊属から結婚・子育て資金の一括贈
与を受けた場合の贈与税の非課税措置……493
直系尊属から住宅取得等資金の贈与を受
けた場合の贈与税の非課税………………549
賃貸用共同住宅を特定法人に貸し付ける
場合の転用………………………………………689
賃貸用共同住宅を自ら賃貸する場合の転用……693

〔て〕

低額譲受け………………………………………431
定期金……………………………………………430
定期金に関する権利………………………………77
定期贈与……………………………………41,414
停止条件付の遺贈………………………………121

〔と〕

同時死亡の推定…………………………………6,7
同族会社等の行為又は計算の否認等…736,793
特定遺贈………………………………………………30
特定株式等………………………………………162
特定期間…………………………………………813
特定居住用宅地等………………………………138
特定計画山林についての相続税の課税価
格の計算の特例…………………………………152
特定個人事業資産………………………………860
特定市街化区域農地等…………………………601
特定事業用資産……………………851,857,887
特定事業用宅地等………………………………128
特定資産…………………………………………714
特定受遺者の放棄…………………………………34
特定受贈森林経営計画対象山林………………153
特定受贈同族会社株式等の贈与を受けて
いる場合…………………………………………783
特定申告期限……………………868,871,896
特定森林経営計画対象山林……………………153
特定贈与者………………………………………529
特定地域…………………………………………161
特定転用に係る承認を受けていない特例
農地等……………………………………………695
特定転用の猶予期限の確定……………692,694
特定転用の要件等………………………………687
特定同族会社事業用宅地等……………………133
特定同族会社の事業の用に供されていた
宅地等の範囲……………………………………135
特定特別関係会社………………………………712
特定土地等………………………………………161
特定土地等及び特定株式等に係る相続税
の課税価格の計算の特例………………………161
特定土地等及び特定株式等に係る贈与税
の課税価格の計算の特例………………………574
特定納税義務者…………………………………115
特定の公益法人等………………………………110
特定の贈与者から住宅取得等資金の贈与
を受けた場合の相続時精算課税の特例……537
特定の美術品に係る相続税の納税猶予及
び免除の特例……………………………………951
特定非常災害…………………………161,574
特定非常災害発生日……………………161,574
特定物納………………………………373,396
特別縁故者……………………………………………28

特別関係会社……………………………………712
特別関係者以外の者のうちの一人の者……873
特別控除額（相続時精算課税）………………569
特別障害者……………………………………213
特別の関係がある者…………………………715
特別養子制度……………………………………11
特例基準割合…………………………………407
特例事業受贈者………………………………857
特例事業相続人等……………………………887
特例事業用資産………………………………850
特例受贈事業用資産…………………………849
特例承継計画…………………………………824
特例相続報告基準日…………………………897
特例贈与報告基準日…………………………870
特例対象とならない資産管理事業…………866
特例対象となる農地等………………………594
特例対象となる農地等の範囲………………598
特例対象となる農地等の要件………………597
特例農地等の譲渡等…………………………609
特例非上場株式等に係る相続税及び贈与税の納税猶予の特例………………………824
都市営農農地等………………………………601
都市農地の貸付けの特例……………………653
都道府県知事の通知義務……766,816,879,905

〔に〕

認可決定日……………………………………753
認定承継会社…………………………………770
認定相続承継会社……………………………774
認定贈与承継会社……………………………707
認定都市農地貸付け又は農園用地貸付けを行った農地についての相続税の課税の特例…………………………………………658

〔の〕

農業相続人の範囲……………………………592
納税義務者……………………………………53,61
納税猶予期限前における猶予期限の確定（農地等の納税猶予の特例）………………608
納税猶予に係る期限の確定及び納付（農地等の納税猶予の特例）……………………673
納税猶予分の相続税額の計算（法人版事業承継税制）……………………………………781
納税猶予分の相続税額の計算（農地等の納税猶予の特例）……………………………603
納税猶予分の贈与税額の計算（個人版事業承継税制）……………………………………863
納税猶予分の贈与税額の計算（法人版事業承継税制）……………………………………719
納税猶予分の贈与税額の計算（農地の納税猶予の特例）………………………………670
農地…………………………………………594,595
農地等の意義…………………………………595
農地等の相続税の営農困難時貸付特例……659
農地等の相続税の納税猶予の貸付特例……645
農地等の相続税の納税猶予の借換特例……641
農地等の相続税の納税猶予の特例…………589
農地等の贈与税の営農困難時貸付特例……683
農地等の贈与税の納税猶予の貸付特例……682
農地等の贈与税の納税猶予の借換特例……682
農地等の贈与税の納税猶予の特例…………663
農地等の納税猶予に係る相続税額の免除…614
農地等の納税猶予に係る贈与税額の免除…677
農地等の納税猶予の特例の趣旨……………587

〔は〕

配偶者…………………………………………11
配偶者居住権………………………………126,127
配偶者控除……………………………………515
配偶者控除の適用上の注意点………………524
配偶者控除の適用要件………………………516
配偶者控除の適用を受けるための手続……526
配偶者に対する相続税額の軽減…………25,199

〔ひ〕

非居住制限納税義務者…………55,59,115,422
非居住被相続人（非居住贈与者）…56,57,58,60
非居住無制限納税義務者……53,55,58,115,422
被災事業所…………………………………763,812
非上場株式等…………………………………702
非上場株式等についての相続税の納税猶予の特例……………………………………770
非上場株式等についての贈与税の納税猶予の特例……………………………………707

非上場株式等についての相続税・贈与税の納税猶予及び免除の特例（法人版事業承継税制）……701
被相続人等の居住の用に供されていた宅地等の範囲……142
秘密証書遺言……33

〔ふ〕

風俗営業会社……712
負担付遺贈……121
負担付贈与……42,414,442
物納……374
物納却下……394
物納申請財産……393
物納手続の概要……377
物納の申請期限及び提出書類……392
物納の撤回……395
不動産貸付業……133
不動産貸付業等……135
分与を受けることを知った日……345

〔ほ〕

包括遺贈……30
包括受遺者の権利義務……34
放棄……27
法定相続人……186
法定相続分……13
保証期間付定期金に関する権利……78
保証債務……182
本来の贈与財産……425

〔み〕

未成年者控除……208
みなされる財産……70
みなし贈与財産……427
みなす……4

〔む〕

無制限納税義務者……115

〔め〕

免除届出書（個人版事業承継税制）……859,889

〔や〕

やむを得ない理由（個人版事業承継税制）……872
やむを得ない理由（法人版事業承継税制）……724

〔ゆ〕

遺言……29
遺言書……32
遺言書の検認と開封……34
遺言能力……30
遺言の効力……33
遺言の方式……31
遺言の要式性……30
猶予期限の繰上げ（法人版事業承継税制）……736,792
猶予税額の免除（法人版事業承継税制）……736,793

〔よ〕

養子……11

〔り〕

利子税……369,584,758,807,877,903
利子税特例基準割合……904

〔れ〕

暦年課税……45,566
連帯債務……182
連帯納付義務……400,584

（編　者）

市川　康樹

（執筆者）
鳥居　貴将
髙橋理和子
小澤　優子
柴田　和宏
中島　千恵
居倉　弘騎
鈴木　葵

令和６年版
図解　相続税・贈与税

令和６年７月12日　初版印刷
令和６年７月29日　初版発行

不許複製

編　者　市　川　康　樹

発行者　（一財）大蔵財務協会　理事長
木　村　幸　俊

発行所　一般財団法人　大　蔵　財　務　協　会
〔郵便番号 130-8585〕
東京都墨田区東駒形１丁目14番１号
（販　売　部）TEL03(3829)4141・FAX03(3829)4001
（出版編集部）TEL03(3829)4142・FAX03(3829)4005
https://www.zaikyo.or.jp

乱丁、落丁の場合は、お取替えいたします。　　印刷・三松堂㈱

ISBN978-4-7547-3225-7